新装版

はじめての中国語学習辞典

Hanyu Xuexi Cidian

Asahi Chinese-Japanese Dictionary

相原茂 編著

朝日出版社

［編著］相原茂
［編集委員］横川澄枝　芳沢ひろ子　中桐典子　保坂律子
［中文校閲］朱春躍　陳愛玲　曹泰和　李貞愛　楊晶
［執筆］相原茂　安藤好恵　石原正代　伊藤加奈子　上村ゆう美　大島潤子　大島弥生　金谷順子　島津幸子　周媛　曹泰和　塚越千史　中桐典子　保坂律子　前川規子　森中野枝　楊晶　横川澄枝　芳沢ひろ子　吉田桂子
［中文協力］柴森　陳愛玲　陳淑梅　陳祖蓓　郭雲輝　魯暁琨　田禾　王聡
［日中小辞典協力］楊晶　任鉄華
［編集協力］トミタ制作室　陳祖蓓　前田美穂　塚越千史
［制作サポート］松井信幸　山本弥生（TOPPAN TANC）
［装丁］大下賢一郎　［見返し地図］Jmap　［見返し目次］庄司三奈子
［本文挿画］劉承漢　孫全潔　李恵喬
［囲み挿画］劉承漢（百科知識）　富田淳子（逆引きウインドウズ）
［写真撮影］戸沼市子　森中野枝　橋本実紀
［SPECIAL THANKS］赤平恵里　秋山友紀　石岡しずね　大戸温子　大澤一美　北原幸恵　佐藤一絵　鈴木幸代　萩谷祥子　長谷川綾子　比嘉三都子　法師人恵　前田千穂　水野亜矢子　宮崎顕子　村山洋子　林菁香
［制作統括］中西陸夫

◆ **WEB 動画「中国語発音入門ビデオ 快音」**
https://www.asahipress.com/chi/cidian01d/

◆ **音声ダウンロード「中国語の発音」**（付録 713 頁）

音声アプリ【リスニング・トレーナー】の使い方

① まずは「リストレ」アプリをダウンロード

›App Store 　›Google Play 

② アプリを開き、「コンテンツを追加」をタップ

③ QR コードをカメラで読み込む 

④ QR コードが読み取れない場合は、画面上部に **01223** を入力し「Done」をタップします

はじめに

私が中国語に接し、学び，やがて教えるようになって，はや35年になる。いつのころからか、入門から使え，入門にこそ重点をおいた学習辞典を編んでみたいと思うようになった。

ここには，私が中国語を学び始めた頃，こんな辞書があればと願った，私自身の思いが反映している。本書は，だから，いそいそと自分のために作ったといってもよい。それがひいては読者のためになると信じている。

言うまでもなく，はじめての辞書は大切だ。どんな辞書で学習をスタートするかで，そのことばに向かう感性が決まる。こころが自然と中国語に開いてゆくような，すなおな感性が育つ辞書がいい。

見出しの語数はほぼ1万。初級，中級には十分な量である。さらに新語を補い，成語を追加し，囲みにおいては連語を並べた。用例は現在用いられる典型的なものを厳選した。

本書の編集にあたり，とくに意を用いたのは次の点である。

1）見出し語はピンインローマ字順に配列した。ことばはまず音であるという点を，当然のことながら，強調する。用例を含め，すべての中国語にピンインによる発音がついている。

2）見出し語のうち重要語を3つのランクに分け，マークを付した。最重要語約1000，それに次ぐもの約2000，さらに次重要語として約2200である。これらは中国で出版された語彙大綱などを参照しつつ，現代の言語事情に合わせ，改めてランクづけをおこなった。また新たに必要な語彙を加えてもいる。

3）類義語の弁別を重視しているのは本辞典の特徴の一つである。随所にコラムを設けた他，これとは別に「目で見る類義語」欄を置き，視覚に訴える類義語弁別も行った。この大半は東方書店刊『東方』に連載したもので，本辞典への収録を快諾された同編集部に感謝する。

4）中国の文化や風俗習慣を理解するものとして「百科知識」の

コラムを設け，主にことばに関わる文化の諸相を紹介した。

5）単語には品詞名をつけた。また，簡明な「文法」の説明と，個々の語の用法について注意をうながす「語法」欄を設け，参考書としての機能ももたせた。

6）コミュニケーションに役立つ「表現Chips」では，よく使う表現を意図別にまとめ，会話や作文に便ならしめた。

7）本文のなかに，中国らしい雰囲気をもつイラストを多く配した。これは単語の知的意味に加え，感性的な理解を助けるためである。また，目で見る逆引き単語集として「逆引きウインドウズ」を創設した。楽しみながら単語を覚えることができるだろう。

8）付録として「作文のための日中小辞典」をつけ，1，2年の作文の授業に十分対応できる語彙を網羅した。さらに中国語の発音の概要も付録において紹介してある。

以上のように，ここには発音があり，文法があり，百科知識があり，文化もコミュニケーションもある。一冊の辞書で参考書の要素をもち，あわよくば先生を超えようという思惑も秘めている。

中国語の幼少期をここで過ごす。ここが一人ひとりの語感のふるさとになる。ふるさとはその人の基礎をはぐくむ。ふるさとには時々戻りたくなる。読者が成人になり，中国語の達人になっても，時々ここを訪れる。そんな辞書でありたいと願っている。

2001年 秋　　相原 茂

新装版にあたり

発行以来，20年の永きにわたり，入門期の学習辞典として利用者に歓迎され，また先生方には最初の辞書としてご推薦を頂いた。誠に感謝に堪えない。

今回装いを新たにしたが「中国語学習の幼少期をここで過ごす」という本書のコンセプトは変わらない。

2021年 春　　相原 茂

目 次

この辞書の使い方

この辞書は中国語の入門から中級段階で学ぶべき約11,000語を精選し，はじめて中国語に触れる読者が使いやすい辞書を目指した．同時に，上級者にとっても有用な情報を提供するべくつとめた．

1．最重要語，重要語

基本的には『漢語水平詞彙與漢字等級大綱』（国家対外漢語教学領導小組弁公室 漢語水平考試部）の定めた「詞彙等級大綱」に基づき，最重要語（甲）には★★マーク，重要語（乙）には★マーク，次重要語（丙）には†マークを付けて示した．ただし，「大綱」発表後10年が経っており，本辞典では必要な見直しを行っている．

2．見出し語について

見出し語は，まずローマ字発音表記（ピンイン）を，次いで中国の簡体字による漢字表記の順とし，見出し語の配列はピンイン表記のアルファベット順となっている．

1）ピンイン表記が同一で，かつ声調が異なる場合にはその語の第1音節の声調によって排列した．その際の声調の順序は第一声・第二声・第三声・第四声・軽声の順とする．

2）第1音節の声調が同じ場合は，第2音節の声調によって排列した．

3）ピンイン表記も声調も同じであるものについては，漢字の画数順に排列した．

4）“一” yī および “不” bù の変調については，見出し語ではもとの声調で表示し，用例中では変調後の表示をしている．

5）離合詞（間に他の要素を挿入できるもの）については，ピンイン中に // で示した．

6）軽声については，音節の前に・を付けて示した．また，ふつうは軽声で読むが，声調をつけて読む場合もある語には・を付け，かつ声調符号も付けた．

7）よく r 化する単語については，語義の前に（～儿）と表示した．

3．品詞分類について

1）この辞書では品詞の表示を行った．
この辞書で採用した品詞名は以下のとおりである．
名詞・動詞・形容詞・数詞・量詞・助動詞・前置詞・副詞・区別詞・代詞・感嘆詞・接続詞・助詞・擬音語

2）形態素として用いられる場合，品詞名や語義区分の前に＊をつけて，これを表した．
*[名] 名詞であるが形態素として用いられる
*[尾] 接尾辞として用いられる
*[頭] 接頭辞として用いられる
*❶　❶の語義の場合，形態素として用いられる

3）一単語ではなくフレーズである場合，次のような分類をした．
[成] 成語
[慣] 熟語，あるいは慣用句
[組] 組み合わせ連語
[呼] 定型呼応フレーズ
[俗] 俗語・ことわざなど

4．語釈・用例について

1）語釈は原義を先に，派正義を後に記し，❶❷❸…の数字を用いて，記述した．
用例は¶の後にピンイン表記,[　]の中に漢字表記，続いて日本語訳を記した．用例が複数ある場合には／をもって区別してある．

2）例文中の「～」は見出し語に相当する．

3）用例はその語の基本的な用法であるもの,初級者が理解できるような平易なものであることを心がけた．

4）見出し語が名詞である場合,初級学習者に必要な範囲で,よく用いられる量詞を〔　〕にくくって情報として提示した．

5）「…ともいう」,「…とも書く」,「反義語」等の情報は，見出し語の語義が複数ある場合,その全体について言える場合は,解説の最後に‖マークを入れて表記した．また,見出し語の一部の語義に限定される場合は，その語義の直後に入れた．

5．記号・略号について

品詞

[名]　名詞	[動]　動詞	[形]　形容詞
[数]　数詞	[量]　量詞	[助動]　助動詞
[前]　前置詞	[副]　副詞	[区]　区別詞
[嘆]　感嘆詞	[助]　助詞	[代]　代詞
[接]　接続詞	[擬]　擬音語	*[頭]　接頭辞
*[尾]　接尾辞		

フレーズ

成　成語	呼　定型呼応フレーズ
慣　熟語，あるいは慣用句	俗　俗語・ことわざなど
組　組み合わせ連語	

その他の情報

〈方〉　方言	〈喩〉　比喩表現
〈書〉　書面語	〈貶〉　悪い意味で用いる
〈口〉　口語	〈敬〉　尊敬語

分野別

〔医〕　医学	〔音〕　音楽	〔化〕　化学
〔気〕　気象	〔軍〕　軍事	〔経〕　経済
〔語〕　言語	〔鉱〕　鉱物	〔宗〕　宗教
〔植〕　植物	〔数〕　数学	〔生〕　生物
〔生理〕　生理	〔地質〕　地質	〔中医〕　漢方医学
〔哲〕　哲学	〔電〕　電気	〔農〕　農業
〔仏〕　仏教	〔物〕　物理	〔法〕　法律
〔薬〕　薬学		

その他の記号

★★　最重要語（約 1000 語）　　★　重要語（約 2000 語）

†　次重要語（約 2200 語）

＊　形態素　　→　異読音　　↔　反義語　　＝　同義語

‖　別の言い方，別の書き方

注記

➡類義語　類義語コラム参照

➡見る類　目で見る類義語コラム参照

➡文法　文法コラム参照

部首一覧

（数字は漢字発音表の検索数字）

● 1 画 ●

1 一
2 丨
3 丿（乛）
4 丶
5 乙（乛㇆乚）

● 2 画 ●

6 二
7 十
8 厂
9 匚
10 刂
11 卜（⺊）
12 冂
13 亻
14 八（丷）
15 人（入）
16 勹
17 儿
18 几（⺇）
19 亠
20 冫
21 冖
22 讠（言）
23 卩（㔾）
24 阝〔左〕
25 阝〔右〕
26 凵
27 刀（⺈）
28 力
29 厶
30 又（⺓）
31 廴

● 3 画 ●

32 士
33 土（⼟）
34 工（⼯）
35 扌
36 艹
37 寸
38 廾
39 大
40 尢
41 弋
42 小（⺌）
43 口
44 囗
45 山
46 巾
47 彳
48 彡
49 犭
50 夕
51 夂
52 饣（飠）
53 丬（爿）
54 广
55 门（門）
56 氵
57 忄
58 宀
59 辶（⻍）
60 彐（⺕彑）
61 尸
62 己（巳）
63 弓
64 子（孑）
65 屮（屮屯）
66 女
67 马（馬）
68 纟（糸）
69 幺
70 巛

● 4 画 ●

71 王（⺩）
72 韦（韋）
73 木
74 犬
75 歹
76 车（車）
77 戈
78 比
79 瓦
80 止
81 攴
82 日
83 曰（⺜）
84 贝（貝）
85 水（氺）
86 见（見）
87 牛（⺧⺷）
88 手（龵）
89 毛
90 气
91 攵
92 片
93 斤
94 爪（爫）
95 父
96 月（⺼）
97 欠
98 风（風）
99 殳
100 文
101 方
102 火
103 斗
104 灬

105 户
106 礻（示）
107 心
108 肀（聿⺻）
109 毋（母）

5画

110 示
111 石
112 龙（龍）
113 业
114 目
115 田
116 罒
117 皿
118 钅（釒）
119 矢
120 禾
121 白
122 瓜
123 用
124 鸟（鳥）
125 疒
126 立
127 穴（⺴）
128 衤（衣）
129 疋（⺪）
130 皮
131 矛

6画

132 耒
133 老
134 耳（⽿）
135 臣
136 西（覀）
137 页（頁）
138 虍
139 虫
140 缶
141 舌
142 竹（⺮）
143 臼
144 自
145 血
146 舟
147 衣
148 羊（⺶⺷）
149 米
150 艮（⾉）
151 羽
152 糸

7画

153 麦（麥）
154 走
155 赤
156 豆
157 酉
158 辰
159 豕
160 卤（鹵）
161 里
162 足（⻊）
163 身（⾝）
164 采
165 谷
166 豸
167 角
168 言
169 辛

8画

170 青
171 其
172 雨（⻗）
173 齿（齒）
174 黾（黽）
175 隹
176 金
177 鱼（魚）

9画

178 革
179 骨（骨）
180 鬼
181 食
182 音

11画

183 麻
184 鹿

12画～

185 黑（黒）
186 鼠
187 鼻

漢字発音表

・この漢字発音表は，商務印書館『新華字典』1998 年修訂版に拠って編集した．
・配列は部首別とし，それらを部首の画数を差し引いて，画数の少ないほうから順に配列した．
・部首の所属がわかりにくいものについては，２つ以上の部首から引けるように検索の便を図った．
・多音字については，その読みをピンイン順に示した．
・部首から検索しにくい字については，58 ページの〈難漢字総画索引〉を利用する．

1　一

一 yī
1 画
丁 dīng
　zhēng
七 qī
2 画
三 sān
干 gān
　gàn
于 yú
上 shǎng
　shàng
才 cái
下 xià
丈 zhàng
兀 wù
与 yǔ
　yù
万 wàn
3 画
丰 fēng
井 jǐng
开 kāi
夫 fū
　fú
天 tiān
元 yuán
无 wú
专 zhuān
丐 gài
五 wǔ
不 bù
友 yǒu
丑 chǒu
牙 yá
屯 tún
互 hù
4 画
末 mò
未 wèi
击 jī
正 zhēng
　zhèng
甘 gān
世 shì
本 běn
且 qiě
可 kě
　kè
丙 bǐng
左 zuǒ
丘 qiū
右 yòu
布 bù
册 cè
平 píng
东 dōng
丝 sī
5 画
考 kǎo
老 lǎo
共 gòng
亚 yà
亘 gèn
吏 lì
再 zài
在 zài
百 bǎi
有 yǒu
　yòu
而 ér
死 sǐ
夹 gā
　jiā
　jiá
夷 yí
丞 chéng
尧 yáo
至 zhì
6 画
严 yán
巫 wū
求 qiú
甫 fǔ
更 gēng
　gèng
束 shù
两 liǎng
丽 lí
　lì
来 lái
7 画
奉 fèng
武 wǔ
表 biǎo
其 qí
画 huà
事 shì
枣 zǎo
8 画
奏 zòu
毒 dú

字	発音
韭	jiǔ
甚	shèn
巷	hàng
	xiàng
柬	jiǎn
歪	wāi
甭	béng
面	miàn
昼	zhòu

9 画

字	発音
艳	yàn
泰	tài
恭	gōng
哥	gē
夏	xià

10 画～

字	発音
焉	yān
堇	jǐn
爽	shuǎng
棘	jí
赖	lài
整	zhěng
噩	è
臻	zhēn
囊	nāng
	náng

2 丨

2 画

字	発音
上	shǎng
	shàng
也	yě

3 画

字	発音
丰	fēng
中	zhōng
	zhòng
内	nèi
书	shū

4 画

字	発音
卡	kǎ
	qiǎ
北	běi
凸	tū
旧	jiù
归	guī
且	qiě
甲	jiǎ
申	shēn
电	diàn
由	yóu
冉	rǎn
央	yāng
史	shǐ
半	bàn
凹	āo
出	chū

5 画～7 画

字	発音
师	shī
曳	yè
曲	qū
	qǔ
肉	ròu
县	xiàn
串	chuàn
非	fēi
果	guǒ
畅	chàng
肃	sù

8 画～

字	発音
韭	jiǔ
临	lín
将	jiāng
	jiàng
幽	yōu
艳	yàn
鼎	dǐng
冀	jì

3 丿（一）

1 画～2 画

字	発音
入	rù
九	jiǔ
匕	bǐ
乃	nǎi
千	qiān
乞	qǐ
川	chuān
义	yì
么	me
久	jiǔ
丸	wán
及	jí

3 画

字	発音
午	wǔ
壬	rén
升	shēng
夭	yāo
长	cháng
	zhǎng
币	bì
反	fǎn
爻	yáo
乏	fá
氏	shì
丹	dān
乌	wū

4 画

字	発音
生	shēng
失	shī
乍	zhà
丘	qiū
史	shǐ
乎	hū
用	yòng
甩	shuǎi
乐	lè
	yuè
册	cè
处	chǔ
	chù
冬	dōng
务	wù

5 画

字	発音
年	nián
朱	zhū
丢	diū
乔	qiáo
乒	pīng
乓	pāng
向	xiàng
后	hòu
杀	shā
兆	zhào
氽	cuān
危	wēi
各	gè
色	sè
	shǎi

6 画

字	発音
我	wǒ
每	měi
兵	bīng
囱	cōng
希	xī
龟	guī
	jūn
卵	luǎn
系	jì

	xì
7 画	
垂	chuí
乖	guāi
秉	bǐng
臾	yú
卑	bēi
阜	fù
质	zhì
肴	yáo
周	zhōu
8 画	
拜	bài
重	chóng
	zhòng
复	fù
禹	yǔ
胤	yìn
9 画～	
乘	chéng
	shèng
甥	shēng
粤	yuè
弑	shì
舞	wǔ
疑	yí
孵	fū
靠	kào

4 丶

2 画～3 画	
丫	yā
义	yì
丸	wán
之	zhī
丹	dān
为	wéi
	wèi
4 画	
主	zhǔ
半	bàn
头	tóu
必	bì
永	yǒng
5 画～	
州	zhōu
农	nóng
良	liáng
卷	juǎn
	juàn
亲	qīn
	qìng
叛	pàn
举	jǔ
益	yì

5 乙（乛乚）

乙	yǐ
1 画～3 画	
刁	diāo
了	le
	liǎo
九	jiǔ
也	yě
乞	qǐ
飞	fēi
习	xí
乡	xiāng
幺	yāo
尹	yǐn
尺	chǐ
丑	chǒu
巴	bā
孔	kǒng
以	yǐ
予	yú
	yǔ
书	shū
4 画	
司	sī
民	mín
弗	fú
电	diàn
出	chū
发	fā
	fà
丝	sī
5 画	
艮	gěn
	gèn
尽	jǐn
	jìn
乩	jī
丞	chéng
买	mǎi
6 画～9 画	
君	jūn
即	jí
乱	luàn
甬	yǒng
肃	sù
隶	lì
承	chéng
函	hán
畅	chàng
虱	shī
乳	rǔ
既	jì
昼	zhòu
胤	yìn
癸	guǐ
10 画～	
乾	qián
豫	yù

6 二

二	èr
干	gān
	gàn
于	yú
亏	kuī
五	wǔ
井	jǐng
开	kāi
元	yuán
无	wú
云	yún
专	zhuān
互	hù
丕	pī
亚	yà
亘	gèn

7 十

十	shí
1 画～5 画	
千	qiān
午	wǔ
升	shēng
支	zhī
卉	huì
古	gǔ
考	kǎo
毕	bì
华	huá
协	xié
克	kè

6 画
卓 zhuó
直 zhí
卑 bēi
阜 fù
卒 zú
丧 sāng
sàng
卖 mài
7 画～10 画
南 nán
真 zhēn
隼 sǔn
索 suǒ
乾 qián
啬 sè
博 bó
韩 hán
辜 gū
11 画～
斡 wò
兢 jīng
翰 hàn
矗 chù

8 厂

厂 chǎng
2 画～6 画
厅 tīng
仄 zè
历 lì
厄 è
厉 lì
压 yā
yà
厌 yàn
励 lì
厕 cè
7 画～8 画
厘 lí
厚 hòu
原 yuán
9 画～10 画
厢 xiāng
厩 jiù
厨 chú
厦 shà
xià
雁 yàn
厥 jué
12 画～
厮 sī
靥 yè
赝 yàn

9 匚

2 画～4 画
区 qū
匹 pǐ
巨 jù
匡 kuāng
匠 jiàng
5 画～
匣 xiá
医 yī
匦 guǐ
匿 nì
匪 fěi
匾 biǎn

10 刂

2 画～3 画
刈 yì
刊 kān
4 画
刑 xíng
列 liè
划 huá
huà
则 zé
刚 gāng
创 chuāng
chuàng
刎 wěn
刘 liú
5 画
别 bié
biè
利 lì
删 shān
刨 bào
páo
判 pàn
6 画
刺 cī
cì
刳 kū
到 dào
制 zhì
刮 guā
刹 chà
shā
剁 duò
剂 jì
刻 kè
刷 shuā
7 画
荆 jīng
削 xiāo
xuē
剐 guǎ
剑 jiàn
前 qián
剃 tì
8 画
剔 tī
剖 pōu
剜 wān
剥 bāo
bō
剧 jù
9 画～
副 fù
剩 shèng
割 gē
剽 piāo
剿 chāo
jiǎo
劐 huō

11 卜（⺊）

卜 bo
bǔ
上 shǎng
shàng
卡 kǎ
qiǎ
占 zhān
zhàn
外 wài
处 chǔ
chù
卢 lú
贞 zhēn
卤 lǔ
卦 guà
卧 wò
卓 zhuó

桌 zhuō

12 冂

冈 gāng
内 nèi
丹 dān
冉 rǎn
册 cè
再 zài
同 tóng
tòng
网 wǎng
肉 ròu
周 zhōu
罔 wǎng

13 亻

1 画
亿 yì
2 画
仁 rén
什 shén
shí
仆 pū
pú
化 huā
huà
仇 chóu
仍 réng
仅 jǐn
jìn
3 画
仨 sā
仕 shì
付 fù
仗 zhàng
代 dài
仙 xiān
仟 qiān
们 men
仪 yí
仔 zǐ
他 tā
4 画
伟 wěi
传 chuán
zhuàn
休 xiū
伍 wǔ
伎 jì
伏 fú
优 yōu
伐 fá
佤 wǎ
仲 zhòng
件 jiàn
任 rèn
伤 shāng
价 jià
伦 lún
份 fèn
华 huá
仰 yǎng
仿 fǎng
伙 huǒ
伪 wěi
伫 zhù
伊 yī
似 shì
sì
5 画
佞 nìng
估 gū
体 tǐ
何 hé
佐 zuǒ
佑 yòu
但 dàn
伸 shēn
佃 diàn
作 zuō
zuò
伯 bó
伶 líng
佣 yōng
yòng
低 dī
你 nǐ
住 zhù
位 wèi
伴 bàn
伺 cì
sì
佛 fó
伽 gā
jiā
qié
6 画
佳 jiā
侍 shì
佬 lǎo
供 gōng
gòng
使 shǐ
佰 bǎi
例 lì
侠 xiá
侥 jiǎo
侄 zhí
侦 zhēn
侣 lǚ
侗 dòng
侃 kǎn
侧 cè
侏 zhū
侨 qiáo
侩 kuài
佻 tiāo
佾 yì
佩 pèi
侈 chǐ
依 yī
佯 yáng
侬 nóng
7 画
俨 yǎn
便 biàn
pián
俩 liǎ
liǎng
俪 lì
修 xiū
俏 qiào
俣 yǔ
俚 lǐ
保 bǎo
促 cù
俄 é
俐 lì
侮 wǔ
俭 jiǎn
俗 sú
俘 fú
信 xìn
侵 qīn
侯 hóu
俑 yǒng
俟 sì

俊 jùn

8画

俸 fèng
倩 qiàn
债 zhài
借 jiè
值 zhí
倚 yǐ
俺 ǎn
倾 qīng
倒 dǎo
 dào
俳 pái
倏 shū
倘 cháng
 tǎng
俱 jù
倡 chàng
候 hòu
倭 wō
倪 ní
俾 bǐ
俯 fǔ
倍 bèi
倦 juàn
健 jiàn
倨 jù
倔 jué
 juè

9画

做 zuò
偃 yǎn
偕 xié
偿 cháng
偶 ǒu
偎 wēi
傀 kuǐ
偷 tōu
停 tíng
偏 piān
假 jiǎ
 jià

10画

傣 dǎi
傲 ào
傅 fù
傈 lì
傍 bàng
储 chǔ

11画

催 cuī
傻 shǎ
像 xiàng

12画

儆 jǐng
僳 sù
僚 liáo
僭 jiàn
僧 sēng

13画

僵 jiāng
僻 pì

14画～

儒 rú
儡 lěi

14 八（丷）

八 bā

1画～2画

丫 yā
兮 xī
分 fēn
 fèn
公 gōng
六 liù

3画～6画

兰 lán
半 bàn
只 zhī
 zhǐ
并 bìng
关 guān
共 gòng
兴 xīng
 xìng
兑 duì
兵 bīng
谷 gǔ
弟 dì
卷 juǎn
 juàn
其 qí
具 jù
单 chán
 dān
典 diǎn

7画～8画

差 chā
 chà
 chāi
 cī
养 yǎng
叛 pàn
前 qián
酋 qiú
首 shǒu
兹 zī
真 zhēn
益 yì
兼 jiān

9画～

着 zhāo
 zháo
 zhe
 zhuó
黄 huáng
兽 shòu
普 pǔ
尊 zūn
奠 diàn
曾 céng
 zēng
巽 xùn
舆 yú
冀 jì

15 人（入）

人 rén
入 rù

1画～3画

个 gè
仄 zè
介 jiè
从 cóng
仑 lún
今 jīn
以 yǐ
仓 cāng
从 cóng
令 lìng

4画～6画

全 quán
会 huì
 kuài
合 gě
 hé
企 qǐ
氽 cuān

漢字発音表

众　zhòng
伞　sǎn
余　yú
巫　wū
含　hán
舍　shě
　shè
命　mìng
臾　yú
贪　tān
7画～
俎　zǔ
拿　ná
衾　qīn
龛　kān
盒　hé
舒　shū
禽　qín

16　勹

1画
勺　sháo
2画
勿　wù
匀　yún
勾　gōu
　gòu
3画
句　gōu
　jù
匆　cōng
包　bāo
4画
旬　xún
匈　xiōng
5画～
甸　diàn
匍　pú
匐　fú
够　gòu

17　儿

儿　ér
1画～4画
兀　wù
元　yuán
允　yǔn
兄　xiōng
尧　yáo
光　guāng
先　xiān
兆　zhào
充　chōng
5画～
克　kè
免　miǎn
兑　duì
兔　tù
党　dǎng
竞　jìng
兜　dōu
兢　jīng

18　几（⺇）

几　jī
　jǐ
1画～3画
凡　fán
风　fēng
凤　fèng
4画～
夙　sù
壳　ké
　qiào
秃　tū
咒　zhòu
凯　kǎi
凭　píng
凰　huáng
凳　dèng

19　亠

1画～4画
亡　wáng
六　liù
亢　kàng
市　shì
玄　xuán
齐　qí
交　jiāo
亦　yì
产　chǎn
亥　hài
充　chōng
5画～6画
亩　mǔ
亨　hēng
弃　qì
变　biàn
京　jīng
享　xiǎng
夜　yè
卒　zú
氓　máng
7画
弯　wān
哀　āi
亭　tíng
亮　liàng
弈　yì
奕　yì
彦　yàn
帝　dì
8画
衰　shuāi
衷　zhōng
高　gāo
离　lí
衮　gǔn
旁　páng
9画～10画
毫　háo
孰　shóu
　shú
烹　pēng
商　shāng
率　lǜ
　shuài
亵　xiè
就　jiù
11画～14画
禀　bǐng
雍　yōng
裹　guǒ
豪　háo
膏　gāo
　gào
褒　bāo
壅　yōng
15画～
襄　xiāng
嬴　yíng

20　冫

1画～6画
习　xí
冬　dōng
冯　féng

漢字発音表

píng
冲 chōng
chòng
冰 bīng
次 cì
决 jué
尽 jǐn
jìn
冻 dòng
况 kuàng
冷 lěng
冶 yě
净 jìng

8 画～

凌 líng
凄 qī
准 zhǔn
凋 diāo
凉 liáng
liàng
弱 ruò
凑 còu
减 jiǎn
凛 lǐn
凝 níng

21 冖

冗 rǒng
写 xiě
军 jūn
农 nóng
罕 hǎn
冠 guān
guàn
冢 zhǒng
冥 míng
冤 yuān
幂 mì

22 讠（言）

2 画

计 jì
订 dìng
讣 fù
认 rèn
讥 jī

3 画

讨 tǎo
让 ràng
讪 shàn
讫 qì
训 xùn
议 yì
讯 xùn
记 jì

4 画

讲 jiǎng
讳 huì
讴 ōu
讶 yà
讷 nè
许 xǔ
讹 é
论 lún
lùn
讼 sòng
讽 fěng
设 shè
访 fǎng
诀 jué

5 画

证 zhèng
诂 gǔ
评 píng
诅 zǔ
识 shí
zhì
诈 zhà
诉 sù
诊 zhěn
诋 dǐ
诌 zhōu
词 cí
诏 zhào
译 yì

6 画

诓 kuāng
试 shì
诗 shī
诘 jié
诙 huī
诚 chéng
诛 zhū
话 huà
诞 dàn
诟 gòu
诠 quán
诡 guǐ
询 xún
诣 yì
诤 zhèng
该 gāi
详 xiáng
诧 chà
诨 hùn
诩 xǔ

7 画

诫 jiè
诬 wū
语 yǔ
误 wù
诰 gào
诱 yòu
诲 huì
诳 kuáng
说 shuì
shuō
诵 sòng

8 画

请 qǐng
诸 zhū
诹 zōu
诺 nuò
读 dú
诽 fěi
课 kè
谀 yú
谁 shéi
shuí
调 diào
tiáo
谄 chǎn
谅 liàng
谆 zhūn
谈 tán
谊 yì

9 画

谋 móu
谍 dié
谎 huǎng
谏 jiàn
谐 xié
谑 xuè
谒 yè
谓 wèi
谕 yù
谗 chán
谙 ān

谚	yàn
谛	dì
谜	mí

10 画

谢	xiè
谣	yáo
谤	bàng
谥	shì
谦	qiān
谧	mì

11 画

谨	jǐn
谩	mán
	màn
谬	miù

12 画～

谭	tán
谱	pǔ
谲	jué
谳	yàn
谴	qiǎn
谵	zhān
雠	chóu
谶	chèn

23 卩（㔾）

卫	wèi
叩	kòu
卮	zhī
印	yìn
卯	mǎo
危	wēi
却	què
卵	luǎn
卷	juǎn
	juàn
卸	xiè
卿	qīng

24 阝〔左〕

2 画～4 画

队	duì
阡	qiān
阱	jǐng
阮	ruǎn
阵	zhèn
阳	yáng
阶	jiē
阴	yīn
防	fáng

5 画

际	jì
陆	liù
	lù
阿	ā
	ē
陇	lǒng
陈	chén
阻	zǔ
附	fù
陀	tuó
陂	bēi

6 画～8 画

陋	lòu
陌	mò
陕	shǎn
降	jiàng
	xiáng
陔	gāi
限	xiàn
陡	dǒu
陛	bì
陟	zhì
陨	yǔn
除	chú
险	xiǎn
院	yuàn
陵	líng
陶	táo
陷	xiàn
陪	péi

9 画

隋	suí
堕	duò
随	suí
隅	yú
隈	wēi
隆	lóng
隐	yǐn

10 画～

隔	gé
隙	xì
隘	ài
障	zhàng
隧	suì

25 阝〔右〕

2 画～4 画

邓	dèng
邦	bāng
邢	xíng
邪	xié
祁	qí
那	nà
	nèi

5 画

邯	hán
邮	yóu
邱	qiū
邻	lín
邸	dǐ
邹	zōu
邵	shào

6 画

耶	yē
	yé
郁	yù
郊	jiāo
郑	zhèng
郎	láng

7 画

郝	hǎo
郦	lì
郢	yǐng
郡	jùn

8 画

都	dōu
	dū
郭	guō
部	bù

9 画～

鄂	è
鄙	bǐ
酆	fēng

26 凵

凶	xiōng
击	jī
凸	tū
出	chū
凹	āo
画	huà
函	hán
幽	yōu
凿	záo

27 刀（⺈）

刀	dāo

1画～5画

刃 rèn
切 qiē
 qiè
分 fēn
 fèn
召 shào
 zhào
刍 chú
危 wēi
负 fù
争 zhēng
色 sè
 shǎi
龟 guī
 jūn
免 miǎn
初 chū

6画～

兔 tù
券 quàn
急 jí
象 xiàng
剪 jiǎn
赖 lài
劈 pī
 pǐ

28 力

力 lì

2画～4画

办 bàn
劝 quàn
功 gōng
夯 hāng
加 jiā
务 wù
幼 yòu
动 dòng
劣 liè

5画～6画

劫 jié
劳 láo
励 lì
助 zhù
男 nán
努 nǔ
劭 shào
劲 jìn
 jìng
势 shì
劾 hé

7画

勃 bó
勋 xūn
勉 miǎn
勇 yǒng

10画～

募 mù
甥 shēng
勰 xié

29 厶

幺 yāo
允 yǔn
去 qù
台 tái
牟 móu
县 xiàn
矣 yǐ
叁 sān
参 cān
 cēn
 shēn
垒 lěi
能 néng

30 又（ヌ）

又 yòu

1画～4画

叉 chā
 chá
 chǎ
支 zhī
友 yǒu
收 shōu
邓 dèng
劝 quàn
双 shuāng
圣 shèng
对 duì
发 fā
 fà
戏 xì
观 guān
 guàn
欢 huān

6画～9画

取 qǔ
叔 shū
受 shòu
变 biàn
艰 jiān
竖 shù
叟 sǒu
叙 xù
叛 pàn
难 nán
 nàn
曼 màn

11画～

叠 dié
聚 jù

31 廴

廷 tíng
延 yán
建 jiàn

32 士

士 shì
壬 rén
吉 jí
壮 zhuàng
壳 ké
 qiào
志 zhì
声 shēng
壶 hú
喜 xǐ
壹 yī
鼓 gǔ
嘉 jiā
熹 xī
馨 xīn
懿 yì

33 土（扌）

土 tǔ

2画～3画

去 qù
圣 shèng
圩 wéi
圭 guī
寺 sì
在 zài
至 zhì
尘 chén

圪 gē
考 kǎo
老 lǎo
圳 zhèn
圾 jī
地 de
　 dì
场 cháng
　 chǎng

4 画

坛 tán
坏 huài
址 zhǐ
坚 jiān
坝 bà
坂 bǎn
坐 zuò
坎 kǎn
坍 tān
均 jūn
坞 wù
坟 fén
坑 kēng
坊 fāng
　 fáng
块 kuài
坠 zhuì

5 画

坩 gān
坷 kě
坯 pī
垄 lǒng
坪 píng
垆 lú
坦 tǎn
坤 kūn
坼 chè
垃 lā
幸 xìng
坨 tuó
坭 ní
坡 pō

6 画

型 xíng
垫 diàn
垣 yuán
垮 kuǎ
城 chéng
垢 gòu
垛 duǒ
　 duò
垓 gāi
垠 yín
垦 kěn
垒 lěi

7 画

埔 pǔ
埂 gěng
埋 mái
　 mán
埚 guō
袁 yuán
埃 āi

8 画

堵 dǔ
基 jī
埴 zhí
域 yù
埯 ǎn
堑 qiàn
堂 táng
堆 duī
埠 bù
培 péi
堕 duò

9 画

堪 kān
塔 tǎ
堰 yàn
堤 dī
堡 bǎo
　 bǔ

10 画

墓 mù
填 tián
塌 tā
塘 táng
塑 sù
塞 sāi
　 sài
　 sè

11 画

墙 qiáng
墟 xū
墅 shù
塾 shú
境 jìng

12 画～

墨 mò
墩 dūn
增 zēng
臻 zhēn
壅 yōng
壁 bì
壑 hè
壕 háo
疆 jiāng
壤 rǎng

34 工（工）

工 gōng
左 zuǒ
巧 qiǎo
功 gōng
式 shì
巩 gǒng
贡 gòng
攻 gōng
巫 wū
项 xiàng
差 chā
　 chà
　 chāi
　 cī

35 扌

1 画～2 画

扎 zā
　 zhā
　 zhá
打 dá
　 dǎ
扑 pū
扒 bā
　 pá
扔 rēng

3 画

扛 káng
扣 kòu
扦 qiān
托 tuō
执 zhí
扩 kuò
扫 sǎo
　 sào
扬 yáng

4 画

扶 fú

抚 fǔ
技 jì
抠 kōu
扰 rǎo
扼 è
拒 jù
找 zhǎo
批 pī
扯 chě
抄 chāo
折 shé
zhē
zhé
抓 zhuā
扳 bān
抡 lūn
扮 bàn
抢 qiǎng
抑 yì
抛 pāo
投 tóu
抗 kàng
抖 dǒu
护 hù
抉 jué
扭 niǔ
把 bǎ
bà
报 bào
拟 nǐ
抒 shū

5 画

抹 mā
mǒ
mò
拓 tà
tuò
拢 lǒng
拔 bá
抨 pēng
拣 jiǎn
拈 niān
担 dān
dàn
押 yā
抻 chēn
抽 chōu
拐 guǎi
拖 tuō
拍 pāi
拆 chāi
拥 yōng
抵 dǐ
拘 jū
抱 bào
拄 zhǔ
拉 lā
lá
拦 lán
拌 bàn
拧 níng
nǐng
nìng
抿 mǐn
拂 fú
拙 zhuō
招 zhāo
披 pī
拨 bō
择 zé
zhái
抬 tái
拇 mǔ
拗 ào
niù

6 画

拭 shì
挂 guà
持 chí
拮 jié
拷 kǎo
拱 gǒng
挝 wō
zhuā
挎 kuà
挞 tà
挟 xié
挠 náo
挡 dǎng
拽 zhuāi
zhuài
挺 tǐng
括 kuò
拴 shuān
拾 shí
挑 tiāo
tiǎo
指 zhǐ
挣 zhēng
zhèng
挤 jǐ
拼 pīn
挖 wā
按 àn
挥 huī
挪 nuó
拯 zhěng

7 画

捞 lāo
捕 bǔ
捂 wǔ
振 zhèn
捎 shāo
捍 hàn
捏 niē
捉 zhuō
捆 kǔn
捐 juān
损 sǔn
捌 bā
捡 jiǎn
挫 cuò
捋 lǚ
luō
换 huàn
挽 wǎn
捣 dǎo
捅 tǒng
挨 āi
ái

8 画

捧 pěng
措 cuò
描 miáo
捺 nà
掩 yǎn
捷 jié
排 pái
pǎi
掉 diào
掳 lǔ
捶 chuí
推 tuī
掀 xiān
授 shòu
捻 niǎn
掏 tāo
掐 qiā

掬 jū
掠 lüè
掂 diān
掖 yē
yè
接 jiē
掷 zhì
掸 dǎn
控 kòng
探 tàn
据 jū
jù
掘 jué
掇 duō

9 画

揍 zòu
搽 chá
搭 dā
揠 yà
揽 lǎn
提 dī
tí
揖 yī
揭 jiē
揣 chuāi
chuǎi
chuài
插 chā
揪 jiū
搜 sōu
援 yuán
搀 chān
搁 gē
gé
搓 cuō
搂 lōu
lǒu

搅 jiǎo
握 wò
揆 kuí
搔 sāo
揉 róu

10 画

摄 shè
摸 mō
摁 èn
摆 bǎi
携 xié
搋 chuāi
搬 bān
摇 yáo
搞 gǎo
搪 táng
搐 chù
搛 jiān
摈 bìn
搌 zhǎn
摊 tān

11 画

撂 liào
摞 luò
摧 cuī
摘 zhāi
摔 shuāi
撇 piē
piě

12 画

撵 niǎn
撕 sī
撒 sā
sǎ
撅 juē
撩 liāo
liáo

撑 chēng
撮 cuō
zuǒ
撬 qiào
播 bō
擒 qín
撞 zhuàng
撤 chè
撙 zǔn
撺 cuān
撰 zhuàn

13 画

擀 gǎn
撼 hàn
擂 léi
lèi
操 cāo
擅 shàn
擗 pǐ

14 画～

擤 xǐng
擦 cā
擢 zhuó
攒 cuán
zǎn
攘 rǎng
攫 jué
攥 zuàn

36 艹

1 画～3 画

艺 yì
艾 ài
节 jiē
jié
艿 nǎi
芋 yù

共 gòng
芍 sháo
芒 máng
芝 zhī

4 画

芙 fú
芫 yán
芜 wú
苇 wěi
芸 yún
苣 jù
芽 yá
花 huā
芹 qín
芥 gài
jiè
芬 fēn
苍 cāng
芡 qiàn
芟 shān
芳 fāng
芦 lú
芯 xīn
xìn
劳 láo
芭 bā
苏 sū

5 画

茉 mò
苦 kǔ
苯 běn
苛 kē
若 ruò
茂 mào
苹 píng
苫 shān
shàn

漢字発音表

苗	miáo
英	yīng
苟	gǒu
苑	yuàn
苞	bāo
范	fàn
茁	zhuó
茄	jiā
	qié
茎	jīng
苔	tái
茅	máo
6 画	
荆	jīng
茸	róng
茜	qiàn
茬	chá
荐	jiàn
巷	hàng
	xiàng
荚	jiá
草	cǎo
茧	jiǎn
茵	yīn
茴	huí
莛	tíng
荞	qiáo
茯	fú
荏	rěn
荟	huì
茶	chá
荀	xún
茗	míng
荠	jì
	qí
茭	jiāo
茨	cí

荒	huāng
茫	máng
荡	dàng
荣	róng
荤	hūn
荧	yíng
荨	qián
	xún
荫	yìn
茹	rú
荔	lì
药	yào
7 画	
荸	bí
莽	mǎng
莱	lái
莲	lián
莫	mò
莴	wō
莉	lì
莓	méi
荷	hé
	hè
荼	tú
荽	suī
获	huò
荻	dí
莹	yíng
莼	chún
8 画	
菁	jīng
著	zhù
菱	líng
堇	jǐn
黄	huáng
萘	nài
菲	fēi

菽	shū
菖	chāng
萌	méng
萝	luó
菌	jūn
	jùn
萎	wěi
萸	yú
菜	cài
菔	fú
菟	tú
	tù
萄	táo
菊	jú
萃	cuì
菩	pú
萍	píng
菹	zū
菠	bō
菅	jiān
菀	wǎn
萤	yíng
营	yíng
萧	xiāo
菰	gū
萨	sà
菇	gū
9 画	
葫	hú
惹	rě
葬	zàng
募	mù
葺	qì
葛	gé
	gě
萼	è
董	dǒng

葡	pú
葱	cōng
蒋	jiǎng
蒂	dì
蒎	pài
落	là
	lào
	luò
葵	kuí
10 画	
蒜	suàn
蓝	lán
墓	mù
幕	mù
蓦	mò
蓟	jì
蓬	péng
蓑	suō
蒿	hāo
蒟	jǔ
蒡	bàng
蓄	xù
蒲	pú
蓉	róng
蒙	mēng
	méng
	měng
蒻	ruò
蒸	zhēng
11 画	
蔫	niān
蔷	qiáng
慕	mù
暮	mù
摹	mó
蔓	màn
	wàn

蔑 miè
甍 méng
蔡 cài
蔗 zhè
蔺 lìn
蔽 bì
蔼 ǎi
蔚 wèi
蓼 liǎo

12画

蕨 jué
蕉 jiāo
蕃 fán
蕊 ruǐ
蔬 shū
蕴 yùn

13画

蕻 hóng
蕾 lěi
薯 shǔ
薨 hōng
薙 tì
薛 xuē
薪 xīn
薮 sǒu
薄 báo
　 bó
　 bò

14画

藉 jí
　 jiè
薹 tái
藏 cáng
　 zàng
薰 xūn
藐 miǎo

15画

藕 ǒu
藤 téng
藩 fān

16画～

孽 niè
蘑 mó
藻 zǎo
蘸 zhàn

37 寸

寸 cùn

2画～7画

对 duì
寺 sì
寻 xún
导 dǎo
寿 shòu
封 fēng
耐 nài
将 jiāng
　 jiàng
辱 rǔ
射 shè

8画～

尉 wèi
尊 zūn
爵 jué

38 廾

开 kāi
卉 huì
弁 biàn
异 yì
弄 nòng
弃 qì
弈 yì
羿 yì
葬 zàng
弊 bì
彝 yí

39 大

大 dà
　 dài

1画～3画

夫 fū
　 fú
天 tiān
夭 yāo
太 tài
央 yāng
失 shī
头 tóu
夯 hāng
夸 kuā
夹 gā
　 jiā
　 jiá
夺 duó
尖 jiān
夷 yí
买 mǎi

5画

奉 fèng
奈 nài
奔 bēn
　 bèn
奇 jī
　 qí
卖 mài
奄 yǎn
奋 fèn

6画

契 qì
奏 zòu
奎 kuí
奖 jiǎng
奕 yì
美 měi
牵 qiān
癸 guǐ

7画～8画

套 tào
奚 xī
奘 zàng
奢 shē
爽 shuǎng

9画～

奥 ào
奠 diàn
樊 fán

40 尢

尤 yóu
龙 lóng
尬 gà
就 jiù
尴 gān

41 弋

弋 yì
式 shì
贰 èr
弑 shì

42 小(⺌)

小 xiǎo

1画～3画

少 shǎo
　 shào
尔 ěr

尘 chén
尖 jiān
光 guāng
劣 liè
当 dāng
dàng

4画～7画

肖 xiào
尚 shàng
省 shěng
xǐng
尝 cháng
党 dǎng

8画～

雀 qiǎo
què
堂 táng
常 cháng
辉 huī
棠 táng
掌 zhǎng
裳 cháng
shang
耀 yào

43 口

口 kǒu

2画

叶 xié
yè
古 gǔ
叮 dīng
可 kě
kè
右 yòu
号 háo
hào
占 zhān
zhàn
只 zhī
zhǐ
史 shǐ
叱 chì
叽 jī
兄 xiōng
句 gōu
jù
司 sī
叼 diāo
叩 kòu
叫 jiào
加 jiā
叨 dāo
dáo
tāo
另 lìng
召 shào
zhào
叹 tàn
台 tái

3画

吁 xū
yū
yù
吐 tǔ
tù
吉 jí
吓 hè
xià
吏 lì
同 tóng
tòng
吕 lǚ
吊 diào
吃 chī
吒 zhā
向 xiàng
后 hòu
合 gě
hé
各 gè
名 míng
吸 xī
吗 má
mǎ
ma
吆 yāo

4画

呈 chéng
吴 wú
吞 tūn
呆 dāi
杏 xìng
吾 wú
吱 zhī
zī
否 fǒu
pǐ
吠 fèi
呕 ǒu
呃 e
呀 yā
ya
吨 dūn
吵 chǎo
呐 nà
呗 bài
bei
员 yuán
yún
告 gào
听 tīng
谷 gǔ
yù
吟 yín
含 hán
吩 fēn
呛 qiāng
qiàng
吻 wěn
吹 chuī
呜 wū
吝 lìn
吭 háng
kēng
启 qǐ
君 jūn
吼 hǒu
吧 bā
ba
邑 yì
吮 shǔn

5画

味 wèi
哎 āi
咕 gū
咂 zā
呸 pēi
咙 lóng
咔 kā
咀 jǔ
呻 shēn
咒 zhòu
知 zhī
和 hé
hè
hú
huó

	huò
咐	fù
呱	gū
	guā
呼	hū
命	mìng
周	zhōu
咎	jiù
咚	dōng
鸣	míng
咆	páo
咏	yǒng
呢	ne
	ní
咄	duō
咖	gā
	kā
呦	yōu
咝	sī
6画	
哐	kuāng
哇	wā
	wa
哉	zāi
哄	hōng
	hǒng
	hòng
哑	yā
	yǎ
哂	shěn
咸	xián
咴	huī
咧	liē
	liě
	lie
咦	yí
呲	cī
咣	guāng
虽	suī
品	pǐn
咽	yān
	yàn
	yè
哗	huā
	huá
咱	zán
响	xiǎng
哈	hā
	hǎ
	hà
咯	gē
	kǎ
	lo
哆	duō
咬	yǎo
哀	āi
咨	zī
咳	hāi
	ké
咩	miē
咪	mī
咤	zhà
哪	nǎ
	na
	něi
哞	mōu
哟	yō
	yo
7画	
哥	gē
哧	chī
哲	zhé
哮	xiào
唠	láo
	lào
哺	bǔ
哽	gěng
唇	chún
哨	shào
唢	suǒ
哩	lī
	lǐ
	li
哭	kū
哦	é
	ó
	ò
唤	huàn
唁	yàn
哼	hēng
	hng
唐	táng
唧	jī
啊	ā
	á
	ǎ
	à
	a
唉	āi
	ài
唆	suō
8画	
啧	zé
啪	pā
啦	lā
	la
喏	nuò
喵	miāo
营	yíng
啄	zhuó
啡	fēi
啃	kěn
啮	niè
唬	hǔ
唱	chàng
唾	tuò
唯	wéi
售	shòu
啤	pí
啥	shá
啐	cuì
商	shāng
兽	shòu
啖	dàn
啸	xiào
啜	chuò
9画	
喷	pēn
	pèn
喜	xǐ
喋	dié
嗒	dā
喃	nán
喳	chā
	zhā
喇	lǎ
喊	hǎn
喝	hē
	hè
喂	wèi
喘	chuǎn
啾	jiū
嗖	sōu
喉	hóu
喻	yù
喑	yīn
啼	tí
善	shàn

嗟 jiē
喽 lóu
lou
嚳 kù
喧 xuān
喀 kā
喔 wō
喙 huì

10 画

嘟 dū
嗜 shì
嗬 hē
嗔 chēn
嗦 suō
嗝 gé
嗣 sì
嗯 ńg
ňg
ǹg
嗅 xiù
嗥 háo
嗳 ǎi
ài
嗡 wēng
嗍 suō
嗨 hāi
嗤 chī
嗵 tōng
嗓 sǎng
辔 pèi

11 画

嘉 jiā
嘞 lei
嘈 cáo
嗽 sòu
嘁 qī
嘎 gā
嘘 shī
xū
嘣 bēng
嘛 ma
嘀 dī
dí

12 画

嘻 xī
嘭 pēng
噎 yē
嘶 sī
嘲 cháo
嘹 liáo
噗 pū
嘬 zuō
嘿 hēi
噢 ō
噙 qín
噌 cēng
嘱 zhǔ
噔 dēng

13 画

嚆 hāo
噩 è
噤 jìn
嘴 zuǐ
器 qì
噪 zào
噬 shì

14 画～

嚏 tì
嚎 háo
嚓 cā
嚣 xiāo
嚯 huò
嚼 jiáo
jiào
jué
嚷 rāng
rǎng
囊 nāng
náng

44 口

〇 líng

2 画～3 画

囚 qiú
四 sì
团 tuán
因 yīn
回 huí

4 画

园 yuán
围 wéi
困 kùn
囤 dùn
tún
囱 cōng
囵 lún
囫 hú

5 画～7 画

国 guó
固 gù
图 tú
囿 yòu
圃 pǔ
圆 yuán

8 画～

啬 sè
圈 juān
juàn
quān

45 山

山 shān

3 画～4 画

屿 yǔ
屹 yì
岌 jí
岁 suì
岂 qǐ
岐 qí
岖 qū
岗 gǎng
岔 chà
岚 lán
岛 dǎo

5 画

岸 àn
岩 yán
岿 kuī
岬 jiǎ
岳 yuè
岱 dài
岭 lǐng
岷 mín

6 画～7 画

峙 zhì
炭 tàn
峡 xiá
峥 zhēng
峦 luán
幽 yōu
峭 qiào
峨 é
峪 yù
峰 fēng
峻 jùn

8 画

崖 yá
崎 qí
崭 zhǎn
崔 cuī
崩 bēng
崇 chóng
崛 jué

9 画～

嵌 qiàn
嵘 róng
崽 zǎi
嵬 wéi
嵯 cuó
嵋 méi
嵩 sōng
巍 wēi

46 巾

巾 jīn

1 画～4 画

币 bì
布 bù
帅 shuài
市 shì
师 shī
吊 diào
帆 fān
帐 zhàng
希 xī

5 画

帖 tiē
tiě
tiè
帜 zhì
帙 zhì
帕 pà
帛 bó
帘 lián
帚 zhǒu
帑 tǎng

6 画～9 画

帮 bāng
带 dài
帧 zhēn
帝 dì
席 xí
常 cháng
帷 wéi
幅 fú
帽 mào
幄 wò

10 画～

幕 mù
幌 huǎng
幔 màn
幛 zhàng
幢 chuáng

47 彳

3 画～5 画

行 háng
xíng
彻 chè
役 yì
彷 fǎng
páng
征 zhēng
往 wǎng
彼 bǐ
径 jìng

6 画～7 画

待 dāi
dài
徊 huái
徇 xùn
徉 yáng
衍 yǎn
律 lǜ
很 hěn
徒 tú
徐 xú

8 画

徘 pái
徙 xǐ
徜 cháng
得 dé
de
děi
衔 xián

9 画～10 画

街 jiē
御 yù
徨 huáng
循 xún
衙 yá
微 wēi

12 画～

德 dé
衡 héng
徽 huī

48 彡

形 xíng
杉 shā
shān
彤 tóng
衫 shān
参 cān
cēn
shēn
须 xū
彦 yàn
彬 bīn
彪 biāo
彩 cǎi
彭 péng
彰 zhāng
影 yǐng

49 犭

2 画～4 画

犯 fàn
狂 kuáng
犹 yóu
狈 bèi
狄 dí

5 画～6 画

狙 jū
狎 xiá
狐 hú
狗 gǒu
狞 níng
狭 xiá
狮 shī
独 dú
狯 kuài
狡 jiǎo
狩 shòu
狱 yù
狠 hěn

7 画

获 huò
狸 lí
狷 juàn
狼 láng

8 画

猜 cāi

猪 zhū
猎 liè
猫 māo
猖 chāng
猝 cù
猕 mí
猛 měng

9画～

猢 hú
猩 xīng
猥 wěi
猬 wèi
猾 huá
猴 hóu
獗 jué
獠 liáo
獭 tǎ
獾 huān

50 夕

夕 xī
外 wài
舛 chuǎn
名 míng
岁 suì
多 duō
夜 yè
罗 luó
梦 mèng
够 gòu
夥 huǒ

51 夂

处 chǔ
chù
冬 dōng
务 wù
各 gè
条 tiáo
咎 jiù
备 bèi
复 fù
夏 xià
惫 bèi
螽 zhōng

52 饣（飠）

2画～4画

饥 jī
饨 tún
饪 rèn
饭 fàn
饮 yǐn
yìn

5画～6画

饯 jiàn
饰 shì
饱 bǎo
饲 sì
饴 yí
饵 ěr
饶 ráo
蚀 shí
饷 xiǎng
饺 jiǎo
饼 bǐng

7画～8画

饽 bō
饿 è
馁 něi
馄 hún
馅 xiàn
馆 guǎn

9画～11画

馈 kuì
馊 sōu
馋 chán
馍 mó
馏 liú
liù
馑 jǐn
馒 mán

12画～

馔 zhuàn
馕 náng

53 丬（爿）

爿 pán
壮 zhuàng
妆 zhuāng
状 zhuàng
将 jiāng
jiàng

54 广

广 guǎng

3画～5画

庄 zhuāng
庆 qìng
床 chuáng
库 kù
庇 bì
应 yīng
yìng
庐 lú
序 xù
庞 páng
店 diàn
庙 miào
府 fǔ
底 dǐ
庖 páo
庚 gēng
废 fèi

6画～8画

度 dù
duó
庭 tíng
席 xí
座 zuò
唐 táng
庶 shù
庵 ān
庾 yǔ
廊 láng
康 kāng
庸 yōng

10画～11画

廓 kuò
廉 lián
腐 fǔ
廖 liào

13画～

廪 lǐn
膺 yīng
鹰 yīng

55 门（門）

门 mén

1画～4画

闩 shuān
闪 shǎn
闭 bì
问 wèn
闯 chuǎng
闰 rùn
闲 xián

间 jiān
jiàn
闵 mǐn
闷 mēn
mèn

5 画～6 画

闸 zhá
闹 nào
闺 guī
闻 wén
闽 mǐn
闾 lǘ
阀 fá
阁 gé
阂 hé

7 画～8 画

阄 jiū
阅 yuè
阉 yān
阎 yán
阏 yān
阐 chǎn

9 画

阑 lán
阔 kuò
阕 què

10 画～

阖 hé
阙 quē
què

56 氵

2 画

汀 tīng
汁 zhī
汇 huì
汉 hàn

3 画

汗 hán
hàn
污 wū
江 jiāng
汕 shàn
汐 xī
汲 jí
汛 xùn
池 chí
汝 rǔ
汤 tāng
汊 chà

4 画

汪 wāng
沐 mù
沛 pèi
汰 tài
沥 lì
沌 dùn
沏 qī
沙 shā
汨 mì
汽 qì
沃 wò
沦 lún
汾 fén
泛 fàn
沧 cāng
沟 gōu
没 méi
mò
汴 biàn
沪 hù
沉 chén
沈 shěn
沁 qìn

5 画

浅 jiān
qiǎn
法 fǎ
泔 gān
泄 xiè
沽 gū
河 hé
沾 zhān
沮 jǔ
泪 lèi
油 yóu
泗 sì
泊 bó
pō
泠 líng
沿 yán
泡 pāo
pào
注 zhù
泣 qì
泞 nìng
沱 tuó
泻 xiè
泌 mì
泳 yǒng
泥 ní
nì
泯 mǐn
沸 fèi
沼 zhǎo
波 bō
泼 pō
泽 zé
泾 jīng
治 zhì

6 画

洼 wā
洁 jié
洪 hóng
洒 sǎ
浇 jiāo
浊 zhuó
洞 dòng
测 cè
洗 xǐ
活 huó
涎 xián
派 pài
洽 qià
洛 luò
济 jǐ
jì
洋 yáng
洲 zhōu
浑 hún
浒 hǔ
浓 nóng
津 jīn

7 画

涛 tāo
浙 zhè
涝 lào
浦 pǔ
酒 jiǔ
涟 lián
涉 shè
消 xiāo
涅 niè
浞 zhuó
涓 juān
涡 wō
浩 hào

海 hǎi
浜 bāng
涂 tú
浴 yù
浮 fú
涣 huàn
涤 dí
流 liú
润 rùn
涧 jiàn
涕 tì
浣 huàn
浪 làng
浸 jìn
涨 zhǎng
　 zhàng
涩 sè
涌 yǒng
浚 jùn

8 画

清 qīng
渍 zì
添 tiān
渚 zhǔ
鸿 hóng
淇 qí
淋 lín
　 lìn
淅 xī
渎 dú
涯 yá
淹 yān
渠 qú
渐 jiān
　 jiàn
淑 shū
淌 tǎng
混 hùn
涸 hé
渑 miǎn
淮 huái
淆 xiáo
渊 yuān
淫 yín
淘 táo
淳 chún
液 yè
淬 cuì
淤 yū
淡 dàn
淀 diàn
深 shēn
涮 shuàn
涵 hán
渗 shèn

9 画

湛 zhàn
港 gǎng
滞 zhì
渝 yú
湾 wān
渡 dù
游 yóu
滋 zī
溉 gài
渥 wò

10 画

满 mǎn
漠 mò
滇 diān
溥 pǔ
源 yuán
滤 lǜ
滥 làn
溻 tā
溴 xiù
滔 tāo
溪 xī
溜 liū
　 liù
漓 lí
滚 gǔn
溏 táng
滂 pāng
溢 yì
溯 sù
滨 bīn
溶 róng
滓 zǐ
溺 nì
滩 tān

11 画

潢 huáng
潇 xiāo
漆 qī
漕 cáo
漱 shù
漂 piāo
　 piǎo
　 piào
漫 màn
漉 lù
滴 dī
漩 xuán
漾 yàng
演 yǎn
漏 lòu

12 画

潜 qián
澎 péng
潮 cháo
潸 shān
潭 tán
澳 ào
潘 pān
澈 chè
澜 lán
潺 chán
澄 chéng
　 dèng

13 画

濑 lài
濒 bīn
澡 zǎo
激 jī

14 画～

濡 rú
濯 zhuó
瀑 pù
瀚 hàn
瀛 yíng
灌 guàn

57 忄

1 画～ 4 画

忆 yì
忖 cǔn
忏 chàn
忙 máng
怃 wǔ
怀 huái
怄 òu
忧 yōu
忤 wǔ
怅 chàng
怆 chuàng
忱 chén
快 kuài

5 画

怔 zhēng
怯 qiè
怖 bù
怦 pēng
怏 yàng
性 xìng
怕 pà
怜 lián
怪 guài
怡 yí

6 画

恸 tòng
恃 shì
恭 gōng
恒 héng
恢 huī
恍 huǎng
恫 dòng
恻 cè
恬 tián
恤 xù
恰 qià
恼 nǎo
恨 hèn

7 画

悖 bèi
悟 wù
悚 sǒng
悭 qiān
悄 qiāo
　 qiǎo
悍 hàn
悒 yì
悔 huǐ
悯 mǐn
悦 yuè
悌 tì

8 画

情 qíng
悻 xìng
惜 xī
惭 cán
悼 dào
惧 jù
惕 tì
惘 wǎng
悸 jì
惟 wéi
惆 chóu
惚 hū
惊 jīng
惦 diàn
悴 cuì
惋 wǎn
惨 cǎn
惯 guàn

9 画

愤 fèn
慌 huāng
惰 duò
愠 yùn
惺 xīng
愕 è
惴 zhuì
愣 lèng
惶 huáng
愧 kuì
愉 yú
慨 kǎi

10 画～12 画

慎 shèn
慢 màn
慷 kāng
懂 dǒng
憬 jǐng
憔 qiáo
懊 ào
懂 dǒng
憎 zēng

13 画～

憷 chù
懒 lǎn
憾 hàn
懈 xiè
懦 nuò
懵 měng

58 宀

2 画～4 画

宁 níng
　 nìng
它 tā
宇 yǔ
守 shǒu
宅 zhái
安 ān
字 zì
完 wán
宋 sòng
宏 hóng
牢 láo
灾 zāi

5 画～6 画

宝 bǎo
宗 zōng
定 dìng
宕 dàng
宠 chǒng
宜 yí
审 shěn
宙 zhòu
官 guān
宛 wǎn
实 shí
宣 xuān
宦 huàn
宥 yòu
室 shì
宫 gōng
宪 xiàn
客 kè

7 画

害 hài
宽 kuān
宸 chén
家 jiā
宵 xiāo
宴 yàn
宾 bīn
容 róng
宰 zǎi
案 àn

8 画

寇 kòu
寅 yín
寄 jì
寂 jì
宿 sù
　 xiǔ
　 xiù
密 mì

9 画～11 画

寒 hán
富 fù
寓 yù
寐 mèi
塞 sāi

	sài
	sè
寞	mò
寝	qǐn
寨	zhài
赛	sài
寡	guǎ
察	chá
蜜	mì
寤	wù
寥	liáo

12 画～

寮	liáo
寰	huán
蹇	jiǎn

59 辶（辶）

2 画～4 画

辽	liáo
边	biān
迂	yū
达	dá
过	guō
	guò
迈	mài
迁	qiān
迄	qì
迅	xùn
巡	xún
进	jìn
远	yuǎn
违	wéi
运	yùn
还	hái
	huán
连	lián
近	jìn
返	fǎn
迎	yíng
这	zhè
	zhèi
迟	chí

5 画

述	shù
迪	dí
迥	jiǒng
迭	dié
迤	yǐ
迫	pò

6 画

选	xuǎn
适	shì
追	zhuī
逅	hòu
逃	táo
迹	jì
迸	bèng
送	sòng
迷	mí
逆	nì
退	tuì
逊	xùn

7 画

逝	shì
逑	qiú
速	sù
逗	dòu
逐	zhú
逍	xiāo
逞	chěng
造	zào
透	tòu
途	tú
逛	guàng
逢	féng
递	dì
通	tōng
	tòng
逡	qūn

8 画

逻	luó
逸	yì
逮	dǎi
	dài

9 画

逼	bī
遇	yù
遏	è
遗	yí
遑	huáng
遁	dùn
逾	yú
遒	qiú
道	dào
遂	suì
遍	biàn
遐	xiá

10 画

遣	qiǎn
遥	yáo
遛	liù

11 画～

遭	zāo
遮	zhē
遵	zūn
遽	jù
邀	yāo
邂	xiè
避	bì

60 彐（彑 彑）

归	guī
寻	xún
当	dāng
	dàng
灵	líng
录	lù
帚	zhǒu
彖	tuàn
彗	huì
彝	yí

61 尸

1 画～3 画

尸	shī
尹	yǐn
尺	chě
	chǐ
尻	kāo
尼	ní
尽	jǐn
	jìn

4 画～6 画

层	céng
屁	pì
尿	niào
	suī
尾	wěi
	yǐ
局	jú
屉	tì
居	jū
届	jiè
屈	qū
屋	wū
昼	zhòu

- 咫 zhǐ
- 屏 bǐng píng
- 屎 shǐ

7画～

- 展 zhǎn
- 屑 xiè
- 屐 jī
- 屠 tú
- 犀 xī
- 属 shǔ zhǔ
- 孱 chán
- 履 lǚ

62 己（巳）

- 己 jǐ
- 已 yǐ
- 巳 sì
- 巴 bā
- 包 bāo
- 导 dǎo
- 异 yì
- 岂 qǐ
- 色 sè shǎi
- 忌 jì
- 巷 hàng xiàng
- 艳 yàn

63 弓

- 弓 gōng
- 引 yǐn
- 弗 fú
- 弘 hóng
- 驰 chí
- 张 zhāng
- 弟 dì
- 弧 hú
- 弥 mí
- 弦 xián
- 弩 nǔ
- 弯 wān
- 弱 ruò
- 弹 dàn tán
- 弼 bì
- 强 jiàng qiáng qiǎng
- 粥 zhōu
- 疆 jiāng

64 子（孑）

- 子 zǐ

1画～5画

- 孔 kǒng
- 孕 yùn
- 存 cún
- 孙 sūn
- 孝 xiào
- 孜 zī
- 孟 mèng
- 孤 gū
- 孢 bāo
- 享 xiǎng
- 学 xué

6画～

- 孪 luán
- 孩 hái
- 孰 shú
- 孵 fū
- 孺 rú

65 屮（屮屯）

- 屯 tún

66 女

- 女 nǚ

2画～3画

- 奶 nǎi
- 奴 nú
- 奸 jiān
- 如 rú
- 妁 shuò
- 妆 zhuāng
- 妄 wàng
- 妇 fù
- 妃 fēi
- 好 hǎo hào
- 她 tā
- 妈 mā

4画

- 妍 yán
- 妩 wǔ
- 妓 jì
- 妪 yù
- 妣 bǐ
- 妙 miào
- 妊 rèn
- 妖 yāo
- 妥 tuǒ
- 姊 zǐ
- 妨 fáng
- 妒 dù
- 妞 niū
- 妤 yú

5画

- 妹 mèi
- 姑 gū
- 妻 qī
- 姐 jiě
- 妲 dá
- 姓 xìng
- 委 wēi wěi
- 妾 qiè
- 始 shǐ
- 姆 mǔ

6画

- 娃 wá
- 姥 lǎo
- 要 yāo yào
- 威 wēi
- 耍 shuǎ
- 姨 yí
- 娆 ráo
- 姻 yīn
- 娇 jiāo
- 姚 yáo
- 姣 jiāo
- 姿 zī
- 姜 jiāng
- 姘 pīn
- 娄 lóu
- 娜 nà nuó

7画

- 姬 jī
- 娠 shēn
- 娱 yú
- 娉 pīng
- 娟 juān
- 娲 wā
- 娥 é

娩 miǎn
娴 xián
娘 niáng

8 画

娶 qǔ
婪 lán
婕 jié
娼 chāng
婴 yīng
婢 bì
婚 hūn
婵 chán
婆 pó
婶 shěn
婉 wǎn

9 画

媒 méi
媪 ǎo
嫂 sǎo
媛 yuán
yuàn
婷 tíng
媚 mèi
婿 xù

10 画

媾 gòu
媳 xí
媲 pì
嫒 ài
嫉 jí
嫌 xián
嫁 jià
嫔 pín

11 画～

嫩 nèn
嫖 piáo
嫦 cháng
嫡 dí
嬉 xī
孀 shuāng

67 马（馬）

马 mǎ

2 画～4 画

冯 féng
píng
驮 duò
tuó
驯 xùn
闯 chuǎng
驰 chí
驱 qū
驳 bó
驴 lǘ

5 画

驶 shǐ
驷 sì
驸 fù
驹 jū
驻 zhù
驼 tuó
驽 nú
驾 jià
驿 yì

6 画～10 画

骁 xiāo
骂 mà
骄 jiāo
骆 luò
骇 hài
骈 pián
验 yàn
骏 jùn
骑 qí
骗 piàn
骚 sāo
腾 téng

11 画～

骠 piào
骡 luó
骤 zhòu

68 纟（糸）

2 画～3 画

纠 jiū
红 hóng
纣 zhòu
纤 qiàn
xiān
约 yuē
级 jí
纪 jǐ
jì
纫 rèn

4 画

纬 wěi
纯 chún
纰 pī
纱 shā
纲 gāng
纳 nà
纵 zòng
纶 lún
纷 fēn
纸 zhǐ
纹 wén
纺 fǎng
纽 niǔ

5 画

线 xiàn
绀 gàn
练 liàn
组 zǔ
绅 shēn
细 xì
织 zhī
终 zhōng
绉 zhòu
绊 bàn
绌 chù
绍 shào
绎 yì
经 jīng

6 画

绑 bǎng
绒 róng
结 jiē
jié
绕 rào
绘 huì
给 gěi
jǐ
绚 xuàn
绛 jiàng
络 lào
luò
绝 jué
绞 jiǎo
统 tǒng

7 画

绢 juàn
绣 xiù
绥 suí
绦 tāo
继 jì

8 画

绩 jì
绪 xù

漢字発音表

绫　líng
续　xù
绮　qǐ
绯　fēi
绰　chāo
　chuò
绳　shéng
维　wéi
绵　mián
绶　shòu
绷　bēng
　běng
　bèng
绸　chóu
绺　liǔ
综　zōng
绽　zhàn
绾　wǎn
绿　lù
　lǜ
缀　zhuì

9 画

缄　jiān
缅　miǎn
缆　lǎn
缉　jī
　qī
缎　duàn
缓　huǎn
缔　dì
缕　lǚ
编　biān
缘　yuán

10 画

缜　zhěn
缚　fù
辔　pèi
缝　féng
　fèng
缟　gǎo
缠　chán
缢　yì
缤　bīn

11 画～

缥　piǎo
缨　yīng
缩　suō
缭　liáo
缮　shàn
缰　jiāng
缴　jiǎo

69　幺

幺　yāo
乡　xiāng
幻　huàn
幼　yòu
兹　zī
畿　jī

70　巛

巢　cháo

71　王（⺩）

王　wáng

1 画～4 画

玉　yù
主　zhǔ
全　quán
弄　lòng
　nòng
玖　jiǔ
玛　mǎ
玩　wán
环　huán
现　xiàn
玫　méi

5 画

珐　fà
珂　kē
玷　diàn
玳　dài
珀　pò
皇　huáng
珍　zhēn
玲　líng
珊　shān
玻　bō

6 画

莹　yíng
珠　zhū
玺　xǐ
珞　luò
班　bān

7 画

球　qiú
琐　suǒ
理　lǐ
望　wàng
琉　liú
琅　láng

8 画

琵　pí
琴　qín
琶　pá
琳　lín
琢　zhuó
　zuó
琥　hǔ
琼　qióng
斑　bān

9 画

瑟　sè
瑚　hú
瑞　ruì
瑰　guī
瑜　yú
瑕　xiá
瑙　nǎo

10 画～

瑶　yáo
璃　lí
璞　pú
噩　è
璧　bì
璺　wèn

72　韦（韋）

韦　wéi
韧　rèn
韩　hán
韬　tāo

73　木

木　mù

1 画

本　běn
末　mò
未　wèi
术　shù
札　zhá

2 画

朽　xiǔ
朴　piáo
　pǔ
朱　zhū
杀　shā
机　jī

朵 duǒ
杂 zá
权 quán

3 画

杆 gān
　 gǎn
杜 dù
杠 gàng
材 cái
村 cūn
杖 zhàng
杏 xìng
束 shù
杉 shā
　 shān
条 tiáo
极 jí
床 chuáng
杞 qǐ
李 lǐ
杨 yáng
杈 chā
　 chà

4 画

枉 wǎng
林 lín
枝 zhī
杯 bēi
枢 shū
柜 guì
枇 pí
果 guǒ
枣 zǎo
杵 chǔ
枚 méi
析 xī
板 bǎn
采 cǎi
松 sōng
枪 qiāng
枫 fēng
枭 xiāo
构 gòu
杭 háng
枋 fāng
杰 jié
枕 zhěn
杷 pá

5 画

标 biāo
栈 zhàn
柑 gān
某 mǒu
荣 róng
枯 kū
柯 kē
柄 bǐng
柩 jiù
栋 dòng
相 xiāng
　 xiàng
查 chá
　 zhā
柚 yóu
　 yòu
柬 jiǎn
柏 bǎi
　 bó
栎 lì
枸 gōu
　 gǒu
　 jǔ
栅 zhà
柳 liǔ
柱 zhù
柿 shì
亲 qīn
　 qìng
栏 lán
柒 qī
染 rǎn
柠 níng
枷 jiā
架 jià
树 shù
柔 róu

6 画

框 kuāng
　 kuàng
梆 bāng
桂 guì
桔 jié
　 jú
栽 zāi
桓 huán
栖 qī
栗 lì
柴 chái
桌 zhuō
桄 guàng
档 dàng
桐 tóng
株 zhū
桥 qiáo
桦 huà
桁 héng
栓 shuān
桃 táo
桅 wéi
桀 jié
格 gé
桩 zhuāng
校 jiào
　 xiào
核 hé
　 hú
样 yàng
桉 ān
案 àn
根 gēn
桑 sāng

7 画

械 xiè
彬 bīn
梵 fàn
梗 gěng
梧 wú
梢 shāo
梨 lí
梅 méi
检 jiǎn
梓 zǐ
梳 shū
梯 tī
渠 qú
梁 liáng
桶 tǒng
梭 suō

8 画

棒 bàng
棱 léng
棋 qí
椰 yē
植 zhí
森 sēn
焚 fén
椅 yǐ
椠 qiàn

椒 jiāo
棠 táng
棵 kē
棍 gùn
棘 jí
集 jí
棉 mián
弑 shì
棚 péng
椋 liáng
椁 guǒ
棕 zōng
棺 guān
榔 láng
棣 dì

9 画

楔 xiē
椿 chūn
楠 nán
禁 jīn
 jìn
楂 chá
 zhā
楚 chǔ
楷 kǎi
榄 lǎn
楫 jí
椴 duàn
槐 huái
槌 chuí
榆 yú
楼 lóu
榉 jǔ
楦 xuàn
概 gài
椽 chuán

10 画

榛 zhēn
榧 fěi
模 mó
 mú
槛 jiàn
榻 tà
榭 xiè
榴 liú
槁 gǎo
榜 bǎng
榨 zhà
榕 róng
榷 què
樋 tōng

11 画

槿 jǐn
横 héng
 hèng
樯 qiáng
槽 cáo
樘 táng
樱 yīng
樊 fán
橡 xiàng
槲 hú
樟 zhāng
橄 gǎn

12 画

橱 chú
橇 qiāo
樵 qiáo
橹 lǔ
樽 zūn
樨 xī
橙 chéng
橘 jú

13 画

檬 méng
檄 xí
檐 yán
檩 lǐn
檀 tán
檗 bò

74 犬

犬 quǎn
状 zhuàng
戾 lì
哭 kū
臭 chòu
 xiù
献 xiàn

75 歹

歹 dǎi

2 画～4 画

列 liè
死 sǐ
夙 sù
歼 jiān
殁 mò

5 画～6 画

残 cán
殃 yāng
殇 shāng
殄 tiǎn
殆 dài
毙 bì
殊 shū
殉 xùn

7 画～

殒 yǔn
殓 liàn
殖 zhí
殚 dān
殡 bìn

76 车（車）

车 chē
 jū

1 画～4 画

轧 yà
 zhá
轨 guǐ
军 jūn
轩 xuān
转 zhuǎn
 zhuàn
轭 è
斩 zhǎn
轮 lún
软 ruǎn
轰 hōng

5 画

轱 gū
轲 kē
轴 zhóu
轻 qīng

6 画

载 zǎi
 zài
晕 yūn
 yùn
轿 jiào
较 jiào

7 画～8 画

辄 zhé
辅 fǔ
辆 liàng
辈 bèi

辉 huī
辍 chuò
辎 zī
9画～
辐 fú
辑 jí
输 shū
辔 pèi
辕 yuán
舆 yú
辖 xiá
辗 zhǎn
辘 lù
辙 zhé

77 戈

戈 gē
1画～2画
戊 wù
戎 róng
划 huá
huà
戌 xū
戍 shù
成 chéng
戏 xì
3画～7画
戒 jiè
我 wǒ
或 huò
戗 qiāng
哉 zāi
战 zhàn
咸 xián
威 wēi
栽 zāi
载 zǎi
zài
盏 zhǎn
戚 qī
盛 chéng
shèng
8画～9画
戟 jǐ
裁 cái
惑 huò
戢 jí
戡 kān
10画～
截 jié
臧 zāng
戮 lù
畿 jī
戴 dài
戳 chuō

78 比

比 bǐ
毕 bì
昆 kūn
毗 pí
皆 jiē
毖 bì
毙 bì
琵 pí

79 瓦

瓦 wǎ
wà
瓮 wèng
瓷 cí
瓶 píng
甄 zhēn
甑 zèng

80 止

止 zhǐ
正 zhēng
zhèng
此 cǐ
步 bù
武 wǔ
歧 qí
肯 kěn
齿 chǐ
些 xiē
歪 wāi
耻 chǐ
整 zhěng
颦 pín

81 攴

敲 qiāo

82 日

日 rì
1画～3画
旦 dàn
旧 jiù
早 zǎo
旭 xù
旨 zhǐ
旬 xún
旱 hàn
时 shí
旷 kuàng
4画
旺 wàng
昙 tán
者 zhě
昔 xī
杳 yǎo
昆 kūn
昌 chāng
明 míng
昏 hūn
易 yì
昂 áng
5画
春 chūn
昧 mèi
是 shì
显 xiǎn
映 yìng
星 xīng
昨 zuó
昴 mǎo
昶 chǎng
昵 nì
昭 zhāo
6画～7画
晋 jìn
晒 shài
晓 xiǎo
晃 huǎng
huàng
晌 shǎng
晁 cháo
晏 yàn
晖 huī
晕 yūn
yùn
匙 chí
shi
晨 chén
晦 huì
晚 wǎn

8 画

晴 qíng
暑 shǔ
晰 xī
暂 zàn
晶 jīng
智 zhì
晷 guǐ
晾 liàng
景 jǐng
普 pǔ

9 画

暖 nuǎn
暗 àn
暄 xuān
暇 xiá

10 画～

暮 mù
暧 ài
暝 míng
题 tí
暴 bào
曙 shǔ
曜 yào
曝 bào
　 pù
曦 xī

83 日（⺜）

曰 yuē
曲 qū
　 qǔ
曳 yè
更 gēng
　 gèng
沓 dá
　 tà
冒 mào
曷 hé
曹 cáo
曼 màn
冕 miǎn
替 tì
最 zuì
量 liáng
　 liàng
曾 céng
　 zēng

84 贝（貝）

贝 bèi

2 画～4 画

贞 zhēn
则 zé
负 fù
贡 gòng
财 cái
员 yuán
　 yún
责 zé
贤 xián
败 bài
账 zhàng
货 huò
质 zhì
贩 fàn
贪 tān
贫 pín
贬 biǎn
购 gòu
贮 zhù
贯 guàn

5 画

贰 èr
贱 jiàn
贴 tiē
贵 guì
贷 dài
贸 mào
费 fèi
贺 hè
贻 yí

6 画～7 画

贼 zéi
贽 zhì
贾 gǔ
　 jiǎ
贿 huì
赁 lìn
赃 zāng
资 zī
赅 gāi
赈 zhèn
赊 shē

8 画

赋 fù
赌 dǔ
赎 shú
赏 shǎng
赐 cì
赔 péi

9 画～

赖 lài
赘 zhuì
赚 zhuàn
赛 sài
赝 yàn
赞 zàn
赠 zèng
赡 shàn
赢 yíng
赣 gàn

85 水（氺）

水 shuǐ
永 yǒng
求 qiú
氽 cuān
汞 gǒng
隶 lì
尿 niào
　 suī
沓 dá
　 tà
泰 tài
泵 bèng
泉 quán
浆 jiāng
黎 lí
滕 téng

86 见（見）

见 jiàn
观 guān
　 guàn
规 guī
觅 mì
视 shì
览 lǎn
觉 jiào
　 jué
觐 jìn
觑 qù

87 牛（⺧ ⺹）

牛 niú

2 画～4 画

牝 pìn

漢字発音表

牟　móu
牡　mǔ
告　gào
牦　máo
牧　mù
物　wù

5画～6画

牯　gǔ
牵　qiān
牲　shēng
特　tè
牺　xī

7画～

犁　lí
犊　dú
犀　xī
犒　kào
靠　kào
犟　jiàng

88　手（扌）

手　shǒu
拜　bài
挚　zhì
拿　ná
挛　luán
拳　quán
掌　zhǎng
掣　chè
摹　mó
摩　mā
　　mó
擎　qíng
擘　bò
攀　pān

89　毛

毛　máo
尾　wěi
　　yǐ
毡　zhān
毫　háo
毯　tǎn
毽　jiàn
麾　huī

90　气

气　qì
氘　dāo
氖　nǎi
氛　fēn
氡　dōng
氟　fú
氢　qīng
氦　hài
氧　yǎng
氨　ān
氰　qíng
氮　dàn
氯　lǜ

91　攵

2画～5画

收　shōu
攻　gōng
改　gǎi
孜　zī
败　bài
牧　mù
放　fàng
政　zhèng
故　gù

6画～7画

致　zhì
敌　dí
效　xiào
赦　shè
教　jiāo
　　jiào
救　jiù
敕　chì
敏　mǐn
敛　liǎn
敝　bì
敢　gǎn

8画～

散　sǎn
　　sàn
敬　jìng
敞　chǎng
敦　dūn
数　shǔ
　　shù
　　shuò
敷　fū
整　zhěng
辙　zhé

92　片

片　piān
　　piàn
版　bǎn
牍　dú
牌　pái
牒　dié

93　斤

斤　jīn
斥　chì
斩　zhǎn
所　suǒ
斧　fǔ
欣　xīn
断　duàn
斯　sī
新　xīn

94　爪（爫）

爪　zhǎo
　　zhuǎ
妥　tuǒ
采　cǎi
觅　mì
受　shòu
爬　pá
乳　rǔ
爱　ài
奚　xī
彩　cǎi
舜　shùn
孵　fū
爵　jué

95　父

父　fǔ
　　fù
爷　yé
斧　fǔ
爸　bà
釜　fǔ
爹　diē

96　月（⺼）

月　yuè

2画～3画

有　yǒu

yòu
肌 jī
肋 lèi
肝 gān
肛 gāng
肚 dǔ
dù
肘 zhǒu
肖 xiào
肓 huāng
肠 cháng

4画

肤 fū
朊 ruǎn
肺 fèi
肢 zhī
肱 gōng
肯 kěn
肾 shèn
肿 zhǒng
胀 zhàng
肴 yáo
朋 péng
股 gǔ
肮 āng
肪 fáng
育 yù
肩 jiān
肥 féi
服 fú
fù
胁 xié

5画

胡 hú
胚 pēi
胧 lóng
背 bēi
bèi
胆 dǎn
胄 zhòu
胃 wèi
胜 shèng
胞 bāo
胤 yìn
胖 pán
pàng
脉 mài
mò
胥 xū
胫 jìng
胎 tāi

6画

胯 kuà
胴 dòng
胭 yān
脍 kuài
脆 cuì
脂 zhī
胸 xiōng
胳 gē
脏 zāng
zàng
脊 jǐ
脐 qí
胶 jiāo
脑 nǎo
朕 zhèn
朔 shuò
朗 lǎng
脓 nóng
能 néng

7画

脚 jiǎo
脖 bó
脯 fǔ
pú
豚 tún
脸 liǎn
望 wàng
脱 tuō

8画

期 jī
qī
腊 là
朝 cháo
zhāo
腌 ā
yān
腓 féi
腆 tiǎn
腴 yú
脾 pí
腋 yè
腑 fǔ
腔 qiāng
腕 wàn
腱 jiàn

9画

腻 nì
腰 yāo
腼 miǎn
腽 wà
腥 xīng
腮 sāi
腭 è
腹 fù
腺 xiàn
腾 téng
腿 tuǐ

10画

膜 mó
膊 bó
膈 gé
膏 gāo
gào
膀 bǎng
pāng
páng

11画

膝 xī
膘 biāo
膛 táng
滕 téng

12画

膨 péng
膳 shàn

13画

朦 méng
臊 sāo
sào
膻 shān
膺 yīng
臆 yì
臃 yōng
臀 tún
臂 bì

97 欠

欠 qiàn

2画～7画

次 cì
欢 huān
欧 ōu
软 ruǎn
欣 xīn
炊 chuī
欲 yù

8 画～

款 kuǎn
欺 qī
歇 xiē
歆 xīn
歌 gē
歉 qiàn

98 风（風）

风 fēng
飒 sà
飓 jù
飘 piāo

99 殳

殴 ōu
段 duàn
殷 yān
yīn
般 bān
毁 huǐ
殿 diàn
毅 yì

100 文

文 wén
刘 liú
齐 qí
吝 lìn
斋 zhāi
虔 qián
斑 bān
斌 bīn
斐 fěi

101 方

方 fāng
放 fàng
房 fáng
施 shī
旅 lǚ
旁 páng
旌 jīng
族 zú
旋 xuán
xuàn
旗 qí

102 火

火 huǒ

1 画～3 画

灭 miè
灰 huī
灯 dēng
灶 zào
灿 càn
灼 zhuó
灸 jiǔ
灾 zāi
灵 líng

4 画

炬 jù
炖 dùn
炒 chǎo
炝 qiàng
炙 zhì
炊 chuī
炕 kàng
炎 yán
炉 lú

5 画

荧 yíng
炳 bǐng
炼 liàn
畑 tián
炭 tàn
炯 jiǒng
炸 zhá
zhà
烁 shuò
炮 bāo
páo
pào
炷 zhù
炫 xuàn
烂 làn
烃 tīng

6 画

烤 kǎo
烘 hōng
烦 fán
烧 shāo
烛 zhú
烟 yān
烩 huì
烙 lào
烫 tàng
烬 jìn

7 画～8 画

焐 wù
焊 hàn
焕 huàn
烽 fēng
焖 mèn
焚 fén
焯 chāo
焰 yàn
焙 bèi

9 画

煤 méi
煳 hú
煨 wēi
煲 bāo
煌 huáng

10 画～11 画

熄 xī
熘 liū
熔 róng
煽 shān
熨 yùn

12 画

燎 liáo
liǎo
燃 rán
燧 suì

13 画～

燥 zào
爆 bào

103 斗

斗 dǒu
dòu
料 liào
斜 xié
斟 zhēn
斡 wò

104 灬

4 画～8 画

杰 jié
点 diǎn
烈 liè
热 rè
羔 gāo
焉 yān
烹 pēng
煮 zhǔ
焦 jiāo

然 rán

9画～

蒸 zhēng
照 zhào
煞 shā
　 shà
煎 jiān
熬 āo
　 áo
熙 xī
熏 xūn
熊 xióng
熟 shóu
　 shú
熹 xī
燕 yān
　 yàn

105 户

户 hù
启 qǐ
戾 lì
肩 jiān
戽 hù
房 fáng
扁 biǎn
　 piān
扇 shān
　 shàn
扈 hù
扉 fēi
雇 gù

106 礻（示）

1画～4画

礼 lǐ
祁 qí
社 shè
祀 sì
视 shì
祈 qí

5画

祛 qū
祖 zǔ
神 shén
祝 zhù
祠 cí

6画～

祯 zhēn
祥 xiáng
祷 dǎo
祸 huò
祺 qí
禅 chán
　 shàn
禄 lù
福 fú
禧 xǐ

107 心

心 xīn

1画～4画

必 bì
志 zhì
忐 tǎn
忘 wàng
忌 jì
忍 rěn
态 tài
忠 zhōng
怂 sǒng
念 niàn
忿 fèn
忽 hū

5画

思 sī
怎 zěn
怨 yuàn
急 jí
总 zǒng
怒 nù
怠 dài

6画

恐 kǒng
恶 ě
　 è
　 wù
虑 lǜ
恩 ēn
息 xī
恋 liàn
恣 zì
恙 yàng
恳 kěn
恕 shù

7画～8画

悬 xuán
患 huàn
悠 yōu
您 nín
悉 xī
惹 rě
惠 huì
惑 huò
悲 bēi
惩 chéng
惫 bèi

9画～10画

想 xiǎng
感 gǎn
愚 yú
愁 chóu
愈 yù
意 yì
慈 cí
愿 yuàn

11画～

慧 huì
蕊 ruǐ
憨 hān
慰 wèi
憩 qì
懿 yì

108 肀（聿肀）

肃 sù
隶 lì
肆 sì
肄 yì
肇 zhào

109 毋（母）

毋 wú
母 mǔ
每 měi
毒 dú

110 示

示 shì
奈 nài
祟 suì
票 piào
祭 jì
禁 jīn
　 jìn
禀 bǐng

漢字発音表

111 石	

石 dàn
　shí

2画～4画

矶 jī
矸 gān
岩 yán
矾 fán
矿 kuàng
码 mǎ
研 yán
砖 zhuān
砌 qì
砂 shā
砚 yàn
砭 biān
砍 kǎn

5画

砝 fǎ
砸 zá
砺 lì
砰 pēng
砧 zhēn
砷 shēn
砟 zhǎ
砥 dǐ
砾 lì
砣 tuó
础 chǔ
破 pò

6画～7画

硅 guī
硕 shuò
硌 gè
硬 yìng
硝 xiāo
确 què
硫 liú

8画

碍 ài
碘 diǎn
碓 duì
碑 bēi
硼 péng
碉 diāo
碎 suì
碰 pèng
碇 dìng
碗 wǎn
碌 lù
碜 chěn

9画

碧 bì
碟 dié
碴 chá
碱 jiǎn
碣 jié
碳 tàn
磋 cuō
磁 cí

10画

磕 kē
磊 lěi
磐 pán
磔 zhé
磙 gǔn
磅 bàng
　páng
碾 niǎn

11画～

磬 qìng
磺 huáng
磨 mó
　mò
礁 jiāo
磷 lín

112 龙（龍）	

龙 lóng
垄 lǒng
聋 lóng
龚 gōng
龛 kān
袭 xí

113 业	

业 yè
凿 záo

114 目	

目 mù

2画～4画

盯 dīng
盲 máng
相 xiāng
　xiàng
眍 kōu
盹 dǔn
省 shěng
　xǐng
看 kān
　kàn
盾 dùn
盼 pàn
眨 zhǎ
眈 dān
眉 méi

5画～7画

眩 xuàn
眠 mián
眶 kuàng
眦 zì
眺 tiào
眵 chī
睁 zhēng
着 zhāo
　zháo
　zhe
　zhuó
眷 juàn
眯 mī
　mí
眼 yǎn
眸 móu
睐 lài
睇 dì
鼎 dǐng

8画

睛 jīng
睹 dǔ
睦 mù
瞄 miáo
睚 yá
睫 jié
督 dū
睡 shuì
睨 nì
睥 pì
睬 cǎi

9画～10画

睿 ruì
瞅 chǒu
睽 kuí
瞌 kē
瞒 mán
瞎 xiā
瞑 míng

11 画～

瞟 piǎo
瞠 chēng
瞥 piē
瞰 kàn
瞧 qiáo
瞬 shùn
瞳 tóng
瞩 zhǔ
瞪 dèng
瞽 gǔ
瞻 zhān
矍 jué

115 田

田 tián
甲 jiǎ
申 shēn
电 diàn
由 yóu

2 画～3 画

町 dīng
龟 guī
　 jūn
亩 mǔ
男 nán
画 huà
备 bèi

4 画

畏 wèi
毗 pí
胃 wèi
界 jiè
思 sī

5 画～6 画

留 liú
畜 chù
　 xù
畔 pàn
畦 qí
略 lüè
累 léi
　 lěi
　 lèi

7 画～

畴 chóu
畲 shē
番 fān
富 fù
畸 jī
畿 jī

116 罒

四 sì
罗 luó
罚 fá
罢 bà
署 shǔ
置 zhì
罪 zuì
罩 zhào
蜀 shǔ
罹 lí
羁 jī

117 皿

皿 mǐn

3 画～5 画

盂 yú
孟 mèng
盅 zhōng
盆 pén
盈 yíng
盏 zhǎn
盐 yán
盍 hé
监 jiān
　 jiàn
盎 àng
益 yì

6 画～

盔 kuī
盛 chéng
　 shèng
蛊 gǔ
盘 pán
盒 hé
盗 dào
盖 gài
盟 méng
盥 guàn

118 钅（金）

金 jīn

2 画

钉 dīng
　 dìng
针 zhēn

3 画

钎 qiān
钏 chuàn
钓 diào
钗 chāi

4 画

钙 gài
钚 bù
钛 tài
钝 dùn
钞 chāo
钟 zhōng
钡 bèi
钠 nà
钢 gāng
　 gàng
钣 bǎn
钥 yào
　 yuè
钦 qīn
钧 jūn
钨 wū
钩 gōu
钮 niǔ
钯 bǎ

5 画

钱 qián
钳 qián
钴 gǔ
钵 bō
钹 bó
钻 zuān
　 zuàn
钼 mù
钾 jiǎ
钿 diàn
　 tián
铀 yóu
铁 tiě
铂 bó
铃 líng
铄 shuò
铅 qiān
铆 mǎo
铌 ní
铎 duó

6 画

铐 kào
铙 náo
铛 dāng

铜 tóng
铝 lǚ
铠 kǎi
铡 zhá
铣 xǐ
　xiǎn
铨 quán
铫 diào
铭 míng
铬 gè
铮 zhēng
　zhèng
铰 jiǎo
铲 chǎn
铳 chòng
铵 ǎn
银 yín

7画

铸 zhù
铺 pū
　pù
链 liàn
铿 kēng
销 xiāo
锁 suǒ
锄 chú
锂 lǐ
锅 guō
锈 xiù
锉 cuò
锋 fēng
锌 xīn
锐 ruì
锑 tī
锔 jū

8画

锗 zhě
错 cuò
锚 máo
锛 bēn
锡 xī
锢 gù
锣 luó
锤 chuí
锥 zhuī
锦 jǐn
锨 xiān
锭 dìng
键 jiàn
锯 jù
锰 měng

9画

锹 qiāo
锻 duàn
锵 qiāng
镀 dù
镁 měi
镂 lòu

10画

镊 niè
镇 zhèn
镉 gé
镌 juān
镍 niè
镐 gǎo
镑 bàng

11画

镖 biāo
镜 jìng
镝 dí
镞 zú

12画

镣 liào
镩 cuān

13画～

镭 léi
镯 zhuó
镰 lián
镶 xiāng

119 矢

矢 shǐ
矣 yǐ
知 zhī
矩 jǔ
矫 jiǎo
短 duǎn
矬 cuó
矮 ǎi
雉 zhì
疑 yí

120 禾

禾 hé

2画～3画

利 lì
秃 tū
秀 xiù
私 sī
秆 gǎn
和 hé
　hè
　hú
　huó
　huò
秉 bǐng
季 jì
委 wěi

4画

秕 bǐ
秒 miǎo
香 xiāng
种 zhǒng
　zhòng
秋 qiū
科 kē

5画

秦 qín
秣 mò
秫 shú
秤 chèng
乘 chéng
　shèng
租 zū
积 jī
秧 yāng
秩 zhì
称 chèn
　chēng
秘 bì
　mì

6画～7画

秸 jiē
秽 huì
移 yí
稍 shāo
　shào
程 chéng
稀 xī
黍 shǔ
稃 fū
税 shuì

8画

稞 kē
稚 zhì
稗 bài
稔 rěn
稠 chóu

颖 yǐng
颓 tuí

9 画～10 画

稳 wěn
稽 jī
　 qǐ
稷 jì
稻 dào
黎 lí
稿 gǎo
稼 jià

11 画～

穆 mù
穗 suì
馥 fù

121 白

白 bái
百 bǎi
皂 zào
帛 bó
的 de
　 dí
　 dì
皇 huáng
皆 jiē
泉 quán
皑 ái
皎 jiǎo
皓 hào
皖 wǎn

122 瓜

瓜 guā
瓠 hù
瓢 piáo
瓣 bàn
瓤 ráng

123 用

用 yòng
甩 shuǎi
甫 fǔ
甬 yǒng
甭 béng

124 鸟（鳥）

鸟 niǎo

2 画～4 画

凫 fú
鸠 jiū
鸡 jī
鸣 míng
鸥 ōu
鸦 yā
鸩 zhèn

5 画

莺 yīmg
鸬 lú
鸭 yā
鸯 yāng
鸱 chī
鸳 yuān
鸵 tuó

6 画～7 画

鸽 gē
鸾 luán
鸿 hóng
鹁 bó
鹃 juān
鹄 gǔ
　 hú
鹅 é
鹈 tí

8 画～

鹊 què
鹌 ān
鹏 péng
鹑 chún
鹤 hè
鹦 yīng
鹫 jiù
鹭 lù
鹰 yīng
鹳 guàn

125 疒

2 画～4 画

疗 liáo
疟 nüè
　 yào
疝 shàn
疙 gē
疚 jiù
疡 yáng
疣 yóu
疮 chuāng
疯 fēng
疫 yì
疤 bā

5 画

症 zhēng
　 zhèng
疳 gān
病 bìng
疸 dǎn
疾 jí
疹 zhěn
痈 yōng
疼 téng
疱 pào
痂 jiā
疲 pí
痉 jìng

6 画～7 画

痔 zhì
痍 yí
疵 cī
痊 quán
痒 yǎng
痕 hén
痣 zhì
痨 láo
痘 dòu
痞 pǐ
痢 lì
痤 cuó
痪 huàn
痛 tòng

8 画

痱 fèi
痹 bì
痼 gù
痴 chī
痿 wěi
瘁 cuì
痰 tán

9 画～10 画

瘩 dá
　 da
瘟 wēn
瘦 shòu
瘊 hóu
瘪 biě
瘤 liú
瘠 jí
瘫 tān

11 画～

癮 yǐn
瘸 qué
癌 ái
癩 lài
癔 yì
癖 pǐ
癬 xuǎn
癲 diān

126 立

立 lì

1 画

产 chǎn

3 画～6 画

妾 qiè
亲 qīn
　 qìng
竖 shù
彦 yàn
站 zhàn
竞 jìng
章 zhāng
竟 jìng
翌 yì

7 画～

童 tóng
竣 jùn
靖 jìng
意 yì
竭 jié
端 duān
赣 gàn

127 穴（⺮）

穴 xué

2 画～6 画

究 jiū
穷 qióng
空 kōng
　 kòng
帘 lián
穹 qióng
突 tū
穿 chuān
窃 qiè
窍 qiào
窄 zhǎi
窈 yǎo
窒 zhì
窑 yáo
窕 tiǎo

7 画～

窜 cuàn
窝 wō
窖 jiào
窗 chuāng
窘 jiǒng
窥 kuī
窦 dòu
窟 kū

128 衤（衣）

2 画～5 画

补 bǔ
初 chū
衬 chèn
衫 shān
衩 chà
衲 nà
衽 rèn
袄 ǎo
袂 mèi
袜 wà
袒 tǎn
袖 xiù
袍 páo
被 bèi

6 画～8 画

裆 dāng
袱 fú
裕 yù
裙 qún
裤 kù
裱 biǎo
褂 guà
裸 luǒ
裨 bì
裰 duō

9 画～10 画

褡 dā
褙 bèi
褐 hè
褪 tuì
褥 rù
褴 lán

11 画～

褶 zhě
襁 qiǎng
襟 jīn
襻 pàn

129 疋（⺪）

胥 xū
蛋 dàn
疏 shū
楚 chǔ
疑 yí

130 皮

皮 pí
皱 zhòu
颇 pō
皲 jūn
皴 cūn

131 矛

矛 máo
柔 róu
矜 jīn

132 耒

耕 gēng
耘 yún
耗 hào
耙 bà
　 pá

133 老

老 lǎo
考 kǎo
耆 qí
耄 mào

134 耳（⺤）

耳 ěr

2 画

耶 yē
　 yé
取 qǔ

3 画～4 画

闻 wén
耻 chǐ
耸 sǒng
耽 dān
耿 gěng

5 画～

聋 lóng

漢字発音表

职 zhí
聃 dān
聆 líng
聊 liáo
联 lián
聘 pìn
聚 jù
聪 cōng

135 臣

臣 chén
卧 wò
臧 zāng

136 西（覀）

西 xī
要 yāo
yào
栗 lì
贾 gǔ
jiǎ
票 piào
粟 sù
覆 fù

137 页（頁）

页 yè

2 画～3 画

顶 dǐng
顷 qǐng
顸 hān
项 xiàng
顺 shùn
须 xū

4 画

顽 wán
顾 gù
顿 dùn
颁 bān
烦 fán
预 yù

5 画～7 画

硕 shuò
颅 lú
领 lǐng
颇 pō
颈 gěng
jǐng
颌 hé
颊 jiá
颐 yí
频 pín
颓 tuí
颔 hàn
颖 yǐng

8 画～9 画

颗 kē
题 tí
颚 è
额 é

10 画～

颠 diān
嚣 xiāo
颤 chàn
颦 pín
颧 quán

138 虍

虎 hǔ
虏 lǔ
虐 nüè
虔 qián
虑 lǜ
虚 xū
彪 biāo
虞 yú

139 虫

虫 chóng

1 画～3 画

虬 qiú
虱 shī
虹 hóng
jiàng
虾 xiā
虽 suī
虼 gè
闽 mǐn
蚁 yǐ
蚤 zǎo
蚂 mǎ
mà

4 画

蚌 bàng
蚕 cán
蚜 yá
蚍 pí
蚝 háo
蚣 gōng
蚊 wén
蚪 dǒu

5 画

萤 yíng
蛎 lì
蛆 qū
蛊 gǔ
蚯 qiū
蛉 líng
蛀 zhù
蛇 shé
蛋 dàn

6 画

蛙 wā
蛰 zhé
蛲 náo
蛭 zhì
蛐 qū
蛔 huí
蛛 zhū
蜓 tíng
蜒 yán
蛤 gé
há
蛮 mán
蛟 jiāo

7 画

蜇 zhē
zhé
蜃 shèn
蜈 wú
蜗 wō
蜀 shǔ
蛾 é
蜉 fú
蜂 fēng
蜕 tuì
蛹 yǒng

8 画

蜻 qīng
蜡 là
蜥 xī
蜚 fēi
fěi
蝈 guō
蝇 yíng
蜘 zhī
蜷 quán
蝉 chán

漢字発音表

蜿 wān
蜜 mì
螂 láng

9画

蝶 dié
蝾 róng
蝴 hú
蝠 fú
蝎 xiē
蝌 kē
蝮 fù
蝗 huáng
蝼 lóu
蝙 biān

10画

蟒 mǎng
蟆 ma
融 róng
螃 páng
螟 míng

11画

螳 táng
螺 luó
蟋 xī
螽 zhōng
蟑 zhāng

12画～

蟠 pán
蟮 shan
蠖 huò
蟾 chán
蟹 xiè
蠕 rú
蠢 chǔn
蠹 dù

140 缶

缸 gāng
缺 quē
罂 yīng
罄 qìng
罐 guàn

141 舌

舌 shé
乱 luàn
舐 shì
甜 tián
舒 shū
辞 cí
舔 tiǎn

142 竹（⺮）

竹 zhú

2画～4画

竿 gān
笈 jí
笃 dǔ
笕 jiǎn
笔 bǐ
笑 xiào
笊 zhào
笏 hù
笋 sǔn
笆 bā

5画

笺 jiān
笨 bèn
笸 pǒ
笼 lóng
　 lǒng
笛 dí
笙 shēng
符 fú
笠 lì
第 dì
笤 tiáo
笞 chī

6画

筐 kuāng
等 děng
筑 zhù
策 cè
筚 bì
筛 shāi
筒 tǒng
筏 fá
筵 yán
筌 quán
答 dā
　 dá
筋 jīn
筝 zhēng

7画

筹 chóu
筢 pá
筱 xiǎo
签 qiān
简 jiǎn
筷 kuài

8画

箍 gū
箸 zhù
箕 jī
算 suàn
箩 luó
箪 dān
箔 bó
管 guǎn
箜 kōng
箫 xiāo

9画

箱 xiāng
箴 zhēn
篁 huáng
篌 hóu
篓 lǒu
箭 jiàn
篇 piān
篆 zhuàn

10画

篝 gōu
篦 bì
篷 péng
篙 gāo
篱 lí

11画

簧 huáng
簌 sù
篾 miè
篼 dōu
簇 cù

12画～

簪 zān
籀 zhòu
簸 bǒ
　 bò
簿 bù
籍 jí
纂 zuǎn

143 臼

臼 jiù
臾 yú
舂 chōng
舅 jiù

漢字発音表

144 自	
自	zì
臭	chòu
	xiù
息	xī
鼻	bí

145 血	
血	xiě
	xuè
衅	xìn

146 舟	
舟	zhōu
舢	shān
舨	bǎn
舱	cāng
般	bān
航	háng
舫	fǎng
盘	pán
舶	bó
船	chuán
舷	xián
舵	duò
艇	tǐng
艄	shāo
艘	sōu

147 衣	
衣	yī
2 画～6 画	
表	biǎo
哀	āi
衰	shuāi
衷	zhōng
衾	qīn
衮	gǔn
袅	niǎo
袭	xí
袋	dài
袈	jiā
裁	cái
裂	liě
	liè
装	zhuāng
7 画～	
裘	qiú
裔	yì
裟	shā
裴	péi
裳	cháng
	shang
裹	guǒ
褒	bāo
襄	xiāng
襞	bì

148 羊（⺶⺷）	
羊	yáng
1 画～6 画	
羌	qiāng
差	chā
	chà
	chāi
	cī
美	měi
养	yǎng
姜	jiāng
羔	gāo
羞	xiū
着	zhāo
	zháo
	zhe
	zhuó
盖	gài
羚	líng
羡	xiàn
善	shàn
翔	xiáng
7 画～	
群	qún
羯	jié
羲	xī
羹	gēng

149 米	
米	mǐ
2 画～6 画	
类	lèi
屎	shǐ
娄	lóu
籽	zǐ
粉	fěn
料	liào
粑	bā
粘	nián
	zhān
粗	cū
粕	pò
粒	lì
粪	fèn
粟	sù
粤	yuè
粥	zhōu
7 画～10 画	
粳	jīng
粲	càn
粱	liáng
粮	liáng
精	jīng
粹	cuì
粽	zòng
糊	hū
	hú
	hù
糅	róu
糙	cāo
糖	táng
糕	gāo
11 画～	
糟	zāo
糠	kāng
糨	jiàng
糯	nuò
鬻	yù

150 艮（⺜）	
艮	gěn
	gèn
良	liáng
即	jí
艰	jiān
垦	kěn
既	jì
恳	kěn
暨	jì

151 羽	
羽	yǔ
3 画～8 画	
羿	yì
翅	chì
翁	wēng
扇	shān
	shàn
翎	líng

漢字発音表

翌	yì
翘	qiáo
	qiào
翕	xī
翔	xiáng
翡	fěi
翠	cuì

9 画～

翦	jiǎn
翩	piān
翰	hàn
翼	yì
翻	fān
耀	yào

152 糸

系	jì
	xì
素	sù
索	suǒ
紧	jǐn
紊	wěn
萦	yíng
累	léi
	lěi
	lèi
紫	zǐ
絮	xù
繁	fán
纂	zuǎn

153 麦（麥）

麦	mài
麸	fū
麴	qū

154 走

走	zǒu
赴	fù
赵	zhào
赳	jiū
赶	gǎn
起	qǐ
越	yuè
趁	chèn
趋	qū
超	chāo
趣	qù
趟	tàng

155 赤

赤	chì
赦	shè
赧	nǎn
赫	hè

156 豆

豆	dòu
豉	chǐ
壹	yī
短	duǎn
登	dēng
豌	wān

157 酉

酉	yǒu

2 画～5 画

酊	dīng
	dǐng
酋	qiú
酎	zhòu
酌	zhuó
酒	jiǔ
配	pèi
酝	yùn
酗	xù
酚	fēn
酣	hān
酤	gū
酥	sū

6 画～7 画

酪	lào
酩	mǐng
酱	jiàng
酬	chóu
酵	jiào
酷	kù
酶	méi
酿	niàng
酸	suān

8 画～

醋	cù
醇	chún
醉	zuì
醐	hú
醍	tí
醒	xǐng
醑	xǔ
醵	jù
醺	xūn

158 辰

辰	chén
辱	rǔ
唇	chún
晨	chén
蜃	shèn

159 豖

彖	tuàn
家	jiā
象	xiàng
豢	huàn
豪	háo
豫	yù

160 卤（鹵）

卤	lǔ

161 里

里	lǐ
厘	lí
重	chóng
	zhòng
野	yě
量	liáng
	liàng
童	tóng

162 足（⻊）

足	zú

2 画～4 画

趴	pā
趸	dǔn
趼	jiǎn
距	jù
趾	zhǐ
跃	yuè

5 画

践	jiàn
跋	bá
跌	diē
跗	fū
跑	pǎo

跛　bǒ

6 画

跨　kuà
跷　qiāo
跳　tiào
跺　duò
跪　guì
路　lù
跤　jiāo
跟　gēn

7 画～8 画

踌　chóu
踉　liàng
踊　yǒng
踝　huái
踢　tī
踏　tā
　　tà
踟　chí
踩　cǎi
踮　diǎn
踪　zōng
踞　jù

9 画～10 画

踹　chuài
踵　zhǒng
踱　duó
蹄　tí
蹉　cuō
蹂　róu
蹑　niè
蹒　pán
蹈　dǎo
蹊　qī
　　xī
蹇　jiǎn

11 画

躇　chú
蹙　cù
蹦　bèng

12 画

蹶　jué
蹼　pǔ
蹴　cù
蹲　dūn
蹭　cèng
蹿　cuān
蹬　dēng

13 画～

躁　zào
躏　lìn

163　身（⾝）

身　shēn
射　shè
躬　gōng
躯　qū
躲　duǒ
躺　tǎng

164　釆

悉　xī
番　fān
釉　yòu
释　shì

165　谷

谷　gǔ
欲　yù
豁　huō
　　huò

166　豸

豺　chái
豹　bào
貂　diāo
貉　háo
　　hé
貌　mào
貘　mò

167　角

角　jiǎo
　　jué
觚　gū
触　chù
解　jiě
　　jiè
　　xiè

168　言

言　yán
誊　téng
誉　yù
誓　shì
警　jǐng
譬　pì

169　辛

辛　xīn
辜　gū
辞　cí
辟　bì
　　pī
　　pì
辣　là
辨　biàn
辩　biàn
辫　biàn

170　青

青　qīng
靖　jìng
静　jìng
靛　diàn

171　其

其　qí
甚　shèn
基　jī
斯　sī
期　jī
　　qī
欺　qī

172　雨（⻗）

雨　yǔ

3 画～7 画

雪　xuě
雳　lì
雷　léi
零　líng
雾　wù
雹　báo
需　xū
霆　tíng
霁　jì
震　zhèn
霄　xiāo
霉　méi

8 画～12 画

霖　lín
霏　fēi
霓　ní
霍　huò
霎　shà

霜 shuāng
霞 xiá
靄 ǎi

13 画～

霸 bà
露 lòu
lù
霹 pī

173 齿（齒）

齿 chǐ
龃 jǔ
龄 líng
龅 bāo
龇 zī
龈 yín
龋 qǔ
龌 wò

174 黾（黽）

黾 mǐn
鼋 yuán
鼍 tuó

175 隹

2 画～6 画

隼 sǔn
隽 juàn
难 nán
nàn
雀 qiǎo
què
售 shòu
集 jí
雁 yàn
雄 xióng
雅 yǎ
焦 jiāo
雇 gù
雉 zhì
雏 chú
雍 yōng
雌 cí

8 画～

雕 diāo
雠 chóu
耀 yào

176 金

金 jīn
鉴 jiàn
錾 zàn
鑫 xīn

177 鱼（魚）

鱼 yú

4 画～7 画

鱿 yóu
鲁 lǔ
鲆 píng
鲇 nián
鲈 lú
鲋 fù
鲍 bào
鲎 hòu
鲑 guī
鲔 wěi
鲚 jì
鲛 jiāo
鲜 xiān
xiǎn
鲠 gěng
鲣 jiān
鲤 lǐ
鲨 shā
鲩 huàn
鲫 jì

8 画～10 画

鲱 fēi
鲲 kūn
鲳 chāng
鲵 ní
鲷 diāo
鲸 jīng
鳃 sāi
鳄 è
鳅 qiū
鳆 fù
鳌 áo
鳍 qí
鳏 guān

11 画～

鳔 biào
鳗 mán
鳖 biē
鳜 guì
鳝 shàn
鳞 lín
鳟 zūn

178 革

革 gé

2 画～4 画

勒 lè
lēi
靴 xuē
靳 jìn
靶 bǎ

5 画～

靼 dá
鞋 xié
鞑 dá
鞍 ān
鞘 qiào
鞠 jū
鞭 biān
鞣 róu

179 骨（骨）

骨 gū
gǔ
骰 tóu
骷 kū
骶 dǐ
骸 hái
髀 bì
髅 lóu
髓 suǐ
髑 dú

180 鬼

鬼 guǐ
魂 hún
魁 kuí
魅 mèi
魄 pò
魉 liǎng
魍 wǎng
魏 wèi
魑 chī
魔 mó

181 食

食 shí
餐 cān

182 音

音 yīn

漢字発音表

歆	xīn
韵	yùn
韶	sháo

183 麻

麻	má
摩	mā
	mó
麾	huī
磨	mó
	mò
糜	mí
靡	mí
	mǐ
魔	mó

184 鹿

鹿	lù
麂	jǐ
麋	mí
麒	qí
麓	lù
麝	shè
麟	lín

185 黑（黑）

黑	hēi
墨	mò
默	mò
黔	qián
黛	dài
黜	chù
黩	dú
黯	àn

186 鼠

鼠	shǔ
鼢	fén
鼬	yòu
鼹	yǎn
鼷	xī

187 鼻

鼻	bí
鼾	hān

漢字発音表

難漢字総画索引

1 画
〇 líng
乙 yǐ

2 画
丁 dīng
zhēng
七 qī
九 jiǔ
匕 bǐ
刁 diāo
了 le
liǎo
乃 nǎi

3 画
三 sān
干 gān
gàn
于 yú
亏 kuī
才 cái
下 xià
丈 zhàng
与 yǔ
yù
万 wàn
上 shǎng
shàng
千 qiān
乞 qǐ
川 chuān
么 me
久 jiǔ
丸 wán
及 jí
亡 wáng
丫 yā
义 yì
之 zhī
已 yǐ
巳 sì
卫 wèi
也 yě
飞 fēi
习 xí
乡 xiāng

4 画
丰 fēng
井 jǐng
开 kāi
夫 fū
fú
天 tiān
元 yuán
无 wú
云 yún
专 zhuān
丐 gài
五 wǔ
支 zhī
不 bù
牙 yá
屯 tún
互 hù
中 zhōng
zhòng
内 nèi
午 wǔ
壬 rén
升 shēng
夭 yāo
长 cháng
zhǎng
反 fǎn
爻 yáo
乏 fá
氏 shì
丹 dān
乌 wū
卞 biàn
为 wéi
wèi
尹 yǐn
尺 chǐ
丑 chǒu
巴 bā
以 yǐ
予 yú
yǔ
书 shū

5 画
末 mò
未 wèi
击 jī
正 zhēng
zhèng
甘 gān
世 shì
本 běn
术 shù
可 kě
kè
丙 bǐng
左 zuǒ
丕 pī
右 yòu
布 bù
戊 wù
平 píng
东 dōng
卡 kǎ
北 běi
凸 tū
归 guī
且 qiě
申 shēn
甲 jiǎ
电 diàn
由 yóu
史 shǐ
央 yāng
冉 rǎn
凹 āo
生 shēng
失 shī
乍 zhà
丘 qiū
斥 chì
乎 hū
从 cóng
用 yòng
甩 shuǎi
乐 lè
yuè
匆 cōng
册 cè
包 bāo
玄 xuán
兰 lán
半 bàn
头 tóu
必 bì
司 sī
民 mín
弗 fú
出 chū
丝 sī

6 画
戎 róng
考 kǎo
老 lǎo
亚 yà
亘 gèn
吏 lì
再 zài
戌 xū
在 zài
百 bǎi
而 ér
戍 shù
死 sǐ
成 chéng
夹 gā
jiā
jiá
夷 yí
尧 yáo
至 zhì
乩 jī
师 shī
曳 yè

曲 qū
　qǔ
网 wǎng
肉 ròu
年 nián
朱 zhū
丢 diū
乔 qiáo
乒 pīng
乓 pāng
向 xiàng
后 hòu
兆 zhào
舛 chuǎn
产 chǎn
关 guān
州 zhōu
兴 xīng
　xìng
农 nóng
尽 jǐn
　jìn
丞 chéng
买 mǎi

7 画

戒 jiè
严 yán
巫 wū
求 qiú
甫 fǔ
更 gēng
　gèng
束 shù
两 liǎng
丽 lí
　lì
来 lái
串 chuàn
邑 yì
我 wǒ
囱 cōng
希 xī
坐 zuò
龟 guī
　jūn
卵 luǎn
岛 dǎo
兑 duì
弟 dì
君 jūn

8 画

奉 fèng
武 wǔ
表 biǎo
者 zhě
其 qí
直 zhí
丧 sāng
　sàng
或 huò
事 shì
枣 zǎo
卖 mài
非 fēi
些 xiē
果 guǒ
畅 chàng
垂 chuí
乖 guāi
秉 bǐng
卑 bēi
阜 fù
乳 rǔ
周 zhōu
枭 xiāo
氓 máng
卷 juǎn
　juàn
单 chán
　dān
肃 sù
隶 lì
承 chéng

9 画

奏 zòu
哉 zāi
甚 shèn
巷 hàng
　xiàng
柬 jiǎn
咸 xián
威 wēi
歪 wāi
面 miàn
韭 jiǔ
临 lín
幽 yōu
拜 bài
重 chóng
　zhòng
禹 yǔ
俎 zǔ
胤 yìn
养 yǎng
叛 pàn
首 shǒu
举 jǔ
昼 zhòu
癸 guǐ

10 画

艳 yàn
袁 yuán
哥 gē
乘 chéng
　shèng
玺 xǐ
高 gāo
离 lí
弱 ruò
能 néng

11 画

焉 yān
堇 jǐn
黄 huáng
啬 sè
戚 qī
爽 shuǎng
匙 chí
　shi
象 xiàng
够 gòu
孰 shú
兽 shòu

12 画

棘 jí
辉 huī
鼎 dǐng
甥 shēng
黍 shǔ
粤 yuè
舒 shū
就 jiù

13 画

鼓 gǔ
赖 lài
嗣 sì

14 画

嘉 jiā
截 jié
赫 hè
聚 jù
斡 wò
兢 jīng
夥 huǒ
舞 wǔ
疑 yí
孵 fū

15 画

靠 kào
豫 yù

16 画

翰 hàn
噩 è
整 zhěng

17 画

戴 dài
爵 jué
赢 yíng

18 画

馥 fù

19 画

疆 jiāng

20 画～

馨 xīn
耀 yào
颦 pín
懿 yì
囊 nāng
　náng
矗 chù

類義語コラム総合目次

・本目次は,類義語コラムに挙げられた見出し語全てから引けるよう検索の便を図った.
・配列は見出し語の第1音節のピンイン・声調順とし,同一の場合は漢字の画数順とした.
・無印は,類義語コラム.見は目で見る類義語.

C

D

E

F

G

H

J

K

L

M

N

P

Q

R

S

T

W

A,a

★ā 阿*[頭]〈方〉❶幼名或いは長幼の序列,姓の前に付けて親愛の情を表す.¶ ～-Táo[～陶]陶さん(姓)／～-Méi[～梅]梅さん.❷親族関係にある人の呼び名の前に付ける.¶ ～pó[～婆]おばあさん(祖母)／～gē[～哥]お兄さん.

★★ā 啊[嘆]驚きや賞賛を表す.¶ ～,xià xuě le![～, 下雪了!]あ,雪だ／～,zhèr de shū zhēn duō ya![～, 这儿的书真多呀!]ああ,ここは本がなんてたくさんあるんだろう.→a

★★·a 啊[助]❶語句の末尾に付け,感嘆,催促,命令,疑問などを表す.¶ Běijīng de qiūtiān zhēn měi ～![北京的秋天真美～!]北京の秋は本当に美しいなあ／kuài jìnlai ～![快进来～!]早く入っておいでよ／zhè shì zěnme huí shì ～?[这是怎么回事～?]これはどうしたことだ.❷語句の途中で少しポーズを置いて次の言葉に注意を促す.¶ jīntiān ～,wǒ méiyou shíjiān[今天～, 我没有时间]今日はね,時間がないんだ.❸列挙するものの後に付ける.¶ táng ～,qìshuǐ ～,shuǐguǒ ～,bǎile yì zhuōzi[糖～, 汽水～, 水果～, 摆了一桌子]キャンディやサイダーや果物がテーブルいっぱいに並んでいる.→ā

AA zhì AA制[名]割り勘.

★āi 哎[嘆]❶驚きや不満を表す.¶ ～! zhēnshi xiǎngbudào de shì[～! 真是想不到的事]まったくまあ,思いがけないことだ.❷呼びかけや注意を表す.¶ ～!xiǎoxīn diǎn[～! 小心点]ほら,気をつけて／～!wǒ yǒu bànfǎ le[～! 我有办法了]ねえ,よい考えがある.

★āi 挨[動]❶順を追う.¶ ～jiā ～hù de sòng bàozhǐ[～家～户地送报纸]1軒1軒新聞を配る.❷近寄る.接近している.¶ wǒmen sùshèlóu ～zhe shítáng[我们宿舍楼～着食堂]私たちの寮は食堂のそばにある.→ái

†āi 唉[嘆]ため息をつく声.¶ ～,zhēn kěxī[～, 真可惜]ああ,本当に残念だ.

†ái 挨[動]❶(苦痛・損害を)受ける.被る.¶ ～mà[～骂]どなられる／～le lǎoshī de pīpíng[～了老师的批评]先生にしかられた.❷(時間を)引き延ばす.困難(な日々)をしのぐ.耐える.辛抱する.¶ tā shì gùyì ～ shíjiān,bù kěn jiāo[他是故意～时间, 不肯交]彼はわざと時間を引き延ばし, 渡そうとしない／～guole gāokǎo[～过了高考]大学入試の苦しい日々を過ごした.→āi

†ái 癌[名]〔医〕癌(がん).¶ ～ zhèng[～症]がん／fèi ～ [肺～]肺がん.

★★ǎi 矮[形]背が低い.高さが低い.↔ gāo 高 ¶ gèzi ～[个子～]背が低い／wǒ bǐ tā ～ shí gōngfēn[我比他～十公分]私は彼より10センチ背が低い／～ qiáng[～墙]低い壁➡ 類義語 dī 低

★★ài 爱[動]❶愛する.↔ hèn 恨 ¶ ～shangle yí ge rén[～上了一个人]ある人を好きになった.❷好む.¶ ～ tīng yīnyuè[～听音乐]音楽(を聴くの)が好きだ.❸行為がよく行われること, 変化が起きやすいことを表す.¶ ～ kāi wánxiào [～开玩笑]よく冗談を言う／méiyǔ jìjié dōngxi ～ fāméi[梅雨季节东西～发霉]梅雨は物によくかびが生える.

類義語 ài 爱 xǐhuan 喜欢
► “爱”は「…を愛する」という強い感情を表す.“喜欢”は単に興味や好感を持っていること.¶ 爱祖国 ài zǔguó(祖国を愛する)／喜欢旅行 xǐhuan lǚxíng(旅行が好きだ) ► 後ろに動詞が続き,「何かをすること が好きだ」という意味では共に使える.¶ 弟弟 {爱／喜欢} 看电影 dìdi {ài／xǐhuan}kàn diànyǐng(弟は映画を見るのが好きだ) ► “爱”は「動作が頻繁に発生する」ことを表すが,“喜欢”にこの用法はない.¶ 小孩子爱生病 xiǎoháizi ài shēngbìng(子供はよく病気をす

A

る)

ài～bù～ 爱～不～㊗…しようがしまいが勝手だ.¶tā ài chī bù chī,nǐ bié guǎn tā le[他爱吃不吃，你别管他了]彼が食べようと食べまいと彼の自由だ,かまうんじゃない.

ài bù shì shǒu 爱不释手㊛好きで片時も手放さない.大切に手元に置く.¶nèi běn shū tā ～,zhěngtiān náchulai kàn[那本书他～，整天拿出来看]あの本は彼のお気に入りで,片時も手放さず,一日中手にして読んでいる.

àidài 爱戴[動](指導者などを)敬愛する.¶shēn shòu ～[深受～]深く敬愛される.

āidào 哀悼[動]哀悼する.¶～ yùnànzhě[～遇难者]遭難者を哀悼する／biǎoshì chéntòng de ～[表示沉痛的～]深い哀悼の意を表する.

†**ài//guó 爱国**[動]国を愛する.¶dàxuéshēngmen fēicháng ～[大学生们非常～]大学生たちはとても国を愛している／tā shì ge ～ shīrén[他是个～诗人]彼は愛国詩人だ.

†**àiguó zhǔyì 爱国主义**[名]愛国主義.¶jìnxíng ～ jiàoyù[进行～教育]愛国主義教育を行う.

★**àihào 爱好**[動]好む.趣味とする.¶～ wénxué[～文学]文学を好む.[名]趣味.好み.¶tā de ～ hěn guǎngfàn[他的～很广泛]彼の趣味は大変広い.

★**àihù 爱护**[動](害を受けないように)大切にする.保護する.¶～ shùmù[～树木]樹木を大切にする.

ài miàn·zi 爱面子㊖体裁にこだわる.¶tā jiùshi tài ～[他就是太～]彼は体裁にこだわりすぎだ.

★**àiqíng 爱情**[名]愛情.

āiqiú 哀求[動]哀願する.¶kǔkǔ ～[苦苦～]切々と頼み込む.

★★**ài·ren 爱人**[名]夫または妻.➡[類義語] fūrén 夫人

ài//shì 碍事[形]❶不便である.じゃまになる.¶zhè guìzi fàngzai zhèr zhēn ～[这柜子放在这儿真～]この戸棚はここに置くと本当にじゃまだ.❷(生命にかかわるほど)重大だ.(多く否定文に用いる)¶wǒ jiě de bìng bú ～[我姐的病不～]姉の病気は大したことはない.

àixī 爱惜[動](徐々に減っていくようなものを)大切にする.惜しむ.¶～ shíjiān[～时间]時間を大切にする.

★**āiyā 哎呀**[嘆]❶驚きを表す.¶～! shì nǐ ya[～! 是你呀]あれ,君か.❷不満や面倒なことを表す.¶～!nǐ zěnme cái lái ya[～! 你怎么才来呀]まったくもう,今頃来るなんて／～,nǐ zhēn luōsuo[～,你真啰唆]ああ,君は本当にくどいな.

†**āiyō 哎哟**[嘆]驚きや苦痛を表す.¶～!dào shíjiān le[～!到时间了]あっ,時間になった／～,zhēn tàng! [～，真烫!](火傷して)あっ,熱い.

ài zēng fēn míng 爱憎分明㊛愛憎がはっきりしている.¶tā fēicháng ～,bù xǐhuan de rén lián lǐ dōu bù lǐ[她非常～，不喜欢的人连理都不理]彼女は好き嫌いがはっきりしていて,嫌いな人は相手にもしない.

àizībìng 艾滋病[名]〔医〕エイズ.

★**Ālābóyǔ 阿拉伯语**[名]アラビア語.“阿拉伯文”Ālābówénともいう.

†**ān 安**[形]❶安定している.安らかである.¶zuò lì bù～[坐立不～]㊛居ても立ってもいられない.❷安全である.危険がない.¶zhuǎn wēi wéi ～[转危为～]危機を脱する.[動]❶取り付ける.設置する.¶～ diàndēng[～电灯]電灯を取り付ける／～ kōngtiáo[～空调]エアコンを取り付ける.❷付ける.付与する.¶～ zuìmíng[～罪名]汚名を着せる.❸“安～心”ān～xīnの形で(企みや悪い考えを)持つ.抱く.¶bù ～ hǎoxīn[不～好心]いい事を考えない(よからぬ事を企てる).

★**àn 岸**[名]岸.¶jiāng'～[江～]河の岸／shàng'～[上～]上陸する.

★**àn 按**[動]❶手や指で押す.¶～ diànlíng[～电铃]ベルを押す.❷抑える.抑制する.¶～buzhù xīntóu nùhuǒ[～不住心头怒火]怒りを抑えきれない.[前]…に基づいて.…に照らして.

†**àn 暗**[形]❶暗い.¶guāngxiàn tài ～[光线太～]光が暗い.❷秘密に.こっ

そりと.¶～ xià dúshǒu［～下毒手］こっそりと悪辣な手段を用いる／～ xià juéxīn［～下决心］ひそかに決心した.➡類義語 hēi 黑

†**àn'àn 暗暗**［副］ひそかに.陰で.¶～ gēnzōng［～跟踪］こっそり尾行する／xīnzhōng ～ pánsuan［心中～盘算］ひそかに思案する.

àndàn 暗淡［形］薄暗い.¶guāngxiàn ～［光线～］光が薄暗い／shénsè ～［神色～］表情が暗い／zhèi jiā gōngsī qiánjǐng ～［这家公司前景～］この会社の前途は暗たんとしている.

†**āndìng 安定**［形］(生活や情勢が)落ち着いている.¶shēnghuó ～［生活～］生活が安定している.［動］安定させる.¶～ rénxīn［～人心］人々の心を安定させる.

ángguì 昂贵［形］価格が非常に高い.¶yuánliào hěn ～［原料很～］原料の価格が非常に高い.

ángyáng 昂扬［形］(意気が)上がる.高揚する.¶dòuzhì ～［斗志～］闘志が高まる.

ànhài 暗害［動］暗殺する.¶tā shì zuótiān shēnyè zāodao ～ de［他是昨天深夜遭到～的］彼はきのうの深夜暗殺されたのだ.

ànhào 暗号［名］合図.サイン.暗号.¶～ bèi shípò le［～被识破了］暗号は見破られた／tāmen yǐ qiāo liǎng xià mén zuòwéi ～［他们以敲两下门做为～］彼らはドアを2回ノックするのを合図にしている.

ān jiā luò hù 安家落户㊑(他郷に)定住する.¶nǐ dǎsuan zài nǎr ～?［你打算在哪儿～?］あなたはどこに居を構えるつもりですか.

ànjiàn 案件［名］訴訟や裁判に関する事件.¶xíngshì ～［刑事～］刑事事件／shārén ～［杀人～］殺人事件.

ànjiē 按揭［名］〔経〕住宅ローン.(不動産等購入のための)銀行ローン.

⁑**ānjìng 安静**［形］❶静かである.物音がしない.↔chǎonào 吵闹 ¶zhōuwéi hěn ～［周围很～］まわりが静かである／qǐng bǎochí ～［请保持～］静かにしてください.❷穏やかである.安らかである.¶háizi shuìde hěn ～［孩子睡得很～］子供が安らかに寝ている.❸落ち着いている.¶xìnggé ～［性格～］性格が落ち着いている.

ān jū lè yè 安居乐业㊑安らかに暮らし,楽しく働く.¶nàli de bǎixìng rénrén ～,shēnghuóde hěn xìngfú［那里的百姓人人～，生活得很幸福］そこの人々は誰もが平和に暮らし,楽しく働き,幸せな生活を送っている.

àn láo qǔ chóu 按劳取酬㊑労働に応じて報酬を得る.¶cǎiqǔ ～ de fāngshì［采取～的方式］労働に応じて報酬を得るやり方をとる.

†**àn∥lǐ 按理**［副］理屈から言えば.本来なら.¶qī suì de háizi ～ yīnggāi shàng xiǎoxué le［七岁的孩子～应该上小学了］7歳の子供なら小学校に上がっているはずだ／～ shì kěyǐ zài zhèr tíng chē de［～是可以在这儿停车的］理屈から言えばここに車を止めてもよいのだ.

†**Ānlǐhuì 安理会**［名］(国連の)安全保障理事会."安全理事会"Ānquán lǐshìhuìの略.¶～ yǒu jǐ ge chángrèn lǐshìguó?［～有几个常任理事国?］安全保障理事会にはいくつの常任理事国がありますか.

†**ànmó 按摩**［動］按摩(あんま)をする.マッサージをする.¶gěi wǒ ～ yíxià jiānbǎng hǎo ma?［给我～一下肩膀好吗?］肩をもんでくれませんか.

ānníng 安宁［形］平穏である.安らかである.¶guójiā ～［国家～］国が安定している.

⁑**ānpái 安排**［動］(物事を)段取りよく処理する.(人員を)配置する.割りふる.¶～ gōngzuò［～工作］仕事の段取りをつける／～ shēnghuó［～生活］生活設計をする／～ huìchǎng［～会场］会場を手配する.［名］手配.処理.¶tuǒshàn de ～［妥善的～］適切な処理.

†**ànqī 按期**［副］期日どおりに.¶～ fùkuǎn［～付款］期日どおりに支払いする／～ guīhuán［～归还］期日どおりに返還する／～ jiāohuò［～交货］期日どおりに納品する.

ànqíng 案情［名］事件の状況.¶～ fùzá[～复杂]事件の内容は複雑である.

★**ānquán 安全**[形]安全である.注「事故が起こらない」ことを重視する.祝辞では"平安"píng'ānを用いる.↔wēixiǎn 危险 ¶～ dǐdá[～抵达]無事に到着する.[名]安全.¶～ dì yī[～第一]安全第一／jiāotōng ～[交通～]交通安全／～ jiǎnchá[～检查]セキュリティーチェック.

ànshā 暗杀[動]暗殺する.

★★**ànshí 按时**[副]時間どおりに.¶～ chūfā[～出发]時間どおりに出発する／～ wánchéng[～完成]予定どおりに完成する.

ànshì 暗示[動]暗示する.¶lǎoshī ～ wǒmen wèntí huídá cuò le[老师～我们问题回答错了]先生は答えが間違っていることを我々にそれとなく知らせた.

★**ānwèi 安慰**[動]慰める.↔ cìjī 刺激 ¶～ shòushāng de xīn[～受伤的心]傷ついた心を慰める.[名]慰め.¶dédào hěn dà de ～[得到很大的～]大きな慰めを得た.

ānwěn 安稳[形]安定している.平穏である.¶háizi shuìde hěn ～[孩子睡得很～]子供はおとなしく寝ている.

ānxiáng 安详[形]ゆったりしている.穏やかである.¶jǔzhǐ ～[举止～]物腰がゆったりしている.

★**ānxīn 安心**[動]気持ちが落ち着く.気持ちを落ち着ける.¶～ yǎngbìng[～养病]心おきなく療養する／～ gōngzuò[～工作]身を入れて仕事をする.

†**ànyǔ 按语**[名]作者や編者が本文のほかに意見として加える言葉.評語."案语"とも書く.¶biānzhě zài wénzhāng pángbiān jiāle ～[编者在文章旁边加了～]編者は文章のわきに評語を加えた.

★★**ànzhào 按照**[前]…によって.…に照らして.¶～ fǎlǜ bànshì[～法律办事]法律に照らしてことを行う.

ānzhì 安置[動](人や物を)適切な場所に配置する.¶～ xíngli[～行李]荷物を適当な場所に置く／hélǐ ～ shīyè rényuán[合理～失业人员]合理的に失業者を配置する.

ànzhōng 暗中[名]暗がりの中.¶duǒzai ～[躲在～]暗闇に隠れる.[副]陰で.こっそりと.¶～ dǎting[～打听]こっそり調べる.

†**ānzhuāng 安装**[動]取り付ける.¶～ diànhuà[～电话]電話を取り付ける／～ zìláishuǐguǎn[～自来水管]水道管を設置する.

†**áo 熬**[動]❶長時間煮込む.¶～ xīfàn[～稀饭]お粥を煮る／～yào[～药]薬を煎(せん)じる.❷(苦痛や困難を)辛抱する.耐え忍ぶ.¶～yè[～夜]徹夜する.

†**àomì 奥秘**[名]神秘.¶yǔzhòu de ～[宇宙的～]宇宙の神秘／zhèige shìjiè chōngmǎnle ～[这个世界充满了～]この世界は神秘に満ちている.

Àoyùnhuì 奥运会[名]オリンピック."奥林匹克运动会"Àolínpǐkè yùndònghuìの略.¶běn jiè ～ chénggōng bìmù[本届～成功闭幕]今回のオリンピックは成功のうちに幕を閉じた.

★**āyí 阿姨**[名]❶〈方〉(血縁関係のある)おば.＝ yímǔ 姨母❷(血縁関係のない)おばさん.おねえさん.注子供が自分の母と同年輩の女性への呼びかけに使う.未婚女性にも使える.❸(職業上の呼び名)保母.ベビーシッター.お手伝いさん.

表現Chips 慰める

放心吧。Fàngxīn ba.(心配しないで)
别往心里去。Bié wǎng xīnli qù.(気にしないで)
没什么大不了的。Méi shénme dàbuliǎo de.
(たいしたことないよ)
想开点儿，没有过不去的事。Xiǎngkāi diǎnr, méiyou guòbuqù de shì.
(くよくよしないで,乗り越えられないことなんてないから)
别着急，车到山前必有路。Bié zháojí, chē dào shānqián bì yǒu lù.
(あせらないで,窮すれば通ずっていうでしょう)

B,b

⁑bā 八[数]8.8つ.

†bā 扒[動]❶つかまる.へばりつく.¶～zhe lángān[～着栏杆]手すりにつかまる.❷壊す.掘り返す.¶～tǔ[～土]土を掘り返す.❸かき分ける.¶～kāi rénqún[～开人群]人込みをかき分ける.❹脱ぎ捨てる.はぐ.¶bǎ shī wàzi ～xialai[把湿袜子～下来]濡れた靴下を脱ぐ.

bā 捌[数]"八"の"大写"dàxiě(大字).注書き直しを防ぐために証書や契約書の数字の記載に用いる.¶～bǎi yuán zhěng[～佰圆整]800元ちょうど.

*bá 拔[動]❶抜く.抜き取る.¶～luóbo[～萝卜]ダイコンを引き抜く／～hé[～河]綱引きをする.*❷選抜する.選り抜く.¶xuǎn～[选～]選抜する／tí～[提～]抜擢(ばってき)する.*❸超える.¶hǎi～[海～]海抜.

†bǎ 把[動]❶握る.つかむ.¶shǒu ～ shǒu de jiāo[手～手地教]手を取って教える.❷一手に握る.独り占めする.¶qīzi ～zhe qián[妻子～着钱]妻が財布を一手に握っている.❸見張る.番をする.¶～zhe ménkǒu bú ràng rén jìn[～着门口不让人进]入り口で番をして人を入れさせない.

⁑bǎ 把[量]❶柄(え)や取っ手,握りの付いている物を数える.¶yì ～ dāo[一～刀]ナイフ1本／sān ～ yǐzi[三～椅子]椅子3脚.❷一つかみの量を数える.¶yì ～ mǐ[一～米]一握りの米／yì ～ xiānhuā[一～鲜花]一束の花.❸抽象的な物を数える.¶yǒu yì ～ niánjì[有一～年纪]かなり年をとっている.❹手に関係する行為を数える.¶lā tā yì ～[拉他一～]彼をぐいっと引っ張る.

⁑bǎ 把[前]❶…を(…する)."把"により動詞の前に出された名詞に,何らかの処置を加える.¶～ shū huán le[～书还了]本を返した.❷ "把"により動詞の前に出された名詞に,何らかの状況や結果を生じさせる.¶～ tā lèhuài le[～她乐坏了]彼女は有頂天になって喜んだ.➡文法 "把"構文 p.74

類義語 **bǎ 把　ná 拿　jiāng 将**
►"把"は動作・行為の対象となる事物や人を導き,その対象に何らかの処置を加えることを表す.「…を」.¶把门关上 bǎ mén guānshang(ドアを閉める)►"拿"は動作・行為の手段を導く.「…で」.¶拿这些钱买书 ná zhèixiē qián mǎi shū(この金で本を買う)►"将"は書き言葉.動作・行為の対象を導く.「…を」.¶武松将老虎打死了 Wǔ Sōng jiāng lǎohǔ dǎsǐ le(武松は虎を殴り殺した)

†bà 坝[名]〔zuò 座,dào 道,tiáo 条〕ダム.

†bà 罢[動]❶やめる.放棄する.¶～sù[～诉]訴訟を取り下げる.❷(職を)免ずる.解雇する.¶～zhí[～职]免職する.

⁑•ba 吧[助]❶文末に付けて,勧誘,提案,命令の意を表す.¶zánmen yìqǐ qù ～[咱们一起去～]一緒に行きましょう／nǐ zài kǎolùkǎolù ～[你再考虑考虑～]もう1度考えてごらんなさい.❷文末に付けて同意或いは承知の意を表す.¶hǎo ～[好～]いいでしょう／jiù zhèyàng ～[就这样～]じゃあそういうことにしましょう.❸文末に付けて疑問,推測の意を表す.¶bú huì shì tā ～[不会是他～]彼ではないでしょう／tā yǐjing huíguó le ～[他已经回国了～]彼はもう帰国したでしょう.

⁑bà•ba 爸爸[名]お父さん.父.注呼びかけにも使える.➡類義語 fùqin 父亲

bǎbǐng 把柄[名]❶器の取っ手.❷〈喩〉弱点.弱み.泣きどころ.¶bié ràng rén zhuāzhu ～[别让人抓住～]人に弱味を握られるな.

bāchéng 八成[名]8割.80パーセント.[副](～儿)大体.ほとんど.¶zhè yǔ ～ xiàbuqǐlái le[这雨～下不起来了]雨は多分降り出さないだろう.

B

bàdào 霸道[形]横暴である.理不尽である.¶ ～ de yánxíng[～的言行]横暴な言行.

†**bà//gōng 罢工**[動]労働者がストライキを行う.

bǎ//guān 把关[動]基準に基づき厳しく検査する.¶céngcéng ～[层层～]各段階で厳しく検査する.

☆**bái 白**[形]❶白い.¶～ yīfu[～衣服]白い服.❷明らかである.明らかになる(する).¶zhēnxiàng dà～[真相大～]真相がすっかり明らかになる／míng-～[明～]明白である.理解する.*❸何も加えない.そのままの.¶～kāishuǐ[～开水]白湯(さゆ)／jiāo ～juàn[交～卷]白紙答案を出す.[副]❶いたずらに.無駄に.空しく.¶～ pǎo yí tàng[～跑一趟]無駄足を踏む.❷ただで.無料で.¶～ chī[～吃]ただで食べる／～ gěi[～给]ただでやる.ただで与える.

☆**bǎi 百**[数]❶100.¶yì～ ge[一～个]100個.100人.❷数が多いことを表す.¶～kē quánshū[～科全书]百科事典／～máng zhī zhōng[～忙之中]お忙しい中／～ wén bù rú yí jiàn[～闻不如一见]百聞は一見にしかず.

☆**bǎi 摆**[動]❶並べる.陳列する.¶bǎ dōngxi ～zhěngqí[把东西～整齐]物をきちんと並べる／zhuōshang ～zhe jǐ běn shū[桌上～着几本书]机の上に何冊かの本が並べてある.❷…のそぶりをする.¶～ wēifēng[～威风]威張る.❸振る.揺り動かす.¶～ shǒu[～手]手を振る.

類義語 **bǎi 摆　fàng 放　tān 摊**
►“摆”,“放”はともに物品をある場所に置くという意をもち,この意味では置き換えられる.¶窗台上{摆／放}着两盆花 chuāngtái shang {bǎi／fàng}zhe liǎng pén huā(窓辺に鉢植えの花が2鉢置いてある)►“摆”には他者の鑑賞に供するために物品を並べるという意がある.¶用鲜花摆成各种图案 yòng xiānhuā bǎichéng gèzhǒng tú'àn(生花でいろいろな図案を作ってある)►“放”

文法　“把”構文

“把”bǎ構文とは,述語の部分に前置詞“把”からなる前置詞フレーズがあり,それが状語(連用修飾語)となっている文をいう.“把”構文は前置詞“把”に導かれる目的語に「どのような処置を加えるのか,加えたのか」を眼目とする構文である.

¶我把这本书看完了。Wǒ bǎ zhèi běn shū kànwán le.(私はこの本を読み終えた)

1 “把”構文の構造上の特徴

1)“把”の目的語

処置を加えるべき“把”の目的語は特定のものでなくてはならない.そのため,しばしば“这”zhè,“那”nàなどを伴う.また,これらの定語(連体修飾語)がない場合でも,話し手,聞き手にはそれと分かる特定のものがくる.

¶我把今天的作业做完了。Wǒ bǎ jīntiān de zuòyè zuòwán le.(私は今日の宿題をやりおえた)

¶我把作业交给老师了。Wǒ bǎ zuòyè jiāogěi lǎoshī le.(私は〈やってきた〉宿題を先生に提出した)

2)“把”構文に現れる述語動詞

“把”構文に現れる述語動詞は普通単独では用いられず,後に何らかの成分を伴わなければならない.これにより「処置を加えた」後の結果,変化をはっきりと示すことになるのである.次のような成分が挙げられる.

a.結果補語や方向補語をつける.

¶我们要把他的病治好。Wǒmen yào bǎ tā de bìng zhìhǎo.(私たちは彼の病気を治さねばならない)

¶他把课本带回来了。Tā bǎ kèběn dàihuilai le.(彼は教科書を持ち帰ってきた)

b.“了”le,“着”zheをつける.

¶我把药吃了。Wǒ bǎ yào chī le.(私は薬を飲んだ)

¶你把雨伞拿着。Nǐ bǎ yǔsǎn ná-

にはこういう意味合いはなく,ただ単に,ある場所に置くという意だけである.¶可以把自行车放在这儿 kěyǐ bǎ zìxíngchē fàngzai zhèr(自転車をここに置いてもよい)►"摊"は「平らに広げる」,「並べる」.¶书摊了一桌子 shū tānle yì zhuōzi(本が机の上いっぱいに広げられた)

***bài 败**[動]❶負ける.敗れる.↔ shèng 胜 ¶gēn tā xiàqí,wǒ sān jú dōu ～le[跟他下棋,我三局都～了]彼と将棋をして私は3局とも負けた.❷負かす.うち破る.¶dǎ～ duìshǒu[打～对手]相手を負かす.❸失敗する.↔ chéng 成 ¶chéng～[成～]成功と失敗.❹(物事を)だいなしにする.¶～jiā[～家]家を没落させる.

bài 拜[動]❶拝む.礼拝する.¶～shén[～神]神を拝む／～ tiāndì[～天地]旧式の婚礼で新郎新婦が天地(神仏)に礼拝し,先祖,両親を拝し,続いて互いに向き合って礼拝する儀式.❷会って敬意や祝意を表す.¶～shòu[～寿]誕生祝いをする.長寿を祝う.❸敬意を持って特定の関係を結ぶ.¶～shī[～师]師事する.弟子入りする.

†**báibái 白白**[副]空しく.いたずらに.¶～ làngfèi shíjiān[～浪费时间]空しく時を過ごす.

bǎibèi 百倍[形]数量の多いことや状態の著しいことのたとえ.いっぱいである.¶xìnxīn ～[信心～]自信満満である／jīngshen ～[精神～]元気いっぱい.

bǎi～bù～ 百～不～呼何度…しても…しない.因果関係を持つ単音節の動詞・形容詞あるいは名詞を前後に置く.¶zhèige wèntí wǒ bǎi sī bù jiě[这个问题我百思不解]この問題はいくら考えてもわからない／zhèi běn shū lìng rén bǎi dú bú yàn[这本书令人百读不厌]この本は何度読んでも飽きない.

***báicài 白菜**[名]〔kē 棵〕〔植〕ハクサイ.

bǎidòng 摆动[動]揺れ動く.¶shùzhī yíngfēng ～[树枝迎风～]木の枝が

---

zhe.(あなた傘を持っていて)

c. 動詞を重ね型にする.

¶把你的护照给我看看。 Bǎ nǐ de hùzhào gěi wǒ kànkan.(パスポートをちょっと見せてください)

d. 動詞の後に目的語をつける.

¶把这枝铅笔给我吧。 Bǎ zhèi zhī qiānbǐ gěi wǒ ba.(この鉛筆を私にください)

しかし,2音節の動詞はほかの要素を伴わなくても単独で用いることができる場合がある.

¶他想把假期延长。Tā xiǎng bǎ jiàqī yáncháng.(彼は休暇を延長したい)

3) 否定辞の位置

否定を表す"不" bù,"没" méiや助動詞は"把"の前に置かれる.

¶他不把衣服放在柜子里。 Tā bù bǎ yīfu fàngzai guìzi li.(彼は洋服をたんすにしまわない)

¶我一定要把这课课文背熟。 Wǒ yídìng yào bǎ zhèi kè kèwén bèishú.(私はこの課の本文を必ず暗誦しなければならない)

2 "把"構文を必要とする文

文の構造上半ば義務的に"把"構文になる場合がある.動詞が結果補語の"在"zài,"到"dào,"成"chéng,受益者を表す"给"gěiを伴う場合である.

¶我把花盆放在窗台上了。 Wǒ bǎ huāpén fàngzai chuāngtái shang le.(私は植木鉢を窓辺に置いた)

¶你把这封信寄到日本。 Nǐ bǎ zhèi fēng xìn jìdao Rìběn.(この手紙を日本へ送ってください)

¶他把这篇文章翻译成了中文。 Tā bǎ zhèi piān wénzhāng fānyìchéngle Zhōngwén.(彼はこの文章を中国語に訳した)

¶把这本词典借给我。 Bǎ zhèi běn cídiǎn jiègěi wǒ.(この辞書を貸してください)

風に揺れ動く.

bàidú 拜读 [動]拝読する.

†**bàifǎng 拜访**[動]訪問する.¶～ lǎoshī[～老师]先生をお訪ねする.

†**báifèi 白费**[動]無駄に使う.無駄に費やす.¶～le yì tiān shíjiān[～了一天时间]1日を無駄に費やした／～le wǒ yì fān xīnsi[～了我一番心思]私の取り越し苦労だった.

†**bǎifēnbǐ 百分比**[名]百分率.パーセンテージ.¶àn ～ jìsuàn[按～计算]百分比で計算する.

bǎi gǎn jiāo jí 百感交集成感慨無量.いろいろな感慨が胸に浮かぶ.¶kàndao tāmen zhōngyú tuánjù le, wǒ ～,rèlèi yíngkuàng[看到他们终于团聚了，我～，热泪盈眶]彼らがついに一緒になったのを見て,感無量で涙があふれた.

bàihuài 败坏[動]損害を与える.傷つける.¶～ shèhuì fēngqì[～社会风气]社会的風潮を損なう／～ míngyù[～名誉]名誉を傷つける.

bǎi huā qí fàng 百花齐放成百花が一斉に咲き出す.異なった形式の文学や芸術が共に発展すること.¶xiànzài shì wényìjiè ～ de shídài[现在是文艺界～的时代]現在,文芸界は百花繚乱の時代である.

†**bàihuì 拜会**[動]訪問する.(主に外交上の訪問についていう)¶～ zǒngtǒng[～总统]大統領を表敬訪問する.

†**bǎihuò 百货**[名]百貨.各種の商品.¶～ shāngchǎng[～商场]デパート／rìyòng ～[日用～]日用雑貨.

bǎihuò dàlóu“百货大楼”(デパート)

bǎi jiā zhēng míng 百家争鸣成百家争鳴.春秋戦国時代,諸子百家が学術論争を重ね,学術の繁栄をもたらしたことをさす.さまざまな立場の人々が自由に論じ合うこと.¶zài xuéshù wèntí shang yīnggāi yǔnxǔ ～[在学术问题上应该允许～]学問の問題は,自由な論争が許されるべきである.

†**bǎi jià·zi 摆架子**慣威張る.もったいぶる.偉そうにする.¶bié gēn wǒ ～![别跟我～!]もったいぶるな!／nèige rén jiù xǐhuan zài biéren miànqián bǎi chòujiàzi[那个人就喜欢在别人面前摆臭架子]あの人はほかの人の前で威張りくさるのが好きなのだ.

báijiǔ 白酒[名]蒸留酒の総称.“烧酒”shāojiǔ,“白干儿”báigānrともいう.

bàilèi 败类[名]ろくでなし.裏切り者.¶tāmen shì mínzú de ～[他们是民族的～]彼らは民族の裏切り者だ／duì zhèixiē ～ yídìng yào yánchéng[对这些～一定要严惩]これらのろくでなしに対しては,厳しく処罰しなければならない.

báilǐng 白领[名]ホワイトカラー.事務労働者.¶dà chéngshì chūxiànle ～ jiēcéng[大城市出现了～阶层]大都市にホワイトカラー層が出現した.

bài//nián 拜年[動]新年の挨拶をする.注相手を表す言葉は必ず“向”xiàng,“给”gěiなどの介詞をつけて述語の前におく.¶wǒ gěi nín ～ lái le[我给您～来了]新年のご挨拶に参りました.

†**bǎishù 柏树**[名]〔植〕コノテガシワ.

†**báitáng 白糖**[名]白砂糖.¶jiā diǎnr ～ gèng hǎohē[加点儿～更好喝]砂糖を入れるともっとおいしい.

*__bái·tiān 白天__[名]昼.昼間.日中.↔hēiyè 黑夜¶nǐ míngtiān ～ lái ba[你明天～来吧]明日の日中に来てください.

†**bǎituō 摆脱**[動](束縛や困難などから)抜け出す.逃れる.¶～ shùfù[～束缚]束縛から逃れる.

*__bàituō 拜托__[動]お願いする.¶zhèi jiàn shì jiù ～ nín le[这件事就～您了]この件はよろしくお願いします.

†**bǎiwàn 百万**[数]100万.多数.巨額.¶hěn duō rén xiǎng chéngwéi ～ fùwēng[很多人想成为～富翁]多くの人が百万長者になりたがっている.

bǎi wú liáo lài 百无聊赖成手持ちぶさたである.退屈である.¶tā

tǎngzai chuángshang,～ de fānzhe nèi běn xiǎoshuō[她躺在床上，～地翻着那本小说]彼女はベッドに横になり,退屈そうにその小説をめくっている.

bā·jie 巴结[動]とりいる.へつらう.¶～ shàngsi[～上司]上司にとりいる.

†**bà·le 罢了**[助]…だけだ.…にすぎない.注"不过"bùguò・"只是"zhǐshì などと呼応することが多い.¶wǒ búguò shì suíbiàn shuōshuo ～[我不过是随便说说～]私はただ軽い気持ちで言ってみただけだ.

bālěiwǔ 芭蕾舞[名]バレエ.¶～ yǎnyuán[～演员]バレエダンサー.バレリーナ.

bàmiǎn 罢免[動]罷免する.¶nèige shìzhǎng yīnwèi tānwū bèi ～ le[那个市长因为贪污被～了]あの市長は汚職をしたために罷免された.

bān 扳[動]❶(下または内側へ)引っ張る.回す.¶～dǎo[～倒]引き倒す.❷(劣勢を)挽回(ばんかい)する.¶～chéng píngjú[～成平局](試合などで)挽回して同点にする.

☆**bān 班**[名]❶班.クラス.組.グループ.¶yī niánjí B～[一年级B～]1年B組／zhuānxiū～[专修～]専攻科.❷勤務(時間).¶shàng～[上～]出勤する／xià～[下～]退勤する／lún～ kānhù bìngrén[轮～看护病人]病人を交代で看護する.*❸定時に運行する交通機関.¶～jī[～机]定期旅客機.[量]❶交通機関の運行や発着に用いる.¶nǐ zuò xià yì ～ fēijī zǒu ba[你坐下一～飞机走吧]次の(飛行機の)便で行きなさい.❷人の群れを数える.¶zhè ～ niánqīngrén zhēn yǒuqù[这～年轻人真有趣]この若者たちは本当に面白い.

†**bān 般***[助]…のような.¶bàofēngyǔ ～ de zhǎngshēng[暴风雨～的掌声]嵐のような拍手.

bān 斑*[名]斑点(はんてん).まだら.¶què～[雀～]そばかす／～mǎ[～马]シマウマ／～bái[～白]白髪混じり.ごま塩頭.

☆**bān 搬**[動]❶(重くて大きい物についていう)運ぶ.移す.¶～ jiājù[～家具]家具を運ぶ.❷移る.引っ越す.¶～jiā[～家]引っ越す.❸(すでにある制度や方法,経験,語句などを)引用する.採用する.¶wánquán zhào～ wàiguó de yí tào[完全照～外国的一套]外国のやり方をそのまま取り入れる.

bānjiā gōngsī "搬家公司"(引越し会社)のトラック

*****bǎn 板**[名]❶〔kuài 块〕板.板状の物.¶bōli～[玻璃～]板ガラス／gāng-～[钢～]鉄板.❷(～儿)商店の表の戸.¶pùzi dōu shàngle ～r le[铺子都上了～儿了]店はどこもシャッターを下ろした.❸(～儿)(民族音楽の)拍子.リズム.¶～yǎn[～眼]民族音楽などの拍子.注強い1拍を"板"といい,続く弱い拍を"眼"yǎnという.例えば,"一板一眼"yì bǎn yì yǎnは2拍子,"一板三眼"yì bǎn sān yǎnは4拍子.

bǎn 版*[名]❶(印刷用の)版.¶tóng-～ yìnshuā[铜～印刷]銅版印刷／

表現Chips 頼む

请您帮我拿一下。Qǐng nín bāng wǒ ná yíxià.
(すみませんがちょっと持っていただけますか)
这事就拜托您了。Zhè shì jiù bàituō nín le.
(このことはあなたにお願いいたします)
麻烦您,帮我确认一下,好吗? Máfan nín,bāng wǒ quèrèn yíxià,hǎo ma?
(お手数ですが確認してもらえますか)
劳驾，求您帮我看一下行李。Láojià,qiú nín bāng wǒ kān yíxià xíngli.
(すみません,ちょっと荷物を見ていていただけますか)

pái～[排～]組版をする／dǐ～[底～](写真の)ネガ.❷書物の版.¶dì yī～[第一～]初版／zài～[再～]再版.❸(新聞の)紙面.ページ.¶zhèige shìjiàn shàngle tóu～ tóutiáo [这个事件上了头～头条]この事件は新聞1面のトップに載った／wǎnbào yígòng bā ～[晚报一共八～]夕刊はあわせて8ページある.

⁑**bàn 办**[動]❶する.やる.処理する.取り扱う.¶～ shǒuxù[～手续]手続きをする／～shì[～事]仕事をする.用を足す.❷創設する.経営する.運営する.¶～ xuéxiào[～学校]学校をつくる／～ gōngchǎng[～工厂]工場を経営する. ❸仕入れる.調える.¶～huò[～货]商品を仕入れる／～ jiǔxí[～酒席]宴席を設ける.❹処罰する.¶zhèi zhǒng shìqing yídìng yào yán ～[这种事情一定要严～]このようなことは厳しく処罰しなければならない.

⁑**bàn 半**[数]❶半分.2分の1.¶yí ge ～ yuè[一个～月]1ヵ月半.❷半ば.真ん中.¶～zhōngjiān[～中间]真ん中.❸〈喩〉わずか.ほんの少し.¶～ diǎnr xīwàng yě méiyou[～点儿希望也没有]全く可能性がない.❹不完全である.十分でない.¶fángmén ～ kāizhe[房门～开着]ドアはきちんと閉まっていない／yì tái ～jiù de diànnǎo [一台～旧的电脑]中古のコンピュータ.

bàn 伴[動]お供する.相手をする.¶péi ～[陪～]お供をする.[名](～儿)連れ.同伴者.¶tóng～[同～]仲間.相棒.連れ／huǒ～[伙～]仲間.パートナー.

bàn 扮[動]❶装う.扮する.¶nǚ ～ nánzhuāng[女～男装]女性が男装する.❷ある表情をする.¶～ guǐliǎnr [～鬼脸儿]おどけた滑稽な顔をする.あかんべえをする.

bàn 拌[動]かき混ぜる.¶～yún[～匀]むらなくかき混ぜる／liáng～ huánggua[凉～黄瓜]キュウリのあえもの.

†**bàn 瓣**[名](～儿)❶花弁.花びら.¶huā～[花～]花びら.❷実や球根などの一かけら.¶júzi～[橘子～]ミカンの一ふさ／suàn～r[蒜～儿]ニンニクの一かけ.❸かけら.[量]花弁や実などの一片.一かけ.¶yí ～ suàn[一～蒜]一かけのニンニク.¶yí ～r júzi [一～儿橘子]ミカンのふさ一つ.

bànbiāntiān 半边天[名]❶空の半分.¶wǎnxiá yìnghóngle ～[晚霞映红了～]夕焼けが空半分を赤く染めている.❷〈喩〉社会の半分を支える人.多くは女性をさす.¶fùnǚ dǐng ～[妇女顶～]女性が社会の半分を支える.

bānbù 颁布[動](法令や条例などを)公布する.¶～ xiànfǎ[～宪法]憲法を公布する／～ xīn de hūnyīnfǎ [～新的婚姻法]新しい婚姻法を公布する.

bànchàng 伴唱[動]〔音〕バックコーラスをする.¶hòubian yǒu liǎng ge rén ～[后边有两个人～]後ろで2人がバックコーラスをする.

†**bānchē 班车**[名]定期バス.通勤や通学の送迎バス.¶wǒmen gōngsī méiyou ～[我们公司没有～]私たちの会社は送迎バスがない／～ měitiān zǎowǎn liǎng tàng[～每天早晚两趟]定期バスは毎日朝晩2便だ.

†**bàndǎo 半岛**[名]半島.¶Liáodōng ～[辽东～]遼東半島.

*__bàndǎotǐ 半导体__[名]半導体.トランジスタ.¶～ shōuyīnjī[～收音机]トランジスタラジオ.

bānfā 颁发[動]❶(命令・政策などを)出す.発布する.¶～ zhǐlìng[～指令]指令を出す.❷(勲章や賞状を)出す.授与する.¶～ jiǎngzhuàng hé jiǎngpǐn[～奖状和奖品]賞状と賞品を授与する.

⁑**bànfǎ 办法**[名]方法.やり方.手段.¶cǎiyòng zhèige ～[采用这个～]このやり方を採用する／Lǎo-Wáng hěn yǒu ～[老王很有～]王さんはなかなか大したものだ.➡[類義語] fāngfǎ 方法

⁑**bāng 帮**[動]助ける.手伝う.¶kuài ～ wǒ yíxià! [快～我一下!]早く手伝ってください.*[名]❶(物体の)外側.周り.¶chuán～[船～]船べり.❷(～儿)外側の葉っぱ.¶báicài～[白菜～]ハクサイの外側の葉.❸グループ.集団.¶dā～[搭～]グループを作る.一緒に

なる／fěi～[匪～]匪賊(ひぞく)の一味.[量]群を数える.¶láile yì ～ xiǎoháir[来了一～小孩儿]大勢の子供がやって来た／zhèi ～ rén zhēn tǎoyàn[这～人真讨厌]本当にいやな連中だ.

> 類義語 bāng 帮　bāngzhù 帮助　bāngmáng 帮忙
> ►"帮"は普通後ろに目的語や数量補語などの成分を必要とする.話し言葉.¶我帮妈妈打扫房间 wǒ bāng māma dǎsǎo fángjiān(母が部屋を掃除するのを手伝う) ►"帮助"は"帮"の改まった言い方.名詞としても用いられる.¶帮助灾区人民 bāngzhù zāiqū rénmín(被災地の人々を助ける)／谢谢你的帮助 xièxie nǐ de bāngzhù(手伝ってくれてありがとう) ►"帮忙"は「動詞+目的語」構造の語なので,後に目的語をとれない.そのかわり,"帮"と"忙"の間に他の成分が割って入ることがある.¶我来帮你的忙 wǒ lái bāng nǐ de máng(私があなたのお手伝いをします)

†**bǎng 绑**[動](縄やひもで)縛る.巻き付ける.¶bǎ xíngli ～zai chēshang[把行李～在车上]荷物を車にくくり付ける.

†**bàng 棒**[名]棒.¶yì gēn ～zi[一根～子]1本の棒／zhǐhuī～[指挥～]タクト.[形]〈口〉(体力や能力が)すばらしい.¶gōngkè hěn ～[功课很～]成績が優秀だ／tā zì xiěde zhēn ～[她字写得真～]彼女は字がすごくうまい.

†**bàng 磅**[量](イギリスの重量単位)ポンド.

bǎng//jià 绑架[動]力ずくで連行する.拉致(らち)する.¶tā bèi bàotú ～le[她被暴徒～了]彼女は暴徒に拉致された.

bāngjiāo 邦交[名]国交.¶liǎng guó huīfùle ～[两国恢复了～]両国は国交を回復した／jiànlì ～[建立～]国交を樹立する.

⁑**bāng//máng 帮忙**[動]手伝う.助ける.¶wǒ lái ～ ba[我来～吧]お手伝いしましょう／nǐ kě bāngle wǒ de dàmáng le![你可帮了我的大忙了!]本当に助かりました.➡ 類義語 bāng 帮

*__bàn//gōng 办公__[動]事務をとる.執務する.¶～ shíjiān[～时间]勤務時間／～ dàlóu[～大楼]オフィスビル.

⁑**bàngōngshì 办公室**[名]❶事務室.オフィス.❷機関内に設けられた管理事務を行う部門.¶Lǎo-Lǐ shì wàiyǔ xì ～ zhǔrèn[老李是外语系～主任]李さんは外国語学部事務局の主任です.注規模が大きく,ランクが上の場合は"办公厅"bàngōngtīngと言う.

bàngqiú 棒球[名]❶野球.¶dǎ ～[打～]野球をする／～ bǐsài[～比赛]野球の試合.❷野球のボール.

*__bàngwǎn 傍晚__[名](～儿)夕暮れ.夕方.¶měitiān ～,nǎinai zài gōngyuán sànbù[每天～，奶奶在公园散步]毎日夕方になると祖母は公園を散歩する.

*__bǎngyàng 榜样__[名]手本.模範.¶dài ge tóu,zuò yí ge hǎo ～[带个头，做一个好～]率先して良い手本となる.

⁑**bāngzhù 帮助**[動]助ける.援助する.¶hùxiāng ～[互相～]助け合う.相互援助する／～ shēnghuó kùnnan de rén[～生活困难的人]生活に困っている人を援助する.➡ 類義語 bāng 帮

†**bānjí 班级**[名]クラス.学年とクラスの総称.¶měi ge ～ dōu yǒu bānzhǔrèn[每个～都有班主任]各クラスにはみなクラス担任がいる.

†**bànjià 半价**[名]半値.半額.¶shāngpǐn quánbù ～[商品全部～]商品は全部半額だ／xiànzài kāishǐ ～ yōuhuì[现在开始～优惠]今から半額サービスを始める.

bànjìng 半径[名]半径.

†**bànkōng 半空**[名]空中.空.¶zájì yǎnyuán xuánzai ～[杂技演员悬在～]曲芸の演技者が空中にぶら下がっている.

*__bànlǎ 半拉__[名]〈口〉半分.¶～ píngguǒ[～苹果]リンゴ半分／～ yuè guòqu le[～月过去了]半月が過ぎた.

*__bànlǐ 办理__[動]取り扱う.処理する.¶～ dēngjì shǒuxù[～登记手续]登録手続きを行う／～ yèwù[～业务]業

務を執り行う.

bànlù 半路[名](～儿)途中.途上.¶zǒudao ～,tiān jiù hēi le[走到～，天就黑了]途中まで行くと日が暮れてしまった.

bànlǚ 伴侣[名]伴侶(はんりょ).仲間.¶zhōngshēn ～[终身～]生涯の伴侶.夫婦のことを指す.

***bàn//shì 办事**[動]仕事をする.用を足す.¶rén duō hǎo ～[人多好～]人が多いとことがうまく運ぶ／wǒ yào chūqu bàn diǎn shì[我要出去办点事]ちょっと用足しに出てきます.

bān·shou 扳手[名]スパナ.レンチ.(器具の)レバー.¶zhèi bǎ ～ hěn hǎoyòng[这把～很好用]このスパナは使いやすい.

bànshù 半数[名]半数.¶yǐ ～ yǐshàng de zànchéngpiào,tōngguòle juéyì[以～以上的赞成票，通过了决议]半数以上の賛成票により決議案が可決した.

bànsuí 伴随[動]伴う.¶jiāli ～ tā de zhǐ yǒu nèi zhī xiǎo huāmāo[家里～他的只有那只小花猫]家で彼と一緒にいるのはあの三毛猫だけだ.[前]…につれて.…と同時に.¶～zhe shìchǎng jīngjì de fāzhǎn,rénmen de guānniàn yě fāshēngle biànhuà[～着市场经济的发展，人们的观念也发生了变化]市場経済の進展に伴い,人々の考え方も変わってきた.

⁂bàntiān 半天[名]❶半日.¶qián～[前～]午前／hòu～[后～]午後.❷長い時間.¶děngle ～,tā cái lái[等了～，他才来]長いこと待って彼はやっとやって来た.

bàn tú ér fèi 半途而废㊒途中でやめる.中途で投げ出す.¶zhèi xiàng gōngchéng bù néng ～![这项工程不能～!]このプロジェクトは途中でやめてはならない.

bàn xìn bàn yí 半信半疑㊒半信半疑.¶tīngle tā de huà,wǒ ～ de cháo ménwài wàngqu[听了他的话，我～地朝门外望去]彼の話を聞いて,私は半信半疑で門の外を眺めた.

bàn//xué 办学[動]学校を経営する.¶jízī ～[集资～]学校経営の資金を集める.

bànyǎn 扮演[動]❶(劇中の人物に)扮する.¶～ nǚzhǔjué[～女主角]女主人公を演じる.❷〈喩〉役割を果たす.¶～ yí ge zhòngyào juésè[～一个重要角色]重要な役割を演じる.

***bànyè 半夜**[名]❶一夜の半分.¶qián～[前～]夜12時まで／hòu～[后～]夜12時以降.❷夜中.真夜中.¶tā liǎ yìzhí liáodao ～[她俩一直聊到～]彼女たち2人は夜中までおしゃべりした.

bānyùn 搬运[動]運搬する.輸送する.¶～ huòwù[～货物]貨物を運ぶ／～fèi[～费]輸送料.

***bānzhǎng 班长**[名]班長.グループの責任者.(クラスの)学級委員.

bàn zhēn bàn jiǎ 半真半假㊒嘘とも本当ともつかない.¶tā nà ～ de biǎoqíng,zhēn ràng rén zhuōmōbutòu[他那～的表情，真让人捉摸不透]彼のどちらともつかない表情から真意をつかむのは難しい.

bān·zi 班子[名]一定の任務を遂行するための組織.セクション.¶lǐngdǎo ～[领导～]指導部／shēngchǎn ～[生产～]生産セクション.

bànzòu 伴奏[動]伴奏する.¶yǎnchàng yòng gāngqín ～[演唱用钢琴～]歌にピアノの伴奏をつける.

***bāo 包**[動]❶(紙や布などで)包む.くるむ.¶yòng niúpízhǐ bǎ shū ～leqilai[用牛皮纸把书～了起来]クラフト紙で本を包んだ／～ jiǎozi[～饺子]ギョーザを作る.❷含む.¶～luó[～罗]網羅する.包括する.❸引き受ける.請け合う.¶～chǎn[～产]生産を請け合う／～ xiū[～修]修理を引き受ける.❹借り切る.チャーターする.¶～le yì zhī chuán[～了一只船]船を1艘借り切った.[名]❶(～儿)包み.¶yóu～[邮～]郵便小包.❷入れ物.袋.¶shū ～[书～](本を入れる)かばん／shǒutí～[手提～]手提げかばん.❸こぶ.¶shùgàn shang yǒu ge dà ～[树干上有个大～]木の幹に大きなこぶがある／nǎodai shang qǐle ge ～[脑袋上起了个～]頭にこぶができた.❹アジアの遊牧民の住むテント.パオ.❺姓.[量]包まれた物を数える.¶

yí dà ～ yīfu［一大～衣服］一包みの衣服／liǎng ～ bǐnggān［两～饼干］2袋のビスケット.➡ 見る類 p.232

bāo 包［名］❹

†**bāo 剥**［動］(表皮などを)むく.はぐ.¶ ～ júzi［～橘子］ミカンの皮をむく／～ huāshēng［～花生］ラッカセイの殻をむく.

***báo 薄**［形］❶薄い.↔ hòu 厚 ¶ ～bǎn［～板］薄板.❷(人情が)薄い.冷淡である.↔ hòu 厚 ¶ lǎoshi shuō,tā dài wǒ bù ～［老实说，他待我不～］正直に言って,彼は私を大事にしてくれる／nàli rénqíng hěn ～［那里人情很～］あそこは人情が薄い.❸(味が)淡泊である.薄い.↔ nóng 浓,hòu 厚 ¶ jiǔwèi hěn ～［酒味很～］酒の味が淡泊だ.❹貧弱である.痩せている.¶ zhèi kuài dì hěn ～［这块地很～］この土地は痩せている.

†**bǎo 宝**［名］貴重品.宝物.¶ chuánjiā zhī ～［传家之～］伝家の宝／xiàn～［献～］貴重な物を捧げる.貴重な体験·意見を提供する.

⁑**bǎo 饱**［形］❶満腹である.↔ è 饿 ¶ wǒ yǐjing ～ le,zài yě chībuxià le［我已经～了，再也吃不下了］お腹一杯でもう食べられない.❷十分である.¶ ～ jīng fēng shuāng［～经风霜］十分辛酸をなめる／～hán lèishuǐ［～含泪水］目いっぱいに涙があふれる.❸満足である.¶ yì ～ yǎnfú［一～眼福］(美しい物を見て)目の保養をする.

***bǎo 保**［動］❶守る.保護する.¶ ～ jiā wèi guó［～家卫国］家を守り国を防衛する.❷保つ.¶ ～ shī［～湿］保湿する.❸請け合う.保証する.¶ ～zhì ～ liàng［～质～量］(製品の)品質と数量を保証する.

⁑**bào 报**［名］❶新聞.“报纸”bàozhǐともいう.¶ wǎn～［晚～］夕刊／kàn ～［看～］新聞を読む.❷…報.(雑誌などの刊行物)¶ huà～［画～］画報／xué～［学～］学報(教育機関が出版する学術刊行物).❸ポスター類.¶ hēibǎn～［黑板～］黒板新聞(工場や機関などで宣伝用に内部のニュースを書いたもの)／hǎi～［海～］(演劇や映画などの)ポスター.❹電報.¶ sòng～

目で見る類義語 bào 抱 lǒu 搂

►“抱”bàoは人,動物,物などを「抱く」という意味.抱かれた対象は完全に地面と離れて,「抱く」動作をする人とともに移動することも多い.¶ 妈妈抱着孩子 māma bàozhe háizi(お母さんは子供を抱いている)／把书抱在怀里 bǎ shū bàozai huáili(本を懐に抱いている)►また,対象が動作主と別々の重心を持つ場合には,“抱”,“搂” lǒu両方とも使える.“抱”を使うと,両者の接触面が大きいというニュアンスが強く,“搂”はほとんど肩や腰に手を回す程度の動作をさす.►“搂”は抱く対象が人間に限られるが,“抱”にはそのような制限がない.¶ 他们俩紧紧地抱在一起 tāmen liǎ jǐnjǐn de bàozai yìqǐ(2人はかたく抱き合っている)／搂着她的腰跳起舞来 lǒuzhe tā de yāo tiàoqi wǔlai(彼女の腰に手を回して踊り始めた)

yuán[送～员]電報配達人.[動]❶知らせる.告げる.申し込む.¶～'àn[～案]摘発する.❷こたえる.返す.¶～'ēn[～恩]恩に報いる.恩返しをする/～yìng[～应](悪いことをした)報い.罰.

☆☆**bào 抱**[動]❶抱える.抱く.❷心に抱く.¶～zhe yuǎndà de lǐxiǎng[～着远大的理想]遠大な理想を抱く/～bùpíng[～不平]義憤を抱く.➡見る類 p.81

bāobàn 包办[動]❶一手に引き受ける.¶yìshǒu ～[一手～]一手に引き受ける.❷独断で思い通りにことを運ぶ.¶～ hūnyīn[～婚姻]親の取り決めた結婚.

bǎobèi 宝贝[名]❶珍しく貴重な物.宝物.¶zhèixiē shū jiù shì wǒ de ～, bǐ shénme dōu zhēnguì[这些书就是我的～，比什么都珍贵]これらの本は私の宝物で,何よりも大事な物です.❷(～儿)子供を呼ぶ愛称.¶xiǎo～r[小～儿]かわいこちゃん.

bāo//chē 包车[動]車を借り切る.チャーターする.¶dānwèi ～ qùle Chángchéng[单位～去了长城]職場で車を借り切って長城に行った/bāo yì tiān chē dàgài yào duōshao qián?[包一天车大概要多少钱?]車を1日借り切るのに大体いくらかかりますか.

bāochē 包车[名]貸切車.チャーター車.

*__bǎochí 保持__[動]保持する.持ち続ける.¶～ liánghǎo de huánjìng[～良好的环境]良い環境を維持する/～liánxì[～联系]連絡を絶やさない.

†**bào//chóu 报仇**[動]敵(かたき)を討つ.復讐(ふくしゅう)する.¶tā juéxīn yào wèi fùqīn ～[他决心要为父亲～]彼は父のために恨みを晴らそうと決心した.

†**bào·chou 报酬**[名]報酬.謝礼.¶láodòng ～[劳动～]労働の報酬.

*__bǎocún 保存__[動]保存する.維持する.¶～ shílì[～实力]実力を維持する/～ wénhuà gǔjì[～文化古迹]文化遺跡を保存する.

bàodá 报答[動]報いる.こたえる.¶～ fùmǔ de yǎngyù zhī ēn[～父母的养育之恩]父母の養育の恩に報いる.

*__bào//dào 报到__[動]到着を報告する.¶yī niánjí de xīnshēng qǐng xiān qù ～[一年级的新生请先去～]1年生は先に登録を済ませてください/～chù[～处]受付.

*__bàodào 报道__[名]報道.ルポ.ニュース原稿.¶～ de nèiróng hé wǒmen yǒu guānxi[～的内容和我们有关系]報道の内容は我々と関係がある.[動]報道する.¶gè bào dōu zài tóubǎn tóutiáo ～le zhèige xiāoxi[各报都在头版头条～了这个消息]各新聞とも1面トップでこのニュースを報じた.

†**bàofā 爆发**[動]❶爆発する.¶huǒshān ～ le[火山～了]火山が噴火した.❷(革命や事件が)勃発(ぼっぱつ)する.¶Tàipíngyáng zhànzhēng ～ le[太平洋战争～了]太平洋戦争が勃発した.

bào fēng zhòu yǔ 暴风骤雨成激しい風とにわか雨.〈喩〉勢いが激しいこと.¶gémìng yùndòng rú ～ xíjuǎn quánguó[革命运动如～席卷全国]革命運動が怒濤のごとく全国を席巻した.

†**bāo·fu 包袱**[名]❶ふろしき.¶yí kuài ～pír[一块～皮儿]1枚のふろしき.❷ふろしき包み.布包み.¶zhè ～ lǐmiàn dōu shì xiē shénme dōngxi?[这～里面都是些什么东西?]この包みの中は何ですか.❸〈喩〉精神的負担.悩み.¶bù néng bǎ shànyǎng fùmǔ kànchéng shì ～[不能把赡养父母看成是～]父母を扶養することを重荷と考えてはならない.

bàofù 抱负[名]抱負.理想.¶hěn yǒu ～[很有～]大志を抱いている/yuǎndà ～[远大～]大きな理想.

†**bào·fù 报复**[名]報復.仕返し.¶kāishǐ ～[开始～]報復を開始する.[動]仕返しする.¶nǐ zhèyàng jiānruì de pīpíng tā,tā huì ～ de[你这样尖锐地批评他，他会～的]そんなに激しく彼を批判したら,仕返しされるよ.

bāogānr 包干儿[動]一切を引き受ける.¶zhèige huór yóu wǒmen xiǎozǔ ～[这个活儿由我们小组～]この件については我々のグループが引き受ける.

*bàogào 报告[名]報告書.¶xiě yánjiū ～[写研究～]研究報告を書く.[動]報告する.伝える.¶xiànzài ～ xīnwén [现在～新闻]これからニュースをお伝えします.

†bǎoguǎn 保管[動]❶保管する.¶zhèixiē wénwù yīnggāi hǎohāor ～[这些文物应该好好儿～]これらの文化財はしっかり保管しなければならない.❷保証する.請け合う.¶～ nín mǎnyì[～您满意]満足されること間違いなしです.[名]保管係.

†bào∥guān 报关[動]通関手続きをする.通関申告をする.¶shèxiàngjī yào ～ ma?[摄像机要～吗?]ビデオカメラは通関申告が必要ですか.

†bào∥guāng 曝光[動]❶露出する.露光する.❷〈喩〉暴露する.¶gōngsī de bùfǎ xíngwéi bèi ～ le[公司的不法行为被～了]会社の不法行為が暴露された.

*bǎoguì 宝贵[形]❶珍しく希少価値がある.¶～ de wénhuà yíchǎn[～的文化遗产]貴重な文化遺産.❷大切な.¶～ de jīhuì[～的机会]大切な機会／～ yìjiàn[～意见]ご意見.大事な意見／～ jīngyàn[～经验]大切な経験.

†bāoguǒ 包裹[名]❶(ふろしきなどで)包まれた物.包み.¶zhèige ～ tài zhòng[这个～太重]この包みは大変重い.❷(郵便の)小包.小荷物.¶dào yóujú jì ～ qù[到邮局寄～去]郵便局へ小包を出しに行く.

*bāohán 包含[動]含む.¶zhèi duàn wénzhāng ～zhe liǎng ge yìsi[这段文章～着两个意思]この文章には2つの意味が含まれている.

bǎohé 饱和[形]❶飽和状態である.¶～ zhuàngtài[～状态]飽和状態.❷物事が最大限度にまで達している.¶guónèi shìchǎng yǐjing ～ le[国内市场已经～了]国内市場はすでに飽和状態である.

*bǎohù 保护[動]保護する.大切にして守る.↔ shānghài 伤害 ¶～ yǎnjing [～眼睛]目を大切にする／～ shòuhàirén [～受害人]被害者を保護する.

bāojī 包机[名]チャーター機.¶dǒngshìzhǎng láihuí zuò de dōu shì ～[董事长来回坐的都是～]理事長が乗るのは往復ともチャーター機だ.

bào∥jià 报价[動]値段を知らせる.オファーする.¶duìfāng de ～ tài gāo le [对方的～太高了]先方のオファーは高すぎる.

bǎojiàn 宝剑[名]名刀.(今は広く一般の刀にも使われる)

bǎojiàn 保健[動]健康を保つ.¶shéi fùzé lǎonián ～ gōngzuò?[谁负责老年～工作?]老人保健の仕事を担当している人は誰ですか／～ shèshī [～设施]保健施設／～xiāng[～箱]救急箱.

bǎo jīng fēng shuāng 饱经风霜 成 辛酸をなめ尽くす.¶～ de liǎn [～的脸]辛酸をなめ尽くしたような顔立ち.

†bàokān 报刊[名]新聞・雑誌の総称.¶yuèlǎnshì yǒu Zhōngwén ～[阅览室有中文～]閲覧室には中国語の新聞・雑誌がある.

bàokǎo 报考[動]受験の申し込みをする.出願する.¶～ dàxué[～大学]大学に出願する.

bǎokù 宝库[名]宝庫.(比喩的に使われることが多い)¶bǎikē quánshū shì zhīshi de ～[百科全书是知识的～]百科事典は知識の宝庫だ.

⁑bāokuò 包括[動]含む.含める.¶dāngrán yě ～ nǐ zàinèi[当然也～你在内]もちろん君も含まれます／fángzi měi yuè èrbǎi yuán,～ shuǐdiànfèi zàinèi[房子每月二百元，～水电费在内]毎月の家賃は水道・電気料を含めて200元です.

bǎolěi 堡垒[名]❶〔軍〕堡塁(ほうるい).トーチカ.❷〈喩〉簡単に打ち破れないもの.頑固者.

bàolì 暴力[名]武力.暴力.¶～ xíngwéi[～行为]暴力行為.

bàolì 暴利[名]暴利.¶bù dé yǐ fēifǎ shǒuduàn móuqǔ ～[不得以非法手段牟取～]不法な手段で暴利をむさぼってはならない.

†bǎolíngqiú 保龄球[名]ボーリング.¶nǐ huì dǎ ～ ma?[你会打～吗?]あ

B

なたはボーリングができますか.

*bǎoliú 保留[動]❶(原形を)保つ.留める.¶zhèi zuò gǔmiào hái ～zhe dāngnián de miànmào[这座古庙还～着当年的面貌]この廟(びょう)は当時の面影を残している.❷不賛成・異議がある.¶wǒ ～ yìjiàn[我～意见]私は意見を保留する.❸残しておく.¶tā yìzhí ～zhe guòqù de zhàopiàn[她一直～着过去的照片]彼女は昔の写真をずっとしまっている.

†bàolù 暴露[動]暴露する.露見する.¶wèntí yǐjing ～,zài yě bù néng yǎnshì[问题已经～，再也不能掩饰]問題はすでに露見し,もう隠し立てはできない／máodùn ～chulai,bìng bú shì huài shìqing[矛盾～出来，并不是坏事情]矛盾が明るみに出ることは必ずしも悪いことではない.

bàoluàn 暴乱[名]暴動.暴乱.¶zài zhèi cì ～ zhōng yǒu jǐbǎi rén shòushāng[在这次～中有几百人受伤]今度の暴動で何百人もの人が負傷した.

bǎomǎn 饱满[形]❶豊かである.充実している.¶kēlì ～ de màizi[颗粒～的麦子]穀粒の大きなコムギ.❷十分である.旺盛(おうせい)である.¶jīngshen ～ de yàngzi[精神～的样子]元気いっぱいの様子／～ de rèqíng[～的热情]ありあまる熱意.

†bǎo//mì 保密[動]機密を守る.秘密にする.¶zhèi jiàn shì wúlùn rúhé yào ～[这件事无论如何要～]この件は何があろうとも秘密にしなければならない.

*bào//míng 报名[動]応募する.申し込む.¶～ cānjiā wàiyǔ péixùnbān[～参加外语培训班]外国語の研修クラスに参加申し込みする.

bǎomǔ 保姆[名](家事,特に子供の世話をする)お手伝い.家政婦."阿姨" āyíともいう.

bàopò 爆破[動]爆破する.¶cǎikuàng shang jīngcháng cǎiyòng ～ jìshù[采矿上经常采用～技术]鉱石の採掘にはよく爆破技術が用いられる.

*bàoqiàn 抱歉[形]申し訳なく思う.恐縮に思う.¶zuótiān de shì,shízài shì tài ～ le[昨天的事，实在是太～了]昨日のことは本当に申し訳ありませんでした／hěn ～,méi néng bāngshang nǐ shénme máng[很～，没能帮上你什么忙]すみません,何のお役にも立てなくて.

†bàoshè 报社[名]〔jiā 家〕新聞社.

†bǎoshí 宝石[名]宝石.

bào//shí 报时[動]時刻を知らせる.¶zhèi tái diànhuàjī jùyǒu ～ gōngnéng[这台电话机具有～功能]この電話機は時刻を知らせる機能がついている.

†bǎoshǒu 保守[動]守る.¶～ mìmì[～秘密]秘密を守る.[形]保守的である.(考えが)古い.¶kèfú ～ sīxiǎng[克服～思想]保守的な思想を打ち破る.

†bāowéi 包围[動]取り囲む.¶tíngzi bèi màomì de sōnglín ～zhe[亭子被茂密的松林～着]あずまやは生い茂った松林に囲まれている／tā yì chū fàndiàn,mǎshàng jiù bèi jìzhěmen ～qilai[他一出饭店，马上就被记者们～起来]彼はホテルを出るとすぐに多くの記者に取り囲まれた.

*bǎowèi 保卫[動]防衛する.守る.¶～ hépíng[～和平]平和を守る／～ guójiā cáichǎn[～国家财产]国家の財産を守る.

bǎowēn 保温[動]温度を保つ.¶～ píng[～瓶]魔法瓶.ポット.

bǎoxiān 保鲜[動]鮮度を保つ.¶zhuāngzai zhèi zhǒng sùliàodài li kěyǐ ～[装在这种塑料袋里可以～]このポリ袋に入れれば鮮度を保つことができる.

†bǎoxiǎn 保险[形]安全である.¶ràng tā kāichē kě búdà ～[让他开车可不大～]彼に運転させると危なっかしい.[名]保険.¶rénshòu ～[人寿～]生命保険／～ gōngsī[～公司]保険会社.

bàoxiāo 报销[動]❶(前払い金や立替金を)清算する.¶chūchāifèi kěyǐ ～[出差费可以～]出張費は清算することができる.❷すっかりなくす.¶gāng shūrù de shùjù quán ～ le[刚输入的数据全～了]さっき入力したデータが全部消えてしまった.❸駄目に

なる.使い物にならなくなる.¶yì shuāng xīn xié yì cǎi zāng shuǐ jiù ～ le[一双新鞋一踩脏水就～了]新しい靴が水たまりに入って駄目になってしまった.

bào∥xìn 报信[動]消息を知らせる.¶gěi tā ～[给他～]彼に連絡する.

bàoxíng 暴行[名]凶暴な行為.暴行.¶guójì shèhuì yízhì qiǎnzé zhèi zhǒng ～[国际社会一致谴责这种～]国際社会は揃ってこの種の暴行を非難する.

†**bǎoxiū 保修**[動]修理を保証する.アフターサービスをする.¶xǐyījī yìbān ～ yì nián[洗衣机一般～一年]洗濯機は普通修理保証が1年だ.

bǎoyǎng 保养[動]❶保養する.養生する.¶～ shēntǐ[～身体]体を養生する／～ pífū[～皮肤]皮膚の手入れをする.❷(機械などの)手入れをする.メンテナンスをする.¶zhèi tái jīqì ～ de hěn hǎo[这台机器～得很好]この機械はメンテナンスが行き届いている.

bāoyì 褒义[名]〔語〕ほめる意味合い.褒義(ほうぎ).↔ biǎnyì 贬义¶zhèige cí hányǒu ～[这个词含有～]この語には褒義が含まれている／～cí[～词]ほめる意味を持つ語.

†**bàoyǔ 暴雨**[名]豪雨.大雨.¶～ xiàle sān tiān[～下了三天]豪雨が3日間降り続いた.

bào·yuàn 抱怨[動]恨みに思う.不平をこぼす.¶～ biéren[～别人]他人を恨む／～ zìjǐ yùnqi bù hǎo[～自己运气不好]自分の不運をかこつ.

†**bàozhà 爆炸**[動]爆発する.¶dìléi ～ le[地雷～了]地雷が爆発した.

†**bǎozhàng 保障**[動](生命,財産,権利などを)保障する.¶～ yánlùn zìyóu[～言论自由]言論の自由を保障する／～ fùnǚ értóng de héfǎ quánlì[～妇女儿童的合法权利]婦人と児童の合法的権利を保障する.[名]保障(となるもの).¶hépíng de ～[和平的～]平和の保障.

***bǎozhèng 保证**[動]保証する.請け合う.¶～ ānquán[～安全]安全を保証する.[名]保証(となるもの).¶～jīn[～金]保証金／～rén[～人]保証人.

bǎozhí 保值[動]価値を保証する.¶zhèi zhǒng chǔxù yǒu sān nián ～[这种储蓄有三年～]この種の預金は3年間目減りしない.

***bàozhǐ 报纸**[名]〔zhāng 张,fèn 份〕新聞.新聞紙.

bǎozhòng 保重[動]体を大事にする.(相手の体を気遣って言う)¶qǐng

目で見る類義語 bàozhú 爆竹　èrtījiǎo 二踢脚　shuāngxiǎng 双响　biānpào 鞭炮

►“爆竹”bàozhúは「爆竹」である.“点爆竹”diǎn bàozhúと“放爆竹”fàng bàozhú,どちらもいう.►爆竹を鳴らす,というが,バンと単発でおしまいのものと,「ドン,バーン」と2回鳴るものがある.2連発のほうは“二踢脚”èrtījiǎoあるいは“双响”shuāngxiǎngと呼ばれる.►これに対して“鞭炮”biānpàoのほうは「連発式の爆竹」だ.バンバンドンドン,あたかも機関銃を乱射するごとく鳴り響く.►新年やお祭りの時,あちこちで爆竹の音が聞こえる.それは“爆竹”かもしれぬし,“二踢脚”や“双响”かもしれぬし,あるいは“鞭炮”かもしれない.いろいろな種類がまじっているようだ.そういう時は“放鞭炮”fàng biānpào(爆竹を鳴らす)という.“鞭炮”にはこれらすべてを含む総称の意味がある.

～ shēntǐ[请～身体]どうぞお体を大切に.

bàozhú 爆竹[名]爆竹.¶fàng ～[放～]爆竹を鳴らす.➡ 見る類 p.85

bāozhuāng 包装[動]包装する.¶qǐng nǐ gěi ～ yíxià[请你给～一下]すみませんが,包装してください.[名]ラッピング.包装.¶～zhǐ[～纸]包装紙.ラッピングペーパー／shāngpǐn yídìng yào jiǎngjiu ～[商品一定要讲究～]商品はラッピングに工夫を凝らさなければいけない.

***bāo·zi 包子**[名](中に餡の入った)中華まんじゅう.¶ròu～[肉～]肉まんじゅう.

①肉まん②あんまん

báo·zi 雹子[名]〔kē 颗,lì 粒〕雹(ひょう).¶xiàle yì cháng ～[下了一场～]雹がひとしきり降った.

bàquán 霸权[名]覇権.支配権.ヘゲモニー.¶～ zhǔyì[～主义]覇権主義.

bǎ·shou 把手[名]取っ手.ハンドル.持ち手.¶mén ～[门～]ドアのノブ.

bàshǒu 罢手[動]手を引く.やめる.中止する.¶yīnggāi jǐnzǎo ～[应该尽早～]できるだけ早く手を引くべきだ.

***bǎwò 把握**[動]❶握る.持つ.¶sījī ～zhe fāngxiàngpán[司机～着方向盘]運転手はハンドルを握っている.❷(抽象的な物を)つかむ.把握する.¶～xìnxī[～信息]情報をつかむ／～ yíqiè hǎo jīhuì[～一切好机会]あらゆる機会をとらえる.[名]成功の可能性.確信.("有"yǒuや"没有"méiyouの後に用いることが多い)¶yǒu ～[有～]自信がある.

bǎxì 把戏[名]❶曲芸.¶shuǎ ～[耍～]曲芸をする.❷ごまかし.企み.¶xiǎo ～[小～]インチキ.トリック.

bàxiū 罢休[動]やめる.(多く否定で用いる)¶bù dá mùdì bú ～[不达目的不～]目的を達成するまでやめない.

bàzhàn 霸占[動]権力によって占領する.¶～ bié guó lǐngtǔ[～别国领土]他国の領土を占領する.

☆bēi 杯*[名]❶コップ.杯.湯飲みの類.¶chá～[茶～]湯飲み.ティーカップ／bōli～[玻璃～]グラス.コップ／jiǔ～[酒～]杯.❷優勝カップ.¶jiǎng～[奖～]賞杯.トロフィー.[量]コップなどの容器を単位に液体を数える.¶liǎng

1	2	3
4	いろいろな“~杯”	5
6	7	8

逆引きウインドウズ

1 茶杯	chábēi	茶碗・湯飲み
2 酒杯	jiǔbēi	酒杯・グラス
3 咖啡杯	kāfēibēi	コーヒーカップ
4 量杯	liángbēi	メートルグラス
5 奖杯	jiǎngbēi	優勝カップ
6 保温杯	bǎowēnbēi	保温カップ
7 高脚杯	gāojiǎobēi	脚付きグラス・ゴブレット
8 啤酒杯	píjiǔbēi	ビールのジョッキ

～ guǒzhī［两～果汁］ジュース2杯／yì ～ niúnǎi［一～牛奶］牛乳1杯.➡ 見る類 p.543

*bēi 背［動］❶背負う.¶tā ～zhe yí ge dà shūbāo［他～着一个大书包］彼は大きなかばんを背負っている.❷身に引き受ける.負担する.責任を負う.¶yí bù xiǎoxīn jiù ～shangle huài míngshēng［一不小心就～上了坏名声］ちょっと油断したらすぐに悪い評判がたってしまった／tā ～le hěn zhòng de zhài［他～了很重的债］彼は大変な債務を抱えている.➡bèi

*bēi 碑［名］碑.石碑.¶jìniàn～［纪念～］記念碑／mù～［墓～］墓石.

⁑běi 北［名］北.北側.注 単独で「北」とだけいう場合には,"北方"běifāng,"北边"běibiān,"北面"běimiànのように普通2音節にする.¶～jí［～极］北極／Yàzhōu wèiyú ～bànqiú［亚洲位于～半球］アジアは北半球にある.

*bèi 背［名］❶背.背中.¶～ yào tǐngzhí,bǎochí duānzhèng de zīshì［～要挺直，保持端正的姿势］背中をピンと伸ばして正しい姿勢を続ける.❷(物の)背面.裏.¶shǒu～［手～］手の甲／dāo～［刀～］ナイフの峰.［動］❶違反する.背く.¶～yuē［～约］約束をたがえる.❷暗記する.暗誦する.¶～ shēngcí［～生词］新出単語を覚える／～ kèwén［～课文］テキストを暗誦する.➡bēi

⁑bèi 倍［量］倍.注"去年的两倍"qùnián de liǎng bèiは「去年の2倍」だが,"增加一倍"zēngjiā yí bèiは「1倍分増える」ということで,日本語の「2倍」を意味し,"增加两倍"zēngjiā liǎng bèiは「3倍」の意味となる.¶èr de wǔ～ jiù shì shí［二的五～就是十］2の5倍は10だ.

⁑bèi 被［前］(受け身文で行為者を導く)…によって.¶tā ～ dàjiā xuǎnwéi bānzhǎng［他～大家选为班长］彼はみんなにクラス委員に選ばれた.➡ 文法 受け身文 p.88

†bèi 辈*［名］❶世代.¶zhǎng～［长～］目上の人／wǎn～［晚～］目下の者.❷一生.¶yí～zi［一～子］一生／hòu bàn～zi［后半～子］晩年.［量］同じ年齢や世代を数える.¶wǒmen zhè yí ～ rén bǐ shàng yí ～ rén xìngfúde duō［我们这一～人比上一～人幸福

目で見る類義語 bēi 背　káng 扛　tuó 驮

►人が物を運ぶ場合に,物が人の肩から背中のほうまであれば,"背" bēiを使う.¶背着书包 bēizhe shūbāo(かばんを背負う)／背着孩子 bēizhe háizi(子供を負ぶう)► "扛" kángを使うときは,載せられた物が肩より上にある.¶肩上扛着一把锄头 jiānshang kángzhe yì bǎ chútou(肩にくわを担ぐ)► "驮" tuóはもともと馬が荷物を背負うことを表す.今では「進歩した馬」である自転車やオートバイで荷物を運ぶ場合にも "驮" が使える.¶自行车上驮着一口袋粮食 zìxíngchē shang tuózhe yì kǒudai liángshi(自転車に1袋の食料を積んでいる)

得多]私たちの世代の人間は上の世代よりずっと幸せだ.

†**bēi'āi 悲哀**[形]悲しい.¶gǎndào ～[感到～]悲しいと感じる／xiǎnchu shífēn ～ de yàngzi[显出十分～的样子]とても悲しそうな様子が表れている.

†**bèibāo 背包**[名]❶背嚢(はいのう).❷リュックサック.¶piàoliang xiǎoqiǎo de ～ hěn shòu nǚshìmen de huānyíng[漂亮小巧的～很受女士们的欢迎]きれいで小ぶりなリュックは女性たちに人気がある.

bēibǐ 卑鄙[形]言葉や振る舞いが不道徳で恥知らずである.卑しい.¶wéirén ～[为人～]人となりが卑しい／tā ～ de chūmàile péngyou[他～地出卖了朋友]彼は恥知らずにも自分の友人を売った.

⁑**běibiān 北边**[名](～儿)北.北側.¶gǎngkǒu de ～ shì zuò xiǎo shān[港口的～是座小山]港の北側は小山になっている.

***běibù 北部**[名]北部.北寄りの部分.¶Hēilóngjiāngshěng wèiyú Zhōngguó de ～[黑龙江省位于中国的～]黑竜江省は中国北部に位置している.

bēicǎn 悲惨[形]痛ましい.惨めである.¶tā de zāoyù zhēn shì tài ～ le[他的遭遇真是太～了]彼の境遇はあまりにも惨めだ.

†**bèidòng 被动**[形]受動的である.受け身の.↔ zhǔdòng 主动¶xiànrù ～[陷入～]受け身の立場になる.

***běifāng 北方**[名]北方.中国では黄河以北の地域をさす.¶～ hé nánfāng qìwēn chābié hěn dà[～和南方气温差别很大]北方と南方の気温差は大きい.

bēifèn 悲愤[形]悲しみ憤る.悲憤.¶tīngle zhèige xiāoxi,wǒ gǎndào wànfēn ～[听了这个消息，我感到万分～]その知らせを聞いて私は大いなる悲憤を感じた.

bèigào 被告[名]〔法〕被告.¶～rén[～人]被告人.

bēiguān 悲观[形]悲観的である.↔ lèguān 乐观¶nǐ duì qiántú búyào tài ～[你对前途不要太～]君は前途を悲観しすぎてはいけない.

***bèihòu 背后**[名]背後.後ろ.¶shān ～[山～]山の裏.[副]陰で.裏で.¶

文法　受け身文

受け身文は一般に前置詞"被"bèi,"叫"jiào,"让"ràngなどを用いるため,"被"構文とも呼ばれる.「AはBに…される」は"A{被／叫／让}B～"という.

¶我的自行车{被／叫／让}他骑走了。 Wǒ de zìxíngchē {bèi／jiào／ràng} tā qízǒu le.(私の自転車は彼に乗って行かれた)

1 "被"構文の主語

"被"構文の主語,すなわち行為の受け手は特定のものでなくてはならない.そのため,しばしば"这" zhè,"那" nà,"我的"wǒ deなどを伴う.また,これらの定語(連体修飾語)がない場合でも,話し手,聞き手にはそれと分かる特定のものがくる.

¶那本书被他借走了。 Nèi běn shū bèi tā jièzǒu le.(あの本は彼に借りていかれた)

¶窗户被他打碎了。 Chuānghu bèi tā dǎsuì le.(〈あの〉窓は彼に割られた)

2 "被"構文に現れる述語動詞

"被"構文に現れる述語動詞は普通単独では用いられず,後に「…された」結果を表す何らかの成分を伴わなければならない.次のような成分が挙げられる.

1) 結果補語,方向補語,動量補語をつける.

¶钱包被小偷儿偷走了。 Qiánbāo bèi xiǎotōur tōuzǒu le.(財布は泥棒に盗っていかれた)

¶他被大家选上厂长了。 Tā bèi dàjiā xuǎnshang chǎngzhǎng le.(彼はみんなに選ばれ工場長になった)

¶他被老师批评了一顿。 Tā bèi lǎo-

～ luànshuō[～乱说]陰ででたらめなことを言う.

†**bèijǐng 背景**[名]背景.バックグラウンド.¶nǐ liǎojiě zhèige shìjiàn de ～ ma?[你了解这个事件的～吗?]この事件の背景を知っていますか.

†**bēijù 悲剧**[名]❶悲劇.¶Shāshìbǐyà xiěle sì dà ～[莎士比亚写了四大～]シェークスピアは四大悲劇を書いた.❷〈喩〉不幸な境遇.¶wǒmen xīwàng lìshǐ de ～ bú zài chóngyǎn[我们希望历史的～不再重演]我々は歴史の悲劇が二度と起こらないよう願っている.

bèiké 贝壳[名](～儿)貝殻.

bèilí 背离[動]はずれる.離反する.背く.¶zuìhòu de jiéguǒ wánquán ～le chūzhōng[最后的结果完全～了初衷]最終的には完全に初志からはずれてしまった.

*****běimiàn 北面**[名]北.北側.¶dàlóu de ～ zhōngnián jiànbudào yángguāng[大楼的～终年见不到阳光]ビルの北側は一年中日が当たらない.

bèimiàn 背面[名]裏.背面.¶dìzhǐ xiězai xìnfēng ～[地址写在信封～]住所は封筒の裏に書いてある.

bèipàn 背叛[動]反逆する.裏切る.¶tā ～le zǔguó[他～了祖国]彼は祖国を裏切った.

†**bèipò 被迫**[動]強いられる.余儀なくされる.¶tā ～ líkāile zìjǐ de jiāxiāng[他～离开了自己的家乡]彼はやむなく故郷を離れた.

bēishāng 悲伤[形]心が痛む.↔ gāoxìng 高兴¶tā tīngdao zhè xiāoxi, bùjīn ～qilai[他听到这消息，不禁～起来]彼はその知らせを聞いて思わず悲しみがこみ上げてきた.

bèishù 倍数[名]倍数.¶shíwǔ shì sān de ～[十五是三的～]15は3の倍数である.

†**bèisòng 背诵**[動]暗誦する.¶～ kèwén[～课文]本文を暗誦する.

*****bēitòng 悲痛**[形]悲しみ心が痛む.¶duìyú tā de qùshì,wǒmen gǎndào fēicháng ～[对于她的去世，我们感到非常～]彼女の逝去に,私たちは深い悲しみを覚えた.

†**bèixīn 背心**[名](～儿)襟や袖のない服の総称.¶máoxiàn ～[毛线～]毛糸のチョッキ／xīzhuāng ～[西装

---

shī pīpíngle yí dùn.(彼は先生にひとしきり叱られた)

2) “了”le, “过”guoをつける.

¶他被大家说服了。 Tā bèi dàjiā shuōfú le.(彼はみんなに説得された)

¶这个足球队被对手打败过。 Zhèige zúqiúduì bèi duìshǒu dǎbàiguo.(このサッカーチームはライバルに敗れたことがある)

③否定辞の位置

否定を表す“不”bù, “没有”méiyou や助動詞は“被”の前に置かれる.

¶我没有被爸爸打过。 Wǒ méiyou bèi bàba dǎguo.(私は父にたたかれたことがない)

¶老王不会被警察抓住。Lǎo-Wáng bú huì bèi jǐngchá zhuāzhu.(王さんが警察に捕まるはずがない)

④ “被”, “叫”, “让”の相違点

“被”は多く書き言葉に, “叫”, “让”は話し言葉に多く用いられる. “被”に導かれる受け身文では行為の送り手を省略できるが, “叫”, “让”にこの用法はない.

¶这个电影被评上了百花奖。Zhèige diànyǐng bèi píngshangle Bǎihuājiǎng.(この映画は百花賞に選ばれた)×这个电影{叫／让}评上了百花奖。

⑤意味上の受け身文

中国語には“被”構文を用いない「意味上の受け身文」もある.この場合,行為の受け手を主語の位置に置く.

¶门票卖完了。 Ménpiào màiwán le.(入場券は売り切れた)

¶菜做好了。 Cài zuòhǎo le.(料理ができた)

B

～]ベスト.

bèiyòng 备用[動]必要に備える.¶～pǐn[～品]予備品／zhèi bǐ kuǎnzi liúzhe ～[这笔款子留着～]このお金は予備のためにとっておく.

bèizēng 倍增[動]倍増する.2倍になる.¶jiéjiàrì lǚkè ～[节假日旅客～]祝祭日には旅行客が倍増する.

⁑**bēi·zi 杯子**[名]コップ.杯.湯飲み.

⁑**bèi·zi 被子**[名]掛け布団.¶gài ～[盖～]布団を掛ける／shài ～[晒～]布団を干す.

*****bēn 奔**[動]駆ける.急ぐ.¶dōng ～ xī zǒu[东～西走]あちこち走り回る／～liú[～流](水が)激しい勢いで流れる.→bèn

⁑**běn 本**[副]元来.本来.もともと.¶wǒ ～ bù xiǎng qù,hòu yòu juéde bùxíng[我～不想去，后又觉得不行]もともと行きたくなかったのだが,後でそれはまずいと思った.[名]❶(物事の)根本.根源.↔ mò 末¶～mò dàozhì[～末倒置]本末転倒／wàng～[忘～]根本を忘れる.❷(～儿)元手.元金.¶～jīn[～金]元手.資金／chéng～[成～]原価.コスト.❸(～儿)書籍やノート類.¶shū～[书～]書物.本／hùkǒu～r[户口～儿]戸籍簿.[量]書籍類を数える.¶wǔ ～ shū[五～书]5冊の本／nǐ mǎile jǐ ～ zázhì?[你买了几～杂志?]雑誌を何冊買いましたか.[代]❶自分の側の.¶～ xiào [～校]本校／～ chǎng[～厂]自分たちの工場.❷現在の.この.¶～ yuè[～月]今月／～ niándù[～年度]本年度.

類義語 **běn 本　bù 部**
►"本"は書籍の冊数などを数える.¶一本书 yì běn shū(1冊の本)►"部"は映画や小説を作品単位で数える.ただし,書籍の場合は,数冊にわたる作品や全集などについて用いる.¶一部历史小说 yí bù lìshǐ xiǎoshuō(1作の歴史小説)／一部喜剧电影 yí bù xǐjù diànyǐng(1本の喜劇映画)

†**bèn 奔**[前]…に向かって.¶bié guǎiwānr,yìzhí ～ nán zǒu[别拐弯儿，一直～南走]曲がらないで,まっすぐ南に向かって行きなさい.[動]❶(目的地に)向かって行く.めざして行く.¶tā yí jìn dàmén jiù zhí ～ túshūguǎn[他一进大门就直～图书馆]彼は門を入るとまっすぐに図書館に向かった.❷(ある年齢に)手が届く.¶dōu kuài ～ liùshí le[都快～六十了]もう六十に手が届こうとしている.❸(目的を持って)奔走する.¶tā wèile chóují zījīn dàochù ～zǒu[他为了筹集资金到处～走]彼は資金調達のため，あちこちと奔走する.→ bēn

*****bèn 笨**[形]❶愚かである.ばかである.¶wǒ nǎozi ～,jìbuzhù[我脑子～，记不住]私は頭が悪くて覚えられない.❷不器用である.下手である.↔ qiǎo 巧¶wǒ zuǐ～,shuōbuhǎo [我嘴～，说不好]口べたでうまく言えない.❸力のいる.扱いにくい.¶wǒ bù dǒng shénme jìshù,zhǐ huì gàn ～ huór[我不懂什么技术，只会干～活儿]私は何の技術も分からず,力仕事しかできない.

bēnchí 奔驰[動](車や馬が)疾走する.(人の動きに用いることはできない)¶qìchē zài gāosù gōnglù shang ～[汽车在高速公路上～]車が高速道路を疾走している.

bèndàn 笨蛋[名]〈貶〉間抜け.ばか.¶nǐ zhēnshi ge dà ～[你真是个大～]おまえは本当に大ばかだ.

bēng 绷[動]❶(ぴんと)張る.引っ張る.¶xián ～de jǐnjǐn de[弦～得紧紧的]弦がぴんと張っている.❷(衣類や布が)ぴんと張る.¶shàngyī tài xiǎo, jǐn ～zai shēnshang[上衣太小，紧～在身上]上着が小さすぎてピチピチだ.

†**béng 甭**[副]("不用"bùyòngの合音)…する必要がない.…には及ばない.

B

¶～ kèqi［～客气］遠慮する必要はない／yǔ xiàde zhème dà,zánmen ～ qù le ba［雨下得这么大，咱们～去了吧］こんな大雨だから,行くことはないでしょう.

bèng 蹦［動］跳ぶ.はねる.¶～～tiào-tiào［～～跳跳］跳んだりはねたりする／～ dí［～迪］ディスコで激しく踊る.

bēngdài 绷带［名］包帯.

bèngjítiào 蹦极跳［名］バンジージャンプ.

bēngkuì 崩溃［動］崩壊する.破綻(はたん)する.¶pàomò jīngjì yǐjing ～ le［泡沫经济已经～了］バブル経済はすでに崩壊した.

***běnlái 本来**［形］本来の.もとの.¶～ de jìhuà［～的计划］本来の計画.［副］❶本来.もともと.¶tā ～ chéngjì jiù bú-cuò［他～成绩就不错］彼はもともと成績が優秀である.❷当然である.当たり前に.¶～ jiùshì nǐ bú duì［～就是你不对］当然君が間違っている.

類義語 běnlái 本来　yuánlái 原来
►「もともと」という意味では,"本来"は「本質的にどうであるか」を表し,"原来"は「最初はどうであったか」を表すというニュアンスの違いがある.¶西红柿本来是夏天的蔬菜，但是现在冬天也能吃到了 xīhóng-shì běnlái shì xiàtiān de shūcài,dàn-shì xiànzài dōngtiān yě néng chīdao le(トマトはもともと夏の野菜だが,今では冬でも食べられるようになった)／这里原来是田地，后来建起了楼房 zhèli yuánlái shì tiándì,hòu-lái jiànqile lóufáng(ここはもとは田畑だったが,後にビルが建った)►また,"本来"は「当然だ」という意味を表す."原来"にこの用法はない.¶儿女本来就应该孝敬父母 érnǚ běnlái jiù yīnggāi xiàojìng fùmǔ(子供は当然親孝行をすべきだ)►"原来"は「ふと事実に気づいた」ことを表す時に用いる."本来"にこの用法はない.¶原来如此 yuánlái rúcǐ(なるほどそうなのか)

***běnlǐng 本领**［名］才能.能力.腕前.¶～ gāoqiáng［～高强］大した腕前である.

類義語 běnlǐng 本领　běnshi 本事
►「能力,腕前,技能」の意味では置き換えられるが,"本领"はやや重々しいニュアンスを持ち,よく書き言葉に用いる."本事"は話し言葉でよく用いる.¶学习{本领／本事} xué-xí {běnlǐng／běnshi}(技能を学ぶ)►"本事"はまた「仕事がよくできる」や「世渡りがうまい」というような「才覚」を意味することがある.¶他真有本事，才三十五岁就当上了市长 tā zhēn yǒu běnshi, cái sānshíwǔ suì jiù dāngshangle shìzhǎng(彼は大したものだ,35歳にして市長になるとは)

běnnéng 本能［名］本能.¶kū shì rén de ～［哭是人的～］泣くことは人間の本能である.

†**bēnpǎo 奔跑**［動］(人や馬が)駆け回る.¶～ rú fēi［～如飞］跳ぶように駆け回る／háizimen zài cǎodì shang ～［孩子们在草地上～］子供たちが原っぱを駆け回っている.

†**běn·qián 本钱**［名］❶資本金.元手.¶zuò shēngyi de ～［做生意的～］商売の元手.❷〈喩〉頼りになる能力や資質.¶jiànkāng jiùshì ～［健康就是～］健康が全てのもとである.

†**běnrén 本人**［代］❶私.自分.¶～ yí-xiàng fǎnduì zhèi zhǒng zuòfǎ［～一向反对这种做法］私は一貫してそのやり方には反対である.❷本人.当人.¶ràng tā ～ tán ba［让他～谈吧］彼本人にしゃべらせよう.

†**běnshēn 本身**［代］(集団や事物の)それ自身.それ自体.¶zhè dōngxi ～ bùzhí shénme qián［这东西～不值什么钱］それ自体は大した価値はない.

***běn·shi 本事**［名］才能.能力.注"本领"běnlǐngより口語的.¶nǐ zhēn yǒu ～［你真有～］あなたはなかなか大したものだ.➡類義語 běnlǐng 本领

bèn shǒu bèn jiǎo 笨手笨脚成不器用で動作がもたもたしていること.¶

B

kàn tā ～ de féng yīfu de yàngzi wǒmen dōu xiào le[看他～地缝衣服的样子我们都笑了]彼が不器用にもたもたと服を縫う様子を見て,私たちは皆笑った.

bēnténg 奔腾[動](馬や川の流れが)勢いよく進む.¶wàn mǎ ～[万马～]たくさんの馬が疾走する／～ de Huánghé[～的黄河]勢いよく流れる黄河.

běnxìng 本性[名]本性.本質.¶bàolù ～[暴露～]本性を現す.

†**běn·zhe 本着**[前]…に基づく.¶～ zhèngcè bànshì[～政策办事]政策に基づき事を進める.

*__běnzhì 本质__[名]本質.¶zhǎngwò ～[掌握～]本質をつかむ／shìwù de ～[事物的～]物事の本質.

bènzhòng 笨重[形]大きくて重い.目方が重い.¶～ de jiājù[～的家具]大きくて重い家具.

bènzhuō 笨拙[形]不器用である.下手である.¶dòngzuò ～[动作～]動作がぎこちない.

⁑**běn·zi 本子**[名]ノート.冊子.¶zuòyè ～[作业～]宿題ノート.ワークブック.

*__bī 逼__[動]❶強制する.強いる.¶nǐ bú yào ～ wǒ a![你不要～我啊!]私に強制しないでくれ.❷無理やり取り立てる.¶～zhài[～债]借金の返済を強いる.❸迫る.近づく.

⁑**bǐ 比**[前]…より.…に比べて.¶tā ～ wǒ dà sān suì[她～我大三岁]彼女は私より3歳年上だ／yì tiān ～ yì tiān nuǎnhuo le[一天～一天暖和了]日に日に暖かくなってきた.[動]❶比べる.競う.¶wǒ ～bushàng nǐ[我～不上你]私は君にはかなわない／～～shéi de lìqi dà[～～谁的力气大]誰の力が強いかちょっと比べてみる.❷手まねをする.¶～hua[～画]手まねをする／yòng shǒu ～zhe dàxiǎo[用手～着大小]手ぶりで大きさを示す.❸(比べ合わせて)同じようにする.まねる.¶～zhe yàngzi huà[～着样子画]見た形の通りに描く.❹なぞらえる.たとえる.¶～rú[～如]たとえば.たとえ.❺(試合の得点を対比する)…対….¶A duì yǐ èr ～ yī shèng B duì[A队以二～一胜B队]Aチームは2対1でBチームに勝った.

⁑**bǐ 笔**[名]❶〔zhī支, zhī枝〕ペン・鉛筆・毛筆など筆記用具の総称.¶gāng ～[钢～]万年筆／máo～[毛～]筆／fěn～[粉～]チョーク.❷書き方.筆法.¶bài～[败～]筆法のくずれ.書

文法　比較文

比較には「AはBより…だ」,「AはBと同じぐらい…だ」の2つの言い方がある.

1 **「AはBより…だ」**

“A比B～” A bǐ B ～で表す.

¶小李比小王高。Xiǎo-Lǐ bǐ Xiǎo-Wáng gāo.(李さんは王さんより背が高い)

¶他比我来得还早。Tā bǐ wǒ láide hái zǎo.(彼は私より来るのが更に早い)

1) 数量や程度の差の表し方

数量や程度の差を表す語は形容詞の後に置く.

¶小李比小王高三公分。Xiǎo-Lǐ bǐ Xiǎo-Wáng gāo sān gōngfēn.(李さんは王さんより3センチ背が高い)

¶小李比小王高得多。Xiǎo-Lǐ bǐ Xiǎo-Wáng gāode duō.(李さんは王さんよりずっと背が高い)

¶小李比小王高一点儿。Xiǎo-Lǐ bǐ Xiǎo-Wáng gāo yìdiǎnr.(李さんは王さんより少し背が高い)

2) 否定の表し方

否定には“A没有B(那么)～” A méiyou B (nàme) ～を用いる.

¶小李没有小王(那么)高。Xiǎo-Lǐ méiyou Xiǎo-Wáng (nàme) gāo.(李さんは王さんほど背が高くない)

3) 疑問文のタイプ

疑問文は“吗”ma疑問文,または“有”yǒuタイプの反復疑問文を用いる.

き損じ／fú～[伏～]伏線.❸字画.¶“jīng” zì yǒu bā ～[“京”字有八～]“京”という字は8画だ.[動]書く.¶dài～[代～]代筆／qīn～[亲～]直筆.[量]❶(金銭に関するものを数える)口.¶yì ～ xiànkuǎn[一～现款]現金一口／yì ～ shēngyi[一～生意]一口の商売.❷字や文章,書画などを数える.¶tā néng xiě yì ～ hǎo zì[他能写一～好字]彼は達筆である.

bì 币[名]貨幣.¶yìng～[硬～]コイン.硬貨／zhǐ～[纸～]紙幣.

†**bì 必**[副]❶必ず.きっと.¶yǒu nǐ de bāngzhù,shìyàn ～ néng chénggōng[有你的帮助，试验～能成功]あなたが手伝ってくれれば実験は必ずうまくいくだろう.❷必ず…ねばならない.¶shìwù de cúnzài hé fāzhǎn ～ yǒu yídìng de tiáojiàn[事物的存在和发展～有一定的条件]物事の存在と発展には必ず決まった条件が備わっていなければならない.

*__bì 闭__[動]❶閉める.閉じる.¶～zuǐ[～嘴]黙る.口をつぐむ／～yǎn[～眼]目を閉じる.❷詰まる.ふさがる.¶～qì[～气]息を詰める.息を殺す.❸終わる.停止する.¶～huì[～会]閉会する.➡見る類 p.254

*__bì 避__[動]❶よける.避ける.¶～ yǔ[～雨]雨宿りする／～ ér bù tán[～而不谈](言いたくないところを)避けて語らない.❷防ぐ.防止する.¶～yùn[～孕]避妊する／～léizhēn[～雷针]避雷針.

†**bì 壁**[名]❶壁.❷絶壁.険しい崖.¶jué～[绝～]切り立った崖.絶壁／xuányá qiào～[悬崖峭～]断崖絶壁.

bì 臂[名]腕.¶shǒu～[手～]腕.

⁑**biān 边**[名]❶〔数〕辺.¶dǐ～[底～]底辺.❷(～儿)周辺.周り.ほとり.¶hǎi～[海～]海のほとり／lù～[路～]道ばた.❸(～儿)縁飾り.¶huā～r[花～儿]縁飾り.レース／xiāng jīn～ de dà zì[镶金～的大字]金で縁取りした大きな文字.❹辺境.境界.¶shù ～ jìng[戍～境]国境を警備する.❺限界.果て.❻(～儿)そば.傍ら.¶páng～[旁～]傍ら.横.そば／shēn～[身～]身辺.身の回り／ěr～[耳～]耳元.❼(～儿)…の側.方面.¶zhèi～[这～]こちら側／shuāng～[双～]双方.

*__biān 编__[動]❶(ひもなどを)編む.¶～biànzi[～辫子]お下げを編む／～huālán[～花篮]花籠(はなかご)を編む.❷(一定の順序に)配列する.編成する.¶～zǔ[～组]組分けをする.列

¶这本小说比那本小说有意思吗? Zhèi běn xiǎoshuō bǐ nèi běn xiǎoshuō yǒu yìsi ma?(この小説はあの小説より面白いですか)

¶北京有没有哈尔滨冷? Běijīng yǒu méiyou Hā'ěrbīn lěng?(北京はハルピンと同じぐらい寒いですか)

2 「AはBと同じ(ぐらい…)だ」

“A跟B一样（～）”A gēn B yíyàng (～)で表す.

¶我的词典跟你的一样。 Wǒ de cídiǎn gēn nǐ de yíyàng.(私の辞書はあなたのと同じだ)

¶这件衣服跟那件价钱一样。Zhèi jiàn yīfu gēn nèi jiàn jiàqián yíyàng.(この服はあれと値段が同じだ)

¶小李跟小王一样高。Xiǎo-Lǐ gēn Xiǎo-Wáng yíyàng gāo.(李さんは王さんと同じぐらいの背の高さだ)

1) 否定の表し方

否定には“A跟B不一样（～）”A gēn B bù yíyàng (～)を用いる.

¶北京的天气跟东京不一样。 Běijīng de tiānqì gēn Dōngjīng bù yíyàng.(北京の天気は東京とは違う)

2) 疑問文のタイプ

疑問文は“吗”疑問文,“一样不一样”タイプの反復疑問文を用いる.

¶他的照相机跟我的一样吗? Tā de zhàoxiàngjī gēn wǒ de yíyàng ma?

¶他的照相机跟我的一样不一样? Tā de zhàoxiàngjī gēn wǒ de yíyàng bù yíyàng?(彼のカメラは私のと同じですか)

車を編成する／～duì[～队]隊を編成する.❸編集する.¶～ zázhì[～杂志]雑誌を編集する／～ bào[～报]新聞を編集する.❹(歌詞や脚本などを)創作する.¶～ jùběn[～剧本]脚本を書く／～ qǔzi[～曲子]歌を作る.❺でっち上げる.捏造(ねつぞう)する.¶xiā～[瞎～]でっち上げる／～ge lǐyóu[～个理由]理由を作る.❻(数冊からなる書物の)編.¶xù～[续～]続編.[名](書物の内容を分けた中の)編.¶shàng～[上～]上編／xià～[下～]下編.

*biǎn 扁[形]扁平(へんぺい)である.つぶれている.¶dòu xiànr bāo gěi yā ～ le[豆馅儿包给压～了]あんまんが押しつぶされた／bǎ rén kàn～[把人看～]人を見くびる.

**biàn 变[動]❶変わる.変化する.…になる.¶huánjìng ～ le[环境～了]環境が変わった.❷変える.改める.注多く"～A为B"～ A wéi Bの形で使われる.¶～ bèidòng wéi zhǔdòng[～被动为主动]受動的な状況を脱し主導権を握る.❸売って金に換える.換金する.¶～mài jiāchǎn[～卖家产]身代を売り払って金に換える.➡類義語 fā 发

biàn 便[形]❶便利である.都合がよい.¶chēng～[称～]便利だと賞賛する／qǐng～[请～]ご自由に.ご都合のよいように.❷手軽な.日常の.¶～fàn[～饭]いつもの食事.あり合せの食事／～fú[～服]ふだん着.[名]❶都合のよい時.¶dé～[得～]都合がつく.❷排泄物.¶dà～[大～]大便／xiǎo～[小～]小便.[動]排便する.¶dà～[大～]大便をする／xiǎo～[小～]小便をする.[副]〈書〉すぐに.すでに.もう.¶zhèi fēng xìn,jīntiān jì,míngtiān ～ dào[这封信，今天寄，明天～到]この手紙は今日出せば明日には着く／zuìjìn shēntǐ bútài shūfu,bú shì tóuténg,～ shì wèi téng[最近身体不太舒服，不是头疼，～是胃疼]最近体の調子が悪く,いつも頭が痛いか胃が痛いかのどちらかだ.[接]〈書〉たとえ…しても.¶～ shì bù ná bàochou,wǒ yě yuànyi gàn[～是不拿报酬，我也愿意干]よしんば報酬がないとしても,私はやりたい.

**biàn 遍[形]あまねく広がっている.全面的である.¶wǒmen de péngyou ～ tiānxià[我们的朋友～天下]私達の友人は世界に広がっている／chá～le zīliào[查～了资料]くまなく資料を調べた.[量]ある動作の最初から最後までを一まとまりとして数える.¶zhèi běn shū wǒ yǐjing kànguo sān ～[这本书我已经看过三～]この本を私はもう3回読んだ.

類義語 biàn 遍　cì 次　huí 回　tàng 趟

►"遍"は最初から最後までやり通す回数を数える.¶这封信我看了三遍 zhèi fēng xìn wǒ kànle sān biàn (この手紙は3回も読み返した)►"次","回"ともに何らかの行為,行動の発生回数を数える."回"は話し言葉.¶我吃过{一次／一回}北京烤鸭 wǒ chīguo {yí cì／yì huí} běijīng kǎoyā(1度北京ダックを食べたことがある)►"趟"は往復する動作の回数を数え,「もとのところに戻る」という意味が含まれている.¶下星期我要去上海一趟 xià xīngqī wǒ yào qù Shànghǎi yí tàng (来週上海に行って来る)

*biān～biān～ 边～边～呼同一主語による2つの動作が同時に進行していることを表す.¶biān zǒu biān tán[～走～谈]歩きながら話をする／yìbiān chàng gē,yìbiān tiàowǔ[一边唱歌，一边跳舞]歌を歌いながら踊る.注このように動詞に"歌","舞"など目的語が付く場合,多く"一边"yībiānを用いる.

biànbié 辨别[動]区別する.識別する.見定める.¶～ fāngxiàng[～方向]方向を見定める.

biāncè 鞭策[動]鞭(むち)打つ.〈喩〉鞭撻(べんたつ)する.励ます.¶búduàn ～ zìjǐ[不断～自己]常に自分を励ます／zhèixiē pīpíng duì wǒmen shì yì zhǒng ～[这些批评对我们是一种～]これらの批判は我々にとって1つ

の励ましである.

⁑**biànchéng 变成**[動]…に変わる.¶huāngdì ～le gōngyuán[荒地～了公园]荒れ地が公園に変わった.

biāndǎo 编导[動]脚色し演出する.¶bàngōngshì de jǐ ge niánqīngrén ～le zhèi chǎng nàojù[办公室的几个年轻人～了这场闹剧]オフィスの何人かの青年がこの喜劇を演出した.[名]脚色演出家.脚本も書く監督.¶zhèi bù diànyǐng de ～ hěn yǒumíng[这部电影的～很有名]この映画の脚本も手がけた監督はとても有名だ.

biàndào 便道[名]❶近道.¶qù chēzhàn de ～[去车站的～]駅への近道.❷歩道.¶xíngrén yào zǒu ～[行人要走～]歩行者は歩道を歩きなさい.

biǎndī 贬低[動](人に対する評価や物の価値を)下げる.¶～ tārén[～他人]他人をけなす.

biàndì 遍地[名]一面.至る所.¶～ kāimǎn yěhuā[～开满野花]あたり一面に野の花が咲いている／mùchǎng shang ～ shì niúyáng[牧场上～是牛羊]牧場は至る所ウシやヒツジでいっぱいだ.

†**biàndòng 变动**[動]❶変動する.¶wùjià ～ le[物价～了]物価が変動した／jìn jǐ nián lái,shèhuì fāshēngle hěn dà de ～[近几年来，社会发生了很大的～]この数年社会が大きく変わった.❷変更する.¶～ jìhuà[～计划]計画を変更する／rénshì ～[人事～]人事異動.

biānfáng 边防[名]国境の警備.辺境地帯の防衛.¶～ bùduì[～部队]国境警備隊／gǒnggù ～[巩固～]辺境地帯の防衛を強固にする.

†**biàngé 变革**[動](多く社会制度などについて)変革する.変え改める.¶～ shèhuì[～社会]社会を変革する／～ tǐzhì[～体制]体制を変革する.

biàngēng 变更[動]変更する.変える.¶～ shíjiānbiǎo[～时间表]スケジュールを変更する.

biānhào 编号[名]通し番号.¶shāngpǐn ～[商品～]商品番号／àn ～ guī lèi[按～归类]番号によって分類する.

†**biànhù 辩护**[動]❶弁護する.かばう.¶búyào tì cuòwù xíngwéi ～[不要替错误行为～]過ちをかばうな.❷〔法〕弁護する.抗弁する.¶～rén[～人]弁護人／～quán[～权]弁護を受ける権利.注"辩护"はふつう目的語をとらない.目的語は"为"wèi,"替"tì,"给"gěiなどの介詞により前におく.¶wèi tā ～[为他～]彼を弁護する.

⁑**biànhuà 变化**[動]変化する.変わる.¶xíngshì fāshēngle ～[形势发生了～]情勢が変化した.

biànhuàn 变换[動]変える.変換する.¶～ wèizhi[～位置]位置を変える／～ shǒufǎ[～手法]やり方を変える.

†**biānjí 编辑**[動]編集する.¶～ zīliào[～资料]資料を編集する.[名]編集者.¶tā shì wàiwén túshū de ～[他是外文图书的～]彼は外国書籍の編集者だ.

†**biānjì 边际**[名]際限.限界.果て.¶wàngbudào ～ de dà cǎoyuán shang kāimǎnle xiānhuā[望不到～的大草原上开满了鲜花]見わたす限りの大草原一面に花が咲いた／xiūxi shí dàjiā cháng bù zháo ～ de suíbiàn liáotiānr[休息时大家常不着～地随便聊天儿]休憩時にみんなはいつも際限なく気ままにおしゃべりをする.

†**biānjiāng 边疆**[名]辺境.遠く国境に近い地方.¶bǎowèi ～[保卫～]辺境を防衛する／zhīyuán ～ jiànshè[支援～建设]国境地帯の建設を支援する.

†**biānjiè 边界**[名](国や省,県の)境界.境.¶huàdìng ～[划定～]境界を定める／chāoyue ～[超越～]境界を越える.

biànjiě 辩解[動]弁解する.申し開きをする.¶zhēnxiàng yǐjing dàbái,nǐ búbì zài ～ le[真相已经大白，你不必再～了]真相はすでに明らかだ,もう弁解の必要はない.

biānjìng 边境[名]国境.国境地帯.¶fēngsuǒ ～[封锁～]国境を封鎖する／～ màoyì[～贸易]国境地帯で行われる貿易.

†**biànlì 便利**[形]便利である.¶jiāotōng ～[交通～]交通が便利である.

B

[動]便利にする.¶chāojí shìchǎng ～le fùjìn de jūmín[超级市场～了附近的居民]スーパーマーケットができて付近の住民は便利になった.

†**biànlùn 辩论**[動]弁論する.論争する.¶tāmen wèi cǐ wèntí ～ bùxiū[他们为此问题～不休]彼らはこの問題について休むことなく論争した.[名]弁論.論争.¶shuāngfāng zhǎnkāile jīliè de ～[双方展开了激烈的～]双方が激しい論争を展開した.

†**biānmào 边贸**[名]国境貿易."边境贸易"biānjìng màoyìの略.¶dōngběi dìqū de ～[东北地区的～]東北地区の国境貿易.

biānpào 鞭炮[名]爆竹.¶fàng ～[放～]爆竹を鳴らす.➡見る類 p.85

biànqiān 变迁[動]移り変わる.変遷する.¶shídài ～de hěn kuài[时代～得很快]時代の移り変わりはとても速い/～ de guòchéng[～的过程]変遷のプロセス.

†**biànrèn 辨认**[動]見分ける.見極める.識別する.¶～ zìjì[～字迹]筆跡を識別する/～ zhēnjiǎ[～真假]真偽を見極める.

†**biàntiáo 便条**[名](～儿)メモ書き.簡単な書状.¶qǐng liú ge ～[请留个～]メモを残してください.

biānwài 编外[形]員外の.定員外の.編成外の.¶bàoshè xīn zhāole ～ dǎzìyuán[报社新招了～打字员]新聞社は新たに定員外のタイピストを募集した.

biānxiě 编写[動]編集する.編纂(へんさん)する.¶zhèi běn jiàocái shì jǐ wèi lǎoshī gòngtóng ～ de[这本教材是几位老师共同～的]この教材は何人かの先生が共同で編纂したものだ.

biàn//xíng 变形[動]形が変わる.¶zhèige língjiàn yǐjing ～[这个零件已经～]この部品はすでに形が変わっている.

biǎnyì 贬义[名]〔語〕(言葉や文字に含まれている)けなす意味合い.↔bāoyì 褒义 ¶～cí[～词]けなす意味を持つ語.

†**biànyú 便于**[動]…に便利である.¶～ xiédài[～携带]持ち歩くのに便利である/～ lǐjiě[～理解]理解しやすい.

†**biānyuán 边缘**[名]❶周辺.ふち.瀬戸際.¶～ dìqū[～地区]周辺地区/chǔyú pòchǎn de ～[处于破产的～]破産寸前に追い込まれる.❷両方にまたがる.¶～ kēxué[～科学]学際科学(2種類以上の科学を基礎に発展した科学).

†**biānyuǎn 边远**[形]国境に近く,中心から遠く離れている.辺鄙である.¶～ shānqū hái yǒu hěn duō háizi bù néng shàngxué[～山区还有很多孩子不能上学]辺境の山間地域では,まだ学校に行けない子供がたくさんいる.

biānzhě'àn 编者按[名]編集付記.¶wǒ yào wèi zhèi piān wénzhāng xiě yì zé ～[我要为这篇文章写一则～]この文章に編集付記を書かなければならない.

biànzhèng 辩证[動]識別し考証する.¶fǎnfù ～[反复～]繰り返し識別し考証を加える.[形]弁証法的である.¶～ de kàn wèntí[～地看问题]弁証法的に問題を見る.

†**biānzhì 编制**[動]❶編む.編んで作る.¶～ zhúqì[～竹器]竹の器を編む.❷(法案や計画を)制定する.立案する.¶～ jiǎngyì[～讲义]講義用プリントを作成する/～ yùsuàn[～预算]予算を編成する.[名](団体や機関の)定員と組織.編成.¶suōxiǎo ～[缩小～]編成を縮小する.

†**biǎnzhí 贬值**[動]❶通貨を切り下げる.❷貨幣価値が下落する.¶rìyuán ～,měiyuán shēngzhí[日元～, 美元升值]円安ドル高.

biàn//zhì 变质[動]変わる.変質する.¶zhèige yào yǐjing ～,bù néng chī le[这个药已经～，不能吃了]この薬はすっかり変質しているので服用できない.

biān·zi 鞭子[名]〔tiáo 条,gēn 根〕鞭(むち).¶mǎ ～[马～]馬に使う鞭.

biàn·zi 辫子[名]❶お下げ.弁髪.¶shū ～[梳～]お下げに結う.❷〈喩〉弱み.古傷.¶zhuā ～[抓～]弱みをつかむ.弱みにつけ込む.

biāo 标[動]表示する.¶～shang jiàgé[～上价格]価格を表示する／～shang biāodiǎn fúhào[～上标点符号]句読点を付ける.

⁑**biǎo 表**[名]*❶表面.外面.¶～pí[～皮]表皮.うわべ.外観／～ lǐ rú yī[～里如一]裏表がない.*❷姓の異なるいとこ関係を表す.¶～gē[～哥]従兄(いとこ)／～mèi[～妹]従妹(いとこ).*❸模範.手本.¶～shuài[～率]手本.模範.❹〔zhāng 张〕図表.一覧表.¶qǐng tián～[请填～]用紙に記入してください／tǒngjì～[统计～]統計表／chéngjì～[成绩～]成績表.❺〔zhī 只〕機器.メーター.¶wēndù～[温度～]温度計.体温計／shuǐ～[水～]水道のメーター／diàn～[电～]電気メーター.❻〔kuài 块〕時計.(身につけ携帯できるもの)¶shǒu～[手～]腕時計／～ tíng le[～停了]時計が止まった.

biāoběn 标本[名]標本.¶zhìzuò ～[制作～]標本を作る／húdié ～[蝴蝶～]チョウの標本.

*__biǎodá 表达__[動](考えや感情を)表現する.伝える.¶xiě xìn ～ zìjǐ de gǎnqíng[写信～自己的感情]手紙で自分の気持ちを伝える.

*__biāodiǎn 标点__[名]句読点.¶diǎn ～[点～]句読点を打つ.

biǎojué 表决[動]表決する.採決する.¶jǔshǒu ～[举手～]挙手により表決する.

*__biǎomiàn 表面__[名]❶(物の)表面.¶dìqiú de ～[地球的～]地球の表面.❷物事の本質ではない部分.うわべ.¶bù néng zhǐ kàn ～[不能只看～]うわべだけを見てはいけない.

*__biǎomíng 表明__[動]はっきりと表す.表明する.¶～ tàidu[～态度]態度を明らかにする／～ juéxīn[～决心]決意を表明する.

†**biǎoqíng 表情**[名]表情.¶～ bú zìran[～不自然]表情が硬い.

⁑**biǎoshì 表示**[動]❶(言葉や行為で)表す.¶～ huānyíng[～欢迎]歓迎の意を表す／～ guānhuái[～关怀]心遣いを見せる.❷(事物が)示す.物語る.¶zhè fúhào ～ shénme?[这符号～什么?]この記号は何を表していますか.[名]表示.気配.素振り.¶bùmǎn de ～[不满的～]不満そうな様子／yǒuhǎo de ～[友好的～]友好の表れ.

biāotí 标题[名]見出し.タイトル.題名.¶zhèi piān wénzhāng hái méiyou ～[这篇文章还没有～]この文章にはまだタイトルがない／lùnwén de ～[论文的～]論文の題目.

⁑**biǎoxiàn 表现**[動]❶表現する.表れる.¶tǎolùnhuì shang dàjiā ～de fēi-

目で見る類義語 biǎo 表　zhōng 钟　zhōngbiǎo 钟表

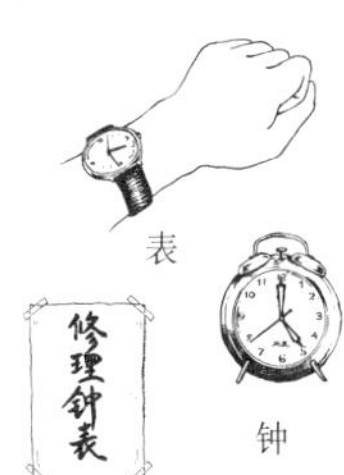

►“手表” shǒubiǎo(腕時計)や “怀表” huáibiǎo(懐中時計)など,身に付け携帯するものは “表” biǎoという.►“挂钟” guàzhōng(掛け時計)や“座钟”zuòzhōng(置き時計)など,定まった位置に置くものは “钟” zhōngである.¶闹钟 nàozhōng(目覚まし時計)►なお,総称としての「時計」は “钟表” zhōngbiǎoという.¶钟表店 zhōngbiǎodiàn(時計屋)／修理钟表 xiūlǐ zhōngbiǎo(時計を修理する)

B

cháng jījí[讨论会上大家～得非常积极]討論会ではみんな非常に積極的であった／zhè yí wèntí ～zai xiàmian liǎng ge fāngmiàn[这一问题～在下面两个方面]この問題は次の2つの面に表れている.❷ひけらかす.¶～zìjǐ[～自己]自分をひけらかす.[名]態度.¶gōngzuò ～[工作～]勤務態度／xuéxí ～[学习～]学習態度.

⁑**biǎoyǎn 表演**[動]❶(文化的･芸術的なものを)演じる.上映する.¶～ jīngcǎi de zájì[～精彩的杂技]すばらしい曲芸を演じる.❷実演する.模範演技をする.¶qǐng lǎoshī ～ yíxià cāozuò fāngfǎ[请老师～一下操作方法]先生に操作方法の実演を依頼する.[名]❶上演.出し物.¶móshù ～[魔术～]マジックの上演.❷実演.模範演技.¶shèjī ～[射击～]射撃の実演.

⁑**biǎoyáng 表扬**[動]褒める.表彰する.¶tā duōcì shòudao ～[他多次受到～]彼は何度も表彰された／～xìn[～信]表彰の手紙.感謝状.

†**biāoyǔ 标语**[名]〔tiáo 条,fú 幅〕スローガン.¶xuānchuán ～[宣传～]宣伝用スローガン／zhāngtiē ～[张贴～]スローガンを壁に貼る.➡類義語 kǒuhào 口号

biǎozhāng 表彰[動](優れた功績を)褒めたたえる.¶～ dàhuì[～大会]顕彰大会／～ xiānjìn gōngzuòzhě[～先进工作者]模範労働者を表彰する.

†**biāozhì 标志**[名]標識.マーク.¶dìtú shang yǒu gèzhǒng ～[地图上有各种～]地図にはいろいろな標識が載っている.[動]表す.示す.¶shǒunǎo de hùfǎng ～zhe liǎng guó wàijiāo guānxi jìnrùle xīn de jiēduàn[首脑的互访～着两国外交关系进入了新的阶段]首脳の相互訪問は両国関係が新たな段階に入ったことを表している.

*__biāozhǔn 标准__[名]基準.標準.レベル.¶ānquán ～[安全～]安全基準.[形]標準的である.¶～ jiàgé[～价

●百科知識●

いろいろなマーク

✓ テストの時の正解には○印ではなくこのマークが使われる.このマークを付けることを“打钩儿”dǎ gōur という.

○ 正解マークには使わない.○は日本と異なり,正しいという意味を持たない.したがって手で○を作って「YES」「OK」の意味を表しても,中国では通じない.
交通標識として用いられると「通行禁止」の意味になる.

○ 禁止通行 jìnzhǐ tōngxíng「通行禁止」

× 日本と同様,テストの時の間違いにはこれが使われる.バッテンを付けることを“打叉儿”dǎ chār という.しかし手で×を作って「NO」の意味を表す習慣はない.

⊘ 交通標識での禁止マーク.

禁止与驾驶员谈话 jìnzhǐ yǔ jiàshǐyuán tánhuà「運転手に話しかけないで下さい」

禁止编织 jìnzhǐ biānzhī「車内での編物禁止」

? 案内所を示すマーク.地図,ガイドブックなどの中で使われる.

B

格]標準価格/tā de fāyīn hěn ～[她的发音很～]彼女の発音はとても標準的だ.

bìbìng 弊病[名]弊害.欠点.¶guǎnlǐ tǐzhì shang cúnzàizhe ～[管理体制上存在着～]管理システムには弊害がある.

†**bǐ·buliǎo 比不了**[動]❶比べられない.及ばない.¶tā de xuéxí chéngjì shéi dōu ～[他的学习成绩谁都～]彼の成績には誰も及ばない.❷比較できない.¶zhè liǎng jiàn shì xìngzhì bùtóng,gēnběn ～[这两件事性质不同，根本～]この2つは性質が違うので,根っから比較は無理だ.

†**bǐ·bushàng 比不上**[動]比べものにならない.及ばない.=bǐbuliǎo 比不了❶¶zài zhè fāngmiàn shéi dōu ～ Xiǎo -Wáng[在这方面谁都～小王]この分野では王さんに及ぶ人はいない.

†**bǐcǐ 彼此**[代]❶両方.お互い.あれとこれ.¶～ xìnrèn[～信任]お互いに信頼する/～ zhàogu[～照顾]互いに助け合う.❷(挨拶)お互いさま.(通常繰り返しの形で使う)¶nín xīnkǔ le－～ ～[您辛苦了－～～]どうもご苦労さま－お互いさまですよ.

†**bìdìng 必定**[副]❶(判断・推量して)きっと.間違いなく.¶zhǐyào nǔlì,～ huì chénggōng de[只要努力，～会成功的]努力さえすれば必ず成功するはずだ.❷(話し手の意思を表して)必ず.きっと.¶zhèige huì hěn zhòngyào,wǒ ～ cānjiā[这个会很重要，我～参加]この会は重要なので私は必ず参加します.

bìduān 弊端[名]不正行為.弊害.¶～ bǎichū[～百出]不正事件が続発する/zhèli de rénshì zhìdù yǒu hěn duō ～[这里的人事制度有很多～]ここの人事制度には弊害が多い.

biē 憋[動]❶こらえる.我慢する.¶～ zú yì kǒu qì[～足一口气]息を詰める/liǎn ～de tōnghóng[脸～得通红]息をこらえて顔が真っ赤になる.❷息が詰まる.むしゃくしゃする.¶zhèi jiàn shì zhēn ～qì[这件事真～气]この件は本当にむしゃくしゃする/qìyā dī,～de tòubuguò qì lai[气压低，～得透不过气来]気圧が低く呼吸が苦しい.

⁑**bié 别**[副]❶…するな.(禁止を表す)¶nǐ ～ shēngqì[你～生气]怒らないで.❷…する必要はない.¶～ mǎi nàme duō[～买那么多]そんなにたくさん買う必要はない/míngtiān nǐ ～ qù le[明天你～去了]明日あなたはもう行く必要がなくなった.❸…ではなかろうか.…かもしれない.(望ましくないことが起きたのではと推測する.通常“是”shìと一緒に用いられる)¶tā zěnme hái bù lái,～shì wàng le ba[他怎么还不来，～是忘了吧]彼はなぜまだ来ないのか,忘れたのかもしれない/zhè háizi yìzhí bù kěn chī dōngxi,～shì bìng le ba[这孩子一直不肯吃东西，～是病了吧]この子はずっと物を食べないが，病気ではないだろうか.[動]❶別れる.¶lín～[临～]別れにあたって/fēn～[分～]別れる.❷区別する.¶biàn～[辨～]弁別する/fēn mén ～ lèi[分门～类]部門に分け分類する.❸止める.付ける.¶yòng huíxíngzhēn bǎ zhè liǎng yè zīliào ～zai yìqǐ[用回形针把这两页资料～在一起]クリップでこの2ページの資料を一緒にとじる/xiōngqián ～le ge jìniànzhāng[胸前～了个纪念章]胸に記念バッジをつけている.➡[類義語] bùxǔ 不许

†**biéchù 别处**[名]ほかの所.別の場所.

⁑**bié·de 别的**[代]別のもの.ほかのこと.¶hái yǒu ～ wèntí ma?[还有～问题吗?]まだ何か問題がありますか/zánmen zài xiǎngxiang ～ bànfǎ ba[咱们再想想～办法吧]もっと別の方法を考えましょう.

bié jù yī gé 别具一格[成]独特の風格を備える.¶zhèi tào jiājù ～[这套家具～]この家具はなかなか独特の風格がある.

†**biè·niu 别扭**[形]❶ひねくれている.しっくりいかない.扱いにくい.¶píqi ～[脾气～]性格がひねくれている/zhè xié chuānzhe zhēn ～[这鞋穿着真～]この靴は全然足に合わない.❷意見が合わない.そりが合わない.¶

nào ～[闹～]意見が合わないでもめる.❸(言葉や文章が)分かりにくい.¶zhèi jù Yīngwén yǒudiǎn ～[这句英文有点～]この英語は少し変だ.

⁑bié·ren 别人[代]ほかの人.他人.¶yào duō tīng ～ de yìjiàn[要多听～的意见]ほかの人の意見をたくさん聞かなければならない／búyào pà ～ xiàohua[不要怕～笑话]人に笑われることを恐れてはいけない.

†biézì 别字[名]書き間違えた字.読み間違えた字."白字"báizìともいう.¶gǎizhèng ～[改正～]誤字を改める.

†bǐ·fang 比方[名]たとえ.¶dǎ ～[打～]たとえる／zhè búguò shì dǎ ge ～[这不过是打个～]これはただのたとえに過ぎない.[動]たとえる.¶nǐ ～de bú qiàdàng[你～得不恰当]君のたとえ方は適切ではない.[接]たとえば.仮に.¶～ wǒ qiú tā,tā yě bú huì jùjué ba[～我求他，他也不会拒绝吧]仮に私が彼に頼んでもいやとは言わないだろう.

bǐfēn 比分[名]得点.スコア.¶zuìhòu yì fēnzhōng,kèduì bǎ ～ bānpíng le[最后一分钟，客队把～扳平了]最後の1分間に遠征チームはスコアを同点に戻した.

bìfēnggǎng 避风港[名]❶避難港.❷(転じて)避難所.隠れ家.¶biānyuǎn de shānqū chéngle tā táobì chéngshì shēnghuó de ～[边远的山区成了他逃避城市生活的～]辺鄙(へんぴ)な山地は彼が都市の生活から逃れる隠れ家になった.

†bǐgǎn·zi 笔杆子[名]❶筆.ペン.文筆.❷筆の立つ人.文章家.¶tā shì wǒmen dānwèi de ～[他是我们单位的～]彼は我々の職場の文章家だ.

***bǐjì 笔记**[名]メモ.筆記.¶jì ～[记～]メモを取る.

bǐjì 笔迹[名]筆跡.¶duì ～[对～]筆跡を突き合わせる／cóng ～ lái kàn, bú xiàng shì tā xiě de[从～来看，不像是他写的]筆跡から見て彼が書いたのではないようだ.

bǐjià 比价[名]❶異なる商品の比較価格.¶miánliáng ～[棉粮～]綿と穀

●百科知識●

町の掲示・標語

町を歩けばさまざまな掲示・標語に出くわす.

日本でも見かける標語もあれば,日本では見かけないような標語もある.標語からその社会の一端がうかがえる.

表現の特徴としては"禁止～"jìnzhǐ～(～禁止)"不准～"bù zhǔn～(～するべからず)"请勿～"qǐngwù～(～しないで下さい)という禁止表現,文語表現が多い."请～"qǐng～(～して下さい)や,対句風スローガンを使ったソフトな言いまわしも見かける.

① 禁止吸烟 jìnzhǐ xīyān(禁煙)
② 请勿随地吐痰 qǐngwù suídì tǔ tán(みだりに痰を吐かないで下さい)
③ 禁止乱扔杂物 jìnzhǐ luàn rēng záwù(ポイ捨て禁止)
④ 行人过街请走地下通道 xíngrén guò jiē qǐng zǒu dìxià tōngdào(歩行者は地下通路をご利用下さい)
⑤ 自行车存车处 zìxíngchē cúnchēchù(駐輪場)
⑥ 当好主人翁　清洁北京城 dānghǎo zhǔrénwēng qīngjié Běijīngchéng(主人公になって北京の町をきれいにしよう)
⑦ 施工重地　谢绝入内 shīgōng zhòngdì xièjué rù nèi(工事中につき立ち入りお断り)
⑧ 无烟商场 wúyān shāngchǎng(全館禁煙)
⑨ 请小心看管　阁下的财物 qǐng xiǎoxīn kānguǎn géxià de cáiwù(お手元の貴重品には充分お気をつけ下さい)

物の比価.❷外国為替レート.¶wàihuì ～[外汇～]外国為替レート.

bìjiāng 必将[副]〈書〉必ず…する.必ず…になるだろう.¶wǒmen de hézuò ～ huì yuè lái yuè guǎngfàn[我们的合作～会越来越广泛]我々の協力はますます幅広いものになってゆくでしょう／zhèyàng xiàqu ～ dǎozhì gōngsī dǎobì[这样下去～导致公司倒闭]このままいけばきっと会社の倒産を招くだろう.

⁑**bǐjiào 比较**[動]比較する.比べる.¶bǎ zhè liǎng piān wénzhāng yì ～,jiù kànchu gāodī lai le[把这两篇文章一～，就看出高低来了]この2つの文章を比べれば,その優劣はすぐ分かる.[副]比較的.わりと.わりあいに.¶wǒ ～ xǐhuan gǔdiǎn yīnyuè[我～喜欢古典音乐]私はクラシック音楽がわりあい好きだ／zuìjìn liǎng tiān ～ lěng[最近两天～冷]ここ数日は比較的寒い.

bījìn 逼近[動]接近する.¶diànchē ～ le chēzhàn[电车～了车站]電車は駅に近づいている.

†**bìjìng 毕竟**[副]結局.さすがに.つまるところ.¶zhèi zhǒng shì ～ bù duō[这种事～不多]こんなことはさすがに少ない／～ tā háishi ge háizi[～他还是个孩子]彼はなんといってもまだ子供なのだ.

***bǐlì 比例**[名]❶比例.¶zhèng～[正～]正比例／fǎn～[反～]反比例.❷割合.¶zhèige bānjí nǚshēng de ～ hěn dà[这个班级女生的～很大]この学級は女子の占める割合が大きい.

bìlǜ 碧绿[形]青緑色の.(葉や草が)青々としている.¶～ de cǎopíng[～的草坪]青々とした芝生.

bǐměi 比美[動]匹敵する.美を競う.よさを競う.¶xiǎozhèn de fēngjǐng zhēn kěyǐ yǔ shuǐchéng Wēinísī xiāng～[小镇的风景真可以与水城威尼斯相～]小さな田舎町の風景は,水の都ベネチアに匹敵するくらいすばらしい.

***bìmiǎn 避免**[動]避ける.防止する.¶～ mócā[～摩擦]摩擦を避ける／～ liúxuè shìjiàn[～流血事件]流血事件を防止する.

①
②
③

④

⑤

⑥

⑦

⑧
⑨

†**bǐmíng 笔名**[名]ペンネーム.筆名.¶hěn duō zuòjiā dōu yǒu ～[很多作家都有～]多くの作家は皆ペンネームをもっている.

†**bì//mù 闭幕**[動]❶(会議や展覧会が)終わる.閉会する.¶～shì[～式]閉会式／～cí[～辞]閉会の挨拶.❷(劇や出し物の)幕が下りる.

bīn bīn yǒu lǐ 彬彬有礼㊡恭しく."彬彬"は上品な様子を表す.¶tā zǒulejinlai,～ de gēn lǎoshī dǎle yí ge zhāohu[他走了进来，～地跟老师打了一个招呼]彼は入ってくると恭しく先生におじぎをした.

***bīng 冰**[名]氷.¶～kuàir[～块儿]氷塊／jié～[结～]氷が張る／～ rónghuà le[～融化了]氷が解けた.

***bīng 兵**[名]❶兵士.軍隊.¶Lǎo-Wáng jiā liǎng ge érzi dōu shì dāng ～ de[老王家两个儿子都是当～的]王さんの家の2人の息子はどちらも兵士だ.❷軍事に関する理論.¶zhǐ shàng tán ～[纸上谈～]㊡机上の兵法.

†**bǐng 丙**[名]丙(ひのえ).十干の3番目.第3.

†**bǐng 饼**[名]❶小麦粉をこねて丸くのばし,焼いたり蒸したり揚げたりした食べ物.¶shāo～[烧～]片面にごまをつけて焼いたもの／yuè～[月～]月餅(げっぺい).*❷(～儿)丸くて平たい形のもの.¶tiě～[铁～](競技用の)円盤／shì～[柿～]干し柿.

bǐng 柄[名]❶取っ手.柄(え).¶dāo～[刀～]刀のつか.刃物の柄／sháo～[勺～]柄杓(ひしゃく)の柄.*❷〔植〕柄(へい).植物の花や葉が枝や茎とつながっている部分.¶huā～[花～]花柄(かへい)／yè～[叶～]葉柄(ようへい).❸〈喩〉話の種.話題.¶xiào～[笑～]笑い草／bèi rén zhuāzhu bǎ～[被人抓住把～]人に弱みを握られる.

***bìng 并**[副]❶共に.揃って.¶xiāng tí ～ lùn[相提～论]共に論じる.❷(否定語の前に用いて)決して.別に.¶qíshí tā ～ bù cōngmíng[其实他～不聪明]実は彼は別に賢くはない／wǒmen zhī jiān ～ wú tài dà fēnqí[我们之间～无太大分歧]我々の間には別に大きな意見の相違があるわけではない.[接]その上.しかも.また."并且"bìngqiěともいう.¶dàhuì tǎolùn ～ tōngguòle yǒuguān juéyì[大会讨论～通过了有关决议]大会は決議に関し討議し,そしてこれを採択した.

語法 否定を必要とする副詞
►"根本"gēnběn(まったく…ない),"并"bìng(別に…ない),"决"jué(決して…ない)のような副詞は後に必

目で見る類義語 bīnggùnr 冰棍儿 xuěgāo 雪糕 bīngjilíng 冰激凌 huǒjù bīngjilíng 火炬冰激凌 nǎixī 奶昔 bàobīng 刨冰

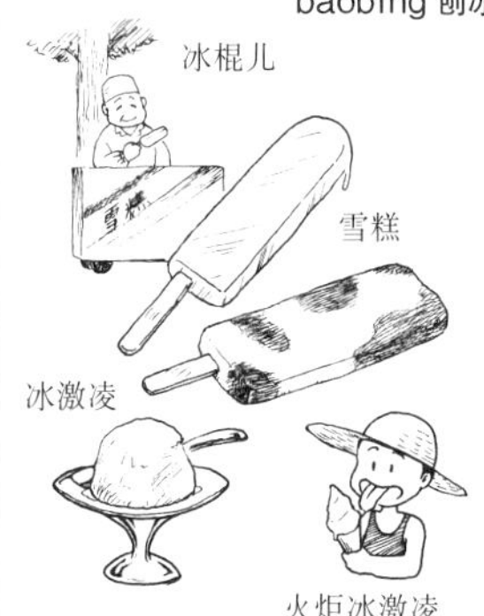

►"冰棍儿"bīnggùnrはいわゆるアイスキャンデー.果汁などを冷凍したもので,棒がついている.►"雪糕"xuěgāoとなると,"冰棍儿"と形は同じでやはり棒がついているが,ミルクやクリームが入っていてちょっと高級である.►カップに入ったアイスクリームは"冰激凌"bīngjilíngという.レストランで皿に盛られ,デザートに出てくるのもこの"冰激凌"だ.►ソフトクリームは"火炬冰激凌"huǒjù bīngjilíng,たいまつ型のアイスクリームという命名だ.►とろりとした「シェーキ」は"奶昔"nǎixīという.►なお「かき氷」は"刨冰"bàobīng,"刨"とはカンナなどで薄く削ること.

ず否定形を取る.¶我根本不饿 wǒ gēnběn bú è(私はまったくお腹が空いていない)／我并没生气 wǒ bìng méi shēngqì(私は別に怒ってなどいない)／我决不会忘记这件事 wǒ jué bú huì wàngjì zhèi jiàn shì(私は決してこの事を忘れない)

*bìng 并[動]❶並ぶ.並べる.¶～jiān qiánjìn[～肩前进]肩を並べて前進する.❷併せる.一緒にする.¶hé～[合～]合併する／bǎ zhè liǎng wǎn cài ～zai yìqǐ[把这两碗菜～在一起]この2つの料理を一緒にする.

⁑bìng 病[名]❶病.病気.¶shēng～[生～]病気になる.❷欠点.誤り.¶bì～[弊～]欠点.弊害／tōng～[通～]共通の欠点／zhèyàng shuō yǒu yǔ～[这样说有语～]このように言うのは文法的に間違っている.[動]病気になる.¶wǒ cónglái méiyou ～guo[我从来没有～过]私はこれまで病気をしたことがない.

bìngchónghài 病虫害[名]〔農〕病害と虫害.

†bìngchuáng 病床[名]〔zhāng 张〕(病院の)ベッド.¶zhèi jiā yīyuàn yǒu èrbǎi zhāng ～[这家医院有二百张～]この病院は患者用ベッドが200床ある.

bìngcún 并存[動]共存する.¶liǎng zhǒng shèhuì tǐzhì ～[两种社会体制～]2つの社会体制が共存している.

bìngdú 病毒[名]〔医〕ウイルス.¶～xìng gǎnmào[～性感冒]ウイルスによる風邪.感冒.

*bìngfáng 病房[名]病室.病棟.

bìngfēi 并非[副]決して…ではない.“并不是”bìng bù shìともいう.¶shìshí ～ rúcǐ[事实～如此]事実は決してそうではない.

*bǐnggān 饼干[名]〔kuài 块〕ビスケット.

†bīnggùnr 冰棍儿[名]〔gēn 根,zhī 支〕アイスキャンデー.¶xiǎodòur ～[小豆儿～]小豆アイスキャンデー.➡見る類 p.102

bìnghào 病号[名](～儿)(部隊や機関など集団内の)病人.患者.¶lǎo～[老～]長患いの人／～fàn[～饭]病人食.

†bīng·jilíng 冰激凌[名]アイスクリーム.“冰淇淋”bīngqílínともいう.➡見る類 p.102

†bìngjūn 病菌[名]〔医〕病原菌.

bìngliè 并列[動]並列する.¶liǎng míng xuǎnshǒu yǐ xiāngtóng chéngjì ～ dì yī míng[两名选手以相同成绩～第一名]2名の選手は同じ成績で共に1位に並んだ.

bìngpái 并排[動]同列に並ぶ.¶sān ge rén ～ zǒuguolai[三个人～走过来]3人は肩を並べてやってきた.

*bìngqiě 并且[接]❶かつ.また.¶wǒmen bìxū jiēshòu ～ yuánmǎn wánchéng zhèige rènwu[我们必须接受～圆满完成这个任务]我々はこの任務を受け入れ,かつ首尾よく成功させなければならない.❷その上.しかも.(複文の後文に用いてさらに添加することを表す)¶tā bùjǐn huì Yīngyǔ, ～ hái huì Rìyǔ[他不仅会英语，～还会日语]彼は英語ができるだけではなく,日本語もできる.

*bìngqíng 病情[名]病状.症状.¶xúnwèn ～[询问～]病状を尋ねる.

*bìngrén 病人[名]病人.患者.¶zhàoliào ～[照料～]病人を看護する／kànbuchū tā shì ～[看不出他是～]彼は病人のようには見えない.

*bīnguǎn 宾馆[名]ホテル.¶nǐ zhùzai něige ～?[你住在哪个～?]あなたはどのホテルに滞在していますか.

bīnyǔ 宾语[名]〔語〕目的語.➡文法 意味から見た動詞と目的語の関係 p.104

bīpò 逼迫[動]強制する.無理強いをする.¶～ duìfāng jiùfàn[～对方就范]相手に服従を強いる.

*bìrán 必然[形]必然的である.↔ǒurán 偶然 ¶～ qūshì[～趋势]避けられない趨勢／shēng lǎo bìng sǐ shì shēngwùjiè de ～ guīlǜ[生老病死是生物界的～规律]生・老・病・死は生物界の必然的な法則だ.

*bǐrú 比如[動]たとえる.¶yǒuxiē wèntí yǐjing zuòchu juédìng,～ zhāo duōshao xuésheng、fēn duōshao ge bān

B

děngděng[有些问题已经做出决定，～招多少学生、分多少个班等等]いくつかの問題についてはすでに決定がなされている,たとえば学生の募集人数やクラス数など.

★**bǐsài 比赛**[動]〔chǎng 场〕試合をする.¶míngtiān wǒmen liǎng ge xuéxiào ～ zúqiú[明天我们两个学校～足球]明日我々2校間でサッカーの試合をする.[名]試合.¶～ de jiéguǒ,tāmen bān yíngdéle guànjūn[～的结果，他们班赢得了冠军]試合の結果,彼らのクラスが優勝した.

類義語 **bǐsài 比赛　jìngsài 竞赛**
►"比赛"はスポーツや娯楽などの勝負を競う時に用いる.¶排球比赛 páiqiú bǐsài(バレーボールの試合)►"竞赛"はよく軍備や学問などの分野で,その優劣を競う時に用いる.しばしば国家や地域間の競い合いについて用いる.¶军备竞赛 jūnbèi jìngsài(軍拡競争)►また,"比赛"は目的語を取り,"比赛排球"bǐsài páiqiú(バレーボールの試合をする)のように言えるが,"竞赛"は目的語を取れない.

bìsè 闭塞[形]❶詰まる.ふさがる.¶xiàshuǐdào ～ le[下水道～了]下水が詰まった.❷交通が不便である.¶jiāotōng ～ de dìqū[交通～的地区]交通の不便な地域.❸情報に疎い.¶zhèr xiāoxi hěn ～,wàimian fāshēng shénme shìqing yě bù zhīdào[这儿消息很～，外面发生什么事情也不知道]ここは情報が入らず,外でどんなことが起きていても分からない.

†**bǐshì 笔试**[名]筆記試験.↔ kǒushì 口试¶kǎo wàiyǔ,wǒ bú pà ～,jiù pà kǒushì[考外语，我不怕～，就怕口试]外国語のテストでは筆記試験は怖くないが口頭試験は苦手だ.

bítì 鼻涕[名]鼻水.¶liú ～[流～]鼻水を垂らす／xǐng ～[擤～]鼻をかむ.

†**bǐtǐng 笔挺**[形]❶まっすぐである.ぴんと伸びている.¶wèibīng zhànde ～[卫兵站得～]衛兵が直立している.❷(衣服にしわがなく)ぴんとしている.¶tā chuānzhe yí tào ～ de xīfú[他穿着一套～的西服]彼はぱりっとした背広を着ている.

†**bǐwù 笔误**[名]書き誤り.¶zhèi piān wénzhāng yǒu jǐ chù ～[这篇文章有几处～]この文章には何ヵ所か書き

文法　意味から見た動詞と目的語の関係

動詞の目的語はすべて動詞の後に置かれる."我吃面包"wǒ chī miànbāo における"面包"は動詞"吃"の目的語であり,"他去北京"tā qù Běijīngでは"北京"が動詞"去"の目的語となっている.ところがこの2文,「パンを食べる」,「北京へ行く」と訳されることからも分かるように,動詞と目的語の意味関係は同一ではない.以下,さまざまな意味関係について述べる.

1 **「～を…する」(1)**
動作･行為の対象を表す.
¶吃面包 chī miànbāo(パンを食べる)
¶看电影 kàn diànyǐng(映画を観る)

2 **「～を…する」(2)**
動作･行為の結果を表す.
¶写小说 xiě xiǎoshuō(小説を書く)
¶包饺子 bāo jiǎozi(ギョーザを作る)

1では行為の前に目的語が存在するが(「食べる」前にすでに「パン」は存在),2では行為の結果,目的語が出現する(「書い」た結果「小説」が生み出される).

3 **「～に／で…する」**
動作･行為の場所を表す.
¶住饭店 zhù fàndiàn(ホテルに泊まる)

誤りがある.

†**bìxiū 必修**[区]必修の.↔ xuǎnxiū 选修 ¶ ～kè[～课]必修科目.

☆**bìxū 必须**[副]❶必ず…しなければならない.¶ ～ nǔlì xuéxí[～努力学习]必ず真剣に学ばねばならない／lǐlùn ～ liánxì shíjì[理论～联系实际]必ず理論を現実と結びつけなければならない.❷(命令の語気を含む)必ず…しなさい.¶ gèwèi ～ ànshí dào huì[各位～按时到会]各位時間厳守で会議場到着のこと／nǐ ～ cānjiā[你～参加]必ず参加しなさい.

†**bìxū 必需**[動]欠かせられない.必要である.¶ shēnghuó ～pǐn[生活～品]生活必需品.

*__bìyào 必要__[形]必要である.¶ shífēn ～[十分～]非常に必要である／chèxiāo yìxiē bú ～ de jīgòu[撤销一些不～的机构]必要のない機構を廃止する.

*__bì//yè 毕业__[動]卒業する.注 後に目的語をとれない.¶ tā dàxué méi ～ jiù kāishǐ gōngzuò le[他大学没～就开始工作了]彼は大学を卒業しないうちにもう仕事を始めた.[名]卒業.¶ ～ lùnwén[～论文]卒業論文／～ diǎnlǐ[～典礼]卒業式.

bǐyù 比喻[動]たとえる.¶ rénmen xíguàn yòng huā ～ měinǚ[人们习惯用花～美女]人はよく美人を花にたとえる.[名]比喩.¶ zhèige ～ bútài qiàdàng[这个～不太恰当]この比喩はあまり適当でない.

bīzhēn 逼真[形]本物そっくりである.迫真の.¶ zhèi pǐ mǎ huàde hěn ～[这匹马画得很～]この馬は本物そっくりに描かれている.

†**bǐzhí 笔直**[形]まっすぐである.注 程度副詞"很"hěnなどの修飾を受けない.¶ ～ de gāosù gōnglù[～的高速公路]まっすぐに続く高速道路.

bǐzhòng 比重[名]❶比重.❷比率.割合.¶ wǒ guó gōngyè zài guómín jīngjì zhōng de ～ zhúnián zēngjiā[我国工业在国民经济中的～逐年增加]我が国の工業が国民経済全体に占める割合は年毎に伸びている.

*__bí·zi 鼻子__[名]鼻.

†**bō 拨**[動]❶(手や棒などで物を)動かす.かき分ける.(指で)回す.¶ ～ nàozhōng[～闹钟]目覚まし時計の針を動かす／～kāi rénqún[～开人群]人込みをかき分ける／～ diànhuà hàomǎ[～电话号码]電話のダイヤルを回す.❷(全体から一部を取って)分ける.

¶ 坐火车 zuò huǒchē(汽車に乗る)

4 **「～へ／に…する」**

動作・行為の到達点を表す.

¶ 去北京 qù Běijīng(北京へ行く)

¶ 进教室 jìn jiàoshì(教室に入る)

5 **「～で…する」**

動作・行為の道具を表す.

¶ 洗凉水 xǐ liángshuǐ(水で洗う)

¶ 吃大碗 chī dàwǎn(どんぶりで食べる)

6 **「～が原因で…する」**

動作・行為を引き起こした原因を表す.

¶ 哭奶奶 kū nǎinai(祖母の死を泣く)←祖母の死が原因で泣く

¶ 养病 yǎng bìng(病気療養する)←病気が原因で療養する

7 **「～が…する」**

出現・存在・消失する事物を表す.

➡ 文法 存現文 p.560

¶ 来了一个客人 láile yí ge kèrén(客が1人きた)

¶ 挂着一张地图 guàzhe yì zhāng dìtú(地図が1枚かかっている)

¶ 少了一本书 shǎole yì běn shū(本が1冊なくなった)

8 **「～は…である」**

主語と同一か,あるいは主語を含むものを表す.

¶ 她是我妈妈 tā shì wǒ māma(彼女は私の母である)

¶ 他是聪明人 tā shì cōngmíngrén(彼は聡明な人だ)

B

¶ ～ yì bǐ zījīn gěi zhèige gōngsī[～一笔资金给这个公司]資金をこの会社に割り当てる.❸(方向や意見を)変える.¶ ～zhèng hángxiàng [～正航向]向かう方向を正しく調整する.

bō 拨❶

†**bō 播***[動]❶広める.伝える.¶ guǎng～[广～](ラジオ・テレビを)放送する／zhèi tiáo xīnwén shì zuótiān ～ chu de[这条新闻是昨天～出的]このニュースは昨日放送されたものです.❷(種を)まく.¶ xià～[夏～]夏の種まき.

†**bōcài 菠菜**[名]〔植〕ホウレンソウ.¶ chǎo ～[炒～]ホウレンソウ炒め.

bóchì 驳斥[動]誤った意見や論法を指摘し反駁(はんばく)する.¶ ～ dírén de miùlùn[～敌人的谬论]敵の誤った議論に反駁する.

bōdòng 波动[動]揺れ動く.不安定である.¶ qíngxù ～[情绪～]気持ちが落ち着かない／wùjià ～[物价～]物価が変動する.

bōfàng 播放[動](テレビ・ラジオで番組を)放送する.¶ ～quán[～权]放映権／xiàmian ～ yí duàn lùxiàng [下面～一段录像]次にVTRをお見せします(続いてVTRをどうぞ).

***bófù 伯父**[名]❶父親の兄.伯父(おじ).❷年長の男性に対する尊敬の意を含む呼称.¶ gébì Wáng ～ bìng le,nǐ yīnggāi qù kànkan[隔壁王～病了，你应该去看看]お隣の王おじさんが病気だから,お見舞いに行ったほうがいいよ.

bōkuǎn 拨款[動](政府・上級機関から)資金を支給する.配分する.[名]政府・上級機関から配分された割当金.¶ jūnshì ～[军事～]軍事割当金.

†**bōlàng 波浪**[名]波.¶ ～ qǐfú[～起伏]波がうねる.

bólǎnhuì 博览会[名]博覧会.¶ wànguó ～[万国～]万国博覧会.

***bō•li 玻璃**[名]ガラス.¶ ～chuāng[～窗]ガラス窓／～bēi[～杯]ガラスのコップ.

bó lì duō xiāo 薄利多销㊄薄利多売.¶ wǒmen de zhǔzhāng shì ～[我们的主张是～]我々の主張は薄利多売だ.

***bómǔ 伯母**[名]❶父親の兄の妻.伯母(おば).❷年長の女性に対する尊敬の意を含む呼称.¶ Lǐ ～[李～]李おばさん.

†**bóruò 薄弱**[形]弱い.手薄である.¶ ～ huánjié[～环节]弱い部分／yìzhì ～[意志～]意志薄弱.

†**bóshì 博士**[名]博士.¶ ～ xuéwèi[～学位]博士号.博士の学位.

†**bōsòng 播送**[動](ラジオ・有線を通じて番組を)放送する.伝える.㊟音声だけで映像は含まれない.¶ xiànzài ～ xīnwén [现在～新闻]ただ今からニュースをお送りします.

bōtāo 波涛[名]大波.¶ ～ xiōngyǒng[～汹涌]大波が逆巻く.

†**bówùguǎn 博物馆**[名]博物館.¶ lìshǐ ～[历史～]歴史博物館／cānguān ～[参观～]博物館を見学する.

†**bōxuē 剥削**[動]搾取する.(生産手段や政治上の特権を利用し)無償で他人の労働や生産物を我が物にする.¶ dìzhǔ ～ nóngmín[地主～农民]地主が農民を搾取する／tā shòule yíbèizi de ～[他受了一辈子的～]彼は一生涯搾取されていた.

bō∥yīn 播音[動](放送局が番組を)放送する.¶ ～yuán[～员](テレビ・ラジオの)アナウンサー／～shì[～室]放送室.スタジオ.

bō∥zhǒng 播种[動]種をまく.¶ ～ jìjié[～季节]種まきの季節.

***bó•zi 脖子**[名]首.¶ shēncháng ～[伸长～]首を伸ばす／niǔshāngle ～[扭伤了～]首をねじって痛めた.

BP jī BP机[名]ポケットベル.“呼机” hūjīともいう.

***bǔ 补**[動]❶繕う.修理する.¶ xiū～[修～]手入れをする.修繕する／féng

～[缝～]縫って繕う.❷補充する.満たす.補う.¶mí～[弥～]埋め合わせる／～bàn shǒuxù[～办手续]後から手続きを補う.❸(栄養を)補給する.¶zī～pǐn[滋～品]強壮剤.

*bǔ 捕[動]捕らえる.捕まえる.¶～ yú[～鱼]魚を捕る.

⁂bù 不[副]❶(動詞,形容詞,副詞の前に用いて)…ない.¶～ qù[～去]行かない／～ shì[～是]そうではない／～ huì[～会]できない／～hǎo[～好]よくない.❷名詞の前に付けて形容詞を作る.¶～dàodé[～道德]不道徳／～ zìyóu[～自由]不自由／～ kēxué[～科学]非科学的.❸(単独で用いる)いいえ.いや.¶zhè shì nǐ zhīdao ma?－～,yìdiǎnr dōu ～ zhīdào[这事你知道吗？－～，一点儿都～知道]この件,君は知っていますか－いいえ少しも知りません／míngtiān nǐ ～ qù ma?－～,wǒ qù[明天你～去吗？－～，我去]明日あなたは行かないのですか－いいえ,行きます.❹("什么～不～"shénme～ bù～の形で前後に同じ動詞,形容詞,名詞を用いて)かまわない.どうでもいい.¶shénme qián ～ qián de,nǐ bié tài kèqi le[什么钱～钱的，你别太客气了]お金なんて気にしないで,遠慮しないでください.❺動詞と結果補語,或いは動詞と方向補語の間に用いて不可能を表す.¶chī～liǎo[吃～了]食べきれない／zǒu～dòng[走～动]歩けない.❻要らない.するな.¶～xiè[～谢]どういたしまして／～ kèqi[～客气]ご遠慮なく.

⁂bù 布[名]〔kuài 块,fú 幅〕布.織物.¶～liào[～料]生地／mián～[棉～]綿布.

*bù 步[名]❶一歩の距離.歩み.¶jiǎo～[脚～]歩幅.足取り.❷境地.状態.¶búxìng luòdao zhè yí dì～[不幸落到这一地～]不幸にもこんなはめになってしまった.

bù 部[名]❶(全体に対する)部分.¶nèi～[内～]内部／quán～[全～]全部.❷官庁などの機構区分の1つ.部門.¶wàijiāo～[外交～]外務省／biānjí～[编辑～]編集部.❸軍隊の部隊.¶sīlìng～[司令～]司令部.[量]❶書籍や映画フィルムを数える.¶liǎng ～ shū[两～书]本2冊／sān ～ diànyǐng[三～电影]映画3本.❷機械や車両を数える.¶yí ～ jīqì[一～机器]機械1台.➡[類義語] běn 本

†bù'ān 不安[形]❶落ち着かない.平穏でない.¶xīnqíng ～[心情～]気持ちが落ち着かない／zuò lì ～[坐立～]じっとしていられない／júshì dòngdàng ～[局势动荡～]情勢が不安定で落ち着かない.❷(挨拶)お詫びや恐縮の意を表す.¶shēn gǎn ～[深感～]甚だ恐縮です.

bù bēi bù kàng 不卑不亢[成]卑屈でもなく傲慢(ごうまん)でもない.¶～de tàidu[～的态度]おごりもせず,へつらいもしない態度.

†bùbǐ 不比[動]…に及ばない.…と違う.…のようではない.¶rùqiū kě ～ xiàtiān,yào duō chuān diǎn yīfu[入秋可～夏天，要多穿点衣服]秋口は夏と違って,薄着は禁物です.

*bùbì 不必[副]…の必要がない.¶nǐ míngtiān ～ lái le[你明天～来了]明日君は来なくてもよい／～ máfan biéren[～麻烦别人]人をわずらわすことはない.

> [類義語] bùbì 不必　bùyòng 不用　wúxū 无需
>
> ►ともに「…する必要がない」という意味を表す.互いに置き換えることができるが,"无需"は書き言葉で,話し言葉には普通は用いられない.¶还有时间,{不必／不用／无需}着急 hái yǒu shíjiān,{búbì／búyòng／wúxū} zháojí(まだ時間はある,慌てることないよ)►"不必","不用"は単独でも用いられるが,"无需"は単独で用いない.¶进来坐一会儿吧－{不用／不必／×无需}了 jìnlai zuò yíhuìr ba－{búyòng／búbì／×wúxū} le(入ってゆっくりしていってください－結構です)

bùbīng 步兵[名]歩兵.

bù～bù～ 不～不～[呼]❶否定の意味を表す.やや強調する意味あいが

B

ある.(意味の近い動詞や形容詞を前後に置く) ¶bù míng bù bái[不明不白]はっきりしない／bù zhé bú kòu[不折不扣]掛け値なしの.正真正銘の.❷…でもなく…でもない.ちょうどよい.またはどちらともつかないさまを表す.(相反する意味を持つ動詞,形容詞,名詞を前後に置く) ¶zhèi jiàn yīfu bú dà bù xiǎo,zhèng héshì[这件衣服不大不小,正合适]この服は大きすぎず小さすぎず,ぴったりだ／bù duō bù shǎo[不多不少]多くもなく少なくもない.❸…しなければ…しない.(前の部分が条件を表す.意味の相反する語を前後に置く) ¶wǒmen míngtiān shàngwǔ shí diǎn zài Yíhéyuán ménkǒu jiànmiàn,bú jiàn bú sàn[我们明天上午十点在颐和园门口见面,不见不散]明日の午前10時,頤和園(いわえん)の入り口で会いましょう,来るまで待ってますよ.

†**bùcéng 不曾**[副]かつて…したことがない. ¶wǒ ～ qùguo Běijīng[我～去过北京]私はこれまで北京に行ったことがない／tā hái ～ chīguo shēngyúpiàn[他还～吃过生鱼片]彼は刺身をまだ食べたことがない.

bǔcháng 补偿[動]補う.埋め合わせる.補償する. ¶wúfǎ ～ de sǔnshī[无法～的损失]補うことのできない損失.

*__bǔchōng 补充__[動]❶補充する.補足する. ¶～ shuǐfèn[～水分]水分を補充する.❷追加する. ¶～ jiàocái[～教材]追加教材.教材を追加する.

bù cí ér bié 不辞而别㊇挨拶なしで別れる. ¶tā ～[他～]彼は挨拶もなく立ち去った.

⁑**bùcuò 不错**[形]〈口〉よい.悪くない. ¶chéngjì ～[成绩～]成績がよい／nǐ chàngde zhēn ～[你唱得真～]あなたは歌が本当にうまい.

*__bùdà 不大__[副]あまり…でない. ¶～ mǎnyì[～满意]あまり満足ではない／wǒ píngshí ～ yùndòng[我平时～运动]私はふだんあまり運動をしない.

⁑**bùdàn 不但**[接]…ばかりでなく.…のみならず. ¶tā ～ cōngmíng,rénpǐn yě hěn búcuò[她～聪明,人品也很不错]彼女は聡明であるだけではなく人柄もよい／Xiǎo-Wáng ～ huì shuō Yīngyǔ,hái huì shuō Déyǔ[小王～会说英语,还会说德语]王さんは英語だけではなくドイツ語も話せる.

bùdàng 不当[形]適切でない.妥当でない. ¶chǔlǐ ～[处理～]処理が適切でない／yòng cí ～,róngyì yǐnqǐ wùhuì[用词～,容易引起误会]言葉が不適切だと誤解を生じやすい.

·**bu·de 不得***[尾](動詞の後に付いて)禁止や不可能を表す. ¶yào～[要～]もらってはいけない／qù～[去～]行ってはならない／mǎhu～[马虎～]油断してはならない.いい加減ではいられない.

⁑**bù dé bù 不得不**㊖…せざるを得ない.どうしても…しなければならない. ¶wǒ ～ fàngqìle nèige jīhuì[我～放弃了那个机会]私はそのチャンスをあきらめざるを得なかった／tā ～ shuōchule shìqing de zhēnxiàng[他～说出了事情的真相]彼は事の真相を言わざるを得なかった.

*__bùdéliǎo 不得了__[形]❶一大事である.大変だ. ¶āiyā,～,tā yūnguoqu le[哎呀,～,她晕过去了]あっ,大変だ,彼女が気を失ってしまった／zhè shìr yào bèi tā zhīdaole kě ～[这事儿要被他知道了可～]この事を彼に知られたら一大事だ.❷(動詞や形容詞の後に用いて)…でたまらない.非常に…である. ¶hòuhuǐde ～[后悔得～]悔やんでも悔やみきれない／gāoxìngde ～[高兴得～]嬉しくてたまらない.

類義語 bùdéliǎo 不得了
liǎobude 了不得

►ともに「大変だ,収拾がつかない」という意味を表す. ¶{不得了／了不得}了,着火了{bùdéliǎo／liǎobude} le,zháohuǒ le(大変だ,火事だ) ►ともに"～得{不得了／了不得}"の形で補語になり,「…でたまらない」という意味を表す. ¶高兴得{不得了／了不得} gāoxìngde {bùdéliǎo／liǎobude}(嬉しくてたまらない) ►"了不得"はまた「すばらしい」,「大したものだ」という褒め言葉としても用いる.“不得了”にはこの用法はない.¶他得过八次奥运金牌,真了不得 tā déguo bā cì Àoyùn jīnpái,zhēn liǎobude(彼はオリンピックの金メダルを8回もとった.まったく大したもんだ)

bùděng 不等[形]一様でない.まちまちである.¶dàxiǎo ～[大小～]大きさが一様でない/niánlíng ～[年龄～]年齢がまちまちだ.

bùdéyǐ 不得已[形]やむを得ない.仕方がない.(名詞を修飾するときは“～的”～ de＋名詞の形をとる)¶～ de shíhou[～的时候]やむを得ない時/zhè shì ～ de bànfǎ[这是～的办法]これはやむを得ない方法です.

†**bùdìng 不定**[副]分からない.決まらない.¶míngtiān ～ xià bú xià yǔ[明天～下不下雨]明日は雨になるかどうか分からない/zhèi chǎng bǐsài ～ shéi yíng shéi shū[这场比赛～谁赢谁输]この試合は誰が勝つか負けるか分からない.

bù dòng shēng sè 不动生色[成]言葉や顔色を変えない.¶tīngle wǒ de huà,tā réngrán ～ de chōuzhe yān[听了我的话,他仍然～地抽着烟]私の話を聞いても,彼はまったく表情を変えずにタバコを吸っている.

***bùduàn 不断**[副]絶えず.絶え間なく.¶～ chéngzhǎng[～成长]どんどん成長する/wèntí ～ chūxiàn[问题～出现]問題が次々に出てくる.

†**bù duì 不对**[慣]間違いである.誤っている.¶shùmù ～[数目～]数が間違っている/tā méiyou shénme ～ de dìfang[他没有什么～的地方]彼は何も間違っているところがない.

†**bùduì 部队**[名]部隊.軍隊.¶jiěfàngjūn ～[解放军～]解放軍部隊/zhùfáng ～[驻防～]駐屯防衛部隊.

bùfá 步伐[名]足並み.歩調.テンポ.¶～ zhěngqí[～整齐]足並みが揃っている/jiǎojiàn de ～[矫健的～]力強い足取り.

bùfǎ 不法[形]不法である.法に背いている.¶～ xíngwéi[～行为]不法行為.

bùfáng 不妨[副]構わない.差し支えない.(提案・忠告に用いられる)¶nǐ ～ shìshi kàn[你～试试看]やってみたほうがいい/nǐ ～ gēn lǎoshī shuōshuo[你～跟老师说说]先生に話してみたら.

⋆⋆**bù·fen 部分**[名](全体の中の)一部分.¶gè ～[各～]各部分/tiáozhěng ～ wùjià[调整～物价]一部の物価を調整する.

***bù gǎndāng 不敢当**[慣](賛辞などに対する返答)恐れ入ります.どういたしまして.¶nǐ de Hànyǔ fāyīn fēicháng hǎo－～[你的汉语发音非常好－～]あなたの中国語の発音はとてもよい－恐れ入ります.

†**bùgào 布告**[名]布告.掲示.¶chū ～[出～]布告を出す/zhāngtiē ～[张贴～]掲示を貼る.

bùgōng 不公[形]不当である.不公平である.¶cáipàn ～[裁判～]審判が不公平だ/fēnpèi ～[分配～]割り当てが不公平だ.

†**bùgòu 不够**[形]不足している.足りない.¶Zhōngwén xuéde hái ～[中文学得还～]中国語の勉強がまだ足りない/zīliào ～ duō[资料～多]資料が少ない.

***bùgù 不顾**[動]顧みない.構わない.¶～ biéren[～别人]他人を顧みない/～ dàjú[～大局]大局への影響を考えない.

***bùguǎn 不管**[接]…であろうと.…にせよ.(いかなる条件でも同じ結論であることを表し,多く“多”duō,“也”yě,“总是”zǒngshìなどと呼応する)¶～ kùnnan duōme dà,yě yào kèfú[～困难多么大,也要克服]困難がどんなに大きくても乗り越えなくてはならない/～ zěnyàng,nǐ yídìng yào lái[～怎样,你一定要来]どのようであろうとも必ず来るように.

[類義語] bùguǎn 不管　bùlùn 不论　wúlùn 无论

►ともに後に“都”dōuや“也”yěなどを伴い,「条件や状況がどうであろうとも,結果や結論に変わりはない」という意味を表す.¶ {不管/不论/无论} 遇到什么困难都不能屈服 {bùguǎn / búlùn / wúlùn} yùdao shénme kùnnan dōu bù néng qūfú(どんな困難にぶつかっても屈しない)►"不管"は話し言葉によく用いる."不论"と"无论"はほぼ同じ意味で,ともに書き言葉によく用いる.従って,"不论"と"无论"は後ろに"如何"rúhé,"何时"héshíなどの文語的な語句を続けることができる.¶ {×不管/不论/无论} 如何也要坚持到底 {×bùguǎn / búlùn / wúlùn} rúhé yě yào jiānchí dàodǐ(何が何でも最後までやり通さなければならない)

⁂**bùguò 不过**[接]ただし.ただ.¶ diànnǎo shì fāngbiàn, ～ tài guìle diǎnr[电脑是方便，～太贵了点儿]コンピュータは便利だが,ただ少し高すぎる.➡ 類義語 dànshì 但是

*__bù hǎo yì·si 不好意思__ 慣 ❶恥ずかしい.決まりが悪い.気がひける.¶ tā bèi xiàode ～ le[他被笑得～了]彼は笑われて気恥ずかしくなった/dàjiā yì gǔzhǎng,wǒ jiù ～ le[大家一鼓掌，我就～了]みんなが拍手をしたので,私は照れくさかった.❷むげに…できない.…しにくい.¶ ～ huíjué[～回绝]むげに断るわけにいかない.

bù huāng bù máng 不慌不忙 成 慌てず騒がず悠然とした様子.¶ shàngkè líng xiǎng le,Zhāng lǎoshī názhe shū ～ de zǒulejinlai[上课铃响了，张老师拿着书～地走了进来]始業のベルが鳴ったら,張先生は本を抱えてゆっくりと入ってきた.

†**bùjiàn 不见**[動]❶会わない.顔を見ない.¶ hǎojiǔ ～[好久～]久しぶりです.❷(物が)なくなる.姿を消す.注 必ず"了"leを伴う.¶ wǒ de shūbāo ～ le[我的书包～了]私のかばんがなくなった.

bùjiàn 部件[名]部品.組立材料.¶ jīqì ～[机器～]機械部品.

†**bù jiàn·dé 不见得**[副]…とは限らない.…とは決まっていない.¶ tā ～ huì xǐhuan kàn diànyǐng[他～会喜欢看电影]彼が映画好きとは限らない/lǎoshī shuō de yě ～ dōu duì[老师说的也～都对]先生の言うことがすべて正しいとも限らない.

bùjiě 不解[動]理解できない.¶ ～ qí yì[～其意]どういう意味か分からない.

†**bùjīn 不禁**[副]思わず.…せずにいられない.¶ ～ hāhā dà xiàoqilai[～哈哈大笑起来]思わず大声で笑いだした/～ diàoxiale yǎnlèi[～掉下了眼泪]思わず涙をこぼした/～ chāle yì zuǐ[～插了一嘴]一言挟まずにはいられなかった.

類義語 bùjīn 不禁 bùjué 不觉
►"不禁"はある感情が起こるのを,あるいはある動作をしてしまうのを自分自身でこらえきれない.¶ 听了他讲的故事，大家不禁笑了起来 tīng le tā jiǎng de gùshi,dàjiā bùjīn xiàoleqilai(彼の話を聞いてみなは思わず笑い出してしまった)►"不觉"は気づかないうちに,知らず知らずのうちに,何かをしてしまう.¶ 埋头赶路，不觉已来到了海边 máitóu gǎnlù, bùjué yǐ láidaole hǎibiān(わき目もふらずに先を急いでいたら,いつしか海岸に出た)

*__bùjǐn 不仅__[接]…ばかりでなく.¶ tā ～ Yīngyǔ shuōde hěn liúlì,Fǎyǔ yě shuōde fēicháng hǎo[她～英语说得很流利，法语也说得非常好]彼女は英語を話すのが上手なだけではなく,フランス語もまた上手だ/tā de yīshù ～ zài guónèi shì yīliú de, jíshǐ zài guójì shang yě shì yīliú de[他的医术～在国内是一流的，即使在国际上也是一流的]彼の医療技術は国内で一流であるだけでなく,国際的に見ても一流である.

†**bǔjiù 补救**[動]埋め合わせる.救済する.¶ ～ cuòshī[～措施]救済措置/wúfǎ ～[无法～]取り返しがつかない.

⁂**bùjiǔ 不久**[名]少しの間.¶ qián ～[前～]先頃/～ yǐhòu[～以后]やがて.しばらくして.

bùjú 布局[名]❶配置.配列.構造.¶

gōngyè ～[工业～]工業分布／wénzhāng ～ yǒu tiáo yǒu lǐ[文章～有条有理]文章の組立が理路整然としている.❷碁の布石.

†**bùjué 不觉**[形]いつの間にか.知らずに.¶tīngzhe tīngzhe,～ diàoxia lèi lai[听着听着，～掉下泪来]聞いていると,知らないうちに涙がこぼれ落ちた.➡[類義語] bùjīn 不禁

bùkān 不堪[動]❶耐えられない.¶bǎixìng ～ qí kǔ[百姓～其苦]民衆はそんな苦しみに耐えられない.❷できない.¶hòuguǒ ～ shèxiǎng[后果～设想]結果が思いやられる／zhèi zhǒng huà ～ rù'ěr[这种话～入耳]こういう話は聞くに耐えない.[形]甚だしい.たまらない.(多く好ましくない程度が甚だしいことを表す)¶lángbèi ～[狼狈～]困り果てている.甚だしく困惑している／hùnluàn ～[混乱～]混乱の極みだ.

***bǔ//kè 补课**[動]❶補講する.¶zhè xuéqī yào ～[这学期要～]今学期補講をしなくては／～ jìhuà[～计划]補講計画.❷不十分な仕事をやり直す.¶zhè fāngmiàn hái děi ～[这方面还得～]この面ではやり直さなければならない.

***bùkě 不可**[動]いけない.できない.¶～ dòngyáo[～动摇]動揺してはいけない／～ lǐjiě[～理解]理解できない.

bù kě sī yì 不可思议[成]不思議である.¶duì tā de xíngdòng dàjiā dōu juéde ～[对他的行动大家都觉得～]彼の行動に対して皆は不可解に思った.

bùkuì 不愧[形]…に恥じない.…だけのことはある.¶～ wéi míngpái dàxué de gāocáishēng[～为名牌大学的高材生]さすが有名大学の秀才だ／～ shì Àoyùnhuì de xuǎnshǒu[～是奥运会的选手]さすがオリンピック選手だけのことはある.

bǔlāo 捕捞[動]水産物を捕る.漁をする.¶yǐ ～ wéishēng[以～为生]漁で生計を立てる.

***bùlì 不利**[形]不利である.ためにならない.¶～ yīnsù[～因素]不利な要素／～ yú āndìng tuánjié[～于安定团结]団結の安定に不利である.

bùliáng 不良[形]良くない.不良である.¶～ xiànxiàng[～现象]好ましくない現象／xiāohuà ～[消化～]消化不良.

***bùliào 不料**[副]思いがけなく.意外にも.¶běn xiǎng hǎohāor fùxí gōngkè,～ láile ge péngyou[本想好好儿复习功课，～来了个朋友]ちゃんと復習しようと思ったのに,思いがけなく友人が訪ねてきた／wǒ yǐwéi tā yídìng huì fǎnduì,～ què hěn kuài tóngyì le[我以为他一定会反对，～却很快同意了]彼は必ず反対すると思ったが,意外にもすぐに賛成した.

⁑**bùlùn 不论**[接]たとえ…であろうとも.[注]多くは"都"dōuや"总"zǒngと呼応する.¶～ shì Běijīnghuà háishi Guǎngdōnghuà,tā dōu méi wèntí[～是北京话还是广东话，她都没问题]彼女は北京語であろうと広東語であろうと問題ない／～ fāshēng shénme qíngkuàng,dōu bù néng gǎibiàn zhèige jìhuà[～发生什么情况，都不能改变这个计划]どんな状況になろうとこの計画を変更することはできない.➡[類義語] bùguǎn 不管

†**bùmǎn 不满**[形]不満である.満足でない.¶jíwéi ～[极为～]非常に不満だ.[動]満足しない.¶～ yú xiànzhuàng[～于现状]現状に満足しない.

***bùmén 部门**[名]部門.¶yǒuguān ～[有关～]関係部門／jiàoyù ～[教育～]教育部門.

***bùmiǎn 不免**[副]…せざるを得ない.どうしても…になる.[注]後に肯定的な内容だけがくる.¶tā méiyou jīngyàn, gōngzuò zhōng ～ chūcuò[他没有经验，工作中～出错]彼は経験がないので,仕事でどうしてもミスをする／zài guówài ～ xiǎngjiā[在国外～想家]外国ではどうしても家が恋しくなる.

***bùpíng 不平**[形](不正に対し)憤る.不満を抱く.¶dàjiā wèi zhè shì hěn ～[大家为这事很～]みんなこの事についてとても不満を抱いている／fènfèn ～[愤愤～]憤懣(ふんまん)やる方ない.[名]不平.不満.憤懣.¶xiāochú xīnzhōng de ～[消除心中的～]不満を鎮める.

bù qū bù náo 不屈不挠㊟不撓不屈(ふとうふくつ). ¶ ～ de qù zhànshèng kùnnan[～地去战胜困难]不屈の精神で困難に立ち向かっていく.

*__bùrán 不然__[接]そうでなければ.さもなければ. ¶kuài zǒu ba, ～ jiù chídào le[快走吧，～就迟到了]早く行こう,さもないと遅れてしまう.

bùróng 不容[動]許さない.余地がない. ¶ ～ zhìyí[～置疑]疑いを差し挟む余地がない／～ fēnbiàn[～分辩]弁解の余地がない.

⁑**bùrú 不如**[動]…に及ばない.…にかなわない. ¶zǒulù ～ qí chē kuài[走路～骑车快]歩きは自転車のスピードにかなわない.[接](よく"与其"yǔqíと呼応して)…よりは…のほうが. ¶yǔqí nǐ lái gàn, ～ wǒ lái gàn[与其你来干，～我来干]お前がやるよりは,俺がやったほうがましだ／fǎnzhèng yě shì shū qiú, ～ pīn ge tòngkuài[反正也是输球，～拼个痛快]どうせ試合に負けるなら,思いきり戦おう.

⁑**bùshǎo 不少**[形]少なくない.多い. ¶ yǒu ～ xuésheng cānjiā[有～学生参加]多くの学生が参加する／xuéxí Zhōngwén de wàiguórén zhēn ～[学习中文的外国人真～]中国語を学ぶ外国人は本当に多い.

bùshí 不时[副]たびたび.何度も. ¶ ～ de jiāohuàn yìjiàn[～地交换意见]何度も意見交換をする／yìbiān zǒu yìbiān ～ sìchù zhāngwàng [一边走，一边～四处张望]歩きながらしょっちゅうあたりを見回す.

†**bù·shi 不是**[名]誤り.間違い. ¶shì wǒ de ～[是我的～]私が悪かった.

†**bù shì～ ér shì～ 不是～而是～**㊟…ではなくて…だ. ¶tā bú shì bèn, ér shì bù kěn nǔlì[他不是笨，而是不肯努力]彼はばかなのではなく,努力しようとしないのだ／wǒ xué de bú shì Yīngyǔ, ér shì Rìyǔ[我学的不是英语，而是日语]私が勉強しているのは英語ではなく,日本語だ.

*__bù shì～ jiù shì～ 不是～就是～__㊟…でなければ…だ. ¶bú shì nǐ qù, jiù shì tā qù[不是你去，就是他去]君が行かなければ,彼が行きます／tā bú shì gōngzuò jiù shì xuéxí, zǒng yě bù xiánzhe[他不是工作就是学习，总也不闲着]彼は仕事をしていない時は勉強をしていて,いつも暇にしていることがない.

*__bù shì ～ ·ma 不是～吗__㊟…ではないか. ¶nǐ bú shì yǐjing qùguo le ma?[你不是已经去过了吗?]君はすでに行ったことがあるのではないですか／nǐ bú shì diànyǐng míngxīng Lǐ Míng ma?[你不是电影明星李明吗?]あなたは映画スターの李明ではないですか.

bùshǔ 部署[動](人や任務を)配置する.手配する. ¶ ～ gōngzuò[～工作]仕事を手配する／wèile zhèi xiàng gōngzuò ～le sān míng zhuānjiā[为了这项工作～了三名专家]この仕事のために専門家を3人配置した.[名]配置.手配. ¶rényuán ～ yǐjing ānpáihǎo le[人员～已经安排好了]人員配置はもうちゃんと整えてある.

bǔtiē 补贴[動]助成する.補助する. ¶ guójiā ～ yíbùfen zījīn[国家～一部分资金]国家が資金の一部を補助す

再说吧。Zàishuō ba.(またにしましょう)
谢谢，不用了。Xièxie, búyòng le.
(ありがとうございます,でも結構です)
不要这么客气。Búyào zhème kèqi.(どうぞお気遣いなく)
对不起，我帮不了你这个忙。Duìbuqǐ, wǒ bāngbuliǎo nǐ zhèige máng.
(すみません,この件ではお力になれません)
很抱歉，我对这个节目不太感兴趣。Hěn bàoqiàn, wǒ duì zhèige jiémù bú tài gǎn xìngqù.(申し訳ありませんがこのプログラムにはあまり興味がありません)
谢谢您，真不凑巧，那天我有点儿事。Xièxie nín, zhēn bú còuqiǎo, nèi tiān wǒ yǒu diǎnr shì.(ありがとうございます,あいにくその日は用事があります)

る.[名]補助金.手当.¶shēnghuó ～[生活～]生活補助.

†**bùtíng 不停**[副]ひっきりなしに.絶えず.¶～ de chōuyān[～地抽烟]ひっきりなしにタバコを吸う／～ de shuōhuà[～地说话]しきりに話をする.

⁑**bùtóng 不同**[形]違っている.異なる.¶yìjiàn ～[意见～]意見が異なる.

bùwèi 部位[名](人体器官の)部位.位置.¶fāyīn ～[发音～]発音部位／xiōngqiāng ～[胸腔～]胸腔(きょうこう)部位.

*__bǔxí 补习__[動](知識を補うため)余暇や課外に勉強する.補習する.¶tā yì xīngqī ～ liǎng cì[他一星期～两次]彼は週に2回補習する／tǎoyàn ～[讨厌～]補習を嫌う.

bùxī 不惜[動]惜しまない.いとわない.¶～ yíqiè dàijià[～一切代价]いかなる代償もいとわない／～ qiáncái[～钱财]金銭を惜しまない.

†**bù xiànghuà 不像话**㊞話にならぬほどひどい.¶yì piān wénzhāng li zhème duō cuòzì,tài ～ le![一篇文章里这么多错字，太～了!]1つの文章にこんなに誤字があるとは,めちゃくちゃだよ／zhème zuò yǒudiǎn ～[这么做有点～]こんなことをするのはちょっとひどい.

bù xiāng shàng xià 不相上下㊇優劣がつかない.差がない.¶shuǐpíng ～[水平～]レベルは優劣つけがたい／suìshu ～[岁数～]年齢が似たり寄ったりである.

*__bùxíng 不行__[形]❶いけない.許されない.¶kāi wánxiào kěyǐ,qīfu rén kě ～[开玩笑可以，欺负人可～]冗談はいいが,ばかにしてはいけない／～,zhèli bù néng chōuyān![～，这里不能抽烟!]いけません,ここは禁煙です.❷役に立たない.だめだ.¶zhèige xiāngzi ～,fàngbuxià zhème duō dōngxi[这个箱子～，放不下这么多东西]この箱ではだめだ,これだけの量の物が入りきらない.❸よくない.¶wǒ de Hànyǔ hái ～[我的汉语还～]私の中国語はまだ下手です／zhèi jiàn yīfu de shǒugōng ～[这件衣服的手工～]この服は仕立てが悪い.❹("得～"de ～の形で)甚だしい.¶kùnde ～[困得～]眠くてたまらない／lède ～[乐得～]嬉しくて仕方がない.❺("～了"～ leの形で)危篤である.¶nèi wèi lǎorén kuàiyào ～ le[那位老人快要～了]あの老人はじきに息をひきとりそうだ.

> 語法 「だめです」
>
> ►「いいですか」と相手に聞く時,"行吗? "xíng ma?,"可以吗? "kěyǐ ma?,"好吗? "hǎo ma?などいく通りかの言い方が可能である.►これに答える時,肯定形は聞かれた語をそのまま使って答えるが,否定形は「だめ」を表す代表的な語"不行"bùxíng 1つで答える傾向がある.
>
> | | yes | no |
> |---|---|---|
> | 行吗? | －行 | / 不行 |
> | 可以吗? | －可以 | / 不行 |
> | 好吗? | －好 | / 不行 |

bùxíng 步行[動]歩行する.徒歩で行く.¶měitiān ～ qù chēzhàn[每天～去车站]毎日歩いて駅に行く／xià chē ～[下车～]下車して歩く.

*__bùxìng 不幸__[形]不幸である.¶～ de rénshēng[～的人生]薄幸な人生／～ de xiāoxi[～的消息]不幸なニュース.

bùxiǔ 不朽[形]不朽である.長く滅びない.¶yǒng chuí ～[永垂～]㊇永遠に不滅である／～ zhī zuò[～之作]不朽の名作.

*__bùxǔ 不许__[動]許さない.…してはいけない.¶～ shībài[～失败]失敗は許されない／～ rù nèi[～入内]立入禁止.

> 類義語 bùxǔ 不许　bié 别　bùyào 不要
>
> ►"不许"は「不許可」を表し,「許さない」,「…してはいけない」という意味になる.¶这里不许停车 zhèli bùxǔ tíngchē(ここに車を止めてはいけない)►"别","不要"は「禁止」や「勧告」を表す.¶请{别／不要}在车里抽烟 qǐng {bié／búyào} zài

chēli chōuyān(車内でタバコを吸わないでください)／{别／不要}生气{bié／búyào} shēngqì(怒らないで)

bù yán ér yù 不言而喻成 言わなくても明らかである.言わずと知れたこと.¶zhè shì ～ de shìqing[这是～的事情]これは言うまでもないことです.

☆**bùyào 不要**[副]…してはいけない.…するな.¶～ xīyān[～吸烟]喫煙しないでください／～ dàshēng xuānhuá[～大声喧哗]大声でさわいではいけない.➡類義語 bùxǔ 不许

★**bù yàojǐn 不要紧**慣 差し支えない.かまわない.¶shuāiténg le ma?－～[摔疼了吗？－～](転んで)痛みますか－大丈夫です／fángzi lí shìqū yuǎn yìdiǎn yě ～[房子离市区远一点也～]家は市街地からちょっと遠くてもかまいません.

bùyí 不宜[副]よくない.¶nǐ shēntǐ bù hǎo,～ guòdù láolèi[你身体不好,～过度劳累]君は体が丈夫ではないのだから,働きすぎはよくないよ／fànhòu ～ jīliè yùndòng[饭后～激烈运动]食後に激しい運動はよくない.

★**bù yīdìng 不一定**慣 …とは限らない.¶tā ～ huì lái[他～会来]彼は来るとは限らない／yào xià yǔ le－～ba[要下雨了－～吧]雨がふりそうだ－そうとは限らないでしょう.

bù yì ér fēi 不翼而飞成 羽が生えたように飛ぶ.うわさなどがあっという間に広がる.¶tā de qiánbāo bù zhī shénme shíhou ～ le[他的钱包不知什么时候～了]彼の財布がいつの間にかなくなっていた.

bù yǐ wéi rán 不以为然成 そうとは思わない.¶nǐ hǎohāor tīngting,bié ～![你好好儿听听，别～！]ちゃんと聞いて,人の言うことを信じなさい.

文法　**補語**

動詞や形容詞の後に置かれ,それらを補足説明する成分をさす.

1 **結果補語**

動作の結果を表す.

¶写完 xiěwán(書き終える)

¶听懂 tīngdǒng(聞いて分かる)

“了”le,“过”guoの目的語は結果補語の後に置く.

¶写完了这封信xiěwánle zhèi fēng xìn(この手紙を書き終えた)

否定には“没（有）”méi(you)を用いる.

¶作业还没（有）做完呢 zuòyè hái méi(you) zuòwán ne(宿題はまだやり終えていない)

2 **様態補語**

動作の行われ方や,状態を具体的に描写する.

¶他跑得很快 tā pǎode hěn kuài(彼は走るのが速い)

¶她高兴得跳起来 tā gāoxìngde tiàoqilai(彼女はうれしくて跳び上がった)

動詞が目的語を伴う時は,動詞を繰り返す.ただし,1つめの動詞を省略することもできる.

¶她（说）汉语说得很好 tā (shuō) Hànyǔ shuōde hěn hǎo(彼女は中国語を話すのがうまい)×她说汉语得很好

否定の“不”bùは補語の前に置く.

¶他跑得不快 tā pǎode bú kuài(彼は走るのが遅い)×他不跑得快

3 **程度補語**

形容詞の後に“得”deを伴い,状態の程度を表す.

¶我们渴得很 wǒmen kěde hěn(私たちは喉がカラカラだ)

¶我饿得要命 wǒède yàomìng (私はおなかがペコペコだ)

程度補語には“得”を伴わないタイプもあり,“极”jí,“坏”huài,“死”sǐ,“透”tòuが補語となる.この場合文末には“了”leが置かれる.

¶好极了 hǎojí le(とてもよい)

¶累死了 lèisǐ le(クタクタだ)

4 **方向補語**

動作によって人や物が移動する方

☆**bùyòng 不用**[副]…する必要がない.…するに及ばない.¶～ nàme kèqi[～那么客气]そんなに遠慮することはない／wǒ yòng jiù de jiù xíng,～ tèyì mǎi xīn de[我用旧的就行，～特意买新的]私は古いのを使えばいいから,わざわざ新しいのを買う必要がない／zhèi diǎn xiǎoshì,nǐ ～ fàngzai xīnshang[这点小事，你～放在心上]こんなささいなことは気にすることはない.➡類義語 bùbì 不必

*__bùyóu·de 不由得__[副]思わず.覚えず.¶～ liúxiale yǎnlèi[～流下了眼泪]思わず涙を流した.

bǔyǔ 补语[名]〔語〕補語.

bù yuē ér tóng 不约而同成期せずして一致する.¶tā yí jìnlai,dàjiā ～ de jiàoleqilai[他一进来，大家～地叫了起来]彼が入ると皆は申し合わせたように叫び始めた.

†**bùzài·hu 不在乎**[動]気にしない.意に介さない.¶tā ～ bàochou[他～报酬]彼は報酬については気にかけない／tā yìdiǎnr yě ～ biéren zěnme shuō[他一点儿也～别人怎么说]彼は人がどう言おうと少しも意に介さない.

†**bù zěn·meyàng 不怎么样**慣大したことはない.どうということはない.¶wǒ juéde zhèige diànyǐng ～[我觉得这个电影～]この映画は大したことはないと思う.

*__bùzhǎng 部长__[名]大臣.長官.¶wàijiāo ～[外交～]外務大臣／jiàoyù ～[教育～]文部大臣.

bù zhèng zhī fēng 不正之风慣社会的な不正の気風.よくない傾向.¶jiānjué jiūzhèng “zǒu hòumén” de ～[坚决纠正“走后门”的～]裏工作という不正を厳しく改めねばならない.

†**bùzhǐ 不止**[動]❶(2音節動詞の後

向を表す.単純方向補語(A類:“来”lái,“去”qù)(B類:“上”shàng,“下”xià,“进”jìn,“出”chū,“回”huí,“过”guò,“起”qǐ,“开”kāi)と複合方向補語(A類とB類が組み合わさったもの)がある.

¶他回去了〈A類〉tā huíqu le(彼は帰っていった)

¶小李爬上了树〈B類〉Xiǎo-Lǐ páshangle shù(李君は木によじ登った)

¶他们跑出去了〈複合〉tāmen pǎochuqu le(彼らは駆け出していった)

目的語は“来”,“去”の前に置く.B類の場合は補語の後に置く.

¶他回家去了 tā huíjiā qu le(彼は家に帰っていった)

¶他们跑出教室去了 tāmen pǎochu jiàoshì qu le(彼らは教室を駆け出していった)

¶他捡起了一个钱包〈B類〉tā jiǎnqile yí ge qiánbāo(彼は財布を拾い上げた)

方向補語にはさまざまな派生義がある.

¶我爱上他了 wǒ àishang tā le(私は彼が好きになった)

5可能補語

ある結果に到達可能であるかどうかを表す.動詞と結果補語・方向補語の間に“得”deを挿入し可能を,“不”bùを挿入し不可能を表す.

¶听不见tīngbujiàn(聞こえない)

¶站不起来zhànbuqǐlái(立ち上がれない)

否定形が多用され,肯定形は疑問文で用いられることが多い.

6数量補語

動作の回数や時間量,比較した結果の差異を表す.

¶这本书我看了五遍 zhèi běn shū wǒ kànle wǔ biàn(この本は5回読んだ)

¶请等一会儿 qǐng děng yíhuìr(しばらくお待ちください)

¶他比我大两岁 tā bǐ wǒ dà liǎng suì(彼は私より2歳年上だ)

瞬時に終わってしまう動作と時間量を表す補語が結びつくと,動作の完了後の経過時間を表す.

¶他毕业三年了 tā bìyè sān nián le(彼は卒業して3年になる)

に用いて)止まらない.¶dàxiào ～[大笑～]いつまでも大笑いする／liúxuè ～[流血～]出血が止まらない.❷…にとどまらない.…ばかりではない.¶shòu huìlù de ～ tā yí ge rén[受贿赂的～他一个人]賄賂を受け取ったのは彼1人ではない.

†**bùzhǐ 不只**[接]…ばかりでなく.¶～ shēngchǎn fāzhǎn le,shēnghuó yě gǎishàn le[～生产发展了，生活也改善了]生産が伸びただけではなく,生活も改善された.

****bùzhì 布置**[動]❶装飾する.しつらえる.¶～ huìchǎng[～会场]会場の飾り付けをする／～ xīnfáng[～新房]新婚夫婦の部屋を整える.❷手配する.手はずを整える.¶～ gōngzuò[～工作]仕事の手配をする／lǎoshī gěi xuésheng ～ zuòyè[老师给学生～作业]先生が学生に宿題を出す.

†**bù zhī bù jué 不知不觉**㊗知らず知らず.いつの間にか.¶～ yí ge xuéqī guòqu le[～一个学期过去了]いつの間にか一学期が終わってしまった.

bù zhī suǒ cuò 不知所措㊗どうしていいかわからない.¶tīngdao zhèige xiāoxi,tā ～ de zài wūli zǒu lái zǒu qù[听到这个消息，他～地在屋里走来走去]このニュースを聞き彼はどうしていいか分からず,部屋中を行ったり来たりしている.

bùzhìyú 不至于[副]…までには至らない.…するようなことはない.¶zǎo zuò zhǔnbèi,yě ～ xiàng xiànzài zhèyàng huāng le[早做准备，也～像现在这样慌了]早く準備していれば今のようにあわてることにはならなかった／wǒ xiǎng tā zǒng ～ zhǎobudào zhèr ba[我想他总～找不到这儿吧]彼がここを探しあてられないなんてことはあるまい.

†**bùzhòu 步骤**[名]段取り.順序.ステップ.¶yǒu ～ de gōngzuò[有～地工作]段取りよく仕事をする／shíyàn de jùtǐ ～[实验的具体～]実験の具体的な順序.

***bùzhù 不住**[副]しきりに.絶えず.¶～ de késou[～地咳嗽]しきりにせきをする／～ de diǎntóu[～地点头]絶えずうなずく.

bǔzhuō 捕捉[動]捕らえる.逮捕する.¶～ hàichóng[～害虫]害虫を駆除する／～ táofàn[～逃犯]逃走犯を捕らえる.

bù·zi 步子[名]歩調.足取り.¶jiākuài guójiā jiànshè de ～[加快国家建设的～]国家建設のスピードを上げる／fàngmàn ～[放慢～]ペースを落とす.

†**bùzú 不足**[形]不十分である.不足している.¶jīngyàn ～[经验～]経験不足／～ sānqiān rén[～三千人]3千人に満たない.

谜语 答えがBで始まるなぞなぞ

看看没有,	Kànkan méiyou,	見ても見えず,
摸摸倒有,	mōmo dào yǒu,	触れば確かにある,
像冰不化,	xiàng bīng bú huà,	氷のようだが溶けはせず,
像水不流。	xiàng shuǐ bù liú.	水のようだが流れない.

(答えは106～107ページの中に)

C,c

★★cā 擦[動]❶摩擦する.擦る.¶～pòle pí[～破了皮]皮が擦りむけた／～huǒchái[～火柴]マッチを擦る.❷布などでなでるようにして拭く.磨く.¶～chē[～车]車を磨く／～ bōlichuāng[～玻璃窗]ガラス窓を拭く.❸塗る.¶zài shāngkǒu shang ～ le diǎnr xiāodúshuǐ[在伤口上～了点儿消毒水]傷に消毒液を塗った.❹かすめる.¶yì zhī niǎo ～zhe shùshāo fēileguoqu[一只鸟～着树梢飞了过去]1羽の鳥が梢をかすめて飛んで行った.

★cāi 猜[動](手がかりや想像から正しい答えを)探り当てる.¶～ míyǔ[～谜语]なぞなぞを当てる／nǐ ～ tā shì shéi?[你～他是谁?]君は彼が誰だと思いますか／bùxíng,wǒ ～buchūlái[不行,我～不出来]もうだめ,私は当てられない／nǐ bié xiā～ le[你别瞎～了]当てずっぽうを言うな.

†cái 才*[名]❶才能.¶duō ～ duō yì[多～多艺]多芸多才／zhè rén hěn yǒu ～[这人很有～]この人は才能に恵まれている.❷才能のある人.¶qí～[奇～]まれに見る人材／～zǐ[～子]才子.

★★cái 才[副]❶たった今…したばかり.(時間的にわずかに前であることを表す)¶tā ～ shuìzháo,bié jiào tā[他～睡着,别叫他]彼は今寝ついたばかりなので,起こさないで.❷やっと.ようやく.(ある出来事の発生や終わりが遅いことを表す)¶děngle bàntiān ～ lái yí liàng chē[等了半天～来一辆车]さんざん待ってようやく1台車が来た／tā shí'èr diǎn duō ～ huíjiā[他十二点多～回家]彼は12時すぎにやっと家に帰った.❸やっと.…してこそ.(ある条件のもとで初めてそうなることを表す)注前に"只有"zhǐyǒu,"因为"yīnwei,"为了"wèileなどを用いる.¶zhǐyǒu xīngqītiān ～ xiūxi[只有星期天～休息]日曜日だけ休む／yīnwei bù dǒng, ～ lái wèn nǐ[因为不懂～来问你]分からないからこそ,あなたに聞きにきたのです.❹…にすぎない.たった.(対比して数量,回数が少ないことや,能力が劣ることなどを表す)¶zhèige bān ～ shí ge rén[这个班～十个人]このクラスは10人しかいない／tā ～ bǐ wǒ dà yí suì[他～比我大一岁]彼は私より1つ年上にすぎない.❺主語の後に付け,主語部分を強調する."才"は軽く発音する.(文末に"呢"neを伴う)¶wǒ ～ bù xīhan ne[我～不稀罕呢]僕は欲しくなんかない／nǐ ～ shǎ ne![你～傻呢!]君こそばかだよ.❻"才"を強く発音し,その直後の部分を強調する.¶～ bú shì nàme huí shì ne![～不是那么回事呢!]決してそんなわけじゃないよ／nèige diànyǐng ～ hǎokàn ne[那个电影～好看呢]あの映画のすばらしいことといったら.

cái 财[名]財.所有する金と物資の総称.¶～wù[～物]金銭と物資／lǐ～[理～]財務を管理する.

cái 裁[動]❶ナイフやはさみで薄いものを切る.¶～ yīfu[～衣服]服地を裁つ／～ zhǐtiáor[～纸条儿]切って細長い紙きれをつくる.❷不要・余分な部分を取り除く.削る.¶～diào yíbàn zhíyuán[～掉一半职员]職員の半分を削減する／～jiǎn rényuán[～减人员]リストラする.❸(多くは文学や芸術に関して)表現を適切に決める.¶bié chū xīn ～[别出心～]デザインや作品の内容に独創性を出す／tǐ～[体～](文学作品の)様式.種類.

★cǎi 采[動]❶(花・葉・実などを)摘む.¶～chá[～茶]茶を摘む.❷鉱物を採掘する.¶～kuàng[～矿]採鉱する.❸集める.採取する.¶～yàng[～样]サンプルを採取する.サンプリングをする.
➡ 類義語 zhāi 摘

★cǎi 踩[動]踏む.踏みつける.¶bèi rén ～le hǎo jǐ jiǎo[被人～了好几脚]足を何回も踏まれた.

★★cài 菜[名]❶野菜.¶mǎi ～ qù[买～去]野菜を買いに行く.❷アブラナ.¶

～yóu［～油］ナタネ油.❸料理.おかず.¶chuān～［川～］四川料理／diǎn～［点～］料理を注文する.

cāicè 猜测［動］推測する.推量する.¶wǒ ～,tā jīntiān duōbànr bú huì lái［我～，他今天多半儿不会来］私が推測するに彼は今日おそらく来ないだろう／zhèi jiàn shì hěn nán ～［这件事很难～］この件は推測がとても難しい.

†**cáichǎn 财产**［名］〔bǐ 笔〕(国家・集団あるいは個人が所有する)物質的な富.¶guójiā ～［国家～］国家の財産／jìchéng ～［继承～］財産を相続する.

càidān 菜单［名］(～儿)〔fèn 份〕メニュー.献立表.¶qǐng bǎ ～ gěi wǒ kàn yíxià［请把～给我看一下］メニューをちょっと見せてください.

cǎidiàn 彩电［名］〔tái台〕カラーテレビ.“彩色电视机”cǎisè diànshìjīの略.

cǎifǎng 采访［動］取材する.¶～ xuéxiào［～学校］学校を取材する.

†**cái・feng 裁缝**［名］服を作る職人.仕

逆引きウインドウズ

1 花椰菜 huāyēcài カリフラワー
2 大白菜 dàbáicài ハクサイ
3 卷心菜 juǎnxīncài キャベツ
4 油菜 yóucài アブラナ・チンゲンサイ
5 韭菜 jiǔcài ニラ
6 芹菜 qíncài 中国セロリ
7 生菜 shēngcài レタス
8 空心菜 kōngxīncài エンサイ・クウシンサイ

語法 常用組み合せ連語(1)

日本語で「黒板を消す」というところを中国語では“擦黑板”cā hēibǎnという.「テレビを消す」なら“关电视”guān diànshìだ.このように動詞と名詞の結びつきはそれぞれの言語で固定的であり,組み合せを勝手に変えるわけにはゆかないことが多い.このような固定した組み合せを「連語」と呼ぶ.外国語の学習ではこのような組み合せ連語をたくさん学ぶ必要がある.

B

拔草 bá cǎo(草をむしる)／搬家 bānjiā(引っ越しする)／办签证 bàn qiānzhèng(ビザをとる)／办工厂 bàn gōngchǎng(工場を経営する)／办手续 bàn shǒuxù(手続きをする)／办喜事 bàn xǐshì(結婚式を挙げる)／拌面条 bàn miàntiáo(麺をかきまぜる)／包饺子 bāo jiǎozi(ギョーザを作る)／报案 bào'àn(事件を通報する)／背课文 bèi kèwén(教科書の本文を暗記する)／避雨 bì yǔ(雨宿りする)／编词典 biān cídiǎn(辞書をつくる)／编草帽 biān cǎomào(麦わら帽子を編む)／别校徽 bié xiàohuī／(校章をつける)

C

擦黑板 cā hēibǎn(黒板を消す)／猜谜语 cāi míyǔ(なぞなぞをあてる)／采茶 cǎi chá(茶を摘む)／查词典 chá cídiǎn(辞書を引く)／抄笔记 chāo bǐjì(ノートを写す)／抄近路 chāo jìnlù(近道をする)／炒菜 chǎo cài(野菜を炒める)／唱京剧 chàng jīngjù(京劇を歌う)／吃饭馆

立て職人. ¶ ～pù[～铺]仕立て屋.

*cáifù 财富[名]価値を備えたもの. ¶ wùzhì ～[物质～]物質的な富／jīngshén ～[精神～]精神的な富.

cáigàn 才干[名]仕事の能力. ¶ zēngzhǎng ～[增长～]仕事の能力を伸ばす.

*cǎigòu 采购[動]選んで購入する. 注 多くは企業や機関が購入することをさす. ¶ ～ yuáncáiliào[～原材料]原材料を購入する.

cǎijí 采集[動]採集する.収集する. ¶ ～ biāoběn[～标本]標本を採集する／～ mínyáo[～民谣]民謡を収集する.

cáijīng 财经[名]財政と経済. ¶ ～ bàodào[～报道]財政ニュース／～ xìnxī[～信息]財政情報.

cáijué 裁决[動]考慮を経て決定する.裁決する. ¶ yóu zhǔxítuán ～[由主席团～]議長団が裁決する.[名]裁決. ¶ fúcóng ～[服从～]裁決に従う.

cái//jūn 裁军[動]武装人員と軍事装備の削減をする.軍縮する. ¶ quánmiàn ～[全面～]全面的な軍備縮小／～ huìyì[～会议]軍縮会議.

cáikuài 财会[名]財務,会計の総称. ¶ ～ rényuán[～人员]経理係.

†cáilì 财力[名]経済的な力. 注 多くは資金をさす. ¶ ～ bùzú[～不足]財力不足.

*cáiliào 材料[名]❶〔fèn 份〕製品を作る材料. ¶ jiànzhù ～[建筑～]建築資材.❷著作の資料. ¶ xiǎoshuō de ～ dōu sōujíquán le[小说的～都搜集全了]小説の資料はすべて揃った.❸参考となる事実.資料. ¶ dàng'àn ～[档案～]調書資料.❹(あることを行う)器量. ¶ wǒ kě bú shì dāngguān de ～[我可不是当官的～]私は決して役人となるような器ではない.

cáimào 财贸[名]財政と貿易. ¶ tā shì gǎo ～ gōngzuò de[他是搞～工作的]彼は財政と貿易の仕事をしている.

cǎinà 采纳[動](意見や提案,要求などを)受け入れる. ¶ ～ yìjiàn[～意见]意見を聞き入れる.

†cáinéng 才能[名]才能と能力. ¶ biǎoyǎn ～[表演～]演技能力.

†cáipàn 裁判[名]❶裁判. ¶ fǎyuàn de ～[法院的～]裁判所の裁判.❷スポーツ競技の審判員.レフェリー. "裁判员"cáipànyuánともいう. ¶ guójì ～[国

---

chī fànguǎn(外食する)／吃药 chī yào(薬をのむ)／抽时间 chōu shíjiān(時間を都合する)／抽芽chōu yá(芽が出る)／抽烟 chōu yān(タバコを吸う)／出汗 chū hàn(汗をかく)／传球 chuán qiú(ボールをパスする)／穿马路 chuān mǎlù(大通りを横切る)／存定期 cún dìngqī(定期預金をする)／存钱 cún qián(貯金する)／存行李 cún xíngli(荷物をあずける)

D

打毛衣 dǎ máoyī(セーターを編む)／打伞 dǎ sǎn(傘をさす)／打招呼 dǎ zhāohu (挨拶をする)／打折扣 dǎ zhékòu(割り引きする)／打扫卫生 dǎsǎo wèishēng (掃除する)／打麻将 dǎ májiàng (マージャンをする)／打太极拳 dǎ tàijíquán(太極拳をする)／打扑克 dǎ pūkè(トランプをする)／打气 dǎqì(空気を入れる)／打官司 dǎ guānsi(訴訟をおこす)／打的 dǎ dí(タクシーに乗る)／戴口罩 dài kǒuzhào(マスクをする)／戴帽子 dài màozi(帽子をかぶる)／戴戒指 dài jièzhi(指輪をする)／倒车 dǎo chē(乗り換える)／倒茶 dào chá(お茶をいれる)／荡秋千 dàng qiūqiān(ブランコをこぐ)／点火 diǎn huǒ(火をつける)／点煤气 diǎn méiqì(ガスに点火する)／点菜 diǎn cài(料理を注文する)／叠衣服 dié yīfu(服をたたむ)／订合同 dìng hétong(契約を結ぶ)／动脑筋 dòng nǎojīn(頭を使う)／订票 dìng piào(チケットを予約する)／堆雪人 duī xuěrén(雪だるまをつくる)／对表 duì biǎo(時計の時間を合わせる)／对牛奶 duì niúnǎi(ミルクを混ぜ合わせる)

际～]国際審判.[動]❶裁判する.¶jìnxíng～[进行～]裁判を進める.❷審判する.¶～de bù gōngzhèng[～得不公正]審判が公正でない.

cǎipiào 彩票[名]宝くじ.

***cǎiqǔ 采取**[動](方針,手段,態度などを)とる.施行する.¶～ cuòshī[～措施]措置をとる.

***cǎisè 彩色**[区]色々な色.カラー.注モノクロや単色に対して多色であることをいう.¶～ diànshì[～电视]カラーテレビ/～ qiānbǐ[～铅笔]色鉛筆.

類義語 cǎisè 彩色 yánsè 颜色 sècǎi 色彩

►"彩色"は区別詞であり,モノクロ("黑白"hēibái)に対して多色の,カラーであることを表す.¶彩色照片 cǎisè zhàopiàn(カラー写真)►"颜色"は名詞であり,単色をさす.¶你喜欢什么颜色?nǐ xǐhuan shénme yánsè?(あなたはどんな色が好きですか)►"色彩"は名詞であり,単色・多色ともに用いることができ,比喩的な用法もある.¶色彩暗淡 sècǎi àndàn(色彩が暗い)/封建色彩 fēngjiàn sècǎi(封建的色彩)

cáiwù 财务[名](機関,企業,団体などの)財産管理や運営および現金の出納や保管,計算などの事務.¶～shì[～室]財務室.

†**cāixiǎng 猜想**[動]推量する.推測する.¶wǒ ～ tā yídìng shì yǒu shì qiú wǒ[我～他一定是有事求我]彼はきっと私に頼みたいことがあるのだろう.

***cǎiyòng 采用**[動]採用する.用いる.¶～ xiānjìn jìshù[～先进技术]先進技術を採用する.

†**cáizhèng 财政**[名]国家が資産の収支に対し行う管理活動.財政.¶～jìhuà[～计划]財政計画.

cáizhì 才智[名]才知.才能と知恵.¶fāhuī ～[发挥～]才知を発揮する.

†**cāi//zhòng 猜中**[動]正解を当てる.¶tā ～le kǎotí[他～了考题]彼は試験のヤマを当てた.

†**cān 餐***[動]食べる.¶jù～[聚～]会食する/yě～[野～]野外で食事をする.*[名]食事.料理.¶zǎo～[早～]朝食/zhōng～[中～]中国料理.

cán 残[形]❶不完全である.欠けている.¶zhèige bēizikǒu yǒudiǎnr ～[这个杯子口有点儿～]このコップの口は少し欠けている/～ gǎo[～稿]不備な原稿.❷残りの.余りの.なくなりかけている.¶～dí[～敌]残敵/～ gēng shèng fàn[～羹剩饭]成残飯.

†**cán 蚕**[名]カイコ.¶yǎng～[养～]養蚕する/～jiǎn[～茧]カイコの繭.

†**cǎn 惨**[形]❶悲惨だ.痛ましい.¶～ bù rěn dǔ[～不忍睹]成痛ましくて見ていられない/～'àn[～案]虐殺事件.❷程度がひどい.甚だしい.¶nǐ kě bǎ wǒ hài～ le[你可把我害～了]君は私を実にひどい目にあわせた.❸むごい.残忍だ.¶～ wú rén dào[～无人道]成残酷非道である.

cánbào 残暴[形]残虐である.残忍で凶悪である.¶～ de shǒuduàn[～的手段]残虐な手段/xìnggé ～[性格～]性格が残忍である.

†**cānchē 餐车**[名]〔jié 节〕(列車の)食堂車.¶～ shèzai bā hào chēxiāng[～设在8号车厢]食堂車は8号車にある.

†**cāng 舱***[名](飛行機・船の)内部.客室.¶chuán～[船～]船室/tóuděng～[头等～]ファーストクラス.

***cáng 藏**[動]❶隠れる.隠す.¶wǒ bǎ guìzhòng de dōngxi ～zai chōuti lǐtou le[我把贵重的东西～在抽屉里头了]私は貴重品を引出しの中に隠した/bǎ shǒu ～zai bèihòu[把手～在背后]手を後ろに隠す.❷貯蔵する.しまっておく.¶shōu ～[收～]収蔵する/～shū[～书]書籍を収集する.蔵書.➡類義語 duǒ 躲

†**cāngbái 苍白**[形]❶青白い.蒼白である.血の気がない.¶liǎnsè ～[脸色～]顔色が青白い.❷生命力がない.¶～ wúlì de zuòpǐn[～无力的作品]生命力がない作品.

cāngcù 仓促[形]慌ただしい.慌てるさま.¶～ shàngzhèn[～上阵]慌ただしく出陣する/tā zǒude hěn ～,lián shǒubiǎo dōu méi dài[他走得很～,连手表都没戴]彼は慌てて出かけたので，腕時計も置いていってしまった.

†**cāngkù 仓库**[名]〔zuò 座〕倉庫.貯蔵庫. ¶liángshi ～[粮食～]穀物貯蔵庫.

☆**cānguān 参观**[動]参観する.見学する.見物する. ¶～ gōngchǎng[～工厂]工場を見学する／xièjué ～[谢绝～]参観お断り.

> 類義語 cānguān 参观 yóulǎn 游览
> ►"参观"は工場や施設,名所旧跡などを実際に訪れて見学・参観すること.知識や見聞を豊かにすることを目的とする. ¶参观电视台 cānguān diànshìtái(テレビ局を見学する) ►"游览"は風景や景観を楽しむために,名所旧跡や観光地などの場所を,ゆっくりと見物してまわること. ¶游览西湖 yóulǎn Xīhú(西湖を観光する)

†**cāng·ying 苍蝇**[名]〔zhī 只〕ハエ.

cán·jí 残疾[名]身体的な障害があること. ¶tuǐ yǒu ～[腿有～]足に障害がある.

☆**cānjiā 参加**[動]参加する.↔ tuìchū 退出 ¶～ huìyì[～会议]会議に出席する.

cān∥jūn 参军[動]軍隊に入る. ¶tā shíwǔ suì jiù cānle jūn[他十五岁就参了军]彼は15歳でもう軍隊に入った.

*__cānkǎo 参考__[動]参考にする. ¶jǐn gòng ～[仅供～]ご参考まで／～ qítā de lùnwén[～其他的论文]ほかの論文を参考にする.

†**cánkù 残酷**[形]残忍で冷酷である.残酷である. ¶～ de bàoxíng[～的暴行]むごたらしい暴行／～ de xiànshí[～的现实]残酷な現実.

†**cánkuì 惭愧**[形]恥ずかしい.恥入る. ¶wǒ gǎndào hěn ～[我感到很～]私は大変恥ずかしく思う／～ wànfēn[～万分]極めて恥ずかしい.

†**cànlàn 灿烂**[形]鮮やかに輝く.きらめく. ¶yángguāng ～[阳光～]陽光がきらめく／guāngmíng ～ de qiántú[光明～的前途]まばゆいばかりに輝く前途.

†**cān·móu 参谋**[名]❶(軍隊の)参謀. ¶～zhǎng[～长]参謀長.❷人の相談役となって献策する人.ブレーン. ¶qǐng tā zuò ～ ba[请他做～吧]彼に相談役になってもらおう.[動]人のためにアイディアや知恵を出す. ¶nǐ gěi wǒ ～～ ba[你给我～～吧]私にいいアイディアを出してください.

> **目で見る類義語** cāntīng 餐厅　shítáng 食堂　fànguǎn 饭馆
>
> 
>
>
> ►"餐厅"cāntīngはもともとホテル内部のレストランをさしたが,現在ではホテルと関係ない,街にあるおしゃれな現代風のレストランもいう. ¶日式餐厅在二层 Rìshì cāntīng zài èr céng(日本料理のレストランは2階にある) ►"食堂"shítángは職場の社員食堂,大学の学生食堂など,その機関,団体に所属する食堂をさす. ¶留学生食堂 liúxuéshēng shítáng(留学生食堂) ►"饭馆"fànguǎnは街にある,比較的小さくて簡単な食堂をさす. ¶街头的小饭馆 jiētóu de xiǎo fànguǎn(街にある小さな食堂)

C

cánrěn 残忍[形]むごい.残忍である.¶～ de xiōngshǒu[～的凶手]残忍な殺人犯.

*__cāntīng 餐厅__[名]〔jiā 家〕食堂.レストラン.¶kāi ～[开～]レストランを開く.→見る類 p.121

cānyù 参与[動](計画や討議,処理などに)参与する.関係する.¶～ cèhuà[～策划]画策に関与する.

cányú 残余[名](消滅したり淘汰された人や事物などの)残余.残り.¶fēngjiàn ～[封建～]封建主義の名残.

cānzhào 参照[動](方法や経験などを)参照する.参考にする.¶～ biéren de fāngfǎ[～别人的方法]人のやり方を参考にする/～ zhùshì[～注释]注釈を参照する.

cāo 操[動]*❶手に握る.持つ.¶wěn ～ shèng quàn[稳～胜券]成必勝の鍵を握る.❷従事する.携わる.¶chóng ～ jiùyè[重～旧业]再び元の仕事を始める/～ zhī guò jí[～之过急]成ことをなすのに性急すぎる.❸(外国語や方言を)話す.(言葉を)あやつる.¶～ Yīngyǔ[～英语]英語を話す.*[名]体操.¶jiànměi～[健美～]エアロビクス体操/gōngjiān～[工间～]仕事の合間の体操.

cǎo 草[名]〔kē 棵,gēn 根〕❶草.¶～píng[～坪]平坦な草地.芝生/fāng ～[芳～]香りのよい草.❷わら.¶dào ～[稻～]稲のわら/～xié[～鞋]わらじ.

†**cǎo'àn 草案**[名]草案.¶huìyì ～[会议～]会議の草案/nǐ ～[拟～]草案を起草する.

cāochǎng 操场[名]運動場.グランド.¶～ shang yǒu hěn duō rén[～上有很多人]運動場にはたくさんの人がいる.

*__cǎodì 草地__[名]❶〔kuài 块,piàn 片〕芝生.¶bù zhǔn jiàntà ～[不准践踏～]芝生に入るべからず.❷草原.草地.

cāoláo 操劳[動]苦労する.骨身を惜しまず働く.¶rìyè ～[日夜～]日夜せっせと働く/～ guòdù[～过度]働きすぎになる.

cāoliàn 操练[動]訓練する.教練する.¶jūnshì ～[军事～]軍事教練/jìnxíng yángé de ～[进行严格的～]厳しい訓練をする.

cǎoshuài 草率[形](やり方が)いい加減である.ぞんざいである.¶～ xíngshì[～行事]物事をいい加減にやる.

†**cāo∥xīn 操心**[動]気を遣う.心を配る.¶búbì wèi wǒ ～[不必为我～]私のことは心配いりません.

*__cǎoyuán 草原__[名]草原.¶dà ～[大～]大草原/～ yóumù mínzú [～游牧民族]草原の遊牧民族.

†**cāozòng 操纵**[動]❶(機械や機器を)操縦する.動かす.¶～ jīqì[～机器]機器を動かす/yuǎnjùlí ～[远距离～]リモートコントロール.❷(不正な手段で)人や事物を操る.¶shòu rén ～[受人～]人に操られる/zài bèihòu ～[在背后～]背後で支配する.

†**cāozuò 操作**[動]操作する.注"操作"の対象は機械や工具に限られ人や事物に使えないが,"操纵"cāozòngは人や事物であってもよい.¶～tái[～台]操作台/～ fāngfǎ[～方法]操作方法/～ rényuán[～人员]操作員.

*__cè 册__[量](書籍や本・雑誌などの)冊数を数える.¶zhèi tào shū fēn shàng、zhōng、xià sān ～[这套书分上、中、下三～]この本は上,中,下の3冊に分かれている/túshūguǎn de cángshū yǒu duōshao ～?[图书馆的藏书有多少～?]図書館の蔵書は何冊くらいありますか.

†**cè 侧**[名]かたわら.わき.そば.注"正" zhèng(真ん中)と区別していう.¶mǎlù liǎng～[马路两～]道路の両側.[動]傾ける.斜めにする.¶～shēn[～身]身体を傾ける.体を斜めにする.

†**cè 测**[動]❶測定する.測量する.¶～ tǐwēn[～体温]体温を測る.❷推し量る.¶rénxīn nán ～[人心难～]人の心は推測しがたい/biànhuà mò ～[变化莫～]変化は予想がつかない.

cèdìng 测定[動]測定する.¶～ jùlí[～距离]距離を測る.

cè ěr qīng tīng 侧耳倾听成耳をそばだてる.¶qīngchén zài shùlín li ～ xiǎoniǎo de gēchàng,shì wǒ shēnxīn zuì fàngsōng de shíhou[清晨在树林

里～小鸟的歌唱，是我身心最放松的时候]朝,林で小鳥の歌声に耳をすませている時が,私の最もリラックスできる時だ.

cèhuà 策划[動]画策する.¶～ rén[～人]プロデューサー.

†**cèliáng 测量**[動]測量する.¶～ hǎibá gāodù[～海拔高度]海拔高度を測る.

cèlüè 策略[名]策略.¶zhìdìng xiāngyìng de ～[制订相应的～]それ相応の策略を立てる.[形](戦術が)抜かりない.(やり方に)注意をはらっている.¶shuōhuà shuōde búgòu ～[说话说得不够～](その)言い方には気配りが十分でない.

cèmiàn 侧面[名]側面.↔ zhèngmiàn 正面 ¶shūjià de ～ tiēzhe huàr[书架的～贴着画儿]本棚の横には絵が貼ってある／nǐ cóng ～ liǎojiě yíxià zhèige rén de qíngkuàng[你从～了解一下这个人的情况]この人のことを間接的に調べてください.

⁂**céng 层**[量]❶(重なっているもの,積み重なっているものを数える)階.層.¶shí ～ lóu[十～楼]10階建ての建物／nǐ jiā zhù jǐ ～?[你家住几～?]あなたは何階に住んでいますか.❷項目や段階に分けられるものを数える.¶zhè huà háiyǒu lìng yì ～ hányì[这话还有另一～含义]この話はもう一つ別の意味を持っている.❸物体の表面から剥離するものや拭いとれるものを数える.¶gěi jiù shūjià shuāle yì ～ yóuqī[给旧书架刷了一～油漆]古い本棚にペンキを塗った.

****céng 曾**[副]〈書〉かつて.以前.¶tā ～ qùguo Běijīng[他～去过北京]彼はかつて北京に行ったことがある／wǒmen hái bù～ jiànmiàn[我们还不～见面]私たちはまだ会ったことがない.

cèng 蹭[動]❶擦る.¶～pòle pí[～破了皮]皮を擦りむいた.❷擦って付着する.触って汚れる.¶xiǎoxīn bié ～ shang yóuqī[小心别～上油漆]ペンキが付かないように気をつけて.❸ぐずぐずする.のろのろする.¶mó～[磨～]ぐずぐずする.

céng chū bù qióng 层出不穷㊗次々と現れて尽きない.¶xīnxiān shìwù ～[新鲜事物～]新しい事柄が次々起こる.

céngcì 层次[名]❶(話や作文の)順序.段階.¶～ qīngchu[～清楚]順序がはっきりしている／zhèige duànluò kě fēn sān ge ～[这个段落可分三个～]この段落は3つに分けられる.❷(ある機構や構造においての)レベル.¶gāo～[高～]上級レベル.❸(写真の)調子.グラデーション.¶zhèi zhāng zhàopiàn ～ fēnmíng[这张照片～分明]この写真はグラデーションがはっきりしている.

***céngjīng 曾经**[副]かつて.以前.これまで.㊟“曾经”は以前にあった行為や状況を表すのに用いられる.¶wǒ ～ tīngguo zhème yí ge gùshi[我～听过这么一个故事]私は以前にこのような物語を聞いたことがある／tā ～ zài Rìběn zhùguo wǔ nián[他～在日本住过五年]彼は以前日本に5年住んだことがある.

[類義語] céngjīng 曾经
yǐjing 已经

►“曾经”は今よりも以前の,すでに完結し,現在と切り離されたことに用い,「かつて…」.後に続く動詞・形容詞にアスペクトの“过”guoをつけることが多い.¶他曾经当过老师 tā céngjīng dāngguo lǎoshī(彼はかつて教師をしたことがある)►“已经”は「すでに」動作や行為が完了したこと,或いは「もう」時間が経ってしまったことを表す.動詞の後ろに“了”leをつけることが多い.¶客人已经到了 kèren yǐjing dào le(お客さまはすでにいらっしゃった)►“已经”で表される情況が現在まだ続いていることもある.¶我已经在中国生活了三年了 wǒ yǐjing zài Zhōngguó shēnghuóle sān nián le(私はすでに3年中国で生活している〈今もまだ生活している〉)

†**cèshì 测试**[動](機械・計器などを)テストする.検定する.¶～ yíqì[～仪

器]計器をテストする.テストするための計器／jìnxíng yí cì ～[进行一次～]検定を1回行う.[名]テスト.¶xìngnéng ～[性能～]性能のテスト.

cèsuàn 测算[動]測量し計算する.¶～ jùlí[～距离]距離を測量し計算する.

***cèsuǒ 厕所**[名]トイレ.¶shōufèi ～[收费～]有料トイレ／gōnggòng ～[公共～]公衆トイレ.

***cèyàn 测验**[動](機械や一定の方法で)検査する.¶～ jīqì de xìngnéng[～机器的性能]器機の性能を検査する.[名]テスト.試験.¶xiǎo～[小～]小テスト.

***chā 插**[動]❶(物を)挿す.挿し込む.¶zài dàngāo shang ～shang làzhú[在蛋糕上～上蜡烛]ケーキにろうそくを立てる／bǎ huā ～jin huāpíng[把花～进花瓶]花瓶に花を挿す.❷さしはさむ.¶nèi jiā de shì, nǐ zuìhǎo bié ～shǒu[那家的事,你最好别～手]あの家のことには,手を出さない方がよい.

☆chá 茶[名]❶お茶の木.❷(飲み物の)お茶.¶qī ～[沏～](熱湯をお茶の葉に注ぎ)お茶をいれる／dào ～[倒～]お茶をつぐ.❸お茶入りの飲み物.¶nǎi～[奶～]固形のお茶をヤギなどの乳で煮出した飲み物.

☆chá 查[動]❶検査する.¶～ hùkǒu[～户口]戸籍検査をする／～yè[～夜]夜回りをする.❷調査する.¶～fǎng[～访]聞き込み調査する.❸(書籍や文献を)めくる.めくって調べる.¶～ zìdiǎn[～字典]字典を引く／～ dìtú[～地图]地図を調べる.

☆chà 差[形]❶同じでない.合わない.隔たりがある.¶～ bù shǎo[～不少]かなり差がある.❷よくない.基準に達しない.↔ hǎo 好¶chéngjì tài ～ le[成绩太～了]成績が悪すぎる.[動]欠ける.足りない.¶hái ～ jǐ ge rén méi dào?[还～几个人没到?]まだ来ていない人は何人いますか／～ wǔ fēn bā diǎn[～五分八点]8時5分前.

†chābié 差别[名]形や内容に違いがあること.隔たり.格差.区別.注中国語の"差别"は一致しないことを表し,日本語のほかより低く扱ったり見下したりする意味での「差別する」には"歧视"qíshìや"看不起"kànbuqǐを用いる.¶niánlíng ～ tài dà[年龄～太大]年齢差がありすぎる.

類義語 **chābié 差别 qūbié 区别**
►"差别"は一致するところの少ない,本来別々の二者における「へだたり」や「格差」についていう.¶城市与农村的差别 chéngshì yǔ nóngcūn de chābié(都市と農村の格差)►"区别"は共通点を持つ二者における,両者を判別できるような相違点についていう.¶这两种植物有明显的区别 zhè liǎng zhǒng zhíwù yǒu míngxiǎn de qūbié(この2種類の植物には明らかな違いがある)►"差别"には動詞の用法はないが,"区别"は動詞としても用いる.¶区别好坏 qūbié hǎohuài(善し悪しを区別する)

***chà·buduō 差不多**[形]❶(程度や時間・距離などが)あまり違わない.ほとんど同じである.¶liǎng shuāng xié dàxiǎo ～[两双鞋大小～]2足の靴は大きさがほとんど同じだ／jiěmèi liǎ zhǎngde ～[姐妹俩长得～]姉妹2人は顔立ちがよく似ている／Shànghǎi de qìhòu hé Dōngjīng ～[上海的气候和东京～]上海の気候と東京の気候はほぼ同じだ.❷("的"deをともない名詞を修飾し)大体の.ほとんどの.一般の.普通の.¶～ de jiù xíng, wǒ yāoqiú bù gāo[～的就行,我要求不高]大体でいいよ,私の要求は高くないから／～ de xīn gēr tā dōu huì chàng[～的新歌儿她都会唱]ほとんどの新しい歌を彼女は歌える.

cháchǔ 查处[動](状況を明らかにして)処理する.¶gōngshāng bùmén ～

le yì pī fēifǎ jīngyíngzhě[工商部门～了一批非法经营者]商工部門は不法経営者たちを取り締まった.

chācuò 差错[名]❶間違い.¶gōngzuò shang chū ～[工作上出～]仕事で間違いを起こす.❷思わぬ出来事.(多くは災難をさす)¶wànyī yǒu shénme ～,wǒ kě dāndāngbuqǐ[万一有什么～，我可担当不起]もしも何かあった場合,私は責任を持てない.

*__chà//diǎnr 差点儿__[副]❶(話し手が望まない事態の場合に,幸いにもあやういところで逃れたという気持ちを表し)もう少しで,あやうく.注この用法では"差点儿"と"差点儿没"chàdiǎnr méiは結果としてどちらも「実現しなかった」ことを表す.¶jīntiān zǎoshang wǒ ～ (méi) chídào[今天早上我～(没)迟到]今朝私はあやうく遅刻するところだった／～ (méi) qiēle shǒuzhǐ[～(没)切了手指]あやうく指を切るところだった.❷(話し手が望む事態が実現しそうで惜しくも実現しなかった場合,あるいは望む事態が幸いにも実現した場合)もう少しのところで.注惜しくも実現しなかった場合"差点儿"を用い,多くの場合動詞の前に副詞"就" jiùを置く.また実現した場合には必ず"差点儿没"を用いる.すなわち肯定形と否定形で意味が異なる.¶～ jiù kǎoshang le[～就考上了]もう少しのところで合格した(＝合格できなかった)／～ méi kǎoshang[～没考上]あやうく合格できないところだった(＝合格した)／～ méi gǎnshang bānchē[～没赶上班车]もう少しで通勤バスに間に合わないところだった(が間に合った).

†**cháguǎn 茶馆**[名](～儿)〔jiā 家〕中国式喫茶店.茶館.¶pào ～[泡～]茶館で時間をつぶす.

chā//huà 插话[動]口をはさむ.¶bié suíbiàn ～[别随便～]勝手に口をはさんではいけない.

chāhuà 插话[名]エピソード.挿話.¶shūli jiā diǎnr ～ jiù gèng hǎo le[书里加点儿～就更好了]本の中にエピソードを入れるともっとよくなる.

†**cháhuàhuì 茶话会**[名]茶話会.¶wǒmen yào jǔbàn ge ～[我们要举办个～]私たちは茶話会を開く予定だ.

cháhuò 查获[動]調査し押収する.逮捕する.¶～le yì pī jiǎmào shāngpǐn[～了一批假冒商品]偽物商品を押収した.

*__chāi 拆__[動]❶(合わさっているものを)離す.開ける.ばらばらにする.¶～xìn[～信]手紙を開封する.❷取り壊す.¶bǎ zhèi dǔ qiáng ～ le ba[把这堵墙～了吧]この壁を取り壊しましょう.

cháiyóu 柴油[名]重油.ディーゼル油.¶～ jīchē[～机车]ディーゼル機関車.

chájī 茶几[名]小型のテーブル.

chājù 差距[名](ある標準からの)隔たり.格差.¶zhǎochu ～,nǔlì gǎijìn[找出～，努力改进]格差を見つけ改善につとめる／suōduǎnle yǔ xiānjìn guójiā de ～[缩短了与先进国家的～]先進国との差を縮めた.

chámíng 查明[動]調べて明らかにする.¶～ yuányīn[～原因]原因を明らかにする.

chān 掺[動]混ぜる.混ぜ込む.¶jiǔli ～le shuǐ[酒里～了水]酒に水が入れてある／～ shāzi [～沙子]砂を混ぜる.

chān 搀[動](相手の手や腕をとって)身体を支える.¶～zhe lǎorén[～着老人]老人に手を貸して支える.

chán 馋[形]❶(口が)卑しい.食い意地が張っている.¶zuǐ～[嘴～]口が卑しい.❷〈喩〉欲しがる.うらやむ.¶wǒ ～ jiǎozi chī le[我～饺子吃了]ギョーザが食べたくなった.

chán 缠[動]❶巻く.巻きつける.¶～xiàn[～线]糸を巻く／～shang jǐ dào tiěsī[～上几道铁丝]針金をぐるぐる巻き付ける.❷つきまとう.まとわりつく.¶èbìng ～shēn[恶病～身]悪い病気

にとりつかれる／bèi rén ～zhu［被人～住］人につきまとわれる.

chǎn 产［動］❶(人や動物が子を)産む. ¶～ zǐ［～仔］(動物が)子を産む／nán～［难～］難産.❷(物を)作り出す.創造する. ¶～xiāo［～销］生産と販売.❸産する.産出する. ¶zhèige dìfang ～ dàmǐ［这个地方～大米］このあたりは米がとれる.

†**chǎn 铲**［名］(～儿)シャベル.スコップ.へら. ¶tiě～［铁～］シャベル.スコップ／guō～［锅～］(中国料理で炒め物などで使う)鉄べら／méi～［煤～］石炭スコップ.［動］シャベルやスコップですくう. ¶～xuě［～雪］雪をかく／～guōbā［～锅巴］おこげをすくう.

chàn 颤［動］震える. ¶shǒu ～［手～］手が震える／qìde húnshēn zhí ～［气得浑身直～］怒りで体がぶるぶる震える.

chànà 刹那［名］刹那.瞬間. ¶yí～［一～］一瞬／yí～ jiān tā míngbaile yíqiè［一～间他明白了一切］瞬時に彼はすべてのことが分かった.

chǎndì 产地［名］産地. ¶liángshi ～［粮食～］穀物産地.

†**chàndòng 颤动**［動］小刻みに揺れる. ¶huāzhī ～［花枝～］花の枝が小刻みに揺れる／～ de shuāngshǒu［～的双手］ぶるぶると震える両手.

†**chàndǒu 颤抖**［動］震える.身震いする. ¶dòngde quánshēn ～［冻得全身～］凍えて全身が震える.

⁑**cháng 长**［形］(空間的,時間的に)長い.↔ duǎn 短 ¶～～ de biànzi［～～的辫子］長いお下げ／wǒ yǐjing děng le hěn ～ shíjiān le［我已经等了很～时间了］私はもう長い時間待った.→zhǎng

cháng 场［量］物事の経過の一区切りを数える. ¶yì ～ dàzhàn［一～大战］1回の大戦／xiàle yì ～ yǔ［下了一～雨］一雨降った.→chǎng

†**cháng 肠**［名］〔jié 节〕腸.はらわた. ¶dà～［大～］大腸／～yán［～炎］腸炎.

*__cháng 尝__［動］❶味わう.味見する. ¶～ wèidao［～味道］味見する／～ buchūlái shì shénme wèidao［～不出来是什么味道］何の味だか分からない.❷体験する. ¶ràng nǐ ～～ wǒ de lìhai!［让你～～我的厉害!］お前に思い知らせてやる.→ 類義語 chī 吃

cháng 偿［動］❶返償する.埋め合わせる. ¶dé bù ～ shī［得不～失］儲けより損が多い／bǔ～［补～］償う.❷満足する. ¶rú yuàn yǐ ～［如愿以～］望み通り実現する.

⁑**cháng 常**［副］常に.よく.しょっちゅう. ¶～ lái ～ wǎng［～来～往］しょっちゅう行き来する／wǒmen bù ～ tōng diànhuà［我们不～通电话］私たちは互いにあまり電話をしない.*［形］❶普通の.通常の.いつもの. ¶～shì［～事］よくあること.❷変わらない. ¶～qīngshù［～青树］常緑樹.

⁑**chǎng 场***［名］❶(～儿)(ある目的のための)場所.スペース. ¶huì～［会～］会場／cāo～［操～］運動場.❷舞台. ¶shàng～［上～］舞台に上がる／fěnmò dēng ～［粉墨登～］悪人が装いも新たに政治舞台に登場するたとえ.［量］❶芝居の場. ¶zhèi bù xì yígòng yǒu sān mù liù ～［这部戏一共有三幕六～］この劇は全部で3幕6場ある.❷(スポーツや演芸,芝居の)上演回数. ¶yì ～ qiúsài［一～球赛］1回の球技試合／shàngyǎnle sānshí duō ～［上演了三十多～］30回あまり上演した.→cháng

⁑**chàng 唱**［動］歌う. ¶～ gē［～歌］歌を歌う／～ kǎlā OK［～卡拉ＯＫ］カラオケをする.

⁑**chángcháng 常常**［副］しばしば.よく.注 否定には"不常"bù chángを用いる. ¶tā ～ jiābān［他～加班］彼はよく残業する／～ xiěcuò zì［～写错字］しょっちゅう字を書き違える.

類義語 **chángcháng 常常**
jīngcháng 经常
wǎngwǎng 往往

►"常常","经常"はともに動作・行為の発生回数が多く,頻度が高いことを表す.「しょっちゅう」,「常に」."经常"は時には事柄の発生する恒常性・連続性を強調する場合がある. ¶我{常常／经常}去游泳 wǒ {chángcháng／jīngcháng} qù yóuyǒng

(私はよく泳ぎに行く)►"往往"は今までの経験や発生した状況を総括した中で,あることが規則的にたびたび現れることを表す.¶彩虹往往在雨后天晴的时候出现 cǎihóng wǎngwǎng zài yǔ hòu tiān qíng de shíhou chūxiàn(虹はしばしば雨上がりの晴天に現れる)

cháng·chu 长处[名]特長.長所.¶měi ge rén dōu yǒu zìjǐ de ～ hé duǎnchu[每个人都有自己的～和短处]みな人はそれぞれに長所と短所を備えている/méi shénme ～[没什么～]これという取り柄がない.

†**chǎngdì 场地**[名]空き地.(多くは競技場や工事現場をさす)¶zúqiú ～[足球～]サッカー場/shīgōng ～[施工～]工事現場.

†**chángdù 长度**[名]長さ.

chángduǎn 长短[名]❶(～儿)長さ.¶～ héshì[～合适]長さがぴったりだ.❷思いがけない災い.まさかの事故.(多くは生命の危険をさし,よく"三长两短"sān cháng liǎng duǎnの形で用いられる)¶fùmǔ bú ràng érzi cānjiā qìchē bǐsài, pà tā yǒu ge sān cháng liǎng duǎn[父母不让儿子参加汽车比赛,怕他有个三长两短]両親は息子に万一のことがあるのではと心配し,自動車レースに出場させない.❸是非.善し悪し.¶tā zǒng ài bèihòu yìlùn rén ～[她总爱背后议论人～]彼女は陰で人の善し悪しを議論するのが好きだ/shuō cháng dào duǎn[说长道短]あれこれ言う.品定めする.

chǎngfáng 厂房[名]〔piàn 片〕工場の建物.(通常は作業現場,仕事場をさす)¶jiàn ～[建～]工場の作業場を建てる.

chángguī 常规[名]常規.しきたり.慣例.¶dǎpò ～[打破～]慣例を打破する.

†**chǎnghé 场合**[名]ある時点.場所.状況.¶gōnggòng ～[公共～]公共の場/bùguǎn zài shénme ～,dōu gāi zhùyì zìjǐ de yánxíng[不管在什么～,都该注意自己的言行]どのような場合でも自分の言行には注意すべきだ.

chánghuán 偿还[動](借金を)返還する.返済する.¶～ zhàiwù[～债务]債務を返還する/wúfǎ ～[无法～]返済の手立てがない.

chǎngjiā 厂家[名]メーカー.製造業者.¶～ dàibiǎo[～代表]業者の代表.

chángjiàn 常见[動]よく見かける.よくある.¶zhè shì xiàjì ～ de jíbìng[这是夏季～的疾病]これは夏によくある病気だ.

†**chángjiǔ 长久**[形]久しく長い.長く続いている.¶～ zhī jì[～之计]先を見通した計画/～buliǎo[～不了]長く続かない.

chǎngkāi 敞开[動]大きく開ける.開く.¶dàmén ～zhe[大门～着]表門は大きく開かれている/～ xiōnghuái[～胸怀]心を開く.

chāngkuáng 猖狂[形]狂気じみている.狂暴である.¶～ de dírén[～的敌人]狂暴な敵.

†**chǎngmiàn 场面**[名]❶(劇,映画などの)場面.シーン.¶cuī rén lèi xià de ～[催人泪下的～]涙を誘うシーン.❷その場の様子.情景.¶rèliè de ～[热烈的～]盛りあがっている場面.❸体裁.見栄.¶chēng ～[撑～]体裁を保つ.

chángnián 常年[名]❶1年中.年中.¶tā ～ jiānchí duànliàn[他～坚持锻炼]彼は休むことなく身体を鍛えている.❷平年.¶jīnnián xiàtiān de qìwēn bǐ ～ gāo[今年夏天的气温比～高]今年の夏の気温は平年より高い.

cháng nián lěi yuè 长年累月㊟成
長い年月.年月を重ねる.¶wǒ ～ de gěi tāmen dāng niú zuò mǎ[我～地给他们当牛做马]私は長い間彼らのために牛馬のように働かされた.

chàngpiàn 唱片[名]〔zhāng 张〕レコード.

****chángqī 长期**[区]長期.¶～ jūzhù[～居住]長期間居住している/～ jìhuà[～计划]長期計画.

chǎngshāng 厂商[名]メーカー.

chāngshèng 昌盛[形]盛んである.隆盛である.¶guójiā ～[国家～]国家隆盛.

†**chángshí 常识**[名]常識.

chángshì 尝试[動]試みる.試しにやってみる.¶wǒmen ～le gèzhǒng bànfǎ[我们～了各种办法]我々は色々なやり方を試みた.

chángshòu 长寿[形]長寿である.¶zhù nín jiànkāng ～[祝您健康～]ご健康とご長寿をお祈りします／～ de mìjué[～的秘诀]長寿の秘訣.

chǎngsuǒ 场所[名](活動の)場所.¶yúlè ～[娱乐～]娯楽場／xiūxi ～[休息～]休憩所.

chàngtán 畅谈[動]心おきなく話す.¶～ rénshēng de lǐxiǎng[～人生的理想]人生の理想を心おきなく話す.

chàngtōng 畅通[動]順調に通じる.滞りなく通じる.¶bǎozhèng tiělù quánxiàn ～ wúzǔ[保证铁路全线～无阻]鉄道が全線滞りなく通じることを保証する.

***chángtú 长途**[名]長距離.¶～ diànhuà[～电话]長距離電話／～ lǚxíng[～旅行]長距離旅行.

†**chángwěi 常委**[名]常務委員."常务委员"chángwù wěiyuánの略.¶～men yìjiàn bù yízhì[～们意见不一致]常務委員らの意見は一致しない.

chángwù 常务[形]日常仕事をつかさどる(人).常務.¶～ wěiyuán[～委员]常務委員／～ lǐshì[～理事]常務理事.

†**chàngxiāo 畅销**[動](品物が)よく売れる.↔zhìxiāo 滞销 ¶～huò[～货]売れ行きのよい品／xīn chǎnpǐn shífēn ～[新产品十分～]新製品はとてもよく売れる.

†**chàngyì 倡议**[動]提議する.提案する.¶～ tóupiào xuǎnjǔ[～投票选举]投票で選挙することを提案する.

†**chángyòng 常用**[動]常用する.しょっちゅう用いる.¶～ cíhuì[～词汇]常用語彙／bù ～ de dōngxi[不～的东西]あまり使わないもの.

†**chángyuǎn 长远**[形]長期にわたる.遠大である.先々長い.(これから先の未来についていう)¶kǎolǜ ～ lìyì[考虑～利益]先々の利益を考慮する／zuòhǎo ～ dǎsuan[做好～打算]長期的な計画をちゃんと立てる.

†**chǎngzhǎng 厂长**[名]工場長.

chángzhēng 长征[名]❶長旅.長征.¶kāishǐ xīn de ～[开始新的～]新しい長旅を始める.❷中国労農紅軍が1934～1935年に江西から陝西北部まで行った2万5千華里(1万2千5百キロメートル)の長征.

***chǎnliàng 产量**[名]生産量.¶～ hé zhìliàng yìqǐ zhuā[～和质量一起抓]生産量と品質を同時に促進する.

chǎnmíng 阐明[動](道理を)解明する.とき明かす.¶～ jīngjì guīlǜ[～经济规律]経済法則をとき明かす／yánzhèng ～ zìjǐ de lìchǎng[严正～自己的立场]厳正に自己の立場を説明する.

***chǎnpǐn 产品**[名]産品.製品.¶nóng ～[农～]農産品／～ zhìliàng jiǎnchá[～质量检查]製品品質検査.

chǎnqū 产区[名]生産地区.¶miánhua ～[棉花～]綿花の生産地区.

***chǎnshēng 产生**[動]発生する.生じる.出現する.¶duì xué Hànyǔ ～le jídà de xìngqù[对学汉语～了极大的兴趣]中国語の学習に大変興味を覚えた／～ wèntí[～问题]問題が発生する.➡[類義語] fāshēng 发生

chǎnshù 阐述[動]論述する.詳しく述べる.¶～ guāndiǎn[～观点]観点を詳しく述べる.

†**chǎnwù 产物**[名]産物.結果.(抽象的な意味で用いられることが多い)¶lǐlùn hé shíjiàn xiāng jiéhé de ～[理论和实践相结合的～]理論と実践が結びついた産物.

chányán 谗言[名]讒言(ざんげん).中傷.¶jìn ～[进～]讒言する.

chǎnyè 产业[名]❶(旧時の)土地,家屋,工場などの財産.¶jìchéng ～[继承～]財産を継承する.❷(工業生産を行う)産業.[注]連体修飾語として用いる.¶～ gémìng[～革命]産業革命／～ gōngrén[～工人]産業労働者.

†**chǎnzhí 产值**[名]生産高.¶gōngyè ～[工业～]工業生産高／zǒng～[总～]総生産高.

chǎn·zi 铲子[名]〔bǎ 把〕シャベル.スコップ.

***chāo 抄**[動]❶書き写す.¶～ gǎozi

[～稿子]原稿を書き写す.❷他人の文章を写し自分の作とする.盗作する.¶zhèi piān wénzhāng kěndìng shì ～de[这篇文章肯定是～的]この文章は盗作したものに違いない.❸捜査する.没収する.¶～jiā[～家]家宅捜査する.❹近道をする.¶～jìnlù[～近路]近道する.

chāo 超[動]超える.¶～rénshù le[～人数了]人数が超えた.[形]❶尋常を超えている.飛び抜けている.¶～gāowēn[～高温]超高温.❷(…の範囲を)超える.制限を受けない.¶～xiànshí zhǔyì[～现实主义]超現実主義/～rén[～人]超人(的な).

⁑cháo 朝[動](…を)向く.(…に)向ける.¶xuéshengmen de liǎn ～zhe wǒ[学生们的脸～着我]学生たちは私の方に顔を向けている.[前]…に向かって.…の方へ.…に対して.¶～tā huīshǒu[～她挥手]彼女に手を振る/dàmén ～ nán kāi[大门～南开]表門は南向きだ.

†cháo 潮[名]❶潮.¶zhǎng～[涨～]潮が満ちる.❷社会の変動や運動の趨勢.¶sī～[思～]思潮/xué～[学～]学生運動.❸湿り気.¶yīfu shòu ～ fāméi le[衣服受～发霉了]服が湿ってかびが生えた.

*chǎo 吵[動]❶騒がしくする.¶bǎ háizi ～xǐng le[把孩子～醒了]やかましくして子供を起こしてしまった.❷言い争う.¶liǎng ge rén ～fān le[两个人～翻了]2人はけんかして,仲たがいした.

†chǎo 炒[動]炒める.¶～cài[～菜]炒め物をつくる.炒め物/～jīdàn[～鸡蛋]卵をいる.いり卵.

chāobiān 超编[動](定員を)超える.超過する.¶wǒmen kē yǐjing ～le[我们科已经～了]我々の課はすでに定員オーバーだ.

chāochǎn 超产[動]生産ノルマを超えて達成する.¶～bǎi fēn zhī shí[～百分之十]ノルマより10パーセント多く達成する.

†chāo∥chē 超车[動]前の車を追い越す.¶suīrán yǒu jíshì yě bù néng wéizhāng ～[虽然有急事也不能违章～]急用があるからといって,法規に違反して追い越してはいけない.

chāochū 超出[動](一定の数量や範囲を)超える.¶～yùliào[～预料]予想を超える/～fànwéi[～范围]範囲を超える.

cháodài 朝代[名]朝(ちょう).一王朝の統治する年代.

†chāo'é 超额[動]ノルマを超える.¶～wánchéng rènwu[～完成任务]任務を超過達成する.

*chāoguò 超过[動]❶追い越す.¶～qiánbian pǎo de rén[～前边跑的人]前を走る人を追い越す.❷上回る.¶zhèi xiàng jìshù ～le guójì xiānjìn shuǐpíng[这项技术～了国际先进水平]この技術は国際先進レベルを上回っている.

†chāojí 超级[区]特級の.スーパー.¶～dàguó[～大国]超大国

†chǎo∥jià 吵架[動]激しく言い合う.口げんかする.¶tāmen chǎoqi jià lai le[他们吵起架来了]彼らは口げんかを始めた/gēn rén ～[跟人～]人と口論する.

chāojí shìchǎng 超级市场[名]スーパーマーケット.略して"超市"chāoshìともいう.¶wǒmen jiā fùjìn xīn kāile yì jiā ～[我们家附近新开了一家～]家の近所にスーパーが1軒オープンした.

†cháoliú 潮流[名]❶潮の流れ.潮流.¶～hěn jí[～很急]潮の流れがとても速い.❷〈喩〉社会の変動や発展の趨勢.¶lìshǐ ～[历史～]歴史の潮流.

chǎonào 吵闹[動]❶大声でけんかする.言い争う.¶tā hé kēzhǎng ～le yì fān[她和科长～了一番]彼女と課長は大声でやりあっていた.❷騒がしく

する.うるさくして人のじゃまをする.¶háizi ～le yí yè[孩子～了一夜]子供が一晩中騒いでいた.[形]騒がしい.↔ānjìng 安静 ¶wàibian hěn ～[外边很～]外が騒がしい.

C

†**chāopiào 钞票**[名]〔zhāng 张〕紙幣.札.¶yìbǎi yuán de ～[一百元的～]100元札.

†**chāoqián 超前**[動]一般より先行する.先取りする.¶～ xiāofèi dàilaile hěn duō wèntí[～消费带来了很多问题]消費の先取りは多くの問題をもたらした.

†**chāoshì 超市**[名]スーパーマーケット."超级市场"chāojí shìchǎngの略.¶～ de shāngpǐn hěn fēngfù[～的商品很丰富]スーパーマーケットの品揃えはとても豊富だ.

†**cháoshī 潮湿**[形]湿っている.¶～ de qìhòu[～的气候]じめじめした気候.

cháoxiào 嘲笑[動]嘲笑する.¶～ biéren[～别人]他人をあざ笑う/shòu rén ～[受人～]嘲笑を買う.

*__chāoxiě 抄写__[動]書き写す.写しとる.¶bǎ cǎogǎo ～ yí biàn[把草稿～一遍]草稿を1回書き写す.

chāoyuè 超越[動]超越する.越える.¶～ zhíquán fànwéi[～职权范围]職権範囲を越える/～ zhàng'ài[～障碍]障害を乗り越える.

chāozài 超载[動]積み荷が規定積載量を超える.オーバーロードする.¶chángtú kǎchē yīnwei ～ bèi fále kuǎn[长途卡车因为～被罚了款]長距離トラックは積載オーバーのために罰金を取られた.

†**chāo//zhòng 超重**[動]規定重量を超過する.積みすぎる.¶xíngli ～ le[行李～了]手荷物が重量オーバーした.

chǎo//zuǐ 吵嘴[動]口論する.言い争う.¶jiěmèi liǎ cháng wèi xiǎoshì ～[姐妹俩常为小事～]姉妹2人はいつも些細なことで言い争う.

†**chā//yāng 插秧**[動]田植えをする.¶～ jìjié[～季节]田植えシーズン/zhè liǎng tiān nóngmín zhèng mángzhe ～[这两天农民正忙着～]この2,3日農民は田植えで忙しくしている.

†**cháyè 茶叶**[名]お茶の葉.¶bǎ ～ zhuāngjin guànzi li[把～装进罐子里]お茶の葉を缶に入れる.

chāyì 差异[名]相違.¶zhè liǎng zhǒng fāngfǎ yǒu hěn dà ～[这两种方法有很大～]この2種類の方法は大きな相違がある.

chàyì 诧异[形]不思議に思う.いぶかる.¶juéde ～[觉得～]不思議に思う/tā ～ de kànzhe wǒ[她～地看着我]彼女はいぶかしげに私を見ている.

cháyuè 查阅[動](書類や書籍・雑誌などの資料を)調べる.¶～ wénjiàn[～文件]書類を調べる/～ hétong zhōng de yǒuguān tiáowén[～合同中的有关条文]契約中の関係条文を調べる.

*__cházhǎo 查找__[動]探し求める.¶～ zīliào[～资料]資料を探す/～ shìgù yuányīn[～事故原因]事故の原因を究明する.

*__chā·zi 叉子__[名]〔bǎ 把〕フォーク.

chā//zuǐ 插嘴[動]口をはさむ.口を出す.¶dàren shuōhuà,xiǎoháizi bié ～[大人说话，小孩子别～]大人の話に子供は口を出すな/tā rěnbuzhù chāle yíxià zuǐ[他忍不住插了一下嘴]彼はがまんできずに少し口をはさんだ.

chē 车[名]❶〔liàng 辆〕車.¶zuò ～ qù[坐～去]車で行く.❷機械.¶shì～[试～]機械の試運転をする.

†**chě 扯**[動]❶引っ張る.¶bié ～ wǒ xiùzi[别～我袖子]袖を引っ張るな/～zhe sǎngzi dà hǎn[～着嗓子大喊]声を張り上げて大声で叫ぶ.❷裂く.引き裂く.¶bǎ qián yì tiān de rìlì ～ xialai[把前一天的日历～下来]前の日のカレンダーを引き破る.❸とりとめのないことを言う.¶xiā～[瞎～]むだ話をする.ありもしないことを言う.

†**chè 撤**[動]❶取り除く.除去する.¶～ zhí[～职]免職する/bǎ wǎnkuài ～ le ba[把碗筷～了吧]茶碗や箸を片づけてください.❷退く.¶duìwu ～ le[队伍～了]部隊は後方へ退いた.

chēchuáng 车床[名]〔tái 台〕旋盤.

†**chēcì 车次**[名]列車番号.(列車や長距離バスの)便.¶jiē rén zhī qián yīnggāi xiān wènhǎo ～[接人之前应该先问好～]人を出迎える前には,列車番号を聞いておくべきだ.

chēdào 车道[名]車道.↔ rénxíngdào 人行道 ¶zhèibiān shì jīdòngchē de ～,bù néng qí chē[这边是机动车的～，不能骑车]こちらは自動車用の車道だから,自転車は走ってはいけない.

*__chèdǐ 彻底__[形]徹底的である.徹底している.¶～ gǎizhèng cuòwù[～改正错误]徹底的に誤りを直す／jiějué de bú ～[解决得不～]解決の仕方が不十分である.

chèhuàn 撤换[動](人や物を)入れ替える.更迭する.¶zúqiúduì yòu ～le jiàoliàn[足球队又～了教练]サッカーチームがまた監督を更迭した／shāngchǎng jíshí ～le zhìliàng bù hǎo de shāngpǐn[商场及时～了质量不好的商品]マーケットはすぐに質のよくない商品を入れ替えた.

*__chējiān 车间__[名]工場の生産場.作業場.¶～ zhǔrèn[～主任]現場主任.

chè//jūn 撤军[動]撤兵する.¶Liánhéguó wéihé bùduì yǐjing ～[联合国维和部队已经～]国連の平和維持軍はすでに撤兵した.

†**chēliàng 车辆**[名]車の総称.(自転車や三輪車なども含む)¶jìnkǒu ～[进口～]輸入車／zhùyì láiwǎng ～[注意来往～]車の往来に注意.

†**chēmén 车门**[名]❶車のドア.¶～ méi guānhǎo[～没关好]車のドアがちゃんと閉まっていない.❷車専用の門.

†**chén 沉**[動]❶沈む.¶chuán ～rùle dàhǎi[船～入了大海]船が海に沈んでしまった／wǎng xià ～[往下～]下に沈む.❷(主に抽象的な事物を)下げる.落ち着かせる.¶～zhù qì[～住气]気を落ち着かせる.[形]❶(程度が)深い.¶shuìde ～[睡得～]熟睡する.❷(目方が)重い.↔ qīng 轻 ¶zhè xiāngzi tài ～ le[这箱子太～了]この箱は重すぎる.❸重い感じがする.気分がすぐれない.¶nǎodai fā ～[脑袋发～]頭が重い／tuǐ ～[腿～]足がだるい.

> 類義語　chén 沉　zhòng 重
> ►物の重さを言う場合には,言い換えられる.¶这行李很{沉／重}zhè xíngli hěn {chén／zhòng}(この荷物はとても重い)►“沉”はまた身体が「沈む」ように重く感じることや眠りなどが「沈む」ように「深い」ことも表す.¶睡得很沉 shuìde hěn chén (眠りが深い)►“重”は言葉が「きつい」ことや負担・処罰などが「厳しい」こと,また病状や色・香り・湿気などの程度が「深い」ことを表す.¶病重 bìng zhòng (病気が重い)／湿气重 shīqì zhòng (湿気が多い)

†**chén 晨**[名]朝.¶sìyuè jiǔ rì ～ fāshēngle qiángliè dìzhèn[四月九日～

◁◁◀ **逆引きウインドウズ**

1	出租汽车	chūzū qìchē	タクシー
2	公共汽车	gōnggòng qìchē	路線バス
3	婴儿车	yīng'érchē	乳母車
4	自行车	zìxíngchē	自転車
5	摩托车	mótuōchē	オートバイ
6	救护车	jiùhùchē	救急車
7	救火车	jiùhuǒchē	消防車
8	卡车	kǎchē	トラック

发生了强烈地震]4月9日の朝,激しい地震が起きた.

*chèn 趁[前]…を利用して.…に乗じて.¶～ rè chī[～热吃]熱いうちに食べる/～ tiān hái méi hēi gǎnkuài huíqu ba[～天还没黑赶快回去吧]暗くならないうちに急いで帰ろう.

chéndiàn 沉淀[動]沈澱する.¶yàozhā ～xiaqu le[药渣～下去了]薬の煎じかすが沈澱した.[名]沈澱物.

*chēng 称[動]❶…と呼ぶ.…と称する.¶dàjiā dōu ～ tā "xiānsheng"[大家都～他"先生"]みな彼を"先生"と呼んでいる.❷言う.¶liánlián ～hǎo[连连～好]しきりにほめる.

chēng 称[動](重さを)量る.¶～ tǐzhòng[～体重]体重を測定する.

†chēng 撑[動]❶つっぱって支える.¶shǒu ～ xiàba[手～下巴]頬杖をつく.❷棹(さお)をさして船を繰る.¶～chuán[～船]棹をさして船を進める.❸持ちこたえる.我慢する.¶gōngzuò tài lèi,shēntǐ ～buzhù le[工作太累,身体～不住了]仕事がきつくて体がもたなくなった.❹開く.広げる.¶～ sǎn[～伞]傘を開く.傘をさす.❺詰め込んでいっぱいになった様子.¶chī～le[吃～了]お腹いっぱいでもう入らない.

⁑chéng 成[動]❶完成する.成功する.↔ bài 败¶tā bàn～ le yí jiàn dàshì[他办～了一件大事]彼は1つの大きなことをやり遂げた.❷成就させる.成し遂げる.¶～ rén zhī měi [～人之美]成人を助けて良いことを成し遂げさせる.❸…に変化する.…となる.¶zhè shì ～le dà wèntí[这事～了大问题]このことは大問題になった.❹生物が十分に成長する.¶～rén [～人]大人になる.*[形]既定の.定形の.既成の.¶～guī[～规]既定の尺度.従来の規則/～yào[～药]調合済みの薬.[形](答えとして許可を表す)よろしい.¶～!jiù zhème bàn ba[～! 就这么办吧]よろしい,じゃあそうしましょう.

⁑chéng 城[名]❶城壁.¶～mén[～门]城門.❷城壁で囲まれた場所.❸都市.町.↔ xiāng 乡¶jìn～[进～]町へ出かける/～xiāng chābié[～乡差别]都市と農村の格差.

Zhèngyángmén chénglóu 正阳门城楼
正陽門城楼

*chéng 乘[動]❶乗る.¶～ gōnggòng qìche[～公共汽车]バスに乗る/～fēijī[～飞机]飛行機に乗る.❷…に乗じる.…を利用する.¶～shì dǎo-xia[～势倒下]勢いに乗って倒れた.➡ 見る類 p.428

†chéng 盛[動]❶盛る.よそう.¶～ fàn[～饭]ご飯を盛る/～ tāng[～汤]スープをよそう.❷入れる.収容する.¶zhèige dàizi néng ～ duōshao mǐ?[这个袋子能～多少米?]この袋にはどれくらい米が入りますか/～buxià[～不下]収容できない.→shèng

chèng 秤[名]〔tái 台,gǎn 杆〕はかり.¶gǎn～[杆～]竿ばかり/zhèi zhǒng ～ bù zhǔn[这种～不准]この手のはかりは不正確だ/nǐ yòng nèibiān de gōngpíng～ chēngyichēng ba[你用那边的公平～称一称吧]あそこの公正ばかりで量ったら.

chéngbàn 承办[動]請け負う.引き受けて処理する.¶～ Àoyùnhuì[～奥运会]オリンピックを引き受ける/～dānwèi[～单位]引き受け機関.

chéngbàn 惩办[動]罰を加える.処罰する.¶～ zǒusīfàn[～走私犯]密輸犯を処罰する.

†chéngbāo 承包[動](工事や大口注

文, 生産活動などを)引き受ける.請け負う. ¶ ～ gōngchéng[～工程]工事を請け負う.

chéngbāozhì 承包制[名]請負制. ¶ wǒmen nàr yǐjing shíxíng ～ le[我们那儿已经实行～了]我々の所はすでに請負制を実施している.

†**chéngběn 成本**[名]原価.コスト. ¶ ～ gāo[～高]コスト高.

†**chéngdān 承担**[動]負う.担当する. ¶ ～ yìwù[～义务]義務を負う／～ fèiyong[～费用]費用をもつ／zhèige zérèn yóu shéi lái ～?[这个责任由谁来～?]この責任は誰が負うのか.

*__chéngdù 程度__[名]レベル.程度. ¶ wénhuà ～ gāo[文化～高]教育レベルが高い／wàiyǔ dádào něi zhǒng ～ le?[外语达到哪种～了?]外国語はどれくらいのレベルになりましたか.

chéngfá 惩罚[動]厳重に処罰する. ¶ yánlì ～ fànzuì fènzǐ[严厉～犯罪分子]犯罪者を厳重に処罰する.

*__chéng·fèn 成分__[名]成分.要素. ¶ huàxué ～[化学～]化学成分／tā de huà xūjiǎ ～ hěn dà[他的话虚假～很大]彼の話には偽りの部分が大きい.

*__chénggōng 成功__[動]成功する.↔ shībài 失败 ¶ shìyàn zhōngyú ～ le[试验终于～了]試験はついに成功した／dàhuì kāide hěn ～[大会开得很～]大会は成功した.

*__chéngguǒ 成果__[名]成果. ¶ kēyán ～[科研～]科学研究の成果／yǒule xīn ～[有了新～]新しい成果を得た.

chēnghào 称号[名]称号.呼び名. ¶ huòdé xiānjìn jítǐ ～[获得先进集体～]先進組織という称号を得る.

†**chēng·hu 称呼**[動](…と)呼ぶ. ¶ qǐngwèn, nín zěnme ～?[请问,您怎么～?]お尋ねしますが, お名前は何とおっしゃいますか／wǒ gāi zěnme ～ tā?[我该怎么～她?]彼女を何と呼べばよいでしょうか.[名]呼び名.呼称.

chéngjī 乘机[副]機に乗じて. ¶ ～ bàofù[～报复]機に乗じて報復する／～ nàoshì[～闹事]どさくさにまぎれて騒ぎを起こす.

⁑**chéngjì 成绩**[名](仕事や学業の)成績. ¶ xuéxí ～[学习～]学習成績／～dān[～单]成績票.

†**chéng//jiā 成家**[動](男性が)結婚する.所帯を持つ. ¶ liǎng ge érzi dōu hái méi ～ ne[两个儿子都还没～呢]2人の息子はどちらもまだ結婚していない.

†**chéng jiā lì yè 成家立业**㊗結婚して独立する. ¶ kàndao háizimen dōu ～ le,fùmǔ yě fàngxīn le[看到孩子们都～了，父母也放心了]子供たちがみな結婚して独立したのを見て,両親も安心した.

chéngjiàn 成见[名]先入観.既成観念. ¶ tā hǎoxiàng duì wǒ yǒu ～[他好像对我有～]彼は私に対して先入観をもっているようだ／dàjiā yīnggāi xiāochú ～[大家应该消除～]みんなは先入観をなくすべきだ.

*__chéngjiù 成就__[名]業績. ¶ tā shì ge hěn yǒu ～ de fānyìjiā[他是个很有～的翻译家]彼はとても実績のある翻訳家だ.

†**chéngkè 乘客**[名]〔wèi 位,míng 名〕乗客.

*__chéngkěn 诚恳__[形]心がこもっている. ¶ ～ de yìjiàn[～的意见]心からの意見／tàidu ～[态度～]態度が誠実である.

*__chénglì 成立__[動]❶(組織や機関を)設立する.作る. ¶ xuéxiào ～le yí ge yìshùtuán[学校～了一个艺术团]学校は芸術団を作った／gōngsī ～ yú yījiǔqīlíng nián[公司～于一九七〇年]会社は1970年に創立された.❷(理論・意見が)成り立つ.筋が通る. ¶ zhèige lǐlùn bù néng ～[这个理论不能～]この理論は成立しない／tā de lǐyóu wánquán ～[他的理由完全～]彼の理由は完全に筋が通っている.

chéng//liáng 乘凉[動]涼む.涼をとる. ¶ wǎnshang,lǎorénmen dōu názhe bǎ shànzi chūlai ～[晚上，老人们都拿着把扇子出来～]夜,老人たちはみな扇子を手に涼みに出る.

chéng//míng 成名[動]名をなす.有名になる. ¶ yí yè ～ [一夜～]一夜で有名になった／～ zhī hòu shēnghuó wánquán biàn le[～之后生活完全变了]有名になった後,生活がすっかり変わってしまった.

chéngpǐn 成品[名]完成品.製品.¶bàn～[半～]半製品.

†**chéng qiān shàng wàn 成千上万**㊀何千何万.¶bàozhǐ shang dēngchū le tā de shìjì yǐhòu, bàoshè shōudaole ～ fēng dúzhě láixìn[报纸上登出了他的事迹以后,报社收到了～封读者来信]新聞に彼のことを載せた後,新聞社に何千何万という読者からの手紙が届いた.

chéngqīng 澄清[動](認識や問題点を)はっきりさせる.明らかにする.¶～ shìshí[～事实]事実をはっきりさせる／wùhuì yǐjing quánbù ～ le[误会已经全部～了]誤解はもうすべてとけた.

chéngqū 城区[名]市街区域.¶nǐ jiā zhùzai ～ háishi jiāoqū?[你家住在～还是郊区?]あなたの家は市街地にありますか,それとも郊外にありますか.

chéng qún jié duì 成群结队㊀群をなし隊を組む.¶rénmen ～ de zài lù liǎngpáng zhànzhe[人们～地在路两旁站着]人々は群をなして道の両側に立っている.

chéngrén 成人[名]成人.¶～ jiàoyù[～教育]成人教育／～ yèxiào[～夜校]社会人のための夜間学校.

*__chéngrèn 承认__[動]認める.同意する.許可する.¶～ cuòwù[～错误]過失を認める.

*__chéng·shí 诚实__[形]誠実である.まじめである.¶～ kěkào[～可靠]誠実で信用できる／zhè háizi hěn ～,cóng lái bù shuōhuǎng[这孩子很～,从来不说谎]この子はとても正直で,嘘をついたことがない.

⁂**chéngshì 城市**[名]都市.↔ xiāngcūn 乡村 ¶～ lǜhuà[～绿化]都市の緑化／dà ～[大～]大都市.

chéngshòu 承受[動](試練,力,苦難などを)受ける.耐える.¶～ kǎoyàn[～考验]試練に耐える／～buliǎo[～不了]耐えられない.

*__chéngshú 成熟__[動]❶(植物の実などが)成熟する.¶táozi ～ le[桃子～了]桃が熟した.❷完全な域にまで達する.¶sīxiǎng hái búgòu ～[思想还不够～]精神的にまだ十分にできていない／tiáojiàn ～[条件～]条件は整った.[形]成熟している.¶shíjī yǐjing ～,kěyǐ xíngdòng le[时机已经～,可以行动了]時機はもう熟したので,行動に移してよい.

chéng∥tào 成套[形]セットになった.組になっている.¶～ shèbèi[～设备]プラント／～ jiājù yě néng língmǎi[～家具也能零买]セット家具でも単品で買える.

†**chéngtiān 成天**[副]〈口〉1日中.¶～ xià yǔ[～下雨]終日雨が降る／tā ～ mángmánglùlù de[他～忙忙碌碌的]彼は一日中忙しそうにしている.

*__chéngwéi 成为__[動]…になる.¶～ yīliú qǐyè[～一流企业]一流企業となる.

chéngwùyuán 乘务员[名]乗務員.

chéngxiàn 呈现[動]現れる.現す.¶～chū měihǎo de wèilái[～出美好的未来]美しい未来が現れつつある.

chéngxiào 成效[名]効果.効き目.¶chū jiàn ～[初见～]効果が現れ始める／～ bú dà[～不大]あまり効果がない.

chéngxīn 成心[形]故意である.¶nǐ shì ～ qì wǒ[你是～气我]君はわざと私を怒らせるね.

chéng xīn chéng yì 诚心诚意㊀誠心誠意.¶～ de quàn tā[～地劝他]誠心誠意彼を説得する.

†**chéngxù 程序**[名]順序.手順.次第.¶huìyì ～[会议～]会議の段取り／àn ～ gōngzuò[按～工作]手順通りに仕事をする.

chéngyì 诚意[名]誠意.真心.¶yòng xíngdòng lái biǎoshì ～[用行动来表示～]行動で誠意を示す.

†**chéngyǔ 成语**[名]成語.

†**chéngyuán 成员**[名]メンバー.成員.¶jiātíng ～[家庭～]家族の構成員／bàngōngshì ～[办公室～]事務室のメンバー.

*__chēngzàn 称赞__[動]称賛する.¶lǎoshī ～ tā zhēn shì ge hǎo xuésheng

[老师～他真是个好学生]先生は彼が実によい学生だとほめた／shòudào ～[受到～]称賛を得る.

*chéngzhǎng 成长[動]成長する.¶～wéi yì míng hégé de jīnglǐ[～为一名合格的经理]合格点のマネージャーに成長した／jiànkāng ～[健康～]健やかに成長する.

chéngzhèn 城镇[名]都市と町.¶～jūmín[～居民]都市住民.

chéngzhì 诚挚[形]真摯である.真心がこもっている.¶biǎodá ～ de xièyì[表达～的谢意]心からの謝意を表す.

†chènjī 趁机[副]機に乗じて.機会を利用して.¶xiǎotōu ～ táopǎo le[小偷～逃跑了]泥棒は機に乗じて逃走してしまった／qù guówài lǚxíng de shíhou ～ liànxí kǒuyǔ[去国外旅行的时候～练习口语]外国旅行に行く時は,機会を利用して会話の練習をする.

chénjìng 沉静[形]❶ひっそりとしている.¶yèsè ～[夜色～]ひっそり静まった夜景.❷(性格や態度が)落ち着いている.もの静かである.¶xìnggé ～[性格～]性格が落ち着いている.

chénjiù 陈旧[形]古い.時代遅れである.¶～ de guānniàn[～的观念]時代遅れの意識.

†chénliè 陈列[動]陳列する.展示する.¶～pǐn[～品]展示品／～zai chúchuāng li[～在橱窗里]ショーウインドーに陳列する.

chénmèn 沉闷[形]❶(天気や雰囲気が)重苦しい.うっとうしい.¶qìfēn ～[气氛～]雰囲気が重苦しい.❷(気持ちが)晴れ晴れしない.(性格が)ふさぎがちである.¶xīnqíng hěn ～[心情很～]気持ちがうつうつとしている.

*chénmò 沉默[形]口数が少ない.沈黙している.¶yí jù huà dǎpòle ～[一句话打破了～]その一言が沈黙を破った／bǎochí ～[保持～]沈黙を守る.

*chènshān 衬衫[名]〔jiàn 件〕シャツ.ブラウス.¶huā ～[花～]柄もののシャツ.プリントブラウス／nán～[男～]ワイシャツ.

chénshù 陈述[動]陳述する.¶～lǐyóu[～理由]理由を述べる.

chénshùjù 陈述句[名]〔語〕平叙文.

†chénsī 沉思[動]深く考える.¶～mòxiǎng[～默想]沈思黙考する.

chéntòng 沉痛[形]❶沈痛である.悲しみが深い.¶～ de xīnqíng[～的心情]沈痛な気持ち.❷深刻である.重大である.¶～ de jiàoxun[～的教训]苦い教訓.

†chéntǔ 尘土[名]ほこり.¶chūntiān ～ hěn dà[春天～很大]春はほこりが多い.

chèn//xīn 称心[形]意にかなう.満足がゆく.¶rìzi guòde hěn ～[日子过得很～]暮しには大変満足している.

chèn xīn rú yì 称心如意[成]願ったりかなったり.意にかなう.¶tā zhōngyú mǎidaole yí jiàn ～ de máoyī[她终于买到了一件～的毛衣]彼女はやっと気に入ったセーターを買った.

*chènyī 衬衣[名]〔jiàn 件〕下着.肌着.¶chángxiù ～[长袖～]長袖の肌着.

†chènzǎo 趁早[副]早めに.早いうちに.今のうちに.¶bù jiǎng xìnyù de rén ～ hé tā duànjiāo[不讲信誉的人～和他断交]信用と名誉を重んじない人とは,早いうちに交際を絶つ.

†chénzhòng 沉重[形]重い.程度が深い.¶xīnqíng ～[心情～]気持ちが沈んでいる／～ de dànzi[～的担子]重い荷物.転じて重い責任をいう.

chénzhuó 沉着[形]沈着である.落ち着いている.¶～ yǒnggǎn[～勇敢]沈着かつ勇敢である／dìdi bǐ gēge yào ～de duō[弟弟比哥哥要～得多]弟は兄よりずっと落ち着いている.

†chén//zhù qì 沉住气[組]気を落ち着かせる.心を鎮める.¶kǎoshì de shíhou búyào jǐnzhāng,yídìng yào ～[考试的时候不要紧张，一定要～]試験の時は緊張せずに,必ず気を落ち着かせなければならない／chénbuzhù qì kě bànbuchéng dàshì[沉不住气可办不成大事]冷静さがなければ,大きな事はやり遂げられない.

†chē shuǐ mǎ lóng 车水马龙[成]車馬の往来の盛んなさま.¶lùshang ～

C

fēicháng rènao[路上～非常热闹]道は車の往来が絶えず,とてもにぎやかだ／huìchǎng qiánbian ～,rénliú búduàn[会场前边～，人流不断]会場の前は車や人の往来が絶えない.

chètuì 撤退[動](軍隊が)撤退する.¶bùduì yǐ ～dao ānquán dìdài[部队已～到安全地带]部隊はすでに安全地帯まで撤退した.

†**chēxiāng 车厢**[名]〔jié 节〕車両.汽車や電車で人や荷物を載せる部分.¶zhèi tàng huǒchē yǒu shísān jié ～[这趟火车有十三节～]この汽車は13両連結だ／～ li jìnzhǐ xīyān[～里禁止吸烟]車内禁煙.

chèxiāo 撤销[動]取り消す.撤回する.¶～ zhíwù[～职务]免職する／～ mìnglìng[～命令]命令を撤回する／～ jièyánlìng[～戒严令]戒厳令を解く.

⁑**chēzhàn 车站**[名]駅.停留所.¶zài ～ jiànmiàn ba[在～见面吧]駅で会いましょう.

qìchēzhàn "汽车站"（バス停）

⁑**chī 吃**[動]❶(物を)食べる.(薬を)飲む.¶～ zǎofàn[～早饭]朝食を食べる／yào ～ le ma?[药～了吗?]薬は飲みましたか／bié kèqi,duō ～ diǎnr[别客气，多～点儿]遠慮しないで,もっと召し上がれ.❷(ある場所で)食べる.¶～ shítáng[～食堂]食堂で食べる.❸(ある手段で)生活する.食べていく.¶～ lìxī[～利息]利息で暮らす.❹(将棋や戦いで)相手をやっつける.¶bèi ～diàole yí ge zǐr[被～掉了一个子儿]駒を1つ取られてしまった.❺消耗する.❻(液体を)吸収する.¶qiézi ～ yóu[茄子～油]ナスは油を吸う.❼受ける.やられる.許す.¶～ buxiāo[～不消]閉口する.やりきれない／wǒ bù ～ zhè yí tào[我不～这一套]私はその手に乗らない.

[類義語] **chī 吃　cháng 尝**
►"吃"は食物を口に入れ,「食べる」ことを表す.¶吃饭 chīfàn(ご飯を食べる)／吃水果 chī shuǐguǒ(果物を食べる)►"尝"は料理や酒などの味を「味わう」,「味をみる」ことを表す.¶请尝尝我包的饺子 qǐng chángchang wǒ bāo de jiǎozi(私の作ったギョーザを食べてみてください)

†**chí 池**[名]池.水のたまった所.¶yǎngyú～[养鱼～]魚を養殖する池／yóuyǒng～[游泳～]プール.

†**chí 迟**[形]❶遅い.¶fǎnyìng ～dùn[反应～钝]反応がにぶい.❷(時間に)遅れる.¶lái～ le[来～了]来るのが遅れた／zuówǎn shuìde tài ～[昨晚睡得太～]昨夜は寝たのがとても遅かった.

*__chǐ 尺__[名]❶物差し.長さを測る器具.¶juǎn～[卷～]巻き尺.メジャー／gāng～[钢～]スチールの巻き尺.❷製図用の器具.¶dīngzì～[丁字～]丁字定規／fàngdà ～[放大～]パンタグラフ.[量]長さの単位.尺.3分の1メートルに相当.

*__chìbǎng 翅膀__[名]〔zhī 只,duì 对,shuāng 双〕羽.翼.¶zhǎnkāi ～[展开～]翼を広げる／fēijī ～[飞机～]飛行機の翼.

†**chǐ·cun 尺寸**[名]❶寸法.サイズ.¶～ zhèng héshì[～正合适]サイズがぴったりだ／liáng ～[量～]寸法を量る.❷〈口〉節度.¶xīnli yì jí,zuǐshang jiù méile ～[心里一急，嘴上就没了～]あせると言葉に節度がなくなる.

⁑**chídào 迟到**[動]遅刻する.↔ zǎotuì 早退¶shàngkè ～[上课～]授業に遅刻する／～le shí fēnzhōng[～了十分钟]10分遅刻した.

†**chìdào 赤道**[名]赤道.

chíhuǎn 迟缓[形]ゆっくりしている.のろい.¶dòngzuò ～[动作～]動作

が緩慢だ／zhōngyào jiànxiào bǐjiào ～[中药见效比较～]漢方薬は効き目が現れるのが比較的遅い.

*chī∥jīng **吃惊**[動]驚く.¶dà chī yì jīng[大吃一惊]びっくり仰天する／zhè xiāoxi tài ràng rén ～ le[这消息太让人～了]この知らせにはたいそう驚いた.

†**chíjiǔ 持久**[形]長いこと持ちこたえる.¶gōngxiào ～[功效～]効き目が長続きする／～ bú biàn[～不变]恒久不変である.

†**chī∥kǔ 吃苦**[動]苦労する.苦しい思いをする.¶pà ～[怕～]苦労を恐れる／chīle hěn duō kǔ[吃了很多苦]さんざん苦しい思いをした.

†**chī∥kuī 吃亏**[動]❶損をする.してやられる.ひどい目にあう.¶nǐ bù tīng wǒ de huà,zǎowǎn yào ～[你不听我的话，早晚要～]人の話を聞かないのなら,いずれ失敗するだろう／wǒ chīle tā hǎojǐ cì kuī le[我吃了他好几次亏了]私は彼に何度もしてやられた.❷条件が不利である.¶～ chīzai gèzi bǐ biéren ǎi[～吃在个子比别人矮]他人より背が低いことで不利だ.

†**chīlì 吃力**[形]骨が折れる.苦労する.¶zhè huór bù zěnme ～[这活儿不怎么～]この仕事はさほど骨が折れない／～ de kángqi xiāngzi[～地扛起箱子]やっとこさ箱を担ぐ.

chímíng 驰名[動]名を馳せる.名が知られる.

chí míng zhōng wài 驰名中外 成内外ともに名が知れわたる.¶tā sònggěi wǒ yì hé ～ de Hángzhōu Xīhú lóngjǐngchá[他送给我一盒～的杭州西湖龙井茶]彼はかの有名な杭州西湖のロンジン茶を1箱くれた.

chítáng 池塘[名]水たまり.池.

chíxù 持续[動]続く.持続する.¶～ shàngshēng[～上升]上昇を続ける／～dao niándǐ[～到年底]年末まで続く.

chíyí 迟疑[動]ためらう.決めかねる.¶～ bù jué[～不决]ぐずぐずして決心がつかない／shì dào rújīn,bù néng zài ～ le[事到如今，不能再～了]この期(ご)に及んでは,もうこれ以上ぐずぐずできない.

†**chǐ·zi 尺子**[名]〔bǎ 把〕物差し.

chìzì 赤字[名]赤字.¶cáizhèng ～[财政～]財政赤字／míbǔ ～[弥补～]赤字を埋め合わせる.

†**chōng 冲**[動]❶突進する.突破する.ぶつかる.¶～shang qián qu[～上前去]前へ突き進んでいく／～ kǒu ér chū [～口而出]成思わず口をついて出る／～zhuàng[～撞]突進してぶつかる.❷(お湯などを)注ぐ.つぐ.¶～ chá[～茶](茶碗に入れた茶葉に熱湯を注いで)お茶を入れる.❸(水で)すすぐ.洗い落とす.(水が)激しい勢いで当たる.¶zài bǎ zhèixiē cài ～ yí biàn[再把这些菜～一遍]この野菜はもう1度水で洗いましょう／qiáo bèi dàshuǐ ～kuǎ le[桥被大水～垮了]橋は大水で押し流され壊れてしまった.→chòng→ 見る類 p.138

chōng 冲❷

*chóng **重**[副]もう1度.再び.¶～ xiě[～写]もう1度書く／jiǔbié ～féng[久别～逢]久しぶりに再会する.→zhòng

chóng 重[量]重なった物を数える.層.重.¶wàn ～ shān[万～山]山また山／liǎng～ yìsi[两～意思]二重の意味.→zhòng

*chòng **冲**[動]向く.向いている.¶dàmén ～zhe diàntī[大门～着电梯]正門はエレベーターの真向かいになっている／tā de huà bú shì ～ nǐ,shì ～ wǒ de[他的话不是～你，是～我的]彼の話は君にではなく,私に向けられたものだ.[前]❶…に向かって.¶tā ～ wǒ xiàolexiào[他～我笑了笑]彼は私に向かってちょっとほほえんだ／～ rén fā píqi[～人发脾气]人

C

に向かってかんしゃくを起こす.❷…に基づいて.…に拠って.¶～ nǐ zhèi zhǒng tàidu,wǒ yě bù néng tóngyì[～你这种态度，我也不能同意]君がこんな態度では私は同意しかねる.[形]❶激しい.¶shuōhuà hěn ～[说话很～]話し方がきつい.❷(においが)強い.強烈である.¶zhèi zhǒng jiǔ de wèidao hěn ～[这种酒的味道很～]この酒はにおいが強烈である.→chōng

chóngbài 崇拜[動]崇拝する.¶～ lǐngxiù rénwù[～领袖人物]指導者を崇拝する／～ zìrán[～自然]自然を崇拝する.

chōngdāng 充当[動]担当する.務める.…になる.¶tā zhǔdòng gěi dàjiā ～ fānyì[他主动给大家～翻译]彼はみんなのために自ら通訳の役をかって出た／～ fǎnmiàn jiàoyuán[～反面教员]反面教師になる.

†**chōng∥diàn 充电**[動]❶充電する.¶zhèi zhǒng diànchí kěyǐ ～ shǐyòng[这种电池可以～使用]この種の電池は充電して使用することができる.❷〈喩〉知識や技能の蓄積に努める.¶zhōumò zài jiā ～,xīngqīyī zài kāishǐ pīnmìng[周末在家～，星期一再开始拼命]週末は家で充電し,月曜日からまた頑張る.

***chóngdié 重叠**[動]重なる.¶liǎng zhāng zhǐ ～zai yìqǐ[两张纸～在一起]2枚の紙が重なっている.

***chōngfèn 充分**[形]❶十分である.足りている.¶zhǔnbèide hěn ～[准备得很～]準備は抜かりがない／lǐyóu búgòu ～[理由不够～]理由が十分でない.❷余すところなく.極力.¶～ lìyòng[～利用]余すところなく利用する.

chōngfēng 冲锋[動]突撃する.¶～ xiàn zhèn[～陷阵]成突撃して敵陣を陥れる.勇ましく戦うさま／xiàng qián ～[向前～]前に向かって突撃する.

***chóngfù 重复**[動]❶重複する.¶xiǎoshuō de tícái ～ le[小说的题材～了]小説の題材が重複している.❷繰り返す.¶zhèi duàn gēcí yào ～ liǎng biàn[这段歌词要～两遍]この部分の歌詞は2回繰り返さなければいけない.

***chónggāo 崇高**[形]崇高である.最上の.¶～ de lǐxiǎng[～的理想]崇高な理想／～ de jìngyì[～的敬意]最上の敬意.

†**chōngjī 冲击**[動](水などが)ぶつかる.突き当たる.(比喩的な意味でも用いられる)¶hǎilàng ～zhe jiāoshí[海浪～着礁石]波が岩に勢いよく打ち寄せている／zhànzhēng ～le rénmen hépíng de shēnghuó[战争～了人们

目で見る類義語 chōng kāfēi 冲咖啡　zhǔ kāfēi 煮咖啡　dào kāfēi 倒咖啡

►すぐにコーヒーが飲みたければ,便利なインスタントコーヒーがいい.お湯を注げばできあがりだ.これが“冲咖啡”chōng kāfēi.►本格派はサイフォンを使う.これは下からアルコールランプでお湯を沸かす“煮咖啡”zhǔ kāfēiという.今はコーヒーメーカーで,ランプでなく電気を使うが,動詞はやはり“煮”を用いる.►事前にコーヒーをポットに用意しておき,飲む時にカップに注ぐ,これなら“倒咖啡”dào kāfēiだ.これで人にコーヒーを出す時は“我给您倒杯咖啡吧”wǒ gěi nín dào bēi kāfēi ba(コーヒーを注いで差し上げましょう)という.お茶の場合も同じような動作になるので“倒茶”dào cháという.

和平的生活]戦争は人々の平和な生活に打撃を与えた.[名]衝撃.ショック.¶zhèi jiàn shì duì wǒmen shì yí ge hěn dà de ～[这件事对我们是一个很大的～]このことは私たちにとっては大きな衝撃だ.

chóngjìng 崇敬[動]崇敬する.尊び敬う.¶～ yīngxióng[～英雄]英雄を崇敬する.

*__chōngmǎn 充满__[動]❶充満する.満ちる.¶xīnzhōng ～le xǐyuè[心中～了喜悦]心が喜びでいっぱいになった.❷みなぎる.満たす.¶～ lìliang[～力量]力がみなぎる.

chōngpèi 充沛[形]満ちあふれている.¶jīnglì ～[精力～]精力が満ちあふれている.

chōngpò 冲破[動](ある状態・制限などを)突き破る.突破する.¶～ zǔlì[～阻力]妨害を突破する／～ shùfù[～束缚]束縛を突き破る.

chóngshēn 重申[動]重ねて述べる.¶～ běn guó lìchǎng[～本国立场]本国の立場を重ねて表明する.

†**chōngshí 充实**[形]充実している.足りている.¶nèiróng ～[内容～]内容が充実している.[動]充実させる.強化する.¶～ lìliang[～力量]力を強化する.

†**chōngtū 冲突**[動]衝突する.ぶつかる.食い違う.¶shuāngfāng ～qilai[双方～起来]双方衝突し始めた／liǎng ge huìyì shíjiān yǒu ～[两个会议时间有～]2つの会議は時間がぶつかる.[名]衝突.論争.¶fāshēng ～[发生～]衝突が生じる／lìhài ～[利害～]利害上の対立.

chǒngwù 宠物[名]ペット.

*__chóngxīn 重新__[副]❶もう1度.再度.¶～ rènshile zìjǐ[～认识了自己]自己を再認識した.❷新たに.改めて.¶～ zuòrén[～做人]真人間に生まれ変わる／nǐ bǎ guòqù de wénjiàn ～ zhěnglǐ yíxià hǎo ma?[你把过去的文件～整理一下好吗?]過去の書類を改めて整理してもらえますか.

*__chóng·zi 虫子__[名]〔tiáo 条〕虫.¶mǐli shēng ～ le[米里生～了]米に虫がわいた.

*__chōngzú 充足__[形]充足している.満足している.¶bǎozhèng ～ de shuìmián[保证～的睡眠]十分な睡眠を保証する.

⁑**chōu 抽**[動]❶(中に入っているものを)取り出す.抜く.¶cóng běnzi li ～ chu yì zhāng zhǐ[从本子里～出一张纸]ノートの間から紙を1枚抜き出す.❷(全体の中から一部分を)取り出す.抜き出す.¶～ shíjiān[～时间]時間を割く.❸吸う.¶～yān[～烟]タバコを吸う／～ xiě[～血]採血する.

†**chóu 仇**[名]*❶敵(かたき).¶jí è rú ～[疾恶如～]成敵のように悪を憎む／～rén[～人]敵.❷恨み.怨恨.¶bào～[报～]恨みをはらす.

*__chóu 愁__[動]憂える.¶fā～[发～]気が沈む／～ méiyou gōngzuò[～没有工作]仕事のないことを悩む／～ méi kǔ liǎn[～眉苦脸]成愁いに閉ざされた顔の形容.

†**chǒu 丑**[形]❶醜い.醜悪である.↔ měi 美¶zhǎngde ～[长得～]容貌が醜い.❷嫌悪すべきである.¶chū～[出～]人前で失敗する.恥をさらす.[名](伝統劇の)道化役.

*__chòu 臭__[形]❶くさい.↔ xiāng 香¶～wèir[～味儿]くさいにおい／ròu ～ le [肉～了]肉が腐った.❷嫌らしい.鼻持ちならない.¶～ míng yuǎn yáng[～名远扬]成悪評が広まる／bǎi ～jiàzi[摆～架子]威張りくさる.うぬぼれて鼻持ちならないこと.

chóubàn 筹办[動]計画・準備し実行する.¶tāmen zhèngzài ～ xià jiè Yàyùnhuì[他们正在～下届亚运会]彼らは次回のアジア競技会の準備をしている.

chóubèi 筹备[動](計画実施のための)準備をする.¶～ wěiyuánhuì[～委员会]準備委員会／～ jìngxuǎn[～竞选]選挙の準備をする.

chóuchú 踌躇[動]躊躇(ちゅうちょ)する.ためらう.¶bié zài ～ le,zǎo diǎnr xià juéxīn ba[别再～了，早点儿下决心吧]これ以上躊躇しないで,早く決心しなさい.

chǒu'è 丑恶[形]醜い.醜悪である.¶～ de zuǐliǎn[～的嘴脸]醜い顔立ち／

C

～ de línghún[～的灵魂]卑しい心.

†**chóuhèn 仇恨**[動]激しく憎む.仇敵視(きゅうてきし)する.¶～ shèhuì[～社会]社会を仇敵視する.[名]強い憎しみ.¶～ máizai xīnli[～埋在心里]激しい憎悪が胸の内にある.

chóují 筹集[動]調達する.集める.¶～ rényuán hé zījīn[～人员和资金]人員と資金を調達する.

chóujiàn 筹建[動]建設を計画する.¶～ gòuwù zhōngxīn[～购物中心]ショッピングセンターの建設を計画する／dàlóu zhèngzài ～,hái méi dònggōng[大楼正在～，还没动工]ビルはちょうど建設計画を進めているところでまだ着工していない.

chōu∥kòng 抽空[動](～儿)時間をやりくりする.暇を作る.¶～ kàn shū[～看书]時間をみつけて本を読む／chōubuchū kòng lai[抽不出空来]時間を工面できない.

chóu méi bù zhǎn 愁眉不展㊀愁眉(しゅうび)が開かず浮かぬ顔をしている.表情に憂いがある.¶bàba shīyè hòu, zhěngtiān ～[爸爸失业后，整天～]父は失業してからというもの1日中浮かぬ顔をしている.

chóumì 稠密[形]稠密(ちゅうみつ)である.密集している.¶rén yān ～[人烟～]人家がたてこんでいる／Jiāngnán shuǐxiāng,shuǐwǎng ～[江南水乡，水网～]江南の水郷地帯は水路が網の目のようだ.

chōu·ti 抽屉[名]引き出し.¶dǎkāi ～[打开～]引き出しを開ける／guānshang ～[关上～]引き出しを閉める.

*__chōuxiàng 抽象__[形]抽象的である.¶～ de gàiniàn[～的概念]抽象的な概念／zhèyàng shuō tài ～[这样说太～]このような話し方はあまりに抽象的だ.

chōuyàng diàochá 抽样调查[名]サンプリング調査.¶zhèi cì cǎiqǔ ～ de fāngfǎ[这次采取～的方法]今回はサンプリング調査の方法をとる.

chóu·zi 绸子[名]薄くて柔らかい絹織物.

**__chū 出__[動]❶(中から外へ)出る.↔jìn 进,rù 入 ¶yíhuìr ～,yíhuìr jìn,zhēn máng[一会儿～，一会儿进，真忙]出たり入ったりほんとに忙しい.¶～chǎng[～场]出場する／～xí[～席]出席する.❷超える.¶～ biānxiàn[～边线]オーバーラインをする／～guǐ[～轨]脱線する.❸(外へ)出す.¶～tí[～题]出題する／～ zhǔyi[～主意]アイディアを出す.❹生産する.産出する.発生する.¶～ méi[～煤]石炭を産出する／～shìr[～事儿]問題が発生する.❺出す.排泄する.¶～hàn[～汗]汗をかく／～xiě[～血]出血する.金銭を出す.❻現す.現れる.¶～míng[～名]有名になる／～ tóu lòu miàn[～头露面]㊀公の場所に出る.人前に顔を出して名を知られる.❼支出する.¶～nà[～纳]出納／rù bù fū ～[入不敷～]収支が合わない.❽動詞の後ろに用い,動作が中から外へ向かうことを表す.¶háizimen zǒu～ jiàoshì[孩子们走～教室]子供たちは教室から出た.❾動詞の後ろに用い,明らかになる,現れることを表す.¶xiǎngbu～ yí ge hǎo bànfǎ[想不～一个好办法]よい方法が思いつかない.

__chū 初__[形]❶初めの.初めの部分.¶～dōng[～冬]初冬.❷第1回の.最初の.¶～yī[～一]陰暦のついたち／～xuě[～雪]初雪／～liàn[～恋]初恋.❸初めである.始めたばかりの.¶～xué zhà liàn[～学乍练]練習を始めたばかり.❹一番下の.¶～děng[～等]初級の.初等の／～jíbān[～级班]初級クラス.入門クラス.❺元来の.もとの.¶～zhōng[～衷]初志.

*__chú 除__[動]❶除く.取り除く.¶～diào huògēn[～掉祸根]災いのもとを除く.❷除する.割る.¶yòng sān ～ jiǔ dé sān[用三～九得三]9割る3は3.[前]…を除いて.…以外は.¶～ nǐ yǐwài háiyǒu sān ge rén[～你以外还有三个人]君のほかにまだ3人いる.

chú 锄[名]鍬(くわ).¶yì bǎ ～[一把～]1本の鍬.[動](鍬で)すく.おこす.草をとる.¶～ cǎo[～草]鍬で草をすきおこす／～dì[～地]土をおこす.

*__chǔ 处__[動]❶〈書〉住む.¶dì ～ gāoyuán[地～高原]高原に位置する.❷つき合う.交際する.¶tāmen liǎ ～de hěn hǎo[他们俩～得很好]彼ら2人は仲が良い.*❸身を置く.存在する.¶shè shēn ～ dì[设身～地]㊒他人の身になって考える.*❹処理する.処置する.¶～ yǐ túxíng[～以徒刑]懲役に処する.→chù

chù 处[名]❶場所.¶cǐ ～ yuánlái shì yí piàn huāngdì[此～原来是一片荒地]この場所はもとは荒れ地だった.❷機関或いは機関内の部署.¶cáiwù ～[财务～]財務部／zhù Jīng bànshì～[驻京办事～]北京駐在事務所.→chǔ

chù 触*[動]❶触れる.ぶつかる.さわる.¶qǐngwù ～mō[请勿～摸]さわるべからず.❷心をうつ.感動する.¶～ jǐng shēng qíng [～景生情]㊒目の前の情景に心を動かされる.

⁑chuān 穿[動]❶破る.貫く.¶kàn～[看～]見破る／～dòng[～洞]穴をあける.❷(穴や隙間,空き地などを)通り抜ける.通る.通す.¶～guo mǎlù[～过马路]大通りを渡る／～xiàn[～线]糸を通す.❸(ひもなどを通してものを)つなぐ.¶～ zhūzi[～珠子]真珠をつなぐ.❹(衣服や靴,靴下を)身に着ける.着る.履く.↔ tuō 脱¶～ xié[～鞋]靴を履く／～shang yīfu [～上衣服]服を着る.

*chuán 传[動]❶伝える.伝わる.¶liú～[流～]広く伝わる.流布する／zhè shì zǔshàng ～xialai de[这是祖上～下来的]これは先祖から伝えられてきたものだ／～qiú[～球]ボールをパスする.❷伝授する.¶shī～[师～]師匠から伝授された.師伝の／～ jìshù[～技术]技術を伝授する／jiā～ mìfāng[家～秘方]家伝の処方.❸広まる.広める.広く伝わる.¶xiāoxi ～biànle quánxiào[消息～遍了全校]ニュースは全校にあまねく広まった.❹伝導する.¶～ diàn[～电]電気を伝える.❺表現する.¶méimù ～qíng[眉目～情]流し目を送る／～shén[～神]真髄を伝える.真に迫る.❻呼び出す.呼びつける.¶～ zhèngren chūtíng[～证人出庭]証人を出廷するよう呼び出す.❼伝染する.¶wǒ zhè gǎnmào shì gěi ～shang de[我这感冒是给～上的]私のこの風邪はうつされたものだ.→zhuàn

⁑chuán 船[名]〔zhī 只,tiáo 条,sōu 艘〕船.¶～piào[～票]乗船切符／～ kāi le[～开了]船が出た.

†chuǎn 喘[動]あえぐ.息を切らす.¶～ buguò qì lai[～不过气来]息もつけな

目で見る類義語 chuān 穿　pī 披　dài 戴　jì 系

►“穿”chuānは体や体の部分を通して着る.¶穿着一身西服 chuānzhe yì shēn xīfú(スーツを着ている)►「履く」のも“穿”を使う.¶穿袜子 chuān wàzi(靴下を履く)►また一般的に衣服を着る場合も“穿”である.¶他穿得很朴素 tā chuānde hěn pǔsù(彼は地味な格好をしている)►正式に着るのではなくて,軽く肩にかけるのは“披”pīという.¶身上披了一件大衣 shēnshang pīle yí jiàn dàyī(コートを1枚はおった)►“戴”dàiは載せるという感覚で,簡単に取り外せるもの,人前でそれがなくてもおかしくないものに使う.¶戴帽子 dài màozi(帽子をかぶる)／戴手套 dài shǒutào(手袋をはめる)／戴眼镜 dài yǎnjìng(眼鏡をかける)►細い帯状のものをぎゅっと縛って身につけるのが“系”jìである.¶系领带 jì lǐngdài(ネクタイを締める)／系皮带 jì pídài(ベルトをする)

い／lèide zhí ～[累得直～]疲れてやたらに息が切れる.[名]喘息."气喘" qìchuǎnの略.

†**chuàn 串**[動]❶貫く.刺し連ねる.¶bǎ yú ～qilai kǎo[把鱼～起来烤]魚を刺して焼く.❷結託する.ぐるになる.¶～tōng[～通]ぐるになる.❸間違えてつなぐ.¶diànhuà ～xiàn le[电话～线了]電話が混線した.❹歩き回る.¶dàochù luàn ～[到处乱～]あちこち歩き回る.[量](～儿)数珠つなぎになったもの,つながっているものを数える.¶yí ～ xiàngliàn[一～项链]1連のネックレス／liǎng dà ～ pútao[两大～葡萄]ふた房のブドウ.

*****chuánbō 传播**[動]広く伝える.散布する.伝播する.¶～ yáoyán[～谣言]デマを広める／～ jīngyàn[～经验]経験を広く伝える.

chuánbó 船舶[名]船舶.(総称としての)船.注"船只" chuánzhīよりも書面的色彩が強い.¶～ gōngsī[～公司]船会社.

†**chuándá 传达**[動]❶伝達する.伝える.¶～ mìnglìng[～命令]命令を伝達する.❷受け付ける.取り次ぐ.¶～shì[～室]受付.[名]受付係.

chuándān 传单[名]宣伝のビラ.¶sànfā ～[散发～]ビラをまく.

chuándì 传递[動]次から次へ伝える.順に手渡す.¶～ yóujiàn[～邮件]郵便物を順に届ける／～ xìnxī[～信息]情報を伝える.

⁑**chuāng 窗**[名](～儿)窓.¶kāi ～ tōngtong kōngqì[开～通通空气]窓を開けて空気を入れかえる／guān ～[关～]窓を閉める.

⁑**chuáng 床**[名]〔zhāng 张〕ベッド.¶dānrén～[单人～]シングルベッド／tiě～[铁～]スチールベッド／shāfā～[沙发～]ソファーベッド.

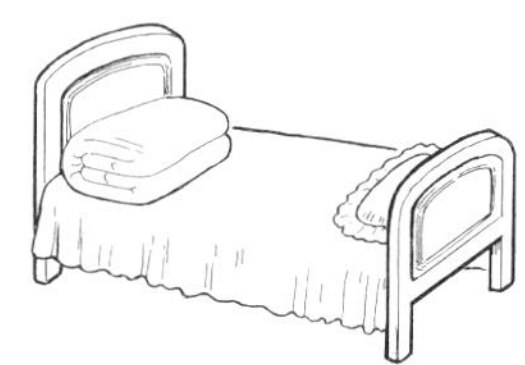

*****chuǎng 闯**[動]❶突進する.¶～jinqu[～进去]飛び込んで行く／～hóngdēng[～红灯]赤信号を突破する.❷経験を積む.鍛える.¶wǒ xiǎng dào nánfāng qù ～yi～[我想到南方去～一～]南方へ行って経験を積みたいと思う.

*****chuàng 创**[動]創造する.…し始める.初めて…する.¶～ jìlù[～记录]記録をつくる／～ páizi[～牌子]看板商品をつくる／zhèige jiāyè shì tā zǔfù ～xia de[这个家业是他祖父～下的]この身代は彼の祖父が築いたものだ.

chuàngbàn 创办[動]創始する.創立する.¶～ qǐyè[～企业]企業を創設する／～ xuéxiào[～学校]学校を創立する.

†**chuángdān 床单**[名](～儿)〔tiáo 条〕シーツ.¶huàn ～[换～]シーツを取り換える／pū ～[铺～]シーツを敷く.

⁑**chuāng·hu 窗户**[名]窓.¶bǎ ～ cāgānjìng[把～擦干净]窓をきれいに拭く.

chuànghuì 创汇[動](輸出により)外貨収入を創出する.¶～ yǒusuǒ zēngjiā[～有所增加]外貨収入がいくらか増加した／qīnggōngyèpǐn shì ～ de zhǔyào láiyuán zhī yī[轻工业品是～的主要来源之一]外貨収入は主に軽工業製品が生み出している.

chuàngjiàn 创建[動]創建する.創立する.初めてつくる.¶～ jūnduì[～军队]軍隊を創設する／wǒ xiào ～ yú èrshí niándài[我校～于二十年代]我が校は1920年代に創設された.

†**chuāngkǒu 窗口**[名]❶(～儿)窓辺.¶zhànzai ～[站在～]窓辺に立つ.❷窓口.¶mài wòpùpiào de ～[卖卧铺票的～]寝台券の販売窓口.

†**chuànglì 创立**[動]創設する.初めて打ち立てる.¶～ xīn de xuéshuō[～新的学说]新しい学説を打ち立てる／～ xīn de xuékē[～新的学科]新しい学科を設立する.

†**chuānglián 窗帘**[名](～儿)カーテン.¶lāshang ～[拉上～]カーテンを引く.

chuángpù 床铺[名]〔zhāng 张〕寝床.ベッド.¶shōushi ～[收拾～]寝床を片づける.

†**chuāngtái 窗台**[名](～儿)窓台.窓下の張り出した部分.¶～ shang luòle hòuhòu yì céng huī[～上落了厚厚一层灰]窓台には厚くほこりがたまっている.

chuángwèi 床位[名](病院,船,宿舎などの)ベッド.¶kòng ～[空～]空きベッド.

†**chuàngxīn 创新**[動]新しいものを創造する.¶dàdǎn ～[大胆～]大胆に新しいものを打ち出す/yìshù shang de ～[艺术上的～]芸術における新機軸.

chuàngyè 创业[動]創業する.事業を始める.¶jiānkǔ ～[艰苦～]苦難を超えて創業する.

*****chuàngzào 创造**[動]創造する.新しいものを作り出す.¶～ qíjì[～奇迹]奇跡を作り出す/fùyú ～lì[富于～力]創造力に富む.

*****chuàngzuò 创作**[動]創作する.¶～ gēqǔ[～歌曲]歌を作る/tán ～ jīngyàn[谈～经验]創作経験を話す.[名]創作.作品.¶wényì ～[文艺～]文学作品.

†**chuán//huà 传话**[動]伝言する.(言葉を)取り次ぐ.¶duìfāng ～ gěi tā, ràng tā míngtiān qù jiànmiàn[对方～给他，让他明天去见面]先方は彼に明日会いに行くよう伝えた/yǒu shénme yāoqiú,wǒ kěyǐ gěi nǐmen chuán ge huà[有什么要求，我可以给你们传个话]何か希望があったら私が取り次いでもいいですよ.

†**chuán//·lái 传来**[動]伝わる.¶kāfēi shì cóng guówài ～ de[咖啡是从国外～的]コーヒーは外国から伝わってきたものだ/～le lìng rén gāoxìng de xiāoxi[～了令人高兴的消息]嬉しい知らせが伝わってきた.

chuān liú bù xī 川流不息㊢〈喩〉川の流れのように絶え間なく続く.人や車などが絶え間なく行き来すること.¶～ de zìxíngchē[～的自行车]絶え間なく行き来する自転車/gùkè ～[顾客～]客がひっきりなしにやってくる.

†**chuánméi 传媒**[名]メディア.¶tōngguò ～ liǎojiědaole hěn duō qíngkuàng[通过～了解到了很多情况]メディアを通じて多くの状況を掌握した/～ de zuòyòng bùkě hūshì[～的作用不可忽视]メディアの役割は軽視できない.

chuàn//mén 串门[動](～儿)人の家に遊びに行く.¶Lǐ āyí tèbié xǐhuan ～[李阿姨特别喜欢～]李おばさんは人の家を訪ねるのがことのほか好きだ.

†**chuánrǎn 传染**[動]伝染する.¶kōngqì ～[空气～]空気感染/xiǎoxīn ～[小心～]伝染しないように注意せよ.

chuánshòu 传授[動](学問や技能などを)伝授する.¶xiàng niánqīngrén ～ jīngyàn[向年轻人～经验]若者に経験を伝える.

†**chuánshuō 传说**[動]言い伝える.¶chǎngli ～ tā yào chūguó[厂里～他要出国]工場では彼が出国するとの噂が流れている/guānyú tā liǎ de ～ hěn duō[关于他俩的～很多]彼ら2人についての噂は多い.[名]伝説.¶mínjiān ～[民间～]民間伝説.

chuánsòng 传送[動]一つ一つ伝える.送り届ける.¶～dài[～带]ベルトコンベヤー/～ xiāoxi[～消息]知らせを伝える.

*****chuántǒng 传统**[名]伝統.¶～ gōngyì[～工艺]伝統工芸/bǎochí ～[保持～]伝統を維持する.

*****chuánzhēn 传真**[名]ファクシミリ.¶gěi duìfāng fā ～[给对方发～]相手方にファクスを送る.

chuánzhī 船只[名]船舶.(総称としての)船.¶jìnchū gǎngkǒu de ～[进出港口的～]港を出入りする船.

*****chūbǎn 出版**[動]出版する.¶～ xiǎoshuō[～小说]小説を出版する/fēifǎ ～wù[非法～物]非合法出版物.

chǔbèi 储备[動]備蓄する.蓄える.¶～ liángshi[～粮食]食料を備蓄する/wàihuì ～[外汇～]外貨準備高.

*****chūbù 初步**[区]第1段階の.取りあえずの.一応の.¶～ shèxiǎng[～设想]試案.たたき台/wèntí yǐ dédào ～ jiějué[问题已得到～解决]問題はすでに一応の解決をみた.

chǔcáng 储藏[動]❶貯蔵する.¶～shì[～室]貯蔵室／～dàbáicài[～大白菜]白菜を蓄える.❷埋蔵する.¶～liàng[～量]埋蔵量／dìxià ～zhe shíyóu[地下～着石油]地下には石油が埋蔵されている.

chū//chāi 出差[動]出張する.¶zhè jǐ ge yuè chūle hǎojǐ cì chāi[这几个月出了好几次差]この数ヵ月何度も出張した／wǒ qù dōngběi chūguo chāi[我去东北出过差]私は東北に出張したことがある.

chūchǎn 出产[動]産出する.生産する.¶～píngguǒ[～苹果]リンゴを産出する／zhè shì běndì de ～[这是本地的～]これはこの土地の産物です.

†**chùchù 处处**[副]至る所.どこでも.¶～shì huā[～是花]至る所花がある／～mófǎng biéren[～模仿别人]あらゆる面で他人をまねる.

chú cǐ zhī wài 除此之外[慣]これ以外に.¶～wǒ hái xiǎng dào Fǎguó qù kànkan[～我还想到法国去看看]このほかに,私はフランスにも行ってみたい.

chǔcún 储存[動]蓄える.預けておく.¶～yúliáng[～余粮]余剰食料を蓄える／shāngpǐn ～[商品～]商品の蓄え／tā bǎ shùjù ～zai diànnǎo li[他把数据～在电脑里]彼はデータをコンピュータにインプットしてある.

chù//diàn 触电[動]❶感電する.❷映画やテレビドラマの仕事に関わる.作品がテレビドラマ化されたり,映画化されたりする.¶tā de xiǎoshuō cháng ～[她的小说常～]彼女の小説はよくテレビドラマになる.❸一目惚れする.¶tāmen liǎ hùxiāng yǒule ～ de gǎnjué[他们俩互相有了～的感觉]彼ら2人は互いに一目で好きになった.

chūdòng 出动[動]❶(軍隊が)出動する.¶bùduì liányè ～[部队连夜～]部隊が夜通し出動する.❷(軍隊を)派遣する.¶～jūnjiàn[～军舰]軍艦を派遣する.❸(多くの人が目的遂行のため)行動する.¶quántǐ ～[全体～]全員が参加する.

chùdòng 触动[動](心を)打つ.¶tā de huà duì dàjiā yǒusuǒ ～[他的话对大家有所～]彼の話には皆深く心打たれるものがあった／zhèi bù diànyǐng ～le wǒ[这部电影～了我]私はこの映画に感動した.

★**chūfā 出发**[動]❶出発する.↔ dàodá 到达 ¶míngtiān ～ qù Běijīng[明天～去北京]明日北京へむけて出発する.❷…を出発点とする.考慮したり,問題を処理するよりどころとする.¶cóng guójiā lìyì ～[从国家利益～]国家利益を出発点とする.

> [類義語] chūfā 出发 dòngshēn 动身 zǒu 走
>
> ►"出发"は人や乗り物などが「出発する」.やや改まった感じで,抽象的な事柄にも用いる.¶列车从北京出发 lièchē cóng Běijīng chūfā(列車は北京から出発する)►"动身"は話し言葉で,人間にしか用いない.¶我明天动身 wǒ míngtiān dòngshēn(私は明日出発する)►"走"は人や乗り物がその場を離れることを表し,「帰る」,「出かける」,「行く」などの意となる.¶什么时候走? shénme shíhou zǒu?(いつ出かけるの)

chǔfá 处罚[動]処罰する.¶búyào qīngyì ～ xuésheng[不要轻易～学生]学生を軽々しく罰してはいけない／shòudao ～[受到～]処罰を受ける.

chūfādiǎn 出发点[名]❶出発点.¶chángpǎo de ～[长跑的～]長距離走のスタート地点.❷着眼点.動機.¶tā zhème zuò,～ shì hǎo de[他这么做,～是好的]彼がこのようにするという着眼点がいい.

chùfàn 触犯[動](法や規則に)触れる.犯す.¶～fǎlǜ[～法律]法律に触れる／～gōngsī lìyì[～公司利益]会社の利益を侵す／tā zhèi zhǒng xíngwéi ～ shèhuì zhǔyì dàodé[他这种行为～社会主义道德]彼のこのような行動は社会主義の道徳に反する.

chūfǎng 出访[動]外国を訪問する.¶～Rìběn[～日本]日本を訪問する.

★chúfáng 厨房[名]台所.厨房.¶～yòngjù[～用具]台所用品.

①包丁 ②まな板 ③底の浅い片手鍋
④鉄の杓子(しゃくし) ⑤鉄製の深い鍋
⑥めん棒 ⑦のし板 ⑧しゃぶしゃぶ用の鍋

chǔfāng 处方[名]〔zhāng 张〕処方箋.¶kāi ～[开～]処方箋を書く.

†chúfēi 除非[接]❶…しない限り,…しない.注 後に示されることが唯一の条件,前提であることを表す.“只有” zhǐyǒuと同じ.“才” cái,“否则” fǒuzé,“不然” bùránなどと呼応して用いられる.¶～ nǐ dāying wǒ de tiáojiàn,fǒuzé wǒ bú qù[～你答应我的条件，否则我不去]君が私の条件をのまない限り私は行かない／～ nǐ qù quàn,tā cái tīng[～你去劝，她才听]君が行って忠告しない限り彼女は耳を貸さない.❷…でなければ…しない.(計算に入れないこと,除外することを表し,“除了” chúleと同じ)¶zhèi bǎ suǒ,～ Xiǎo-Zhāng shéi yě dǎbukāi[这把锁，～小张谁也打不开]この錠は張君でなければ誰も開けられない.

★chǔfèn 处分[動]処分する.処罰する.¶yánlì ～[严厉～]厳重に処罰する／shòu ～[受～]処分を受ける.

chū//guó 出国[動]出国する.国を出る.¶～ shǒuxù hái méi bànhǎo ne[～手续还没办好呢]出国手続きをまだしていない／dì yī cì ～ shí wǒ hěn jǐnzhāng[第一次～时我很紧张]初めて国を出た時,私はとても緊張した.

chū hū yì liào 出乎意料成予想外である.意外にも.¶tā shùxué jīchǔ bù hǎo,zhèi cì qīzhōng kǎoshì què ～ de qǚdéle hǎo chéngjì[他数学基础不好，这次期中考试却～地取得了好成绩]彼は数学の基礎がなっていないが,今回の定期テストでは意外にもよい成績を取った.

⁑chuī 吹[動]❶(息を)吹く.吹きかける.¶～ qì[～气]息を吹きかける／～miè làzhú[～灭蜡烛]ろうそくを吹き消す.❷(楽器を)吹く.¶～ dízi[～笛子]笛を吹く／～ kǒuqín[～口琴]ハーモニカを吹く.❸(風が)吹く.¶～guolai yízhèn fēng[～过来一阵风]一陣の風が吹いてきた.❹ほらを吹く.¶nǐ guāng huì ～,wǒ bú xìn![你光会～，我不信!]君はほらをふいてばかりだ,信じないぞ／bié ～ le[别～了]ほらを吹くな.❺〈口〉だめになる.破談になる.¶shēngyi ～ le[生意～了]商売がおじゃんになった／tā liǎ ～ le[他俩～了]彼ら2人の仲はだめになってしまった.→見る類 p.146

chuí 捶[動](こぶし・槌・棒などで)打つ.たたく.¶～ yāo[～腰]腰をたたく／～ yīfu[～衣服]衣服をきぬたでたたく.→見る類 p.411

chuī//niú 吹牛[動]ほらを吹く.大きなことを言う.¶bié ～, zánmen bǐbi kàn jiù zhīdao le[别～,咱们比比看就知道了]大きなことを言うな,勝負してみればすぐに分かる／ài ～[爱～]よくほらを吹く.

chuīpěng 吹捧[動]おだてあげる.¶hùxiāng ～[互相～]お互いにおだて合う.

chuīshìyuán 炊事员[名]炊事係.

chuí tóu sàng qì 垂头丧气成意気消沈するさま.がっかりした様子.¶nǐ zěnme le?zhème ～ de[你怎么了?

这么～的]どうしたの?そんなにしょげて／méi kǎoshang xià cì zài nǔlì ma, búyào ～[没考上下次再努力嘛，不要～]合格しなかったのなら次回頑張ればいいよ,おちこむことなんてないよ.

†**chuízhí 垂直**[動]垂直である.¶liǎng ge ～ píngmiàn[两个～平面]2つの垂直な平面.

*__chūjí 初级__[区]初級の.一番下のレベルの.¶～ péixùnbān[～培训班]初級養成クラス／～ dúwù[～读物]初級読み物.

chū//jìng 出境[動]国境を出る.出国する.¶～ shǒuxù[～手续]出国手続き／qūzhú ～[驱逐～]国外追放にする.

chǔjìng 处境[名]境遇.立場.(不利な状況をさすことが多い)¶～ wēixiǎn[～危险]危険な状態にある.

chǔjué 处决[動]❶死刑を執行する.¶～ fànrén[～犯人]犯人を処刑する.❷決裁する.¶yóu gōngsī ～[由公司～]会社が決裁する.

*__chū//kǒu 出口__[動]❶口に出す.言葉にする.¶～ shāngrén[～伤人]言葉で人を傷つける.❷輸出する.↔ jìnkǒu 进口 ¶～ shāngpǐn[～商品]輸出品／zhèixiē shāngpǐn dōu shì dǎsuan xiàng Rìběn ～ de[这些商品都是打算向日本～的]これらの商品は皆日本に輸出予定のものだ.

*__chū//·lái 出来__[動]❶出てくる.¶qǐng nǐ ～ yíxià,wàimian yǒu rén zhǎo nǐ[请你～一下，外面有人找你]ちょっと出て来てくれないか,君を訪ねてきた人がいるんだ／xiànzài hěn máng, chūbulái[现在很忙，出不来]今忙しくて,出て行けない.❷現れる.¶jiéguǒ ～ le[结果～了]結果が現れた.

⁑//__·chū//·lái 出来__[動]動詞の後ろに置かれて,次のような補足説明の働きをする.❶動作が内から外へ向かう.¶ná～[拿～]取り出す.❷動作の完成や実現.¶chuàngzàochu xīn chǎnpǐn lai[创造出新产品来]新製品を作り出す.❸事物が発見･露見･識別される.¶kàn～ le[看～了](見て)分かった.

⁑**chú·le ～ yǐwài 除了～以外**㊗…を除いて.¶chúle yuǎn yìdiǎn yǐwài, tā duì nèige fángzi hái suàn mǎnyì[除了远一点以外，他对那个房子还算满意]少し遠いことを除けば彼はまずまずその家に満足している／chúle Xiǎo-Wáng yǐwài,qítā rén dōu dào le[除了小王以外，其他人都到了]王君以外の人は皆到着した.

†**chū//lì 出力**[動]力を出す.尽力する.¶tā jìng gàn yìxiē ～ bù tǎohǎo de shìr[他净干一些～不讨好的事儿]彼は骨折り損のことばかりする.

*__chǔlǐ 处理__[動]❶処理する.処置する.¶～ wèntí[～问题]問題を処理す

目で見る類義語 chuī 吹　dǎ 打　tán 弹　lā 拉

►“吹”chuīは口でラッパなど吹奏楽器を吹くという動作.¶吹小号 chuī xiǎohào(トランペットを吹く)►“打”dǎは手で直接,或いは物を使って楽器を打つこと.¶打鼓 dǎ gǔ(太鼓をたたく)►“弹”tánは手の指でピアノや琴,ギターの類をひく動作をさす.¶弹电子琴 tán diànzǐqín(エレクトーンをひく)►“拉”lāは弓形の物で弦を引くように演奏する動作をいう.¶拉小提琴 lā xiǎotíqín(バイオリンをひく)

る.❷処分販売する.¶zhè shì ～ de, tèbié piányi[这是～的，特别便宜]これは処分販売品なので特別に安い.

†**chǔlǐpǐn 处理品**[名](安売りの)処分品.¶～ de jiàgé dōu fēicháng piányi[～的价格都非常便宜]処分品の価格はみなとても安い.

†**chūlù 出路**[名]❶出口.¶zài sēnlín li míshīle fāngxiàng, zhǎobudào ～ le[在森林里迷失了方向，找不到～了]森の中で方向を見失い，出口が見つからなくなってしまった／chúle gǎigé yǐwài, méiyou bié de ～[除了改革以外没有别的～]改革を行うほか解決の道がない.❷販路.¶chǎnpǐn méi ～[产品没～]製品の販路がない.

†**chūmài 出卖**[動]❶売る.売り出す.¶～ jiājù[～家具]家具を売り出す.❷(個人の利益のために)売り渡す.裏切る.¶～ péngyou[～朋友]友人を裏切る／～ běn gōngsī lìyì[～本公司利益]社の利益を売り渡す.

†**chū//mén 出门**[動](～儿)❶外出する.¶tā gāng ～ jiù xiàqi yǔ lai le[他刚～就下起雨来了]彼が出かけるとすぐに雨が降り出した.❷家を離れて遠くへ行く.¶wǒ méi chūguo yuǎn mén[我没出过远门]私は遠出をしたことがない.

chū//miàn 出面[動]顔を出す.表に立つ.名前を出す.¶zhèige wèntí yóu shéi ～ jiějué?[这个问题由谁～解决?]この問題は誰が表に立って解決するのか.

chū//míng 出名[動]名が出る.有名になる.¶tā shì chūle míng de lǎoshi rén[他是出了名的老实人]彼はよく知られた真面目人間だ／chàng gē chàng～ lai le [唱歌唱～来了]歌で有名になった.[形]有名である.¶máotáijiǔ zài shìjiè shang hěn ～[茅台酒在世界上很～]マオタイ酒は世界的に有名だ.

⁑**chūn 春**[名]❶春.注 季節を表す場合は“春天”chūntiānのように2音節になる.¶～fēng[～风]春風／～ nuǎn huā kāi[～暖花开]春は暖かく花が咲く／yíng～[迎～]迎春.*❷色情.¶huái～[怀～]少女が恋心を抱く／～ xīn[～心]恋心.春情.❸〈喩〉生命力.¶miào shǒu huí ～[妙手回～]成医者の腕が優れているたとえ.

†**chún 纯**[形]❶純粋である.混じり気がない.¶～jīn[～金]純金.❷熟練している.¶tā de wàiyǔ shuōde hěn ～ shú[他的外语说得很～熟]彼は外国語を話すのに熟練している.

chǔn 蠢[形]間が抜けている.愚かである.¶nǐ zhēn ～[你真～]君は実に間が抜けている／～cái[～材]間抜け.ばか者.

†**chū nántí 出难题**慣難題を出す.できない相談を持ちかける.¶nǐ bié gěi wǒ ～ le[你别给我～了]私に難題をふっかけないで.

chúncuì 纯粹[形]純粋である.混じり気がない.¶～ de pǔtōnghuà[～的普通话]生粋の普通話／zhè cài bú shì ～ de guǎngdōngcài[这菜不是～的广东菜]これは本場の広東料理ではない.

chūngēng 春耕[動]春,種まきの前に土地を耕すこと.

†**chūnjì 春季**[名]春季.春期.¶～ shízhuāng zhǎnshìhuì[～时装展示会]春のファッション展示会.

*__Chūnjié 春节__[名]春節.旧暦の正月.¶guò ～[过～]春節を過ごす.

†**chúnjié 纯洁**[形]純潔である.汚れがない.¶～ de xīndì[～的心地]清らかな心.[動]純化する.浄化する.¶～ zǔzhī[～组织]組織を浄化する.

†**chúnjìngshuǐ 纯净水**[名]純水.不純物の入っていない水.¶wèile jiànkāng yīnggāi yǐnyòng ～[为了健康应该饮用～]健康のために純水を飲むべきだ.

⁑**chūntiān 春天**[名]春.

chūpǐn 出品[名]製品.¶dì yī jīchuáng chǎng ～[第一机床厂～]第一機械工場製品／zhèixiē ～ dōu hégé[这些～都合格]これらの製品は規格をクリアしている.

†**chūqī 初期**[名]初期.¶zhànzhēng ～[战争～]戦争初期.

⁑**chū//·qù 出去**[動]外へ出る.¶wǒ

～ kàn yíxià[我～看一下]私は外へ出てちょっと見てみる／dàmén suǒshàng le, chūbuqù[大门锁上了，出不去]表門は鍵がかかっていて出られない.

C

⁑//•**chū**//•**qù 出去**[動]動詞の後ろに用い,動作が話者から遠ざかることを表す.¶pǎo～[跑～]走って行く／bǎ kèren sòngle～[把客人送了～]客を送って行く.

chūrù 出入[動]出入りする.¶tā jīngcháng ～ gāojí bīnguǎn[她经常～高级宾馆]彼女はよく高級ホテルに出入りする.[名]不一致.食い違い.¶nǐ de huà yǔ shìshí yǒu ～[你的话与事实有～]君の話と事実とでは食い違いがある.

chūsè 出色[形]出色である.ひときわ優れている.¶～ de biǎoyǎn[～的表演]見事な演技／biǎoxiàn shífēn ～[表现十分～]言動がひときわ優れている.

†**chūshēn 出身**[名]出身.経歴.¶jiātíng～[家庭～]家柄／tā shì lǐgōng kē ～[他是理工科～]彼は理工系の出だ.[動](ある経済状況や家庭環境で)育つ.¶tā ～ yú yí ge fùyù de jiātíng[她～于一个富裕的家庭]彼女は裕福な家庭で育った.

chū//**shén 出神**[動]放心する.ぼんやりする.うっとりする.¶zuòzai nàr ～[坐在那儿～]そこに座ってぼんやりしている.

*__chūshēng 出生__[動]生まれる.¶tā ～zai běifāng[他～在北方]彼は北方で生まれた.

†**chūshì 出世**[動]❶生まれ出る.¶háizi zhōngyú ～ le[孩子终于～了]子供はついに生まれた.❷(物事が)発生する.

chū//**shì 出事**[動]事故や事件が起きる.¶chǎngli ～ le[厂里～了]工場で事故が起こった／chūle shì,shéi lái fùzé?[出了事，谁来负责?]何かあったら誰が責任を負うのだ?

chúshī 厨师[名]コック.料理人.

chūshòu 出售[動]売る.販売する.¶～ zázhì[～杂志]雑誌を販売する.

chúwài 除外[動]除外する.¶tèshū qíngkuàng ～[特殊情况～]特別な事情の場合は例外とする／wǒ měitiān dōu yǒu kè,dāngrán xīngqītiān ～[我每天都有课，当然星期天～]私は毎日授業がある,もちろん日曜は別だが.

*__chū__//__xí 出席__[動]出席する.¶～ huìyì[～会议]会議に出席する／～ rénshù[～人数]出席者数.

†**chū•xi 出息**[名]前途.将来性.(人が伸びる)見込み.¶yǒu ～ de hǎo qīngnián[有～的好青年]前途有望な好青年.

chúxī 除夕[名]大みそかの晩.除夜.¶～ liánhuān wǎnhuì[～联欢晚会]大みそか交歓パーティー.

⁑**chūxiàn 出现**[動]現れる.出現する.¶wèntí ～zai hěn duō fāngmiàn[问题～在很多方面]多くの面で問題が現れる／～ xīn qíngkuàng[～新情况]新しい状況が出現する.

chǔxù 储蓄[動]貯蓄する.¶zhèige yuè ～le bù shǎo qián[这个月～了不少钱]今月はだいぶ貯金した.[名]貯蓄.預金.¶dìngqī ～[定期～]定期預金.

†**chū yángxiàng 出洋相**[慣]醜態をさらす.恥をさらす.笑い者になる.¶nǐ bié ràng wǒ ～ le[你别让我～了]私を笑い者にしないでくれ／zhèi huí kě chūle yángxiàng le[这回可出了洋相了]今回は本当に恥をさらしてしまった.

†**chǔyú 处于**[動](ある状態や立場に)いる.ある.¶～ xiūkè zhuàngtài[～休克状态]ショック状態にある／zhèng ～ shàngshēng jiēduàn[正～上升阶段]まさに上昇段階にいる.

*__chū__//__yuàn 出院__[動]退院する.↔zhùyuàn 住院 ¶shénme shíhou néng ～?[什么时候能～?]いつ退院できますか.

chǔzhì 处置[動]❶処理する.処置する.¶～de hěn dédàng[～得很得当]処置が適切である.❷処罰する.¶duì tā zěnme ～?[对他怎么～?]彼をどう処罰するのか.

†**chūzhōng 初中**[名]"初级中学"chūjí zhōngxuéの略.日本の中学校に相当する.[注]中国の中学は"高级中学"gāojí zhōngxuéと"初级中学"に分か

れており,それぞれ学制は3年で“高级中学”は日本の高校に相当する.¶～shēng[～生]中学生／kǎo ～[考～]中学を受験する.

†**chūzū 出租**[動](料金を取って)貸し出す.¶～ fángwū[～房屋]家を貸す／～ zìxíngchē[～自行车]自転車をレンタルする.レンタサイクル.

⁑**chūzū qìchē 出租汽车**[名]〔liàng 辆〕タクシー.¶jiào yí liàng ～[叫一辆～]タクシーを1台呼ぶ.

⁑**cí 词**[名](～儿)❶(話や歌詞,文章,戯曲などの中の)言葉.語句.¶kāimù ～[开幕～]開幕の言葉／～ bù dá yì[～不达意]成言葉が意を尽くさない.言葉が足りないこと.❷単独で用いることができる言葉の最小単位.単語.¶zhèige ～ yòngde bú qiàdàng[这个～用得不恰当]この単語は使い方が不適切である.

†**cí 瓷**[名]磁器.¶～wǎn[～碗]磁器の碗／xì～[细～]きめの細かい上質の磁器.

cí 辞[動]*❶別れを告げる.¶～xíng[～行](旅立つ前に)別れの挨拶をする／gào～[告～]いとまごいをする／bù ～ ér bié[不～而别]成いとまごいもせずに立ち去る.❷辞職する.¶～qu yuánlái de gōngzuò[～去原来的工作]今までの仕事を辞める.*❸辞退する.避ける.断る.¶tuī～[推～]辞退する／～xiè[～谢]丁寧に辞退する.断る.*[名]優美な言葉.言葉遣い.¶xiū～[修～]修辞／bú shàn ～ lìng[不善～令]成口べたである.

cí 雌*[区]雌.↔ xióng 雄 ¶～xìng[～性]雌／～ tù[～兔]雌のウサギ.

*__cǐ 此__[代]〈書〉❶これ.この.¶～ rén[～人]この人／rú～[如～]このように.❷ここ.この時.¶dào ～ jiéshù[到～结束]これで終了します／yóu ～ xiàng nán[由～向南]ここから南に向かう.

⁑**cì 次**[量](繰り返し現れる,あるいは現れ得ることの)回数を数える.¶qùguo yí ～ Běijīng[去过一～北京]北京に1度行ったことがある／dì yī ～[第一～]初めて.➡類義語 biàn 遍

†**cì 次**[形]劣っている.¶zhìliàng hěn～[质量很～]品質が劣っている.

cì 刺[名](～儿)針のように尖ったもの.とげ.比喩的にも用いる.¶zhāle yí ge ～[扎了一个～]とげが刺さった／huàli dài ～[话里带～]言葉にとげがある.

*__cì 刺__[動]❶刺す.突き刺す.¶tā de jiàn ～jinle duìfāng de qiánxiōng[他的剑～进了对方的前胸]彼の剣が相手の胸部を突き刺した／～shāng[～伤]刺して傷つける.❷刺激する.¶～'ěr[～耳]耳障りである／～bí[～鼻](においが)鼻をつく／～yǎn[～眼]まぶしい.目障りである.❸暗殺する.¶bèi ～[被～]暗殺される／～kè[～客]刺客.❹探る.偵察する.¶～tàn[～探]偵察する.❺風刺する.

cí'ài 慈爱[形]慈しみ深い.¶～ de mùguāng[～的目光]慈しみあふれるまなざし／lǎonǎinai ～ de xiào le[老奶奶～地笑了]おばあさんは慈愛をこめて笑った.

⁑**cídài 磁带**[名]〔pán 盘,hé 盒〕磁気テープ.¶lùyīn ～[录音～]録音テープ／lùxiàng ～[录像～]ビデオテープ.

⁑**cídiǎn 词典**[名]辞書.¶chá ～[查～]辞書を引く／Hàn Yīng ～[汉英～]中英辞典／biān ～[编～]辞書を編集する.

類義語 **cídiǎn 词典 zìdiǎn 字典**
►“词典”は主に単語や熟語の意味や用法を説明した「辞書」.“辞典”cídiǎnとも書く.¶汉日词典Hàn Rì cídiǎn(中日辞典)►“字典”は主に1つ1つの漢字の読み･意味･用法を説明した「字典」.¶《新华字典》《Xīnhuá zìdiǎn》(『新華字典』)

cǐhòu 此后[接]この後.それ以後.¶～ tā zài yě méiyou huílai[～她再也

没有回来]その後彼女は二度と帰って来なかった/tā jiǔlíng nián dàxué bìyè,～ yìzhí zài yì jiā gōngsī gōngzuò[他九〇年大学毕业，～一直在一家公司工作]彼は1990年に大学を卒業し,それ以後ずっとある会社で働いている.

†**cì·hou 伺候**[動]仕える.かしずく.(身の回りの)世話をする.¶～ bìngrén[～病人]病人の世話をする/nán ～[难～]世話がやける.

†**cíhuì 词汇**[名]〔語〕語彙(ごい).¶～biǎo[～表]語彙表/chángyòng ～[常用～]常用語彙.

†**cìjī 刺激**[動]刺激する.(精神的に)打撃を与える.↔ ānwèi 安慰 ¶shòu ～[受～]刺激を受ける/～ shíyù[～食欲]食欲を刺激する.

cíjù 词句[名]語句.字句.(広く言葉遣いをいう)¶～ bù tōngshùn[～不通顺]言葉がしっくりしない/～ jīngcǎi[～精彩]言い回しが素晴らしい.

†**cǐkè 此刻**[名]この時.今.現在.¶～de xīnqíng hěn fùzá[～的心情很复杂]現在の気持ちはとても複雑だ/～ yǐ shì huánghūn[～已是黄昏]今はもうたそがれだ.

cílèi 词类[名]〔語〕品詞.

cìpǐn 次品[名]欠陥品.規格外の品.二級品.

cǐ qǐ bǐ fú 此起彼伏[成]こちらが立ち上がるとあちらが下がる.起伏があって一定しないこと.¶wǒ zhànzai hǎibiān,wàngzhe ～ de dàhǎi,xīnqíng yě hěn bù píngjìng[我站在海边，望着～的大海，心情也很不平静]海辺に立ち,寄せては返す海を見ていると,心も落ちつかなくなった.

cǐshí 此时[名]この時.¶～ cǐkè[～此刻]まさにこの時/～ cǐdì[～此地]この時この地で.

cìshù 次数[名]回数.¶liànxí ～[练习～]練習回数.

***cǐwài 此外**[接]このほか.それ以外.

文法

品詞

品詞は単語の文法的機能に基づいて分類され,大きく分けて実詞と虚詞の2つに分けられる.実詞は主語や述語といった文法成分になれるもので,名詞,動詞,形容詞,副詞,助動詞,数詞,量詞,代詞がある.虚詞は文法成分になれず実詞を助ける機能のみを持ち,前置詞,接続詞,助詞,感動詞,擬音語がある.

1 **実詞**

1) 名詞(“名词” míngcí)
人や物の名前,方位・時間・場所を表す.
- 课本 kèběn(教科書)
- 上 shàng(上)
- 现在 xiànzài(現在)

2) 動詞(“动词” dòngcí)
動作・行為,心理活動,判断などを表す.
- 买 mǎi(買う)
- 想 xiǎng(思う)
- 是 shì(…である)

一般に副詞の修飾を受けられるが,動作・行為を表す動詞は程度副詞の修飾を受けられない.
〇再来　×最来

3) 形容詞(“形容词” xíngróngcí)
物の性質や状態を表す.➡[文法] 性質形容詞と状態形容詞 p.580

4) 副詞(“副词” fùcí)
動作や性質に関わる程度,範囲,時間などを表す.
- 非常 fēicháng(とても)
- 都 dōu(みな)
- 已经 yǐjing(すでに)

一般に動詞,形容詞の前に置かれる.

5) 助動詞(“助动词” zhùdòngcí/“能愿动词” néngyuàn dòngcí)
動詞の一種で,「…できる」,「…すべき」,「…したい」などを表す.
- 能 néng(…できる)
- 应该 yīnggāi(…すべき)
- 要 yào(…したい)

目的語には動詞などを取り,名詞は取らない.

6) 数詞(“数词” shùcí)

¶wǒ xǐhuan páiqiú hé lánqiú,～ méiyou bié de àihào le[我喜欢排球和篮球,～没有别的爱好了]私はバレーボールとバスケットボールが好きで,このほかこれといった趣味がない.

cíxiáng 慈祥[形](老人の態度や様子が)慈悲深くて優しい.¶～ de lǎoyéye[～的老爷]慈愛に満ちたおじいさん.

cìxù 次序[名]順序.順番.¶pái ～[排～]順番を決める／àn ～ rùchǎng[按～入场]順番に入場する.

†**cìyào 次要**[区]さほど重要でない.二次的な.副次的な.¶～ wèntí[～问题]副次的な問題／xíngshì shì ～ de, nèiróng cái shì zhǔyào de[形式是～的,内容才是主要的]形は二の次,中味が重要だ.

cí//zhí 辞职[動]辞職する.¶qǐngqiú～[请求～]辞職を申し出る／tā cíle zhí,yǐjing bú zài zhèr le[他辞了职,已经不在这儿了]彼は辞職して,もうここにはいない.

cōng 葱[名]❶ネギ.¶dà～[大～]ネギ／yáng～[洋～]タマネギ／～huār[～花儿]ネギを刻んだもの.また,ネギの花.ネギ坊主.*❷青い色.¶～lǜ[～绿]あさぎ色の.青々とした.

⋆**cóng 从**[前]❶(場所,時間,範囲などの起点を表す)…から.¶～ zhèr dào Běijīng[～这儿到北京]ここから北京まで／～ jīn yǐhòu[～今以后]これから先.❷(経過する場所を表す)…を.…から.¶～ chuānghu wǎng wài kàn[～窗户往外看]窓から外を見る／～ tā jiā ménkǒu jīngguò[～他家门口经过]彼の家の前を通る／～ něi tiáo lù zǒu?[～哪条路走?]どの道を行きますか.

類義語 cóng 从 yóu 由 zì 自 lí 离

►"从"・"由"はともに空間や時間の起点を表し,"从"は話し言葉に,

数字を表し,「いくつ」,「何番目」,「約いくつ」などを表す.

- 一 yī(いち)
- 几 jǐ(いくつ)

7) 量詞("量词" liàngcí)

物の数量や動作の回数を表す単位.➡文法 量詞 p.360

8) 代詞("代词" dàicí)

人や物,性質や行為,場所などの代わりに用いる.

- 你 nǐ(あなた)
- 这 zhè(これ)
- 这么 zhème(こんなふうに)
- 那儿 nàr(そこ)

2 虚詞

1) 前置詞("介词" jiècí)

名詞や代詞などの前に置かれ,動作・行為の対象や,それが行われる場所,時間,方向などを表す.

- 向 xiàng(…へ)
- 从 cóng(…から)
- 在 zài(…で)
- 为了 wèile(…のために)

2) 接続詞("连词" liáncí)

単語や文を結び付け,それらの間の関係を表す.

- A和B A hé B(AとB)
- 虽然～ suīrán ～(…だけれど)

3) 助詞("助词" zhùcí)

文法的意味を表すのみ.
機能によって3つに分けられる.

a. 構造助詞
- 的de 得de 地de 所suǒ 似的shìde

b.アスペクト助詞
- 了le 着zhe 过guo

c. 語気助詞
- 啊a 吧ba 呢ne 吗ma 的de 嘛ma

4) 感動詞("叹词" tàncí)

驚きや喜び,呼びかけなどを表す.

- 啊 ā(あっ)←軽い驚き
- 喂 wèi(もしもし)

5) 擬音語("象声词" xiàngshēngcí)

物の音をまねたり,外界の様子を描写したりする.

- 砰 pēng(バタン)←ドアの音
- 哗哗 huāhuā(ザーザー)←雨の音

C

"由"は書き言葉によく使われる.¶ {从/由} 这里进入会场 {cóng / yóu} zhèli jìnrù huìchǎng(ここから会場に入る)/{从/由}简单到复杂 {cóng / yóu} jiǎndān dào fùzá(簡単なものから複雑なものまで) ►"自"も空間や時間の起点を表すが,あらたまった書き言葉.¶本合同自签订之日起生效 běn hétong zì qiāndìng zhī rì qǐ shēngxiào(この契約は調印の日から発効する) ►"离"は空間的・時間的なへだたりを表す.¶我家离学校不远 wǒ jiā lí xuéxiào bù yuǎn(私の家は学校から遠くない)

†**cóng 丛**[名]❶草むら.茂み.¶cǎo~[草~]草むら.❷(人や物の)集まり.¶~shū[~书]叢書.

***cóng bù(méi) 从不(没)**[副]今まで…していない.¶~ chídào [~迟到]今まで遅刻したことがない/~ jiànguo[~见过]今まで見たことがない.

***cóng ~ chūfā 从~出发**[組]❶…を(起点として)出発する.¶cóng Běijīng chūfā qù Shànghǎi[从北京出发去上海]北京をたって上海に行く.❷(問題を判断する際に)…を起点とする.¶cóng jítǐ lìyì chūfā[从集体利益出发]集団の利益から出発する.

***cóngcǐ 从此**[接]これから.ここから.¶sān nián qián fēnle shǒu,~ jiù zài yě méi jiànguo[三年前分了手,~就再也没见过]3年前に別れて以来,会っていない/shàng ge yuè cānjiāle gōngzuò,~ jiù kāishǐ mángqilai le[上个月参加了工作,~就开始忙起来了]先月仕事を始めて以来,忙しくなった.

cōngcōng 匆匆[形]あたふたする.せかせかしている.¶~ shàngle huǒchē[~上了火车]慌ただしく汽車に乗った.

⁑**cóng~dào~ 从~到~**[組]…から…まで.¶cóng jiā dào gōngsī yào yí ge xiǎoshí[从家到公司要一个小时]家から会社まで1時間かかる/cóng xiǎo dào dà[从小到大]小さいことから大きいことまで.幼少時から大人になるまで.

***cóng'ér 从而**[接]それによって.したがって.¶xuéxiào tiáojiàn dédào gǎishàn,~ dàdà tígāole jiàoshī de jījíxìng[学校条件得到改善,~大大提高了教师的积极性]学校の条件が改善されたことによって教師の積極性が大きく向上した.

cóng ~ kàn·lái 从~看来[組]…から見たところ.¶cóng chángyuǎn kànlai[从长远看来]長期的に見ると/cóng zhèige jiǎodù kànlai[从这个角度看来]この角度から見たところ.

***cónglái 从来**[副]今まで.これまで.かつて.¶~ bù shuōhuǎng[~不说谎]これまでうそをついていない/tā ~ jiùshì zhèyàng de[他~就是这样的]彼は今までずっとこうだった/~ méi tīngshuōguo[~没听说过]今まで聞いたことがない.

†**cōngmáng 匆忙**[形]慌ただしい.¶~ zhī jiān, bǎ míngzi xiěcuò le[~之间,把名字写错了]あたふたしているうちに,名前を書き違えた/cōngcongmángmáng de pǎochuqu[匆匆忙忙地跑出去]あたふたと走り出ていく.

***cōng·míng 聪明**[形]聡明である.利口である.¶~ nénggàn[~能干]聡明かつ有能である/nǎozi ~[脑子~]頭が良い.

⁑**cóng ~ qǐ 从~起**[組]…から.時間の起点を表す.¶cóng jīntiān qǐ xīn xuéqī kāishǐ le[从今天起新学期开始了]今日から新学期が始まった/cóng míngnián qǐ yǒuxiào[从明年起有效]来年から有効である.

⁑**cóngqián 从前**[名]以前.これまで.¶~ zhèr yǒu ge miào[~这儿有个庙]以前ここには廟があった/xiǎngqi ~,zhēn shì tài kǔ le[想起~,真是太苦了]昔のことを思い起こすと(当時は)本当につらかった.

†**cóngróng 从容**[形]❶落ち着いている.沈着である.¶jǔzhǐ ~[举止~]立ち居振る舞いが落ち着いている.❷(時間などに)余裕がある.¶shíjiān ~[时间~]時間に余裕がある.

cóng róng bù pò 从容不迫[成]ゆったりとして慌てないさま.落ち着き払

っている様子.¶～ de tàidu[～的态度]悠揚迫らぬ態度.

*cóngshì 从事[動]従事する.¶～ kēyán gōngzuò[～科研工作]科学研究の仕事に携わる／～ jiàoxué[～教学]教育に従事する.

†cóngtóu 从头[副](～儿)❶始めから.最初から.¶～ kāishǐ[～开始]最初から始める.❷改めて.新たに(…する).¶shībài le,～ zài lái[失败了，～再来]失敗したらもう一度やり直す.

cóng tóu dào wěi 从头到尾[成]始めから終わりまで.¶nǐ bǎ shìqing de jīngguò gěi wǒ ～ de shuō yí biàn[你把事情的经过给我～地说一遍]事のいきさつを始めから終わりまで私に一通り説明しなさい.

†cóng wèi 从未[副]今までに…したことがない.¶～ yǒuguo[～有过]これまでにない／～ shuōguo[～说过]今まで話したことがない.

cóngxiǎo 从小[副](～儿)小さい時から.¶～jiù xiǎng dāng yīshēng[～就想当医生]小さい時から医者になりたかった／～ jiù bú ài shuōhuà[～就不爱说话]幼い時から口数が少ない.

cóngzhōng 从中[副]その中から.中に立って.¶～ xīqǔ jiàoxun[～吸取教训]その中から教訓をくみとる／～ tiáojiě[～调解]中に立って取り持つ.

†còu 凑[動]❶寄せ集める.集まる.¶～ qián[～钱]お金を集める／dàjiā ～ dao yí chù[大家～到一处]みんな1ヵ所に集まる.❷出会う.ぶつかる.(機に)乗じる.¶～ rènao[～热闹]遊びに仲間入りする.❸近づく.近寄る.¶～jìn ěrbiān[～近耳边]耳元に近寄る／～ dao yǎnqián[～到眼前]目の前に近づく.

còu·he 凑合[動]❶集まる.集う.¶jǐ ge rén ～zai yìqǐ[几个人～在一起]数人一緒に集まる.❷寄せ集める.¶suíbiàn ～ jǐ jù jiù suàn le[随便～几句就算了]適当に言葉をいくつかつなげればそれでいい／～bùchūlái[～不出来]集められない.❸間に合わせる.我慢する.¶～ yòng[～用]間に合わせて使う／nǐ jiù ～～ ba[你就～～吧]もうこれで我慢しなさい.

còuqiǎo 凑巧[副]うまい具合に.折りよく.(望むこと,望まないこと両方に)ちょうど出くわす.¶zhēn bú ～,tā gāng zǒu[真不～，他刚走]あいにく,彼はたった今出かけたところです／wǒmen ～ zài chēzhàn pèngshang le[我们～在车站碰上了]私たちはうまい具合に駅でばったり出会った.

*cū 粗[形]❶太い.↔ xì 细 ¶～ mùtou[～木头]太い丸太／tuǐ ～[腿～]足が太い／～ xiàntiáo[～线条]太い線.❷(粒が)粗い.↔ xì 细 ¶～yán[～盐]粗塩.❸(声が)太い.↔ xì 细 ¶～ shēng ～ qì[～声～气]荒々しく太い声／sǎngyīn ～[嗓音～]声が太い.❹粗末である.粗雑である.↔ jīng 精 ¶dōngxi zuòde ～[东西做得～]ものの作りが粗末である／wénzhāng xiěde hěn ～[文章写得很～]文章の書き方が雑だ.❺そこつである.いい加減である.↔ xì 细 ¶xīn hěn ～[心很～]そそっかしい.❻荒々しい.粗暴である.¶～rén[～人]粗暴な人.[副]ほぼ.おおざっぱに.¶～ zhī yī èr[～知一二]少しは知っている／～ jù guīmó[～具规模]ほぼ体裁が整う／～～ kànle yí biàn[～～看了一遍]ざっと1度目を通した.

cù 促[動]❶促す.促進する.¶tā zhèige rén lǎn,yào jīngcháng ～yi～[他这个人懒，要经常～一～]この人は怠け者なので,常にせっつかないといけない／dū～[督～]督促する.❷〈書〉近寄る.近づく.¶～ xī tán xīn[～膝谈心][成]膝を交えて話し合う.

*cù 醋[名]❶酢.¶jiā diǎnr ～[加点儿～]少し酢を足す.❷〈喩〉嫉妬.¶～yì[～意]嫉妬心／chī～[吃～]やきもちを焼く.

†cuàn 窜[動]❶逃げ回る.逃げる.駆け回る.駆ける.¶xiǎotōu ～dao zhè yídài zuò'àn[小偷～到这一带作案]泥棒はこのあたりにきて盗みを働いている／～ lái ～ qù[～来～去]あちこち逃げ回る.あちこち駆け回る.❷文字を書き換える.改竄(かいざん)する.¶～gǎi[～改]勝手に書き換える.

cūbào 粗暴[形]荒々しい.粗暴である.¶tàidu ～[态度～]態度が粗暴

だ／xìnggé ～[性格～]性格が荒々しい.

*cuī 催[動]❶催促する.せき立てる.¶～ tā kuài huílai[～他快回来]早く帰ってくるよう彼をせかす／méi rén ～ nǐ,mànmānr lái[没人～你，慢慢儿来]誰もせかしてないからゆっくりおやり／túshūguǎn ～ nǐ huán shū ne[图书馆～你还书呢]図書館が君に本を返すよう催促しているよ.❷促進する.早める.¶～mián[～眠]眠気を催す.催眠／～shēng[～生]出産を促す.

cuì 脆[形]❶もろい.壊れやすい.¶zhèi zhǒng jīnshǔ hěn ～[这种金属很～]この種の金属はとてももろい.❷(食べ物が)さくさくしている.歯ざわりがよい.¶huánggua hěn ～[黄瓜很～]キュウリはシャキシャキしている／bǐnggān fàngde tài jiǔ le,bú ～ le[饼干放得太久了，不～了]ビスケットは長いこと放っておいたため,しけってしまった.❸(声や音が)澄んでいる.冴えている.¶língshēng hěn ～[铃声很～]鈴の音が冴えている／sǎngzi tǐng ～[嗓子挺～]声がよく通る.

cuīcán 摧残[動](政治・経済・文化・身体・精神などを)打ち壊す.破壊する.¶shòudao ～[受到～]打撃を受ける／yánzhòng ～[严重～]重大な損害.

†cuīhuǐ 摧毁[動]打ち砕く.粉砕する.¶～ dírén de zhèndì[～敌人的阵地]敵の陣地を破壊する／xìnxīn bèi ～ le[信心被～了]自信が叩きつぶされた／àiqíng bèi ～ le[爱情被～了]愛情が打ち砕かれた.

cuìlǜ 翠绿[形]翡翠(ひすい)のような緑色をしている.青緑色である.注程度副詞"很"hěnで修飾できない.¶～ de bǎoshí[～的宝石]青緑色の宝石.

cuìruò 脆弱[形]脆弱(ぜいじゃく)である.もろくて弱い.¶gǎnqíng ～[感情～]情にもろい／～ de shēntǐ[～的身体]弱々しい体.

*cùjìn 促进[動]促進する.促進させる.¶～ fāzhǎn[～发展]発展を促進する／màoyì ～huì[贸易～会]貿易促進会.

cūliáng 粗粮[名]トウモロコシ,コウリャンなどの雑穀.豆類.(対して白米や小麦粉を"细粮"xìliángという)

cū·lǔ 粗鲁[形]粗野である.無骨である.¶shuōhuà ～[说话～]話し方が粗野だ／～ de jǔzhǐ[～的举止]粗野なふるまい.

*cún 存[動]❶存在する.生存する.¶zhèi jiàn shì guānxidao mínzú de shēngsǐ ～wáng[这件事关系到民族的生死～亡]この件は民族の生死存亡にかかわる.❷蓄える.保存する.¶jiǔ ～ de shíjiān yuè cháng yuè hǎo[酒～的时间越长越好]お酒は寝かしておく時間が長ければ長いほどよい.❸蓄積する.たまる.ためる.¶～liáng bù duō le[～粮不多了]食糧の備蓄が少なくなった／～zhé[～折]預金通帳.❹預ける.¶～chēchù[～车处]自転車預かり所／bǎ xíngli zàn ～ yíxià[把行李暂～一下]荷物をちょっと預けよう.❺保留する.¶huà ～zai xīnli[话～在心里]話を胸のうちにしまっておく.❻(ある考えを)心に留める.心に抱く.¶～huàixīn[～坏心]悪い考えを抱く／～ de shì shénme xīn?[～的是什么心?]どんなたくらみを持っているのだ／bù ～ huànxiǎng[不～幻想]幻想を抱かない／xīn ～ gǎnjī[心～感激]心に感謝の気持ちを抱く.[名]残高.残り.¶kù～[库～]在庫品.手持ち資金.

*cùn 寸[量](長さの単位)寸."尺"chǐの10分の1.約3.3センチ.

cúnfàng 存放[動]預ける.保存する.¶～zai bīngxiāng li[～在冰箱里]冷蔵庫に保存する／bǎ yìxiē zànshí bú yòng de dōngxi ～zai péngyou jiā[把一些暂时不用的东西～在朋友家]しばらく使わない物を友だちの家に預ける.

cún//kuǎn 存款[動]預金する.¶tā zài yínháng li cúnle bùshǎo kuǎn[他在银行里存了不少款]彼は銀行にかなり預金している.[名]預金.¶nǐ yǒu duōshao ～? [你有多少～?]あなたはいくら預金がありますか.

*cúnzài 存在[動]存在する.¶hái ～zhe bù shǎo wèntí[还～着不少问题]まだ多くの問題が存在する／gēnběn bù ～[根本不～]もともと存在しない.

†**cūnzhuāng 村庄**[名]村.村落.

†**cūn·zi 村子**[名]村.注口語として用いられ“村庄”cūnzhuāngよりくだけた言い方.

†**cuō 搓**[動]こする.¶～ shǒu[～手]手を擦り合わせる／～ liǎn[～脸]顔をこする.

⁑**cuò 错**[形]❶間違っている.↔ duì 对 ¶suàn～le zhàng [算～了账]勘定を間違えた.❷悪い.劣る.(否定で用いる)¶zì xiěde zhēn bú～[字写得真不～]字を書くのが実に上手だ／～buliǎo[～不了]間違うはずがない.[名](～儿)間違い.誤り.¶chū ～[出～]間違いが生じる／méi ～[没～]間違いない／rèn ge ～[认个～]過ちを認める.

cuōshāng 磋商[動]繰り返し相談する.協議する.¶jīngguò fǎnfù ～[经过反复～]繰り返しの協議を経る／hé yǒuguān bùmén jìnxíng ～[和有关部门进行～]関係部門と協議を行う.

*__cuòshī 措施__[名]措置.処置.対策.¶cǎiqǔ ～[采取～]措置を取る／yǒuxiào ～[有效～]有効な措置.

⁑**cuò·wù 错误**[名]過ち.ミス.¶fàn ～[犯～]過ちを犯す／gǎizhèng ～[改正～]間違いを改める／chéngrèn ～[承认～]過ちを認める／～ de jiélùn[～的结论]間違った結論.

†**cuòzhé 挫折**[名]挫折.つまずき.¶jīngdeqǐ ～[经得起～]挫折に耐えられる／shòudao ～[受到～]つまずく／yìdiǎnr xiǎo ～[一点儿小～]ちょっとした挫折.

†**cuòzì 错字**[名]誤字.誤植.¶gǎi ～[改～]誤字を直す.

†**cùshǐ 促使**[動](…するように)仕向ける.促す.¶xìnggé bùhé ～le tāmen guānxi èhuà[性格不合～了他们关系恶化]性格の不一致が彼らの関係の悪化を促した／zhèi jiàn shì ～ wǒ xiàle juéxīn[这件事～我下了决心]このことが私に決心させた.

cūxì 粗细[名]❶太さ.¶liáng ～[量～]太さを測る.❷(仕事の)細やかさ.緻密さ.¶huór de ～[活儿的～]仕事の緻密さ.

†**cūxīn 粗心**[形]そそっかしい.不注意である.¶duì gōngzuò hěn ～[对工作很～]仕事に対して注意が足りない／～ róngyì chū cuò[～容易出错]不注意は間違いを起こしやすい.

†**cū xīn dà yì 粗心大意**成そそっかしいこと.慎重さを欠きうかつであること.¶zhèi jiàn shì hěn zhòngyào, qiānwàn bù néng ～[这件事很重要，千万不能～]これは大変重要なことだから,絶対に慎重さを欠いてはならない／tā shì ge ～ de rén[他是个～的人]彼はそそっかしい人間である.

谜语 答えがCで始まるなぞなぞ 1

生在山中，	Shēngzài shānzhōng,	生まれたところは山の中,
一色相同，	yísè xiāngtóng,	みんながみんな同じ色,
到了水里，	dàole shuǐli,	水の中に入ったら,
有绿有红。	yǒu lǜ yǒu hóng.	あいつは緑で，こいつは紅い.

(答えは130～131ページの中に)

谜语 答えがCで始まるなぞなぞ 2

一头空，	Yì tóu kōng,	片方がからっぽ,
一头实，	yì tóu shí,	片方はぎっしりつまっている,
一头青，	yì tóu qīng,	片方が青く,
一头白。	yì tóu bái.	片方は白いもの.

(答えは150～151ページの中に)

D,d

★dā 搭[動]❶(左右に)架け渡す.組み立てる.¶～qiáo[～桥]橋を架ける／～ jīmù[～积木]積み木を積む.❷上からかける.かぶせる.¶jiānshang ～zhe yì tiáo máojīn[肩上～着一条毛巾]肩にタオルをかけている／bǎ yīfu ～zai yǐbèi shang[把衣服～在椅背上]服をイスの背にかける.❸つなぐ.¶bǎ liǎng gēn shéngzi ～zai yìqǐ[把两根绳子～在一起]2本の縄をつなげる／qiányán bù ～ hòuyǔ[前言不～后语]話のつじつまが合わない.❹付け加える.¶～ bǎ shǒu[～把手]手を貸す／mǐfàn búgòu,～ diǎnr miànbāo chī[米饭不够，～点儿面包吃]ご飯が足りないので,パンを足そう.❺2人以上の人で物を地面より少し高く持ち上げる.移動させる.¶bǎ zhuōzi zài ～gāo diǎnr[把桌子再～高点儿]机をもう少し高く持ち上げて.❻(車,船などに)乗る.¶～chuán [～船]船に乗る.➡ 見る類 p.428

†dá 达*[動]❶通じる.¶zhèi liè huǒchē zhí～ Běijīng[这列火车直～北京]この列車は北京まで直通だ.❷達成する.到達する.¶bù ～ mùdì bú bàxiū[不～目的不罢休]目的を達成するまではやめない／bàomíng rénshù yǐ ～ sānbǎi rén[报名人数已～三百人]応募者はすでに300人に達している.❸物事に精通している.よく分かっている.¶zhī shū ～ lǐ[知书～礼]成学問があり礼節をわきまえている.❹伝える.表現する.¶cí bù ～ yì[词不～意]成言葉が意を伝えない.用いる言葉が不適当だと気持ちが伝わらないということ.

★dá 答[動]答える.解答する.↔ wèn 问 ¶tā ～de hěn hǎo[他～得很好]彼はきちんと答えた／～bushànglái[～不上来]答えられない.

☆dǎ 打[動]❶手や器具などで物を打つ.たたく.¶～gǔ[～鼓]太鼓をたたく／yòng mùgùn bǎ shìzi ～xialai[用木棍把柿子～下来]棒で柿をたたき落とす.❷割る.割れる.¶～ jīdàn[～鸡蛋]卵を割る／bǎ bēizi ～ le[把杯子～了]コップを割った.❸殴る.攻める.¶～ rén[～人]人を殴る.❹人とやりとりをする.¶～dǔ[～赌]賭けをする／～ guānsi[～官司]訴えを起こす.❺かき混ぜる.¶～ jiàngzi[～糨子]のりを作る.❻縛る.くくる.¶～ bāoguǒ[～包裹]小包にする／～ xíngli[～行李]荷造りをする.❼編む.¶～máoyī[～毛衣]セーターを編む.❽掘る.うがつ.¶～jǐng[～井]井戸を掘る／～yǎnr[～眼儿]穴を開ける.❾掲げる.揚げる.¶～ sǎn[～伞]傘をさす／～ qízi[～旗子]旗を掲げる.❿発する.出す.¶～léi[～雷]雷が鳴る／～ diànhuà[～电话]電話をかける.⓫汲む.¶～ shuǐ[～水]水を汲む.⓬買う.¶～ jiǔ[～酒]酒を買う／～ yóu[～油]油を買う.⓭(獣や鳥などを)捕る.¶～yú[～鱼]魚を捕る.⓮(案などを)固める.定める.計算する.¶～ cǎogǎo[～草稿]草稿を書く／～ zhǔyi[～主意]悪だくみする／chéngběn ～ èrbǎi kuài qián[成本～二百块钱]コストを200元とする.⓯(ある種の遊技を)する.やる.¶～ májiàng[～麻将]マージャンをやる／～tàijíquán[～太极拳]太極拳をやる.⓰(ある種の動作を)する.¶～ shǒushì[～手势]手まねをする／～ hāqian[～哈欠]あくびをする／～ kēshuì[～瞌睡]居眠りをする／～ pēntì[～喷嚏]くしゃみをする.➡ 見る類 p.146,411,523

†dǎ 打[前]…から.…より.¶～ nǎr lái?[～哪儿来?]どこから来ましたか／～míngtiān qǐ, wǒ tiāntiān pǎobù[～明天起,我天天跑步]明日から私は毎日ジョギングする.

☆dà 大[形]❶(体積・面積・数量・程度・年齢などが)大きい.↔ xiǎo 小 ¶～ chéngshì[～城市]大都市／zhème ～ de yǔ![这么～的雨!]こんなに激しい雨!／niánjì ～ le[年纪～了]

年をとった.❷("这么"zhèmeや "多"duōの後にきて)大きさ.サイズ.¶shì zhème ～ ma?[是这么～吗?]これくらいの大きさですか/nǐ háizi jīnnián duō ～ le?[你孩子今年多～了?]お子さんは今年おいくつですか.*❸兄弟や血縁の序列の一番上.¶lǎo～[老～]長男.長女/～jiě[～姐]一番上の姉*❹大人.年寄り.¶yì jiā ～xiǎo[一家～小]一家の老若全員.*❺(相手または相手に関する言葉の前に置いて)敬意を表す.¶zūnxìng ～míng[尊姓～名]ご高名/nín de ～zuò wǒ yǐjing bàidú le[您的～作我已经拜读了]貴著はすでに拝読致しました.*❻(天候・季節・祝日などを表す語の前に置いて)強調を示す.¶～rètiān[～热天]ひどく暑い日/yí～zǎo, nǐ shàng nǎr qù?[一～早，你上哪儿去?]こんなに朝早くから,どこに行くの.❼程度が甚だしい.¶～hóng[～红]深紅色/～ chī yì jīng[～吃一惊]びっくり仰天する. ❽("不"bùの後につけて)あまり…でない.¶bú～ ài shuōhuà[不～爱说话]あまり話をしたがらない/shēntǐ bú～ hǎo[身体不～好]体の具合があまりよくない.

*****dá'àn 答案**[名]答え.解答.¶biāozhǔn ～[标准～]標準的な答え/wèntí de ～[问题的～]問題の解答.

dàbā 大巴[名]大型バス."巴"は"巴士"bāshì(バス)の略.

†**dǎ//bài 打败**[動]❶打ち負かす.¶～le duìshǒu[～了对手]相手を打ち負かした.❷戦争や試合などで負ける.敗戦する.¶zuótiān wǒmen duì ～le,zhǐ déle dì sì míng[昨天我们队～了，只得了第四名]昨日我々のチームは負けて4位にとどまった.

*****dǎ·ban 打扮**[動]容姿や身なりを装う.着飾る.¶～de hěn piàoliang[～得很漂亮]装いがとてもきれいだ/ài ～[爱～]おしゃれ.[名]装ったいでたち.身なり.¶xuésheng ～[学生～]学生風の身なり/zhèi shēn ～ zhēn shuài![这身～真帅!]このいでたちは実にかっこいい.

†**dàbàn 大半**[名](～儿)大半.大部分.¶zhèige bùmén ～ dōu shì niánqīngrén[这个部门～都是年轻人]この部門は大半が若い人だ/zhèixiē shū ～ dōu shì zìjǐ mǎi de[这些书～都是自己买的]これらの本は大半が自分で買ったものだ.[副]たぶん.おそらく.¶～ yào xià yǔ[～要下雨]おそらく雨が降るだろう.

dábiàn 答辩[動](非難や疑問に)答弁する.弁明する.¶duì tā de zhǐkòng, nǐ kěyǐ ～[对他的指控，你可以～]彼の訴えに対してあなたは弁明してもよい/lùnwén yǐjing xiěhǎo le, xiàxīngqī ～[论文已经写好了,下星期～]論文はすでに書き上げ,来週は質疑応答だ.

*****dàbiàn 大便**[名]大便.¶～ bùtōng[～不通]便通が悪い/～ zhèngcháng[～正常]お通じが正常だ.[動]大便をする.

dǎ//chà 打岔[動](人の話や仕事を)妨げる.話の腰を折る.¶wǒ hái méi shuōwán ne,nǐ bié ～[我还没说完呢，你别～]まだ話の途中なのだから,水をささないでくれ.

dā//chē 搭车[動]車に乗る.人の車に同乗する.¶～ lǚxíng[～旅行]ヒッチハイク/jīntiān wǒ dā Xiǎo-Zhāng de chē zǒu,nǐmen xiān zǒu ba[今天我搭小张的车走，你们先走吧]今日私は張君の車に乗って行くから,君たちは先に行ってください.→見る類 p.428

dàchén 大臣[名]大臣.重臣.注中国の国務院(日本の内閣に相当する)で大臣にあたる職名は"部长"bùzhǎngという.

†**dáchéng 达成**[動](合意などに)達する.成立する.¶～ xiéyì[～协议]合意に達する/～ jiāoyì[～交易]取引が成立する.

dà chī dà hē 大吃大喝成大いに飲み食いする.¶～ de wāifēng[～的歪风](接待などで)大いに飲み食いする悪い風潮.

dà～dà～ 大～大～呼単音節の名詞・動詞・形容詞の前に置いて程度が甚だしいことを表す.¶dà jiǔ dà ròu[大酒大肉]宴席での大盤ぶるまい/dà chǎo dà nào[大吵大闹]激しく口論する.

†**dàdà 大大**[副]大いに.¶～ tígāole jījíxìng[～提高了积极性]意欲が大いに向上した／～ jiǎnqīngle fùdān[～减轻了负担]負担が大幅に軽減した.

★**dàdǎn 大胆**[形]大胆である.¶zhēn gòu ～ de![真够～的!]本当に大胆だ!

★**dá∥dào 达到**[動](目標や目的に)到達する.達成する.¶～ mùdì[～目的]目的を達成する／wàiyǔ ～ dàxué bìyè de shuǐpíng[外语～大学毕业的水平]外国語は大学卒業レベルに達している.

類義語 **dádào 达到 dàodá 到达**
►"达到"は目的やレベル,程度,要求などに「達する」ことを表す.¶达到国际标准 dádào guójì biāozhǔn(国際基準に到達する)►"到达"はある地点に「到着する」ことを表す.¶飞机八点到达虹桥机场 fēijī bā diǎn dàodá Hóngqiáo Jīchǎng(飛行機は8時に虹橋空港に到着する)

★**dǎ∥dǎo 打倒**[動]打倒する.つぶす.¶～ tānguān wūlì[～贪官污吏]汚職官吏を打倒する／chèdǐ ～[彻底～]徹底的につぶす.

†**dàdào 大道**[名]〔tiáo 条〕❶大通り.❷大道.正道.

★**dǎ∥dí 打的**[動]タクシーに乗る."的"は"的士"díshì(タクシー)の略.¶～ qù yào bàn ge xiǎoshí[～去要半个小时]タクシーで行くと30分かかる／lù bù yuǎn,búyòng ～[路不远,不用～]遠くないからタクシーで行く必要はない.

†**dàdì 大地**[名]大地.¶zǔguó ～[祖国～]祖国の大地.

★**dǎ∥diào 打掉**[動]❶(たたくなどして)落とす.¶shùshang de zǎo dōu bèi ～ le[树上的枣都被～了]木の上のナツメは全部たたき落とされてしまった.❷そぐ.失わせる.¶wǒmen duì yíngle liǎng chǎng,～le tāmen de qìyàn[我们队赢了两场,～了他们的气焰]我々のチームが2勝し,彼らの気勢をそいだ.

†**dǎdòng 打动**[動](人を)感動させる.(心を)うつ.¶zhèi shǒu gē shēnshēn ～le wǒ[这首歌深深～了我]私はこの歌に深く心をうたれた／guānzhòng de xīn bèi ～ le[观众的心被～了]観衆の心は感動でいっぱいになった.

†**dàdōu 大都**[副]ほとんど.¶gōngsī li de rén ～ huì wàiyǔ[公司里的人～会外语]会社のほとんどの人は外国語ができる／yǒumíng de diànyǐng wǒ ～ kànguo[有名的电影我～看过]有名な映画は私はほとんど見ている.¶規範的にはdàdūという.

★**dǎ∥duàn 打断**[動]❶遮る.¶tā ～le wǒ de huà[他～了我的话]彼は私の話を遮った.❷断ち切る.¶zhànzhēng zhōng tā de tuǐ bèi ～ le[战争中他的腿被～了]戦争中に彼は足を切断した.

†**dàduì 大队**[名]〔軍〕大隊.

dàduō 大多[副]ほとんど.おおかた.¶xīngqītiān ～ zài jiā[星期天～在家]日曜日はほとんど家にいる／jiājù ～ shì mùzhì de[家具～是木制的]家具はほとんど木製だ.

★**dàduōshù 大多数**[名]大多数.¶zhèli de yínháng ～ zhōngwǔ dōu xiūxi[这里的银行～中午都休息]このあたりの銀行はほとんどが昼休みをとる／wǒmen shì ～,shǎoshù rén bù tóngyì yě méi guānxi[我们是～,少数人不同意也没关系]私たちは多数派なので,少数派の同意を得られなくても構わない.

dǎ·fa 打发[動]❶行かせる.遣わす.¶～ rén qù wènwen[～人去问问]人をたずねにやる.❷立ち去らせる.¶bǎ tā ～ zǒu le[把他～走了]彼を帰らせた.❸(時・年月を)過ごす.費やす.¶～ shíjiān[～时间]時間をつぶす.

†**dà·fang 大方**[形]❶気前がよい.けちけちしていない.¶chūshǒu ～[出手～]金銭的に気前がよい.❷態度が堂々としている.¶jǔzhǐ ～[举止～]ふるまいが堂々としている／zhè gūniang dàdafāngfāng de,yìdiǎnr yě bú zuòzuo[这姑娘大大方方的,一点儿也不做作]この娘さんはとても堂々としてわざとらしいところが少しもない.❸

(様式や色などが)上品である.あかぬけている.¶yīfu kuǎnshì ～[衣服款式～]服のデザインが上品だ/fángjiān bùzhìde hěn ～[房间布置得很～]部屋の装飾があかぬけている.

†**dá·fù 答复**[動]回答する.返答する.¶nèi jiàn shì tāmen hái méi ～[那件事他们还没～]あのことについて彼らはまだ回答していない/qǐng ～ yíxià[请～一下]返事をしてください.[名]回答.返事.¶tā suǒ qīdài de yě zhèng shì zhèyàng de ～[她所期待的也正是这样的～]彼女が期待していたのもまさにこういう返事だった.

dàfúdù 大幅度[形]大幅である.¶niándǐ jiāng ～ jiàngjià[年底将～降价]年末に大幅な値下げの予定だ.

⁑**dàgài 大概**[形]おおかたの.おおよその.¶～ de yùcè[～的预测]おおかたの予測/～ de fēnxī[～的分析]おおよその分析.[副]たぶん.おそらく.¶tā ～ yuèdǐ néng huíguó ba[他～月底能回国吧]彼はおそらく月末には帰国できるだろう/jīnwǎn ～ huì xià yǔ ba[今晚～会下雨吧]今夜はたぶん雨だろう.

類義語 dàgài 大概　dàyuē 大约
►ともに数量・時間についての推測や,また状況・可能性への推定・推測を表し,“大概”は多く状況・可能性についての推測を表す際に用いる.¶明天大概会下雨 míngtiān dàgài huì xià yǔ(明日はおそらく雨だろう)►“大约”は数量・時間についての推定を表す際に用いることが多い.¶王老师大约五十来岁 Wáng lǎoshī dàyuē wǔshí lái suì(王先生はだいたい50歳です)

†**dàgē 大哥**[名]❶一番上の兄.❷自分と同年輩の男性に対する敬称.

†**dàgēdà 大哥大**[名]携帯電話.もとは香港で使われていた言葉だが,のちに中国本土でも使われるようになった.現在は“手机”shǒujīと言うことが多い.¶zhèi zhǒng ～ yǐjing guòshí le[这种～已经过时了]この手の携帯電話はもう流行遅れだ.

dà gōng wú sī 大公无私成少しも私心がない.¶xiàng tā nàme ～ de rén zài yě zhǎobuchū dì èr ge lai le[像他那么～的人再也找不出第二个来了]彼のように私欲のない人はもはや二人と見つけられなくなった.

dàguīmó 大规模[形]大規模である.大がかりである.¶～ de xíngdòng[～的行动]大々的な行動.

dàguōfàn 大锅饭[名]大鍋で炊いた飯.〈喩〉親方日の丸.¶chī ～[吃～](働きにかかわらず)同じ生活待遇を受けるたとえ/dǎpò ～[打破～]悪平等を打破する.

*__dàhuì 大会__[名]大会.総会.¶fùnǚ dàibiǎo ～[妇女代表～]婦人代表大会/kāi qìngzhù ～[开庆祝～]祝賀大会を開く.

*__dàhuǒr 大伙儿__[代]〈口〉みんな.一同.¶～ yìqǐ nǔlì[～一起努力]みんな一緒に努力する/duōxiè ～ bāngzhù[多谢～帮助]皆さんのご協力ありがとうございます.

*__dāi 呆__[形]❶愚かである.機転がきかない.¶～ tóu ～ nǎo[～头～脑]頭の働きが鈍いさま.❷ぼんやりする.ぽかんとする.¶～～ de kànzhe chuāngwài[～～地看着窗外]ぼんやりと窓の外を見ている/xià～ le[吓～了]あっけにとられてぽかんとする.[動]〈口〉いる.とどまる.¶zài ～ huìr ba[再～会儿吧]もう少しいてください.

†**dài 代**[動]❶代わる.¶～ tā dǎgōng[～他打工]彼に代わってアルバイトをする/～ wǒ xiàng dàjiā wènhǎo![～我向大家问好!]私に代わって皆さんによろしくお伝えください.❷代理となる.¶kēzhǎng bú zài shí shéi néng ～ yíxià?[科长不在时谁能～一下?]課長が不在の時には誰が代理をつとめるのですか.

*__dài 代*__[名]❶(歴史の)時代.代.¶gǔ～[古～]古代/Hàn～[汉～]漢代/xiàn～[现～]現代.注一般に1919年の五・四運動以後をさす.❷世代.¶zhè yí～ niánqīngrén[这一～年轻人]今の世代の若者/jiàoyùhǎo xià yí～[教育好下一～]次の世代をきちんと教育する.

†**dài 带**[名]❶(～儿)帯・ひも・ベルトの類.¶pí～[皮～]皮ベルト/xié～[鞋～]靴ひも/cí～[磁～]カセットテープ.*❷(自転車の)タイヤ.¶chē～[车～]タイヤ/hòu～ zhā le[后～扎了]後輪がパンクした.

D

⁑**dài 带**[動]❶携帯する.持つ.¶～ bǎ yǔsǎn[～把雨伞]傘を持つ/～ héfàn[～盒饭]弁当を持参する.❷ついでに…する.¶chūqu shí bǎ mén ～shang[出去时把门～上]出かける時ついでにドアを閉めてください/bāng wǒ ～ zhāng wǎnbào huílai[帮我～张晚报回来]ついでに夕刊を買ってきてください.❸帯びる.含む.¶miàn ～ xiàoróng[面～笑容]顔に笑みを浮かべる.❹付着している.付帯している.¶～ xiàngpí de zìdòng qiānbǐ[～橡皮的自动铅笔]消しゴム付きシャープペンシル.❺連れていく.率いる.¶wǒ ～ nǐ qù ba[我～你去吧]私があなたをお連れしましょう.❻導く.影響する.¶wǒ bèi tā ～de yě xǐhuan chàng gē le[我被他～得也喜欢唱歌了]彼に影響されて,私も歌を歌うのが好きになった.❼世話をする.¶～ háizi[～孩子]子供の世話をする.➡[類義語] péi 陪 ➡[見る類] p.399

dài 待[動]❶扱う.¶zhèyàng ～ tā kě bú duì[这样～他可不对]こんなふうに彼を扱うのは間違っている.❷もてなす.¶rèqíng ～kè[热情～客]心のこもったもてなしをする.

dài 待[動]❶待つ.¶～ fēnpèi[～分配]配属を待つ/～jī xíngshì[～机行事]機会を待って事をすすめる.❷必要とする.¶yǒu～ jìn yí bù yánjiū[有～进一步研究]さらに研究をすすめる必要がある.❸…しようとする.¶zhèng ～ chūmén,yǒu rén lái le[正～出门，有人来了]ちょうど出かけようとしたら人が来た.

dài 贷*[動]借りる.貸し出す.¶xiàng yínháng ～ diǎnr qián[向银行～点儿钱]銀行からお金を借りる/yínháng ～gěi gōngchǎng dàliàng kuǎnxiàng[银行～给工厂大量款项]銀行は工場に大口の資金を貸し付けている.

***dài 袋**[名](～儿)袋.¶bù～[布～]布袋/sùliào～[塑料～]ビニール袋/yī～[衣～]ポケット.[量](～儿)袋入りのものを数える.¶liǎng ～ dàmǐ[两～大米]米2袋/yí ～ qiǎokèlì[一～巧克力]チョコレート1袋.

⁑**dài 戴**[動]物を頭・顔・胸・腕などにつける.↔ zhāi 摘 ¶～ màozi[～帽子]帽子をかぶる/～ shǒutào[～手套]手袋をはめる/～ yǎnjìng[～眼镜]眼鏡をかける/～ jièzhi[～戒指]指輪をはめる/～ xiàngliàn[～项链]ネックレスをつける/～ ěrhuán [～耳环]イヤリングをつける/xiōng qián ～ báihuā[胸前～白花]白い花を胸につける.➡[見る類] p.141

†**dàibàn 代办**[動]代理で処理する.¶zànshí ～[暂时～]一時的に代理で処理する/zhèi jiàn shì nǐ gěi ～ yíxià ba[这件事你给～一下吧]この

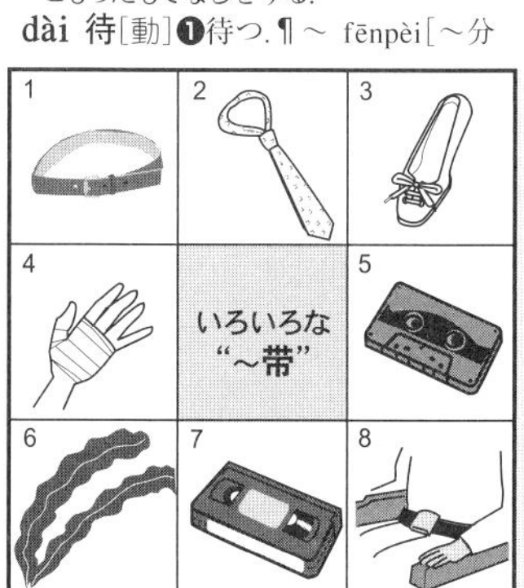

◁◁◀ 逆引きウインドウズ

1 腰带	yāodài	ベルト
2 领带	lǐngdài	ネクタイ
3 鞋带	xiédài	靴ひも
4 绷带	bēngdài	包帯
5 磁带	cídài	カセットテープ
6 海带	hǎidài	昆布
7 录像带	lùxiàngdài	ビデオテープ
8 安全带	ānquándài	安全ベルト

ことは私に代わってあなたがやってください.[名]❶国家が外務大臣名義で駐在させている外交代表.❷代理大使.¶línshí ～[临时～]臨時代理大使.

☆**dàibiǎo 代表**[名](選ばれて派遣された)代表.¶réndà ～[人大～]人民代表大会の代表.[動]なり代わる.代表する.¶wǒ ～ dàjiā biǎoshì rèliè de huānyíng[我～大家表示热烈的欢迎]皆を代表して心より歓迎申し上げます／jīntiān de huìyì yóu tā ～ qù[今天的会议由他～去]今日の会議は彼が代表して行く.

dàibiǎotuán 代表团[名]代表団.¶péi ～ cānguān[陪～参观]代表団のお供をして見学する.

†**dàibǔ 逮捕**[動]逮捕する.¶～ shārénfàn[～杀人犯]殺人犯を逮捕する.

dàicí 代词[名]〔語〕代詞.

†**dàidòng 带动**[動]❶動力で動かす.¶yòng mǎdá ～ zhībùjī[用马达～织布机]モーターで織機を動かす.❷率先して指導する.導く.¶zài tā de ～ xia,dàjiā dōu cānjiāle zhèige huódòng[在他的～下，大家都参加了这个活动]彼の先導のもと,皆この活動に参加した.

☆**dài·fu 大夫**[名]〔wèi 位〕〈口〉医者.¶Wáng ～[王～]王先生.王医師／qǐng ～[请～]医者に来てもらう.

> 類義語 **dàifu 大夫 yīshēng 医生**
> ►"医生"は職業の正式な呼称として用いる."大夫"にこの用法はない.¶我想当医生 wǒ xiǎng dāng yīshēng(私は医者になりたい)►正式職名以外の場合は,"大夫","医生"は置き換えられる.("大夫"は中国北方に多い表現)¶刘{大夫/医生},您好 Liú {dàifu / yīshēng}, nín hǎo (劉先生,こんにちは)／这里的{大夫／医生}很亲切 zhèli de {dàifu / yīshēng}hěn qīnqiè(ここのお医者さんは親切だ)

dài//gōng 怠工[動]怠業する.サボタージュする.¶xiāojí ～[消极～]仕事を怠ける.

dàihào 代号[名]機密保持のために実名の代わりに用いる番号.記号.¶xíngdòng ～[行动～]コードネーム／bùduì ～[部队～]部隊で用いる略号.

†**dàijià 代价**[名]代償.¶fùchū de ～ tài dà le[付出的～太大了]支払った代償は大きすぎた／bùxī rènhé ～[不惜任何～]いかなる代償も惜しまない.

dàijìn 带劲[形]❶(～儿)やる気がある.元気がある.¶gànde zhēn ～[干得真～]てきぱきやる／pǎode hěn ～[跑得很～]元気よく走る.❷興味をそそる.面白い.¶zhèi bù piānzi kě ～ le![这部片子可～了!]この映画はとても面白い／zìjǐ kāichē cái ～ ne[自己开车才～呢]自分で車を運転してこそ面白いというものだ.

dài//kuǎn 贷款[動]金を貸す.融資する.¶yínháng ～ gěi qǐyè[银行～给企业]銀行は企業に融資している.

dàikuǎn 贷款[名]貸付金.ローン.¶tígōng ～[提供～]貸付を供与する／huán ～[还～]ローンを返済する.

†**dàilǐ 代理**[動]代行する.代理する.¶～ zhǔrèn zhíwù[～主任职务]主任の職務を代行する／yóu Běijīng bànshìchù quánquán ～[由北京办事处全权～]北京事務所が全権を代行する.

†**dàilǐng 带领**[動]❶引率する.案内する.¶bānzhǎng ～ tóngxuémen láidaole cāochǎng[班长～同学们来到了操场]学級長はクラスメイトを引率して運動場へやって来た.❷指導する.指揮する.¶～ bùduì[～部队]部隊を指揮する.

dàimàn 怠慢[動]❶冷たくあしらう.¶bù néng ～ kèrén[不能～客人]お客様に失礼があってはならない.❷挨拶言葉として,接待が不行き届きであることを表す場合に使う.¶duō yǒu ～ shízài bàoqiàn[多有～实在抱歉]いろいろと不行き届きの点がありますが,どうぞお許しください.

dāi ruò mù jī 呆若木鸡成木彫りの鶏のようにぼうっとしているさま.¶wūzi li de rén ～ de zuòzai yǐzi shang yí dòng yě bú dòng[屋子里的人～地坐在椅子上一动也不动]部屋の中の人はぽかんとして椅子に座ったまま,ぴくりとも動かなかった.

dàishù 代数[名]〔数〕代数.代数学.

*__dàitì 代替__[動]代わりをつとめる.取って代わる.¶wǒ ～ nǐ qù yí tàng ba[我～你去一趟吧]私があなたの代わりに行きましょう/yòng yán ～ jiàngyóu[用盐～酱油]醤油の代わりに塩を使う.

†**dài∥tóu 带头**[動](～儿)率先して行動を起こしほかの手本となる.¶tā shì wǒmen de ～rén[他是我们的～人]彼は我々のリーダーだ/wǒ lái dài ge tóu[我来带个头]私がまずやろう.

dǎitú 歹徒[名]犯人.¶xiōnghěn de ～[凶狠的～]凶悪犯/～ bèi zhuāhuò le[～被抓获了]犯人は逮捕された.

dài∥yè 待业[動]求職中である.¶dàile liǎng nián yè[待了两年业]就職浪人を2年した/～ qīngnián[～青年]求職中の若者.

†**dàiyù 待遇**[名]❶人に対する態度.扱い.¶píngděng de ～[平等的～]平等な扱い.❷(給料などの)待遇.¶～ yōuhòu[～优厚]待遇がよい.

†**dǎjī 打击**[動]❶たたく.打つ.¶～ yuèqì[～乐器]打楽器.❷攻撃する.¶yánlì ～ xíngshì zuìfàn[严厉～刑事罪犯]刑事犯を厳しく処罰する.

†**dǎ∥jià 打架**[動]殴り合いのけんかをする.¶gēn rén ～[跟人～]人と殴り合いのけんかをする/yòu dǎle yí jià[又打了一架]またけんかした.

*__dàjiā 大家__[代]みんな.皆さん.¶tì wǒ xiàng ～ wènhǎo[替我向～问好]皆さんによろしくお伝えください/wǒmen ～ dōu qù[我们～都去]私たちはみんな行く.

dǎjiǎo 打搅[動]おじゃまする.¶zhème wǎn lái ～ nín,zhēn bù hǎoyìsi![这么晚来～您，真不好意思!]こんな遅くにおじゃまして,本当に申し訳ありません.

†**dǎ jiāo·dao 打交道**㊞〈口〉交際する.つきあう.¶gēn tā ～ hěn máfan[跟他～很麻烦]彼とはつきあいにくい/gēn Lǎo-Wáng dǎle jǐshí nián jiāodao[跟老王打了几十年交道]王さんとは数十年のつきあいだ.

*__dàjiē 大街__[名]〔tiáo 条〕大通り.繁華街.¶～ xiǎoxiàng[～小巷]大通りと路地.街の至る所/guàng ～[逛～]繁華街をぶらつく.

dà jīng xiǎo guài 大惊小怪㊗大げさに騒ぐ.¶zhème yí ge xiǎo chóngzi zhídé nǐ nàme ～ de![这么一个小虫子值得你那么～的!]こんな小さな虫1匹でそんなに大げさに騒ぐなんて.

dàjú 大局[名]全体の情勢.大勢.¶yǐ ～ wéi zhòng[以～为重]全体に重きを置く/～ yǐ dìng[～已定]大勢はすでに決まった.

*__dájuàn 答卷__[名]〔fèn 份〕答案.答案用紙.¶jiāo ～[交～]答案を提出する/shōu ～[收～]答案を集める.

*__dǎ∥kāi 打开__[動]❶開ける.開く.¶～ chōuti[～抽屉]引き出しを開ける/～ chuānghu[～窗户]窓を開ける.❷スイッチを入れる.¶bǎ diàndēng ～[把电灯～]電気をつける/～ shōuyīnjī[～收音机]ラジオをつける.

dà kāi yǎn jiè 大开眼界㊗大いに見聞を広める.¶zhèi cì kǎochá ràng wǒ ～,shòuyì bù qiǎn[这次考察让我～，受益不浅]今回の視察は私の見聞を大いに広め,得るところ大でした.

dàkuǎn 大款[名]金持ち.

†**dàlì 大力**[副]大いに.全力をあげて.¶～ zhīchí[～支持]大いに支持する/～ fāzhǎn jiàoyù shìyè[～发展教育事业]全力をあげて教育事業を発展させる.

†**dǎ·liang 打量**[動]❶(人の身なりや外観を)観察する.じろじろ見る.¶duì lái rén shàngxià ～le yì fān[对来人上下～了一番]やって来た人を上から下までじろじろながめ回した.❷推量する.…と思う.¶wǒ ～zhe tā gāi huílai le [我～着他该回来了]彼はもう戻ってくると思う.

*__dàliàng 大量__[形]❶大量の.多量の.¶～ de zījīn[～的资金]巨額の資金/qùnián, wǒ guó jìnkǒule ～ de liángshi[去年,我国进口了～的粮食]昨年わが国は大量の食糧を輸入し

た.❷度量が大きい.¶kuānhóng ～[宽宏～]寛容で度量が大きい.

dǎ//liè 打猎[動]狩りをする.¶dǎguo yí cì liè[打过一次猎]1度狩りをしたことがある/yǐ ～ wéishēng[以～为生]狩りで生計を立てる.

dàlǐshí 大理石[名]大理石.

★**dàlù 大陆**[名]大陸.台湾・香港などの地域に対して,中国大陸の意.¶Zhōngguó ～[中国～]中国大陸/huānyíng Táiwān de qǐyèjiā dào ～ lái tóuzī[欢迎台湾的企业家到～来投资]台湾の実業家が中国大陸に投資することを歓迎する.

dàmā 大妈[名]❶伯母.❷母親と同年代の既婚女性に対する敬称.

★**dàmǐ 大米**[名]米.¶～fàn[～饭]お米のご飯.

dà mú dà yàng 大模大样㊔横柄なさま.大きな顔をしている.¶dàjiā zhèng kāihuì ne,tā lián mén yě bù qiāo jiù ～ de jìnlai le[大家正开会呢，他连门也不敲就～地进来了]皆が会議をしている中,彼はドアをノックもせずに大きな態度で入ってきた.

dà·mǔzhǐ 大拇指[名]〖gēn 根〗〈口〉親指.¶shùqi ～ zhí kuā[竖起～直夸]親指を立ててしきりにほめる.㊟他人を賞賛する時,こぶしを握ったまま親指を立てるしぐさ.

dān 丹*[名]❶朱色.¶～shā[～砂]辰砂(湖南省辰州でとれる朱砂).❷顆粒及び粉末の漢方薬.¶xiān～[仙～]不老長寿の霊薬/líng ～ miàoyào[灵～妙药]万能薬.

★**dān 单**[区]❶単一の.ただ一つの.↔ shuāng 双¶～guǐ lièchē[～轨列车]単線列車/～rénchuáng[～人床]シングルベッド.❷奇数の.↔ shuāng 双¶～ rìzi[～日子]奇数日/～hào[～号]奇数番号.*❸ひとえの.¶～bèi[～被]綿の入っていない薄い掛け布団.[副]ただ.単に.¶～ shuō bú zuò[～说不做]言うだけでやらない.*[名](～儿)リスト.ビラの類.¶cài～[菜～]メニュー.

†**dān 担**[動]❶天秤棒で担ぐ.肩に担ぐ.¶～ shuǐ[～水]水を担ぐ.❷〈喩〉(責任や任務を)引き受ける.背負う.¶～qi zérèn lai[～起责任来]責任を持つ/～ fēngxiǎn[～风险]リスクを負う.→dàn

dān 担❶

†**dǎn 胆**[名]❶胆嚢(たんのう)の通称.❷(～儿)度胸.¶～ dà[～大]度胸がある/zhème diǎnr ～ dōu méiyou?[这么点儿～都没有?]これっぽっちの度胸もないのか.❸器物の内側の水や空気を入れておく部分.¶nuǎnshuǐpíng～[暖水瓶～]ポットの内側.

★★**dàn 但**[接]しかし.だが.¶suīshuō guìle diǎnr,～ háishi mǎi le[虽说贵了点儿，～还是买了]少し高かったがやはり買った/wǒ hěn xiǎng qù,～ méi shíjiān[我很想去，～没时间]私はとても行きたいのだが時間がない.➡類義語 dànshì 但是

dàn 担[量]天秤棒で担ぐものを数える.¶yí ～ shuǐ[一～水]一担ぎの水/tiāolai liǎng ～ liángshi[挑来两～粮食]食糧を2荷担いで来る.→dān

★**dàn 淡**[形]❶(液体・気体の濃度が)薄い.↔ nóng 浓¶～mò[～墨]薄墨/dàdì shang piāozhe yì céng ～～ de yúnwù[大地上飘着一层～～的云雾]大地にはうっすらと雲霧がかかっている.❷(味が)薄い.↔ xián 咸¶cài de wèidao hěn ～[菜的味道很～]料理の味付けが薄い.❸(色が)薄い.↔ nóng 浓,shēn 深¶～lǜsè[～绿色]ライトグリーン/～ yánsè[～颜色]薄い色あい.❹冷淡である.¶biǎoqíng ～～ de[表情～～的]表情が冷ややかだ.

dàn 弹[名]❶(～儿)〔kē 颗〕(弾弓の)弾.¶～wán[～丸]はじき玉.*❷(鉄砲の)弾.¶yuánzǐ～[原子～]原子爆弾/dǎo～[导～]ミサイル.→tán

★**dàn 蛋**[名]❶卵.¶jī～[鸡～]ニワト

リの卵／yā～[鸭～]アヒルの卵.❷(～儿)球状をしたもの.¶liǎn～[脸～]顔.ほっぺた.

†**dànǎo 大脑**[名]〈生理〉大脳.

†**dànbáizhì 蛋白质**[名]蛋白質.¶hányǒu fēngfù de ～[含有丰富的～]蛋白質を豊富に含む.

D

dānbǎo 担保[動]保証する.請け合う.¶wǒ yòng réngé ～[我用人格～]私は名誉にかけて保証します／jiāogěi tā bàn,～ cuòbuliǎo[交给他办，～错不了]彼にやってもらえば間違いない.

dānbó 单薄[形]❶薄着である.¶nǐ chuānde zhème ～,bù lěng ma?[你穿得这么～，不冷吗?]そんなに薄着で寒くないの.❷(体が)ひ弱である.痩せこけている.¶zhèige háizi hěn ～[这个孩子很～]この子は体がひ弱だ.❸(力や論拠が)弱い.不十分である.¶shìli ～[势力～]勢力が弱い／nèiróng ～[内容～]内容が不十分だ.

dànchén 诞辰[名]〈書〉生誕.¶Méi Lánfāng ～ yìbǎi zhōunián jìniàn[梅兰芳～一百周年纪念]梅蘭芳生誕100周年記念.

†**dānchún 单纯**[形]単純である.純朴である.¶sīxiǎng ～[思想～]考え方が単純だ／～ shànliáng de gūniang[～善良的姑娘]純朴で心やさしい娘.[副]ただ…だけ.¶～ cóng jìshù fāngmiàn jiǎng[～从技术方面讲]ただ技術面からのみ話す／～ zhuīqiú jīnqián[～追求金钱]ただ金銭のみを追求する.

*__dāncí 单词__[名]〔語〕❶単純語.注1つの形態素から成り立っている語.❷単語.¶～biǎo[～表]単語表／bèi ～[背～]単語を暗記する.

*__dāndiào 单调__[形](～儿)単調である.変化に乏しい.¶qíngjié ～[情节～]ストーリーが単調だ／～ de gōngzuò[～的工作]単調な仕事.

*__dāndú 单独__[形]単独である.独自である.¶～ xíngdòng[～行动]単独で行動する／wǒmen ～ tántan[我们～谈谈]我々は2人だけで話し合いましょう.

†**dānfù 担负**[動](責任・仕事・費用などを)担う.¶～ zhòngrèn[～重任]重大な任務を担う／～ fèiyong[～费用]費用を負担する.

⁑**dāng 当**[助動]…すべきだ.¶～ bàn de shì jiù yīnggāi mǎshàng bàn[～办的事就应该马上办]やるべき事はすぐにやらなければならない.[前]❶面と向かって.¶nǐ yǒu shénme yìjiàn, kěyǐ ～ wǒ de miàn shuō[你有什么意见，可以～我的面说]意見があったら私に直接言ってかまわない.❷出来事が起こった時間・場所を表す¶～ wǒ gǎndao nàr, rén yǐjing zǒu le[～我赶到那儿，人已经走了]私がそこに着いた時には,その人はすでに行ってしまっていた.→dàng

⁑**dāng 当**[動]❶つとめる.…になる.¶～ lǎoshī[～老师]教師になる／～ yīshēng[～医生]医者になる.❷(責任を)引き受ける.¶gǎn zuò gǎn ～[敢做敢～]大胆にやり,いさぎよく責任をとる.→dàng

*__dǎng 挡__[動]❶ふさぎ止める.食い止める.¶～ dào[～道]道をふさぐ／hē diǎnr jiǔ kěyǐ ～ fēnghán[喝点儿酒可以～风寒]酒を少し飲むと寒さをしのげる.❷遮る.覆う.¶chuānglián tài duǎn ～buzhù guāng[窗帘太短～不住光]カーテンが短すぎて光を遮れない.

*__dǎng 党__[名]党.政党.注中国では特に中国共産党をさす.¶rù～[入～]入党する.

*__dàng 当__[動]*❶適当である.ふさわしい.¶qià～[恰～]ふさわしい／yòng cí bú～[用词不～]言葉遣いが不適切だ.❷相当する.匹敵する.¶tā gànqi huór lai,yí ge rén ～ liǎng ge rén[他干起活儿来，一个人～两个人]仕事となると彼は,1人で2人分の働きをする.❸…とする.…とみなす.¶bǎ shuǐguǒ ～ fàn chī[把水果～饭吃]果物を食事代わりにする／bǎ zhèr ～ zìjǐ de jiā[把这儿～自己的家]ここを自分の家とする.❹…と思い込む.…と考える.¶wǒ bǎ nǐ ～ tā le[我把你～他了]私はあなたを彼だと思った／nǐ bié ～ wǒ shì shǎguā[你别～我是傻瓜]私のことを愚かだと思わないで.→dāng

dàng 当[動]質に入れる.¶～ dōngxi[～东西]物を質に入れる.→dāng

dàng 荡[動]❶揺れる.揺り動かす.¶～ qiūqiān[～秋千]ぶらんこをこぐ.❷ぶらつく.¶chéngtiān ～ lái ～ qù,bú gàn zhèngshì[成天～来～去，不干正事]1日中ぶらぶらしてまともな仕事をしない.

dàng'àn 档案[名]〔fèn 份,bù 部〕❶(機関・企業などが分類し保管する)書類.資料.¶～guǎn[～馆]公文書館.❷職場の人事部門が保管する賞罰などが記された身上調書.

***dàngāo 蛋糕**[名]〔kuài 块〕ケーキ.カステラ.¶shēngri ～[生日～]バースデーケーキ/kǎo ～[烤～]ケーキを焼く.

shēngri dàngāo
生日蛋糕

†**dāngchǎng 当场**[名]その場.現場.¶～ zhuāzhu[～抓住]その場で捕まえる/～ jiù qiānle hétong[～就签了合同]その場で契約にサインした.

†**dāngchū 当初**[名]はじめ.最初.かつて.¶～ nǐ shì zěnme xiǎng de ne?[～你是怎么想的呢?]かつてあなたはどういうふうに考えていたのですか/～ gēnběn méiyou xiǎng zhème duō[～根本没有想这么多]はじめはこんなにあれこれと考えていなかった/～ jiù bù gāi lái[～就不该来]はじめから来るべきではなかった.

dàngcì 档次[名]等級.ランク.¶zhèige fàndiàn ～ tài dī[这个饭店～太低]このホテルのランクはとても低い.

†**dāngdài 当代**[名]この時代.当代.¶～ zhùmíng zuòjiā[～著名作家]当代の著名作家/～ wénxué[～文学]当代文学.

***dāng ～ •de shí•hou 当～的时候**㊔…する時に.¶dāng wǒmen lǎole de shíhou,yídìng huì xiǎngqi jīntiān[当我们老了的时候，一定会想起今天]私たちが年をとった時,きっと今日のことを思い出すだろう/zhǐyǒu dāng tā yǒu kùnnan de shíhou cái huì xiǎngqi wǒ[只有当他有困难的时候才会想起我]彼は困った時にだけ私を思い出す.

***dāngdì 当地**[名]その土地.現地.¶～rén[～人]地元の人/～ shíjiān[～时间]現地時間.

†**dāng//jiā 当家**[動]家事を切り盛りする.¶tā qīzi hěn huì ～[他妻子很会～]彼の奥さんは家事を切り盛りするのがうまい/～ de[～的]一家の主人.

dāngjú 当局[名]当局.¶zhèngfǔ ～[政府～]政府当局.

***dāng//miàn 当面**[動](～儿)面と向かって…する.じかに…する.¶yǒu yìjiàn ～ tí[有意见～提]意見があれば面と向かって言いなさい/～ jiāogěi tā[～交给她]彼女にじかに渡す.

***dāngnián 当年**[名]❶あの頃.当時.¶xiǎng ～[想～]あの頃を思う/～ nàme zuò wánquán shì méi bànfǎ[～那么做完全是没办法]当時あのようにしたことはまったく仕方がなかった.❷壮年期.働き盛りの時期.¶tā zhèng ～[他正～]彼は今ちょうど働き盛りだ.

dǎngpài 党派[名]党派.(政党内の)派閥.¶gè ～[各～]各党派/～ zhī zhēng[～之争]派閥間の争い.

***dāngqián 当前**[名]目下.当面.¶～ de rènwu[～的任务]目下の任務/cóng ～ de xíngshì lái kàn[从～的形势来看]当面の情勢から見る.

dāng//quán 当权[動]権力を握る.¶xiànzài zhèige bùmén shéi ～?[现在这个部门谁～?]現在この部門は誰が権力を握っているのか.

⁑**dāngrán 当然**[形]❶当然である.¶lǐ suǒ ～[理所～]理の当然である/nǐ de tiáojiàn nàme hǎo, shì ～ de hòuxuǎnrén[你的条件那么好,是～的候选人]あなたは条件がそんなにいいのだから,候補者になるのは当然だ.❷もちろん.言うまでもない.¶wǒ ～ zhīdao[我～知道]私はもちろん知っている/wǒmen shì lǎopéngyou le,～ rènshi[我们是老朋友了，～认识]私たちは古くからのつきあいだからもちろん顔見知りだ.

*dāngshí 当时[名]その時.当時.¶～ nǐ zài nǎr?[～你在哪儿?]その時あなたはどこにいたのですか／wǒ ～ jiù hòuhuǐ le[我～就后悔了]私はその時すでに後悔していた.

dāngshìrén 当事人[名]当事者.¶ tā jiùshì ～[他就是～]彼が当事者だ.

dàngtiān 当天[名]同日.その日のうち.¶cóng Běijīng qù Tiānjīn,kě ～ láihuí[从北京去天津，可～来回]北京から天津へは日帰りで往復できる／tā dào de ～ jiù hé Xiǎo-Wáng jiànmiàn le[他到的～就和小王见面了]彼は到着したその日のうちに王さんと会った.

†dǎngwěi 党委[名]政党の各級の党委員会の略称.注中国では特に中国共産党の各級委員会をさす.¶～ shūji[～书记]党委員会書記.

dāngxīn 当心[動]注意する.気をつける.¶～ bèi tā zhīdao[～被他知道]彼に知られないよう注意する／～ diǎnr, bié sǎ le![～点儿，别洒了!]気をつけて,こぼさないで.➡類義語 zhùyì 注意

dǎngxìng 党性[名]党派性.注特に中国共産党の党派性をさす.¶～ hěn qiáng[～很强]党派性が強い.

dāngxuǎn 当选[動]選ばれる.当選する.↔ luòxuǎn 落选 ¶～ wéi dàibiǎo[～为代表]代表に選ばれる／～rén[～人]当選者.

dǎngyuán 党员[名]党員.注特に中国共産党の党員をさす.¶yōuxiù ～[优秀～]優秀党員／～ zīgé[～资格]党員資格.

dǎngzhāng 党章[名]党の原則.注多くは中国共産党の原則をさす.¶xuéxí ～[学习～]党規約を学ぶ／àn ～ bàn [按～办]党規約に沿って行う.

†dāngzhōng 当中[名]❶真ん中.中央.¶guǎngchǎng ～[广场～]広場の中央／lǎoshī zuòzai ～[老师坐在～]先生は真ん中に座っている.❷…の中.…のうち.¶zhèixiē rén ～ yǒu hěn duō shì liúxuéshēng[这些人～有很多是留学生]この人たちのうちの多くが留学生だ.

dǎngzhōngyāng 党中央[名]党中央.“中国共产党中央委员会”Zhōngguó gòngchǎndǎng zhōngyāng wěiyuánhuì(中国共産党中央委員会)の略称.¶tuánjiézai ～ zhōuwéi[团结在～周围]党中央に結集する／tīngcóng ～ hàozhào[听从～号召]党中央の方針に従う.

*dàngzuò 当做[動]…とする.…と見なす.¶bǎ xuéxí ～ fùdān[把学习～负担]勉強を負担に思う／wǒ yìzhí bǎ tā ～ hǎo péngyou[我一直把他～好朋友]私は彼のことをずっといい友達だと思っている.

dànjì 淡季[名]1年の中で商売が暇な時期.閑散期.旅行のシーズンオフ.↔ wàngjì 旺季 ¶lǚyóu ～[旅游～]旅行のシーズンオフ／xiànzài shì shūcài ～,méi shénme hǎochī de[现在是蔬菜～，没什么好吃的]今は野菜の端境期で,おいしいものが何もない.

dǎnliàng 胆量[名]度胸.勇気.¶wǒ yǒudeshì ～[我有的是～]度胸ならいくらでもある／zhǐ yǒu ～ méiyou zhìmóu[只有～没有智谋]度胸だけで智謀はない.

dǎnqiè 胆怯[形]臆病である.気が小さい.¶～qilai[～起来]おじけづく／tā zuǐshang shuō bú pà, shíjìshang xīnli fēicháng ～[她嘴上说不怕,实际上心里非常～]彼女は口では恐くないと言っているが,実は内心とてもびくびくしている.

*dānrèn 担任[動](職務や仕事を)担当する.¶～ fānyì gōngzuò[～翻译工作]通訳を担当する／zhè bùfen shéi lái ～?[这部分谁来～?]この部分は誰が担当するのですか／duìzhǎng yóu Lǎo-Zhāng ～[队长由老张～]隊長は張さんが務める.

†dànshēng 诞生[動]誕生する.生まれる.¶yījiǔsìjiǔ nián shíyuè yī rì,Zhōnghuá rénmín gònghéguó ～ le[一九四九年十月一日，中华人民共和国～了]1949年10月1日に,中華人民共和国が誕生した／yòu yí ge xiǎo shēngmìng ～ le[又一个小生命～了]また

1つ小さな命が生まれた.

★★**dàn·shì 但是**[接](よく"虽然"suīrán, "尽管"jǐnguǎnなどと呼応して)しかし.だが.¶wǒ dāying nǐ,～ yǒu ge tiáojiàn[我答应你，～有个条件]承知はするが条件がある/zhèi běn shū suīrán hěn nán,～ hěn yǒu yìsi[这本书虽然很难，～很有意思]この本は難しいが面白い/jǐnguǎn lù hěn yuǎn, ～ wǒ háishi yí ge rén qù le[尽管路很远，～我还是一个人去了]道は遠いけれども私はやはり1人で行った.

類義語 dànshì 但是　dàn 但
kěshì 可是　bùguò 不过
►いずれも接続詞で,「しかし,けれども,だが」といった逆接或いは前文に条件を付けたり,内容補充したりする意味を表す."但是","但","可是"は互いに置き換えできるが,後ろにポーズを置く(カンマを入れる)時は"但"は用いられない.¶我会一点儿中文，{但是/可是/×但}，讲得不好 wǒ huì yìdiǎnr Zhōngwén,{dànshì/kěshì/×dàn}, jiǎngde bù hǎo(私は少し中国語ができる,しかし,上手に話せない)►"可是"は"但是"より口語的で,いいわけや理由を強調する時によく用いられる.¶贵是贵点儿，可是东西好 guì shì guì diǎnr,kěshì dōngxi hǎo(高いといえば高いが,ものは良い)►"不过"は前の文の内容を補ったり,条件を付けたりするのに用いることが多い.¶我一定去，不过可能晚点儿 wǒ yídìng qù, búguò kěnéng wǎn diǎnr(必ず行くけど,少し遅くなるかもしれない)

dànshuǐ 淡水[名]淡水.¶～yú[～鱼]淡水魚/～hú[～湖]淡水湖.

★**dānwèi 单位**[名]❶単位.¶huòbì ～[货币～]通貨単位/chángdù ～[长度～]長さの単位.❷機関・団体またはそこに属する各部門.¶zài něige ～ gōngzuò?[在哪个～工作?]どちらにお勤めですか/～ de tóngshì[～的同事]職場の同僚.

†**dān·wu 耽误**[動]支障をきたす.手間取ってしくじる.¶kàn xiǎoshuō ～ xuéxí[看小说～学习]小説を読んで勉強がおろそかになる/～ shíjiān[～时间]時間を無駄にする/bìng bèi ～ le[病被～了]病気は手遅れになった.

dān∥xīn 担心[動]心配する.¶～ míngtiān xià yǔ[～明天下雨]明日は雨かと心配する/bié ～,guò liǎng tiān jiù hǎo le[别～，过两天就好了]心配しないで.2,3日すればよくなるさ.

dànyào 弹药[名]〔軍〕弾薬.¶～kù[～库]弾薬庫/yùnshū ～[运输～]弾薬を輸送する.

dānyōu 担忧[動]心配する.憂える.¶wèi tā de jiànkāng zhuàngkuàng ～[为他的健康状况～]彼の健康状態を心配する/jiāli hǎo jǐ ge yuè méi shōudao tā de xìn le, zhēn ràng rén ～[家里好几个月没收到他的信了,真

いろいろな"～刀"

逆引きウインドウズ

1	剪刀	jiǎndāo	はさみ
2	刮胡刀	guāhúdāo	ひげ剃り
3	指甲刀	zhǐjiadāo	爪切り
4	卷笔刀	juǎnbǐdāo	鉛筆削り
5	手术刀	shǒushùdāo	手術用のメス
6	镰刀	liándāo	かま
7	水果刀	shuǐguǒdāo	果物ナイフ
8	螺丝刀	luósīdāo	ねじ回し・ドライバー

让人～]家には何ヵ月も彼からの手紙が届かず,本当に心配だ.

dānyuán 单元[名]❶教材などの単元.ユニット.¶～ cèyàn[～测验]単元テスト/xuéwán liǎng ge ～ le[学完两个～了]ユニットを2つ学習し終えた.❷集合住宅で入り口を共有する区画.¶wǒ jiā zhù sān ～ èrlíngyāo shì[我家住三～二〇一室]私の家は3単元201号室だ.

dǎn·zi 胆子[名]度胸.肝.¶tā ～ hěn dà[他～很大]彼はとても度胸がある/fàngkāi ～ qù gàn ba[放开～去干吧]思い切って事に当たれ.

†**dàn·zi 担子**[名]❶天秤棒で担ぐ荷物.¶yí fù ～[一副～]1組の荷物.❷〈喩〉責任.負担.¶nǐ shēnshang de ～ hěn zhòng a[你身上的～很重啊]あなた自身の責任はとても重いですよ/tā yǒnggǎn de tiāoqile zhèi fù ～[他勇敢地挑起了这副～]彼は勇敢にこの責任を担った.

⁑**dāo 刀**[名]❶(～儿)〔bǎ 把〕ナイフ・刀などの刃物類.¶cài～[菜～]包丁/mó～[磨～]刀を研ぐ.*❷刃物状のもの.¶bīng～[冰～]スケート靴のエッジ.

*__dǎo 岛__[名]〔zuò 座〕島.¶～guó[～国]島国/qún～[群～]群島.

*__dǎo 倒__[動]❶倒れる.¶shù ～ le[树～了]木が倒れた/tā hēzuìle ～zai dìshang[他喝醉了～在地上]彼は酔っぱらって地面に倒れた/shuāi～[摔～]つまずいて転ぶ.❷(事業が)失敗する.倒産する.¶pùzi ～ le[铺子～了]店がつぶれた.→dào

*__dǎo 倒__[動]換える.取り換える.¶～bān[～班]交替で勤務する.→dào

dǎo 捣[動](棒状のもので)つく.たたく.¶～ suàn[～蒜]ニンニクをついてつぶす/～ yào[～药]薬をついて砕く.

⁑**dào 到**[動]❶着く.到着する.¶～ Shànghǎi[～上海]上海に着く/fēijī ～ le[飞机～了]飛行機が到着した.❷…へ行く.¶nǐ ～ nǎr qù?[你～哪儿去?]あなたはどこへ行くのですか/～ wǒ nàr tán ba[～我那儿谈吧]うちへ行って話そう.❸動詞の後に置いて,目的・目標の達成や,動作の結果を表す.¶zhǎo～[找～]見つける/mǎi～[买～](買って)手に入れる/shōu～[收～]受け取る/tīng～[听～]聞こえる/xiǎngbu～ nǐ lái le[想不～你来了]あなたが来るとは思いもしなかった.❹動詞の後に置いて,動作・性質・状態の程度を表す.¶shìqing yǐjing fāzhǎn～ bùkě shōushi de dìbù[事情已经发展～不可收拾的地步]事態はすでに収拾がつかないところにきている.➡[類義語] shàng 上

*__dào 倒__[動]❶(上下・前後を)逆さまにする.¶cìxù ～ le[次序～了]順序が逆になった/～shǔ dì èr háng[～数第二行]後ろから2行目/bǎ bēizi ～guolai fàng[把杯子～过来放]コップを逆さまに置く.❷反対方向に移動させる.¶～chē[～车]車をバックさせる.❸(容器を傾けて)つぐ.あける.¶～ shuǐ[～水]水を注ぎ入れる/～ jiǔ[～酒]酒をつぐ/～ lājī[～垃圾]ゴミを捨てる.→dǎo➡[見る類] p.138

dào 盗*[動]盗む.¶tōu～[偷～]盗みを働く.

⁑**dào 道**[名](～儿)❶〔tiáo 条〕道.道路.¶dà～[大～]大通り/tiě～[铁～]鉄道.❷線.¶shù～[竖～]縦線/yòng hóngbǐ huàshang ～[用红笔划上～]赤エンピツで線を引く.[量]❶細長いものを数える.¶yí ～ yān[一～烟]一筋の煙/yí ～ gōu [一～沟]1本の溝.❷出入り口や塀を数える.¶yí ～ mén[一～门]1つの門.❸命令や問題を数える.¶lǎoshī bùzhìle sān ～ tí[老师布置了三～题]先生は3問問題を出した.❹動作の回数を数える.¶bàn liǎng ～ shǒuxù[办两～手续]手続きを2回行う.

類義語 dào 道 tiáo 条
►いずれも細長い物を数える量詞として用いる."道"は地面の上や空間を「道」のように走る物を数える書き言葉.¶一道彩虹 yí dào cǎihóng (一筋の虹)/几道皱纹 jǐ dào zhòuwén (何本かのしわ)►"条"は細長い物に対して幅広く用いることができ,イヌ・魚・ズボンなどを数えるのにも用いる.¶一条缝 yì tiáo fèng (1本のすきま)/一条绳子 yì tiáo shéngzi(1本の縄)/一条狗 yì tiáo gǒu (1匹のイヌ)/一条好汉 yì tiáo hǎohàn(1人の正義漢)

★**dào 道**[動]❶言う.話す.¶nǐ bié hú shuō bā ~[你别胡说八~]でたらめを言うのはやめろ.❷言葉で表す.¶~xǐ[~喜]お祝いを述べる/~xiè[~谢]お礼を言う.❸言う.話す.注文語の"曰"yuēに相当し,昔の口語で書かれた文章に多くみられる.¶chángyán ~[常言~]ことわざに曰(いわ)く.

dàobǎn 盗版[名]海賊版.

dǎobì 倒闭[動](企業や商店などが)倒産する.破産する.¶gōngsī ~le[公司~了]会社が倒産した.

★**dǎo//chē 倒车**[動]乗り換える.¶qù Běijīng búyòng ~[去北京不用~]北京へ行くには乗り換えをしなくてよい/zuò gōnggòng qìchē qù děi dǎo liǎng cì chē[坐公共汽车去得倒两次车]バスで行くと2回乗り換えをしなければならない.

★**dàochù 到处**[副]至る所に.あちこちに.¶~ dōu shì rén[~都是人]至る所に人がいる.人がいっぱいだ/Dōngjīng ~ shì chē[东京~是车]東京は至る所車だらけだ/~ dǎting[~打听]あちこち尋ねる.

★**dàodá 到达**[動]ある場所に到着する.到達する.↔ chūfā 出发 ¶lièchē zhèngdiǎn ~ Běijīng[列车正点~北京]列車は定刻に北京に到着する/~ mùdìdì[~目的地]目的地に着く.➡ 類義語 dádào 达到

dǎodàn 导弹[名]〔kē 颗,méi 枚〕〔軍〕ミサイル.¶fāshè ~[发射~]ミサイルを発射する.

★**dàodé 道德**[名]道徳.¶gōnggòng ~[公共~]公衆道徳/jiǎng ~[讲~]モラルを重んじる.

★**dào//dǐ 到底**[動]最後までいく.徹底的に行う.¶jiānchí ~[坚持~]とことんやり通す.

★**dàodǐ 到底**[副]❶ついに.とうとう.¶~ xuéhuì le[~学会了]ついにマスターした/~ mǎizháo le[~买着了]とうとう(買って)手に入れた.❷(疑問文中に用いて)一体.結局.注反復疑問文や疑問詞疑問文にのみ使え,"吗"maの付く疑問文には使えない.¶nǐ ~ xiǎng gàn shénme?[你~想干什么?]あなたは一体何がやりたいのか/nǐ ~ dǒng bù dǒng?[你~懂不懂?]結局あなたは分かっているのか.❸さすがに.やはり.¶~ shì zhuānjiā, yíxiàzi jiù jiějuéle wèntí[~是专家,一下子就解决了问题]さすがに専門家だけあって,あっという間に問題を解決した.

dǎoháng 导航[動](航路標識・レーダー・無線装置などで)飛行機や船を誘導する.

dàolái 到来[動]やって来る.(多くは事物についていう)¶Chūnjié zhōngyú ~ le[春节终于~了]とうとう春がやって来た/huānyíng nǐmen de ~[欢迎你们的~]ようこそいらっしゃいました.

dāo·lao 叨唠[動]〈口〉くどくど言う.むだ口をきく.¶zhěngtiān ~[整天~]1日中むだ話ばかりだ.

★★**dào·li 道理**[名]❶事物の法則.原理.❷道理.情理.¶huà shuōde yǒu ~[话说得有~]話が道理にかなっている/jiǎng ~[讲~]道理を説く.

★**dàolù 道路**[名]❶道.道路.¶~ bǐzhí píngtǎn[~笔直平坦]道がまっすぐ平坦だ/~ zǔsè yánzhòng[~阻塞严重]交通渋滞が深刻である.❷進路.路線.

dǎo//luàn 捣乱[動]❶撹乱(かくらん)する.騒ぎを起こす.¶~ huìchǎng[~会场]会場を撹乱する/zài wàibian ~[在外边~]外で騒ぎを起こす.❷邪魔をする.¶chéngxīn ~[成心~]

わざと邪魔する／gēn tā ～[跟他～]彼の邪魔をする.

dǎomài 倒卖[動]投機的転売をする.¶～ wěiliè chǎnpǐn[～伪劣产品]にせの粗悪品を転売する.

†**dǎo//méi 倒霉**[形]運が悪い.ついていない.¶zhēn ～[真 ～]まったくついていない.[動]不運な目にあう.¶jīntiān zhēn shì dǎole dàméi,qiánbāo bèi tōu le[今天真是倒了大霉，钱包被偷了]今日は本当に不運な目にあって,財布を盗まれてしまった.‖"倒楣"とも書く.

dàoniàn 悼念[動]哀悼の意を表す.¶zài xīnli ～ tā[在心里～他]心の中で彼に哀悼を捧げる／biǎoshì shēnqiè de ～[表示深切的～]深い哀悼の意を表す.

dào//qī 到期[動]期限が来る.¶hétong niándǐ ～[合同年底～]契約は年末で期限になる／shàng cì jiè de shū dōu ～ le[上次借的书都～了]前回借りた本はすべて期限が切れた.

*__dào//qiàn 道歉__[動]わびる.謝る.¶xiàng nín ～[向您～]あなたにおわびします／dàole bàntiān qiàn[道了半天歉]随分謝った.

dàoqiè 盗窃[動]盗む.窃盗する.¶～ guójiā cáichǎn[～国家财产]国家の財産を盗む／～fàn[～犯]窃盗犯.

dāorèn 刀刃[名](～儿)刃物の刃.¶xīn mǎi de càidāo ～ hěn fēnglì[新买的菜刀～很锋利]新しく買った包丁は切れ味がよい.

†**dǎoshī 导师**[名]❶(大学や研究機関の)指導教官.注 "老师" lǎoshīは"王老师" Wáng lǎoshī(王先生)のように言えるが,"导师"の前に姓をつけることはできない.¶zài ～ zhǐdǎo xia kāishǐ xiě lùnwén[在～指导下开始写论文]指導教官の指導のもと論文を書き始める.❷(大事業や運動などの)指導者.

dào(shì) 倒(是)[副]❶道理や予想に反することを表す.¶dōu chūntiān le,～ xiàqi xuě lai le[都春天了，～下起雪来了]春になったというのになんと雪が降ってきた／suī shì dúshēngzǐ, ～ hái dǒngshì[虽是独生子，～还懂事]一人っ子だというのになかなか聞き分けがよい／zhèi běn xiǎoshuō ～ tǐng yǒu yìsi[这本小说～挺有意思]この小説は案外面白い.❷事実に反するとして,ほかの人をとがめたり非難したりする気持ちを表す.¶shuōde ～ jiǎndān, nǐ shìshi kàn[说得～简单，你试试看]言うのは簡単だ,それなら自分でやってごらん.❸譲歩を表す.¶fángzi ～ hái xíng,jiùshì tài yuǎn[房子～还行，就是太远]家そのものはまあまあだが,ただちょっと遠すぎる.❹催促や詰問を表す.¶nǐ ～ kuài shuō ya [你～快说呀]おい早く言えよ／nǐ ～ chī a![你～吃啊!]いいから食べなさい!→dǎo

dǎotā 倒塌[動](建物などが)倒れる.崩れる.¶yóuyú dìzhèn,hěn duō fángwū dōu ～ le[由于地震，很多房屋都～了]地震でたくさんの家屋が倒れてしまった.

dǎo·teng 倒腾[動]〈口〉❶運ぶ.移す.¶wǎng nǎr ～ a?[往哪儿～啊?]どこに移すの／bǎ guìzi ～dao cāngkù qu[把柜子～到仓库去]戸棚を倉庫に運ぶ.❷販売する.転売する.注 多く悪事を働くことに用いる.¶～ fúzhuāng [～服装]衣料品を転売する.‖"捣腾"とも書く.

dǎotǐ 导体[名]〔物〕導体.

dàotuì 倒退[動]後退する.(時間や以前の段階に)さかのぼる.¶tā ～ zhe chūqu le[他～着出去了]彼は後ずさりしながら出て行った／～ shí nián wǒ yě huì zhème zuò[～十年我也会这么做]10年前でも私はこうしただろう.

†**dào ～ wéizhǐ 到～为止**呼…までで終わる.¶dào mùqián wéizhǐ yǐ yǒu sānbǎi duō rén bàomíng[到目前为止已有三百多人报名]今までのところすでに300人余りが申し込んでいる／wǒ de qiānzhèng dào liùyuè èrshí rì wéizhǐ[我的签证到六月二十日为止]私のビザは6月20日までだ.

†**dǎoyǎn 导演**[動](映画や演劇を)監督する.演出する.¶zhèi bù diànyǐng shì shéi ～ de?[这部电影是谁～的?]この映画は誰が監督したのですか.

[名]映画監督.演出家.

dǎoyé 倒爷[名]ブローカー.投機商.“倒儿爷”dǎoryéともいう.¶dāng ～[当～]ブローカーをやっている／yáng ～[洋～]外国人ブローカー.

dǎoyóu 导游[動]観光案内をする.ガイドを務める.¶zhèi cì yóu wǒ lái gěi dàjiā ～[这次由我来给大家～]今回私が皆様のガイドを務めます.[名]ガイド.ツアーコンダクター.¶～ xiǎojie [～小姐]女性ガイド.

†**dǎoyǔ 岛屿**[名]島.(島の総称)

†**dǎozhì 导致**[動]〈貶〉引き起こす.導く.¶～ zhèi zhǒng jiéguǒ de yuányīn [～这种结果的原因]このような結果を引き起こした原因／hē jiǔ tài duō huì ～ xīnzàngbìng fāzuò[喝酒太多会～心脏病发作]酒の飲み過ぎは心臓病の発作を招く.

*__dāo·zi 刀子__[名]〔bǎ 把〕〈口〉ナイフ.小刀.¶yòng ～ qiēkāi[用～切开]ナイフで切る.

dào·zi 稻子[名]〈口〉イネ.¶zhòng ～[种～]イネを植える.

dàpào 大炮[名]〔mén 门〕大砲.

dāpèi 搭配[動]組み合わせる.配合する.¶hélǐ ～[合理～]合理的に組み合わせる／zhè liǎng ge cí ～de bù héshì[这两个词～得不合适]この2つの単語は組み合わせが適当ではない.

*__dàpī 大批__[形]多くの.大量の.¶～ réncái[～人材]多くの人材／～ wùzī[～物资]大量の物資.

†**dǎ//pò 打破**[動]打破する.破る.¶～ shìjiè jìlù[～世界记录]世界記録を破る／～ jièxiàn[～界限]限界を打破する.

*__dǎ//qì 打气__[動]❶空気を入れる.¶chētāi gāi ～ le[车胎该～了]タイヤに空気を入れねばならない.❷激励する.¶péngyoumen dōu rèqíng de wèi tā ～[朋友们都热情地为他～]友人たちはみな彼を温かく励ました.

*__dǎ//qiú 打球__[動]球技をする.ボールで遊ぶ.¶yèyú shíjiān dǎda qiú[业余时间打打球]余暇には球技をする／～ shì duànliàn shēntǐ de hǎo fāngfǎ [～是锻炼身体的好方法]球技は体を鍛えるよい方法だ.

*__dǎrǎo 打扰__[動]❶邪魔をする.¶shēngyīn xiǎo diǎnr, bié ～ biéren [声音小点儿，别～别人]声を小さくしてほかの人の邪魔にならないようにしなさい.❷よその家を訪れた時などに挨拶言葉として使う.¶～ nín le [～您了]お邪魔しました／duìbuqǐ, ～ yíxià[对不起，～一下]すみません,ちょっとお邪魔します.

*__dà·ren 大人__[名]大人.¶zhǎngchéng ～ le[长成～了]大人になった／～ háizi dōu hǎo[～孩子都好]家族はみな元気だ.

†**dǎsǎo 打扫**[動]掃除する.¶～ jiàoshì [～教室]教室を掃除する／～ wèishēng[～卫生]清掃する.

†**dàsǎo 大嫂**[名]❶一番上の兄の妻.❷自分と同年輩或いはやや年長の既婚女性に対する敬称.

dàshà 大厦[名]〔zuò 座〕(高層)ビル.¶zhèi zuò ～ míngnián néng jùngōng [这座～明年能竣工]このビルは来年完成の予定だ／Shànghǎi ～[上海～]上海ビル.

⁑**dàshēng 大声**[名]大声(で).注多く連用修飾語として用いられる.¶～ shuōhuà[～说话]大声で話す.

†**dàshǐ 大使**[名]〔wèi 位〕大使.

*__dàshǐguǎn 大使馆__[名]大使館.¶Rìběn zhù Zhōngguó ～[日本驻中国～]駐中日本大使館.

dà shī suǒ wàng 大失所望成大いに失望する.¶zhèi cì de kǎoshì chéngjì ràng tā fùmǔ ～[这次的考试成绩让她父母～]今度の試験の成績は彼女の両親を大いにがっかりさせた.

dàsì 大肆[副]ほしいままに.やりたい放題に.注多く悪事を働くことをいう.¶～ xuānyáng[～宣扬]悪びれず宣伝する.

⁑**dǎ·suan 打算**[動]…するつもりである.…する予定である.¶bìyè hòu ～ zuò shénme gōngzuò?[毕业后～做什么工作?]卒業後はどんな仕事をするつもりですか／nǐ ～ jǐ hào dòngshēn?[你～几号动身?]あなたは何日に出発するつもりですか.[名]考え.心づもり.¶dàjiā dōu yǒu gè yǒu gè de

～[大家都有各有各的～]みんなそれぞれに考えがある／yǒu shénme ～ ma?[有什么～吗?]何か心づもりがありますか.

類義語 dǎsuan 打算
zhǔnbèi 准备

►"打算"は「…する予定である」,心の中に何かをしようという考えがあることを表す.¶我打算暑假去旅行 wǒ dǎsuan shǔjià qù lǚxíng(夏休みに旅行に行く予定だ)►"准备"も「…するつもりである」という意味でほぼ"打算"と同じだが,すでにある程度心の準備ができていたり,行動面で準備に取りかかっている意も含む.¶小王和小李准备春节结婚 Xiǎo-Wáng hé Xiǎo-Lǐ zhǔnbèi Chūnjié jiéhūn(王さんと李さんは春節に結婚するつもりだ)

dàtǐ 大体[名]重要な道理.¶shí ～, gù dàjú[识～, 顾大局]道理をわきまえ,大局をかえりみる.[副]だいたい.ほぼ.¶shuāngfāng yìjiàn ～ yízhì[双方意见～一致]双方の意見がほぼ一致する／～ shang míngbai[～上明白]だいたいわかった.

★dǎ·ting 打听[動]尋ねる.問い合わせる.¶～ xiāoxi[～消息]消息を尋ねる／gēn nín ～ yíxià[跟您～一下]ちょっとお尋ねします.➡類義語 wèn 问

dà tíng guǎng zhòng 大庭广众 成人の多い場所.¶nǐmen zài ～ miànqián chǎojià bú hàixiū ma?[你们在～面前吵架不害羞吗?]君たちは公衆の面前でけんかをして恥ずかしくないのか.

dà tóng xiǎo yì 大同小异成大同小異.¶páizi suī bùtóng,dàn gōngnéng dōu ～[牌子虽不同, 但功能都～]メーカーは違っても,機能はほとんど変わらない／liǎng ge rén de yìjiàn ～[两个人的意见～]2人の意見は大同小異だ.

dàwúwèi 大无畏[形]何ものも恐れない.(多くは苦難に屈しないことを指す)¶zài kùnnan miànqián jiù yīnggāi yǒu zhèi zhǒng ～ jīngshén[在困难面前就应该有这种～精神]困難にぶつかった時には,こういった苦難に屈しない精神を持たねばならない.

★dàxiǎo 大小[名]❶(～儿)大きさ.サイズ.¶～ zhèng héshì[～正合适]サイズがぴったりだ.❷親族間の上下.尊卑.¶bù fēn ～[不分～]上下尊卑の別がない／shuōhuà méi ge ～[说话没个～]失礼な口のききかたをする.❸大人と子供.¶yì jiā ～ dōu kào tā[一家～都靠他]一家全員が彼に生計を頼っている.

dà～xiǎo～ 大～小～呼❶動作・行為が極端で,行きすぎであることを表す.近い意味の単音節動詞を前後に置く.¶dàjiā yí kànjian tā jìnlai, jiù dà hū xiǎo jiào qilai[大家一看见他进来, 就大呼小叫起来]みんなは彼が入ってくるのを見るなり声をあげて騒ぎだした.❷大小いろいろなものがあるさまを表す.同一あるいは近い意味の単音節の名詞を前後に置く.¶dà jiē xiǎo xiàng dàochù shì láiwǎng de rénqún[大街小巷到处是来往的人群]大通りも横町も,至る所,行き来する人でごったがえしている.

★dàxíng 大型[区]大型の.大規模な.↔ xiǎoxíng 小型¶～ qǐyè[～企业]大型企業／～ jiànzhù[～建筑]大型建築.

⁑dàxué 大学[名]〔suǒ 所〕大学.¶kǎo ～[考～]大学を受験する／～ bìyè[～毕业]大学を卒業する.大学卒業者.

類義語 dàxué 大学
xuéyuàn 学院

►"大学"はいわゆる「総合大学」で,さまざまな分野の学部からなる規模の大きな大学.¶清华大学 Qīnghuá Dàxué(清華大学)►"学院"はいわゆる「単科大学」や,特定の分野や専門についての学部からなる規模の小さな大学.¶中央音乐学院 Zhōngyāng Yīnyuè Xuéyuàn(中央音楽学院大学)►また,これらの総称としては"大学"が用いられる.¶姐姐在上大学 jiějie zài shàng dàxué(姉は大学に行っている)

dàyàn 大雁[名]〔zhī 只〕ヒシグイ.オオカリ.

dà·ye 大爷[名]❶父方のおじ.❷年輩の男性に対する敬称.¶Zhāng ～, nín chūqu ya?[张～，您出去呀?]張さん,おでかけですか.

***dàyī 大衣**[名]〔jiàn 件〕オーバーコート.¶chuānshang ～[穿上～]コートを着る／tuōxia ～[脱下～]コートを脱ぐ.

†dàyì 大意[名]大意.主な意味.¶duànluò ～[段落～]段落の大意／bǎ ～ fānyìchulai jiù xíng le[把～翻译出来就行了]大意を翻訳すればよい.→dàyi

dà·yi 大意[形]不注意である.おろそかにする.↔ xiǎoxīn 小心¶yèjiān kāichē qiānwàn búyào ～[夜间开车千万不要～]夜車を運転する時はくれぐれも注意を怠ってはならない.→dàyì

***dā·ying 答应**[動]❶答える.返事をする.¶～ yì shēng[～一声]ひと言返事をする／hǎnle hǎojǐ biàn le,jiùshì méi rén ～[喊了好几遍了，就是没人～]何度も大声で呼んだが誰も答えない.❷承諾する.承知する.¶jiānjué bù ～[坚决不～]断固として承知しない.

dà yǒu kě wéi 大有可为㊌やるべき値打ちが大いにある.大いに可能性がある.¶zhèi xiàng shìyè ～[这项事业～]この事業は大いにやりがいがある／～ de qīngnián[～的青年]将来性のある若者.

dàyú 大于[動]…よりも大きい.¶zhèige fàndiàn méiyou ～ sānshí píngmǐ de fángjiān[这个饭店没有～三十平米的房间]このホテルには30平米より大きい部屋はない.

***dàyuē 大约**[副]❶だいたい.おおよそ.¶tā ～ shì shí diǎn dào de[他～是十点到的]彼は10時頃に到着したのだ／zhèige xiāngzi ～ yǒu wǔ jīn zhòng[这个箱子～有五斤重]このトランクはおよそ2.5キログラムだ.❷たぶん.おそらく.¶tā wǎnshang ～ zài jiā[他晚上～在家]彼は夜おそらく家にいるだろう.→類義語 dàgài 大概

†dǎ//zhàng 打仗[動]❶戦争する.戦う.¶shàng qiánxiàn ～[上前线～]前線へ行って戦う／dǎ shèngzhàng[打胜仗]勝ち戦をする.／dǎ xuě zhàng[打雪仗]雪合戦をする.❷けんかをする.¶dǎ zuǐ zhàng[打嘴仗]口げんかをする.

†dǎ zhāo·hu 打招呼㊇❶言葉や動作で挨拶をする.¶gēn tā dǎle ge zhāohu[跟他打了个招呼]彼に挨拶した.❷(事前に)ほのめかす.知らせる.¶qù yǐqián xiān dǎ ge zhāohu[去以前先打个招呼]行く前に前もって知らせておく.→見る類 p.329

***dǎ//zhēn 打针**[動]注射する.¶qù yīyuàn ～[去医院～]病院に行って注射をする／dǎ yì zhēn[打一针]1回注射する.

†dàzhì 大致[形]だいたい.おおよそ.¶～ yào yì zhōu shíjiān[～要一周时间]およそ1週間かかる.

†dàzhòng 大众[名]大衆.¶rénmín ～[人民～]人民大衆／wèi ～ fúwù[为～服务]大衆のために奉仕する.

†dàzìrán 大自然[名]大自然.自然界.¶měilì de ～[美丽的～]美しい大自然／bǎohù ～[保护～]自然を保護する.

⁑dé 得[動]❶得る.¶tā ～le liǎng cì guànjūn[她～了两次冠军]彼女は2度優勝した.❷(計算した結果)…になる.¶yī jiā èr ～ jǐ?[一加二～几?]1足す2はいくつ?❸できあがる.¶yīfu hái méiyou zuò～[衣服还没有做～]服はまだできていない.❹〈口〉同意・制止を表す.¶～,jiù zhème bàn ba[～，就这么办吧]よし,じゃあそうしよう／～le ba,wǒ cái bú xìn[～了吧，我才不信]もういい,私は信じないよ.❺困った状況になったことを示す.¶～,yòu gǎocuò le[～，又搞错了]ちぇっ,また間違えちゃった.→de,děi

⁑·de 地[助]前の語句と結びつき,後の動詞や形容詞を修飾する.¶pīnmìng ～ gōngzuò[拼命～工作]懸命に働く／jiànjiàn ～ wàng le[渐渐～忘了]だんだんと忘れてしまった／dàjiā dōu zài xīngfèn ～ tánlùnzhe shénme[大家都在兴奋～谈论着什么]みんな興奮した様子で何か討論している.→dì

☆·de 的[助]❶名詞·代名詞·形容詞·動詞などの後に置き,修飾や所有関係を表す連体修飾語をつくる.¶lánsè ～ tiānkōng[蓝色～天空]青い空／ānjìng ～ huánjìng[安静～环境]静かな環境／měilì ～ gūniang[美丽～姑娘]美しい娘／nǐ ～ zìdiǎn[你～字典]あなたの辞書／māma zuò ～ fàn[妈妈做～饭]お母さんの作った食事／kànguo ～ diànyǐng[看过～电影]見たことのある映画.❷人名や人称代名詞の後に置き,職務·身分を示す語を修飾する.¶tā liǎ jiéhūn shì shéi ～ jièshàorén?[他俩结婚是谁～介绍人?]彼ら2人が結婚したのは誰の紹介ですか.❸人をさす名詞や人称代名詞の後に置き,ある動詞·形容詞を修飾し,その人が動作の対象であることを表す.¶kāi tā ～ wánxiào[开他～玩笑]彼をからかう／shēng háizi ～ qì[生孩子～气]子供に腹を立てる.❹修飾する目的語を省略し,ある人或いは物を表す.¶dà ～ shì wǒ ～[大～是我～]大きいのが私のだ／qù cānguān ～,zài ménkǒu jíhé[去参观～, 在门口集合]見学に行く人は入り口に集合だ／tā ài chī tián ～[他爱吃甜～]彼は甘いものが好きだ.❺"的"の前後に同様の動詞·形容詞を置き,並列を表す.¶chàng ～ chàng, tiào ～ tiào,rènaojí le [唱～唱, 跳～跳, 热闹极了]歌ったり踊ったり本当ににぎやかだ.❻動詞の後や文末に置いて動作の主体者·時間·場所·手段などを強調する.¶wǒ shì zài Měiguó chūshēng ～[我是在美国出生～]私はアメリカで生まれたのだ／tā shì qiánnián qù ～ Xiānggǎng[他是前年去～香港]彼は一昨年香港に行ったのだ／wǒmen shì qí zìxíngchē lái ～[我们是骑自行车来～]私たちは自転車に乗って来たんです.❼陳述文の文末に置いて肯定の語気を表す.¶wǒ shì zuótiān wǎnshang dào Běijīng ～[我是昨天晚上到北京～]私は昨晩北京に到着したんです.❽(並列した語句の後に置いて)…などの.¶zhèixiē píngpíngguànguàn ～,dōu rēngle suàn le[这些瓶瓶罐罐～, 都扔了算了]これらの瓶や缶などの類はみんな捨ててしまえ.

◆よく使われる漢字ベスト10

順位	漢字	発音
1	的	de
2	一	yī
3	是	shì
4	在	zài
5	不	bù
6	了	le
7	有	yǒu
8	和	hé
9	人	rén
10	这	zhè

☆·de 得[助]❶動詞の後に置き,可能を表す.¶tāmen qù～,zánmen yě qù～[他们去～, 咱们也去～]彼らが行けるなら,我々も行ける.❷動詞と補語の間に置き,可能を表す.¶jīntiān yì tiān gàn～wán ma?[今天一天干～完吗?]今日1日でやり終えることができますか／wǒ yí ge rén jiù ná～dòng[我一个人就拿～动]私1人で運べます／xiàwǔ huí～lái ma?[下午回～来吗?]午後には帰って来られますか.❸動詞や形容詞の後に用いて,結果や程度を表す補語を導く.¶háizi shuì～zhēn xiāng[孩子睡～真香]子供はとても気持ちよさそうに眠っている／rè～mǎntóu dàhàn[热～满头大汗]暑くて顔中汗だらけだ／zhèi zhāng xiàngpiàn pāi～ zhēn búcuò[这张相片拍～真不错]この写真は本当によく撮れている.→dé,děi

†dé∥bìng 得病[動]病気になる.¶déle cháng dà bìng[得了场大病]大病を患った／méi déguo bìng[没得过病]病気になったことがない.

dé bù cháng shī 得不偿失㊓得るものよりも失うものの方が多い.¶fèile bàntiān jìnr,jiéguǒ què shì ～[费了半天劲儿, 结果却是～]ずいぶん苦労したのに結局得るものより失うものの方が多かった.

☆dé∥dào 得到[動]手に入れる.得る.受ける.¶～ lǐwù[～礼物]プレゼントをもらう／débudào yìdiǎnr xiāoxi[得不到一点儿消息]わずかな消息も得られない／～le zīzhù[～了资助]経済的援助を受けた.

Déguó 德国[名]ドイツ.

☆～·de hěn ～得很[組](形容詞や一部の動詞の前に用い)動作や状態の程度がはなはだしいことを表す.¶tòng～[痛～]痛くてたまらない／xǐhuan～[喜欢～]嬉しくて仕方がない／tā lìhai～[她厉害～]彼女はすごくきつい.

☆～ ·dehuà ～的话[助]もし…なら.¶shēntǐ bù shūfu ～,jiù xiūxi yì tiān ba[身体不舒服～，就休息一天吧]体の具合がよくないなら1日休みなさい／yàoshi wǒ ～,jiù bú zhème zuò[要是我～，就不这么做]もし私ならこうはしない.

☆děi 得[助動]〈口〉❶…しなければならない.¶～ kāishǐ fùxí le[～开始复习了]復習を始めなければならない／nǐ ～ xué diǎnr Yīngyǔ[你～学点儿英语]あなたは少し英語を勉強しなければね.❷きっと…のはずだ.¶kàn yàngzi míngtiān ～ xià xuě[看样子明天～下雪]見たところ明日はきっと雪が降る.→dé,de

†dé·le 得了[動]〈口〉(同意・制止を表す)もういい.いいかげんにしろ.¶～,bié zài dǎoluàn le[～，别再捣乱了]いいかげんにしろ,これ以上邪魔するな／～ ～,bié shēngqì le[～～，别生气了]まあまあ,怒るな.

délì 得力[形]有能である.役に立つ.¶wǒ de zhùshǒu fēicháng ～[我的助手非常～]私の助手はとても有能だ.

☆dēng 灯[名]〔zhǎn 盏〕明かり.電灯.¶kāi ～[开～]明かりをつける／guān ～[关～]明かりを消す／tái～[台～]電気スタンド.

*dēng 登[動]❶登る.上がる.¶～shān[～山]山に登る.❷掲載する.¶～guǎnggào[～广告]広告を載せる／～bào xúnrén[～报寻人]新聞に尋ね人を掲載する.

†dēng 蹬[動]力を入れて踏む.足をかける.¶～ shuǐchē[～水车]水車を踏んで回す／～zhe tīzi shàng fángdǐng[～着梯子上房顶]はしごをよじ登って屋根に上がる.

dēng sānlúnchē 蹬三轮车
三輪車をこぐ

*děng 等[名]等級.¶yī ～ pǐn[一～品]一級品／huòdéle sān ～ jiǎng[获得了三～奖]3等賞をもらった.

☆děng 等[動]❶待つ.¶qǐng ～yi～

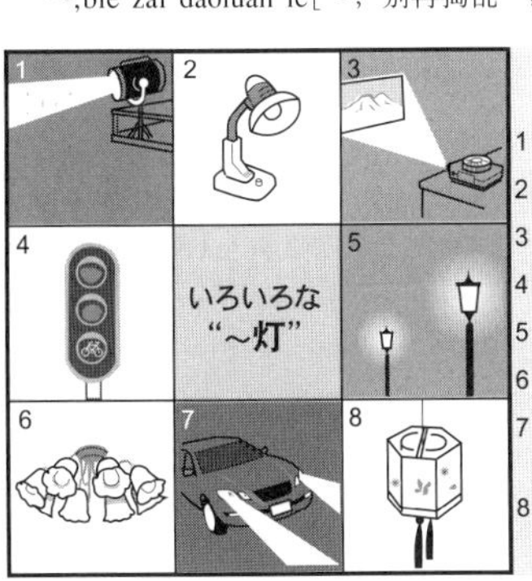

⏪ 逆引きウインドウズ

1 聚光灯	jùguāngdēng	スポットライト
2 台灯	táidēng	電気スタンド
3 幻灯	huàndēng	スライド・幻灯
4 红绿灯	hónglǜdēng	交通信号
5 路灯	lùdēng	街灯
6 吊灯	diàodēng	シャンデリア
7 头灯	tóudēng	(車の) ヘッドライト
8 走马灯	zǒumǎdēng	走馬灯

[请～一～]ちょっとお待ちください.❷…してから.…を待って.¶～ chīwán fàn zài gàn ba[～吃完饭再干吧]ご飯を食べてからやろう.

⁑**děng 等**[助]❶…など.注一部列挙し,他を省略することを表す.¶mǎile xiē shūcài、shuǐguǒ ～[买了些蔬菜、水果～]野菜やくだものなどを買った／yìqǐ qù de hái yǒu Xiǎo-Zhāng、Xiǎo-Wáng ～[一起去的还有小张、小王～]一緒に行ったのはあと張さん,王さんなどだ.❷列挙した事例の最後に置く.¶tā huì shuō Yīngyǔ、Rìyǔ、Fǎyǔ ～ sān zhǒng wàiyǔ[他会说英语、日语、法语～三种外语]彼は英語,日本語,フランス語の3ヵ国語が話せる.

†**dèng 瞪**[動]❶目を大きく見張る.¶yǎnjing ～de zhēn yuán[眼睛～得真圆]目を真ん丸に見張る.❷にらみつける.¶～le tā yì yǎn[～了他一眼]彼をじろりとにらみつけた.

*__děngdài 等待__[動]待つ.¶～ shíjī[～时机]時機を待つ／wǒ ～zhe nà yì tiān[我～着那一天]私はその日を待っている.

*__děngdào 等到__[接]…してから.…に及んで.¶～ sòngjin yīyuàn,yǐjing wǎn le[～送进医院，已经晚了]病院に送られた時にはもう手遅れだった.

†**děnghòu 等候**[動]待つ.待ちうける.¶zài jiā ～ xiāoxi[在家～消息]家で知らせを待つ／qǐng páiduì ～[请排队～]並んでお待ちください.

†**dēnghuǒ 灯火**[名]明かり.灯火.¶～ huīhuáng de yèwǎn[～辉煌的夜晚]灯火がきらきらと輝く夜.

*__dēngjì 登记__[動]登記する.登録する.¶xiān ～,zài jiāo fèi[先～，再交费]先に登録してから代金を払うように／láikè qǐng ～[来客请～]外来者は受付をしてください／jiéhūn ～chù[结婚～处]結婚登録所.

děngjí 等级[名]等級.ランク.¶àn ～ páiliè[按～排列]等級順に並べる／yígòng fēn jǐ ge ～?[一共分几个～?]全部でいくつのランクに分けますか.

dēng·long 灯笼[名]とうろう.ちょうちん.¶diǎn ～[点～]ちょうちんに火をともす.

dǎ dēnglong 打灯笼
ちょうちんを提げる

dēng∥lù 登陆[動]上陸する.¶táifēng ～ le[台风～了]台風が上陸した.

†**dēngpào 灯泡**[名](～儿)〈口〉電球.“灯泡子”dēngpàoziともいう.¶～ huài le[～坏了]電球が壊れた／ān ～[安～]電球を取り付ける.

*__děngyú 等于__[動]❶(数量が)…と等しい.¶sān jiā èr ～ wǔ[三加二～五]3たす2は5／yì gōngjīn ～ liǎng jīn[一公斤～两斤]1キログラムは“2斤”だ.❷2つのことがほとんど同じであることを表す.¶zhè jiù ～ yǐjing tóngyì le[这就～已经同意了]これはもう同意したも同然だ.

†**dèng·zi 凳子**[名]〔zhāng 张,tiáo 条〕背もたれのない腰掛け.スツール.¶mù～[木～]木製のスツール／cháng ～[长～]横長の腰掛け.→ 見る類 p.622

① bǎndèng 板凳 ② yuándèng 圆凳 ③ fāngdèng 方凳
①長い腰掛け ②丸椅子 ③四角い腰掛け

†**dé∥yì 得意**[形]得意になる.満足する.¶～ wàng xíng[～忘形]成得意になって我を忘れる

*__Déyǔ 德语__[名]ドイツ語.“德文”Déwénともいう.

dé·zuì 得罪[動]人の機嫌を損ねる.恨みを買う.¶～ rén[～人]他人の機嫌を損ねる／huà bù détǐ,duō yǒu ～, qǐng yuánliàng[话不得体, 多有～, 请原谅]言葉が不適切でお気にさわりましたらお許し下さい.

☆**dī 低**[形]❶(高さが)低い.↔ gāo 高 ¶fēide hěn ～[飞得很～]低空を飛ぶ／shuǐwèi hěn ～[水位很～]水位が低い.❷(一般の基準や標準よりも)低い.↔ gāo 高 ¶shēngyīn tài ～,tīngbuqīng[声音太～, 听不清]声が低すぎてはっきりと聞き取れない／jīntiān de qìwēn hěn ～[今天的气温很～]今日の気温は低い.❸(等級が)低い.↔ gāo 高 ¶～niánjí xuésheng[～年级学生]低学年の生徒.[動]下げる.低くする.¶tā ～zhe tóu zuòzai nàr[他～着头坐在那儿]彼はうつむいたままそこに座っている.

類義語 **dī 低　ǎi 矮**
►"低"は地面からあまり離れていないことを表す.¶飞机飞得低 fēijī fēide dī(飛行機が低く飛んでいる)►"矮"は「具体的な物の丈」が低い,短いことを表す.¶弟弟个子矮 dìdi gèzi ǎi (弟は背が低い)►"低"はまた,「レベルが低い」など抽象的なことや,「…を低くする」という意味を表す時に用いられる.¶学历低 xuélì dī(学歴が低い)／降低标准 jiàngdī biāozhǔn(基準を下げる)

†**dī 堤**[名]堤(つつみ).堤防.土手.¶zhù ～[筑～]堤防を築く／zhème ǎi de ～ zěnme néng dǎngzhu hóngshuǐ?[这么矮的～怎么能挡住洪水?]こんな低い堤防で洪水が防げるものですか.

***dī 滴**[動](しずくを)たらす.¶～ yǎnyàoshuǐ[～眼药水]目薬をさす.[量]しずくを数える.¶yì ～ shuǐ[一～水]一しずくの水.

dí 敌*[名]敵.¶～wǒ máodùn[～我矛盾]敵味方の衝突／～jūn[～军]敵軍.[動]対抗する.立ち向かう.¶～buguò[～不过]対抗しきれない.かなわない.

†**dǐ 底**[名]❶(～儿)底.底面.¶jǐng ～[井～]井戸の底／wǎn～[碗～]お碗の底.❷(～儿)いきさつ.内情.¶mō ～[摸～]内情をさぐる.❸(～儿)控え.下地.¶zhèi fèn cáiliào yào liú ge ～[这份材料要留个～]この資料は控えをとっておく必要がある.*❹年・月の終わり.¶nián～[年～]年末／yuè～jiézhàng[月～结账]月末決算をする.

†**dǐ 抵**[動]❶支える.¶shuāngshǒu ～zhe xiàba[双手～着下巴]両手で頬杖をついている／～zhu mén,bié ràng tā jìnlai[～住门, 别让他进来]ドアを押さえて,彼を中に入らせるな.❷抵抗する.¶chuān zhème diǎnr yīfu, ～buzhù hánfēng a![穿这么点儿衣服, ～不住寒风啊!]これっぽっちの洋服じゃ寒風をしのげないよ.*❸抵当にする.¶nǐ yòng shénme zuò ～?[你用什么做～?]あなたは何を抵当に入れるのですか.❹相当する.匹敵する.¶yí ge rén ～ liǎng ge rén[一个人～两个人]1人で2人分の働きをする.

dǐ 抵[動]〈書〉到着する.¶tā shí rì ～ Jīng[他十日～京]彼は10日に北京につく.

☆**dì 地**[名]❶地球.¶～biǎo[～表]地表.❷陸地.¶píng～[平～]平地.❸〔kuài 块,piàn 片〕土地.田畑.¶zhèi kuài ～ yě shì nǐ jiā de ma?[这块～也是你家的吗?]この土地もあなたの家のものですか／xià～ gànhuó[下～干活]畑へ行って働く.❹床.地面.¶shuǐní～[水泥～]コンクリートの床／zhuān～[砖～]れんがの床.❺道のり.¶wǒ jiā dào xuéxiào jiù liǎng zhàn ～[我家到学校就两站～]私の家から学校までは2駅分の距離しかない／zǒule shí lǐ ～[走了十里～]5キロメートル歩いた.→de

類義語 **dìshang 地上　dìxia 地下**
►いずれも「地面」の意で用いるが,「ものが地面や床などに存在している」という時に"地上"が用いられる.¶{地上／×地下}的积雪化了 {dìshang／×dìxia} de jīxuě huà le(地面に積もった雪は溶けてしまった)／躺在{地上／×地下} tǎngzai {dìshang／×dìxia}(床に横になる)►物の地面への移動を表す場合には"地下"が用いられる.¶

杯子从桌上掉到地下 bēizi cóng zhuōshang diàodao dìxia(コップが机から床に落ちた)

☆dì 第*[動]整数の前に置いて順序を表す.¶～ yī cì chūguó[～一次出国]初めて海外へ行く／～' èr cì shìjiè dàzhàn[～二次世界大战]第二次世界大戦.

類義語 dì 第 tóu 头
►"第"は「数詞」或いは「数詞＋量詞」の前に置き,順番を表す.¶第十 dì shí(第10)／第二天 dì èr tiān(2日目)►"头"は「数詞＋量詞」の前に置き,「最初の」という意味を表す.¶头两天 tóu liǎng tiān(最初の2日間)

*dì 递[動]手渡す.(順に)送る.¶máfan nǐ bǎ yānhuīgāng ～gěi wǒ[麻烦你把烟灰缸～给我]すみませんが灰皿を取ってください／gěi tā ～le ge yǎnsè[给他～了个眼色]彼に目くばせした.

diān 掂[動]手のひらに物をのせて重さを量る.¶nǐ ～～ zhèige yǒu yì jīn ma?[你～～这个有一斤吗?]これが500グラムあるかどうか手で量ってみて／wǒ ～le yíxià,hǎoxiàng qīngle diǎnr[我～了一下，好像轻了点儿]私は手でちょっと持ち上げてみたが,少し軽いみたいだ.

☆diǎn 点[名]*❶(～儿)液体のしずく,粒.¶yǔ～[雨～]雨つぶ.❷(～儿)点.(しみや傷の)あと.¶bān～[斑～]斑点／hēi～[黑～]黒い点／mò ～[墨～]インクのあと.❸(～儿)漢字の点.「、」.¶zhèige zì shǎole yì ～[这个字少了一～]この字は点が1つ足りない.❹〔数〕点.¶liǎng ～ chéng yí xiàn[两～成一线]2点を結ぶと線ができる.❺(～儿)小数点.¶wǔ ～ sì gōngjīn[五～四公斤]5.4キログラム／yī ～ qī bā[一～七八]1.78.❻一定の時間.¶dào～ le[到～了]時間になった.[量]❶(～儿)少数を表す.¶zài chī ～ ba[再吃～吧]もう少し食べたら／mǎi ～ rìcháng yòngpǐn[买～日常用品]日用品を少し買う.❷事柄を数える.¶zhǔyào tèzhēng yǒu yǐxià sān ～[主要特征有以下三～]主な特徴は以下の3点である.[動]❶点をうつ.¶～ dòuhào[～逗号]コンマをつける.❷(手や頭を)下向きに軽く動かす.¶～le～ tóu[～了～头]ちょっとうなずいた／yòng shǒu ～ le yíxià tā de étou[用手～了一下他的额头]手で彼のおでこをちょっとつっついた.❸液体をたらす.¶～ yǎnyào[～眼药]目薬をさす.❹点播(てんぱ)する.まく.¶～ dòuzi[～豆子]豆の種をまく.❺一つ一つ数える.¶～ qián [～钱]お金を数える／～yi～ rénshù[～一～人数]人数を数えてください.❻選ぶ.注文する.¶zhèi shǒu gēqǔ shì tā ～ de[这首歌曲是他～的]この曲は彼がリクエストしたものだ／～cài [～菜]料理を注文する.❼火をつける.¶～ huǒjù[～火炬]たいまつを燃やす／～ làzhú[～蜡烛]ロウソクをつける.

類義語 diǎn 点 xiē 些
►"点"は"一点儿"("一"はしばしば省略される)の形で,「少量」であることを示す.人間や動物には普通用いられない.¶进来喝点儿茶吧 jìnlai hē diǎnr chá ba(お入りになって少しお茶でも飲みませんか)►"些"は"一些"("一"はしばしば省略される)の形を取り,「いくらか」,「いくつか」という不定の数や量を表す.¶买了(一)些水果 mǎile (yì)xiē shuǐguǒ(いくつか果物を買った)►「ちょっと」,「少し」という意味を表す時に"些"と"点儿"は置き換えられる.¶他的病好{些／点儿}了 tā de bìng hǎo {xiē／diǎnr} le(彼の病気は少しよくなった)／我有{些／点儿}头痛 wǒ yǒu {xiē／diǎnr} tóutòng(ちょっと頭痛がする)

☆diǎn 点[量]時刻の単位.…時.¶xiànzài jǐ ～?[现在几～?]今何時ですか／míngtiān zǎoshang liù ～ chūfā[明天早上六～出发]明日は朝6時に出発する.

☆diàn 电[名]❶電気.¶tíng～ le[停～

了]停電した.*❷電報.¶jí～[急～]至急電報／hè～[贺～]祝電.[動]感電する.¶dāngxīn,bié ～zhe nǐ[当心,别～着你]気をつけて,感電しないように.

*diàn 店[名]❶旅館.宿屋.¶zhù ～[住～]旅館に泊まる.❷店.¶shū～[书～]本屋／fúzhuāng～[服装～]衣料品店.

†diàn 垫[動]❶あてがう.敷く.¶bèihòu ～ ge zhěntou[背后～个枕头]背中に枕をあてがう／dǐxia ～ zhāng jiù bàozhǐ[底下～张旧报纸]下に古新聞を敷く.❷金を立て替える.¶wǒ xiān gěi ～shang ba,zuìhòu yìqǐ suàn[我先给～上吧，最后一起算]とりあえず私が立て替えておくから最後に清算しよう.*[名](～儿)敷き物.¶kào～[靠～]クッション／xié～[鞋～]靴の中敷き.

*diànbào 电报[名]〔fèn 份〕電報.¶dǎ ～[打～]電報を打つ.

*diànbīngxiāng 电冰箱[名]〔tái 台〕電気冷蔵庫.¶wǒ jiā mǎile yì tái xīn de ～[我家买了一台新的～]私の家では新しい冷蔵庫を買った／bǎ píjiǔ fàngjin ～ li bīng yíxià[把啤酒放进～里冰一下]ビールを冷蔵庫に入れて冷やしておいてください.

diānbǒ 颠簸[動](上下左右に不規則に)揺れる.¶～le yì tiān yí yè, lèihuài le[～了一天一夜，累坏了]1日中乗り物に揺られて疲れはてた／fēng yuè lái yuè dà,chuánshēn gèng jiā ～qilai[风越来越大，船身更加～起来]風がだんだん強まり船は更に揺れを増した.

⁑diànchē 电车[名]〔liàng 辆,tái 台〕❶電車.¶zuò ～[坐～]電車に乗る.❷トロリーバス.“无轨电车”wúguǐ diànchēともいう.¶nǐ zài Rìběn zuòguo ～ ma?[你在日本坐过～吗?]あなたは日本でトロリーバスに乗ったことがありますか.

*diànchí 电池[名]〔jié 节〕電池.¶gān～[干～]乾電池／huàn ～[换～]電池を交換する.

†diāndǎo 颠倒[動]❶(上下・前後を)逆さにする.逆にする.¶shū fàng～le[书放～了]本が(上下)逆さに置かれている／bǎ zhè liǎng ge zì ～guolai,yìsi jiù bù yíyàng le[把这两个字～过来，意思就不一样了]この2文字を逆にすると意味が変わってくる.❷錯乱する.狂う.¶shénhún ～[神魂～]気が動転する.

⁑diàndēng 电灯[名]〔zhǎn 盏〕電灯.ライト.¶kāi ～[开～]電灯をつける／guān ～[关～]電灯を消す.

†diàndìng 奠定[動](基礎を)固める.安定させる.¶～ jīchǔ[～基础]基礎を固める.

diàndòngjī 电动机[名]電気モーター.普通“马达”mǎdáという.

diànfěn 淀粉[名]澱粉.片栗粉.¶mǎlíngshǔ li hányǒu dàliàng de ～[马铃薯里含有大量的～]ジャガイモには多くの澱粉が含まれている.

*diànfēngshàn 电风扇[名]〔jià 架,tái 台〕扇風機.¶luòdìshì ～[落地式～]スタンド式扇風機／yáokòng ～[遥控～]リモコン式扇風機／rèsǐ le, kuài bǎ ～ dǎkāi[热死了，快把～打开]暑くてどうしようもない,早く扇風機をつけて.

diānfù 颠覆[動]転覆する.¶wàngtú ～ xīn zhèngfǔ[妄图～新政府]新政府の転覆を企てる.

diàngōng 电工[名]電気設備工.

⁑diànhuà 电话[名]❶電話機.¶ān ～[安～]電話機を取り付ける.❷電話.¶dǎ ～[打～]電話をかける／jiē ～[接～]電話に出る／guà ～[挂～]電話を切る／Lǎo-Wáng,nǐ de ～[老王,你的～]王さん,お電話です／～ zhànxiàn[～占线]話し中である／～ cíkǎ[～磁卡]テレフォンカード／guójì ～[国际～]国際電話.

diǎn∥huǒ 点火[動]❶点火する.火をつける.❷〈喩〉扇動して事件を起こす.¶shān fēng ～[煽风～]扇動する.

†diàn•jì 惦记[動](人や事物を)心配する.気にかける.¶dàole nàli hǎohāor xuéxí,búyòng ～ jiāli[到了那里好好儿学习，不用～家里]そこに行ったら一生懸命勉強しなさい,家のことは心配しなくてよいから／nǐ búyòng ～ wǒ,wǒ hěn hǎo[你不用～我，我

很好]私のことは心配しないで,元気でやっているから.

diànlǎn 电缆[名]ケーブル.

†**diǎnlǐ 典礼**[名]式典.儀式.¶jǔxíng jiéhūn ～[举行结婚～]結婚式をとり行う/bìyè ～[毕业～]卒業式.

D

kāiguó dàdiǎn 开国大典
建国式典

†**diànlì 电力**[名]電力.¶～ gōngyìng [～供应]電力供給/jiéshěng ～[节省～]電力を節約する.

diànliáo 电疗[名]電気療法.¶yāo téng kěyǐ jìnxíng ～[腰疼可以进行～]腰痛には電気療法を行うことができる.

†**diànlíng 电铃**[名]電鈴.ベル.¶ménshang ānle ge ～[门上安了个～]ドアにベルをつけた/èn ～[摁～]ベルを押す.

†**diànliú 电流**[名]〔電〕電流.¶～biǎo [～表]電流計.

†**diànlú 电炉**[名]電気ストーブ.電気コンロ.¶yòng ～ qǔnuǎn[用～取暖]電気ストーブで暖をとる/fàngzai ～ shang rè yíxià[放在～上热一下]電気コンロの上に置いて温めてください.

diànlù 电路[名]〔電〕電気回路.¶～ tú[～图]電気回路図.

diǎn//míng 点名[動]❶出席をとる.点呼をとる.¶Wáng lǎoshī hěn yán, tiāntiān dōu ～[王老师很严，天天都～]王先生はとても厳しくて毎日出席をとる/yǐjing diǎnguo míng le,nǐ zěnme cái lái?[已经点过名了，你怎么才来?]もう出席はとり終えたのに,どうして今ごろ来るの.❷指名する.¶duìfāng ～ yào nǐ qù[对方～要你去]先方はあなたが行くように指名している.

☆**diànnǎo 电脑**[名]〔tái 台〕コンピュータ.¶～ shídài[～时代]コンピュータ時代/xué ～[学～]コンピュータを学ぶ.

diànniǔ 电钮[名](電気器具の)スイッチ.ボタン.¶yí àn ～ mén zìdòng kāi le[一按～门自动开了]スイッチを押すとドアは自動的に開いた/zhèli yǒu hǎojǐ ge ～,bié gǎocuò le[这里有好几个～，别搞错了]ここにはいくつもボタンがあるから間違えないように.

diànqì 电气[名]電気.¶～ yíbiǎo [～仪表]電気メーター/～ shèbèi [～设备]電気設備.

†**diànqì 电器**[名]電気器具.¶jiāyòng ～[家用～]家庭用電気器具/nǐ dǎsuan mǎi shénme ～?[你打算买什么～?]あなたはどんな電気器具を買うつもりですか.

diǎnrán 点燃[動]燃やす.点火する.¶～le cháihuo[～了柴火]たきぎを燃やした/～ huǒbǎ[～火把]たいまつに点火する/～ niánqīngrén de rèqíng[～年轻人的热情]若者の情熱に火をつける.

☆**diànshì 电视**[名]〔tái 台〕テレビ.テレビの番組.¶kāi ～[开～]テレビをつける/kàn ～[看～]テレビを見る/cǎisè ～[彩色～]カラーテレビ/～ jiémù[～节目]テレビ番組.

*__diànshìtái 电视台__[名]テレビ局.¶Zhōngyāng ～[中央～]中央電視台.

Zhōngyāng Diànshìtái "中央电视台"のロゴマーク

*__diàntái 电台__[名]❶無線電信局."无线电台"wúxiàn diàntáiの通称.❷ラジオ放送局.¶～ bōyīnyuán[～播音员]ラジオ局のアナウンサー/Běijīng Rénmín Guǎngbō ～[北京人民广播～]北京人民放送局.

*__diàntī 电梯__[名]エレベーター.¶zhèige lóuli yígòng yǒu liù bù ～[这个楼里一共有六部～]この建物には全部で6つエレベーターがある/zuò ～[坐～]エレベーターに乗る.

*__diǎn//tóu 点头__[動]うなずく.¶tā cháo dàjiā diǎnlediǎn tóu[他朝大家

点了点头]彼はみんなに向かって軽くうなずいた／zhèi jiàn shì kēzhǎng bù ～ jiù bànbuchéng[这件事科长不～就办不成]この件は課長がうんと言わないとできない.

†**diànxiàn 电线**[名]〔gēn 根〕電線.¶～gān[～杆]電信柱.

⁑**diǎn•xin 点心**[名]〔kuài 块〕軽食.おやつ.(菓子・ケーキ類)¶～pù[～铺]菓子屋／tā bù xǐhuan chī tián ～[他不喜欢吃甜～]彼は甘い菓子が好きではない.

†**diǎnxíng 典型**[名]典型.手本.¶～shìfàn[～示范]モデルケース.[形]典型的である.代表的である.¶zhè shì ～ de yǔfǎ cuòwù[这是～的语法错误]これは典型的な文法上の誤りだ／～ shìlì[～事例]代表的な事例.

†**diànyā 电压**[名]〔電〕電圧.¶～ bùwěn[～不稳]電圧が不安定だ.

⁑**diànyǐng 电影**[名](～儿)〔chǎng 场,bù 部〕映画.¶kàn ～[看～]映画を見る／pāi ～[拍～]映画を撮る／fàng ～[放～]映画を上映する／wúshēng ～[无声～]無声映画／～mí[～迷]映画ファン.

*__diànyǐngyuàn 电影院__[名]映画館.¶wǔ diǎn wǒ zài ～ ménkǒu děngzhe nǐ[五点我在～门口等着你]5時に映画館の入り口であなたを待っています.

diànyuán 电源[名]〔電〕電源.¶zhèli méiyou ～[这里没有～]ここには電源がない.

diànyuán 店员[名]店員.¶wǒ zài yì jiā shāngdiàn dāng ～[我在一家商店当～]私はある店で店員をしている.

⁑**diǎnzhōng 点钟**[名](時間・時刻を表す)時.¶xiànzài shì xiàwǔ sān ～[现在是下午三～]今,午後3時だ／jiǔ ～ zhèngshì kāihuì[九～正式开会]9時に正式に会議を始める.

diǎn•zhuì 点缀[動]❶飾りつける.引き立たせる.¶shàngmian fàng liǎng duǒ huā ～ yíxià jiù gèng hǎokàn le[上面放两朵花～一下就更好看了]上にいくつか花を飾ればいっそうきれいに見える／jiérì de guǎngchǎng bèi ～de fènwài měilì[节日的广场被～得分外美丽]祝日の広場はことのほか美しく飾られている.❷間に合わせる.体裁を整える.¶zhǐshì ～～[只是～～]ほんの間に合わせにすぎない.

†**diǎn•zi 点子**[名]液体のつぶ.しみ.¶yǔ～[雨～]雨つぶ／yóu～[油～]

D

目で見る類義語 diào 吊　guà 挂　xuán 悬

吊

挂

悬

►"吊" diàoは紐などを使って物が高い場所から吊り下げられているさまを表す.物の上にはそれを吊り下げておく固定場所があり,物の周りには一定の空間がある.¶房檐上吊着冰柱 fángyán shang diàozhe bīngzhù(軒下につららが下がっている)►壁に絵をかけたり,紐に洗濯物をかけたりするのが"挂"guàである.壁や紐を支えにして,そこに物をかける."吊"のように上から吊り下げるという感じはない.¶墙上挂着结婚照 qiángshang guàzhe jiéhūnzhào(壁に婚礼写真がかかっている)►"悬" xuánは物の上にも下にも固定場所がなく,物が宙に浮いているようなさまを表す.¶杂技演员悬在空中 zájì yǎnyuán xuánzai kōngzhōng(サーカスの団員が空中にぶら下がっている)

油のしみ.

†**diǎn·zi 点子**[名]❶ポイント.要点.¶tā de huà shuōdao ～ shang le[他的话说到～上了]彼の話は要点をついていた／jìnr méi shǐzai ～ shang[劲儿没使在～上]力を肝心なところで使わなかった.❷方法.考え.¶xiǎng ～[想～]方法を考える／bāng wǒmen chū ge ～[帮我们出个～]何かアイディアを出してください.

†**diànzǐ 电子**[名]電子.¶～ xiǎnwēijìng[～显微镜]電子顕微鏡／～qín[～琴]エレクトーン.

diāo 刁[形]ずるい.¶zhèige rén kànqilai hěn ～[这个人看起来很～]この人は見た目がずるそうだ.

diāo 叼[動]口にくわえる.¶zuǐli ～zhe yì gēn yān[嘴里～着一根烟]口にタバコをくわえている／māo ～zhe yì zhī lǎoshǔ[猫～着一只老鼠]ネコがネズミをくわえている.

***diào 吊**[動]❶紐や縄などを用いて物を高い所に吊るす.ぶら下げる.¶fángyán xia ～zhe yí ge fēnglíng[房檐下～着一个风铃]軒下に風鈴が吊るしてある／bǎ zhúlánzi ～zai shùshang[把竹篮子～在树上]竹のかごを木にぶら下げる.❷縄などで物を結んで吊り上げる.吊り下げる.¶cóng jǐng dǐ bǎ tǒng ～shanglai[从井底把桶～上来]井戸の底から桶を吊り上げる.→見る類 p.181

***diào 钓**[動](魚などを)釣る.¶tā jīntiān yì tiáo yú yě méi ～dao[他今天一条鱼也没～到]彼は今日1匹も魚が釣れなかった.

***diào 调**[動]異動する.転勤する.¶～ gōngzuò[～工作]仕事を換える／tā ～dao Shànghǎi qù le[他～到上海去了]彼は上海に転勤した.

diào 调[名](～儿)〔音〕❶メロディ.調子.❷(音楽の)調.¶G xiǎo～[G小～]ト短調／zhèige qǔzi shì shénme ～?[这个曲子是什么～?]この曲は何調ですか.

⁑**diào 掉**[動]❶落ちる.落とす.¶～jin shuǐchí[～进水池]池に落ちる／～yǎnlèi[～眼泪]涙を落とす.❷脱落する.¶～duì[～队]落伍する.❸なくす.失う.¶zhèi běn shū ～le sān yè[这本书～了三页]この本は3ページ抜け落ちている.❹減少する.¶jǐ ge yuè lái ～le hǎojǐ jīn ròu[几个月来～了好几斤肉]ここ数ヵ月で数キロ痩せた.❺動詞の後ろに用いて,動作の終了・消失を表す.¶rēng～[扔～]捨ててしまう／qù～[去～]取り除く／táo～[逃～]逃げてしまう.

diào 掉[動]❶回す.向きをかえる.¶～tóu[～头]振り向く.Uターンする.❷取り替える.¶～ zuòwèi[～座位]座席を取り替える.

***diàochá 调查**[動]調査する.¶xiān bǎ qíngkuàng ～qīngchu zài shuō[先把情况～清楚再说]まずは状況をきちんと調査してからにしよう／～ shìqing fāshēng de jīngguò[～事情发生的经过]事態発生の経過を調査する.

†**diàodòng 调动**[動]❶転勤する.転任する.¶～ gōngzuò[～工作]転勤する.❷動員する.¶～ yíqiè jījí yīnsù[～一切积极因素]すべての積極的要因を引き出す.

diàodù 调度[動](仕事・労働力などを)管理配備する.¶chēliàng yào hélǐ ～[车辆要合理～]車両を合理的に配備する必要がある.[名]管理配備要員.¶tā shì chǎngli de shēngchǎn ～[他是厂里的生产～]彼は工場の生産管理者だ.

diàohuàn 调换[動]❶交換する.¶～ wèizhi[～位置]位置を交換する／bǎ liǎng wèi lǎoshī de shàngkè shíjiān ～ yíxià[把两位老师的上课时间～一下]2人の先生の授業時間を入れ換えてください.❷別のものに替える.¶tā yì nián zhī nèi ～le sān cì gōngzuò[他一年之内～了三次工作]彼は1年に3回転職した／bǎ zhèixiē jiù de quánbù ～chéng xīn de[把这些旧的全部～成新的]これらの古くなったものをすべて新しいものと替えてください.‖"掉换"とも書く.

†**diāokè 雕刻**[動]彫刻する.¶～ shíxiàng[～石像]石像を彫る／～jiā[～家]彫刻家.

diāosù 雕塑[名]彫塑(ちょうそ).¶tā gēn Wáng lǎoshī xuéxí ～[他跟王老

师学习～]彼は王先生に彫塑を学んでいる.

†**dìbǎn 地板**[名]床.床板.¶pū ～[铺～]床板を敷く／shuìzai ～ shang[睡在～上]床に寝る.

†**dìbù 地步**[名]❶状況.事態.注多く悪い状況を表すのに用いる.¶zěnme nàodao zhèi zhǒng ～ le?[怎么闹到这种～了?]どうしてこんな重大な事態にまでなったのですか／yàoshi tīngle fùmǔ de huà jiù bú huì luòdao zhèi zhǒng ～ le[要是听了父母的话就不会落到这种～了]もし両親の話を聞いていればこんな事にはならなかったはずだ.❷到達の程度.¶tā zhèige zúqiúmí dōu dàole fèi qǐn wàng shí de ～ le[他这个足球迷都到了废寝忘食的～了]彼のサッカー好きはとうとう寝食を忘れるまでになってしまった.

dǐdá 抵达[動]〈書〉到着する.¶tā ～ Dōngjīng hòu lìjí gěi jiāli dǎle yí ge diànhuà[他～东京后立即给家里打了一个电话]彼は東京に到着後すぐに家に電話をかけた.

*__dìdài 地带__[名]地帯.地域.¶cǎoyuán ～[草原～]草原地帯／duō yǔ ～[多雨～]多雨地域／ānquán ～[安全～]安全地帯.

dīdàng 低档[形](品物の)ランクが低い.低級である.¶wǒ zhǐ mǎideqǐ ～huò,mǎibuqǐ gāodànghuò[我只买得起～货，买不起高档货]私は安物しか買えず,高級品は買えません.

*__dì·dao 地道__[形]❶本物の.本場の.生粋の.¶zhè shì ～ de wūlóngchá[这是～的乌龙茶]これは本場のウーロン茶だ／tā néng shuō yì kǒu ～ de měishì Yīngyǔ[她能说一口～的美式英语]彼女は生粋のアメリカ英語が話せる.❷しっかりしている.良質である.¶Jǐngdézhèn de cíqì zhēn ～[景德镇的瓷器真～]景徳鎮の磁器は本当に良質だ.

⁑**dì·di 弟弟**[名]❶弟.¶wǒ yǒu liǎng ge ～[我有两个～]私には弟が2人いる／tīngshuō tā ～ zài dàxué gōngzuò[听说他～在大学工作]彼の弟は大学に勤めているそうだ.❷同世代の親戚で自分より年下の男子.¶shūbai ～[叔伯～]従弟(いとこ).

*__dìdiǎn 地点__[名]場所.¶jíhé ～[集合～]集合場所／shíjiān、～ dōu yóu nǐ lái dìng[时间、～都由你来定]時間,場所ともあなたが決めてください.

díduì 敌对[動]敵対する.¶～ tàidu[～态度]敵対的な態度／～ guānxi[～关系]敵対関係.

†**diē 爹**[名]〈口〉父.お父さん.¶～niáng[～娘]両親.➡類義語 fùqīn 父亲

*__diē 跌__[動]❶転ぶ.つまずく.¶tā zài lùshang ～dǎo le[他在路上～倒了]彼は道でつまずいて転んだ／～le ge gēntou[～了个跟头]もんどり打って転んだ.❷(値が)下がる.¶měiyuán tūrán ～ le[美元突然～了]ドルが突然下がった.➡見る類 p.500

†**dié 叠**[動]❶積み重ねる.¶～luóhàn[～罗汉]組み体操.❷折り畳む.¶～bèizi[～被子]掛け布団を畳む／bǎ yīfu ～hǎo[把衣服～好]服をきちんと畳む.

dié·zi 碟子[名]〔zhāng 张〕やや浅めの小さな皿.¶xǐ ～[洗～]皿を洗う.➡見る類 p.413

dī·fang 提防[動]用心する.警戒する.¶nǐ děi ～zhe diǎnr tā[你得～着点儿他]彼にはちょっと気をつけなければいけないよ.

*__dìfāng 地方__[名]❶(中央に対しての)地方.¶～ gōngyè[～工业]地方工業／～ gè jí lǐngdǎo gànbù[～各级领导干部]地方各級の指導者幹部.❷地元.当地.¶～ de qúnzhòng bāngle bùshǎo máng[～的群众帮了不少忙]地元の人たちがいろいろと手伝ってくれた／～ tèchǎn[～特产]地元の特産物.→dìfang

⁑**dì·fang 地方**[名]❶(～儿)場所.¶

nǐ shì shénme ～ rén?[你是什么～人?]出身はどちらですか.注国籍ではなく出身を尋ねている／shénme ～ téng?[什么～疼?]どこが痛むのですか／qùwǎnle háiyǒu ～ ma?[去晚了还有～吗?]行くのが遅くなってもまだ場所はありますか.❷部分.箇所.¶bú duì de ～,qǐng duō zhǐjiào[不对的～,请多指教]間違っている箇所はどうぞご指摘ください.→dìfāng

dīgū 低估[動]低く見積もる.過小評価する.見くびる.¶nǐ kě bié ～le rénjia[你可别～了人家]決して人を見くびってはいけません.

dìguó 帝国[名]帝国.¶Luómǎ ～[罗马～]ローマ帝国／Dàyīng ～[大英～]大英帝国.

†**dìguó zhǔyì 帝国主义**[名]❶帝国主義.❷帝国主義の国家.

dījí 低级[区]❶初歩的である.つくりが簡単である.¶～ dòngwù[～动物]下等動物.❷低級である.下品である.¶～ qùwèi[～趣味]低俗な趣味／búyào kàn zhèi zhǒng ～ yōngsú de shū[不要看这种～庸俗的书]こういう下品で低俗な本を読んではいけない.

dìjiāo 递交[動]手渡す.¶qǐng yídìng ～gěi tā běnrén[请一定～给他本人]必ず彼本人に手渡してください.

dìjié 缔结[動]締結する.結ぶ.¶～ tiáoyuē[～条约]条約を締結する／liǎng guó ～le yǒuhǎo xiédìng[两国～了友好协定]両国は友好協定を結んだ.

†**dǐkàng 抵抗**[動]抵抗する.手向かう.¶nǐ ～ yě méiyou yòng[你～也没有用]抵抗しても無駄だ／～guo duōcì[～过多次]何度も抵抗した.

†**dìlǐ 地理**[名]❶地理.¶tā duì Dōngjīng de ～ shífēn shúxī[他对东京的～十分熟悉]彼は東京の地理に非常に詳しい.❷地理学.

dīliè 低劣[形](質が)劣っている.粗悪である.¶chǎnpǐn zhìliàng ～[产品质量～]製品の質が劣っている／pǐnxíng ～[品行～]素行不良である.

★**dìmiàn 地面**[名]❶地面.¶gāochu ～ shí límǐ[高出～十厘米]地面より10センチ高い.❷床.¶dàtīng shì dàlǐshí ～[大厅是大理石～]ホールは大理石張りの床だ.

†**dīng 丁***[名]❶成年男子.¶zhuàng～[壮～]成年男子.❷人口.¶rén～[人～]人口.❸使用人.¶yuán～[园～]庭師／páo～[庖～]コック.❹(～儿)野菜や肉などをさいの目に切ったもの.¶ròu～[肉～]さいの目に切った肉.

†**dīng 盯**[動]見つめる.じっと見る."钉"とも書く.¶jǐnjǐn ～zhe mùbiāo[紧紧～着目标]じっと的を見ている／nǐ gànmá lǎo ～zhe wǒ?[你干吗老～着我?]あなたはなぜいつも私をじっと見ているの.→類義語 qiáo 瞧

dīng 钉[名](～儿)〔gēn 根,kē 颗〕くぎ.→dìng

†**dīng 钉**[動]❶ぴったりつく.ぴったりマークする.¶nǐ ～ sān hào xuǎnshǒu[你～三号选手]あなたは3番の選手をマークしなさい／～zhu duìfāng de qiánfēng[～住对方的前锋]相手チームのフォワードをぴったりマークする.❷催促する.¶nǐ děi cháng ～zhe tā diǎnr,tā zhèige rén jiànwàng[你得常～着他点儿，他这个人健忘]あなたはいつも彼に催促していなくてはだめだ,彼ときたら忘れっぽいのだから／～le hǎojǐ tiān[～了好几天]何日も催促した.❸"盯"dīngに同じ.→dìng

★**dǐng 顶**[名](～儿)てっぺん.頂上.¶tóu～[头～]頭のてっぺん／shān～[山～]山頂.[動]❶頭の上に載せる.¶tóushang ～zhe yí ge wǎn[头上～着一个碗]頭にお碗を載せている.❷頭や角で突く.¶bǎ qiú ～jin qiúmén[把球～进球门]ヘディングシュートをする.❸支える.¶yòng gùnzi ～zhu mén[用棍子～住门]棒でドアにつっか

い棒をする.❹(風雨を)冒す.¶bié ～zhe yǔ zǒu[别～着雨走]雨を冒してまで出かけてはいけない.❺口答えする.逆らう.¶nǐ jiù bù yīnggāi hé lǐngdǎo ～[你就不应该和领导～]あなたは上司に口答えすべきではない／tā yì shuōhuà jiù ～ rén[他一说话就～人]彼は話をするとすぐ人につっかかる.❻責任を取る.¶chūle wèntí wǒ ～zhe[出了问题我～着]問題が起こったら私が責任を取る.❼相当する.¶tā lìqi dà,yí ge ～ liǎ[他力气大，一个～俩]彼は力が強いから1人で2人分に匹敵する.❽(臨時に)替わる.¶zhèige quē yóu tā ～[这个缺由他～]この欠員は彼でうめる.[量]頂点を持つものを数える.¶sān ～ màozi[三～帽子]帽子3つ／yì ～ wénzhàng[一～蚊帐]かや1つ／yì ～ zhàngpeng[一～帐篷]テント1つ.[副]❶(程度が最高であることを表し)最も.一番.¶～ hǎochī[～好吃]一番おいしい／wǒmen bān ～ shǔ tā chéngjì hǎo[我们班～数他成绩好]我々のクラスでは彼が最も成績が良い.❷(最大限度を表し)最も.¶～ shǎo yě yào wǔ ge rén[～少也要五个人]少なくても5人必要だ.

***dìng 订**[動]❶(条約・契約・計画などを)締結する.取り決める.¶～ zhāngchéng[～章程]規約を決める／～ kāihuì rìqī[～开会日期]開会の日時を決める.❷予約する.¶～ zázhì[～杂志]雑誌を予約購読する／～ fēijīpiào[～飞机票]飛行機のチケットを予約する.*❸(文中の間違いを)改める.¶～zhèng[～正]訂正する／jiào～[校～]校訂する.❹装丁する.とじる.¶～shū[～书]本を装丁する／wǒ yòng zhèixiē bái zhǐ ～le ge běnzi[我用这些白纸～了个本子]私はこれらの白い紙をとじてノートにした.

dìng 钉[動]❶くぎやねじで打ち込む.固定させる.¶～ dīngzi[～钉子]くぎを打つ／bǎ dìtú ～dao qiángshang[把地图～到墙上]画鋲で地図を壁にとめる.❷縫いつける.¶～ kòuzi[～扣子]ボタンを縫いつける／～ dàizi[～带子]ベルトを縫いつける.→dīng

***dìng 定**[動]❶決める.定める.¶～ ge xiángxì de jìhuà[～个详细的计划]細かい計画を立てる／shíjiān ～zai xià zhōusān xiàwǔ[时间～在下周三下午]時間を来週水曜日の午後と決める.❷予約する.¶gōngsī ～le yì pī huò[公司～了一批货]会社は商品を予約した.

dǐngdiǎn 顶点[名]頂点.極点.最高点.¶chǎngshang de qìfēn jǐnzhāngdaole ～[场上的气氛紧张到了～]場内の緊迫した雰囲気はピークに達した.

dìngdiǎn 定点[動]場所を決める.位置を定める.¶～ tiàosǎn[～跳伞]位置を決め,パラシュートで降下する.

dǐngduān 顶端[名]❶てっぺん.¶yāncōng de ～[烟囱的～]煙突のてっぺん／diàntī néng dào tǎ de ～ ma?[电梯能到塔的～吗?]エレベーターはタワーのてっぺんまで行きますか.❷末端.いちばん端.

dìng'é 定额[名]定額.ノルマ.¶wánchéng ～[完成～]ノルマを達成する／zhuīqiú ～,búgù zhìliàng[追求～，不顾质量]ノルマだけを追求して品質を顧みない.

dìnggòu 订购[動]予約購入する.“定购”とも書く.¶wǒmen gōngsī ～le sānbǎi tào[我们公司～了三百套]我々の会社では300セット予約購入した／zhèixiē shèbèi dōu shì cóng guówài ～ de[这些设备都是从国外～的]これらの設備はどれも海外から予約購入したものだ.

†dìng∥hūn 订婚[動]婚約する.“定婚”とも書く.¶tīngshuō nǐ yǐjing ～le,shì ma?[听说你已经～了，是吗?]あなたは婚約したそうですが,そうなんですか／～ jièzhi[～戒指]婚約指輪.

dìng∥huò 订货[動]商品を注文する.“定货”とも書く.¶wǒmen yǐ cóng tāmen gōngsī dìngle huò le[我们已从他们公司订了货了]我々はすでに彼らの会社から商品を注文した.

dìngjià 定价[名]定価.売値.¶～ shì duōshao?[～是多少?]定価はいくらですか.

D

dìng//jū 定居[動]定住する.¶zài Rìběn ～[在日本～]日本に定住する.

dìnglǐ 定理[名]定理.¶jǐhé ～[几何～]幾何の定理／zhèige ～ yǐ dédào chōngfèn zhèngmíng[这个～已得到充分证明]この定理はすでに十分に証明されている.

dìngliàng 定量[名]規定の数量.¶shíxíng ～ fēnpèi[实行～分配]定量配給を行う.

dìnglǜ 定律[名]〔tiáo 条〕(科学上の)法則.¶wànyǒu yǐnlì ～[万有引力～]万有引力の法則／zhèige ～ shì shéi fāxiàn de?[这个～是谁发现的?]この法則は誰が発見したのですか.

†**dìngqī 定期**[動]期日,期限を決める.¶měi yuè ～ jìnxíng ānquán jiǎnchá[每月～进行安全检查]毎月定期的に安全検査を行う／～ zhàokāi dǒngshìhuì[～召开董事会]定期的に理事会を開く.[区]定期の.¶～ cúnkuǎn[～存款]定期預金／～ kānwù[～刊物]定期刊行物.

dǐng tiān lì dì 顶天立地㊂頭で天を受け足は地にふんばる.雄々しいことのたとえ.¶nǐ zhēn xìngfú,yǒu zhème yí wèi ～ de nánzǐhàn zuò nánpéngyou[你真幸福，有这么一位～的男子汉做男朋友]あなたは本当に幸せね,こんなに男らしい彼をボーイフレンドにできて.

dǐngtóu shàng·si 顶头上司[名]直属の上司.¶shéi shì nǐ de ～?[谁是你的～?]どなたがあなたの直属の上司ですか.

dìngxiàng 定向[形]指向性がある.方向づけされた.¶～ péiyǎng[～培养]企業などが卒業後自社に入社することを条件に,授業料を負担すること／～ tiānxiàn[～天线]指向性アンテナ.

dìng//xìng 定性[動]犯罪や過失の性質を決める.¶zài ～ zhī qián yào hǎohāor diàochá[在～之前要好好儿调查]犯罪の性質を決める前にきちんと調査しなければならない.

dìngyì 定义[名]定義.¶xià ～[下～]定義を下す／jiěshì ～[解释～]定義を解釈する.

dìngyǔ 定语[名]〔語〕定語.連体修飾語.

dìngyuè 订阅[動](新聞や雑誌を)予約購読する.とる.“定阅”とも書く.¶～ wǎnbào[～晚报]夕刊をとる／wǒ měinián dōu ～ hǎojǐ zhǒng zázhì[我每年都～好几种杂志]私は毎年何種類も雑誌を予約購読している.

dīngzhǔ 叮嘱[動]何度も念を押して頼む.言い聞かせる.¶línxíng qián, qīzi ～ tā bàntiān,ràng tā yídìng yào zhùyì shēntǐ[临行前，妻子～他半天，让他一定要注意身体]出発間際,妻は彼にくれぐれも体に気をつけるよう随分念を押した／mǔqīn bú fàngxīn de zàisān ～ érzi yào xiǎoxīn[母亲不放心地再三～儿子要小心]母親は心配で,何度も息子に気をつけるよう言い聞かせた.

†**dīng·zi 钉子**[名]〔gēn 根,kē 颗〕くぎ.¶dìng ～[钉～]くぎを打つ／bǎ bāo guàzai ménbiān de ～ shang ba[把包挂在门边的～上吧]バッグをドアのそばにあるくぎにかけておきましょう／pèng ～[碰～]拒絶される.

†**dǐpiàn 底片**[名](写真の)ネガ.“底版”dǐbǎnともいう.¶～ yídìng yào bǎocúnhǎo[～一定要保存好]ネガは必ず大切にしまっておかなければならない.

***dìqiú 地球**[名]地球.¶～ biàn nuǎn[～变暖]地球温暖化／kǒnglóng yǐ cóng ～ shang juéjì le[恐龙已从～上绝迹了]恐竜はすでに地球上から絶滅した.

***dìqū 地区**[名]❶地区.地域.¶zhèige ～ yǔshuǐ bǐjiào duō[这个～雨水比较多]この地域は降雨量が比較的多い.❷行政区画名.“省”shěng(省)より小さく,“县”xiàn(県)より大きい.¶Cāngzhōu ～[沧州～]滄州(そうしゅう)地区.

***díquè 的确**[副]確かに.本当に.¶zhè ～ bú shì tā xiě de[这～不是他写的]これは確かに彼の書いたものではない／wǒ ～ bù zhīdào[我～不知道]私は本当に知らない.

díquèliáng 的确良[名]テトロン.＝dílún 涤纶 ¶～ chènshān[～衬衫]テ

トロン製のシャツ.

***dírén 敌人**[名]敵.¶jiējí ～[阶级～]階級の敵.

dì sān chǎnyè 第三产业[名]第三次産業.¶Zhōngguó zhèngzài dàlì fāzhǎn ～[中国正在大力发展～]中国は全力をあげて第三次産業の発展に努めているところだ.

dì sān shìjiè 第三世界[名]第三世界.発展途上国.¶Zhōngguó shǔyú ～[中国属于～]中国は第三世界に属する.

dìsānzhě 第三者[名]❶第三者.¶yīnwèi yǒu ～ zàichǎng,suǒyǐ nǐ qiānwàn bù néng shuō[因为有～在场,所以你千万不能说]第三者が居合わせているので,絶対言ってはいけない.❷愛人.

díshì 的士[名]タクシー.

díshìzhàn "的士站"(タクシー乗り場)

díshì 敌视[動]敵視する.¶xiānghù ～[相互～]お互いに敵視し合う.

†**dìshì 地势**[名]地勢.地形.¶～ píngtǎn[～平坦]地勢が平らである／nàli ～ xiǎnjùn,guòbuqù[那里～险峻,过不去]そこは地形が険しくて通れない.

dìtǎn 地毯[名]〔kuài 块〕じゅうたん.カーペット.¶pū ～[铺～]じゅうたんを敷く.

†**dìtiě 地铁**[名]地下鉄.“地下铁道”dìxià tiědàoの略.¶zuò ～[坐～]地下鉄に乗る.

北京のdìtiě “地铁”(地下鉄)のマーク

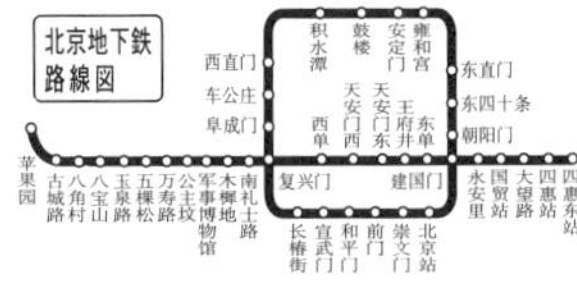

***dìtú 地图**[名]〔zhāng 张,fú 幅〕地図.¶shìjiè ～[世界～]世界地図／jiāotōng ～[交通～]交通地図／qǐng gěi wǒ huà yì zhāng ～,hǎo ma?[请给我画一张～,好吗?]地図を1枚描いてもらえますか.

⁑**diū 丢**[動]❶なくす.失う.¶～le duōshao qián?[～了多少钱?]いくらなくしたの／wǒ bǎ yàoshi ～ le[我把钥匙～了]私は鍵をなくした.❷投げる.捨てる.¶bié wǎng chuāngwài ～ dōngxi[别往窗外～东西]窓の外に物を投げないで／bǎ lājī ～diào[把垃圾～掉]ごみを捨てる.❸ほうっておく.かまわないでおく.¶sān nián méi yòng,bǎ Yīngyǔ quán ～guāng le[三年没用,把英语全～光了]3年使わなかったら,英語なんてすっかり忘れてしまった.

> 類義語 diū 丢 rēng 扔
> ►“丢”には「なくす」という意がある が,“扔”にはない.¶我把钱包丢了 wǒ bǎ qiánbāo diū le(私は財布をなくした)►“扔”には「手に持ったものを力を込めて放る」という意があるが,“丢”にはない.¶扔了一颗手榴弹 rēngle yì kē shǒuliúdàn(手榴弹を投げる)►「捨てる」の意は共通である.¶不要随地扔果皮 búyào suídì rēng guǒpí(所かまわず果物の皮を捨ててはいけない)／果皮不要乱丢 guǒpí búyào luàn diū(果物の皮をやたらに捨ててはいけない)

diū//rén 丢人[動]恥をかく.面目を失う.¶zhème jiǎndān de wèntí dōu méi dáshanglai,zhēn ～![这么简单的问题都没答上来,真～!]こんなに簡単な問題も答えられなくて,本当に恥ずかしい／zhè yòu bú shì ～ de shì[这又不是～的事]これはべつに面目を失うようなことではない.

diūshī 丢失[動]なくす.紛失する.¶ xiǎngbuqǐlái qiánbāo shì zài nǎr ～de[想不起来钱包是在哪儿～的]財布をどこでなくしたか思い出せない／bǎ zhàoxiàngjī ～zai gōngyuán li le[把照相机～在公园里了]カメラを公園で紛失した.

★**dìwèi 地位**[名]地位.ポスト.¶ guójì ～[国际～]国際的地位／～ píngděng[～平等]地位が平等である／fùnǚ zài shèhuì shang de ～[妇女在社会上的～]女性の社会的地位.

dīwēn 低温[名]低温.¶～ chǔlǐ[～处理]低温処理／～ qìhòu[～气候]低温気候.

dīxià 低下[形](生産のレベルや経済力などが)低い.劣っている.¶ shēngchǎnlì shuǐpíng ～[生产力水平～]生産力のレベルが低い／tā zài jiāli de dìwèi hěn ～[她在家里的地位很～]彼女の家での地位は低い.

★**dǐ·xia 底下**[名]❶下.¶ shù ～[树～]木の下／wūyán ～[屋檐～]軒下.❷次.その後.¶～ wǒmen gàn shénme?[～我们干什么?]次は何をするのですか.

★**dìxià 地下**[名]❶地下.¶～shuǐ[～水]地下水／～shì[～室]地下室.❷秘密活動のたとえ.¶～ gōngzuòzhě[～工作者]地下工作員／～ gōngchǎng[～工厂]地下工場.

†**dìxíng 地形**[名]地形.¶ guānchá ～[观察～]地形を観察する／～ fùzá[～复杂]地形が複雑だ.

†**dì·xiong 弟兄**[名]❶兄弟.¶ nǐ yǒu jǐ ge ～?[你有几个～?]あなたは兄弟が何人いますか／wǒ méiyou ～, shì dúshēngzǐ[我没有～，是独生子]僕には兄弟がいません,一人っ子です.❷同僚や友人などの間の親しみを込めた呼称.¶ hái yǒu liǎng ge ～ yě yíkuàir qù[还有两个～也一块儿去]一緒に行く友達はあと2人だ.

dǐyā 抵押[名]抵当物件.担保.¶ kěyǐ yòng fángzi zuò ～[可以用房子做～]家を担保にすることができる.[動]抵当に入れる.質に入れる.¶ zhèi kuài shǒubiǎo xiān ～chuqu,huàn diǎnr qián[这块手表先～出去，换点儿钱]この腕時計をまず質に入れて少しお金に換えよう.

dìzēng 递增[動]逓増(ていぞう)する.しだいに増加する.¶ chǎnliàng ～[产量～]生産高がしだいに増加する／guómín shēngchǎn zǒngzhí liánnián ～[国民生产总值连年～]GNPが年々増加する.

dìzhèn 地震[名]地震."地动"dìdòngともいう.¶ zuótiān zhèli fāshēngle ～[昨天这里发生了～]昨日ここで地震が発生した／qī jí ～[七级～]マグニチュード7の地震.

dǐzhì 抵制[動]阻止する.排斥する.¶ duìyú zhèi zhǒng xíngwéi,yào jiānjué ～[对于这种行为，要坚决～]このような行為は断固として阻止しなければならない／～ wàihuò[～外货]外国製品をボイコットする.

★**dìzhǐ 地址**[名]住所.¶ jìxìnrén de ～[寄信人的～](手紙の)差出人の住所／shōuxìnrén de ～[收信人的～](手紙の)受け取り人の住所.あて先／qǐng zài zhèr xiěshang nǐ jiā de ～[请在这儿写上你家的～]ここにあなたの住所を書いてください.

dìzhì 地质[名]地質.¶～ kānchádùi[～勘察队]地質踏査隊／～ xuézhě[～学者]地質学者.

†**dìzhǔ 地主**[名]❶地主.¶ tā jiā shì ～[他家是～]彼の家は地主だ.❷〈書〉(外来者に対して)地元の人.

dí·zi 笛子[名]〔zhī 支,zhī 枝,guǎn 管〕笛.¶ chuī ～[吹～]笛を吹く.

★★**dōng 冬**[名]冬.注 季節を表す場合は"冬天"dōngtiānのように2音節になる.¶ jīn～[今～]この冬／wǒ dì yī cì zài běifāng guò～[我第一次在北方过～]私は初めて北方で冬を過ごす.

★★**dōng 东**[名]❶東.東側.注 単用する場合には,一般に"边"biān, "面"miànなどを後ろにつける.¶ wǎng ～ zǒu[往～走]東へ行く.*❷あるじ.主人.注 古代,主人は東に座り,客は西に座ったことからいう.¶ fáng～[房～]家主／gǔ～[股～]株主.❸(～儿)主人役.¶ zuò～[做～]主人役を務める.ご馳走する.

☆dǒng 懂[動]分かる.理解する.¶wǒ ～ yìdiǎnr Rìwén[我～一点儿日文]私は日本語が少し分かる／zhè háizi zhēn bù ～ shì![这孩子真不～事!]この子は本当に聞きわけがない／tīngbu～[听不～]聞いて分からない.

> 類義語 dǒng 懂　dǒngde 懂得　míngbai 明白
> ►"懂","懂得"はともに「分かる」,「理解する」,「わきまえている」という意味を表す."懂"は目的語として普通後ろに名詞が続くが,"懂得"は後ろに目的語として動詞フレーズや主述フレーズを取ることが多い.¶懂礼貌 dǒng lǐmào(礼儀をわきまえる)／懂得孝敬父母 dǒngde xiàojìng fùmǔ(親孝行をわきまえている)►"明白"は今まで疑問に思われていたことが理解できたことを表す.¶我不明白你的意思 wǒ bù míngbai nǐ de yìsi(あなたの言っている意味が分からない)

☆dòng 动[動]❶人や事物がもとの位置から動く.移動する.¶zuòhǎo bié ～[坐好别～]きちんと座って動かないでください.❷行動する.¶zhǐyào dàjiā ～qilai,shénme shì dōu néng bàn[只要大家～起来,什么事都能办]みんなが行動を起こしさえすれば,どんな事でもやれる.❸(もとの様子や状態を)変える.¶bié luàn～ rénjia dōngxi![别乱～人家东西!]人のものをむやみにいじるな／bān～ jiājù[搬～家具]家具を移動させる.❹使う.働かせる.¶～ nǎojīn[～脑筋]頭を働かせる.❺(心を)うつ.動かす.¶tā chànggē hěn ～qíng[她唱歌很～情]彼女は感情を込めて歌を歌う.

★dòng 冻[動]❶凍る.¶hémiàn shang ～le yì céng bīng[河面上～了一层冰]川に氷がはった／fàngzai yángtái shang de báicài dōu ～ le[放在阳台上的白菜都～了]ベランダに置いたハクサイはすっかり凍ってしまった.❷凍える.冷える.¶shǒu jiǎo dōu ～le[手脚都～了]手足が霜焼けになった／āiyā!～sǐ wǒ le![哎呀! ～死我了!]ああ,凍え死にそうだ.

★dòng 洞[名](～儿)穴.¶shān～[山～]洞穴／xīn máoyī bèi chóngzi yǎole ge ～[新毛衣被虫子咬了个～]新しいセーターは虫にくわれて穴があいた.

dòng 栋[量]家屋を数える.¶xuéxiào li gàile liǎng ～ xīn lóu[学校里盖了两～新楼]校内に新しい建物が2棟建った.

★dōngběi 东北[名]❶東北.北東.¶wǒmen xuéxiào zài zhèige chéngshì de ～ fāngxiàng[我们学校在这个城市的～方向]私たちの学校はこの町の北東に位置している.❷中国の東北地区をさす.

dōng bēn xī zǒu 东奔西走㊔東奔西走する.あちこち走り回る.¶tā yì nián dào tóu ～,máng ge bùtíng[他一年到头～,忙个不停]彼は1年中あちこち走り回っていて休む間もなく忙しい.

☆dōng•bian 东边[名](～儿)東.東側.¶xuéxiào ～ yǒu ge yóujú[学校～有个邮局]学校の東側に郵便局がある.

★dōngbù 东部[名]東部.¶～ dìqū[～地区]東部地区／Zhōngguó wèiyú běibànqiú de ～[中国位于北半球的～]中国は北半球の東部に位置する.

dòng•budòng 动不动[副]ややもすれば.…しがちである.よく…する.(多く"就"jiùと呼応する)¶nǐ bié ～ jiù kū, hǎo bu hǎo?[你别～就哭,好不好?]何かというとすぐ泣くのはやめなさい.

dòngcí 动词[名]〔語〕動詞.

dòngdàng 动荡[動]揺れ動く.不穏である.¶júshì ～ bù'ān[局势～不安]情勢が不穏である.

dōngdàozhǔ 东道主[名]主催者.ホスト.¶～ duì yíng le[～队赢了]主催者チームが勝った.

★dǒng•de 懂得[動]分かる.理解する.¶nǐ ～ qízhōng de hányì ma?[你～其中的含义吗?]あなたはそこに含まれている意味が分かりますか／wǒ ～ nǐ de yìsi le[我～你的意思了]あなたのおっしゃる意味は分かりました.
→類義語 dǒng 懂

D

*dōngfāng 东方[名]❶東の方.東.¶tàiyáng cóng ～ huǎnhuǎn shēngqi[太阳从～缓缓升起]太陽が東からゆっくりと昇る.❷アジア.東洋.¶～ wénhuà[～文化]東洋文化.

dòng//gōng 动工[動]着工する.¶dàlóu gǎijiàn gōngchéng xiàyuè chū ～[大楼改建工程下月初～]ビルの改装工事は来月初めに着工する.

dōngguā 冬瓜[名]トウガン.¶～tāng[～汤]トウガンのスープ.

dǒngháng 懂行[形]〈方〉通じている.くろうとである.…に明るい.¶wǒ bútài ～,nín gěi wǒ cānmóucānmóu[我不太～，您给我参谋参谋]私は専門外なので,アドバイスしてください.

†dōngjì 冬季[名]冬季.¶～ Àoyùnhuì[～奥运会]冬季オリンピック／～ tǐyù yùndòng[～体育运动]ウィンタースポーツ.

†dòngjī 动机[名]動機.¶～ bù chún[～不纯]動機が不純である／chūyú shénme ～?[出于什么～?]動機は何ですか.

dòngjié 冻结[動]❶凍る.凍結する.¶chízi li de shuǐ dōu ～ le[池子里的水都～了]池の水はすっかり凍った.❷(人事や資金などを)凍結する.¶～ zījīn[～资金]資金を凍結する.

†dòng·jing 动静[名]❶物音.¶lóushàng gànmá ne?zhème dà ～![楼上干吗呢？这么大～!]上では何をしているのだ,こんなに大きな音をたてて／yìdiǎnr ～ yě méiyou[一点儿～也没有]物音一つしない.❷動静.様子.¶yǒu shénme ～,lìjí huìbào![有什么～，立即汇报!]何か動きがあったらすぐに知らせろ／fāxiànle kěyí de ～[发现了可疑的～]怪しい動向に気づいた.

†dònglì 动力[名]❶動力.¶～ shèbèi[～设备]動力設備.❷原動力.エネルギー.¶shèhuì fāzhǎn de ～[社会发展的～]社会発展の原動力.

dòngluàn 动乱[名]動乱.騒乱.¶píngdìng ～[平定～]動乱を鎮める／～ fènzǐ[～分子]動乱分子.

dòngmài 动脉[名]〔tiáo 条〕〔医〕動脈.¶～ xuèguǎn[～血管]動脈血管／～ yìnghuà[～硬化]動脈硬化.

*dōngmiàn 东面[名](～儿)東.東側.¶nèi jiā diàn zài lù ～[那家店在路～]その店は道の東側にある.

*dōngnán 东南[名]❶東南.南東.¶～fēng[～风]東南の風.❷中国の東南沿海地区(上海・江蘇・浙江・福建・台湾).

*dòngrén 动人[形]人を感動させる.感動的である.¶～ de yí mù[～的一幕]感動的な一幕／nèige diànyǐng hěn ～[那个电影很～]その映画はとても感動的だ.

*dòng//shēn 动身[動]旅立つ.出発する.¶míngtiān yìzǎo jiù ～[明天一早就～]明日朝早く出発する／nǐ dǎsuan shénme shíhou ～?[你打算什么时候～?]あなたはいつ出発する予定ですか.➡類義語 chūfā 出发

dǒngshì 董事[名]理事.取締役.¶～zhǎng[～长]理事長.

†dǒng//shì 懂事[形]道理をわきまえている.もの分かりがよい.¶zhēn shì ge ～ de hǎo háizi![真是个～的好孩子!]本当に聞き分けのいい子だ／nǐ zěnme zhème bù ～![你怎么这么不～!]お前はどうしてこんなに聞き分けがないんだ.

dǒngshìhuì 董事会[名]理事会.重役会.¶míngtiān jiāng zhàokāi ～ tǎolùn zhèige wèntí[明天将召开～讨论这个问题]明日理事会を開いてこの問題について討論する予定だ.

*dòng//shǒu 动手[動]❶始める.着手する.¶dàjiā yìqǐ ～[大家一起～]みんなで一緒に始める／yǔqí qiú biéren,bùrú zìjǐ ～[与其求别人，不如自己～]ほかの人に頼むくらいなら自分でやった方がましだ.❷手で触る.¶qǐngwù ～,xièxie hézuò[请勿～，谢谢合作]手を触れないでください,ご協力お願いします.❸殴る.¶shì shéi xiān dòng de shǒu?[是谁先动的手?]誰が先に殴ったのですか.

dòngtài 动态[名]事柄が変化発展する動き.動態.¶zuì xīn kēyán ～[最新科研～]科学研究の最新の動き／gǔshì de fāzhǎn ～[股市的发展～]株式市場の発展状況.

⁂**dōngtiān 冬天**[名]冬.¶wǒ xǐhuan ～,yīnwèi kěyǐ huábīng[我喜欢～,因为可以滑冰]私は冬が好き,スケートができるから.

⁂**dòngwù 动物**[名]動物.¶àihù ～[爱护～]動物を大切にする/dìqiú shang yǒu hěn duō zhǒng ～[地球上有很多种～]地球上にはたくさんの種類の動物がいる.

***dòngwùyuán 动物园**[名]動物園.¶jīntiān qù Běijīng ～ kàndaole dàxióngmāo[今天去北京～看到了大熊猫]今日北京動物園に行ってジャイアントパンダを見た.

dōng～xī～ 东～西～呼あちらに…こちらに….(同一あるいは近い意味の単音節動詞を前後に置く)¶xiǎo shù bèi fēng guāde dōng dǎo xī wāi de[小树被风刮得东倒西歪的]小さな木が風にあおられ左右に揺れている.

⁂**dōng·xi 东西**[名]❶物.品物.¶zhǎo ～[找～]物を探す/mǎi ～[买～]買い物をする/bǎ zhuōzi shang de ～ quánbù shōuqilai[把桌子上的～全部收起来]机の上の物をすべて片付けなさい.❷人や動物をさす.¶xiǎo ～[小～]おちびちゃん/lǎo～[老～]老いぼれ.

†**dòngyáo 动摇**[動]❶動揺する.揺れ動く.¶zìxìnxīn yǒudiǎnr ～ le[自信心有点儿～了]自信が少し揺らぎ始めた/juéduì bù néng ～[绝对不能～]絶対に動揺してはならない.❷動揺させる.揺り動かす.¶bùguǎn zěnme shuō yě ～buliǎo wǒ de juéxīn[不管怎么说也～不了我的决心]何と言おうと私の決意を揺るがすことはできない.

dòngyòng 动用[動](資金や物資などを)使う.投入する.¶～ gōngkuǎn[～公款]公金を使う/～ dàliàng rénlì wùlì[～大量人力物力]大量の労働力と物資を投入する.

***dòngyuán 动员**[動]❶(軍隊・武力を)動員する.¶yígòng ～le sān wàn rén[一共～了三万人]全部で3万人動員した.❷ある活動に参加するよう働きかける.¶～ qúnzhòng jījí cānjiā láodòng[～群众积极参加劳动]積極的に労働に参加するよう大衆に働きかける.

dōng zhāng xī wàng 东张西望成あちこちきょろきょろ見る.¶Xiǎo-Wáng zài lùkǒu ～ de děngle hěn cháng shíjiān yě bújiàn nǚpéngyou lái[小王在路口～地等了很长时间也不见女朋友来]王君は街角できょろきょろしながら長い間ガールフレンドを待ったが,彼女はなかなか現れない.

***dòngzuò 动作**[名]動作.¶～ chídùn[～迟钝]動作がのろい/～ mǐnjié[～敏捷]動作が機敏だ.

⁂**dōu 都**[副]❶みんな.すべて.¶tāmen ～ lái le[他们～来了]彼らはみんなやって来た/gāi mǎi de ～ mǎi le[该买的～买了]買うべきものはすべて買った.❷("是"shìを伴い)みんな…のせいだ.すべて…のおかげだ.¶～ shì nǐ,hàide wǒ chídào le[～是你,害得我迟到了]みんな君のせいだ,おかげで私は遅刻した/nǐ bié shēngqì le,～ shì wǒ bù hǎo[你别生气了,～是我不好]怒らないで,みんな私が悪いんです.❸強調の語気を表す.¶yìdiǎnr ～ bù hǎochī[一点儿～不好吃]少しもおいしくない/lián nèiyī ～ línshī le[连内衣～淋湿了]下着までびしょ濡れだ.❹すでに.すっかり.¶zhèige diànyǐng ～ kànguo liǎng biàn le[这个电影～看过两遍了]この映画はすでに2回見た/tiān ～ hēi le[天～黑了]すっかり暗くなった.❺質問文に用いて,複数のものについて詳しい答えを求める.¶zuótiān ～ shéi lái le?[昨天～谁来了?]昨日は誰と誰が来ましたか/zhèi cì lǚxíng, nǐ ～ qù nǎr?[这次旅行,你～去哪儿?]今回の旅行でどことどこへ行くのですか.

語法 取りまとめの"都"dōu

►"都"は「すべて,みな」という取りまとめの意味を表す時,はっきり第1声に発音する.この時"都"の前には複数の意味を表すものがおかれ,取りまとめる対象となる.¶他们都是日本人 tāmen dōu shì Rìběnrén(彼ら

D

はみな日本人です）►しかし,疑問詞を用いた疑問文では,取りまとめる対象は"都"の後におかれる.答える時は疑問詞によって尋ねられていることを,1つ1つ列挙して答える.¶你都告诉谁了？－我告诉了我爸爸、妈妈和我最好的朋友 nǐ dōu gàosu shéi le?－wǒ gàosule wǒ bàba、māma hé wǒ zuì hǎo de péngyou（誰と誰に言ったのですか－父と母と一番仲のよい友人に言いました）

dōu 兜［名］(～儿)袋状のもの.ポケット.¶bù～［布～］布袋／yǒu liǎng ge ～［有两个～］ポケットが2ついている／bǎ qián zhuāngzai shàngyī ～li［把钱装在上衣～里］お金を上着のポケットに入れる.［動］❶くるむ.包み込む.¶yòng shǒujuànr ～zhe jǐ kuài táng［用手绢儿～着几块糖］ハンカチでキャンディを数個包んである.❷一回りする.巡る.囲む.¶bié ～ quānzi［别～圈子］回りくどく言わないで.❸客を引き寄せる.¶～ shēngyi［～生意］得意先回りをする.❹引き受ける.請け負う.責任を負う.¶fàngxīn! chūle shì yóu wǒ ～zhe［放心！ 出了事由我～着］安心して.何かあれば私が責任を負います.

dōu 兜［名］

wǎngdōu 网兜
網袋

dǒu 斗［名］❶一斗ます.¶yòng ～ liáng［用～量］ますで量る.❷ますのような形をしたもの.¶yān～［烟～］パイプ／lòu～［漏～］じょうご／yùn～［熨～］アイロン.

●百科知識●

動物のイメージ

犬：狗 gǒu

中国語の中の犬のイメージはよくない.慣用句や成語に出てくる"狗" gǒu はそのほとんどすべてが悪い意味である."狗东西" gǒu dōngxi と言えば「犬畜生め」という罵り言葉になり，"走狗" zǒugǒu と言えば「悪人の手先」のこと."哈巴狗" hǎbagǒu は「チン」のことだが「人にしっぽを振ってすりよる奴」という意味でも用いられる.

猫：猫 māo

猫のイメージもよくない."懒猫" lǎnmāo は「ものぐさ」,"馋猫"chánmāo は「食いしん坊」,"猫儿溺"māornì と言えば「悪だくみ」.

ネズミ：老鼠 lǎoshǔ，耗子 hàozi

「国の食糧を浪費したり，盗む者」のことを"粮耗子 liánghàozi"と言うようにネズミには貪欲というイメージがある.このほか,目が小さい,見識が浅い,人から憎まれる,などのイメージがある."鼠眼"shǔyǎn は「目が小さい」,"鼠目寸光"shǔ mù cùn guāng は「見識がきわめて狭い」,"老鼠过街,人人喊打"lǎoshǔ guò jiē, rénrén hǎn dǎ は"歇后语"xiēhòuyǔ（前後二句からなるしゃれことば）で,「ネズミが道を渡ると人が口々にやっつけろと怒鳴る」意.

牛：牛 niú

牛のつく言葉もあまりいい意味を持たない."吹牛" chuīniú は「ほらを吹く」"牛脾气"niúpíqi は「強情っぱり」,"牛气"niúqi は「いばっている」,"黄牛" huángniú は「ダフ屋」のこと.しかしいい意味を持つ語もいくつかある."老黄牛"lǎohuángniú は「こつこつと人民に奉仕する人」,"孺子牛"rúzǐniú は「人々のために喜んで働く人」のこと.

①一斗枡(いっとます)②じょうご③パイプ

†**dǒu 抖**[動]❶震える.¶lěngde fā～[冷得发～]寒くて震える／quánshēn ～ ge bùtíng[全身～个不停]全身震えがとまらない.❷ふるう.はらう.¶～yi ～ shēnshang de xuě[～一～身上的雪]体についた雪をはらい落とす.❸("出来"chūláiを伴い)さらけ出す.暴露する.¶bǎ tā de chǒushì quánbù ～lechulai[把他的丑事全部～了出来]彼の悪事をすべて暴露した.❹(気持ちを)奮い起こす.¶～qi jīngshen[～起精神]元気を奮い起こす.❺金持ちになる.注よくあてこするときに用いる.¶tā yǒule jǐ ge chòuqián, jiù ～qilai le[他有了几个臭钱，就～起来了]彼はちょっとお金が入って,はぶりがよくなった.

†**dǒu 陡**[形]勾配が急である.険しい.¶shānlù hěn ～[山路很～]山道がとても険しい／yòu ～ yòu zhǎi de lóutī[又～又窄的楼梯]急で狭い階段.[副]〈書〉急に.突然.¶liǎnsè ～biàn[脸色～变]顔色が急変する.

†**dòu 斗**[動]❶打ち合う.格闘する.¶míng zhēng àn ～[明争暗～]成公然とまたひそかに闘争を繰り広げる.❷闘争する.闘う.¶～ èbà dìzhǔ[～恶霸地主]悪徳地主と闘う.❸動物を闘わせる.¶～jī[～鸡]闘鶏をする.

***dòu 逗**[動]❶あやす.かまう.¶názhe wánjù ～ háizi[拿着玩具～孩子]お

キツネ：狐狸 húli

イメージは日本と同じで,ずる賢い,人を惑わすなど."老狐狸"lǎohúli は「非常にずる賢い人間」,"狐狸精"húlijīng は「男を誘惑する悪い女」のこと.

ヒツジ：羊 yáng

このイラストはヤギだが中国語の"羊"は"山羊"shānyáng(ヤギ)と"绵羊"miányáng(メンヨウ＝ヒツジのこと)の両方を意味する.しかし"吃羊肉"chī yángròuというときの"羊肉"はヒツジの肉."羊"は「か弱い」「従順」というイメージを持つがこの"羊"もヤギではなくヒツジの方.

豚：猪 zhū

豚のイメージも大変悪い."猪脑子"zhūnǎozi と言えば「バカ」ということ.また寝ては食べ,食べては寝ている怠け者を豚に喩える.

カラス：乌鸦 wūyā

"早上出门听见乌鸦在窗前叫要倒霉"zǎoshang chūmén tīngjian wūyā zài chuāngqián jiào yào dǎoméi「出がけにカラスが窓の外で鳴いたらその日は運が悪い」という言い伝えがある.カラスは不運を招く鳥."天下乌鸦一般黑"tiānxià wūyā yìbān hēi「どこのカラスも同じように黒い―どこのワルも同じように悪い」と嫌われる鳥である.

馬：马 mǎ

"千里马"qiānlǐmǎ と言えば「駿馬―優れた人材」のことで,馬のイメージは他の動物よりはいい.

しかしマイナスイメージの言葉も多い."牛头马面"niú tóu mǎ miàn は「醜悪なもの,凶悪な人物」,"露马脚"lòu mǎjiǎo は「馬脚をあらわす,化けの皮がはがれる」こと.

もちゃで子どもをあやす／～ xiǎo māo［～小猫］子ネコをかまう.❷引きつける.¶～ rén xǐ'ài［～人喜爱］人にかわいがられる.❸とどまる.滞在する.¶～diǎn［～点］コンマ.「,」(中国語の読点)

dōudù 兜肚［名］腹掛け."肚兜"dùdōuともいう.

dōu//fēng 兜风［動］❶(帆が)風をはらむ.❷ドライブする.¶tāmen kāichē ～ qù le［他们开车～去了］彼らはドライブに行った.

*__dòu·fu 豆腐__［名］〔kuài 块〕豆腐.¶～tāng［～汤］豆腐のスープ／mápó～［麻婆～］マーボー豆腐.

†**dòujiāng 豆浆**［名］豆乳."豆腐浆" dòufujiāng, "豆乳"dòurǔともいう.¶hē ～［喝～］豆乳を飲む／wǒ qù dǎ ～［我去打～］私は豆乳を買いに行く.

dòuliú 逗留［動］滞在する.逗留する."逗遛"とも書く.¶tā zài Běijīng ～le jǐ tiān［他在北京～了几天］彼は北京に数日間滞在した.

*__dòuzhēng 斗争__［動］❶闘争する.対立する.¶yǔ dídùi fènzǐ ～dàodǐ［与敌对分子～到底］敵対分子と最後まで闘争する.❷つるし上げる.¶～huàifènzǐ［～坏分子］悪者をつるし上げる.❸奮闘する.¶wèi zǔguó ér ～［为祖国而～］祖国のために奮闘する.

dòuzhì 斗志［名］闘志.ファイト.¶～ángyáng［～昂扬］闘志が高揚する／gǔqi ～［鼓起～］闘志を奮い起こす／niánjì bú dà,～ dào bù xiǎo［年纪不大，～倒不小］子供なのに,なかなかけなげだ.

†**dòu·zi 豆子**［名］❶〔kē 颗,lì 粒〕豆.¶bāo ～［剥～］豆の皮をむく／chǎo ～［炒～］豆をいる.❷豆状のもの.¶jīn～［金～］金の粒.

dú 独*［形］❶1つの.1人の.¶～ mùqiáo［～木桥］丸木橋／～shēngzǐ［～生子］(男の)一人っ子／～shēngnǚ［～生女］(女の)一人っ子.❷1人で.単独で.¶～chàng［～唱］独唱する／～xíng［～行］1人で行く.

†**dú 毒**［名］❶毒.¶zhòng～［中～］毒にあたる／xiǎoxīn,yǒu ～!［小心，有～!］気をつけて,毒がある!❷麻薬.毒物.¶xī～［吸～］麻薬を吸う／jiè～［戒～］麻薬をやめる.［形］❶有毒である.¶～yào［～药］毒薬／～shé［～蛇］毒ヘビ.❷ひどい.きつい.¶zhè jiāhuo xīncháng zhēn ～［这家伙心肠真～］こいつは実に残忍だ／shèngxià zhōngwǔ de tàiyáng zhèng ～［盛夏中午的太阳正～］真夏の昼の日差しは本当にきつい.［動］毒殺する.¶～hàozi［～耗子］ネズミを毒殺する.

⁂**dú 读**［動］❶声に出して読む.音読する.¶qǐng tóngxuémen gēn wǒ ～［请同学们跟我～］では皆さん私の後について読んでください／kèwén yào duō ～［课文要多～］教科書の本文はたくさん音読しなければならない.❷読む.目を通す.¶nèi běn shū nǐ ～guo ma?［那本书你～过吗?］その本は読んだことがありますか／zhídé yì～［值得一～］一読の価値がある／～ shuōmíngshū［～说明书］説明書を読む.❸(学校で)勉強する.¶tā zhǐ ～wán chūzhōng［他只～完初中］彼は中学までしか出ていない／tā zhèngzài ～ bóshì［她正在～博士］彼女は今博士課程で学んでいる.

*__dǔ 堵__［動］❶ふさぐ.遮る.¶bǎ qiángshang de dòng ～shang［把墙上的洞～上］壁の穴をふさぐ／～zhu chūkǒu［～住出口］出口をふさぐ.❷(気持ちが)ふさぐ.¶xīnli ～dehuang［心里～得慌］気持ちがひどくめいる.

dǔ 赌［動］❶賭博(とばく)をする.¶tā ～de qīng jiā dàng chǎn le［他～得倾家荡产了］彼はギャンブルで財産を使い尽くした.❷かける.¶wǒ ～shū le, suǒyǐ wǒ yào qǐng tā chīfàn［我～输了，所以我要请她吃饭］私はかけに負けたので彼女に食事をおごらなければならない.

*__dù 度__［名］*❶物の度合い.¶nóng～

[浓～]濃度／shī～[湿～]湿度.*❷程度.¶gāo～[高～]高度／nán～[难～]難度.*❸規則.法則.¶fǎ～[法～]おきて.*❹度量.器量.¶yǒu ～liàng[有～量]度量がある／qì～[气～]器量.[量]❶温度・角度などの単位.度.¶sìshíwǔ ～ jiǎo[四十五～角]45度角／běiwěi èrshí ～[北纬二十～]北緯20度.❷キロワット時.¶zhèige yuè yòngle liùshí ～ diàn[这个月用了六十～电]今月は60キロワットアワーの電力を使った.❸回数を表す.¶yì nián yí ～ de yùndònghuì[一年一～的运动会]1年に1度の運動会／céng liǎng ～ chūfǎng Ōuzhōu[曾两～出访欧洲]かつて2度ヨーロッパを訪れたことがある.[動]過ごす.¶～jià[～假]休日を過ごす／～ mìyuè[～蜜月]ハネムーンを送る.

*dù 渡[動]❶渡る.¶～ Huánghé[～黄河]黄河を渡る.❷(人や荷物を積んで)川を渡る.¶bǎ kèrén ～guo hé[把客人～过河]客を対岸に渡す.

dù 镀[動]メッキする.¶～yín[～银]銀をメッキする.

duān 端*[名]❶(物の)端.先.¶liǎng～[两～]両端／zuì běi～[最北～]最北端.❷事の始まり.¶fā～[发～]発端.

*duān 端[動]両手で胸の前に水平に持つ.ささげ持つ.¶～ cài[～菜]料理を両手で持つ／shǒuli ～zhe liǎng bēi kāfēi[手里～着两杯咖啡]手にコーヒーを2杯持っている.➡ 見る類 p.399

⁑duǎn 短[形]❶(距離・長さが)短い.¶jùlí ～[距离～]距離が短い／xiàn yǒudiǎnr ～[线有点儿～]線が少し短い.❷(時間が)短い.¶kāi ge ～huì[开个～会]短時間の会を開く／zhèi cì jiàqī tài ～ le[这次假期太～了]今回の休暇は短すぎる.↔ cháng 长

⁑duàn 段[量]❶長いものの区切りを数える.¶yí ～ diànxiàn[一～电线]コードの一区切り.❷一定の距離・時間を数える.¶yí ～ lù[一～路]一区切りの道のり／yí ～ shíjiān[一～时间]一区切りの時間.❸段落・段階を数える.¶yí ～ gùshi[一～故事]物語の1節／zhèi ～ lìshǐ bǐjiào fùzá[这～历史比较复杂]この段階の歴史はわりあい複雑だ.

*duàn 断[動]❶切る.断つ.¶pídài ～le[皮带～了]ベルトが切れた.❷途切れる.中断する.¶～ shuǐ[～水]断水する／～le yīnxùn[～了音讯]音信が途絶えた.*❸判断する.決定する.¶tuī～[推～]推定する.

duǎn·chu 短处[名]欠点.短所.¶liǎng ge fāng'àn dōu yǒu ～[两个方案都有～]2つのプランはともに欠点がある／qǐng zhǐchu wǒ de ～[请指出我的～]私の短所を指摘してください.

duǎncù 短促[形](時間が)極めて短い.¶yízhèn ～ de qìdí shēng[一阵～的汽笛声]ごく短い汽笛の音／hūxī ～[呼吸～]呼吸が早い.

duàndìng 断定[動]断定する.断言する.¶～ shì tā xiě de[～是她写的]彼女が書いたものだと断定する／bù gǎn ～[不敢～]断言しかねる.

duànduànxùxù 断断续续[形]断続的である.途切れ途切れである.¶～ xuéle jǐ nián Yīngyǔ[～学了几年英语]途中何度か中断しながら数年間英語を勉強した／～ de shuōhuà shēng[～的说话声]途切れ途切れの話し声.

duànjué 断绝[動]断絶する.途絶える.¶～ láiwang[～来往]つきあいをやめる／～ fùzǐ guānxi[～父子关系]親子の関係を断つ／jiāotōng wánquán ～ le[交通完全～了]交通は完全にストップした.

⁑duànliàn 锻炼[動]❶体を鍛える.¶jiānchí měitiān ～ shēntǐ[坚持每天～身体]毎日トレーニングを続ける／nǐ zěnme ～ ya?[你怎么～呀?]あなた

はどのようにして体を鍛えているのですか.❷政治的な自覚や精神を鍛える.¶dào jīcéng qù ～[到基层去～]現場へ行って鍛える.

*duǎnqī 短期[区]短期.¶～ liúxué[～留学]短期留学/zài ～ nèi jiějué wèntí[在～内解决问题]短期間で問題を解決する.

D

Duānwǔ 端午[名]端午の節句.(旧暦5月5日)¶míngtiān shì ～jié[明天是～节]明日は端午の節句だ.

duǎnzàn 短暂[形](時間が)短い.¶～ de tíngliú[～的停留]短期の滞在/fēnbié zhǐshì ～ de[分别只是～的]離れるのはほんの少しの間だけだ.

†duānzhèng 端正[形]❶均整がとれている.きちんとしている.¶xiàngmào ～[相貌～]顔立ちが整っている/xiě zì yào ～[写字要～]字はきちんと書かなくてはならない.❷正しい.真面目である.¶pǐnxíng ～[品行～]品行方正である/～ de tàidu[～的态度]真面目な態度.[動]正す.¶～ sīxiǎng[～思想]思想を正す.

duàn·zi 缎子[名]〔pǐ 匹〕どんす.¶～ bèimiàn[～被面]どんすの掛け布団.

dǔbó 赌博[動]賭博(とばく)をする.ばくちをやる.¶jìnzhǐ ～[禁止～]賭博を禁止する.

dúcái 独裁[動]独裁する.¶～ zhèngfǔ[～政府]独裁政府/～zhě[～者]独裁者.

†dǔchē 堵车[動]渋滞する.¶shàngxiàbān shíjiān,zhèi tiáo lù jīngcháng ～[上下班时间,这条路经常～]ラッシュアワーには,この道はいつも渋滞する.

dùchuán 渡船[名]〔tiáo 条〕渡し船.¶zhèli méiyou qiáo,zhǐ néng zuò ～ guò hé[这里没有桥，只能坐～过河]ここには橋がないので船で川を渡るしかない.

dūcù 督促[動]督促する.せきたてる.¶～ háizi zuò zuòyè[～孩子做作业]子供をせきたてて宿題をやらせる/tā zǒng ～ wǒ xuéxí Yīngyǔ[他总～我学习英语]彼はいつも私に英語を勉強するよう促す.

*dùguò 度过[動]過ごす.¶～le yí ge chōngshí de shǔjià[～了一个充实的暑假]充実した夏休みを過ごした.

dúhài 毒害[動]毒する.¶～ qīng shàonián[～青少年]青少年に害を与える.

*duī 堆[動]積む.積み上げる.¶chuángshang ～zhe hěn duō yīfu[床上～着很多衣服]ベッドの上に服がたくさん積んである/～ xuěrén[～雪人]雪だるまをつくる.[名](～儿)積み上げた物.山.¶tǔ～[土～]土の山/shāzi～[沙子～]砂の山.[量]積んである物や群れを数える.¶yì ～ rén[一～人]人の群れ/yì ～ zāng yīfu[一～脏衣服]汚れた服の山.

duì 队[名]❶チーム.隊.¶zúqiú～[足球～]サッカーチーム/nánjí kǎochá～[南极考察～]南極観測隊.❷ピオニール.少年先鋒隊.

① shàoxiānduìyuán 少先队员

①少年先鋒隊員 ②少年先鋒隊旗
③少年先鋒隊の敬礼 ④赤いネッカチーフ

**duì 对[動]*❶答える.¶～ dá rú liú[～答如流]成すらすらと答える.❷対応する.対処する.¶bù néng zhèyàng ～ rén[不能这样～人]人をそんなふうに扱ってはいけない.❸(常に“着”zheを伴って)…に向ける.…に向かう.¶～zhe chuānghu zuò[～着窗户坐]窓に向かって座る/～zhe wǒ fāhuǒ[～着我发火]怒りを私に向ける.*❹

向き合う.対立する.¶ ～kàng[～抗]対抗する.❺照合する.¶ ～ huāwén[～花纹]模様を照らし合わせる/～hàomǎ[～号码]番号を照合する.❻合わせる.¶ ～ jiāojù[～焦距]ピントを合わせる/～ biǎo[～表]時計を合わせる.[形]合っている.正しい.↔ cuò 错 ¶ shuōde ～![说得～!]言う通りだ/fāngfǎ bú ～[方法不～]方法が間違っている.[量](～儿)2つで1組になっている物を数える.対(つい).組.¶ yí ～ niánqīng fūfù[一～年轻夫妇]一組の若夫婦[前]…に対して.…にとって.¶ xīyān ～ shēntǐ bù hǎo[吸烟～身体不好]喫煙は体によくない/wǒ ～ huàr hěn gǎn xìngqù[我～画儿很感兴趣]私は絵画にとても興味がある.➡ 類義語 duìyú 对于,shì 是, shuāng 双

duì'àn 对岸[名]対岸.向こう岸.¶ ～ yǒu rén[～有人]対岸に誰かいる/yì kǒu qì yóudaole ～[一口气游到了～]一息に向こう岸まで泳いだ.

***duìbǐ 对比**[動]対比する.比べる.¶ jīnxī ～[今昔～]今と昔を対比する/～ liǎng ge rén de xìnggé[～两个人的性格]2人の性格を比べる.[名]比率.¶ nánnǚ ～ shì yī bǐ sān[男女～是一比三]男女の比率は1対3だ.

⁑**duì·buqǐ 对不起**[動]❶(挨拶)ごめんなさい.すみません.¶ ～,qǐng zài shuō yí biàn[～, 请再说一遍]すみません,もう1度言ってください/zhēn ～ nǐ[真～你]本当に申し訳ありません.❷申し訳なく思う.¶ nèi jiàn shì wǒ yǒudiǎnr ～ tā[那件事我有点儿～他]あの事で私は彼に少し申し訳なく思っている.

類義語 duìbuqǐ 对不起 láojià 劳驾 máfan 麻烦

►"对不起"は主に相手に申し訳ない気持ちを表し,謝罪の時に用いる.¶ 对不起, 我来迟了 duìbuqǐ, wǒ láichí le(すみません,遅くなりました)►"麻烦"は人に手数をかける(た)ことに対するすまない気持ちや感謝の気持ちを表す時に用いる.¶ 太麻烦你了! tài máfan nǐ le!(たいへんお手数をおかけしました)►"劳驾"は人に用事を頼んだり,道をあけてもらったりする時に用いられる.この意味の場合"对不起"と"麻烦"も用いることができる.なお,"对不起"は「すみません」という意味で用いられ,"麻烦"と"劳驾"は「お手数ですが」という意味で用いられる.¶ {劳驾/麻烦你/对不起}, 请让一下 {láojià/máfan nǐ/duìbuqǐ}, qǐng ràng yíxià(すみません,ちょっと道をあけてください)

duìcè 对策[名]対策.¶ dàjiā yìqǐ lái xiǎng ge ～[大家一起来想个～]みんなで一緒に対策を考えよう/cǎiqǔ bìyào de ～[采取必要的～]必要な対策を講じる.

duìchèn 对称[形]対称的である.釣り合いがとれている.¶ ～ tú'àn[～图案]対称的な図案/zuǒyòu bú ～[左右不～]左右不釣り合いである.

†**duìdá 对答**[動](相手の問いに)答える.返答する.¶ miànduì jìzhě de

表現Chips あやまる

对不起。	Duìbuqǐ.	(すみません)
请原谅。	Qǐng yuánliàng.	(お許しください)
请多多包涵。	Qǐng duōduō bāohan.	(どうかご勘弁ください)

给你添了不少麻烦, 真过意不去。Gěi nǐ tiānle bùshǎo máfan,zhēn guòyì bú qù.(いろいろご迷惑をおかけして,本当に申し訳ございません)

tíwèn,tā ～ rú liú[面对记者的提问，他～如流]記者の質問に彼はすらすらと答えた.

†**duìdǎ 对打**[動]対戦する.¶zhèi zhǒng yóuxìjī kěyǐ liǎng ge rén ～[这种游戏机可以两个人～]この手のゲーム機は2人で遊べる.

D

★**duìdài 对待**[動]対応する.対処する.¶zhèngquè ～[正确～]正確に対処する／nǐ yào shènzhòng de ～ zhèige wèntí[你要慎重地～这个问题]あなたはこの問題に慎重に対応する必要がある.

duìděng 对等[形]対等である.ほぼ同じである.¶shuāngfāng de tiáojiàn dàtǐ ～[双方的条件大体～]双方の条件はほぼ対等だ／chénggōng hé shībài de jīlǜ shì ～ de[成功和失败的几率是～的]成功と失敗の確率はほぼ同じだ.

†**duì·deqǐ 对得起**[動]申し訳がたつ.顔向けができる.¶nǐ zhèyàng zuò ～ tā ma?[你这样做～他吗?]あなたはこんな事をして彼に申し訳がたつというのか／bù hǎohāor xuéxí,zěnme ～ fùmǔ、lǎoshī[不好好儿学习，怎么～父母、老师]きちんと勉強しないで,両親や先生にどうやって顔向けするのか.

★**duìfāng 对方**[名]相手.相手側.¶zhuāzhu ～ ruòdiǎn[抓住～弱点]相手の弱点をつかむ.

★**duì·fu 对付**[動]❶対処する.処理する.¶nǐ dǎsuan zěnme ～ tā?[你打算怎么～他?]あなたはどうやって彼に対処するつもりですか.❷間に合わせる.¶nǐ jiù ～zhe yòng ba[你就～着用吧]間に合わせにそれを使って下さい／suīrán jiùle diǎnr,hái néng ～ liǎng nián[虽然旧了点儿，还能～两年]少し古いがまだ2,3年はどうにかもつ.

★**duìhuà 对话**[動]❶対話する.¶zhíjiē gēn tāmen ～[直接跟他们～]直接彼らと対話をする.❷国家間で話し合いをもつ.¶liǎng guó zhèngfǔ yǐ kāishǐ ～[两国政府已开始～]両国政府は既に話し合いを始めた.

†**duìhuàn 兑换**[動]両替する.¶bǎ rénmínbì ～chéng rìyuán[把人民币～成日元]人民元を日本円に両替する／zhèr néng ～ wàibì ma?[这儿能～外币吗?]ここは外貨を両替できますか.

wàibì duìhuàn“外币兑换”(外貨両替)

†**duījī 堆积**[動]積み上げる.積み重ねる.¶～ rú shān[～如山]山積みする／wèntí ～duō le,jiù gèng bù hǎo jiějué le[问题～多了，就更不好解决了]問題が積み重なるとなおさら解決しづらくなる.

duìkàng 对抗[動]❶対抗する.対立する.¶liǎng pài ～[两派～]双方が対立する.❷抵抗する.反抗する.¶～ shàngjí[～上级]上司にはむかう／tā céng ～guo fùmǔ[他曾～过父母]彼はかつて両親に反抗したことがある.

†**duì ～lái shuō 对～来说**[組]…について言えば.…にとっては.¶duì wǒ lái shuō hěn nán[对我来说很难]私にとってはとても難しい／duì tāmen lái shuō shì jiàn hǎoshì[对他们来说是件好事]彼らにとってはよい事だ.

†**duì·le 对了**[嘆]❶その通りだ.[注]肯定や賛成の態度を表す時に用いる.¶nǐ zhèyàng zuò jiù ～[你这样做就～]君がこうやったのは正しい.❷そうだ.そうそう.[注]何かを思いついた時に用いる.¶～,chàdiǎnr wàngle gàosu nǐ[～，差点儿忘了告诉你]そうだ,もう少しであなたに言い忘れるところだった.

†**duìlì 对立**[動]対立する.対抗する.¶liǎngzhě ～qilai[两者～起来]両者が対立し始める／wánquán ～ de lìchǎng[完全～的立场]完全に対立した立場.

duìlián 对联[名](～儿)〔fù 副〕対偶で書かれた一対の句または文.対

聯(ついれん).注紙・布・竹・木などに書き記し,建物や部屋の柱や壁などに飾る.¶tiē ～[贴～]対聯を貼る.

(萬象已随新運轉)

(百花争向好春開)

†**duìmén 对门**[名]向かいの家.¶wǒ jiā ～ bānzǒu le[我家～搬走了]うちの向かいの家は引っ越した/～ zhù de shì shéi?[～住的是谁?]向かいに住んでいるのは誰ですか.

*__duìmiàn 对面__[名]❶(～儿)向かい.¶yóujú ～ shì yínháng[邮局～是银行]郵便局の向かいは銀行だ.❷正面.¶～ láile yí ge rén[～来了一个人]向こうから誰かが来た.

duì niú tán qín 对牛弹琴成牛に琴を弾いて聞かせる.馬の耳に念仏.¶nǐ gēn tā jiǎng dàoli,jiǎnzhí shì ～[你跟他讲道理，简直是～]彼に道理を説いたって,馬の耳に念仏だ.

duìshǒu 对手[名]❶(試合の)相手.¶zhèi cì de ～ hěn qiáng[这次的～很强]今回の相手はてごわい/dǎbàile ～[打败了～]対戦相手を打ち負かした.❷ライバル.強敵.¶wǒ gēnběn bú shì tā de ～[我根本不是他的～]私はもともと彼の相手ではない.

duì//tóu 对头[形]❶正しい.適当である.¶fāngfǎ ～[方法～]方法は正しい/xiǎngfǎ bú ～[想法不～]考え方が適当でない.❷正常である.注普通否定形で用いられる.¶yīnxiǎng de shēngyīn yǒudiǎnr bú ～ a![音响的声音有点儿不～啊!]ステレオの音が少しおかしいね.❸気が合う.¶tā liǎ de xìnggé búdà ～[他俩的性格不大～]彼ら2人は馬が合わない.

duìwài 对外[形]対外的である.¶zhèi jiàn shì hái méiyou ～ gōngkāi,nǐ xiān bié shuō[这件事还没有～公开，你先别说]この事はまだ外部に公開していないので,とりあえず口外しないように.

duìwài kāifàng 对外开放組❶対外的に開放する.¶nèige bówùguǎn míngtiān ～[那个博物馆明天～]あの博物館は明日一般公開される.❷外国(人)に開放する.¶～ zhèngcè yǐjing shíshīle èrshí nián[～政策已经实施了二十年]対外開放の政策はすでに20年実施されている.

duìwài màoyì 对外贸易[名]外国貿易.海外貿易.¶wǒmen gōngsī méiyou ～ yèwù[我们公司没有～业务]我々の会社は海外貿易業務は行っていない.

*__duì·wu 队伍__[名]❶軍隊.❷(組織された人々の)隊列.行列.¶yóuxíng ～[游行～]デモ隊.

duìxiàn 兑现[動]❶(小切手や手形などを)現金に換える.¶bǎ zhīpiào ～ chéng xiànjīn[把支票～成现金]小切手を現金に換える.❷〈喻〉実行する.現実化する.¶nǐ shuō de nèixiē huà shénme shíhou cái néng ～?[你说的那些话什么时候才能～?]あなたが言っていたあの話はいつになったら実現できますか.

*__duìxiàng 对象__[名]❶対象.¶yánjiū ～[研究～]研究対象.❷恋愛相手.恋人.¶gǎo ～[搞～]恋愛する/zhǎo ～[找～]恋愛相手をさがす/tīngshuō tā de ～ shì Měiguórén[听说她的～是美国人]彼女の恋人はアメリカ人だそうだ.

duìyìng 对应[動](性質,作用,数値,位置などが)対応する.¶zhèi piān wénzhāng qiánhòu ～,xiěde hěn hǎo[这篇文章前后～,写得很好]この文章は前後が対応していてうまく書けている.

*__duìyú 对于__[前]…について.…に対して.¶～ zhèige wèntí,wǒmen yǐjing yánjiūguo le[～这个问题，我们已经研究过了]この問題について我々はすでに検討した/～ biéren de yǐnsī,zuìhǎo bié wèn[～别人的隐私，最好别问]他人のプライバシーについては尋ねない方がよい.➡類義語

guānyú 关于

類義語　duìyú 对于　duì 对
►ともに「…に対して」,「…について」という意味を表す.¶｛对于／对｝"南北会谈",大家都很关心｛duìyú／duì｝"Nánběi Huìtán",dàjiā dōu hěn guānxīn(南北会談に対してみんな関心を持っている) ►原則としてこの2語は置き換えられるが,動作の向かう対象を表す時や,対人関係を表す時には普通"对"のみを用いる.¶这件事你别｛对／×对于｝她说 zhèi jiàn shì nǐ bié {duì／×duìyú} tā shuō(この話は彼女に内緒だよ)／大家｛对／×对于｝我很热情 dàjiā {duì／×duìyú} wǒ hěn rèqíng (みなさんは私に親切にしてくれた)

D

†**duìyuán 队员**[名]隊員.メンバー.¶páiqiú ～[排球～]バレーボールチームのメンバー／xiāofáng ～[消防～]消防隊員.

*__duìzhǎng 队长__[名]隊長.リーダー.¶dāng ～[当～]隊長になる／bèi xuǎn wéi ～[被选为～]リーダーに選ばれる.

duìzhào 对照[動]対照する.照らし合わせる.¶～ yuánzhù[～原著]原著と照らし合わせる.[名]対比.コントラスト.¶xíngchéng xiānmíng de ～[形成鲜明的～]はっきりしたコントラストをなす／zhèi zhǒng ～ duì yánjiūzhě lái shuō shì jíwéi zhòngyào de[这种～对研究者来说是极为重要的]このような対照は研究者にとって極めて重要だ.

duì zhèng xià yào 对症下药成症状に合わせて投薬する.具体的な状況に応じて救済の手段をとるたとえ.¶～ cái néng zhìhǎo bìng[～才能治好病]病状に応じて薬を選ばなければ病気は治らない.

dùjué 杜绝[動]根絶する.断ち切る.¶～ làngfèi[～浪费]浪費をなくす／～ tānwū[～贪污]汚職を根絶する.

dùkǒu 渡口[名]渡し場."渡头"dùtóuともいう.¶zài ～ děng chuán[在～等船]渡し場で船を待つ.

*__dúlì 独立__[動]❶単独で立つ.¶tā ～zai hǎibiān[她～在海边]彼女はただ1人海辺に立っている／～ shāndǐng de cāng sōng[～山顶的苍松]山の頂にたった1本立つ青々としたマツの木.❷独立する.¶yīqīqīliù nián, Měiguó ～ le[一七七六年，美国～了]1776年にアメリカは独立した.❸他人に頼らない.¶～ sīkǎo[～思考]自分で考える／yǒu ～ gōngzuò nénglì[有～工作能力]独力で仕事をする能力を持っている.

dú lì zì zhǔ 独立自主成1つの国がほかからの支配などを受けず,自ら主権を執ること.独立自主.¶fāyáng ～、zì lì gēng shēng de jīngshén[发扬～、自力更生的精神]独立自主,自力更正の精神を引き出す.

*__dūn 吨__[量]❶(重量の単位)トン.¶wǒmen gòng gòujìnle shíwǔ ～ méi[我们共购进了十五～煤]我々は全部で15トンの石炭を買い入れた.❷容積トン.注船舶運輸で,貨物の体積で運賃を計算する単位.

*__dūn 蹲__[動]❶しゃがむ.うずくまる.¶～zai qiángjiǎo[～在墙角]壁の隅にうずくまる／guānjié téng, ～buxiàqù[关节疼，～不下去]関節が痛くてしゃがめない.❷〈喩〉(ある場所に)留まる.じっとしている.¶～ jiānyù[～监狱]刑務所暮らしをする／yì tiān dào wǎn ～zai jiāli[一天到晚～在家里]朝から晩まで家でごろごろしている.➡見る類 p.646

dūn 蹲❶

*__dùn 顿__[量]食事·叱責·忠告·罵倒などの回数を数える.¶tā yì tiān zhǐ chī liǎng ～ fàn[她一天只吃两～饭]彼女は1日に2回しか食事をしない／zòule yí ～[揍了一～]ひとしきり殴った／bèi lǎoshī shuōle yí dà ～[被老

师说了一大～]先生にひどく叱られた.

†**dùnshí 顿时**[副]たちまち.ただちに.にわかに.¶～ biànle liǎnsè[～变了脸色]たちまち顔色を変えた／wūzi li ～ hēilexialai[屋子里～黑了下来]部屋の中が急に暗くなってきた.

⁂**duō 多**[形]❶数が多い.↔ shǎo 少 ¶～zhǒng jīngyíng[～种经营]多角経営／wǒ yǒu hěn ～ shū[我有很～书]私はたくさんの本を持っている.❷多くなる.余っている.↔ shǎo 少 ¶～le yì zhāng piào[～了一张票]チケットが1枚余った／～le shí kuài qián[～了十块钱]10元多い／yán fàng～le,tài xián le![盐放～了，太咸了!]塩の入れすぎだ,すごく塩からい.*❸余計である.¶～xīn[～心]気を回す／～shì[～事]おせっかいをやく／bié ～zuǐ![别～嘴!]口出しするな!❹差が甚だしいことを表す.¶niánqīng ～ le[年轻～了]ずっと若々しくなった／hǎode ～[好得～]ずっとよい.[数]…余り.注数量詞の後ろに用いて端数を表す.¶wǒmen yǒu liǎng nián ～ méi jiànmiàn le[我们有两年～没见面了]私たちは2年余り会っていない／yǒu yìbǎi ～ rén cānjiāle bǐsài[有一百～人参加了比赛]100人余りの人が試合に参加した.

⁂**duō 多**[副]❶(疑問文中に用いて)程度を尋ねる.¶zhè háizi ～ dà le?[这孩子～大了?]この子はいくつですか／nǐ zhīdao Chángchéng yǒu ～ cháng ma?[你知道长城有～长吗?]万里の長城はどのくらいの長さか知っていますか.❷(感嘆文中に用いて)程度が甚だしいことを表す.¶～ hǎo de tiānqì a![～好的天气啊!]なんていい天気なんだろう／～ jīngshen a![～精神啊!]なんていきいきしているのだろう.❸ある種の程度を表す.¶bùguǎn ～ wǎn wǒ dōu huì huíjiā de[不管～晚我都会回家的]どんなに遅くなっても私は家に帰るつもりだ／yàobuliǎo ～ jiǔ,tā jiù huílai le[要不了～久,他就回来了]いくらもたたないうちに彼は戻って来た.

語法 **duō chī diǎnr 多吃点儿**

►形容詞“多”が動詞の前に用いられると「多めに…する」という意図性を表す.¶多听，多说，多看，多写 duō tīng,duō shuō,duō kàn, duō xiě(たくさん聞き,たくさん話し,たくさん読み,たくさん書く)►相手に対して,「多めに,余計に」何かをすることを勧める表現として用いられる場合には,後ろに数量表現を伴う.¶今天挺冷,你多穿点儿衣服 jīntiān tǐng lěng, nǐ duō chuān diǎnr yīfu(今日は寒いから少し余計に着なさい)／你们俩多谈谈 nǐmen liǎ duō tántan(あなた方はたくさん話し合ったほうがいい)►“少”shǎoも同様のパターンで用いられる.¶太沉，你少拿点儿 tài chén,nǐ shǎo ná diǎnr(すごく重いからもっと少なめに持ちなさい)／炒菜的时候，少放点儿盐 chǎocài de shíhou,shǎo fàng diǎnr yán(野菜を炒める時,塩を控えめに入れなさい)►同じ数量表現を用いていても,動詞との位置関係によって意味が異なってくる.¶多吃一点儿 duō chī yìdiǎnr(もっと食べてください)／吃多了一点儿 chīduōle yìdiǎnr(少々食べすぎてしまった)

***duó 夺**[動]❶奪う.¶～ qiāng[～枪]銃を奪う／～quán[～权]権力を奪う.❷勝ち取る.¶～ guànjūn[～冠军]優勝を勝ち取る.

***duǒ 朵**[量]花・雲などを数える.¶yì ～ báiyún[一～白云]ひとひらの雲／yì ～ méigui[一～玫瑰]1輪のバラ.

***duǒ 躲**[動]避ける.隠れる.¶～yǔ[～雨]雨宿りをする／tā lǎo ～zhe wǒ[他老～着我]彼はずっと私を避けている／～guo chūyī,～buguò shíwǔ[～过初一，～不过十五]元日には逃れられても,15日には逃れられない.結局は逃れられないたとえ.

類義語 **duǒ 躲 cáng 藏**

►ともに「隠れる」の意をもち,この場合は置き換えられる.¶他{躲／藏}在大树后面 tā {duǒ／cáng}zai dàshù hòumian(彼は大木の後ろに隠れた)►“躲”が「避ける」,「よける」

という意味を表す場合や,“藏”が目的語をとり何かを「隠す」,「しまう」という意味で使われる場合には,置き換えられない.¶走路的时候要注意{躲/×藏}车 zǒulù de shíhou yào zhùyì {duǒ/× cáng} chē(道を歩く時には,注意して車をよけなければならない)/他家里{藏/×躲}了很多书 tā jiāli {cáng/×duǒ}le hěn duō shū(彼は家にたくさんの本を持っている)

duò 舵[名](船などの)かじ.¶zhǎng ～[掌～]かじを取る.

duò 跺[動]力強く足踏みする.足で地を蹴る.¶～ dìbǎn[～地板]床板を踏みしめる/tā yí ～jiǎo,zhuǎnshēn jiù zǒu[她一～脚, 转身就走]彼女は地団駄を踏むと身を翻して出て行った.

†**duōbàn 多半**[副](～儿)❶大半.大部分.¶bìyèshēng ～ dōu zhǎodao gōngzuò le[毕业生～都找到工作了]卒業生の大半が就職できた/zhèixiē shū ～ dōu shì tā de[这些书～都是他的]これらの本は大部分が彼のものだ.❷たぶん.おそらく.¶míngtiān ～ huì xià yǔ[明天～会下雨]明日はおそらく雨だろう/wǒ ～ qùbuliǎo[我～去不了]私はたぶん行けない.

duǒbì 躲避[動]❶(人を)避ける.¶nǐ shì gùyì ～ ba?[你是故意～吧?]あなたはわざと避けているでしょう/～ tā de yǎnguāng[～他的眼光]彼の視線を避ける.❷(不利な事物から)逃れる.回避する.¶～ zérèn[～责任]責任を逃れる.

duōbiān màoyì 多边贸易[名]多国間貿易.¶kāizhǎn ～[开展～]多国間の貿易を展開する.

duō cái duō yì 多才多艺㊒多芸多才.¶～ de rén hěn nándé[～的人很难得]多芸多才な人は貴重である.

duǒcáng 躲藏[動]身を隠す.隠れる.¶zhèr ～zhe jǐ ge rén[这儿～着几个人]ここに数人が隠れている.

duódé 夺得[動]奪い取る.勝ち取る.¶～ zhǔdòngquán[～主动权]主導権を奪い取る/～le quánmiàn shènglì[～了全面胜利]全面的な勝利を勝ち取った.

†**duǒ//kāi 躲开**[動]避ける.よける.¶～ duìmiàn guòlai de qìchē[～对面过来的汽车]向こうから走ってくる車をよける/kuài ～, jiùhùchē lái le[快～,救护车来了]早くどいて,救急車が来た.

†**duōkuī 多亏**[動]おかげをこうむる.¶zhèi cì ～ nǐ le[这次～你了]この度はあなたのおかげです.[副]幸いにも.おかげで.¶～ nǐ tíxǐng,chàdiǎnr wàng le[～你提醒, 差点儿忘了]あなたが教えてくれたおかげで忘れずにすみました.

†**duō láo duō dé 多劳多得**㊒多く働いた者が多くの収入を得る.¶～ cái néng fāhuī gōngrénmen de jījíxìng[～才能发挥工人们的积极性]多く働いた者が多く収入をもらってこそ労働者たちの積極性を発揮できる.

duòluò 堕落[動]堕落する.¶shēnghuó ～ le[生活～了]生活が堕落した.

⁑**duō·me 多么**[副]❶(疑問文中に用いて)程度を尋ねる.¶zhèr lí Tiānjīn yǒu ～ yuǎn?[这儿离天津有～远?]ここは天津からどれくらいの距離ですか.❷(感嘆文中に用いて)程度が高いことを表す.¶zhèi fú huà ～ měi a![这幅画～美啊!]この絵はなんと美しいのだろう!/fùmǔ bǎ nǐ yǎngdao zhème dà shì ～ bù róngyì a![父母把你养到这么大是～不容易啊!]ご両親があなたをここまで育て上げるのにどんなにご苦労なさったことか.❸(任意の程度を表す)どんなに….¶bùguǎn ～ lěng de tiān,tā dōu wǔ diǎn qǐchuáng[不管～冷的天, 他都五点起床]どんなに寒い日であろうと彼はいつも5時に起きる.

†**duóqǔ 夺取**[動]❶奪い取る.争い取る.¶～ dírén de jùdiǎn[～敌人的据点]敵の砦を奪い取る.❷(努力して)勝ち取る.¶～ bǐsài de shènglì[～比赛的胜利]試合の勝利を勝ち取る.

⁑**duō·shao 多少**[代]❶数量を尋ねる.¶nǐ yào ～?[你要～?]いくついりますか/yígòng ～ qián?[一共～钱?]全部でいくらですか.❷不定の数

量を表す.¶yǒu ～ gěi ～[有～给～]あるだけあげる／huì ～ xiě ～[会～写～]書けるだけ書く.➡[類義語] jǐ 几

*duōshù 多数[名]多数.¶～ rén dōu biǎoshì tóngyì[～人都表示同意]多数の人が同意する／shǎoshù fúcóng ～[少数服从～]少数が多数に服従する.

†duō·suō 哆嗦[動]ぶるぶる震える.わなわな震える.¶qìde húnshēn zhí ～[气得浑身直～]怒りで全身が震える.

†duōyú 多余[形]❶余っている.余分である.¶bǎ ～ de juànzi huángěi lǎoshī[把～的卷子还给老师]余った答案用紙を先生に返す.❷余計である.¶bǎ ～ de zìjù dōu shāndiào[把～的字句都删掉]余計な字句はみんな削りなさい.

dúpǐn 毒品[名](アヘン・ヘロインなどの)麻薬.¶fànmài ～[贩卖～]麻薬を売りさばく／～ shìchǎng[～市场]麻薬市場.

dǔsè 堵塞[動](穴や道を)ふさぐ.埋める.¶～ lòudòng[～漏洞]抜け穴をふさぐ／gōnglù bèi tāxialai de shānshí ～ le[公路被塌下来的山石～了]車道は崩れてきた土砂でふさがれてしまった／jiāotōng ～[交通～]交通渋滞になる.

dúshēngzǐnǚ 独生子女[名]一人っ子.¶～ de jiàoyù wèntí zhèngzài yǐnqǐ rénmen de zhòngshì[～的教育问题正在引起人们的重视]一人っ子の教育問題が人々の注目を集めている.

dūshì 都市[名]都市.都会.¶～ niánqīngrén[～年轻人]都会の若者／Shànghǎi shì wǒ guó dì yī dà～[上海是我国第一大～]上海は我が国第一の大都市である.

*dú∥shū 读书[動]❶本を読む.読書する.¶dúle hěn duō shū[读了很多书]たくさんの本を読んだ.❷学校へ行く.勉強する.¶zhǐ dúguo yì nián shū[只读过一年书]1年しか学校で勉強していない／wǒ xiǎo shíhou ～ hěn yònggōng[我小时候～很用功]私は小さい時よく勉強した.➡[類義語] niànshū 念书

†dútè 独特[形]独特である.特有である.¶～ fēngwèi[～风味]独特の風味／～ de fāngfǎ[～的方法]特有の方法.

†dúwù 读物[名]読み物.¶értóng ～[儿童～]子供向けの読み物／kēxué ～[科学～]科学読み物.

dúxìng 毒性[名]毒性.¶zhèi zhǒng yào ～ hěn qiáng[这种药～很强]この種の薬は毒性がとても強い.

*dúzhě 读者[名]読者.¶～ láixìn[～来信]読者からのお便り／～ yìjiàn[～意见]読者の意見.

dúzī 独资[名]単独資本.¶zhè shì yì jiā ～ jīngyíng de qǐyè[这是一家～经营的企业]これは単独資本経営の企業だ.

†dúzì 独自[副]自分1人で.単独で.¶～ sànbù[～散步]1人で散歩する.

*dù·zi 肚子[名]❶腹.腹部.¶～ téng[～疼]お腹が痛い／nào ～[闹～]お腹をこわす.❷物体の丸くふくれている部分.¶tuǐ～[腿～]ふくらはぎ.

谜语 答えがDで始まるなぞなぞ

有山没石头，	Yǒu shān méi shítou,	山は有れども，石は無く，
有城没高楼，	yǒu chéng méi gāolóu,	町は有れども，ビルは無く，
有路没人走，	yǒu lù méi rén zǒu,	道は有れども，人は無く，
有河没鱼游。	yǒu hé méi yú yóu.	河は有れども，泳ぐ魚も無し．

(答えは186～187ページの中に)

E,e

E

*é 鹅[名]ガチョウ.¶wǒ jiā yǎngle liǎng zhī ～[我家养了两只～]我が家ではガチョウを2羽飼っている.

é 额[名]❶額(ひたい).¶～tou[～头]額／～jiǎo[～角]こめかみ.*❷決められた数量.額.¶míng'～[名～]定員／jù'～[巨～]巨額.

☆è 饿[形]腹がすいている.↔ bǎo 饱¶dùzi ～ le[肚子～了]お腹がすいた.[動]空腹にさせる.¶～zhe dùzi qù shàngbān[～着肚子去上班]空腹のまま仕事にでかける.

†è 恶*[名]悪い行い.悪事.¶～ yǒu ～ bào[～有～报]悪い行いには悪い報いがある／zuò'～[作～]悪事を働く.[形]❶凶暴である.凶悪である.荒々しい.¶tā ～hěnhěn de dīngzhe wǒ[他～狠狠地盯着我]彼は憎々しげに私を見つめている.❷悪い.¶qíshí wǒ bìng méiyou shénme ～yì[其实我并没有什么～意]実際のところ私には何の悪意もないのだ.

èdú 恶毒[形](企み·手段·言葉などに)悪意がある.悪辣(あくらつ)である.¶～ de yǔyán[～的语言]悪意のある言葉／yòngxīn ～[用心～]あくどい企み.

Éguó 俄国[名]ロシア.

†èhuà 恶化[動]悪化する.¶bìngqíng yòu ～ le[病情又～了]病状がまた悪化した／jìnlái liǎng guó de guānxi yuè lái yuè ～[近来两国的关系越来越～]最近両国の関係はどんどん悪化している.

†èliè 恶劣[形]非常に悪い.¶qìhòu ～[气候～]気候がひどく悪い／xìngzhì ～[性质～]性質が下劣だ.

ēn 恩[名]恩.情け.¶dà ～ dà dé[大～大德]大きな恩／～yuàn[～怨]恩と恨み(多く恨みの方をさす)／bào ～[报～]恩返しをする.

ēn'ài 恩爱[形](夫婦の)仲が良い.¶～ fūqī[～夫妻]仲むつまじい夫婦／ēn'ēn'ài'ài[恩恩爱爱]仲むつまじい.

ēnqíng 恩情[名]恩.慈しみ.¶wǒ yídìng yào bàodá nǐ duì wǒ de ～[我一定要报答你对我的～]私はきっとあなたのご恩に報いてみせます.

ēnrén 恩人[名]恩人.¶tā shì wǒ de jiùmìng ～[他是我的救命～]彼は私の命の恩人だ.

*ér 而[接]❶並列関係にある形容詞を接続する.そして.¶gāodà ～ yīngjùn[高大～英俊]背が高くてハンサムだ／wù měi ～ jià lián[物美～价廉]品物は良く値は安い.❷互いの表現を補足する関係の肯定と否定の語句を接続する.…だが.¶wéi ～ bù dǎ[围～不打]取り囲んだが攻撃しない.❸…まで.¶yī ～ zài, zài ～ sān[一～再，再～三]何度も繰り返し.再三再四／yóu shàng ～ xià[由上～下]上から下まで.❹時間や方式を示す成分を動詞に接続する.¶chíchí ～ guī[迟迟～归]悠然として帰る／kǎn kǎn ～ tán[侃侃～谈]臆することなく堂々と論じる.❺逆接を表す.¶nǐ rúguǒ néng lái ～ bù lái, tā huì shēngqì de[你如果能来～不来，她会生气的]もし君が来られるのに来なかったら,彼女はきっと怒るよ.

☆èr 二[数]❶数字の2.¶～ jiā ～ děngyú sì[～加～等于四]2足す2は4.❷2番目の.第2の.¶Dì'～cì shìjiè dàzhàn[第～次世界大战]第二次世界大戦.❸2通り.¶tā méiyou ～xīn[他没有～心]彼にふたごころはない.

類義語 èr wèi 二位
liǎng wèi 两位

►"位"は敬意を込めて人を数える量詞で,2人の時は,"二位","两位"ともに使われる.聞き手に対して,"{二位／两位}请坐"{èr wèi／liǎng wèi} qǐng zuò(おふたかたおかけください)と言う時,"二位"の方が,より敬意を込めた言い方となる.►人数を言う時"二位"は使えない.¶来了几位? láile jǐ wèi?(何人いらっしゃいましたか)／来了{两位／×二位}

láile {liǎng wèi / ×èr wèi}(2人いらっしゃいました)

èr 贰[数]"二"の"大写"dàxiě(大字).注書き直しを防ぐために証書や契約書の数字の記載に用いる.¶～yuán qián[～圆钱]2元.

*__ěr·duo 耳朵__[名]耳.¶～ yǒudiǎnr lóng[～有点儿聋]耳がちょっと遠い／～ ruǎn[～软]人の話をすぐ真に受ける.おだてに乗りやすい.

èr'èyīng 二噁英[名]ダイオキシン."二恶英"とも書く.

érhòu 而后[副]その後.それから.¶ wǒ xiān jìn,～ nǐ zài jìn[我先进，～你再进]僕が先に入るから,君はその後で入ってきて.

èrhú 二胡[名]〔音〕二胡(2弦の胡弓).

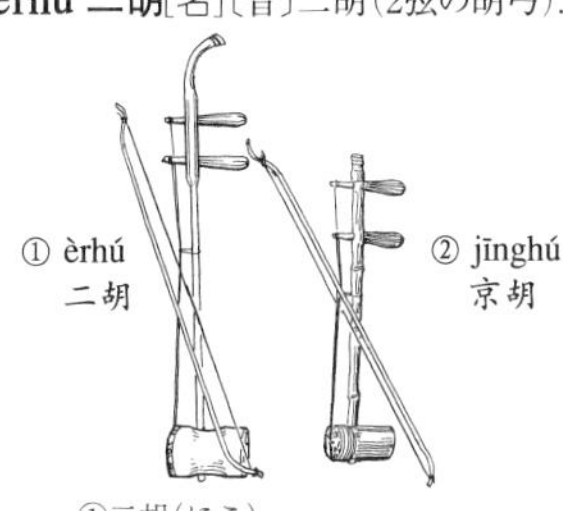

①二胡(にこ)
②京胡(主に京劇の伴奏に使用)

†**érnǚ 儿女**[名]❶息子と娘.子女.¶～men dōu hěn xiàoshùn[～们都很孝顺]子供たちは皆親孝行だ.❷若い男女.

⁑**érqiě 而且**[接]その上.かつ.¶ búdàn dēngle bào,～ hái shàngle diànshì[不但登了报，～还上了电视]新聞にのっただけでなく,テレビにもでた／bùjǐn hǎokàn,～ hǎochī[不仅好看，～好吃]見た目が良いだけでなく美味しい.

*__értóng 儿童__[名]子供.¶～ shídài[～时代]子供時代／～wénxué[～文学]児童文学.

èryǎnghuàtàn 二氧化碳[名]〔化〕二酸化炭素.¶ fàngchu ～[放出～]二酸化炭素を放出する.

éryǐ 而已[助]…だけ.…にすぎない.¶ yǒu shénme liǎobuqǐ de,búguò shì yí ge xiǎo kēzhǎng ～[有什么了不起的，不过是一个小科长～]たいしたことない,ただの課長にすぎない／nǐ nà diǎnr xiǎocōngmíng,rúcǐ ～[你那点儿小聪明，如此～]君のこざかしさなんてこの程度だね.

⁑**ér·zi 儿子**[名]息子.¶ tā yǒu liǎng ge ～[他有两个～]彼には2人の息子がいる.

éwài 额外[形]規定外である.予定外である.¶～ de shōurù[～的收入]規定外の収入／zēngtiān ～ de fùdān[增添～的负担]予定外の負担が加わる.

†**ě·xin 恶心**[動]吐き気がする.¶ yǒudiǎnr ～[有点儿～]ちょっと吐き気がする／～de yào tù[～得要吐]気持ち悪くて吐きそうだ.[形]むかつく.不愉快になる.¶ nǐ shuō zhè huà ～ bù ～?[你说这话～不～?]君はこんな話をして不愉快だと思わないか.

èxìng 恶性[区]悪性の.悪質の.¶～ xúnhuán[～循环]悪循環／～ zhǒngliú[～肿瘤]悪性腫瘍.

†**Éyǔ 俄语**[名]ロシア語."俄文"Éwén ともいう.

ézhà 讹诈[動](因縁をつけて金品を)巻き上げる.ゆする.¶ yǒuxiē rén lìyòng biéren yǐnsī ～ qiáncái[有些人利用别人隐私～钱财]中には他人のプライバシーを利用して金品を巻き上げる者もいる／wúduān shòudao ～ zhēn ràng rén qìfèn[无端受到～真让人气愤]何の理由もなく恐喝されるなんてまったく腹立たしい.

E

●百科知識●

絵で見る中国人の一生(1)

誕生

"坐月子"zuò yuèzi

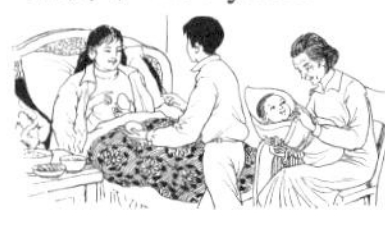

子供を生んだ母親("产妇"chǎnfù, "月子婆"yuèzipó)は産後1ヵ月はベッドに横たわったままで基本的に何もしない.この産後1ヵ月を"坐月子"という.冷たい水に触れてはならないとされていて,今でも手や顔は洗っても入浴はしない.卵や鶏のスープが産後の体に良いとされ,1食2個の卵,1日6個を1ヵ月食べる.

母親と子供のめんどうを見るのは主としてしゅうとめ("婆婆"pópo)で,日本のように里帰りするということはない.夫にも数日間の産休("产假"chǎnjià)があり,動けない妻と生まれたての赤ん坊のめんどうを見る.

"过满月"guò mǎnyuè

子供が生まれて1ヵ月経つと親戚や友人を呼んで食事をふるまう.

"百岁儿"bǎisuìr

生まれて百日が経ち首が坐るようになると写真館に行って写真を撮る.生まれて百日目を"百岁儿"と言う.

託児所へ

"托儿所"tuō'érsuǒ, "幼儿园"yòu'éryuán

出産後56日までの産休期間が終わると,母親の勤める職場("单位"dānwèi)内に設置された託児所("托儿所")に預けられる.就業時間8時間のうち2回母乳タイムがあるから,母親は安心して働ける.2人目の子供ができた時には上の子を月曜から土曜まで預け日曜だけ家に連れて帰る("全托"quántuō)や,朝預けて夕方連れて帰る("半托"bàntuō)に預けることもできる.近所のおばあさんが少しのお金で預かってくれることもある.最近はお手伝いさん("保姆"bǎomǔ)を雇う家庭もある.

子供が1歳を過ぎると"幼儿园"に移るが預かる時間は"托儿所"と変わらない.

F,f

☆fā 发[動]❶渡す.発送する.¶～juànzi[～卷子]答案用紙を配る／～xìn[～信]手紙を出す／～diànbào[～电报]電報を打つ／～chuánzhēn[～传真]ファクスを送る.❷発射する.放つ.¶～pào[～炮]発砲する／～guāng[～光]発光する.❸発生する.生じる.¶～yá[～芽]発芽する.❹公布する.表明する.¶～mìnglìng[～命令]命令を出す.❺拡大する.広まる.¶～yáng chuántǒng[～扬传统]伝統を発揚する.❻金持ちになる.¶～jiā[～家]家を興す.家を豊かにする.❼(食べ物が)発酵したり水を吸うなどして膨張する.¶～miàn[～面]小麦粉を発酵させる／～hǎidài[～海带]昆布を水でもどす.❽発散する.¶zhēng～[蒸～]蒸発する.❾明るみに出す.¶jiē～[揭～](悪事などを)暴く.❿変化が表に現れる.発散する.¶～chòu[～臭]臭う／～huáng[～黄]黄色くなる.黄ばむ.⓫感情を表面に出す.¶～nù[～怒]怒る／～dāi[～呆]ぽかんとする.⓬感じる.(多く不愉快な状況をさす)¶～má[～麻]痺れる／～yǎng[～痒]かゆくなる.⓭出発する.¶chū～[出～]出発する.⓮(行動を)開始する.¶chù～[触～]触発する.[量]弾や砲弾を数える.¶yì～zǐdàn[一～子弾]1発の銃弾.→ 見る類 p.290

類義語 **fā～ 发～ biàn～ 变～**
►ともに後ろに1音節の形容詞や動詞を伴って述語となり,「変わる」意を表す.“发”は内在していたものが表に現れること.¶年糕发霉了 niángāo fā méi le(餅にかびが生えた)►“变”は外側から見て,異なる形状や状態に変化すること.¶这条路变宽了 zhèi tiáo lù biàn kuān le(この道は広くなった)►また“变”は単用することもできる.¶天气变了 tiānqì biàn le(天気が変わった)／样子变了 yàngzi biàn le(様子が変わった)

fá 伐[動]❶(樹木を)伐採する.伐(き)る.¶kǎn～[砍～]伐採する／～mù gōngrén[～木工人]伐採に従事する労働者.❷攻める.攻撃する.¶tǎo～[讨～]討伐する／zhēng～[征～]征伐する.

†fá 罚[動]罰する.¶chǔ～[处～]処罰する／～nǐ qù mǎi bīnggùnr[～你去买冰棍儿]罰としてアイスキャンディーを買ってこい／tā yīnwèi wéizhāng tíngchē, bèi～le sānshí yuán[他因为违章停车,被～了三十元]彼は違法駐車のため,30元の罰金をとられた.

fǎ 法*[名]❶法.法律.規則.¶wéi～[违～]違法である／fàn～[犯～]法律を犯す.❷方法.手段.¶xiǎng～[想～]考え方／bàn～[办～]やり方.方法／jiǎn～[减～]引き算.❸規範.規則.¶xué diǎnr yǔ～[学点儿语～]文法を少し学ぶ.

***fābiǎo 发表**[動]❶公表する.¶～shēngmíng[～声明]声明を出す／～yìjiàn[～意见]意見を述べる.❷(雑誌など刊行物に)載せる.¶～lùnwén[～论文]論文を載せる／～wénzhāng[～文章]書いたものを載せる.

fā//bìng 发病[動]発病する.病気になる.¶tā yòu～le[她又～了]彼女はまた発病した.

fābù 发布[動]発表する.公布する.¶xīnwén～huì[新闻～会]ニュース発表の会合.記者会見／～mìnglìng[～命令]命令を公布する.

fā//cái 发财[動]一財産つくる.金持ちになる.¶gōngxǐ～[恭喜～]お金がもうかりますように(新年などの挨拶の言葉)／nǐ bù xiǎng～ma?[你不想～吗?]君は金持ちになりたくないのか／fā dà cái[发大财]ボロもうけをする.

fā//chóu 发愁[動]悩む.愁う.¶nǐ búyào zài wèi nèi jiàn shì～le[你不要再为那件事～了]あの件でこれ以上悩むのはやめなさい／nǐ fā shénme chóu?[你发什么愁?]君は何を悩ん

でいるのか.

*fāchū 发出[動]❶(声や疑問などを)発する.¶～ shēngyīn[～声音]声を出す.❷公布する.公表する.¶～ mìnglìng[～命令]命令を出す.❸送付する.¶xìn yǐjing ～qu le[信已经～去了]手紙はもう出してしまった.

*fādá 发达[形]発達している.↔ luòhòu 落后 ¶zhèige chéngshì gōngyè hěn ～[这个城市工业很～]この都市は工業がたいへん盛んである/jiāotōng ～[交通～]交通が発達している.

fādá guójiā 发达国家[名]先進国.¶～ yào bāngzhù pínqióng ruòguó[～要帮助贫穷弱国]先進国は貧しい弱小国を助けなければならない.

†fādiàn 发电[動]❶発電する.¶shuǐlì～[水力～]水力発電.❷電報を打つ.¶gěi tāmen ～ biǎoshì zhùhè[给他们～表示祝贺]彼らに電報を打ってお祝いを述べた.

fǎdìng 法定[形]法律で定められている.法定の.¶～ de niánlíng[～的年龄]法定年齢/～ de yìwù[～的义务]法で定められた義務.

*fādòng 发动[動]❶発動する.始める.¶～ jìngōng[～进攻]進攻を開始する/～ zhèngbiàn[～政变]クーデターを起こす.❷人に働きかけて行動を起こさせる.¶～ tóngxuémen[～同学们]同級生を動員する.❸(エンジンなどを)始動させる.¶～ qìchē[～汽车]自動車のエンジンをかける/róngyì～[容易～]簡単に始動する/bù hǎo～[不好～]なかなか始動しない.

*fādǒu 发抖[動]震える.¶tā de shǒu zài ～[他的手在～]彼の手が震えている/wǒ xiàde zhí ～[我吓得直～]びっくりして震えが止まらない.

fā fèn tú qiáng 发奋图强[成]気力をふるって頑張る.¶tā ～,zhōngyú shíxiànle zìjǐ de yuànwàng[他～，终于实现了自己的愿望]彼は一生懸命頑張ってついに自分の望みを実現した.

fǎguān 法官[名]裁判官.¶tā shì yí wèi gōngzhèng de ～[他是一位公正的～]彼は公正な裁判官だ.

fǎguī 法规[名]法律·法令·条例·規則などの総称.法規.¶zūnshǒu ～[遵守～]法規を遵守する/wéifǎn ～[违反～]法に違反する.

Fǎguó 法国[名]フランス.

*fāhuī 发挥[動]❶発揮する.(内に秘めたものを)表に出す.¶～ cáinéng[～才能]才能を発揮する/～ zuòyòng[～作用]役割を果たす/～ jījíxìng[～积极性]積極性を発揮する.❷(考えや物事の道理を)展開する.¶jiè tí ～[借题～]事によせて自分の意見を展開する.

fā//huǒ 发火[動]❶発火する.¶～diǎn[～点]発火した地点.❷弾を発射する.¶jīqiāng, bùqiāng tóngshí ～[机枪,步枪同时～]機関銃,歩兵銃を同時に発射した.❸(～儿)怒って騒ぐ.かっとなる.¶bié ～,yǒu huà hǎohāor shuō[别～，有话好好儿说]熱くならないで話があるならちゃんと話しなさい/zuótiān wǒ gēn tā ～ le[昨天我跟他～了]昨日私は彼と口論した.

†fājué 发觉[動]気づく.発見する.¶huídao jiā tā cái ～ sǎn méi le[回到家他才～伞没了]家に帰りついて彼は初めて傘が無いことに気づいた.

†fá//kuǎn 罚款[動]罰金を取る.罰金を課す.¶nǐ wéifǎn jiāotōng guīzé,～ shí yuán[你违反交通规则，～十元]交通法規違反で罰金10元/jiè shū guòqī bù huán yào ～[借书过期不还要～]返却期限を過ぎても本を返さない場合罰金を課せられる/zhème dà de yì bǐ ～![这么大的一笔～!]なんて高い罰金だ!

*fǎláng 法郎[名](フランス·スイス·ベルギーの通貨単位)フラン.francの音訳.[注]"欧元"ōuyuán参照.

†fǎlìng 法令[名]法令.¶Zhōngguó de ～[中国的～]中国の法令.

*fǎlǜ 法律[名]法律.¶～ miànqián rénrén píngděng[～面前人人平等]法の下では人間はみな平等である.

*fāmíng 发明[動]発明する.¶Àidíshēng ～le diàndēng[爱迪生～了电灯]エジソンは電灯を発明した/zhǐnánzhēn shì Zhōngguó ～ de[指南针是中国～的]羅針盤は中国が発明したものだ.

fān 帆[名]帆.¶báisè de fēng～[白色的风～]白い帆／zhù nǐ yì ～ fēngshùn!［祝你一～风顺!］万事順調でありますように.

†**fān 番**[量]❶種類を数える.¶bié yǒu yì ～ fēngwèi[别有一～风味]また別の風味もある.❷回数を数える.¶tā kǎolǜle yì ～,zhōngyú dāying le[他考虑了一～，终于答应了]彼はじっくり考えてからついに承知した.❸倍の回数を数える.¶fān liǎng ～[翻两～]2回倍にする.倍にしたものをもう1度倍にする.4倍にする.

⁑**fān 翻**[動]❶上下を反対にする.ひっくり返す.ひっくり返る.¶gōnggòng qìchē ～ le[公共汽车～了]バスが転覆した／～ gēntou[～跟头]とんぼ返りをうつ.ジャンプして宙返りする.❷物を探すために上下や内外を反対にする.¶～ shūbāo[～书包]かばんをひっくり返して中身を探す／cóng yīfu dōurli ～chule yì fēng xìn[从衣服兜儿里～出了一封信]ポケットから1通の手紙を探し出した.❸翻訳する.¶bǎ Rìwén ～chéng Zhōngwén[把日文～成中文]日本語を中国語に翻訳する.❹倍増する.¶chǎnliàng yǐ ～le jǐ bèi le[产量已～了几倍了]生産量は既に何倍にも増えた.❺(ある場所を)越える.登る.¶～guo nèi zuò shān jiù dào wǒ gùxiāng le[～过那座山就到我故乡了]あの山を越えると私の故郷に着く.❻(考えや発言などを)翻す.¶～'àn[～案]判決をくつがえす.

*__fán 凡__[副]すべて.およそ.¶～ běnxiào xuésheng dōu kě cānjiā[～本校学生都可参加]本校のすべての学生が参加できる.

†**fán 烦**[形]❶悩む.いらだつ.¶wǒ zuìjìn xīnqíng bù hǎo,tèbié ～[我最近心情不好，特别～]私はこの頃気分がよくない,とてもいらいらする.❷煩わしい.うるさい.面倒だ.¶～sǐ le!［～死了!］まったく煩わしいったら!［動］煩わす.面倒をかける.¶ ～ nín dài zhāng zhàopiàn gěi tā lǎorenjia[～您带张照片给他老人家]お手数ですが,あの方に写真を持って行っていただきたいのですが.

fán 繁*[形]❶たくさんの.多い.¶～mào[～茂]繁茂する／～xīng[～星]たくさんの星.❷盛んである.¶lěngqing de jiāoqū yě biànde ～huáqilai le[冷清的郊区也变得～华起来了]うら寂しい郊外もにぎやかになってきた.

†**fǎn 反**[形]逆さまである.反対である.¶xiézi chuān～ le[鞋子穿～了]靴が左右逆だ／zhèng ～ liǎngmiàn dōu néng chuān[正～两面都能穿]表裏両方着られる.[動]反対にする.ひっくり返す.反抗する.¶yì rú ～ zhǎng[易如～掌]㊟掌を返すが如くたやすい／háizimen yě ～qi wǒ zhèige zuò fùqīn de lai le[孩子们也～起我这个做父亲的来了]子供たちも父親である私に反抗し始めた.

†**fǎn 反**[副]逆に.反対に.¶nǐ bú qù mà tā,～ lái mà wǒ[你不去骂她，～来骂我]あなたったら彼女に文句を言わずに,私に文句を言うんだから／nǐ zhèyàng jiěshì,～ ràng rén tīngbudǒng le[你这样解释，～让人听不懂了]このような説明じゃかえって分からなくなった.

†**fǎn 返***[動]帰る.戻る.¶nǐ dǎsuan shénme shíhou ～xiào?[你打算什么时候～校?]君はいつ学校に戻るつもりですか／wǎng～ yào duō cháng shíjiān?[往～要多长时间?]往復でどれだけ時間がかかりますか.

__fàn 犯__[動]❶(法を)犯す.違反する.¶～guī[～规]規則に違反する／～jìnlìng[～禁令]禁令に抵触する／～jiè[～戒]戒律を犯す.❷(過ちなどを)犯す.(病気などに)なる.¶～ cuòwù[～错误]過ちを犯す／～bìng[～病]持病が再発する／～ píqi[～脾气]かんしゃくを起こす.[名]犯人.犯罪者.¶shārén～[杀人～]殺人犯／dàoqiè～[盗窃～]窃盗犯／táo～[逃～]逃亡犯.指名手配犯.

fàn 泛[動]*❶〈書〉浮かぶ.浮かべる.¶～zhōu[～舟]舟遊びをする.❷(色が表面に)現れる.浮かぶ.(においが)漂う.¶～ hóng[～红]赤みが差す／～ qīng[～青]青みがかる.

⁑**fàn 饭**[名]❶穀物を炊いたもの.(特に米の)ご飯.¶jīntiān de ～ yòu bái

yòu xiāng[今天的～又白又香]今日のご飯は白くて香りがいい／wǒ bù xiǎng chī～,xiǎng chī mántou[我不想吃～，想吃馒头]ご飯は食べたくない,マントウが食べたい.❷〔dùn 顿〕食事.¶chī～ qián yào xǐshǒu[吃～前要洗手]食事の前には手を洗わなければいけない／wǒ zuótiān méi chī wǎn～[我昨天没吃晚～]私は昨日夕食をとらなかった.

fǎnbó 反驳[動]反駁する.反対する.¶méiyou rén ～[没有人～]反対する人がいない／wǒ de yìjiàn bèi tā ～ le[我的意见被他～了]私の意見は彼に反対された.

fǎncháng 反常[形]いつもの様子と異なっている.普段と違う.¶tā zuìjìn yǒudiǎnr ～[他最近有点儿～]彼は最近少し様子がおかしい／jīnnián de qìhou hěn ～[今年的气候很～]今年の天候はおかしい.

fànchóu 范畴[名]範疇(はんちゅう).カテゴリー.類型.¶zhè shǔyú zhéxué ～[这属于哲学～]これは哲学のカテゴリーに属する.

fānchuán 帆船[名]帆船.ヨット.¶wǒ méi zuòguo ～[我没坐过～]私はヨットに乗ったことがない.

fǎndào 反倒[副]〈口〉かえって.逆に.¶nǐ zhèyàng ～ hàile tā[你这样～害了他]そんなふうにするとかえって彼を傷つけてしまう／nǐ bú qù ～ bù hǎo [你不去～不好]君が行かないとかえってよくない.

⁑fàndiàn 饭店[名]〔jiā 家〕❶ホテル.¶nǐmen zhù něige ～?[你们住哪个～?]君たちはどのホテルに泊まっているの.❷レストラン.

sānxīngjí fàndiàn"三星级饭店"(三ツ星ホテル)

***fǎndòng 反动**[形](政治的に)反動的である.¶～ yánlùn[～言论]反動的な言論.

⁑fǎnduì 反对[動]反対する.↔ tóngyì 同意 ¶tā ～ wǒ de yìjiàn[他～我的

語法 常用組み合せ連語(2)

F

发传真 fā chuánzhēn(ファクシミリを送る)／发工资 fā gōngzī(給料がでる)／发牢骚 fā láosao(不平不満をもらす)／发通知 fā tōngzhī(通知を出す)／犯困 fàn kùn(眠くなる)／放学 fàng xué(学校がひける)／放暑假 fàng shǔjià(夏休みになる)／放风筝 fàng fēngzheng(凧をあげる)／放爆竹 fàng bàozhú(爆竹を鳴らす)／费时间 fèi shíjiān(時間がかかる)

G

割麦子 gē màizi(麦を刈る)／盖图章 gài túzhāng(はんこを押す)／赶时髦 gǎn shímáo(流行を追う)／刮脸 guā liǎn(顔を剃る)／挂电话 guà diànhuà(電話をきる・かける)／拐弯儿 guǎi wānr(カーブを曲がる)／灌唱片guàn chàngpiàn(レコードを吹込む)／逛商店 guàng shāngdiàn(お店をぶらつく)／过生日 guò shēngri(誕生日を祝う)

H

花钱 huā qián(お金を使う)／划火柴 huá huǒchái(マッチを擦る)／划船 huá chuán(舟をこぐ)／画地图 huà dìtú(地図を描く)／画问号huà wènhào(疑問符をつける)／喊口号 hǎn kǒuhào(スローガンを叫ぶ)／回电话 huí diànhuà(電話で返事をかえす)／换钱 huàn qián(両替えする)／哄孩子 hǒng háizi(子供をあやす)

J

挤牙膏 jǐ yágāo(歯磨き粉を絞り出す)／系皮带 jì pídài(ベルトをしめる)／寄信 jì xìn(手紙を出す)／剪

意见]彼は私の意見に反対だ／wǒ ～ nǐ qù Xīnjiāng[我～你去新疆]君が新彊に行くのは反対だ.

fánduō 繁多[形]たいへん多い.¶pǐnzhǒng ～[品种～]品種・品目がたいへん多い／zhǒnglèi ～[种类～]多種多様だ／huāsè～[花色～]模様がさまざまだ.

†**fǎn'ér 反而**[副]逆に.むしろ.かえって.¶yǔ búdàn méi tíng,～ yuè lái yuè dà le[雨不但没停，～越来越大了]雨は止まないどころか,むしろだんだん激しくなってきた／chīle yào,dùzi ～ gèng téng le[吃了药，肚子～更疼了]薬を飲んだが,お腹はかえって前より痛くなった.

fàn//fǎ 犯法[動]法を犯す.違法である.¶búyào zuò ～ de shì[不要做～的事]法律を破るようなことはするな.

fān//fān 翻番[動]倍になる.¶jīnnián de guómín shēngchǎn zǒngzhí yǔ qùnián xiāngbǐ fānle liǎng fān[今年的国民生产总值与去年相比翻了两番]今年の国民総生産は,昨年と比べて4倍になった.

*__fǎnfù 反复__[副]繰り返し.反復して.¶～ tīng[～听]反復して聞く.[名]反復する状況.¶zhèi cì bìngqíng de ～ wánquán chūhū wǒmen de yìliào[这次病情的～完全出乎我们的意料]今回の病状のぶり返しは全く予想外だった.

fǎnfù wènjù 反复问句[名]〔語〕反復疑問文.

語法　反復疑問文

►反復疑問文は動詞や形容詞などの肯定形と否定形を並べて作る.¶你喝不喝? nǐ hē bù hē?(飲みますか)／这个苹果甜不甜? zhèige píngguǒ tián bù tián?(このリンゴは甘いですか)►一部の2音節の動詞,形容詞,助動詞のあるものは反復疑問文になるとき以下の2つの形が可能である.¶**喜欢**①你喜欢不喜欢喝酒? nǐ xǐhuan bù xǐhuan hē jiǔ?／②你喜不喜欢喝酒? nǐ xǐ bù xǐhuan hē jiǔ?(お酒を飲むのが好きですか)¶**干净**①屋里干净不干净? wūli gānjìng bù gānjìng?／②屋里干不干净? wūli gān bù gānjìng?(部屋はきれいですか)¶**愿意**①你愿意不

指甲 jiǎn zhǐjia(爪を切る)／接电话 jiē diànhuà(電話に出る)／交作业 jiāo zuòyè(宿題を提出する)／交款 jiāo kuǎn(お金を払う)／戒烟 jiè yān(タバコをやめる)

K

开医院 kāi yīyuàn(病院を開く)／开车 kāi chē(車を運転する)／开发票 kāi fāpiào(領収書を発行する)／开介绍信 kāi jièshàoxìn(紹介状を書く)／开方子 kāi fāngzi(処方箋を出す)／开电视 kāi diànshì(テレビをつける)／考博士 kǎo bóshì(ドクターの試験を受ける)／看家 kān jiā(留守番をする)／砍树 kǎn shù(木を伐る)／刻印章 kè yìnzhāng(はんこをつくる)

L

拉关系 lā guānxi(関係をつける)／练气功 liàn qìgōng(気功をする)／留胡子 liú húzi(ヒゲをのばす)

M

迷路 mí lù(道に迷う)／抹口红 mǒ kǒuhóng(口紅をつける)

N

闹脾气 nào píqi(癇癪をおこす)／捏饺子 niē jiǎozi(ギョーザを作る)

P

爬树 pá shù(木にのぼる)／拍电影 pāi diànyǐng(映画をとる)／排队 pái duì(行列をつくる)／配眼镜 pèi yǎnjìng(眼鏡をつくる)／配钥匙 pèi yàoshi(鍵をつくる)／批卷子 pī juànzi(答案を採点する)／披大衣 pī dàyī(コートをはおる)

Q

沏茶 qī chá(お茶を入れる)／骑车 qí chē(自転車・バイクに乗る)／起作用 qǐ zuòyòng(作用する)／起草稿 qǐ cǎogǎo(草稿を書く)／敲门 qiāo mén(ノックする)／娶媳妇 qǔ xífù(嫁をとる)

愿意去北京? nǐ yuànyi bú yuànyi qù Běijīng? ／②你愿不愿意去北京? nǐ yuàn bú yuànyi qù Běijīng? (北京に行きたいですか)

*fāng 方[区]四角い.↔ yuán 圆 ¶ ～táng[～糖]角砂糖／～zhuō[～桌]四角いテーブル.

†fāng 方*[名]❶方向.方角. ¶ nán～[南～]南方／běi～ dōngtiān hěn lěng[北～冬天很冷]北方は冬はとても寒い.❷方.側.サイド. ¶ jiǎ～[甲～]甲の側／shuāng～[双～]双方.両方／duì～[对～]相手方.❸地方.区域. ¶ ～yán[～言]方言

*fáng 防[動]❶防ぐ. ¶ ～hóng[～洪]洪水を防ぐ.❷防御する. ¶ ～qū[～区]防御区域.

†fǎng 纺[動]紡いで糸にする. ¶ ～miánhua[～棉花]綿花を紡いで糸にする.

⁑fàng 放[動]❶放す.自由にする.逃がす. ¶ bǎ zhèi tiáo yú ～ le ba[把这条鱼～了吧]この魚を逃がしてやりなさい／wǒ bǎ niǎo ～ le[我把鸟～了]私は鳥を放してやった.❷休みになる.休暇になる. ¶ Yuándàn zhǐ ～ yì tiān jià[元旦只～一天假]元旦は1日だけ休みになる／～ shǔjià[～暑假]夏休みになる.❸大きくする.伸ばす. ¶ zhèi zhāng zhàopiàn ～de hěn hǎo[这张照片～得很好]この写真はきれいに引き伸ばされている.❹(遠い所へ)追放する. ¶ ～zhú[～逐]追放する.❺放牧する. ¶ ～ niú[～牛]ウシを放牧する／～ yáng[～羊]ヒツジを放牧する／～mù[～牧]放牧する.❻(火を)つける. ¶ ～huǒ[～火]点火する／～biānpào[～鞭炮]爆竹に火をつける.❼置く. ¶ wǒ bǎ yīfu ～zai chuángshang le[我把衣服～在床上了]服をベッドの上に置いた／zhuōzi shang ～zhe yì běn shū[桌子上～着一本书]テーブルに本が1冊置いてある.❽加えて入れる. ¶ zài ～ diǎnr yán[再～点儿盐]もう少し塩を入れなさい／～ duōshao cháyè?[～多少茶叶?]どれくらいお茶の葉を入れますか.➡[類義語] bǎi 摆

†fáng'ài 妨碍[動]妨害する.妨げる. ¶ ～ gōngzuò[～工作]仕事の妨害をする／～ biéren[～别人]他人の足を引っ張る.

*fāng'àn 方案[名]計画.プラン. ¶ zhìdìng xīn ～[制定新～]新たなプランを制定する／tíchu ～[提出～]計画を出す.

fǎngǎn 反感[形]反感を持っている. ¶ wǒ duì nèige rén hěn ～[我对那个人很～]あの人には反感を持っている／tā yì shuōhuà,dàjiā jiù ～[他一说话，大家就～]彼が口を開くと,みんな反感を覚える.

⁑fāngbiàn 方便[形]❶便利である.↔ máfan 麻烦 ¶ jiāotōng hěn ～[交通很～]交通の便がよい.❷都合がよい.具合がよい. ¶ xiànzài qù bù ～[现在去不～]今行くのは具合が悪い.❸懐具合がよい. ¶ shǒutóur bù ～[手头儿不～]手もと不如意だ.[動]❶便利にする. ¶ zhèyàng zuò,jì ～le qúnzhòng, yòu jiéyuēle shíjiān[这样做，既～了群众，又节约了时间]このようにしたら,人々にとって便利になり,時間の節約にもなった.❷〈口〉トイレに行く. ¶ wǒ qù ～ yíxià[我去～一下]ちょっとトイレに行ってきます.

*fàngdà 放大[動]画像や音声などを大きくする.拡大する.写真を引き伸ばす. ¶ bǎ zhèi zhāng zhàopiàn zài ～ yìdiǎnr[把这张照片再～一点儿]この写真をもう少し大きく引き伸ばしてください／～ jǐ zhāng?[～几张?]何枚拡大しますか.

fángdōng 房东[名]家主.大家. ¶ ～ shì wèi lǎotàitai[～是位老太太]家主は年とった女性だ.

fǎngémìng 反革命[名]反革命.反革命分子. ¶ shénme shì ～?[什么是～?]反革命とは何であるか／duì ～ jìnxíng gōngshěn[对～进行公审]反革命分子を公開の法廷で審理する.

⁑fāngfǎ 方法[名]方法. ¶ xuéxí ～[学习～]勉強方法／jiàoxué ～[教学～]教育メソッド／kǎolǜ wèntí de ～[考虑问题的～]ものの考え方／nǐ yǒu shénme hǎo ～?[你有什么好～?]何かいい方法ある?

類義語 **fāngfǎ 方法 bànfǎ 办法**
►ともに問題を処理したり,解決したりする方法・手段を表す."方法"は抽象的なことにも,具体的なことにも用いる.¶最有效的学习方法是多读多练 zuì yǒuxiào de xuéxí fāngfǎ shì duō dú duō liàn(最も有効な学習方法はたくさん読み,たくさん練習することだ)►"办法"は具体的なことに用いることが多い.¶想办法 xiǎng bànfǎ(なんとかする)/有办法 yǒu bànfǎ(方法がある)

*__fǎngfú 仿佛__[副]まるで…のようだ.¶wǒ ～ yòu huídaole tóngnián[我～又回到了童年]私はまるでまた幼い頃に戻ったかのように感じた/wǒmen ～ huídaole zìjǐ de jiāli[我们～回到了自己的家里]我々はさながら自分の家に帰ったかのようだった.

fánghù 防护[動]防護する.¶～lín[～林]防護林.

⁑**fàng//jià 放假**[動]休みになる.¶nǐmen shénme shíhou kāishǐ ～?[你们什么时候开始～?]いつ休みが始まりますか/xīnnián wǒmen fàng wǔ tiān jià[新年我们放五天假]正月は5日休みになる.

類義語 **fàngjià 放假 xiūjià 休假 qǐngjià 请假**
►"放假"は学校や会社などが休みになること.もしくは国が定めた休日のこと.¶单位放假了 dānwèi fàngjià le(職場が休みになった)/国庆节放三天假 Guóqìngjié fàng sān tiān jià(国慶節は3日間休みだ)►"休假"は個人が職場の規定にある休暇をとる.¶他从来不休假 tā cónglái bù xiūjià(彼は今まで休暇をとったことがない)►"请假"は個人が病気などのために,許可を願い出て休みをとる.¶因病请两天假 yīn bìng qǐng liǎng tiān jià (病気のため2日間休みをとる)

⁑**fángjiān 房间**[名]部屋.¶zhèli yígòng yǒu jǐ ge ～?[这里一共有几个～?]ここは全部でいくつ部屋があるのですか.➡類義語 wūzi 屋子

fàngkuān 放宽[動](規則などを)緩和する.緩める.¶zuìjìn zhèngcè yǒusuǒ ～[最近政策有所～]最近政策がいくらか緩和された.

⁑**fāngmiàn 方面**[名]方面.¶tā zài yīnyuè ～ fāhuīle cáinéng[他在音乐～发挥了才能]彼は音楽の方面で才能を発揮した.

fǎngōng 反攻[動]反撃する.¶kāishǐ ～[开始～]反撃を開始する.

*__fàngqì 放弃__[動]放棄する.棄てる.¶～ nèige jìhuà[～那个计划]そのプランを放棄する/búyào ～[不要～]諦めないで.

fàngshè 放射[動]放射する.¶～ guāngmáng[～光芒]光芒を放つ/tā liǎng yǎn ～chu wúxiàn de zhìhuì[他两眼～出无限的智慧]彼の両目は限りない智恵の光を放っていた.

*__fāngshì 方式__[名]方式.¶shēnghuó ～ bùtóng[生活～不同]生活方式が異なる/sīwéi ～[思维～]思索の方式.

†**fángshǒu 防守**[動]防衛する.(スポーツの)ディフェンス.¶jiāqiáng ～[加强～]ディフェンスを強化する/zhànshìmen rìyè ～zhe zǔguó biānjiāng[战士们日夜～着祖国边疆]兵士らは日夜祖国の辺境地帯を守っている.

†**fàng//shǒu 放手**[動]手を放す.¶bié ～![别～!]手を放すなよ/wǒ yí ～,píngzi dǎo le[我一～,瓶子倒了]手を放したら,瓶が倒れてしまった.

†**fàngsōng 放松**[動]事物に対する注意やコントロールを緩める.リラックスさせる.楽にする.¶～ xuéxí[～学习]勉学をおろそかにする/bié jǐnzhāng! ～ diǎnr[别紧张! ～点儿]緊張しないで,ちょっと楽にしなさい.

†**fànguǎn 饭馆**[名](～儿)レストラン.食堂.¶wǒ jīngcháng zài ～ chīfàn[我经常在～吃饭]私はよくレストランで食事をする/zhèi jiā ～ de cài yòu piányi yòu hǎochī[这家～的菜又便宜又好吃]このレストランの料理は安くて美味しい.➡見る類 p.121

⁑**fǎngwèn 访问**[動]訪問する.訪ねる.¶qù wàiguó ～[去外国～]外国を訪

F

問する／yǒuhǎo ～[友好～]友好の訪問.

†**fángwū 房屋**[名]家屋.家. ¶～ guǎnlǐ[～管理]家屋の管理／～ shèshī[～设施]住居施設.

fángxiàn 防线[名]防衛線. ¶shè ～[设～]防衛線を設ける／zuìhòu yí dào ～[最后一道～]最後の防衛線.

⁑**fāngxiàng 方向**[名]❶方向.方角. ¶míshīle ～[迷失了～]道に迷って方角が分からなくなった／biànbié ～[辨别～]方向を定める.❷(向かう)方向. ¶kāiwǎng Běijīng ～ de lièchē[开往北京～的列车]北京の方へ運行する列車／xiàng Shànghǎi ～ fēi[向上海～飞]上海の方へ飛ぶ.

***fàng//xīn 放心**[動]安心する. ¶nǐ ～ qù ba[你～去吧]安心して行きなさい／wǒ duì tā bú ～[我对他不～]彼には安心できない.

†**fàng//xué 放学**[動]学校がひける.授業が終わる. ¶nǐmen jǐ diǎn ～?[你们几点～?]何時に学校が終わるの.

fángxùn 防汛[動]洪水を防ぐ. ¶tā fùzé ～ gōngzuò[他负责～工作]彼は洪水防止の仕事を担当している.

fángyì 防疫[動]伝染病を防ぐ.防疫する. ¶gěi értóng dǎ ～zhēn[给儿童打～针]児童に伝染病の予防注射をする／～zhàn[～站]防疫所.

†**fàngyìng 放映**[動]映画を上映する. ¶jīntiān Zhōngshān Yǐngyuàn ～ xīn piànzi[今天中山影院～新片子]今日中山映画館で新作を上映する.

†**fángyù 防御**[動]防御する. ¶zuòhǎo ～ gōngzuò[做好～工作]防御の任務をやり遂げる.

***fāngzhēn 方针**[名]方針. ¶jiàoyù ～[教育～]教育方針／zhìdìng ～[制定～]指針を制定する.

***fángzhǐ 防止**[動]防止する.防ぐ. ¶～ jiāotōng shìgù[～交通事故]交通事故を防ぐ／wèile ～ fāshēng yìwài, qǐng dàjiā zuòhǎo[为了～发生意外，请大家坐好]事故防止のため,皆様お席にお座りください.

fángzhì 防治[動]予防し治療する. ¶～ bìngchónghài[～病虫害]病虫害の予防と退治を行う／～ gāoxuèyā[～高血压]高血圧を予防し治療する.

***fǎngzhī 纺织**[動]紡績と織布をする.紡織をする. ¶tā shì yì míng ～ nǚgōng[她是一名～女工]彼女は紡織労働者だ／zhèige ～chǎng hěn dà[这个～厂很大]この紡織工場はたいへん大きい.

***fáng·zi 房子**[名]〔suǒ 所,jiān 间,dòng 栋,zhuàng 幢,tào 套〕家.家屋. ¶wǒ zài Dōngjīng zūle yí tào ～[我在东京租了一套～]東京で家を1軒借りた.

> 類義語　fángzi 房子　jiā 家
> ►"房子"は人が住むための家屋をさす. ¶盖房子 gài fángzi(家を建てる)／房子漏雨 fángzi lòu yǔ(家が雨漏りする) ►"家"は家族や家庭をさすことが多いが,場所としての「いえ」をさすこともある. ¶他家有四口人 tā jiā yǒu sì kǒu rén(彼の家は4人家族だ)／你家在哪儿? nǐ jiā zài nǎr?(お宅はどちらですか)

fángzū 房租[名]家賃. ¶jiāo ～[交～]家賃を払う.

fánhuá 繁华[形]にぎやかである. ¶～ dìqū[～地区]にぎやかな地区.

fǎnhuí 返回[動](元の場所へ)帰る.戻る. ¶～ yuánchù[～原处]元の場所に帰る.元の場所に戻す／～ Rìběn[～日本]日本に帰る.

†**fǎnjī 反击**[動]反撃する. ¶nǐmen wèi shénme bù ～?[你们为什么不～?]君らはなぜ反撃しない?／～zhàn[～战]反撃戦.カウンターアタック.

***fǎnkàng 反抗**[動]反抗する.抵抗する. ¶～ fùmǔ[～父母]両親に反抗する.

fǎnkuì 反馈[動]フィードバックの中国語訳.転じて関連情報や意見を集めることをさす. ¶shìchǎng xiāoshòu qíngkuàng de xiāoxi búduàn ～dao gōngchǎng[市场销售情况的消息不断～到工厂]市場の販売状況のデータが絶えず工場にフィードバックされる.

fān lái fù qù 翻来复去㊔同じ事

を何度も繰り返す.ごろごろと寝返りを打つ.¶wǒ ～ de xiǎngle yì wǎnshang,zhōngyú xiǎngtōng le[我～地想了一晚上，终于想通了]私は一晚中何度も考え,やっと納得がいった／～, yí yè méi héyǎn[～，一夜没合眼]寝返りばかり打って,一晚中眠れなかった.

†**fànlàn 泛滥**[動](河川が)氾濫する.(悪い思想や行為,気風などが)氾濫する.¶bù néng ràng wěiliè shāngpǐn zài shìchǎng shang ～[不能让伪劣商品在市场上～]偽ブランド商品や不良品をマーケットに氾濫させてはならない.

fànmài 贩卖[動]販売する.売買する.¶～ mùcái[～木材]木材を販売する／～ dúpǐn[～毒品]麻薬を売買する.

fánmáng 繁忙[形]非常に忙しい.¶～ de shēnghuó[～的生活]多忙な生活／gōngzuò ～[工作～]仕事がたいへん忙しい.

fánmèn 烦闷[形]煩悶している.煩わしい.¶xīnqíng ～[心情～]気持ちがいらだつ.

fǎnmiàn 反面[名]❶裏面.反対の面.裏.¶zhèi zhāng zhǐ de ～ yě yǒu zì[这张纸的～也有字]この紙の裏面にも字が書いてある／zhèngmiàn hé ～ yánsè bù yíyàng[正面和～颜色不一样]表と裏とで色が違う.❷悪い面.¶～ rénwù[～人物](文学や芸術作品の中の)悪役.否定的人物／～ jiàocái[～教材](教育的意味を持つ)悪い手本.❸もう1つの面.ほかの側面.¶yào kàn wèntí de ～[要看问题的～]問題の反対側も見なければならない.↔ zhèngmiàn 正面

fánnǎo 烦恼[名]悩み.心配事.¶wǒ méiyou ～[我没有～]私には悩みがない.[形]悩んでいる.¶tā jiā yǒu hěn duō ～ de shì[他家有很多～的事]彼の家には頭を悩ます事がたくさんある.

fānqié 番茄[名]トマト.“西红柿” xīhóngshìともいう.

†**fànrén 犯人**[名]犯人.

***fánróng 繁荣**[形]繁栄している.栄えている.¶jiāxiāng de ～ jǐngxiàng[家乡的～景象]故郷の栄えている光景.[動]繁栄させる.¶～ shìchǎng[～市场]マーケットを栄えさせる.

fǎnshè 反射[動]❶光や音が反射する.はね返る.¶～ tàiyángguāng[～太阳光]太陽光を反射する／shēngyīn yòu ～huilai le[声音又～回来了]音がこだまして返ってきた.❷(刺激に対して)反射する.¶tiáojiàn ～[条件～]条件反射.

†**fān//shēn 翻身**[動]❶横になって身体を動かす.寝返りをうつ.¶bù néng ～[不能～]寝返りが打てない.❷〈喩〉抑圧された苦しい環境から解放される.¶nà yí cì de dǎjī,shǐ tā duōnián fānbuguò shēn lai[那一次的打击，使他多年翻不过身来]その大きな打撃を受けた後,彼は長年苦境から立ち上がれなかった.❸〈喩〉後れや不利な立場から変わる.¶tāmen gōngchǎng dǎle ge ～zhàng[他们工厂打了个～仗]彼らの工場は立ち直りのため闘った.

†**fánshì 凡是**[副]すべて.およそ.¶～ yóupiào wǒ dōu yào[～邮票我都要]切手だったらみんなほしい／～ qùguo Zhōngguó de rén qǐng bǎ shǒu jǔqilai[～去过中国的人请把手举起来]中国に行ったことのある人はみんな手を挙げてください.

fǎnsī 反思[動]思い返す.よく反省して考える.¶nǐ zìjǐ hǎohāor ～ yíxià[你自己好好儿～一下]自分でよく反省して思い返してみなさい.

fān tiān fù dì 翻天覆地㊝天地を覆す.¶zhè liǎng nián wǒmen cūn fāshēngle ～ de biànhuà[这两年我们村发生了～的变化]ここ2年で私たちの村には天地がひっくり返るような変化があった.

fántǐzì 繁体字[名]〔語〕繁体字.中国語の旧字体.¶nǐ rènshi ～ ma?[你认识～吗?]君は繁体字が分かりますか／wǒ bú huì xiě ～[我不会写～]私は繁体字が書けない.

fànwǎn 饭碗[名]❶ご飯を盛る碗.茶碗.¶zhèige ～ shì shéi de?[这个～是谁的?]このお碗は誰のです

F

か.❷(～儿)(食いぶちを得るための)職.仕事.¶tiě～[铁～]食いはぐれのない職業／～ diū le[～丢了]職を失った／～ zá le[～砸了]仕事をふいにしてしまった.

*fànwéi 范围[名]範囲.¶tánhuà de ～[谈话的～]話の範囲.

†fǎnwèn 反问[動]問い返す.¶nǐ kěyǐ ～ tā ma[你可以～他嘛]彼に聞き返せばいいじゃない／tā ～ wǒ yí jù,wǒ dábushànglái[他～我一句,我答不上来]彼の問い返しに私は答えられなかった.[名]〔語〕反語.注修辞表現の1つで,疑問文の形式であるが実質的には疑問の意味を持たず,「…でないのか」と意味を強めて反対の内容を示す.¶～jù[～句]反語文.

☆fān·yì 翻译[動]翻訳する.通訳する.¶～ xiǎoshuō[～小说]翻訳小説／bǎ Yīngwén ～chéng Rìwén[把英文～成日文]英語を日本語に翻訳する.[名](職種としての)通訳.¶tā shì ～[他是～]彼は通訳です／wǒ gěi tā dāngguo ～[我给他当过～]私は彼の通訳をしたことがある.

*fǎnyìng 反应[動]反応する.¶huàxué ～[化学～]化学反応／wùlǐ ～[物理～]物理的反応／kāishǐ tā méiyou tīngdǒng wǒ de huà, hòulái cái ～guolai[开始她没有听懂我的话,后来才～过来]初め彼女は私の話が分かっていなかったが,後になってやっと反応した／méiyou ～[没有～]反応がない.

*fǎnyìng 反映[動]❶反映する.¶～ xiànshí shēnghuó[～现实生活]現実の生活を反映する／～ shìshí[～事实]事実を反映している.❷報告する.伝える.¶xiàng lǎoshī ～[向老师～]先生に報告する／dào shàngjí ～[到上级～]上部にまで伝わる.

fánzào 烦躁[形]いらだつ.いらいらする.¶～ bù'ān[～不安]いらいらして落ち着かない／bié ～[别～]いらいらするな.

*fǎn·zhèng 反正[副]どっちみち.いずれにせよ.¶～ dōu yíyàng[～都一样]どっちみちみな同じだ／～ wǒ bù xiāngxìn[～我不相信]いずれにせよ私は信じない.

†fánzhí 繁殖[動]繁殖する.¶～ shēngchù[～牲畜]家畜を繁殖させる／lǎoshǔ ～ hěn kuài[老鼠～很快]ネズミは繁殖するのがはやい.

fǎnzhī 反之[接]これに反して.これとは逆に.¶tiānqì rè,gēn de xīshuǐlì qiáng,～,tiānqì lěng,gēn de xīshuǐlì jiù ruò[天气热,根的吸水力强,～,天气冷,根的吸水力就弱]暑い時には根の吸水力が強く,これとは逆に,寒い時には根の吸水力が弱まる.

fánzhòng 繁重[形](仕事や負担が)多くて重い.¶～ de jiāwù[～的家务]負担の大きい家事労働／～ de tǐlì láodòng[～的体力劳动]きつい肉体労働.

†fàn∥zuì 犯罪[動]罪を犯す.¶tā fànguo zuì[他犯过罪]彼は罪を犯したことがある／～ huódòng[～活动]犯罪活動.

目で見る類義語 fā píqi 发脾气 shēngqì 生气

►怒る時に,大きい声で人を罵ったり,物をたたきつけるなどの激しい行為をともなう場合は“发脾气”fā píqiという.はでにかんしゃくを起こすのである.¶他发脾气把我大骂一顿 tā fā píqi bǎ wǒ dà mà yí dùn(彼はかんしゃくを起こして私をひどく罵った)►激しい行為がなく,言葉や表情から怒っているのが見て取れる場合は“生气”shēngqìを使う.¶一个人不说话生闷气 yí ge rén bù shuōhuà shēng mènqì(1人でぶすっとして怒っている)

†**fāpiào 发票**[名]領収証.¶qǐng gěi wǒ kāi yì zhāng ～[请给我开一张～]領収証を出してください.

fā pí·qi 发脾气[動]怒る,かんしゃくを起こす.¶tā jīngcháng ～[她经常～]彼女はよくかんしゃくを起こす／jīntiān lǎoshī gēn wǒ fāle píqi[今天老师跟我发了脾气]今日先生が私に対して怒った(先生に怒られた).

➡見る類 p.216

fāqǐ 发起[動]❶発起する.提唱する.¶～rén[～人]発起人／wǒmen ～zǔzhīle yí ge yánjiūhuì[我们～组织了一个研究会]私たちの提案で研究会が作られた.❷(戦争・攻撃などを)起こす.始める.¶～jìngōng[～进攻]進攻を始める／～fǎngōng[～反攻]反撃を開始する.

fā//rè 发热[動]❶(人が)熱を出す.¶shēnzi ～[身子～]体が熱っぽい.❷(物体が)熱を発する.¶tàiyáng néng fāguāng ～[太阳能发光～]太陽は発光し発熱する／yǒudiǎnr ～[有点儿～]少し発熱する.❸かっとなる.¶búyào tóunǎo ～,yào lěngjìng[不要头脑～，要冷静]かっかしないで落ち着きなさい.

fǎrén 法人[名]法人.

⁑**fā//shāo 发烧**[動]熱を出す.¶fā dīshāo[发低烧]微熱を出す／wǒ ～ le, jīntiān bù néng qù le[我～了，今天不能去了]私は熱があるので今日は行けません.

†**fāshè 发射**[動]発射する.¶～huǒjiàn[～火箭]ロケットを発射する／～rénzào wèixīng[～人造卫星]人工衛星を打ち上げる.

⁑**fāshēng 发生**[動]発生する.¶zuìjìn nàli ～le hěn dà de biànhuà[最近那里～了很大变化]最近そこで大きな変化が生じた／zhèige lùkǒu jīngcháng ～ shìgù[这个路口经常～事故]この交差点はよく事故が起こる.

類義語 **fāshēng 发生**
chǎnshēng 产生

►ともに新しい状況が現れるという意味をもつ.¶双方{发生／产生}了分歧 shuāngfāng {fāshēng／chǎnshēng}le fēnqí(双方の見解に食い違いが生じた)►“发生”はもともと存在しなかった事態が現れる場合,“产生”はすでに存在するものの中から,新たなものが現れる場合に用いる.¶发生了交通事故 fāshēngle jiāotōng shìgù(交通事故が起きた)／产生困难 chǎnshēng kùnnan(困難が発生する)

fā//shì 发誓[動]誓いを立てる.誓う.¶wǒ ～ yào wèi gēge bàochóu[我～要为哥哥报仇]私は兄の敵(かたき)を討つと誓った／tā ～ yídìng kǎoshang dàxué[他～一定考上大学]彼はきっと大学に合格するぞと誓いを立てた.

fǎtíng 法庭[名]法廷.¶zài ～ shang búyào xuānhuá[在～上不要喧哗]法廷では静粛に.

⁑**fāxiàn 发现**[動]❶(研究・思索を経て法則などを)発見する.¶～guīlǜ[～规律]法則を発見する／～yí ge dàoli[～一个道理]ある道理を発見する.❷見つける.気づく.¶wǒ ～le nǐ de yí ge mìmì[我～了你的一个秘密]君の秘密を見つけたぞ.

fāxiè 发泄[動](うっぷんなどを)はらす.発散する.¶～sīfèn[～私愤]私憤をはらす／～yuànqì[～怨气]うっぷんをはらす.

†**fāxíng 发行**[動](貨幣や書籍などを)発行する.(映画を)配給する.¶zuìjìn yòu ～le yí tào yóupiào[最近又～了一套邮票]最近また新しい切手セットが発行された／měi dào xīnnián dōu yào ～ jìniànbì[每到新年都要～纪念币]新年になると決まって記念コインが発行される.

fǎxīsī 法西斯[名]ファッショ.独裁.Fascioの音訳.¶～zhǔyì[～主义]ファシズム.

***fā//yán 发言**[動]発言する.¶jījí ～[积极～]積極的に発言する／wǒ dì yī cì zài huìshang ～ shí hěn jǐnzhāng[我第一次在会上～时很紧张]初めて会で発言した時には緊張した.

fā//yán 发炎[動]炎症を起こす.¶guānjié ～ le[关节～了]関節が炎症を起こした／biǎntáotǐ ～[扁桃体～]

扁桃腺が腫れる.

*fāyáng 发扬[動]❶(よい伝統などを)提唱し盛んにする.発揚する.¶～qínjiǎn jiéyuē de hǎo chuántǒng[～勤俭节约的好传统]勤勉と節約のよき伝統を発揚する.❷発揮する.¶～yōudiǎn,gǎizhèng quēdiǎn[～优点,改正缺点]優れた点を遺憾なく発揮し,不十分な点を正す.

fā yáng guāng dà 发扬光大㊊大いに発揚する.広めて盛んにする.¶bǎ yōuliáng chuántǒng ～[把优良传统～]すばらしい伝統を大いに広める.

F

†fāyù 发育[動]発育する.育つ.¶～de hěn màn[～得很慢]成長が遅い.

‡Fǎyǔ 法语[名]フランス語."法文"Fǎwénともいう.¶wǒ gēge huì shuō ～[我哥哥会说～]私の兄はフランス語が話せる.

†fǎyuàn 法院[名]裁判所.¶shàng ～[上～]裁判所に行く.

fǎzé 法则[名]法則.¶rénmen bù néng wéifǎn zìrán ～[人们不能违反自然～]人間は自然の法則に背くことはできない.

‡fāzhǎn 发展[動]❶(小さいものから大きなものへ,簡単なものから複雑なものへと)変化する.発展する.¶wǒmen xuéxiào yuánlái zhǐ yǒu yìbǎi míng xuésheng,xiànzài ～dao liǎngqiān míng le[我们学校原来只有一百名学生,现在～到两千名了]我々の学校はもともと100人しか学生がいなかったが,現在は発展して2千人にまでなった.❷発展させる.¶～ jīngjì[～经济]経済を発展させる／～ nóngyè[～农业]農業を発展させる.[名]発展.¶nóngyè yǒule hěn dà de ～[农业有了很大的～]農業は大きな発展を遂げた.

fāzhǎnzhōng guójiā 发展中国家[名]発展途上国.¶～ de shēnghuó shuǐpíng yě yǒule hěn dà tígāo[～的生活水平也有了很大提高]発展途上国の生活水準も大きく向上した.

†fǎzhì 法制[名]法制.法律制度.¶～guānniàn[～观念]法制観念／jiànlì ～[建立～]法制度を打ち立てる.

†fǎ·zi 法子[名]方法.手立て.¶méi ～[没～]手立てがない.どうしようもない／xiǎng ～[想～]方法を考える.㊟北京語ではfáziと"法"を第2声で発音する.

fāzuò 发作[動]❶発作が起きる.¶wèibìng yòu ～ le[胃病又～了]また胃病の発作が起きた.❷かんしゃくを起こす.怒り出す.腹を立てる.¶dāngzhe dàjiā de miàn bù hǎo ～[当着大家的面不好～]みんなの前でかんしゃくを起こすわけにはいかなかった.

‡fēi 飞[動]❶(鳥や虫,飛行機などが)飛ぶ.¶qīngtíng ～ le[蜻蜓～了]トンボが飛んだ／wūzi li yǒu yì zhī mìfēng ～ lái ～ qù[屋子里有一只蜜蜂～来～去]部屋を1匹のミツバチが飛び回っている／fēijī ～de hěn píngwěn[飞机～得很平稳]飛行機は安定した飛行をしている.❷空中を漂う.¶chéntǔ ～yáng[尘土～扬]土煙が舞う／～ shā zǒu shí[～沙走石]砂埃が舞い石が転がる.[副]飛ぶように速く.¶～bēn[～奔]飛ぶように速く駆ける／～pǎo[～跑]速く走る.

†fēi 非[副]❶…ではない.(後に"不"bùを用い二重否定の形で必要・必然を表す)¶tā ～yào qù bùxíng[他～要去不行]彼はどうしても行かなければだめだ.❷どうしても.是非とも.(多く"～要"～yào・"～得"～děiの形で用いる)¶wǒ ～yào kàn![我～要看!]どうしても見なくちゃいけないんだ／gàn zhè huór ～děi dǎnzi dà[干这活儿～得胆子大]この仕事をするのなら度胸がないといけないよ／bú ràng tā lái,tā ～ lái[不让他来,他～来]来るなと言うのに,彼はどうしても来ると言ってきかない.

†fēi 非[形]❶間違っている.正しくない.¶tā hái xiǎo,fēnbuqīng shì～[他还小,分不清是～]あいつはまだ子供で,やって良い事と悪い事の分別ができない／shéi shì shéi ～ xiànzài hái hěn nánshuō[谁是谁～现在还很难说]誰が正しくて誰が間違っているのか,今はまだ何とも言えない.*❷合わない.¶～lǐ[～礼]無礼である.

fěi 肥[形]❶肥えている.脂身が多い.太っている.¶tā jiā de zhū yǎngde kě ～ le[他家的猪养得可～了]彼の家のブタは実によく肥えている／wǒ bù chī ～ròu[我不吃～肉]私は脂身の多い肉は食べない.❷(服のサイズが大きくて)だぶだぶである.¶kùyāo tài ～ le[裤腰太～了]ズボンの腰回りがたいへん大きい／zhèi jiàn yīfu yǒudiǎnr ～[这件衣服有点儿～]この服は少しだぶだぶだ.[名]肥やし.肥料.¶huà～[化～]化学肥料.➡見る類 p.415

†fèi 废[動]使用できない.廃棄する.¶bàn tú ér ～[半途而～]成途中でやめる／zhèige jīqì yǐjing ～ le[这个机器已经～了]この機械はもう使えない.*[形]機能を失って役に立たない.不用である.¶～shuǐ[～水]廃水／～zhǐ[～纸]紙くず.

*fèi 肺[名]肺.¶～yán[～炎]肺炎.

fèi 费[名]費用.¶fáng～[房～]家賃／shuǐdiàn～[水电～]水道料金と電気料金.

*fèi 费[動]費やす.↔ shěng 省¶～jìnr[～劲儿]苦労する／～xīn[～心]神経を使う／～ qián[～钱]金がかかる.➡類義語 huā 花

fěibàng 诽谤[動]誹謗(ひぼう)する.悪口を言う.そしる.¶búyào ～ biéren[不要～别人]他人の悪口を言ってはならない／zāodao ～[遭到～]そしりを受ける.

*fēi～bùkě 非～不可呼どうしても…でなければならない.¶wǒ fēi qù bùkě[我非去不可]私はどうしても行かなければならない／jīntiān nǐ fēi chī bùkě[今天你非吃不可]今日は是非君に食べてもらわないといけないよ.

fēi～cái～ 非～才～呼…してやっとはじめて…できる.…しなければ…できない.¶wǒ fēi yào qīnzì qù kànkan cái fàngxīn[我非要亲自去看看才放心]自分で行って見てみなければ安心できない.

**fēicháng 非常[区]普通ではない.特殊である.¶～ shíqī[～时期]非常時／～ xíngdòng[～行动]異常な行動／～ huìyì[～会议]緊急会議.[副]たいへん.とても.¶～ xìngyùn[～幸运]たいそう幸運だ／～ piàoliang[～漂亮]とても美しい.➡類義語 hěn 很

類義語 **fēicháng 非常**
shífēn 十分

►ともに程度がきわめて高いことを表す副詞.¶我{非常／十分}满意这间房子 wǒ {fēicháng／shífēn} mǎnyì zhèi jiān fángzi(私はこの部屋にとても満足している)►強調する時,"非常"は重ねて使えるが,"十分"は使えない.¶今天的会议{非常非常／×十分十分}重要 jīntiān de huìyì {fēicháng fēicháng／×shífēn shífēn} zhòngyào (今日の会議は非常に重要だ)►"非常"は"不"の修飾を受けないが,"十分"は"不十分～"で,程度が高くないことを示す.¶{不十分／×不非常}喜欢{bù shífēn／×bù fēicháng}xǐhuan(あまり好きではない)

†fèichú 废除[動]廃棄する.廃止し取り去る.¶～ fǎlìng[～法令]法令を廃止する／～ tiáoyuē[～条约]条約を撤廃する.

fēichuán 飞船[名]宇宙船.飛行船.

fēiděi 非得[副]どうしても…しなくてはならない.(多く"不"bù,"才"cáiと呼応する)¶zhèige ～ tā qù cái xíng[这个～他去才行]これはぜひとも彼が行かなくてはならない.

fēifǎ 非法[区]法律に反する.違法である.¶～ huódòng[～活动]法律に触れる活動／～ rùjìng[～入境]不法入国.

†fèihuà 废话[名]くだらない話.ばか話.¶shǎo shuō ～![少说～!]くだらない話は止めろ!

**fēijī 飞机[名]〔jià 架〕飛行機.¶kāi ～[开～]飛行機を操縦する／nǐ shì zuò ～ lái de ma?[你是坐～来的吗?]飛行機で来たのですか.

†fēikuài 飞快[形]飛ぶように速い.¶tā ～ de chōnglechuqu[他～地冲了出去]彼は素早く飛び出して行った／Xiǎo-Wáng ～ de pǎoshangle wǔ lóu[小王～地跑上了五楼]王君は飛ぶ

F

ように素早く5階に駆け上がった.

†**fèilì 费力**[形]苦労する.骨が折れる.¶～ bù tǎohǎo[～不讨好]苦労した上に文句を言われる.骨折り損のくたびれ儲け／zǒu shānlù hěn ～[走山路很～]山道を歩くのはたいそう骨が折れる.

†**féiliào 肥料**[名]肥料.肥やし.¶quē ～[缺～]肥料が足りない.

†**fèipǐn 废品**[名]❶工場の出荷規格に合わない不良品.¶chūle ～[出了～]不良品が出た.❷壊れたり古くなったりしたため使用できなくなった物.不用品.¶～ shōugòuzhàn[～收购站]不用品引き取り所.リサイクルセンター／shōu ～[收～]不用品を回収する.

fèiqì 废气[名]排気ガス.¶pái ～[排～]排気ガスを放出する.

fèi qǐn wàng shí 废寝忘食㊒寝食を忘れる.“废寝忘餐”fèi qǐn wàng cānともいう.¶tā měitiān ～ de gōngzuò[他每天～地工作]彼は毎日寝食を忘れて働いている.

†**fèiténg 沸腾**[動]❶沸騰する.¶shuǐ ～ le[水～了]水が沸騰した.❷(興奮などで)沸き立つ.¶rèxuè ～ de qīngnián[热血～的青年]熱き血潮の沸き立つ青年／xiǎo shāncūn ～qilai le[小山村～起来了]小さな山村が興奮に沸き立った.

fěitú 匪徒[名]強盗.人に害を与える者.

féiwò 肥沃[形]土地が肥沃(ひよく)である.¶zhèli tǔdì ～[这里土地～]ここは土地が肥沃だ.

fēiwǔ 飞舞[動]舞い飛ぶ.¶húdié zài huācóng zhōng ～[蝴蝶在花丛中～]蝶が花の中を舞い飛ぶ.

fèiwù 废物[名]廃棄物.がらくた.くず.¶～ lìyòng[～利用]廃棄物の利用／rútóng ～ yìbān[如同～一般]まるでがらくたのようだ.

fèi·wu 废物[名]役立たず.能なし.(罵り語)¶nǐ zhēnshi ge ～![你真是个～!]君はほんとに役立たずだな／nǐ zěnme zhème ～![你怎么这么～!]なんだってそんなに能なしなんだ!

fēixiáng 飞翔[動]飛翔(ひしょう)する.旋回して飛行する.飛ぶ.¶hǎiyàn ～zai dàhǎi shàngkōng[海燕～在大海上空]ウミツバメが海原の上空を飛んでいる／xióng yīng zài shāngǔ zhōng ～zhe[雄鹰在山谷中～着]雄ワシが谷間を飛翔している.

†**fēixíng 飞行**[動]飛行する.¶ānquán ～[安全～]安全に飛行する／gāokōng ～[高空～]高空飛行／～yuán[～员]パイロット.

†**fèixū 废墟**[名]廃虚.¶zhèli chéngle yí piàn ～[这里成了一片～]この場所は一面廃虚となってしまった.

*****fèi·yong 费用**[名]費用.コスト.¶～ zìlǐ[～自理]費用は自分で負担する／～ yóu gōngsī fùdān[～由公司负担]コストは会社で負担する.

†**fēiyuè 飞跃**[動]飛躍する.¶nèidì de jīngjì yě kāishǐ ～[内地的经济也开始～]内陸の経済も目覚しい発展を始めた／～ de shíxiàn fāngshì bú shì wéiyī de[～的实现方式不是唯一的]飛躍を実現する方法はただ1つだけではない.

†**féizào 肥皂**[名]〔kuài 块,tiáo 条〕石けん.¶yòng ～ xǐ yīfu[用～洗衣服]石けんで洗濯する／yí kuài ～[一块～]1個の(塊状の)石けん／liǎng tiáo ～[两条～]2つの(細長い形状の)石けん.

‡**fēn 分**[動]❶分ける.分割する.¶～ yí ge píngguǒ chī[～一个苹果吃]1個のリンゴを分けて食べる.❷割り当てる.分配する.¶zhè shì ～gěi nǐ de gōngzuò[这是～给你的工作]これは君に割り当てられた仕事だ／wǒ bèi ～dao nóngcūn dāng lǎoshī[我被～到农村当老师]私は農村に配属され教師となった.❸区別する.見分ける.¶～qīng shìfēi[～清是非]是非をはっきりさせる.

‡**fēn 分***[名](ある機関,会社,全体などから)分けられたもの.¶～diàn[～店]支店／～cè[～册]分冊.[量]❶10分の1を1つとして数える.…割.¶qī ～ chéngjì,sān ～ cuòwù[七～成绩，三～错误]7割方の成果と,3割方の誤り／wǒ yǒu shí'èr～ de bǎwò

[我有十二～的把握]120パーセント自信がある.❷中国の通貨の最小単位.注"一圆(元)" yì yuán, "一块钱" yí kuài qiánの100分の1.¶wǔ ～ qián[五～钱](貨幣の)5分.❸時間の単位.分.¶sān diǎn líng wǔ ～[三点零五～]3時5分／shí ～zhōng[十～钟]10分間.❹(～儿)点数を示す.点.¶kǎoshì déle yìbǎi ～[考试得了一百～]テストで100点をとった／zhèi cì bǐsài wǒmen shūle yì ～[这次比赛我们输了一～]この試合で我々は1点差で負けた.

†**fén 坟**[名]〔zuò 座〕墓.土まんじゅう.¶zǔ～[祖～]先祖の墓／shàng～[上～]墓参りする.

†**fěn 粉**[名]*❶粉.粉状の物.¶miàn～[面～]小麦粉／yào～[药～]粉薬.❷おしろい.¶chá ～[搽～]おしろいをつける.❸澱粉を用いて作った食品.またそのような食品の中でも多く麺状の物をいう.¶mǐ～[米～]ビーフン.*❹桃色.ピンク色.¶～hóngsè[～红色]ピンク色.

*****fèn 份**[量](～儿)❶セットになっているものを数える.またはセットをつくる部分を数える.¶fēnchéng sān ～,gěi tā yí ～[分成三～，给他一～]3つに分けて,1つを彼にやる／yí ～r lǐpǐn[一～儿礼品]1セットの贈り物の品.❷新聞や書類を数える.¶yí ～r bàozhǐ[一～儿报纸]1部の新聞.❸年,月,省,県の後に置いて区分を表す.¶jīnnián sānyuè～r kěyǐ zhèngshì kāigōng[今年三月～儿可以正式开工]今年3月には正式に操業できる.

fèn 粪[名]大便.糞(ふん).¶jī ～[积～]糞便を溜める／niú～[牛～]牛糞.

*****fěnbǐ 粉笔**[名]〔zhī 枝, zhī支〕チョーク.¶yòng ～ zài hēibǎn shang xiě zì[用～在黑板上写字]チョークで黒板に字を書く.

fēnbiàn 分辩[動]弁解する.弁明する.¶wèi péngyou ～[为朋友～]友のために弁明する／búyào zài ～ le[不要再～了]これ以上言い訳をするな.

fēnbiàn 分辨[動]見分ける.弁別する.¶～ zhēnjiǎ[～真假]真偽を見分ける.

*****fēnbié 分别**[動]❶離別する.別れる.¶～ yǐhòu zài méi jiànmiàn[～以后再没见面]別れてから顔を合わせていない.❷弁別する.区別する.¶～ hǎo yǔ huài[～好与坏]良い事と悪い事を区別する.[副]❶別々に.区別して.¶～ kàndài[～看待]区別して扱う.❷各自.それぞれ.¶～ zǒujin fángjiān[～走进房间]各自部屋に入る.

†**fēnbù 分布**[動]分布する.¶dìlǐ ～[地理～]地理上の分布／～zai gèdì[～在各地]各地に分布している.

fèn bù gù shēn 奋不顾身成生命を顧みず奮い立つ.¶～ de yǔ lièhuǒ bódòu[～地与烈火搏斗]生命を顧みず烈火と闘う.

†**fēn·cun 分寸**[名](言葉や行動の)ちょうどよい程度.¶tā jiǎnghuà hěn yǒu ～[他讲话很有～]彼の言葉には節度がある.

*****fèndòu 奋斗**[動]奮闘する.努力する.¶wèile shíxiàn zìjǐ de lǐxiǎng ér ～[为了实现自己的理想而～]自分の理想を実現するため努力する.

fēnduì 分队[名]〔軍〕(軍の)分隊.¶xiǎo ～[小～]小分隊／～zhǎng[～长]分隊長／yígòng sān ge xiǎo ～[一共三个小～]全部で3つの小分隊.

fēnfāng 芬芳[形]かぐわしい.¶～ de xiānhuā[～的鲜花]香り高い生花.

*****fēnfēn 纷纷**[形]雑多に入り乱れている.(雪・落葉など落下する物や言論に対し用いる)¶dàxuě ～[大雪

～]雪が激しく降りしきる／yìlùn ～[议论～]議論が入り乱れる.[副]次から次へと.(大勢の人間や事物に対し用いる) ¶～ dàolái[～到来]大勢の人間が次から次へとやってくる／～zhǐzé[～指责]大勢の人が口々に非難する.

*fēn•fù 吩咐[動](用事などを)言いつける.命令する."分付"とも書く.¶yíqiè tīng nǐ ～[一切听你～]すべてあなたの言いつけ通りにいたします／nǐ yǒu shì jǐnguǎn ～ wǒ[你有事尽管～我]何かありましたら遠慮なく私に申し付けてください.

⁑fēng 风[名]❶〔chǎng 场,zhèn 阵,gǔ 股〕風.¶dà～[大～]大風／～lì[～力]風力.❷気風.風俗.習慣.¶yí ～ yì sú[移～易俗]㊞古い習慣を改める.

†fēng 封[動]閉鎖する.封じる.密閉する.¶dàxuě ～shān[大雪～山]大雪で山が閉ざされる／～kǒu[～口]口を閉じる.

⁑fēng 封[量](封入された物,多く手紙を数える)通.¶yì ～ jiāshū[一～家书]家からの1通の手紙／láile yì ～ xìn[来了一～信]手紙が1通届いた.

†fēng 疯[形]❶気が狂う.精神が錯乱する.¶fā～[发～]発狂する.❷作物が成長しても実を結ばない.¶～zhǎng[～长]徒長する.

fēng 蜂[名]❶ハチ.❷〈喩〉大勢の人が群れを成すこと.¶～yōng ér zhì[～拥而至]大勢の人が押し合いへし合いしながらやってくる.

féng 逢[動]出会う.会う.¶chóng～[重～]再会する.

†féng 缝[動]縫う.繕う.¶～bǔ yīshān[～补衣衫]服を繕う／～～bǔbǔ[～～补补]針仕事をする.→fèng

fèng 缝[名](～儿)❶継ぎ目.縫い目.¶tiān yī wú ～[天衣无～]㊞天衣無縫／wú～ gāngguǎn[无～钢管]継ぎ目のない鋼管.シームレス鋼管.❷〔dào 道〕すきま.割れ目.¶liè～[裂～]裂け目.→féng

fēngbào 风暴[名]嵐.暴風.¶dà ～ yào lái le[大～要来了]大嵐がまもなくやってくる.

fēngbì 封闭[動]❶閉ざす.密閉する.¶～ ménchuāng[～门窗]ドアと窓を閉ざす.❷閉鎖する.差し押さえる.¶nèi jiā bàoshè bèi ～ le[那家报社被～了]あの新聞社は閉鎖された.

†fēngchǎn 丰产[動]豊かな収穫を得る.豊作である.¶～ nián[～年]豊作の年／～tián[～田]収穫の豊かな田畑.

fèng•cheng 奉承[動]お世辞を言う.へつらう.¶tā kě zhēn huì ～ rén[他可真会～人]彼は本当におべっかを使うのがうまい.

†fěngcì 讽刺[動]風刺する.揶揄(やゆ)する.¶～ shèhuì shang de bùliáng xiànxiàng[～社会上的不良现象]社会の悪現象を風刺する.

fēngdù 风度[名]風格.風采.美しい立ち居振る舞い.¶tā zhǎngde bú piàoliang,dànshì hěn yǒu ～[他长得不漂亮，但是很有～]彼はハンサムではないが,たいへん風格がある.

fēngē 分割[動]分割する.分ける.¶èrzhě bùkě ～[二者不可～]二者は分けることができない／huángjīn ～[黄金～]黄金分割.

⁑fēngfù 丰富[形]豊富である.豊かである.¶nèiróng ～[内容～]内容が豊富だ／jīngyàn ～[经验～]経験豊かである.[動]豊富にする.豊かにさせる.¶～ wénzhāng de nèiróng[～文章的内容]文章の内容を豊かにする／nǔlì xuéxí,～ zìjǐ de wénhuà zhīshi[努力学习，～自己的文化知识]頑張って勉強して,自分自身の教養と知識を豊かにする.

fēng fù duō cǎi 丰富多彩㊞多彩である.¶shǔjià li,shàoniángōng wèi xuéshengmen zǔzhīle ～ de huódòng[暑假里，少年宫为学生们组织了～的活动]夏休みに少年宮では学生のために種々さまざまな活動を企画した.

†fēnggé 风格[名]❶風格.態度.¶gāogāo de ～[高高的～]立派な態度／dútè de ～[独特的～]独特の風格.❷(時代,民族,個人の文芸作品が表す)芸術的特徴.芸術的スタイル.

fēngguāng 风光[名]風光.風景.¶

～ míngmèi[～明媚]風光明媚／Jiāngnán ～ wúxiàn hǎo[江南～无限好]江南の風景は限りなくすばらしい.

fènghuáng 凤凰[名]鳳凰(ほうおう).¶～ shì bǎi niǎo zhī wáng[～是百鸟之王]鳳凰はすべての鳥の王である.

*__fēngjiàn 封建__[形]封建的である.¶～ shèhuì[～社会]封建社会／nǐ de sīxiǎng tài ～ le[你的思想太～了]君の思想はあまりに封建的だ.

*__fēngjǐng 风景__[名]〔chù 处〕風景.景色.¶～ měilì[～美丽]景色が美しい／～ qū[～区]景勝地.

†__fēngkuáng 疯狂__[形]狂気じみている.¶～ de jìngōng[～的进攻]狂気じみた攻撃／yì qún ～ de dírén[一群～的敌人]一群のたけり狂った敵.

fēnglàng 风浪[名]❶水面上の風と波.¶qǐ ～[起～]風波が起こる.❷〈喩〉苦しい経験.荒波.¶nǐ jīng de ～ tài shǎo[你经的～太少]君が経た苦難の経験はあまりに少ない.

*__fēnglì 风力__[名]風力.風の強さ.¶～ èr、sān jí[～二、三级]風力2,3級.

fēnglì 锋利[形]❶(刃物,武器の切っ先が)鋭い.切れ味がいい.¶zhèi bǎ càidāo hěn ～[这把菜刀很～]この包丁はよく切れる.❷(言葉や文章が)鋭い.¶tántǔ ～[谈吐～]言葉遣いが鋭い／wénbǐ ～[文笔～]筆鋒(ひっぽう)が鋭い.

fēngmǎn 丰满[形]❶豊かである.満ち足りている.¶～ de guǒshí[～的果实]豊かな果実.❷(体つきが)豊満である.ふくよかである.¶tā zhǎngde hěn ～[她长得很～]彼女は体つきがふくよかだ.

fēngmì 蜂蜜[名]はちみつ.¶zhè ～ zhēn tián[这～真甜]このはちみつはほんとに甘い.

†__fēn//gōng 分工__[動]仕事を分担する.¶～ fùzé[～负责]分担して責任を負う／nǐmen ～ tài xì le[你们～太细了]君たちの分担の仕方は細かいなあ.

†__fēngqì 风气__[名]風潮.気風.(社会で流行している)傾向.¶～ xíngchéng le[～形成了]ある気風ができあがった／sònglǐ de ～[送礼的～]贈り物をする風潮.

fēngqù 风趣[名]ユーモア.(多く言葉や文章に対し用いる)¶tā jiǎnghuà hěn yǒu ～[他讲话很有～]彼の言葉はユーモアに富んでいる.

fēngshā 风沙[名]風と風に巻き上げられた砂.¶～ tài dà,zhēngbukāi yǎnjing[～太大，睁不开眼睛]風と砂埃がひどくて,目を開けられない.

fēngshàng 风尚[名]流行している気風.風習.¶shùlì xīn ～[树立新～]新たな気風を樹立する.

†__fēngshōu 丰收__[動]豊作である.¶jīnnián yòu qǔdéle dà～[今年又取得了大～]今年もまた豊作だった／～ zhī nián[～之年]豊作の年.

*__fēngsú 风俗__[名]風俗.風習.¶shèhuì ～[社会～]社会風俗／～ xíguàn[～习惯]風俗習慣.

†__fēngsuǒ 封锁__[動]❶強制的に外部との連絡を断つ.閉鎖する.¶～ yíqiè xiāoxi[～一切消息]あらゆる情報を封鎖する／jīngjì ～[经济～]経済封鎖.❷(軍事的措置として)通行不能にする.交通を遮断する.¶tāmen bǎ biānjìng ～qilai le[他们把边境～起来了]彼らは辺境の交通を遮断した.

fēngwèi 风味[名](～儿)特色.風味.(多く地方の特色についていう)¶～ xiǎochī[～小吃]地方色のあるお菓子／mínzú ～[民族～]民族の特色.

類義語 **fēngwèi 风味　zīwèi 滋味　wèidao 味道**

►"风味"は独特の味,趣き.地方色をさすことが多い.¶家乡风味 jiāxiāng fēngwèi(故郷の味)►"滋味"は食べ物の味.気持ちや気分を表す時にもよく用いられる.¶这个菜挺有滋味 zhèige cài tǐng yǒu zīwèi(この料理はなかなかいい味だ)／说不出来的滋味 shuōbuchūlái de zīwèi(何とも言えない気持ち)►"味道"は食べ物の味.趣きや味わいをさすこともあり,よく"有"yǒuの目的語になる.¶这个菜味道好 zhèige cài wèidao hǎo(この料理は味がいい)／这

篇文章很有味道 zhèipiān wénzhāng hěn yǒu wèidao(この文章は味わいがある)

fēngxiǎn 风险[名](起こりうる)危険.リスク.¶mào ～[冒～]危険を冒す／bú pà dān ～[不怕担～]危険にさらされるのを恐れない.

fèngxiàn 奉献[動]献上する.差し上げる.¶～ zìjǐ de yíqiè[～自己的一切]おのれのすべてを差し出す.

F

fēngxiàng 风向[名]〔気〕風向き.¶～ nán zhuǎn běi[～南转北]風向きが南から北に変わる.

fèngxíng 奉行[動]規定などに従って実行する.¶Zhōngguó ～ dúlì zìzhǔ de wàijiāo zhèngcè[中国～独立自主的外交政策]中国は独立自主の外交政策を実施する.

†**fēngyī 风衣**[名](風を通さない)コート.ウインドブレーカー.

～fēng～yǔ ～风～雨㊐雨風のさまや,天候状態,或いは何かの勢いや状態を表す.(意味の近い動詞・名詞・形容詞を前後に置く)¶bào fēng zhòu yǔ[暴风骤雨]激しい風雨.勢いが猛烈で凄まじいことをたとえていう／dǐng fēng mào yǔ[顶风冒雨]風雨を冒す／jíshǐ guā fēng xià yǔ,tā yě cóng bù quē yí cì kè[即使刮风下雨，他也从不缺一次课]たとえ天気が悪くても,彼は今まで一度も授業を休んだことがない.

fēng·zheng 风筝[名]凧.¶fàng ～[放～]凧をあげる.

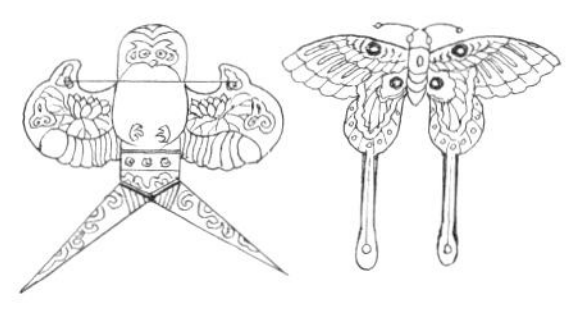

fēng·zi 疯子[名]精神障害者.

fènhèn 愤恨[形]憤慨する.怒っている.¶lìng rén ～ de rén hé shì[令人～的人和事]人を憤慨させる人と事.

fēn∥hóng 分红[名]利益の配当.¶niánzhōng ～[年终～]年末の利益配当／gǔpiào ～[股票～]株の配当.

fēnhuà 分化[動]分化する.分裂させる.¶～chéng liǎng pài[～成两派]2つの派に分かれる／～ tāmen de shìli[～他们的势力]彼らの勢力を分裂させる.

fēnjiě 分解[動]分解する.(物理・化学・数学で用いる)¶shuǐ kěyǐ ～ wéi qīngqì hé yǎngqì[水可以～为氢气和氧气]水は水素と酸素に分解することができる.

fēn∥lèi 分类[動]分類する.¶jìnxíng guīnà ～[进行归纳～]帰納的に分類する／bǎ zhèixiē shū fēnhǎo lèi[把这些书分好类]これらの本をきちんと分類する.

†**fēnlí 分离**[動]❶分離する.切り離す.¶bùkě ～[不可～]分離してはならない.分離できない.❷別れる.離れる.¶yǒu xiāng jù jiù huì yǒu ～[有相聚就会有～]出会いがあれば別れがある.

†**fèn·liàng 分量**[名]❶重量.重さ.¶zhèi kuài shítou yǒu duō dà ～?[这块石头有多大～?]この石はどれくらい重い？❷(言葉や意味の)重み.¶tā jiǎnghuà méiyou ～[他讲话没有～]彼の言葉には重みがない.

†**fēnliè 分裂**[動]分裂する.分裂させる.¶nèibù fāshēngle ～[内部发生了～]内部に分裂が発生する／xìbāo ～[细胞～]細胞分裂／búyào gǎo ～[不要搞～]分裂させてはならない.

fēnmì 分泌[動]分泌する.¶nèi～ xìtǒng[内～系统]内分泌系.

†**fēnmíng 分明**[形]はっきりしている.¶lìchǎng ～[立场～]立場は明らかである／àizēng ～[爱憎～]愛憎がはっきりしている.[副]明らかに.はっきりと.¶～ shì nǐ bú duì[～是你不对]明らかに君が間違っている.

fěnmò 粉末[名](～儿)粉.粉末.¶báisè de ～[白色的～]白い粉／～ sǎle yí dì[～撒了一地]粉末が床一面にこぼれている.

fēnmǔ 分母[名]〔数〕(分数の)分母.¶～ dà,fēnzǐ xiǎo[～大，分子小]分母が大きく,分子が小さい.

fénmù 坟墓[名]〔zuò 座〕墓.¶liǎng zuò ～[两座～]2つの墓.

*fènnù 愤怒[形]憤怒する.不満を覚え怒る.¶～ de yàngzi[～的样子]憤怒した様子／fēicháng ～[非常～]たいそう怒る.

*fēnpèi 分配[動]分配する.割り当てる.¶àn xū ～[按需～]需要に応じて割り当てる／àn láo ～[按劳～]働きに応じて分配する.

fēn∥pī 分批[副]いくつかのグループに分けて.何回かに回数を分けて.¶～ pàiqiǎn[～派遣]いくつかのグループに分けて派遣する／～ fēnqī de jiějué[～分期地解决]回数と期間を区切って解決する／fēn liǎng pī jìnxíng péixùn[分两批进行培训]2つのグループに分けて訓練を行う.

fēn∥qī 分期[副]何回かに分けて.¶mǎi cǎidiàn kěyǐ ～ fùkuǎn[买彩电可以～付款]カラーテレビは分割払いで購入できる／zhèi xiàng gōngchéng fēn sān qī wánchéng[这项工程分三期完成]このプロジェクトは3回に分けて完成させる.

†fēnqí 分歧[名]一致しないこと.相違.¶kànfǎ yǒu ～[看法有～]見方に相違がある／xiǎngfa shang yǒu ～[想法上有～]考え方が異なる／shuāngfāng de guāndiǎn ～ hěn dà[双方的观点～很大]双方の観点の違いが大きい.

fēn∥qīng 分清[動]はっきり見分ける.明らかにする.¶～ dí yǒu[～敌友]敵味方をはっきり見分ける／～ shàn è[～善恶]善悪をはっきり区別する.

†fēnsàn 分散[形]分散している.ばらばらである.¶zhùde ～[住得～]分散して住む／dōngxi fàngde tài ～ le[东西放得太～了]物がばらばらに置いてある.[動]分散させる.分散する.¶～ jīnglì[～精力]精力を分散させる／～ zhùyìlì[～注意力]気が散る.

fěn shēn suì gǔ 粉身碎骨㊇骨身を惜しまず力の限りを尽くす.¶tāmen wèile shíxiàn zìjǐ de lǐxiǎng,～ yě zài suǒ bù xī[他们为了实现自己的理想，～也在所不惜]彼らは自分たちの理想を実現させるためには,骨身を削ることも惜しまない.

†fēnshù 分数[名]❶点数.得点.¶kǎoshì de ～[考试的～]テストの点数.❷〔数〕分数.¶yòng ～ biǎoshì[用～表示]分数で表示する／zhēn～[真～]真分数／jiǎ～[假～]仮分数.

†fěnsuì 粉碎[動]砕いて粉々にする.¶bēizi diàodao dìshang shuāide ～[杯子掉到地上摔得～]コップが床に落ちて粉々になった／～ tāmen de yīnmóu[～他们的阴谋]彼らの陰謀を叩き潰す.

fènwài 分外[副]格別に.とりわけ.¶～ qīnqiè[～亲切]たいそう親切だ.[名]本分以外のこと.自分の立場として行うべき以外のこと.¶～ de gōngzuò[～的工作]本分以外の仕事／bù fēn fènnèi、～[不分分内、～]自分の本分であるとかないとかを区別しない.

*fēnxī 分析[動]分析する.↔ zōnghé 综合 ¶～ wèntí[～问题]問題を分析する／～ qíngkuàng[～情况]状況を分析する／duì shùjù jiāyǐ ～[对数据加以～]データの数字に分析を加える／duì dāngqián xíngshì de ～[对当前形势的～]当面の情勢についての分析.

fènyǒng 奋勇[副]勇気を奮い起こして.勇んで.¶～ qiánjìn[～前进]勇気を奮って前進する.

fènzhàn 奋战[動]奮戦する.¶shīshēng gòngtóng ～[师生共同～]教師学生共に奮戦する.

⁑～ fēn zhī ～ ～分之～㊚…分の….分数や百分率を表す.¶sān ～ èr [三～二]3分の2／bǎi ～ shí[百～十]10パーセント.

⁑fēnzhōng 分钟[名](時間の)分.¶wǔ ～[五～]5分／yì xiǎoshí děngyú liùshí ～[一小时等于六十～]1時間は60分に等しい.

†fēnzǐ 分子[名]❶〔数〕(分数の)分子.¶～ xiǎo、fēnmǔ dà de fēnshù shì zhēnfēnshù[～小、分母大的分数是真分数]分子が小さく分母が大きい分数は真分数である.❷〔物〕(化学の)分子.¶huàxué ～shì[化学～式]化学分子式／～ shì yóu yuánzǐ zǔchéng de[～是由原子组成的]分子は原子から構成される.→fènzǐ

†**fènzǐ 分子**[名]ある種の特徴を持つ人. ¶fǎngémìng ～[反革命～]反革命分子／zhīshi ～[知识～]知識人. →fēnzǐ

fó 佛[名]仏陀(ぶっだ)の略称. ¶Chūnjié qiánhòu yǒu hěn duō rén lái miàoli bài～[春节前后有很多人来庙里拜～]旧正月の頃にはたくさんの人が寺にお参りにやってくる.

†**Fójiào 佛教**[名]仏教. ¶xìn ～[信～]仏教を信仰する.

F

fǒu 否*[動]〈書〉❶否定を表す. ¶～jué[～决]否決する.❷…かどうか.…してもよいかどうか.("是"shì,"能"néng,"可"kěの後ろに用い疑問を表す) ¶zhèige shì～ zhèngquè?[这个是～正确?]これは正確なのかどうか／nǐ néng～ gěi wǒ kànkan?[你能～给我看看?]ちょっと見せてもらえませんか.

*__fǒudìng 否定__[動]否定する.↔kěndìng 肯定 ¶wánquán ～[完全～]完全に否定する／wǒ de tíyì bèi ～le[我的提议被～了]私の提案は否定された.

fǒujué 否决[動]否決する. ¶zāodaole ～[遭到了～]否決にあった／～le dǒngshì de tí'àn[～了董事的提案]理事の提案を否決した.

fǒurèn 否认[動]否認する. ¶tā ～ shuōguo zhèi jù huà[他～说过这句话]彼はその話をしたことを否認した.

*__fǒuzé 否则__[接]でなければ…だ.さもなくば…だ. ¶lǎoshi diǎnr,～ wǒ duì nǐ bú kèqi[老实点儿，～我对你不客气]おとなしくしろ,さもないとひどい目にあわせるぞ／kuài diǎnr,～ gǎnbushàng huǒchē le[快点儿，～赶不上火车了]急いで,でないと汽車に間に合わないよ.

fú 伏[動]❶伏せる.うつ伏せになる. ¶～'àn gōngdú[～案攻读]机に向かって熱心に読書する.❷低くなる. ¶cǐ qǐ bǐ ～[此起彼～]成こちらが起きればあちらが低くなる.絶え間なく連続して物事が起こること.❸隠れる.潜む. ¶～jī[～击]待ち伏せ攻撃する.❹伏する.服する.屈服する. ¶～fǎ[～法](犯人が)死刑に処せられる／～zuì[～罪]自分の罪を認めそれに服す.

*__fú 扶__[動]❶手で支える.押さえる. ¶～zhe tīzi[～着梯子]はしごを押さえている／～zhe qiáng[～着墙]壁にもたれている.❷助け起こす. ¶～qi dǎoxia de hémiáo[～起倒下的禾苗]倒れた苗を起こす.❸助ける.援助する. ¶～lǎo xié yòu[～老携幼]成老人を助け,子供の手を引く.

†**fú 服***[名]服.衣服. ¶gōngzuò～[工作～]作業着／zhì～[制～]制服.[動]❶薬を服用する. ¶～ zhōngyào[～中药]漢方薬を服用する.*❷服する.従事する. ¶～ bīngyì[～兵役]兵役に服する／～le liǎng nián xíng[～了两年刑]2年間刑に服した.❸服従する.従う. ¶bù ～qì[不～气]納得しない／sǐ yě bù～[死也不～]死んでも屈服しない.

*__fú 浮__[動]浮く.浮かぶ. ¶xiǎochuán ～zai húmiàn shang[小船～在湖面上]ボートが湖に浮かんでいる／～xiàn[～现](イメージなどが)浮かぶ.[形]軽薄である.浮いている. ¶tā rén tài ～,bàn shì bù tāshi[他人太～，办事不踏实]彼は浮ついていて,仕事ぶりが危なっかしい.

*__fú 幅__[量](～儿)(絵画や布地を数える)枚. ¶liǎng ～ huàr[两～画儿]2枚の絵／yì ～ sīchóu[一～丝绸]1枚のシルク.

類義語 **fú 幅　fù 副**

►"幅"は布地や書画など,ある程度の幅のあるものを数える量詞. ¶一幅布 yì fú bù(1枚の布)／一幅画 yì fú huà(1枚の絵) ►"副"はセットや組になっているものを数える量詞. ¶一副对联 yí fù duìlián (一対の対聯〈ついれん〉)／一副手套 yí fù shǒutào(一組の手袋) ►"副"は顔の表情をいう時にも用いるが,数詞は"一"のみで,名詞の前には修飾語がつくことが多い. ¶一副笑脸 yí fù xiàoliǎn(笑顔)／一副庄严的面孔 yí fù zhuāngyán de miànkǒng(厳粛な顔つき)

fú 福*[名]幸福.↔ huò 祸 ¶xiǎng～

[享～]幸せを享受する／zào～ yú rénmín[造～于人民]人民に幸福をもたらす.

†**fǔ 俯***[動]下を見る.うつむく.↔ yǎng 仰 ¶～shì[～视]高い場所から見下ろす.俯瞰(ふかん)する.

*__fù 付__[動]❶渡す.付する.ゆだねる.¶～yìn[～印]印刷に回す／～ zhī yí xiào[～之一笑]一笑に付す.❷(金銭を)支払う.¶～ xiànjīn[～现金]現金を払う.

†**fù 负**[動]❶(責務を)負う.担う.¶zérèn yóu wǒ ～[责任由我～]責任は私がとる.❷受ける.(怪我を)被る.❸背く.違える.¶wàng ēn ～ yì[忘恩～义]恩を忘れて義にそむく.❹負ける.↔ shèng 胜 ¶Lǐ Míng yǐ èr bǐ sān de chéngjì ～yú Wáng Jiàn[李明以2：3的成绩～于王建]李明は2対3で王建に敗れた.[区]マイナスの.負の.口語では「マイナスの数」のように名詞として用いることもできる.¶～hào[～号]マイナス記号／～ chéng ～ dé zhèng[～乘～得正]マイナスかけるマイナスはプラス.

fù 复[動]❶繰り返す.¶xúnhuán wǎng～[循环往～]ぐるぐると行ったり来たりをひたすら繰り返す.❷返事する.回答する.¶～xìn[～信]返事の手紙を出す.❸回復する.¶～zhí[～职]復職する.❹復讐する.¶～chóu[～仇]仇敵に復讐する.[副]再び.また.¶yí qù bú ～ fǎn[一去不～返]去ってしまい2度と戻らない.

fù 赴[動]赴く.行く.¶～rèn[～任]赴任する／～yàn[～宴]宴会に出席する.

*__fù 副__[量]❶組になっているものを数える.¶yí ～ zhǐpái[一～纸牌]1セットのトランプ／yí ～ duìlián[一～对联]一対の対聯(ついれん)／quán～ wǔzhuāng[全～武装]完全武装.❷顔の表情や様子についていう.¶yí ～ jiǎ rén jiǎ yì de yàngzi[一～假仁假义的样子]偽善的な様子.➡ 類義語 fú 幅

*__fù 副*__[区]❶副次的な.第2の.¶～jiàoshòu[～教授]助教授／～júzhǎng[～局长]副局長／～shípǐn[～食品]副食品.おかず.❷付帯的な.¶～chǎnpǐn[～产品]副産物.

*__fù 富*__[形]豊かである.裕福である.↔ qióng 穷 ¶pín～ chābié hěn dà[贫～差别很大]貧富の差が大きい／qióngrén bù néng hé ～rén bǐ[穷人不能和～人比]貧しい人間と裕福な人間を比較することはできない.

fù 腹*[名]腹.¶～tòng[～痛]腹痛／～xiè[～泻]下痢.

fǔbài 腐败[形]腐る.腐敗する.¶～ de shíwù[～的食物]腐った食べ物／fángzhǐ shuǐguǒ ～[防止水果～]果物の腐敗を防ぐ.[形]堕落している.¶～ de zhèngfǔ[～的政府]賄賂が横行し,堕落している政府.

fùbì 复辟[動](旧勢力が)復活し支配の座に返り咲く.

fùchū 付出[動](費用や代価.代償を)支払う.¶～ jùkuǎn[～巨款]巨額の金を支払う／wèile xiěhǎo zhèi běn shū,tā ～le quánbù xīnxuè[为了写好这本书，他～了全部心血]この本を書きあげるために彼は全ての心血を注ぎ込んだ.

fùcí 副词[名]〔語〕副詞.

*__fúcóng 服从__[動]服従する.従う.¶～ mìnglìng[～命令]命令に従う／xiàjí ～ shàngjí[下级～上级]部下は上司に従う.

fùdài 附带[動]付け加える.¶～ tiáojiàn[～条件]条件を付け加える／wǒ ～ shuō yí jù[我～说一句]ついでに一言付け加えて言っておこう.

†**fùdān 负担**[動]負担する.¶～ xuéfèi[～学费]学費を負担する／tì mǔqīn ～ yìxiē jiāwù láodòng[替母亲～一些家务劳动]家事の一部を母に代わって引き受ける／bù néng zài gěi nóngmín zēngjiā ～ le[不能再给农民增加～了]これ以上農民の負担を増やすわけにはいかない.

⁂**fǔdǎo 辅导**[動]指導する.補習する.¶～ xuésheng xiě zuòyè[～学生写作业]学生が宿題をするのを指導する／gěi xuésheng ～ fāyīn[给学生～发音]学生に発音の指導をする／xiàwǔ yǒu ～[下午有～]午後に補習がある.➡ 類義語 zhǐdǎo 指导

fúdiāo 浮雕[名]浮き彫り.レリーフ.

彫刻の一種.¶dàlǐshí ～[大理石～]大理石のレリーフ／～ yìshù[～艺术]レリーフ芸術.

fúdòng 浮动[動]❶浮かびながら移動する.¶báiyún zài tiānshang ～[白云在天上～]白い雲が空を流れる／yuèguāng zài shuǐmiàn shang ～[月光在水面上～]月の光が水面に揺れて映っている.❷変動する.¶～ jiàgé[～价格]変動価格.❸不安定である.¶bīng huāng mǎ luàn,rénxīn ～[兵慌马乱，人心～]戦争で社会が不安定になり,人心が動揺する.

F

fúdù 幅度[名]幅.¶biànhuà ～ hěn dà[变化～很大]変化の幅が大きい.

fūfù 夫妇[名]〔duì 对〕夫婦.¶yí duì ～ zhǐ shēng yí ge háizi[一对～只生一个孩子]1組の夫婦が1人だけ子供を持つ(中国家族計画のスローガン)／jié wéi ～[结为～]結婚して夫婦となる.

fùgài 覆盖[動]覆う.¶báixuě ～zhe dàdì[白雪～着大地]白い雪が大地を覆っている.

fúhào 符号[名]記号.符号.¶biāodiǎn ～[标点～]文章記号(句読点やかっこなどをさす).

*__fúhé 符合__[動]符合する.合致する.¶bù ～ guīgé[不～规格]規格に合わない.

fùhé 复合[動]複合する.結合する.¶～cí[～词]複合語／～ yuányīn[～元音]複合母音.

fùhè 附和[動]追随する.調子を合わせる.¶suí shēng ～[随声～]㊔付和雷同する／～ nǐ de rén wèibì shì péngyou[～你的人未必是朋友]調子を合わせる人間が必ずしも友人だとは限らない.

fǔhuà 腐化[形]❶腐る.腐乱する.❷堕落する.¶shēnghuó yuè lái yuè ～[生活越来越～]生活がますます堕落していった／tānwū ～[贪污～]汚職し堕落する.

fùhuó 复活[動]復活する.¶Jīdū ～[基督～]キリストが復活する／rén sǐ bù néng ～[人死不能～]人間は死ぬともう生き返ることはない.

†**Fùhuójié 复活节**[名]〔宗〕キリスト教の復活祭.イースター.¶～ kuài dào le[～快到了]もうじき復活祭だ.

fùjiā 附加[動]付加する.付け加える.¶～ shuōmíng[～说明]説明を付加する.

⁑**fùjìn 附近**[名]付近の場所.近所.¶chēzhàn jiù zài ～[车站就在～]バス停はすぐ近くにありますよ／～ jiù yǒu yínháng[～就有银行]近所に銀行がある.

fù//kuǎn 付款[動]金銭を支払う.¶fēnqī ～ gòumǎi qìchē[分期～购买汽车]ローンで自動車を購入する.

fǔlàn 腐烂[動]腐乱する.¶xiāngjiāo róngyì ～[香蕉容易～]バナナは腐りやすい.

fúlì 福利[名]福利.福祉.¶zhígōng de ～[职工的～]従業員の福利／wèi lǎobǎixìng móu ～[为老百姓谋～]人民の福利を図る.

fúlǔ 俘虏[名]捕虜.囚人.¶zhuō ～[捉～]捕虜を捕まえる／zuòle ～[做了～]捕らわれの身となる.

*__fùnǚ 妇女__[名]婦女.成人女性.¶tígāo ～ de dìwèi[提高～的地位]女性の地位を高める／bǎohù ～[保护～]婦女を保護する.

†**fūqī 夫妻**[名]夫婦.¶yí rì ～ bǎi rì ēn[一日～百日恩]たとえ短い期間の夫婦であってもその恩愛は非常に深い.(いったん夫婦となった者の絆の深さを言う言葉)

fúqì 服气[動]納得する.心服する.¶zhèi huí nǐ ～ le ba?[这回你～了吧?]今度こそ君は納得しただろう?／rénjia jiù shì hǎo,nǐ bù ～ bùxíng a[人家就是好，你不～不行啊]あの人はちゃんとしているのだから,君は納得しないわけにはいかないよ.

fú·qi 福气[名]幸せを享受する巡り合わせ.幸運.¶nǐ zhēn yǒu ～![你真有～!]君は本当に果報者だ／wǒ kě méiyou nǐ zhème yǒu ～[我可没有你这么有～]私はあなたのようには運がよくない.

fùqiáng 富强[形]富んでいて強い.¶～qilai[～起来]豊かで強くなる／～ de guójiā[～的国家]富強な国.

⁑**fù·qīn 父亲**[名]父親.¶～ duì háizimen yāoqiú hěn yángé[～对孩子们要求很严格]父親は子供たちにきわめて厳格だった.

類義語 fùqin 父亲 bàba 爸爸 diē 爹

►いずれも父,父親,お父さんの意. "父亲"は書き言葉に多く使われ,呼びかけには用いられない.►"爸爸"は話し言葉で多く使われ,呼びかけにも用いる."爸"だけでも使われ,親密度が増す.妻が自分の夫を"孩子他{爸爸/爸}"háizi tā {bàba/bà}と呼ぶこともある.►"爹"は話し言葉で,呼びかけにも用いる.農村部で使われ,方言色が強い.

⁑**fū·rén 夫人**[名]夫人.¶Wáng ～[王～]王夫人/shǒuxiàng ～[首相～]首相夫人.

類義語 fūrén 夫人 qīzi 妻子 àiren 爱人 tàitai 太太 lǎopo 老婆

►"夫人"は夫人,奥様.外交や社交の場で使われる敬称.¶教授夫人 jiàoshòu fūrén(教授夫人)/问您夫人好 wèn nín fūrén hǎo (奥様によろしく)►"妻子"は妻.書き言葉.¶军人的妻子 jūnrén de qīzi(軍人の妻)/丈夫和妻子 zhàngfu hé qīzi(夫と妻)►"爱人"は配偶者をさす言葉なので,夫をいう場合にも使う.¶我爱人 wǒ àiren(私の妻/夫)/你爱人 nǐ àiren(あなたの奥さん/ご主人)►"太太"は人称代詞や,その夫の姓の後に用いる敬称で,奥様,奥さん,妻をさす.¶我太太和你太太同岁 wǒ tàitai hé nǐ tàitai tóngsuì(私の妻とあなたの奥さんは年が同じだ)/陈太太 Chén tàitai(陳さんの奥さん)►"老婆"は女房,かみさん.話し言葉でくだけた言い方なので,公の場では用いない.¶他怕老婆 tā pà lǎopo(彼は恐妻家だ)/老婆孩子 lǎopo háizi (妻子)

†**fùrén 妇人**[名]〈書〉成人の女性.¶～ zhī rén[～之仁]わずかな恩恵を施し,重要な道理をわきまえないこと.

fù//shāng 负伤[動]負傷する.¶yǒu wǔ rén ～[有五人～]5人負傷した/fùguo liǎng cì shāng[负过两次伤]2回怪我をしたことがある.

fúshè 辐射[動]輻射(ふくしゃ)する.中心から四方八方へ放射する.¶～xíng[～形]放射状の形.

†**fǔshí 腐蚀**[動]❶腐食する.¶zhèi zuò jiànzhùwù bèi suānxìngyǔ ～de miànmù quán fēi le[这座建筑物被酸性雨～得面目全非了]この建築物は酸性雨によって腐食しすっかり外見が変わってしまった.❷堕落させる.¶shòu ～ de gànbù[受～的干部]堕落してしまった幹部/jīngbuqǐ ～[经不起～]悪影響に耐えられない.

*__fùshí 副食__[名]主食に対する副食.おかず.↔ zhǔshí 主食¶zēngjiā ～[增加～]おかずを増やす/～pǐn zhǒnglèi hěn duō[～品种类很多]副食の種類が多い.

fùshǔ 附属[動]付属する.帰属する.¶zhèi jiā gōngsī ～ yú jīngmàobù[这家公司～于经贸部]この会社は貿易部に属している.

*__fùshù 复述__[動]他人の話した言葉を繰り返して言う.復唱する.¶nǐ bǎ tā de huà gěi dàjiā ～ yíxià[你把他的话给大家～一下]彼の言ったことを皆に話してやりなさい.

⁑**fúwù 服务**[動]奉仕する.サービスする.¶wèi rénmín ～[为人民～]人民に奉仕する.

wèi rénmín fúwù "为人民服务"(人民に奉仕する)

fúwù hángyè 服务行业[名]サービス業.

⁑**fúwùyuán 服务员**[名](ホテルやレストランなどサービス業の)従業員.¶

zhāodàisuǒ de ～[招待所的～]宿泊所の従業員／～ xiǎojie[～小姐]ウエイトレス.

☆fùxí 复习[動]復習する.¶～ gōngkè[～功课]授業の復習をする／～ zīliào[～资料]復習するための資料.

fùxīng 复兴[動]復興する.¶Yìdàlì wényì ～ shíqī[意大利文艺～时期]イタリアルネッサンス期／mínzú ～[民族～]民族の復興.

†fǔxiǔ 腐朽[形]❶腐り朽ちている.¶～ de mùliào[～的木料]朽ちてしまった木材.❷堕落している.¶～ de zhìdù[～的制度]腐りきった制度／～ de guānniàn[～的观念]堕落的な観念.

fūyǎn 敷衍[動]〈書〉敷衍(ふえん)する.意味・趣旨などをおし広げ詳しく説明すること."敷演"とも書く.¶tā bǎ yí duàn yùyán ～chéng yì piān xiǎoshuō[他把一段寓言～成一篇小说]彼は短い寓話を小説に敷衍した.

fū·yǎn 敷衍[動]いいかげんにやってごまかす.¶zhème dà de shì bèi tā ～guoqu le[这么大的事被他～过去了]こんなにも大きなことがあいつになおざりにされ,ごまかされてしまった.

fǔyǎng 抚养[動]扶養する.養う.¶bǎ háizi ～ chéngrén[把孩子～成人]子供を一人前に育てる.

fùyè 副业[名]副業.¶gǎo ～[搞～]副業をする／kào ～ shēngcái[靠～生财]副業で儲ける.

***fùyìn 复印**[動]コピーする.¶～ jiàn[～件](原本ではない)写し.抄本／～jī[～机]複写機.

†fùyǒu 富有[形](財産を)たくさん持っている.裕福である.¶tā jiā hěn ～[他家很～]彼の家は裕福だ／tā suīrán méiyou qián,dànshì jīngshén shang hěn ～[他虽然没有钱，但是精神上很～]彼は貧乏だけれど心は豊かだ.[動]…に富む.¶～ yōumògǎn[～幽默感]ユーモアにあふれる／～ biǎoxiànlì[～表现力]表現力に富む.

fǔyù 抚育[動]扶養する.育てる.¶tā ～le sān ge gū'ér[她～了三个孤儿]彼女は3人の孤児を育てた.

fùyǔ 赋予[動]〈書〉賦与する.与える.¶lìshǐ ～ de shǐmìng[历史～的使命]歴史が与えた使命／～ xīn de yìyì[～新的意义]新たな意味を賦与する.

†fùyù 富裕[形]財産が豊かである.富裕である.¶rìzi yì tiāntiān ～qilai le[日子一天天～起来了]1日ごとに富裕になってきた／tāmen jiā tǐng ～ de[他们家挺～的]彼の家庭は豊かである.

fù·yu 富余[動]余る.¶bǎ ～ de piào gěi wǒ ba[把～的票给我吧]余ったチケットは私にください／shíjiān zúgòu,hái yǒu ～ ne[时间足够，还有～呢]時間は足りている,それどころか余るぐらいだ.

☆fùzá 复杂[形]複雑である.↔ jiǎndān 简单 ¶～ duōbiàn[～多变]複雑で変化が多い／rénjì guānxi ～[人际关系～]人間関係が複雑だ／wèntí yuè lái yuè ～ le[问题越来越～了]問題はますますややこしくなった.

☆fùzé 负责[動]責任を負う.¶zhèi jiàn shì yóu shéi ～?[这件事由谁～?]この事は誰が責任をとるのか.[形]責任感が強い.まじめで着実である.¶nǐ tài bú ～ le[你太不～了]君は責任感がなさすぎる／Wáng lǎoshī duì xuésheng hěn ～[王老师对学生很～]王先生は学生に対して責任感が強い.

fùzérén 负责人[名]責任者.¶tā shì zhèli de ～[他是这里的～]彼はここの責任者だ.

†fùzhì 复制[動]複製する.(テープなどを)ダビングする.¶nǐ bāng wǒ ～ yì pán,xíng ma?[你帮我～一盘，行吗?]このテープ,ダビングしてくれませんか／～pǐn[～品]複製品／～le yì fú huà[～了一幅画]絵を1枚複製した.

fǔzhù 辅助[動]助ける.補助する.¶～ tā wánchéng rènwu[～他完成任务]彼が仕事を完成するのをサポートする.[形]補助的である.¶～ gōngzuò[～工作]サポート業務.

fúzhuāng 服装[名]服装.衣装.¶～ shèjì[～设计]衣装デザイン／～ mótèr[～模特儿]ファッションモデル.

fù zhū dōng liú 付诸东流㊉流れに身を任す.水に流れるように成果が

無駄になる.注“东流”は川のこと.中国では川は多く東に流れることから.¶kànzhe zìjǐ jǐ nián de nǔlì dōu ～le,yǎnlèi zhǐbuzhù de wǎng xià liú[看着自己几年的努力都～了，眼泪止不住地往下流]数年来の自分の努力が水の泡になったと思うと涙がとめどなく流れおちた.

fǔ·zi 斧子[名]斧(おの).¶yòng ～ pī chái[用～劈柴]斧で薪を割る／yì bǎ ～[一把～]1本の斧.

fùzǒnglǐ 副总理[名]副総理.¶yuánlái de wàijiāo bùzhǎng xiànzài dāngshangle ～[原来的外交部长现在当上了～]元外務大臣が現在副総理をつとめている.

fùzuòyòng 副作用[名]副作用.¶chǎnshēngle ～[产生了～]副作用が生じた.

F

谜语 答えがEで始まるなぞなぞ

东一片，	Dōng yí piàn,	東にひとひら,
西一片，	xī yí piàn,	西にひとひら,
到老永远	dào lǎo yǒngyuǎn	いつまでたっても
不见面。	bú jiànmiàn.	会えはしない.

(答えは204～205ページの中に)

谜语 答えがFで始まるなぞなぞ 1

水儿见我皱眉，	Shuǐ'ér jiàn wǒ zhòuméi,	水は私に会うと眉をしかめる,
树儿见我摇头，	shù'ér jiàn wǒ yáotóu,	樹は私に会うと頭を振る,
花儿见我弯腰，	huā'ér jiàn wǒ wānyāo,	花は私に会うと腰を曲げる,
云儿见我逃走。	yún'ér jiàn wǒ táozǒu.	雲は私に会うとどこかへ逃げてしまう.

(答えは222～223ページの中に)

谜语 答えがFで始まるなぞなぞ 2

一只鸟儿真稀奇，	Yì zhī niǎo'ér zhēn xīqí,	この鳥は実に奇妙,
不喝水来不吃米，	bù hē shuǐ lái bù chī mǐ,	水も飲まずお米も食べず,
绳子拴它飞上天，	shéngzi shuān tā fēishang tiān,	ひもで縛られ天まで飛ぶが,
绳子断了飞不起。	shéngzi duànle fēibuqǐ.	ひもが切れればもう飛べない.

(答えは224～225ページの中に)

G,g

★gāi 该[助動]❶…すべきである.¶～bù ～ qù[～不～去]行くべきかどうか／tiān kuài hēi le,～ huíjiā le[天快黑了,～回家了]じきに日が暮れるから,家に帰らないといけない.❷…に違いない.…であるはずだ.¶nǐ jiā lǎodà jīnnián ～ dàxué bìyè le ba[你家老大今年～大学毕业了吧]お宅のご長男は今年大学卒業でしたね／dōu liǎng diǎn le,tā ～ láile ba[都两点了,他～来了吧]もう2時だから,彼はそろそろ来るはずだ.[動]…の順番にあたる.…の番になる.¶～ Lǎo-Wáng le[～老王了]王さんの番だよ／xià yí ge ～ wǒ le[下一个～我了]次は私の番だ.

★gāi 该[代]当該のもの.この….その….¶～ gōngsī[～公司]当会社／～ shì[～市]その市.

★gǎi 改[動]❶変える.変わる.¶～ dìzhǐ[～地址]住所を変更する／fúwù tàidu ～hǎo le[服务态度～好了]勤務態度がよくなった.❷直す.訂正する.¶wǒ de lùnwén hái yào ～[我的论文还要～]私の論文はまだ手を入れなければならない.❸(誤りを)正す.¶～ cuò[～错]間違いを改める.

gài 钙[名]〔化〕カルシウム.¶～huà[～化]石灰化／quē ～[缺～]カルシウムが不足する／bǔ ～[补～]カルシウムを補う.

★gài 盖[動]❶覆う.(カバーなどを)かける.ふたをする.¶～zhu[～住]すっぽりと覆う／～shang máotǎn[～上毛毯]毛布をかける.❷(印鑑を)押す.¶～ zhāng[～章]捺印する.❸(建物を)建てる.¶～ xiàoshè[～校舍]校舎を建築する／nèi yídài zài ～ lóufáng[那一带在～楼房]あの辺でビルを建てている.

目で見る類義語 gài 盖　zhào 罩　bāo 包

►"盖"gàiは「ふたをする」,上からふたをして覆うこと.¶盖盖儿 gài gàir(カップ,鍋,瓶などにふたをする)／盖被 gài bèi(布団をかける)►"盖"はまたふたをして密閉したり,物を隠す働きがある.¶用纸把食物盖上 yòng zhǐ bǎ shíwù gàishang(紙で食べ物を覆う)►"罩"zhàoは(中にあるものの)外側を覆う.¶钟上罩着一个玻璃罩儿 zhōngshang zhàozhe yí ge bōlizhàor (置き時計全体にすっぽりとガラスの覆いをかける)／罩上一件衣服 zhàoshang yí jiàn yīfu(上着を着る)►"罩"zhàoは上着やコートなど,はおるものに限られ,下着やワンピースなどには使われない.あくまで外側を覆うのである.¶连衣裙外边罩着一件长袖衬衫 liányīqún wàibian zhàozhe yí jiàn chángxiù chènshān(ワンピースの上に長袖シャツを1枚はおる)►全体をまるごときちんと覆う,つまり「包む」場合は"包"bāoを使う.¶盒子外边包着包装纸 hézi wàibian bāozhe bāozhuāngzhǐ(箱の外は包装紙でくるんである)

guōgàir
锅盖　鍋ぶた

†**gǎibiān 改编**[動](文学作品などを)改作する.アレンジする.脚色し作り替える.¶gēnjù tóngmíng xiǎoshuō ～[根据同名小说～]同名小説に基づき改作する.

☆**gǎibiàn 改变**[動]変わる.変える.¶nàli de miànmào ～ le,rén yǔ rén de guānxi yě ～ le[那里的面貌～了,人与人的关系也～了]あそこの様相は変わってしまい,人と人との関係も変わってしまった／～ yuán jìhuà[～原计划]もとのプランを変更する.

*__gǎigé 改革__[動]改革する.不合理なものを合理的なものに改める.¶～ kāifàng[～开放]改革開放する／～ jiù tǐzhì[～旧体制]旧体制を改革する／jìnxíng ～[进行～]改革を進める.

gǎijiàn 改建[動]改築する.¶gōngchǎng zhèngzài ～[工厂正在～]工場は今ちょうど改築中だ.

*__gǎijìn 改进__[動]改善する.よりよい方向へと進歩させる.¶～ jìshù[～技术]技術を進歩させる／yìdiǎnr ～ yě méiyou[一点儿～也没有]わずかな進歩もみられない.

gàikuàng 概况[名]概況.大体の様子.¶jièshào Rìběn ～[介绍日本～]日本の概況を紹介する／Zhōngguó wénxué ～[中国文学～]中国文学の概況.

*__gàikuò 概括__[動]概括する.総括する.¶wǒmen de yìjiàn ～qilai jiùshì liǎng diǎn[我们的意见～起来就是两点]我々の意見は概括するとこの2点である.[形]簡潔で要領を得ている.概括的である.¶～ de shuō[～地说]簡潔に話す.

†**gǎiliáng 改良**[動]改良する.¶～ pínzhǒng[～品种]品種の改良をする.

*__gàiniàn 概念__[名]概念.¶jīběn ～[基本～]基本概念／～ bù qīng[～不清]概念がはっきりしない.

*__gǎishàn 改善__[動]改善する.¶～ liǎng guó zhī jiān de guānxi[～两国之间的关系]両国の関係を改善する.

gǎi xié guī zhèng 改邪归正㊀悪事を働くのをやめ,まっとうな道に戻る.¶zhǐyào nǐ ～,wǒmen hái yào nǐ[只要你～，我们还要你]君がまともになりさえすれば,私たちは君を受け入れる.

*__gǎizào 改造__[動]❶改造する.改良する.¶～ shāmò[～沙漠]砂漠を改良する.❷古いものを新しく根本から作り替える.¶láodòng ～[劳动～]労働による思想の根本的改造.

*__gǎizhèng 改正__[動]改正する.正しいものに改める.¶～ cuòwù[～错误]誤りを正す.

†**gài·zi 盖子**[名]❶ふた.覆い.¶bǎ ～ gàishang[把～盖上]ふたをする.❷甲羅.甲殻.¶zhèige wūguī de ～ shì hēi de[这个乌龟的～是黑的]このカメの甲羅は黒い.

gǎizǔ 改组[動]改組する.再編する.¶～ nèigé[～内阁]内閣を改造する.

__gān 干__[形]❶乾いている.水分がない.↔ shī 湿¶yīfu kuài ～ le[衣服快～了]服はもうほとんど乾いた.❷水を使わない.¶～xǐ yīfu[～洗衣服]服をドライクリーニングする.❸何もない.うつろである.¶～xiào[～笑]つくり笑いをする.❹義理の(家族関係).¶～qìngjia[～亲家]義理の親戚関係／～jiě[～姐]義理の姉／～diē[～爹]義父.[動]関連する.かかわる.¶zhè gēnběn bù ～ wǒ de shì[这根本不～我的事]これは私とはまったく関係ないことだ.→gàn

†**gān 甘**[形]*❶甘い.¶quánshuǐ ～ tián kěkǒu[泉水～甜可口]泉の水が甘くて美味しい／wǒ yuànyi hé nǐ tóng ～ gòng kǔ[我愿意和你同～共苦]君と苦楽を共にしたい／～tián de rǔzhī[～甜的乳汁]甘いミルク.❷甘んじる.(都合の悪い事をも)自ら望む.

G

¶shéi dōu bù～ luòhòu[谁都不～落后]甘んじて落後する者は誰もいない／xīn ～ qíng yuàn[心～情愿]心から望む.

gān 杆[名]細長い棒.棒状のもの.¶zhànzai qí～ xia[站在旗～下]旗竿の下に立つ.

*gān 肝[名]肝臓.レバー.¶hē jiǔ duì ～ bú tài hǎo[喝酒对～不太好]酒は肝臓にあまりよくない／tā de ～ yǒu bìng[他的～有病]彼は肝臓を患っている.

gān 竿*[名]竹の細長い棒.竹竿.¶diàoyú～ bèi mòshōu le[钓鱼～被没收了]釣竿が没収されてしまった／yòng zhú～ liàng yīfu[用竹～晾衣服]竹竿で服を干す.

gǎn 秆[名](～儿)植物の茎.¶mài～[麦～]麦わら／gāoliang～[高粱～]コーリャンの茎.

*gǎn 赶[動]❶追いかける.¶qí chē ～ leshangqu[骑车～了上去]自転車で追いかけていった／nǐ zhuī wǒ ～[你追我～]追いつ追われつ.❷早める.(時間に間に合うように)急ぐ.¶tā liányè ～daole Běijīng[他连夜～到了北京]彼はその夜のうちに北京へ急いでやってきた／jiābān jiādiǎn ～ rènwu[加班加点～任务]残業までして任務を急いで果たす.❸(乗り物を)御する.走らせる.¶～ mǎchē[～马车]馬車を御する.❹追い払う.¶bǎ tā ～zǒu[把他～走]あいつを追い払ってしまえ／bǎ wénzi ～pǎo le[把蚊子～跑了]蚊を追い払う.❺出会う.ぶつかる.¶～shang dàyǔ[～上大雨]大雨にあう.

☆gǎn 敢[助動]あえて…する.思い切って…する.…する勇気がある.¶bù ～ shuōhuà[不～说话]話をしようとしない／～ zuò ～ wéi[～作～为]何事をも恐れぬ.

gǎn 感[動]感じる.¶wǒ duì cǐ shēn ～ yíhàn[我对此深～遗憾]この事に関して非常に遺憾に思います／shēntǐ ǒu ～ búshì[身体偶～不适]たまに体の具合がよくないと感じる.*[名](名詞·動詞·形容詞の後についてある種の感覚を表す)…感覚.…感.¶ānquán～[安全～]安心感／xìnrèn～[信任～]信頼感／xìngfú～[幸福～]幸福感／fāngxiàng～[方向～]方向感覚.

☆gàn 干[動]❶(仕事を)する.やる.¶nǐ ～ shénme gōngzuò?[你～什么工作?]お仕事は何ですか／～ jiāwù huór[～家务活儿]家事をする.❷担当する.従事する.¶～guo bānzhǎng[～过班长]班長になったことがある.*[名]植物の幹.事物の主要部分.¶shù～[树～]樹木の幹／～ qún guānxi[～群关系]幹部と群衆との関係.→gān

*gān//bēi 干杯[動]乾杯する.¶wèi zhūwèi de jiànkāng ～![为诸位的健康～!]皆様の健康を願って乾杯!

☆gànbù 干部[名]❶幹部.[注]国の政府機関,軍,団体で公職についている人間のうち,兵卒,雑役人員を除いた者をいう.¶guójiā ～[国家～]国家幹部／dāng ～[当～]幹部となる.❷管理職.¶gōnghuì ～[工会～]労働組合幹部.

*gāncuì 干脆[形]きっぱりとしている.回りくどくなく単刀直入である.思い切っている.¶shuōhuà ～[说话～]話し方がはっきりとしている／bànshì ～[办事～]仕事ぶりが思い切っている／nǐ ～ bié zǒu le[你～别走了]いっそのこと行くのをやめてしまいなさいよ.

☆gǎndào 感到[動]感じる.¶wǒ ～ hěn xìngfú[我～很幸福]私はとても幸せだと思う／ràng rén ～ hàipà[让人～害怕]他人に恐怖を与える.

*gǎndòng 感动[動]❶感動する.¶guānzhòng shēn shòu ～[观众深受～]観客は深い感動を受けた／dàjiā ～de kūleqilai[大家～得哭了起来]皆感動のあまり涙を流した.❷感動させる.¶zhè chǎngmiàn tài ～ rén le[这场面太～人了]この場面は実に感動的だ.

[類義語] gǎndòng 感动 jīdòng 激动 gǎnjī 感激

►"感动"は感動する,感激する.目的語をとると「…を感動させる」の意になる.¶听了他的报告，我感动极了 tīngle tā de bàogào,wǒ gǎndòngjí le(彼の話を聞いて,私は非常に感動した)／这篇小说深深地感动了我 zhèi piān xiǎoshuō shēnshēnde gǎndòngle wǒ(この小説は深く私を感動させた)►"激动"は興奮する,感動する."感动"が共感,共鳴することにだけ用いられるのに対し,"激动"は憤慨する,憎むといった感情にも用いられる.¶她激动得说不出话来了 tā jīdòngde shuōbuchū huà lai le(彼女は興奮して言葉が出なかった)►"感激"は人の好意や援助に感激する,深く感謝する.¶他非常感激李老师 tā fēicháng gǎnjī Lǐ lǎoshī(彼は李先生にとても感謝している)

★gāng 刚[副]❶…したばかりである.たった今.¶tā ～ zǒu[他～走]彼はたった今出かけた／wǒ ～ guòwán shēngri[我～过完生日]私は誕生日を迎えたばかりだ.❷ちょうど.ぴったり.¶～hǎo[～好]ちょうどいい／～qiǎo [～巧]ちょうどタイミングがいい／～ héshì[～合适]ぴったり合っている.❸たった.わずか.数量が少ないことを示す.¶tā ～ sān suì[他～三岁]この子はまだ3歳になったばかりだ／～ néng shuō jǐ ge cí[～能说几个词]やっと二言三言話すことができる.➡ 類義語 gāngcái 刚才

gāng 纲[名]網の元綱(もとづな).転じて物事の要,重要な部分をいう.¶～ jǔ mù zhāng[～举目张]網の綱を持てば網の目を張ることができる.要を押さえることでそのほかの子細が明らかになることのたとえ／tí～[提～]要点／dà～[大～]大綱.

★gāng 钢[名]はがね.鋼鉄.¶～bǎn[～板]鋼板／～guǐ[～轨]鉄道のレール.

†gāng 缸[名](～儿)かめ.つぼ.¶yú～[鱼～]金魚鉢／shuǐ～[水～]水がめ／bōli～[玻璃～]ガラスのつぼ.➡ 見る類 p.277

★gǎng 港*[名]❶港.¶～wān[～湾]港湾／jūn～[军～]軍港.❷香港の略称.¶～ Ào[～澳]香港とマカオ.

★gāngbǐ 钢笔[名]〔zhī 支,zhī 枝〕万年筆.¶yòng ～ xiě xìn[用～写信]万年筆で手紙を書く.

†gǎngbì 港币[名]香港の通貨.香港ドル.

★gāngcái 刚才[名]つい先ほど.今しがた.¶wǒ ～ zài chēzhàn kànjian tā le[我～在车站看见他了]ついさっき駅で彼を見かけたよ.

類義語 gāngcái 刚才 gāng 刚 gānggāng 刚刚

►"刚才"は発話時から少し前の時点をさす名詞なので,時を表す語と一緒には使えない.¶他把刚才的事儿忘了 tā bǎ gāngcái de shìr wàng le(彼はさっきの事を忘れてしまった)►"刚","刚刚"は副詞であり,話し手にとって「ほんの少し前」と感じられる動作を修飾する."刚刚"は"刚"を強めた言い方.¶他｛刚／刚刚｝从上海回来 tā ｛gāng／gānggāng｝cóng Shànghǎi huílai(彼は上海から帰ってきたばかりだ)／天刚刚亮 tiān gānggāng liàng(夜が明けたばかりだ)

gāngcái 钢材[名]鋼材.¶jìnkǒu ～[进口～]鋼材を輸入する.

gànggǎn 杠杆[名]てこ.¶cǎiyòng ～ yuánlǐ[采用～原理]てこの原理を用いる.

★gāng·gāng 刚刚[副]❶…したばかりである.¶wǒ ～ chīwán[我～吃完]ちょうど食事を終えたばかりだ.❷ちょうど.ぴったり.¶tǐzhòng ～ shì yìbǎi jīn[体重～是一百斤]体重はちょうどぴったり50キロだ.❸たった.わずか.(数量が少ないことを示す)¶shūbāo li ～ zhuāngxia sān běn shū[书包里～装下三本书]鞄には3冊本が入るだけだ.➡ 類義語 gāngcái 刚才

†gǎngkǒu 港口[名]港.¶kàojìn ～[靠近～]港に近い.

†gānglǐng 纲领[名]綱領.原則.¶zhìdìng ～[制定～]綱領を制定する.

gāngqín 钢琴[名]ピアノ.¶nǐ huì tán ～ ma?[你会弹～吗?]あなたはピア

ノが弾けますか.

†**gāngtiě 钢铁**[名]鋼と鉄の総称.鋼鉄.¶～ chǎnliàng zēngjiāle bǎi fēn zhī wǔ[～产量增加了百分之五]鉄の生産量が5パーセント増えた.

†**gǎngwèi 岗位**[名]職場における地位.ポスト.[注]もともとは軍の歩哨(ほしょう)や警察が見張りをする場所をさした.¶gōngzuò ～[工作～]仕事の持ち場／jiānshǒu ～[坚守～]自らの職務をきちんと行う.

gāngyào 纲要[名]綱要.大要.概要.

†**gānhàn 干旱**[形](雨が少ないため土壌や気候が)乾燥している.¶～ de tiānqì[～的天气]乾燥しきった天気／zhèi cì shì bǎinián wèi yù de ～[这次是百年未遇的～]今回はまれにみる大旱魃(かんばつ)だ.

★**gàn//huór 干活儿**[動]仕事をする.¶ràng wǒ bāng nǐ gàn shénme huór?[让我帮你干什么活儿?]どんなことを手伝ってほしいですか.

★**gǎn·jī 感激**[動]感激する.感謝する.¶wǒ hěn ～ nǐ duì wǒ de bāngzhù[我很～你对我的帮助]あなたの援助に感激しています／shízài ～ bújìn[实在～不尽]本当にどんなに感謝してもしたりません.➡[類義語] gǎndòng 感动

★**gǎnjǐn 赶紧**[副]急いで.早く.¶～ dàoqiàn[～道歉]急いで謝罪する／～ sòngdaole yīyuàn[～送到了医院]すぐさま病院に連れていった／nǐ ～ zǒu ba[你～走吧]早く行きなさい.

†**gànjìn 干劲**[名](～儿)意気込み.張りきるさま.¶nǐmen de ～ zhēn dà ya![你们的～真大呀!]君らの意気込みはすごいなぁ／gǔzú ～[鼓足～]大いに張りきる.

☆**gānjìng 干净**[形]❶きれいである(掃除や洗濯が行き届いていて)清潔である.↔zāng 脏¶wūzi shōushide hěn ～[屋子收拾得很～]部屋はきれいに片付いている／dǎsǎode gānganjìngjìng[打扫得干干净净]きれいに掃除する.❷きれいさっぱり何も残っていない.¶bǎ dōngxi chī～[把东西吃～]食べ物をきれいに平らげる／bǎ hàichóng xiāomiè ～[把害虫消灭～]害虫を完全に退治する.

> [類義語] gānjìng 干净　měilì 美丽　piàoliang 漂亮　hǎokàn 好看
>
> ►いずれもきれいであるという意の形容詞."干净"は清潔でさっぱりしたきれいさ.¶干净的衣服 gānjìng de yīfu(こざっぱりとした服)►"美丽"は景色,動植物,女性等の自然が造り出す美しさを表す.¶美丽的花园 měilì de huāyuán(美しい花園)►"漂亮"は容姿,服装,用具等の外見の美しさを表す.¶漂亮的羊毛衫 piàoliang de yángmáoshān(きれいなウールのセーター)►"好看"は見て美しい."漂亮"とほとんど同じように使える.¶那个歌手很{好看／漂亮} nèige gēshǒu hěn {hǎokàn／piàoliang}(あの歌手はとてもきれいだ)►人を形容する場合,"美丽"は女性のみ,"漂亮","好看"は女性,男性どちらにも使える.►"干净"と"漂亮"には重ね型がある.¶忘得干干净净 wàngde gānganjìngjìng(すっかり忘れてしまう)／打扮得漂漂亮亮 dǎbande piàopiaoliàngliàng(きれいに着飾る)

★**gǎnjué 感觉**[動]❶感じる.¶wǒ ～ yǒudiǎnr lèi[我～有点儿累]ちょっと疲れた／～dao téngtòng[～到疼痛]痛みを感じる.❷思う.¶tā ～ gōngzuò bǐjiào qīngsōng[他～工作比较轻松]彼は仕事がわりあい楽だと思っている／nǐ ～ zěnmeyàng?[你～怎么样?]君はどう思う?

gǎnkǎi 感慨[動]感慨を抱く.深く感じる.¶～ wànfēn[～万分]たいそう感じ入る.

★**gǎnkuài 赶快**[副]すぐに.急いで.¶～ pǎoguolai[～跑过来]急いで駆け寄ってきた.

> [類義語] gǎnkuài 赶快　mǎshàng 马上　lìkè 立刻
>
> ►いずれも「すぐに」という意味を表す.¶我得{赶快／马上／立刻}去 wǒ děi {gǎnkuài／mǎshàng／lìkè} qù(私はすぐに行かなければ

ならない) ►"赶快"は「早く急いで…する」という意味をもつ.主語の後ろ,動詞の前に置く.¶天要黑了，我们赶快走吧 tiān yào hēi le,wǒmen gǎnkuài zǒu ba(空が暗くなってきた,急いで行こう)／赶快吃，要不就凉了 gǎnkuài chī,yàobù jiù liáng le(早く食べなさい,冷めてしまうから) ►"马上"・"立刻"は「直ちに,間もなく」の意で,時間的間隔が短いことを表す.¶他一睁眼,{×赶快／马上／立刻}就想吃东西 tā yì zhēng yǎn,{×gǎnkuài／mǎshàng／lìkè} jiù xiǎng chī dōngxi(彼は目を覚ますとすぐに食べたがる) ►"立刻"が表す時間の幅はかなり狭く,動作や事柄が直ちに発生することを表す.¶部队接到命令，立刻出发 bùduì jiēdao mìnglìng,lìkè chūfā(部隊は命令を受けると直ちに出発する) ►"马上"が表す時間の幅は比較的ゆるやかで広い.¶学校{×赶快／马上／×立刻}就要开学了 xuéxiào{×gǎnkuài／mǎshàng／×lìkè} jiù yào kāixué le(学校はまもなく始まる)／21世纪{×赶快／马上／×立刻}就要到了 èrshíyī shìjì{×gǎnkuài／mǎshàng／×lìkè} jiù yào dào le(まもなく21世紀になる) ►"马上"は後に副詞"就" jiùを伴うことが多い.

★gànmá 干吗[代]〈口〉どうして.なぜ.原因や目的を尋ねる.注"为什么"wèi shénmeや"怎么"zěnmeが客観的な道理を尋ねる場合にも用いることができるのに対し,"干吗"にはその用法はない.¶nǐ ～ bú qù ne?[你～不去呢?]どうして行かないの／nǐ ～ dǎ tā?[你～打他?]どうして彼を殴ったりしたんだ／bú ～,suíbiàn wènwen[不～，随便问问]いやべつに,ちょっと聞いただけだよ.

†gǎnmáng 赶忙[副]急いで.¶～ náchu shuǐguǒ lai zhāodài kèrén[～拿出水果来招待客人]急いで果物を出してお客をもてなす.

★gǎnmào 感冒[動]風邪をひく.¶xiǎoxīn bié ～ le[小心别～了]風邪をひかないように気をつけなさい.[名]風邪.感冒.¶nǐ dé de shì ～[你得的是～]君がかかったのは風邪ですよ.‖"伤风"shāngfēngともいう.

gǎnmíngr 赶明儿[副]〈方〉後で.そのうちに.近いうちに.¶～ wǒ yě xuéxue diànnǎo[～我也学学电脑]そのうちに私もパソコンをちょっと学んでみよう.

★gǎnqíng 感情[名]❶感情.¶tā zhēn de dòngle ～[他真的动了～]彼は本当に心を動かされた／liúlùchu zhēnshí de ～[流露出真实的～]本心を吐露する／tā shì ge ～ fēngfù de rén[他是个～丰富的人]彼は感情が豊かな人物だ.❷愛情.親しみの感情.¶chǎnshēngle ～[产生了～]愛着がわく／liánluò ～[联络～]親愛の情を通わせる.

gǎnrǎn 感染[動]❶感染する.¶shāngkǒu ～ le[伤口～了]傷口が細菌に感染した／～shangle fèijiéhé[～上了肺结核]肺結核に感染した.❷(他者を)感化する.影響を与える.¶yǒu ～lì[有～力]影響力がある／～le zhōuwéi de rén[～了周围的人]周囲の人々を感化した.

†gānrǎo 干扰[動]じゃまをする.妨げる.¶～ zhèngcháng gōngzuò[～正常工作]通常の業務を妨げる／bié lái ～ wǒmen le[别来～我们了]じゃまをしに来るんじゃない.

†gǎn·shàng 赶上[動]❶追いつく.¶～ guójì xiānjìn shuǐpíng[～国际先进水平]国際的な先進レベルに追いつく.❷間に合う.¶hái yǒu yí ge xiǎoshí ne,gǎndeshàng[还有一个小时呢，赶得上]まだ1時間ある,間に合うさ.❸ぶつかる.¶～le yǔtiān[～了雨天]雨天にぶつかってしまった／～ tā bú zài jiā[～他不在家]ちょうど彼が家にいない時にぶつかった.

†gānshè 干涉[動]干渉する.¶～ bié guó nèizhèng[～别国内政]他国の内政に干渉する／hù bù ～[互不～]お互いに干渉しない.

†gǎnshòu 感受[名]体験などを通じて得た影響.印象.感じたこと.¶nǐ yǒu shénme ～?[你有什么～?]君はどの

G

ような印象を持ちましたか.[動]感じる.影響などを受ける.¶～dao wēnnuǎn[～到温暖]ぬくもりを感じる／fùqīn ～daole zǐnǚ de xiàoshùn[父亲～到了子女的孝顺]父親は子供らの親孝行の気持ちを感じ取った.

gǎntànjù 感叹句[名]〔語〕感嘆文.

gànxiàn 干线[名]幹線.本線.¶zhǔ～[主～]本線／jiāotōng ～[交通～]交通の大動脈.

*****gǎnxiǎng 感想**[名]感想.¶qǐng tántan nǐ de ～[请谈谈你的～]あなたの感想を話してくれませんか.

gǎnxiè 感谢[動]感謝する.¶tā hěn ～ nǐ[他很～你]あの人はあなたにとても感謝している／～ nǐ duōnián lái duì wǒ de guānxīn hé zhàogù[～你多年来对我的关心和照顾]長年にわたるお気遣いと御配慮に感謝いたします.➡類義語 xièxie 谢谢

gānxīn 甘心[動]❶甘んじる.望む.¶～ shòukǔ[～受苦]苦しみを甘受する／～ liúzai shānqū[～留在山区]山間地区にとどまることに甘んじる.❷満足する.¶bù dá mùdì,jué bù ～[不达目的，决不～]目的を達成しなければ,決して満足しない.

*****gǎn xìngqù 感兴趣**㊊興味を持つ.¶wǒ duì zhèi jiàn shì hěn ～[我对这件事很～]私はこのことに非常に興味がある／rúguǒ nǐ ～ de huà,kěyǐ shìyishì[如果你～的话，可以试一试]もし興味がおありでしたら,お試しください.

gānyán 肝炎[名]肝炎.¶～ chuánrǎn ma?[～传染吗?]肝炎は伝染するのですか.

gānyù 干预[動]関与する.干渉する.他人の事に口出しする."干与"とも書く.¶lúnbudào nǐ lái ～[轮不到你来～]君の出番ではないよ／zhèi jiàn shì wǒmen búbì ～[这件事我们不必～]この件に我々が口を差しはさむ必要はない.

†**gǎnyú 敢于**[動]あえて…する.¶～ chéngrèn cuòwù[～承认错误]勇気をもって誤りを認める／～ tiǎozhàn[～挑战]あえて挑戦する.

*****gānzào 干燥**[形]乾いている.乾燥している.¶qìhòu ～[气候～]気候が乾燥している／dōngjì pífū róngyì ～[冬季皮肤容易～]冬は皮膚が乾燥しやすい.

gān·zhe 甘蔗[名]〔植〕サトウキビ.

gāo 高[形]❶高さが高い.↔ dī 低,ǎi 矮¶～lóu[～楼]高層ビル／shēn ～ yì mǐ qī liù[身～一米七六]身長は1メートル76センチだ／wǒ bǐ tā ～[我比他～]私は彼より背が高い.❷水準が高い.↔ dī 低¶～zhìliàng[～质量]高品質／shuǐpíng ～[水平～]レベルが高い.❸等級が高い.↔ dī 低¶～niánjí[～年级]高学年.

gǎo 搞[動]❶する.やる.¶～ yánjiū[～研究]研究をする／～ diàochá[～调查]調査する.❷なんとかして手に入れる.¶～dao liǎng zhāng piào[～到两张票]チケットを2枚手に入れた.

†**gǎo 稿**[名]❶(～儿)原稿.¶dǎ dǐ～[打底～]下書きを書く／zhàozhe ～ niàn[照着～念]原稿の通りに読む.❷発表する公文書の草稿.¶yóu mìshū nǐ～[由秘书拟～]秘書に草稿を作成させる.

*****gào 告**[動]❶告げる.…に知らせる.¶zhōng～[忠～]忠告する／bēnzǒu xiāng ～[奔走相～]駆けずり回ってお互いに知らせ合う／～zhī[～知]告知する.❷司法機関に訴える.告訴する.¶nǐ qù ～ tā[你去～他]あいつを訴えてやれ／～fā[～发]告発する.❸表明する.¶zì ～ fèn yǒng[自～奋

表現Chips 驚嘆する

天啊! Tiān a!(神様！)
老天爷! Lǎotiānyé!(神様！)
好家伙! Hǎo jiāhuo!(へえっ！)
好大的一条鱼啊! Hǎo dà de yì tiáo yú a!(なんと大きな魚！)
这个房间，太豪华了! Zhèige fángjiān,tài háohuá le!
(この部屋,なんて豪華なのだろう！)

勇]自ら名のりをあげ困難に立ちむかう.

*gào∥bié 告别[動]別れる.別れを告げる.いとまごいする.¶～le fùmǔ[～了父母]両親と別れる／～ jiāxiāng[～家乡]故郷を離れる.

gāochǎn 高产[名]高い生産量.¶duó～[夺～]多量生産を達成する／～tián[～田]収穫量の多い畑／tā shì ～ zuòjiā[他是～作家]彼は多作の作家だ.

gāochāo 高超[形]とりわけ優れている.ずば抜けている.¶jìshù ～[技术～]技術がずば抜けている／～ de biǎoyǎn[～的表演]卓越したステージ.

†gāocháo 高潮[名]❶満潮.¶hǎi'àn～xiàn[海岸～线]海岸の満潮線.❷〈喩〉物事の高度に発展した段階.最高潮.クライマックス.¶huàjù ～ bùfen cuī rén lèi xià[话剧～部分催人泪下]劇のクライマックスは観る者に涙を流させる／xiǎoshuō zhèng xiědao ～ bùfen,tā bìngdǎo le[小说正写到～部分，他病倒了]小説の山場まで書いたところで,彼は病に伏してしまった.

†gào∥cí 告辞[動]いとまごいする.別れを告げる.¶qǐshēn ～[起身～]立ち上がりいとまごいをする／nà wǒ xiān ～ le[那我先～了]ではお先に失礼します.

*gāodà 高大[形]高くて大きい.高大である.¶tā shēncái fēicháng ～[他身材非常～]彼はとても大柄だ／～ de jiànzhù[～的建筑]立派な建築物.

gāodàng 高档[形]高級である.高品質である.¶～ fúzhuāng[～服装]高級服／～ miànliào[～面料]品質の良い生地.

†gāoděng 高等[形](同じような事物の中で)高いレベルや等級にある.ハイクラスである.¶～ shùxué[～数学]高等数学／tuīguǎng ～ jiàoyù[推广～教育]高等教育を推し進める／～ xuéxiào zhāoshēng kǎoshì[～学校招生考试]大学入試試験.

gāodī 高低[名]❶高さ.¶shēngyīn de ～[声音的～]声の高低.❷優劣.¶tāmen liǎ de shuǐpíng fēnbuchū ～ lai[他们俩的水平分不出～来]彼ら2人のレベルは優劣がつけられない.[副]どうあっても.なんとしてでも.¶zuǐ dōu shuōpò le,tā ～ bù dāying[嘴都说破了，他～不答应]あれこれ話をしてみたのだが,彼はがんとして承知しない.

*gāodù 高度[名]高度.高さ.¶hǎibá～[海拔～]海抜高度／cèliáng tǎ de ～[测量塔的～]塔の高さを測る.[形]程度が高い.高度である.¶～ de zérènxīn[～的责任心]強い責任感／～ píngjià[～评价]高い評価.

†gāofēng 高峰[名]❶高い峰.¶dēngshangle nèi zuò shān de zuì ～[登上了那座山的最～]あの山のいちばん高い峰に登った.❷物事の頂点.ピーク.¶kējì ～[科技～]科学技術の頂点／～ shíjiān gōnggòng qìchē hěn jǐ[～时间公共汽车很挤]ピーク時にはバスはたいへん混雑する.

gāoguì 高贵[形]❶気高い.崇高である.徳の高い.¶～ de réngé[～的人格]気高い人格.❷身分が高い.高貴である.¶chūshēn ～[出身～]高い身分の出である.

gǎo∥guǐ 搞鬼[動]陰で悪い事をする.¶nǐ gǎo shénme guǐ a?[你搞什么鬼啊?]何を企んでいるんだ.

gǎohuó 搞活[動]活力を与える.活発化させる.¶～ jīngjì[～经济]経済を活性化させる／bǎ shìchǎng ～[把市

表現Chips
感謝する

太谢谢你了。Tài xièxie nǐ le.(どうもありがとうございます)
让您费心了。Ràng nín fèixīn le.
(お気を遣わせてすみません)
给您添麻烦了，真不好意思。Gěi nín tiān máfan le,zhēn bù hǎoyìsi.
(ご面倒をおかけして,申し訳ありません)
真不知道怎么感谢您才好。Zhēn bù zhīdào zěnme gǎnxiè nín cái hǎo.
(あなたにはどのように感謝すればよいのか分かりません)

场～]マーケットに活気を与える.

†**gāojí 高级**[区]❶階級やレベルが高い.¶～ dòngwù[～动物]高等動物／～ zhīshi fènzǐ[～知识分子]高級知識人.教授レベル以上のインテリ.❷(平均的な水準より)高い.高級である.¶jīngyíng ～ shāngpǐn[经营～商品]高級品を取り扱う／gòumǎi ～ jiàochē[购买～轿车]高級セダンを買う.

gǎojiàn 稿件[名]原稿.¶jì ～[寄～]原稿を送る.

gàojiè 告诫[動]戒める.¶fùmǔ zǒngshì ～ wǒ yào chéngshí[父母总是～我要诚实]両親はいつも私に誠実であるように戒めていた.

gāokǎo 高考[名]大学の入学試験.¶cānjiā ～[参加～]大学入試に参加する／～ luòbǎng[～落榜]入試に不合格であった.

gāokējì 高科技[名]ハイテク.

gāokōng 高空[名]高空.高所.¶～ zuòyè[～作业]高所作業／liànxí ～ fēixíng[练习～飞行]高空飛行の練習をする.

†**gāo·liang 高粱** [名]〔植〕コーリャン.¶zhòng ～[种～]コーリャンを植える.

gāomíng 高明[形](見解や技術などが)優れている.¶shǒuyì ～[手艺～]技が卓越している／jiànjiě ～[见解～]見解が優れている.

†**gāoshàng 高尚**[形]❶(人格が)崇高である.気高い.¶pǐndé ～[品德～]人格が崇高である.❷(趣味などが)高尚である.上品である.¶～ de xìngqù àihào[～的兴趣爱好]高尚な趣味.

gāoshāo 高烧[名]高熱.¶fā ～[发～]高熱を出す／～ bú tuì[～不退]高熱がひかない.

†**gāosù 高速**[形]高速である.¶jīqì ～ yùnzhuǎn[机器～运转]機械を高速で運転する／lièchē ～ xíngshǐ[列车～行驶]列車がたいへんなスピードで走る.

⁂**gào·su 告诉**[動]…に言う.知らせる.話す.注話しかける相手となる人物を目的語にとり,二重目的語をとることができる.¶qǐng nǐ ～ wǒ wèi shénme[请你～我为什么]何故なのか私に教えてください／zhè shì kě bié ～ biéren[这事可别～别人]このことは他人に絶対しゃべってはならない.

gāowēn 高温[名]高温.¶～ zuòyè[～作业]高温作業／～ shìyàn[～试验]高温実験.

⁂**gāoxìng 高兴**[形]嬉しい.楽しい.↔ nánguò 难过,bēishāng 悲伤¶wánrde fēicháng ～[玩儿得非常～]とても楽しく遊ぶ／～de tiàoleqilai[～得跳了起来]嬉しさのあまり飛び上がった.[動]喜ぶ.喜んで…する.¶tā ～ qù jiù ràng tā qù ba[他～去就让他去吧]彼は喜んで行くのだから,彼に行かせてやれよ.➡類義語 yúkuài 愉快

gāoxuèyā 高血压[名]〔医〕高血圧.¶huàn ～[患～]高血圧を患っている／zhìliáo ～[治疗～]高血圧を治療する.

†**gāoyā 高压**[名]❶高圧.高電圧.¶～ wēixiǎnqū[～危险区]高電圧危険区域.❷強いプレッシャー.¶shíxíng ～ zhèngcè[实行～政策]高圧的な政策を実行する.

*__gāoyuán 高原__[名]高原.¶nányǐ shìyìng ～ qìhòu[难以适应～气候]高原の気候には適応しにくい.

gāozhǎng 高涨[動](物価や運動や感情などが)急激に上昇する.高騰する.沸き立つ.¶àiguó rèqíng ～[爱国热情～]愛国心の情熱がたぎる／jiàgé ～[价格～]価格が高騰する.

gǎozhǐ 稿纸[名]原稿用紙.¶sìbǎi zì de ～[四百字的～]400字詰め原稿用紙／yòng ～ xiě zuòwén[用～写作文]原稿用紙に文章を書く.

†**gāozhōng 高中**[名]高等学校.注"高级中学"gāojí zhōngxuéの略称.日本の中学校に相当するものは"初中"chūzhōngといい,"初级中学"chūjí

zhōngxuéの略.¶zài chéngli dú ～[在城里读～]町の高等学校に学ぶ/shàng ～ sān niánjí[上～三年级]高校3年生である.

gào//zhuàng 告状[動]〈口〉❶司法機関に告訴する.¶dào fǎyuàn ～[到法院～]裁判所に提訴する.❷(自分が受けた不利益や嫌がらせについて)目上の人間に訴える.告げ口する.¶tā xiàng lǎoshī gàole wǒ yí zhuàng[他向老师告了我一状]彼は先生に私のことを告げ口した.

gǎo·zi 稿子[名]❶原稿.¶chóngxīn xiěle yì piān ～[重新写了一篇～]新たに原稿を1本書いた/qǐng rén jiàoduìle yíxià ～[请人校对了一下～]人に原稿の校正を頼んだ.❷文章.詩文.¶zhèi piān ～ kěyǐ fābiǎo[这篇～可以发表]この文章は発表してもよい.

*__gē 割__[動]全体から一部を切り取る.刈る.¶～ dàozi[～稻子]稲を刈り取る/～ cǎo[～草]草を刈る.➡見る類 p.337

*__gē 搁__[動]❶置く.入れる.¶niúnǎi li ～ diǎnr táng[牛奶里～点儿糖]牛乳に少し砂糖を入れる/shū ～zai zhuōzi shang[书～在桌子上]本は机の上に置きなさい.❷ほうっておく.後回しにする.¶zhè shì xiān ～yi～[这事先～一～]この件はとりあえず置いておこう.

gē 歌[名](～儿)〔shǒu 首,zhī 支〕歌.¶chàng ～r[唱～儿]歌を歌う/yì shǒu ～r[一首～儿]1曲の歌.

gé 格[名](～儿)四角います目.枠.格子.

*__gé 隔__[動]❶隔てる.間を割く.分ける.¶～zhe yì dǔ qiáng[～着一堵墙]塀1つで隔てている❷時間,空間をあける.¶～ yì tiān qù yí cì[～一天去一次]1日おきに行く/～ sì xiǎoshí chī yí cì yào[～四小时吃一次药]4時間おきに服薬する.

☆__gè 个__[量]❶(人や事物を数える)個.注専用量詞のないものや抽象的な名詞などに広く用いられる.¶wǒ yǒu yí ～ yuànwàng[我有一～愿望]私には1つの願いがある/sān ～ rén yíkuàir jìnchéng[三～人一块儿进城]3人で一緒に町にゆく/zǒnggòng zhǐ yòngle liù ～ xiǎoshí[总共只用了六～小时]全部で6時間かかっただけだ.❷形容詞と数量補語の間,動詞と結果補語の間,動詞と目的語の間に置かれる.注具体的な意味は持たない.¶tā liǎ búguò chà ～ sān wǔ suì[他俩不过差～三五岁]彼ら2人は4,5歳違うだけだ/cāile ～ bā jiǔ bù lí shí[猜了～八九不离十]大体当たっている/jīnr yào wánr ～ tòngkuài[今儿要玩儿～痛快]今日は楽しく遊ぼう/ràng tā liǎ jiàn ～ miànr[让他俩见～面儿]あの2人を引き合わそう.

☆__gè 各__[代]各々.それぞれ.¶～ guó dàibiǎo[～国代表]各国の代表/～ yǒu tèsè[～有特色]それぞれ特色がある.

gè bèn qián chéng 各奔前程成 それぞれが自分の道を歩む.¶zánmen ～ ba[咱们～吧]私たちそれぞれの道を歩みましょう/yīnwèi hébulái,zhǐhǎo ～[因为合不来，只好～]うまくいかないのだから,それぞれ自分の道をゆくしかない.

*__gébì 隔壁__[名]壁1つで隔てられた隣.隣人.お隣さん.¶～ zhùzhe yì jiā wǔ kǒu rén[～住着一家五口人]隣は5

表現Chips 喜び

真痛快! Zhēn tòngkuài! (あぁ痛快,すっとした)
太高兴了。Tài gāoxìng le. (とっても嬉しい)
他高兴得跳了起来。Tā gāoxìngde tiàoleqilai.
(彼は嬉しさのあまり跳び上がった)
真的? 我考上大学了? Zhēn de? Wǒ kǎoshang dàxué le?
(本当？私,大学に合格したの？)
好极了，一切都那么顺利! Hǎojí le,yíqiè dōu nàme shùnlì!
(いいぞ,全てが順調だ！)

人家族が住んでいる／～ shì Zhāng lǎoshī[～是张老师]隣は張先生だ.

★**gèbié 个别**[形]❶個別の.個々の.¶～ chǔlǐ[～处理]個々に処理する／～ tánxīn[～谈心]個別に話し合う.❷特殊である.珍しい.非常に少ない.¶zhèyàng de rén tài ～ le[这样的人太～了]こういう人はとても珍しい.

gèbié 各别[形]それぞれ異なる.別々である.区別がある.¶～ jiějué[～解决]別々に解決する／～ kàndài[～看待]区別して扱う.

★**gē·bo 胳膊**[名]腕.(肩から手首まで)¶～ cūjí le[～粗极了]腕がすごく太い.

†**gēchàng 歌唱**[動]❶(歌を)歌う.¶qíshēng ～[齐声～]声をそろえて歌う／fàngshēng ～[放声～]声を張り上げて歌う.❷歌唱の形式を用いて賛美し,たたえる.¶～ zǔguó[～祖国]祖国をたたえる／～ xīn shēnghuó[～新生活]新生活をうたいあげる.

gē·da 疙瘩[名]❶できもの.¶liǎnshang qǐle xiǎo ～[脸上起了小～]顔に小さなできものができた.❷わだかまり.¶chúdiào liǎng rén xīnzhōng de ～[除掉两人心中的～]2人の心のわだかまりを取り除く.

★**gē·ge 哥哥**[名]兄.おにいさん.注呼びかけに使うことができる.¶wǒ yǒu sān ge ～[我有三个～]私には3人の兄がいる／tā shì wǒ ～[他是我～]彼は私の兄です.

gè～gè～ 各～各～呼いろいろな.注互いに異なるそれぞれの事物を表す.近い意味の単音節の名詞または量詞を前後に置く.¶xiànzài gè jiā gè hù jīběnshang dōu yǒule cǎidiàn[现在各家各户基本上都有了彩电]現在どの家にもほとんどカラーテレビがある／duì zhèige wèntí yǒu gè zhǒng gè yàng de yìlùn shì hěn zhèngcháng de[对这个问题有各种各样的议论是很正常的]この問題についていろいろな議論があるのは当然のことだ.

gé gé bù rù 格格不入成互いにかみ合わない.適合しない.¶tā zài nàli zǒngshì xiǎnde ～ de[他在那里总是显得～的]彼はそこではやはり周りとうまくいっていないようだ.

gèháng gèyè 各行各业組さまざまな職業.いろいろな業種.¶～ de dàibiǎo[～的代表]さまざまな職業の代表／tāmen huóyuèzai ～[他们活跃

文法　二重目的語文

動詞が2つの目的語を取る文を二重目的語文という.

1 語順

語順は「主語＋動詞＋間接目的語＋直接目的語」の形をとり,一般に間接目的語はヒト,直接目的語はモノ・コトである.

¶我送她一件礼物。 Wǒ sòng tā yí jiàn lǐwù.(私は彼女にプレゼントを贈る)

¶他们叫我“博士”。 Tāmen jiào wǒ “bóshì”.(彼らは私を「博士」と呼ぶ)

2 二重目的語を取る動詞

二重目的語を取る動詞には次の3つのタイプがある.

1)「～に…を与える」という意味を持つタイプ

- 给 gěi(あげる)
- 教 jiāo(教える)
- 送 sòng(贈る)
- 递 dì(手渡す)
- 告诉 gàosu(知らせる)
- 还 huán(返す)
- 交 jiāo(渡す)

¶我给你一本词典。 Wǒ gěi nǐ yì běn cídiǎn.(私は君に辞書を1冊あげる)

2)「～から…を取得する」という意味を持つタイプ

- 买 mǎi(買う)
- 借 jiè(借りる)
- 偷 tōu(盗む)
- 收 shōu(受け取る)

在～]彼らはさまざまな業種で活躍している.

†**géhé 隔阂**[名]双方の見解の隔たり.齟齬(そご).溝.¶tāmen liǎ chǎnshēngle ～[他们俩产生了～]2人の間に溝ができた／xiāochú ～[消除～]わだかまりをなくす.

★**gěi 给**[前]❶(動作の利益·損益の対象を導く)…のために.…に.¶～ tā zuò fàn[～他做饭]彼にご飯を作ってあげる.❷(動作の対象を導く)…に向かって.…に.¶～ lǎoshī jìnglǐ[～老师敬礼]先生にお辞儀をする.❸受け身を表す.¶yīfu ～ yǔ línshī le[衣服～雨淋湿了]服が雨で濡れてしまった.[動]❶あげる.与える.¶jiějie ～ wǒ yì běn shū[姐姐～我一本书]姉は私に本を1冊くれた.❷動詞の後に置いて,対象物の移動先を導く.¶sòng ～ nǐ le[送～你了]あなたにあげます／jì ～ tā yì běn cídiǎn[寄～他一本词典]彼に辞書を1冊郵送した／huán ～ nǐ yàoshi[还～你钥匙]鍵をあなたに返します.

†**gěi//yǐ 给以**[動]与える.[注]目的語に普通2音節動詞をとる.¶～ bìyào de bāngzhù[～必要的帮助]必要な援助を与える.

gèjiè 各界[代]いろいろな業種·仕事·職業など.各界.¶～ rénshì[～人士]各方面の方々／～ dàibiǎo[～代表]各界の代表.

†**gējù 歌剧**[名]歌劇.オペラ.¶kàn ～[看～]歌劇を観る.

géjú 格局[名]組みたて.構成.構造.つくり.¶xíngchéngle mùqián zhèi zhǒng ～[形成了目前这种～]現在のこのようなしくみになった／zhèi piān wénzhāng de ～ hěn biézhì[这篇文章的～很别致]この文章の構成はユニークだ.

géjué 隔绝[動]関係を絶つ.隔絶する.遮断する.¶zhè shì yònglai ～ kōngqì de[这是用来～空气的]これは空気を遮断するためのものだ／yǔ wàijiè ～[与外界～]外界と隔絶する.

gélí 隔离[動]隔離する.引き離す.接触させない.¶bǎ zhèngzhìfàn ～ qilai[把政治犯～起来]政治犯を隔離する／～ zhìliáo[～治疗]隔離して治療を行う.

★**gé//mìng 革命**[動]❶(政治運動としての)革命をする.¶nào ～[闹～]革命を行う.❷(産業·文化などの)革命

· 罚 fá(罰金を取る)

¶我借了他一枝铅笔。 Wǒ jièle tā yì zhī qiānbǐ.(私は彼から鉛筆を1本借りた)

3)「～を…と称する」という意味を持つタイプ

· 叫 jiào(…と呼ぶ)

· 称 chēng(…と呼ぶ)

¶大家称他“活字典”。Dàjiā chēng tā “huózìdiǎn”.(皆は彼を「生き字引」と呼ぶ)

4)二重目的語が取れそうで取れない動詞

· 介绍 jièshào(紹介する)

· 打电话 dǎ diànhuà(電話をかける)

· 写信 xiě xìn(手紙を書く)

これらの動詞は“给你”gěi nǐ(あなたに)などを動詞の前において次のように言う.

¶给你介绍 gěi nǐ jièshào(あなたに紹介する)

¶给他打电话 gěi tā dǎ diànhuà(彼に電話する)

¶给小李写信 gěi Xiǎo-Lǐ xiě xìn(李さんに手紙を書く)

3 **間接目的語**

間接目的語が文やフレーズからなるものがある.

¶请你告诉他明天开会。 Qǐng nǐ gàosu tā míngtiān kāihuì.(明日会議があると彼に伝えてください)

¶孩子问妈妈什么时候回来。 Háizi wèn māma shénme shíhou huí lai.(子供はお母さんにいつ帰ってくるのか聞いた)

をする.徹底的に改革する.¶chǎnyè ～[产业～]産業革命／jìshù ～[技术～]技術革命.

*gēn 根[名]❶(～儿)植物の根.¶zhíwù de ～[植物的～]植物の根.*❷(～儿)ものの根元.下の部分.¶yá～[牙～]歯根.❸(～儿)(人の)ルーツ.起源.素性.¶xún～[寻～]ルーツを探る.❹重要な部分.¶sūnzi shì lǎotàitai de mìng～[孙子是老太太的命～]孫はおばあさんが命のように大切にしているものだ.[量](～儿)短い棒状のものを数える.¶yì ～ huǒchái[一～火柴]マッチ1本／yì ～ shéngzi[一～绳子]1本の縄.

*gēn 跟[前]〈口〉❶(動作の対象を導く).…と.…に.¶～ lǎoshī shāngliang[～老师商量]先生と相談する／～ tā jiè qián[～他借钱]彼にお金を借りる.❷比較の対象を導く.…と.¶～ bàba yíyàng[～爸爸一样]お父さんと同じだ／～ wàiguó bù yíyàng[～外国不一样]外国と違う.[接]〈口〉(2つのものを並列,対等に並べる) AとB.…と.¶mǐfàn ～ mántou[米饭～馒头]ご飯とマントウ／wūzi li zhǐ yǒu tā ～ wǒ[屋子里只有他～我]部屋には彼と私しかいない.[動]すぐ後ろにつく.後から従う.¶～bushàng tā[～不上他]彼についてゆけない／xiǎo gǒu ～zai zhǔrén shēnhòu[小狗～在主人身后]子イヌが主人の後ろからついてゆく.[名](～儿)足や靴,靴下のかかとの部分.¶jiǎo～[脚～]かかと／xié ～ diào le[鞋～掉了]ヒールがとれてしまった／wà～ yòu pò le[袜～又破了]靴下のかかとのところがまた破れた.➡ 類義語 péi 陪

類義語　gēn 跟　tóng 同　hé 和

►いずれも接続詞と前置詞を兼ねており,並列の関係を表す.►接続詞としては,話し言葉では"跟",書き言葉では"和"が多く用いられ,"同"はあまり用いられない.►前置詞としては,話し言葉では"跟",書き言葉では"同"が多く用いられ,"和"は話し言葉でも書き言葉でも用いられる.►また"跟"は並列関係にある名詞(句)を接続し,"同"は並列関係の名詞(句)のほかに,動詞も接続する."和"は並列関係の名詞(句),動詞(句),形容詞(句)を接続する.¶他跟我都是上海人 tā gēn wǒ dōu shì Shànghǎirén(彼と私はともに上海出身だ)／课本和词典都买来了 kèběn hé cídiǎn dōu mǎilai le(テキストと辞典をいずれも買ってきた)／他同我被选上了 tā tóng wǒ bèi xuǎnshang le(彼と私が選ばれた)

*gēnběn 根本[名]物事の根本.基礎.¶zhuāzhu ～[抓住～]基本をしっかりつかむ.[形]根本的な.重要な.¶～ wèntí[～问题]重要な問題／～ yuányīn[～原因]根本的な原因.[副]根本的に.徹底的に.まったく.全然.¶～ méi qùguo[～没去过]まったく行ったことがない／～ bù zhīdào[～不知道]全然知らない／～ jiějué[～解决]根本から解決する.

gēng 耕[動](鋤などで田畑を)耕す.¶～tián[～田]田畑を耕す.

*gèng 更[副]さらに.いっそう.¶bǐ yǐqián ～ nǔlì[比以前～努力]前よりもっと努力する／～ shàng yì céng lóu[～上一层楼]成さらに登る一層の楼.さらにレベルアップすること.

語法　比較文に現れる副詞

►"A比B～"A bǐ B ～(AはBより…だ)型の比較文に用いられる副詞は限られている.¶今天比昨天更热 jīntiān bǐ zuótiān gèng rè(今日は昨日より更に暑い)／今天比昨天还热 jīntiān bǐ zuótiān hái rè(今日は昨日よりも暑い)►"更"gèngと"还"háiはともに「さらに…」の意味だが"更"がA・Bを比べて客観的に「Aの方がさらに…」といっているのに対し,"还"には話し手の驚きや誇張が含まれる.「Bも十分…なのにそのBよりもっと…」ということを表している.また"稍微"shāowēiは"一点儿"yìdiǎnrと一緒に用いられ,A・Bの差が少ないことを表す.¶今天比昨天稍微热一点儿 jīntiān bǐ zuótiān shāowēi rè yìdiǎnr(今日は昨日より

少し暑い)

†**gēngdì 耕地**[名]耕地.¶kuòdà ～ miànjī[扩大～面积]耕地面積を拡大する.

gēnggǎi 更改[動]変更する.¶bù néng sīzì ～ hétong[不能私自～合同]勝手に契約を変更してはならない.

gēnghuàn 更换[動]取り替える.入れ替える.¶wǒ yāoqiú ～ zhùshǒu[我要求～助手]助手の交代を要求する.

*★***gèngjiā 更加**[副]さらに.いっそう.注 "更"gèngに比べて後ろに2音節語が来ることが多い.¶tā ～ dǒngshì le[他～懂事了]彼はもっと物分かりがよくなった.

gēngxīn 更新[動]更新する.改まる.¶～ huàndài[～换代]バージョンアップする／～ shèbèi[～设备]設備を新しくする.

gēngzhèng 更正[動]訂正する.¶～ zuótiān fābiǎo de shēngmíng[～昨天发表的声明]昨日発表した声明を訂正する.

gēngzhòng 耕种[動]土地を耕し農作物を植える.耕作する.¶～ jìjié yòu dào le[～季节又到了]耕作の季節がまた訪れた.

★**gēnjù 根据**[動]依拠する.…に基づく.¶～ dàjiā de tíyì[～大家的提议]みんなの提議に基づく／～ yǐwǎng de jīngyàn[～以往的经验]これまでの経験に依拠する.[名]根拠.証拠.よりどころ.¶yǐ shìshí wéi ～[以事实为～]事実をよりどころとする／píng ～ shuōhuà[凭～说话]証拠に基づいて話をする.

gēnjùdì 根据地[名]根拠地.活動の拠点.¶jiànlì ～[建立～]根拠地を築く.

★**gēnqián 跟前**[名](～儿)目の前.そば.近く.¶zuòdao wǒ ～ lai[坐到我～来]私の前にかけなさい／chuānghu ～ zhànzhe yí ge rén[窗户～站着一个人]窓の近くに1人の人が立っている.

gēn shēn dì gù 根深蒂固成基礎が堅牢で根深い.しっかり根を下ろしている.¶zhèi zhǒng guānniàn zài rénmen nǎozi li yǐjing ～[这种观念在人们脑子里已经～]こういう観念は人々の頭の中にすでに深く根を下ろしている.

gēnsuí 跟随[動]人や物について行く.…に従う.¶tā cóngxiǎo jiù ～ shūshu zǒu nán chuǎng běi[他从小就～叔叔走南闯北]彼は小さい時からおじさんについてあちこちを歩き回った.

gēn·tou 跟头[名]❶不注意によるつまづき.転倒.転じて人生における失敗もさす.¶diēle ge ～[跌了个～]転んでしまった.失敗した／zāile ge dà ～[栽了个大～]ひどく転んだ.大きく挫折した.❷もんどり.回転.宙返り.¶fān ～[翻～]宙返りをする.

†**gēnyuán 根源**[名]根源.根本の原因.¶shíyóu wēijī de ～[石油危机的～]石油危機の根源／cházhǎo shìgù de ～[查找事故的～]事故の原因を探す.

gēnzōng 跟踪[動]尾行する.こっそり後をつける.¶～ huàirén[～坏人]悪人を尾行する／bèi rén ～ le[被人～了]誰かに後をつけられた.

†**gēqǔ 歌曲**[名]歌曲.歌.¶～jí[～集]歌曲集／yōuměi de ～[优美的～]美しい歌.

†**gèr 个儿**[名]❶背丈.身長.大きさ.¶wǒ ～ ǎi[我～矮]私は背が低い／zhè jīdàn de ～ zhēn dà[这鸡蛋的～真大]この卵は実に大きい.❷1つ1つ.1人1人.¶xīguā lùn ～ mài[西瓜论～卖]スイカは1ついくらで売る／āi～ kàn[挨～看]1つ1つ見てゆく.1人1人個別に見てゆく.

★**gèrén 个人**[名]❶個人.↔ jítǐ 集体 ¶～ yào fúcóng jítǐ[～要服从集体]個人は集団に従わねばならない／nǐ de ～ wèntí jiějué le ma?[你的～问题解决了吗?]君の結婚問題は片付いたのかね.❷自分自身.¶wǒ ～ méi shénme yìjiàn[我～没什么意见]私自身は異議がありません.

gé·shi 格式[名]枠組み.書式.パターン.¶àn ～ xiě[按～写]書式に照らして書く／shūxìn ～[书信～]手紙の書式.

†**gèshì gèyàng 各式各样**組(形・方

G

式・種類など）さまざまの.多種多様な. ¶～ de wánjù［～的玩具］いろいろなおもちゃ.

gēshǒu 歌手［名］歌手.シンガー.

†**gēsòng 歌颂**［動］歌唱の形式で賛美し,たたえる. ¶～ zǔguó de měilì fēngguāng［～祖国的美丽风光］祖国の美しい風景を詩歌でうたいあげる.

*****gètǐ 个体**［名］個人.個体. ¶～ de lìliang shì yǒuxiàn de［～的力量是有限的］個人の力には限りがある.

†**gètǐhù 个体户**［名］個人で経済活動を営んでいる人.自営業者.個人経営者. ¶bùshǎo ～ chéngle bǎiwàn fùwēng［不少～成了百万富翁］多くの個人経営者が百万長者になった.

gètǐ jīngjì 个体经济［名］〔経〕個別経済.私営経済. ¶～ de fāzhǎn fēicháng xùnsù［～的发展非常迅速］私営経済の発展は非常に速い.

*****géwài 格外**［副］格別に.ことのほか. ¶lǎoxiāng jiànmiàn ～ qīnrè［老乡见面～亲热］同郷の人が会うとことのほか打ち解ける／zhōumò, gōngyuán li ～ rènao［周末，公园里～热闹］週末,公園はいつにましてにぎやかだ.

gèwèi 各位［代］〈敬〉各位,皆さん. ¶～ hái yǒu shénme yìjiàn ma?［～还有什么意见吗?］皆さん,ほかに何かご意見はありますか.

géxià 阁下［名］〈敬〉閣下. ¶fùzǒnglǐ ～［副总理～］副総理閣下.

gèxiàng 各项［形］各項の.それぞれの. ¶～ gōngzuò dōu xūyào rènzhēn duìdài［～工作都需要认真对待］どの仕事にも真剣に向き合わねばならない.

†**géxīn 革新**［動］革新する. ¶búduàn ～,búduàn qiánjìn［不断～，不断前进］絶えず革新し,絶えず前進する／gǎo jìshù ～［搞技术～］技術革新を行う.

gēxīng 歌星［名］スター歌手. ¶chéngwéi ～［成为～］スター歌手になる.

†**gèxìng 个性**［名］個性.パーソナリティー.キャラクター. ¶zhè gūniang hěn yǒu ～［这姑娘很有～］この娘は個性が強い／tā ～ tài qiáng,gēn biéren hébulái［他～太强，跟别人合不来］彼は個性が強すぎて人とそりが合わない.

gēyǒng 歌咏［名］歌謡.

⁑**gèzhǒng 各种**［代］各種の.それぞれに異なる種類の. ¶～ fāngfǎ［～方法］いろいろな方法／～ shāngpǐn［～商品］さまざまな商品.

†**gē·zi 鸽子**［名］ハト. ¶yǎngle jǐ zhī ～［养了几只～］ハトを何羽か飼った.

†**gèzì 各自**［代］各自.各人.それぞれ個人で.それぞれ自分で. ¶～ jiǎnchá［～检查］各人がチェックする.

*****gè·zi 个子**［名］背丈.身長.体格. ¶gāo ～［高～］高い背丈.のっぽ.／nǐ ～ yǒu duō gāo?［你～有多高?］あなたの身長はどれくらいですか.

gōng 工［名］*❶労働者. ¶nǚ～［女～］女性労働者.❷仕事.労働. ¶wánchéng zhè yí rènwu yào shí ge ～［完成这一任务要十个～］この任務をやり遂げるにはのべ10人分の労働量が

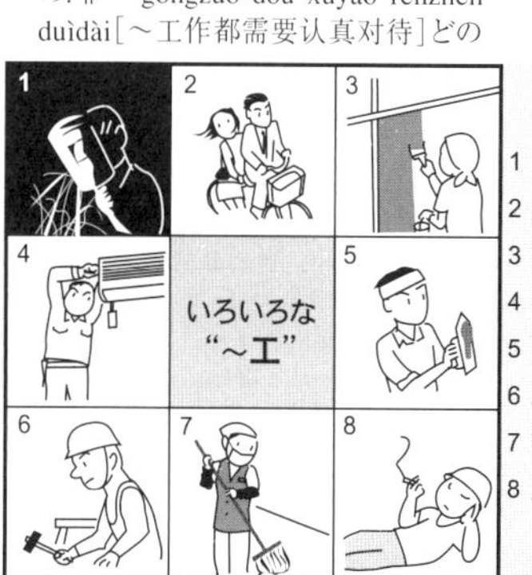

⋘ 逆引きウインドウズ

1	焊工	hàngōng	溶接工
2	双职工	shuāngzhígōng	共働きの夫婦
3	漆工	qīgōng	ペンキ職人
4	电工	diàngōng	電気工
5	瓦工	wǎgōng	左官
6	木工	mùgōng	大工
7	清洁工	qīngjiégōng	清掃員
8	怠工	dàigōng	仕事をサボる

必要だ／tōu ～ jiǎn liào［偷～减料］成手を抜き材料をごまかす.❸プロジェクト.工事.

†**gōng 弓**［名］弓.¶～jiàn［～箭］弓矢／dàn～［弹～］はじき弓.［動］曲げる.¶～zhe bèi［～着背］背中を曲げる.

†**gōng 公**［名］❶年配の男性の敬称.¶Zhōu ～［周～］周公.❷夫の父.¶～pó［～婆］しゅうととしゅうとめ.❸公務.¶bàn～［办～］公務を執る.［区］❶(動物の)雄.↔ mǔ 母*❷公の.個人に属さない.↔ sī 私¶～cè［～厕］公衆トイレ.*❸共通の.公認の.*❹公正な.¶～zhèng［～正］公正である.*❺国際的な.¶～hǎi［～海］公海.

gōng 功［名］❶功績.手柄.¶lìle dà ～［立了大～］大手柄を立てる.金星を上げる.❷成果.¶shì bàn ～ bèi［事半～倍］成わずかの努力で大きな成果を上げる.❸(～儿)技量.技能.¶liànxí jīběn～［练习基本～］基本技術を練習する.

†**gōng 攻**［動］❶攻める.¶～xiale sān zuò chéngshì［～下了三座城市］3つの都市を攻め落とした.❷責める.とがめる.¶～xīn wéi shàng［～心为上］改心させるのが上策である.

*****gōng 供**［動］供給する.提供する.¶～dàjiā tiāoxuǎn［～大家挑选］皆さんの好きなように選んでください.

†**gōng 宫***［名］❶宮殿.¶huáng～［皇～］皇居.❷神話の神の住居.¶tiān～［天～］天宫／lóng～［龙～］竜宮.❸寺院.神殿.¶Yōnghé～［雍和～］雍和宮(ようわきゅう,北京にあるラマ教寺院).❹文化公共活動のための建物.¶shàonián～［少年～］少年文化センター.

gōng 宫❶

gùgōng 故宫　故宮

gǒng 拱*［動］❶体で前に押す.押しのける.¶yòng shēnzi ～kāi mén［用身子～开门］体で入り口を押し開ける／hùnzai rénqún li ～jinqu［混在人群里～进去］人ごみの中を押し分けて行く.❷両手を胸のところで合わせる.取り囲む.¶～shǒu gàobié［～手告别］両手を胸の前で合わせて別れを告げる.［名］アーチ型.アーチ.¶～mén［～门］アーチ型の門.

gǒng 拱❷

*****gòng 共***［形］❶共通の.皆が持っている.¶～xìng［～性］共通性／～tōng［～通］共通の.❷共に.一緒である.¶yǐnqǐle dúzhě de ～míng［引起了读者的～鸣］読者の共感を呼んだ／hépíng ～chǔ［和平～处］平和共存.*［名］共産党・共産主義の略.¶Zhōng～［中～］中国共産党／guójì ～ yùn［国际～运］国際共産主義運動.［副］全部で.合計して.¶quánjí ～ shí juàn［全集～十卷］全集は全部で10巻です／～ shōulù sānbǎi duō piān zuòpǐn［～收录三百多篇作品］合わせて300編の作品を収録している.

†**gōng'ān 公安**［名］社会の安全.¶～jú［～局］公安局.警察.

gōngbào 公报［名］コミュニケ.政府の公式発表.¶liánhé ～［联合～］共同コミュニケ.

†**gōngbù 公布**［動］公布する.¶～ huòjiǎng míngdān［～获奖名单］受賞者名簿を発表する.

gōng bù yìng qiú 供不应求成供給が需要に応じきれない.¶～ de xiànxiàng［～的现象］供給が需要に追いつかないという現象.

*****gòngchǎndǎng 共产党**［名］共産党.

*†**gōngchǎng 工厂**［名］〔jiā 家〕工場.

gòngchǎn zhǔyì 共产主义［名］共産主義.

*****gōngchéng 工程**［名］大規模な工事.プロジェクト.¶tǔmù ～［土木～］土

G

木工事.

*gōngchéngshī 工程师[名]技師.技術指導者.エンジニア.

gōngchǐ 公尺[量]メートル."米"mǐともいう.

gōng·dao 公道[形]公平である.¶tā wéirén héqi,bànshì ~[他为人和气,办事~]彼は穏やかな人柄で,仕事ぶりが公正だ/qǐng nǐ shuō jù ~huà[请你说句~话]公平に言ってください.

†gōngdì 工地[名]作業現場.工事現場.¶jiànzhù ~[建筑~]建築現場.

†gōngdiàn 宫殿[名]宮殿.¶xióngwěi de ~[雄伟的~]壮大な宮殿/bówùguǎn shì ~shì jiànzhù[博物馆是~式建筑]博物館は宮殿風建築だ.

gōngdú 攻读[動](学位をとるため)学問に励む.(ある分野を)専攻する.¶~ bóshì[~博士]博士課程で学ぶ.

*gōngfèi 公费[名]公費.

gōngfèi yīliáo 公费医疗[名]公費負担医療.¶~ yě yào jìnxíng gǎigé[~也要进行改革]公費負担医療も改革を行わねばならない.

gōngfēn 公分[名]センチメートル."厘米"límǐともいう.

*gōng·fu 工夫[名](~儿)❶時間.暇な時間.¶zhǐ yòngle sān tiān ~ jiù gànwán le[只用了三天~就干完了]たった3日でやり遂げた/yǒu ~ zài lái[有~再来]時間があったらまた来てください.❷技量.腕.¶tā yǎnxì hěn yǒu yí tào ~[她演戏很有一套~]彼女の芝居はみごとなものがある.‖"功夫"とも書く.

*gōng·fu 功夫[名]❶技量.腕前.技.¶tā hěn yǒu ~[他很有~]彼の腕前はすごい.❷中国武術.カンフー.‖"工夫"とも書く.

gōnggào 公告[名]公告.政府などによる告示.

*gōnggòng 公共[区]公共の.¶~ chǎngsuǒ[~场所]公の場所/~ cáichǎn[~财产]公共財産.

gōng·gong 公公[名]❶しゅうと.夫の父.(呼びかけにも用いる)¶tā jiéhūn hòu hé ~、pópo zhùzai yìqǐ[她结婚后和~、婆婆住在一起]彼女は結婚後,義父母と一緒に住んでいる.❷〈方〉祖父.外祖父.❸年老いた男性に対する敬称.

**gōnggòng qìchē 公共汽车[名]バス.¶zuò ~ qù[坐~去]バスで行く/jǐ lù ~ dào dòngwùyuán?[几路~到动物园?]何番路線のバスが動物園に行きますか.

*gǒnggù 巩固[形]強固である.揺るぎない.¶~ de zhèngquán[~的政权]揺るぎない政権/zhìdù ~[制度~]制度がしっかりしている.[動]強固なものにする.¶zhèige tiáoyuē ~le liǎng guó de yǒuhǎo guānxi[这个条约~了两国的友好关系]この条約は両国間の友好関係を強固なものにした.

gōngguān 公关[名]広報.渉外.¶~ bù[~部]広報部/~ xiǎojie[~小姐]広報部の女性スタッフ.

gōngguān 攻关[動]難所を攻めるように,難しい研究テーマに取り組む.¶~ xiàngmù[~项目]難題研究プロジェクト.

gōnghài 公害[名]公害.¶xiāochú ~,bǎohù huánjìng[消除~,保护环境]公害をなくし,環境を守る/zhèige dìqū ~ yánzhòng[这个地区~严重]この地区は公害がひどい.

†gònghéguó 共和国[名]共和国.

*gōnghuì 工会[名]労働組合.¶zǔzhī ~[组织~]組合を作る.

†gōngjī 攻击[動]攻撃する.¶~ duìfāng de bóruò huánjié[~对方的薄弱环节]相手のウイークポイントを攻める/duì dírén fāqǐ ~[对敌人发起~]敵に攻撃を開始する.

*gōngjǐ 供给[動]供給する.¶~zhì[~制]現物支給給与制/miǎnfèi ~ wǔcān[免费~午餐]無料で昼食が出ます.

gōngjì 功绩[名]成果.成績.¶jiànlìle zhuóyuè de ~[建立了卓越的~]卓越した成果を上げた.

gòngjì 共计[名]合計.¶~ wǔqiān yuán zhěng[~五千元整]全部でちょうど5000元/cānguānzhě ~ sān wàn réncì[参观者～三万人次]見学者は合計のべ3万人.

☆**gōngjīn 公斤**[量]キログラム. ¶yì ～ děngyú liǎng jīn[一～等于两斤]1キログラムは2"斤"に等しい.

gōngjìng 恭敬[形]恭しい.礼儀正しい. ¶tā gōnggōngjìngjìng de xíngle yí ge lǐ[他恭恭敬敬地行了一个礼]彼は恭しくお辞儀をした.

*__gōngjù 工具__[名]❶〔jiàn 件,yàng 样〕道具. ¶mùgōng ～[木工～]大工道具.❷手段. ¶yúlùn ～[舆论～]新聞・雑誌や放送などの宣伝手段/jiāotōng ～[交通～]交通機関.

gōngjùshū 工具书[名]辞書・事典・年表・索引・年鑑などほかの書物を読む際に参考とする本の総称.

*__gōngkāi 公开__[形]公然の.公開の.↔mìmì 秘密 ¶～ chǎnghé[～场合]公の場所/～ zhāopìn[～招聘]公開募集する.[動]発表する.うち明ける. ¶～ shōurù[～收入]収入を公開する/zhèi jiàn shì zànshí bù néng ～[这件事暂时不能～]この件はしばらく公開できない.

†**gōngkè 功课**[名]〔mén 门〕授業.学科. ¶zhèi cì yǒu liǎng mén ～ bù jígé[这次有两门～不及格]今回は2科目落とした.

gōngkè 攻克[動]攻略する.攻め落とす. ¶～ jiāotōng yàosài[～交通要塞]交通の要所を攻め落とす.

†**gōng·láo 功劳**[名]功績.手柄.貢献. ¶tā de ～ zuì dà[他的～最大]彼の貢献が一番大きい/lìxiale hàn mǎ ～[立下了汗马～]戦功を立てた.

gōnglǐ 公里[量]キロメートル.

†**gōnglíng 工龄**[名]勤続年数. ¶tā yǐ yǒu sānshísān nián ～ le[他已有三十三年～]彼は勤めてもう33年になる.

*__gōnglù 公路__[名]〔tiáo 条〕自動車道路. ¶xiū ～[修～]道路の補修工事をする/gāosù ～[高速～]高速道路.

†**gōngmín 公民**[名]公民. ¶～ de yìwù[～的义务]公民の義務.

gòngmíng 共鸣[名]共鳴.共感. ¶shǐ dúzhě chǎnshēng ～[使读者产生～]読者の共感を呼ぶ.

†**gōngnéng 功能**[名]機能.はたらき. ¶zhèige xǐyījī ～ hěn qíquán[这个洗衣机～很齐全]この洗濯機はあらゆる機能が揃っている.

gōngnóngyè 工农业[名]工業と農業. ¶～ zǒngchǎnzhí[～总产值]工農業総生産高.

gōng·píng 公平[形]公平である. ¶～ hélǐ[～合理]公平で道理にかなう.

†**gōng·qian 工钱**[名]❶手間賃.工賃. ¶zuò yì tiáo kùzi duōshao ～?[做一条裤子多少～?]ズボン1本作るのにいくらの手間賃になりますか.❷〈口〉給料. ¶jīntiān fā ～[今天发～]今日は給料日だ.

†**gōngqǐng 公顷**[量]ヘクタール. ¶yì ～ hé yí wàn píngfāngmǐ[一～合一万平方米]1ヘクタールは1万平方メートルに相当する.

†**gòngqīngtuán 共青团**[名]"共产主义青年团" gòngchǎn zhǔyì qīngniántuán(共産主義青年団)の略称. ¶jiārù ～[加入～]共青団に入る.

gōngrán 公然[副]公然と.おおっぴらに. ¶～ shēngchēng[～声称]はばからず公言する/～ qīnrù[～侵入]公然と侵入する.

☆**gōng·rén 工人**[名]労働者. ¶dāng ～[当～]労働者になる.

gōngrèn 公认[動]みんなが認める.公認する. ¶quántǐ ～[全体～]全員が公認する/chǎnpǐn zhìliàng dédào ～[产品质量得到～]製品の品質が認められた.

gōngrén jiējí 工人阶级[名]労働者階級.

gōngshè 公社[名]人々が共同生産,共同消費する社会形式の1つ.特に中国の"人民公社"rénmín gōngshè(人民公社)をさす.

gōngshì 工事[名]塹壕(ざんごう),トーチカなど軍事建造物の総称.

†**gōngshì 公式**[名]〔数〕公式. ¶bèi ～[背～]公式を暗記する.

*__gōngsī 公司__[名]会社. ¶zǒng～[总～]本社/fēn～[分～]支社/hézī ～[合资～]合弁会社.

*__gòngtóng 共同__[形]❶共同の.共通である. ¶yǒu ～ yǔyán[有～语言]意

G

志の疎通ができる言葉を持つ／～de mùdì［～的目的］共通の目的.❷皆一緒に(…する).¶～ nǔlì［～努力］共に努力する／～ jiànshè wǒmen de jiāyuán［～建设我们的家园］我々の郷土を共に建設する.

gōngwù 公务［名］公務.¶chǔlǐ ～［处理～］公務を処理する／～ rényuán［～人员］公務員.

gōngwùyuán 公务员［名］公務員.¶tā dāngshangle ～［他当上了～］彼は公務員になった.

†**gōngxǐ 恭喜**［動］おめでとうございます.(人の喜び事.慶事について言う)¶～ nǐ kǎoshangle yánjiūshēng［～你考上了研究生］大学院に合格,おめでとう／tīngshuō nǐ shēngle érzi, ～,～［听说你生了儿子，～，～］息子さんが生まれたそうですね,おめでとうございます／～ fācái［～发财］(新年の挨拶)お金もうけができますように.

*****gòngxiàn 贡献**［動］貢献する.寄与する.¶wèi guójiā ～ lìliang［为国家～力量］国のために力を捧げる／zuòchu bùshǎo ～［作出不少～］少なからず貢献した.

gōngxiāo 供销［動］品物を供給して販売する.主として農村で商品を供給し,農産物を買い上げることをさす.

gōngxiào 功效［名］効能.効き目.¶duō ～［多～］多効能／jiàn ～［见～］効き目があった.

gòngxìng 共性［名］共通性.¶èrzhě jùyǒu ～［二者具有～］二者は共通性を持つ.

†**gōngxù 工序**［名］〔dào 道〕工程.生産プロセス.¶měi dào ～ dōu yǒu bùtóng de yāoqiú［每道～都有不同的要求］工程ごとに要求されるものが異なる.

⁑**gōngyè 工业**［名］工業.¶～ chéngshì［～城市］工業都市.

gōngyèpǐn 工业品［名］工業製品.¶chūkǒu ～［出口～］工業製品を輸出する.

†**gōngyìng 供应**［動］供給する.提供する.¶～ yuánliào［～原料］原料を供給する／bǎozhàng ～［保障～］供給を保障する.

*****gōngyìpǐn 工艺品**［名］工芸品.¶zhìzuò ～［制作～］工芸品を作る.

†**gōngyòng 公用**［区］共同で使う.¶～ tíngchēchǎng［～停车场］共同駐車場／zhèige chúfáng shì ～ de［这个厨房是～的］この台所は共同です.

*****gōngyòng diànhuà 公用电话**［名］公衆電話.

gōngyǒu 公有［動］共有する.¶tǔdì ～zhì［土地～制］土地共有制／～ cáichǎn［～财产］共有財産.

gōngyǒuzhì 公有制［名］共有制.¶shēngchǎn zīliào ～［生产资料～］生産手段の共有制.

gōngyù 公寓［名］(賃貸)マンション.アパート.¶zhèi dòng ～ zhēn piàoliang［这栋～真漂亮］このマンションは本当にきれいだ.

*****gōngyuán 公元**［名］西暦紀元.¶～ qián［～前］紀元前／～ èrshíyī shìjì［～二十一世纪］西暦21世紀.

gōngyuán 公园［名］公園.¶jiēxīn ～［街心～］大通りの真ん中にある公園.

gōngyuē 公约［名］❶条約.¶zūnshǒu guójì ～［遵守国际～］国際条約を遵守する.❷規約.申し合わせ.¶wèishēng ～［卫生～］衛生規約.

gōngzhài 公债［名］公債.¶gòumǎi ～［购买～］公債を購入する.

gōngzhèng 公证［名］公証.¶bàn ～［办～］公証の手続きをする.

*****gōngzī 工资**［名］〔fèn 份〕給料.賃金.¶fā ～［发～］給料を出す／lǐng ～［领～］給料を受け取る／cóng yínháng tíqǔ ～［从银行提取～］銀行から給料を引き出す.

⁑**gōngzuò 工作**［動］働く.仕事をする.(機械などが)稼動する.¶tā fèi qǐn wàng shí de ～［他废寝忘食地～］彼は寝食を忘れて働いた／shèxiàngjī zhèngzài ～[摄像机正在～]ビデオカメラが作動している.[名]❶〔jiàn 件,xiàng 项〕仕事.業務.¶～ rényuán yílǜ chuān zhìfú[～人员一律穿制服]従業員は皆制服を着る.❷職.¶tā zài mángzhe zhǎo ～[他在忙着找～]彼は仕事探しで忙しい.

類義語 gōngzuò 工作
rènwu 任务
►"工作"は広く職業・職務・仕事という意をも含む.¶你爸爸做什么工作? nǐ bàba zuò shénme gōngzuò?(あなたのお父さんはどんなお仕事をしているの) ►"任务"は上から与えられたやり遂げるべき仕事をいう.¶学生的主要任务就是努力学习 xuésheng de zhǔyào rènwu jiùshì nǔlì xuéxí(学生の主たる任務は学習に励むことだ)

gōu 勾[動]❶チェック印「∨」や棒線などで印をつける.¶～diào[～掉]削除する／yì bǐ ～xiāo[一笔～销]一切を帳消しにする.❷輪郭をとる.描く.¶～huà[～画]スケッチする／～ lúnkuò[～轮廓]輪郭をとる.❸引き起こす.誘い出す.¶～yǐn[～引]誘惑する.

gōu 沟[名]❶〔dào 道,tiáo 条〕溝.堀.¶yīn～[阴～]暗渠(あんきょ).地下水路／yàchu yí dào ～[轧出一道～](車輪などで)溝ができる.❷(～儿)わだち.

†**gōu 钩**[動]❶(かぎで)引っかける.¶～zhu shùzhī[～住树枝]枝に引っかける／máoyī bèi ～zhu le[毛衣被～住了]セーターを引っかけた.❷かぎ針で編む.¶～ zhuōbù[～桌布]かぎ針でテーブルクロスを編む.

*****gǒu 狗**[名]❶〔tiáo 条,zhī 只〕イヌ.❷〈貶〉悪人のたとえ.¶zǒu～[走～]手先.走狗(そうく).

†**gòu 购***[動]買う.買いつける.¶cǎi～[采～](官庁や企業のために)購入する／yóu～[邮～]通信販売で購入する／dìng～[订～]発注する.

gòu 够[形]足りている.¶～ yòng[～用]使うのに十分だ／shíjiān bú ～[时间不～]時間が足りない.[動]❶(規格,基準に)達する.¶～ péngyou[～朋友]友達がいがある.❷(腕をできるだけ伸ばすか,または長い道具を使って物を)取る.¶～ dōngxi[～东西]物を取る／～buzháo[～不着]手が届かない.[副]十分に.はなはだ.注後ろに"的"deがつくことが多い.¶～ jiēshi de[～结实的]とても丈夫だ.

*****gòuchéng 构成**[動]形成する.構成する.¶yóu wǔ bùfen ～[由五部分～]5部から構成されている／～le fànzuì[～了犯罪]犯罪になる.

†**gōujié 勾结**[動]〈貶〉結託する.ぐるになる.¶yǔ wàirén xiāng ～[与外人相～]外部の人間とぐるになる／ànzhōng ～,lǐ yìng wài hé[暗中～,里应外合]ひそかに結託して外からの攻撃に内から協力する.

†**gòumǎi 购买**[動]買う.¶～ qìchē[～汽车]車を買う.

†**gòumǎilì 购买力**[名]購買力.¶gèrén ～[个人～]個人の購買力.

gòuqiàng 够呛[形]〈方〉たまらない.やりきれない.すごい.(マイナス評価の語)"够戗"とも書く.¶zuótiān bǎ wǒ lèide ～[昨天把我累得～]昨日はひどく疲れた.

†**gòusī 构思**[動]構想する.¶xiàle dà gōngfu jìnxíng ～[下了大工夫进行～]苦労して構想を練る／xiān ～, ránhòu zài dòngshǒu xiě[先～, 然后再动手写]まず構想を立て,その後で書き始める.

gōutōng 沟通[動]橋渡しをする.交流する.つなぐ.¶～ sīxiǎng[～思想]意思を通じさせる.考え方を交流する.

gòuxiǎng 构想[動]構想を練る.¶tā zhèngzài ～ wèilái de shēnghuó[他正在～未来的生活]彼はこれからの生活の構想を練っているところだ／shíxiànle dāngchū de ～[实现了当初的～]初めの構想を実現した.

*****gòuzào 构造**[名]構造.¶réntǐ ～[人体～]人体の構造／jùzi ～[句子～]文の構造.

†**gōu·zi 钩子**[名]かぎ.ホック.かぎ針状のもの.¶bǎ bāor guàzai ～ shang[把

包儿挂在～上]バッグをホックにかける.

*gǔ 古[形]古い.↔ jīn 今 ¶～shū[～书]古い書物／～chéng[～城]古い町.➡類義語 lǎo 老

†gǔ 股[量](～儿)❶細長いものを数える.¶yì ～ xiàn[一～线]1本の糸.❷気体,におい,力などを数える.¶yì ～ xiāngwèi[一～香味]よい香り／yì ～ jìn[一～劲]持っているパワー.❸一味,グループを数える.¶sān ～ tǔfěi[三～土匪]3グループの匪族(土地の盗族).

G

gǔ 骨*[名]❶骨.単用する時は"骨头"gǔtouという.❷性格.人柄.¶mèi～[媚～]こびへつらう性格.

†gǔ 鼓[名](～儿)〔miàn 面〕太鼓.¶qiāo ～[敲～]太鼓をたたく.[動]❶打つ.❷奮い起こす.¶～ gànjìn[～干劲]大いに意気込む.❸ふくらます.¶～zhe zuǐba chuī suǒnà[～着嘴巴吹唢呐]頬をふくらませてチャルメラ(中国の吹奏楽器)を吹く.

yáo gǔ 摇鼓
でんでん太鼓をならす

gù 故*[名]❶思わぬ事故.災難.¶jiāotōng shì～[交通事～]交通事故.❷原因.理由.¶jiè～[借～]口実を設ける.[形]❶わざと.故意に.¶míng zhī ～ fàn[明知～犯]知っていながら悪い事をする.*❷もとの.昔の.¶～dū[～都]古都.[接]〈書〉それで.ゆえに.¶yīnwèi xià yǔ le,～'ér méi chūmén[因为下雨了,～而没出门]雨が降ってきたので出かけなかった.

*gù 顾[動]❶見る.見回す.¶zuǒ ～ yòu pàn[左～右盼]きょろきょろ見回す／huán～[环～]ぐるりと見回す.❷気を配る.注意する.¶jiān～[兼～]両方に配慮する／zhào～[照～]気を配る.世話をする／～buguòlái[～不过来]手が回らない.❸(買い物やある目的のために)やってくる.¶huānyíng guāng～[欢迎光～]ようこそいらっしゃいました.

†gù 雇[動]雇う.かかえる.¶～ bǎomǔ[～保姆]お手伝いさんを雇う／～chuán[～船]船を賃借りする.

†guā 瓜[名]〔植〕ウリ.ウリ科の植物の総称.

**guā 刮[動]❶(ナイフなどで表面を)剃る.こそげる.¶～ húzi[～胡子]ひげを剃る.❷(財貨を)かすめとる.¶sōu～ qiáncái[搜～钱财]財産を収奪する.❸(風が)吹く.¶～ táifēng[～台风]台風になる／～ fēng xiàyǔ[～风下雨]風が吹き,雨が降る.

**guà 挂[動]❶(縄やくぎ,かぎなどに)掛ける.掛かる.¶～ yīfu[～衣服]洋服を掛ける／qiángshang ～zhe yì fú huà[墙上～着一幅画]壁に絵が掛かっている.❷電話を切る.注電話をかける意味になることもある.¶～shang diànhuà[～上电话]電話を切る／wǎnshang wǒ gěi nǐ ～ diànhuà[晚上我给你～电话]夜,電話するよ.❸心にかける.心配する.¶tā xīnli ～zhe jiāli de shì[她心里～着家里的事]彼女は心の中では家のことを気にかけている.❹申し込み手続きをする.書留にする.¶～ nèikē[～内科]内科に申し込む／～hàochù[～号处](病院などの受診)受付.➡見る類 p.181

guāfēn 瓜分[動](土地や領土をウリを切るように)分割する.¶～ lǐngtǔ[～领土]領土を分割する.

†guǎ·fu 寡妇[名]未亡人.

guà∥gōu 挂钩[動]つなぐ.リンクする.¶chǎnxiāo ～[产销～]生産と販売を結び付ける／wǒmen zhōngyú guàshang gōu le[我们终于挂上钩了]我々はついに提携した.

*guà∥hào 挂号[動]❶(病院などで診察の順番などを)申し込む.¶xiān ～, hòu kànbìng[先～, 后看病]受け付けを済ませてから診察を受ける／～fèi bù néng bàoxiāo[～费不能报销]申し込み費用は経費で落とせない.❷書留にする.¶jì yí jiàn ～xìn[寄一件～信]1通書留郵便を出す.

†guāi 乖[形]❶(子供が)おとなしい.聞

き分けがよい.¶zhè háizi zhēn ～[这孩子真～]この子は本当に聞き分けがよい.❷賢い.¶zuǐ～[嘴～]口が達者だ／xué ～ le[学～了]利口になった.

*guǎi 拐[動]❶(角を)曲がる.方角を変える.¶xiàng zuǒ ～[向左～]左へ曲がる／～jin yì tiáo xiǎo hútòng[～进一条小胡同]角を曲がって小さな路地に入る.❷足を引きずる.¶tā yì ～ yì ～ de zǒuguolai[他一～一～地走过来]彼は足を引きずりながらやって来る.❸だまし取る.¶yòu～[诱～]誘拐する.[名]松葉杖.¶zhǔ ～[拄～]松葉杖をつく.

*guài 怪[形]怪しい.不思議である.変わっている.¶zhēn shì ～shì[真是～事]まったくおかしな話だ／tā de píqi hěn ～[他的脾气很～]あの人は変わっている／bié dà jīng xiǎo ～ de[别大惊小～的]つまらぬことで大騒ぎするな.[副]〈口〉かなり.非常に.注多く後ろに"的"deを伴う.¶～ máfan de[～麻烦的]とても面倒だ／～ kěxī de [～可惜的]すごくもったいない.➡類義語 hěn 很

†guài 怪[動]責める.…のせいにする.¶bié ～ tā le[别～他了]彼を責めないで／dōu ～ wǒ bù hǎo[都～我不好]みんな私のせいです.

†guài·bu·de 怪不得[動]とがめることはできない.¶chū zhèyàng de shì,～biéren[出这样的事，～别人]こんなことになったが人を責めることはできない.[副]なるほど.道理で.¶zhōuli fàngle táng,～ zhème tián[粥里放了糖，～这么甜]お粥に砂糖を入れたのか,道理でこんなに甘いはずだ.

†guǎi//wān 拐弯[動](～儿)❶角を曲がる.¶～ shí yào màn yìdiǎnr[～时要慢一点儿]カーブではスピードを少し落としなさい／guǎi liǎng ge wān jiù dào le[拐两个弯就到了]角を2つ曲がればすぐです.❷話を変える.遠回しに言う.¶wǒ xìngzi zhí,shuōhuà bú huì ～[我性子直，说话不会～]私は性格が率直なので,遠まわしに言うことは苦手です.

guàlì 挂历[名]壁掛けのカレンダー.

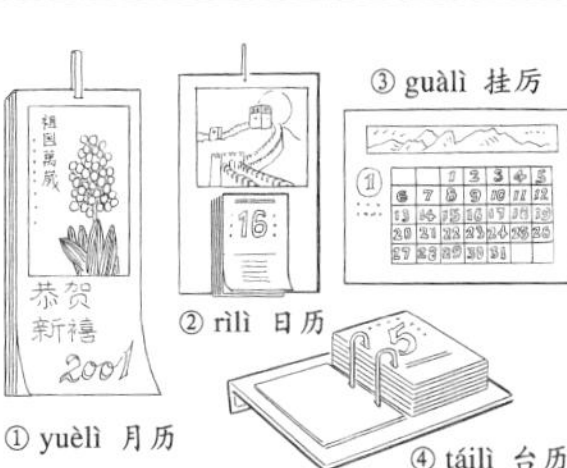

①(月毎)カレンダー ②日めくりカレンダー ③壁掛けカレンダー ④卓上カレンダー

⁑guān 关[名]❶関所.¶guò～[过～]関所を通り抜ける.難関を突破する.❷税関.¶hǎi～[海～]税関.[動]❶閉める.閉じる.↔ kāi 开 ¶～mén[～门]ドアを閉める／～ dēng[～灯]明かりを消す.❷閉じ込める.¶bǎ fànrén ～yāqilai[把犯人～押起来]犯人を拘束する.➡見る類 p.254

guān 官[名]❶役人.¶jūn～[军～]将校／zuò ～[做～]役人になる.❷政府(の).官有(の).¶～jun[～军]政府軍.❸器官.¶wǔ～[五～]五官.

guān 观*[動]見る.眺める.¶zǒu mǎ ～ huā[走马～花]成馬をとばして花見をする.おおざっぱに物事の表面だけを見るたとえ."走马看花"zǒu mǎ kàn huāともいう.[名]❶眺め.状況.¶wài～[外～]外観.外見.❷見方.考え方.¶rénshēng～[人生～]人生観.

⁑guǎn 馆*[名]旅館,サービス業の商店や大使館,文物を展示したり文化活動をしたりする場所.¶chá～r[茶～儿]茶館.中国式喫茶店／lǐngshì～[领事～]領事館.

*guǎn 管[動]❶管理する.受け持つ.¶～zhàng[～帐]会計係をする／～huǒshí[～伙食]食事係をする.❷かまう.口出しする.干渉する.¶～ xiánshì[～闲事]よけいな世話をやく.❸保証する.支給する.¶～ chī ～ zhù[～吃～住]食事と部屋を提供する.

†guàn 惯[形]慣れている.¶shuì～le mùbǎnchuáng[睡～了木板床](クッションのない)木のベッドに寝るのに慣れた.[動]甘やかす.放任する.¶bǎ háizi ～huài le[把孩子～坏了]子供を甘やかしてしまった.

G

†**guàn 灌**[動]❶水をやる.注ぐ.灌漑する.¶yǐn shuǐ ～ tián[引水～田]水を引いて田に注ぐ.❷注ぎ込む.中に入る.吹き込む.¶bǎ kāishuǐ ～jin nuǎnshuǐpíng li[把开水～进暖水瓶里]お湯をポットに入れる／～ chàngpiàn[～唱片]レコードを吹き込む.

†**guàn 罐**[名](～儿)水や食料などを入れる容器.¶cháyè～[茶叶～]茶筒／yìlā～[易拉～]プルトップの缶詰.➡ 見る類 p.277

guānbì 关闭[動]❶(門などを)閉める.閉鎖する.¶dàmén yǐjing ～ le[大门已经～了]正門はもう閉まった.❷(工場や商店の経営を)やめる.廃業する.¶gōngchǎng ～,gōngrén shīyè[工厂～, 工人失业]工場は閉鎖され,労働者は失業した.

guān·cai 棺材[名]〔kǒu 口〕棺桶.ひつぎ.

†**guāncè 观测**[動](天文・地理・気象・方向などを)観測する.観察する.¶～ yuèqiú[～月球]月を観測する.

*__guānchá 观察__[動]観察する.見つめる.¶zǐxì ～[仔细～]注意深く観察する.

*__guànchè 贯彻__[動]貫徹する.徹底的に実行する.¶～ shàngjí zhǐshì[～上级指示]上の指示を徹底する／～ jiānkǔ fèndòu de jīngshén[～艰苦奋斗的精神]刻苦奮闘の精神を貫徹する.

†**guǎndào 管道**[名]パイプライン.パイプ.管.¶méiqì ～[煤气～]ガス管／zìláishuǐ ～[自来水～]水道管.

*__guāndiǎn 观点__[名]観点.見方.¶～ bùtóng[～不同]見方が異なる.

guānfāng 官方[名]政府筋.役所側.¶～ bàozhǐ[～报纸]政府側の新聞／～ xiāoxi[～消息]政府筋のニュース.

*__guāng 光__[名]❶光.光線.¶yáng～[阳～]日光／dēng～[灯～]照明.*❷景色.¶fēng～[风～]風景.景色.*❸名誉.栄誉.¶wèi jítǐ zēng～[为集体增～]集団のために栄誉を増す／gěi fùmǔ liǎnshang tiān ～[给父母脸上添～]父母の面目を施す.[動]裸にする.あらわにする.むき出しにする.¶～ zhe jiǎo[～着脚]裸足になる.[副]ただ.だけ.¶zhè háizi ～ wán bù xuéxí

目で見る類義語 guān 关　bì 闭　hé 合

►テレビや電灯などスイッチがあるものを閉じる(消す)時は"关"guānを使う.¶关灯 guān dēng(明かりを消す)／关电视 guān diànshì(テレビを消す)►さらに人や空気,物など,何かの往来や出入りを遮断するのも"关"である."关"の反対は"开"kāi.¶关门 guān mén(ドアを閉める)／关窗 guān chuāng(窓を閉める)►まぶたや幕のように,何かの表面を覆う働きがあるものを閉めて中を見えないようにするのが"闭"bìである.¶闭眼睛 bì yǎnjing(目を閉じる)／闭嘴 bìzuǐ(口を閉ざす)／闭幕 bìmù(幕を下ろす)►"合"héは「合わせること」,左右あるいは上下で形が対称であるものをぴったり合わせ,本来の姿に戻す時に使う.¶合上书 héshang shū(本を閉じる)／合上嘴 héshang zuǐ(口を閉じる)／永远合上了眼睛 yǒngyuǎn héshangle yǎnjing(永遠の眠りにつく)

[这孩子～玩不学习]この子は遊んでばかりで勉強しない／～ wǒmen bān jiù láile shí ge rén[～我们班就来了十个人]私たちのクラスだけで10人来た.[形]❶何も残っていない.¶ yòng～[用～]使い果たす／chī～[吃～]食べ尽くす.❷(物の表面が)つるつるしている.ぴかぴかしている.¶zhèi zhǒng zhǐ hěn ～[这种纸很～]この紙はつるつるしている.*❸光っている.明るい.¶hěn yǒu ～zé[很有～泽]光沢がある.つやがある.

†**guǎng 广**[形]❶広い.¶dì ～ rén xī[地～人稀]土地が広く人口が少ない.❷多い.¶tā zhīshi miàn hěn ～[他知识面很～]彼は博識だ.

***guàng 逛**[動]ぶらぶら歩く.散歩する.ぶらつく.¶～ dàjiē[～大街]街を見物する／～ shāngdiàn[～商店]ウインドーショッピングをする.

†**guàngài 灌溉**[動]灌漑する.

☆**guǎngbō 广播**[名]放送番組.¶tīng～[听～]放送を聞く.[動](テレビ・ラジオを)放送する.¶～ xúnrén qǐshì[～寻人启事]尋ね人のお知らせの放送をする.

†**guāngcǎi 光彩**[名]彩り.色とつや.[形]光栄である.面目を施す.¶háizi kǎoshang míngpái dàxué,fùmǔ juéde liǎnshang hěn ～[孩子考上名牌大学，父母觉得脸上很～]子供が名門大学に合格したので親は大いに面目を施した.

guāng cǎi duó mù 光彩夺目㊈目が奪われるほどの鮮やかさ.¶～ de jīnpái[～的金牌]目を奪われるほどきらびやかな金メダル.

***guǎngchǎng 广场**[名]広場.

Tiān'ānmén Guǎngchǎng "天安门广场"(天安門広場)

***guǎngdà 广大**[形]❶広大である.¶～ de yuányě[～的原野]広大な原野.❷(人数が)多い.広範である.幅広い.¶shòudao ～ dúzhě de xǐ'ài[受到～读者的喜爱]多くの読者に愛される.

***guǎngfàn 广泛**[形]多方面にわたっている.広範である.¶nèiróng shífēn～[内容十分～]内容が多岐にわたる／～ zhēngqiú yìjiàn[～征求意见]広く意見を求める.

***guǎnggào 广告**[名]広告.コマーシャル.¶zài diànshì shang zuò ～[在电视上做～]テレビでコマーシャルを流す.

guānggù 光顾[動]ご愛顧を賜る.(商店主が顧客を歓迎する言葉)¶wúrén ～ de xiǎo diàn tūrán láile hěn duō rén[无人～的小店突然来了很多人]閑古鳥が鳴いていた小さな店に突然多くの人が来た.

guānggùnr 光棍儿[名](男の)独身者.男やもめ.¶yíbèizi dǎ ～[一辈子打～]生涯独身を通す.

†**guāng·huá 光滑**[形]なめらかでつやがある.¶～ róunèn de pífū[～柔嫩的皮肤]なめらかで柔らかな肌／zhuōmiàn shífēn ～[桌面十分～]テーブルの表面がなめらかでつやがある.

***guānghuī 光辉**[名]光輝.光.輝き.¶tàiyáng de ～[太阳的～]太陽の輝き.[形]輝かしい.光り輝く.¶～ xíngxiàng[～形象]輝かしいイメージ／～ qiánchéng[～前程]光り輝く前途.

***guǎngkuò 广阔**[形]広大である.広い.¶～ tiāndì[～天地]広大な天地.

guāngliàng 光亮[形]明るい.光り輝いている.¶～ de bōli[～的玻璃]明るいガラス.

†**guānglín 光临**[動]ご光来を仰ぐ.ご来訪いただく.㊟相手を歓迎する丁寧な言い方.¶huānyíng ～[欢迎～]いらっしゃいませ.

guāngmáng 光芒[名]四方に放射される強烈な光.光芒(こうぼう).¶～ sì shè[～四射]光を放射する.

***guāngmíng 光明**[形]❶光明に満ちている.明るい.¶shuǐdiànzhàn gěi zhèige xiǎo shāncūn dàilaile yí piàn ～[水电站给这个小山村带来了一片

～]水力発電所がこの小さな山村に光をもたらした.❷希望に満ちている.¶～ de wèilái[～的未来]希望にあふれた未来.❸公明正大である.私心がない.¶～ lěi luò[～磊落]公明正大である.

*guāngróng 光荣[名]光栄.栄誉.¶déle dì yī,dàjiā dōu gǎndào ～[得了第一，大家都感到～]1番になり皆は光栄に思った.

guānguāng 观光[動]観光する.¶péizhe péngyou dào gèchù ～[陪着朋友到各处～]友人につきそって各地を観光した.

G

*guāngxiàn 光线[名]光線.¶～ hěn qiáng[～很强]光がまぶしい／zhè fángjiān cháo nán,～ hǎo[这房间朝南，～好]この部屋は南向きなので陽当たり良好だ.

†guānhuái 关怀[動]配慮する.思いやる.注普通目上から目下への心遣いをさす.¶qīnqiè ～[亲切～]温かな心配りをする.

guàniàn 挂念[動]心配する.気にかかる.¶chūlai yǐhòu yìzhí ～zhe jiāli[出来以后一直～着家里]出てきてからずっと家のことが気になっている／wǒ shēntǐ hěn hǎo,qǐngwù ～[我身体很好，请勿～]元気ですから,どうぞご心配なく.

*guānjiàn 关键[名]かなめ.キーポイント.¶jiějué wèntí de ～[解决问题的～]問題解決のキーポイント／～ shíkè[～时刻]正念場.大事な時／～ rénwù[～人物]キーマン.鍵を握る人.

guānjiéyán 关节炎[名]〔医〕関節炎.¶déle ～[得了～]関節炎を患う.

*guànjūn 冠军[名](スポーツなどの競技の)優勝.¶duódé ～[夺得～]優勝する.

†guānkàn 观看[動]観覧する.眺める.¶～ yǎnchū[～演出]公演を見る／～ bǐsài[～比赛]試合を見る.

*guǎnlǐ 管理[動]管理する.取り扱う.¶～ cáiwù[～财务]財務を管理する／～ zhèi jiā shāngdiàn[～这家商店]この店を取りしきる.

guànlì 惯例[名]慣例.しきたり.¶dǎpò ～[打破～]しきたりを破る／guójì ～[国际～]国際慣例.

guānliáo 官僚[名]官僚.注よい意味では使われない.¶～ zuòfǎ[～作法]官僚的なやり方.

†guānliáo zhǔyì 官僚主义[名]官僚主義.¶～ zuòfēng[～作风]官僚主義的な態度や傾向.

guànmù 灌木[名]灌木(かんぼく).低木.¶～ cóng[～丛]灌木の茂み.

†guānniàn 观念[名]思想.意識.概念.¶xīn de xiāofèi ～[新的消费～]新しい消費意識／chuántǒng ～[传统～]伝統的な意識.

guānqiè 关切[形]親切である.親しみがある.深く関心をよせる.¶tā ～ de wènlewèn wǒ de shēntǐ qíngkuàng[她～地问了问我的身体情况]彼女は優しく気遣って私の健康状態を聞いた.

guānshǎng 观赏[動]観賞する.¶rèdài ～ zhíwù[热带～植物]熱帯観賞植物／～le jīngcǎi de biǎoyǎn[～了精彩的表演]すばらしい演技を鑑賞した.

†guāntóu 关头[名]瀬戸際.最も大切な時機.¶shēngsǐ ～[生死～]死ぬか生きるかの瀬戸際.

*guàn·tou 罐头[名]缶詰.瓶詰などの保存食品.¶kāi ～[开～]缶詰をあける.

**guān·xì 关系[名]関係.間柄.つながり.¶tóngshì ～[同事～]同僚関係／lā ～[拉～]渡りをつける.コネを利用する.[動]関連する.関係する.かかわる.¶～dao wǒ de míngyù[～到我的名誉]私の名誉にかかわる.

guǎnxiá 管辖[動]管轄する.管理する.統轄する.¶zhè yǐjing chāochūle wǒmen de ～ fànwéi[这已经超出了我们的～范围]これはすでに私たちの管轄範囲を越えている.

☆☆**guān//xīn 关心**[動]人や事物に関心をよせる.気にかける.¶～ xuéshengmen de shēntǐ[～学生们的身体]学生たちの健康を気にかける.

guànyòngyǔ 惯用语[名]〔語〕慣用語.

◆慣用句10
❶开夜车 kāi yèchē(徹夜して仕事や勉強をする)
❷掏腰包 tāo yāobāo(金を出す)
❸拉后腿 lā hòutuǐ(足を引っ張る)
❹开绿灯 kāi lǜdēng(許可する)
❺拍马屁 pāi mǎpì(おべっかを使う)
❻咬耳朵 yǎo ěrduo(内緒話をする)
❼碰钉子 pèng dīngzi(断られる)
❽泼冷水 pō lěngshuǐ(水をさす)
❾泡蘑菇 pào mógu(ぐずぐずする)
❿有两下子 yǒu liǎngxiàzi(腕利きである)

☆**guānyú 关于**[前]…に関して.…について.¶～ zhèige wèntí wǒmen yǐjing tǎolùnguo le[～这个问题我们已经讨论过了]この件に関しては私たちはすでに検討している／zhè shì yì běn ～ xuèxíng fāngmiàn de shū[这是一本～血型方面的书]これは血液型に関する本です.

類義語 guānyú 关于　duìyú 对于
►ともに前置詞で,"关于"は関連する事物を示し,"对于"は動作,状態の関連する対象を示す.¶关于这个问题，他有不同看法 guānyú zhèige wèntí,tā yǒu bùtóng kànfǎ(この問題に関して,彼は異なった見解をもっている)／对于学生来说，考试成绩是很重要的 duìyú xuésheng lái shuō,kǎoshì chéngjì shì hěn zhòngyào de(学生について言えば,試験の成績はとても重要だ)►関連,対象の両方の意を兼ねる場合は言い換えられる.¶{关于／对于}这个问题有关部门将做进一步的说明解释{guānyú／×duìyú} zhèige wèntí yǒuguān bùmén jiāng zuò jìn yí bù de shuōmíng jiěshì(この事について関係部門はさらなる説明をすることになっている)►また,"关于"を用いた前置詞句は単独で文章や講演の標題にできるが,"对于"は"的"de＋名詞が後ろにつかなければならない.¶《{关于／×对于}人生观》《{guānyú／×duìyú} rénshēngguān》(『人生観について』)／《{对于／关于}鸦片战争的研究》《{duìyú／guānyú} Yāpiàn zhànzhēng de yánjiū》(『アヘン戦争に関する研究』)

guānyuán 官员[名]官吏.役人.注外交の場で用いられることが多い.¶zhèngfǔ ～[政府～]政府の役人／dàshǐguǎn de ～[大使馆的～]大使館員.

guānyuán
官员

☆**guānzhào 关照**[動]めんどうをみる.世話をする.¶chūmén zàiwài,yào hùxiāng ～[出门在外，要互相～]異郷では助け合いなさい.

☆**guānzhòng 观众**[名]観客.観衆.

guānzhù 关注[動]配慮する.関心を持つ.心配する.¶zhèige wèntí yǐnqǐle rénmen de jí dà ～[这个问题引起了人们的极大～]この問題は人々の多大な関心を引いた.

†**guǎn•zi 管子**[名]〔gēn 根,duàn 段,

表現Chips 気にかける

你怎么了?	Nǐ zěnme le?	(どうしたの)
没事儿吗?	Méi shìr ma?	(大丈夫?)
不要紧吗?	Bú yàojǐn ma?	(大丈夫ですか)
碰着了没有?	Pèngzháole méiyou?	(ぶつかりましたか)

jié 截〕管.チューブ.パイプ.

†**guāzǐ 瓜子**[名](～儿)〔kē 颗,lì 粒〕ウリの種.特に炒ったスイカやカボチャ,ヒマワリの種をさす.

gù·bu·de 顾不得[動]かまっていられない.¶～ jiěshì[～解释]説明などしていられない/～ lǐjié[～礼节]エチケットなど言っていられない.

gǔchuī 鼓吹[動]❶鼓吹する.宣伝する.¶～ gémìng[～革命]革命を宣伝する.❷ほらを吹く.大きなことを言う.¶tā yòu zài ～ shénme ne?[他又在～什么呢?]彼はまた何の大ぶろしきを広げているんだ?

G

*__gǔdài 古代__[名]古代.注現代中国の歴史学界では,中国史の時代区分として19世紀中葉以前,すなわちアヘン戦争までをさしていうことが多い.

gūdān 孤单[形]孤独である.ひとりぼっちで寂しい.¶gūgūdāndān yí ge rén zài jiā[孤孤单单一个人在家]ひとりぽつねんと家にいる.

†**gǔdiǎn 古典**[名]古典.クラシック.¶～ yīnyuè[～音乐]クラシック音楽/～ wénxué[～文学]古典文学.

†**gùdìng 固定**[形]固定している.¶～ zīchǎn[～资产]固定資産/～ lùxiàn[～路线]固定路線.[動]固定させる.¶bǎ gōngzuò shíjiān ～xialai[把工作时间～下来]勤務時間を固定する.

gǔdōng 股东[名]株主.株式会社の出資者.¶dà ～[大～]大株主/wǒmen gōngsī zuìjìn zhàokāile ～ dàhuì[我们公司最近召开了～大会]我々の会社では先ごろ株主総会を開いた.

†**gǔdòng 鼓动**[動]奮い立たせる.扇動する.¶～ rénmen qǐlai fǎnduì tāmen[～人们起来反对他们]人々を扇動し彼らに反対させる.

gūdú 孤独[形]孤独である.¶gǎndào shífēn ～[感到十分～]とても孤独を感じる.

gǔfèn 股份[名]株式.¶chénglì yì jiā ～ gōngsī[成立一家～公司]株式会社を設立する/wǒ fāng zhànyǒu bǎi fēn zhī sì de ～[我方占有百分之四的～]当方は株式の4パーセントを保有している.

†**gǔfènzhì 股份制**[名]株式制.¶gōngsī cǎiqǔle ～ de jīngyíng fāngshì[公司采取了～的经营方式]会社は株式制の経営方法を採用した.

†**gūfù 辜负**[動](期待などに)そむく.¶jué bù ～ fùmǔ de qīwàng[决不～父母的期望]親の期待に何としてもこたえる/shì wǒ ～le tā[是我～了她]私が彼女の期待を裏切ったのだ.

†**gǔgàn 骨干**[名]中心になる事物や人物.中堅.中核.¶fāhuī ～ lìliang[发挥～力量]中核としての力量を発揮する/～ fènzǐ[～分子]組織の中の中堅.

*__gū·gu 姑姑__[名]〈口〉父の姉妹にあたるおば.注呼びかけにも用いる.同じ意味で"姑母"gūmǔという言い方があるが,これは呼びかけには用いない.

gǔguài 古怪[形]奇妙である.風変わりである.¶píqi ～[脾气～]変わり者だ/yīfu shìyàng ～[衣服式样～]かっこうが奇妙きてれつである.

†**guī 归**[動]❶帰る.戻る.¶～guó[～国]帰国する.❷返る.返す.¶wù ～ yuánzhǔ[物～原主]物がもとの持ち主のところに返る.❸帰する.集まる.¶zhòng wàng suǒ ～[众望所～]大衆の望みの集まるところ.❹…に属する.…に帰属する.¶qiáncái ～ māma guǎn[钱财～妈妈管]お金はお母さんが管理している/wǒ zhǐ yào yí ge, shèngxia de dōu ～ nǐ[我只要一个,剩下的都～你]私は1つだけでいい,残りはみなあなたのものです.

guī 龟[名]カメ.

*__guǐ 鬼__[名]❶幽霊.亡霊.¶nào～[闹～]幽霊が出る.❷悪い嗜好(しこう)を持つ,あるいは悪い行為をする人を罵って言う.¶dǎnxiǎo～[胆小～]臆病者/yān～[烟～]ヘビースモーカー/jiǔ～[酒～]飲んべえ.❸悪だくみ.腹黒いこと.¶xīnli yǒu ～[心里有～]悪いことをたくらんでいる.[形]こそこそしている.¶nà jiāhuo ～ tóu ～ nǎo de[那家伙～头～脑的]こそこそしている奴だ.

☆**guì 贵**[形]❶(価値が)高い.↔ piányi 便宜,jiàn 贱 ¶tài ～ le,mǎibuqǐ[太～了,买不起]高すぎて買えません.❷

貴重である.大切である.¶ bǎo～[宝～]貴重だ／kě～[可～]得がたい.*❸貴い.身分が高い.↔ jiàn 贱 ¶ ～ fūrén [～妇人]貴婦人／*[頭]相手の事物を敬っていう.¶ ～ gōngsī[～公司]貴社.

*guì 跪[動]ひざまずく.¶ ～xia qiúráo [～下求饶]ひざまずいて許しを乞う／～zai dìshang[～在地上]土下座する.

†guìbīn 贵宾[名]貴賓.¶ ～xí[～席]貴賓席.

†guǐdào 轨道[名]❶レール.¶ pūshè ～[铺设～]レールを敷く.❷(行動上の)きまり.軌道.路線.¶ gōngsī de jīngyíng yǐjing shàngle ～[公司的经营已经上了～]会社の経営はすでに軌道に乗った.

*guīdìng 规定[動]規定する.定める.¶ xuéxiào ～le zuòxī shíjiān[学校～了作息时间]学校では授業時間と休み時間が決められている.

guīfàn 规范[名]規範.標準.¶ yǔyīn ～[语音～]発音の基準／dàodé ～[道德～]道徳の規範.[形]規範に合っている.標準的である.¶ dòngzuò bù ～[动作不～]しぐさが規範に合っていない.

guīgé 规格[名]規格.標準.規準.¶ bùhé ～[不合～]規格に合わない／jiēdài ～[接待～]接待規準.

guī gēn dào dǐ 归根到底㊀結局.とどのつまり.¶ ～,zérèn yīng yóu shàngbian lái fù[～, 责任应由上边来负]結局のところ,責任は上層部がとるべきだ.

guǐ guǐ suì suì 鬼鬼祟祟㊀こそこそしている.¶ tāmen duǒzai jiǎoluò li ～ de ,bù zhī zài gàn xiē shénme [他们躲在角落里～的, 不知在干些什么]彼らは目立たない所に隠れてこそこそして,何をしているのか分からない.

†guīhuà 规划[動]計画する.企画する.¶ chéngshì jiànshè yóu shìzhèngfǔ tǒngyī ～[城市建设由市政府统一～]都市建設は市がまとめて計画する／chéngshì ～[城市～]都市計画.

guīhuán 归还[動]返却する.返還する.¶ bǎ jiǎndao de qiánbāo ～ shīzhě [把捡到的钱包～失者]拾った財布を落とし主に返す.

guījié 归结[動]まとめる.総括する.¶ yuányīn kěyǐ ～ wéi yǐxià jǐ ge fāngmiàn[原因可以～为以下几个方面]原因としては以下のいくつかにまとめることができる.

†guī·ju 规矩[名]規則.きまり.掟.ならわし.¶ lǎo～[老～]古いならわし.[形]品行が正しい.きちんとしている.¶ zhè háizi hěn ～[这孩子很～]この子は行儀がいい／zì xiěde hěn ～[字写得很～]字がきちんと書かれている.

*guīlǜ 规律[名]法則.規則.¶ shìwù de fāzhǎn dōu shì yǒu ～ de[事物的发展都是有～的]事物の発展にはすべて法則がある.

*guīmó 规模[名]規模.¶ ～ hóngdà [～宏大]規模が大きい／～ kōngqián [～空前]空前の規模.

guīnà 归纳[動]帰納する.まとめる.¶ ～chu duànluò dàyì[～出段落大意]段落の大意をまとめる／～chu sān diǎn[～出三点]3点にまとめる.

guī·nü 闺女[名]〈方〉❶未婚の女性.❷娘.

†guìtái 柜台[名]商店のカウンター.¶ zhàn ～[站～]店のカウンターに立つ.

*guìxìng 贵姓[名]〈敬〉お名前.ご芳名.(相手の名字を聞く時に使う) ¶ nín ～?[您～?]お名前は?／qǐngwèn ～?[请问～?]失礼ですがお名前は?

†guīzé 规则[名]規則.ルール.¶ zūnshǒu jiāotōng ～[遵守交通～]交通ルールを守る.[形]規則正しい.整然としている.¶ ～ wǔbiānxíng[～五边形]正五角形／xíngzhuàng hěn bù ～[形状很不～]形がひどく不規則だ.

guīzhāng 规章[名]規則.定款.¶ ～ zhìdù[～制度]規則と制度.

G

guìzhòng 贵重[形]貴重である.¶ ～ de bǎoshí[～的宝石]貴重な宝石.

guǐ·zi 鬼子[名]中国を侵略する外国人に対する憎悪をこめた呼称.

†**guì·zi 柜子**[名]たんす.戸棚.キャビネット.

guìzú 贵族[名]貴族.

*__gūjì 估计__[動]見積もる.推定する.¶ ～ tā bú huì lái le[～他不会来了]彼は来られなくなったと思う／dàgài de ～[大概的～]おおよその見積もり.

*__gǔjì 古迹__[名]旧跡.遺跡.¶xiūfù ～[修复～]遺跡を修復する／Xī'ān míngshèng ～ tèbié duō[西安名胜～特别多]西安は名所旧跡がことのほか多い.

G

*__gùkè 顾客__[名]客.顧客.お得意.¶xīyǐnle hěn duō xiǎo ～[吸引了很多小～]大勢の子供のお客さんをひきつけた／lǎo ～[老～]お得意.

*__gǔlǎo 古老__[形]古い.古い歴史を持つ.¶ ～ de chuánshuō[～的传说]古い言い伝え／～ de chéngshì[～的城市]由緒ある町.

†**gūlì 孤立**[動]孤立する.孤立させる.¶búyào bǎ tā ～qilai[不要把他～起来]彼を孤立させるな.[形]孤立している.¶ ～ cúnzài[～存在]孤立して存在している／xiànyú ～ wúyuán de jìngdì[陷于～无援的境地]孤立無援の立場に陥る.

*__gǔlì 鼓励__[動]激励する.¶lǎoshī ～ tā hǎohāor xuéxí[老师～他好好儿学习]よく勉強するよう先生は彼を励ました／shòudaole dàjiā de ～[受到了大家的～]みんなの激励を受けた.

gùlǜ 顾虑[動]懸念する.心配する.¶ ～ miànzi[～面子]面子を気にする／yǒu shénme ～?[有什么～?]どんな心配があるのか.

gǔmín 股民[名]株式投資をしている人.¶yánhǎi chéngshì de ～ shùliàng bù xiǎo[沿海城市的～数量不小]沿海部の都市では株取引をしている人の数が多い.

*__gǔn 滚__[動]❶転がる.¶qiú ～leguolai[球～了过来]ボールが転がってきた／lèizhū ～lexialai[泪珠～了下来]涙がこぼれ落ちた／zhūzi ～ le yí dì[珠子～了一地]ビーズがあたり一面に散らばった.❷出て行け.(叱ったり罵ったりする時の言葉)¶nǐ gěi wǒ ～![你给我～!]出て行け!／～chuqu![～出去!]出て行け!❸たぎる.沸騰する.¶shuǐ ～ le[水～了]お湯が沸いた.

gǔndòng 滚动[動]❶転がる.¶qiú zài dìshang ～le jǐ xià[球在地上～了几下]ボールが地面の上をごろごろ転がった.❷(車輪や機械などが)回転する.¶chēlún ～[车轮～]車輪が回る.列車が速いスピードで走っている様子.

⁑**gū·niang 姑娘**[名]❶未婚女性.¶tā háishi ge ～[她还是个～]彼女はまだ未婚だ.❷娘.女児.¶nǐmen jiā ～ duō dà le?[你们家～多大了?]娘さんはいくつになりましたか.

†**gùn·zi 棍子**[名]〔gēn 根〕棒.

*__guō 锅__[名]〔kǒu 口〕鍋.釜.¶fàn～[饭～]ご飯を炊く釜／shā～[沙～]土鍋.

⁑**guó 国**[名]❶国.¶zǔ～[祖～]祖国／～nèi[～内]国内.*❷国を代表するもの.❸我が国のもの.中国の.¶ ～bīn[～宾]国賓／～huà[～画]中国画.

†**guǒ 裹**[動]巻く.くるむ.包む.¶yòng bēngdài bǎ shāngkǒu ～qilai[用绷带把伤口～起来]傷口を包帯で巻く／～hǎo xíngli[～好行李]荷物を包む.

†**guò 过**[動]❶場所,時間,物体が移動する.通る.過ぎる.¶ ～ mǎlù[～马路]

表現Chips
励ます

加油! Jiāyóu!(頑張れ!)
不要怕! Bú yào pà!(心配するな!)
别灰心! Bié huīxīn!(気を落としちゃだめ!)
拿出勇气来。Náchu yǒngqì lai.(勇気を出して)
没问题，一定会成功的。Méi wèntí,yídìng huì chénggōng de.
(大丈夫,きっとうまくいくはずだ)

道路を渡る／～ hé［～河］川を渡る／～ rìzi［～日子］暮らす.❷(ある処理,行為を)通す.経る.¶～ shāizi［～筛子］ふるいにかける／yòng shābù ～yi～［用纱布～一～］ガーゼでこす.❸(ある範囲,限度を)越える.超越する.¶～qī［～期］期限を過ぎる／～yóu bù jí［～犹不及］成過ぎたるはなお及ばざるが如し／shuì～ le［睡～了］寝過ごした.❹動詞に"得"de,"不"bùを加えた後に用いて「勝る」「勝らない」という意味を表す.¶wǒ dǎbu～ tā［我打不～他］私は彼を打ち負かせない／wǒ xìnde～ nǐ［我信得～你］あなたは信用できる／yì tái jīqì dǐde～ hǎojǐ ge rén［一台机器抵得～好几个人］1台の機械が何人分にも匹敵する.［副］…すぎる.¶～ duō［～多］多すぎる／～mǐn［～敏］過敏である.→guo

⁑•guo 过［助］❶…をすませる.…を終える.動詞の後ろに用いてその動作が終了していることを表す.¶chī～ fàn jiù zǒu le［吃～饭就走了］食事をしてから出かけた.❷…したことがある.動詞の後ろに用いて,ある行為や変化をかつて経験したことを表す.¶wǒ qù ～ Shànghǎi［我去～上海］私は上海に行ったことがある／wǒ méi kàn～ nèi běn shū［我没看～那本书］私はあの本を読んだことがない.→guò

guócè 国策［名］国策.国家の基本政策.¶zhìdìng ～［制定～］国策を定める.

guóchǎn 国产［区］国産の.¶～ jiàochē［～轿车］国産乗用車／zhè shì ～ de［这是～的］これは国産です.

*__guòchéng 过程__［名］過程.プロセス.¶biànhuà ～［变化～］変化のプロセス／zài xuéxí de ～ zhōng huì yùdao bùshǎo kùnnan［在学习的～中会遇到不少困难］勉強している間にはさまざまな困難に出くわすかもしれない.

†**guòdù 过度**［形］…しすぎる.過度の.¶cāoláo ～［操劳～］過労になる／～jǐnzhāng［～紧张］緊張しすぎる.

guòdù 过渡［動］移行する.¶chǔyú ～ jiēduàn［处于～阶段］過渡期にある／～ shíqī［～时期］過渡期.

guǒduàn 果断［形］断固としている.きっぱりしている.¶tā bànshì fēicháng ～［他办事非常～］彼は仕事のしかたがいさぎよい／～ de cǎiqǔ cuòshī［～地采取措施］きっぱりとした処置をとる.

guófǎ 国法［名］国法.国家の法律.

†**guófáng 国防**［名］国防.¶gǒnggù ～［巩固～］国防を強化する.

†**guò//fèn 过分**［形］あまりに…しすぎである.いきすぎである.¶nǐ bié tài ～ le［你别太～了］やりすぎないように／～ kèqi fǎn'ér ràng rén gǎndào xūwěi［～客气反而让人感到虚伪］丁寧すぎるとかえってわざとらしく思われてしまう.

guógē 国歌［名］国歌.¶chàng ～［唱～］国歌を歌う.

guò//guān 过关［動］関門を通り抜ける.難関を突破する.(多く比喩的に用いる)¶chǎnpǐn de zhìliàng hái bú ～［产品的质量还不～］製品の品質はまだ要求をクリアしていない.

guòhòu 过后［名］以後.のち.その後.¶yǒu shénme shìr,～ zài shuō［有什么事儿，～再说］何かあればまた後にしてください.

guóhuì 国会［名］国会.議会.

†**guójí 国籍**［名］国籍.

*__guójì 国际__［名］国と国との間.¶～ guānxi［～关系］国際関係／～ bǐsài［～比赛］国際試合.

⁑**guójiā 国家**［名］国.国家.

guójìfǎ 国际法［名］国際法.

guójì zhǔyì 国际主义［名］インターナショナリズム.国際共産主義運動の指導原則の1つ.

guókùquàn 国库券［名］国債.¶rèngòu ～［认购～］国債を引き受ける.

⁑**guò//•lái 过来**［動］(話し手に向かって)移動してくる.¶kuài diǎnr ～［快点儿～］早く来なさい／yǒu liàng chē ～ le［有辆车～了］車がやってきた.

⁑**//•guò//•lái 过来**［動］❶"得"de・"不"bùの後ろに用い,時間・能力・数量が十分であることを表す.¶jiè zhème duō shū,kànde～ ma?［借这么多书，看得～吗?］本をこんなにたくさ

G

ん借りて読みきれますか／yí ge rén mángbu～[一个人忙不～]1人では忙しくて手がまわらない.❷動詞の後ろに用い,話し手の方へ移動してくることを表す.¶tā fēikuài de pǎole～[他飞快地跑了～]彼は飛ぶように走ってきた／bǎ qiú rēng～[把球扔～]ボールを投げてよこした.❸少数の動詞の後ろに用い,その動作によってあるものが話し手の方へ向きを変えることを表す.¶tā huíguo shēn lai[他回过身来]彼はこちらに振り向いた／zhuǎnguo liǎn lai[转过脸来]振り向く.❹動詞の後ろに用い,もとの正常な状態に戻ることを表す.¶tā zhōngyú xǐng～ le[她终于醒～了]彼女はやっと目覚めた.

guólì 国力[名]国力.¶zōnghé ～[综合～]総合的な国力.

†**guōlú 锅炉**[名]ボイラー.

guòlǜ 过滤[動]濾過(ろか)する.こす.

guómén 国门[名]〈書〉首都の門.国境.¶zǒuchu ～[走出～]国を出る.

guómín 国民[名]国民.

***guómíndǎng 国民党**[名]国民党.

guómín jīngjì 国民经济[名]国民経済.

guómín shēngchǎn zǒngzhí 国民生产总值[名]国民総生産.GNP.

***guò//nián 过年**[動]新年を祝う.年を越す.¶guòle nián zài huí xuéxiào[过了年再回学校]年を越したらまた学校へ戻る.

†**guóqí 国旗**[名]〔miàn 面,gǎn 杆〕国旗.¶shēng ～[升～]国旗を揚げる.➡[見る類] p.263

guóqíng 国情[名]国情.¶héhū ～[合乎～]国情に合う.

†**Guóqìngjié 国庆节**[名]国慶節.10月1日の建国記念日.

⁑**guòqù 过去**[名]過去.以前.今まで.↔ jiānglái 将来 ¶～ de shìqing jiù búyào zài tí le[～的事情就不要再提了]終わったことは蒸し返すな／huáiniàn ～[怀念～]昔をなつかしむ.

⁑**guò//·qù 过去**[動]❶(話し手から)離れて行く.向こうへ行く.¶gāng ～ yí liàng chē[刚～一辆车]たった今車が1台通った／zánmen ～ wènwen ba[咱们～问问吧]向こうへ行って聞いてみよう.❷死亡することの婉曲表現.¶zuótiān yèli lǎorén ～ le[昨天夜里老人～了]昨晩老人は息をひきとった.

⁑//**·guò**//**·qù 过去**[動]❶動詞の後ろに用い,動作が話し手から遠ざかることを表す.¶bǎ qiú tī～[把球踢～]ボールをけとばした／yóuguo hé qu[游过河去]泳いで川を渡る.❷動詞の後ろに用い,その動作によって何かの裏側が話し手の方へ向くようになることを表す.¶bǎ zhǐ fān～ yí kàn, bèimiàn hái yǒu yì háng xiǎo zì[把纸翻～一看，背面还有一行小字]紙をひっくり返して見たら裏に細かい字であと1行書かれていた.❸動詞の後ろに用い,本来の正常な状態を離れることを表す.¶tā yūn～ le[他晕～了]彼は気を失った.

***guǒrán 果然**[副]果たして.案の定.思った通り.¶tiānqì yùbào shuō yǒu yǔ,xiàwǔ ～ xià yǔ le[天气预报说有雨，下午～下雨了]天気予報は雨と言っていたが,午後になったらやはり雨が降った／máotáijiǔ ～ míng bù xūchuán[茅台酒～名不虚传]マオタイ酒はやはりその名に恥じない.

†**guǒshí 果实**[名]❶果実.¶～ léiléi[～累累]果物が枝もたわわに実る.❷〈書〉戦利品.収穫.報酬.¶shènglì de ～[胜利的～]勝利の果実／láodòng ～[劳动～]労働の成果.

guòshī 过失[名]過失.過ち.¶zàochéng ～[造成～]過ちを犯す／shéi dōu huì yǒu ～[谁都会有～]誰だって過ちを犯すものだ.

†**guǒshù 果树**[名]〔kē 棵,zhū 株〕果樹.

guótǔ 国土[名]国土.

***guówáng 国王**[名]国王.

guòwèn 过问[動]口出しする.関与する.問題にする.¶lǐngdǎo qīnzì ～[领导亲自～]トップが自ら関わる／wúrén ～[无人～]誰も問題にしない.

guówù wěiyuán 国务委员[名]国務委員.中国国務院の構成員.¶qùnián tā dāngshang ～ le[去年他当上～了]昨年彼は国務委員になった.

†**guówùyuàn 国务院**[名]国務院.中国中央政府の呼称.日本の内閣にあたる.

†**guóyíng 国营**[区]国営の.↔ sīyíng 私营 ¶～ qǐyè[～企业]国営企業／zhèi jiā shāngdiàn shì ～ de[这家商店是～的]この店は国営だ.

guóyǒu 国有[区]国有の.↔ sīyǒu 私有 ¶tǔdì ～[土地～]国が土地を有する／～ qǐyè[～企业]国有企業.

guòyú 过于[副]…すぎる.あまりにも. ¶～ jǐnzhāng,méi fāhuīchu zhēnshí shuǐpíng lai[～紧张，没发挥出真实水平来]緊張しすぎて本当の力を発揮できなかった／～ bēiguān[～悲观]あまりに悲観的だ.

gǔpiào 股票[名]株.株券. ¶chǎo ～[炒～]株を売買する／～ shàng zhǎng[～上涨]株が上がる.

gūqiě 姑且[副]ひとまず. ¶～ bù tán[～不谈]ひとまず触れない／～ yòngzhe[～用着]とりあえず使う.

gùquán dàjú 顾全大局㊗全体の利益を尊重する. ¶xīwàng nǐ néng ～[希望你能～]大局を念頭に置いてもらいたい.

†**gùrán 固然**[副]❶むろん…であるが.(1つの事実を認めつつ後ろの文で前の文と矛盾した内容をのべる) ¶zhèyàng bàn ～ hǎo,dànshì kǒngpà shíjiān búgòu[这样办～好，但是恐怕时间不够]そうするのもむろんいいが,ただ時間が足りないだろう／yìqǐ qù ～ kěyǐ,dànshì kǒngpà kāizhī huì zēngdà[一起去～可以，但是恐怕开支会增大]一緒に行くのはもちろんかまわない,しかし支出が増えるだろう.❷もちろん.むろん.注ある事実を当然のこととして認めながら,別の事実もまた同時に存在することを表す.重点は後者にある. ¶tóngyì ～ hǎo,jiùsuàn bù tóngyì yě bú yàojǐn[同意～好，就算不同意也不要紧]同意してくれればもちろんいいが,同意してくれなくてもかまわない.

gǔrén 古人[名]古代の人.

gǔròu 骨肉[名]肉親. ¶qīn～[亲～]肉親.

⁑**gù•shi 故事**[名]〔duàn 段,piān 篇〕❶物語. ¶jiǎng ～[讲～]物語をす

目で見る類義語 旗とシンボル

❶  ❷  ❸  ❹  ❺

❻  ❼  ❽  ❾

❶guóqí 国旗(国旗)❷guóhuī 国徽(国章)❸Zhōngguó gòngchǎndǎng dǎngqí 中国共产党党旗(中国共産党旗)❹Zhōngguó rénmín jiěfàngjūn jūnqí 中国人民解放军军旗(中国人民解放軍旗)❺Zhōngguó rénmín jiěfàngjūn jūnhuī 中国人民解放军军徽(中国人民解放軍章)❻Zhōngguó gòngchǎn zhǔyì qīngniántuán tuánqí 中国共产主义青年团团旗(中国共産党青年団旗)❼Zhōngguó gòngchǎn zhǔyì qīngniántuán tuánhuī 中国共产主义青年团团徽(中国共産党青年団章)❽shàonián xiānfēngduì duìqí 少年先锋队队旗(少年先鋒隊旗)❾shàonián xiānfēngduì duìhuī 少年先锋队队徽(少年先鋒隊章)

る.❷(文芸作品の)筋.ストーリー.

gùtǐ 固体[名]固体.¶～ zhuàngtài[～状态]固体の状態.

★**gǔ·tou 骨头**[名]❶〔gēn 根,jié 节,kuài 块〕骨.❷気骨.人格.¶yìng～[硬～]気骨のある人／ruǎn～[软～]骨なし.腰抜け.❸言葉のとげ.¶huàli yǒu ～[话里有～]話にとげがある.注gútouは旧読.

gǔwén 古文[名]❶五・四運動以前の文語文の総称.❷秦代以前の書体.

†**gùwèn 顾问**[名]顧問.¶fǎlǜ ～[法律～]法律顧問／qǐng tā dāng ～[请他当～]彼に顧問になってもらう.

★**gǔwǔ 鼓舞**[動]鼓舞する.¶～ rénxīn[～人心]人心を奮い立たせる／shòu～[受～]大いに励まされる.

★**gùxiāng 故乡**[名]故郷.ふるさと.

★**gùyì 故意**[副]わざと.故意に.¶duìbuqǐ,wǒ bú shì ～ de[对不起，我不是～的]すみません,わざとやったのではないんです.

gùyōng 雇佣[動]雇う.お金で労働力を買う.¶～jūn[～军]雇われ軍隊.

gùyǒu 固有[区]固有の.もとからある.¶～ wénhuà[～文化]固有の文化／～ lǐngtǔ[～领土]固有の領土.

gùyuán 雇员[名]職員.または臨時雇い.

★**gǔ//zhǎng 鼓掌**[動]拍手する.¶rèliè ～[热烈～]熱烈に拍手する／gǔqi zhǎng lai[鼓起掌来]拍手がわき起こる.

gùzhàng 故障[名](機械や機器の)故障.¶chū ～ le[出～了]故障を起こした.

gù·zhí 固执[形]頑固である.自分の意見を変えようとしない.¶tā shì ge ～ de lǎorén[他是个～的老人]彼は頑固な老人だ.[動]こだわる.固執する.¶～ jǐjiàn[～己见]自分の意見にあくまでこだわる.

†**gǔ·zi 谷子**[名]〔kē 颗,lì 粒〕〔植〕(脱穀する前の)アワ.

谜语 答えがGで始まるなぞなぞ 1

奇巧真奇巧,	Qíqiǎo zhēn qíqiǎo,	こんなのあり?
立着没有坐着高。	lìzhe méiyou zuòzhe gāo.	立ってると
		坐ってるより低いんだって.

(答えは250～251ページの中に)

谜语 答えがGで始まるなぞなぞ 2

面皮厚,	Miànpí hòu,	面の皮は厚くて,
肚子空,	dùzi kōng,	お腹はからっぽ,
打他三棍子,	dǎ tā sān gùnzi,	棒で3回ぶってやると,
他叫"痛痛痛"。	tā jiào "tòng tòng tòng".	「痛っ痛っ痛っ」という.

(答えは252～253ページの中に)

H,h

★hāhā 哈哈[擬]口を大きくあけて笑う声.ははは.わはは.¶tā ～ dà xiào-qilai[他～大笑起来]彼は,わははと笑い出した.

†hāi 咳[嘆]悲しみや後悔,驚きを表す.¶～,wǒ zěnme zhème cūxīn![～,我怎么这么粗心!]ああ,私はどうしてこううっかり者なんだろう／～,zhēn dǎoméi![～,真倒霉!]ああ,ほんとに運が悪い.

★hái 还[副]❶今なお.引き続き.やはり.¶yǔ ～ zài xià[雨～在下]雨はまだ降っている／tā ～ zhùzai lǎodìfang[他～住在老地方]彼はまだもとの所に住んでいる.❷(比較文に用いて)もっと.更に.¶jīnnián bǐ qùnián ～ rè[今年比去年～热]今年は去年よりもっと暑い.❸ほかに.更に…も.¶kāi-wán huì hòu,～ yào zhěnglǐ huìyì jìlù[开完会后,～要整理会议记录]会議が終わっても更に議事録を整理しなければならない／chúle tā,～ yǒu nǐ[除了他,～有你]彼以外に君もだ.❹(不十分ながらどうにかなる)まあまあ.まずまず.¶tā de chéngjì ～ kě-yǐ[他的成绩～可以]彼の成績はまあまあだ／jiàqián ～ bú suàn guì[价钱～不算贵]値段はたいして高くない.❺驚き・反問・非難などの気持ちを表す.¶tā ～ zhēn yǒu liǎngxiàzi[他～真有两下子]あいつけっこうできるな／tiānqì yùbào ～ zhēn zhǔn[天气预报～真准]天気予報けっこうあたってるね.→huán

> 語法「まあまあです」
> ►"还"háiには,後ろに"可以"kěyǐ,"行"xíng,"不错"búcuòなど肯定的な評価を表す語を伴って,「満足できるほどではないが,まあまあ／まずまず…」の意を表す場合がある.¶他汉语说得还可以 tā Hànyǔ shuō-de hái kěyǐ(彼の中国語はまずまずだ)／这儿的菜还行 zhèr de cài hái xíng(ここの料理はまあまあだ)

★hǎi 海[名]❶海.¶dà～[大～]海.❷〈喩〉非常に数多く集まるさま.¶rén shān rén ～[人山人～]成黒山の人だかり.

★hài 害[名]害.災い.¶xīyān duì shēntǐ yǒu～[吸烟对身体有～]タバコは体に悪い.*[形]有害である.¶～niǎo[～鸟]害鳥.[動]❶害する.損害を与える.¶～rén bù qiǎn[～人不浅]人をひどい目にあわせる／tā ～ wǒ bái děngle yí xiàwǔ[他～我白等了一下午]彼に午後中待ちぼうけを食わされた.❷殺害する.殺す.¶yù ～ ér sǐ[遇～而死]殺された.❸病気になる.患う.¶～yǎn[～眼]目を患う.

hǎi'àn 海岸[名]海岸.¶～xiàn[～线]海岸線.

†hǎibá 海拔[名]海拔.

hǎibào 海报[名]ポスター.¶qiáng-shang tiēle yì zhāng ～[墙上贴了一张～]壁にポスターが1枚貼ってある.

qiúmí"球迷"(サッカーファン)に呼びかけるポスター

hǎibīn 海滨[名]海辺.¶～ yùchǎng[～浴场]海水浴場／～ chéngshì[～城市]臨海都市.

†hàichóng 害虫[名]害虫.

★hài·chu 害处[名]弊害.悪い点.¶duì shēntǐ méiyou ～[对身体没有～]体に害はない.

hǎigǎng 海港[名]港.

★hǎiguān 海关[名]税関.¶guò ～[过～]税関を通る.

hǎihuò 海货[名]海産物.¶zhèixiē ～ bù zhīdào zhìliàng zěnmeyàng[这

些～不知道质量怎么样]これらの海産物は質がどうか分からない.

†**hǎijūn 海军**[名]海軍.

†**hǎimiàn 海面**[名]海面.

***hài//pà 害怕**[動]怖がる.恐れる.怖くなる.¶bié ～[别～]怖がるな／xiǎoháizi ～ dǎzhēn[小孩子～打针]子供は注射を怖がる.

類義語 **hàipà 害怕 pà 怕 kěpà 可怕**
►"害怕"と"怕"は動詞で,「怖がる」,「恐れる」意の時はどちらも使える.¶小偷{害怕／怕}警察 xiǎotōu {hàipà／pà} jǐngchá(泥棒は警察を恐れる)►また"怕"は単に「心配する,ひょっとして…かも知れない」という意でも用いられ,この場合"害怕"は使えない.¶{怕／×害怕}晚上回不来{pà／×hàipà} wǎnshang huíbulái(あるいは夜戻って来られないかも)►"可怕"は形容詞で,「恐ろしい」の意.¶可怕的传染病 kěpà de chuánrǎnbìng(恐ろしい伝染病)

⁑**hái·shi 还是**[副]❶依然として.相変わらず.やはり.¶duōnián bújiàn,tā ～ nàme niánqīng[多年不见，她～那么年轻]長年会っていなかったが彼女は相変わらず若い／tā ～ chuānzhe nà shēn lán xīfú[他～穿着那身蓝西服]彼は相変わらずあの青のスーツを着ている.❷(比較や選択を経てその中から1つ選び)やはり.¶jīntiān tài rè, ～ míngtiān qù ba[今天太热，～明天去吧]今日は暑すぎるから,やはり明日行こう／bié lǎo mēnzai jiāli, ～ chūqu zǒuzou ba[别老闷在家里，～出去走走吧]いつも家に閉じこもっていないで,ちょっと外にでも散歩に行ったら.[接]❶それとも.(疑問文に用いて選択を示す)¶nǐ qù ～ wǒ qù?[你去～我去?]あなたが行く?それとも私が行く?／nǐ hē kāfēi ～ hē chá?[你喝咖啡～喝茶?]コーヒーにしますか,それともお茶にしますか.❷"无论"wúlùn,"不管"bùguǎnと一緒に用いてどのような条件でもこだわらないことを表す.¶bùguǎn tóngyì ～ bù tóngyì,dōu yào gǎnkuài gěi rén huí ge huàr[不管同意～不同意，都要赶快给人回个话儿]イエスであれノーであれ早く先方に返事をしなさい.

類義語 **háishi 还是 huòzhě 或者**
►ともに複数の選択肢からどれか1つを選択することを表す."还是"は選択疑問文に用いることができるが,"或者"はできない.¶是你去呢，还是我去呢? shì nǐ qù ne,háishi wǒ qù ne?(あなたが行きますか,それとも私が行きますか)／或者你去,或者我去,都可以 huòzhě nǐ qù,huòzhě wǒ qù,dōu kěyǐ(あなたが行っても私が行ってもどちらでもかまわない)

hǎiwài 海外[名]海外.国外.¶shēn jū ～[身居～]海外で暮らす／～ guānxi[～关系]国外関係(主に外国に親族や親戚がいるかどうかということをさす).

†**hǎixiá 海峡**[名]海峡.¶～ liǎng'àn guānxi[～两岸关系]中国大陸と台湾の関係.

hǎixiān 海鲜[名]生鮮魚介類.海の幸.¶zhèr de ～ wèidao búcuò[这儿的～味道不错]ここの魚介類は味がなかなかよい.

hài//xiū 害羞[動]恥ずかしがる.きまり悪がる.はにかむ.¶zài zhème duō rén miànqián jiǎnghuà,tā yǒudiǎnr ～[在这么多人面前讲话，她有点儿～]こんなに大勢の前で話をするので,彼女はちょっと恥ずかしがっている.

***hǎiyáng 海洋**[名]海洋.

hǎiyú 海鱼[名]海の魚.¶～ gēn héyú de wèidao bù yíyàng[～跟河鱼的味道不一样]海の魚と川魚は味が違う.

hǎiyùn 海运[名]❶海上の交通手段.¶zǒu ～ bǐjiào piányi[走～比较便宜]船で行くと比較的安い.❷海上輸送.¶～ bǐ kōngyùn màn[～比空运慢]船便は航空便より時間がかかる.

⁑**hái·zi 孩子**[名]❶(未成年の)子供.児童.¶xiǎo～[小～]子供／nán～[男～]男の子.❷子女.息子や娘.¶tā yǒu liǎng ge ～[他有两个～]彼には2人の子供がいる.

*hán 含[動]❶(口に)含む.¶～zhe yí kuài táng[～着一块糖]あめをなめている.❷(事物の中に)含有する.持つ.存在する.¶yǎnli ～zhe lèishuǐ[眼里～着泪水]目に涙を浮かべる/～ duō zhǒng wéishēngsù[～多种维生素]数種類のビタミンを含む.❸(内に意味や感情を)帯びる.抱く.こもる.¶～xiào[～笑]にっこりする/～nù[～怒]むっとする.

hán 寒*[形]寒い.(風など体全体で感じるものについて)冷たい.¶shòu～[受～](寒さで)体が冷える.風邪をひく/～fēng[～风]寒風.木枯らし.

⁑hǎn 喊[動]❶(大声で)叫ぶ.わめく.¶～ kǒuhào[～口号]スローガンを叫ぶ/dàshēng ～[大声～]大声で叫ぶ.❷呼ぶ.¶wǒ qù ～ tā yì shēng[我去～他一声]ちょっと彼を呼んでくる/bàba ～ nǐ ne[爸爸～你呢]お父さんが呼んでいるよ.

*hàn 汗[名]〔dī 滴〕汗.¶liú～[流～]汗を流す/chūle yìshēn ～[出了一身～]体中汗びっしょりになる.

†hàn 旱[形]❶雨がほとんど降らない.日照りにあう.¶zhuāngjia dōu ～sǐ le[庄稼都～死了]作物はみな枯死した.❷水を使わない.陸地の.水とは無関係の.¶～dào[～稻]陸稲/～tián[～田]畑/～yān[～烟]刻みタバコ/～sǎn[～伞]日傘.パラソル.

hàn 焊[動]溶接する.はんだ付けする.

*háng 行[名]❶行.列.¶yángliǔ chéng ～[杨柳成～]ヤナギ並木になっている.*❷業種.職業.商売.¶nèi～[内～]玄人.専門家/wài～[外～]素人.[量]行や列になったものを数える.¶páichéng liǎng ～[排成两～]2列に並ぶ.→xíng

hángbān 航班[名]就航ダイヤ.フライトナンバー.

hángdào 航道[名]航路.

hánghǎi 航海[動]航海する.

*hángkōng 航空[名]航空.¶～ gōngsī[～公司]航空会社/～xìn[～信]航空便.

†hángliè 行列[名]行列.¶zǔchéng ～[组成～]行列を作る/kuàrùle shìjiè xiānjìn ～[跨入了世界先进～]世界のトップと肩を並べた.

hángqíng 行情[名]市況.相場模様.¶zuò shēngyi bìxū liǎojiě shìchǎng ～[做生意必须了解市场～]商売をするには市況を掌握していなくてはならない.

hángtiān 航天[名]宇宙飛行.¶～ fēijī[～飞机]スペースシャトル/～ jìshù[～技术]宇宙飛行の技術.

hángxiàn 航线[名]航路.航空路.¶～ gǎibiàn le[～改变了]航空路が変更された/piānlíle ～[偏离了～]航路からそれた.

†hángxíng 航行[動]航行する.¶lúnchuán ～zai dàhǎi shang[轮船～在大海上]船が海上を航行する.

†hángyè 行业[名]業種.¶yǐnshí ～[饮食～]飲食業.

hángyùn 航运[名]水上運輸事業.

†hán·hu 含糊[動]あいまいにする.¶～ qí cí[～其辞]言葉を濁す.[形]あいまいである.はっきりしない.¶tā huà shuōde hánhánhūhū[他话说得含含糊糊]彼の話はひどくあいまいだ.

⁑hánjià 寒假[名]冬休み.¶fàng ～[放～]冬休みになる.

hǎnjiàn 罕见[動]まれである.めったにない.¶rénjì ～[人迹～]人の通った跡がほとんどない/～ de xiànxiàng[～的现象]まれに見る現象.

hànjiān 汉奸[名]売国奴.民族の裏切り者.侵略者の手先.

†hǎnjiào 喊叫[動](大声で)叫ぶ.わめく.呼ぶ.¶dàshēng ～[大声～]大声で叫ぶ.

*hánlěng 寒冷[形]寒い.(風が)冷たい.¶～ de jìjié[～的季节]寒い季節.

†hánliàng 含量[名]含有量.¶～ hěn gāo[～很高]含有量が多い.

hánshòu 函授[動]通信教育を行う.¶～ dàxué[～大学]通信制大学/～ jiàoyù[～教育]通信教育.

hànwèi 捍卫[動]守る.防衛する.¶～ lǐngtǔ[～领土]領土を防衛する/～ zhǔquán[～主权]主権を守る.

hánxuān 寒暄[動]天気など当たり障りのない挨拶をする.注"暄"は

H

「暖かい」という意味.¶liǎng rén jiànmiàn,xiān ～le yì fān[两人见面，先～了一番]2人は会うとまず挨拶をした.

hànxué 汉学[名]❶漢学.宋学(朱子学)に対していう.古典の訓詁(くんこ)注釈を中心とする実証主義的な学風.❷(外国人による)漢学.中国学.シノロジー.

hányì 含义[名]字句に含まれている意味.¶～ shēnkè[～深刻]言葉の持つ意味が深い／tǐhuì zhèi jù huà de ～[体会这句话的～]この言葉の意味をよく理解する.

hányǒu 含有[動]含有する.¶kuàngquánshuǐ zhōng ～ dàliàng kuàngwù zhì hé wēiliàng yuánsù[矿泉水中～大量矿物质和微量元素]ミネラルウォーターの中には大量の鉱物性物質と微量元素が入っている.

H

⁑**Hànyǔ 汉语**[名]中国語.¶～ pīnyīn[～拼音]ピンイン.中国語のローマ字表記／shuō ～[说～]中国語を話す.

> 類義語 **Hànyǔ 汉语　Zhōngguóhuà 中国话　Zhōngwén 中文　pǔtōnghuà 普通话**
> ►"汉语"は中国語,漢民族の言語をさす.¶现代汉语 xiàndài Hànyǔ(現代中国語)►"中国话"は"汉语"と同じ意味だが,話し言葉で,通俗的な言い方.¶他会说中国话 tā huì shuō Zhōngguóhuà(彼は中国語が話せる)►"中文"は中国語の意のほか,中国語で書かれた作品をさす.¶中文版 Zhōngwénbǎn(中国語版)►"普通话"は現代中国語の標準語,共通語をさす.¶标准的普通话 biāozhǔn de pǔtōnghuà(正確な標準語)

hànzāi 旱灾[名]旱魃(かんばつ).日照りの害.¶nào ～[闹～]旱魃が起こる.

⁑**Hànzì 汉字**[名]漢字.

⁑**hǎo 好**[形]❶よい.素晴らしい.立派である.↔ chà 差,huài 坏 ¶tā huà huàr huàde hěn ～[他画画儿画得很～]彼は絵がとてもうまい.❷仲がよい.親密である.¶wǒmen shì ～péngyou[我们是～朋友]私たちは仲よしです.❸健康である.病気が治っている.¶bìng ～ le[病～了]病気がよくなった.❹動詞の後ろに結果補語として用いられ,完成や申し分のない程度に達したことを表す.…し終わる.できあがる.¶zhǔnbèi～ le[准备～了]支度ができた／chuān～ yīfu[穿～衣服]服を着る.❺…しやすい.¶bù ～ lǐjiě[不～理解]分かりにくい.[嘆](同意,承諾を表す)よろしい.はい.¶～,jiù zhème shuōdìng le[～，就这么说定了]分かった,ではこう決めたよ.[接]…するのに都合がいいように.¶bǎ máoyī zhǎochulai,míngtiān ～ chuān[把毛衣找出来，明天～穿]明日着るために,セーターを探しておきなさい.[副]❶数量詞や時間詞の前に用いて量が多いことを強調する.¶děngle ～ bàntiān[等了～半天]長いこと待った.❷形容詞や動詞の前に用いて程度の高いことを表す.とても.何と.¶～ xiāng[～香]なんていい香りだ.→hào
→ 類義語 róngyì 容易,shì 是

⁑**hào 号**[名]❶(～儿)(順番を示す)番号.ナンバー.¶dì sì qī bā ～ wénjiàn[第四七八～文件]第478号文書.❷(～儿)(サイズや等級を示す)号.級.¶dà～[大～]Lサイズ／zhōng～[中～]Mサイズ.[量]日にちを示す.¶jīntiān jǐ ～?[今天几～?]今日は何日ですか.→ 類義語 tiān 天

*****hào 好**[動]❶好く.好む.¶～ yì wù láo[～逸恶劳]成 安逸をむさぼり働くのをいやがる／tā cóngxiǎo ～dòng[他从小～动]彼は子供の頃から動き回るのが好きだ.❷よく…する.…しがちである."爱"àiに同じ.¶zhè háizi ～ shēngbìng[这孩子～生病]この子は病弱だ.→hǎo

hào 耗[動]❶減る.減らす.費やす.消耗する.¶～ diàn[～电]電気をくう／～yóuliàng[～油量]燃費.❷(時間を)つぶす.ぐずぐずする.油を売る.¶kuài huíqu ba,bié zài zhèr ～zhe la[快回去吧，别在这儿～着啦]早くお帰り,こんな所でぐずぐずしてるんじゃないよ.

†**hǎobǐ 好比**[動]あたかも.まるで…の

ようだ.¶jiàoyù háizi ～ zhònghuā, yídìng yào zǐxì、yǒu nàixīn[教育孩子～种花,一定要仔细、有耐心]子供を育てるのは花を育てるようなもので,きめ細かさと忍耐力が必要だ.

*háobù 毫不[副]少しも…しない.少しも…でない.¶～ yànfán[～厌烦]ちっとも嫌がらない/～ fèilì[～费力]少しも苦労しない.

hàochēng 号称[動]❶…の名で知られる.¶Pàmǐ'ěr gāoyuán ～ shìjiè wūjǐ[帕米尔高原～世界屋脊]パミール高原は世界の屋根と言われる.❷名目上は…である.…と称する.¶～ yǒu bǎi wàn rén,shíjì shang búguò wǔ liù shí wàn[～有百万人，实际上不过五六十万]100万人と言っているが,実際のところせいぜい5,60万だ.

**hǎochī 好吃[形]おいしい.¶zhè cài zhēn ～[这菜真～]この料理は本当においしい.

**hǎo·chu 好处[名]優れた点.利益.メリット.¶xīyān duì shēntǐ méiyou ～[吸烟对身体没有～]タバコは体によくない/cóngzhōng néng dédào ～[从中能得到～]その中から利益を得ることができる.

hǎodǎi 好歹[名]❶善し悪し.分別.¶nǐ bié bù zhī ～[你别不知～]まったくものの道理を知らないやつだな.❷(～儿)生命の危険.¶wànyī nǐ yǒu ge ～,wǒ yě huóbuchéng le[万一你有个～，我也活不成了]万が一あなたにもしものことがあれば,私も生きていられなくなる.[副]善かれ悪しかれ.¶～ yǒu ge dìfang jiù xíng[～有个地方就行]とにかく場所があればよい.

hǎoduō 好多[形]多数である.たくさんである.¶wūzi li zuòzhe ～ rén[屋子里坐着～人]部屋の中にはたくさんの人が座っている.

†hàofèi 耗费[動]消費する.無駄にする.消耗する.¶～ shíjiān[～时间]時間を浪費する/～ zījīn[～资金]資金を無駄にする.

hǎogǎn 好感[名]好感.¶chǎnshēng ～[产生～]好意が生まれる/wǒ duì zhèige rén méi shénme ～[我对这个人没什么～]私はその人に対して特に好感を持っていない.

hào·haodàngdàng 浩浩荡荡[形]❶水の流れに勢いがあるさま.¶～ de jiāng shuǐ[～的江水]勢いよく流れる大河の水.❷勇壮,雄大であるさま.¶～ de jìnjūn[～地进军]勇ましく進軍する.

*hǎohāor 好好儿[形]ちゃんとしている.ぴんぴんしている.注後に突然の出来事やいわれのない行いを表す文が続くことが多い.¶gāngcái hái ～ de, zěnme yòu shēngqi qì lai le?[刚才还～的，怎么又生起气来了?]さっきまでご機嫌だったのに,なんでまた怒り出したの/～ de yí ge wánjù,ràng tā gěi chāi le[～的一个玩具，让他给拆了]せっかくのおもちゃを彼に壊されてしまった.[副]よく.ちゃんと.とっくりと.¶～ xiǎngyixiǎng[～想一想]よく考えなさい.

háohuá 豪华[形]❶(生活が)ぜいたくである.¶guòzhe jíqí ～ de shēnghuó[过着极其～的生活]ぜいたくざんまいをしている.❷豪華である.¶dàtīng bùzhìde shífēn ～[大厅布置得十分～]ロビーはとても豪華な飾りつけがされている.

hǎohuài 好坏[名]善し悪し.¶zhǎngxiàng de ～ bìng bú zhòngyào[长相的～并不重要]顔立ちの善し悪しはたいしたことじゃない.

hǎojiā·huo 好家伙[嘆](あきれたり感嘆したりする気持ちを表す)すごい.これはこれは.なんとまあ.¶～,yíxiàzi mǎile zhème duō![～，一下子买了这么多!]おやまあ,一度にこんなにたくさん買うなんて.

*hǎojiǔ 好久[名]長い間.¶～ bújiàn, nǐ hǎo ma?[～不见，你好吗?]しばらくです,お元気ですか.

**hǎokàn 好看[形]❶(人・物が)美しい.きれいである.(男女を問わず用いる)¶xiǎo gūniang zhǎngde hěn ～[小姑娘长得很～](その)女の子はとてもきれいだ/～ de huābù[～的花布]きれいな模様の入った布.❷体裁がよい.面目が立つ.¶xuéshengmen chéngjì hǎo,lǎoshī de liǎnshang yě ～[学生们成绩好，老师的脸上也～]学

H

生たちの成績がいいので,教師の面目も立つ.➡ 類義語 gānjìng 干净

hàokè 好客[形]客をもてなすのが好きである.もてなしのよい. ¶ tā rèqíng ～[他热情～]彼は親切で客好きだ.

*__hàomǎ 号码__[名](～儿)番号.ナンバー. ¶ diànhuà ～[电话～]電話番号/cúnzhé ～[存折～]口座番号.

†**háomǐ 毫米**[名]ミリメートル.

hǎopíng 好评[名]好評. ¶ zhèi bù diànyǐng huòdéle ～[这部电影获得了～]この映画は好評を博した.

†**hàoqí 好奇**[形]好奇心がある.物好きである. ¶ háizimen ～ de bǎinòngzhe shōuyīnjī[孩子们～地摆弄着收音机]子供たちは興味津々でラジオをいじっている/～xīn[～心]好奇心.

*__hǎoróngyì 好容易__[副]やっとのことで.ようやく. 注 連用修飾語で使われる時に限って,"好不容易"hǎo bù róngyìも同じ意味で使われる. ¶ ～ cái mǎidaole piào[～才买到了票]やっとのことでチケットが手に入った/～ bǎ háizi lāche dà le[～把孩子拉扯大了]やっとのことで子供を育て上げた.

hǎoshuō 好说[形]❶おやすいご用だ.大したことではない. ¶ zhè shì ～[这事～]これは大したことではない/bú jiùshì jiè diǎnr qián ma? nà hái bù ～![不就是借点儿钱吗? 那还不～!]お金を貸してあげるくらい,大したことじゃないよ.❷(挨拶)どういたしまして. ¶ ～,～!nǐ tài kèqi le[～,～! 你太客气了]どういたしまして,ご遠慮なく.

*__hǎotīng 好听__[形]❶聞いて気持ちがよい.音や声が美しい. ¶ tā de shēngyīn shífēn ～[她的声音十分～]彼女の声はとても美しい/zhèi zhī gē zhēn ～[这支歌真～]この歌はとてもきれいだ.❷(言うことが)立派である.人聞きがよい. ¶ nǐ bié jìng shuō ～ de[你别净说～的]きれい事ばっかり言わないで.

*__hǎowánr 好玩儿__[形]❶面白い. ¶ zhèige yóuxì ～jí le[这个游戏～极了]このゲームは本当に面白い.❷愛らしい. ¶ zhè háizi zhēn ～[这孩子真～]この子はほんとに愛らしい.

*__háowú 毫无__[副]少しも…していない. ¶ ～ sīxiǎng zhǔnbèi[～思想准备]少しも覚悟ができてない/zhème zuò ～ yìyì[这么做～意义]こんなことをしても何の意味もない.

⁑**hǎoxiàng 好像**[動]…のように見える.まるで…のようだ. ¶ tā zhǎngde yòu gāo yòu zhuàng,～ yí zuò tǎ[他长得又高又壮, ～一座塔]彼は背が高くてがっちりしていて,まるで塔のようだ/tā ～ yǒudiǎnr shēngqì le[他～有点儿生气了]彼は少し怒っているようだ.

*__hǎoxiē 好些__[形]多い.たくさん.どっさり. ¶ mǎile ～ cài huílai[买了～菜回来]野菜をどっさり買って帰ってきた/qǐngle ～ péngyou[请了～朋友]たくさんの友人を招いた.

hǎoyàngr·de 好样儿的[名]気骨のある人.立派な人.手本となる人.好漢. ¶ tā tiàodao héli jiùchu nèige háizi, zhēnshi ～[他跳到河里救出那个孩子, 真是～]彼は川に飛び込んであの子供を救出した,本当に立派な人だ.

háo yán zhuàng yǔ 豪言壮语 成 気迫のこもった言葉.豪語. ¶ ～ shéi dōu huì shuō,guānjiàn shì kàn shíjì xíngdòng[～谁都会说, 关键是看实际行动]豪語するのは誰にでもできるが,重要なのは実際に行動に移すかどうかだ.

hǎozài 好在[副]幸い.都合のよいことに. ¶ ～ shāng bú zhòng[～伤不重]幸い怪我はひどくない/～ rén bù duō,shǒuxù yíhuìr jiù bànwán le[～人不多, 手续一会儿就办完了]幸いあまり混んでなかったので手続きはすぐ終わった.

*__hàozhào 号召__[動]呼びかける. ¶ shì zhèngfǔ ～ shìmínmen jījí cānjiā zhí shù huódòng[市政府～市民们积极参加植树活动]市は市民に積極的に植樹運動に参加するよう呼びかけた/xiǎngyìng shàngjí de ～[响应上级的～]上層部の呼びかけにこたえる.

hǎozhuǎn 好转[動]好転する.よい方に向かう. ¶ bìngqíng yǒule ～[病情有了～]病状が好転した.

†**hē 呵**[嘆]驚嘆を表す.¶～,zhēn liǎobuqǐ!［～，真了不起!］ほお,大したもんだ.

⁑**hē 喝**[動]飲む.¶～ shuǐ［～水］水を飲む／～ xīběifēng［～西北风］食うものがない.あごが干上がる.

*__hé 合__[動]❶(もとの状態に)閉める.閉じる.合わせる.¶liǎng tiān méi ～yǎn［两天没～眼］2日間眠っていない／bǎ shū ～shang［把书～上］本を閉じなさい.❷合わせる.一つにする.¶tóngxīn ～lì［同心～力］心を一つにして力を合わせる.❸(…に)合致する.ぴったり合う.かなう.¶yīfu hěn ～shēn［衣服很～身］洋服が体にぴったりだ.❹(換算して)…になる.相当する.全部で…になる.¶yuē ～ rénmínbì bāshí wàn yuán［约～人民币八十万元］人民元にして約80万元になる.➡ 見る類 p.254

hé 何[代]〈書〉どんな.なぜ.どうして.¶～ rén?［～人?］どんな人?

⁑**hé 河**[名]❶〔tiáo 条〕川.河川.¶xiǎo～［小～］小川／hùchéng～［护城～］お堀／yùn～［运～］運河.❷特に黄河をさす.その場合Héと表記する.

⁑**hé 和**[前]❶動作の対象を表す.…と.…に.¶wǒ ～ tā shāngliang yíxià［我～他商量一下］私は彼とちょっと相談をしてみる.❷動作が関係する対象を表す.…と.¶tā ～ zhèi jiàn shì méi guānxi［他～这件事没关系］彼とこの事は関係がない.❸比較する対象を表す.¶tā ～ wǒ yíyàng dà［他～我一样大］彼は私と同い年だ.[接]…と.(列挙に用いる.3つ以上の語の並列には,“A、B和C”のように最後の語の前にのみ置く)¶tā ～ mèimei dōu zhùzai xuéxiào［他～妹妹都住在学校］彼と妹は2人とも学校に住んでいる／cānjiā bǐsài de yǒu Xiǎo-Wáng、Xiǎo-Zhāng ～ Xiǎo-Lǐ［参加比赛的有小王、小张～小李］試合に出るのは王君,張君それに李君だ.➡ 類義語 gēn 跟

†**hé 核**[名]❶さね.(果実の中心にある固いところ)¶táo～［桃～］桃の種.*❷物体中の核になるところ.さねのようなもの.¶xìbāo～［细胞～］細胞核.❸原子核.¶～diànzhàn［～电站］原子力発電所.

*__hé 盒__[名](～儿)(小型の)容器.箱.ケース.¶fàn～r［饭～儿］弁当箱.➡ 見る類 p.565

hé'ǎi 和蔼[形]優しい.穏やかである.¶lǎorén shífēn ～［老人十分～］老人はとても穏やかだ／～ kěqīn［～可亲］穏やかで親しみやすい.

†**hébì 何必**[副]〈書〉(反語表現を作る)…する必要があろうか(いやない).¶～ gēn tā jìjiào［～跟他计较］彼と言い争う必要はないではないか／shíjiān hái zǎo ne,～ zháojí［时间还早呢，～着急］まだ早いでしょう,あわてる必要はないじゃないの.

hébìng 合并[動]❶合併する.¶liǎng jiā gōngsī jiāng yú jìnrì ～［两家公司将于近日～］2つの会社は近々合併する.❷(病気を)併発する.¶gǎnmào ～ fèiyán［感冒～肺炎］風邪から肺

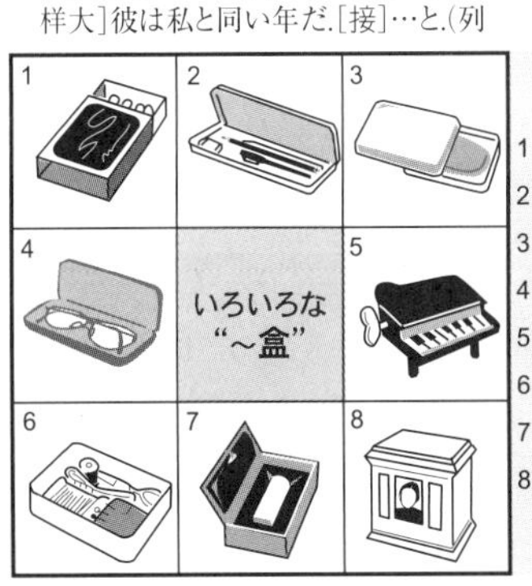

◁◁◀ 逆引きウインドウズ

1 火柴盒 huǒcháihé マッチ箱
2 铅笔盒 qiānbǐhé 筆箱
3 肥皂盒 féizàohé 石けん箱
4 眼镜盒 yǎnjìnghé 眼鏡ケース
5 八音盒 bāyīnhé オルゴール
6 针线盒 zhēnxiànhé 裁縫箱
7 印盒 yìnhé 印鑑入れ
8 骨灰盒 gǔhuīhé 骨箱

炎を併発する.

†**héchàng 合唱**[動]合唱する.¶tāmen ～le yì shǒu gē[他们～了一首歌]彼らはみんなで1曲合唱した.[名]合唱.¶hùnshēng ～[混声～]混声合唱.

†**héchéng 合成**[動]合成する.(2つ以上のものが一定の形式で)合わさって…になる.¶～cí[～词]合成語／～xiānwéi[～纤维]合成繊維.

hècí 贺词[名]お祝いの言葉.祝辞.¶zhì ～[致～]祝辞を述べる.

hédào 河道[名]川筋.川.

héděng 何等[副](感嘆の気持ちを表す)なんと.いかに.¶shèjìde ～ qiǎomiào[设计得～巧妙]なんとうまいデザインだろう.[代]〈書〉どのような.どんな.¶bù zhī tā shì ～ rénwù[不知他是～人物]彼はどういう人物なのか.

hèdiàn 贺电[名]祝電.¶pāi ～[拍～]祝電を打つ／fā ～[发～]祝電を出す.

†**héfǎ 合法**[形]合法的である.¶～ dìwèi[～地位]合法的な地位／shǒuxù wánquán ～[手续完全～]手続きは完全に法にかなっている.

†**hégé 合格**[形]合格する.規格に合う.¶zhìliàng bù ～[质量不～]品質は不合格だ／jiǎncè ～[检测～]検査の結果,合格した.

héhū 合乎[動]…に合う.合致する.…にかなう.¶～ guīfàn[～规范]規準に合う／～ guóqíng[～国情]国情に合う.

héhuā 荷花[名]〔duǒ 朵〕ハスの花.ハス.

héhuǒ 合伙[動](～儿)仲間になる.組む.共同でやる.(生産や商売についていうことが多い)¶tāmen jǐ ge rén ～ gǎo fúzhuāng shēngyi[他们几个人～搞服装生意]彼らは何人かと共同で服飾関係の商売をやっている.

⋆⋆**hēi 黑**[形]❶黒い.¶～ tóufa[～头发]黒い髪.❷暗い.↔ liàng 亮 ¶tiān ～ le[天～了]日が暮れた.*❸秘密の.闇の.¶～shèhuì[～社会]闇の世界.暴力団.❹悪い.腹黒い.邪悪である.¶zhè rén xīn tài ～[这人心太～]この人はとても腹黒い.

類義語 **hēi 黑　àn 暗**

►いずれも「暗い」と訳せるが,“黑”は真っ暗な状態である.¶这么黑的地方，谁看得见东西放在哪儿呀? zhème hēi de dìfang,shéi kàndejiàn dōngxi fàngzai nǎr ya?(こんなに暗くちゃ,どこに置いたか誰にも分からないじゃないの)►“暗”は真っ暗闇ではなく,光線が足りない,明度が落ちていることをいう.¶灯光暗了一点 dēngguāng ànle yìdiǎn(あかりが少し暗い)►“黑”にはさらに「闇の,後ろ暗い,違法な」の意がある.¶黑手 hēishǒu(黒幕)／黑孩子 hēiháizi(戸籍のない子供)►“暗”は「隠れた,陰でこっそり,秘密裏に」の意をもつ.¶暗斗 àndòu(暗闘:陰で行われる闘争)／暗礁 ànjiāo(暗礁)／暗算 ànsuàn(陰謀を企む)

⋆**hēi 嘿**[嘆]❶呼びかけたり注意を促す.¶～,qǐchuáng lou![～，起床喽!]さあ,起きる時間だよ.❷得意がる気持ちを表す.¶～,zánmen gànde zhēn búcuò[～，咱们干得真不错]どうだい,俺たち立派にやっただろう.❸驚きを表す.¶～,xià xuě le![～，下雪了!]おや,雪が降ってきた.

⋆**hēi'àn 黑暗**[形]❶暗い.¶wàimian yí piàn ～[外面一片～]外は真っ暗だ.❷〈喩〉暗黒である.¶～ tǒngzhì[～统治]暗黒支配.

hēibái 黑白[名]❶黒と白.¶～piàn[～片]モノクロ映画.❷〈喩〉善悪.是非.白黒.正邪.¶～ diāndǎo[～颠倒]善悪が転倒している／hùnxiáo ～[混淆～]是非を混同する.

⋆⋆**hēibǎn 黑板**[名]〔kuài 块〕黒板.¶cā ～[擦～]黒板をふく.

hēibǎnbào“黑板报”(黒板ポスター)

hēikè 黑客[名]ハッカー.

hēishì 黑市[名]闇市.ブラックマーケット.¶～ de jiàgé bǐjiào guì[～的价格比较贵]闇市の値段は割合高い.

†**hēiyè 黑夜**[名]夜中.闇夜.夜.↔ báitiān 白天 ¶báitiān ～ bùtíng de gàn[白天～不停地干]昼に夜を継いで働く.

héjiě 和解[動]和解する.仲直りする.¶fūqī ～ le[夫妻～了]夫婦は和解した.

héjīn 合金[名]合金.

†**hékuàng 何况**[接]〈書〉(反語表現をつくる)ましてや.¶tā cóngxiǎo méi líkāiguo jiā,～ chūguó ne[他从小没离开过家，～出国呢]彼は小さい時から家を離れたことがない.まして外国なんて行ったことがない.

*__hélǐ 合理__[形]理にかなっている.筋道が通っている.合理的である.¶tíchu ～ de yāoqiú[提出～的要求]筋の通った要求をする／zhèi xiàng jiànyì shífēn ～[这项建议十分～]この提案は理にかなっている.

†**héliú 河流**[名]〔tiáo 条〕河川.川の流れ.

hémiáo 禾苗[名]穀類作物の苗.

hémù 和睦[形]仲むつまじい.仲がよい.¶xiāngchǔde shífēn ～[相处得十分～]とても仲よくつきあっている.

‡**hěn 很**[副]たいへん.とても.¶jīntiān ～ rè[今天～热]今日はとても暑い／wǒ ～ liǎojiě tā[我～了解他]彼のことはよくわかっている.注 単音節の形容詞が述語になるとき,形容詞単独だと「他と比べて…だ」という比較の意味が出てしまう.それをさけるため“很”を加えて比較の意味を排除し,言い切りの形にする.このとき“很”は軽く読まれ「とても」の意味は持たない.

> 類義語 hěn 很　fēicháng 非常　guài 怪　tǐng 挺
>
> ►いずれも程度が高いことを表す副詞だが,“非常”,“很”,“怪”,“挺”の順に程度は弱くなる.“很”は形容詞,動詞,助動詞を修飾する.話し言葉にも書き言葉にも用いられ,“～得很”～de hěnの形で補語になることもできる.¶天安门广场大得很 Tiān'ānmén Guǎngchǎng dàde hěn(天安門広場はとても大きい)►“非常”は形容詞と心理的活動を表す動詞を修飾し,繰り返して言うことができる.ほかは繰り返して使えない.¶明天的考试非常非常重要 míngtiān de kǎoshì fēichángfēicháng zhòngyào(明日の試験は非常に重要だ)►“怪”,“挺”は話し言葉で用いられる.“怪”は一部の形容詞と心理的活動を表す動詞を修飾し,“挺”より親近感や親愛の情を強く出すことができる.文末に“的”deを用いることが多い.¶这只小猫怪可爱的! zhèi zhī xiǎomāo guài kě'ài de!(この子ネコはとてもかわいい)►“挺”は形容詞と心理的活動を表す動詞を修飾する.¶她挺聪明 tā tǐng cōngmíng(彼女はとても頭がいい)

†**hěn 狠**[形]凶悪である.¶tā tài ～ le[他太～了]彼はあまりにも残酷だ.[副]思い切って.断固として.¶～ zhuā yèwù[～抓业务]断固として本業に専心する／～～ dǎjī fànzuì huódòng[～～打击犯罪活动]犯罪を厳しく取り締まる.

__hèn 恨__[動]恨む.憎む.敵視する.↔ ài 爱 ¶xīnli fēicháng ～ tā[心里非常～他]心中非常に彼を憎んでいる.[名]恨み.¶huái～zai xīn[怀～在心]恨みを心に抱く.因縁をつける.

†**hèn·bu·de 恨不得**慣何かをしたくてならない.もどかしい.じれったい.¶～ yǎo tā yì kǒu[～咬他一口]彼にかみついてやりたい／～ chā chì fēihui jiā qu[～插翅飞回家去]羽があったら家に飛んで帰るのに.

hěndú 狠毒[形]むごい.残忍である.残酷である.¶xīncháng ～[心肠～]気性が残忍だ.

*__hēng 哼__[動]❶鼻から音を出す.¶téngde zhí ～～[疼得直～～]痛くてうんうんうなる.❷鼻歌を歌う.¶～zhe xiǎoqǔr[～着小曲儿]鼻歌を歌う.

†**héng 横**[形]水平である.横になっている.¶～xiě[～写]横書き.[動]横にする.横たわる.横切る.¶zhèige mùxiāng

yào ～zhe fàng[这个木箱要～着放]この木箱は横にして置きなさい／Huánghé ～guàn shù shěng[黄河～贯数省]黄河はいくつかの省を横切っている→hèng

hèng 横[形]横柄である.横柄にふるまう.威張って人を見下す.¶zhè jiāhuo zhēn ～[这家伙真～]こいつは実に横柄だ.→héng

héng qī shù bā 横七竖八㊔ごたごたと物が入り乱れているさま.¶kōng píjiǔ píngzi zài dìshang ～ de fàngzhe[空啤酒瓶子在地上～地放着]空のビール瓶が床の上にあちこち散らかっていた.

héngxīng 恒星[名]〔天〕恒星.

héngxíng 横行[動]横暴なふるまいをする.のさばる.

†**hénjì 痕迹**[名]痕跡.¶chēlún de ～[车轮的～]わだち／liúxiale suìyuè de ～[留下了岁月的～]歳月の跡を残している.

hěn//xīn 狠心[動]思い切る.心を鬼にする.¶hěnhen xīn bǎ suǒyǒu de zījīn dōu tóujinqu le[狠狠心把所有的资金都投进去了]思い切って資金のすべてを投入した／wǒ zěnme yě hěnbuxià xīn lai[我怎么也狠不下心来]私はどうしても思い切れない.

hěnxīn 狠心[形]冷酷である.残忍である.¶～ de mǔqīn bǎ yīng'ér rēngzai lùbiān[～的母亲把婴儿扔在路边]むごい母親が赤ん坊を道端に捨てた.

***hépíng 和平**[名]平和.¶wéihù ～[维护～]平和を守る.[形]❶平和である.¶～ tánpàn[～谈判]平和裏に交渉する.❷おだやかである.温和である.激しくない.¶yàoxìng ～[药性～]薬の性質がおだやかである.

hépíng gòngchǔ 和平共处[名]平和共存.¶～ wǔ xiàng yuánzé[～五项原则]平和共存五原則.㊟社会制度が異なる国同士の相互関係を処理するために,中国が唱えた内政相互不干渉など5つの原則.

hé·qi 和气[形]❶(態度が)穏やかである.温和である.¶dàirén ～[待人～]人あたりが柔らかい／tā shuōhuà hěn ～[她说话很～]彼女はとても穏やかなしゃべり方をする.❷むつまじい.仲がよい.¶héhéqìqì de guò rìzi[和和气气地过日子]仲むつまじく暮らす.

hé qíng hé lǐ 合情合理㊔情理にかなっている.¶zhèige yāoqiú ～[这个要求～]この要求は情理にかなっている.

hé·shang 和尚[名]和尚.僧侶.お坊さん.

⁂**héshì 合适**[形]ふさわしい.適当である.具合がよい.¶～ de rénxuǎn[～的人选]ふさわしい人選／zhèi jiàn yīfu māma chuān zhèng ～[这件衣服妈妈穿正～]この服は母が着るとちょうどぴったりだ.

†**hésuàn 合算**[形]引き合う.勘定にあう.¶zài wàibian chī bù ～[在外边吃不～]外食は不経済だ／zhèi jiàn yīfu mǎide tǐng ～[这件衣服买得挺～]この服は本当に買い得だった.

hé·tao 核桃[名]〔植〕クルミ(の実).¶zá ～ chī[砸～吃]クルミを割って食べる.

***hé·tong 合同**[名]〔xiàng 项,fèn 份〕契約.契約書.¶qiān ～[签～]契約を結ぶ.

héwǔqì 核武器[名]核兵器.¶xiāohuǐ ～[销毁～]核兵器を廃棄する.

héxié 和谐[形]調和がとれている.¶sèdiào shífēn ～[色调十分～]色のバランスがとてもいい／～ de qìfēn[～的气氛]なごやかな雰囲気.

héxīn 核心[名]核心.中核.中心.¶zhèngcè de ～[政策的～]政策の核心部分／～ zuòyòng[～作用]中心的役割.

héyíng 合营[動]共同経営する.¶gōngsī ～[公私～]国家と民間資本の共同経営.

héyuē 和约[名]講和条約.平和条約.¶qiāndìng ～[签订～]平和条約に調印する.

†**hézī 合资**[動]資本を出し合う.¶～ qǐyè[～企业]合弁企業.

***hézuò 合作**[動]協力する.協力して仕事をする.合作する.¶mìqiè ～[密切～]密接に協力し合って仕事をする／jìshù ～[技术～]技術協力する.

H

⁑**hóng 红**[形]❶赤い.¶～ huā[～花]赤い花／liǎn ～ le[脸～了]顔が赤くなった.❷人気がある.もてはやされている.¶zhèi shǒu gē xiànzài hěn ～[这首歌现在很～]この歌は今とても人気がある.❸共産主義思想を身につけている.¶yòu ～ yòu zhuān[又～又专]政治的自覚も高く,専門的な知識や技術も身につけている.

hóng 虹[名]〔dào 道,tiáo 条〕虹.¶cǎi～[彩～]虹／chū ～[出～]虹がかかる.

hǒng 哄[動]❶だます.¶nǐ bié ～ rén le,shéi xìn a[你别～人了，谁信啊]嘘つくなよ,誰も信じないよ.❷あやす.すかす.機嫌をとる.¶～ háizi wánr[～孩子玩儿]子供と遊んでやる.

*__hóngchá 红茶__[名]紅茶.

hóngdà 宏大[形]広大である.巨大である.¶guīmó ～[规模～]規模が非常に大きい.

hōngdòng 轰动[動名]沸かせる.センセーションを巻き起こす.¶zhèi bù yǐngpiàn yǐnqǐle ～[这部影片引起了～]この映画はセンセーションを巻き起こした.

hōnghōnglièliè 轰轰烈烈[形]規模が大きく,勢いがすさまじいさま.¶tāmen gāng kāishǐ gǎode ～ de,hòulái jiù wú shēng wú xī le[他们刚开始搞得～的，后来就无声无息了]彼らは最初は勢い盛んにやっていたが,その後しんとしてしまった.

hóng·huo 红火[形]〈方〉にぎやかである.繁盛している.¶fànguǎn bànde hěn ～[饭馆办得很～]レストランが繁盛している.

hónglǐngjīn 红领巾[名]❶(少年先鋒隊員の)赤いネッカチーフ.❷少年先鋒隊員.

*__hóngqí 红旗__[名]❶赤旗.プロレタリア革命の象徴.¶wǔxīng ～[五星～]五星紅旗.中国の国旗.❷試合で優勝者におくる赤い旗.¶déle yí miàn xiǎo ～[得了一面小～]優勝旗を獲得した.❸先進的であること.共産主義思想を身につけていること,およびその標識.¶bèi píngwéi ～ xiǎozǔ[被评为～小组]優秀なグループであると評価された.

†**hóngshuǐ 洪水**[名]洪水.¶nào ～[闹～]洪水が起こる.

†**hóngwěi 宏伟**[形](規模,計画などが)雄大である.壮大である.¶～ de jiànzhùqún[～的建筑群]壮大な建築物群／～ de lántú[～的蓝图]壮大な青写真.

hóngyǎnbìng 红眼病[名]❶〔医〕結膜炎.❷〈喩〉ねたみ病.¶yǒuxiē rén kàndao biéren mǎile biéshù,jiù déle "～"[有些人看到别人买了别墅，就得了"～"]人が別荘を買ったのを目にすると,ねたむ人もいる.

hōngzhà 轰炸[動]爆撃する.

†**hǒu 吼**[動]❶(猛獣が)吠える.¶shīzi dà ～ yì shēng, xiàle wǒ yí tiào[狮子大～一声，吓了我一跳]ライオンが大きな声で吠えたので驚いた.❷(人が)怒鳴る.❸(風が)吹きすさぶ.(汽笛が)鳴り響く.(砲声が)とどろく.¶qìdí cháng ～le yì shēng[汽笛长～了一声]汽笛が長く鳴り響いた.

⁑**hòu 后**[名]❶(空間的に)後ろ(の).¶wū～[屋～]家の後ろ.❷(時間的に)後(の).¶xiān shuāyá,～ xǐliǎn[先刷牙，～洗脸]歯を磨いてから顔を洗う.❸(順序が)後ろ(の).¶～pái[～排]後列.↔ qián 前

hòu 后[名]后(きさき).帝王の正妻.

*__hòu 厚__[形]❶厚い.↔ báo 薄 ¶zhèi běn cídiǎn hěn ～[这本词典很～]この辞書は分厚い／liǎnpí zhēn ～[脸皮真～]まったく図々しい.❷(感情が)深い.こまやかである.¶shēnqíng ～ yì[深情～谊]深い情誼.❸(数量が)多い.(利潤が)大きい.¶～lǐ[～礼]手厚い贈り物.[名]厚さ.厚み.[動]優遇する.重んじる.崇める.¶～'ài[～爱]深い愛.

⁑**hòu·bian 后边**[名](～儿)後.後ろの方.¶jiàoshì ～ shì cāochǎng[教室～是操场]教室の後ろはグラウンドだ.

hòubǔ 候补[名]候補.¶～ wěiyuán[～委员]委員候補.

†**hòudài 后代**[名]後代の人.子孫.¶tā de ～ dōu shì dāngbīng de[他的～都是当兵的]彼の子孫は皆兵隊だ.

hòudù 厚度[名]厚み.

†**hòufāng 后方**[名]❶後方.銃後.↔ qiánxiàn 前线.❷(前方に対しての)後方.¶～ yǒu yí liàng dà kǎchē kāiguolai le[～有一辆大卡车开过来了]後ろから大きなトラックが走ってきた.

†**hòuguǒ 后果**[名]後の結果.注悪い結果をいうことが多い.¶zàochéng yánzhòng de ～[造成严重的～]深刻な結果をもたらす.

*__hòuhuǐ 后悔__[動]後悔する.¶tā ～ le[他～了]彼は後悔した／shìshang méiyou mài ～yào de[世上没有卖～药的]この世に後悔につける薬は売っていない.後悔先に立たず.

*__hòulái 后来__[名]その後.それから.後になって.¶～ wǒmen zài yě méi liánxìguo[～我们再也没联系过]その後私たちは2度と連絡をとらなかった／wǒmen tánle bàntiān,～ tā zhōngyú tóngyì le[我们谈了半天，～他终于同意了]私たちはしばらく話をし,その後彼はついにオーケーした.[形]後進の.¶～rén[～人]後継者.後進／～ jū shàng[～居上]成後の者が先の者を追い越す.

類義語 **hòulái 后来 yǐhòu 以后**
►ともに「その後」の意.“后来”は過去の事柄を述べる時にしか用いないが,“以后”は過去でも未来でも用いることができる.¶他先去了新加坡，后来又去了韩国 tā xiān qùle Xīnjiāpō,hòulái yòu qùle Hánguó(彼は先にシンガポールに行き,その後また韓国に行った)／从今以后，我再不吸烟了 cóng jīn yǐhòu, wǒ zài bù xīyān le(これからは,私はもうタバコを吸わない)►また,“后来”は単独でしか用いられないが,“以后”は単独でも,ほかの語に後置しても用いられる.¶上高中{以后／×后来}，他一直努力学习 shàng gāozhōng {yǐhòu／×hòulái},tā yìzhí nǔlì xuéxí(高校に入ってから,彼はずっと一生懸命に勉強している)

†**hóu·lóng 喉咙**[名]〔生理〕のど.¶chězhe ～ hǎn[扯着～喊]声を張り上げて叫ぶ.

*__hòu·mian 后面__[名](～儿)❶(場所が)後ろ.後方.裏側.¶～ yǒu zuòwèi[～有座位]後ろに席がある.❷(順序が)後.¶zhèige wèntí ～ hái yào xìtán[这个问题～还要细谈]この問題は後でまたじっくり話します.

hòunián 后年[名]再来年.

hòuqī 后期[名]後期.

hòuqín 后勤[名]後方勤務.サービス,雑用.支援部門.

hòutái 后台[名]❶楽屋.❷〈喩〉後ろ盾.バック.黒幕.注悪い意味で使われることが多い.¶tā de ～ shì shéi?[他的～是谁?]彼の後ろ盾は誰だ.

*__hòutiān 后天__[名]あさって.明後日.

†**hòu·tou 后头**[名]❶後ろ.¶lóu ～ yǒu yí ge xiǎo gōngyuán[楼～有一个小公园]建物の後ろに小さな公園がある.❷(順序の)後.¶wénzhāng de ～ yǒu ge fùlù[文章的～有个附录]文章の後に関連資料がついている.

†**hòutuì 后退**[動]退く.後退する.↔ qiánjìn 前进.¶xiàde ～le yí bù[吓得～了一步]驚きのあまり後ずさった／xuéxí chéngjì ～ le[学习成绩～了]成績が下がった.

hòuxuǎnrén 候选人[名]立候補者.

*__hóu·zi 猴子__[名]〔zhī 只〕サル.

*__hū 呼__[動]❶(息を)吐く.¶～chu yì kǒu qì[～出一口气]一息吐く／～chu èryǎnghuàtàn[～出二氧化碳]二酸化

表現Chips
後悔する

真可惜。Zhēn kěxī.（本当に残念だ）
真遗憾。Zhēn yíhàn.（実に遺憾だ）
我悔不该那么早就退学了。Wǒ huǐ bù gāi nàme zǎo jiù tuìxué le.（あんなに早く退学してしまったことが悔やまれる）
后悔也来不及了。Hòuhuǐ yě láibují le.（後悔してももう遅い）
早知这样就不来了。Zǎo zhī zhèyàng jiù bù lái le.
（こうだと早く知っていれば来なかったのに）

炭素を吐き出す.❷叫ぶ.¶ ～ kǒuhào [～口号]スローガンを叫ぶ.❸呼ぶ.ポケベルで呼び出す.¶ yǒu shì ～ wǒ [有事～我]何かあればポケベルで呼んでください.

hú 胡[副]でたらめに.勝手に.¶ ～nào [～闹]ふざける／nǐ ～shuō xiē shénme! [你～说些什么!]何をでたらめなことを言ってるんだ!

*__hú 壶__[名]ポット.やかん.

⁑**hú 湖**[名]湖.池.

hú 糊[動]のり付けする.¶ ～ shang qiángzhǐ[～上墙纸]壁紙を貼る／～ fēngzheng[～风筝]凧を作る.

*__hù 户__[名]❶戸.戸口.❷世帯.住民.[量]戸数を数える.¶ zhèige cūnzi li gòng yǒu èrbǎi duō ～ rénjiā[这个村子里共有二百多～人家]この村には民家が200戸以上ある.

†**hù 护**[動]❶保護する.¶ ～lín[～林]森林を守る／～háng[～航]船や飛行機を護衛する.❷かばう.¶ ～zhe zìjǐrén[～着自己人]身内をかばう.

⁑**huā 花**[名](～儿)〔duǒ 朵,zhī 枝〕❶花.❷模様.[形]❶色とりどりである.色がまじりあっている.¶ ～bái de tóufa [～白的头发]ごま塩頭／～ māo [～猫]三毛猫.❷目がかすむ.¶ yǎn～ [眼～]目がかすむ.

⁑**huā 花**[動](時間,金銭などを)使う.費やす.¶ zhèi cì lǚyóu ～le duōshao qián?[这次旅游～了多少钱?]今度の旅行ではいくら使った?／～ shíjiān [～时间]時間を費やす.

> 類義語　**huā 花　fèi 费**
>
> ►ともに時間,お金,精力などを使う,「費やす」という意味の動詞."花"はお金や時間を使うことで,使った結果減少していく.また目的になる名詞の範囲は限られている.¶ 随便花钱 suíbiàn huā qián(自由にお金を使う)／花心血 huā xīnxuè(心血を注ぐ)／花精力 huā jīnglì(精力を費やす)►"费"はお金や時間がかかることで,標準以上に費やす,無駄に費やす,不経済であるなどの含みをもつ.反対は"省"shěng(無駄をはぶく,節約する).¶ 非常费钱 fēicháng fèiqián(とてもお金がかかる)／费力 fèilì(精力を費やす)

*__huá 划__[動]❶(かいやオールで)こぐ.¶ ～chuán[～船]船をこぐ.❷そろばんに合う.引き合う.¶ zhèi xiàng tóuzī ～delái[这项投资～得来]この投資は引き合う／～bulái[～不来]引き合わない.❸(とがった物で)こする.切る.引っかいて傷をつくる.¶ shǒushang ～le ge kǒuzi[手上～了个口子]手に切り傷をつくった／～ bōli[～玻璃]ガラスを切る.→huà

*__huá 滑__[形]❶滑る.滑りやすい.¶ lù hěn ～[路很～]道が滑りやすい.❷ずるい.¶ zhèige rén hěn ～[这个人很～]この人はずるい／～tóu ～ nǎo [～头～脑]ずる賢い.[動]滑る.¶ bù xiǎoxīn ～dǎo le[不小心～倒了]うっ

> **目で見る類義語**　hú 壶　guàn 罐　gāng 缸
>
> 
>
>
> 
>
>
> ►"壶"húは細長い口がついているもの."茶壶"cháhú(急須),"水壶"shuǐhú(水差し),"铁壶"tiěhú(鉄瓶)など.►"罐"guànは口があいているもの,あるいは密封されているものがあるが,いずれにしろ中に食料・水を保存するもの.例えば"罐头"guàntou(缶詰・瓶詰類)や"罐子"guànzi(つぼ,かめ)など.►"缸"gāngは密封されてなく,大きく上にむかって口があいているものをいう."鱼缸"yúgāng(金魚鉢),"水缸"shuǐgāng(水がめ),"浴缸"yùgāng(浴槽)など.

かり滑って転んだ.

huà 化[動]❶溶ける.¶bīng ～ le[冰～了]氷が溶けた.❷変化する.変化させる.¶～nóng[～脓]化膿する.[尾](名詞や形容詞に付いて)そのような状態にする.変わる.…化する.¶měi～[美～]美化する/lǜ～[绿～]緑化する.

*huà 划[動]❶(線を)引く.区切る.¶～jiè[～界]境界を決める/～ yì tiáo xiàn[～一条线]1本線を引く.❷(金銭を)支出する.融通する.¶～ kuǎn[～款]金を融通する.→huá

⁑huà 话[名](～儿)〔jù 句,duàn 段,xí 席,fān 番〕話.言葉.¶yí jù ～ yě méi shuō[一句～也没说]一言も話さなかった.

huà 画[動](図や絵を)描く.¶～ huàr[～画儿]絵を描く/～ yí dào xiàn[～一道线]線を1本引く.[名](～儿)絵.→ 見る類 p.576

guóhuà 国画(中国画)

shānshuǐhuà 山水画　huāniǎohuà 花鸟画　rénwùhuà 人物画

*huàbào 画报[名]〔běn 本〕画報.グラフ誌.

*huá∥bīng 滑冰[名]スケート.¶huāyàng ～[花样～]フィギュアスケート/sùdù ～[速度～]スピードスケート.

†huāduǒ 花朵[名](総称としての)花.¶mǔdanhuā de ～ yòu dà yòu xiānyàn[牡丹花的～又大又鲜艳]ボタンの花は大きくてあでやかだ.

huāfèi 花费[動](時間,金銭などを)費やす.¶～ jīnqián[～金钱]お金を使う/zài zhèi xiàng gōngzuò shang tā ～le bùshǎo de shíjiān hé qìlì[在这项工作上他～了不少的时间和气力]この仕事に彼は随分多くの時間と気力を費やした.→huāfei

huā·fei 花费[名]出費.費用.経費.¶bān yí cì jiā yào bùshǎo ～[搬一次家要不少～]引っ越しにはかなりお金がかかる.→huāfèi

huàféi 化肥[名]〔農〕化学肥料."化学肥料"huàxué féiliàoの略.

†huàfēn 划分[動]分ける.区分する.区分けする.¶～ xíngzhèng qūyù[～行政区域]行政区画に分ける/～ děngjí[～等级]レベル分けをする.

†huàgōng 化工[名]化学工業."化学工业"huàxué gōngyèの略.

huàhé 化合[動]〔化〕化合する.¶qīng hé yǎng ～ shēngchéng shuǐ[氢和氧～生成水]水素と酸素を化合すると水になる/～wù[～物]化合物.

†huāhuā 哗哗[擬]水が勢いよく流れる音.雨が激しく降る音.木の葉が風

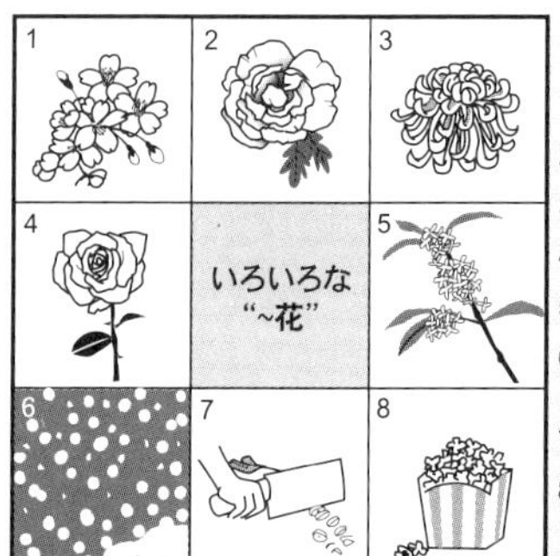

◁◀◀ 逆引きウインドウズ

1 樱花	yīnghuā	サクラの花
2 牡丹花	mǔdanhuā	ボタンの花
3 菊花	júhuā	キクの花
4 玫瑰花	méiguihuā	バラの花
5 桂花	guìhuā	モクセイの花
6 雪花	xuěhuā	(舞い降りてくる)雪片
7 葱花	cōnghuā	ネギのみじん切り
8 玉米花	yùmǐhuā	ポップコーン

に揺れる音. ¶ liúshuǐ ～ de xiǎng［流水～地响］流水がザーザーと音を立てる／qiūfēng chuīde shùyè ～ de xiǎng［秋风吹得树叶～地响］秋風が吹いて木の葉がざわざわと鳴る.

†**huái 怀**［名］ふところ. ¶ shuìzai māma ～li［睡在妈妈～里］母親の胸で眠る.［動］❶心に抱く. ¶ bù ～ hǎoyì［不～好意］下心を持つ／～zhe hàoqíxīn［～着好奇心］好奇心を抱く.❷妊娠する. ¶ ～le háizi［～了孩子］妊娠した.

⁑**huài 坏**［形］❶悪い.よくない.↔ hǎo 好 ¶ gàn ～shì［干～事］悪いことをやる.❷動詞や形容詞の後ろに置いて,程度がはなはだしいことを示す. ¶ è～le［饿～了］ひどく腹がへった.［動］壊す.だめにする. ¶ diànshàn ～ le［电扇～了］扇風機が壊れた.［名］悪だくみ. ¶ fàn ～［犯～］いたずらをする.

*__huài·chu 坏处__［名］害.悪い所.悪い点. ¶ háizi chī diǎnr kǔ méi ～［孩子吃点儿苦没～］子供が苦労をするのは悪いことではない.

†**huàidàn 坏蛋**［名］〈貶〉悪人.悪党.

†**huáiniàn 怀念**［動］しのぶ.懐かしく思う. ¶ ～ guòqù［～过去］昔をしのぶ.

huáishù 槐树［名］〔kē 棵,zhū 株〕エンジュの木.

†**huáiyí 怀疑**［動］❶疑う. ¶ jǐngchá ～ tā shì xiōngshǒu［警察～他是凶手］警察は彼が犯人だとにらんでいる.❷推測する. ¶ wǒ ～ tā bǎ kāihuì de shìr wàng le［我～他把开会的事儿忘了］会議のことを彼は忘れているのではないだろうか.

huái//yùn 怀孕［動］妊娠する.

†**huàjiā 画家**［名］画家.

†**huàjù 话剧**［名］話劇.現代劇.

huājuǎnr 花卷儿［名］くるくると巻いた形のマントウ.

huálì 华丽［形］華麗である.華やかで美しい. ¶ kètīng zhuāngshìde hěn ～［客厅装饰得很～］客間は華やかに飾り付けされている.

huàmiàn 画面［名］画面.

⁑**huán 还**［動］❶帰る.(元の状態に)戻る. ¶ ～xiāng［～乡］故郷に戻る.❷返す.↔ jiè 借 ¶ qǐng bǎ gāngbǐ ～gěi wǒ［请把钢笔～给我］すみません,ペンを返してくれますか.❸報いる.お返しする. ¶ ～shǒu［～手］殴り返す.→hái

*__huán 环*__［名］❶(～儿)輪状のものをいう. ¶ ěr～［耳～］イヤリング／huā～［花～］花で作った冠,首飾り.❷物事を構成する一部分.一環. ¶ zuì zhòngyào de yì ～［最重要的一～］一番大事な点.［動］取り巻く.回りをめぐる. ¶ ～shān zǒule yì quān［～山走了一圈］山を一回り歩いた.

huǎn 缓*［形］❶(スピードが)遅い.ゆっくりしている. ¶ qiánfāng shīgōng,chēliàng ～xíng［前方施工，车辆～行］前方工事中につき,車両は徐行運転のこと.❷ゆったりしている.はりつめていない. ¶ píng～［平～］穏やかである.［動］遅らせる.延期する. ¶ xuéfèi kěyǐ ～ jiāo［学费可以～交］学費の支払いは遅れてもさしつかえない／zhè shì hái kěyǐ zài ～ jǐ tiān［这事还可以再～几天］この件はまだ数日遅らせてもかまわない.

表現Chips 疑う

真的吗? Zhēn de ma?（本当ですか）
不会吧。 Bú huì ba.（そんなはずはないでしょう）
这样做有把握吗? Zhèyàng zuò yǒu bǎwò ma?（このやり方で成算がありますか）
这个方法靠得住吗? Zhèige fāngfǎ kàodezhù ma?（この方法で大丈夫ですか）
这怎么可能呢? Zhè zěnme kěnéng ne?（こんな事がありえますか）
难道他在说谎? Nándào tā zài shuōhuǎng?（まさか彼はうそをついているのでは？）

★huàn 换[動]❶交換する.換える.¶ yòng jiù de ～ xīn de[用旧的～新的]古い物を新しい物と交換する/～ yīfu[～衣服]着替える.❷両替する.¶bǎ měijīn ～chéng rénmínbì[把美金～成人民币]米ドルを人民元に両替する.

†huàn 唤[動]叫ぶ.大声を出す.呼ぶ.¶～xǐng[～醒]呼び覚ます.覚醒させる/ménkǒu yǒu rén ～ nǐ ne[门口有人～你呢]戸口で誰かが君を呼んでいるよ.

†huàn 患[動]患う.病気にかかる.¶～le gānyán[～了肝炎]肝炎にかかる/～ dé ～ shī[～得～失]成損得に心を悩ます.

huánbǎo 环保[名]環境保護.環境保全."环境保护"huánjìng bǎohùの略.¶yīnggāi zhòngshì ～ gōngzuò[应该重视～工作]環境保護の活動を重視すべきだ.

†huàndēng 幻灯[名]スライド.¶fàng ～[放～]スライドを上映する/～jī[～机]スライド映写機.

†huāng 荒[形]荒れている.¶dì ～le[地～了]畑が荒れた.[動]ほうりっぱなしにする.¶xuéyè ～fèi le[学业～废了]学業をなまけた.

★huāng 慌[動]慌てる.¶yì tīng zhè huà, tā ～ le[一听这话，他～了]このことを聞くや彼はそわそわした.→huang

★huáng 黄[形]黄色い.黄色の.

huáng 黄[動]だめになる.おじゃんになる.¶chūguó de shìr ～ le[出国的事儿～了]海外行きの話はだめになった.

huǎng 晃[動]❶輝く.きらめく.¶～yǎn[～眼]まぶしい.❷さっと通り過ぎる.¶yì ～ shí nián guòqu le[一～十年过去了]瞬く間に10年の月日が過ぎ去った.→huàng

†huàng 晃[動]揺れる.¶chuánshēn láihuí de ～zhe[船身来回地～着]船体がゆらゆらと揺れている.→huǎng

•huang 慌[形](補語として用い)…でたまらない.…てやりきれない.¶rède ～[热得～]暑くてたまらない.→huāng

huángchóng 蝗虫[名]〔zhī 只〕イナゴ.

huāngdì 荒地[名]荒地.未開墾地.

★huángdì 皇帝[名]皇帝.

★huáng·gua 黄瓜[名]〔gēn 根,tiáo 条〕〔植〕キュウリ.

huánghòu 皇后[名]皇后.

†huánghūn 黄昏[名]夕暮れ.たそがれ.

huánghūn liàn 黄昏恋組老いらくの恋.¶dàjiā yīnggāi lǐjiě lǎorén de ～[大家应该理解老人的～]皆お年寄りの恋愛を理解すべきだ.

huángjīn 黄金[名]黄金.金.

huāngliáng 荒凉[形]荒れ果てている.¶zhèli shífēn ～[这里十分～]ここは本当にさびれている/yí piàn ～[一片～]一面荒れ果てている.

huāngluàn 慌乱[形]慌てている.取り乱している.¶rénmen ～ de pǎolechuqu[人们～地跑了出去]みんなは慌てふためいて走り出していった.

†huāngmáng 慌忙[副]急いで.あたふたと.そそくさと.¶tā ～ duǒjin wūli[他～躲进屋里]彼は急いで部屋の中にかくれた.

huāngmiù 荒谬[形]でたらめである.道理に合っていない.¶～ de lùndiào[～的论调]でたらめな論調.

huǎng rán dà wù 恍然大悟成はっと悟る.急に全てが分かる.目からうろこが落ちる.¶tīngle tā de shuōmíng wǒ cái ～[听了他的说明我才～]彼の説明を聞いて初めて全てが分かった.

†huángsè 黄色[名]黄色.¶～ de qúnzi[～的裙子]黄色のスカート.[形]堕落した.不健全な.エロチックな.¶～ xiǎoshuō[～小说]ポルノ小説.

huāng·táng 荒唐[形]荒唐無稽である.でたらめである.¶zhèi zhǒng xiǎngfa zhēnshi ～[这种想法真是～]こういう考え方は実にばかげている.

★huángyóu 黄油[名]バター.¶mǒ ～[抹～]バターを塗る.

huāng·zhāng 慌张[形]そわそわしている.そそっかしい.¶tā huānghuāngzhāngzhāng de pǎolejinlai[他慌慌张张地跑了进来]彼はあたふたと駆け込んできた.

†**huǎnhé 缓和**[動]❶緩和する.やわらぐ.¶jīdòng de qíngxù zhújiàn ～xialai[激动的情绪逐渐～下来]高ぶった感情がだんだんとおさまってきた.❷緩める.緩和させる.¶tā de jīzhì yǔ yōumò ～le huìchǎng shang de jǐnzhāng kōngqì[他的机智与幽默～了会场上的紧张空气]彼の機転とユーモアが会場のはりつめた空気をやわらげた.

†**huānhū 欢呼**[動]喜びの声をあげる.歓呼する.¶～ shènglì[～胜利]勝利に歓呼の声をあげる／rèliè ～[热烈～]熱烈な歓呼の声があがる.

†**huǎnhuǎn 缓缓**[副]ゆっくりと.¶yóuxíng de rénqún ～ de xiàng guǎngchǎng zǒuqu[游行的人群～地向广场走去]デモ隊がゆっくりと広場に向かって歩いていく.

huánjié 环节[名]一環.一部.関連部分.¶bóruò ～[薄弱～]ウイークポイント／zhǔyào ～[主要～]重要なポイント.キーポイント.

*__huánjìng 环境__[名]環境.周囲の状況.¶～ bǎohù[～保护]環境保護／gōngzuò ～ hěn hǎo[工作～很好]仕事の環境がとてもいい.

huàn jù huà shuō 换句话说[組]言い方を換えると.言葉を換えて言えば.

†**huānlè 欢乐**[形]楽しい.うきうきしている.喜ばしい.¶～ de gēshēng[～的歌声]楽しそうな歌声／～ de rénqún[～的人群]喜びにあふれた群衆.

†**huǎnmàn 缓慢**[形]ゆっくりしている.¶wūguī xíngdòng ～[乌龟行动～]カメは動きがのろい／tā ～ de zǒuxia táijiē[他～地走下台阶]彼はゆっくりと階段をおりていった.

huànqǔ 换取[動]取り替えて手に入れる.¶tāmen yòng niúyáng ～ rìyòngpǐn[他们用牛羊～日用品]彼らはウシやヒツジをもって日用品と交換する.

*__huānsòng 欢送__[動]歓送する.喜びをもって送り出す.¶chēzhàn yǒu xǔduō qiánlai ～ tā de rén[车站有许多前来～他的人]駅には彼を見送りにやってきた人が大勢いた／～huì[～会]歓送会.送別会.

huān tiān xǐ dì 欢天喜地[成]大喜びする.歓喜する.¶kànzhe háizimen ～ de yàngzi, Lǎo-Wáng yě gāoxìng de chàngqi gē lai[看着孩子们～的样子，老王也高兴地唱起歌来]子供たちが大喜びするのを見て,王さんも喜んで歌い出した.

†**huānxǐ 欢喜**[形]喜ぶ.楽しい.¶mǎnxīn ～[满心～]喜びで胸いっぱいだ／huānhuānxǐxǐ guò Chūnjié[欢欢喜喜过春节]楽しく旧正月を過ごす.

†**huànxiǎng 幻想**[動]幻想する.空想する.¶tā ～zhe zhǎngdà yǐhòu dāng yì míng diànyǐng yǎnyuán[她～着长大以后当一名电影演员]彼女は大きくなったら映画女優になることを夢見ている.[名]幻想.¶zhè zhǐshì yí ge měilì de ～[这只是一个美丽的～]これはただの美しい幻想にすぎない.

huānxiào 欢笑[動]うれしそうに笑う.¶jìnqíng de ～[尽情地～]心ゆくまで喜び笑う.

⁑**huānyíng 欢迎**[動]歓迎する.¶～ xīn tóngxué[～新同学]新しいクラスメートを歓迎する／～ dàjiā tí yìjiàn[～大家提意见]何かご意見がありましたらどんどんおっしゃってください／hěn shòu dúzhě ～[很受读者～]読者に人気がある.

huán//yuán 还原[動]元に戻す.復元する.

huànzhě 患者[名]患者.

†**huáqiáo 华侨**[名]華僑(かきょう).国外に定住している中国人.

⁑**huàr 画儿**[名]❶〔fú 幅,zhāng 张〕絵.¶tiē nián～[贴年～]年画を貼る.❷漢字の画(かく).

†**huárén 华人**[名]中国人.居住国の国籍を持つ中国系住民.

huāsè 花色[名]❶柄.模様と色.¶zhèi kuài bù de ～ hěn hǎokàn[这块布的～很好看]この布の色と柄は実にきれいだ.❷種類.品種.¶～ qíquán[～齐全]種類がそろっている.

†**huāshēng 花生**[名]〔kē 颗,lì 粒〕〔植〕ラッカセイ.ピーナッツ.

†**huà shé tiān zú 画蛇添足**[成]蛇足.余計なつけ足しをする.¶zhèyàng jiù kěyǐ le,búyào zài ～ le[这样就可以

了，不要再～了]これで十分だ.余計なことはするな.

huàshí 化石[名]化石.

†**huàtí 话题**[名]話題.¶zhuǎnle ～[转了～]話題を変えた.

huāwén 花纹[名](～儿)模様.図柄.¶húdié chìbǎng shang de ～[蝴蝶翅膀上的～]チョウの羽の模様.

huàxiān 化纤[名]化学繊維."化学纤维"huàxué xiānwéiの略.

†**huá//xuě 滑雪**[名]スキー.¶～chǎng[～场]ゲレンデ／wǒ huáguo sān cì xuě[我滑过三次雪]私はスキーを3回したことある.

⁑**huàxué 化学**[名]❶化学.❷セルロイドの俗称.

H

†**huàyàn 化验**[動]化学検査をする.化学分析をする.¶～ xuèyè[～血液]血液の化学検査をする.

huāyàng 花样[名](～儿)❶模様.柄.スタイル.型.¶～ huábīng[～滑冰]フィギュアスケート／～ fānxīn[～翻新]新機軸を打ち出す.❷手管.悪だくみ.¶wánr ～[玩儿～]手管を弄する／piànrén de ～[骗人的～]人をだます悪だくみ.

*__huāyuán 花园__[名](～儿)花園.ガーデン.庭.

huà//zhuāng 化妆[動]化粧をする.¶huà dàn zhuāng[化淡妆]薄化粧をする.

huàzhuāngpǐn 化妆品[名]化粧品.¶～ de zhǒnglèi zhēn duō a![～的种类真多啊!]化粧品の種類は本当に多いんだね.

†**húdié 蝴蝶**[名]〔zhī 只,duì 对〕チョウ.チョウチョウ.¶～jié[～结]蝶結び.

†**hūhū 呼呼**[擬]風やいびきの音.またはぐっすり眠っているさま.¶fēng ～ de guāzhe[风～地刮着]風がびゅうびゅうと吹いている／～ dà shuì[～大睡]大きないびきをかきながら寝ている.

*__huī 灰__[名]❶〔bǎ 把,cuō 撮〕灰.❷〔céng 层〕ほこり.¶chuāngtái shang jīle hòuhòu de yì céng ～[窗台上积了厚厚的一层～]窓台にはほこりがかなりたまっていた.❸石灰.¶mǒ ～[抹～]石灰を塗る.[形]❶灰色の.¶～ xīfú[～西服]グレーのスーツ.❷がっかりする.気落ちする.¶xīn ～ yì lǎn[心～意懒]成意気消沈する.

*__huī 挥__[動]❶振る.振り回す.¶tā chòng wǒ ～～ shǒu[他冲我～～手]彼は私に向かって手を振った.❷(涙や汗を)ぬぐう.¶～lèi gàobié[～泪告别]涙をぬぐって別れを告げる.

⁑**huí 回**[動]❶帰る.戻る.¶～jiā[～家]帰宅する.❷向きを変える.¶tā ～ tóu kànle yíxià[她～头看了一下]彼女は振りかえってちょっと見た.❸答える.¶gěi tā ～xìn[给他～信]彼に返事を出す.❹(動詞の後ろにつけて)…しかえす.戻す.¶fàng～ yuánchù[放～原处]もとに戻す.[量]❶(回数や度数を数える)回.¶tā láiguo yì ～[他来过一～]彼は1度来たことがある.❷事柄を数える.¶zhè shì zěnme ～ shì[这是怎么～事]これはいったいどういうことだ／zhè shì liǎng ～ shì[这是两～事]これはまったく別なことだ.→[類義語] biàn 遍

†**huǐ 毁**[動]❶壊す.だめにする.¶hǎohāor de yí ge jiātíng ràng tā gěi ～le[好好儿的一个家庭让他给～了]円満な家庭が彼に壊されてしまった.❷焼く.焼却する.

†**huì 汇**[動]❶集める.集まる.❷為替で送る.送金する.¶～gěi tā yì bǐ lùfèi[～给他一笔路费]彼に旅費を送金する.

⁑**huì 会**[動]会う.¶～ péngyou[～朋友]友達に会う.[名]ある目的のために集まる会.集会.パーティー.¶kāi～[开～]会議を開く.

⁑**huì 会**[動](練習を要することが)できる.¶tā ～ Yīngwén[她～英文]彼女は英語ができる.[助動]❶(練習,トレーニングの結果)できる.¶nǐ ～ kāi chē ma?[你～开车吗?]君,車の運転できる?❷上手にできる.¶tā búdà ～ shuōhuà[他不大～说话]彼は口べただ.❸…する可能性がある.…するはずだ.¶jīntiān ～ xià yǔ ma?[今天～下雨吗?]今日は雨が降るだろうか.

語法 huì 会

►助動詞"会"は普通後に動詞フレ

ーズを伴い,「…することができる」ことを表す.¶会说中文 huì shuō Zhōngwén(中国語を話すことができる)►ところが,直接後に名詞を伴い,「…ができる」ことを表す場合もある.この場合の"会"は動詞と考える.
1)学科目系
¶会日语 huì Rìyǔ(日本語ができる)/会英语 huì Yīngyǔ(英語ができる)
2)運動系
¶会气功 huì qìgōng(気功ができる)/会蛙泳 huì wāyǒng(平泳ぎができる)
3)ゲーム系
¶会麻将 huì májiàng(麻雀ができる)/会电脑 huì diànnǎo(パソコンができる)

huì 绘[動]絵や図を描く.¶~le yì zhāng tú[~了一张图]図を1枚描いた.

†**huìbào 汇报**[動](上級部門や一般に向けて)状況を取りまとめて報告する.¶xiàng shàngjí ~ gōngzuò[向上级~工作]上級部門に仕事の状況を報告する.[名]報告書.

huíbì 回避[動]避ける.よける.¶qǐng búyào ~ zhèige wèntí[请不要~这个问题]この問題を避けないでください.

*__huìchǎng 会场__[名]会場.¶bùzhì ~[布置~]会場を設営する.

†**huīchén 灰尘**[名]〔céng 层〕ほこり.ちり.

⁑**huídá 回答**[動]回答する.¶~ wèntí[~问题]問いに答える/débudào mǎnyì de ~[得不到满意的~]満足な回答が得られない.

*__huīfù 恢复__[動]回復する.取り戻す.¶~ jiànkāng[~健康]健康を回復する/zhìxù ~ le[秩序~了]秩序が回復した.

huǐgǎi 悔改[動]悔い改める.

huígù 回顾[動]顧みる.回顧する.¶~ guòqù[~过去]過去を振り返る.

huíguī 回归[動]復帰する.元に戻る.¶rèliè qìngzhù Xiānggǎng ~![热烈庆祝香港~!]香港の祖国復帰万歳!

huǐhèn 悔恨[動]悔やむ.後悔する.¶tā ~ zìjǐ zuòle cuòshì[她~自己做了错事]彼女は自分の過ちを悔やんだ.

⁑**huìhuà 会话**[動]会話する.¶yòng Zhōngwén ~[用中文~]中国語で会話する.

huìhuà 绘画[名]絵画.

huǐhuài 毁坏[動]壊す.破壊する.¶~ gōngwù[~公物]公共のものを壊す.

†**huīhuáng 辉煌**[形]光り輝いている.輝かしい.¶dēnghuǒ ~[灯火~]明かりが光り輝いている/qǔdéle ~ de chéngjì[取得了~的成绩]輝かしい成績をおさめた.

huīhuò 挥霍[動]〈書〉金を湯水のように使う.

huíjī 回击[動]反撃する.¶gěiyǐ yǒulì de ~[给以有力的~]強力な反撃を与える.

huìjí 汇集[動]集まる.集める."会集"とも書く.¶~ réncái[~人材]人材を集める/yì zhī zhī duìwu ~dao dàhuì guǎngchǎng[一支支队伍~到大会广场]それぞれの参加者の隊列が大会広場に集まった.

*__huìjiàn 会见__[動]会見する.¶zǒngtǒng zhèngzài ~ wàibīn[总统正在~外宾]大統領は外国の賓客と会見しているところだ.[名]会見.

*__huì//kè 会客__[名]客に会う.¶~shì[~室]応接室.

†**huì//kuǎn 汇款**[動]送金する.送金為替を組む.¶tā dào yóujú ~ qù le[他到邮局~去了]彼は郵便局へ送金しに行った.[名]〔bǐ 笔〕送金.送金為替.¶zuótiān wǒ shōudao yì bǐ ~[昨天我收到一笔~]私は昨日送金を受け取った.

⁑**huí//·lái 回来**[動]戻る.帰ってくる.¶wǒ yíhuìr jiù ~[我一会儿就~]すぐ戻るよ.

⁑**//·huí//·lái 回来**[動](動詞の後ろに用いて)元の所に戻ってくることを表す.¶tā zhuǎnshēn yòu pǎo~ le[他转身又跑~了]彼は振り向くとまたかけ戻ってきた.

huìlù 贿赂[動]賄賂を贈る.¶~

H

gànbù[～干部]幹部に賄賂を贈る.

huìlǜ 汇率[名]為替レート.為替相場."汇价"huìjiàともいう.

huǐmiè 毁灭[動]完全に破壊する.壊滅する.¶dìzhèn ～le zhěnggè chéngshì[地震～了整个城市]地震で町全体が壊滅した／zāodao ～xìng dǎjī[遭到～性打击]壊滅的な打撃を受ける.

⁑**huí∥·qù 回去**[動]帰っていく.¶tā lái kànle yíxià,jiù ～ le[他来看了一下,就～了]彼はやってきて一目見るやすぐ帰っていった.

⁑∥**·huí∥·qù 回去**[動]動詞の後ろに用いて元の所に戻っていくことを表す.¶bǎ shū gěi tā jì～[把书给他寄～]本を彼に送り返した.

huíshēng 回升[動]再上昇する.¶míngtiān qìwēn kāishǐ ～[明天气温开始～]明日は気温がまた上がり始める.

huíshōu 回收[動]回収する.¶～ fèi jiù wùpǐn[～废旧物品]廃品を回収する.

***huìtán 会谈**[動]会談する.話し合う.¶～le liǎng ge xiǎoshí[～了两个小时]2時間会談した.

huí∥tóu 回头[動]❶振り向く.¶tā méi ～[她没～]彼女は振り向かなかった.❷改心する.¶làngzǐ ～ jīn bú huàn[浪子～金不换]放蕩息子の改心は金にも替えがたい.

***huítóu 回头**[副]やがて.後ほど.¶zánmen ～ zài tán[咱们～再谈]また後で話そう／～ jiàn[～见]じゃ,後ほどまた会おう.

huìtú 绘图[動]製図する.図案を描く.作図する.

huìwù 会晤[動]会見する.会談する.¶liǎng guó lǐngdǎorén dìng yú míngtiān xiàwǔ jìnxíng ～[两国领导人订于明天下午进行～]両国首脳は明日午後会談することになった.

†**huíxiǎng 回想**[動]回想する.¶～sān nián qián,zhèli háishi yí piàn fèixū[～三年前，这里还是一片废墟]3年前を思い起こすと,このあたりはまだ一面の廃墟だった.

†**huī∥xīn 灰心**[動]がっかりする.気落ちする.¶bié ～,yǐhòu jīhuì hái duōzhe ne[别～，以后机会还多着呢]がっかりしないで,これからチャンスはいくらだってあるよ／～ sàngqì[～丧气]意気消沈する.

***huí∥xìn 回信**[動]返事を出す.

huíxìn 回信[名]❶返信.¶wǒ gěi tā xiěle yì fēng ～[我给她写了一封～]彼女に手紙の返事を書いた.❷(～儿)言葉での返事.ことづて.¶nèibiān yì yǒu shénme xiāoxi,wǒ jiù gěi nín ～r[那边一有什么消息，我就给您～儿]あちらで何か情報が入ったらすぐお知らせします.

***huíyì 回忆**[動]回想する.追憶する.¶～ guòqù[～过去]昔を思い出す／～ tóngnián shídài[～童年时代]子供の頃を回想する.

***huìyì 会议**[名]会議.¶zhàokāi ～[召开～]会議を召集する.

huìyuán 会员[名]会員.

huìzhǎng 会长[名]会長.¶tā bèi xuǎnwéi xuéshēnghuì ～[他被选为学生会～]彼は学生会の会長に選ばれた.

hùkǒu 户口[名]❶世帯数と住民数.❷戸籍.¶bào ～[报～]戸籍を登録する／qiān ～[迁～]戸籍を移す／～bù[～簿]戸籍簿.

húlái 胡来[動]でたらめにやる.いいかげんにやる.¶xiān hǎohāor yánjiū yíxià shuōmíngshū,bié ～[先好好儿研究一下说明书，别～]まず説明書をよく検討しなさい,いいかげんにやってはいけない.

hú·li 狐狸[名]〔zhī 只〕キツネ.

hùlì 互利[動]互いに有利である.互いにメリットがある.¶píngděng ～[平等～]平等互恵.

hú·lu 葫芦[名]〔植〕ヒョウタン.

***húluàn 胡乱**[副]勝手に.いいかげんに.でたらめに.¶qiānwàn bù néng ～ chī yào[千万不能～吃药]でたらめに薬を飲んではいけませんよ／shū、běnzi děng ～ de duīzai yìqǐ[书、本子等～地堆在一起]本やノートが雑然と積まれている.

hūlüè 忽略[動]見過ごす.おろそかにする.¶wǒ ～le zhèige wèntí[我～

了这个问题]私はこの問題をおろそかにしていた／zài kǎolǜ zhè yí wèntí shí,wǒmen bù yīng ～le háizi[在考虑这一问题时，我们不应～了孩子]この問題を考える時,子供のことをないがしろにしてはいけない.

†**hūn 昏**[形]❶暗い.¶tiān ～ dì àn[天～地暗]天も地も暗い.❷意識がぼんやりしている.¶mángde ～le tóu[忙得～了头]忙しくて頭がふらふらする.[動]気を失う.気絶する.¶tā ～guoqu le[他～过去了]彼は意識を失った.

hūn 荤[名]魚や肉などの動物性食品.↔ sù 素¶cài bù duō,yì ～ yí sù, hěn kěkǒu[菜不多，一～一素，很可口]料理は少なく,肉類が1皿に野菜が1皿だがおいしい.

*__hùn 混__[動]❶混じる.混ぜる.一緒にする.¶dàmǐ li ～jinle shāzi[大米里～进了沙子]米の中に砂粒が混じっている.❷いつわる.ごまかす.¶nǐ bié xiǎng ～guo hǎiguān rényuán de yǎnjing[你别想～过海关人员的眼睛]税関職員の目をごまかそうとするな.❸無為に日を過ごす.いいかげんに過ごす.¶～ rìzi[～日子]その日暮らしをする.

hún bù shǒu shè 魂不守舍成心ここにあらず.気もそぞろ.¶zuìjìn jǐ tiān Xiǎo-Zhāng bù zhīdào shì zěnme le,lǎoshì ～ de[最近几天小张不知道是怎么了，老是～的]ここ数日,張君はなぜだかいつも心ここにあらずといった感じだ.

hùnfǎng 混纺[形]混紡である.¶zhèi kuài bùliào shì ～ de[这块布料是～的]この生地は混紡だ.

†**hùnhé 混合**[動]混ぜる.混合する.¶nánnǚ ～ shuāngdǎ[男女～双打]混合ダブルス／jǐ zhǒng qìwèi ～zai yìqǐ[几种气味～在一起]いくつものにおいが混じりあっている.

hùnhéwù 混合物[名]〔化〕混合物.

hūnlǐ 婚礼[名]婚礼.結婚式.¶Rìběn xiànzài liúxíng dào hǎiwài jǔxíng ～[日本现在流行到海外举行～]日本では今海外で結婚式を挙げるのが流行している.

†**hùnluàn 混乱**[形]混乱している.乱れている.¶jiāotōng zhìxù ～[交通秩序～]交通秩序が乱れている／sīxù ～[思绪～]考えが混乱している.

*__hūnmí 昏迷__[動]意識不明になる.人事不省になる.¶～ bù xǐng[～不醒]昏睡状態にある／tā ～le sān tiān sān yè[她～了三天三夜]彼女は三日三晩意識不明だった.

†**hùnníngtǔ 混凝土**[名]コンクリート.

†**húnshēn 浑身**[名]全身.体中.¶tā pǎode ～ shì hàn[她跑得～是汗]彼女は全身汗びっしょりになって走った／gǎnmào le,～ bù shūfu[感冒了，～不舒服]風邪を引いて体中具合が悪い.

†**hùnxiáo 混淆**[動]❶入り混じる.¶zhēn jiǎ ～,wúfǎ biànbié[真假～，无法辨别]本物と偽物とが入り混じっていて判別のすべがない.❷混ぜ合わせる.混交する.混同する.¶bù néng ～ hēibái[不能～黑白]ものの黒白を混同してはいけない.

*__hūnyīn 婚姻__[名]婚姻.¶～ dàshì, bù néng cǎoshuài xíngshì[～大事，不能草率行事]結婚という一大事は,いいかげんに事を進めてはいけない／bāobàn ～[包办～]親が取り決めた婚姻.

hùnzhuó 混浊[形]濁っている.混濁している.¶kōngqì ～[空气～]空気が濁っている／～ de héshuǐ[～的河水]濁った河水.

huō 豁[動]裂ける.¶yīfu shang ～le ge kǒuzi[衣服上～了个口子]服に裂け目ができた.

huō 豁[動]思い切ってやる.命懸けでやる.¶～chu mìng qu yě yào ànshí wánchéng rènwu[～出命去也要按时完成任务]命をなげうっても予定通りに任務を遂行しなければならない.

⁑**huó 活**[動]生きる.生存する.¶tā hái ～zhe[他还～着]彼はまだ生きている.[形]❶生き生きしている.¶rénwù xiěde hěn ～[人物写得很～]人物が生き生きと描かれている.❷動く.固定していない.柔軟である.¶～yè[～页]ルーズリーフ／tā de nǎozi hěn ～,bànfǎ tèbié duō[她的脑子很～，办法特别多]彼女は頭が柔らかいか

H

ら,やり方がいろいろある.

⁂huó 活[名](～儿)❶仕事.¶zhuāngjia～r[庄稼～儿]野良仕事.農作業/gàn～r[干～儿]働く.❷製品.¶zhè yì pī ～r zuòde hěn jiēshi[这一批～儿做得很结实]これらの製品はたいへん丈夫にできている.

***huǒ 火**[名]❶(～儿)火.¶diǎn～[点～]火をつける/zháo～[着～]失火する.❷銃砲,弾薬など.¶kāi～[开～]火ぶたを切る.発砲する.[動](～儿)かっとなる.怒る.¶tā yì tīng zhè huà jiù ～r le[他一听这话就～儿了]この話を聞くなり,彼はかっとなった.

†huǒ 伙[量]集団をなしている人間を数える.¶yì ～ bàotú[一～暴徒]一群の暴徒.

***huò 或**[副]もしかすると.ひょっとすると.¶xiànzài chūfā,wǎnshang ～ kě dàodá[现在出发，晚上～可到达]今出発すればもしかしたら晩には着くかもしれない.[接]または.あるいは.¶～ qù ～ liú,nǐ zìjǐ juédìng[～去～留，你自己决定]行くのか,それともとどまるのか,君自身が決めなさい.

***huò 货**[名]〔pī 批〕品物.商品.¶dìng～[订～]商品を注文する/jìn～[进～]商品を仕入れる.

†huò 获*[動]❶捕らえる.¶bǔ～[捕～]取り押さえる.❷得る.¶～shèng[～胜]勝利を得る.❸取り入れる.¶shōu～[收～]収穫する.収穫.

huò 祸[名]災い.災難.↔ fú 福 ¶chē～[车～]自動車事故/chuǎng～[闯～]事故を引き起こす.

†huǒbàn 伙伴[名]仲間.同僚.連れ.“火伴”とも書く.¶tóngnián shídài de ～[童年时代的～]幼い頃の友達.

†huòbì 货币[名]貨幣.

huò bù dān xíng 祸不单行成災いは重なるもの.泣き面に蜂(はち).弱り目にたたり目.¶zǎoshang zìxíngchē bèi tōu le,xiàwǔ yòu diūle qiánbāo, zhēnshi ～[早上自行车被偷了，下午又丢了钱包，真是～]朝自転車を盗まれ,午後には財布もなくし,まさに泣き面に蜂だ.

***huǒchái 火柴**[名]〔gēn 根, hé 盒〕マッチ.

⁂huǒchē 火车[名]〔liàng 辆,liè 列〕汽車.列車.¶zuò ～[坐～]汽車に乗る.

zài huǒchē shang 在火车上

***huòdé 获得**[動]獲得する.勝ち取る.(多く抽象的な事物に用いる) ¶～chēngzàn[～称赞]賞賛を得る/～guànjūn[～冠军]優勝を勝ち取る.

⁂huó·dòng 活动[動]❶運動する.身体を動かす.¶dào wàibian ～～ba[到外边～～吧]外で少し運動したら.❷奔走する.(ある目的を達成するために)はたらきかける.¶tā zhèngzài tuō rén ～[他正在托人～]彼は人に頼んで動いてもらっている.[名]活動.¶kèwài ～[课外～]課外活動.

†huò duō huò shǎo 或多或少組多かれ少なかれ.多少.¶～ zhīdao yìdiǎn[～知道一点]多少は知っている.

†huógāi 活该[動]〈口〉当然である.当たり前である.いい気味だ.(同情の余地はない) ¶tā shì ～ rúcǐ[他是～如此]彼はこうなって当然だ/zì zuò zì shòu,～![自作自受，～!]それみろ,自業自得だ.

huò·hai 祸害[名]❶災い.災害.¶hóngshuǐ fànlàn zàochéng ～[洪水泛滥造成～]洪水が災害を引き起こす.❷災いのもと.¶zhèi jiā gōngchǎng páifàngchulai de wūshuǐ,yǐ chéngle wūrǎn huánjìng de dà ～[这家工厂排放出来的污水，已成了污染环境的大～]この工場が排出する汚水は環境汚染のおおもとだ.[動]害を及ぼす.損なう.¶～ bǎixìng[～百姓]人民に害を及ぼす.

huǒ·ji 伙计[名]仲間.昔は店員,雇い人を言った.¶duìyú zhèige wèntí,wǒ hái bìxū hé ～men shāngliang yíxià[对于这个问题，我还必须和～们

商量一下]この問題については仲間たちとちょっと相談しなければならない.

†**huǒjiàn 火箭**[名]ロケット.¶～pào[～炮]ロケット砲.

huò∥jiǎng 获奖[動]受賞する.¶zhèi běn xiǎoshuō jīnnián ～ le[这本小说今年～了]この小説は今年賞を獲得した.

huólì 活力[名]活力.¶chōngmǎn ～[充满～]活力に満ち満ちている.

†**huǒlì 火力**[名]❶火力.¶～ měng[～猛]火力が強い.❷武器の威力.

*__huó·po 活泼__[形]活発である.元気がいい.生き生きとしている.¶háizimen duōme ～![孩子们多么～!]子供たちはなんと元気がいいのだろう／zhèi piān wénzhāng xiěde xiāngdāng ～[这篇文章写得相当～]この文章はとても生き生きしている.

huòqǔ 获取[動]取得する.手に入れる.¶～ dàxué wénpíng[～大学文凭]大学の卒業証書を手にする／～ lìrùn[～利润]利潤を得る.

huǒshān 火山[名]火山.

*__huǒ·shí 伙食__[名]賄いの食事.多く,部隊・工場・学校などで賄っている食事をいう.¶～fèi[～费]食費.

huòshì 或是[接]あるいは.¶jīntiān ～ míngtiān,zǒngděi qù yí tàng[今天～明天，总得去一趟]今日あるいは明日どうしても1度行かなければならない.

†**huòwù 货物**[名]〔pī 批,jiàn 件〕商品.品物.貨物.¶zhuāngxiè ～[装卸～]荷物の積み下ろしをする.

huòxī 获悉[動]〈書〉知る.承る.¶láixìn shōudao le,～ nǐ yǐ kǎoshang dàxué, zhēn wèi nǐ gāoxìng[来信收到了,～你已考上大学，真为你高兴]お手紙拝読,大学に合格されましたことを知り,嬉しく思います.

huòxǔ 或许[副]あるいは…かもしれない.¶tā ～ bù lái le[他～不来了]彼はもしかしたら来なくなったのかもしれない.

†**huǒyàn 火焰**[名]火炎.炎.¶lúzi li ～ zhèng wàng[炉子里～正旺]かまどの中では火が盛んに燃えている.

†**huǒyào 火药**[名]火薬.

*__huóyuè 活跃__[形]活発である.¶～ fènzǐ[～分子]積極分子／zhèi cì tǎolùnhuì kāide hěn ～[这次讨论会开得很～]今回の討論会は活発に行われた.[動]活発にする.¶～ shìchǎng jīngjì[～市场经济]市場経済を活性化する.

huǒzāi 火灾[名]火災.火事.¶fāshēng ～[发生～]火事が起きる.

huǒzàng 火葬[動]火葬にする.¶xiànzài dàduōshù rén sǐ hòu shíxíng ～[现在大多数人死后实行～]現在では大多数の人が死後火葬にする.

⁑**huòzhě 或者**[副]もしかすると…かもしれない.¶gǎnkuài zǒu,～ hái láidejí[赶快走，～还来得及]急いで行きなさい.そうすればまだ間に合うかもしれない.[接]あるいは.¶～ dǎ diànhuà,～ fā chuánzhēn,zěnme dōu kěyǐ[～打电话，～发传真，怎么都可以]電話をするなり,あるいはファクスを送るなり,どちらでも結構です.➡類義語 háishi 还是

⁑**hūrán 忽然**[副]不意に.突然.¶～ xiǎngqi yí jiàn shì lai[～想起一件事来]急にある事を思い出した.

類義語 **hūrán 忽然　tūrán 突然**
►ともに副詞で,予期しない事が急に起こる事を表す.“突然”の方が程度が強く突発的であることを強調する.また“忽然”は述語の前に置くことが多く,“突然”は述語の前にも,主語の前にもよく用いられる.¶门忽然开了 mén hūrán kāi le(ドアが突然開いた)／突然电话铃响了tūrán diànhuà líng xiǎng le(突然電話のベルが鳴った)►“突然”は形容詞の用法もあり,否定することができるが,“忽然”はできない.¶这件事不突然 zhèi jiàn shì bù tūrán(この事は突然の事ではない)

hūshēng 呼声[名]呼び声.大衆の声.¶qīngtīng qúnzhòng de ～[倾听群众的～]大衆の声に耳を傾ける／yāoqiú gǎigé de ～ shífēn qiángliè[要求改革的～十分强烈]改革を要

求する声は非常に強い.

†**hūshì 忽视**[動]おろそかにする.なおざりにする.¶ānquán wèntí jué bù néng ～[安全问题绝不能～]安全問題は決してなおざりにはできない.

*****hù·shi 护士**[名]看護婦.看護士.

†**húshuō 胡说**[動]でたらめを言う.

hú shuō bā dào 胡说八道㊰でたらめを言う.いいかげんなことを言う.¶gēnběn méiyou nàme huí shì,nǐ bié ～![根本没有那么回事，你别～!]そんなことは絶対にあるわけない.でたらめを言わないでくれ.

hú sī luàn xiǎng 胡思乱想㊰あれこれとくだらぬことを思いめぐらす.妄想をたくましくする.¶tā bú huì chū shì de,nǐ bié ～ le[他不会出事的，你别～了]彼が事故を起こすはずはない.君はつまらぬことを考えるな／shàngkè de shíhou bié ～[上课的时侯别～]授業中にあらぬことを考えてはいけない.

†**hú·tòng 胡同**[名](～儿)路地.横町.¶sǐ ～[死～]袋小路.

hǔ tóu shé wěi 虎头蛇尾㊰初めが立派で終わりがふるわないこと.竜頭蛇尾.¶zuò shìqing bù néng ～[做事情不能～]何事をするにも,竜頭蛇尾ではいけない.

*****hú·tu 糊涂**[形]❶愚かである.わけがわからない.¶zhuāng ～[装～]とぼける.❷めちゃくちゃである.でたらめである.¶wūzi li luànde yì tā ～[屋子里乱得一塌～]部屋の中がごちゃごちゃだ.

*****hūxī 呼吸**[動]呼吸する.¶～ xīnxiān kōngqì[～新鲜空气]新鲜な空気を吸う／zuò shēn～[做深～]深呼吸をする.

⁑**hùxiāng 互相**[副]互いに.相互に.¶～ bāngzhù[～帮助]互いに助け合う／xīnláng hé xīnniáng ～ jiāohuàn-le jiéhūn jièzhi[新郎和新娘～交换了结婚戒指]新郎新婦は互いに結婚指輪を交換した.

hūxiào 呼啸[動]高く長い音を出す.¶běifēng ～[北风～]北風がヒューヒューと鳴る／jǐngchē ～ ér guò[警车～而过]パトカーが警笛を鳴らして通りすぎた.

hú yán luàn yǔ 胡言乱语㊰口から出まかせを言う.¶tā cháng kāi wán-xiào,bié tīng tā ～[他常开玩笑，别听他～]彼はいつも冗談ばかり言っているから,彼のでたらめに耳を貸すな.

hūyù 呼吁[動]広く呼びかける.アピールする.訴える.¶～ bǎohù huánjìng[～保护环境]環境保護を訴える.

⁑**hùzhào 护照**[名]パスポート.

†**hùzhù 互助**[動]互いに助け合う.¶～ xiézuò[～协作]助け合って仕事をする.

⁑**hú·zi 胡子**[名]〔bù 部,piě 撇,zuǒ 撮,liǔ 绺,bǎ 把〕ひげ.¶guā ～[刮～]ひげを剃る／liúzhe ～[留着～]ひげを生やしている.

J,j

jī 击*[動]❶打つ.たたく.¶～ gǔ[～鼓]太鼓をたたく.❷攻める.攻撃する.¶yóu～duì[游～队]遊撃隊.ゲリラ.❸触れる.ぶつかる.¶mù～[目～]目撃する／chōng～[冲～]ぶつかる.ショック.

†**jī 机***[名]❶機械.¶diànshì～[电视～]テレビ／xǐyī～[洗衣～]洗濯機.❷飛行機."飞机"fēijīの略.¶kè～[客～]旅客機／qù Xī'ān de lǚkè kāishǐ dēng～ le[去西安的旅客开始登～了]西安行きの旅客は搭乗を始めた.❸機会.チャンス.¶suí ～ yìng biàn[随～应变]成臨機応変.

☆**jī 鸡**[名]〔zhī 只〕ニワトリ.¶gōng～[公～]オンドリ／mǔ～[母～]メンドリ.

jī 积[動]積む.積み重ねる.¶～ shǎo chéng duō[～少成多]成ちりも積もれば山となる.

jī 激[形]❶(怒り,憤りなどを)引き起こす.まねく.¶～qile mínfèn[～起了民愤]民衆の怒りを引き起こした.❷しぶきをあげる.はねあがる.¶～qǐ lànghuā[～起浪花]波しぶきをあげる.❸突然の冷たい水の刺激で病気になる.¶nèige lǎotàitai bèi yǔshuǐ ～zháo le[那个老太太被雨水～着了]その老婦人は雨にぬれて病気になってしまった.

*__jí 及__[接]および.¶kǎoshì de nèiróng、fāngshì ～ shíjiān,yíhuìr zài gàosu dàjiā[考试的内容、方式～时间，一会儿再告诉大家]テストの内容,方法および時間は後で皆さんに知らせます.

*__jí 级__[名]❶等級.レベル.¶gāo～[高～]高級(の).上級(の)／xiàn ～ lǐngdǎo[县～领导]県レベルの指導者.❷学年.¶tóng～ bù tóngbān[同～不同班]学年が同じでクラスが違う／shēng～[升～]進級する.

*__jí 即__[動]〈書〉❶すなわち…である.¶Zhōu Shùrén ～ Lǔ Xùn[周树人～鲁迅]周樹人とはすなわち魯迅である.❷近づく.¶ruò ～ ruò lí[若～若离]成つかず離れず.

*__jí 极__[副]きわめて.とても.¶jīntiān tiānqì ～ lěng[今天天气～冷]今日はとても寒い.

☆**jí 急**[動]焦る.気をもむ.¶nǐ ～ shénme?[你～什么?]何を焦っているの.[形]❶怒りっぽい.気が短い.¶tā xìngzi tèbié ～[他性子特别～]彼はとりわけ短気だ.❷速い.急激である.¶nèi tiáo hé de shuǐliú hěn ～[那条河的水流很～]あの川の流れはとても速い.❸差し迫っている.緊急である.¶shìqing ～de hěn[事情～得很]事は非常に差し迫っている／～shì[～事]急用.

☆**jǐ 几**[代]❶いくつ.いくら.(一般に10以下の数を尋ねる)¶nǐ ～ suì le?[你～岁了?]何歳になったの／jīntiān xīngqī ～?[今天星期～?]今日は何曜日ですか.❷いくつか.(1から10までの)不定の数を表す.¶zhuōzi shang yǒu ～ běn shū[桌子上有～本书]テーブルの上に本が何冊かある.

類義語 **jǐ 几　duōshao 多少**
►数量を尋ねる疑問代詞."几"は答えとして10以下の数を予測する場合に用いられる.¶孩子几岁了? háizi jǐ suì le?(お子さんはおいくつですか)►"多少"は大小にかかわりなく用いられ,使用範囲が広い.¶你们学校有多少学生? nǐmen xuéxiào yǒu duōshao xuésheng?(あなた方の学校には学生がどのくらいいますか)►"几"は数量を尋ねる時に量詞がいるが,"多少"は省略できる.¶有几个人? yǒu jǐ ge rén?(何人いますか)／有多少人? yǒu duōshǎo rén?(何人いますか)►ただし,日付や時刻などを尋ねる時は,10以上でも"几"を用い,"多少"は使えない.¶几月几号? jǐ yuè jǐ hào?(何月何日ですか)－十一月二十三号 shíyīyuè èrshísān hào(11月23日です)

*jí 集[名]❶市(いち).¶gǎn～[赶～]市へ行く.❷詩文などを集めたもの.¶xiǎoshuō～[小说～]小説集.

*jǐ 挤[形]人や物がいっぱいである.¶chēli hěn ～[车里很～]車内が込み合っている.[動]❶押しのける.詰め込む.¶rén tài duō,wǒ ～bujìnqù[人太多，我～不进去]人が多すぎて中に入っていけない.❷搾り出す.㊚ぐずぐずしていて,やっと少し話す.¶～yágāo[～牙膏]歯磨きのチューブを搾り出す／tā shuō huà bú tòngkuai,zǒngshì ràng rén ～[他说话不痛快，总是让人～]彼ははっきりものを言わず,いつも人に迫られてやっと少しだけ話す.

jǐ 挤❷

†jì 计[動]❶計算する.¶shù yǐ wàn ～[数以万～]万をもって数える.[名]❶計器.¶xuèyā～[血压～]血圧計.❷策略.謀.¶miào～[妙～]妙計.巧妙な計略.

*jì 记[動]❶覚える.記憶する.¶～dāncí[～单词]単語を暗記する.❷記録する.記す.¶～zhàng[～账]帳簿を付ける／～ bǐjì[～笔记]ノートをとる.➡見る類 p.576

jì 系[動]結ぶ.締める.留める.掛ける.¶kuài bǎ xiédài ～shang![快把鞋带～上!]早く靴ひもを結びなさい.→xì ➡見る類 p.141

jì 忌[動]❶嫉妬する.ねたむ.¶cāi～[猜～]かんぐる.疑心をもつ.❷おそれる.心配する.¶～dàn[～惮]おそれる.はばかる.❸避ける.控える.¶～ shēng lěng[～生冷]生ものや冷たいものを控える.❹やめる.絶つ.¶～ yān[～烟]禁煙する.タバコを断つ.

*jì 既[接]❶…したからには.…する以上は.¶rén ～ yǐ sǐ le,hái pīpíng tā zuò shénme ne?[人～已死了，还批评他做什么呢?]彼がもう亡くなっている以上,なおも批判するというのはどういうことだ.❷…の上に…である.…でもあり,かつ…でもある.(“又”yòu,“也”yěなどと呼応して2つの状況がともに存在することを表す)¶tā ～ cōngmíng yòu piàoliang[她～聪明又漂亮]彼女は聡明な上に美しい.

†jì 季[名]❶1年を春,夏,秋,冬それぞれ3ヶ月ずつ4つに分けたもの.季.¶xià

目で見る類義語 jì 寄　sòng 送　fā 发

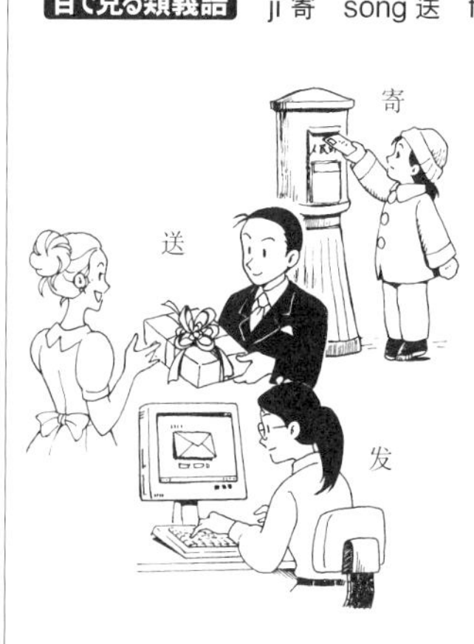

►離れた所にいる人にモノを送る.郵便という制度を利用するなら“寄”jìである.“寄信”jì xìn(手紙を出す)や“寄包裹”jì bāoguǒ(小包みを送る)などという.►プレゼントとしてモノを送るのは“送”sòngを使う.“送礼”sònglǐ(プレゼントをする),“送你一本词典”sòng nǐ yì běn cídiǎn(あなたに辞書を1冊あげる)など.►“送”にはまたモノを運んで届けるという意味もある.¶送货上门 sònghuò shàngmén(品物を家まで届ける)►最近はEメールやファクスなどで連絡する人も増えてきた.これには“发”fāという動詞が使われる.¶发电子邮件 fā diànzǐ yóujiàn(メールを送る)／发传真 fā chuánzhēn(ファクスを送る)

～[夏～]夏季／～kān[～刊]季刊.❷(～儿)季節.¶yǔ～[雨～]雨季／hàn～[旱～]乾季.

jì 继[動]継ぐ.受け継ぐ.継続する.¶xiāng～ luòchéng[相～落成]相次いで完成する.[副]続いて.¶chū gǎn tóuyūn,～ yòu xiōng téng[初感头晕，～又胸疼]まずめまいがして,続いて胸が痛くなった.

⁑**jì 寄**[動]❶郵送する.¶～ bāoguǒ[～包裹]小包を郵送する.❷託す.¶～ xīwàng yú qīngnián yídài[～希望于青年一代]若い世代に希望を託す／zhèixiē dōngxi xiān ～fàngzai nǐ jiā[这些东西先～放在你家]これらの荷物をまず君の家に預けよう.❸身を寄せる.身を託す.頼る. ¶～shí[～食]寄食する.人に頼って生活する.➡[見る類] p.290

⁑**jiā 加**[動]❶加える.足す.¶èr ～ sān děngyú wǔ[二～三等于五]2足す3は5.❷増える.増やす.¶jīntiān wǒmen yòu ～le yí ge rén[今天我们又～了一个人]今日もう1人増えた.❸添える.付け加える.¶zài kāfēi li ～ diǎnr táng[在咖啡里～点儿糖]コーヒーにちょっと砂糖を入れる／～ zhùjiě[～注解]注解を加える.

*__jiā 夹__[動]❶(両側から)挟む.¶yòng kuàizi ～ cài[用筷子～菜]箸で料理を挟む.❷脇の下に挟む.¶～zhe gōngwénbāo[～着公文包]書類かばんを脇に抱えている.❸まじる.¶tā ～ zai rénqún zhōng hùnlejinqu[他～在人群中混了进去]彼は人込みの中に紛れ込んで行った.

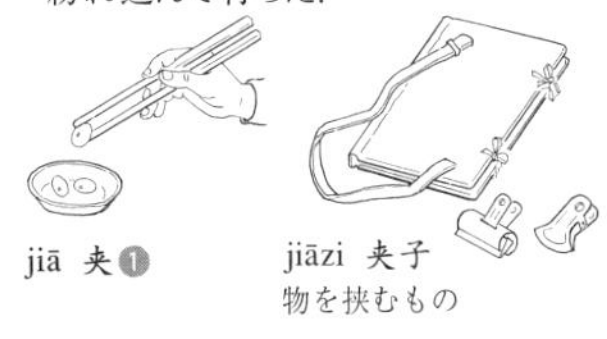

jiā 夹❶　jiāzi 夹子 物を挟むもの

†**jiā 佳**[形]〈書〉よい.すばらしい.¶shēntǐ qiàn～[身体欠～]体の調子が芳しくない／chéngjì shèn ～[成绩甚～]成績がたいへんよい.

⁑**jiā 家**[名]❶家庭.家.¶tā ～ yǒu wǔ kǒu rén[他～有五口人]彼は5人家族だ／wǒ ～ lí zhèr hěn jìn[我～离这儿很近]私の家はここから近い.❷ある種の職業・身分の人.¶nóng～[农～]農家／chǎng～[厂～]メーカー.❸学術の流派.¶fǎ～[法～]法家(諸子百家の1つ).[量]家庭や企業単位を数える.¶liǎng ～ gōngchǎng[两～工厂]2つの工場／sān ～ shāngdiàn[三～商店]3軒の商店.➡[類義語] fángzi 房子

jiá 颊[名]頬.¶tā de liǎng～ hónghóng de[她的两～红红的]彼女の頬は真っ赤だ.

†**jiǎ 甲**[名]❶甲(きのえ).十干の第1.❷(動物・昆虫などの)殻.甲羅.¶guī～[龟～]カメの甲羅.❸(動物の)爪.¶zhǐ～[指～]指の爪.❹(外面を保護するための)かぶと.よろい.覆い.¶kuī～[盔～]甲冑／zhuāng～chē[装～车]装甲車.[動]第1位である.¶Guìlín shānshuǐ ～ tiānxià[桂林山水～天下]桂林の山水は天下第一である.

*__jiǎ 假__[形]❶偽りである.偽物である.↔zhēn 真 ¶～kū[～哭]うそ泣きする／～huà[～话]ほら.うそ.❷仮の.¶～shuō[～说]仮説.→jià

†**jià 价**[名]❶価格.値段.¶zhǎng～[涨～]価格が上がる.❷価値.¶děng～ jiāohuàn[等～交换]等価交換.

jià 驾[動]❶車や農具などを家畜に引かせる.¶liǎng pǐ mǎ ～zhe chē, pǎode fēikuài[两匹马～着车，跑得飞快]2頭の馬が車をひいて,飛ぶように走る.❷運転する.操縦する.¶～ chē[～车]車を運転する／～ fēijī[～飞机]飛行機を操縦する.

jià 架[動]❶支える.架ける.¶liǎng ge zhànshì ～zhe yí wèi shāngyuán, xiàng wǒ zǒulai[两个战士～着一位伤员，向我走来]2人の兵士が負傷兵を支えながら私のほうへやってくる／～ qiáo[～桥]橋を架ける.❷受け止める.¶yòng qiāng～zhu kǎnguolai de dāo[用枪～住砍过来的刀]銃で切りつけてきた刀を受け止める.[名]棚.枠.骨組み.¶shū～[书～]本棚.書架.

*__jià 架__[量]棚や枠など支柱のあるもの

J

や,機械などを数える.¶yí ～ gāngqín［一～钢琴］ピアノ1台／liǎng ～ fēijī［两～飞机］飛行機2機.

†**jià 假**［名］休暇.¶Chūnjié fàng bú fàng ～?［春节放不放～?］春節(旧正月)は休みですか／shǔ～［暑～］夏休み.→jiǎ

†**jià 嫁**［動］嫁ぐ.↔ qǔ 娶 ¶tā ～gěile yí ge yīshēng［她～给了一个医生］彼女は医者のもとに嫁いだ／gǎi～［改～］(女性が)再婚する.

jiā//bān 加班［動］残業する.¶zhèige yuè tā jiāle sān tiān bān［这个月他加了三天班］今月,彼は3日残業をした.

jiǎbǎn 甲板［名］甲板.デッキ.

jiācháng 家常［名］(家庭の)日常のこと(もの).ふだんのこと(もの).¶lā ～［拉～］世間話をする.雑談をする／～ biànfàn［～便饭］ふだんの食事.ありあわせの食事.

jiāchù 家畜［名］家畜.

jiǎdìng 假定［動］仮定する.¶～ yì tiān fānyì shí yè,yí ge yuè jiù néng fānwán［～一天翻译十页，一个月就能翻完］1日に10ページ翻訳すると仮定すると,1ヵ月で仕上げられる.［名］(科学上の)仮説.

*__jiàgé 价格__［名］価格.¶língshòu ～［零售～］小売価格／pīfā ～［批发～］卸売り価格.

*__jiā//gōng 加工__［動］❶加工する.¶～ língjiàn［～零件］部品を加工する.❷仕上げる.¶zhèi jiàn yīfu de lǐngzi, nǐ zài jiā jiā gōng ba［～这件衣服的领子, 你再加加工吧］この服の襟,もう少し手をくわえてよ.

†**jiā·huo 家伙**［名］❶武器.道具.❷人.(軽視あるいは揶揄の意を含んで使う)¶huài～［坏～］悪いやつ／zhè ～ zěnme hái bù lái?［这～怎么还不来?］あいつはどうしてまだ来ないんだ.❸動物などをさす.¶zhè ～ tèbié jīling,jiànle zhǔrén jiù yáo wěiba［这～特别机灵，见了主人就摇尾巴］こいつはとりわけ利口で,飼い主を見るとすぐしっぽを振る.‖"傢伙"とも書く.

jiājí 加急［動］〈書〉急ぐ.強くなる.激しくなる.¶zhèi jiàn shì děi ～ chǔlǐ［这件事得～处理］この件は急いで片付けなければならない.

jiājiǎng 嘉奖［動］ほめる.褒賞を与える.奨励する.¶tā gōngzuò jījí,shòudao shàngjí ～［他工作积极，受到上级～］彼は仕事熱心なので上司からほめられた.

jiājiào 家教［名］❶しつけ.家庭教育.❷家庭教師."家庭教师"jiātíng jiàoshīの略.

†**jiājǐn 加紧**［動］強化する.力を入れる.¶～ yánjiū zhìliáo àizībìng de xīnyào［～研究治疗艾滋病的新药］エイズ治療の新薬研究に力を入れる／～ wàiyǔ xuéxí［～外语学习］外国語学習を強化する.

jiājù 加剧［動］激しくなる.激化する.¶tā de bìngshì ～ le［他的病势～了］彼の病状は悪化した／liǎng pài zhī jiān de máodùn ～ le［两派之间的矛盾～了］両派の矛盾が激化した.

*__jiā·jù 家具__［名］〔tào 套,jiàn 件〕家具.

1	2	3
4	いろいろな "～架"	5
6	7	8

逆引きウインドウズ

1 书架	shūjià	本棚
2 衣架	yījià	ハンガー
3 笔架	bǐjià	筆置き
4 乐谱架	yuèpǔjià	譜面台
5 眼镜架	yǎnjìngjià	メガネのフレーム
6 担架	dānjià	担架
7 报架	bàojià	新聞ラック
8 葡萄架	pútaojià	ブドウ棚

"傢具"とも書く.

jiākuài 加快[動]加速する.¶～ jiǎobù[～脚步]歩調を速める.

jiǎmào 假冒[動]本物と偽る.…のふりをする.¶～ wěiliè shāngpǐn[～伪劣商品]商標を偽った粗悪な商品／～ fùshāng de érzi[～富商的儿子]豪商の息子のふりをする.

*__jiān 尖__[形]❶とがっている.鋭い.¶zhèige tǎ dǐng hěn ～[这个塔顶很～]この塔はてっぺんが尖っている.❷声が甲高い.¶tā shuōhuà ～shēng ～qì[她说话～声～气]彼女の話し声は甲高い.❸(耳・目・鼻などが)鋭い.¶jǐngquǎn de bízi hěn ～[警犬的鼻子很～]警察犬は鼻が鋭い／tā de ěrduo hěn ～[他的耳朵很～]彼は耳ざとい.[動]声を張り上げる.¶tā ～zhe sǎngzi hǎnle bàntiān yě méi rén dāying[她～着嗓子喊了半天也没人答应]彼女は声を張り上げ長い間叫んだが誰も答えなかった.

jiān 奸[形]ずるい.悪賢い.¶zhème ～ de rén,shízài bù hǎo gòngshì[这么～的人，实在不好共事]こんなずるい人とはまったくもって一緒に仕事をするわけにはいかない.

⁑**jiān 间**[名]❶あいだ.中間.❷一定の空間.¶rén～[人～]世間／tián～[田～]田畑.[量]部屋を数える.¶yì ～ wūzi[一～屋子]1つの部屋.

*__jiān 肩__[名]肩.¶bìng～ qiánjìn[并～前进]肩を並べて前進する.[動]負う.担う.¶shēn ～ dà rèn[身～大任]身に重責を負う.

†**jiān 兼**[動]兼ねる.兼ね備える.¶tā ～zhe hǎo jǐ ge zhíwù[他～着好几个职务]彼はいくつもの職を兼務している.

jiān 煎[動]❶鍋に少量の油を入れて焼く.¶jiějie zài ～ jiǎozi[姐姐在～饺子]姉はギョーザを焼いている.❷煎じる.¶～ yào[～药]薬を煎じる.

> 類義語 **jiān 煎 kǎo 烤 shāo 烧**
> ►"煎"は鍋に少量の油を入れて焼く.¶煎鸡蛋 jiānjīdàn(目玉焼き〈をつくる〉)／煎牛排 jiānniúpái(ビーフステーキ〈を焼く〉)►"烤"は油を使わず,火に当ててあぶったり焼いたりする.オーブンやトースターなどを使うことが多い.¶烤白薯 kǎobáishǔ(焼き芋〈を焼く〉)／烤面包 kǎomiànbāo(トースト〈を焼く〉)►"烧"は油で揚げてから煮込む.直火で焼くだけのこともある.¶红烧肉 hóngshāoròu(豚肉の醤油煮込み)／烧鸡 shāojī(ローストチキン)►"烧"には,加熱する,煮るという意味もある.¶烧饭 shāo fàn(飯を炊く)／烧水 shāo shuǐ(湯をわかす)

*__jiǎn 拣__[動]選ぶ.¶bǎ hǎo de ～chulai[把好的～出来]よいのを選び出す.

jiǎn 拣[動]拾う."捡"jiǎnと同じ.¶～ daole yì zhī gāngbǐ[～到了一枝钢笔]ペンを拾った.

jiǎn 茧[名]繭(まゆ).¶zuò～[作～]繭を作る.

*__jiǎn 减__[動]❶さし引く.¶wǔ ～ sān děngyú èr[五～三等于二]5引く3は2.❷減る.減らす.¶tǐzhòng ～le liǎng gōngjīn[体重～了两公斤]体重が2キロ減った／～jià[～价]値下げする.値引きする.❸衰える.落ちる.¶Lǎo-Lǐ bù ～ dāngnián de wēifēng[老李不～当年的威风]李さんはかつての威勢が衰えていない.

*__jiǎn 捡__[動]拾う.¶tā zài lùbiānr ～dao yí ge qiánbāo[他在路边儿～到一个钱包]彼は道で財布を拾った／～ pòlànr[～破烂儿]くずを拾う.

*__jiǎn 剪__[動]切る.¶～ tóufa[～头发]髪を切る.➡ 見る類 p.337

†**jiǎn 碱**[名]〔化〕塩基.ソーダ.アルカリ.

⁑**jiàn 见**[動]❶見る.¶lǎoshǔ ～le māo jiù dòngbuliǎo le[老鼠～了猫就动不了了]ネズミはネコを見るや足がすくんでしまった.❷現れる.見てとれる.¶liǎng rén guānxi rì～ qīnmì[两人关系日～亲密]2人の関係は日一日と親密になってきた.❸会う.¶wǒ xiǎng ～～ tā[我想～～他]私は彼にちょっと会ってみたい.❹感覚・視覚・聴覚・嗅覚などにかかわりのある動詞の後ろに用いて結果を表す.¶kàn～[看～]見える／tīng～[听～]聞こえる.

➡ 類義語 kàn 看

⁑jiàn 件[量]事柄や衣服など(多くは上衣)を数える.注 衣服の中でも“裙子”qúnzi(スカート),“裤子”kùzi(ズボン)には“件”ではなく“条”tiáoを用いる.¶ yí ～ shìr[一～事儿]1つのこと.一件/liǎng ～ yīfu [两～衣服]2枚の服.

*jiàn 建[動]❶建てる.建築する.造る.¶ cūnli yòu ～le yí zuò shuǐkù[村里又～了一座水库]村にまたダムができた.❷設立する.つくりあげる.¶ ～guó [～国]建国する/～dū[～都]首都をつくりあげる.

†jiàn 贱[形]❶安い.¶ xiàjì,shūcài shuǐguǒ dōu ～ le[夏季, 蔬菜水果都～了]夏は野菜や果物が安くなる.❷卑しい.¶ pín～[贫～]貧しく身分が低い.↔ guì 贵

†jiàn 渐[副]しだいに.だんだんと.¶ qiūtiān dào le,tiānqì ～ lěng[秋天到了, 天气～冷]秋になると,しだいに肌寒くなってくる.

†jiàn 溅[動]液体が外側に跳ね上がる.飛び散る.¶ yí liàng qìchē shǐguo, ～le tā yìshēn ní[一辆汽车驶过, ～了他一身泥]1台の自動車が通り過ぎ,彼は泥だらけになった.

*jiàn 箭[名][zhī 枝,zhī 支]矢.¶ shè ～[射～]矢を射る.

jiānbǎng 肩膀[名](～儿)肩.

†jiǎnbiàn 简便[形]簡便である.簡単である.¶ shǐyòng fāngfǎ fēicháng ～[使用方法非常～]取扱い方がたいへん簡単だ/～ yì xíng[～易行]簡便でやりやすい.

jiànbié 鉴别[動]鑑別する.見分ける.¶ ～ zhēnwěi[～真伪]真贋(しんがん)を鑑別する.

jiǎn//cǎi 剪彩[動](落成式や道路の開通式などでの)テープカットをする.¶ zhèi zuò dà qiáo míngtiān ～ tōngchē[这座大桥明天～通车]この橋は明日テープカットをして開通する.

jiǎncè 检测[動]検査,測定する.¶ jīng ～,zhèi zhǒng yǐnliào bù fúhé wèishēng biāozhǔn[经～, 这种饮料不符合卫生标准]検査測定したところ,この飲料は衛生基準に合っていなかった.

jiānchá 监察[動]監察する.監督する.¶ ～ jīgòu[～机构]監察機構.

⁑jiǎnchá 检查[動]❶検査する.点検する.¶ wǒ jīnnián méiyou ～guo shēntǐ[我今年没有～过身体]私は今年身体検査をしていない.❷自己批判する.反省する.¶ ～ wèntí[～问题]問題を反省する.[名]点検.検査.批判.¶ xiě ～[写～]自己批判書を書く/zuò ～[做～]自己点検をする.

jiǎnchá 检察[動]〈書〉犯罪事実を審理する.¶ ～ jīguān[～机关]検察機関/～guān[～官]検察官.

jiǎn//chǎn 减产[動]減産する.生産が減る.

jiǎncháyuàn 检察院[名]検察庁.

jiǎnchēng 简称[動]略称する.¶ rénmín dàibiǎo dàhuì ～ wéi réndà[人民代表大会～为人大]人民代表大会は人大と略称する.[名]略称.¶ quánguó měi ge shěng、shì、zìzhìqū dōu yǒu tā de ～[全国每个省、市、自治区都有它的～]全国の省,市,自治区にはみなそれぞれの略称がある.

⁑jiānchí 坚持[動]堅持する.持ち続ける.¶ ～ yuánzé[～原则]原則を堅持する/tā ～ bú ràng wǒmen qù chēzhàn sòng tā[他～不让我们去车站送他]我々が駅まで見送りに行くというのを,彼はあくまで固辞した.

⁑jiǎndān 简单[形]❶単純である.簡単である.↔ fùzá 复杂 ¶ gùshi qíngjié hěn ～[故事情节很～]物語の筋は単純だ.❷経歴や能力などが並みである.平凡である.(多く否定の形で用いる) ¶ tā néng kǎoshang Běijīng Dàxué,zhēn bù ～[他能考上北京大学, 真不～]彼が北京大学に合格できたとは, まったくもって大したものだ.❸おおざっぱだ.いい加減だ.¶ bù néng ～ cóngshì[不能～从事]いい加減に片付けてはいけない.

類義語 jiǎndān 简单 róngyì 容易 ►“简单”は構造が単純で,理解や処理が容易であることを表し, “复杂”fùzáの反義語.¶ 内容很简单 nèiróng hěn jiǎndān(内容がやさしい) ►“容易”は行うのが簡単で,手

間がかからず,容易であることを表し,“难”nánの反義語.¶说服他可不容易 shuōfú tā kě bù róngyì(彼を説得するのは容易なことではない)►“容易”は後に動詞を置いて,…しやすい,…しがちだという意味もある.¶容易生病 róngyì shēng bìng(病気にかかりやすい)

jiǎndāo 剪刀[名]〔bǎ 把〕はさみ.

jiǎndī 减低[動]下げる.低くする.¶～sùdù[～速度]スピードを落とす.

*__jiāndìng 坚定__[形](立場,主張,意志などが)ゆるぎない.しっかりしている.確固としている.¶lìchǎng shífēn ～[立场十分～]立場が非常にしっかりしている／～ de tàidu[～的态度]ゆるぎない態度.[動]不動のものにする.堅くする.¶～ xìnniàn[～信念]信念をかためる／tā de yì fān huà gèngjiā ～le wǒ de juéxīn[他的一番话更加～了我的决心]彼の話は私の決心を一層堅いものにした.

†**jiàndìng 鉴定**[動](真偽や優劣を)鑑定する.(人の功罪,出身,長所短所などを)評定する.¶～shū[～书]人物に対する評定書／～ wénwù[～文物]文物を鑑定する.[名]評定書.¶xiě ～[写～]評定書を書く.

†**jiāndū 监督**[動]監督する.¶～ shìchǎng wùjià[～市场物价]市場の物価を監督する／zhèngfǔ jīguān yào jiēshòu rénmín de ～[政府机关要接受人民的～]政府機関は人民の監督を受けなければならない.

jiānduān 尖端[名]先端.¶～ bùfen yǒu yí ge xiǎo kǒng[～部分有一个小孔]先端部に小さな穴がある.[形]最も進んでいる.先端の.¶zhèi xiàng yánjiū yǐjing dádàole shìjiè ～ shuǐpíng[这项研究已经达到了世界～水平]この研究はすでに世界の最先端の水準に達している／～ chǎnpǐn[～产品]最新の製品.

jiǎnduǎn 简短[形]話や文章が簡単である.手短である.¶zhèi piān bàodào xiěde fēicháng ～[这篇报道写得非常～]このルポはたいへん簡潔に書かれている.

jiāng 江[名]❶〔tiáo 条〕大河.❷長江(揚子江)をさす.

*__jiāng 将__[副]まさしく…しようとする.¶bǐsài ～ zài Shǒudū Tǐyùchǎng jǔxíng[比赛～在首都体育场举行]試合は首都スタジアムで行われる予定だ.[前]…を.¶～ niúnǎi dàojìn wǎnzhōng[～牛奶倒进碗中]牛乳を茶碗に注ぐ／～ chuāngzi dǎkāi[～窗子打开]窓を開ける.➡類義語 bǎ 把

jiāng 姜[名]ショウガ.

jiāng 僵[形]❶こわばっている.硬直している.¶shǒuzhǐ dòng～ le[手指冻～了]手の指がかじかんでしまった.❷行き詰まる.¶bǎ shuāngfāng de guānxi gǎo～ le[把双方的关系搞～了]双方の関係を気まずいものにしてしまった.

*__jiǎng 讲__[動]❶言う.話す.述べる.¶～ shìqing de jīngguò[～事情的经过]事の経過を話す／～ gùshi[～故事]物語をする.❷解釈する.説明する.¶lǎoshī ～guo zhèige cí de yòngfǎ[老师～过这个词的用法]先生はこの語の使い方を説明したことがある.❸相談する.¶～jiàr[～价儿]値段を掛け合う／～ tiáojiàn[～条件]条件について相談する.❹重んじる.¶～ wèishēng[～卫生]衛生を重んじる／～ jīngjì xiàoyì[～经济效益]経済利益を重要視する.

*__jiǎng 奖__[動]ほめる.褒美を与える.奨励する.¶xuéxiào ～le tā yì běn shū[学校～了他一本书]学校は彼に褒美として本を1冊与えた.[名]賞.賞品.褒美.¶fā ～[发～]賞品を与える／dé ～[得～]賞をもらう.

jiǎng 奖[動]

① jiǎngqí 奖旗　② jiǎngbēi 奖杯　③ jiǎngzhuàng 奖状

①表彰旗 ②賞杯 ③賞状

J

jiǎng 桨[名]櫂(かい).オール.¶yòng lì huá～[用力划～]力を込めてオールでこぐ.

*__jiàng 降__[動]下がる.下げる.↔ shēng 升 ¶qìqiú mànmānr de ～lexialai[气球慢慢儿地～了下来]気球がゆっくりと降りてきた/qìwēn xià～[气温下～]気温が下がる.

†**jiàng 酱**[名]❶豆や麦を発酵させ塩を加えて作ったペースト状の調味料.みそ.❷ペースト状の食品.¶guǒ～[果～]ジャム.

*__jiàngdī 降低__[動]下がる.下げる.¶～chéngběn[～成本]コストを下げる.

jiàngé 间隔[名]間隔.¶liǎng pái fángwū jiān de ～ hěn xiǎo[两排房屋间的～很小]2列に並んだ家々の間隔が狭い.[動]隔てる.間隔を置く.¶liǎng ge liáochéng zhī jiān tōngcháng ～ shí tiān[两个疗程之间通常～十天]治療コースの間隔は,通常10日間あける.

*__jiǎng//huà 讲话__[動]発言する.話をする.¶tā zài dàhuì shang xiàng quántǐ shīshēng jiǎngle huà[他在大会上向全体师生讲了话]大会の席上彼は全教員全学生に向かって話をした.
➡ 類義語 tánhuà 谈话

jiǎnghuà 讲话[名]講演.談話.

†**jiàng//jià 降价**[動]値を下げる.値が下がる.¶diànqì shāngpǐn ～ le[电气商品～了]電気製品が値下がりした.

jiǎngjiě 讲解[動]解説する.説明する.¶～ kèwén[～课文]テキストの本文を説明する.

jiāngjìn 将近[副](数量などが)…に近い.¶～ wǔqiān rén cānjiāle zhèicì dàhuì[～五千人参加了这次大会]5千人近い人々がこの大会に参加した.

†**jiǎngjīn 奖金**[名]賞金.奨励金.

jiāng·jiu 将就[動]間に合わせる.我慢する.不満だがとりあえずよしとする.¶zhèi jiàn yīfu de yánsè shāo chàle diǎnr,～zhe chuān ba[这件衣服的颜色稍差了点儿,～着穿吧]この服の色はちょっとよくないが,とりあえず我慢して着てください.

†**jiǎng·jiu 讲究**[動]重んじる.重視する.¶～ zhìliàng[～质量]品質を重視する.[形]精巧で美しい.凝っている.¶kètīng bùzhìde hěn ～[客厅布置得很～]客間のしつらえがとても凝っている.

†**jiāngjūn 将军**[名]大将,上将,中将,少将クラスの軍官.また広く高級将校をさす.

†**jiǎng//kè 讲课**[動]講義をする.授業をする.¶tā jiǎng yǔwénkè[他讲语文课]彼は国語を教える.

†**jiānglái 将来**[名]将来.未来.↔ guòqù 过去

jiǎng//lǐ 讲理[動]❶是非を論じる.¶zánmen dào jǐngchá nàr ～ qù[咱们到警察那儿～去]黒白をはっきりさせに警察へ行こう.❷道理をわきまえる.¶zhèige rén bù ～,wǒmen búyào lǐ tā[这个人不～,我们不要理他]その人はものが分からないので,我々は関わらないほうがいい.

†**jiǎnglì 奖励**[動](栄誉や賞などを与えて)奨励する.励ます.¶～ yōuxiù xuésheng[～优秀学生]優秀な学生に褒賞を与える.

jiànglín 降临[動]訪れる.来る.¶yèsè ～[夜色～]夜が訪れる/xìngfú ～[幸福～]幸せが訪れる.

†**jiàngluò 降落**[動]降りる.降下する.着陸する.¶yùnshūjī ～zai pǎodào shang[运输机～在跑道上]輸送機が滑走路に着陸した/～sǎn[～伞]落下傘.

jiǎngpǐn 奖品[名]賞品.¶fā ～[发～]賞品を与える/lǐng ～[领～]賞品を受け取る.

jiǎngshù 讲述[動](事柄や道理を)述べる.語る.¶tā ～le shìqing fāshēng de jīngguò[他～了事情发生的经过]彼は事が起きた経過を述べた.

†**jiāngù 坚固**[形]堅固である.堅牢で

ある.丈夫である.¶zhèi shàn tiěmén hěn ～[这扇铁门很～]この鉄製の門は丈夫だ／～ nàiyòng[～耐用]丈夫で長持ちする.

jiàn//guó 建国[動]建国する.¶～ wǔshí zhōunián[～五十周年]建国50周年.

*__jiǎngxuéjīn 奖学金__[名]奨学金.

jiǎngyǎn 讲演[動]講演する.¶dēngtái～[登台～]演壇に上がって講演する.

*__jiāngyào 将要__[副]まさに…しようとしている.¶fēijī ～ qǐfēi[飞机～起飞]飛行機はまさに飛び立とうとしている.

†**jiǎngyì 讲义**[名]授業のために用意した教材.講義プリント.

*__jiàngyóu 酱油__[名]醤油.

jiǎngzhuàng 奖状[名]賞状.表彰状.

*__jiǎngzuò 讲座__[名]講座.¶kàn diànshì ～[看电视～]テレビ講座を見る.

jiǎnhuà 简化[動]簡素化する.簡略化する.¶～ Hànzì[～汉字]漢字を簡略化する／～ shǒuxù[～手续]手続きを簡素化する.

*__jiànjiàn 渐渐__[副]しだいに.だんだんと.¶tiānqì ～ nuǎnhuo le[天气～暖和了]しだいに暖かくなってきた／háizi ～ zhǎngdà le[孩子～长大了]子供がだんだん大きくなった.

jiàn//jiāo 建交[動]国交関係を樹立する.¶Zhōng Rì liǎng guó yú yījiǔqī'èr nián ～[中日两国于一九七二年～]中日両国は1972年に国交関係を樹立した.

jiànjiē 间接[区]間接的である.↔zhíjiē 直接¶tōngguò biéren jièshào ～ rènshile tā[通过别人介绍～认识了他]人の紹介を通して間接的に彼と知り合った.

†**jiànjiě 见解**[名]見解.見方.¶dúdào de ～[独到的～]独自の見解.ユニークな見方.

*__jiānjù 艰巨__[形]非常に困難である.¶zhèi xiàng gōngzuò fēicháng ～[这项工作非常～]この仕事は極めて困難だ.

jiǎnjǔ 检举[動]告発する.摘発する.¶～ bùfǎ fènzǐ de fànzuì xíngwéi [～不法分子的犯罪行为]違法分子の犯罪行為を摘発する.

*__jiānjué 坚决__[形](態度,主張,行動などが)きっぱりとしている.¶tā de tàidu shífēn ～[他的态度十分～]彼の態度はまったく断固たるものである／～ fǎnduì[～反对]断固として反対する.

⁑**jiànkāng 健康**[形]健康である.健全である.¶tā shēntǐ ～[他身体～]彼は(体が)健康だ／huīfù ～[恢复～]健康を回復する.

*__jiānkǔ 艰苦__[形]苦難に満ちている.¶shēnghuó shífēn ～[生活十分～]生活がかなり苦しい.

jiǎnlì 简历[名]略歴.¶qǐng nǐ xiě yíxià ～[请你写一下～]略歴を書いてください.

*__jiànlì 建立__[動]建立する.設立する.築き上げる.¶～le jǐ suǒ xuéxiào[～了几所学校]学校を何校か設立した／～ bāngjiāo[～邦交]国交を結ぶ.

jiǎnlòu 简陋[形](家屋,設備などが)粗末である.みすぼらしい.¶～ de fángwū[～的房屋]粗末な家.

jiànměi 健美[形]健康的で美しい.¶duō chī shūcài néng ～[多吃蔬菜能～]野菜をたくさん食べると健康で美しくなれる／zuò ～cāo[做～操]エアロビクスをする.

⁑**jiàn//miàn 见面**[動]面会する.会う.¶jiànguo tā yí miàn[见过他一面]彼と1度会ったことがある／hé péngyou ～[和朋友～]友人と顔を合わせる.友人に会う.

jiānmiè 歼灭[動]殲滅(せんめつ)する.みな殺しにする.¶～ dírén[～敌人]敵を殲滅する.

jiǎnmíng 简明[形]簡明である.簡単明解である.¶zhèi fèn shuōmíngshū hěn ～[这份说明书很～]この説明書はとても分かりやすい.

†**jiānnán 艰难**[形]困難である.苦しい.¶tā jiā rénkǒu duō,láolì shǎo, shēnghuó hěn ～[他家人口多，劳力少，生活很～]彼の家は家族が多くて働き手が少ないので生活が苦しい.

jiànpán 键盘[名]鍵盤.キーボード.

*__jiānqiáng 坚强__[形]ゆるぎない.強固

J

である.¶ ～ bùqū[～不屈]くじけず屈しない／～ de zhànshèngle bìngmó[～地战胜了病魔]粘り強く病魔に打ち勝った.

*jiǎnqīng 减轻[動]軽くする.減らす.¶ ～ yālì[～压力]圧力を減らす／～ tòngkǔ[～痛苦]苦痛を軽減する.

†jiànquán 健全[形]❶健全である.¶ ～ de shēntǐ duì fēixíngyuán lái jiǎng shì shífēn zhòngyào de[～的身体对飞行员来讲是十分重要的]健全な体がパイロットにはとても重要だ.❷完全である.完備している.¶ fǎzhì bú ～[法制不～]法制度が完全ではない.[動]整える.完全なものにする.¶ ～ guǎnlǐ zhìdù[～管理制度]管理制度を整える.

jiānrèn 坚韧[形]強靱である.¶ zhìdì ～[质地～]性質が強靱だ／～ de nàixìng[～的耐性]強靱な忍耐力.

jiānrèn 兼任[動]兼任する.¶ Liú zhǔrèn zài wàimian hái ～zhe yì jiā gōngsī de jīnglǐ[刘主任在外面还～着一家公司的经理]劉主任はさらに外部で会社の社長を兼任している.

*jiānruì 尖锐[形]❶鋭利である.¶ xiāode ～[削得～]鋭く削る.❷鋭い.鋭敏である.¶ tā kàn wèntí hěn ～[他看问题很～]彼は問題の見方が鋭い.❸音が甲高く耳を刺す.¶ ～ de shàozi shēng[～的哨子声]鋭い笛の音.❹(言論,闘争などが)激しい.¶ ～ de máodùn[～的矛盾]激しい矛盾／duì tā tíchule ～ de pīpíng[对她提出了～的批评]彼女に対して激しい批判が出された.

jiǎnruò 减弱[動]弱まる.弱める.¶ zuówǎn fēngshì ～le hěn duō[昨晚风势～了很多]昨晩は風の勢いがずいぶん弱まった／shílì ～[实力～]実力が衰える.

*jiǎnshǎo 减少[動]減る.減らす.¶ ～ kāizhī[～开支]支出を減らす.

⁑jiànshè 建设[動]建設する.創設する.¶ bǎowèi zǔguó, ～ zǔguó[保卫祖国，～祖国]祖国を守り,祖国を建国する.[名]建設.¶ gǎohǎo jīngjì ～[搞好经济～]経済建設をなしとげる.

jiànshēn 健身[動](美容体操をしたり,ジムに行ったりして)体を鍛える.¶ zhōumò wǒ cháng qù kānglègōng ～[周末我常去康乐宫～]週末に私はよくスポーツジムに行って体を鍛えている.

jiānshí 坚实[形]❶堅牢である.堅固である.丈夫である.¶ wèi rìhòu de fāzhǎn dǎxia ～ de jīchǔ[为日后的发展打下～的基础]将来の発展のために堅固な基礎をうち固める.❷壮健である.¶ tā shēntǐ ～,xìnggé kāilǎng[他身体～，性格开朗]彼は身体壮健,性格明朗だ.

†jiānshì 监视[動]監視する.¶ jǐngchá ～zhe tā de yì jǔ yí dòng[警察～着他的一举一动]警察は彼の一挙一動を監視している.

jiàn•shi 见识[動](事物に触れて)見聞を広める.¶ tā chūguó liúxué,～le xǔduō xīnxiān shìwù[他出国留学，～了许多新鲜事物]彼は外国に留学し,多くの目新しい事物への見聞を広めた.[名]見聞.知識.¶ qù lǚyóu kěyǐ zēngzhǎng ～[去旅游可以增长～]旅をすると見聞を広められる.

jiàn shìmiàn 见世面㊚社会経験を積む.世間を知る.見聞を広める.¶ niánqīngrén yīnggāi duō jiànjian shìmiàn[年轻人应该多见见世面]若い人はたくさん社会経験を積むべきだ.

jiàntà 践踏[動]❶踏む.¶ qǐngwù ～ cǎopíng[请勿～草坪]芝生を踏むべからず.❷〈喩〉踏みにじる.¶ ～ rénquán[～人权]人権を踏みにじる.

†jiǎntǎo 检讨[動]欠点や過ちを反省する.自己批判をする.¶ tā ～le zìjǐ de cuòwù[他～了自己的错误]彼は自らの誤りを自己批判した.[名]自己批判.¶ xiě ～[写～]自己批判書を書く／zuò ～[做～]自己批判をする.

jiǎntǐzì 简体字[名]〔語〕簡体字.

jiànwài 见外[動]他人扱いをする.よそよそしくする.¶ nǐ zhème kèqi jiù tài ～ le[你这么客气就太～了]こんなに気をつかうなんて水臭いよ.

jiānxiǎn 艰险[形]困難で危険である.¶ ～ de lìchéng[～的历程]苦難の過程.

jiànxiào 见效[動]効果が現れる.効

き目がある.¶zhè yào hěn língyàn,chīxiaqu jiù ～[这药很灵验，吃下去就～]この薬はとてもよく効くので,飲めばすぐ効果が現れる／～ hěn kuài[～很快]効き目が早い.

jiānxìn 坚信[動]堅く信じる.¶wǒ ～ tā shì ge hǎorén[我～他是个好人]彼がいい人であることを私は固く信じている／～ bù yí[～不疑]信じて疑わない.

jiǎnxiū 检修[動]点検修理する.¶zhèixiē jīqì quánbù ～guo le[这些机器全部～过了]この機械類はすべて点検修理を終えた.

jiǎnyàn 检验[動]検証する.検査する.¶～ chǎnpǐn zhìliàng[～产品质量]製品の品質を検査する.

jiǎnyào 简要[形](文章・話などが)簡単で要領を得ている.¶zhèi piān bàodào ～ ér yòu shēnkè[这篇报道～而又深刻]この報道は簡潔で内容が深い.

jiǎnyì 简易[形]❶簡易である.手軽で簡単である.¶～ bànfǎ[～办法]簡便な方法.❷施設が簡易である.¶～ zhùfáng [～住房]簡易住宅.

*__jiànyì 建议__[動]提案する.意見を出す.¶yīshēng ～ tā wòchuáng xiūxi[医生～他卧床休息]医者は彼に横になって休むようにと勧めた.[名]提案.¶hélǐhuà ～[合理化～]合理化の提案.

†**jiānyìng 坚硬**[形]硬い.¶～ de shítou[～的石头]硬い石.

†**jiānyù 监狱**[名]刑務所.監獄.

jiànyú 鉴于[動]…にかんがみる.…を考える.¶～ jiāli de jīngjì zhuàngkuàng, tā juédìng zìjǐ qù dǎgōng lái zhīfù xuéfèi[～家里的经济状况，他决定自己去打工来支付学费]家の経済状況を考え,彼は自分でアルバイトをして学費を払おうと決めた.

†**jiànzào 建造**[動]建造する.建築する.¶～ gāosù gōnglù[～高速公路]高速道路を建造する.

jiān∥zhí 兼职[動]兼職する.兼務する.¶～ tài duō huì yǐngxiǎng běnzhí gōngzuò de[～太多会影响本职工作的]兼職をしすぎると本務に影響する.

†**jiǎnzhí 简直**[副]まったく.まるで.¶jīntiān ～ rèsi le[今天～热死了]今日はまったく暑い.

*__jiànzhù 建筑__[動]建築する.造る.¶～ tiělù[～铁路]鉄道を敷設する.[名]建築物.¶gāocéng ～[高层～]高層ビル.

jiànzhuàng 健壮[形]壮健である.たくましい.↔ xūruò 虚弱 ¶érzi de shēntǐ gèng ～ le[儿子的身体更～了]息子の体は一層たくましくなった.

†**jiān·zi 尖子**[名]❶先端.¶bǐ ～[笔～]筆の先.❷抜きんでた人や物.¶tā shì bānli de xuéxí ～[她是班里的学习～]彼女はクラスの優等生だ.

⁑**jiāo 交**[動]❶提出する.納める.¶～ zuòyè[～作业]宿題を提出する／～ fángzū[～房租]家賃を納める.❷人と交わる.交際する.¶～ péngyou[～朋友]友達になる.❸線などが交わる.交差する.¶～ yú yì diǎn[～于一点]一点で交わる.

†**jiāo 浇**[動]❶(水や液体を)かける.注ぐ.¶quánshēn dōu bèi yǔshuǐ ～tòu le[全身都被雨水～透了]雨で全身ずぶぬれになった／gěi huā ～ shuǐ[给花～水]花に水をやる.❷灌漑する.¶～ dì[～地]水を引く.

jiāo 娇[形]❶(女性,子供,花などが)愛らしい.かわいらしい.¶bǐqi jiějie, mèimei de yàngzi gèng ～[比起姐姐,妹妹的样子更～]姉に比べて妹の表情はもっとかわいらしい.❷ひ弱である.いくじがない.¶xiànzài de háizi yìdiǎnr kǔ dōu bù néng chī,tài ～ le[现在的孩子一点儿苦都不能吃，太～了]今の子供ときたらちょっとした苦しみにも耐えられなくて,なんていくじがないんだ.[動]大事にしすぎる.甘やかす.¶bǎ háizi ～huài le[把孩子～坏了]子供を甘やかしてだめにした.

jiāo 胶[名]❶にかわ.❷ゴム.¶～xié[～鞋]ゴム靴.

⁑**jiāo 教**[動]教える.¶Wáng lǎoshī ～ wǒmen Yīngyǔ[王老师～我们英语]王先生は私たちに英語を教えている.

jiáo 嚼[動]咀嚼(そしゃく)する.かむ.かみ砕く.¶～ kǒuxiāngtáng[～口香糖]ガムをかむ.

*jiǎo 角[名]❶角(つの).¶niú～[牛～]ウシの角.❷(～儿)角(かど).隅.¶guǎi～r[拐～儿]曲がり角/qiáng～r[墙～儿]塀の角.❸〔数〕角.¶zhí～[直～]直角/ruì～[锐～]鋭角.

**jiǎo 角[量]貨幣の単位.注"一圆(元)"yì yuán・"一块钱"yí kuài qiánの10分の1.口語では"毛"máoを使う.

**jiǎo 脚[名]〔shuāng 双,zhī 只〕足.(くるぶしより下の部分)¶～jiān[～尖]つま先/～gēn[～跟]かかと.*[名]物の下部.¶qiáng～[墙～]塀の下部/shān～[山～]山のふもと.

†jiǎo 搅[動]❶かき混ぜる.¶bǎ táng hé yán fàngjinqu,～yi～[把糖和盐放进去,～一～]砂糖と塩を入れて,ちょっとかき混ぜる.❷邪魔をする.かき乱す.¶jiějie zài wēnxí gōngkè,bié qù hú～[姐姐在温习功课,别去胡～]お姉ちゃんは今学校のおさらいをしているから,邪魔しに行ってはいけませんよ.

jiǎo 缴[動]❶納める.差し出す.上納する.¶～shuì[～税]税金を納める.❷(武器などを)差し出させる.供出する.¶～le dírén de xiè[～了敌人的械]敵に武器を差し出させた.

**jiào 叫[動]❶叫ぶ.鳴く.吠える.¶tā dà ～ le yì shēng[他大～了一声]彼は大きな声をあげた.❷呼ぶ.¶lóuxià yǒu rén ～ nǐ[楼下有人～你]下で誰かが呼んでいるよ.❸呼び寄せる.注文する.¶～ chūzūchē[～出租车]タクシーを呼ぶ.❹…という.…と称する.¶nǐ ～ shénme míngzi?[你～什么名字?]お名前は何と言いますか.

**jiào 叫[動]❶…させる.¶～ tā zǎo diǎnr huíjiā[～他早点儿回家]彼を早めに帰宅させる.❷許す.任せる.¶tā bú ～ nǐ qù, jiù bié qù le[他不～你去,就别去了]彼があなたを行かせないなら,行ってはいけない.[前]…に…される.¶zhàoxiàngjī ～ tā nònghuài le[照相机～他弄坏了]カメラは彼に壊された.

†jiào 觉[名]睡眠.¶shuì wǔ～[睡午～]昼寝をする/nǐ tài lèi le,qù shuì yí ～ ba[你太累了,去睡一～吧]あなたはひどく疲れているから,ちょっと眠っていらっしゃい.→jué

*jiào 较[動]比べる.比較する.¶cáizhèng zhuàngkuàng ～ qùnián tóngqī lüè yǒu hǎozhuǎn[财政状况～去年同期略有好转]財政状況は去年の

文法　使役文

使役文は一般に使役動詞"叫"jiào,"让"ràng,"使"shǐなどを用いて表す.「AはBに…させる」は"A{叫/让/使}B～"で表される.

¶妈妈叫我去买东西。 Māma jiào wǒ qù mǎi dōngxi.(母は私を買い物に行かせる)

① 使役動詞"叫","让","使"

1) "叫","让"

"叫"は「いいつけて…させる」,"让"は「望み通り…させてあげる」が動詞の本来の意味であるが,使役動詞として両者はほとんど同じ意味を表す.強制的な使役,許可を表す使役,言葉による使役,言葉によらない使役,いずれの場合も"叫","让"を用いることができる.

¶他{叫/让}孩子学习。Tā {jiào/ràng} háizi xuéxí.(彼は子供を勉強させる)

¶爸爸不{叫/让}我去看电影。Bàba bú {jiào/ràng} wǒ qù kàn diànyǐng.(父は私に映画を見に行かせてくれない)

あらたまった言い方,相手に許可を求めるような場合には"让"を用いることが多い.

¶让你久等了。 Ràng nǐ jiǔděng le.(お待たせしました)

¶请让我介绍一下。 Qǐng ràng wǒ jièshào yíxià.(ちょっと紹介させてください)

2) "使"

"使"は動的な動作や行為をさせる場合には用いられず,専ら静的な状態変化を引き起こす場合に用いられ

同時期に比べわずかに好転した.[副]比較的.わりあいに.¶tā de Hànyǔ fāyīn ～ hǎo[他的汉语发音～好]彼の中国語の発音は比較的よい.

*jiāo'ào 骄傲[形]❶傲慢である.おごり高ぶっている.↔ qiānxū 谦虚 ¶yǒule chéngjì yě bù yīnggāi ～[有了成绩也不应该～]よい成績をあげたからといって,傲慢であってはいけない.❷誇りに思う.¶yǒu zhèyàng de hǎo érzi,tā gǎndào ～[有这样的好儿子，他感到～]このようないい息子を持ったことを,彼は誇りに思っている.

jiǎobàn 搅拌[動]かき混ぜる.攪拌(かくはん)する.¶～ shuǐní[～水泥]セメントをかき混ぜる／～qì[～器]ミキサー.

†jiǎobù 脚步[名]❶歩幅.¶tā ～ dà, wǒ gēnbushàng tā[他～大，我跟不上他]彼は歩幅が広いので,私には追いつけない.❷足取り.歩み.¶tā fàngmànle ～[他放慢了～]彼は足取りを緩めた.

*jiàocái 教材[名]教材.¶biānxiě ～[编写～]教材を作る.

jiāochā 交叉[動]❶交差する.交わる.¶tiělù hé gōnglù ～ de dìfang[铁路和公路～的地方]鉄道と道路が交差するところ／lìtǐ ～qiáo[立体～桥]立体交差橋.❷共通部分がある.重複する.¶dào huì rényuán de yìjiàn xiānghù ～[到会人员的意见相互～]会議参加者の意見は互いに共通するものがある.❸さしはさむ.入り混じる.¶duō zhǒng shīgōng zuòyè ～ jìnxíng[多种施工作业～进行]いろいろな種類の施工作業が交互に行われる.

jiàochē 轿车[名]〔liàng 辆,bù 部〕乗用車.

jiāocuò 交错[動]〈書〉交差する.交錯する.¶zònghéng ～ de héliú[纵横～的河流]縦横に交差する川の流れ.

†jiāodài 交代[動]❶引き継ぐ.¶～ gōngzuò[～工作]仕事の引き継ぎをする.❷言いつける.言い含める.¶māma yízài ～ wǒ lùshang yào xiǎoxīn[妈妈一再～我路上要小心]母は私に道中気をつけなければいけないと何度も言った／～ zhùyì shìxiàng[～注意事项]注意事項を言い聞かせる.❸釈明する.説明する.“交待”とも書く.¶～ zuìxíng[～罪行]犯罪行為を白状する／～ zhèngcè[～政策]政策を説明する.

J

る.

¶他的服务态度使顾客很满意。Tā de fúwù tàidu shǐ gùkè hěn mǎnyì.(彼の接客態度は客を満足させた)

¶他的话使大家很高兴。Tā de huà shǐ dàjiā hěn gāoxìng.(彼の話は皆を喜ばせた)

[2] そのほかの使役動詞

“叫”,“让”,“使”以外にも次のような動詞が使役動詞として用いられる.

· 派 pài(派遣して…させる)
· 求 qiú(頼んで…してもらう)
· 请 qǐng(招いて…してもらう)

¶厂长派我去联系。Chǎngzhǎng pài wǒ qù liánxì.(工場長は私を連絡に行かせる)

¶我求他帮个忙。Wǒ qiú tā bāng ge máng.(私は彼に手伝いを頼む)

¶我请你吃饭。Wǒ qǐng nǐ chīfàn.(私は君にごちそうする)

[3] 使役文の文法的特徴

1)否定形は“不”bùや“没”méiを使役動詞の前に置く.

¶他不叫我去旅行。Tā bú jiào wǒ qù lǚxíng.(彼は私を旅行に行かせない)

¶大夫没让我吃这种药。Dàifu méi ràng wǒ chī zhèi zhǒng yào.(医者は私にこの薬を飲ませなかった)

2)使役動詞は後に“了”le,“着”zhe,“过”guoを置くことができない.ただし,後の動詞につけることはできる.

¶科长让我来了两次。Kēzhǎng ràng wǒ láile liǎng cì.(課長は私を2回来させた)×科长让了我来两次。

†**jiàodǎo 教导**[動]教え導く.¶lǎoshī ～ wǒmen yào rè'ài láodòng[老师～我们要热爱劳动]先生は私たちに労働を愛するように教えている.[名]教え.指導.¶wǒ wàngbuliǎo lǎoshī de zhūnzhūn ～[我忘不了老师的谆谆～]私は先生のねんごろな教えを忘れることができない.

jiāodiǎn 交点[名]〔数〕交点.

jiāodiǎn 焦点[名]焦点.¶zhēnglùn de ～[争论的～]論争の焦点／～ wèntí[～问题]焦点となる問題.

†**jiǎodù 角度**[名]❶角度.❷物事を見るに当たっての観点.視点.¶cóng bùtóng de ～ kàn wèntí[从不同的～看问题]異なる角度から問題を考える.

jiāofù 交付[動]交付する.引き渡す.¶～ dìngjīn[～定金]手付け金を渡す／xīn lóufáng yǐjing ～ shǐyòng[新楼房已经～使用]新しい建物はもう引き渡され,使用されている.

jiāoguàn 浇灌[動]❶中に流し込む.¶～ hùnníngtǔ[～混凝土]コンクリートを流し込む.❷灌漑する.水をやる.¶～ càidì[～菜地]野菜畑に水をやる.

jiàohǎn 叫喊[動]叫ぶ.¶tā xiàde dàshēng ～qilai[她吓得大声～起来]彼女は驚いて大きな叫び声をあげた.

†**jiǎohuá 狡猾**[形]狡猾(こうかつ)である.ずる賢い."狡滑"とも書く.¶zhèige rén hěn ～[这个人很～]この人はとても狡猾だ.

*__jiāohuàn 交换__[動]交換する.¶～ yìjiàn[～意见]意見を交わす／～ lǐwù[～礼物]プレゼントを交換する.

jiào·huan 叫唤[動]❶大声で叫ぶ.¶tā dùzi téngde zhí ～[他肚子疼得直～]彼はお腹が痛くてしきりに声をあげている.❷鳴く.¶wūyā zài shùshang bùtíng de ～[乌鸦在树上不停地～]木の上でカラスがずっと鳴いている.

jiàohuì 教会[名]教会.

†**jiāojí 焦急**[形]いらだつ.焦る.¶wǒ xīnli fēicháng ～[我心里非常～]私は心中とてもいらだっている.

*__jiāojì 交际__[動]付き合う.交際する.¶tā hěn bú shànyú ～[他很不善于～]彼は人付き合いがとても苦手だ／～wǔ[～舞]社交ダンス.

†**jiāojuǎn 胶卷**[名](～儿)〔juǎn 卷,hé 盒〕フィルム.¶cǎisè ～[彩色～]カラーフィルム／chōngxǐ ～[冲洗～]フィルムを現像する.

†**jiàoliàn 教练**[名]コーチ.監督.トレーナー.

jiàoliàng 较量[動]力を比べる.¶～ jìshù[～技术]テクニックを競う.

*__jiāoliú 交流__[動]交流する.取り交わす.¶huì shang,dàjiā ～le jīngyàn[会上，大家～了经验]会の席で皆自分の体験を話し合った／wénhuà ～[文化～]文化交流.

†**jiǎoluò 角落**[名]❶隅.隅っこ.❷辺鄙(へんぴ)な場所.片隅.

jiāonà 交纳[動]納める.納付する.¶yīnggāi ànshí ～ shuìjīn[应该按时～税金]期日通りに税金を納めなければならない.

jiǎonà 缴纳[動]納める.納付する.¶～ suǒdéshuì[～所得税]所得税を納付する.

jiāopiàn 胶片[名]〔juǎn 卷,hé 盒〕フィルム.

jiāo·qì 娇气[形]ひ弱である.弱々しい.¶zhè háizi tài ～ le[这孩子太～了]この子はひ弱すぎる.

jiāo·qing 交情[名]友情.よしみ.間柄.¶wǒmen liǎ ～ hěn shēn[我们俩～很深]私たち2人は深い友情で結ばれている.

*__jiāoqū 郊区__[名]郊外地区.↔ shìqū 市区

jiàorǎng 叫嚷[動]叫ぶ.わめきたてる.

jiāoshè 交涉[動]交渉する.¶zhè shì wǒmen yǐjing xiàng tāmen ～guo[这事我们已经向他们～过]この件について我々はすでに彼らと交渉した.

*__jiàoshī 教师__[名]教員.教師.➡ 類義語 lǎoshī 老师

**__jiàoshì 教室__[名]〔jiān 间〕教室.クラス.

類義語 **jiàoshì 教室 kètáng 课堂**
►"教室"は単に授業をするための部屋をさす.¶打扫教室 dǎsǎo jiàoshì(教室を掃除する)／电化教室

diànhuà jiàoshì（LL教室）►“课堂”は授業をするための部屋をさす以外に,各種の教学活動をさしたり,比喩的な用法があり,その場合“教室”とは置き換えられない.¶课堂讨论 kètáng tǎolùn（ゼミナール）／课堂用语 kètáng yòngyǔ（教室用語）／广大农村是一个很好的课堂 guǎngdà nóngcūn shì yí ge hěn hǎo de kètáng（広大な農村はとてもよい教学の場だ）

*jiàoshòu **教授**[動]教授する.¶～zhīshi[～知识]知識を教授する.[名]教授.

jiàosuō 教唆[動]教唆(きょうさ)する.そそのかす.¶nèige liúmáng ～ xiǎoháizimen tōu dōngxi[那个流氓～小孩子们偷东西]そのチンピラは子供たちに盗みをそそのかした.

†**jiāotán 交谈**[動]語り合う.¶qīnqiè de ～[亲切地～]親しく語り合う.

jiāotàn 焦炭[名]コークス.

†**jiàotáng 教堂**[名]教会堂.礼拝堂.

jiāotì 交替[動]❶入れ替わる.交代する.¶xīn lǎo ～[新老～]新旧交代する.❷交互に…する.代わる代わる…する.¶liǎng zhǒng zhèngzhuàng ～ chūxiàn[两种症状～出现]2通りの症状が交互に出る.

jiàotiáo 教条[名]教条.教義.ドグマ.[形]教条主義的である.¶tā zhèige rén zuòshì hěn ～[他这个人做事很～]彼ってやつは,やり方がひどく教条的だ.

*jiāotōng **交通**[名]交通.¶～ gōngjù[～工具]交通機関／～ zǔsè[～阻塞]交通渋滞.

jiāowǎng 交往[動]付き合う.行き来する.¶wǒ gēn tā cónglái méiyou ～[我跟他从来没有～]彼とはもともと付き合いがない.

*jiàoxué **教学**[名]教学.教育課程.カリキュラム.¶～ dàgāng[～大纲]教育指導要領.

*jiào•xun **教训**[動]教え諭す.教訓を与える.¶tā hěnhěn de bǎ érzi ～le yí dùn[他狠狠地把儿子～了一顿]彼は厳しく息子に言い聞かせた.[名]教訓.¶wǒmen yào jiēshòu zhèi cì shībài de ～[我们要接受这次失败的～]我々は今回失敗した教訓を受け止めなければならない.

jiàoyǎng 教养[動](次の世代を)教え育てる.教育する.¶jiāzhǎng yào fùzé ～ zìjǐ de zǐnǚ[家长要负责～自己的子女]保護者は自分の子供を教育する責任を負わなければならない.[名]教養.たしなみ.¶yìdiǎn ～ dōu méiyou[一点～都没有]まったく教養がない.

†**jiàoyánshì 教研室**[名]教学研究室.教育庁,局,学校などにおいて教学上の問題を研究する組織.

†**jiāoyì 交易**[名]〔bǐ 笔,zōng 宗〕商品の売買.交易.取り引き.¶tā zuòle yì bǐ ～[他做了一笔～]彼は取り引きを1件行った／xiànjīn ～[现金～]現金取引.

⁑**jiàoyù 教育**[動]教育する.教え導く.¶～ értóng[～儿童]児童を教育する.[名]教育.¶shòudao liánghǎo de ～[受到良好的～]すばらしい教育を受ける.

*jiàoyuán **教员**[名]教員.➡類義語 lǎoshī 老师

jiǎozhèng 矫正[動]矯正(きょうせい)する.是正する.正す.直す.¶háizi de yáchǐ bù qí,děi qù yīyuàn ～[孩子的牙齿不齐，得去医院～]子供の歯並びが悪いので,病院へ行って矯正しなければならない.

⁑**jiǎo•zi 饺子**[名]ギョーザ.¶bāo ～[包～]ギョーザを作る／～xiànr[～馅儿]ギョーザの中身,餡(あん).

◆日本の「常識」・中国の「常識」

・日本人吃完饭自己付自己的钱。Rìběnrén chīwán fàn zìjǐ fù zìjǐ de qián.（日本人は食事の後,自分の分は自分で払う→中国人は誘ったほうが払うことが多い）

・饺子一般都指水饺。Jiǎozi yìbān dōu zhǐ shuǐjiǎo.（ギョーザとは普通水ギョーザのことをいう→しかも,副食ではなく,主食である）

・过年一般都指春节。Guònián yìbān dōu zhǐ Chūnjié.（正月とは普通

旧正月をいう)
・烟酒不分家。Yānjiǔ bù fēnjiā.(酒とタバコは家を分かたず→皆に勧めて楽しむものである)

*jiàozuò 叫做[動]…という.…と呼ぶ. ¶jiǔshí dù de jiǎo ～ zhíjiǎo[九十度的角～直角]90度の角を直角という.

†jiàqī 假期[名]休暇の期間. ¶kuàiyào dào ～ le[快要到～了]もうじき休みだ.

†jià·qian 价钱[名]値段.価格. ¶jiǎng ～[讲～]値段をかけあう.掛け引きをする.

*jiāqiáng 加强[動]強化する.強める. ¶～ xùnliàn[～训练]訓練を強化する／～ zhìliàng guǎnlǐ[～质量管理]品質管理を強化する.

J

jiā//rè 加热[動]加熱する. ¶fàncài liáng le,wǒ qù jiājia rè[饭菜凉了，我去加加热]ご飯が冷めてしまったからちょっと温めてくる.

†jiārù 加入[動]❶加える.混ぜる. ¶tāmen zài shípǐn zhōng ～le guò duō de fángfǔjì[他们在食品中～了过多的防腐剂]彼らは食品に適量をこえる防腐剤を入れた.❷加入する.参加する. ¶wǒmen huānyíng gèng duō tóngxué de ～[我们欢迎更多同学的～]より多くの学生の参加を歓迎します／～ gōnghuì[～工会]労働組合に加入する.

†jiǎrú 假如[接]もしも…なら.仮に…なら. ¶～ nǐ bù néng lái,jiù zǎo diǎnr dǎ ge diànhuà[～你不能来，就早点儿打个电话]もしも来られないのなら,早めに電話しなさい.

†jiǎruò 假若[接]もしも…なら.仮に…なら. ¶～ tiānqì bù hǎo,jiù yánqī jǔxíng[～天气不好，就延期举行]もし天気が悪かったら,延期になります.

jiǎshè 假设[動]仮定する. ¶～ nǐ shuō de shì shìshí,nàme yǒu zhèngren ma?[～你说的是事实，那么有证人吗?]もしもあなたの言うことが事実とするならば,証人はいますか.[名](科学上の)仮説.仮定. ¶tuīfān ～[推翻～]仮説を覆す.

jiāshēn 加深[動]深まる.深める. ¶tōngguò jiāotán,wǒmen ～le hùxiāng jiān de liǎojiě[通过交谈，我们～了互相间的了解]話し合いを通じて,我々は相互理解を深めた／～ yìnxiàng[～印象]印象を深める.

†jiǎshǐ 假使[接]もしも…ならば.仮に…ならば. ¶～ tā zàichǎng,jiù bú huì fāshēng nàyàng de shì[～他在场，就不会发生那样的事]彼がもしその場にいたなら,そんなことは起きなかったろうに.

†jiàshǐ 驾驶[動](車両・飛行機・トラクターなどを)操縦する. ¶～ qìchē[～汽车]自動車を運転する.

†jiāshǔ 家属[名](本人を除いた)家族.

†jiāsù 加速[動]加速する.速める. ¶qìchē kāishǐ ～[汽车开始～]車は加速し始めた／～ shēngchǎn[～生产]生産のピッチを上げる.

*jiàtiáo 假条[名](～儿)欠席届.欠勤届. ¶jiāo ～[交～]欠勤届を出す.

**jiātíng 家庭[名]家庭. ¶jiànlì ～[建立～](結婚して)家庭を築く／～ fùnǚ[～妇女]主婦.

jiāwù 家务[名]家事. ¶cāochí ～[操持～]家事を切りもりする／～huó[～活]家事労働.

*jiāxiāng 家乡[名]郷里.ふるさと.

*jiāyǐ 加以[動]…を加える.(多く2音節動詞の前に置く) ¶～ shuōmíng[～说明]説明を加える／～ jùtǐ fēnxī[～具体分析]具体的な分析をする.[接]加えて.その上. ¶tā běnlái tǐzhì jiù ruò,～ lǚtú láolèi,yí dào jiā jiù bìngdǎo le[他本来体质就弱，～旅途劳累，一到家就病倒了]彼はもともと虚弱だった上に,旅の疲労が重なり,家に帰るなり病に倒れた.

†jiā//yóu 加油[動]❶給油する. ¶～zhàn[～站]ガソリンスタンド.❷(～儿)〈喩〉頑張る.元気づける.応援する. ¶dàjiā ～ a![大家～啊!]みんな頑張れ!

jiāyuán 家园[名]家の庭.〈喩〉故郷や家庭. ¶hóngshuǐ guò hòu,tāmen fǎnhuí cūnli,kāishǐ chóngjiàn ～[洪水过后，他们返回村里，开始重建～]洪水の後,彼らは村に戻り,郷里の再建を始めた.

jiā yù hù xiǎo 家喻户晓㊒誰でも知っている.津々浦々に知れ渡っている.¶nǐ shuō de zhèige xīnwén zǎojiù ～,rénrén jiē zhī le, gēnběn bú shì shénme xīnwén le[你说的这个新闻早就～，人人皆知了，根本不是什么新闻了]あなたの言っているそのニュースはとっくに知れ渡っていて皆知っているよ.まったくニュースとは言えないね.

jiāzá 夹杂[動]入り交じる.混じる.¶tā de huàzhōng ～zhe yìxiē fāngyán,yǒushí tīngbudǒng[他的话中～着一些方言，有时听不懂]彼の話にはなまりが少し混じっているので,聞いて分からない時がある.

jiāzhǎng 家长[名]❶一家の主.家長.❷児童,生徒の保護者.¶～huì[～会]保護者の集まり.保護者会.

*__jiàzhí 价值__[名]価値.¶yǒu yánjiū ～[有研究～]研究するだけの価値がある／～ bù fěi[～不菲]価値がとても高い.

jiāzhòng 加重[動]重くする.重くなる.¶tā ～ yǔqì,pīpíngle zhèi zhǒng xiànxiàng[他～语气，批评了这种现象]彼は語気を強めてこの現象について批判した／tā de bìngqíng yòu ～ le[她的病情又～了]彼女の病気はさらに悪くなった.

jiǎzhuāng 假装[動]…のふりをする.…をよそおう.¶tā ～ shuìzháo le[她～睡着了]彼女は寝たふりをした／～ bù zhīdào[～不知道]知らぬふりをする.

†**jiā·zi 夹子**[名]挟む用具.クリップ.ファイル.¶pí～[皮～]皮製の札入れ／fà～[发～]髪をとめるもの.バレッタなど.

†**jià·zi 架子**[名]❶棚.枠.¶yīfu ～[衣服～]洋服かけ／gǔtou ～[骨头～]骨格.❷〈喩〉骨組み.アウトライン.(事物の構造,組織)¶xiě wénzhāng yào xiān dāhǎo ～[写文章要先搭好～]文章を書くには,まず(文章の)アウトラインを作り上げなければならない.❸もったいぶった態度.いばりくさった態度.尊大な態度.¶ná ～[拿～]偉そうにする／bǎi guān～[摆官～]役人風を吹かせる.❹姿勢.格好.¶yí kàn tā nà ～ jiù zhīdao tā shòuguo zhuānmén xùnliàn[一看他那～就知道他受过专门训练]あの姿勢を一目見れば,彼が専門訓練を受けたことがあるのがすぐ分かる.

⁑**jīběn 基本**[名]基本.根本.¶rénmín shì guójiā de ～[人民是国家的～]人民は国家の根幹だ.[形]❶基本的である.根本的である.¶～ yuánzé[～原则]基本原則.❷主要な.重要な.¶～ tiáojiàn[～条件]主要な条件.[副]だいたい.ほとんど.¶gōngchéng yǐjing ～ wánchéng[工程已经～完成]工事はおおむね完成した.

jíbiàn 即便[接]〈書〉たとえ…でも.仮に…でも.¶～ xià dàyǔ wǒ yě yào qù[～下大雨我也要去]たとえ大雨でも行くつもりだ.

†**jíbié 级别**[名]等級の高低.序列.ランク.

†**jíbìng 疾病**[名]総称としての病気.疾病(しっぺい).¶yùfáng ～[预防～]病気を予防する.

jīcāng 机舱[名]❶(船の)機関室.❷飛行機の客室や貨物室.

†**jīcéng 基层**[名](組織などの)最も下部の,大衆と直結した層.末端.下部.↔ shàngcéng 上层¶～ zǔzhī[～组织]末端の組織／～ gànbù[～干部]末端の幹部.下級幹部.

⁑**jīchǎng 机场**[名]空港.飛行場.

†**jìchéng 继承**[動]❶相続する.¶～ yíchǎn[～遗产]遺産を相続する.❷(先人の文化・知識などを)受け継ぐ.継承する.¶～ xiānliè de yíyè[～先烈的遗业]革命烈士の遺業を受け継ぐ.

⁑**jīchǔ 基础**[名]❶建物の基礎.土台.❷物事の基礎.¶～ zhīshi[～知识]基礎知識／nóngyè shì guómín jīngjì de ～[农业是国民经济的～]農業は国民経済の礎だ.

*__jīchuáng 机床__[名]〔tái 台,bù 部〕工作機械.

⁑**jīdàn 鸡蛋**[名]ニワトリの卵.¶zhǔ～[煮～]卵をゆでる(ゆで卵).

*__jì·de 记得__[動]覚えている.記憶して

いる.¶shí nián qián de shì tā hái ～[十年前的事她还～]10年前のことを彼女はまだ覚えている.

†**jīdì 基地**[名]基地.根拠地.¶gōngyè jiànshè ～[工业建设～]工業建設基地／xùnliàn ～[训练～](球団などの)キャンプ場.

†**jīdòng 机动**[形]機械で動く.¶～chēliàng[～车辆]エンジンで動く車.

†**jīdòng 机动**[形]❶機敏である.適宜(運用する).¶kàn qíngkuàng ～ chǔlǐ[看情况～处理]状況を見て適宜処理する.❷予備の.臨時の¶～ fèiyong[～费用]予備費.

*****jīdòng 激动**[動]❶感情が高まる.感動する.¶tā ～de shuōbuchū huà lai[他～得说不出话来]彼は感激のあまり言葉が出てこない.❷感激させる.¶zhèige xiāoxi tài ～ rénxīn le[这个消息太～人心了]このニュースはたいそう人を感動させた.→[類義語] gǎndòng 感动

jídù 极度[副]極度に.この上もなく.¶～ jǐnzhāng[～紧张]極度に緊張する／～ xīngfèn[～兴奋]極度に興奮する.

jídù 嫉妒[動]嫉妬する.ねたむ.¶tā de gōngzuò nénglì bǐ tā qiáng,yīncǐ tā chángcháng ～ tā[她的工作能力比他强，因此他常常～她]彼女は彼より仕事ができるので,彼はいつも嫉妬している.

jìdù 季度[名]四半期.¶dì èr ～[第二～]第2四半期／～ yùsuàn[～预算]四半期の予算.

†**jíduān 极端**[名]極端.¶tā bànshì zǒng ài zǒu ～[他办事总爱走～]彼は事を行うのにいつも極端になりがちだ.[形]極端である.この上ない.¶jiéhūn yǐhòu,tā gǎndào ～ de xìngfú[结婚以后，他感到～的幸福]結婚後彼はこの上ない幸せにひたっている.

Jīdūjiào 基督教[名]〔宗〕キリスト教.多く"新教"xīnjiào(プロテスタント)をいう.

†**jiē 结**[動]実がなる.実をつける.¶zhītóu ～zhe léiléi de guǒshí[枝头～着累累的果实]枝の先にたわわに実がなっている.→jié

jiē 皆[副]〈書〉みな.すべて.¶zhè jǐ zhǒng zhíwù ～ kě shíyòng[这几种植物～可食用]これら数種類の植物はすべて食べられる.

⁑**jiē 接**[動]❶続く.つなぐ.¶～ diànxiàn[～电线]電線をつなぐ.❷受ける.受け取る.¶tā ～guo kèrén shǒuli de xíngli[他～过客人手里的行李]彼は客の手から荷物を受け取った.❸迎える.↔ sòng 送¶wǒ qù yīyuàn ～ bìngrén chūyuàn[我去医院～病人出院]病人が退院するので迎えに行ってきます.❹引き継ぐ.¶～ Wáng lǎoshī de kè[～王老师的课]王先生の授業を引き継ぐ.

†**jiē 揭**[動]❶はがす.¶bǎ qiángshang de huà ～xialai[把墙上的画～下来]壁の絵をはがす.❷(かぶせてあるものを)取る.開ける.¶～mù[～幕]幕を開ける.❸暴く.暴露する.¶～le tā de lǎodǐ[～了他的老底]彼の素性を暴いた.

⁑**jiē 街**[名]〔tiáo 条,dào 道〕大通り.街.¶shàng～[上～]街へ行く.

⁑**jié 节**[名]❶節.区切り.¶yīn～[音～]音節.❷節句.記念日.¶guò～[过～]記念日を祝う.[量]事物や文章など,区切られるものを数える.¶sān ～ kè[三～课]3コマの授業／liǎng ～ chēxiāng[两～车厢]列車2両.[動]節約する.¶～ shuǐ[～水]節水する.

jié 劫[動]略奪する.¶bàotú ～le yí liàng qìchē[暴徒～了一辆汽车]暴徒は車を1台奪った.

†**jié 结**[動]❶結ぶ.ひも状のものに結び目を作って何かを作る.¶～ máoxiàn[～毛线]毛糸を編む／～ wǎng[～网]網を作る.❷結合する.結びつく.¶～bīng[～冰]氷が張る／～ wéi fūqī[～为夫妻]夫婦として結ばれる.❸終わる.結束する.¶～zhàng[～账]決算をする.勘定をする.[名]結び目.¶dǎ～[打～]結び目を作る.→jiē

†**jié 截**[動]❶切断する.¶yòng xiǎodāo bǎ qiānbǐ ～chéng liǎng duàn[用小刀把铅笔～成两段]ナイフで鉛筆を2つに切る.❷止める.遮る.¶～zhu xiǎotōu[～住小偷]こそ泥を取り押さえる.[量](～儿)長いものの一区切りを数

える.¶huà gāng shuōle bàn～[话刚说了半～]途中まで話したところだ.

*jiě 解[動]❶ほどく.解く.¶～lǐngdài[～领带]ネクタイを解く.❷分かる.理解する.¶lìng rén bù～[令人不～]理解が難しい.❸取り除く.¶～kě[～渴]のどのかわきをいやす.

jiè 戒[動]断つ.やめる.¶kuài bǎ yān ～diào ba[快把烟～掉吧]早くタバコをやめてしまいなさい.

*jiè 届[量]期.回.(定期の会議や卒業年次などを数える)¶bājiǔ ～ bìyèshēng[八九～毕业生]1989年度卒業生/dì shísān ～ Shìjièbēi páiqiúsài[第十三～世界杯排球赛]第13回バレーボールワールドカップ大会.

jiè 界*[名]❶境界.¶Shānxī hé Shǎnxī yǐ Huánghé wéi ～[山西和陕西以黄河为～]山西省と陕西省とは黄河を境としている.❷一定の範囲.¶guǎn～[管～]管轄範囲/yǎn～[眼～]視界.❸社会.階層.¶jiàoyù～[教育～]教育界.

**jiè 借[動]❶借りる.↔ huán 还¶wǒ gēn tā ～le yìbǎi kuài qián[我跟他～了一百块钱]私は彼に100元借りた.❷貸す.¶zhèi běn shū ～gěi wǒ kànkan hǎo ma?[这本书～给我看看好吗?]この本を貸していただけませんか.

jiè 借[動]かこつける.口実にする.理由にする.¶tā bú yuàn dānwu shíjiān, suǒyǐ ～gù zǒu le[他不愿耽误时间,所以～故走了]彼は時間を無駄にしたくないので理由を設けて帰った/～zhe wēiruò de dēngguāng kàn le yí huìr shū[～着微弱的灯光看了一会儿书]電灯のかすかな明かりを頼りにしばらく本を読んだ.

†jī'è 饥饿[形]飢えている.¶gǎndào ～[感到～]ひもじく感じる.

†jiébái 洁白[形]純白である.¶yáchǐ shuāde ～[牙齿刷得～]歯を真っ白に磨いている.

jiē//bān 接班[動](～儿)勤務を交替する.仕事を引き継ぐ.¶～rén[～人]後継者.

jiēcéng 阶层[名]階層.¶zhīshi ～[知识～]知識階級.インテリ層/gōngxīn ～[工薪～]サラリーマン階級.

jiéchéng 竭诚[動]誠意を尽くす.¶běn gōngsī jiāng ～ wèi nín fúwù[本公司将～为您服务]当社はお客様に誠意を尽くしてサービスします.

jiéchí 劫持[動]誘拐する.乗っ取る.¶nèige nǚhái bèi rén ～zǒu le[那个女孩被人～走了]あの女の子はさらわれてしまった/～ fēijī[～飞机]ハイジャックする.

*jiēchù 接触[動]❶接触する.近づく.触れる.¶búyào yǔ chuánrǎn bìngrén ～[不要与传染病人～]伝染病の患者に近づいてはいけない.❷人と接する.付き合う.¶tā jiāojì miàn hěn guǎng, ～guo xǔduō rén[他交际面很广,～过许多人]彼は交際範囲が広く,多くの人と付き合ってきた.

jiéchū 杰出[形]傑出している.ぬきんでている.¶～ de shīrén[～的诗人]傑出した詩人.

jiěchú 解除[動]解除する.解く.¶jǐngbào ～ le[警报～了]警報が解除になった/gōngsī ～le tā de zhíwù[公司～了他的职务]会社は彼の職務を解いた.

jiècí 介词[名]〔語〕介詞.前置詞.

*jiědá 解答[動]解答する.答える.¶～ wèntí[～问题]問題に答える.

*jiēdài 接待[動]接待する.もてなす.¶～ dàibiǎotuán[～代表团]代表団を接待する.

*jiēdào 接到[動]受け取る.¶～ tōngzhī[～通知]通知を受け取る.

*jiēdào 街道[名]❶大通り.街路.❷居住地域.町内.¶～ bànshìchù[～办事处]区人民政府(区役所)の出張所.(管轄区域内の民事事件の解決,失業青年への仕事のあっせん等を行う)

*jiēduàn 阶段[名]段階.¶chūjí ～[初级～]初級段階.

jiē èr lián sān 接二连三[成]次々に.続けざまに.¶zì fùqīn sǐ hòu,jiāzhōng ～ fāshēngle xǔduō búxìng de shìqing[自父亲死后,家中～发生了许多不幸的事情]父の死後家には次から次へと不幸な事が起きた.

jiēfā 揭发[動]暴く.摘発する.¶～ bù-

J

fǎ xíngwéi[～不法行为]違法行為を摘発する.

jiē·fang 街坊[名]隣人.隣近所.

*__jiěfàng 解放__[動]解放する.解き放つ.¶tā zhèige rén sīxiǎng fēicháng ～[他这个人思想非常～]彼は考え方がとても開けている.[名]解放.特に1949年の中華人民共和国の成立をさす.

jiěfànghòu 解放后[名]1949年の解放後.¶～,tāmen de rìzi yuè guò yuè hǎo le[～，他们的日子越过越好了]解放後,彼らの生活はだんだんよくなった.

†__jiěfàngjūn 解放军__[名]人民を解放するために組織された軍隊.特に中国人民解放軍をさす.

jiěfàngqián 解放前[名]1949年の解放前.¶～ wǒmen zhùzai Nánjīng[～我们住在南京]解放前,我々は南京に住んでいた.

*__jiégòu 结构__[名]❶構成.構造.しくみ.¶jīngjì ～[经济～]経済構造.❷建築物の構造.¶gāngjīn hùnníngtǔ ～[钢筋混凝土～]鉄筋コンクリート構造.

jiě∥gù 解雇[動]解雇する.¶chǎngfāng ～le hǎojǐ ge gōngrén[厂方～了好几个工人]工場側は何人もの労働者を解雇した.

jiè∥guāng 借光[動](挨拶)すみませんが….ごめんなさい.¶～,ràng wǒ guòqu yíxià[～，让我过去一下]すみませんが,ちょっとお通しください.

jiē∥guǒ 结果[動]実がなる.実を結ぶ.¶zhèi zhǒng guǒshù yào wǔ nián cái néng ～[这种果树要五年才能～]この果樹が実を結ぶには5年かかる.→jiéguǒ

†__jiéguǒ 结果__[名]結果.¶bìrán ～[必然～]必然の結果.[接]結局.¶tā tiāo lái tiāo qù,～ háishi mǎile nèi jiàn hóng de[她挑来挑去，～还是买了那件红的]彼女はさんざん選びに選んで,結局やはりあの赤いのを買った.→jiēguǒ

*__jiéhé 结合__[動]❶結びつける.結合する.¶bǎ jiàoxué yǔ kēyán ～qilai[把教学与科研～起来]教育と科学研究とを結びつける.❷夫婦として結びつく.¶jīngguò yí duàn qūzhé,liǎng rén zhōngyú ～ le[经过一段曲折，两人终于～了]曲折を経てついに2人は結ばれた.

jiè huā xiàn fó 借花献佛㊒他人のもので自分の義理をすませること.¶wǒ zhè shì ～,lái,wǒ yě jìng nǐ yì bēi[我这是～，来，我也敬你一杯]この場をお借りして,さぁ私もあなたに1杯差し上げましょう.

*__jié∥hūn 结婚__[動]結婚する.¶～ dēngjì[～登记]婚姻届／tā nǚ'ér shàng ge yuè jiéhūn le[他女儿上个月结婚了]彼の娘は先月結婚した.

*__jiējí 阶级__[名]階級.¶gōngrén ～[工人～]労働者階級／～ dòuzhēng[～斗争]階級闘争.

*__jiējiàn 接见__[動]接見する.¶～ dàibiǎotuán[～代表团]代表団に接見する.

jiéjiǎn 节俭[動]節約する.倹約する.[形]節約している.質素である.¶fùmǔ de shēnghuó guòde hěn ～[父母的生活过得很～]両親の生活はとても質素だ.

jièjiàn 借鉴[動]〈書〉手本とする.参考にする.¶qiánrén de jīngyàn zhídé ～[前人的经验值得～]先人の経験は範とする価値がある.

⁑__jiě·jie 姐姐__[名]姉.おねえさん.

*__jiējìn 接近__[動]近づく.接近する.¶zhèli ～ gōnglù[这里～公路]ここは自動車道路に近い／tǐwēn ～ zhèngcháng[体温～正常]体温が正常に近づく.

jiéjīng 结晶[名]❶結晶.❷〈喩〉貴重な成果.¶Chángchéng shì wǒ guó gǔdài láodòng rénmín de xuèhàn ～[长

城是我国古代劳动人民的血汗～]万里の長城は我が国古代の労働者による血と汗の結晶だ.

jiéjú 结局[名]最終局面.結末.¶zhèige gùshi de ～ shì hěn bēicǎn de[这个故事的～是很悲惨的]この物語の結末はとても悲惨だ.

⁑**jiějué 解决**[動]❶解決する.¶～ wèntí[～问题]問題を解決する.❷敵を片付ける.消滅させる.¶～le dírén de hǎojǐ ge bīngtuán[～了敌人的好几个兵团]敵の兵団をいくつもやっつけた.

†**jièkǒu 借口**[動]口実にする.口実を設ける.¶tā ～ shēntǐ búshì méi cānjiā wǎnhuì[她～身体不适没参加晚会]彼女は体の不調を口実にパーティーに出席しなかった.[名]口実.¶zhǎo ～[找～]口実を捜す.

†**jiélì 竭力**[副]力の限りに.精いっぱい.¶jìnxīn ～[尽心～]力の限りを尽くす.

jiēlián 接连[副]続けざまに.次々と.¶zhèige shízì lùkǒu ～ fāshēngle hǎojǐ qǐ jiāotōng shìgù[这个十字路口～发生了好几起交通事故]この十字路では交通事故が続けざまに何度も起きている.

jiēlù 揭露[動]さらけ出す.暴き出す.¶zhèi fèn cáiliào ～le shìqing de zhēnxiàng[这份材料～了事情的真相]この資料は事の真相を暴き出した.

*__jiélùn 结论__[名]結論.¶xià ～[下～]結論を出す.

⁑**jiémù 节目**[名]番組.プログラム.演目.¶～dān[～单]プログラム／diànshì ～[电视～]テレビ番組.

jiénéng 节能[動]エネルギー資源を節約する.省エネ.¶～ cuòshī[～措施]省エネのための措置／～dēng[～灯]省エネルギー灯.

†**jiěpōu 解剖**[動]❶解剖する.¶～ réntǐ[～人体]人体を解剖する.❷〈喩〉細かく分析する.¶～ zìjǐ de sīxiǎng[～自己的思想]自らの思想を分析する.

jiēqià 接洽[動]相談する.打ち合わせをする.¶pài rén qù ～ gōngzuò[派人去～工作]仕事の打ち合わせに人をやる.

⁑**jiérì 节日**[名]❶記念日.❷伝統的な祝祭日.¶chuántǒng ～[传统～]伝統的な祝祭日.

jiěsàn 解散[動]解散する.¶duìwu dàole xiàoménkǒu jiù ～ le[队伍到了校门口就～了]隊列は校門につくや解散した／zhèige zǔzhī bèipò ～ le[这个组织被迫～了]この組織は解散するよう強いられた.

⁑**jièshào 介绍**[動]紹介する.¶zìwǒ ～[自我～]自己紹介／～ jīngyàn[～经验]経験を紹介する.

*__jiéshěng 节省__[動]節約する.切りつめる.¶～ kāizhī[～开支]支出を切りつめる.

jiēshì 揭示[動]❶掲示する.公示する.❷明らかにする.¶～le yí ge shēnkè de dàoli[～了一个深刻的道理]深い道理を明らかにした.

*__jiē•shi 结实__[形]丈夫である.¶zhèi zhǒng liàozi hěn ～[这种料子很～]この生地はとても丈夫だ／tā shēncái

表現Chips
紹介する

我来介绍一下, 这位是李先生。
Wǒ lái jièshào yíxià,zhèi wèi shì Lǐ xiānsheng.
(ご紹介いたします,こちらは李さんです)
我们来互相认识一下吧, 我叫张芳。Wǒmen lái hùxiāng rènshi yíxià ba, wǒ jiào Zhāng Fāng. (お近づきになりましょうよ,私は張芳と言います)
你们还不认识吧? 这是我的朋友田中绿。Nǐmen hái bú rènshi ba? Zhè shì wǒ de péngyou Tiánzhōng Lǜ. (あなた方はまだお知り合いではないでしょう？こちらは私の友人の田中緑さんです)
我先介绍一下, 我叫王明, 是北京大学历史系的学生。Wǒ xiān jièshào yíxià, wǒ jiào Wáng Míng,shì Běijīng Dàxué lìshǐxì de xuésheng. (先に紹介させてください,私は王明と言います,北京大学歴史学部の学生です)

gāodà ～[他身材高大～]彼は大柄でがっしりしている.

*jiěshì 解释[動]意味や理由などを説明する.解釈する.釈明する.¶qǐng nǐ ～ yíxià,zhè dàodǐ shì zěnme huí shì?[请你～一下，这到底是怎么回事?]これはいったいどういうことなのか,説明してください／tā xiàng lǎoshī ～le chídào de yuányīn[他向老师～了迟到的原因]彼は先生に遅刻したわけを釈明した.

jièshí 届时[動]〈書〉その時になる.¶～ hái jiāng wèi nín xiànshang yì zǔ jīngcǎi gēwǔ[～还将为您献上一组精彩歌舞]その時には,素晴らしい歌と踊りをご鑑賞いただきます.

jiēshōu 接收[動]❶受け取る.受ける.¶～ diànbào[～电报]電報を受け取る.❷(法令に基づいて)接収する.¶～ cáichǎn[～财产]財産を接収する❸(人を)受け入れる.¶gōnghuì zuìjìn ～le yì pī xīn huìyuán[工会最近～了一批新会员]労働組合は近頃多くの新入会員を迎えた.

*jiēshòu 接受[動]受け入れる.引き受ける.¶～ jìzhě de cǎifǎng[～记者的

●百科知識●

中国の祝祭日

中国の祝祭日には,昔から代々受け継がれてきた伝統的な祭日と,新中国成立後制定された国民の祝日の2種類がある.

伝統的な祝祭日のうち代表的なものは"春节"Chūnjié,"元宵节"Yuánxiāojié,"端午节"Duānwǔjié,"中秋节"Zhōngqiūjié など.

"春节"(春節,旧正月).旧暦の元旦のこと.中国ではこの日をお正月として盛大にお祝いする.干支(えと)もこの日から変わる.旧暦を使うので,たとえば2000年は2月5日,2001年は1月24日というように太陽暦では年によって日にちが変わる.この日はふだん離れて暮らしている家族も一堂に会して"团圆"tuányuán(団らん)の時をすごす."春节"の前の晩は"除夕"chúxī(おおみそか)で,寝ないで新年を待つ."初一"chūyī(1月1日)の朝を迎えると"拜年"bàinián(年始まわり)をする.家々の戸口には真っ赤な"春联"chūnlián(お正月用の対になったおめでたい文句)が貼られ,町のあちこちから"鞭炮"biānpào(爆竹)の音が鳴り響く(現在北京,上海などの大都市では禁止されている).昔々,"年"nián という魔物が春になると人を襲いにやってきた.その魔物を追っ払うために爆竹を鳴らすようになったという言い伝えがある.

"元宵节"(元宵節,小正月).旧暦の1月15日.この日,町の公園や商店街にはさまざまな灯ろうが飾られ,人々は"元宵"という名の,中に餡の入った糯米(もちごめ)の粉で作った団子を食べて,一家団らんの時をすごす."灯节"dēngjié とも呼ばれる.

"端午节"(端午の節句).日本の端午の節句は太陽暦の5月5日で男の子のお節句だが,こちらは旧暦の5月5日で,戦国時代(BC475～BC221)の愛国詩人,"屈原"Qū Yuán(くつげん)をしのぶ日.進言が入れられず国を追われた屈原は祖国楚を憂いながら河に身を投げる.彼の愛国の情に打たれその境遇に同情を寄せた民衆は,彼を救おうと争って舟を出し,助けられないと分かるやその遺体が魚によって損傷されないように,もち

采访]記者の取材を受け入れる／～ pīpíng[～批评]批判を受け入れる／～ jiàoxun[～教训]教訓を受け止める.

jiéshù 结束[動]終わらせる.終結する.終了する.↔ kāishǐ 开始 ¶bǐsài yǐjing ～ le[比赛已经～了]試合はもう終わった.

jiésuàn 结算[動]決済する.

jiētóu 街头[名]街頭.路頭. ¶liúluò ～[流落～]路頭に迷う.

jièxiàn 界限[名]❶境界. ¶huàqīng ～[划清～]一線を画する.❷限度. ¶tā de jīnqián yù yǒngyuǎn méiyou ～[他的金钱欲永远没有～]彼の金銭欲にはいつまでも限りがない.

†**jièxiàn 界线**[名]境界線.

jiēxiǎo 揭晓[動](結果を)発表する.公表する. ¶jīnnián shí dà xīnwén rénwù jīntiān ～[今年十大新闻人物今天～]今年の話題の人物ベスト10が今日発表される.

jiè∥yán 戒严[動]戒厳令を敷く.非常線を張る.

jié∥yè 结业[動]修了する.学業を終える.(多くは短期間の訓練をいう) ¶～ diǎnlǐ[～典礼]修了式／xuéxíbān

米を河に流して魚のえさにしたという.それが後の“端午节”に行われる“龙舟竞渡”lóngzhōu jìngdù(ドラゴンレース)となり,“粽子”zòngzi(ちまき)を食べる習慣になったと伝えられる.

“中秋节”(中秋節).旧暦8月15日.昔,中国の皇帝は8月の夜に月を崇め音楽を奏でてその年の豊作を祈った.それはやがて民間に伝わり月をめでる習慣となった.元朝の末期,農民たちが決起した際,“月饼”yuèbǐng(月餅)の中にメモを入れて決起の日8月15日を伝え合った.それが後に“中秋节”に“月饼”を贈る習慣となった.“月饼”は“圆”yuán(丸い)なので“团圆”(団らん)に通じ,一家団らんの象徴として喜ばれる.こうして“中秋节”は,家族が集まって月をめでながら月餅を食べる日となった.

国民の祝日に制定されている日のうち主なものは以下の通り.

“元旦”Yuándàn(元旦).太陽暦の1月1日.1日休み.

“春节”.旧暦の1月1日.この日をはさんで前後3～4日が休みとなる.

“国际劳动妇女节”Guójì láodòng fùnǚjié(国際婦人デー).3月8日,女性は半日休み.

“国际劳动节”Guójì láodòngjié(メーデー).5月1日,1日休み.

“国际儿童节”Guójjì értóngjié(子供の日).6月1日,休日ではないが授業は休みになる.

“教师节”Jiàoshījié(教師の日).9月10日,功績のあった教師を表彰するなどの行事がある.

“国庆节”Guóqìng jié(国慶節).10月1日,1949年のこの日中華人民共和国が成立した.10月1日と2日が休みとなる.

近年,春節,メーデー,国慶節は休みが1週間の連休になっている.

“国际劳动妇女节”

“国际劳动节”

“国庆节”

yǐ ～ le[学习班已～了]学習班はもう修了した.

jiéyù 节育[動]産児制限をする.

*__jiéyuē 节约__[動]節約する.倹約する.¶～le dàliàng zījīn[～了大量资金]多額の資金を節約した.

⁑**jiē·zhe 接着**[動]受け止める.¶wǒ xiàng xià rēng,nǐ zài xiàmian ～[我向下扔，你在下面～]下に投げるから,君は下で受け止めて.[副]続いて.引き続いて.¶bié zháojí,yí ge rén jiǎngwán yǐhòu lìng yí ge zài ～ jiǎng[别着急，一个人讲完以后另一个再～讲]慌てないで,1人が話し終わってからほかの人が続いて話しなさい.[接]続いて.続けて.¶wǒmen xiān dào bàngōngshì bàodào,～ zài qù bànlǐ gèzhǒng rùxué shǒuxù[我们先到办公室报到，～再去办理各种入学手续]私たちはまず事務室で到着の報告をし,続いて入学のいろいろな手続きをしに行く.

J

jiézhǐ 截止[動]締め切る.打ち切る.¶bàomíng yǐ yú shàng yuèdǐ ～[报名已于上月底～]申し込みはすでに先月末で締め切った.

jiézhì 截至[動]…までで締め切る.(多く"为止"wéizhǐと呼応する)¶bàomíng rìqī ～ běnyuèdǐ wéizhǐ[报名日期～本月底为止]申し込みは今月末で締め切る.

jièzhù 借助[動]助けを借りる.¶～ péngyou de bāngzhù,jiějuéle wèntí[～朋友的帮助，解决了问题]友達の力を借りて問題を解決した.

jiézòu 节奏[名]リズム.テンポ.¶～gǎn[～感]リズム感／xiàndàirén de shēnghuó ～ dōu hěn kuài[现代人的生活～都很快]現代人の生活のテンポはとても速い.

jiézuò 杰作[名]傑作.優れた作品.

jīfā 激发[動]かき立てる.奮い立たせる.¶～ háizi de jījíxìng[～孩子的积极性]子供の積極性を引き出す.

*__jí∥gé 及格__[動]試験に合格する.及第する.¶tā měi mén kè dōu ～[她每门课都～]彼女はどの科目も及第した.

†**jīgòu 机构**[名]❶機構.¶guójiā ～[国家～]国家機構.❷機関.団体.機構.¶jiàoyù ～[教育～]教育機関.

*__jīguān 机关__[名]❶事務処理部門.機関.¶xíngzhèng ～[行政～]行政機関.❷装置.しかけ.¶bāndòng ～,jiù kě dǎkāi zhámén[扳动～，就可打开闸门]装置を引けば水門が開く.❸機械で制御するもの.¶～qiāng[～枪]機関銃.マシンガン.❹周到な計略.¶shípò ～[识破～]計略を見破る.

jíguàn 籍贯[名]祖先が住んでいた土地.原籍.本籍.

jīguāng 激光[名]レーザー光線.¶～ chàngpiàn[～唱片]コンパクトディスク.CD.

†**jì·hao 记号**[名]記号.しるし.¶zuò ge ～[做个～]しるしをつける.

⁑**jíhé 集合**[動]集合する.集まる.集める.¶zài cāochǎng ～[在操场～]グラウンドに集合する／～ duìwu,zhǔnbèi chūfā[～队伍，准备出发]部隊を集め,出発の準備をする.

jǐhé 几何[名]〔数〕幾何(学).

*__jīhū 几乎__[副]❶ほとんど.ほぼ.¶～ shuìle shí'èr ge xiǎoshí[～睡了十二个小时]およそ12時間近く眠った.❷もう少しで.危うく.¶jiǎoxià yì huá,～ shuāidǎo[脚下一滑，～摔倒]足元が滑って危うくひっくり返るところだった.

⁑**jìhuà 计划**[名]計画.¶zhìdìng ～[制定～]計画を立てる.[動]計画する.¶dàjiā zhèngzài ～zhe jiàqī lǚxíng de shì[大家正在～着假期旅行的事]みんなは休暇中の旅行のことを計画しているところだ.

jìhuà jīngjì 计划经济[名]〔経〕計画経済.¶shíxíng ～[实行～]計画経済を行う.

jìhuà shēngyù 计划生育[名]計画出産.家族計画.

⁑**jī·huì 机会**[名]機会.チャンス.¶cuòguò ～[错过～]機会を逸する.チャンスを逃す.

jíhuì 集会[動]集まって会を開く.

*__jījí 积极__[形]❶肯定的である.プラス評価である.¶～ yīnsù[～因素]プラス要因／qǐ ～ zuòyòng[起～作用]プラスの効果を果たす.❷積極的である.熱心である.¶～ cānjiā gèzhǒng shèhuì huódòng[～参加各种社会活

动]いろいろな社会活動に積極的に参加する.↔ xiāojí 消极

†**jíjiāng 即将**[副]〈書〉すぐ.まもなく.¶ zhèi cì dàibiǎo dàhuì ～ jiéshù[这次代表大会～结束]今回の代表大会はまもなく閉幕する.

jìjiào 计较[動]❶損得を計算する.こだわる.¶ bié ～ rénjia shuō shénme[别～人家说什么]他人が何と言おうと気にすることはない／bú ～ gèrén déshī[不～个人得失]個人の損得にこだわらない.❷言い争う.¶ zhèige rén bù jiǎnglǐ,béng gēn tā ～[这个人不讲理，甭跟他～]この人は話が分からないから,言い争うな.

*__jìjié 季节__[名]季節.¶ nóngmáng de ～[农忙的～]農繁期.

†**jījīn 基金**[名]基金.

jìjìng 寂静[形]静かである.ひっそりとしている.¶ sìzhōu yí piàn ～[四周一片～]あたり一面静まりかえっている.

*__jījíxìng 积极性__[名]積極性.意欲.¶ lǐngdǎo yào chōngfèn diàodòng guǎngdà qúnzhòng de ～[领导要充分调动广大群众的～]指導者は幅広い大衆の積極性を十二分に引き出さなければならない.

jíjù 急剧[形]〈書〉急激である.¶ ～ biànhuà[～变化]急激に変化する.

⁑**～jí ·le ～极了**㊗(形容詞・動詞の後に置き,程度がはなはだしいことを表す)とても…だ.¶ hǎo～[好～]実によい／dāngshí de qìfēn jǐnzhāng～[当时的气氛紧张～]その時の雰囲気はこの上もなく緊張していた.

*__jīlěi 积累__[動]少しずつ積み重ねる.¶ ～ jīngyàn[～经验]経験を積む.

jīlì 激励[動]激励する.励ます.¶ yīngxióng de jīngshén ～zhe tā[英雄的精神～着他]英雄の心意気は彼を勇気づけている.

jílì 极力[副]極力.力の限り.¶ fùmǔ ～ shuōfú tā búyào qù guówài liúxué[父母～说服他不要去国外留学]両親は彼が外国へ留学するのをやめるようにと精いっぱい説得した.

jǐ·liang 脊梁[名]背.背中.¶ ～gǔ[～骨]背骨.

*__jīliè 激烈__[形]激しい.激烈である.¶ zhàndòu ～[战斗～]戦闘が激烈である／tāmen ～ de zhēngchǎoqilai[他们～地争吵起来]彼らは激しく言い争い始めた.

jī·ling 机灵[形]賢い.頭の回転が速い.“机伶”とも書く.¶ zhè háizi zhēn ～[这孩子真～]この子は実に賢い.

*__jìlù 记录__[動]記録する.¶ ～ tánhuà nèiróng[～谈话内容]話の内容を記録する.[名]❶記録.¶ zhěnglǐ huìyì ～[整理会议～]会議録を整理する.❷記録する人.記録係.¶ dāng ～[当～]記録係をつとめる.❸レコード.記録.¶ dǎpò shìjiè ～[打破世界～]世界記録を破る.

*__jìlǜ 纪律__[名]規律.¶ zūnshǒu ～[遵守～]規律を遵守する.

*__jímáng 急忙__[形]あわただしい.せわしい.¶ tā ～ gěi yīshēng dǎ diànhuà[他～给医生打电话]彼はあわてて医者に電話した.

jī máo suàn pí 鸡毛蒜皮㊈ニワトリの毛やニンニクの皮.取るに足らないこと.¶ búyào zài wèi zhèixiē ～ de shìqing fánnǎo le[不要再为这些～的事情烦恼了]もうこんな取るに足らないことで悩んではいけない.

jīmì 机密[形]機密である.重要である.¶ ～ wénjiàn[～文件]機密文書.[名]機密.極秘.¶ bǎoshǒu ～[保守～]機密を守る／xièlòu ～[泄露～]機密を漏らす.

†**jìmò 寂寞**[形]❶寂しい.¶ tā shícháng gǎndào ～[他时常感到～]彼はときどき寂しさを覚える／yí ge rén hěn ～[一个人很～]1人はとても寂しい.❷静まりかえっている.¶ ～ de yuányě[～的原野]ひっそりとした原野.

jì mò gū dān 寂寞孤单㊈ 独りぼっちで寂しい.¶ wǒ gāng dào Dōngjīng de shíhou,gǎndào fēicháng ～[我刚到东京的时侯，感到非常～]私は東京へ来たばかりの頃,独りぼっちでとても寂しかった.

⁑**jīn 斤**[量]重量の単位.“一斤”＝500グラム.¶ píngguǒ duōshao qián yì ～?[苹果多少钱一～?]リンゴは500グラムあたりいくらですか.

*jīn 金[名]❶金属.¶hé～[合～]合金.❷金銭.¶xiàn～[现～]現金.キャッシュ.❸金.¶～bǐ[～笔]金ペン.

jīn 筋[名]❶筋肉.筋.¶chōu～r[抽～儿]筋肉が痙攣(けいれん)する.❷(～儿)筋状のもの.¶yè～[叶～]葉脈/xiàngpí～[橡皮～]輪ゴム.

*jǐn 仅[副]わずかに.ただ.¶tā ～ yòng bàn ge xiǎoshí jiù xiěwánle zuòyè[他～用半个小时就写完了作业]彼はたった30分で宿題をやり終えた.

*jǐn 尽[動]❶出来る限りする.¶～ kěnéng kuài yìdiǎnr[～可能快一点儿]出来るだけ早くしなさい.❷ある範囲に限る.¶～zhe sān tiān bǎ shìqing bànhǎo[～着三天把事情办好]3日間で用事を済ませる.❸…を先にする.¶xiān ～zhe háizimen chī[先～着孩子们吃]まず子供たちから先に食べる.→jìn

⁑jǐn 紧[形]❶ぴんと張っている.↔ sōng 松¶zhèi gēn xián tài ～ le,yào sōng yìxiē[这根弦太～了，要松一些]この弦は張りすぎているから,もう少し緩めなさい.❷しっかり固定してある.かたい.¶tā zuàn～le quántou[她攥～了拳头]彼女はこぶしをかたく握った.❸すきまがない.ゆとりがない.↔ sōng 松¶zhèige yuè de xuéxí rènwu hěn ～[这个月的学习任务很～]今月は学習しなければならないことがぎっしり詰まっている.❹経済的に余裕がない.↔ sōng 松¶shǒutóu yǒudiǎnr ～[手头有点儿～]手もとがいささか不如意だ.

*jìn 尽[動]❶尽きる.尽くす.なくなる.¶qǔ zhī bú ～[取之不～]無尽蔵である/yì yán nán ～[一言难～]一言で言い尽くせない.❷出し切る.ありったけを尽くす.¶rén ～ qí cái,wù ～ qí yòng[人～其才，物～其用]㈇人はその才の,物はその用途の.持てるすべてを活用する.→jǐn

*jìn 劲[名]❶(～儿)力.¶shǒu～r[手～儿]手の力/méi～r[没～儿]力がない.❷(～儿)意気込み.気力.¶gàn rènhé shìqing,dōu yào yǒu gǔ ～r[干任何事情，都要有股～儿]何をするにも意気込みが必要だ.❸(～儿)態度.様子.¶liǎng ge rén de qīnrè ～r jiù bié tí le[两个人的亲热～儿就别提了]2人の親しげな様子といったらない.❹面白み.¶dà rètiān guàng gōngyuán méi～,háishi yóuyǒng qù ba[大热天逛公园没～，还是游泳去吧]この暑いのに公園を歩き回ってもおもしろくないから,やっぱり泳ぎに行こうよ.

⁑jìn 进[動]❶進む.↔ tuì 退¶xiàng qián ～ yí bù[向前～一步]一歩前進する.❷入る.↔ chū 出¶qǐng ～[请～]お入りください/tā érzi míngnián ～ zhōngxué[他儿子明年～中学]彼の息子は来年中学に入る.❸動詞の後に置き,中に入る意を表す.¶tiào～shuǐli[跳～水里]水に飛び込む.

⁑jìn 近[形]近い.↔ yuǎn 远¶wǒ jiā lí xuéxiào hěn ～[我家离学校很～]私の家は学校から近い/nián ～ liùshí[年～六十]60歳間近だ.

†jìn 浸[動]液体に浸ける.浸す.¶～zai shuǐli[～在水里]水に浸ける.

jìn 禁[動]禁じる.¶yán～ zǒusī[严～走私]密輸をかたく禁じる/～yān[～烟]禁煙する.禁煙.

jǐnbiāosài 锦标赛[名]選手権大会.¶tā zài zhèi cì ～ shang yòu déle guànjūn[她在这次～上又得了冠军]彼女は今回の選手権大会でまた優勝した.

jīn bì huī huáng 金碧辉煌㈇建物などが華麗な様子.金や緑に輝く.(主に宮殿などの美しさについていう)¶fódiàn li ～, xiāngyān liáorào, lái cānbài de rén luò yì bù jué[佛殿里～，香烟缭绕，来参拜的人络绎不绝]仏殿の中はきらびやかで,香の煙が立ち上り,参拝者が絶え間なくやってくる.

*jìnbù 进步[動]進歩する.¶zhè xuéqī tā ～ hěn kuài[这学期他～很快]今学期彼の進歩は目覚しい.[形]進歩的である.¶～ sīxiǎng[～思想]進歩的な思想.

jìnchéng 进程[名]過程.プロセス.¶lìshǐ de ～[历史的～]歴史のプロセス.

†jìndài 近代[名]近代.中国の歴史区分では19世紀中葉から五・四運動ま

J

での期間をさすことが多い.

jīn'é 金额[名]金額.

jìnéng 技能[名]専門的な技能.腕.

jìn'ér 进而[接]さらに.その上.¶xiān xuéhǎo Yīngyǔ,zài ～ xuéxí dì èr wàiyǔ[先学好英语，再～学习第二外语]まず英語をマスターし,さらに第二外国語を学ぶ.

*__jīng 经__[動]❶…を経る.経過する.¶huǒchē tú ～ Shànghǎi[火车途～上海]汽車は途中で上海を通る／～péngyou jièshào,wǒmen xiāngshíle[～朋友介绍，我们相识了]友人の紹介で私たちは知り合った.❷耐える.¶～buqǐ kǎoyàn[～不起考验]試練に耐えられない／～dezhù[～得住]耐えられる.

†**jīng 惊**[動]❶驚く.驚かす.びっくりする.¶dà chī yì ～[大吃一～]びっくりする／tīngle zhèige xiāoxi,tā yòu ～ yòu xǐ[听了这个消息，他又～又喜]知らせを聞いて彼は驚き喜んだ.❷(馬などが)驚いて暴れる.¶mǎ ～ le[马～了]馬が驚いて暴れた.

†**jīng 精**[形]❶完璧である.極めて優れた.¶zhèige shīfu zuò de yīfu shǒugōng bǐjiao ～ [这个师傅做的衣服手工比较～]この職人さんの服作りの手仕事はすばらしい.*❷細かい.綿密である.精密である.↔ cū 粗 ¶～dú[～读]精読する.❸詳しい.精通している.¶～yú jìsuànjī[～于计算机]コンピュータに精通している.❹賢い.俊敏である.¶zhè háizi ～dehěn[这孩子～得很]この子はとても賢い／Xiǎo-Lǐ bànshì ～gàn[小李办事～干]李さんはなかなかのやり手だ.

__jǐng 井__[名]〔yǎn 眼,kǒu 口〕井戸.井戸状の穴.¶shuǐ～[水～]井戸／yóu～[油～]油井／kuàng～[矿～]鉱坑.鉱山の坑道の総称.

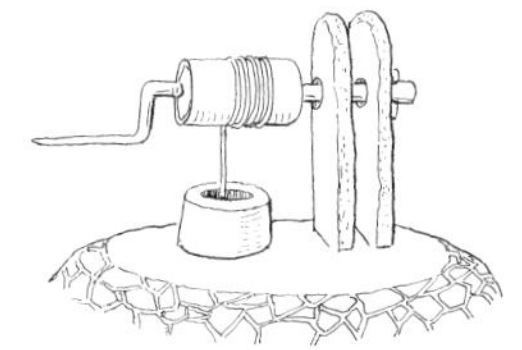

jǐng 颈[名]首.(口語では"脖子"bózi という)¶cháng～lù[长～鹿]キリン.

jǐng 景[名]❶(～儿)景色.風景.¶xuě～[雪～]雪景色／fēng～[风～]風景.❷(映画や舞台の)ロケおよびセット.¶wài～[外～]野外ロケーション／nèi～[内～](スタジオの)セット.

†**jìng 净**[形]❶きれいである.清潔である.¶～shuǐ[～水]きれいな水／wǎn méi xǐ～[碗没洗～]茶碗がきれいに洗われていない.❷(動詞の後に置いて)…し尽くす.¶chī～[吃～]食べ尽くす／hē～[喝～]飲み尽くす.

†**jìng 净**[副]ばかり.だけ.¶bié ～ shuō hǎotīng de[别～说好听的]聞こえのいいことばかり言わないでください／zhè jǐ tiān ～ xià yǔ[这几天～下雨]この何日かずっと雨ばかり降っている.

†**jìng 竟**[副]意外にも.こともあろうに.なんと.¶tā ～ dāngzhe zhòngrén kūleqilai[她～当着众人哭了起来]彼女はなんとみんなの前で泣き出してしまった／tā ～ gǎn mà rén[他～敢骂人]彼はこともあろうに暴言を吐いた.

jìng 敬[動](飲食物などを)勧める.差し上げる.¶～chá[～茶]お茶を勧める／lái,wǒ ～ nǐ yì bēi[来，我～你一杯]さあ,一献差し上げましょう.

†**jìng 境**[名]❶境.境界.¶guó～[国～]国境／rù～[入～]入国する／chū～[出～]出国する.❷所.場所.¶rú rù wúrén zhī ～[如入无人之～]無人の地へ入ったかの如くである.❸状況.境遇.¶jiā～[家～]家庭の暮らし向き／chǔ～[处～]境遇.立場／xīn～[心～]心境.

*__jìng 静__[形]❶動きがない.静かである.¶zhè háizi yíkè yě ～buxiàlái[这孩子一刻也～不下来]この子は一時も静かにしていられない／fēng píng làng ～[风平浪～]風は穏やかで波も静かである.❷物音がしない.静かである.¶wūzi li ～jí le[屋子里～极了]部屋はしんと静まり返っている／yè shēn rén ～[夜深人～]夜は更け人々は寝静まっている.

*__jìng'ài 敬爱__[動]敬愛する.¶～ de lǎoshī[～的老师]敬愛する先生.

J

☆jīngcǎi 精彩[形]精彩を放つ.すばらしい.¶～ de biǎoyǎn[～的表演]生き生きとした演技／wénzhāng xiěde shífen ～[文章写得十分～]文章が精彩を放っている.

***jǐngchá 警察**[名]警察.

☆jīngcháng 经常[形]日常的な.常に.いつも.↔ ǒu'ěr 偶尔 ¶zhè shì ～ de shì[这是～的事]これはいつものことだ／wǒ ～ qù tā jiā[我～去他家]私はよく彼の家に行く.➡類義語 chángcháng 常常

jīng dǎ xì suàn 精打细算成(人・物・金などを使う場合に)綿密に計画する.細かくそろばんを弾く.

jìngdì 境地[名]立場.境地.¶xiànrù shífēn gūlì de ～[陷入十分孤立的～]非常に孤立した立場に置かれる.

jīngdiǎn 经典[名]❶経書.古典.転じて権威があるたとえ.¶～ zhùzuò[～著作]古典的名著／～ zuòjiā[～作家]権威のある作家／zhèi bù zhùzuò yǐjing chéngwéi zhè yì zhuānyè lǐngyù de ～[这部著作已经成为这一专业领域的～]この著作はもはやこの専門領域における経典となっている.❷〔宗〕(宗教上の)教典.経典.

†jīngdòng 惊动[動]騒がす.驚かす.¶háizi zài shuìjiào,bié ～ tā[孩子在睡觉，别～他]子供が寝ているので起こさないでくれ／tā hé qīzi zhēngchǎoqilai,bǎ línjū dōu ～ le[他和妻子争吵起来，把邻居都～了]彼は奥さんと口げんかを始めて,近所の人を騒がせた.

jìng ér yuǎn zhī 敬而远之成敬遠する.けむたがる.¶dàjiā duì tā ～[大家对他～]彼はみんなから敬遠されている.

†jīngfèi 经费[名]経費.

†jǐnggào 警告[動]警告する.¶wǒ ～ tā bùxǔ zài lái[我～他不许再来]私は彼に二度と来るなと警告した.[名]警告.¶wǒ duì tā de xíngwéi tíchule ～[我对他的行为提出了～]私は彼の行動に警告を出した／shòudao ～ chǔfèn[受到～处分]警告処分を受ける.

☆jīngguò 经过[動]❶(ある場所を)通過する.通る.経る.¶zhèi tàng huǒchē ～ Běijīng[这趟火车～北京]この汽車は北京を通る.❷…を通じて.¶wūzi ～ zhěnglǐ,zhěngqíduō le[屋子～整理，整齐多了]部屋を整理したら,ずいぶんきれいになった／～ fǎnfù kǎolǜ,wǒ juédìng fàngqì zhèi cì jīhuì[～反复考虑，我决定放弃这次机会]何度も考えてこのチャンスをあきらめることにした.[名]経過.¶shìqing de ～[事情的～]ことのいきさつ.

jīnghuá 精华[名]エッセンス.精髄.粋.¶qǔ qí ～,qù qí zāopò[取其～，去其糟粕]粋を取ってかすを捨てる.

jìnghuà 净化[動]浄化する.¶～ kōngqì[～空气]空気を浄化する／～ línghún[～灵魂]魂を浄化する.

jīnghuāng 惊慌[動]驚き慌てる.うろたえる.¶～ shīcuò[～失措]驚いて度を失う／shénsè ～[神色～]うろたえている.

☆jīngjì 经济[名]❶経済.¶～ shītiáo[～失调]不景気.❷個人の経済.家計.¶tā jiā de ～ qíngkuàng bǐjiào kuānyù[他家的～情况比较宽裕]彼の家はわりに経済的にゆとりがある／xiànzài wǒ jiā ～ qíngkuàng bù yǔnxǔ, suǒyǐ wǒ juédìng bú qù liúxué le[现在我家～情况不允许，所以我决定不去留学了]今家計にゆとりがないので留学をやめることにした.[形]経済的である.無駄がない.手軽である.¶zhèi jiā cānguǎn ～ shíhuì[这家餐馆～实惠]このレストランは安くて量もたっぷりだ.

jīngjiǎn 精简[動]精選し簡素化する.簡潔にする.¶～ jīgòu[～机构]機構を簡素化する／～ rényuán[～人员]人員を削減する.

jǐngjiè 警戒[動]戒める.警戒する.

jìngjiè 境界[名]程度.境地.¶lǐxiǎng ～[理想～]理想の境地.

jīngjīngyèyè 兢兢业业成まじめにこつこつと励む.

jīngjì tèqū 经济特区[名]経済特区.外資・技術の導入のために特別に設けた産業・貿易区.

†jìng//jiǔ 敬酒[動]お酒を勧める.¶xīnniáng gěi dàjiā ～[新娘给大家

〜]花嫁はみんなにお酒を勧めた.

jīngjì xiàoyì 经济效益[名]経済効率.¶yào tígāo 〜[要提高〜]経済効率を向上させねばならない.

*__jīngjù 京剧__[名]京劇.

①男役 ②女役
③敵役(かたきやく) ④道化役

*__jīnglǐ 经理__[名]支配人.経営者.社長.マネージャー.¶gōngsī de 〜[公司的〜]会社の社長.

*__jīnglì 经历__[動]経験する.¶tā 〜guo liǎng cì shìjiè dàzhàn[他〜过两次世界大战]彼は2度の世界大戦を経験した/tā 〜le shēng yǔ sǐ de kǎoyàn[他〜了生与死的考验]彼は生死をさまよう試練を経験した.

*__jīnglì 精力__[名]精力.体力と気力.¶〜 wàngshèng[〜旺盛]精力旺盛である/〜 chōngpèi[〜充沛]気力があふれている.

*__jìnglǐ 敬礼__[動]敬礼する.(教室で)礼をする.¶xiàng lǎoshī jìngle yí ge lǐ[向老师敬了一个礼]先生に礼をした.→ 見る類 p.329

jīngmào 经贸[名]経済と貿易.¶tāmen jǐ ge héhuǒ bànle yí ge 〜 gōngsī[他们几个合伙办了一个〜公司]彼らは何人か共同で経済貿易会社を設立した.

jīngměi 精美[形]精巧で美しい.精美である.¶〜 de gōngyìpǐn[〜的工艺品]精巧な工芸品.

jīngmì 精密[形]精密である.¶〜 yíqì[〜仪器]精密計器/〜 de guānchá[〜的观察]綿密な観察.

*__jìngōng 进攻__[動]進攻する.進撃する.¶xiàng duìfāng fāqǐ 〜[向对方发起〜]相手方への進攻を開始する.

jīngpǐn 精品[名]逸品.¶zhèi fú huà zhēn shì yìshùpǐn zhōng de 〜[这幅画真是艺术品中的〜]この絵は本当に芸術品の中の逸品である.

†**jīngqí 惊奇**[形]怪しい.不思議である.¶kàndao zhèige qíngjǐng,tā gǎndào hěn 〜[看到这个情景，他感到很〜]この光景を見て彼は不思議に思った/tā 〜 de wèn:zhèixiē dōu shì nǐ zìjǐ zuò de ma?[他〜地问：这些都是你自己做的吗?]彼はいぶかしげに「これ全部自分で作ったの」と聞いた.

jīngqiǎo 精巧[形]精緻(せいち)で巧みである.¶zhèi kuài shǒubiǎo fēicháng 〜[这块手表非常〜]この腕時計は非常に精緻で美しい.

jìngqiāoqiāo 静悄悄[形](〜的)ひっそりと静かである.¶yuèlǎnshì li 〜 de[阅览室里〜的]閲覧室は静まりかえっている.

jīngquè 精确[形]精密で正確である.¶〜 de jìsuàn[〜的计算]正確な計算/〜 de fēnxīle dāngqián de xíngshì[〜地分析了当前的形势]正確に当面の状況を分析した.

†**jìngrán 竟然**[副]意外にも.なんと.¶wǒ 〜 wàngjìle zìjǐ de diànhuà hàomǎ[我〜忘记了自己的电话号码]私はなんと自分の電話番号を忘れてしまった/〜 yǒu sān ménr kè bù jígé[〜有三门儿课不及格]なんと3科目も不合格になってしまった.

†**jīngrén 惊人**[形]驚異的である.驚くべき.目覚ましい.¶〜 de xiāoxi[〜的消息]驚くべきニュース/lìliang dàde 〜[力量大得〜]驚くほど力が強い.

*__jìngsài 竞赛__[動]競技する.競争する.競い合う.¶wǒmen cónglái méiyou gēn tāmen 〜guo[我们从来没有跟他们〜过]私たちは今まで彼らと競争したことがない.→ 類義語 bǐsài 比赛

†**jǐngsè 景色**[名]景色.

jīng//shāng 经商[動]商売をする.商

J

売を経営する.

⋆⋆jīngshén 精神[名]❶(人の)精神.¶～ cuòluàn[～错乱]精神が錯乱する／～ miànmào[～面貌]精神状態.❷(文章などの)精神.主義.主張.思想.¶lǐnghuì wénjiàn de ～[领会文件的～]文章の趣旨を理解する.→jīngshen

†jīng·shen 精神[形]❶活力.元気.精力.¶zhènzuò ～[振作～]元気を奮い起こす／～ búzhèn[～不振]元気がない.❷元気である.はつらつとしている.¶chuānshang zhèi shēn yīfu xiǎnde géwài ～[穿上这身衣服显得格外～]この服を着ると,ことのほかはつらつとみえる／dōu hòu bànyè le, dào yuèfā ～qilai le[都后半夜了,倒越发～起来了]夜が更けたのにますます冴えてきた.→jīngshén

jīngshén wénmíng 精神文明[名]精神文明.¶chúle wùzhì wénmíng, hái yào zhòngshì ～[除了物质文明,还要重视～]物質文明のほかに,精神文明も重視すべきである.

jīngshòu 经受[動]経験する.受ける.¶～buzhù dǎjī[～不住打击]ショックに耐えられない／～ kǎoyàn[～考验]試練を経験する.

†jǐngtì 警惕[動]警戒する.¶yào ～ huàirén de fànzuì huódòng[要～坏人的犯罪活动]悪人の犯罪行為に用心しなければならない.

jīng tiān dòng dì 惊天动地㊉天地を揺るがす.¶wǒ bìng bù xiǎng zuò shénme ～ de shìyè,zhǐ xiǎng guò píngfán de rìzi[我并不想做什么～的事业,只想过平凡的日子]私は何も天地を揺るがすような大事業を成し遂げようと思っているわけではなく,ただ平凡な暮らしがしたいだけだ.

jīngtōng 精通[動](学問・技術・業務などに)精通する.¶tā ～ Yīng、Rì、É sān zhǒng yǔyuán[他～英、日、俄三种语言]彼は英語,日本語,ロシア語の3つの言語に精通している.

jìngtóu 镜头[名]レンズ.¶tèxiě ～[特写～]クローズアップ／màn～[慢～]スローモーション.

⋆jǐnguǎn 尽管[副]遠慮なく.かまわずに.気にせずに.㊟何の条件も制限も受けないことを表す.¶nǐ yǒu yìjiàn ～ tíchulai[你有意见～提出来]意見があったら遠慮なく言ってください.[接]…だけれども.たとえ…であっても.¶～ yǐjing guòle qīngmíng,kě qìhòu bìng bù nuǎnhuo[～已经过了清明,可气候并不暖和]清明(4月4日から6日頃)を過ぎたというのに,ちっとも暖かくない.

jǐngwèi 警卫[動]警備する.護衛する.¶～ sēnyán[～森严]水も漏らさぬ警戒ぶり／zài ménkǒu ～[在门口～]入り口で警備する.[名]護衛.

†jǐngwù 景物[名]〈書〉景物.風物.

†jīngxì 精细[形]❶精巧である.細かい.¶zuògōng fēicháng ～[做工非常～]とても精巧に作られている.❷細心である.¶wéirén ～[为人～]機転が利く人.

†jǐngxiàng 景象[名]光景.ありさま.

jīngxiāo 经销[動]取次販売する.¶běn diàn ～ gè zhǒng jiāyòng diànqì[本店～各种家用电器]当店はさまざまな家庭用電気製品の取次販売をしております.

jīngxīn 精心[形]〈書〉丹念である.念入りである.¶zài tā de ～ zhàoliàoxia,tā de bìng hěn kuài jiù hǎo le[在她的～照料下,他的病很快就好了]彼女の熱心な看病のおかげで,彼の病気はすぐよくなった／～ zhìzuò[～制作]丹念に作る.

jìngxuǎn 竞选[名]選挙.¶zǒngtǒng ～[总统～]大統領選挙.

†jīngyà 惊讶[形]事の意外さに驚く.あきれる.¶duìyú Xiǎo-Wáng de tuìxué,dàjiā dōu shífēn ～[对于小王的退学,大家都十分～]王さんの退学はみんなにとって寝耳に水だった.

⋆⋆jīngyàn 经验[名]経験.¶tā zài zhè fāngmiàn hěn yǒu ～[他在这方面很有～]彼はこの方面で経験豊富だ／～ bùzú[～不足]経験不足.

†jīngyì 惊异[形]驚き怪しむ.¶qǔdéle lìng rén ～ de chéngjì[取得了令人～的成绩]驚くべき成績を修めた／～ de mùguāng[～的目光]驚きのまなざし.

†jīngyíng 经营[動]経営する.管理する.運営する.¶wǒmen zhǔyào ～ hǎi-

chǎn[我们主要～海产]私たちは主に海産物を取り扱っている／～ nóngyè[～农业]農業を経営する／zhèige bólǎn huì shì shà fèi ～ de[这个博览会是煞费～的]この博覧会は苦労して運営された.

jīng yì qiú jīng 精益求精㊀よいものの上によいものを重ねる.絶えず進歩を求めること.¶duì gōngzuò ～[对工作～]仕事に絶えず努力する.

jīngyú 鲸鱼[名]〔tóu 头,tiáo 条〕〈口〉クジラの通称.

†**jìngzhēng 竞争**[動]競争する.競い合う.争う.¶zhè jǐ jiā gōngsī ～de fēicháng jīliè[这几家公司～得非常激烈]これらの会社間の競争は非常に激しい／zánmen kěyǐ ～ yíxià,kàn shéi de gōngzuò xiàolǜ gāo[咱们可以～一下，看谁的工作效率高]誰が一番仕事の能率がよいか競争しよう.[名]競争.¶～ duìshǒu[～对手]競争相手.ライバル.

jìngzhēng yìshí 竞争意识[名]競争意識.¶tā jùyǒu hěn qiáng de ～[他具有很强的～]彼は非常に強い競争意識を持っている.

†**jīngzhì 精致**[形](細工などが)手が込んでいる.細かい.¶～ de huālán[～的花篮]手の込んだ花かご.

*__jìng·zi 镜子__[名]〔miàn 面,kuài 块〕鏡.¶zhào ～[照～]鏡を見る／tā duìzhe ～ shūtóu[她对着～梳头]彼女は鏡に向かって髪をといている.

*__jīnhòu 今后__[名]今後.¶～ yào duō zhùyì[～要多注意]今後よくよく気をつけなければいけない.

*__jìnhuà 进化__[動]進化する.¶～lùn[～论]進化論／rénlèi shèhuì zài búduàn de ～[人类社会在不断地～]人類の社会は絶え間なく進化している.

jīnhuáng 金黄[形]金色である.¶tiányě li yí piàn ～[田野里一片～]田畑も野原も一面の黄金色だ.

*__jìniàn 纪念__[動]記念する.¶～ xuéhuì chénglì shí zhōunián[～学会成立十周年]学会創立10周年を記念する／～ yóupiào[～邮票]記念切手.[名]記念品.¶zhào ge xiàng liúzuò ～[照个相留作～]写真を撮って記念にする.‖“记念”とも書く.

類義語 **jìniàn 纪念 liúniàn 留念**
►ともに「事物や行動によって人や事柄に対する懐かしさを表す」ことだが,“留念”は別れに臨んでの名残惜しさを表すこと,またそのために贈り物をすることである.¶这件礼物送给她，留个念 zhèi jiàn lǐwù sònggěi tā,liú ge niàn(これを彼女に送って記念にする)／合影留念 héyǐng liúniàn(記念写真を撮る)►“纪念”は過去のことやある人への忘れられない気持ちを表すことに重点を置く.¶我们要永远纪念这位舍己救人的英雄 wǒmen yào yǒngyuǎn jìniàn zhèi wèi shě jǐ jiù rén de yīngxióng(自己を犠牲にして人を助けたこの英雄を永遠に記憶にとどめよう)

1	2	3
4	いろいろな“~镜”	5
6	7	8

◀◀ 逆引きウインドウズ

1 眼镜	yǎnjìng	メガネ
2 隐形眼镜	yǐnxíng yǎnjìng	コンタクトレンズ
3 墨镜/太阳镜	mòjìng/tàiyángjìng	サングラス
4 花镜	huājìng	老眼鏡
5 望远镜	wàngyuǎnjìng	望遠鏡
6 放大镜	fàngdàjìng	虫メガネ
7 风镜	fēngjìng	ゴーグル
8 胃镜	wèijìng	胃カメラ

†**jǐnjí 紧急**[形]緊急である.差し迫っている.¶qíngkuàng shífēn ～[情况十分～]状況はかなり差し迫っている／～ tōngzhī[～通知]緊急の通知.

***jǐnjǐn 仅仅**[副]たった.わずかに.¶wǒmen ～ jiànguo yí cì miàn[我们～见过一次面]私たちはたった1回会っただけだ／～ liǎng tiān,tā jiù bǎ zhèi xiàng gōngzuò zuòwán le[～两天，他就把这项工作做完了]わずか2日間で彼はこの仕事をし終えた.

jīn jīn yǒu wèi 津津有味㊗興味津々である.¶tā zhèngzài ～ de fānzhe xiàngcè[他正在～地翻着相册]彼は興味深げにアルバムをめくっている.

†**jìnjūn 进军**[動]進軍する.ある目標・目的地に向かって進む.¶xiàng xiàndàihuà ～[向现代化～]現代化に向けて邁進する.

***jìn//kǒu 进口**[動]❶船舶が入港する.❷輸入する.↔ chūkǒu 出口 ¶～huò[～货]輸入品／cóng guówài ～ shíyóu[从国外～石油]外国から石油を輸入する.

jìnkǒu'é 进口额[名]輸入額.¶jīnnián diànqì yòngpǐn de ～ zhàn zǒng ～ de bǎi fēn zhī èrshí[今年电气用品的～占总～的百分之二十]今年の電気製品の輸入額は輸入総額の20パーセントを占めている.

jǐnkuài 尽快[副]できるだけ早く.¶～ de wánchéng rènwu[～地完成任务]できるだけ早く任務を遂行する.

⁑**jìn//·lái 进来**[動]入ってくる.¶tā cóng wàibian ～ le[他从外边～了]彼が外から入ってきた.

⁑//**·jìn//·lái 进来**[動]動詞の後ろに用いて,外から中に入ってくる意味を表す.¶pǎo～[跑～]駆け込む／bǎ yǐzi ná～[把椅子拿～]椅子を持ってくる.

***jìnlái 近来**[名]近頃.¶～ tā shēntǐ bù hǎo,bù néng cānjiā yùndònghuì[～他身体不好，不能参加运动会]彼は近頃体の具合がよくないので,スポーツ大会に出られない.

†**jìn//lì 尽力**[動]全力を尽くす.¶zhèi jiàn shì wǒ ～ ér wéi ba[这件事我～而为吧]この件については全力で当たることにしよう.

***jǐnliàng 尽量**[副]できるだけ.¶～ duō chī shūcài[～多吃蔬菜]野菜をなるべくたくさん食べよう.

†**jǐnmì 紧密**[形]❶緊密である.¶liánxì ～[联系～]連絡が密である／～ de jiéhézai yìqǐ[～地结合在一起]緊密に結びつく.❷絶え間ない.¶～ de yǔdiǎn[～的雨点]降り続く雨.

⁑**jīnnián 今年**[名]今年.

jìnnián 近年[名]近年.¶～ lái,rénmen de shēnghuó shuǐpíng yǒule hěn dà tígāo[～来，人们的生活水平有了很大提高]近年,人々の生活水準は大きく向上した.

jīnpái 金牌[名]金メダル.

jǐnpò 紧迫[形]差し迫っている.緊迫している.¶～ de rènwu[～的任务]差し迫った任務.

jìnqī 近期[名]近いうち.¶zhèi běn shū jiāng yú ～ chūbǎn[这本书将于～出版]この本は近々出版される.

jīnqián 金钱[名]金銭.¶～ bú shì wànnéng de[～不是万能的]金は万能ではない.

†**jǐnqiào 紧俏**[形]売れ行きがよくて,供給が追いつかない.¶～ shāngpǐn[～商品]品薄の商品.

jìnqū 禁区[名]立ち入り禁止区域.タブー.

jìnqǔ 进取[動]努力して向上する.¶～xīn hěn qiáng[～心很强]向上心が強い／jījí ～[积极～]積極的に向上に努める.

⁑**jìn//·qù 进去**[動]入っていく.¶nǐ ～ kànkan[你～看看]入って見てごらんなさい／mén tài xiǎo,chē jìnbuqù[门太小，车进不去]門が狭すぎて,車が入っていけない.

⁑//**·jìn//·qù 进去**[動]動詞の後ろに用いて,外から中に入っていく意味を表す.¶bǎ jiājù bān～[把家具搬～]家具を運び入れる.

jǐnquē 紧缺[形]非常に不足しているさま.¶tā zǒng néng mǎidao yìxiē ～ shāngpǐn[他总能买到一些～商品]彼はいつもさまざまな品薄の商品を手に入れることができる.

†**jīnrì 今日**[名]〈書〉❶今日.本日.¶

J

cānguāntuán yùdìng ～ dàodá[参观团预定～到达]視察団は本日到着予定. ❷今日(こんにち).現在.

jīnróng 金融[名]金融.

*__jìnrù 进入__[動](ある場所や期間に)入る.¶～ shìqū[～市区]市街に入る／～ qīngchūnqī[～青春期]思春期に入る.

jǐn shàng tiān huā 锦上添花㊈錦の上に花を添える.美しいものがさらに美しくなるたとえ.¶zhèi zhāng huàr bèi nǐ jiāshang zhè yì bǐ,kěyǐ shuō shì ～[这张画儿被你加上这一笔，可以说是～]この絵はあなたが一筆描き加えたことで,さらに美しくなった.

†**jǐnshèn 谨慎**[形](外部の事柄や事故の言動に対して)慎重である.¶tā bànshì bǐjiào ～[他办事比较～]彼はことにあたるのがわりと慎重だ／tā ～de jiāng huāpíng fàngzai jiàzi shang[她～地将花瓶放在架子上]彼女は注意深く花瓶を棚に置いた.

jìnshēng 晋升[動]〈書〉昇進する.¶～ wéi júzhǎng[～为局长]局長に昇進する.

jìnshì 近视[形]近視である.¶～jìng[～镜]近視用眼鏡／tā de yǎnjing ～de lìhai[他的眼睛～得厉害]彼の眼はひどい近視だ.

*__jīnshǔ 金属__[名]金属.

jìnsì 近似[動]似通う.¶èrzhě de guāndiǎn yǒuxiē ～[二者的观点有些～]両者の観点はいささか似通っている.

jīnsīhóu 金丝猴[名]キンシコウ.サルの一種.

jǐnsuō 紧缩[動]緊縮する.縮小する.¶～ kāizhī[～开支]支出を引き締める.

⁑**jīntiān 今天**[名]❶今日.本日.¶～ shì xīngqīrì[～是星期日]今日は日曜日だ.❷今日(こんにち).現在.¶～ de Běijīng hé shí nián qián dà bù yíyàng[～的北京和十年前大不一样]現在の北京は10年前とはまったく様変わりしている.

jīntiē 津贴[名]給与以外の手当て.

jìntóu 劲头[名](～儿)❶力.¶～ dà[～大]力がある.❷意気込み.¶～ shízú[～十足]意気込みが十分である.

⁑**jìnxíng 进行**[動]進める.行う.¶～ tǎolùn[～讨论]討論を進める／duì liǎng zhǒng chǎnpǐn ～le bǐjiào[对两种产品～了比较]2種類の製品の比較を行った.

> 語法 jìnxíng jiāoliú 进行交流
> ►"加以"jiāyǐ,"进行"jìnxíngのように,後ろに目的語として動詞をとる場合に,2音節の動詞はとるが,1音節動詞はとらないという音節数上の制限をもつ動詞がある.¶对于别人的优点，要加以肯定 duìyú biéren de yōudiǎn,yào jiāyǐ kěndìng(他人の優れている点については認めなければならない)／整个形势有所好转 zhěnggè xíngshì yǒusuǒ hǎozhuǎn(全体の情勢はある程度よい方向に転じている)／这件事，现在正在进行调查 zhèi jiàn shì,xiànzài zhèngzài jìnxíng diàochá(このことについては,今まさに調査を進めているところだ)

jǐnxiù 锦绣[名]錦繍(きんしゅう).転じて,美しいもの.¶～ shānhé[～山河]美しい山河／～ qiánchéng[～前程]輝かしい前途.

*__jìnxiū 进修__[動]研修する.¶tā jīnnián shàngbànnián yào qù ～[他今年上半年要去～]彼は今年の上半期に研修に行くことになっている.

*__jìn yī bù 进一步__㊓さらに.¶～ tígāo huìhuà nénglì[～提高会话能力]会話力を更に高める.

†**jīnyú 金鱼**[名]〔tiáo 条〕金魚.

jìnzhǎn 进展[動]進展する.¶gōngzuò ～de hěn shùnlì[工作～得很顺

利]仕事は順調に進んでいる/méiyou rènhé ～[没有任何～]何ら進展がない.

jǐnzhāng 紧张[形]❶(精神的に)緊張している.¶zhè jǐ tiān tā hěn ～[这几天他很～]ここ数日間彼はとても緊張している.❷緊迫している.忙しい.¶tā jìnlái gōngzuò hěn ～[她近来工作很～]彼女はこのところ仕事がかなり忙しい.❸(経済的に)ひっぱくしている.(物が)不足している.¶ránliào bǐjiào ～[燃料比较～]燃料が不足ぎみだ.

*__jìnzhǐ 禁止__[動]禁止する.¶～ chēliàng tōngxíng[～车辆通行]車両通行禁止.

jípǔchē 吉普车[名]〔liàng 辆〕ジープ.英語からの音訳.

**__jī·qì 机器__[名]〔tái 台,bù 部〕機械.¶kāidòng ～[开动～]機械を動かす/～rén[～人]ロボット.

*__jíqí 极其__[副]極めて.たいへん.¶fāzhǎn ～ xùnsù[发展～迅速]発展が極めて迅速だ.

jìqiǎo 技巧[名]芸術やスポーツなどの技巧.テクニック.¶yùnyòng ～[运用～]テクニックを用いる/xiězuò ～[写作～]文章の表現技法.

jíqiè 急切[形]切迫している.切実である.¶tā ～ de děngdàizhe nǚ'ér huílai[她～地等待着女儿回来]彼女は娘の帰りを今か今かと待っている.

jīqíng 激情[名]激情.激しい感情や欲望.¶tā mǎnhuái ～ de huídaole zǔguó[他满怀～地回到了祖国]満腔の熱くたぎる思いを抱いて,彼は祖国に戻ってきた.

*__jìrán 既然__[接]…であるからには…である.(“就”jiù,“也”yě,“还”háiなどと呼応して前に提示したことを前提として,後に結論を述べる)¶～ nǐ yǐjing zhīdao le,wǒmen yě jiù bù mán nǐ[～你已经知道了,我们也就不瞒你]君がもう知った以上,隠さない.

†__jīròu 肌肉__[名]筋肉.¶～ fādá[～发达]筋肉が発達している.

*__jíshí 及时__[形]時宜にかなっている.ちょうどいい時である.¶～ yǔ[～雨]恵みの雨/zhèi cháng yǔ xiàde fēicháng ～[这场雨下得非常～]この雨はちょうどよい時に降った.[副]時をうつさず.ただちに.すぐに.¶yǒu wèntí jiù ～ jiějué[有问题就～解决]問題があったらすぐさま解決する.

†__jíshǐ 即使__[接](仮定や譲歩を表し,多く“也”yě,“仍然”réngránなどと呼応して用いられる)たとえ…としても.かりに…であっても.¶～ yì fēn qián yě yào shěngzhe huā[～一分钱也要省着花]1銭の金といえども節約して使わなくてはいけない/～ kùnnan zài dà,yě yídìng yào wánchéng rènwu[～困难再大,也一定要完成任务]たとえ困難がどんなに大きくても必ずや任務を達成しなければならない.

類義語 **jíshǐ 即使 suīrán 虽然**
►ともに譲歩を表す接続詞.“即使”は未成立の事柄を成立したと仮定し,たとえそうだとしても,本来の考えなどに変わりがないことを表す.“也”yě,“还是”háishiなどと呼応する.¶即使你说错了,也没关系 jíshǐ nǐ shuōcuò le,yě méi guānxi(たとえ言い間違えても,構わない)►“虽然”は客観的に存在する事実をまず述べ,その後で相反すると思えることを述べる.…ではあるけれども.“可是”kěshì,“但是”dànshì,“却”quèなどと呼応する.¶他虽然胖,可是跑得很快 tā suīrán pàng,kěshì pǎode hěn kuài(彼は太っているけれども,走るのがとても速い)

jíshì 集市[名]農村などの市.定期的に立つ市.

**__jìshù 技术__[名]〔mén 门,xiàng 项〕技術.¶zhǎngwò ～[掌握～]技術をマスターする.

jìshù géxīn 技术革新[名]技術革新.イノベーション.“技术改革”jìshù gǎigéともいう.¶chǎngli búduàn jìnxíng ～,kāifāle hěn duō xīn chǎnpǐn[厂里不断进行～,开发了很多新产品]工場では絶えず技術革新を行い,多くの新製品を開発した.

*__jìshùyuán 技术员__[名]技術員.技術方面の職階としては最も下位の技師.

†**jīsù 激素**[名]ホルモン.音訳して"荷尔蒙"hé'ěrméngともいう.¶huánjìng ～[环境～]環境ホルモン.

*__jìsuàn 计算__[動]❶計算する.¶～miànjī[～面积]面積を計算する.❷計画する.考慮する.¶tā zuòshì méi ～,zhǐguǎn dàochù xiāzhuā[他做事没～，只管到处瞎抓]彼は事をするのに無計画で行き当たりばったりにするだけだ.❸企む.¶～ biéren[～别人]他人を陥れようと企む.

†**jìsuànjī 计算机**[名]計算機.コンピュータ.

jītǐ 机体[名]〔生〕生命を持つ個体の総称.有機体.生命体.

*__jítǐ 集体__[名]集団.↔ gèrén 个人¶àihù ～ cáichǎn[爱护～财产]集団の財産を大切にする.

jítǐ jīngjì 集体经济[名]集団経済.¶kuòdà ～[扩大～]集団経済を拡大する.

†**jítuán 集团**[名]団体.集団.グループ.¶xiǎo ～[小～]小集団.

jìtuō 寄托[動]❶預ける.¶bǎ háizi ～zai gūgu jiāli[把孩子～在姑姑家里]子供をおばの家に預ける.❷(理想,希望,感情などを)託す.¶tā bǎ xīwàng ～zai zìjǐ de háizi shēnshang[他把希望～在自己的孩子身上]彼は自分の子に希望を託した.

†**jiū 揪**[動]しっかりつかむ.かたく握る.¶wǒ ～zhule tā de gēbo[我～住了他的胳膊]私は彼の腕をしっかりつかんだ.

⁑**jiǔ 九**[数]9.9つ.

⁑**jiǔ 久**[形]❶(時間が)長い.久しい.¶～bié chóngféng[～别重逢]久しぶりに再会する／hǎo～ méi jiàndao tā le[好～没见到他了]長いこと彼に会っていない.❷時間の長さ.¶nǐ cānjiā gōngzuò duō ～ le?[你参加工作多～了?]就職してどれくらいたちましたか.

jiǔ 玖[数]"九"の."大写"dàxiě(大字).注書き直しを防ぐために証書や契約書の数字の記載に用いる.

⁑**jiǔ 酒**[名]〔píng 瓶,bēi 杯〕酒.¶dǎ ～[打～](量り売りの)酒を買う／hē ～[喝～]酒を飲む.

⁑**jiù 旧**[形]❶古い.昔の.↔ xīn 新¶～shídài[～时代]古い時代／～ sīxiǎng[～思想]古い考え方.❷使い古した.古くなった.↔ xīn 新¶～shū[～书]古本／zhèi bǎ yǐzi yǐjing ～ le[这把椅子已经～了]この椅子はもう古くなってしまった.➡類義語 lǎo 老

*__jiù 救__[動]救う.助ける.¶yīsheng ～le tā de mìng[医生～了他的命]医者は彼の命を助けた／～mìng a![～命啊!]助けて!

†**jiù 就**[動]❶(動作を)始める.従事する.¶～qǐn[～寝]就寝する／～rèn[～任]任に着く.就任する.❷(…をおかずにして)食べる.¶ná jiǎozi ～ jiǔ[拿饺子～酒]ギョーザを酒のさかなにする／bié guāng chīfàn,～ diǎnr cài[别光吃饭，～点儿菜]ご飯ばかり食べていないでおかずも食べなさい.

*__jiù 就__[前]❶…について.…に基づいて.¶～ zhèige wèntí fābiǎole gèrén de yìjiàn[～这个问题发表了个人的意见]この問題について自分の意見を発表した／～ mùqián de yīliáo shuǐpíng lái kàn,zhèi zhǒng bìng hái wúfǎ gēnzhì[～目前的医疗水平来看，这种病还无法根治]現在の医療レベルから見ると,この種の病気を完治するすべがない.❷…に着いて.…に近づいて.¶～zhe zhuōzi chī,bié huīdao dìshang[～着桌子吃，别挥到地上]床にこぼさぬように,テーブルに近づいて食べなさい.

⁑**jiù 就**[副]❶すぐ.じきに.¶wǒ ～ lái[我～来]すぐに行きます／xiàle kè ～ huíjiā[下了课～回家]授業が終わるとすぐに家に帰る.❷すでに.とっくに.もう.¶tā wǔ suì ～ kāishǐ xué Yīngyǔ le[他五岁～开始学英语了]彼は5歳でもう英語を習い始めた／zǎo ～ zhīdao le[早～知道了]とっくに知っていた.❸…ならば.…の場合は.¶yàoshi xià yǔ dehuà,wǒmen ～ bú qù le[要是下雨的话，我们～不去了]もし雨なら私たちは行かない／nǐ xiǎng shénme shíhou lái ～ shénme shíhou lái[你想什么时候来～什么时候来]あなたが来たい時にいつでもいらっしゃい.❹だけ.…しかない.¶wū-

J

li ～ tā yí ge rén[屋里～他一个人]部屋には彼1人だけだ／wǒ ～ jiànguo tā yí cì[我～见过他一次]私は彼に1度しか会ったことがない.❺まさしく.ほかでもなく.¶nà ～ shì tā jiā[那～是他家]あれが彼の家だ.

jiùcān 就餐[動]食事をとる.

jiūchán 纠缠[動]つきまとう.¶wǒmen búyào lǎo zài zhèige wèntí shang ～[我们不要老在这个问题上～]我々はいつまでもこの問題に執着するのをやめよう.

jiùdì 就地[副]その場所で.現地で.¶～ qǔcái[～取材]材料を現地で調達する.

†**jiǔdiàn 酒店**[名]❶酒屋.飲み屋.❷設備の整ったホテル.(多くは名称に用いる)¶Zhōngguó Dà～[中国大～]中国大酒店.(ホテル)

jiūfēn 纠纷[名]紛糾.紛争.もめ事.もつれ.¶línlǐ zhī jiān jīngcháng fāshēng ～[邻里之间经常发生～]近所でもめ事が絶えない／tiáojiě ～[调解～]もめ事を仲裁する.

jiǔhuì 酒会[名](カクテル)パーティー.¶jǔxíng ～[举行～]パーティーを開催する.

jiùjì 救济[動]救済する.¶～ zāiqū rénmín[～灾区人民]被災地区の人人を救済する／～ nànmín[～难民]難民を救済する.

jiùjìn 就近[副]近所で.近くで.最寄りの.

*__jiūjìng 究竟__[名]結果.一部始終.¶wǒmen dōu xiǎng zhīdao zhèi jiàn shì de ～[我们都想知道这件事的～]私たちはみなこの一部始終を知りたい／wèn ge ～[问个～]一部始終を聞く.[副]❶いったい.結局.¶zhè ～ shì zěnme huí shì?[这～是怎么回

J

●百科知識●

おめでたいものとタブー

おめでたいもの

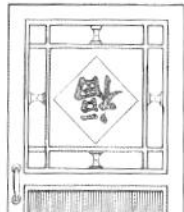

中華料理店に行くとさかさまに貼ってある福の字を目にする.これは「さかさま」"倒"dào と「やってくる」"到" dào が同音なので,「福の字がさかさまだ(＝"福倒了")」は「福がやってきた(＝"福到了")」という意味にもなり,縁起をかついでいる.

ラーメンのどんぶりによく見かける模様.喜びという字が2つ並んで模様化された"双喜字"shuāngxǐzì."双喜临门" shuāngxǐ línmén(うれしい事が次々にやってくる)という意味で,おめでたいマーク.

"龙"lóng(龍,ドラゴン).中華民族の美と力の象徴.古代,中国大陸の西に住む華夏民族は蛇をトーテム(祖先神,部族のシンボル.多くは動物や植物)として崇めていた.この部族はその後他の多くの部族を併合していき,その過程でトーテムもまた他の動物の特徴を付け加え複雑化していった.それがこの龍である.龍は9つの動物の特徴を持つ.つのは鹿,頭はラクダ,眼は海老,耳は牛,首は蛇,腹ははまぐり,うろこは鯉,つめは鷹,手は虎である.龍は中国人の誇りであり,今なお自分たちを"龙的传人"lóng de chuánrén(龍の子孫)と呼ぶ.

"凤凰"fènghuáng(鳳凰〈ほうおう〉).こちらは中国大陸の東部にいた部族のトーテム.鳳凰は身の丈2メートルの鳥.ニワトリの頭,蛇の首,ツバメのあご,虎の背中を持ち極彩色である.龍と同様,さまざまな部族のトーテムを統合して作られていった.龍と鳳凰は帝王とその后のみ使えるマークだったが,やがて民衆の間でもおめでたいものの印として使うようになった.

事?]これはいったいどういう事なのか/zhèi běn shū ～ shì shéi de?[这本书～是谁的?]この本はいったい誰のか.❷なにしろ.さすがに.やはり.¶～ shì xuézhě,shuōchu huà lai jiù shì yǒu shuǐpíng[～是学者, 说出话来就是有水平]さすがは学者だけあって言うことが違う/háizi ～ hái xiǎo,hái lǐjiěbuliǎo dàrén de xīnqíng[孩子～还小, 还理解不了大人的心情]なにしろ子供はまだ小さいので,大人の気持ちがまだ分からない.

jiǔjīng 酒精[名]アルコール.

†**jiù·jiu 舅舅**[名]〈口〉母の兄弟.母方のおじ.

†**jiù·mu 舅母**[名]母の兄弟の妻.おば.

*__jiùshì 就是__[副]❶もっとも.おっしゃるとおり.(単独で用いて,同意を表す)¶～, nín shuōde hěn duì[～, 您说得很对]おっしゃる通り,あなたの意見はもっともだ.❷(強調して)絶対に.まったく.¶xuéguo hé méi xuéguo ～ bù yíyàng[学过和没学过～不一样]学んだことがあるのとないのとでは全然違う.

†**jiùshìshuō 就是说**[副]言い替えれば.つまるところ.

†**jiùshì～yě～ 就是～也～**呼たとえ…でも.かりに…でも.¶tā měitiān pǎobù,jiùshì guā fēng xià yǔ yě cóng bú jiànduàn[他每天跑步, 就是刮风下雨也从不间断]彼は風が吹こうとも雨が降ろうとも毎日ジョギングを欠かさない/jiùshì yǒu qián yě bù mǎi nà wányìr[就是有钱也不买那玩意儿]お金があったとしてもあんなものは買わない.

jiùsuàn 就算[接]〈口〉たとえ.かりに.¶～ háizi yǒu cuò,nǐ yě bù gāi dǎ tā

J

“麒麟”qílín (麒麟).ビールの商標に使われている麒麟(きりん)は中国の伝説上の動物で,縁起のいい動物.性質は温和で徳のある動物とされる.子供のない人が麒麟のあごのひげにさわると子宝に恵まれるという,中国版コウノトリ.

“年画”niánhuà と呼ばれるお正月用のおめでたいポスターにはよく,まるまる太った赤ちゃんが大きな魚を抱きかかえた図柄が描かれる.これは“鱼”yú と“余”yú が同音であるため,「魚がいる」と“有余”yǒuyú「ゆとりがある,豊かだ」をひっかけ,「豊かになれますように」との願いをこめている.

タブー

“春节”の時“破”pò(割れる),“漏”lòu(漏れる),“没了”méile (なくなった)などの言葉を口にしてはいけない.茶碗を割って(“摔破了”shuāipòle)しまった時は片付けながらこう唱える,“岁岁(碎碎)平安”suìsuì píng'ān(毎年無事でありますように).これは“岁”suì(年)と“碎”suì(砕ける)が同音なので,“碎”を“岁岁平安”というおめでたい言葉に変え,不吉なことを吹き飛ばす.

人に置き時計を贈ってはいけない.「時計を贈る」“送钟”sòng zhōngと「死に水をとる」“送终”sòngzhōngが同音だからである.

カップルが別れたくなかったら,一緒に梨を食べる時はまるごとかじらなくてはいけない.“梨”lí と“离”lí(別れる)が同音なので,いくつかに切り分けるとそれは“分梨”fēn lí(梨を分ける)→“分离”fēnlí(別れる)を暗示することになる.

「はし(箸)」を中国語では“筷子”kuàizi という.昔は中国でも「はし」は“箸”だった.が,“箸”zhù の音と“滞””zhì(滞る)の音が近いので,それを嫌って「滞る」の逆「速い,スムーズ」の意味である“快”kuài と同音の“筷子”に変えた.日本語でも「する」(お金をなくす)という音を嫌って「するめ」のことを「あたりめ」と言うが,それと同じ発想.

[～孩子有错，你也不该打他]たとえ子供が間違いを犯したとしても手をあげるべきではない.

jiǔyǎng 久仰[動](挨拶)お名前はかねてから承っております.¶～ nín de dàmíng,xìnghuì xìnghuì[～您的大名，幸会幸会]お名前はかねてから承っておりました,お会いできて幸いです.

jiù//yè 就业[動]就職する.

jiù//zāi 救灾[動]被災者を救済する.¶kànghóng ～[抗洪～]洪水罹災者(りさいしゃ)を救援する.

*__jiūzhèng 纠正__[動]是正する.修正する.¶～ fāyīn[～发音]発音を矯正する／～ cuòwù[～错误]誤りを是正する.

jiù//zhí 就职[動]就任する.(日本語の「就職」は"就业"jiùyèという)

jiǔzhōng 酒盅[名]杯.おちょこ.
→見る類 p.543

jíxiáng 吉祥[形]めでたい.縁起がいい.¶～huà[～话]縁起のいい言葉.

jìxiàng 迹象[名]兆し.兆候.¶huǒshān méiyou yào pēnfā de ～[火山没有要喷发的～]火山は噴火の兆しを見せていない.

jīxiào 讥笑[動]嘲笑する.あざ笑う.¶tā cónglái méiyou ～guo biéren[他从来没有～过别人]彼はいまだかつて他人をあざ笑ったことがない.

*__jīxiè 机械__[名]機械.装置.¶zhèixiē ～ shífēn jīngmì[这些～十分精密]これらの機械はとても精密だ.[形]機械的である.融通が利かない.¶zhèi zhǒng zuòfǎ tài ～ le[这种做法太～了]このようなやり方は機械的に過ぎる.

jì·xing 记性[名]記憶力.¶～ hǎo[～好]記憶力がいい／bù zhǎng ～[不长～]物覚えが悪い.

jīxù 积蓄[動]貯蓄する.蓄える.[名]貯蓄.蓄え.¶yínháng li yǒu bù shǎo ～[银行里有不少～]銀行に少なからぬ貯蓄がある.

jíxū 急需[動]急いで必要とする.¶zāiqū ～ yuánzhù[灾区～援助]被災地区は緊急に援助を必要としている.

⁑__jìxù 继续__[動]継続する.続ける.¶～ gōngzuò[～工作]仕事を続ける／dòuzhēng hái ～zhe[斗争还～着]戦いはまだ継続している.[名]継続.¶zhèi cì huìyǎn shì shàng cì huìyǎn de ～[这次会演是上次会演的～]今回の公演は前回の続きだ.

jīyā 积压[動]運用せずに寝かせておく.蓄えておく.¶～ wùzī[～物资]流通させずに物資を寝かせておく.流通させずに寝かせておいた物資.

jìyào 纪要[名]要点を記録したもの.抜粋."记要"とも書く.¶huìtán ～[会谈～]議事録.

*__jìyì 记忆__[動]記憶する.覚えている.¶nèixiē shì wǒ yìdiǎnr yě ～buqǐlái le[那些事我一点儿也～不起来了]それらの事は少しも思い出せない.[名]記憶.¶shīqù ～[失去～]記憶を失う.

†__jìyìlì 记忆力__[名]記憶力.

jí//yóu 集邮[動]切手を収集する.¶～ àihàozhě[～爱好者]切手マニア.切手収集家.

jīyù 机遇[名]チャンス.よい機会.¶zhuāzhu ～[抓住～]チャンスをつかむ／shīqù ～[失去～]チャンスを失う.

jíyú 急于[動]…を急ぐ.急いで…しようとする.¶tā ～ wánchéng rènwu, xīngqītiān yě bù xiūxi[他～完成任务，星期天也不休息]彼は日曜日も休まないで任務を果たそうと急いでいる.

†__jǐyǔ 给予__[動]〈書〉与える.¶qúnzhòng ～ wǒmen hěn dà de zhīchí hé bāngzhù[群众～我们很大的支持和帮助]大衆は我々に大きな支持と援助とを与えてくれた／～ tóngqíng[～同情]同情を寄せる.

†__jìzǎi 记载__[動]記載する.書き記す.¶xiángxì ～[详细～]詳細に書き記す.[名]記事.記録.¶lìshǐ ～[历史～]歴史の記録.

jízǎo 及早[副]早めに.早いうちに.¶

～ zuò zhǔnbèi[～做准备]早めに準備する.

†**jízào 急躁**[形]いらだつ.焦る.¶xìngqíng ～[性情～]気が短い/zuòshì yào chénzhuó,bù néng tài ～[做事要沉着，不能太～]事に当たるには焦りすぎずに,落ち着いてしなければならない.

***jìzhě 记者**[名]記者.

jīzhì 机智[形]機知に富んでいる.¶tā shì yí ge ～、yǒnggǎn de xiǎohuǒzi[他是一个～、勇敢的小伙子]彼は機知に富んだ,勇敢な青年だ.

***jízhōng 集中**[動]集める.集中する.¶～ jīnglì[～精力]精神を集中する/bǎ gè fāngmiàn de yìjiàn ～ qilai[把各方面的意见～起来]諸方面の意見をまとめる.[形]集中している.¶dàjiā de kànfǎ bǐjiào ～[大家的看法比较～]皆の考えはかなりまとまっている.

jízī 集资[動]資金を集める.¶～ bàn chǎng[～办厂]資金を集めて工場を経営する.

jū 居*[動]住む.¶tóng～[同～]同棲する/fēn～[分～]別居する.

†**jú 局**[名]機関・団体のやや小さな単位.¶gōng'ān～[公安～]公安局/yóu～[邮～]郵便局.

⁑**jǔ 举**[動]❶(手で物を)持ち上げる.¶shǒuli ～zhe biāoyǔpái[手里～着标语牌]手にプラカードを持っている/kànguo zhèi běn shū de qǐng ～shǒu[看过这本书的请～手]この本を読んだことがある人は手を挙げてください/～qi gànglíng [～起杠铃]バーベルを挙げる.❷(例を)挙げる.取り出す.¶～ jǐ ge lìzi[～几个例子]いくつか例を挙げる.

類義語 **jǔ 举 tái 抬**

►「持ち上げる,差し上げる」の意は共通する.¶让我们举杯共同庆祝元旦的到来 ràng wǒmen jǔ bēi gòngtóng qìngzhù Yuándàn de dàolái (元旦の訪れを祝って杯を挙げましょう)/胳膊抬了几分钟就酸了 gēbo táile jǐ fēnzhōng jiù suān le (腕を数分間上げていただけでだるくなった)►授業中に「手を挙げる」のは"举手" jǔshǒu,四十肩などで「腕が上がらない」の意では"抬"を用い,"抬不起来" táibuqǐlái という.►手以外の体の部分,たとえば「足や頭を上げる」意では"抬"を用いる.¶抬头 táitóu(頭をもたげる)/抬腿 tái tuǐ(足を上げる)►"抬"には「2人以上で,両手あるいは肩でもちあげて物を運ぶ・担ぐ」の意があるが,"举"にはない.¶他们俩抬着一张桌子 tāmen liǎ táizhe yì zhāng zhuōzi(彼らは2人でテーブルを運んでいる)

⁑**jù 句**[量]言葉や文を数える.¶yí ～ huà[一～话]ひと言/yí ～ Yīngyǔ yě bú huì shuō[一～英语也不会说]英語は一言もしゃべれない.*[名]文.センテンス.¶zào～[造～]文を作る/bìng～[病～]文法的・論理的に誤っている文.

jù 拒[動]拒絶する.¶lái zhě bú ～[来者不～]来る者を拒まない/～ bú rènzuì[～不认罪]あくまでも罪を認めない.

jù 具[量]器具・道具や死体などを数える.¶yí ～ zuòzhōng[一～座钟]置き時計1個/liǎng ～ shītǐ[两～尸体]死体2体.

†**jù 剧**[名]劇.芝居.¶huà～[话～]舞台劇/diànshì～[电视～]テレビドラマ/～qíng[～情]ストーリー.

†**jù 据**[前]…に基づいて.…によれば.¶～ wǒ kàn wèntí bú nàme jiǎndān[～我看问题不那么简单]私が見る限り問題はそんなに簡単ではなさそうだ/～ yǒuguān fāngmiàn tòulù,rénshì shang yào jìnxíng dà de tiáozhěng[～有关方面透露，人事上要进行大的调整]関係者からの情報によると,人事面で大幅な調整が行われるそうだ.

†**jù 距**[前]〈書〉…から…まで.¶zhèli ～ Běijīng zhǐ yǒu èrshí gōnglǐ zuǒyòu[这里～北京只有二十公里左右]ここから北京まで20キロ程度しかない.

jù 锯[名]〔bǎ 把〕のこぎり.[動]のこぎ

りで切る.➡見る類 p.337

jù 锯[名]

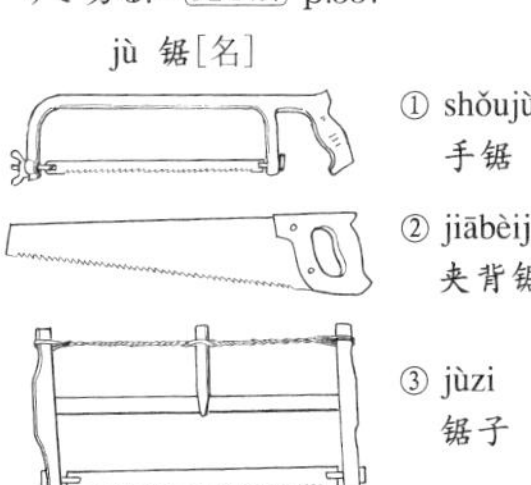

①手引き鋸 ②胴付き鋸 ③枠鋸

†**jù 聚**[動]集まる.集める.¶dàjiā ～zai yìqǐ liáotiānr[大家～在一起聊天儿]みんなで集まっておしゃべりをする／wǒ xiǎng qǐng nǐmen jǐ ge dào wǒ jiā lái ～～[我想请你们几个到我家来～～]みなさん私の家に集まりませんか.

juān 捐[動]寄付する.¶～le èrshí wàn yuán[～了二十万元]20万元寄付した／～le yí liàng qìchē[～了一辆汽车]車1台を寄付した.

****juǎn 卷**[動]❶巻く.巻き上げる.¶～qi xiùzi[～起袖子]袖をまくる.❷(強い力で)巻き上げる.巻き込む.巻き起こす.¶qìchē ～qi chéntǔ[汽车～起尘土]車が土埃を巻き上げる／fángzi bèi hóngshuǐ ～zǒu le[房子被洪水～走了]家は洪水で流された.

†**juǎn 卷**[量](～儿)巻いたものを数える.¶sān ～r xiàntuán[三～儿线团]糸巻き3つ／yì ～r pūgai[一～儿铺盖](旅行用にまとめた)布団一巻き／yì ～ shǒuzhǐ[一～手纸]トイレットペーパー一巻き.

juàn 圈[名](屋根と柵のある)家畜小屋.¶zhū～[猪～]豚小屋／yáng～[羊～]羊小屋.

juānkuǎn 捐款[動]金を寄付する.

juānxiàn 捐献[動](国や団体に財物を)寄付する.

juānzèng 捐赠[動](国や団体に物品を)寄贈する.

†**jǔbàn 举办**[動](活動を)行う.(事業を)興す.始める.催す.¶～ zhǎnlǎnhuì[～展览会]展覧会を開く／～le yí ge jìshù xùnliànbān[～了一个技术训练班]技術養成クラスを開いた.

***jùbèi 具备**[動]具備する.備える.備わる.¶tāmen yǐjing ～le kāi gōngsī de tiáojiàn[他们已经～了开公司的条件]彼らはすでに会社を設立する条件を備えている／～ zhuānyè zhīshi[～专业知识]専門知識が備わっている.

jùběn 剧本[名]脚本.

†**júbù 局部**[名]局部.一部.¶～ dìqū[～地区]一部の地域／～ mázuì[～麻醉]局部麻酔.

***jùchǎng 剧场**[名]劇場.

***jùdà 巨大**[形]巨大である.極めて大きい.¶guīmó ～[规模～]規模が巨大である／～ de biànhuà[～的变化]大きな変化.

jùdiǎn 据点[名]拠点.

***jué 决**[副](否定の前に置いて)決して.絶対に.¶wǒ ～ méi shuōguo zhè huà[我～没说过这话]私はこの話は絶対言っていない.

†**jué 绝**[形](否定の前に置いて)決して.絶対に.¶～ bù kěnéng[～不可能]絶対にありえない／～ wú cǐ yì[～无此意]決してそんなつもりはない.

†**jué 觉**[動]感じる.覚える.感知する.¶bù zhī bù ～ tóufa yǐjing bái le[不知不～头发已经白了]知らないうちに髪の毛は白くなっていた／chīle yào,wǒ ～zhe hǎoduō le[吃了药，我～着好多了]薬を飲んだら気分がだいぶよくなった.➡jiào

jué 掘[動]掘る.¶～le yì kǒu jǐng[～了一口井]井戸を掘った.

jué bù 决不組決して…でない.¶wǒ ～ huì shūgěi tā[我～会输给他]私は決して彼に負けない.

juécè 决策[動]戦略や方策を決める.

juéchá 觉察[動]発見する.察知する.¶wǒ ～chu tā duì wǒ yǒu yìjian[我～出他对我有意见]私は彼が私に対して何か不満があることに気づいた／méi ～dao yǒu shénme biànhuà[没～到有什么变化]別に何の変化も感じなかった.

****jué·de 觉得**[動]❶感じる.¶wǒ yìdiǎn yě méi ～ hàipà[我一点也没～害怕]私はまったく怖くない／wǒ ～ yǒudiǎn bù shūfu[我～有点不舒服]私は少し気分が悪い.❷…と思う.(語

気はあまり断定的ではない）¶wǒ ～ yīnggāi qù kànkan tā［我～应该去看看他］私は彼のお見舞いに行くべきじゃないかと思う.

⁑**juédìng 决定**［動］決定する.決める.¶wǒ ～ qù liúxué［我～去留学］私は留学に行くことにした／zhè shìr nǐ zìjǐ ～ ba［这事儿你自己～吧］この事は自分で決めなさい.［名］決定.¶shàngjí de ～［上级的～］上司の決定.

***juéduì 绝对**［形］絶対に.絶対である.無条件に.¶～ fúcóng［～服从］絶対に服従する／～ méiyou wèntí［～没有问题］絶対に問題はない.

jué∥jiāo 绝交［動］絶交する.¶rúguǒ nǐ jù bù tīng quàn,nà zánmen jiù ～［如果你拒不听劝，那咱们就～］君が忠告を聞き入れないなら,僕らは絶交だ.

†**jué∥kǒu 决口**［動］（堤防が）切れる.決壊する.

juésài 决赛［名］（競技の）決勝戦.¶bàn～［半～］準決勝.

juésè 角色［名］役柄.役目.¶tā zài zhèi bù diànyǐng li bànyǎn zhǔyào ～［他在这部电影里扮演主要～］彼はこの映画の中で主要な役まわりを演じている.

juésuàn 决算［名］決算.

jué∥wàng 绝望［形］絶望する.望みを失う.¶xiànrùle ～ de jìngdì［陷入了～的境地］絶望の境地に陥った／tīngle zhèige xiāoxi,tā gǎndào ～［听了这个消息，他感到～］この知らせを聞いて彼は絶望した.

***juéwù 觉悟**［動］自覚する.迷いから覚める.目覚める.¶miànduì zhèige kěpà de shìshí, tā zhōngyú ～guolai le［面对这个可怕的事实，他终于～过来了］この恐ろしい事実を前に,彼はとうとう目を覚ました／tā ～dao zhè yì fāngfǎ xíngbutōng［他～到这一方法行不通］彼はこの方法ではだめだと自覚した.［名］自覚.意識.¶tígāo zhèngzhì ～［提高政治～］政治的自覚を高める.

***juéxīn 决心**［動］決心する.決意する.¶tā ～ líkāi zhèige dìfang［他～离开这个地方］彼はここを離れることを決意した／xiàdìng ～,yídìng yào ná guànjūn［下定～，一定要拿冠军］絶

目で見る類義語 dǎ zhāohu 打招呼　jūgōng 鞠躬　jìnglǐ 敬礼　xià guì 下跪　kētóu 磕头　kòutóu 叩头　zuòyī 作揖

►"打招呼" dǎ zhāohuは挨拶をする.人に声をかけるとか,手を振る,ちょっと話をするなど,相手に自分がいることを知らせ,私はあなたの存在を認めていますよということをアピールする.その目的が達せられればどんな動作でもよい.►"鞠躬" jūgōngは腰を曲げてお辞儀すること.遺体に別れを告げる時の動作もこれである.►"敬礼" jìnglǐは相手に敬意を示す動作「敬礼」で,軍隊の場合はこう,少年先鋒隊の場合はこうと,規則によってそのやり方が決められている.►"下跪" xià guìは地面にひざまずいてするお辞儀.お墓にお参りする時など.►"磕头" kētóuは"叩头" kòutóuともいう.地面にひざまずき,頭を地面に打ちつける.►"作揖" zuòyīは両手を胸の前で組んでするもので,感謝の意を表す.

对に優勝すると決心した.[名]決意.¶biǎoshì ～[表示～]決意を表明する.

juéxǐng 觉醒[動]目覚める.覚醒する.

†**juéyì 决议**[名]決議.

juéyuán 绝缘[動]❶〔電〕絶縁する.¶～tǐ[～体]絶縁体.❷(外界またはある事物との)関係を絶つ.¶cóngcǐ yǔ wényìquān chèdǐ ～[从此与文艺圈彻底～]これより芸能界との関係をきっぱりと切る.

juézhàn 决战[動]決戦する.

jū∥gōng 鞠躬[動](腰をかがめて)お辞儀をする.¶gěi lǎoshī jūle ge gōng[给老师鞠了个躬]先生にお辞儀をした.➡見る類 p.329

júhuā 菊花[名]〔植〕キクの花.

jùhuì 聚会[動]集まる.¶gèdì dàibiǎo ～ yú Běijīng[各地代表～于北京]各地の代表が北京に集まる.[名]集まり.¶jīnwǎn yǒu ge ～[今晚有个～]今晚集まりがある.

†**jùjí 聚集**[動]一ヵ所に集める.集中する.¶～ lìliang[～力量]力を集中させる/rénmen ～zai guǎngchǎng shang[人们～在广场上]人々は広場に集まった.

†**jù jīng huì shén 聚精会神**㊛精神を集中する.一心不乱に.¶～ de tīng kè[～地听课]精神を集中させて授業を聴く/wǒ jìnlai de shíhou,tā zhèngzài ～ de zuòzhe shénme,gēnběn méi fāxiàn wǒ[我进来的时候，他正在～地做着什么，根本没发现我]私が入っていった時,彼は一心不乱に何かをしている最中でまったく私に気がつかなかった.

***jùjué 拒绝**[動]拒絶する.拒否する.断

文法　文法成分

文はそこに含まれている単語やフレーズどうしの関係によりいくつかの成分に分けることができる.このような成分を文法成分といい,主語,述語,目的語,定語(連体修飾語),状語(連用修飾語),補語の6種類がある.

1 文法成分の種類

1)主語(“主语” zhǔyǔ)

文の叙述の対象で,一般に述語の前にある.主語は動作主に限らず,動作の受け手の場合もある.

¶我喝了一杯牛奶 wǒ hēle yì bēi niúnǎi(私は牛乳を1杯飲んだ)

¶牛奶喝了 niúnǎi hē le(牛乳は飲んだ)

また,主語になれるのは名詞だけではなく,動詞,形容詞もそのままの形で主語になれる.

¶游泳是一种很好的体育运动〈動詞〉 yóuyǒng shì yì zhǒng hěn hǎo de tǐyù yùndòng(水泳はよい運動である)

¶骄傲使人落后〈形容詞〉 jiāo'ào shǐ rén luòhòu(傲慢さは人を落伍させる)

2)述語(“谓语” wèiyǔ)

主語に対する叙述(述部)の中心的役割をする成分である.“我喝了一杯牛奶” wǒ hēle yì bēi niúnǎiにおける述部“喝了一杯牛奶”の中の“喝了”が述語である.述語は名詞,動詞,形容詞,主述フレーズが担う.➡文法 主述文のタイプ p.550

3)目的語(“宾语” bīnyǔ)

動詞の後に置かれ,動詞の表す動作・行為と関わりを持つ成分である.“我喝了一杯牛奶”における“一杯牛奶”が目的語である.

目的語は動作の受け手とは限らず,動詞との意味関係はさまざまである.➡文法 意味から見た動詞と目的語の関係 p.104

また,目的語になれるのは名詞だけでなく,動詞,形容詞もそのままの形で目的語になれる.

¶现在继续开会〈動詞〉 xiànzài jìxù

る. ¶ ～ huìlù[～贿赂]賄賂を拒否する／～buliǎo jīnqián de yòuhuò[～不了金钱的诱惑]金銭の誘惑を拒めない.

*jùlèbù 俱乐部[名]クラブ. ¶ cānjiā ～[参加～]クラブに入る.

*jùlí 距离[名]距離.隔たり. ¶ bǎochízhe yídìng de ～[保持着一定的～]一定の距離を保つ／lākāi ～[拉开～]距離を開ける.

†jùliè 剧烈[形]激烈である.猛烈である. ¶ ～ yùndòng[～运动]激しい運動／～ de biànhuà[～的变化]急激な変化.

jūliú 拘留[動]拘留する. ¶ tā bèi ～le[他被～了]彼は拘留された.

†júmiàn 局面[名]局面.情勢. ¶ dǎkāile gōngzuò ～[打开了工作～]仕事上の局面を打開した.

†jūmín 居民[名]居住民.住民.

*jūn 军[名]軍隊. ¶ hǎi～[海～]海軍／lù～[陆～]陸軍／kōng～[空～]空軍.

†jūn 均[形]等しい.平均している. ¶ guǎnlǐfèi gè jiā ～tān[管理费各家～摊]管理費は各家庭で平等に負担する／fēnde bù ～[分得不～]分け方が公平でない.[副]すべて.みな.すっかり. ¶ jìlai de xìn hé bāoguǒ ～ yǐ shōudao[寄来的信和包裹～已收到]送られて来た手紙と小包はすべて受け取った.

jūn 君[名]君主.国王.

jūn 菌[名]菌類.バクテリア. ¶ bìng～[病～]病原菌／xì～[细～]細菌.

J

kāihuì(今から引き続き会議をします)

¶ 她显得很年轻〈形容詞〉 tā xiǎnde hěn niánqīng(彼女は若く見える)

4)定語(“定语” dìngyǔ)

名詞などの体言の前に置き,その体言を修飾・限定する.後に“的” deを伴うことが多いが,“这” zhè,“那” nà,数量詞が定語の場合は“的”をつけない.

¶ 这是我的雨伞 zhè shì wǒ de yǔsǎn(これは私の傘だ)

¶ 这孩子很聪明 zhè háizi hěn cōngmíng(この子供は賢い)

また,人称代詞が親族呼称・人間関係を表す名詞や所属集団を表す名詞を修飾する場合,“的”は省略できる.

¶ 我（的）哥哥 wǒ (de) gēge(私の兄)

¶ 我们（的）老师 wǒmen(de)lǎoshī(私たちの先生)

¶ 你们（的）公司 nǐmen(de)gōngsī(あなたたちの会社)

5)状語(“状语” zhuàngyǔ)

動詞・形容詞などの用言を修飾する.用言の前に置く場合が多いが文頭に位置することもある.

¶ 她非常漂亮 tā fēicháng piàoliang(彼女はとてもきれいだ)

¶ 第二天他起得很早 dì èr tiān tā qǐde hěn zǎo(翌日彼は早く起きた)

6)補語(“补语” bǔyǔ)

動詞や形容詞の後に置き,補充説明を加える成分である.結果補語,様態補語,程度補語,方向補語,可能補語,数量補語がある. ➡ 文法 補語 p.114

②文法成分の語順

文法成分の基本的な語順は次の通りである.

我 弟弟 昨天 才 做 好 以前的 作业
[定+ 主] [状 +述+補+ 定 + 目]

wǒ dìdi zuótiān cái zuòhǎo yǐqián de zuòyè(私の弟は昨日やっと前々からの宿題をやり終えた)

†**jūnbèi 军备**[名]軍備.

jūnbèi jìngsài 军备竞赛[名]軍備競争.各国が軍備・軍事力を争うこと.¶shìjiè gè guó dōu fǎnduì ～[世界各国都反对～]世界各国はみな軍備競争に反対している.

***jūnduì 军队**[名]軍隊.

jūnfá 军阀[名]軍閥.

jūnfèi 军费[名]軍事費.¶kòngzhì ～ kāizhī[控制～开支]軍事費を抑える.

†**jūnguān 军官**[名]士官.将校.

†**jūnjiàn 军舰**[名]軍艦.

†**jūnrén 军人**[名]軍人.

***jūnshì 军事**[名]軍事.¶～ xíngdòng[～行动]軍事行動／～ jīdì[～基地]軍事基地／～ mìmì[～秘密]軍事機密.

jūnyī 军医[名]軍医.

jūnyòng 军用[区]軍用の.↔mínyòng 民用¶～ kǎchē[～卡车]軍用トラック／～ dìtú[～地图]軍用地図.

†**jūnyún 均匀**[形]平均化されている.うまく配分されている.むらがない.¶bǎ zhǒngzǐ ～ de sǎzai dìli[把种子～地撒在地里]種をむらなく畑にまく.

jūnzhuāng 军装[名]〔jiàn 件,tào 套,shēn 身〕軍服.

†**jūrán 居然**[副]意外にも.思いがけなくも.なんと.¶liǎng nián méi huíqu,jiāxiāng de biànhuà ～ zhème dà[两年没回去，家乡的变化～这么大]2年帰らなかったら,田舎がこんなにも変わったとは／tā ～ mà wǒ[他～骂我]彼はなんと私を罵倒した.

jūshì 居室[名]居室.居間.¶sān ～ de tàofáng[三～的套房]3DKの部屋.

júshì 局势[名](主に政治や軍事などの)情勢.

jǔ shì wén míng 举世闻名成天下に名を知られている.有名な.¶zhè jiù shì ～ de Wànlǐ Chángchéng[这就是～的万里长城]これが世界的に有名な万里の長城です／wǒ yéye cānjiāguo ～ de èrwàn wǔqiān lǐ chángzhēng[我爷爷参加过～的二万五千里长征]私の祖父はあの有名な2万5千華里(1万2500キロメートル)の長征に参加したことがある.

jǔ shì zhǔ mù 举世瞩目成世間の人が注目している.

jūshù 拘束[形]堅苦しい.¶zài shēngrén miànqián shuōhuà,tā zǒngshì juéde hěn ～[在生人面前说话，他总是觉得很～]知らない人の前で話をする時彼はいつも堅苦しくなってしまう.

***jùshuō 据说**[動]聞くところによると…だそうだ.¶～ tā líguo liǎng cì hūn[～他离过两次婚]彼は2回離婚しているそうだ／～ zhèi zhǒng yào yǒu tèxiào[～这种药有特效]この種類の薬は特別な効果があるそうだ.

***jùtǐ 具体**[形]❶具体的である.具体的な.¶～ jìhuà[～计划]具体的な計画／qǐng shuōde ～ yìdiǎn[请说得～一点]もう少し具体的に言ってください.❷実際の.特定の.¶～ de rén[～的人]特定の人間／tā dānrèn shénme ～ zhíwù?[他担任什么～职务?]彼は実際にどんな仕事を受け持っているのですか.

jùtuán 剧团[名]劇団.

jūwěihuì 居委会[名]町内会に似た住民の自治組織.住民委員会."居民委员会"jūmín wěiyuánhuìの略.¶～ de dàniáng lái le[～的大娘来了]住民委員会のおばさんが来た.

jùxī 据悉[動]〈書〉聞くところによれば.

júxiàn 局限[動]限定する.限る.

***jǔxíng 举行**[動]挙行する.行う.¶～ huìtán[～会谈]会談を行う／～ hūnlǐ[～婚礼]結婚式を挙げる.

jǔ yī fǎn sān 举一反三成1つのことから多くを類推する.一を聞いて十を知る.¶nǐ yào xuéhuì ～,bù néng guāng kào sǐjì yìngbèi[你要学会～，不能光靠死记硬背]あなたは1つのことから類推して多くを学ばなくてはいけません.丸暗記に頼ってばかりではだめです.

***jùyǒu 具有**[動]備える.持つ.¶～ hěn gāo de yìshùxìng[～很高的艺术性]高い芸術性を備えている.

†**jùyuàn 剧院**[名]劇場.¶zuìjìn xīn jiàn de jǐ ge ～ dōu hěn piàoliang[最近新建的几个～都很漂亮]最近建て

られたいくつかの新しい劇場は,みなとてもきれいである.

jùzēng 剧增[動]激増する.¶zhè jǐ nián chūguó liúxué rényuán ～[这几年出国留学人员～]ここ数年,海外留学する人が激増している.

***júzhǎng 局长**[名]局長.署長.

†**jūzhù 居住**[動]住む.¶tā yìzhí ～zai Běijīng[他一直～在北京]彼はずっと北京に住んでいる／～zai yìqǐ[～在一起]一緒に住む.

⁑**jú·zi 橘子**[名]ミカン.¶～shuǐ[～水]オレンジジュース.

⁑**jù·zi 句子**[名]文.センテンス.

jù·zi chéng·fèn 句子成分[名]〔語〕文法成分.➡ 文法 文法成分 p.330

谜语 答えがHで始まるなぞなぞ 1

大小像个乒乓球,	Dàxiǎo xiàng ge pīngpāngqiú,	大きさまるでピンポン玉,
满脸皱纹圆溜溜,	mǎnliǎn zhòuwén yuánliūliū,	しわしわお顔がまん丸で,
砸开是个猴儿头,	zákai shì ge hòu'ér tóu,	割ればでてくるお猿の頭,
脑子能吃能榨油。	nǎozi néng chī néng zhà yóu.	脳みそは食べるもよし,油にするもよし.

(答えは274～275ページの中に)

谜语 答えがHで始まるなぞなぞ 2

一个四方窝,	Yí ge sìfāng wō,	四角いお部屋に,
住着一大伙,	zhùzhe yí dà huǒ,	大勢が住んでいる,
请出一个去,	qǐngchu yí ge qù,	一人が呼ばれ出てゆくと,
出门就发火。	chū mén jiù fā huǒ.	ドアを出るなり怒りだす.

(答えは286～287ページの中に)

谜语 答えがJで始まるなぞなぞ 1

叫鱼不是鱼,	Jiào yú bú shì yú,	魚というが魚でなく,
终生海里居,	zhōngshēng hǎili jū,	生涯海をすみかとし,
远看像喷水,	yuǎn kàn xiàng pēnshuǐ,	遠くで見れば噴水に似,
近看似岛屿。	jìn kàn sì dǎoyǔ.	近くで見れば島のよう.

(答えは318～319ページの中に)

谜语 答えがJで始まるなぞなぞ 2

鼓鼓眼大嘴巴,	Gǔgǔ yǎn dà zuǐba,	飛び出たおめめに,大きなお口,
肚子圆大尾巴,	dùzi yuán dà wěiba,	お腹は丸く,大きなしっぽ,
漂在水草上,	piāozai shuǐcǎo shang,	水草のあたりに漂えば,
好像一朵花。	hǎoxiàng yì duǒ huā.	まるで一輪のお花のよう.

(答えは320～321ページの中に)

K,k

kǎ 卡[名]〔zhāng 张〕カード.cardの音訳.¶xìnyòng～[信用～]クレジットカード／hènián～[贺年～]年賀カード.

yōuhuìkǎ “优惠卡”(優待カード)とguìbīnkǎ “贵宾卡”(お客様カード)

⁑**kǎchē 卡车**[名]〔liàng 辆,tái 台〕トラック.貨物自動車.

⁑**kāfēi 咖啡**[名]〔bēi 杯〕コーヒー.¶～ yǐjing zhǔhǎo le[～已经煮好了]コーヒーはもう入りました.

⁑**kāi 开**[動]❶開ける.開く.↔ guān 关¶～mén [～门]ドアを開ける／～ xiāngzi[～箱子]箱を開ける／～ suǒ[～锁]鍵を開ける／huār ～ le[花儿～了]花が咲いた.❷(スイッチを)入れる.↔ guān 关¶～ diànshì[～电视]テレビをつける／～ dēng[～灯]明かりをつける.❸(機械を)動かす.(車や船を)運転する.¶～ qìchē[～汽车]車を運転する／chuán ～ le[船～了]船が出発した.❹(会を)開く.行う.¶～ yùndònghuì[～运动会]運動会を催す／～ huānyínghuì[～欢迎会]歓迎会を開く.❺(書類を)書く.¶～ fāpiào[～发票]領収書を出す／～ jièshàoxìn[～介绍信]紹介状を書く.❻(給料を)支給する.渡す.¶～ gōngzī[～工资]給料を払う.❼沸く.¶shuǐ ～ le[水～了]お湯が沸いた.❽開設する.経営する.¶～ fànguǎn[～饭馆]食堂を経営する.❾動詞の後ろに用いて,分かれることや離れることを表す.¶wēixiǎn! kuài duǒ～!![危险!快躲～!]あぶない!早くよけろ!❿動詞の後ろに用いて,広がることを表す.¶zhèige xiāoxi hěn kuài jiù chuán～le[这个消息很快就传～了]この知らせはあっという間に広まった.

†**kāibàn 开办**[動](工場,学校,商店などを)創立する.開設する.¶～ gōngsī[～公司]会社を創設する／～ xuéxiào[～学校]学校を創立する.

kāicǎi 开采[動](鉱物などを)採掘する.¶～ jīnkuàng[～金矿]金鉱を採掘する／～ shíyóu[～石油]石油を採掘する.

*__kāi//chē 开车__[動]車を運転する.¶tā zhèngzài xué ～[他正在学～]彼は車の運転を習っている.

†**kāichú 开除**[動]除名する.¶tā bèi xuéxiào ～ le[他被学校～了]彼は学校を除籍された.

kāichuàng 开创[動]開拓する.初めて作り出す.¶dàjiā dōu zài wèi ～ xīn júmiàn ér nǔlì fèndòu[大家都在为～新局面而努力奋斗]皆,新しい局面を切り開くために努力している.

kāidāngkù 开裆裤[名](幼児用の)尻の部分があいたズボン.

kāi//dāo 开刀[動]❶外科手術をする.メスを入れる.❷〈喩〉やり玉にあげる.手をつける.¶xiān cóng gōngkuǎn qǐngkè wèntí shang ～[先从公款请客问题上～]先に公金接待の問題に手を付ける／xiān ná tā ～[先拿他～]彼を最初にやり玉にあげる.

†**kāidòng 开动**[動](機械などを)始動する.運転する.¶～ jīqì[～机器]機械を運転する／～ nǎojīn[～脑筋]頭を働かす.

†**kāifā 开发**[動]❶開発する.開拓する.¶～ huāngshān[～荒山]荒れ山を開

拓する／zhè shì wǒmen gōngsī ～ de xīn chǎnpǐn[这是我们公司～的新产品]これは我が社が開発した新製品である.❷人材,技術などを見出す.発掘する.¶～ réncái[～人才]人材を発掘する.

†**kāi//fàn 开饭**[動]❶食事の準備が整う.¶～ le![～了!]食事ですよ.❷(食堂の)食事の時間になる.¶xuéxiào shítáng wǔ diǎn ～[学校食堂五点～]学校の食堂は5時から始まる.

*__kāifàng 开放__[動]❶(花が)咲く.開く.¶bǎihuā ～[百花～]もろもろの花が咲きそろう／júhuā zài yánhán zhōng ～[菊花在严寒中～]菊の花は厳寒の中で咲く.❷開放する.制限をとく.公開する.¶"Liù Yī Értóngjié",gōngyuán wèi xiǎopéngyǒu miǎnfèi ～[“六一儿童节”，公园为小朋友免费～]6月1日子供の日は子供の公園入場料がただになる.

kāi//gōng 开工[動]❶操業する.❷工事を始める.

kāiguān 开关[名]❶スイッチ.¶diàndēng de ～[电灯的～]電灯のスイッチ／dǎkāi ～[打开～]スイッチを入れる.❷バルブ.

kāihuà 开化[動]開化する.¶wèi ～ de dìqū[未～的地区]未開発の地域／sīxiǎng hěn ～[思想很～]考え方が保守的ではない.

*__kāi//huì 开会__[動]会を開く.会議をする.¶yì tiān kāile liǎng cì huì[一天开了两次会]1日に2回会議を開いた.

*__kāi//kè 开课__[動]❶授業が始まる.❷(大学などで)講座を開く.講義する.¶zhè xuéqī xuéxiaò kāile bā mén kè[这学期学校开了八门课]今学期学校は8科目の講座を開いた.

kāikěn 开垦[動]開墾する.

†**kāi//kǒu 开口**[動]口を開く.¶tā suīrán méiyou ～,wǒ yě míngbai tā de láiyì[他虽然没有～，我也明白他的来意]彼は何も言わなかったが私にはなぜ来たのか分かっていた／xiàng biéren jiè qián,zhēn shì bù hǎoyìsi ～[向别人借钱，真是不好意思～]借金の申し込みは恥ずかしくて口に出せない.

kāikuò 开阔[形]❶広い.広々としている.広大である.¶～ de mǎlù[～的马路]広々とした道路／～ de kòngdì[～的空地]広い空き地.❷明るい.朗らかである.¶～ de xīnxiōng[～的心胸]気持ちがおおらかだ.

kāilǎng 开朗[形]❶明るく広々としている.¶zǒuchu mìlín,yǎnqián huòrán ～[走出密林，眼前豁然～]密林を抜け出ると目の前が急に開けて明るく広々としてきた.❷朗らかである.¶xìnggé ～[性格～]性格が明るい.

kāi mén jiàn shān 开门见山㊀単刀直入に話す.本題にずばりと切り込むこと.¶huìyì yì kāishǐ,zǒngjīnglǐ jiù ～ de tíchule rénshì wèntí ràng dàjiā tǎolùn[会议一开始，总经理就～地提出了人事问题让大家讨论]会議が始まるとすぐ社長は人事問題をずばりと切り出し,皆に討議させた.

*__kāimíng 开明__[形]進歩的で見識がある.¶sīxiǎng ～[思想～]考えが進歩的である.

†**kāi//mù 开幕**[動]❶(芝居などの)幕が上がる.始まる.❷(会議・展覧会などが)開会する.始まる.¶diànyǐngjié ～ le[电影节～了]映画祭が始まった.

kāimùcí 开幕词[名]開会の挨拶.¶zhì ～[致～]開会の挨拶をする.

kāimùshì 开幕式[名]開幕式.¶～ jiāng yú míngtiān zài Dōngjīng jǔxíng[～将于明天在东京举行]開幕式は明日東京で行われる.

*__kāipì 开辟__[動]❶開設する.始める.¶～ le xīn hángxiàn[～了新航线]新航路を開設した／～ zhuānlán[～专栏]コラム欄を設ける.❷開拓する.¶～ shìchǎng[～市场]市場を開拓する.

†**kāishè 开设**[動]❶(店や工場などを)開く.開業する.¶～ yīyuàn[～医院]病院を開く.❷設置する.設ける.¶～ xuǎnxiūkè[～选修课]選択科目を設ける.

⁑**kāishǐ 开始**[動]始める.始まる.開始する.↔ jiéshù 结束 ¶～ xuéxí Hànyǔ[～学习汉语]中国語を勉強し始める／xīn de xuéqī ～ le[新的学期～了]新学期が始まった.[名]始め.最

K

初.手始め.¶～ de shíhou,wǒ yǒuxiē bù xíguàn[～的时候，我有些不习惯]最初はあまり慣れなかった／～ liǎng rén guānxi hái hǎo,hòulái jiù chǎoqilai le[～两人关系还好，后来就吵起来了]始めのうちは2人の仲はまだよかったが,それから口げんかをするようになった.

†**kāishuǐ 开水**[名]湯.熱湯.(“生水” shēngshuǐに対していう)¶shāo ～[烧～]湯を沸かす.

kāi tiān pì dì 开天辟地㊟天地開闢(かいびゃく)有史以来.生まれて以来.

kāi//tóu 开头[動](～儿)始める.始まる.¶gōngzuò gānggāng ～,hái méiyou zhǎnkāi[工作刚刚～，还没有展开]仕事は始まったばかりでまだ進展はない／nǐ kāi ge tóur ba[你开个头儿吧]まず君から始めてください／kāile yí ge hǎo tóu[开了一个好头]よいスタートを切った.

†**kāitóu 开头**[名](～儿)最初.始め.¶xìn de ～ yīnggāi zhème xiě[信的～应该这么写]手紙の冒頭はこのように書くべきだ／wànshì ～ nán[万事～难]何事も始めは難しい.

†**kāituò 开拓**[動]開拓する.¶～ biānjiāng[～边疆]辺境の地を開拓する／chénggōng zhī lù yào kào zìjǐ qù ～[成功之路要靠自己去～]成功の道は自分で開拓しなければならない.

kāiwǎng 开往[動]…に向けて発車する.¶zhèi liàng huǒchē ～ shénme dìfang?[这辆火车～什么地方?]この列車はどこ行きですか.

⁑**kāi wánxiào 开玩笑**[動]冗談を言う.からかう.茶化す.¶wǒ shì gēn nǐ ～, nǐ bié dàngzhēn[我是跟你～，你别当真]冗談だよ,本気にしないでね／ràng wǒ chàng gēr? bié ～ le[让我唱歌儿? 别～了]私が歌を歌う? 冗談言わないでよ／zhè bú shì kāi wǒ de wánxiào ma![这不是开我的玩笑嘛!]私のことをからかっているんだろう.

kāi·xiāo 开销[名]出費.費用.¶yí ge rén zū fángzi zhù dehuà ～ hěn dà[一个人租房子住的话～很大]1人で部屋を借りて住むと出費がかなりかさむ.

kāixīn 开心[形]楽しい.愉快である.¶jīntiān wánrde hěn ～[今天玩儿得很～]今日はとても楽しく遊んだ／tā ～ de xiàoqilai[她～地笑起来]彼女は楽しそうに笑いだした.

kǎixuán 凯旋[動]凱旋(がいせん)する.

⁑**kāi//xué 开学**[動]学校が始まる.

kāi//yǎn 开眼[動]見聞を広める.¶ràng wǒmen yě kāikai yǎn[让我们也开开眼]私たちにも見聞を広めさせてください.

*****kāiyǎn 开演**[動](芝居などが)開演する.¶diànyǐng yǐjing ～ le[电影已经～了]映画はもう始まっている.

kāi yǎnjiè 开眼界㊝見聞・視野を広める.¶zhèi huí kěshì dà ～ le[这回可是大～了]今回は大いに見聞を広めることができました.

kāi//yè 开业[動]新規オープンする.開業する.¶nǐmen diàn shì shénme shíhou ～ de?[你们店是什么时候～的?]あなたたちの店はいつオープンしたのですか.

†**kāi yèchē 开夜车**㊝徹夜する.¶tā ～ zhǔnbèi kǎoshì[他～准备考试]彼は徹夜で試験の準備をしている.

*****kāizhǎn 开展**[動]盛んに行う.展開する.押し進める.¶～ jiāoliú[～交流]交流を推し進める／～le gèzhǒng yúlè huódòng[～了各种娱乐活动]各種の娯楽活動を展開させた.

kāi//zhāng 开张[動]商売を始める.開店する.¶zhèi jiā shāngdiàn míngtiān ～[这家商店明天～]この店は明日開店する.

kāizhī 开支[動](金銭を)支払う.支出する.¶jiéshěng ～[节省～]支出を抑える.

†**kān 看**[動]見守る.番をする.¶～ háizi[～孩子]子守りをする／～jiā[～家]留守番をする.→kàn

*****kǎn 砍**[動]❶(刀や斧で)切る.割る.叩き切る.¶～ chái[～柴]柴を刈る／～ shù[～树]木を切る.❷削除する.削る.¶～diàole yìxiē xiàngmù[～掉了一些项目]いくつかの項目を削除した.➡[見る類] p.337

☆kàn 看[動]❶(テレビ・映画・試合などを)見る.(本や新聞を)読む.¶～diànyǐng[～电影]映画を見る／～shū[～书]本を読む.❷(人や情勢を)見て判断する.観察する.¶～le wēndù zài kàn shīdù[～了温度再看湿度]温度を見てから湿度を見る／zhèige rén wǒ ～zhe búcuò[这个人我～着不错]この人はなかなかよい人物だ.❸(人を)訪問する.見舞う.会う.¶wǒ qù yīyuàn ～ tā[我去医院～他]病院に彼を見舞いに行く／～ péngyou[～朋友]友達に会う.❹取り扱う.応対する.¶lìng yǎn xiāng ～[另眼相～]別の目で見る.見直す／bù bǎ tā dàng wàirén ～[不把他当外人～]彼を他人扱いしない.❺診察する.診察を受ける.¶Chén dàifu ～hǎole tā de bìng[陈大夫～好了他的病]陳先生は彼の病気を治した／～ zhōngyī[～中医]漢方医の診察を受ける.❻(動詞の重ね型などの後に置いて)…してみる.試みに…する.¶shìshi ～[试试～]試してみる.→kān ➡[類義語] qiáo 瞧

[類義語] **kàn 看　jiàn 见　kànjiàn 看见**

►“看”は見ようとする意志をもって見る.¶看电视 kàn diànshì(テレビを見る)►“见”は意志とは関係なく,目に入る.¶到处可见 dàochù kě jiàn(どこででも見られる)►“看见”は見るという動作の結果を表す.¶我昨天在邮局看见他了 wǒ zuótiān zài yóujú kànjian tā le(私は昨日郵便局で彼を見た)

目で見る類義語 kǎn 砍　pī 劈　jiǎn 剪　qiē 切　jù 锯　gē 割

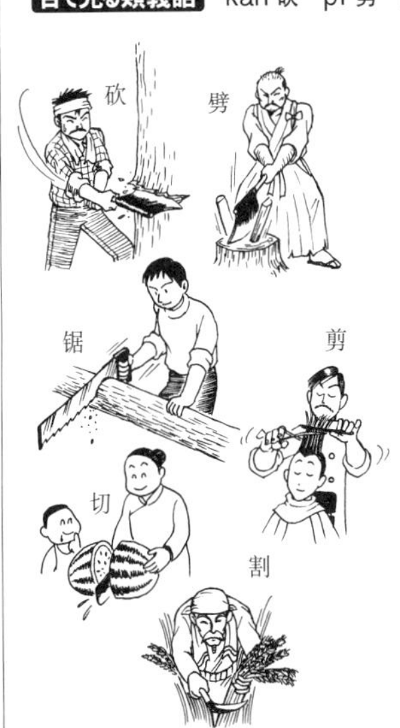

►何を使って「切る」かで動詞を使い分ける.道具が決まれば切り方や切る形も決まる.斧を使うのは“砍”kǎnである.これは上から勢いよくたたきつけるようにして切る.¶砍头 kǎn tóu(首を切る)／砍树 kǎn shù(木を伐る)►ただし,薪を縦に割るのは“劈”pīという.►ハサミで切るのは“剪”jiǎn「爪を切る」のもハサミを使うので“剪指甲”jiǎn zhǐjia(爪を切る)という.¶剪头发 jiǎn tóufa(髪を切る)►バリカンで髪を刈るのは“推头”tuītóu(髪を切る)という.バリカンで推して切るわけで,動詞が変わる.►包丁やナイフで切るのが“切”qiē.¶切西瓜 qiē xīguā(スイカを切る)►のこぎりを使うなら“锯”jùである.¶锯木头 jù mùtou(木をのこぎりでひく)►鎌などで,根のあるものから一部を切りとるのが“割”gē.¶割麦子 gē màizi(ムギを刈る)／割阑尾 gē lánwěi(盲腸を切る)

⁑kàn//bìng 看病[動]❶診察する.治療する.¶Lǐ dàifu zhèngzài gěi bìngrén ～[李大夫正在给病人～]李先生は患者を診察しているところだ.❷診察を受ける.¶māma dài wǒ qù ～[妈妈带我去～]お母さんは私を診察に連れて行った.

***kàn·buqǐ 看不起**[動]ばかにする.見下す.軽視する.¶tāmen liǎ xiānghù ～[他们俩相互～]彼ら2人はお互いにばかにし合っている／bié ～ zhème yí ge luósīdīng,shǎole tā,jīqì jiù méifǎ zhuàn[别～这么一个螺丝钉，少了它，机器就没法转]こんなボルトたった1つだけど軽く見てはいけない,なくなるとこの機械は動かないんだ.

kàndài 看待[動]待遇する.取り扱う.¶nǐ shì zěnme ～ zhèige wèntí de?[你是怎么～这个问题的？]あなたはこの問題をどう見ていますか／bǎ tā dàng qīnshēng érzi ～[把他当亲生儿子～]彼を自分の息子のように扱う.

kāndēng 刊登[動]掲載する.¶jīntiān de bàozhǐ ～le zhèige xiāoxi[今天的报纸～了这个消息]今日の新聞にこのニュースが載っていた／tā de zhàopiàn ～zai zázhì de fēngmiàn shang le[他的照片～在杂志的封面上了]彼の写真が雑誌の表紙に載せられた.

***kàn·fǎ 看法**[名]見方.見解.¶zhèi jiàn shì bùtóng de rén yǒu bùtóng de ～[这件事不同的人有不同的～]この事件に関しては皆それぞれ異なった意見を持っている.

[類義語] **kànfǎ 看法　yìjiàn 意见**
►ともに人や事柄に対する見解や考えを表す.“看法”は客観的な事物に対する見解をさす.¶大家的看法各有不同 dàjiā de kànfǎ gè yǒu bù tóng(みんなはそれぞれ見解を異にする)►“意见”は主義主張をはっきり示す時に用いる.不満や批判など否定的に用いることも多い.¶我们对他的做法有意见 wǒmen duì tā de zuòfǎ yǒu yìjiàn(我々は彼のやり方に不満がある)

***káng 扛**[動]担う.担ぐ.¶～ chútou[～锄头]くわを担ぐ／xíngli tài chén,～ budòng[行李太沉，～不动]荷物が重くて担げない.→[見る類] p.87

kàng 炕[名]オンドル.中国北方の床暖房装置.

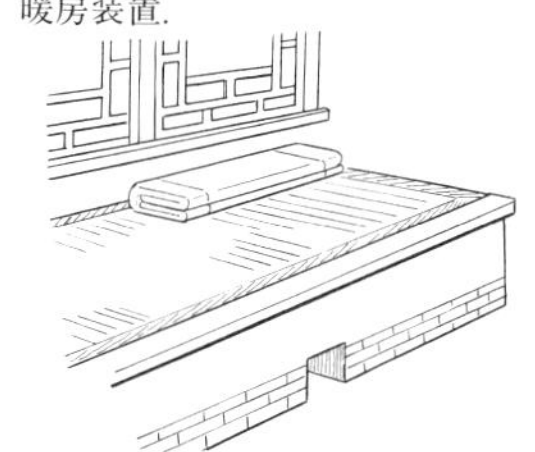

kāngfù 康复[動]❶(病気から)回復する.健康を取り戻す.¶zhù nín zǎorì ～[祝您早日～]一日も早く回復するようお祈り致しております.❷リハビリをする.¶tā zhèngzài jìnxíng ～ xùnliàn[他正在进行～训练]彼はリハビリテーション中だ／～ zhōngxīn [～中心]リハビリセンター.

kàng//hàn 抗旱[動]旱魃(かんばつ)と闘う.

kàngjī 抗击[動]抵抗して反撃を加える.

kāngkǎi 慷慨[形]❶意気に燃えている.¶～ jī'áng[～激昂]意気軒昂(いきけんこう)／～ chéncí[～陈词]意気軒昂として意見を述べる.❷気前がよい.¶tā dàirén shífēn ～[他待人十分～]彼はとても気前がよい.

†kàngyì 抗议[動]抗議する.¶～ tāmen jiàntà rénquán de xíngwéi[～他们践踏人权的行为]人権を踏みつけるような彼らの行為に抗議する／～ shìwēi[～示威]抗議デモ(をする)／yìxiē qúnzhòng tíchule ～[一些群众提出了～]一部の人たちが抗議を表明した.

kàngzhàn 抗战[動]抗戦する.特に1937～1945年の抗日戦争をさすことが多い.

kǎn//jià 砍价[動]値引き交渉をする.

**kàn//·jiàn 看见*[動]目に入る.見える.¶wǒ hǎojiǔ méi ～ tā le[我好久没～他了]彼にはしばらく会っていない／zhè zhǒng shìqing,wǒ cónglái méiyou ～guo[这种事情，我从来没有～过]こんな事はこれまで見たことがない.➡[類義語] kàn 看

***kànlái 看来**[動](推量を表す)見たところ…のようだ.¶～ yào xià yǔ[～要下雨]雨が降り出しそうだ／～ tā hái bù zhīdào zhèi jiàn shì[～他还不知道这件事]どうも彼はこの事を知らないようだ.

kàn·qǐ·lái 看起来[動]どうも…のようだ.¶tā ～ bú xiàng wǔshí suì de rén[他～不像五十岁的人]彼は見たところ50歳には見えない.

kàn·wàng 看望[動]訪問する.見舞う.¶huíjiā ～ fùmǔ[回家～父母]帰省して父母を見舞う／～ lǎoshī[～老师]先生を訪問する.

†kānwù 刊物[名]刊行物.

kàn yàng dìnghuò 看样订货[組]サンプルを見て発注する.実際に物を見て商談に入る.¶～ cái bú huì chū wèntí[～才不会出问题]サンプルを見てから発注すれば,問題が起こらない.

***kàn yàng·zi 看样子**[組]見たところ…のようだ.¶～ tā bù lái le[～他不来了]彼は来ないようだ／～ míngtiān yòu shì ge dàqíngtiān[～明天又是个大晴天]明日もまたよく晴れそうだ.

†kàn//zhòng 看中[動]気に入る.¶qián jǐ tiān zài nèi jiā shāngdiàn ～le yí jiàn yīfu[前几天在那家商店～了一件衣服]この間あの店で1着気に入った服があった／yì yǎn jiù ～le tā[一眼就～了她]一目見て彼女のことが気に入った.

kànzuò 看做[動]見なす.…と考える.¶bǎ tā ～ qīnxiōngdì[把他～亲兄弟]彼を実の兄弟のように思う／bǎ zhè ～ shì yì zhǒng róngyù[把这～是一种荣誉]このことを一種の栄誉と考える.

***kǎo 考**[動]試験をする.テストする.受験する.¶～ shùxué[～数学]数学のテストをする(受ける)／～ zhōngxué[～中学]中学を受験する／zhèi cì wǒ ～de búcuò[这次我～得不错]今回私のテストの成績はなかなかよかった.

***kǎo 烤**[動]❶あぶる.焼く.¶～ báishǔ[～白薯]サツマイモを焼く.焼きいも／ròu hái méi shú,zài ～～[肉还没熟，再～～]肉が生焼けなのでもう少し焼こう.❷火に当たる.暖を取る.¶wéizhe huǒlú ～huǒ[围着火炉～火]暖炉を囲んで火に当たる.➡[類義語] jiān 煎

***kào 靠**[動]❶もたれる.寄り掛かる.¶～ qiáng zhànzhe[～墙站着]壁にもたれて立っている／bèi ～ bèi zuòzai cǎodì shang[背～背坐在草地上]背中合わせにして芝生に座る.❷近づく.接近する.¶～ hǎi[～海]海沿い／～'àn[～岸](船を)岸に着ける.接岸する／～biān[～边]わきに寄る.❸頼る.依存する.¶～ zìjǐ[～自己]自分に頼る／～ dǎgōng zhèng qián[～打工挣钱]アルバイトでお金を稼ぐ.❹信頼する.¶kě～[可～]信頼できる／zhèige rén bànshì ～buzhù[这个人办事～不住]この人の仕事ぶりは信頼できない.

kào 靠❶

†kǎochá 考察[動]実地検査する.視察する.¶～ dìxíng[～地形]地形を調査する／～ nóngcūn jīngjì[～农村经济]農村の経済を視察する.

kǎogǔ 考古[動]古代の遺跡や遺物・文献などにもとづいて古代の文化を研究する.[名]考古(学).¶～xué[～学]考古学.

kǎohé 考核[動]審査する.¶xuéxiào dìngqī ～ xuésheng de xuéxí chéngjì[学校定期～学生的学习成绩]学校は定期的に学生の成績を審査する.

K

†**kàojìn 靠近**［動］❶近い距離にある. ¶fángzi ～ hǎibiān［房子～海边］家は海辺の近くにある.❷近づく. ¶chuán jiànjiàn de ～le ànbiān［船渐渐地～了岸边］船はだんだん岸辺に近づいた.

*****kǎolǜ 考虑****［動］考慮する.考える. ¶～ wèntí［～问题］問題について考える／wǒ ～le hěn jiǔ［我～了很久］長い間考えた.

kǎo//qǔ 考取［動］試験をして選ばれる.試験に合格する. ¶～le míngpáir dàxué［～了名牌儿大学］有名大学に合格した／～le bóshì yánjiūshēng［～了博士研究生］博士課程に合格した.

⁑**kǎoshì 考试**［動］試験をする. ¶lǎoshī, wǒmen shénme shíhou ～?［老师，我们什么时候～?］先生,試験はいつですか.［名］試験. ¶míngtiān yǒu sān ménr ～［明天有三门儿～］明日3科目の試験がある.

kǎoyā 烤鸭［名］アヒルの丸焼き.主に"北京烤鸭"běijīng kǎoyā（北京ダック）をさす.

老舗（しにせ）全聚德の販売店の看板

①北京アヒル ②北京ダック

†**kǎoyàn 考验**［動］試練を与える. ¶wǒ xiǎng ～～ tā,cái pài tā qù de［我想～～他，才派他去的］彼に試練を与えようと思って彼に行かせたのだ.［名］試練. ¶jiǔjīng ～［久经～］長年試練に耐える／jīngbuzhù ～［经不住～］試練に耐えられない.

kǎpiàn 卡片［名］〔zhāng 张〕カード.

*****kē 科****［名］（学術・業務上の分類）科. ¶wén～［文～］文系／yǎn～［眼～］眼科.

⁑**kē 棵**［量］植物などを数える.本.株. ¶yì ～ shù［一～树］1本の木／jǐ ～ méihuā［几～梅花］何本かの梅の花.

*****kē 颗****［量］粒状のものを数える. ¶yì ～ zhēnzhū［一～珍珠］1粒の真珠／liǎng ～ xīngxing［两～星星］星2つ.

kē 磕［動］（かたい物に）ぶつかる.ぶつける. ¶xīgài ～pò le［膝盖～破了］膝をぶつけて怪我をした／húzuǐr ～diào le［壶嘴儿～掉了］ぶつけてポットの口が欠けた.

†**ké 壳**［名］（～儿）殻. ¶bèi～r［贝～儿］貝殻／jīdàn～［鸡蛋～］卵の殻.

kě 可［助動］❶許可や可能性を表す.…できる.…してよい. ¶xìngmíng ～ xiě ～ bù xiě［姓名～写～不写］名前は書いても書かなくてもよい／bú zhì ～fǒu［不置～否］よいとも悪いとも言わない.❷…するだけの価値がある. ¶～ kàn de shū［～看的书］読む価値のある本／méi shénme ～ shuō de［没什么～说的］別に何も言うことはない.

*****kě 可****［副］（話し手の気持ちを込めて）本当に.まったく.いや実に.なかなか. ¶jīntiān ～ zhēn rè!［今天～真热!］今日は本当に暑い／zuótiān de diànyǐng ～ hǎokàn le［昨天的电影～好看了］昨日の映画はとてもおもしろかった.［接］しかし.だが. ¶tā rén bú dà, dǎnzi ～ bù xiǎo［他人不大，胆子～不小］彼は若いが非常に肝がすわっている／wǒ xiǎng qù,～ méi shíjiān［我想去，～没时间］行きたいが時間がない.

⁑**kě 渴**［形］❶のどが渇く. ¶wǒ ～ le, xiǎng hē diǎnr shuǐ［我～了，想喝点儿水］のどが渇いたので水が飲みたい／～de yàomìng［～得要命］のどが渇いて死にそうだ.❷（のどが渇くように）切に. ¶～pàn［～盼］強く期待する／～qiú［～求］切に求める.

☆**kè 克**[量]グラム.(重さの単位)

☆**kè 刻**[動]彫る.刻む.¶～ túzhāng[～图章]印鑑を彫る／～ zì[～字]文字を彫る／～ bēi[～碑]碑を彫る.[量]1時間の4分の1.15分.¶xiànzài shì shíyī diǎn yí ～[现在是十一点一～]今11時15分です.

☆**kè 课**[名]〔jié 节,mén 门,táng 堂〕授業.¶shàng～[上～]授業に出る／xià ～[下～]授業が終わる／jīntiān yǒu jǐ jié ～?[今天有几节～?]今日は何コマ授業があるの.[量]課.レッスン.¶dì yī ～[第一～]第1課.

*__kě'ài 可爱__[形]かわいい.愛すべき.¶～ de háizi[～的孩子]かわいい子供／zhèi zhī xiǎo māo zhēn ～[这只小猫真～]この子ネコは本当にかわいい.

☆**kèběn 课本**[名]テキスト.教科書.¶mǎi ～[买～]テキストを買う／dǎkāi ～[打开～]教科書を開く.

†**kě·bushì 可不是**[慣](相づちを打って)そうですよ.そうですとも.¶jīntiān zhēn rè－～,kàn yàngzi yǒu sānshíqī bā dù[今天真热－～，看样子有三十七八度]今日はとても暑いですね－ほんとにね,37,8度はありそうだね.

kèchē 客车[名]客車.バス.

*__kèchéng 课程__[名]❶課程.¶～ ānpái[～安排]カリキュラム.❷授業計画.¶～biǎo[～表]授業の時間割.

*__kèfú 克服__[動]克服する.打ち勝つ.¶～ kùnnan[～困难]困難を克服する／～ quēdiǎn[～缺点]欠点を克服する.

kě gē kě qì 可歌可泣[成]人を感動させる.¶～ de shìjì[～的事迹]人を感動させる事績.

kěguān 可观[形]見る価値がある.見応えがある.¶yì nián xiàlai,shōuyì jiù hěn ～ le[一年下来，收益就很～了]1年も続ければ目を見張るような利益が上がる.

†**kèguān 客观**[形]客観的である.↔zhǔguān 主观¶～ de kàn wèntí[～地看问题]客観的に問題を見る.

kěguì 可贵[形]貴ぶべきである.貴い.¶～ de jīngshén[～的精神]貴い精神.

kèhù 客户[名]顧客.取引先.得意先.¶tīngdao zhèige xiāoxi,～ fēnfēn dǎlai diànhuà[听到这个消息，～纷纷打来电话]この知らせを耳にして,取引先が次々と電話をかけてきた.

†**kējì 科技**[名]科学技術."科学技术" kēxué jìshùの略.¶gǎo ～[搞～]科学技術に携わる／～ rényuán[～人员]科学技術研究者.

†**kějiàn 可见**[接]…ということが分かる.¶yóu cǐ ～,wèntí chūzai fādòngjī shang[由此～，问题出在发动机上]この事から分かるようにエンジンに問題があった／～ shìqing bú shì nàme jiǎndān de[～事情不是那么简单的]事はそんなに簡単なものではないことが分かる.

*__kěkào 可靠__[形]信頼できる.確かである.¶zhè rén hěn ～[这人很～]この人は信頼できる／tā de huà bù ～[他的话不～]彼の言葉は信用できない.

kěkǒu 可口[形](～儿)口に合う.おいしい.¶háishi jiāli de cài ～[还是家里的菜～]やっぱり家の料理はおいしい.

*__kèkǔ 刻苦__[形]骨身を惜しまない.苦労している.¶～ xuéxí[～学习]一生懸命勉強する／tā hěn cōngmíng,dànshì bútài ～[他很聪明，但是不太～]彼はとても賢いがあまり努力しない.

kēlì 颗粒[名]❶粒.¶zhèi chuàn zhēnzhū ～ dàxiǎo bùyī[这串珍珠～大小不一]この真珠は粒の大きさが不ぞろいだ.❷(穀物の)一粒.¶zhuāngjia ～ wèi shōu[庄稼～未收]作物は一粒もとれなかった.

*__kělián 可怜__[形]❶哀れである.かわいそうである.¶zhè háizi zhēn ～[这孩子真～]この子は本当にかわいそうだ／～ de xiǎo māo[～的小猫]かわいそうな子ネコ.❷哀れなほどひどい.情けないほどひどい.¶kūde ～[哭得～]ひどく泣く／zhè diǎnr qián,zhēn shì shǎode ～[这点儿钱，真是少得～]これっぽっちのお金じゃ少なくて話にならない.[動]同情する.哀れむ¶～ gū'ér[～孤儿]孤児に同情する.

kèlóng 克隆[名]❶クローン.❷(派生

K

義として）複製.コピー.

kēmù 科目［名］科目.

*__kěn 肯__［助動］進んで…する.¶nǐ ～ bāng wǒ de máng ma?［你～帮我的忙吗?］手伝ってくれますか／méi rén ～ qù［没人～去］誰も行きたがらない.

kěn 啃［動］かじる.¶～ gǔtou［～骨头］骨についている肉をかじって食べる／～ yì kǒu［～一口］1口かじる.➡ 見る類 p.603

*__kěndìng 肯定__［動］❶肯定する.認める.↔ fǒudìng 否定 ¶zhèi cì huìyì ～ le wǒmen qǔdé de chéngjì［这次会议～了我们取得的成绩］今回の会議で私たちのあげた成果が認められた. ❷断言する.はっきり言う.¶zhèi jiàn shì jiūjìng zěnmeyàng, wǒ yě bù néng ～［这件事究竟怎么样，我也不能～］この事が最終的にどうなるか,私にもはっきり言えません.［副］必ず.間違いなく.¶zhèng shì xiàbān shíjiān, zuò gōnggòng qìchē de rén ～ hěn duō［正是下班时间，坐公共汽车的人～很多］ちょうど帰宅時だからバスはきっと混んでいるはずだ.

⁑**kěnéng 可能**［形］可能である.…できる.¶yǐ mùqián de yīliáo jìshù,zhìyù zhèi zhǒng bìng hái búdà ～［以目前的医疗技术，治愈这种病还不大～］現在の医療技術ではこの病気の治療はまだ不可能に近い／zài ～ de fànwéi nèi［在～的范围内］可能な範囲.［副］おそらく.たぶん.¶tā ～ wàng le［他～忘了］彼はたぶん忘れてしまったのだろう／～ shì jìsuàn shang chūle cuò［～是计算上出了错］たぶん計算を間違えたのだろう.［名］可能性.¶méiyou chénggōng de ～［没有成功的～］成功の可能性がない／yǒu zhèi zhǒng ～［有这种～］そういう可能性がある.

†**kēng 坑**［名］(～儿)地面の穴.くぼみ.¶wā ～［挖～］穴を掘る／shuǐ～［水～］水たまり.［動］陥れる.だます.¶～ rén［～人］人を陥れる.

kěnqiè 恳切［形］丁寧である.真心がこもっている.¶yáncí ～［言词～］言葉に真心がこもっている.

kěnqiú 恳求［名］ねんごろに頼む.

*__kěpà 可怕__［形］恐ろしい.怖い.¶tā shēngqì de shíhou zhēn ～［他生气的时候真～］彼は怒ると本当に怖い／～ de shìqing zhōngyú fāshēng le［～的事情终于发生了］恐ろしいことがついに起きた.➡ 類義語 hàipà 害怕

†**kēpǔ 科普**［名］科学の普及.“科学普及”kēxué pǔjíの略.¶tā xǐhuan ～ dúwù［他喜欢～读物］彼は科学普及のための読み物が好きだ.

⁑**kè·qi 客气**［形］丁寧である.礼儀正しい.¶tā dài rén hěn ～［他待人很～］彼は礼儀正しく人に接する／shuō ～ huà［说～话］お世辞を言う.［動］遠慮する.¶duō chī diǎnr,bié ～［多吃点儿，别～］もっと食べて,遠慮しないでください／nà wǒ jiù bú ～ le［那我就不～了］それでは遠慮なく.

†**kěqiǎo 可巧**［副］折よく.折悪しく.¶～ tā liǎ shì tóng yì tiān de shēngri［～他俩是同一天的生日］偶然にも彼ら2人は誕生日が同じ日だった／wǒmen zhèng shuōzhe tā,～ tā jiù láile diànhuà［我们正说着他，～他就来了电话］私たちが彼のことを話していた時ちょうど彼から電話があった.

*__kè·rén 客人__［名］〔wèi 位〕客.訪問者.↔ zhǔrén 主人 ¶zhāodài ～［招待～］客をもてなす.

kèshāng 客商［名］商用の客.行商人.¶huānyíng ～ qiánlái qiàtán［欢迎～前来洽谈］お客様のご来社をお待ち申しあげます.

⁑**kěshì 可是**［接］しかし.だが.けれど.¶zhè dìfang lí shì zhōngxīn yuǎn shì yuǎnle diǎnr,～ huánjìng búcuò［这地方离市中心远是远了点儿，～环境不错］ここは市の中心から遠いことは遠いが環境はなかなかよい／suīrán xiàzhe xuě,～ bìng bù juéde lěng［虽然下着雪，～并不觉得冷］雪が降っているけれどそれほど寒く感じない.［副］実に.まったく.¶tā ～ bānli shǔ yī shǔ èr de hǎo xuésheng［他～班里数一数二的好学生］彼はクラスで1,2位を争う実に優秀な生徒だ.➡ 類義語 dànshì 但是

kèshí 课时［名］1回の授業時間.

K

☆**ké·sou 咳嗽**[動]咳をする.¶tā ài ～[他爱～]彼はよく咳をする／～de lìhai[～得厉害]咳がひどい.

†**kètáng 课堂**[名]教室.¶～ tǎolùn[～讨论]ゼミナール／～ zuòyè[～作业]教室での練習問題.➡類義語 jiàoshì 教室

kètí 课题[名]課題.

†**kètīng 客厅**[名]応接室.客間.

†**kěwàng 渴望**[動]切望する.渇望する.¶～ zìyóu[～自由]自由を渇望する.

☆**kèwén 课文**[名]教科書中の本文.¶niàn ～[念～]教科書の本文を朗読する.

kěwù 可恶[形]憎らしい.しゃくにさわる.¶zhèixiē rén dàochù luàn diū lājī, zhēn ～[这些人到处乱丢垃圾，真～]この人たちはどこでもごみを捨てて本当にひどい.

†**kěxī 可惜**[形]惜しい.残念である.¶bǎ shíjiān huāzai zhè shàngmian, shízài tài ～[把时间花在这上面，实在太～]時間をこんな事に使うなんて本当にもったいない／zhèli fēngjǐng zhēn měi,～ méi dài zhàoxiàngjī[这里风景真美，～没带照相机]ここの景色は本当にきれいだが,残念なことにカメラを持って来なかった.

kěxǐ 可喜[形]喜ばしい.¶～ kěhè[～可贺]喜ばしくてめでたい／qǔdéle ～ de jìnbù[取得了～的进步]喜ばしい進歩を得た.

kě xiǎng ér zhī 可想而知成想像できる.¶dāngshí de kùnnan qíngkuàng ～[当时的困难情况～]当時の困難な状況は想像がつく.

†**kěxiào 可笑**[形]おかしい.ばかげている.¶tā tíle yí ge fēicháng ～ de wèntí[他提了一个非常～的问题]彼は大変おかしな質問をした.

†**kěxíng 可行**[形]現実的である.実行してよい.¶wǒmen rènwéi zhèige jìhuà shì ～ de[我们认为这个计划是～的]この計画は実行に移してよいと思う.

☆**kēxué 科学**[名]科学.¶zìrán ～[自然～]自然科学／shèhuì ～[社会～]社会科学.[形]科学的である.¶～ de fāngfǎ[～的方法]科学的方法／zhèi zhǒng shuōfa bù ～[这种说法不～]そういう言い方は科学的ではない.

*__kēxuéjiā 科学家__[名]科学者.

*__kēxuéyuàn 科学院__[名]科学院.アカデミー.¶shèhuì ～[社会～]社会科学院.

*__kēyán 科研__[名]科学研究."科学研究"kēxué yánjiūの略.¶gǎo ～[搞～]科学研究に従事する／～ chéngguǒ[～成果]科学研究の成果.

☆**kěyǐ 可以**[助動]❶(可能を表す)…できる.…られる.¶míngtiān nǐ ～ lái ma?[明天你～来吗?]明日あなたは来ることができますか.❷(許可を表す)…してもよろしい.¶zhèr ～ chōu yān[这儿～抽烟]ここはタバコを吸ってよい.

*__kěyǐ 可以__[形]❶比較的よい.まあまあである.悪くない.¶zhèige cài wèidao hái ～[这个菜味道还～]この料理の味はなかなかだ／wénzhāng hái ～,jiùshì zì tài zāo le[文章还～，就是字太糟了]文章はまあまあだが,字がひどい.❷ひどい.すごい.(多く望ましくないことについて言う)¶zhème wǎn cái lái,nǐ kě zhēn gòu ～ de[这么晚才来，你可真够～的]こんなに遅れて来るなんてひどいじゃないか／zhè wūzi zhēn shì luànde ～ ya![这屋子真是乱得～呀!]この部屋の汚さは本当にひどすぎる.

*__kēzhǎng 科长__[名]課長.

*__kōng 空__[形]空っぽである.中身がない.¶～ xiāngzi[～箱子]空き箱／～zhe shǒu[～着手]手ぶらで.[副]無駄に.むなしく.¶～ pǎole yí tàng[～跑了一趟]無駄足を踏む.➡kòng

*__kǒng 孔__[名]穴.¶zuān ～[钻～](きりなどで)穴をあける／bí～[鼻～]鼻孔.鼻の穴.

†**kòng 空**[動]空ける.空にする.¶～chu yì jiān wūzi dàng shūfáng yòng[～出一间屋子当书房用]1部屋空けて書斎にする.[形]空いている.¶～dì[～地]空き地／chēli ～de hěn[车里～得很]車内はがらがらにすいている.[名](～儿)❶空いた時間.暇.¶xīngqītiān nǐ yǒu ～ ma?[星期天你有～吗?]日曜日暇ですか／chōu～[抽～]

暇をつくる.❷空いた場所.¶tián～[填～](試験問題の)空欄を埋める.→kōng

kòngbái 空白[名]空白.余白.

†**kǒngbù 恐怖**[形]怖い.恐ろしい.¶nà chǎngmiàn tài ～ le[那场面太～了]その場面はとても恐ろしかった.[名]恐怖.テロ.¶～ fènzǐ[～分子]テロリスト/～ huódòng[～活动]テロ活動.

kōngdòng 空洞[名]空洞.[形]〈貶〉内容がない.非現実的である.¶wénzhāng xiěde hěn ～[文章写得很～]文章に内容がない.

kōnghuà 空话[名]くだらない話.空論.¶bié shuō ～[别说～]くだらないことを言うな/shǎo shuō diǎn ～,duō gàn diǎn shíshì[少说点～，多干点实事]机上の空論はやめて,実際に行動せよ.

*__kōngjiān 空间__[名]空間.¶lìyòng ～[利用～]空間を利用する.

kǒngjù 恐惧[動]恐れる.おじける.¶～ bù'ān[～不安]おじけづいてびくびくする.

†**kōngjūn 空军**[名]空軍.

kōngnàn 空难[名]飛行機などで飛行中に起こる災難.航空機事故.¶zuótiān mǒu hángkōng gōngsī de fēijī fāshēngle ～[昨天某航空公司的飞机发生了～]昨日ある航空会社の飛行機が事故を起こした/～ de yuányīn hái wèi chámíng[～的原因还未查明]航空機事故の原因はまだわかっていない.

*__kǒngpà 恐怕__[副]❶(よくない結果を予想して)おそらく.¶xiànzài qù ～ láibují le[现在去～来不及了]今から行ってもたぶん間に合わないだろう.❷(およその推測で)おそらく.たぶん.¶nà rén ～ yǒu yì mǐ bā de gètóu[那人～有一米八的个头]あの人は背が180センチはあるだろう.

⁑**kōngqì 空气**[名]❶空気.¶xīnxiān ～[新鲜～]新鮮な空気.❷雰囲気.¶zhèige bān de xuéxí ～ hěn nóng[这个班的学习～很浓]このクラスの学習しようという雰囲気は強い.

*__kōngqián 空前__[名]空前.前例のないこと.¶jīngjì dédàole ～ de fāzhǎn[经济得到了～的发展]経済はかつてない発展を遂げた.

kǒng·què 孔雀[名]〔zhī 只〕クジャク.¶～ kāipíng[～开屏]クジャクが尾羽を広げる.

kòngsù 控诉[動]訴える.告発する.

†**kōngtiáo 空调**[名]エアコン.¶zhuāng ～[装～]エアコンを取り付ける.

kòngxì 空隙[名]すきま.合間.¶zhè jǐ kē shù zhī jiān ～ tài xiǎo le[这几棵树之间～太小了]これらの木の間のすきまが狭すぎる/lìyòng gōngzuòjiān de ～ xuéxí Yīngyǔ[利用工作间的～学习英语]仕事の空き時間を利用して英語を勉強する.

†**kōngxiǎng 空想**[名]空想する.想像する.

kōngxīn 空心[形]内部が空である.¶～ de luóbo bù hǎochī[～的萝卜不好吃]すが入ったダイコンはおいしくない/～cài[～菜]エンサイ.ヨウサイ.アサガオナ.クウシンサイ.

kōngxū 空虚[形]空虚である.空っぽである.

*__kòngzhì 控制__[動]抑える.制御する.コントロールする.¶～ rénkǒu zēngzhǎng[～人口增长]人口増加を制御する/～buzhù zìjǐ de gǎnqíng[～不住自己的感情]自分の感情を抑えきれない.

*__kōngzhōng 空中__[名]空中.空.¶fēijī zài ～ pánxuán[飞机在～盘旋]飛行機が空中で旋回する/～ xiǎojie[～小姐]スチュワーデス.

kōu 抠[動]❶ほじる.¶～ bízi[～鼻子]鼻をほじる/～chulai[～出来]ほじくり出す.❷せんさくする.ほじくる.¶～ zìyǎn[～字眼]字句をあげつらう.[形]けちけちする.しみったれる/zhè rén zhēn ～[这人真～]実にけちな人だ.

⁑**kǒu 口**[名]❶口.(話し言葉では一般に"嘴"zuǐという)❷(～儿)口に似たもの.¶píng～[瓶～]瓶の口/chā～[插～]ソケット.❸(～儿)出入り口.¶mén～[门～]出入り口/chū～[出～]出口.❹(～儿)傷口.裂け目.¶

K

mǐdài lièle ge ～r[米袋裂了个～儿]米袋に穴が開いた／shāng～[伤～]傷口.[量]❶家庭の人数を示す.¶wǒ jiā yǒu sì ～ rén[我家有四～人]私の家は4人家族です／nǐ jiā yǒu jǐ ～ rén?[你家有几～人?]お宅は何人家族ですか.❷家畜を数える.(主にブタ)¶yì ～ zhū[一～猪]ブタ1頭.❸井戸を数える.¶yì ～ jǐng[一～井]井戸1つ.

*kòu 扣[動]❶かける.はめる.¶～kòuzi[～扣子]ボタンをはめる／nǐ bǎ mén ～shang[你把门～上]門に掛け金をかけなさい.❷(器物などを)伏せる.かぶせる.¶bǎ wǎn ～zai pánzi shang[把碗～在盘子上]お碗を皿の上にかぶせてふたをする.❸拘留する.取り押さえる.¶～zhu zǒusīfàn[～住走私犯]密貿易犯を捕まえる.❹差し引く.天引きする.¶～ gōngzī[～工资]給料を差し引く／zhé～[折～]割り引き.

kǒu'àn 口岸[名]港.

kǒucái 口才[名]弁舌の才.¶tā ～ hǎo[他～好]彼は弁が立つ.

*kǒu·dai 口袋[名](～儿)❶ポケット.¶zhōngshānfú yǒu sì ge ～[中山服有四个～]中山服にはポケットが4つある／qián fàngzai shàngyī ～li[钱放在上衣～里]お金は上着のポケットに入れた.❷〔tiáo 条〕袋.¶zhǐ ～[纸～]紙袋.

*kǒuhào 口号[名]〔jù 句〕スローガン.¶hǎn ～[喊～]スローガンを唱える／tíchule "zhìliàng dì yī" de ～[提出了"质量第一"的～]「品質第一」のスローガンを出した.

> 類義語 **kǒuhào 口号**
> **biāoyǔ 标语**
> ►どちらも何かを宣伝するためのスローガンであるが,"标语"は文字に書き,人に読まれることを目的としたもの.¶一路上贴着很多大标语 yílù shang tiēzhe hěn duō dà biāoyǔ(街頭にはたくさんの大きなスローガンが貼り出してある)►"口号"は主として声に出して,人に聞かせるもの.¶大家一边游行一边喊口号 dàjiā yìbiān yóuxíng yìbiān hǎn kǒuhào(人々はデモ行進をしながら,スローガンを叫んだ)

kǒuhóng 口红[名]口紅.¶mǒ ～[抹～]口紅を塗る.

†kǒu·qì 口气[名]❶語気.鼻息.¶rén bú dà ～ dào bù xiǎo[人不大～倒不小]若いくせに生意気だ.❷口ぶり.話しぶり.¶tīng tā de ～,hǎoxiàng búdà shùnlì[听他的～，好像不大顺利]彼の口ぶりではあまり順調ではないようだ.

kǒuqiāng 口腔[名]口腔(こうこう).

kǒu ruò xuán hé 口若悬河成立て板に水が流れるように話によどみがない.¶zhǐyào tā yì kāikǒu,jiù ～ de tíngbuzhù le[只要他一开口，就～地停不住了]彼は話し始めると立て板に水で止まらなくなる.

†kǒushì 口试[名]口頭試問.↔ bǐshì 笔试

†kǒutóu 口头[名]口先.口頭.¶～ fānyì[～翻译]通訳／～ huìbào[～汇报]口頭報告.

kǒutóuyǔ 口头语[名]口癖.¶tā yǒu yí ge ～ lǎo shuō "duì bú duì?"[她有一个～老说"对不对？"]「そうでしょう?」というのは彼女の口癖だ.

kǒuxiāngtáng 口香糖[名]チューインガム.¶jiáo ～[嚼～]ガムをかむ.

⁑kǒuyǔ 口语[名]口語.話し言葉.

kǒuzhào 口罩[名](～儿)マスク.¶dài ～[戴～]マスクをする／zhāi ～[摘～]マスクをはずす.

kòu·zi 扣子[名]❶結び目.❷ボタン.

†kū 枯[動](草木や水が)枯れる.¶jǐ tiān méi jiāo shuǐ,huār quán ～ le[几天没浇水，花儿全～了]何日も水をやっていなかったので,花はみんな枯れてしまった／quánshuǐ yǐjing ～ le[泉水已经～了]泉の水はもう枯れてしまった.

⁑kū 哭[動]泣く.泣き叫ぶ.¶háizi ～le hǎo bàntiān[孩子～了好半天]子供はずっと泣いていた／bié ～ le[别～了]泣かないで.

⁑kǔ 苦[形]❶苦い.↔ tián 甜¶zhè yào hěn ～[这药很～]この薬は苦い／tài

K

～ le[太～了]とても苦い.❷苦しい.¶guò ～ rìzi[过～日子]つらい日々を送る／shēnghuó hěn ～[生活很～]生活が苦しい.[動]苦しむ.苦しませる.¶zhèyàng zuò zhǐshì ～ le zìjǐ, jiějuébuliǎo wèntí[这样做只是～了自己,解决不了问题]こうやっても自分を苦しめるだけで,問題の解決にはならない.

kù 库[名]倉.倉庫.¶shuǐ～[水～]ダム／zīliào～[资料～]資料庫.

kù 酷[形]かっこいい.魅力的である.いかす.英語のcoolの音訳.男性・女性・物のどれに対しても使うことができる.¶tā tǐng ～ de[他挺～的]彼はけっこうかっこいい.

†**kuā 夸**[名]❶大げさに言う.¶～kǒu[～口]ほらを吹く.❷ほめる.¶～ háizi[～孩子]子供をほめる／dàjiā dōu ～ tā zì xiěde hǎo[大家都～他字写得好]みんな彼は字がうまいとほめる.

†**kuǎ 垮**[名]壊れる.つぶれる.¶jīngshén ～ le[精神～了]精神的にまいってしまう／shēntǐ lèi～[身体累～]疲れ果てて体を壊す.

kuà 挎[動](腕・肩・腰に)かける.¶～ lánzi[～篮子]かごを提げる／jiānshang ～zhe yí ge dà shūbāo[肩上～着一个大书包]肩に大きなかばんをかけている.

*****kuà 跨**[動]❶またぐ.¶～guo lángān[～过栏杆]柵を越える／～jin dàmén[～进大门]玄関を入る.❷またがる.¶～zai mǎshang[～在马上]馬にまたがる.❸(空間・時間を)またがる.¶～ zhuānyè xuǎn kè[～专业选课]専門を越えて授業を選択する.

kuàguó gōngsī 跨国公司[名]〔経〕多国籍企業.¶zhèi jiā ～ hěn yǒu shìli[这家～很有势力]この多国籍企業は大きな力を持っている.

⁂**kuài 快**[形]❶(速度が)速い.↔ màn 慢¶shíjiān guòde zhēn ～[时间过得真～]時間が過ぎるのは本当に早い／pǎode ～[跑得～]走るのが速い.❷反応が速い.↔ màn 慢¶nǎozi ～[脑子～]頭の回転が速い.❸(刃物などが)切れる.↔ dùn 钝¶zhè dāo hěn ～,xiǎoxīn diǎnr[这刀很～，小心点儿]このナイフはとてもよく切れるので気をつけなさい.[副](文末に"了"leを伴って)もうすぐ.間もなく.¶tā ～ èrshí le[他～二十了]彼はもうすぐ20歳になる／wǒ xué Hànyǔ ～ liǎng nián le[我学汉语～两年了]中国語を勉強してもうすぐ2年になる.

⁂**kuài 块**[名](～儿)塊状のもの.¶bǎ ròu qiēchéng ～[把肉切成～]肉をぶつ切りにする.[量]塊になったものを数える.¶yí ～ táng[一～糖]あめ玉1つ／yí ～ shítou[一～石头]石1つ／yí ～ shǒubiǎo[一～手表]腕時計1つ.

†**kuàicān 快餐**[名]ファーストフード.¶～diàn[～店]ファーストフード店.

kuàicāndiàn "快餐店"(ファーストフード店)

†**kuài·huo 快活**[形]楽しい.愉快であ

表現Chips
急がせる

快点儿! Kuài diǎnr!(急いで!)
别磨蹭了! Bié móceng le!(ぐずぐずしないで!)
抓紧点儿! Zhuājǐn diǎnr!(急いでください!)
这么晚了, 还不赶快回去! Zhème wǎn le,hái bù gǎnkuài huíqu!
(もうこんな時間だよ,はやく帰らないと!)

る.¶xīnli shífēn ～[心里十分～]とても嬉しい.

kuài·jì 会计[名]会計.出納係.注“会计”の“会”はhuìではなくkuàiと読む.

*kuàilè 快乐**[形]楽しい.満足である.¶wǒmen wánrde hěn ～[我们玩儿得很～]私たちは楽しく遊んだ／zhù nǐ shēngri ～![祝你生日～!]お誕生日おめでとう.

kuàisù 快速[区]快速の.高速の.¶～ shèyǐng[～摄影]スピード写真.

*kuài·zi 筷子**[名]〔shuāng 双,gēn 根〕箸.¶yòng ～ jiā cài[用～夹菜]箸でおかずを取る.

kuājiǎng 夸奖[名]ほめる.¶dàjiā dōu ～ tā nénggàn[大家都～他能干]皆彼は有能だとほめる.

*kuān 宽**[形]❶(幅や範囲が)広い.↔zhǎi 窄¶mǎlù hěn ～[马路很～]道幅が広い／zhīshimiàn ～[知识面～]知識の範囲が広い.❷寛大である.厳しくない.¶duì jǐ yán,duì rén ～[对己严，对人～]自分に厳しく,人に寛大だ.❸豊かである.余裕がある.¶shǒutóu bù ～[手头不～]懐に余裕がない.[動]緩める.広くする.[名]幅.広さ.¶zhèi tiáo lù yǒu sān mǐ ～[这条路有三米～]この道は3メートルの幅だ.

*kuǎn 款**[名]金.金額.¶qǔ～[取～]お金をおろす／cún～[存～]預金する.

kuān·chang 宽敞[形]広々としている.¶yuànzi ～[院子～]庭が広々としている／～ de jiàoshì[～的教室]広々とした教室.

kuāndà 宽大[形]❶広くて大きい.❷寛大である.

†**kuǎndài 款待**[動]歓待する.もてなす.¶～ kèrén[～客人]客をもてなす.

†**kuāng 筐**[名](～儿)かご.

†**kuáng 狂**[形]❶気が狂っている.正気を失う.¶fā～[发～]発狂する.❷威張っている.¶zhèige rén tài ～[这个人太～]傲慢なやつだ.

*kuàng 矿**[名]鉱脈.¶jīn～[金～]金鉱.

kuàng 框[名]枠.縁.¶chuāng～[窗～]窓枠／mén～[门～]ドア枠.

kuàngcáng 矿藏[名]地下資源.¶～ fēngfù[～丰富]地下資源が豊富である.

kuàngchǎn 矿产[名]鉱物.¶～ zīyuán[～资源]鉱物資源.

†**kuángfēng 狂风**[名]激しい風.¶～ bàoyǔ[～暴雨]暴風雨.

kuàng//gōng 旷工[動]無断欠勤する.

kuàng//kè 旷课[動]授業をサボる.¶zhè xuéqī kuàngle sān cì kè[这学期旷了三次课]今学期授業を3回サボった.

†**kuàngqiě 况且**[接]まして.その上.後に“又”yòu,“也”yě,“还”háiなどを伴って用いることが多い.¶Běijīng dìfang nàme dà,～ nǐ yòu bù zhīdào tā de dìzhǐ,yíxiàzi zěnme néng zhǎodao tā ne?[北京地方那么大，～你又不知道他的地址，一下子怎么能找到他呢?]こんなに広い北京で,その上住所も知らないのに,すぐに彼を探し出せるわけがない.

*kuàngquánshuǐ 矿泉水**[名]ミネラルウォーター.

kuàngshān 矿山[名]鉱山.

†**kuàngshí 矿石**[名]鉱石.

kuānguǎng 宽广[形](面積や範囲が)広い.

kuángwàng 狂妄[形]思い上がっている.¶tā shuō de kǒuqì ～de hěn[他说的口气～得很]彼の口ぶりは非常に高慢だ.

kuàngwùzhì 矿物质[名]ミネラル.¶tīngshuō wēnquán li hányǒu fēngfù de ～[听说温泉里含有丰富的～]温泉には豊富なミネラル分が含まれているそうだ.

†**kuānkuò 宽阔**[形]広い.¶～ de mǎlù[～的马路]広々とした道路／sīlù ～[思路～]視野が広い.

K

kuǎnshì 款式[名]デザイン.様式.¶ zhèi zhǒng ～ de yīfu nín juéde zěnmeyàng?[这种～的衣服您觉得怎么样?]このようなデザインの服はいかがでしょうか.

kùcún 库存[名]在庫品.ストック.

kùfáng 库房[名]物置小屋.倉庫.

kuī 亏[動]❶損をする.¶chī～[吃～]損をする/～le hěn duō qián[～了很多钱]大金を損した.❷欠ける.不足する.¶lǐ～[理～]理に欠ける.[副]❶幸いにも.…のおかげで.¶～ nǐ tíxǐng,yàobù wǒ kěndìng yòu wàng le[～你提醒，要不我肯定又忘了]君が注意してくれなかったら,私はきっとまた忘れていた.❷よくまあ.…のくせに.¶～ nǐ shì ge dúshūrén,zhè diǎn dàoli dōu bù dǒng[～你是个读书人，这点道理都不懂]インテリのくせしてこんな道理もわからないのか.

K

kuī//běn 亏本[動](～儿)元手をする.

kuíhuā 葵花[名]〔植〕ヒマワリ.“向日葵”xiàngrìkuíともいう.

kuīsǔn 亏损[動]損を出す.¶zhèi bǐ mǎimai ～ tài duō[这笔买卖～太多]この商売は損が多すぎる.

†**kū·long 窟窿**[名]穴.洞穴.

*__kǔn 捆__[動]くくる.縛る.¶～ xíngli[～行李]荷物をまとめる.[量](～儿)(縛って束になったものを数える)束.把(わ).¶yì ～ cōng[一～葱]ネギ1把.

*__kùn 困__[動]困る.窮する.行き詰まる.¶chēzi pāomáo,tāmen bèi ～zai bànlù shang[车子抛锚，他们被～在半路上]車が故障し,彼らは途中でどうにもならなくなってしまった.[形]眠い.¶yí shàngkè jiù fàn～[一上课就犯～]授業に出るとすぐ眠くなる.

kǔnàn 苦难[名]苦難.苦しみ.¶～ de yìshēng[～的一生]苦難の生涯.

kǔnǎo 苦脑[動]悩む.苦悩する.¶nǐ búyòng wèi zhèi jiàn shì ～[你不用为这件事～]この事で悩むことはない.[名]悩み¶zìjǐ de ～ tā cóng bú duì wàirén shuō[自己的～他从不对外人说]彼は自分の悩みを今まで人に言ったことがない.

kǔnbǎng 捆绑[動]❶縛る.¶ yídìng yào ～ jiēshi[一定要～结实]しっかりと縛らなければならない.❷商品を抱き合わせにする.バンドル.¶zhèige ruǎnjiàn hé diànnǎo ～zai yìqǐ xiāoshòu[这个软件和电脑～在一起销售]このソフトをパソコンと一緒に抱き合せて販売している.

†**kūnchóng 昆虫**[名]昆虫.

kùnhuò 困惑[形]困惑している.¶wǒ yě duì zhèi jiàn shìqing gǎndào ～[我也对这件事情感到～]私もこのことに戸惑いを感じている.

kùnkǔ 困苦[形](生活が)苦しく辛い.

⁑**kùn·nan 困难**[形]困難である.苦しい.障害が多い.¶hūxī ～[呼吸～]呼吸が苦しい.[名]困難.苦しみ.¶kèfú ～[克服～]困難を克服する/nǐ yǒu shénme ～ jǐnguǎn gàosu wǒ[你有什么～尽管告诉我]困ったことがあったらすぐ言ってください/gōngzuò zhōng yǒu hěn duō ～[工作中有很多～]仕事上の障害が多い.

†**kuò 阔**[形]贅沢である.金持ちである.¶tā jiāli hěn ～[他家里很～]彼の家は金持ちだ.

kuòchōng 扩充[動]拡充する.¶～ shèbèi[～设备]設備を拡充する/～ lìliang[～力量]勢力を拡大する.

*__kuòdà 扩大__[動]拡大する.広める.¶～ yǎnjiè[～眼界]視野を広げる/～ shēngchǎn guīmó[～生产规模]生産の規模を拡張する.

kuòjiàn 扩建[動](建物を)増築する.拡張する.¶～ chǎngfáng[～厂房]工場を拡張する.

kuò·qi 阔气[形]豪華である.派手である.

kuòsàn 扩散[動]拡散する.広める.¶áibiàn yǐjing ～ le[癌变已经～了]がんはすでに拡散している.

kuòzhǎn 扩展[動]広がる.発展する.¶shìli ～[势力～]勢力が広がる.

kuòzhāng 扩张[動]広げる.拡張する.¶～ shìli[～势力]勢力を拡大する.

kū xiào bù dé 哭笑不得㊒泣くに泣けず,笑うに笑えず.¶tā lǘ tóu bú duì mǎ zuǐ de huídá,ràng lǎoshī ～

[他驴头不对马嘴的回答，让老师～]彼のとんちんかんな回答は教師を苦笑いさせた.

kūzào 枯燥[形]単調である.味気ない.¶shēnghuó ～[生活～]生活が単調である／nèiróng ～ wúwèi[内容～无味]内容が単調で味気ない.

***kù·zi 裤子**[名]〔tiáo 条〕ズボン.スラックス.パンツ.¶chuān ～[穿～]ズボンをはく／tuō ～[脱～]ズボンを脱ぐ／～ féi[～肥]ズボンがゆったりしている.

谜语 答えがKで始まるなぞなぞ 1

姐妹俩，	Jiěmèi liǎ,	姉と妹,
一样长，	yíyàng cháng,	おんなじ背丈,
是咸还是淡，	shì xián háishi dàn,	味がからいかうすいかは,
她们先来尝。	tāmen xiān lái cháng.	まずは二人が味見する.

(答えは346～347ページの中に)

谜语 答えがKで始まるなぞなぞ 2

两口小小井，	Liǎng kǒu xiǎoxiǎo jǐng,	2つの小さなお井戸,
上面共个口，	shàngmian gòng ge kǒu,	上は口が共通で,
井里没有水，	jǐngli méiyou shuǐ,	井戸の中には水がなく,
只住半个人。	zhǐ zhù bàn ge rén.	ただ半分の人が住む.

(答えはこの見開き2ページの中に)

L,l

☆lā 拉[動]❶引く.引っ張る.¶～ chē[～车]車を引く／shǒu ～ shǒu[手～手]手をつなぐ.❷引き伸ばす.¶～cháng[～长]引き伸ばす／～miàn[～面]麺を延ばす.❸(弓でこする楽器を)演奏する.¶～ xiǎotíqín[～小提琴]バイオリンを弾く／～ èrhú[～二胡]二胡を弾く.❹排泄する.¶～ dùzi[～肚子]お腹をこわす.❺取り入る.¶～ guānxi[～关系]渡りをつける／～ jiāoqing[～交情]関係をつける.→ 見る類 p.146

là 落[動]❶抜ける.脱落する.¶zhōngjiān ～le jǐ ge zì[中间～了几个字]真ん中の字がいくつか抜けている／yí zì bú ～ de bèixialai[一字不～地背下来]一語も抜かずに覚える.❷(物を)忘れる.¶nǐ méi ～ shénme dōngxi ma?[你没～什么东西吗?]何か忘れ物はないですか.❸遅れる.取り残される.¶～zai hòumian[～在后面]後ろに取り残される.→luò

*là 辣[形]❶辛い.¶sìchuāncài tèbié ～[四川菜特别～]四川料理はとりわけ辛い／nǐ néng chī ～ de ma?[你能吃～的吗?]辛いものは食べられますか.❷むごい.残酷である.¶shǒuduàn ～[手段～]やり方がむごい.

☆·la 啦[助]"了"leと"啊"aの合音.文末に用いて感嘆を表す.¶chīfàn ～[吃饭～]ご飯ですよ／bàba huílai ～[爸爸回来～]お父さんが帰って来たよ.

†lǎ·ba 喇叭[名]❶ラッパ.またラッパに似た音のするもの.¶chuī ～[吹～]ラッパを吹く／qìchē ～[汽车～]車のクラクション.❷スピーカー.¶gāoyīn ～[高音～]拡声器.ラウドスピーカー.

☆lái 来[動]❶来る.↔ qù 去 ¶tā míngtiān ～ Běijīng[他明天～北京]彼は明日北京に来る／～ zhèr liǎng ge yuè le[～这儿两个月了]ここに来て2ヵ月になる.❷(ある動作を)する.やる.¶chàngde zhēn hǎo,zài ～ yí ge[唱得真好，再～一个]なかなか歌がお上手だ,もう1曲歌ってください／nǐ nábudòng,ràng wǒ ～ ba[你拿不动，让我～吧]あなたには持てませんよ,私がやりましょう.❸ほかの動詞の前に置き,ある行為を積極的に行うことを表す.¶wǒ ～ jièshào yíxià[我

文法　概数表現

概数を表すには次のようないくつかの方法がある.

1 **数詞の前に「およそ」を表す語"约"yuēを置く**

主に,数量や時間の量について用いられる.

¶约十公里 yuē shí gōnglǐ(およそ10キロメートル)

¶约五天时间 yuē wǔ tiān shíjiān(およそ5日間)

2 **数詞の後に概数を表す語を置く**

1) "来" lái(…ほど)

直前の語にかかり,±1,2割を表す.

¶十来里路 shí lái lǐ lù(5キロメートルほどの道のり)

¶四十来个人 sìshí lái ge rén(40人ほどの人)

2) "多" duō(…あまり)

直前の語にかかり,＋1,2割を表す.

¶一个多月 yí ge duō yuè(ひと月あまり)

¶十多个人 shí duō ge rén(10人あまりの人)

¶十二点多 shí'èr diǎn duō(12時過ぎ)

3) "几" jǐ(いくつ,数…)

1の位の数字に用いられる場合,"几"は量詞の前に置かれる.

¶十几个人 shíjǐ ge rén(十数人の人)

それ以外は"十" shí,"百" bǎi,"千" qiān,"万" wànなどの桁の前に置か

～介绍一下]私が紹介しましょう.[数](数詞または量詞の後に置き概数を表す)…ばかり.…ほど.¶shí ～ tiān[十～天]10日ほど／sānshí ～ suì[三十～岁]30歳前後／wǔ mǐ ～ gāo[五米～高]5メートルほどの高さ.[助]…以来.…以後.¶jìnnián ～[近年～]近年来／jǐ tiān ～[几天～]数日来.

> 語法 lái 来
> ►"来"は本来「来る」ことを表すが,具体的な動作を表す動詞の代わりに用いられることもある.例えば,レストランでメニューを決めたり,オーダーしたりする時,品物を買う時などである.後に必ず数量表現を伴う.¶我来碗鸡蛋汤 wǒ lái wǎn jīdàntāng(私は卵スープにします)／你来块蛋糕怎么样? nǐ lái kuài dàngāo zěnmeyàng?(ケーキにしたらどうですか)／咱们先来杯茶吧 zánmen xiān lái bēi chá ba(まずお茶にしましょう)

★★//•**lái 来**[動]❶動詞の後ろに置いて方向を表す.¶jìn～[进～]入ってくる／shàng～[上～]上がってくる.❷動詞の後ろに置いてある動作ができるかどうかを表す.¶shān tài gāo le,nǐ shàngde～ ma?[山太高了，你上得～吗?]山はとっても高いよ,君は登ってこられるかい?❸動詞の後ろに置いて互いの気が合っていることを表す.¶héde～[合得～]気が合う／tánbu～[谈不～]話が合わない.❹"…来…去"…lái…qùの形で動作が何度も繰り返されることを表す.¶zǒu ～ zǒu qù[走～走去]行ったり来たりする／xiǎng ～ xiǎng qù[想～想去]あれこれと考える.

†**láibīn 来宾**[名]来賓.¶gèwèi ～[各位～]来賓の皆様.

★**lái•bují 来不及**[動]間に合わない.↔ láidejí 来得及 ¶shíjiān ～ le[时间～了]時間が間に合わない／xiànzài hòuhuǐ yě ～ le[现在后悔也～了]今になって後悔しても遅い.

★**lái•dejí 来得及**[動]間に合う.↔ lái-bují 来不及 ¶xiànzài qù hái ～[现在去还～]今行けばまだ間に合う.

láifǎng 来访[動]来訪する.

†**láihuí 来回**[動]往復する.行ったり来たりする.¶～ yào yí ge yuè[～要一个月]往復するのに1ヵ月かかる／liǎngdì ～ pǎo[两地～跑]2つの場所を行ったり来たりする.[名](～儿)往復.¶dǎ ge ～[打个～]1往復する／

L

れる.

¶几十个人 jǐshí ge rén(数十人の人)

¶几百条鱼 jǐbǎi tiáo yú(数百匹の魚)

4) "左右" zuǒyòu(…ほど)

広く数量表現の後に用いられる.

➡ 類義語 zuǒyòu 左右

[数詞＋量詞]の後に置かれる.

¶二十个左右 èrshí ge zuǒyòu(20個ぐらい)

¶一年左右 yì nián zuǒyòu(1年ほど)

5) "前后" qiánhòu(…頃)

「時間」「時点」に対してのみ用いられる.

¶两点前后 liǎng diǎn qiánhòu(2時頃)

¶十一前后 Shí Yī qiánhòu(10月1日の国慶節前後)

6) "上下" shàngxià(…ぐらい)

主に年齢,高さ,重さなどに用いられる.

¶三十岁上下 sānshí suì shàngxià(30歳ぐらい)

¶一米七上下 yì mǐ qī shàngxià(1.70メートル前後)

¶十公斤上下 shí gōngjīn shàngxià(10キログラムぐらい)

3 2つの数を並べる

連続する数字を並べる場合と,1つとびの数字を並べる場合がある.

¶五六岁 wǔ liù suì(5,6歳)

¶三五天 sān wǔ tiān(3,4日,あるいは4,5日)

～piào［～票］往復切符.

lái huí lái qù 来回来去㊎(動作や話を)何度も繰り返す.¶jǐ jù huà ～ de shuō［几句话～地说］同じことを何度も言う.

～lái kàn ～来看［動］…から見ると.から言うと.…によると.¶cóng bǐsài jiéguǒ ～,tiánjìng xiàngmù réngrán shì wǒmen de ruòxiàng［从比赛结果～,田径项目仍然是我们的弱项］試合の結果から言うと,陸上競技がやはり私たちの弱点だ.

†**láikè 来客**［名］来客.お客.¶yuǎnfāng ～［远方～］遠方から客が来る.

láilì 来历［名］来歴.由来.¶～ bù míng［～不明］来歴不明.

láilín 来临［動］到来する.¶chūntiān jíjiāng ～［春天即将～］春がもうすぐやって来る.

láinián 来年［名］〈口〉来年.(普通は"明年"míngniánという)

～lái shuō ～来说［動］…から言うと.…にとっては.¶duìyú tā ～,zhè shì tèbié zhòngyào［对于他～,这事特别重要］彼にとって,これはとても大事なことだ.

†**láiwǎng 来往**［動］通行する.行き来する.¶lùshang xíngrén láilaiwǎngwǎng［路上行人来来往往］道には通行人が行き来している.→láiwang

lái·wang 来往［動］交際する.付き合う.¶liǎng jiā hù bù ～［两家互不～］両家はお互いに付き合いがない.→láiwǎng

*__lái∥xìn 来信__［動］手紙が来る.手紙をよこす.¶láile yì fēng xìn［来了一封信］手紙が1通来た／tā jīngcháng ～［她经常～］彼女はよく手紙をよこす.［名］相手からの手紙.来信.¶dúzhě ～［读者～］読者欄.

†**láiyuán 来源**［名］源.出所.¶jīngjì ～［经济～］お金の出所.［動］(後ろに"于"yúを伴って)…から生まれる.…に由来する.¶yìshù ～ yú shēnghuó［艺术～于生活］芸術は生活から生まれる.

*__láizì 来自__［動］…から来る.…から生まれる.¶～ Měiguó［～美国］アメリカから来た／yōuxiù de chéngjì ～yú píngrì de nǔlì［优秀的成绩～于平日的努力］優秀な成績は日頃の努力から生まれる.

*__lājī 垃圾__［名］ごみ.ちり.¶rēng ～［扔～］ごみを捨てる／～xiāng［～箱］ごみ箱.

†**làjiāo 辣椒**［名］〔植〕トウガラシ.

目で見る類義語 lājītǒng 垃圾桶　lājīxiāng 垃圾箱　guǒpíxiāng 果皮箱　fèiwùxiāng 废物箱

►街角にある大きなごみ箱.桶のような,一抱えもある円筒形のものが"垃圾桶"lājītǒngである.►四角い箱のような形のものはかつて"垃圾箱"lājīxiāngといった.ただ,そういう形にこだわらず,外にあるごみ箱は一般的に"垃圾箱"と呼んでかまわない.►公園などに置いてある,果物の皮や紙屑を捨てるのが"果皮箱"guǒpíxiāngで,いろいろ面白い形のものがある.モノを捨てやすいように口があいているのが普通だ.►いま都会の街角にあるごみ箱には"废物箱"fèiwùxiāngと印刷されている.しかし,話し言葉ではこのようには言わない.►オフィスなど室内にあるのは"废纸篓"fèizhǐlǒuと呼ばれる.単に"纸篓"zhǐlǒuでもよい.

lán 拦[動]遮る.止める.¶tā yào zǒu, shéi dōu ～buzhù[他要走，谁都～不住]彼が立ち去るのを誰も止められない.

⁑**lán 蓝**[名]あい色.青色.¶～tiān[～天]青空.

lǎn 懒[形]❶無精である.ものぐさである.¶tiān tài rè,～de chūmén[天太热,～得出门]暑くて出かける気にならない／hào chī ～ zuò[好吃～做]食いしん坊の怠け者.❷だるい.¶húnshēn fā～[浑身发～]全身がだるい.

*__làn 烂__[動]❶腐る.¶píngguǒ dōu ～le[苹果都～了]リンゴが腐ってしまった.❷破れてぼろぼろになる.¶wàzi dōu chuān～ le[袜子都穿～了]靴下がぼろぼろになってしまった.[形]❶破れた.ぼろぼろの.¶nǐ de yīfu ～chéng zhèige yàngzi,yě gāi mǎi jiàn xīn de le[你的衣服～成这个样子，也该买件新的了]君の服はこんなにぼろぼろなんだから,新しいのを買うべきだよ.❷柔らかい.¶ròu zhǔde hěn ～[肉煮得很～]肉が柔らかく煮込んである.

lǎnduò 懒惰[形]怠惰である.怠けている.¶zhè rén tài ～[这人太～]この人は怠け者だ.

*__láng 狼__[名]〔tiáo 条,zhī 只〕オオカミ.

*__làng 浪__[名]波.¶qǐ ～ le[起～了]波が立った.[形]ふしだらである.

lángān 栏杆[名]手すり.

lángbèi 狼狈[形]困りきっている.おちぶれて惨めである.¶zhèi cháng shìgù gǎode jīnglǐ hěn ～[这场事故搞得经理很～]この事故により社長はたいへん困っている.

làngcháo 浪潮[名]波.うねり.怒濤.

*__lǎngdú 朗读__[動]朗読する.¶～kèwén[～课文]テキストを朗読する.

*__làngfèi 浪费__[動]浪費する.無駄遣いする.¶～ shíjiān[～时间]時間を無駄にする.

làngmàng 浪慢[形]ロマンチックである.¶～ zhǔyì[～主义]ロマンチシズム.

†**lǎngsòng 朗诵**[動]朗読する.¶～le yì shǒu shī[～了一首诗]詩を朗読した.

lánhuā 兰花[名]〔植〕シュンラン.

⁑**lánqiú 篮球**[名]❶バスケットボール.¶dǎ ～[打～]バスケットボールをする.❷バスケットボールのボール.

lànyòng 滥用[動]乱用する.¶lǐngdǎo bù néng ～ zhíquán[领导不能～职权]幹部は職権を乱用してはいけない.

†**lán·zi 篮子**[名]かご.¶cài～[菜～]買い物かご.

*__lāo 捞__[動]❶(水中から)すくう.¶～yú[～鱼]魚をすくう／nǐ zài héli ～ shénme?[你在河里～什么?]川の中で何をすくっているの.❷(不正な手段で)得る.手に入れる.¶～ yì bǎ[～一把]ひともうけする／gōngjia de dōngxi bù néng ～ huíjiā[公家的东西不能～回家]公のものを家に持って帰ってはならない.

†**láo 牢**[名]監獄.牢屋.¶jiān～[监～]監獄／zuò～[坐～]監獄に入る.[形]かたくてしっかりしている.¶bǎ shéngkòu jì～ yìdiǎnr[把绳扣系～一点儿]ひもをしっかりと結びなさい／shēngcí duō dú jǐ biàn,jiù néng jìde gèng ～[生词多读几遍，就能记得更～]新出単語は何回も読めば,もっとしっかり覚えることができる.

⁑**lǎo 老**[形]❶年をとっている.老けている.↔ yòu 幼 ¶wǒ yǐjing ～ le[我已经～了]私はもう年だ.❷古い.歴史が長い.昔ながらの.¶～diàn[～店]老舗(しにせ)／～péngyou[～朋友]古くからの友人.❸もとの.いつもながらの.＝ yuánlái de 原来的 ¶wǒ háishi ～yàngzi[我还是～样子]私は相変わらずです／wǒmen zài ～dìfang jiànmiàn ba[我们在～地方见面吧]いつもの所で会おう.❹とうが立った.煮過ぎである.↔ nèn 嫩 ¶báicài tài ～le,bù hǎochī[白菜太～了，不好吃]ハクサイはとうが立っていておいしくない／ròusī búyào chǎode tài ～[肉丝不要炒得太～]肉の千切りは炒め過ぎないように.[副]❶いつも.常に.¶zhèige rén ～ ài kāi wánxiào[这个人～爱开玩笑]この人はいつも冗談を言っている／tā ～ chídào[他～迟到]彼は遅刻の常習犯だ.❷ひどく.とても.¶～ gāo de gèzi[～高的个子]とても背が高い／tàiyáng dōu ～ gāo le, hái bù qǐchuáng?［太阳都～高了，还不起床?］太陽はとっくに高くなっているのにまだ起きないのか.*［頭］❶兄弟姉妹の順序を表す.¶～'èr［～二］2番目の子供／～dà［～大］一番上の子供.長男又は長女／nǐ shì ～ jǐ?［你是～几?］あなたは兄弟の中で何番目ですか.❷1字の姓の前につけて敬意を示す.目上の人に用いる.¶～-Lǐ［～李］李さん.

類義語 lǎo 老 jiù 旧 gǔ 古
►いずれも長い時がたっていて,古いという意味の形容詞."老"と"旧"は"新"xīnに対応する."老"はプラス評価の場合が多く,"旧"は外見が古びたというマイナス評価の場合が多い.¶老朋友 lǎopéngyou(古くからの友人)／衣服旧了 yīfu jiù le(服が古くなった)►"古"は年月を経ていることに重点があり,"今"jīnと対応する.単独で述語になれない.¶古庙 gǔmiào(古寺)／古时候 gǔ shíhou(大昔)

lào 涝［動］冠水する.水浸しになる.水害.¶dàyǔ xiàle shí duō tiān,zhuāngjia quán ～ le［大雨下了十多天，庄稼全～了］大雨が十数日続き,農作物は水浸しになった／～zāi［～灾］水害.

lào 烙［動］焼く.¶～bǐng［～饼］ビン(鉄板で焼き上げた中国風のパイ).

***lǎobǎixìng 老百姓**［名］〈口〉(軍人や役人と区別して)一般庶民.民衆.民間人.

***lǎobǎn 老板**［名］商店の主人.経営者.¶nǚ～［女～］女主人.女社長.

lǎobàn 老伴［名］(～儿)老夫婦の一方.連れ合い.¶Zhāng dàye de ～ zhùyuàn le［张大爷的～住院了］張じいさんの奥さんが入院した.

lǎochéng 老成［形］老成している.¶shàonián ～［少年～］若いのにしっかりしている.

***lǎodàmā 老大妈**［名］=lǎo dàniáng 老大娘

lǎodànán 老大难［名］長い間解決されていない難しい問題.¶zhùfáng wèntí shì ge ～［住房问题是个～］住宅問題はかねてから解決しにくい大問題だ.

***lǎodà·niáng 老大娘**［名］〈口〉おばあさん.年輩の女性に対する敬称.面識のない人に用いる場合が多い.

***lǎodà·yé 老大爷**［名］〈口〉おじいさん.年輩の男性に対する敬称.面識のない人に用いる場合が多い.

⁑láodòng 劳动［動］労働する.¶tā cóngxiǎo ài ～［他从小爱～］彼は小さい頃から働き者だった.［名］労働.¶～jié［～节］メーデー／～lì［～力］労働力.

láodòng zhìdù 劳动制度［名］労働制度.¶mùqián de ～ hái yǒu bù hélǐ de dìfang［目前的～还有不合理的地方］現在の労働制度にはまだ不合理なところがある.

láofáng 牢房［名］牢獄.牢屋.¶guānzai ～［关在～］牢屋に閉じ込める.

lǎogànbù 老干部［名］古参幹部.特に1949年10月1日の新中国成立以前に革命に参加した幹部をさす.¶～men fēicháng guānxīn niánqīngrén de chéngzhǎng［～们非常关心年轻人的成长］老幹部たちは若者の成長に非常に関心を持っている.

†láogù 牢固［形］しっかりしている.頑丈である.揺るぎない.¶～ de chéngqiáng［～的城墙］堅固な城壁.

lǎohàn 老汉［名］老人.年寄り.

***lǎohǔ 老虎**［名］〔zhī 只〕トラ.¶qiū～［秋～］立秋後の猛暑.残暑／～ pìgu mōbude［～屁股摸不得］トラのお尻は触ると危ない.唯我独尊(ゆいがどくそん)でほかからの批判を一切受け付けないこと.

lǎohuà 老化［動］老化する.¶sùliào zhìpǐn róngyì ～［塑料制品容易～］プラスチック製品は劣化しやすい／zhèi zhī qiúduì duìyuán guòyú ～, pǎobudòng le［这支球队队员过于～，跑不动了］このチームは選手が若くないので,動きが鈍くなっている.

láojì 牢记［動］かたく心にとめる.

⁑láo//jià 劳驾［動］(頼み事をする時の決まり文句)すみませんが.恐れ入り

ますが.¶～,qǐng ràngrang lù[～,请让让路]すみません,道を開けてください／～,xiànzài jǐ diǎn?[～,现在几点?]すみません,今何时ですか.➡類義語 duìbuqǐ 对不起

lǎojiā 老家[名]❶故郷.実家.田舎.¶jīnnián shǔjià wǒ dǎsuan huí ～[今年暑假我打算回～]夏休みは実家に帰る予定だ.❷本籍地.¶nǐ ～ shì nǎr de?[你～是哪儿的?]どちらのご出身ですか.

†**lǎo•lao 姥姥**[名](母方の)おばあさん.外祖母.

†**lǎonián 老年**[名]老齢.年寄り.

†**lǎo•po 老婆**[名]〈口〉女房.妻.¶tā pà ～[他怕～]彼は恐妻家だ.➡類義語 fūrén 夫人

***lǎo•rén 老人**[名]老人.

†**lǎo•ren•jia 老人家**[名]〈敬〉❶年長者への尊称.¶tā ～ hái jiànzài ma?[他～还健在吗?]あの方はまだお元気ですか.❷自分や相手の両親のことをさす.

†**láo•sāo 牢骚**[動]不平.不満.¶fā ～[发～]文句を言う.

‡**lǎoshī 老师**[名]先生.教師.¶Lǐ ～[李～]李先生／wǒ jiānglái xiǎng dāng ～[我将来想当～]私は将来先生になりたい.

類義語 **lǎoshī 老师 jiàoshī 教师 jiàoyuán 教员**

►"老师"は幼稚園,学校などの先生.多く話し言葉で用いられる.¶数学老师 shùxué lǎoshī(数学の先生)►"教师"は職業としての教師,教員で,やや改まった言い方.¶教师进修学校 jiàoshī jìnxiū xuéxiào(教師研修学校)►"教员"は職務区分を表す言い方.学校内部で教学を担当する者をさす.¶他是职员,我是教员 tā shì zhíyuán,wǒ shì jiàoyuán(彼は事務員で私は教員だ)►"老师"は尊敬の気持ちを含み,呼びかけに用いることができる.¶{老师／×教师／×教员},您早!{lǎoshī／×jiàoshī／×jiàoyuán},nín zǎo!(先生,お早うございます)

***lǎoshì 老是**[副]いつも.¶zhè jǐ tiān ～ xià yǔ[这几天～下雨]ここ数日雨が降ってばかりいる.

***lǎo•shi 老实**[形]❶誠実である.真面目である.¶yǐhòu wǒ yào lǎolǎoshíshí de zuòrén[以后我要老老实实地做人]これから真面目に生きていかなくてはならない／zhèige rén zhōnghòu ～[这个人忠厚～]この人は情けに厚く誠実だ.❷行儀がよい.おとなしい.¶zhè háizi zhēn ～, zǒngshì zài nàr bù shēng bù xiǎng de kàn shū[这孩子真～,总是在那儿不声不响地看书]この子はおとなしい,いつも物音一つ立てずにそこで本を読んでいる.

lǎo•shǔ 老鼠[名]〔zhī 只〕ネズミ.¶Mǐ～[米～]ミッキーマウス.

lǎotàipó 老太婆[名]おばあさん.年とった女性.

***lǎotài•tai 老太太**[名]❶年輩の女性に対する敬称.❷自分または相手の母親に対する敬称.

lǎotiānyé 老天爷[名]❶天の神様.お天道様.¶wǒ xiàng ～ fāshì[我向～发誓]神様に誓う.❷驚きを表す.¶～,nǐmen zěnme bǎ wūzi nòngde zhème luàn![～,你们怎么把屋子弄得这么乱!]なんてこった,部屋をこんなに散らかし放題にするなんて.

***lǎotóur 老头儿**[名]おじいさん.年配の男性.

láowù 劳务[名]労働を提供すること.¶tā shì tōngguò ～ shūchū pàiqiǎndao Rìběn de[他是通过～输出派遣到日本的]彼は労務輸出で日本に派遣された.

láowù shìchǎng 劳务市场[名]労務市場.労務者対象の職業紹介所.¶tā zài ～ gùle yí ge zhōngdiǎngōng[他在～雇了一个钟点工]彼は労務市場でパートタイマーを1人雇った.

†**lǎoxiāng 老乡**[名]❶同郷人.¶zán liǎ shì ～[咱俩是～]私たち2人は同郷です.❷見知らぬ農民に対する親しみのこもった呼びかけ.¶～,zhèi tiáo lù tōng nǎr?[～,这条路通哪儿?]すみません,この道はどこに続いていますか.

lǎo•ye 老爷[名]かつて官吏に対す

L

る尊称として用いた言い方.現在は風刺的に用いる.旦那様.

lǎo•ye 姥爷[名]〈方〉母方のおじさん,外祖父.＝ lǎoye 老爷

lǎoyībèi 老一辈[名]一世代上の人.

lǎozì•hao 老字号[名]老舗(しにせ).¶Běijīng ～ de fànguǎn yǒu něixiē?[北京～的饭馆有哪些?]北京で老舗のレストランには,どんな所がありますか.

lǎozìhao “老字号”(しにせ)と認められたレストラン

làyuè 腊月[名]旧暦の12月.師走.

†**làzhú 蜡烛**[名]ろうそく.¶diǎn ～[点～]ろうそくをつける.

†**lè 乐**[形]楽しい.嬉しい.喜ぶ.¶tā zuǐshang bù shuō,xīnli kě ～ le[他嘴上不说，心里可～了]彼は口には出さないが,心の中ではとても喜んでいる／nǎinai ～de hébushàng zuǐ[奶奶～得合不上嘴]おばあさんは嬉しくて顔がほころんだ.[動]〈口〉笑う.にこにこする.¶nǐ ～ shénme?[你～什么?]何笑ってんだ.

‡**•le 了**[助]❶動詞・形容詞の後ろに置き,動作・行為が完了したことを表す.¶wǒ qiāo～qiāo mén,méi rén dāying[我敲～敲门，没人答应]私はドアをノックしたが返事がなかった／xià～kè zài qù[下～课再去]授業が終わってから行く／hē～ yì bēi jiǔ[喝～一杯酒]お酒を1杯飲んだ.❷文末や節末に置き,変化や新しい事態の発生を表す.¶bā diǎn ～[八点～]8時になった／tā pàng ～[他胖～]彼は太った.→liǎo

***lèguān 乐观**[形]楽観的である.↔ bēiguān 悲观 ¶tā hěn ～[他很～]彼は楽観的である.

lēi 勒[動](ひもなどで)きつく縛る.ぎゅっと締める.¶tā bèi rén ～zhule bózi[他被人～住了脖子]彼は首を締められた.

***léi 雷**[名]雷.¶dǎ～[打～]雷が鳴る.

lěi 垒[動]積み上げる.築く.¶～ yì dǔ qiáng[～一堵墙]壁を築く.

lèi 类[名]種類.¶fēn liǎng ～[分两～]2タイプに分ける／wǒmen bú shì yí ～ rén[我们不是一～人]私たちは同じタイプの人間ではない.

‡**lèi 累**[形]疲れている.¶wǒ juéde yǒu-

文法　アスペクト助詞

動作が「まもなく始まる」,「始まった」,「進行中である」,「終わった」,「かつて行われたことがある」のように,動作の展開過程のどの段階にあるかで捉えたものをアスペクトという.これらを表すには主にアスペクト助詞の“了”le,“着”zhe,“过”guoが用いられる.

①完了・実現を表す“了”

動作が完了したり,実現したことを表すには,動詞の後にアスペクト助詞の“了”をつける.

¶他吃了一碗饭 tā chīle yì wǎn fàn(彼はご飯を１杯食べた)

アスペクト助詞“了”は過去, 現在, 未来それぞれにおける「完了」を表す.

¶下了课我去找你 xiàle kè wǒ qù zhǎo nǐ(授業が終わったら君を訪ねるよ)

否定形「…しなかった」,「…していない」は動詞の前に“没(有)” méi(you)をつけて表す.この時,アスペクト助詞の“了”は消える.

¶我没(有)买手表 wǒ méi(you) mǎi shǒubiǎo(私は腕時計を買わなかった)

②持続を表す“着”

持続を表すには動詞の後にアスペクト助詞の“着”をつける.持続には動作そのものの持続と,動作の結果が残留する状態の持続の2つのタイプがあり,動作の持続を表す場合,しば

diǎn ～[我觉得有点～]私は少し疲れた／nǐ ～ bú ～?[你～不～?]疲れましたか.[動]疲れさせる.煩わせる.¶zhèige gōngzuò hěn ～rén[这个工作很～人]この仕事はとても骨が折れる.

léidá 雷达[名]レーダー.

lěijì 累计[動]累計する.¶chídào ～ wǔ cì yǐshàng jiù bèi kāichú[迟到～五次以上就被开除]累計5回以上遅刻すると解雇される.

†**lèisì 类似**[形]類似している.似通っている.¶wǒ de xiǎngfa gēn tā ～[我的想法跟他～]私の考えは彼と似ている／～ de cuòwù bù néng zài fàn le[～的错误不能再犯了]同じようなミスを二度と犯してはならない.

†**lèixíng 类型**[名]類型.タイプ.¶nǐ xǐhuan shénme ～ de nánháizi?[你喜欢什么～的男孩子?]あなたはどんなタイプの男の子が好きですか／bùtóng ～[不同～]違うタイプ.

léiyǔ 雷雨[名]雷雨.

léng 棱[名](～儿)角.隅.¶zhuōzi～[桌子～]机の角.

⁑**lěng 冷**[形]❶冷たい.寒い.↔ rè 热 ¶qùnián dōngtiān zhēn ～[去年冬天真～]去年の冬は本当に寒かった／zhè háizi yìdiǎn yě bú pà ～[这孩子一点也不怕～]この子は少しも寒がらない.❷無愛想である.冷ややかである.¶tā ～～ de kànle wǒ yì yǎn[他～～地看了我一眼]彼は冷ややかに私をちらっと見た／～ yán ～ yǔ[～言～语]皮肉交じりの冷たい言葉.

> 類義語 **lěng 冷　liáng 凉**
> ►どちらも気温や温度が低いことを表す.温度は"凉"より"冷"の方が低い.¶天{冷／凉}了 tiān {lěng / liáng} le(寒くなった)►気候以外で「冷たい」と言う場合には"凉"を使うことが多い.¶你的手真凉 nǐ de shǒu zhēn liáng(あなたの手は本当に冷たい)

†**lèng 愣**[動]ぼんやりする.ぽかんとする.¶fā～[发～]ぼんやりする／tā zài nàr ～le bàntiān le,yě bù zhī zài xiǎng shénme[他在那儿～了半天了,也不知在想什么]彼はそこでぼんやりして,いったい何を考えているのか／kuài zǒu a,bié ～zhe[快走啊，别～着]早く行こう,ぼやぼやしていないで.

lěngdàn 冷淡[形]❶さびれている.賑やかでない.¶shēngyi ～[生意～]商いが落ち込む.❷冷淡である.¶～

しば進行の"正在～呢"zhèngzài ～ ne と併用される.

¶他正在看着书呢 tā zhèngzài kànzhe shū ne(彼はちょうど本を読んでいるところだ)〈動作の持続〉

¶门开着呢 mén kāizhe ne(戸が開いている)〈状態の持続〉

否定形「…していない」は動詞の前に"没(有)"をつけて表す.ただし,否定形は質問に答える時以外はあまり用いられない.

¶门开着吗? －门没开(着) mén kāizhe ma?－mén méi kāi(zhe)(戸は開いていますか－開いていません)

3 **経験を表す"过"**

過去に起こったことや経験を表すには,動詞・形容詞の後にアスペクト助詞の"过"をつける.

¶我去过北京 wǒ qùguo Běijīng(私は北京に行ったことがある)

否定形「…したことがない」は動詞の前に"没(有)"をつけて表す.この時,アスペクト助詞の"过"はそのまま残る.

¶我没(有)去过北京 wǒ méi(you) qùguo Běijīng(私は北京に行ったことがない)

もう1つ, 動詞の後にあり「終了済み」の"过"と呼ばれる用法がある.結果補語に近く,「～したことがある」とは訳せない.

¶我已经吃过饭了wǒ yǐjing chīguo fàn le(私はもう食事をすませました)

「経験の"过"」は必ず軽声に読まれるが,「終了済みの"过"」は強調する場合には原声調guòで読んでもよい.

de yìngle yì shēng[～地应了一声]冷淡に一言返した／tā duì wǒ hěn ～[他对我很～]彼は私に冷たい.

†**lěngjìng 冷静**[形]冷静である.¶tā ～ de fēnxīzhe xíngshì[他～地分析着形势]彼は冷静に状況を分析している／tā dāngshí de tàidu fēicháng ～[他当时的态度非常～]彼のその時の態度はとても冷静だった.

†**lěngquè 冷却**[動]冷却する.

†**lěngyǐn 冷饮**[名]冷たい飲み物.清涼飲料.¶hē ～[喝～]冷たい飲み物を飲む.

lèqù 乐趣[名]楽しみ.

lèyì 乐意[動]喜んで…する.¶wǒ ～ gēn nǐ yìqǐ qù[我～跟你一起去]喜んであなたと一緒に行きます／Zhāng lǎoshī de huà,xuésheng dōu ～ tīng[张老师的话，学生都～听]学生はみんな喜んで張先生の話を聞く.[形]嬉しい.満足する.¶tā xiǎng gēn nǐ jiéhūn jiù kàn nǐ ～ bú ～[他想跟你结婚就看你～不～]彼はあなたと結婚したがっているが,あなた次第だ／bú ràng tā qù,tā yǒudiǎn bú ～[不让他去，他有点不～]行かせてもらえなかったので,彼は少し不満のようだ.

⁂**lí 离**[動]❶離れる.隔たる.¶zhè háizi cónglái méi ～guo jiā[这孩子从来没～过家]この子は今まで一度も家を離れたことがない／～ jiā chūzǒu[～家出走]家出する.❷欠ける.¶rénlèi de shēngcún ～buliǎo kōngqì hé shuǐ[人类的生存～不了空气和水]人間が生きるためには空気と水が欠かせない.[前]…から.…まで.¶Shànghǎi ～ Běijīng yǒu duōshao gōnglǐ?[上海～北京有多少公里?]上海から北京まで何キロありますか／wǒ jiā ～ zhèr hěn yuǎn[我家～这儿很远]私の家はここから遠い.➡[類義語] cóng 从

*__lí 梨__[名]〔植〕〔zhī 只〕ナシ.

†**lǐ 礼**[名]*❶儀式.¶hūn～[婚～]結婚式／zàng～[葬～]葬式.❷尊敬を表す言葉や動作.¶xíng～[行～]お辞儀をする／jìng～[敬～]敬礼する.❸贈り物.祝儀.¶sòng～[送～]贈り物をする／zhèige ～ wǒ bù néng shōu[这个～我不能收]このプレゼントは受け取れません.

⁂**lǐ 里**[名]中.内.↔ wài 外¶～wū[～屋]奥の部屋.→li

⁂**lǐ 里**[量]長さの単位.“一里”＝500メートル.→li

†**lǐ 理**[動]相手にする.かまう.気にする.¶bú ài ～ rén[不爱～人]無愛想だ／liǎng rén nàole bièniu,shéi yě bù ～ shéi[两人闹了别扭，谁也不～谁]2人は仲たがいしてお互いに無視している.

†**lǐ 理***[名]❶筋目.あや.きめ.¶tiáo～[条～]筋道.条理／wén～[纹～]模様.❷道理.筋道.¶yǒu～[有～]道理がある／hé～[合～]合理的である.❸自然科学.¶～kē[～科]理系／shù～huà[数～化]数学・物理学・化学.

*__lì 力__[名]❶力.¶zhòng～[重～]重力.❷能力.¶rén～[人～]労働力／lǐjiě～[理解～]理解力.❸体力.¶yòng ～ tuī chē[用～推车]力いっぱい車を押す／～ dà rú niú[～大如牛]ウシのように力持ちだ.[動]力を入れる.¶～ kè qiángdí[～克强敌]ベストを尽くし強敵を打ち負かす.

*__lì 立__[動]❶立つ.¶zuò ～ bù ān[坐～不安][成]居ても立ってもいられない.❷立てかける.¶ménqián ～zhe yí ge guǎnggàopái[门前～着一个广告牌]入り口に看板が立てかけてある.❸制定する.¶～ guīju[～规矩]規則を作る／～ zìjù[～字据]契約書を作る.

†**lì 利**[形]よく切れる.鋭い.¶～rèn[～刃]鋭利な刃物／～qì[～器]便利な道具.[名]❶利益.得.¶jiàn ～ wàng yì[见～忘义]利に走り義理を忘れる.❷利潤.利息.¶bó～ duō xiāo[薄～多销]薄利多売.

*__lì 例__[名]例.¶jǔ～ shuōmíng[举～说明]例を挙げて説明する.

*__lì 粒__[名](～儿)粒.¶mǐ～r[米～儿]ご飯粒.[量]粒状のものを数える.¶jǐ ～ huāshēngmǐ[几～花生米]何粒かのラッカセイ／wǎnli yí ～ fàn dōu bù néng shèngxia[碗里一～饭都不能剩下]茶碗に1粒の米も残してはならない.

⁂**li 里**[名]中.内部.¶kǒudai ～[口袋

～]ポケットの中／nǎozi ～[脑子～]頭の中. →lǐ

★·li 哩[助]〈方〉❶普通語の"呢"neにほぼ同じだが,疑問文には用いられない. ¶wǒ cái bú qù ～![我才不去～!]私は行くものか! ❷物事を列挙する場合に用いる. ¶júzi ～,píngguǒ ～,mǎile yí dà duī[橘子～，苹果～，买了一大堆]ミカンやらリンゴやら大盛りいっぱい買った.

★★liǎ 俩[数]〈口〉❶2人.2つ. ¶nǐmen ～[你们～]あなたたち2人. ❷いくらか.少し. ¶jiù zhè ～ qián búgòu yòng[就这～钱不够用]これっぽっちのお金じゃ足りない.

★lián 连[動]つながる.つなげる. ¶tiān shuǐ xiāng～[天水相～]空と海がつながっている／ǒu duàn sī ～[藕断丝～]ハスの根は切れても糸はつながっている.(表面的には関係が切れているようだが実はまだつながりがあることのたとえ)[副]続けて.(単音節動詞を修飾し,後には数量詞が続く) ¶～xiàle jǐ tiān yǔ[～下了几天雨]数日続けて雨が降った.

lián 帘[名](～儿)❶布製の広告用の旗. ¶jiǔ～[酒～]酒屋の旗. ❷すだれ.カーテン. ¶xiānkāi mén～[掀开门～]入り口のすだれをめくり上げる.

lián 帘❷

lián 联[動]連ねる.結び付ける. ¶～guàn[～贯]関連／～luò[～络]連絡する.[名]対聯(ついれん). ¶tiē chūn-～[贴春～]春聯(旧正月に入り口に張る対聯)を張る／guà wǎn～[挂挽～]挽聯(死者を弔うための対聯)を掛ける.

★★liǎn 脸[名]❶顔. ¶tā de ～ xiūhóng le[她的～羞红了]彼女は恥ずかしさで顔を赤らめた. ❷(～儿)正面. ¶zhèige diàn mén～r bú dà,dōngxi què hěn quán[这个店门～儿不大，东西却很全]この店は構えは小さいが品物はそろっている. ❸面目. ¶diū～[丢～]面目をなくす. ❹(～儿)顔つき.表情. ¶bǎ ～ yí biàn[把～一变]表情をさっと変える.

liàn 练[動]練習する.訓練する. ¶qín xué kǔ ～[勤学苦～]常に学び,懸命に練習する／～gōng[～功]修行を積む.

★liàn 炼[動]❶加熱などの方法により物質を純化,強化する. ¶～tiě[～铁]製鉄／～gāng[～钢]製鋼. ❷焼く. ¶zhēnjīn bú pà huǒ ～[真金不怕火～]成純金は火に焼かれることを恐れない.意志が強い人や誠実な人であればどんな試練にも打ち勝てる. ❸語句や文章を練る. ¶chuí cí ～jù[锤词～句]語句や文章を練る.

liàn 恋[動]❶恋する. ¶chū～[初～]初恋／shī～[失～]失恋する. ❷懐かしく思う.名残を惜しむ. ¶liú～[留～]名残惜しく去り難い.

★liàn'ài 恋爱[名]恋愛.恋. ¶tāmen zài tán ～[他们在谈～]彼らは恋愛中だ.

liánbāng 联邦[名]連邦. ¶zhèige guójiā shíxíng ～zhì[这个国家实行～制]この国は連邦制である／～zhèngfǔ[～政府]連邦政府.

liàn//bīng 练兵[動]軍隊や人員を訓練する. ¶zhèi cì guójì dàsài zhèng shì wǒ duì ～ de hǎo jīhuì[这次国际大赛正是我队～的好机会]この度の国際大会は我々のチームにとって訓練をするよい機会だ.

liánbō 联播[動](複数の放送局が同じプログラムを)同時放送する. ¶xīnwén ～ jiémù[新闻～节目]全国ネットのニュース番組.

liáncí 连词[名]〔語〕接続詞.

lián～dài～ 连～带～ 呼❶意味の近い名詞を前後に置き,その2つがともに含まれていることを表す. ¶lián běn dài lì[连本带利]元金と利息あわせて／lián rén dài chē[连人带车]人も車も／lián zhī dài yè[连枝带叶]枝も葉も／lián zhuāng dài xiè[连装带卸]荷物の積み込みから荷下ろしまで. ❷意味の近い動詞を前後に置き,2

L

つの動作が連続して,ほぼ同時に起こることを表す.…したり…したり.¶lián kū dài jiào[连哭带叫]泣いたりわめいたりする／dàjiā lián shuō dài xiào, shífēn kuàilè[大家连说带笑，十分快乐]みんなで話したり笑ったり,とても愉快だった.

liándāo 镰刀[名]鎌(かま).¶mó ～[磨～]鎌を研ぐ.

★★lián～dōu(yě)～ 连～都(也)～ 呼…さえも…する.¶tā lián háizi dōu qīfu[他连孩子都欺负]彼は子供でさえもいじめる／nǐ lián tā dōu bù zhīdào![你连他都不知道!]君は彼さえも知らないのか.

liánduì 连队[名]〔軍〕中隊.

liáng 良[形]よい.立派である.優れている.¶xiāohuà bù～[消化不～]消化が悪い／～yī[～医]優れた医師.

★liáng 凉[形]❶冷たい.涼しい.¶tiān ～ le,duō chuān diǎn yīfu[天～了，多穿点衣服]涼しくなったから,多めに服を着なさい.❷がっかりする.¶yì tīng zhè huà,tā de xīn jiù ～ le[一听这话，他的心就～了]この話を聞いて彼はがっかりした.➡類義語 lěng 冷

chéngliáng 乘凉　　涼をとる

文法　量詞

モノの数や動作の回数を数える時に用いる単位(日本語の「冊」,「枚」,「回」,「度」などに相当)を表す語が量詞である.量詞は大きく名量詞と動量詞に分けられる.

1 名量詞

モノの数を数える時に用いる.語順は「数詞＋量詞＋名詞」である.

¶一本书 yì běn shū(1冊の本)

¶三枝笔 sān zhī bǐ(3本の筆)

どの名詞にどの名量詞を用いるのかはモノの形状的な特徴によりほぼ決まっている.主な名量詞は以下の通り.

1) 書物など：“本”běn
- ·书 shū(本)
- ·词典 cídiǎn(辞書)

2) 握りのあるもの：“把”bǎ
- ·伞 sǎn(傘)
- ·椅子 yǐzi(椅子)

3) 乗り物など：“辆”liàng
- ·汽车 qìchē(自動車)
- ·自行车 zìxíngchē(自転車)

4) 細長いもの：“条”tiáo
- ·河 hé(川)
- ·鱼 yú(魚)
- ·裙子 qúnzi(スカート)

5) 平面の目立つもの：“张”zhāng
- ·桌子 zhuōzi(机)
- ·纸 zhǐ(紙)

6) 細長い棒状のもの：“枝”zhī
- ·烟 yān(タバコ)
- ·枪 qiāng(銃)
- ·铅笔 qiānbǐ(鉛筆)

7) 衣服や事柄など：“件”jiàn
- ·衣服 yīfu(服)
- ·事 shì(事柄)

8) 小動物：“只”zhī
- ·猫 māo(ネコ)
- ·鸟儿 niǎor(鳥)

9) 2つで1組のもの：“双”shuāng
- ·筷子 kuàizi(箸)
- ·鞋 xié(靴)

10) 広い範囲で：“个”ge
- ·人 rén(人)
- ·故事 gùshi(物語)

また,名詞の中には臨時に量詞として用いられるものがある.多くは容器をさす語である.

11) “杯”bēi(カップ)から借用
¶一杯茶 yì bēi chá(1杯のお茶)

12) “瓶”píng(瓶)から借用
¶一瓶汽水 yì píng qìshuǐ(1瓶の

***liáng 量**[動]はかる.¶～～ tǐwēn ba[～～体温吧]体温をはかろう.→liàng

***liǎng 两**[量]重さの単位で1"斤"jīnの10分の1."一两"＝50グラム.¶yì jīn děngyú shí ～[一斤等于十～]1"斤"は10"两"に等しい.

☆liǎng 两[数]❶2.¶～ pǐ mǎ[～匹马]2匹の馬.❷両方.¶～ quán qí měi[～全其美]両方を満足させること／～ xiāng qíngyuàn[～相情愿]双方とも望んでいる.❸2,3.いくつかの.¶děng ～ tiān zài qù[等～天再去]2,3日したら行く.

☆liàng 亮[形]❶明るい.↔ hēi 黑 ¶zhè táidēng méiyou yǐqián ～ le[这台灯没有以前～了]このスタンドは以前のようには明るくなくなってしまった.❷強い.¶sǎngzi zhēn ～[嗓子真～]声が実によく通る.❸はっきりする.¶xīnmíng yǎn ～[心明眼～]洞察力が優れている.[動]❶光る.¶jiàoshì hái ～ zhe dēng[教室还～着灯]教室にはまだ明かりがついている.❷示す.¶～le ～ yāoli bié de jiāhuo[～了～腰里别的家伙]腰に差している凶器をちらつかせた／～chu dǐpái[～出底牌]切り札を出す／～chule zìjǐ de shēnfen[～出了自己的身份]自らの身分を明かした.

☆liàng 辆[量]車両を数える.¶yí ～ qìchē[一～汽车]1台の自動車／jiègěi wǒ ～ chē ba[借给我～车吧]自転車を1台貸してくれ.

liàng 晾[動]❶陰干しにする.¶～gān cài yào zài tōngfēng chù[～干菜要在通风处]野菜の陰干しは風通しの

サイダー)

13) "碗" wǎn(お碗)から借用

¶一碗饭 yì wǎn fàn(1膳のご飯)

②**動量詞**

動作の回数を数える時に用いる.語順は「動詞＋数詞＋量詞」である.

¶请再说一遍 qǐng zài shuō yí biàn(もう1度言ってください)

動詞が目的語を取る場合,次の2通りの語順がある.

1) 目的語が一般のモノで特にコンテキスト中において指示するところがない,一般的概念を表すのなら「動詞＋量詞＋目的語」の語順.

¶我和她一起看过几次电影 wǒ hé tā yìqǐ kànguo jǐ cì diànyǐng(私は彼女と一緒に何回か映画を観た)

2) 目的語が場所を表す場合は2通り可能.

¶我去过{一次中国／中国一次} wǒ qùguo {yí cì Zhōngguó／Zhōngguó yí cì}(私は中国に1度行ったことがある)

3) 目的語が代詞であれば「動詞＋目的語＋量詞」の語順.

¶我去过那儿一次 wǒ qùguo nàr yí cì(私はそこに1度行ったことがある)

4) 借用動量詞の時は「動詞＋目的語＋量詞」となる.ただし,"眼" yǎnと"把" bǎを除く.

¶他踢了狗一脚 tā tīle gǒu yì jiǎo(彼は犬を一蹴り蹴った)

主な動量詞は以下の通りである.

1) 繰り返される動作の回数:"次"cì,"回" huí

¶去一{次／回} qù yí {cì／huí}(1度行く)

2) 初めから終わりまでの通しの回数:"遍" biàn

¶看一遍 kàn yí biàn(1回読む)

3) 行き来の回数:"趟" tàng

¶去一趟 qù yí tàng(1度行く)←帰ってくるという意味が含まれている

4) 叱責,食事の回数:"顿" dùn

¶骂一顿 mà yí dùn(ひとしきり叱る)

¶吃一顿 chī yí dùn(1食食べる)

また,道具や体の部分をさす名詞には,臨時に借用動量詞として用いられるものがある.

¶看一眼 kàn yì yǎn(一目ちらっと見る)

¶咬一口 yǎo yì kǒu(一口がぶりと噛む)

¶打一拳 dǎ yì quán(1発ガツンと殴る)

L

よい所でしなければならない.❷さらして乾かす.¶bǎ yīfu náchuqu ～～[把衣服拿出去～～]服を外で乾かして.❸ほったらかしにする.冷たく扱う.¶tāmen zhǐgù zìjǐ shuōhuà,bǎ háizi ～zai yìbiān[他们只顾自己说话，把孩子～在一边]彼らは自分たちの話に夢中で,子供のことはほったらかしだ.

†**liàng 量***[名]❶数量.かさ.¶jiàngyǔ ～[降雨～]降水量.❷(体が受け入れる)限度.キャパシティ.¶jiǔ～[酒～]酒量/tā de fàn～ hěn dà[他的饭～很大]彼が一度に食べる食事の量はものすごい.

liàngcí 量词[名]〔語〕量詞.助数詞.➡[文法] 量詞 p.360

liàngguāng 亮光[名](～儿)光.明かり.つや.¶qīhēi de yè,sìxiàli yìdiǎn ～ dōu méiyou[漆黑的夜，四下里一点～都没有]真っ暗闇で,あたりには少しの明かりもなかった/nà shì yì zhǒng yǒu ～ de bùliào[那是一种有～的布料]それはつやがある生地である.

*****liánghǎo 良好**[形]よろしい.¶biǎoxiàn ～[表现～]態度がよい.

liǎngjí 两极[名]❶北極と南極.両極.¶dìqiú de ～[地球的～]地球の両極.❷電極のプラスとマイナス.¶bié bǎ diànchí de ～ fàngfǎn[别把电池的～放反]電池のプラスとマイナスを入れ間違えるな.❸両極端.¶fángzhǐ ～ fēnhuà[防止～分化]両極分化を防ぐ.

†**liàngjiě 谅解**[動]実情を了解して許す.¶tā hěn ～ nǐ de nánchu[他很～你的难处]彼は君の悩みをよく分かっている/qǔdé ～[取得～]了解を得る.

liǎngkǒu·zi 两口子[名]㊗夫と妻をさす.¶～ xiāngqīn xiāng'ài[～相亲相爱]夫婦が愛し合っている.

⁑**liáng·kuai 凉快**[形]涼しい.¶tiānqì ～duō le[天气～多了]ずいぶん涼しくなった.[動]涼む.¶xiàhǎi ～～[下海～～]海に入って涼もう.

liǎngmiànpài 两面派[名]裏表のある人.二股かけている連中.¶tā dāngmiàn yí tào,bèihòu yí tào,zhēn shì ge ～[他当面一套，背后一套，真是个～]彼は表と裏のやり方が全然違っている,本当に裏表のある奴だ.

†**liǎngpáng 两旁**[名]左右両側.¶mǎlù ～ zhànmǎnle huānyíng de rénmen[马路～站满了欢迎的人们]通りの両側は歓迎の人々でいっぱいだ/～ dōu yǒu rén bīleguolai[～都有人逼了过来]右からも左からも人が迫ってきた.

liángpiào 粮票[名]食糧配給券.¶guòqù yào píng ～ gòumǎi liángshi[过去要凭～购买粮食]以前は配給券で食糧を買わねばならなかった.

*****liáng·shi 粮食**[名]食糧.穀物.¶wǒ guó shì ～ chūkǒuguó[我国是～出口国]我が国は穀物輸出国である.

liǎngshǒu 两手[名]❶(～儿)技能.¶kànlai nǐ hái tǐng yǒu ～r ne[看来你还挺有～儿呢]やはり君はすごい腕を持っているようだね.❷(対立する)両方.¶zuò ～ zhǔnbèi[作～准备](成否などの)両方の準備をする.

†**liángshuǐ 凉水**[名]❶冷たい水.¶nuǎnhú li de kāishuǐ dōu chéngle ～[暖壶里的开水都成了～]ポットのお湯がすっかり冷めてしまった.❷生水.¶bié hē ～[别喝～]生水を飲むな.

lián gǔn dài pá 连滚带爬㊄転がったり這ったり.こけつまろびつ.¶bǎ dírén dǎde ～ bàixia zhèn qu[把敌人打得～败下阵去]我々の攻撃で敵はこけつまろびつしながら退散した.

liángxīn 良心[名]良心.良識.¶yào píng ～ bàn shì[要凭～办事]良心に従ってやるべきだ.

liángzhǒng 良种[区]優良品種.¶tāmen zài cóngshì ～ shuǐdào de péiyǎng[他们在从事～水稻的培养]彼らは優良稲の栽培に従事している.

*****liánhé 联合**[動]連合する.団結する.¶quánguó rénmín ～qilai le[全国人民～起来了]全国の人民が団結した.

Liánhéguó 联合国[名]国際連合.国連.¶～ mìshūzhǎng[～秘书长]国連事務総長.

*****liánhuān 联欢**[動]交歓する.¶～huì[～会]親睦会/jūnmín ～[军民

～]軍と人民が交歓する.

liánjià 廉价[名]廉価.¶zhèige shāngdiàn zhèngzài ～ chūshòu guòjì shāngpǐn[这个商店正在～出售过季商品]この店は季節外れの商品を安売りしているところだ／～ láodònglì[～劳动力]安い労働力.

†**liánjiē 连接**[動]❶つながる.続く.¶diànnǎo méiyou ～ dǎyìnjī[电脑没有～打印机]パソコンがプリンターとつながっていない.❷つなぐ.¶bǎ liǎng ge diǎn ～chéng yì tiáo xiàn[把两个点～成一条线]2つの点をつなぎ1本の線にする.

liánjié 廉洁[形]汚職行為をしない.公益を損ない私腹を肥やすことをしない.¶～ de lǐngdǎorén[～的领导人]廉潔な指導者／gōngzhèng ～[公正～]公正廉潔である.

liánlián 连连[副]続けざまに.¶tā gǎndòngde ～ dàoxiè[他感动得～道谢]彼は感激してしきりに礼を言った.

liàn liàn bù shě 恋恋不舍㊀後ろ髪を引かれる.¶wǒmen ～ de líkāile wǒmen shēnghuóle wǔ nián de xiǎo cūnzhuāng[我们～地离开了我们生活了五年的小村庄]私たちは後ろ髪を引かれる思いで5年間暮らした村を離れた.

†**liánluò 联络**[動]連絡する.¶yǔ wàijiè qǔdé ～[与外界取得～]外部と連絡をとる／～le xǔduō rén[～了许多人]多くの人に連絡した.

***liánmáng 连忙**[副]急いで.あわてて.¶yí xiàbān tā jiù ～ wǎng jiā gǎn[一下班他就～往家赶]仕事がひけると彼はあわてて家路に着いた.

†**liánméng 联盟**[名]同盟.¶zuòzhàn ～[作战～]戦時同盟／gōngnóng ～[工农～]労農同盟.

liánmián 连绵[動](山脈,河流,雨,雪などが)連綿と続く.¶shānfēng ～ búduàn[山峰～不断]山並みが絶えることなく続いている／yòu dàole yīnyǔ ～ de jìjié[又到了阴雨～的季节]また長雨の季節となった.

liánnián 连年[名]何年か引き続いて毎年.¶zhè jǐ nián ～ dàfēngshōu[这几年～大丰收]ここ数年毎年豊作だ.

liǎnpén 脸盆[名]洗面器.

liǎnpǔ 脸谱[名](伝統劇の)俳優の顔のくまどり.

†**liǎnsè 脸色**[名]❶顔色.¶jìnlái tā huànle cháng bìng,～ hěn bù hǎo[近来他患了场病，～很不好]近頃彼は病気で顔色がとても悪い.❷表情.顔つき.¶tīngle zhè huà,tā ～ dà biàn[听了这话，他～大变]この話を聞くと彼の顔が大きく変わった.

liánsuǒdiàn 连锁店[名]チェーン店.

liántóng 连同[接]…と合わせて.¶xuéfèi ～ zhùsùfèi yígòng qībǎi yuán[学费～住宿费一共七百元]学費は寮費と合わせて700元だ.

⁑**liánxì 联系**[動]連絡する.結びつける.¶nǐ qù Shànghǎi,zhǎo tā ～[你去上海，找她～]上海についたら彼女に連絡をとりなさい／lǐlùn yīnggāi ～ shíjì[理论应该～实际]理論を実践と結びつけるべきだ.[名]関係.つながり.かかわり.¶jīnhòu yě cháng bǎochí ～[今后也常保持～]今後も連絡を取り続けましょう.

⁑**liànxí 练习**[動]練習する.¶zì ～hǎo le[字～好了]字を練習し終えた／～ yóuyǒng[～游泳]水泳を練習する.[名]練習問題.¶zuò ～[做～]練習問題をする.

liánxiǎng 联想[動]連想する.¶yóu cǐ tā ～daole jiānglái[由此他～到了将来]ここから彼は将来を連想した.

***liánxù 连续**[動]連続する.¶tā ～ sān nián dōu shì xiānjìn gōngzuòzhě[他～三年都是先进工作者]彼は3年続けて模範労働者だ.

liánxùjù 连续剧[名]連続ドラマ.¶zhèi bù diànshì ～ yígòng sānshí jí[这部电视～一共三十集]この連続ド

L

ラマは全30回だ.

liányè 连夜[副]❶その晩すぐ.¶yì tīngshuō mǔqīn yǒu bìng,tā jiù ～ gǎn qù kànwàng[一听说母亲有病，他就～赶去看望]母親が病気と聞くや彼はその夜のうちに駆けつけて見舞った.❷幾晩か続けて.¶tā ～ gǎnlù, zhōngyú tíqián gǎndao le[他～赶路，终于提前赶到了]彼は連夜道を急ぎ,ついに予定より早く到着した.

liánzhèng 廉正[形]廉潔公正である.¶tā bèi rènwéi shì ～ wúsī de lǐngdǎorén[他被认为是～无私的领导人]彼は廉潔公正な指導者だと思われている.

liánzǐ 莲子[名]ハスの種.

liàn·zi 链子[名]❶鎖.チェーン.¶yì tiáo jīn ～[一条金～]1本の金の鎖.❷〈口〉(自転車の)チェーン.¶zìxíngchē de ～ duàn le[自行车的～断了]自転車のチェーンが切れた.

****liáo 聊**[動]むだ話をする.¶zánmen ～～ ba[咱们～～吧]ちょっとおしゃべりしよう.

⁑**liǎo 了**[動]❶終わる.終える.¶nèi jiàn shì yǐjing ～ le[那件事已经～了]あの件はもう終わった.❷動詞の後に"得～"de～と続けて可能を,"不～"bu～と続けて不可能を表す.¶zuòde～[做得～]できる／chību～[吃不～]食べきれない.→le

†**liào 料**[動]予想する.¶～ shì rú shén[～事如神]㊎神のように先々を見通せる／zhēn méi ～dao tā huì huílai[真没～到他会回来]彼が戻って来るとは思ってもみなかった.

†**liào 料**[名](～儿)❶原材料.¶bù～[布～]布地／mù～[木～]木材.材木.❷牛や馬などの家畜にやる穀物.¶duō gěi niú jiā diǎn ～[多给牛加点～]牛に少し多めに飼料をやりなさい.

****liǎo·buqǐ 了不起**[形]平凡ではない.すばらしい.¶tā zhème niánqīng jiù yǒu rúcǐ xiǎnzhù de chéngjì,shízài ～[他这么年轻就有如此显著的成绩，实在～]こんなに若いのにこれほど目立った成果をあげていて,彼は本当に大したものだ.

liáocǎo 潦草[形]❶(字が)整っていない.¶zìjì ～[字迹～]字がぞんざいだ.❷(することが)ぞんざいで,ふまじめである.¶tā gàn shì ～[他干事～]彼はやることがいい加減だ.

⁑**liǎojiě 了解**[動]❶分かる.知る.¶tā duì lìshǐ hěn bù ～[他对历史很不～]彼は歴史のことを全然知らない.❷聞いて調べる.¶tā zài xiàng mùjīrén ～ dāngshí de qíngkuàng[他在向目击人～当时的情况]彼は目撃者にその時の状況を聞いている.➡[類義語] rènshi 认识

liáokuò 辽阔[形]広々としている.¶～ de dà cǎoyuán[～的大草原]広々とした大草原.

****liáo//tiānr 聊天儿**[動]世間話をする.¶tāmen biān hē chá,biān ～[他们边喝茶，边～]彼らはお茶を飲みながら世間話をしている.

liáoyǎng 疗养[動]療養する.¶nǐ yào hǎohāor ～ shēntǐ[你要好好儿～身体]ゆっくり体を療養しなさい.

lí·ba 篱笆[動](竹または木の枝で編んだ)垣根.¶～ qiáng[～墙]垣根.

†**lǐbài 礼拜**[名]❶礼拝.¶zuò ～[做～]礼拝する.❷〈口〉週.¶yí ge ～[一个～]1週間.❸〈口〉曜日.¶～liù[～六]土曜日／jīntiān shì ～ jǐ?[今天是～几?]今日は何曜日ですか.❹〈口〉日曜日.“礼拜天”lǐbàitiānの略.¶zài jiā guò ～[在家过～]家で日曜日を過ごす.

****lǐbàitiān 礼拜天**[名]日曜日.“礼拜日”lǐbàirìともいう.

lìbì 利弊[名]利益と弊害.¶gè yǒu ～[各有～]それぞれに利益と弊害がある.

⁑**lǐ·bian 里边**[名](～儿)(時間,空間の)中.内部.¶xiāngzi ～[箱子～]トランクの中／yí ge xīngqī ～ tā yǒu sān tiān méi shàngbān[一个星期～他有三天没上班]1週間のうち,彼は3日出勤しなかった.

líbié 离别[動]離別する.(長い間)別れる.¶～ gùxiāng[～故乡]故郷を離れる／wǒmen ～ yǐ shí nián le[我们～已十年了]私たちは別れてすでに10年になる.

L

lǐcǎi 理睬[動]相手にする.かまう.¶duì Xiǎolín de quàngào,tā méiyou ～[对小林的劝告，他没有～]小林さんの忠告を彼は無視した.

*__lìchǎng 立场__[名]立場.

lìdài 历代[名]歴代.代々.¶～ dìwáng[～帝王]歴代の帝王.

*__liè 列__[動]❶並べる.¶～duì huānyíng[～队欢迎]列に並んで歓迎する／～chu qīngdān[～出清单]リストアップする.❷繰り入れる.¶Yíhéyuán bèi ～wéi shìjiè wénhuà yíchǎn mínglù[颐和园被～为世界文化遗产名录]頤和園が世界文化遺産の目録に入れられた.[量]列を作っているものを数える.¶yí ～ huǒchē jìn zhàn le[一～火车进站了]列車がホームに入って来た.

liè 劣*[形]悪い.↔ yōu 优 ¶è～[恶～]非常に悪い／tā shǐzhōng ～jì bù gǎi[他始终～迹不改]彼はずっと悪行を改めない／～shì[～势]劣勢.

†__liè 裂__[動]裂ける.ひび割れる.¶fēn～[分～]分裂する／shǒushang ～le yí dào kǒuzi[手上～了一道口子]手にひびができた.

†__lièchē 列车__[名]列車.¶shíbā cì ～[十八次～]第18号の列車.

lièhuǒ 烈火[名]〔cháng 场〕猛烈な炎.¶xióngxióng de ～[熊熊的～]勢いよく燃える火.

lièjǔ 列举[動]列挙する.一つ一つ並べ立てる.¶diàochá bàogào shang ～le xǔduō shùzì[调查报告上～了许多数字]調査報告にはたくさんの数字が列挙されている.

†__lièrén 猎人__[名]猟師.¶yǒnggǎn de ～[勇敢的～]勇敢な狩人.

lièrù 列入[動]書き入れる.¶tā bèi ～le hēimíngdān[他被～了黑名单]彼の名はブラックリストに書き込まれた.

†__lièshì 烈士__[名](正義のために犠牲になった)烈士.¶gémìng ～[革命～]革命烈士／～ língyuán[～陵园]烈士の墓地.

liè//xí 列席[動]列席する.¶～ huìyì[～会议]会議に列席する.

lǐ//fà 理发[動]散髪する.髪をセットする.¶yí ge yuè lǐ yí cì fà[一个月理一次发]1ヵ月に1度髪を切る.

lìfāng 立方[名]❶〔数〕三乗.❷立方体.[量]立方メートル.

lìfāngmǐ 立方米[量]立方メートル.

lìhài 利害[名]利害.損得.¶tā sīháo bú jìjiào gèrén ～[他丝毫不计较个人～]彼は少しも自分の利害を考えない.

*__lì·hai 厉害__[形]激しい.すごい.恐ろしい."利害"とも書く.¶kéde shífēn ～[咳得十分～]激しく咳込む／wǒmen bān de lǎoshī hěn ～[我们班的老师很～]私たちのクラスの先生は怖い.

lǐhuì 理会[動]❶分かる.理解する.¶nǐmen ～ wǒ de yìsi ma?[你们～我的意思吗?]皆さん私の言っている意味が分かりますか／lǎoshī jiǎng de nèiróng wǒmen quán ～ le[老师讲的内容我们全～了]先生の話を私たちは全部理解した.❷(多く否定形で)注意する.気付く.¶tāmen hūyùle bàntiān, méi rén ～[他们呼吁了半天，没人～]彼らは随分呼びかけたが,誰も気付かなかった.

*__lí//hūn 离婚__[動]離婚する.¶～ shǒuxù[～手续]離婚手続き／tā líguo hūn[他离过婚]彼は離婚したことがある.

*__lìjí 立即__[副]直ちに.¶jiēdao tōngzhī hòu,～ gǎnlehuilai[接到通知后，～赶了回来]通知を受け取るや,すぐに急いで帰って来た.

lìjiāoqiáo 立交桥[名]陸橋.

lǐjié 礼节[名]礼節.礼儀作法.¶zhùyì ～[注意～]マナーに注意する／jiǎngjiu ～[讲究～]礼儀を重んじる.

*__lǐjiě 理解__[動]理解する.¶wǒ hěn ～ tā de xīnqíng[我很～他的心情]私は彼の気持ちを理解できる.

⁑__lí//kāi 离开__[動]離れる.隔たる.¶tā yǐjing ～ Běijīng le[他已经～北京了]彼はすでに北京から離れた／yú bù néng ～ shuǐ[鱼不能～水]魚は水から離れることはできない.

⁑__lìkè 立刻__[副]すぐに.直ちに.¶jiēdao bàojǐng diànhuà hòu,jǐngchá ～ gǎndao chūshì xiànchǎng[接到报警电话后，警察～赶到出事现场]緊急電話を受けた警察は急いで現場に急行した／xiàle bān,～ huíjiā[下了班，～回家]仕事が終わったらすぐ帰宅する.➡ 類義語 gǎnkuài 赶快

lìlái 历来[副]従来.かねて.これまで.¶guānyú zhè yī wèntí,～ jiù cúnzài-zhe zhēngyì[关于这一问题，～就存在着争议]この問題に関して,これまでずっと論争がなされてきた／Zhōng-guócài ～ jiǎngjiu sè、xiāng、wèi[中国菜～讲究色、香、味]中華料理はこれまでずっと色,香り,味を重んじてきた.

***lì·liang 力量**[名]❶力.¶tā ～ hěn dà[他～很大]彼は力持ちだ.❷能力.¶jìn yíqiè ～ qù wánchéng[尽一切～去完成]達成するために精いっぱい努力する／jìshù ～[技术～]技術力.❸効き目.¶zhèi zhǒng shāchóngjì ～ bù xiǎo[这种杀虫剂～不小]この殺虫剤は効き目が強い.➡ 類義語 lìqi 力气

lì lì zài mù 历历在目成ありありと目に浮かぶ."历历"は1つ1つがはっきりしている様子を表す.¶wǒmen xiǎo shíhou yìqǐ wánshuǎ de qíngjǐng, zhì-jīn hái ～[我们小时侯一起玩耍的情景，至今还～]私たちが子供の頃一緒に遊んだ光景が今でもまだありありと目に浮かぶ.

***lǐlùn 理论**[名]理論.¶zhèi běn shū ～xìng tài qiáng[这本书～性太强]この本は理論的すぎる.

lìlǜ 利率[名]利率.¶zuìjìn ～ tiáo-zhěng le[最近～调整了]最近利率の調整が行われた.

***lǐmào 礼貌**[名]礼儀.マナー.¶jiǎng ～[讲～]礼儀を重んじる／zhè háizi hěn yǒu ～[这孩子很有～]この子供は礼儀正しい.

***límǐ 厘米**[名]センチメートル.

***lǐmiàn 里面**[名]中.内."里边"lǐbian ともいう.↔ wàimian 外面 ¶～ méi-yǒu rén[～没有人]中には誰もいない.

†**límíng 黎明**[名]明け方.夜明け.

lín 邻*[名]隣.近所.¶zuǒ ～ yòu shè[左～右舍]左右の隣家／～jiā de háizi[～家的孩子]隣の家の子供.

***lín 临**[動]❶臨む.面する.近い.¶～jiē de fángzi[～街的房子]通りに面した家／yī shān ～ shuǐ[依山～水]山と水に臨む／rú ～ dà dí[如～大敌]大敵を前にしたかのようだ.❷来る.至る.¶shēn ～ qí jìng[身～其境]自分自身がその場に臨む／shuāngxǐ ～mén[双喜～门]二重の慶事が訪れる.❸まねる.¶～tiè[～帖]習字の手本をまねて書く／～mó[～摹]模写する.

†**lín 淋**[動]水がかかる.水をかける.¶～yù[～浴]シャワー.シャワーを浴びる／～yǔ[～雨]雨にぬれる／～shī[～湿](水に)ぬれる.

línchǎng 林场[名]営林署.森林を管理・伐採などする組織.また造林している場所.

línchuáng 临床[動]〔医〕臨床する.¶～ jīngyàn[～经验]臨床経験.

líng 灵[形]❶利発である.敏捷である.¶xīn ～ shǒu qiǎo[心～手巧]成機転がきき,手先も器用だ.❷感度がよい.すばやく動く.¶jīqì de kāiguān shī ～ le[机器的开关失～了]機械のスイッチの調子が悪くなった.❸効く.¶zhè yào zhēn ～,yì chī jiù hǎo[这药真～，一吃就好]この薬は本当によく効き,飲めばすぐ治る.

***líng 铃**[名]❶(～儿)ベル.¶mén～[门～]ドアベル／chē～[车～]自転車のベル.❷鈴に似た形のもの.¶yǎ～[哑～]鉄亜鈴.

***líng 零(〇)**[数]❶零.ゼロ.❷ナンバーの空位.その位の数がとんでいることを表す.¶tā chūshēng yú yījiǔjiǔ ～ nián[他出生于一九九〇年]彼は1990年に生まれた／liǎng nián ～ sān ge yuè[两年～三个月]2年と3ヵ月／yìbǎi ～ wǔ ge[一百～五个]105個.❸ないことを表す.¶zhè yí xià tā-men de nǔlì děngyú ～[这一下他们的努力等于～]こうなれば彼らの努力はなきに等しい.❹零度.¶～xià sān dù[～下三度]零下3度.[形]細かい.↔ zhěng 整

lǐng 岭[名]❶峰.¶tāmen fān shān yuè ～,zhōngyú dàole zhōngdiǎn[他们翻山越～，终于到了终点]彼らは峰や山を越え,ついに目的地に達した.❷高い山脈.¶Dàxīng'ān～[大兴

安～]大興安嶺山脈.

*lǐng 领[動]❶連れる.率いる.¶bǎ kèrén ～jin wūli[把客人～进屋里]客を室内に導く.❷受け取る.¶míngtiān jiù ～ gōngzī le[明天就～工资了]明日は給料を受け取る日だ.❸いただく.(気持ちを)受ける.¶nín de hǎoyì wǒ xīn～ le[您的好意我心～了]ご好意はお気持ちだけ頂戴いたします.➡類義語 péi 陪

†lìng 令[動]❶命令する.¶tā yǐ ～ rén qù qǔ le[他已～人去取了]彼は既に人に取りに行くよう命じた.❷(人に)…させる.¶～ rén pèifú[～人佩服]感心させられる/zhè xiāoxi ～ rén xīngfèn[这消息～人兴奋]このニュースは人を興奮させる.

*lìng 另[形]このほかの.¶nǐmen zǒu ba,wǒ ～ zhǎo yí liàng chē qù[你们走吧，我～找一辆车去]君たち行きなさい,私は別の車を探して行くから.

língchén 凌晨[名]〈書〉明け方.¶～ sān diǎn[～三点]早朝3時/míngtiān ～ chūfā[明天～出发]明日は明け方に出発する.

*lǐngdǎo 领导[動]指導する.¶～ quán[～权]指導権.[名]指導者.¶～ yào tīngqǔ qúnzhòng yìjiàn[～要听取群众意见]指導者は人民の意見に耳を傾けなければならない.➡類義語 zhǐdǎo 指导

lǐngdǎorén 领导人[名]指導者.リーダー.¶tā bú shì dāng ～ de cáiliào[他不是当～的材料]彼はリーダーの器ではない.

†lǐnghuì 领会[動]理解する.体得する.¶méiyou ～ shàngjí de yìtú[没有～上级的意图]上司の意図を理解していない.

†línghún 灵魂[名]❶魂.❷心.思想.❸人格.良心.¶rènhé shíhou dōu bù néng chūmài zìjǐ de ～[任何时候都不能出卖自己的～]どんな時でも自分の良心を売り渡してはいけない.❹〈喩〉核心.指導と決定をなす要素.¶mínzú de ～[民族的～]民族の根幹.

*línghuó 灵活[形]❶機敏である.¶shǒu jiǎo ～[手脚～]手足が敏捷だ.❷柔軟性がある.¶～ yùnyòng[～运用]柔軟に運用する/tā chǔshì quēfá ～xìng[他处事缺乏～性]彼は事を処理するのに柔軟性を欠く.

†língjiàn 零件[名]機械のパーツ.部品.¶bǎ zhèixiē ～ zǔzhuāng yíxià[把这些～组装一下]これらの部品を組み立ててくれ.

líng·lì 伶俐[形]賢くて敏捷である.¶kǒuchǐ ～[口齿～]弁が立つ/cōngmíng ～[聪明～]頭がよくて利発だ.

línglóng 玲珑[形]❶精巧にできている.¶～ tī tòu[～剔透]成(陶磁器などが)透き通るほど精巧だ/xiǎoqiǎo ～[小巧～]小さくて精巧だ.❷(人が)敏捷である.¶jiāo xiǎo ～[娇小～]成愛らしくきびきびとしている/bā miàn ～[八面～]成八方美人.

língmǐn 灵敏[形]反応が速く,敏感である.¶fǎnyìng ～[反应～]反応が速い.

*língqián 零钱[名]❶小銭.¶zhǔnbèi diǎnr ～[准备点儿～]小銭を用意する.❷小遣い.¶búyào gěi háizi tài duō ～[不要给孩子太多～]子供に小遣いをやりすぎてはいけない.

língqiǎo 灵巧[形]器用である.¶～ de xiǎo shǒu[～的小手]器用な小さい手.

lìng rén shén wǎng 令人神往成 あこがれを抱かせる.¶wǒ zhōngyú láidaole ～ de Bālí[我终于来到了～的巴黎]私はついにあこがれのパリへやってきた.

lǐngshì 领事[名]領事.¶zǒng～[总～]総領事.

língshòu 零售[動]小売りをする.¶～ jiàgé[～价格]小売り価格/～'é[～额]小売り額.

língsuì 零碎[形]細かい.こまごましている.¶～huór[～活儿]こまごましたささいな仕事/tài ～[太～]瑣末すぎる.

†lǐngtǔ 领土[名]領土.

línguó 邻国[名]隣国.¶zhōubiān ～[周边～]近隣諸国.

*lìngwài 另外[形]ほかの.¶wǒ ～ hái yǒu yuēhuì[我～还有约会]私は

ほかにもまだ約束がある.

lǐng//xiān 领先[動]先頭に立つ.リードする.¶shàngbànchǎng wǒ duì ～[上半场我队～]前半は我々のチームがリードした.

língxīng 零星[形]❶わずかである.細かい.¶～ de cáiliào[～的材料]少量の材料.❷分散している.ばらばらである.¶línglíngxīngxīng de xiàle jǐ dī yǔdiǎnr[零零星星地下了几滴雨点儿]ぱらぱらといく粒か雨が降った.

*lǐngxiù 领袖[名]国家や組織の指導者.¶tā shì guójiā ～[他是国家～]彼は国家の指導者だ.

†lǐngyù 领域[名]❶ある国家が主権を行使する区域.¶zhèr shì wǒ guó de ～[这儿是我国的～]ここは我が国の領域だ.❷学問や社会活動の範囲.¶zhéxué ～[哲学～]哲学の領域.

lǐng·zi 领子[名]襟.¶tā zài ～ shang biéle lǐngzhāng[他在～上别了领章]彼は襟に襟章をつけている.

L

†lìnián 历年[名]多年.数年来.¶zhè dìfang ～ jiàngshuǐliàng bùzú wǔbǎi háomǐ[这地方～降水量不足５００毫米]この地方は数年来降水量が500ミリに満たない.

línjìn 临近[動]近づく.近い.¶～ shì zhōngxīn[～市中心]市の中心部に近い.

*línjū 邻居[名]近所の人や家.¶tā cháng qù ～ jiā zuòkè[他常去～家做客]彼はよく近所の家を訪問する／hǎo ～[好～]よき隣人.

lín láng mǎn mù 琳琅满目㊀すばらしい品ばかりである.¶zǒujin bǎihuò shāngdiàn,～ de shāngpǐn ràng wǒ mù bù xiá jiē[走进百货商店，～的商品让我目不暇接]デパートに入ると,充実した品揃えの商品に次々と目移りしてしまう.

línqū 林区[名]森林地域.¶～ nèi yào jǐnfáng huǒzhǒng[～内要谨防火种]森林地域では火の元に注意せよ.

*línshí 临时[副]その時になって.¶píngshí bù xuéxí,～ kāi yèchē, shì wú jì yú shì de[平时不学习，～开夜车，是无济于事的]ふだん勉強しないのに,その時になって徹夜をしても焼け石に水だ.[形]臨時の.¶～gōng[～工]臨時工／～ zhèngfǔ[～政府]臨時政府.

línyè 林业[名]林業.

lǐpǐn 礼品[名]贈り物.プレゼント.¶zèngsòng ～[赠送～]プレゼントを贈る.

*lì·qi 力气[名]力.¶～ dà[～大]力がある.

> 類義語 **lìqi 力气　lìliang 力量**
> ►人や動物の肉体的な力をいう.¶他的{力气／力量}真大 tā de {lìqi／lìliang} zhēn dà(彼の力は本当に強い)►"力量"は個人や集団,事物のもつ影響力や能力を表す."力气"にはこの用法はない.¶工人阶级有{力量／×力气}gōngrén jiējí yǒu {lìliang／×lìqi}(労働者階級には力がある)／大自然的{力量／×力气}dàzìrán de {lìliang／×lìqi}(大自然の力)

lìqīng 沥青[名]コールタール.アスファルト.

†lìqiú 力求[動]できるだけ…するようにする.¶duōfāng jiāoshè,～ tuǒshàn chǔlǐ[多方交涉，～妥善处理]多方面と交渉し,できるだけ適切に処理する.

⁑lìrú 例如[接]たとえば.¶yìbān de qiúlèi huódòng wǒ dōu xǐhuan,～ lánqiú、páiqiú、zúqiú děng[一般的球类活动我都喜欢，～篮球、排球、足球等]私は球技のたぐいは皆好きだ,たとえばバスケット,バレー,サッカーなど.

†lìrùn 利润[名]利潤.¶huòqǔ jù'é ～[获取巨额～]巨額の利潤を得る.

lǐ·shì 理事[動]理事.

⁑lìshǐ 历史[名]❶歴史.(連用修飾語としても用いられる)¶rénlèi ～[人类～]人類の歴史／～ de kàndài wèntí[～地看待问题]問題を歴史的にとらえる.❷経歴.¶zhèixiē gōngrén de ～[这些工人的～]これらの労働者の経歴.❸過去の事実.¶zhèi jiàn shì zǎoyǐ chéngwéi ～ le[这件事早已成为～了]この事はとっくに過去のこと

となってしまった.

lǐ suǒ dāng rán 理所当然㊊当たり前である.当然である.¶nǐ zuòcuò le,lǎoshī pīpíng nǐ shì ～ de[你做错了，老师批评你是～的]あなたが間違ったことをしたら,先生が注意するのは当たり前だ.

*__lǐtáng 礼堂__[名]〔zuò 座〕講堂.ホール.

lìtǐ 立体[区]立体.¶～ diànyǐng[～电影]立体映画／～shēng[～声]立体音響.ステレオ.

†**lǐ·tou 里头**[名]中.内."里边"lǐbian ともいう.¶gāng ～ yǎngle hǎojǐ tiáo jīnyú[缸～养了好几条金鱼]鉢の中で金魚を何匹も飼っている.

lìtú 力图[動]極力…を図る.¶～ wǎnhuí bàijú[～挽回败局]極力劣勢を挽回しようとする.

†**liū 溜**[動]❶滑る.¶tā huì ～bīng le[他会～冰了]彼はスケートができるようになった.❷こっそり逃げ出す.¶dīngjǐn le,bié ràng nà jiāhuo ～ le[盯紧了，别让那家伙～了]しっかり見ていろ,あいつを逃がさないように.

⁑**liú 流**[動]❶流れる.流す.¶～lèi[～泪]涙を流す／～hàn[～汗]汗が流れる.*❷止まらずに移動する.¶～xīng[～星]流星.*❸伝わる.伝える.¶～ fāng bǎi shì[～芳百世]㊊名声を永遠に伝える／～ yán fēi yǔ[～言蜚语]㊊流言蜚語(ひご).デマ.*❹悪い方に変わる.¶～yú xíngshì[～于形式]形式に流れる.*[名]❶昔の犯罪者の流刑.¶～ fàng[～放]流罪にする.❷川の流れ.¶hóng～[洪～]大きな流れ／hé～ gānhé le[河～干涸了]川が干上がった.❸流れるもの.¶qì～[气～]気流／～shí[～食]流動食.❹流派.等級.¶sān jiào jiǔ ～[三教九～]宗教,学問のいろいろな流派／yī～[一～]一流.

⁑**liú 留**[動]❶とどまる.¶tā ～zai nóngcūn le[他～在农村了]彼は農村にとどまった.❷留学する.¶～ Rì xuésheng[～日学生]日本に留学する学生.❸とどまらせる.¶～ kèren zài jiā chīle dùn fàn [～客人在家吃了顿饭]家で食事をしていくよう,客を引き止めた.❹注意を集中する.❺残しておく.¶～ dǐgǎo[～底稿]草稿を残す.写しをとる／～ húzi[～胡子]ひげをたくわえる.❻受け取る.¶lǐwù bù néng ～,nín dàizǒu ba[礼物不能～，您带走吧]贈り物はいただけません.どうぞお持ち帰りください.❼遺留する.¶～xia yíchǎn[～下遗产]遺産を残す.

⁑**liù 六**[数]6.6つ.¶dì ～ míng[第～名]第6位.

liù 陆[数]"六"の "大写"dàxiě(大字).㊟書き直しを防ぐために証書や契約書の数字の記載に用いる.

liúbù 留步[動](挨拶)どうぞそのままで.お見送りには及びません.¶bié sòng le,bié sòng le,qǐng ～[别送了，别送了，请～]送らなくて結構です.どうぞそのままで.

†**liúchuán 流传**[動]伝播する.¶zhèige chuánshuō ～ zhìjīn[这个传说～至今]この伝説は現在まで伝わっている.

†**liúdòng 流动**[動]❶流動する.¶quánshuǐ huǎnhuǎn de ～[泉水缓缓地～]わき水がゆっくりと流れている.❷固定せず移動する.¶yīliáoduì cháng nián zài nóngcūn ～[医疗队常年在农村～]医療隊は一年中農村をめぐっている.

liúlàng 流浪[動]生活が落ち着かない.¶tā sìchù ～[他四处～]彼はあちこち放浪している.

*__liúlì 流利__[形]❶流暢である.¶tā wàiyǔ shuōde hěn ～[他外语说得很～]彼の外国語は流暢だ.❷よどみなく.なめらかである.¶zhèi zhī bǐ hěn hǎoyòng,xiěqilai hěn ～[这支笔很好用，写起来很～]このペンは使いやすく,書き味がとてもなめらかだ.

liúliàn 留恋[動]愛着があって捨てられない.¶zuì lìng rén ～ de[最令人～的]最も名残り惜しいもの／dàjiā fēicháng ～ nà shí de kuàilè shíguāng[大家非常～那时的快乐时光]みんなあの頃の楽しかった日々をとても懐かしく思っている.

liúlù 流露[動]思わず表に出る.¶tā ～chu yào zǒu de yìsi[他～出要走的

意思]彼は出て行こうという気持ちをほのめかした.

†**liúmáng 流氓**[名]❶正業を持たない者.ごろつき.¶tā shì ge ～[他是个～]あいつはならず者だ.❷やくざな行い.¶shuǎ ～[耍～]下品で居直った態度をとる.痴漢行為をする.(男が)セクハラ行為をする.

⁑**liúniàn 留念**[動]記念にする.¶pāizhào ～[拍照～]記念に写真を撮る.➡類義語 jìniàn 纪念

liú//shén 留神[動]注意する.¶chūmén zàiwài yào ～ cáiwù[出门在外要～财物]外出したらお金や持ち物に気をつけなさい.

†**liǔshù 柳树**[名]〔植〕〔kē 棵〕ヤナギの木.

†**liúshuǐ 流水**[名]流れている水.〈喩〉連続していること.¶～ zuòyè[～作业]流れ作業／～zhàng[～账]商店が毎日つける帳簿.出来事だけを羅列した記載のたとえ.

liútōng 流通[動]❶停滞しない.¶kāikai chuāng shǐ kōngqì ～[开开窗使空气～]窓を開けて空気を入れ換えて.❷流通する.¶zhèi zhǒng huòbì yǐjing bú zài ～[这种货币已经不再～]この種の貨幣はもはや流通していない.

liú//xīn 留心[動]注意する.¶tā hěn ～ xìxiǎo de dìfang[他很～细小的地方]彼は細かいところにも注意深い.

†**liúxíng 流行**[動]流行する.¶gǎnmào ～[感冒～]風邪がはやる.[形]流行している.はやりである.¶zhèi zhǒng fúzhuāng hěn ～[这种服装很～]この種のファッションはとてもはやっている／～ gēqǔ[～歌曲]流行歌.

†**liú//xué 留学**[動]留学する.¶xǔduō niánqīngrén xiǎng chūguó ～[许多年轻人想出国～]多くの若者が外国へ留学したいと思っている.

⁑**liúxuéshēng 留学生**[名]留学生.¶tā shì Rìběn ～[他是日本～]彼は日本人留学生だ.

liú//yì 留意[動]注意する.¶nǐ ～ yíxiàr hòumian yǒu méiyou rén dīngshāo[你～一下儿后面有没有人盯梢]誰かに後ろからつけられていないか注意しろ.

†**liúyù 流域**[名]流域.¶Chángjiāng ～ yǒu xǔduō zhòngyào de dà chéngshì[长江～有许多重要的大城市]長江流域には重要な大都市がたくさんある.

lìwài 例外[動]例外にする.¶tā měitiān jiānchí chángpǎo,yǔtiān yě bú ～[他每天坚持长跑，雨天也不～]彼は毎日マラソンを続けている,雨の日も例外ではない.[名]例外.¶zài wǒ jiāoguo de xuésheng zhōng,tā shì ge ～[在我教过的学生中，他是个～]私が教えた学生の中で,彼は例外だ.

⁑**lǐwù 礼物**[名]〔jiàn 件,fèn 份〕贈り物.プレゼント.¶shēngri ～[生日～]誕生日プレゼント.

lìxī 利息[名]利息.利子.

*__lǐxiǎng 理想__[名]理想.夢.¶shíxiàn zìjǐ de ～[实现自己的～]自分の夢を実現する／nǐ de ～ shì shénme?[你的～是什么?]あなたの夢は何ですか.[形]理想的である.¶～ zhíyè[～职业]理想的な職業／zhèi cì kǎoshì chéngjì búgòu ～[这次考试成绩不够～]今回の試験の成績は理想的でない.

líxiū 离休[動](1949年以前に革命に参加した人の定年退職をさす."离职休养"lízhí xiūyǎngの略)引退する.退職する.¶～ gànbù[～干部]退職幹部.

*__lìyì 利益__[名]利益.

lǐyí xiǎo·jiě 礼仪小姐[名]サービス業で,接待,案内などを専門に受け持つ若い女性.

⁑**lìyòng 利用**[動]利用する.¶～ huāngdì[～荒地]荒れ地を利用する／shòu rén ～[受人～]人に操られる.

*__lǐyóu 理由__[名]〔tiáo 条,diǎn 点〕理由.口実.¶zhǎo ～[找～]口実を探

す／méiyou shénme ～[没有什么～]何の理由もない.

†**lìzhēng 力争**[動]❶できるだけ…するように努める.¶～ shàngyóu[～上游]努めて高い所をめざす／～ xià ge yuè wángōng[～下个月完工]できるだけ来月完成をめざす.❷大いに論争する.¶jùlǐ ～[据理～]論理に従って力強く論争する.

lìzhī 荔枝[名]〔植〕レイシ.ライチ.(中国南方産の果物)

lǐ zhí qì zhuàng 理直气壮㊗筋道が通っていて堂々と話すさま.¶～ de shuō[～地说]自信を持って話す／wǒ zhīdao zìjǐ zhànlǐ,jiù ～ de gēn tā biànlùnqilai[我知道自己占理，就～地跟他辩论起来]私は自分に道理があると分かっていたので,堂々と彼と議論を始めた.

*__lì·zi 例子__[名]〈口〉例.¶jǔ ～[举～]例を挙げる.

lì·zi 栗子[名]〔植〕クリ.¶～shù[～树]クリの木／xiāngpēnpēn de tángchǎo ～[香喷喷的糖炒～]いい香りの甘栗.

*__lóng 龙__[名]❶竜.¶～ shì Zhōngguó chuánshuō zhōng de dòngwù[～是中国传说中的动物]竜は中国の伝説上の動物だ.❷皇帝の象徴.¶～páo[～袍]皇帝の服.❸古生物学上の爬虫類.¶kǒng～[恐～]恐竜.

lóng 聋[形]耳が聞こえない.¶～yǎ[～哑]聾唖(ろうあ)／zhè shēngyīn zhèn ěr yù ～[这声音震耳欲～]この音は鼓膜をつき破るほど大きい.

lǒng 拢[動]❶接近する.¶tā gāoxìngde hébu～ zuǐ[他高兴得合不～嘴]彼は嬉しくて口が閉まらない.❷近寄る.接近する.¶kào～[靠～]近寄る.❸丸め込む.言いくるめる.¶lā～ rénxīn[拉～人心]㊗人心を取り込む.❹引き寄せる.¶tā yì bǎ bǎ háizi ～rù huáili[她一把把孩子～人怀里]彼女はさっと子供を懐に抱き寄せた.❺くしで髪をなでつける.すく.¶～～ tóufa[～～头发]髪を撫でつける.

†**lǒngduàn 垄断**[動]独占する.¶zhèige jítuán ～le diànqì shìchǎng[这个集团～了电器市场]このグループは電化製品市場を独占した.

lóngtóu 龙头[名]〈喻〉トップ.¶～ qǐyè[～企业]リーディングカンパニー.

lóng·tóu 龙头[名]蛇口.¶shuǐ～[水～]水道の蛇口.

†**lǒngzhào 笼罩**[動]覆う.¶ménglóng de wùqì ～le dàdì[朦胧的雾气～了大地]おぼろな霧が大地を覆った.

lóngzhòng 隆重[形]盛大で重々しい.¶dìnghūn yíshì jíqí ～[订婚仪式极其～]婚約の儀式はこの上なく盛大だった.

†**lóng·zi 笼子**[名]かご.¶niǎo～[鸟～]鳥かご.

①鳥かご ②蒸籠(せいろう)

⁑**lóu 楼**[名]❶2階建て以上の建物.ビル.¶dà～[大～]ビル.❷建物の階層.¶～shàng[～上]2階.階上／tā jiā zhùzai wǔ lóu[他家住在五楼]彼の家は5階にある.❸やぐら.¶chéng～[城～]やぐら.❹〈方〉ある種の店舗.¶jiǔ～[酒～]料理店.酒場.

†**lǒu 搂**[動]抱く.抱きしめる.¶tā ～zhe bùwáwa shuìjiào[她～着布娃娃睡觉]彼女は人形を抱きながら寝る.➡見る類 p.81

*__lòu 漏__[動]❶(穴やすきまから)漏る.漏れる.¶dàili de shuǐ ～guāng le[袋里的水～光了]袋の中の水は漏れてなくなった／～diàn[～电]漏電／～ shuǐ[～水]水漏れ.❷(秘密などを)漏らす.漏洩(ろうえい)する.¶zǒu～ fēngshēng[走～风声]㊗秘密を漏らす.❸抜け落ちる.抜かす.¶zhèli ～le yí ge zì[这里～了一个字]ここは1字抜けている.

*__lòu 露__[動]現れる.さらけ出す.¶tā liǎnshang zhōngyú ～chule xiàoróng [他

脸上终于露出了笑容]彼の顔についに笑みがこぼれた.→lù

†•**lou 喽**[助]相手の注意を促す語気を含む.¶shuǐ kāi ～[水开～]お湯が沸いたよ.

†**lóudào 楼道**[名](建物の)廊下.通路.¶zhèi zhuàng lóu de ～ hěn zhǎi[这幢楼的～很窄]この建物の廊下は狭い.

lòudòng 漏洞[名]不確かなところ.弱点.手落ち.¶zhèi piān wénzhāng yǒu hěn duō ～[这篇文章有很多～]この文章にはミスが多い.

†**lóufáng 楼房**[名]2階建て以上の建物.ビル.¶tā jiā bānrùle xīn ～[他家搬入了新～]彼の家は新しいビルに引っ越した.

lòu mǎjiǎo 露马脚㊐馬脚を現す.包み隠していたことが現れる.足がつく.¶méiyou yǐncánghǎo jiù huì lòuchu mǎjiǎo[没有隐藏好就会露出马脚]ちゃんと隠しておかないとばれてしまう/zuìfàn yǐjing lòule mǎjiǎo[罪犯已经露了马脚]犯人は既に足がついた.

†**lòu//miàn 露面**[動]顔を出す.¶cóng nà yǐhòu tā zài yě méiyou ～[从那以后他再也没有～]その時から,彼は顔を出さなくなった/tā zài yànhuì shang lòule ge miàn[他在宴会上露了个面]彼は宴会に少しだけ顔を出した.

lòu//shuì 漏税[動]脱税する.¶tōushuì ～[偷税～]脱税と申告漏れ/tā lòule sānshí wàn de shuì[他漏了三十万的税]彼は30万脱税した.

*__lóutī 楼梯__[名]階段.→見る類 p.514

lòu//tóu 露头[動]❶頭を出す.¶chǎngzhǎng yí ～ jiù bèi dàjiā wéizhu le[厂长一～就被大家围住了]工場長は顔を出したとたんにみんなに取り囲まれた.❷兆しが現れる.¶xīnli de bùmǎn qíngxù jiànjiàn lòule tóu[心里的不满情绪渐渐露了头]心の中の不満な気持ちがしだいに頭をもたげてきた.

†**lòu yīshǒu 露一手**㊐(人前で)腕前を披露する.¶wǎnhuì shang kēzhǎng gěi dàjiā lòule yìshǒu[晚会上科长给大家露了一手]夜のパーティーで課長はみんなに腕前を披露した.

lù 陆[名]陸地.¶wǔ hào táifēng jīnwǎn dēng～[五号台风今晚登～]台風5号が今晚上陸する.

*__lù 录__[動]❶記録する.書き付ける.写し取る.❷任用する.採用する.

lù 鹿[名]〔tóu 头〕シカ.

⁑**lù 路**[名]〔tiáo 条〕❶道.道路.¶lù～[陆～]陸路.❷道のり.¶dào nàr ～ kě bú jìn[到那儿～可不近]そこまでの道のりはかなりある.❸方法.¶shēng～[生～]生計を立てられる方法.❹筋道.条理.¶sī～[思～]考える筋道.❺路線.¶shíqī ～ gōnggòng qìchē[十七～公共汽车]17番ルートのバス.❻種類.等級.¶yí～huò[一～货]同類のもの.

†**lù 露**[動]現す.さらけ出す.¶bào～[暴～]暴露/tǔ～[吐～]打ち明ける/～yíng[～营]露営.キャンプ.→lòu

†**lǘ 驴**[名]〔tóu 头〕ロバ.¶xiǎo máo～ tuózhe yí dài huòwù[小毛～驮着一袋货物]若いロバが1袋の荷物を載せている.→見る類 p.378

lǚ 旅*[名]旅.旅行.¶～tú píng'ān[～途平安]道中ご無事で.

lǚ 旅[名]❶旅団.(旧時の軍隊編制)*❷広く軍隊をさす.¶qiángbīng jìng～[强兵劲～]精鋭部隊.

†**lǚ 铝**[名]〔化〕アルミニウム.¶～ guō[～锅]アルミ鍋.

lǜ 率*[名]率.割合.歩合.¶lì～[利～]利率/chūqín～[出勤～]出勤率.

⁑**lǜ 绿**[形]緑の.¶qīng shān ～ shuǐ[青山～水]山は青く水は清らか.山河の美しい風景/hóng huā ～ yè[红花～叶]赤い花と緑の葉.

†**luǎn 卵**[名]卵.(食用の卵は"蛋"dànを用いる)¶～shēng dòngwù[～生动物]卵生動物/yǐ ～ jī shí[以～击石]㊒卵を以て石を撃とうとする.無理なこと,身の程知らずのことをする.

⁑**luàn 乱**[形]❶乱れている.混乱している.¶tā de fángjiān hěn ～[他的房间很～]彼の部屋はひどく散らかっている.❷(動詞の前に用いて)勝手に.みだりに.でたらめに.¶zài mǎlù shang bù néng ràng háizi ～ pǎo[在马路上

不能让孩子～跑]道で子供をむやみに走らせるな.❸(心が)乱れている.¶xīnfán yì ～[心烦意～]心が乱れていらいらする.

luàn qī bā zāo 乱七八糟㊜めちゃくちゃに乱れている様子.¶tā bǎ wūzi li nòngde ～ de[他把屋子里弄得～的]彼は部屋の中をめちゃくちゃにしてしまった.

*__lǜchá 绿茶__[名]緑茶.発酵させないで作るお茶.

lùchéng 路程[名]道のり.行程.¶dào nàr hái yǒu duōshao ～?[到那儿还有多少～?]そこまではあとどのくらいの道のりだろう.

lǚcì 屡次[副]たびたび.¶tā ～ fàn cuòwù[他～犯错误]彼はたびたび過ちを犯している.

†**lǜdēng 绿灯**[名](交通信号の)青信号.〈喩〉ゴーサイン.¶kàndao ～ cái néng guò mǎlù[看到～才能过马路]青信号になったら道を渡れる／bù néng duì luàn shōufèi xiànxiàng kāi ～[不能对乱收费现象开～]みだりに金を徴収する現象に許可を出してはいけない.

†**lùdì 陆地**[名]陸地.¶piāobóle nàme jiǔ,zhōngyú kàndaole ～[飘泊了那么久，终于看到了～]長い間漂流して,ついに陸地が見えた.

lǚdiàn 旅店[名]〔jiā 家〕旅館.宿屋.¶zhèige ～ yǐjing kèmǎn[这个～已经客满]この旅館はすでに満室である.

*__lüè 略__[動]省略する.簡略化する.¶bù néng ～qu[不能～去]省略できない.

†**lüèduó 掠夺**[動]略奪する.¶～ tǔdì[～土地]土地を略奪する／～ cáiwù[～财物]財物を奪う.

lüèwēi 略微[副]わずかに.少し.¶wǒ ～ yǒuxiē tóuyūn[我～有些头晕]私は少し頭がくらくらしている.

†**lǚfèi 旅费**[名]旅費.¶zhèi cì de ～ bù néng bàoxiāo[这次的～不能报销]今回の旅費は清算請求できない.

lùfèi 路费[名]旅費.¶chūguó de ～ yǐjing zhǔnbèihǎo le[出国的～已经准备好了]渡航費用はすでに準備できている.

lùgǔ 露骨[形]露骨である.むきだしである.あけすけである.¶zhèi duàn huà shuōde tài ～ le[这段话说得太～了]この話は言い方があまりに露骨だ／tā ～ de biǎoxiànchu duì quánlì de kěwàng[他～地表现出对权利的渴望]彼は権利を切に望んでいることを露骨に表した.

lǚguǎn 旅馆[名]〔jiā 家〕旅館.¶tā zài ～ zhùle yí yè[他在～住了一夜]彼は旅館で一夜を過ごした.

†**lùguò 路过**[動]通過する.通りかかる.¶cóng Běijīng dào Shànghǎi ～ Tiānjīn[从北京到上海～天津]北京から上海へ行く時には天津を通る.

lǜhuà 绿化[動]緑化する.¶～ shādì shì dāng wù zhī jí[～沙地是当务之急]砂漠を緑化することは当面の急務だ.

lǚ jiàn bù xiān 屡见不鲜㊜しょっちゅう見ていて珍しくない.¶jìn jǐ nián qù hǎiwài guò xīnnián yǐjing ～[近几年去海外过新年已经～]ここ数年お正月を海外で過ごすことは珍しくなくなった.

lǚjū 旅居[動]外地あるいは外国に住む.¶～ guówài de zuòjiā réngrán guānxīn guónèi de qíngkuàng[～国外的作家仍然关心国内的情况]国外にいる作家は依然として国内の状況に関心を寄せている.

†**lùjūn 陆军**[名]陸軍.¶～ zài sānjūn zhōng rénshù zuì duō[～在三军中人数最多]陸軍は三軍(陸・海・空軍)の中で人数が最も多い.

*__lǚkè 旅客__[名]旅客.¶～ qǐng zài zhèli hòuchē[～请在这里候车](旅行の)お客様はこちらで汽車をお待ちください.

†**lùkǒu 路口**[名]道の交差する場所.¶zài zhèige ～ xiàng yòu guǎi[在这个～向右拐]この交差点で右に曲がる.

lùmiàn 路面[名]路面.¶kuānkuò píngtǎn de ～[宽阔平坦的～]広く平らな路面.

lūn 抡[動]振り回す.¶tā ～qi dàdāo jiù kǎn[他～起大刀就砍]彼は大きな刀を振りかざして切った.

L

†**lùn 论**[動]❶論じる.¶jiù shì ～ shì[就事～事]㊟その事柄についてだけ損得を論ずること／tǎo～[讨～]討論.❷見なす.定める.¶píng xīn ér ～[平心而～]㊟良心的にかつ公平に論じる／～ gōng qǐng shǎng[～功请赏]㊟功績に応じて褒賞を与える.*❸…について言う.…から言う.¶～ rénpǐn,tā shì wú kě tiāotī de[～人品，他是无可挑剔的]人柄について言えば,彼は文句のつけようがない.

†**lùn 论**[名]❶言論.¶dà zào yú～[大造舆～]世論をつくり出す.❷論.理論.学説.¶jìnhuà～[进化～]進化論／xiāngduì～[相对～]相対性理論／miù～[谬～]誤った論.

*__lúnchuán 轮船__[名]〔sōu 艘〕汽船.¶zhèi sōu ～ yǒu sì céng[这艘～有四层]この汽船は4階ある.

lùndiǎn 论点[名]論点.¶zhèi piān wénzhāng ～ tūchū[这篇文章～突出]この文章の論点は際だっている.

†**lúnkuò 轮廓**[名]❶輪郭.¶yuèguāng xia,dàlóu xiǎnchu yǐnyuē de ～[月光下，大楼显出隐约的～]月光のもとで,ビルはぼんやりと輪郭を現した.❷あらまし.概要.アウトライン.¶qǐng nín jiǎngjiang zhèi jiàn shì de ～[请您讲讲这件事的～]この件の概略を話してください.

†**lúnliú 轮流**[動]順番に…する.順々に行う.¶quán bān fēnzǔ ～ zhíbān[全班分组～值班]クラスでグループ分けをして順番に当直をする.

lùnshù 论述[動]論述する.¶fēn sān fāngmiàn jìnxíng ～[分三方面进行～]3つの面から論述を進める.

*__lùnwén 论文__[名]論文.¶bìyè ～[毕业～]卒業論文／xuéshù ～[学术～]学術論文／～ dábiàn[～答辩]論文の質疑応答.

lùnzhèng 论证[動]論証する.¶～ shí suǒyǒu de lùnjù yídìng yào zhēnshí yǒulì[～时所有的论据一定要真实有力]論証する時は,全ての論拠が真実で説得力がなければならない.

†**lún·zi 轮子**[名]車輪.歯車.¶～ bú zhuàn le[～不转了]車輪が回らなくなった.

†**luó 锣**[名]銅鑼(どら).¶qiāo ～ dǎ gǔ[敲～打鼓]銅鑼と太鼓をたたく.

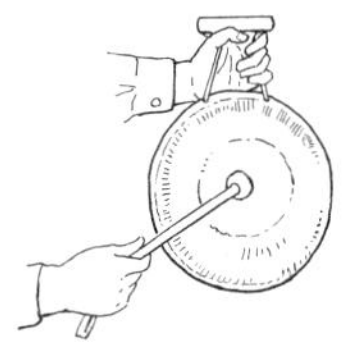

*__luò 落__[動]❶落ちる.落とす.¶shùyè ～xia[树叶～下]木の葉が落ちる／zài kùnnan miànqián ～ yǎnlèi[在困难面前～眼泪]困難を前にして涙をこぼす.❷(ある場所に)とどまる.停留する.落ち着く.¶yījiǔjiǔbā nián tā zài Shànghǎi ～le hù[一九九八年她在上海～了户]1998年に彼女は上海に定住した／huāshang ～zhe yì zhī húdié[花上～着一只蝴蝶]花に1匹のチョウがとまっている.❸帰属する.手に入る.¶zhè zīliào hěn zhòngyào,qiānwàn bù néng ～zai biéren shǒuli[这资料很重要，千万不能～在别人手里]この資料は重要なので決して他人の手に渡すことはできない.❹後に残される.落後する.¶tā de kǎoshì chéngjì yòu ～zai biéren hòubian le[他的考试成绩又～在别人后边了]彼の試験の成績はまた皆の下だった.→là

*__luó·bo 萝卜__[名]〔植〕〔gēn 根〕ダイコン.¶～ hányǒu fēngfù de wéishēngsù[～含有丰富的维生素]ダイコンはビタミンを多く含んでいる.

luòchéng 落成[動](建物が)完成する.落成する.¶gōngyù yǐjing ～,shíyuè kě jiāofù shǐyòng[公寓已经～，十月可交付使用]マンションはすでに完成しており,10月には引き渡しができる.

luò∥dì 落地[動]❶(物が)地面に落ちる.¶yì kē xīn zhōngyú luòle dì[一颗心终于落了地]やっと安心した.❷生まれ落ちる.¶tīngdao háizi guāguā ～,mǔqīn xiào le[听到孩子呱呱～，母亲笑了]子供がおぎゃあ,おぎゃあという声とともに生まれたのを聞いて,母親は笑った.[区]床まで届く.床に置く.¶～dēng[～灯]フロアスタンド.

*luòhòu 落后[形]❶落後する.遅れる.¶tā de sùdù ～ le[他的速度～了]彼のスピードは(以前より)遅くなった.(ほかの人より)遅れた.❷(思想や技術が)立ち後れる.↔ fādá 发达, xiānjìn 先进 ¶wǒ guó bǐ xiānjìn guójiā ～le jǐshí nián[我国比先进国家～了几十年]我が国は先進国より数十年後れている.

†luó·ji 逻辑[名]❶ロジック.論理.¶～sīwéi[～思维]論理的思考／zhèi piān lùnwén méiyou ～[这篇论文没有～]この論文は論理的ではない.❷客観的法則.¶zhè bùhé shēnghuó de ～[这不合生活的～]これは生活の法則に合っていない.

luókuāng 箩筐[名]竹で編んだ器具.かご.¶～ li zhuāngmǎnle yàocái[～里装满了药材]かごには生薬がいっぱい盛ってある.

luóliè 罗列[動]❶分布する.陳列する.¶gè shì móxíng ～zai zhǎntīng li[各式模型～在展厅里]各種の模型が展示室に陳列されている.❷列挙する.¶tā～le fànrén de yíxìliè zuìzhuàng[他～了犯人的一系列罪状]彼は犯人の一連の罪状を並べた.

luòshí 落实[動]❶着実にする.確実なものにする.¶tǒngjì de shùzì yào yī yī ～[统计的数字要一一～]統計の数字は一つ一つ正確でなくてはならない.❷実行する.執行する.¶gè xiàng rènwu yào céngcéng ～[各项任务要层层～]各項の任務を次々と実行する.

luósīdīng 螺丝钉[名]ねじ.ボルト.¶bǎ ～ níngjǐn[把～拧紧]ねじをきつく締める.

luō·suo 罗唆[形]❶くだくだしい.くどい.¶rén yí shàng niánjì,jiù ài ～[人一上年纪，就爱～]人は年をとると,くだくだしくなる.❷(事が)こまごましている.煩わしい.面倒くさい.¶zhēn ～, fánsǐ rén le[真～，烦死人了]煩わしくてもう嫌だ.‖“罗嗦”とも書く.

†luò·tuo 骆驼[名]〔pǐ 匹,fēng 峰〕ラクダ.¶～ shì shāmò zhī zhōu[～是沙漠之舟]ラクダは砂漠の船である.

luòxuǎn 落选[動]落選する.↔ dāngxuǎn 当选 ¶tā suīrán luòle xuǎn,què bìng bú qìněi[他虽然落了选，却并不气馁]彼は落選したが,がっかりしてはいない.

luó·zi 骡子[名]〔tóu 头,pǐ 匹〕ラバ.(ロバとウマの交配によってできた雑種)➡ 見る類 p.378

lùpái 路牌[名]街路名のプレート.

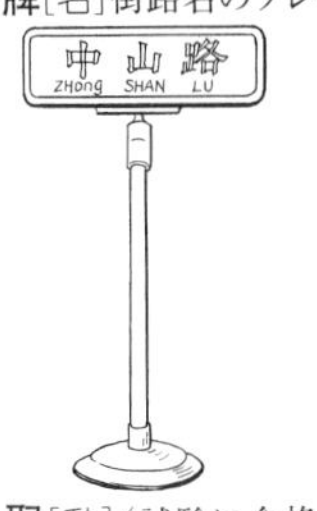

lùqǔ 录取[動](試験に合格して)選ばれる.¶tā bèi míngpái dàxué ～ le[他被名牌大学～了]彼は名門大学に合格した.

lǜsè shípǐn 绿色食品[名](中国の食品衛生法の基準を満たす)自然食品.¶dà shāngdiàn zhuānmén yǒu ～ guìtái[大商店专门有～柜台]大きな商店には自然食品専門のカウンターがある.

*lù·shang 路上[名]❶路上.¶～ tíngzhe yí liàng kǎchē[～停着一辆卡车]道にトラックが停まっている.❷道中.途中.¶～ xiǎoxīn[～小心]道中気を付けて.

lǜshī 律师[名]弁護士.¶tā xiǎng chéngwéi ～[他想成为～]彼は弁護士になりたがっている.

lùtiān 露天[名]屋外.野外.¶～ kāfēiguǎn de kèrén zhēn bùshǎo[～咖啡馆的客人真不少]オープンカフェの客は実に多い.

*lǚtú 旅途[名]旅行の途中.道中.¶tā xìng gāo cǎi liè de jiǎngzhe ～ jiànwén[他兴高采烈地讲着～见闻]彼は嬉しそうに旅先で見聞きしたことを話している.

*lùxiàn 路线[名]❶道筋.道順.ルート.¶cóng A dì dào B dì yǒu liǎng tiáo ～[从A地到B地有两条～]AからBまでは2通りの行き方がある.❷(政

L

治・思想活動上の)路線.¶zǒu qúnzhòng ～[走群众～]大衆路線を行く.

*lùxiàng 录像[動]録画する.¶tā zài xiànchǎng ～[他在现场～]彼は現場で録画している.

*lùxiàngdài 录像带[名]ビデオテープ.¶qiánbian yǒu yì jiā chūzū ～ de shāngdiàn[前边有一家出租～的商店]前方にビデオのレンタルショップがある.

*lùxiàngjī 录像机[名]ビデオデッキ.

⁑lǚxíng 旅行[動]旅行する.¶tā xiǎng qù Dūnhuáng ～[他想去敦煌～]彼は敦煌に旅行したがっている.

lǚxíng 履行[動]実行する.¶～ nuòyán[～诺言]約束を実行に移す.

*lǚxíngshè 旅行社[名]旅行社.¶qiānzhèng shǒuxù kěyǐ qǐng ～ dàibàn[签证手续可以请～代办]ビザの手続きは旅行社に代行してもらえる.

*lùxù 陆续[副]ひっきりなしに.続々と.¶tiān liàng le,shàngbān de rénmen ～ zǒuchu jiāmén[天亮了，上班的人们～走出家门]空が明るくなると,出勤する人々が続々と家を出てくる.

⁑lùyīn 录音[動]録音する.¶zhèli bù néng ～[这里不能～]ここでは録音できない.

*lùyīndài 录音带[名]カセットテープ.¶fàng yì pán ～ tīngting ba[放一盘～听听吧]カセットをかけて聴こうよ.

*lùyīnjī 录音机[名]テープレコーダー.

lùyòng 录用[動]任用する.採用する.¶gōngsī shíxíng zéyōu ～ de fāngzhēn[公司实行择优～的方针]会社は優秀な人を選んで採用する方針を打ち出した.

†lǚyóu 旅游[動]観光旅行する.¶tā shì zài zhèli guānguāng ～ de[他是在这里观光～的]彼はここで観光旅行をしているのだ.

lǚyóuyè 旅游业[名]観光業.

†lú·zi 炉子[名]〔zhī 只〕こんろ.ストーブ.¶～ li de huǒ hěn wàng[～里的火很旺]ストーブの火が盛んに燃えている.

lù·zi 路子[名](目的を達成するための)手づる.コネ.¶tā sìchù tuō rén zhǎo ～[他四处托人找～]彼は方々で人を頼りにコネを探している／zhèige rén ～ hěn guǎng[这个人～很广]この人はコネが多い.

L

谜语 答えがLで始まるなぞなぞ

姑娘小辫冲着天，	Gūniang xiǎobiàn chōngzhe tiān,	おさげが上向き娘さん,
碰着火神泪涟涟，	pèngzhe huǒshén lèi liánlián,	火に会いはらはら涙を流す,
哭着哭着身子短，	kūzhe kūzhe shēnzi duǎn,	泣いてるうちに身は縮み,
到死剩下泪一摊。	dào sǐ shèngxia lèi yì tān.	残るは涙のあとばかり.

(答えは356～357ページの中に)

●百科知識●

絵で見る中国人の一生(2)

学校生活

"小学"xiǎoxué

中国の学校は"上学期"shàngxuéqī(前期),"下学期" xiàxuéqī(後期)の2学期制.新学期は9月に始まる.

成績は五段階制で一番良いのは5.ただ中国の小学校は学業成績だけでなく,健康や精神面も重視される."功课好,身体好,思想好"gōngkè hǎo, shēntǐ hǎo, sīxiǎng hǎo(学業面,運動面,道徳面すべてにすぐれている)生徒は"三好学生"sānhǎo xuésheng とよばれ,学期ごとに1クラスで1人か2人選ばれる.

また生徒たちは"少年先锋队"shàonián xiānfēngduì(略して"少先队" shàoxiānduì)という共産主義青年団の指導する児童組織の隊員となり,首に赤いスカーフ"红领巾"hónglǐngjīn を結ぶ.

1学期に1回"家长会"jiāzhǎnghuì(父母会)があり,春や秋に"春游" chūnyóu,"秋游"qiūyóu(遠足)があるが,修学旅行の習慣はない.

放課後"少年宫"shàoniángōng(「少年宮」小中学生の課外での文化教育活動を行う施設)でスポーツや音楽を楽しんだり,訓練を受ける生徒もいる.

"中学"zhōngxué

中学校は"初级中学"chūjí zhōngxué(略して"初中" chūzhōng)という.高校は"高级中学"gāojí zhōngxué (略して"高中"gāozhōng)といってどちらも"中学"とよぶ.中学·高校とも入る時には"升学考试"shēngxué kǎoshì(入試)がある.入試のプレッシャーもあるし,ふだんの"作业"zuòyè(宿題)も多い.

"运动会"yùndònghuì(体育祭)や"文艺会演"wényì huìyǎn(文化祭)は盛んに行われるが父母を招くという習慣はない.

小学生の組織に"少先队"があったように,14,5歳になると"中国共产主义青年团"Zhōngguó gòngchǎn zhǔyì qīngniántuán(共産主義青年団)(略して"共青团"gòngqīngtuán)に入る生徒も多い.

"大学"dàxué

中国の大学入試は"高考"gāokǎo といって7月に全国統一試験が行われる.この試験を受けずに推薦入試で大学に入る学生もいる.

大学では基本的に寄宿生活をする.中国の大学はほとんど1つの町のようで,先生,学生から,そこで働くすべての人の宿舎があるほか,商店街,銀行,映画館,場合によっては製品の試作のできる工場まである.

そこに中国全土から言語も習慣も異なる学生が集まる.中国の大学生は一に勉強,二に勉強であって,日本の大学の状況とはまったく違う.大学生の同世代に占める割合はまだ数%といわれ,大学生は人々が仰ぎ見る社会のエリートである.

学費はかつては無料だったが近年はかなり高い学費を払わなければならなくなった."打工"dǎgōng(アルバイト)という労働形態はまだ一般的ではなく,貧しい家庭出身の学生が大学生活を送るのはなかなか大変である.

就職もかつては政府が全面的にめんどうを見,必ずどこかに"分配"fēnpèi (配属)してもらえたが,最近は自分で就職先を探す学生がほとんどである.

M,m

má 麻[名]❶〔植〕アサ,タイマ,チョマ,アマなどの植物の総称.¶dà～[大～]タイマ／yà～[亚～]アマ(の繊維).❷アサ類植物の繊維.¶～shéng[～绳]麻縄.

má 麻[形]しびれる.¶tuǐ ～ le[腿～了]足がしびれた／chī huājiāo shétou jiù fā ～[吃花椒舌头就发～]山椒を口に入れると舌がピリピリする.

⁑**mǎ 马**[名]〔pǐ 匹〕馬.¶～ zài cǎoyuán shang fēibēn[～在草原上飞奔]馬が草原をひた走っている／sài～[赛～]競馬.

*__mà 骂__[動]罵る,叱る.¶dà ～ tā yí dùn[大～他一顿]彼をこっぴどく叱る／～ rén[～人]人を罵る.

⁂**·ma 吗**[助]疑問を表す.問いかけや反語に用いる.¶tā huì lái ～?[他会来～?]彼は来るでしょうか／nǐ bù zhīdào zhèli bù zhǔn pāizhào ～?[你不知道这里不准拍照～?]ここは撮影禁止だというのを知らないのか.

⁂**·ma 嘛**[助]❶当然である,分かり切っているという語気を表す.¶wǒ yě shì wèi nǐ zhuóxiǎng ～[我也是为你着想～]私だって君のためを考えてやったんじゃないか.❷文中に用い話題を取り立てる.¶tā ～,bú gàosu tā yě xíng[他～，不告诉他也行]彼ねえ,彼には言わなくてもいいよ.

mábì 麻痹[動]❶麻痺する.¶shénjīng ～[神经～]神経が麻痺する.❷油断する.うっかりする.¶～ dàyi[～大意]油断する.

mābù 抹布[名]〔kuài 块〕雑巾.¶ná kuài ～ lái cāca[拿块～来擦擦]雑巾で拭いてちょうだい.

mǎchē 马车[名]馬車.¶tā jiàzhe yí liàng ～ pǎo le[他驾着一辆～跑了]彼は馬車に乗って逃げた.

mǎdá 马达[名]〔tái 台〕モーター.“发动机”fādòngjī,“电动机”diàndòngjī ともいう.¶～ fādòngbuqǐlái[～发动不起来]モーターが動かない.

mádài 麻袋[名]麻袋.¶～ biǎomiàn hěn cūcāo[～表面很粗糙]麻袋の表面はざらざらしている.

⁑**má·fan 麻烦**[動]面倒をかける.手数をかける.¶zìjǐ néng zuò jiù búyào ～ biéren[自己能做就不要～别人]自分で出来ることなら他人に迷惑をかけてはいけない.[形]面倒である.煩わしい.↔ fāngbiàn 方便 ¶bàn shǒuxù hěn ～[办手续很～]手続きが面倒だ.➡類義語 duìbuqǐ 对不起

*__mǎ·hu 马虎__[形]いいかげんである.そそっかしい.うっかりしている.↔ rènzhēn 认真,zǐxì 仔细 ¶zuò zhèi zhǒng gōngzuò kě bù néng ～[做这种工作可不能～]この種の仕事をする時は,

目で見る類義語 mǎ 马 lǘ 驴 luó 骡

►“马”mǎは誰でも知っている.“马”の子供は“小马”xiǎo mǎだが,“小驹儿”xiǎo jūrともいう.►“驴”lǘはロバである.ロバは馬より小さく,耳が大きいのが特徴.“东郭”Dōngguō先生が乗っていたのもこのロバである.►“骡”luóは雌の馬と雄のロバとの雑種で,ラバという.忍耐力が強く,労苦に耐えるので,労役用として使われる.しかも粗食にも耐える.そのくせ繁殖力がないから,働くだけ働いて死んでゆく.

いいかげんにしてはならない.

*mái 埋[動]❶埋める.↔ wā 挖 ¶tā tǎngzai shātān shang,bǎ shēnzi ~jin shāzi li[他躺在沙滩上，把身子~进沙子里]彼は砂浜に横になり,体を砂にうずめた／bǎ chóuhèn shēnshēn de ~zai xīndǐ[把仇恨深深地~在心底]恨みを心の奥深く隠した.❷隠す.隠れる.¶tā yǐn xìng ~míngle èrshí nián[他隐姓~名了二十年]彼は20年間本名を隠し続けた.

⁂mǎi 买[動]買う.↔ mài 卖,shòu 售 ¶xìpiào ~dao le[戏票~到了]舞台のチケットが手に入った.

*mài 迈[動]足を踏み出す.またぐ.¶~guo ménkǎnr[~过门坎儿]敷居をまたぐ.

⁂mài 卖[動]❶売る.↔ mǎi 买 ¶tā bǎ fángzi ~ le[他把房子~了]彼は家を売った.❷(友や国を)売る.裏切る.¶chū~ péngyou[出~朋友]友を裏切る.❸惜しむことなくありったけのものを出す.¶tā wèi péngyou gànshì hěn ~ lìqi[他为朋友干事很~力气]彼は友人のための仕事で力を惜しまない.❹ひけらかす.¶ài ~nong[爱~弄]自分の腕前をひけらかしたがる.

màibó 脉搏[名]〔生理〕脈.脈拍.¶tā de ~ bú zhèngcháng[他的~不正常]彼の脈は正常でない.

mǎi//dān 买单[動]勘定する.注レストランでの食事の後の勘定に使うことが多い.もとは広東語.

mài//guó 卖国[動]国を売る.祖国を裏切る.¶~zéi[~贼]売国奴／~qiú róng[~求荣]栄華を求めるため国を裏切る.

*mǎi·mai 买卖[名]商売.商い.¶zuò ~ yào jiǎng xìnyù[做~要讲信誉]商いには信用が大切だ.

máimò 埋没[動]❶埋める.うずめる.¶huǒshānhuī ~le zhèi zuò xiǎo chéng[火山灰~了这座小城]火山灰がこの小さな町をうずめてしまった.❷埋もれる.また埋もれた状態のものをそのまま見落とす.¶~ réncái[~人材]人材を見落とす／~ cáihuá[~才华]埋もれた才能を見過ごす.

máitóu 埋头[動]没頭する.専心する.¶~ kǔgàn[~苦干]没頭して一所懸命にやる／~ yánjiū[~研究]研究に打ち込む.

*mǎkè 马克[名](ドイツの貨幣単位)マルク.注"欧元"ōuyuán参照.¶~ yǔ rìyuán de bǐjià shì duōshao?[~与日元的比价是多少？]マルクと日本円の為替レートはどのぐらいですか.

†Mǎkèsī zhǔyì 马克思主义[名]マルクス主義.¶xìnyǎng ~[信仰~]マルクス主義を信奉する.

mǎlāsōng 马拉松[名]マラソン.¶~ bǐsài[~比赛]マラソン大会.

mǎlì 马力[名]馬力.¶~ shì gōnglǜ dānwèi[~是功率单位]馬力は出力の単位である.

mǎlíngshǔ 马铃薯[名]〔植〕バレイショ.ジャガイモ.¶~ yě jiào tǔdòu[~也叫土豆]バレイショは"土豆"ともいう.

*mǎlù 马路[名](自動車の通る)道路.¶guò ~ yào zhùyì ānquán[过~要注意安全]通りを横切る時は安全に注意しなさい.

⁂mā·ma 妈妈[名]〈口〉おかあさん.母.➡類義語 mǔqīn 母亲

mámù 麻木[形]感覚が麻痺している.しびれる.¶shǒuzhǐ ~[手指~]指先がしびれる／shénqíng ~[神情~]表情がない.

†mán 瞒[動](真実を)隠す.騙す.欺く.¶tā qī shàng ~ xià,zuòjìnle huàishì[他欺上~下，做尽了坏事]彼は上の者も下の者も欺き,悪事の限りを尽くした.

⁂mǎn 满[形]❶満ちている.いっぱいになる.¶bēizi dào~ le[杯子倒~了]コップいっぱいに注いだ／tǒngli de shuǐ yǐjing ~ le[桶里的水已经~了]桶の水はもういっぱいになった.❷すべて.丸ごと全部.¶tā duì cǐ shì ~kǒu dāying[他对此事~口答应]彼はこの件について二つ返事で承諾した.❸満足する.¶néng zhèyàng tā yǐjing xīn ~yì zú le[能这样他已经心~意足了]このようにできて彼はすっかり満足している.

⁂màn 慢[形]❶遅い.ゆっくりである.↔ kuài 快 ¶tā dòngzuò hěn ~[他动作

M

很～]彼の動作は遅い／zhè shì ～ diǎnr chǔlǐ[这事～点儿处理]この件は時間をかけて処理をしなさい.❷態度が無礼である.傲慢である.¶tā tàidu ào～[他态度傲～]彼の態度は傲慢だ.

mǎn bù zài ·hu 满不在乎㊀少しも気にかけない.まったく気にしない.¶tīngle wǒ de huà,tā ～ de xiàolexiào[听了我的话，他～地笑了笑]私の話を聞いても彼はまったく気にかけない様子で笑いとばした.

†**màncháng 漫长**[形]先が見えぬほどに長い.¶～ de dàolù[～的道路]果てしない道.

⋆**máng 忙**[形]忙しい.↔ xián 闲 ¶tā hěn ～[他很～]彼は忙しい.[動]忙しく働く.あわただしく仕事をする.¶wǒ yí ge rén ～buguòlái,nǐ bāng bǎ shǒu ba[我一个人～不过来，你帮把手吧]私1人ではどうしようもないから,手伝ってくれませんか.

mángcóng 盲从[動]よく判断せず相手の言うなりに従う.盲従する.¶wǒmen yào yǒu zìjǐ de zhǔzhāng,bù néng ～[我们要有自己的主张，不能～]我々は自分の主張を持つべきであり,他人の言いなりになってはならない.[形]言うなりになっている.¶zhèyàng zuò tài ～ le[这样做太～了]これでは言いなりになりすぎだ.

mánglù 忙碌[形]忙しい.せわしい.¶tā cóng zǎo dào wǎn de ～zhe[他从早到晚地～着]彼は朝から晩まで忙しく働いている.

mángmáng 茫茫[形]果てしなく広い.¶～ dàhǎi wúbiān wújì[～大海无边无际]果てしない大海が広がる／～ de tiānjì[～的天际]果てしなく広い空のかなた.

†**mángmù 盲目**[形]自身で判断ができない様子.盲目的である.¶qīngniánrén duì míngxīng hěn róngyì ～ chóngbài[青年人对明星很容易～崇拜]若者はとかくスターを盲目的に崇拝しがちである.

mángrán 茫然[形]❶ぼんやりとしてわけが分からないさま.¶tā duì qiántú hěn ～[他对前途很～]彼は将来の見通しがつかない.❷失意のさま.¶～ bù zhī suǒ cuò[～不知所措]ぼう然としてなすすべを知らない.

mángrén 盲人[名]盲人.視覚障害者.¶zhèi tiáo lù shì tèyì wèi ～ shèjì de[这条路是特意为～设计的]この道路は視覚障害者のために特別に設計されたものです.

mǎnhuái 满怀[動]心をいっぱいに満たしている.¶niánqīngrén háoqíng ～[年轻人豪情～]若者はやる気に満ちあふれている.

†**mǎnqiāng 满腔**[名]胸にいっぱいであること.¶wǒ de ～ rèqíng yǐjing fèiténg[我的～热情已经沸腾]私の満腔の情熱は沸き立っている.

màn tiáo sī lǐ 慢条斯理㊀慌てず騒がず悠然としているさま.のろのろしたさま.¶tā shuōhuà zǒngshì ～ de[他说话总是～的]彼の話し方はいつもゆったりとしている.

⋆**mán·tou 馒头**[名]〔zhī 只〕具が入っておらず味付けをしていない蒸しパン.マントウ.¶zǎofàn yǒu ～ xiáncài[早饭有～咸菜]朝食にマントウと漬物がある.

mǎn tóu dà hàn 满头大汗㊀顔中汗びっしょりであるさま.¶diànhuà zěnme yě dǎbutōng,bǎ tā jíde ～[电话怎么也打不通，把他急得～]電話はどうしても通じず,彼はあせって汗びっしょりになった.

mànxìng 慢性[区]慢性の.¶zhè shì ～bìng,yào zhùyì liáoyǎng[这是～病，要注意疗养]これは慢性病で,用心して療養しなければならない.

mànyán 蔓延[動]蔓延(まんえん)する.広がる.¶huǒshì ～de hěn kuài[火势～得很快]火の勢いが大変な速さで広がっている.

⋆**mǎnyì 满意**[形]満足している.¶kàn yàngzi tā hěn ～[看样子他很～]どうやら彼は満足そうだ.

mányuàn 埋怨[動]文句を言う.愚痴

をこぼす.¶tā ～ māma méiyou zhǔnshí jiào tā qǐchuáng[他～妈妈没有准时叫他起床]彼はお母さんが時間通りに起こしてくれなかったと文句を言った.

mǎn//yuè 满月[動]子供が生まれて満1ヵ月になる.¶érzi ～ shí,jiāli bǎile jiǔ[儿子～时，家里摆了酒]息子が満1ヵ月になった時,家で酒宴を開いた.[名]満月."望月"wàngyuèともいう.

***mǎnzú 满足**[動]❶満足する.¶tā duì zìjǐ xiànyǒu de dìwèi yǐjing hěn ～le[他对自己现有的地位已经很～了]彼は自分の現在の地位にもう満足している.❷満たす.満足させる.¶shāngpǐn de shēngchǎn ～buliǎo shìchǎng de xūqiú[商品的生产～不了市场的需求]商品の生産が市場の需要を満たし切れない.

***māo 猫**[名](～儿)〔zhī 只〕ネコ.¶huā～[花～]三毛猫.

***máo 毛**[名]❶体毛.羽毛.¶zhè shì chún yáng～ de[这是纯羊～的]これは羊毛100パーセントのものです.❷かび.¶méiyǔ jìjié shénme dōu zhǎng～[梅雨季节什么都长～]梅雨の季節には何でもかんでもかびが生えてしまう.

☆máo 毛[量]〈口〉金額の単位.注"角"jiǎo の口語表現."一角"yì jiǎoは"一圆（元）"yì yuán,"一块"yí kuàiの10分の1.¶zhǎo nín liǎng ～ qián [找您两～钱]2角のお釣りです.

***mào 冒**[動]❶(煙や汗が)内から外へと出る.¶yāncōng ～yān le[烟囱～烟了]煙突が煙を立ち上げている／～hàn[～汗]汗をかく.❷(危険や困難を)顧みない.冒す.¶～ yǔ qiánjìn[～雨前进]雨をものともせず前進する.❸偽る.詐称する.¶tā ～lǐngle biéren de shīwù[他～领了别人的失物]彼は他人の落とし物を自分の物と偽って受け取った／tā shì ～le biéren de míngzi qù de[他是～了别人的名字去的]彼は他人の名を詐称して行ったのだ.

†máobǐ 毛笔[名]毛筆.筆.¶tā de ～ zì xiěde hěn piàoliang[他的～字写得很漂亮]彼の書道の腕前はたいへん見事だ.

***máo·bìng 毛病**[名]❶故障.仕事上の過失.¶kāiguān yǒu ～[开关有～]スイッチが故障している／zhàngshang yǒu ～[账上有～]帳簿に誤りがある.❷欠点.悪い癖.¶zhè háizi yǒu xǔduō huài ～[这孩子有许多坏～]この子には悪い癖がたくさんある.❸〈方〉病気.¶tā de xīnzàng yǒu ～[他的心脏有～]彼は心臓を患っている.➡類義語 quēdiǎn 缺点

màochōng 冒充[動]詐称する.偽る.¶tāmen jǐ ge ～ jǐngchá bèi fāxiàn le[他们几个～警察被发现了]彼らは警察を詐称して見つかった.

***máodùn 矛盾**[形]矛盾している.つじつまが合わない.¶zì xiāng ～[自相～]成自己矛盾／qiánhòu ～[前后～]前後のつながりが食い違う／tā de xīnqíng hěn ～[他的心情很～]彼の気持ちはぶつかり合っている.[名]矛盾.対立.¶xūyào miànduì gèzhǒng gèyàng de ～[需要面对各种各样的～]さまざまな矛盾に直面しなければならない.

表現Chips 满足・不满

我对服务态度不满。Wǒ duì fúwù tàidu bùmǎn.（私はサービスに不満です）
我没想到他是这种人。Wǒ méi xiǎngdào tā shì zhèi zhǒng rén.（彼がこんな人だとは思わなかった）
这儿的生活条件不错,我很知足。Zhèr de shēnghuó tiáojiàn búcuò,wǒ hěn zhīzú.（ここの生活条件は悪くないので,私はとても満足です）
只要一家人平安,我就满足了。Zhǐyào yì jiā rén píng'ān,wǒ jiù mǎnzú le.（一家が無事でありさえすれば私はそれで満足です）
对这次旅行我感到非常满意。Duì zhèi cì lǚxíng wǒ gǎndào fēicháng mǎnyì.（今回の旅行にはとても満足している）

máo gǔ sǒng rán 毛骨悚然㊀ぞっとする.身の毛もよだつほど恐ろしい.¶tā de yì fān huà shuōde wǒ ～[他的一番话说得我～]彼の話に私はぞっとした.

*****máojīn 毛巾**[名]〔tiáo 条〕タオル.¶yòng ～ cā liǎn[用～擦脸]タオルで顔を拭く.

màojìn 冒进[動]状況を顧みず早まったことをする.猪突する.¶tā de ～ xíngwéi zàochéngle yánzhòng de hòuguǒ[他的～行为造成了严重的后果]彼の早まった行動は深刻な結果をもたらした.

màomèi 冒昧[形]失礼である.僭越(せんえつ)である.¶duìbuqǐ,tūrán láifǎng fēicháng ～[对不起，突然来访非常～]すみません,突然おじゃま致しましてたいへん失礼しました.

màomì 茂密[形](草木が)密生している.茂っている.¶zhèli sēnlín ～[这里森林～]ここは樹木が密生している.

mào∥pái 冒牌[動]商標を偽る.¶tā mǎile ～huò[他买了～货]彼は偽ブランド品を買ってしまった/zhèige jiàoshòu yuánlái shì ～ de[这个教授原来是～的]この教授はなんと偽者だった.

màoshèng 茂盛[形]よく生い茂っている.¶jīnnián zhuāngjia ～,shōucheng yídìng hěn hǎo[今年庄稼～，收成一定很好]今年は作物がよく育っているので,収穫はきっとよいだろう.

†**máotáijiǔ 茅台酒**[名]中国貴州省仁懐県茅台鎮に産する蒸留酒の一種.マオタイ酒.コウリャンを主原料とし,アルコール度数は50～60度.¶～ shì Zhōngguó míngjiǔ[～是中国名酒]マオタイ酒は中国の名酒である.

†**máoxiàn 毛线**[名]毛糸.¶tā zài yòng ～ zhī máoyī[她在用～织毛衣]彼女は毛糸でセーターを編んでいる.

mào∥xiǎn 冒险[動]危険を冒す.冒険する.¶tā shì ge ～jiā[他是个～家]彼は冒険家だ.

*****máoyī 毛衣**[名]〔jiàn 件〕セーター.カーディガン.¶zhèi jiàn ～ shìyàng xīnyǐng[这件～式样新颖]このセーターはデザインが斬新だ.

*****màoyì 贸易**[名]貿易.¶liǎng guó ～ tánpàn pòliè[两国～谈判破裂]两国の貿易交渉は決裂した.

†**Máo Zédōng sīxiǎng 毛泽东思想**[名]毛沢東思想.

⁑**mào·zi 帽子**[名]〔dǐng 顶〕❶帽子.¶dài ～[戴～]帽子をかぶる/wǒ xiǎng mǎi dǐng zhēyáng de ～[我想买顶遮阳的～]日除けの帽子を買いたい.❷〈喩〉レッテル.罪名.¶tā jiù ài gěi biéren kòu ～[他就爱给别人扣～]あいつは人にレッテルを貼りたがる.

máquè 麻雀[名]〔zhī 只〕スズメ.¶～ tōu chī zhuāngjia[～偷吃庄稼]スズメが農作物をついばんでしまう.

⁑**mǎshàng 马上**[副]すぐに.直ちに.¶yǎnchū ～ jiù yào kāishǐ le[演出～就要开始了]公演がすぐに始まります.➡類義語 gǎnkuài 赶快

*****mǎ·tou 码头**[名]埠頭(ふとう).波止場.¶guòqù tā zài ～ zuò bānyùngōng[过去他在～做搬运工]彼はかつて港で人夫をやっていた.

mǎxì 马戏[名]曲芸.サーカス.¶tā hěn xǐhuan kàn ～[他很喜欢看～]彼はサーカスを見るのが好きだ.

mǎyǐ 蚂蚁[名]〔zhī 只〕アリ.

mázuì 麻醉[動]❶麻酔をかける.¶zuò zhèi zhǒng shǒushù yào júbù ～[做这种手术要局部～]この種の手術をするには局部麻酔が必要だ.❷(人の意識や気持ちを)麻痺させる.ごまかす.¶tā jiè jiǔjīng、nígǔdīng lái ～ zìjǐ[他借酒精、尼古丁来～自己]彼はアルコールや,ニコチンの力を借りて自分をごまかしている.

⁑**méi 没**[動]❶持っていない.ない.¶～ piào[～票]切符がない/～ lǐyóu[～理由]理由がない.❷存在しない.いない.¶jiàoshì li ～ rén[教室里～人]教室に人がいない.❸…に及ばない.(比較に用いる)¶tā ～ nǐ nénggàn[他～你能干]彼は君ほど能力がない.❹ある数量・時間に達しない.¶～ yì nián tā jiù huílai le[～一年他就回来了]1年もしないうちに彼は戻ってきた.[副]❶完了・実現の否定を表す.¶tā hái ～ zǒu ne[他还～走呢]彼は

M

まだ出かけていません.❷経験の否定を表す.¶tā ～ xiǎngguo jiānglái[他～想过将来]彼は将来のことを考えたことがなかった.➡類義語 méiyǒu 没有

> 語法 méi～le 没～了
> ►“没”があれば“了”は消えるというのが一般的な原則である.¶他去了 tā qù le(彼は行った)／他没去 tā méi qù(彼は行かなかった)×他没去了►ところが,前に時間を表す語句がある場合,“没”と“了”が同時に現れることがある.この場合「…していない状態が○日／週／年間続いた」という含みがある.¶好久没见了 hǎojiǔ méi jiàn le(会っていない状態が久しかった→お久しぶりです)／我半年没给家里写信了wǒ bànnián méi gěi jiāli xiě xìn le(手紙を書いていない状態が半年になった→私は半年家に手紙を書いていない)／一个星期没吃中国菜了 yí ge xīngqī méi chī Zhōngguó cài le(中華料理を食べていない状態が1週間になった→1週間中華料理を食べていない)

méi 枚[量]形が小さく平たいものを数える.¶sān ～ jìniànzhāng[三～纪念章]3個の記念バッジ／bú shèng ～ jǔ[不胜～举]成枚挙にいとまがない.

*__méi 煤__[名]〔kuài 块〕石炭.¶～kuàng[～矿]炭鉱／yī ～ wéi ránliào[以～为燃料]石炭を燃料とする.

méi 霉[名]かび.¶fā～[发～]かびが生える／～jūn[～菌]かびの菌.かび.

*__měi 每__[副]…するそのたびごとに.¶～ féng yī rì chūbǎn[～逢一日出版](雑誌など)毎月1日に発行する／～～ xiǎngqi,tā dōu hòuhuǐbùdié[～～想起,他都后悔不迭]思い出すたびに,彼は後悔の念がわいた.

*__měi 美__[形]❶美しい.きれいである.↔chǒu 丑¶tā zhǎngde zhēn ～[她长得真～]あの娘は本当にきれいだ.❷よい.¶jià lián wù ～[价廉物～]価格が手頃で物がよい／xiǎo liǎng kǒu rìzi guòde héhé～～[小两口日子过得和和～～]若い夫婦はむつまじく暮らしている.

méi chī méi chuān 没吃没穿慣 食べるものと着るものがない.困窮したさま.¶～,zhè kě zěnme huóxiaqu ya![～,这可怎么活下去呀!]食べるものも着るものもないのに,どうやって生きていけばいいんだ.

*__méicuò 没错__[形]間違いない.確かである.¶～,nà rén shì tā[～,那人是他]間違いない,あの人が彼です.

měidé 美德[名]〔zhǒng 种〕美徳.¶tā de ～ lìng rén jìngpèi[他的～令人敬佩]彼の美徳には敬服させられる.

†__měiguān 美观__[形]美しい.りっぱである.¶jì ～ yòu shíyòng[既～又实用]見た目がきれいなだけでなく実用的でもある／～ dàfang[～大方]美しくて品がある.

⁂__méi guān·xi 没关系__慣 構わない.大丈夫だ.¶～,wǒ zìjǐ néng xíng[～,我自己能行]大丈夫,自分でもできるから.

méi·gui 玫瑰[名]〔植〕〔duǒ 朵〕バラ科の植物.マイカイ.いわゆる「バラ」のこと.¶měilì de ～[美丽的～]美しいバラの花.

Měiguó 美国[名]アメリカ.

*__měihǎo 美好__[形]美しい.¶～ de huànxiǎng[～的幻想]美しい幻想／～ de yuànwàng[～的愿望]美しい願望.

†__méihuā 梅花__[名]〔duǒ 朵〕ウメの花.¶guānshǎng ～[观赏～]ウメの花を楽しむ.

měihuà 美化[動]美化する.美しくする.¶～ huánjìng shì wǒmen de yìwù[～环境是我们的义务]環境美化は

M

私たちの義務だ.

měihuà huánjìng rè'ài shēnghuó "美化环境热爱生活"(環境を美しく,生活を大切に)

méijiè 媒介[名]媒介するもの.媒介.¶xīnwén ～[新闻～]ニュースメディア/shūjí shì chuánbō zhīshi de ～[书籍是传播知识的～]書籍は知識を伝達する媒介者である.

méi jīng dǎ cǎi 没精打采成元気がない様子.しょんぼりしているさま.¶jiějie kànshangqu ～ de,kěnéng gǎnmào le[姐姐看上去～的, 可能感冒了]お姉さんは何だか元気がない,風邪をひいたのかもしれない.

méi kāi yǎn xiào 眉开眼笑成喜びがあふれんばかりの様子.嬉しそうな顔をしているさま.¶nǎinai kànjian sūnzi huílai le,gāoxìngde ～ de[奶奶看见孙子回来了, 高兴得～的]おばあさんは孫が帰ってきたのを見て,にこにこしてとても嬉しそうだった.

*__měilì 美丽__[形]美しい.¶huār kāide fēicháng ～[花儿开得非常～]花が美しく咲いている.➡類義語 gānjìng 干净

mèilì 魅力[名]魅力.¶wǒ juéde zhèige yǎnyuán hěn yǒu ～[我觉得这个演员很有～]私はこの俳優にはとても魅力があると思う.

měimǎn 美满[形]満ちたりている.円満である.¶～ yīnyuán[～姻缘]すばらしい縁組/～ de shēnghuó[～的生活]満ち足りた円満な生活/jiātíng ～[家庭～]家庭が円満だ.

†**méi·mao 眉毛**[名]〔dào 道〕眉毛.¶huà ～[画～]眉を描く.

⁑**mèi·mei 妹妹**[名]❶妹.❷親戚で自分と同世代の者の中の年下の女性.

měimiào 美妙[形](文章,音楽,絵画,美術品などが)美しい.¶～ de gēshēng[～的歌声]美しい歌声.

*__méiqì 煤气__[名]❶石炭ガス.ガス.¶～ yòngwán le[～用完了]ガスを使い切った.❷一酸化炭素."煤毒"méidú ともいう.¶～ zhòngdú[～中毒]一酸化炭素中毒.

méi qīng mù xiù 眉清目秀成眉目秀麗である.¶Xiǎo -Wáng zhǎngde ～ de[小王长得～的]王さんは眉目秀麗だ.

méiqù 没趣[形]面白くない.恥をかく.¶zuótiān yí ge rén zài jiā zhēn ～[昨天一个人在家真～]昨日は1人で家にいて全然面白くなかった/gěi tā ge ～[给他个～]あいつに恥をかかせてやろう.

měiróng 美容[名]エステティック.美容.¶tīngshuō nǐ qù ～ le,zěnmeyàng?[听说你去～了, 怎么样?]エステに行ったと聞いたけど,どうでしたか.

*__méi shén·me 没什么__慣何でもない.構わない.¶nǐ fàngxīn,wǒ ～[你放心, 我～]安心しなさい,何でもないから.

*__méi//shìr 没事儿__慣❶用事がない.¶jīntiān wǎnshang ～,zánmen qù kàn diànyǐng ba[今天晚上～, 咱们去看电影吧]今晩用事がないから,一緒に映画を見に行きましょう.❷何でもない.大したことはない.¶～,nǐ jǐnguǎn shuō[～, 你尽管说]大丈夫だから,遠慮なく言いなさい.

*__měishù 美术__[名]美術.アート.¶～ zuòpǐn[～作品]美術作品/tā shì gǎo ～ de[他是搞～的]彼はアーティストである.

†**méi shuō·de 没说的**慣❶文句をつけるところがない.欠点がない.¶tā de shǒuyì ～[他的手艺～]彼の腕は大したものだ.❷話すことは何もない.相談・弁解の余地はない.¶jīntiān gāi nǐ gàn le,～[今天该你干了, ～]今日はおまえがやる番だぞ,文句ないだろう.❸問題にならない.¶zhè diǎnr shì jiāogěi wǒ le,～[这点儿事交给我了, ～]これくらいのこと私にまかせても問題ないですよ.

méitǐ 媒体[名]媒体.メディア.¶duō ～[多～]マルチメディア.

†**méitóu 眉头**[名]眉間(みけん).眉根.¶tā yì shēngqì jiù zhòuqi ～[他

一生气就皱起～]彼は腹を立てるとすぐに眉間にしわをよせる.

⁑**méi yì·si 没意思**[形]面白くない.つまらない.¶zhèi běn shū ～[这本书～]この本はつまらない.

*__méi∥yòng 没用__[形]用がない.役に立たない.¶nǐ zài zěnme shuō yě ～[你再怎么说也～]もう何を言っても無駄だよ／nǐ zěnme zhème ～![你怎么这么～!]なんて役に立たないやつだ.

⁑**méi·yǒu 没有**[副]❶("有"の否定)持っていない.ない.¶wǒ ～ dìdi[我～弟弟]私には弟がいない.❷(完了,実現の否定を表す)…していない.¶hái ～ tōngzhī tā[还～通知他]まだ彼に知らせていない.❸(経験の否定を表す)…したことがない.¶tāmen ～ jiànguo miàn[他们～见过面]彼らは会ったことがない.

類義語 **méiyou 没有 méi 没**
►ともに動詞として所有や存在の否定を表す.¶{没有／没}理由{méiyou／méi} lǐyóu(わけはない)／教室里{没有／没}人 jiàoshì li {méiyou／méi} rén(教室には誰もいない)►副詞として動作や状態が未成立であることを表す.¶他还{没有／没}回来 tā hái {méiyou／méi} huílai(彼はまだ戻っていない)►疑問文の末尾や単独で返答する時は"没有"を使い,"没"は使わない.¶你看了{没有／×没}?−{没有／×没} nǐ kàn le {méiyou／×méi}?−{méiyou／×méi}(君は見ましたか−見ていません)►"没"は話し言葉で多く使われる.同じ動詞の間において反復疑問文をつくる.¶买到{没／×没有}买到? mǎidao {méi／×méiyou} mǎidao?(買いましたか)►後に"了"を伴い,さらに目的語がある時は一般に"没"を使う.¶一时没了主意 yìshí méile zhǔyi(とっさにアイディアが出なかった)

*__měiyuán 美元__[名]米ドル.¶～ de bǐjià[～的比价]米ドルの為替レート／duìhuàn ～[兑换～]米ドルに両替する.

méi∥zhé 没辙[形]手立てがない.手も足も出ない.¶dàole zhèi zhǒng dìbù, wǒ kě ～[到了这种地步，我可～]ここまでひどい事態になると,もう私にはどうしようもない.

měi zhōng bù zú 美中不足成優れた中にもなお難がある.玉に瑕.¶tā wéirén hěn hǎo,jiù shì yǒuxiē jíxìngzi,zhēn shì ～[他为人很好，就是有些急性子，真是～]彼は人となりは良いのだが,いささかせっかちなところが玉に瑕だ.

†**mēn 闷**[形]蒸し暑く,空気がよどんでいる.¶wūli hěn ～[屋里很～]室内はむっとしている.[動]❶密閉して空気が出ない状態にする.¶huǒ yǐjing guān le,guō zài ～ huìr[火已经关了，锅再～会儿]火はもう止めましたが,鍋はしばらくふたをしたままにしておきます.❷声を出さない.声がくぐもって通らない.¶～zhe tóu gànhuór[～着头干活儿]黙って働く／～ shēng ～ qì[～声～气]声がくぐもっている.❸部屋に入ったままとじこもる.¶tā ～zai shíyànshì li gǎo yánjiū[他～在实验室里搞研究]彼は実験室にとじこもり研究をしている.→mèn

⁑**mén 门**[名]❶〔dào 道〕出入り口.¶bǎ～[把～]門を守る.❷〔shàn 扇〕ドア.扉.¶fángdào～[防盗～]防犯ドア.❸〔shàn 扇〕器物の開閉できる部分.¶bīngxiāng～r[冰箱～儿]冷蔵庫の扉.❹開閉する作用をもつもの.¶diàn～[电～]電気のスイッチ.❺(～儿)こつ.要領.¶mōzháole diǎnr ～r[摸着了点儿～儿]少しこつをつかんだ.❻封建的な時代の家·一族.現在では一般的な家庭も指す.¶shuāngxǐ lín～[双喜临～]2つの慶事が一度に家に訪れる.❼宗教や学術思想における派.¶páng ～ zuǒ dào[旁～左道]成邪道.異端.❽師の家.門.¶tóng chū yì ～[同出一～]同じ師の門下である.❾一般事物の分類.¶fēn ～ bié lèi[分～别类]成種類をきちんと分ける.❿(生物学上の分類の1つ)門.[量]❶大砲を数える.¶wǔ ～ huǒpào[五～火炮]5門の大砲.❷学科や技術を数える.¶jiǔ ～ kè[九～课]9

科目.

†**mèn 闷**[形]気がふさぐ.気がめいる.¶～～bú lè[～～不乐]鬱々として気がめいる.[動]密閉する.¶tā shì ge ～húlu[他是个～葫芦]彼は口数の少ない人だ.→mēn

⁂**·men 们***[尾]人称代詞や人を表す名詞に付き,複数であることを示す.¶wǒ～[我～]私たち／péngyou～[朋友～]友人たち.(呼びかけに用いて)皆さん／xiǎoniǎo～[小鸟～]小鳥たち(擬人法).

mén dāng hù duì 门当户对㊒結婚する男女双方の家柄や経済的状況のつりあいが取れていること.¶tā liǎ ～[他俩～]あの2人は実にお似合いだ.

mén·dao 门道[名]こつ.やり方.¶liànxíle hěn cháng shíjiān,cái yǒule diǎnr ～[练习了很长时间，才有了点儿～]長い間練習して,やっと少しこつがわかった／yìbānrén kànbuchū biàn xìfǎ de ～[一般人看不出变戏法的～]普通の人には手品のたねは見破れない.

†**méng 蒙***[動]❶覆いかぶせる.¶～zhu yǎnjing[～住眼睛]目を覆い隠す.❷被る.受ける.¶～nǐ xiāngzhù,bú shèng gǎnjī[～你相助，不胜感激]ご協力をいただき,感激に堪えません.

†**měng 猛**[形]猛々しい.激しい.荒々しい.¶～jiàng[～将]猛将／tū fēi ～jìn[突飞～进]突撃猛進する／tā ～de dà hǎn yì shēng[他～地大喊一声]彼は荒々しく大声を上げた.

*****mèng 梦**[名][cháng 场]夢.¶zuò～[做～]夢を見る.[動]夢に見る.㊟後に必ず"见"jiàn,"到"dàoなどの補語が付く.¶tā chángcháng ～jian tā de fùmǔ[她常常～见她的父母]彼女はしばしば両親の夢を見る.

†**měngliè 猛烈**[形]猛烈である.激しい.荒々しい.¶～gōngjī[～攻击]激しい攻撃.

†**měngrán 猛然**[副]突然に.とっさに.¶～táitóu[～抬头]とっさに頭を上げる／～yì jīng[～一惊]はっとする.

†**mèngxiǎng 梦想**[名]❶妄想.空想.¶dǎpò ～[打破～]妄想を打ち破る.❷渇望.¶chūguó de ～[出国的～]どうしても出国したいという願い.[動]空想する.妄想する.¶tā ～chéngwéi fēixíngyuán[他～成为飞行员]彼はパイロットになることを夢見ている.

méngyá 萌芽[動]芽生える.¶xiǎo cǎo ～le[小草～了]草が芽吹いた.[名][kē 棵]芽生え.萌芽(ほうが).¶zhè shìqing hái chǔyú ～zhuàngtài[这事情还处于～状态]この事はまだ緒についたばかりだ.

⁂**ménkǒu 门口**[名]出入り口.戸口.¶jiā～[家～]家の玄関.

mén·lu 门路[名]❶物事をうまくやるこつ.問題解決の手だて.❷人脈.コネ.つて.¶wǒ yě xiǎng zuò shēngyi,kěshì méiyou ～[我也想做生意，可是没有～]私も商売をやりたいが,コネがない.

mén·mian 门面[名]店構え.¶tāmen gāng zhuāngxiūle ～[他们刚装

逆引きウインドウズ

1 房门	fángmén	部屋の入口・ドア
2 油门	yóumén	アクセル
3 天安门	Tiān'ānmén	天安門
4 太平门	tàipíngmén	非常口
5 球门	qiúmén	サッカーやアイスホッケーのゴール
6 快门	kuàimén	(カメラの)シャッター
7 脑门儿	nǎoménr	おでこ・額
8 嗓门儿	sǎngménr	声・のど

修了～]彼らは店の内装を新たにしたばかりである.

†**ménpiào 门票**[名]公園や博物館などの入場券.チケット.

mènqì 闷气[名]心の中にたまって晴らすことのできない恨みや憤り.鬱憤(うっぷん).¶yǒu shénme huà shuōchulai,bié yí ge rén shēng ～[有什么话说出来，别一个人生～]1人でむかっ腹を立てていないで,言いたいことがあったら言いなさい.

†**mēnrè 闷热**[形]蒸し暑い.¶jīntiān tiānqì ～,zhēn bù shūfu[今天天气～,真不舒服]今日は蒸し暑くて本当にうっとうしい.

ménshìbù 门市部[名]店頭での小売部門.店頭販売部.

†**ménzhěn 门诊**[名]外来診療.¶nèikē ～[内科～]内科の外来診療.

†**mī 眯**[動]目を細める.¶～zhe yǎnjing xiào[～着眼睛笑]目を細めて笑う.

†**mí 迷**[動]❶迷う.分からなくなる.判断する力を失う.¶～lù[～路]道に迷う.❷ある人や物に夢中になる.¶tā ～shangle jīngjù[他～上了京剧]彼は京劇に夢中になった.❸迷わす.惑わす.¶tā de gēr ～dǎole bùshǎo rén[她的歌儿～倒了不少人]彼女の歌は多くの人を魅了した.*[名]何かに夢中になっている人.ファン.¶xiǎoshuō～[小说～]小説ファン／zúqiú～[足球～]サッカーファン.

*__mǐ 米__[名]❶米.¶yǐ ～ wéi zhǔshí[以～为主食]米を主食とする.❷(広く)殻や皮をとった種のこと.¶huāshēng～[花生～]ラッカセイ／cāo～[糙～]玄米.

☆**mǐ 米**[量]メートル.¶tā shēngāo yì ～ bā[他身高一～八]彼は身長1メートル80センチだ／lí～[厘～]センチメートル／háo～[毫～]ミリメートル.

*__mì 密__[形]❶物と物の間隔が狭い.すき間が少ない.↔ xī 稀¶cǎo zhǎngde hěn ～[草长得很～]草がびっしり生えている.❷関係が近い.親しい.¶guānxi qīn～[关系亲～]関係が親しい.❸細かい.¶xì～ de jìhuà[细～的计划]綿密な計画.❹秘密の.¶～mǎ[～码]暗号.

†**mì 蜜**[名]❶蜂蜜.¶cǎi ～[采～]蜜をとる.❷蜜のように甘いもの.¶～zǎo[～枣]ナツメの砂糖漬け／～yuè[～月]ハネムーン.

mián 棉[名]綿.¶～bù[～布]木綿.

miǎn 免[動]❶除く.取り除く.¶zhèige dàxué yǒu xuéfèi jiǎn～ zhìdù[这个大学有学费减～制度]この大学には学費減免制度がある.❷避ける.¶～buliǎo yào máfan tā[～不了要麻烦他]彼に面倒をかけるのは避けられない.❸…してはいけない.¶xiánrén ～jìn[闲人～进]無用の者は入るべからず.

__miàn 面__[名]❶顔.顔面.¶mǎn～xiàoróng[满～笑容]満面に笑みを浮かべる.❷(～儿)物の表面.おもて.¶zhuō～r hěn gānjìng[桌～儿很干净]テーブルの表面がとてもきれいだ.❸物の部分.面.範囲.¶zhèng～[正～]正面／fǎn～[反～]裏側.❹穀物の粉.特に小麦粉.❺そば・うどんなどの麺類.¶tāng～[汤～]汁そば.[尾]…の方.…の側.¶shàng～[上～]上の方／běi～[北～]北側.

*__miàn 面__[量]❶平たいものを数える.¶yí ～ jìngzi[一～镜子]1枚の鏡／yí ～ gǔ[一～鼓]太鼓1つ.❷人と会う回数を数える.¶zhǐ jiànguo yí ～[只见过一～]1度しか会ったことがない.

☆**miànbāo 面包**[名]パン.

miànbāochē 面包车[名]〔liàng 辆〕マイクロバス.

†**miǎn·buliǎo 免不了**[動]〈口〉避けられない.免れない.¶jiàndao lǎo péngyou ～ yìqǐ hē dùn jiǔ[见到老朋友～一起喝顿酒]旧友に会うとどうしても一緒に酒を酌み交わすことになる／shéi yě ～ huì shuōcuò huà[谁也～会说错话]言い間違えは誰にでもある.

miǎnchú 免除[動]免除する.なくす.¶～ zhíwù[～职务]職務を免除する／～le duì tā de chǔfèn[～了对他的处分]彼に対する処分を取り消した.

†**miǎn·de 免得**[接]…しないように.…しないですむ.¶nǐ búyào chīde tài

duō, ～ nào dùzi[你不要吃得太多，～闹肚子]お腹をこわすといけないから食べ過ぎないようにしなさい.

†**miàndí 面的**[名]小型ワゴンタイプのタクシー. "面包的士"miànbāo díshìの略.注miàndīと発音される場合が多い.

†**miànduì 面对**[動]❶…に向かう.¶tā de biéshù ～zhe dàhǎi,fēngjǐng hěn yōuměi[他的别墅～着大海，风景很优美]彼の別荘は海に面していて,景色がとても美しい.❷(多くの場合好ましくないものに)直面する.面と向かう.¶～ zhǒngzhǒng kùnnan[～种种困难]さまざまな困難に直面する.

miǎnfèi 免费[動]無料にする.ただにする.¶xīngqīrì xuésheng ～[星期日学生～]日曜日は学生は無料だ.

†**miànfěn 面粉**[名]小麦粉.

miàn hóng ěr chì 面红耳赤成(興奮で)顔と耳が真っ赤になるさま.¶tāmen liǎ zhēnglùnde ～[他们俩争论得～]彼ら2人は顔を真っ赤にして論争している.

★**mián·hua 棉花**[名]〔kē 棵,tuán 团〕綿.綿花.

★**miànjī 面积**[名]面積.

miànjīnzhǐ 面巾纸[名]ティッシュペーパー.

†**miànkǒng 面孔**[名]〔zhāng 张〕顔.顔つき.¶wǒ hái jìde tā de ～[我还记得她的～]私は彼女の顔を今でも覚えている／bǎnqi ～ jiàoxun rén[板起～教训人]難しい顔つきで教えさとす.

miǎnlì 勉励[動]励ます.¶～ háizi[～孩子]子供を励ます.

†**miànlín 面临**[動](問題や情勢に)直面する.¶～ dǎobì de wēixiǎn[～倒闭的危险]倒産の危機に直面する.

★**miànmào 面貌**[名]❶顔つき.顔の形.¶～ duānzhèng[～端正]目鼻立ちが整っている／～ tèzhēng[～特征]顔の特徴.❷事物が表す様子や状態のたとえ.¶shèhuì de ～ gǎibiàn le[社会的～改变了]社会の様相が変わった.

miàn mào yī xīn 面貌一新成真新しい様相を呈する.¶jǐ nián bú jiàn, jiāxiāng yǐjing biànde ～[几年不见，家乡已经变得～]何年か戻らない間に,故郷はずいぶん変わっていた.

miàn miàn jù dào 面面俱到成あらゆる面において周到である.行き届いている.漏れがない.¶tā jiǎngjiěde ～[他讲解得～]彼は漏れなく説明した／tā gāng kāishǐ gōngzuò,bù kěnéng zuòdao ～,nǐ bié tài kēqiú tā le[他刚开始工作，不可能做到～，你别太苛求他了]彼は仕事についたばかりで,すべて完璧にできるはずはない,そう厳しく求めてはだめだよ.

miàn miàn xiāng qù 面面相觑成互いに顔を見合わせる.どうしてよいか分からない.¶tāmen jǐ ge rén zuòzai yǐzi shang ～,shéi yě bù kēngshēng[他们几个人坐在椅子上～，谁也不吭声]彼ら数人は椅子に座ったまま互いに顔を見合わせ誰も声を出さない.

miànmù 面目[名]❶顔立ち.¶nèi wèi lǎoshī ～ héshàn[那位老师～和善]あの先生は優しい顔立ちだ.❷ものの様子.¶chéngshì de ～ fāshēngle hěn dà biànhuà[城市的～发生了很大变化]町の様子が大きく変わった.❸メンツ.顔.¶méiyou ～ jiàn rén[没有～见人]人にあわせる顔がない.

★**miànqián 面前**[名]目の前.¶yì zhī xiǎo māo pǎodaole wǒ de ～[一只小猫跑到了我的～]子ネコが私の目の前に駆けてきた.

†**miǎnqiǎng 勉强**[形]❶なんとか頑張っている.¶～ de zhīchēngzhe bìngtǐ[～地支撑着病体]病気の身体をなんとか支えている.❷しぶしぶである.嫌々ながらである.¶huídáde hěn ～[回答得很～]しぶしぶ答えた.❸なんとか間に合わせる.不十分である.¶～ tōngguò kǎoshì[～通过考试]かろうじて試験にパスする.[動]無理にさせる.強制する.¶búyào ～ biéren[不要～别人]人に強制してはいけない.

miànróng 面容[名]顔つき.容姿.¶～ qiáocuì[～憔悴]顔がやつれる.

miànshì 面试[名]面接.¶bǐshì tōngguò le,dàn hái yào cānjiā ～[笔试通过了，但还要参加～]筆記試験は通

ったが,今度は面接を受けなければいけない.

miǎnshuì 免税[名]免税.¶zài jīchǎng kěyǐ mǎidao ～ shāngpǐn[在机场可以买到～商品]空港では免税品が買える.

miàntán 面谈[動]じかに会って話をする.会って相談する.¶búbì ～,zài diànhuà li shuōshuo jiù kěyǐ le[不必～, 在电话里说说就可以了]会うまでもない,電話でちょっと話せばそれでよい.

⁂**miàntiáo 面条**[名](～儿)うどん・そばなどの麺類.(単独で使う場合は中華麺類をさす)¶Yìdàlì ～[意大利～]スパゲッティ.

miànxiàng 面向[動]…の方に向かう.…向けである.¶zhèi tào Yīngyǔ jiàocái shì ～ chūxuézhě de[这套英语教材是～初学者的]このシリーズの英語テキストは初心者向きである.

*__miányī 棉衣__[名]〔jiàn 件〕綿入れの服.¶chuān ～[穿～]綿入れを着る.

miàn·zi 面子[名]❶物の表面.¶bèi ～[被～]布団の表／zhèi jiàn miányī de ～ hěn hǎokàn[这件棉衣的～很好看]この綿入れの表はきれいだ.❷体面.メンツ.¶diū ～[丢～]メンツをつぶす／liú ～[留～]相手の顔を立てる.

†**miáo 苗**[名](～儿)❶苗.新芽.若葉.¶mài～ qīngqīng,shífēn màoshèng[麦～青青, 十分茂盛]ムギの苗は青々とよく生い茂っている／yòu～[幼～]若芽.*❷稚魚や生まれて間もない家畜.¶yú～r[鱼～儿]稚魚／zhū～[猪～]生まれて間もない子ブタ.*❸ワクチン.¶kǎjiè～r[卡介～儿]BCGワクチン.*❹苗の形に似たもの.¶huǒ～r[火～儿]炎.

miáo 描[動]❶模写する.写し取る.¶tā zhàozhe yuántú ～le yì zhāng[他照着原图～了一张]彼は原画通りに1枚書き写した.❷(もとの色が薄かったり,直す必要がある部分を)重ね塗りする.なぞる.¶～ méimao[～眉毛]眉をかく.

*__miǎo 秒__[量]秒.注時間・角度・緯度・経度などの単位.60秒が1分に相当する.¶shí ～ zhōng[十～钟]10秒間.

*__miào 妙__[形]❶よい.素晴らしい.麗しい.¶zhèige bànfǎ zhēn ～[这个办法真～]この方法は実に素晴らしい／cáizhèng qíngkuàng bú ～[财政情况不～]財政状況がよくない.❷不思議なほど見事である.巧妙である.¶～yòng[～用]不思議な効用.

*__miào 庙__[名]❶祖先を祭る場所.廟(びょう).¶jiā～[家～]一家の祖先を祭ってある廟／tǔdi～[土地～]"土地爷" tǔdiyé(土地の神)を祭ってある廟.❷神仏や歴史上の有名人を祭った場所.廟.¶Kǒngzǐ～[孔子～]孔子廟.❸廟の縁日.

miào 庙❷

miáohuì 描绘[動]描写する.¶zhèi piān xiǎoshuō ～le zhòngduō rénwù xíngxiàng[这篇小说～了众多人物形象]この小説はたくさんの人物像を描き出した.

miàohuì 庙会[名]廟や寺の縁日.

miáoshù 描述[動]描写する.説明する.¶～ rénmín de shēnghuó[～人民的生活]人民の生活を描く.

miǎoxiǎo 渺小[形]小さい.微少である.¶tā gǎndàole gèrén lìliang de ～[他感到了个人力量的～]彼は個人の力が微小であることを感じた.

*__miáoxiě 描写__[動]描写する.言葉を用いて描き出す.¶～ gǎnqíng[～感情]感情を描写する／～ lìshǐ bèijǐng[～历史背景]歴史背景を描写する.

míbǔ 弥补[動](欠けている部分を)埋め合わせする.補う.¶wúfǎ ～[无法～]補いようがない／～ ruòdiǎn[～弱点]弱点を補う.

mìdù 密度[名]❶密度.¶rénkǒu ～[人口～]人口密度.❷〔物〕物質の質量と体積の比.密度.¶cèdìng ～[测定～]密度を測定する.

*miè 灭[動]❶(火や明かりが)消える.↔ zháo 着 ¶huǒ ～ le[火～了]火が消えた/làzhú kuài ～ le[蜡烛快～了]ろうそくがもうすぐ消えそうだ.❷(火や明かりを)消す.¶～huǒ[～火]火を消す/chuī～[吹～]吹き消す.❸なくなる.消滅する.¶zì shēng zì ～[自生自～]成自然発生し自然消滅する.❹なくす.消滅させる.¶～shǔ[～鼠]ネズミを駆除する.

mièshì 蔑视[動]蔑視する.さげすむ.¶～ dírén[～敌人]敵を蔑視する/～ de tàidu[～的态度]さげすんだ態度.

†mièwáng 灭亡[動](国家や種族などが)滅びる.滅亡する.¶zì qǔ ～[自取～]自ら滅亡を招く.

⁑mǐfàn 米饭[名]米のご飯.¶～ zhǔhú le[～煮煳了]ご飯が焦げた.

mìfēng 密封[動]密封する.¶bǎ yàopiàn ～zai píngzi li[把药片～在瓶子里]錠剤を瓶に密封する.

*mìfēng 蜜蜂[名]〔zhī 只〕ミツバチ.

†mí·hu 迷糊[形](意識や目が)はっきりしない.もうろうとしている.¶tóunǎo ～[头脑～]頭がぼうっとする/～ de yǎnjing[～的眼睛]ぼんやりした目.

mí·huò 迷惑[動]❶戸惑う.惑う.¶lìng rén ～ bùjiě[令人～不解]人を困惑させる.❷惑わす.¶rènhé rén yě bù néng ～ tā[任何人也不能～他]誰も彼を惑わすことはできない.

mímàn 弥漫[動](煙・霧・水などが)満ちている.たちこめる.¶dà wù ～[大雾～]濃い霧がたちこめる.

*mìmì 秘密[名]秘密.隠し事.¶bǎoshǒu ～[保守～]秘密を守る.[形]秘密である.↔ gōngkāi 公开 ¶～ wǔqì[～武器]秘密兵器.

mìmóu 密谋[動]陰謀をたくらむ.ひそかに(悪事の)計画を立てる.¶sì ge rén ～ qiǎngjié yínháng[四个人～抢劫银行]4人は銀行強盗の計画を練った/cānyù ～ de rén zuìhòu dōu zhuādao le[参与～的人最后都抓到了]陰謀にかかわった者は最後には皆つかまった.

mínbàn 民办[動]民間組織で設立し経営する.民営する.¶yǒuxiē ～ de bǔxí xuéxiào shōufèi hěn guì[有些～的补习学校收费很贵]一部の民間の塾は高い料金を取っている.

†mínbīng 民兵[名]民兵.生産から離れない,大衆の武装組織.

míng 名[名]❶(～儿)名前.名称.¶rén～[人～]人名/diǎn～[点～]点呼する.❷名目."以…为…"yǐ…wéi…の形で用いる.¶tā yǐ chūchāi wéi ～ yóu shān wán shuǐ[他以出差为～游山玩水]彼は出張という名目で景勝地を観光した.❸名声.名誉.¶tā chūle ～[他出了～]彼は有名になった.[形]名高い.有名である.¶～yī[～医]名医/～jiǔ[～酒]名酒.[量]人や席次を数える.¶wǔ ～ wàiguó liúxuéshēng[五～外国留学生]5人の外国人留学生/huòdéle dì yī ～[获得了第一～]第1位を獲得した.

†míng 鸣[動]❶(鳥獣や昆虫が)鳴く.¶niǎo ～[鸟～]鳥が鳴く/wā ～[蛙～]カエルが鳴く.❷鳴る.鳴らす.¶léi～[雷～]雷が鳴る/～ zhōng[～钟]鐘を鳴らす.❸(感情・意見・主張を)口に出す.発表する.¶～xiè[～谢]感謝を表明する.

†mìng 命[名]❶命.生命.¶tā jiùle wǒ de ～[他救了我的～]彼は私の命を救ってくれた/sàngle ～[丧了～]命を落とした.❷運命.運.¶suàn ～[算～]運勢を占う.❸命令.¶fèng～[奉～]命をうける.命令に従う.

†mìng 命[動]命令する.¶～ tā mǎshàng chūfā[～他马上出发]彼にすぐ出発するよう命令する.

mǐngǎn 敏感[形]敏感である.¶wǒ duì qìwèi hěn ～[我对气味很～]私はにおいにとても敏感だ.

†míng·bai 明白[形]❶分かりやすい.はっきりしている.¶zhèi wèi lǎoshī jiǎngkè jiǎngde hěn ～[这位老师讲课讲得很～]この先生の講義はとても分かりやすい.❷明らかである.曖昧でない.¶tā ～ de biǎoshì fǎnduì[他～地表示反对]彼は明白に反対を表明した.❸ものが分かっている.¶tā shì ge ～ rén[他是个～人]彼はものの分かった人だ.[動]分かる.理解する.¶dàjiā dōu ～ le ma?[大家都～了

M

吗?]皆さん分かりましたか.➡[類義語] dǒng 懂,qīngchu 清楚

míngchēng 名称[名]名称.名前.¶nǐ zhīdao zhèi zhǒng yàopǐn de ～ma?[你知道这种药品的～吗?]あなたはこの薬品の名称を知っていますか.

***míngcí 名词**[名]❶名詞.❷用語.術語.¶gāozhōngshēng cháng fāmíng yìxiē xīn ～[高中生常发明一些新～]高校生はよく新しい用語を作り出す.

míngcì 名次[名]席次.順位.¶zhè xuéqī de ～ xiàjiàng le[这学期的～下降了]今学期は順位が下がった.

míngdān 名单[名]〔zhāng 张〕名簿.¶quán bān tóngxué de ～[全班同学的～]全クラスの学生の名簿.

míngē 民歌[名]民間で口伝えに広まった詩歌や歌.民謡.フォークソング.¶xǐhuan chàng ～ de rén dōu zhīdao zhèi shǒu gēr[喜欢唱～的人都知道这首歌儿]民謡を歌うのが好きな人は皆この歌を知っている.

míng'é 名额[名]定員.人数.¶～ zēngjiā le[～增加了]定員が増えた／～ yǒuxiàn[～有限]人数が限られている.

míng fù qí shí 名副其实[成]名実が伴っている.評判と実際の姿とが一致している.¶Guìlín shānshuǐ zhēn shì ～[桂林山水真是～]桂林の景色は本当に評判通りだ.

míngguì 名贵[形]有名で貴重である.¶tā shōucángle hěn duō ～ de zìhuà[他收藏了很多～的字画]彼はたくさんの貴重な書の掛け軸を持っている.

mínglǎng 明朗[形]はっきりしている.明らかである.¶lǐngdǎo de tàidu bù ～[领导的态度不～]指導者の態度がはっきりしない／júshì zhújiàn ～huà[局势逐渐～化]情勢が次第に明らかになってきた.

***míngliàng 明亮**[形]❶明るい.¶jīntiān wǎnshang yuèguāng géwài ～[今天晚上月光格外～]今夜は月の光がとりわけ明るい.❷きらきらと光っている.¶yì shuāng ～ de dà yǎnjing[一双～的大眼睛]きらきらと光る大きな目.

***mìnglìng 命令**[名]〔dào 道,tiáo 条〕命令.¶zuótiān jiēdaole ～[昨天接到了～]昨日命令を受けた／shàngjí xiàdá ～[上级下达～]上司が命令を下す.[動]命令する.¶wǒ ～ nǐ bù xùnsù chètuì[我～你部迅速撤退]君の部隊が速やかに撤退するよう命令する.

†**míngmíng 明明**[副]明らかに.確かに.¶zhè shì ～ shì tā zuò de,tā què bù chéngrèn[这事～是他做的，他却不承认]これは明らかに彼がしたことなのだが,彼は認めない.

mìng//míng 命名[動]命名する.名付ける.¶nǐmen gōngsī de míngzi shì shéi ～ de?[你们公司的名字是谁～的?]あなたの会社の名前は誰が付けたのですか.

⁑**míngnián 明年**[名]来年.

míngpái 名牌[区]❶(～儿)有名ブランド.¶～huò[～货]ブランド品／niánqīngrén ài mǎi ～ shízhuāng[年轻人爱买～时装]若者はブランドの服を買うのが好きだ.❷名札.商品名の札.¶～ shang xiězhe diànyuán de míngzi[～上写着店员的名字]名札には店員の名前が書いてある.

***míngpiàn 名片**[名]名刺.¶dì ～[递～]名刺を手渡す.

†**míng·qi 名气**[名]名声.¶tā zài wǒmen nàr xiǎo yǒu ～[她在我们那儿小有～]彼女は我々の間ではちょっと

表現Chips 命令する

快说! Kuài shuō!(早く言え)
别说话! Bié shuōhuà!(黙りなさい)
把书合上。Bǎ shū héshang.(本を閉じなさい)
你马上下来! Nǐ mǎshàng xiàlai!(すぐ下りて来なさい)
限你三天之内必须做完。Xiàn nǐ sān tiān zhī nèi bìxū zuòwán.
(3日以内に必ずやり終えなさい)

M

した有名人だ／～ dà de yǎnyuán píngshí hěn nán jiàndao[～大的演员平时很难见到]有名な俳優には普段めったに会えない.

*míngquè 明确[形]明確である.はっきりしている.¶tàidu hěn ～[态度很～]態度がはっきりしている.[動]明確にする.はっきりさせる.¶～ zìjǐ de zérèn[～自己的责任]自分の責任をはっきりさせる.

míngrén 名人[名]有名な人.¶qǐng ～ qiānmíng[请～签名]有名人にサインしてもらう.

míngrì 明日[名]明日.¶～ yīn nèibù zhěngxiū,zàn bù yíngyè[～因内部整修，暂不营业]明日は内部修繕のため休みます／wèi ～ gèng hǎo de hézuò gānbēi![为～更好的合作干杯!]明日のよりよい協力のために乾杯!

míngshēng 名声[名]名声.評判.¶nèige nǚyǎnyuán de ～ hěn hǎo[那个女演员的～很好]あの女優の評判はとてもよい.

*míngshèng 名胜[名]旧跡や美しい景色のある場所.名勝地.¶Běijīng yǒu xǔduō ～ gǔjì[北京有许多～古迹]北京にはたくさんの名所旧跡がある.

mìng//tí 命题[動]題目を出す.¶zài zhèige fànwéi nèi ～[在这个范围内～]この範囲の中で題目を出す.[名]命題.

**míngtiān 明天[名]❶明日.¶～ zài shuō ba[～再说吧]話はまた明日にしましょう.❷近い将来.¶háizimen de ～[孩子们的～]子供たちの将来.

*míngxiǎn 明显[形]はっきりしている.はっきり分かる.¶tā de Rìyǔ shuǐpíng yǒule ～ de tígāo[她的日语水平有了～的提高]彼女の日本語は目立って上達した.

míngxīng 明星[名]❶金星.¶gǔshū shang,jīnxīng bèi chēngwéi ～[古书上，金星被称为～]古い書物では,金星は"明星"と呼ばれている.❷スター.有名な映画俳優やスポーツ選手などをさす.¶diànyǐng ～[电影～]映画スター.

†míngxìnpiàn 明信片[名]〔zhāng 张〕葉書.¶gěi péngyou fāle yì zhāng ～[给朋友发了一张～]友人に葉書を1枚送った.

míngyì 名义[名]❶名義.名目.名称.¶jièyòng gōngsī de ～[借用公司的～]会社の名義を借用する.❷表面上.形式上.[注]多くの場合"上"shàngが付く.¶tā ～ shang shì wǒmen de lǐngdǎo[他～上是我们的领导]彼は形式上,我々の上司だ.

míngyōu chǎnpǐn 名优产品[名]有名で高品質な製品.一流の製品.¶～ de zhìliàng fēicháng hǎo[～的质量非常好]一流製品の品質は非常によい.

míngyù 名誉[名]❶名誉.評判.¶zhuīqiú gèrén de ～[追求个人的～]個人の名誉を追い求める.❷(称号としての)名誉.¶～ jiàoshòu [～教授]名誉教授／～ shìmín[～市民]名誉市民.

*mìngyùn 命运[名]❶運命.めぐり合わせ.¶zìjǐ de ～[自己的～]自分の運命.❷将来.命運.¶guānxīn zǔguó de ～[关心祖国的～]祖国の将来を気遣う.

**míng·zi 名字[名]❶(人の)名.名前.[注]普通フルネームをさすが,ファーストネームだけのこともある.¶nǐ jiào shénme ～?[你叫什么～?]あなたのお名前は何ですか.❷物の名称.名前.¶shāngpǐn de ～[商品的～]商品の名称.

mínháng 民航[名]民用航空."民用航空"mínyòng hángkōngの略称.¶～ gōngsī[～公司]民用航空の会社／～jú[～局]民用航空管理局.

†mínjiān 民间[名]❶世間.人々の間.¶～ chuánshuō[～传说]民間伝説／～ yìshù[～艺术]民間芸術.❷民間.非政府.¶～ zǔzhī[～组织]非政府組織.

†mǐnjié 敏捷[形](動作が)素早い.機敏である.¶hóuzi ～ de páshangle shù[猴子～地爬上了树]サルは素早く木をよじ登った／fǎnyìng fēicháng ～[反应非常～]反応がとても素早い.

mǐnruì 敏锐[形](感覚·目つきが)鋭い.¶tā mùguāng ～[他目光～]彼

M

は目つきが鋭い／～ de tóunǎo［～的头脑］鋭い頭脳.

mínshì 民事［名］〔法〕民事.¶ jìnxíng ～ sùsòng［进行～诉讼］民事訴訟を起こす.

mínxīn 民心［名］人々の共通の思い.民心.人心.¶～ bùkě wéi［～不可违］民心に背くことはできない／gǎigé shì ～ suǒ xiàng［改革是～所向］改革は人心の向かうところだ.

mínyì 民意［名］民意.人々に共通する意見や願望.¶fǎnyìng ～［反映～］民意を反映する／～ cèyàn［～测验］世論調査.

†**mínyòng 民用**［区］民間で使う.民用の.¶～ hángkōng［～航空］民用航空／～ jiànzhù［～建筑］民間建築.

mínzhòng 民众［名］人民.民衆.¶ jiàoyù ～［教育～］民衆を教育する.

*__mínzhǔ 民主__［名］民主.¶～ guójiā［～国家］民主国家.［形］民主的である.¶tā de gōngzuò zuòfēng fēicháng ～［他的工作作风非常～］彼の仕事のやり方は非常に民主的だ.

⁑**mínzú 民族**［名］民族.¶Zhōnghuá ～［中华～］中華民族／～ de lìshǐ［～的历史］民族の歴史.

*__mìqiè 密切__［形］❶(関係が)密接である.¶liǎng rén de guānxi fēicháng ～［两人的关系非常～］2人の関係はとても親密だ.❷細かく周到である.¶～ guānchá［～观察］細かく観察する.［動］密接にする.¶～ lǎoshī hé xuésheng de guānxi［～老师和学生的关系］教師と学生の関係を密接にする.

†**mírén 迷人**［形］人をうっとりさせる.¶tā de xiàoróng fēicháng ～［她的笑容非常～］彼女の笑顔はとても魅力的だ.

míshī 迷失［動］(方向や道などが)わからなくなる.間違える.¶～le fāngxiàng［～了方向］方向を見失った／～ mùbiāo［～目标］目標を見失う.

†**mì·shū 秘书**［名］秘書.秘書の仕事.¶júzhǎng de ～［局长的～］局長の秘書／tā zài gōngsī de ～chù gōngzuò［她在公司的～处工作］彼女は秘書課で働いている.

mítú 迷途［名］間違った道.¶niánqīng de shíhou hěn róngyì wù rù ～［年轻的时候很容易误入～］若い時は間違った道に入り込みやすい.［動］道に迷う.道を見失う.¶duì ～ zhī fǎn de rén bù yīnggāi qíshì［对～知返的人不应该歧视］自分の誤りに気づいて引き返した人を差別視してはならない.

miùlùn 谬论［名］でたらめな理屈.間違い.¶bóchì ～［驳斥～］誤った理論に反ばくする.

†**míxìn 迷信**［動］盲目的に信仰・崇拝すること.¶yìxiē rén ～ yánghuò［一些人～洋货］一部の人々は外国製品を崇拝している.［名］〔zhǒng 种〕迷信.¶pòchú ～［破除～］迷信をなくす.

†**míyǔ 谜语**［名］なぞなぞ.¶cāi ～［猜～］なぞなぞを当てる.

cāi míyǔ
猜 谜语

mìyuē 密约［名］❶秘密裏に締結された条約.¶liǎng guó de ～ zuìjìn cái gōngbù yú shì［两国的～最近才公布于世］両国が秘密裏に締結した条約が最近やっと公表され世の中に知られることとなった.❷秘密の約束.密約.¶～ de nèiróng zhǐ yǒu lǜshī zhīdao［～的内容只有律师知道］密約の内容は弁護士だけが知っている.

mìyuè 蜜月［名］ハネムーン.¶hěn duō xīnhūn fūfù qù nánfāng dù ～［很多新婚夫妇去南方度～］多くの新婚夫婦が南方へ新婚旅行に行く.

M

*mō 摸[動]❶手で触れる.動かす.¶qǐng búyào yòng shǒu ～ zuòpǐn[请不要用手～作品]作品に触らないでください.❷手で探る.手探りで行く.¶tā cóng kǒudai li ～chu yí kuài táng[他从口袋里～出一块糖]彼はポケットからあめを取り出した/tā zhōngyú ～daole chūkǒu[他终于～到了出口]彼はついに出口を探し当てた.❸詳しく知る.探索を経て理解する.¶～qíngkuàng[～情况]事情をさぐる/～buzháo tóunǎo[～不着头脑]さっぱり様子が分からない.

mó 膜*[名]❶(人や動物の体内の)膜.¶ěr～[耳～]鼓膜/nǎo～[脑～]脳膜.❷シート.膜のように薄いもの.¶shàngmian gàile yì céng sùliào bó～[上面盖了一层塑料薄～]上にビニールシートがかぶせてある.

*mó 磨[動]❶摩擦する.¶jiǎoshang ～chule pào[脚上～出了泡]足が擦れてまめができた.❷研ぐ.磨く.¶～dāoshí[～刀石]砥石(といし).❸苦しめる.悩ます.¶tā bèi bìngtòng ～de bù chéng yàngzi[他被病痛～得不成样子]彼は病気でひどく苦しめられた.❹苦労する.手がかかる.¶háizi hái xiǎo,zhèng shì ～ rén de shíhou[孩子还小，正是～人的时候]子供がまだ小さいので,今はちょうど手がかかる時期だ.❺消滅する.¶jìyì yǒng bù ～miè[记忆永不～灭]記憶はいつまでも消えない.❻油を売る.ぐずぐずして時間をつぶす.¶～ yánggōng[～洋工]表面は働いているように見せかけて,実際は仕事をサボっている.油を売っている.

mó
磨❷

módāo 磨刀
刃物を研ぐ

†mǒ 抹[動]❶つける.塗る.¶zài shāngkǒu ～shang diǎn yàoshuǐ[在伤口～上点药水]傷口に少し薬を塗る.❷拭く.❸抹消する.¶bǎ tā de míngzi cóng míngdān shang ～diào[把他的名字从名单上～掉]彼の名前をリストから抹消する.

†mò 末[名]*❶末端.先.¶zhuāzhu gùnzi de ～duān[抓住棍子的～端]棒の先をしっかりつかむ.*❷末節.枝葉.↔ běn 本¶běn ～ dào zhì[本～倒置]成本末転倒.*❸最後.¶nián～[年～]年末/～bānchē[～班车]最終バス.❹(～儿)粉末.粉.¶cháyè～r[茶叶～儿]茶の葉の粉.

mò 莫[副]❶〈書〉誰も…しない.何も…しない.¶tīngle zhèige xǐxùn,dàjiā ～bù xīnxǐ wànfēn[听了这个喜讯，大家～不欣喜万分]この吉報を聞いて,喜ばない人はいなかった.❷(することが)できない.¶ài ～ néng zhù[爱～能助]成(同情はするが)助けることはできない/yì chóu ～ zhǎn[一筹～展]成どうしようもない.手も足も出ない.❸〈方〉…してはいけない.…するな.= bùyào 不要¶～ kū[～哭]泣かないで.

†mò 墨[名]❶墨.¶zhǔnbèihǎo de bǐ ～ zhǐ yàn[准备好的笔～纸砚]用意した筆,墨,紙とすずり.*❷インク.¶～shuǐ[～水]インク/yóu～[油～]印刷用のインク.*❸書.¶Qīngdài xuézhě de yí～[清代学者的遗～]清代の学者が残した書.*❹学識.¶zhèige rén xiōng wú diǎn ～[这个人胸无点～]この人はまったく学がない.

mò bù guān xīn 漠不关心成まったく関心がない.¶tā zhǐgù zìjǐ de xuéxí,duì zhōuwéi fāshēng de shìqing ～[他只顾自己的学习，对周围发生的事情～]彼は自分の勉強のことだけを考えていて,周囲に起こった出来事にまったく無関心である.

mò bù zuò shēng 默不作声成黙っていてうんともすんとも言わない.¶lǎoshī yì lái tā jiù ～ le[老师一来他就～了]先生が来ると,彼は黙りこくってしまった.

mócā 摩擦[動]❶摩擦する.¶～ shēng rè[～生热]摩擦して熱を生じる.❷〔物〕摩擦作用を起こす.¶～xìshù[～系数]摩擦係数.[名](個人や派閥,団体などの双方の利害対立な

M

どが引き起こす)摩擦.もつれ.¶jǐnliàng jiǎnshǎo jítuán nèibù de ～[尽量减少集团内部的～]集団内部のごたごたをできるだけ減らす.

†**mófàn 模范**[名]模範.手本.¶～ qǐyè[～企业]模範的な企業/láodòng ～[劳动～]模範労働者.注生産,建設に大きな成果をあげた人物に与えられる称号.略して"劳模"という/～ shìjì[～事迹]模範的な事績.

***mófǎng 模仿**[動]まねる.模倣する.¶～ lǎoshī de fāyīn[～老师的发音]先生の発音をまねる/xiǎoháizi zǒng xǐhuan ～ dàren de dòngzuò[小孩子总喜欢～大人的动作]子供はいつも大人のまねをするのが好きだ.

mó·gu 蘑菇[名]キノコ.茸.¶dú ～[毒～]毒キノコ/～yún[～云](原爆などによる)きのこ雲.[動]❶だだをこねる.粘る.¶hé lǎoshī ～ yào xuéfēn[和老师～要学分]先生に単位をくれるよう粘る.❷ぐずぐずする.¶zǎoshang yì ～,shàngkè jiù chídào le[早上一～,上课就迟到了]朝ぐずぐずしていると授業に遅れる.

móguǐ 魔鬼[名]悪魔.

†**mó·hu 模糊**[形]ぼんやりとしている.はっきりしない.¶túxiàng hěn ～[图像很～]画像がぼんやりとしている/lèishuǐ ～le shuāng yǎn[泪水～了双眼]涙で目がかすんだ.

mò míng qí miào 莫名其妙成何が何だかわけが分からない.不思議である.¶tā tūrán ～ de xiàoleqilai[他突然～地笑了起来]彼はなぜか突然笑い出した/zuòchu zhèi zhǒng huídá zhēnshi ～[作出这种回答真是～]このような回答を出すなんて,まったくわけが分からない.

mòmò 默默[副]黙々と.¶tā ～ de bǎ shì dōu zuò le[他～地把事都做了]彼は黙々とすべてのことをやった.

mǒshā 抹杀[動]抹殺する.抹消する.¶shìshí shì ～buliǎo de[事实是～不了的]事実は消すことができない/tā de gòngxiàn bùkě ～[他的贡献不可～]彼の貢献は否定できない.

†**mòshēng 陌生**[形]よく知らない.見知らぬ.¶zhèi zuò chéngshì duì wǒ lái shuō hái hěn ～[这座城市对我来说还很～]私にとってこの町はまだよく知らない所だ/～rén[～人]見知らぬ人.

móshì 模式[名]モデル(となる事物).¶kěyǐ bǐzhào Dōng Ōu ～[可以比照东欧～]東欧モデルにならえばよい/shēnghuó ～[生活～]生活様式.

mòshōu 没收[動]没収する.¶tā shàngkè shí kàn xiǎoshuō,jiéguǒ xiǎoshuō bèi lǎoshī ～ le[他上课时看小说,结果小说被老师～了]彼は授業中小説を読んでいたため,先生に没収された.

móshù 魔术[名]マジック.手品.¶biàn ～[变～]マジックをやる.

***mòshuǐ 墨水**[名](～儿)❶インク.¶gāngbǐ méi ～ le[钢笔没～了]万年筆のインクがなくなった.❷知識.学問.¶tā dùzi li méiyou duōshǎo ～[他肚子里没有多少～]彼はあまり知識がない.

mō·suǒ 摸索[動]❶手探りする.¶zài hēiyè de shānlù shang ～zhe qiánjìn[在黑夜的山路上～着前进]真っ暗な山道を手探りで進む.❷模索する.探る.¶～ cāozuò bànfǎ[～操作办法]操作方法を模索する/～ zìrán guīlǜ[～自然规律]自然法則を探る.

mótèr 模特儿[名]モデル.¶tā de lǐxiǎng shì dāng ～[她的理想是当～]彼女の夢はモデルになることだ.

†**mótuōchē 摩托车**[名]オートバイ.バイク.¶～ bǐsài fēicháng cìjī[～比赛非常刺激]オートバイのレースは非常に刺激的だ.

móu 谋[名]策略.知恵.¶tā yǒu yǒng wú ～[他有勇无～]彼は勇気はあるが,知恵はないのだ.

móu 谋[動]❶図る.¶zhè yě shì ～

M

shēng de shǒuduàn[这也是～生的手段]これも食べていくための手段だ／wèi dàjiā ～ fúlì[为大家～福利]みんなの福祉を図る／～hài biéren[～害别人]人を陥れようとする.❷議論する.相談する.¶bù ～ ér hé[不～而合]㊀相談もしていないのに, 期せずして意見が一致する.

*mǒu 某[代]❶某(なにがし).¶dāngshìrén Zhāng ～ chūtíng zuòzhèng[当事人张～出庭作证]当事者張某が出廷して証言する.❷ある人.あること.¶jìxùwén jiù shì jìshù ～ rén ～ shì[记叙文就是记述～人～事]記述文とはある人,あることについて記述する文章である.

móuqiú 谋求[動]求める.¶～ hépíng jiějué[～和平解决]平和的な解決をはかる.

móushēng 谋生[動]生計を立てる.¶wèile ～,tā shénme huór dōu gànguo[为了～，他什么活儿都干过]生活のため,彼はどんな仕事もした.

†mǒuxiē 某些[代]いくつかの.¶～ rén[～人]何人かの人／～ qíngkuàng[～情况]いくつかの状況.

M

†móxíng 模型[名]模型.¶zhǎnlǎn ～ qǐngwù chùmō[展览～请勿触摸]展示用の模型に触らないでください.

*mǔ 母[名]❶母親.¶tāmen ～nǚ xiāng yī wéi mìng[她们～女相依为命]彼女たち母と娘はお互いに支え合って生きている.*❷(親戚や家族の中の)目上の女性.¶bó～[伯母]おばさん.❸もととなるもの.¶shībài nǎi chénggōng zhī ～[失败乃成功之～]失敗は成功のもと.[区]雌.↔ gōng 公¶～jī xiàdàn le[～鸡下蛋了]めんどりが卵を産んだ.

*mǔ 亩[量]畝(ムー).土地面積の単位.“一亩”＝6.667アール.¶zhèr yǒu shí ～ dì[这儿有十～地]ここに10ムーの土地がある.

*mù 木[名]❶木.樹木.¶yào àihù shù～[要爱护树～]樹木を大切にしよう.❷木材.¶zhèi tào jiājù shì tánxiāng ～ de[这套家具是檀香～的]この家具セットはビャクダン材で作られたものである.❸棺.¶xíng jiāng jiù ～[行将就～]㊀寿命があとわずかである.[形]感覚がなくなる.しびれる.¶lěngde liǎng jiǎo dōu ～ le[冷得两脚都～了]寒くて両足の感覚がなくなった.

mù 目*[名]❶目.¶yǒu ～ gòng dǔ[有～共睹]㊀誰の目にも明らかである／lìlì zài ～[历历在～]歴然と目に映る.❷項目.¶hái méiyou zhèige yánjiū xiàng～[还没有这个研究项～]まだこの研究項目がない／zhàng～[账～]勘定項目.❸劇.¶jīntiān shàngyǎn Shāshìbǐyà de jù～[今天上演莎士比亚的剧～]今日はシェークスピアの演目を上演する.

†mù 墓[名]墓.¶míngtiān qù sǎo～[明天去扫～]明日墓参りに行く.

†mù 幕[名]❶とばり.¶yè～ jiànglín le[夜～降临了]夜のとばりが降りた.❷幕.¶yùndònghuì jīntiān bì～[运动会今天闭～]運動会は今日閉幕する.❸昔,将軍が政治を執った所.¶Déchuān ～fǔ[德川～府]徳川幕府.❹場面.¶zhè gǎnrén de yí ～ lìng tā zhōngshēng nánwàng[这感人的一～令他终生难忘]この感動的な場面を彼は一生忘れられない.

*mùbiāo 目标[名]❶標的.¶zhǎodaole zhuīzōng de ～[找到了追踪的～]追跡の標的を見つけた.❷目標.¶xiān yào yǒu ge fèndòu ～[先要有个奋斗～]まず頑張るための目標がなければいけない.

類義語 mùbiāo 目标 mùdì 目的
►ともに「目当て」の意味をもち, 具体的,抽象的どちらのことにも使える.“目标”は方向性に重点がおかれる.¶我的目标是考上北京大学 wǒ de mùbiāo shì kǎoshang Běijīng Dàxué(私の目標は北京大学に合格することだ)►また“目标”は射撃,攻撃の目標や捜す対象を表す.“目的”にはこの用法はない¶战士们瞄准了{目标／×目的} zhànshìmen miáozhǔnle {mùbiāo／×mùdì}(戦士たちは目標にねらいを定めた)►“目的”は行為の意図を強調し, 悪い場合にも, 良い場合にも使える.“目标”は良い場合にしか使えない.

¶不可告人的{目的／×目标} bùkě gào rén de {mùdì／×mùbiāo}(人に言えない目的)

†**mùcái 木材**[名]木材.¶zào fángzi xūyào dàliàng ～[造房子需要大量～]家を建てるには大量の木材が必要である.

†**mùchǎng 牧场**[名]牧場.¶～ shang niúyáng chéngqún[～上牛羊成群]牧場にウシやヒツジが群れている.

mù dèng kǒu dāi 目瞪口呆㊇目を見開きぽかんとする.あっけにとられる.¶tā de móshù ràng rén kànde ～[他的魔术让人看得～]人々は彼のマジックにあっけにとられた.

*__mùdì 目的__[名]目的.¶tā wèi dádào ～ bù zé shǒuduàn[他为达到～不择手段]彼は目的を達成するためには手段を選ばない.→類義語 mùbiāo 目标

mùdì 墓地[名]墓.墓地.¶xiànzài hěn duō rén yuànyi zài shānxià mǎi ～[现在很多人愿意在山下买～]今多くの人が山のふもとに墓地を買いたがっている.

mùdǔ 目睹[動]見る.目撃する.¶tā ～le shìjiàn fāshēng de jīngguò[他～了事件发生的经过]彼は事件の全過程を目撃した.

†**mùguāng 目光**[名]視線.眼力.¶～ duǎnqiǎn[～短浅]目先しか見えない／jīngjù yǎnyuán ～ jiǒngjiǒng[京剧演员～炯炯]京劇俳優の目がきらきら輝いている.

mùhòu 幕后[名]舞台の幕の後ろ.(多くは比喩的に,悪い意味に用いる)¶zhèi jiàn shì ～ yídìng yǒu rén zhǐshǐ[这件事～一定有人指使]この一件は裏できっと指図している人がいる／chénggōng de yǎnchū líbukāi hěn duō rén de ～ gōngzuò[成功的演出离不开很多人的～工作]素晴らしい公演は多くの人の裏方の仕事が欠かせない.

mù·jiang 木匠[名]大工.大工仕事.¶tā zuòde yì shǒu hǎo ～ huór[他做得一手好～活儿]彼はいい大工仕事をする.

mùjuān 募捐[動](募金や援助物資を)募る.¶～ lái de yīwù dōu yǐjing sòngdao zāiqū le[～来的衣物都已经送到灾区了]寄付で集まった衣類はすでに被災地に届けられた.

mùlín 睦邻[名]隣人や隣国と仲良くすること.善隣.¶liǎng guó dōu xīwàng bǎochí ～ yǒuhǎo guānxi[两国都希望保持～友好关系]両国はともに善隣友好関係を維持したいと願っている.

mùlù 目录[名]❶目録.¶túshū ～[图书～]図書目録.❷目次.¶～ shang de yèshù yìncuò le[～上的页数印错了]目次のページ数を間違って印刷した.

†**mùmín 牧民**[名]放牧で生計を立てる人々.牧畜民.¶～men gǎnzhe niúyáng zài cǎodì shang fàngmù[～们赶着牛羊在草地上放牧]牧畜民たちはウシやヒツジを追って草の茂った所で放牧している.

⁑**mùqián 目前**[名]現在.今のところ.¶dào ～ wéizhǐ,hái méiyou shāngwáng[到～为止，还没有伤亡]今のところまだ死傷者は出ていない.

⁑**mǔ·qīn 母亲**[名]母.お母さん.

> 類義語 **mǔqīn 母亲 māma 妈妈 niáng 娘**
>
> ►いずれも母,母親,お母さんの意.“母亲”は書き言葉に多く使われる.呼びかけには用いない.“父亲”fùqīnと対をなす.►“妈妈”は話し言葉に多く使われ,呼びかけにも用いる.“爸爸”bàbaと対をなす.►“娘”は農村部で多く使われる.話し言葉で,呼びかけにも用いる.“爹”diēと対をなす.

mùqū 牧区[名]放牧地.¶～ de cǎo yuè lái yuè shǎo le[～的草越来越少了]放牧地の草がますます少なくなってきた.

mùsīlín 穆斯林[名]〔宗〕イスラム教徒.¶～ shì xìnyǎng Zhēnzhǔ de[～是信仰真主的]イスラム教徒はアラーを信じている.

*__mù·tou 木头__[名]木.丸太.¶zhèi kuài ～ yǐjing fǔlàn le[这块～已经

M

腐烂了]この木はもう腐っている.

★múyàng 模样[名]❶身なり.かっこう.¶nǐ zěnme dǎbanchéng zhè ～?[你怎么打扮成这～?]あなたはなぜこんなかっこうをするのですか.❷容貌.¶～ zhǎngde xiàng māma[～长得像妈妈]顔はお母さんに似ている.❸(時間や年齢について)おおよその状況. 様子.¶tā shíliù、qī suì ～[他十六、七岁～]彼は16, 7歳に見える.

～mú～yàng ～模～样㊉人の表情や様子を表す.同一或いは近い意味の単音節の名詞·動詞·形容詞を前後に置く.¶dàjiā dōu yǐjing kāihuì-le,tā cái cóng wàimian dà mú dà yàng de jìnlai[大家都已经开会了，他才从外面大模大样地进来]もうすっかり会議が始まったところでようやく,彼は偉そうな態度で入ってきた／tā píngshí zǒng shì xiào mú xiào yàng,xiàng miàoli de púsà[她平时总是笑模笑样，像庙里的菩萨]彼女はいつも笑みを浮かべ,まるで菩薩のようだ.

mùyè 牧业[名]牧畜業.¶zhèige dì-qū ～ hěn fādá[这个地区～很发达]この地域では牧畜業が発達している.

mù zhōng wú rén 目中无人㊄眼中に人なし.尊大で人を見下すさま.¶hái méi xué duōshǎo,tā jiù ～ le[还没学多少，他就～了]まだそれほど学んでいないのに,彼はすでに人を見下している.

谜语 答えがMで始まるなぞなぞ 1

看不出,	Kànbuchū,	目には見えぬが,
摸得出,	mōdechū,	触れば分かる,
等到摸不出,	děngdào mōbuchū,	触ってもなければ,
大家都要哭。	dàjiā dōu yào kū.	みんな涙を流す.

(答えは378～379ページの中に)

谜语 答えがMで始まるなぞなぞ 2

新时白头发,	Xīn shí bái tóufa,	新しい時は髪が白く,
旧时变黑发,	jiù shí biàn hēifà,	古くなると黒い髪,
闲时戴帽子,	xián shí dài màozi,	暇なときは帽子をかぶり,
忙时帽摘下。	máng shí mào zhāixia.	忙しくなると帽子を脱ぐ.

(答えは380～381ページの中に)

N,n

*ná 拿[動]❶手に取る.持つ.¶bǎ zhèi zhī bǐ ～zǒu[把这支笔～走]このペンを持っていきなさい.❷(意見や考え,方法などを)出す.決める.¶zhè shì nǐ lái ～ zhǔyi[这事你来～主意]この件についてはあなたが決めなさい.❸対処する.把握する.¶jiǎnzhí ～ zhè háizi méi bànfǎ[简直～这孩子没办法]まったくこの子にはお手上げだ.❹捕らえる.奪う.¶jǐngchá ～zhu jǐ ge xiǎotōu[警察～住几个小偷]警察は数人のこそ泥を捕らえた.❺受けとる.得る.¶～ gōngzī[～工资]給料をもらう.[前]…で.…を用いて.¶～ chǐzi liángliang[～尺子量量]物差しではかってごらん.→類義語 bǎ 把

*nǎ 哪[代]❶どれ.どの.¶～ běn shū shì nǐ de?[～本书是你的?]どの本があなたのですか.❷何が.どういう.¶～ jiào xìngfú,～ jiào búxìng,yìshí fēnbuqīngchu[～叫幸福,～叫不幸,一时分不清楚]何が幸せで,何が不幸か,すぐには分からない.注 後に数詞・量詞が続く時,話し言葉ではněiと発音することが多い.→na

*nà 那[代]❶あの.その.¶～ shíhou[～时候]あの時.❷あれ.それ.あの人.その人.¶～ shì wǒ de[～是我的]あれは私のです.注 後に数詞・量詞が続く時,話し言葉ではnèiと発音することが多い.

*nà 那[接]それなら.¶nǐ jìrán yǐjing míngbai le, ～ wǒ jiù bú zài duō shuō le[你既然已经明白了,～我就不再多说了]あなたがもう分かっているなら,私もこれ以上多くは言わない.

*·na 哪[助]前の字の韻母の鼻音nと"啊"aが融合してできるnaの表記に用いる."呐"とも書く.¶dàjiā jiāyóu gàn ～![大家加油干～!]皆さん頑張ってやりましょう.→nǎ

*·na 呐[助]前の字の韻母の鼻音nと"啊"aが融合してできるnaの表記に用いる."哪"とも書く.¶shuǐ zhēn shēn ～! [水真深～!]水深がほんとうに深い!

*nàbiān 那边[代]あちら.あそこ.¶～ shì jiàoxuélóu[～是教学楼]あちらは講義棟です.

*nǎ·ge 哪个[代]❶どの.どちら.¶tā shì ～ guójiā lái de?[他是～国家来的?]彼はどの国から来たのですか.

N

目で見る類義語 ná 拿 dài 带 pěng 捧 duān 端

►"拿" náは手でつかむ,そこから最も一般的に「持つ」意味で使われる.それまでなかったものを手に入れる意味もある.¶拿东西 ná dōngxi(物を持つ)/手里拿着一本书 shǒuli názhe yì běn shū(手に本を1冊持っている)►"带" dàiは身につけて持つ.物と人が一緒に移動する,つまり携帯している.¶带照相机去 dài zhàoxiàngjī qù(カメラを持っていく)/没有带钱 méiyou dài qián(手持ちがない)

►"捧" pěngは両手を合わせるようにして手の平ですくうように持つ.¶捧出糖果招待客人 pěngchu tángguǒ zhāodài kèrén(キャンディーを手に載せてさし出し,お客さんを接待する)►"端" duānは手を水平にして持つ.¶把锅端下来 bǎ guō duānxialai(鍋をおろす)/端茶 duān chá(お茶を運ぶ)

❷〈方〉どなた.誰.¶～ qiāo mén?[～敲门?]どなたですか(誰がノックしているのですか).‖ něigeとも発音する.

☆**nà·ge 那个**[代]❶あれ.それ.あの.その.¶～ xuéxiào jiàoxué zhìliàng gāo[～学校教学质量高]あの学校の教育レベルは高い/wǒ yào ～[我要～]私はあれが欲しい.❷動詞や形容詞の前に用い,「それはもう」といった誇張した気分を表す.話し言葉で使われ,よく語気助詞が後につく.¶tā ～ gāoxìng a![他～高兴啊!]彼のあの喜びようったら.❸あれ.それ.(はっきり言いづらい事物・情況を婉曲に表す)¶nǐ yě tài ～ le[你也太～了]あなたもちょっとあれだよ.‖ nèigeとも発音する.

†**nǎi 奶**[名]❶乳房.❷乳.ミルク.¶mǔ～[母～]母乳/niú～ hěn yǒu yíngyǎng[牛～很有营养]牛乳は栄養がある.[動]授乳する.¶tā zhèngzài ～ háizi[她正在～孩子]彼女は子供に乳をやっているところだ.

†**nài 耐**[動]耐える.我慢して持ちこたえる.¶～buzhù jìmò[～不住寂寞]寂しさに耐え切れない/zhèi zhǒng zhíwù hěn ～ hán[这种植物很～寒]この植物は寒さに強い.

†**nàifán 耐烦**[形]根気がある.我慢強い.注一般的に否定形で用いる.¶yí wèn tā,tā jiù bú ～[一问他，他就不～]何か尋ねると彼はすぐ面倒くさがる/nǐ bié bú ～,hǎohāor tīng wǒ shuō[你别不～，好好儿听我说]嫌がらずに私の話をよく聞きなさい.

nǎifěn 奶粉[名]粉ミルク.

nàilì 耐力[名]忍耐力.¶pǎo mǎlāsōng xūyào ～[跑马拉松需要～]マラソンには忍耐力が必要だ.

*__nǎi·nai 奶奶__[名]〈口〉❶おばあさん.父方の祖母.❷年配の婦人をさす.¶Wáng ～[王～]王おばあさん.

*__nàixīn 耐心__[形]辛抱強い.¶～ děngdài[～等待]辛抱強く待つ.[名]忍耐.¶duì háizi yào yǒu ～[对孩子要有～]子供に対しては忍耐力が必要だ.

*__nàiyòng 耐用__[形](物の)持ちがよい.¶zhèige bùjǐn ～,érqiě měiguān[这个不仅～，而且美观]これは丈夫で見た目も美しい.

†**ná ～ lái shuō 拿～来说**呼…を例にする.¶ná wǒmen bān lái shuō,jiù yǒu xǔduō zhèyàng de lìzi[拿我们班来说，就有许多这样的例子]私たちのクラスを例にすると,このようなケースが多く見られる.

☆**nǎ·li 哪里**[代]❶どこ.¶nǐ shēnshang ～ téng?[你身上～疼?]あなたは体のどこが痛いのですか/nǐ zhùzai ～?[你住在～?]あなたはどこに住んでいますか.❷(不確定な場所を表し)どこか.¶hǎoxiàng zài ～ jiànguo zhèi piān wénzhāng[好像在～见过这篇文章]どこかでこの文章を見たことがあるような気がする.❸(任意の場所を表し)どこでも.どこにも.注前に"无论"wúlùn,"不论"búlùn,"不管"bùguǎn,後ろに"都"dōu,"也"yěなどを用い呼応させることが多い.¶wúlùn zǒudao ～,dōu bù néng wàngle zǔguó[无论走到～，都不能忘了祖国]たとえどこへ行こうとも,祖国を忘れることはできない.❹(反語に用い,否定を表す)…であるものか.どうして…であろうか.¶zhèi liàng xiǎo qìchē ～ zuòdexia liù ge rén[这辆小汽车～坐得下六个人]こんな小さな車にどうして6人も乗れようか.❺どういたしまして.とんでもない.注答えとして単独で,あるいは重ねて用いる.¶nǐ de Hànyǔ shuōde zhēn hǎo! －～～![你的汉语说得真好! －～～!]あなたの中国語は実に素晴らしい－いえいえとんでもない.‖ ❶～❹は"哪儿"nǎrともいう.

☆**nà·li 那里**[代]あそこ.そこ.¶qù ～ wǒ zhīdao zěnme zǒu[去～我知道怎么走]あそこへはどう行くか知っている/～ shān qīng shuǐ xiù[～山清水秀]あそこは風光明媚だ/zhèige zhōumò,tā ～ yǒu ge jùhuì[这个周末，他～有个聚会]この週末,彼の所で集まりがある.‖"那儿"nàrともいう.

☆**nà·me 那么**[代]❶あのように.そのように.¶nǐ búyào ～ shuō[你不要～说]そのように言ってはならない/zhèr méiyou Běihǎidào ～ lěng[这儿没有北海道～冷]ここは北海道ほど

N

寒くない.❷一定の数量をさす.¶qù ～ liǎng sān ge rén jiù xíng le[去～两三个人就行了]2,3人行けばいいです.[接]それでは.¶～ zánmen jiù kāishǐ ba[～咱们就开始吧]それでは始めましょう.

nà∥mènr 纳闷儿[動]〈口〉合点がいかない.わけが分からない.¶xīnli zhí ～ tā zěnme huì méi lái[心里直～他怎么会没来]彼がなぜ来なかったのかどうも合点がいかない.

⁑**nán 男**[区]男.男の.↔ nǚ 女 ¶～nǚ píngděng[～女平等]男女平等/～shēng[～生]男子生徒.男子学生.

⁑**nán 南**[名]南.南側.注 単独で「南」とだけいう場合には,“南方”nánfāng,“南边”nánbian,“南面”nánmiànのように普通2音節にする.

⁑**nán 难**[形]❶難しい.¶yìdiǎnr yě bù ～[一点儿也不～]少しも難しくない.❷…しにくい.¶máobǐzì hěn ～ xiě[毛笔字很～写]筆で字を書くのは難しい.[動]困らせる.¶zhèi dào tí bǎ tā ～dǎo le[这道题把他～倒了]この問題に彼は困り果てた.→nàn

nàn 难[名]災難.¶tā zài chūhǎi shí yù～ le[他在出海时遇～了]彼は海に出て遭難した.[動]責める.¶fēi～[非～]非難する/zé～[责～]とがめる.→nán

⁑**nán·bian 南边**[名]❶南.南の方.¶dàlóu wèiyú Tiān'ānmén ～[大楼位于天安门～]ビルは天安門の南にある.❷〈方〉中国の南部地方.

*__nánbù 南部__[名]南部.

*__nándào 难道__[副]まさか…ではあるまい.¶～ shì wǒ zuòcuò le ma?[～是我做错了吗?]まさか私が間違えたとでもいうのか.

†**nándé 难得**[形]得難い.珍しい.¶～ lái yí cì[～来一次]せっかくおいでになったのだから/zhèige jīhuì shízài ～[这个机会实在～]こんなチャンスは本当にめったにない.

nándù 难度[名](技術や技芸の)難しさの度合い.¶zhèige dòngzuò ～ hěn dà[这个动作～很大]この技の難度は高い.

*__nánfāng 南方__[名]❶南の方.南.❷中国の南部地方.¶～rén[～人]南方出身の人.

†**nánguài 难怪**[接]道理で.¶～ tā bù xiǎng qù,yuánlái jiāli yǒu kèrén[～他不想去,原来家里有客人]道理で彼が行きたがらないはずだ,家に来客があったのだから/tā bìng le?～ jīntiān méi lái[他病了?～今天没来]彼は病気だったのか,道理で今日来なかったわけだ.[動]無理もない.責めるわけにはいかない.許すべきだ.¶nà yě ～, tā cái liǎng suì, hái bù dǒngshì ne[那也～,他才两岁,还不懂事呢]それは無理もない,この子はほんの2歳でまだものが分かっていないのだから.

nánguān 难关[名]〔dào 道〕難関.

*__nánguò 难过__[動]生活に苦しむ.¶guòqù de rìzi zhēn ～[过去的日子真～]かつての暮らしは本当に苦しかった.[形]つらい.悲しい.↔ gāoxìng 高兴¶tīngdao zhèige xiāoxi,wǒ xīnli fēicháng ～[听到这个消息,我心里非常～]この知らせを聞き,私はとても悲しかった.

nánkān 难堪[形]❶耐え難い.¶tā de tàidu lìng rén ～[他的态度令人～]彼の態度には我慢できない.❷きまりが悪い.¶búyào ràng biéren ～[不要让别人～]人に恥をかかせるな.

*__nánkàn 难看__[形]❶醜い.ぶざまである.↔ hǎokàn 好看, piàoliang 漂亮¶zhè yánsè zhēn ～[这颜色真～]この色は本当に汚い.❷体裁が悪い.¶rúguǒ kǎobujígé,nà jiù tài ～ le[如果考不及格,那就太～了]もし試験に合格しなかったら,本当に体裁が悪い.

nánmiǎn 难免[形]避けられない.¶niánqīngrén fàn cuòwù shì ～ de[年轻人犯错误是～的]若者が過ちを犯すのは避けられないことだ.

*__nánmiàn 南面__[名]南.南の方.

nànmín 难民[名]難民.罹災者.

*__nánrén 男人__[名]❶男の人.成人男性.❷夫.¶tā ～ sǐ le[她～死了]彼女の夫は死んだ.

*__nánshòu 难受__[形]❶体の具合が悪い.¶dùzi téngde ～[肚子疼得～]お腹が痛くてたまらない.❷(精神的に)つらい.¶tīngle zhèige huài xiāoxi,tā

N

hěn ～[听了这个坏消息，他很～]この悪い知らせを聞き,彼はつらかった.↔ shūfu 舒服

†**nánshuō 难说**[形]何とも言えない.はっきりこうと言えない.¶jiānglái de shìqing hái hěn ～[将来的事情还很～]将来の事はまだよく分からない／～ fēijī huì bú huì wùdiǎn[～飞机会不会误点]飛行機が遅れるかどうかは何とも言えない.

†**nántí 难题**[名]難題.¶zài dà de ～ yě néng jiějué[再大的～也能解决]いくら大きな難題でも解決できる.

†**nántīng 难听**[形]❶(音声が)聞きづらい.聞いて心地よくない.↔hǎotīng 好听 ¶nà shǒu gēr hěn ～[那首歌儿很～]あの歌は耳障りだ.❷(言葉が)粗野で聞き苦しい.¶tā shēngqì de shíhou shuōle xiē ～ de huà[他生气的时候说了些～的话]彼は腹をたてた時聞き苦しい言葉を口にした.

nán·wei 难为[形](挨拶)ご苦労さまでした.ご迷惑をおかけしました.¶zhème dà de shì ràng nǐ yí ge rén bàn,zhēn ～ nǐ le[这么大的事让你一个人办，真～你了]こんな大変な事をあなた1人にお任せしまして,本当にご苦労さまでした.

nánxìng 男性[名]男性.

†**nányǐ 难以**[副]…しにくい.¶～ rěnshòu[～忍受]我慢できない／～ xiǎngxiàng[～想像]想像がつかない.

†**nánzǐ 男子**[名]男子.

★**nào 闹**[形]騒がしい.やかましい.¶háizi yì duō jiù ～ chāochao de[孩子一多就～吵吵的]子供がたくさん集まると騒々しい.[動]❶騒ぐ.けんかする.¶bié ～ le,zǐxì tīngkè[别～了，仔细听课]騒がないで,きちんと授業を聞きなさい.❷(ある感情を)発散する.表に出す.¶búyào yīnwèi xiǎoshì ér ～ qíngxù[不要因为小事而～情绪]些細な事でくさっちゃいけない.❸(病気に)なる.(災害やよくない事が)起こる.¶zuìjìn yòu ～ yǎnbìng le[最近又～眼病了]最近また目の病気にかかった／jīnnián nánfāng ～ shuǐzāi[今年南方～水灾]今年中国南部では水害が起こった.❹する.やる.¶zhè wèntí zěnme yě ～bumíngbai[这问题怎么也～不明白]この問題はどうしてもはっきりさせられない.

†**nào biè·niu 闹别扭**[慣]❶意見が合わずにもめる.¶jiěmèi liǎ ～ le[姐妹俩～了]姉妹2人は仲たがいをした.❷(相手に不満をもち)わざと困らせる.¶háizi gùyì ～,bù chīfàn[孩子故意～，不吃饭]子供がわざと困らせようとしてご飯を食べない.

★**nǎo·dai 脑袋**[名]〈口〉頭.¶～ bèi zhuàngshāng le[～被撞伤了]頭をぶつけて怪我をした.

†**nào dù·zi 闹肚子**[組]〈口〉下痢をする.腹を下す.¶nèige xiǎoháizi jīngcháng ～[那个小孩子经常～]あの子はしょっちゅう腹を下す.

nǎohuǒ 恼火[動]腹を立てる.¶wèi zhè diǎnr xiǎoshì,nǐ bù gāi ～[为这点儿小事，你不该～]こんな小さな事のために君は怒るべきではない.

†**nǎojīn 脑筋**[名]頭.考え方.意識.¶kāidòng ～ jiějué nántí[开动～解决难题]頭を使って難題を解決する／sǐ ～[死～]頭が硬い.

†**nǎolì 脑力**[名]知力.知能.

nǎolì láodòng 脑力劳动[名]頭脳労働.精神労働.¶cóngshì ～[从事～]頭脳労働に従事する.

nào//shì 闹事[動]騒動を起こす.¶jùzhòng ～[聚众～]大勢の人が集まって騒ぎを起こす.

†**nào xiào·hua 闹笑话**[組](不注意や知識・経験の不足から)おかしな間違いをする.¶zhè kě shì nàole tiāndà de xiàohua[这可是闹了天大的笑话]これは大変なお笑いぐさだ.

†**nào·zhe wánr 闹着玩儿**[慣]❶騒いで遊ぶ.❷冗談を言う.¶wǒ shì hé nǐ ～ de[我是和你～的]私は冗談を言ったんだよ.❸冗談事にする.ふざける.¶dào nàme wēixiǎn de dìfang qù kě bú shì ～ de[到那么危险的地方去可不是～的]そんなに危険な所に行くなんてちょっと軽率じゃないか.

†**nàozhōng 闹钟**[名]目覚まし時計.¶zuótiān wàngle shàng ～[昨天忘了上～]昨日目覚まし時計をかけ忘れた／～ xiǎng le,kuài qǐchuáng![～响

N

了，快起床!]目覚ましが鳴ったよ,早く起きなさい!

*nǎo·zi 脑子[名]❶〈口〉脳.❷頭脳.知能.¶nǐ zhēn méi ～[你真没～]君は本当にばかだな.

*nǎpà 哪怕[接]たとえ…であっても.¶～ shì dāo shān huǒ hǎi,wǒ yě yào qù[～是刀山火海，我也要去]たとえどんなに困難であっても(刀の山,火の海であっても),私は行かなければならない.

⁑nǎr 哪儿[代]〈口〉❶どこ.＝nǎli 哪里❶¶nǐ ～ bù shūfu?[你～不舒服?]あなたはどこが具合が悪いのですか.❷(不確定な場所を表し)どこか.＝nǎli 哪里❷¶bù zhī cóng ～ piāolai yí zhèn xiāngqì[不知从～飘来一阵香气]どこかから芳しい香りが流れてくる.❸(任意の場所を表し)どこでも.どこにも.＝nǎli 哪里❸¶jīntiān wǒmen yào kāihuì,～ yě bù néng qù[今天我们要开会，～也不能去]今日私たちは会議があるのでどこにも行くことはできない.❹(反語に用い,否定を表す)…であるものか.どうして…であろうか.＝nǎli 哪里❹¶～ zhīdao tā huì gǎibiàn zhǔyi?[～知道他会改变主意?]彼が考えを変えるとは思いもよらなかった.

> 語法 反語文
> ►反語文とは,肯定形を用い強い否定を,否定形を用い強い肯定を表す強調表現である.会話の中でしばしば用いられる表現技法である.►反語文でよく使われるのは疑問詞や"还"hái,"不是～吗?"bú shì ～ ma?などである.¶这篇文章哪儿难啊! Zhèi piān wénzhāng nǎr nán a!(この文章のどこが難しいんだ)／谁要啊，又贵又难看! Shéi yào a, yòu guì yòu nánkàn!(誰が欲しいもんか,こんなに高くて格好の悪いもの)／你还不满意! Nǐ hái bù mǎnyì!(あなたはまだ不満なのか)／我们不是已经约好了吗? Wǒmen bú shì yǐjing yuēhǎo le ma?(私たちもう約束したじゃないか)

⁑nàr 那儿[代]〈口〉❶そこ.あそこ.＝nàli 那里¶zhèr rè, ～ liángkuai[这儿热，～凉快]ここは暑いが,あそこは涼しい.❷あの時.その時.注前置詞"从"cóng,"由"yóu,"打"dǎの後に用い「あれから,あのときから」のように時間の起点を表す.¶cóng ～ qǐ, tā měi xīngqītiān dōu lái kàn wǒ[从～起，他每星期天都来看我]あれから彼は毎週日曜日に私を訪ねてくる.

nàshí 那时[代]あの時.その時.¶～ wǒ hái xiǎo[～我还小]その時私はまだ小さかった.

†náshǒu 拿手[形]得意である.熟練している.最も上手である.¶mápó dòufu shì tā de ～cài[麻婆豆腐是她的～菜]マーボー豆腐は彼女の得意料理だ／chàng kǎlā OK tā hěn ～[唱卡拉ＯＫ他很～]彼はカラオケが得意だ.

nà∥shuì 纳税[動]納税する.¶zìjué ～ shì gōngmín de yìwù[自觉～是公民的义务]積極的に税金を納めるのは国民の義務である.

*nǎxiē 哪些[代]どのような.どんな.¶nǐ xǐhuan kàn ～ shū?[你喜欢看～书?]あなたはどのような本が好きですか.

⁑nàxiē 那些[代]あれらの.それらの.¶bǎ ～ dōngxi názǒu[把～东西拿走]それらの物を持って行って.

⁑nàyàng 那样[代]❶そんな.あんな.¶～ kě bùxíng[～可不行]そんなのはだめです.❷あのように.そのように.¶nǐ ～ shuō, tā dāngrán shēngqì le[你～说，他当然生气了]あなたがそのようなことを言うから,彼が機嫌を悪くしたのも無理はない／tā bú xiàng Lǎo-Lǐ ～ yuánhuá[他不像老李～圆滑]彼は李さんのように要領のいい人ではない.

⁑·ne 呢[助]❶疑問文の文末に用い,疑問の語気を表す.¶hóng de hǎo ～, háishi bái de hǎo ～?[红的好～，还是白的好～?]赤いのがいいですか,それとも白いのがいいですか.❷名詞の後ろに用い,どうであるかを問う.…は?¶wǒ chī jiǎozi,nǐ ～?[我吃饺子，你～?]私はギョーザを食べま

N

す,あなたは？❸陳述文の文末に用い,事実を相手に確認させる語気を表す.(誇張の語気を含む) ¶zhè cái shì zhēn běnshi ～[这才是真本事～]これこそが本当の腕前だ.❹陳述文の文末に用い,動作や状態の継続を表す.¶tā zhèng wǎng jiā gǎn ～[他正往家赶～]彼は家路を急いでいるところだ.❺文中でポーズを置く時に用いる.¶wǒ yǒudiǎnr bù shūfu,jīntiān ～,jiù bù chūqu le[我有点儿不舒服，今天～，就不出去了]ちょっと体調がよくないので,今日はね,出かけないことにした.

⁑**nèi 内**[名]内.中.↔ wài 外 ¶zhèi jiàn shì nián～ jiějué[这件事年～解决]この件は年内にけりがつく／jìnzhǐ rù ～[禁止入～]立ち入り禁止.

*__nèibù 内部__[名]内側.内部.¶zhè shì rénmín ～ máodùn[这是人民～矛盾]これは人民内部の矛盾だ.

nèidì 内地[名]奥地.内陸.

nèigé 内阁[名]内閣.¶zuìjìn yào chóng zǔ ～[最近要重组～]近いうち内閣の再編成が行われる.

nèiháng 内行[形]精通している.専門である.↔ wàiháng 外行 ¶tā zài zhè fāngmiàn hěn ～[他在这方面很～]彼はこの方面の通だ.[名]専門家.¶～ yì yǎn jiù néng kàndǒng[～一眼就能看懂]専門家は一目見ればすぐ分かる.

nèijiù 内疚[動]やましい.後ろめたい.¶xiǎngqi yǐqián de shì,wǒ juéde hěn ～[想起以前的事，我觉得很～]私は昔の事を思い出すと,とても後ろめたい気分になる.

†**nèikē 内科**[名]内科.¶～ ménzhěn [～门诊]内科外来.

nèimù 内幕[名]裏の事情.内幕.

nèiqíng 内情[名]内情.¶xīn lái de lǐngdǎo bù liǎojiě ～[新来的领导不了解～]新しく来た指導者は内情がよくわからない.

⁑**nèiróng 内容**[名]内容.中身.¶wénzhāng ～ yào chōngshí[文章～要充实]文章の内容が充実していなければならない.

nèixiàn 内线[名]❶(電話の)内線.¶～ diànhuà shì duōshao?[～电话是多少?]内線電話は何番ですか.❷相手の内部に送り込んだスパイ.またその活動.¶duìfāng zài wǒmen nèibù ānchāle ～[对方在我们内部安插了～]先方は我々の内部にスパイを送り込んだ.

†**nèixiāo 内销**[動]国内で販売する.¶zhèi zhǒng chǎnpǐn bù chūkǒu,zhǐ gōng ～[这种产品不出口，只供～]この種の製品は輸出せず,国内だけで販売する.

nèixīn 内心[名]心の中.内心.¶～ jiǔjiǔ bù néng píngjìng[～久久不能平静]心が長いこと静まらない.

nèizài 内在[形]内在している.¶yào zhùyì ～ měi[要注意～美]内在的な美に注意を払わなくてはならない.

nèizàng 内脏[名]内臓.¶duì ～ gè qìguān jìnxíng jiǎnchá[对～各器官进行检查]内臓諸器官の検査を行う.

nèizhàn 内战[名]〔cháng 场〕内戦.¶dǎ ～[打～]内戦をする.

nèizhèng 内政[名]内政.¶gānshè ～[干涉～]内政に干渉する.

†**nèn 嫩**[形]❶若くて柔らかい.↔ lǎo 老 ¶shùzhī shang chōuchule jǐ piàn ～yè[树枝上抽出了几片～叶]木の枝に何枚かの若葉が出た.❷(食物が)軟らかい.みずみずしい.¶qīngcài chǎode ～ xiē hǎochī[青菜炒得～些好吃]野菜はさっと炒めるのがおいしい／zhè jīdàngēng hěn ～[这鸡蛋羹很～]この茶碗蒸しは軟らかい.❸(色が)淡い.¶zhèi zhī xiǎoniǎo zhǎngzhe ～huáng de yǔmáo[这只小鸟长着～黄的羽毛]この小鳥には淡い黄色の羽毛が生えている.

⁑**néng 能**[助動](能力があって)…できる.(周囲の事情,道理から言って)許される.できる.¶tā ～ yóu yìbǎi mǐ [他～游一百米]彼は100メートル泳げる／túshūguǎn li bù ～ xīyān[图书馆里不～吸烟]図書館の中ではタバコは吸えない.

> **語法** “没”による助動詞の否定
> ▶助動詞の否定は通常“不”bùを用い,“没”méiは用いない.¶他｛不／×没｝会说英语 tā｛bú／×méi｝

huì shuō Yīngyǔ(彼は英語ができない)►しかし“能”néng,“想”xiǎng,“敢”gǎn,“肯”kěnなどいくつかの助動詞は“没”で否定できる.¶我还是没能说服他 wǒ háishi méi néng shuōfú tā(私はやはり彼を説得できなかった)/你以前是不是想去来着? −我没想去 nǐ yǐqián shì bú shì xiǎng qù láizhe?−wǒ méi xiǎng qù(あなたは以前行きたかったのではないですか−行きたくありませんでした)

†**néng 能**[形]能力のある.¶láodòng ～shǒu[劳动～手]仕事がよくできる人.

†**néng 能***[名]能力.才能.¶wú～ zhī bèi[无～之辈]無能な者.

*__nénggàn 能干__[形]才能がある.仕事ができる.¶tā jīngmíng ～[他精明～]彼は頭がよく,仕事ができる.

†**néng gē shàn wǔ 能歌善舞**成歌や踊りがうまい.¶tā cóngxiǎo jiù ～[他从小就～]彼は小さい時から歌や踊りがうまい.

⁑**nénggòu 能够**[助動]❶(ある種の能力があり)…できる.¶tā yǐjing ～ dúlì shēnghuó le[他已经～独立生活了]彼は独立して生活できるようになった.❷(条件や理屈の上で許され)…できる.¶lúnchuán ～ shǐrù gǎngkǒu[轮船～驶入港口]汽船は入港できる.

*__nénglì 能力__[名]能力.力量.¶tā hěn yǒu ～[他很有～]彼は能力がある.

†**néngliàng 能量**[名]〔zhǒng 种〕〔物〕エネルギー.¶～ zhuǎnhuàn[～转换]エネルギーの転換.

néngrén 能人[名]有能な人.やり手.名人.¶tā kě shì ge dà ～[他可是个大～]彼はかなりのやり手だ.

néngshǒu 能手[名]達人.よくできる人.¶gōngzuò ～[工作～]仕事のできる人.

†**néng shuō huì dào 能说会道**成口がうまい.¶tā ～,hěn huì tǎo rén huānxīn[他～,很会讨人欢心]彼は口がうまく,人の歓心を買うのがうまい.

*__néngyuán 能源__[名]〔zhǒng 种〕エネルギー源.¶kāifā ～[开发～]エネルギーを開発する/jiéshěng ～[节省～]省エネ.

néng zhě duō láo 能者多劳成有能な人ほどよく働く.¶shéi ràng nǐ nénggàn de?zhè jiào ～[谁让你能干的? 这叫～]君が有能だからだよ.有能な人ほどよく働くって言うからね.

⁑**ńg 嗯**[嘆]疑問を表す.¶～,shénme shēngyīn?[～,什么声音?]はて,何の音だ?

ǹg 嗯[嘆]うん,わかった,という返事を表す.¶～, ràng wǒ kǎolùkǎolù[～,让我考虑考虑]うん,考えさせてくれ.

*__ní 泥__[名]❶〔kuài 块,tān 摊〕泥.¶jiànle yìshēn ～[溅了一身～]体中に泥をかけられた.*❷泥状のもの.¶xiàngpí～[橡皮～]ゴム粘土/yìn～[印～]印肉.

⁑**nǐ 你**[代]❶あなた.¶～ míngtiān lái ma?[～明天来吗?]あなたは明日来ますか/～ nàr[～那儿]あなたの所/～ xiào[～校]貴校.❷広く任意の人をさす.¶tā de wéirén jiào ～ bù néng bú jìngzhòng[他的为人叫～不能不敬重]彼の人柄には誰でも尊敬させられる.

nǐ 拟[動]❶立案する.¶～le yí ge jìhuà[～了一个计划]計画を立てた.❷〈書〉…するつもりである.¶～ yú xià yuè fākān[～于下月发刊]来月発刊の予定だ.

nì'ài 溺爱[動]溺愛(できあい)する.¶jiāzhǎng bù yīnggāi ～ háizi[家长不应该～孩子]親たちは子供を溺愛してはいけない.

⁑**nián 年**[名]❶年.¶yì ～[一～]1年/～mò[～末]年末.❷1年の.毎年の.¶～chǎnliàng[～产量]年間生産量/～huì[～会]年に1度の例会.❸新年.正月.¶guò～[过～]正月を祝う/bài～[拜～]年始回りをする.新年のあいさつをする/xīn～[新～]新年.

nián 黏[形]ねばねばしている.ねばっこい.“粘”とも書く.

niǎn 捻[動](指先で)ひねる.よる.なう.¶～ xiàn[～线]糸をよる/～ shéngzi[～绳子]縄をなう.[名](～儿)よったもの.¶dēng～r[灯～儿]綿

N

糸でよった灯心／zhǐ～r[纸～儿]こより.

niǎn 撵[動]❶追い出す.追い払う.¶nǐ kuài bǎ tā ～chuqu[你快把他～出去]早く彼を追い出せ.❷〈方〉追いかける.追いつく.¶wǒ ～le tā yì tiān, zǒngsuàn zhuīshang le[我～了他一天，总算追上了]私は彼を1日追いかけて,やっと追いついた.

⁑**niàn 念**[動]❶声を出して読む.¶gěi bàba ～ xìn[给爸爸～信]父に手紙を読んであげる.❷(学校で)勉強する.¶～ xiǎoxué[～小学]小学校で勉強する.

*__niándài 年代__[名]❶時代.¶xiànzài shì shénme ～ le,nǐ hái zhème xiǎng![现在是什么～了，你还这么想!]今どういう時代になったと思っているんだ,君はまだそんなふうに考えているのか.❷(10年を一区切りとする)年代.¶èrshí shìjì jiǔshí ～[二十世纪九十～]20世紀の1990年代.

niándù 年度[名]年度.

†**niáng 娘**[名]〈口〉お母さん.¶diē～[爹～]父母.➡ 類義語 mǔqīn 母亲

niàng 酿[動]❶醸造する.¶～ jiǔ[～酒]酒を醸造する.❷徐々に形成する.かもし出す.¶～chéng èguǒ[～成恶果]悪い結果を招く.

niánhuà 年画[名]年画.(旧正月に貼る)おめでたい気分を表した絵.

⁑**niánjí 年级**[名]学年.¶yī ～ èr bān[一～二班]1年2組.

⁑**nián·jì 年纪**[名]年齢.¶shàngle ～[上了～]年をとった.

> 類義語 **niánjì 年纪 niánlíng 年龄**
> ►"年纪"は人の年齢を表す.話し言葉にも書き言葉にも用いる.形容詞と結びついて年齢を表す時,"年纪{大／小／轻}"niánjì {dà／xiǎo／qīng}(年をとっている／年が若い／年が若い)は言うが"高" gāoは使えない.¶您多大年纪了? nín duō dà niánjì le?(おいくつでいらっしゃいますか)►"年龄"は人,動物,植物の生存年数を表す.主に書き言葉で使う."年龄{大／小／高}"(年をとっている／年が若い／年をとっている)は言うが,"轻"は使えない.¶根据年轮可以知道树木的年龄 gēnjù niánlún kěyǐ zhīdao shùmù de niánlíng(年輪から樹齢を知ることができる)

*__niánlíng 年龄__[名](人や動植物の)年齢.¶～ xiànzhì[～限制]年齢制限.➡ 類義語 niánjì 年纪

niàn niàn bù wàng 念念不忘成 片時たりとも忘れない.¶shìqing yǐjing guòqu sān nián le,nǐ zěnme háishi ～ de?[事情已经过去三年了，你怎么还是～的?]もう3年もたったのにどうしてまだ忘れないんですか.

*__niánqīng 年青__[形]年が若い."年轻"とも書く.¶～rén[～人]若者／tā xiǎnde hěn ～[他显得很～]彼は若く見える.

⁑**niánqīng 年轻**[形]年が若い."年青"とも書く.

†**niàn//shū 念书**[動](学校で)勉強する.¶tā ～ hěn kèkǔ[他～很刻苦]彼は一生懸命勉強する.

> 類義語 **niànshū 念书 kàn shū 看书 dúshū 读书**
> ►"念书"は音読する,声を出して本を読む.¶他每天念三课书 tā měitiān niàn sān kè shū(彼は毎日3課ずつテキストの本文を読む)►"看书"は黙読する,声を出さずに本を読む.¶他在看英文书呢 tā zài kàn Yīngwén shū ne(彼は英文で書か

れた本を読んでいるところだ)►“读书”は声を出す,出さないに関わらず本を読むことを表す.¶学校到处是读书声 xuéxiào dàochù shì dúshū shēng(学校はいたる所音読の声がする)►“念书”,“读书”には「在学して勉強する」という意味があるが,“看书”にはない.¶在大学{念书/读书/×看书} zài dàxué {niànshū/dúshū/×kàn shū}(大学で勉強する)

niàn·tou 念头[名]考え.心積もり.¶tā yǎnjing yí zhuàn,shǎnchule yí ge ～[他眼睛一转，闪出了一个～]彼はくるりと目を回すと,1つの考えがひらめいた.

niántóur 年头儿[名]❶長い年月.¶tā dāng lǎoshī yǐjing yǒu ～ le[他当老师已经有～了]彼が先生になってからもう長いことたった.❷時世.¶zhè ～ rénmen de shēnghuó dōu fùyù le[这～人们的生活都富裕了]このご時世で人々の暮らしは豊かになった.

nián·yue 年月[名]時代.¶nèige ～ dàjiā shēnghuó dōu hěn kǔ[那个～大家生活都很苦]その時代にはみんな生活がとても苦しかった.

*__niǎo 鸟__[名]〔zhī 只〕鳥.¶yǎng ～[养～]鳥を飼う.

niào 尿[名]尿.小便.¶sā～[撒～]小便をする/～bù[～布]おむつ.[動]小便をする.¶～chuáng[～床]おねしょをする.

nǐdìng 拟定[動]制定する.¶～ yuǎnjǐng guīhuà[～远景规划]長期計画を立てる.

†**niē 捏**[動]❶指でつまむ.¶shǒuli ～zhe yì gēn zhēn[手里～着一根针]手に針をつまんでいる.❷指でつまんで作る.¶～ nírén[～泥人]泥人形を作る.

niēzào 捏造[動]でっちあげる.¶píngkōng ～[凭空～]ありもしないことをでっちあげる.

nìliú 逆流[名]〔gǔ 股〕逆流.反動的な潮流.¶zhè shì yì gǔ fǎndòng ～[这是一股反动～]これは反動的な潮流だ.

nílóng 尼龙[名]ナイロン.

⁑**nǐ·men 你们**[代]あなたたち.“你”nǐの複数形.

⁑**nín 您**[代]“你”nǐの尊称.あなた.あなた様.

†**nǐng 拧**[動](ねじ,ふたなどを)ひねる.¶nǐ bǎ shuǐlóngtóu ～jǐn[你把水龙头～紧]蛇口をきちんと締めなさい.

nínggù 凝固[動]液体が固体になる.固まる.凝固する.

níngjié 凝结[動]気体が液体に,あるいは液体が固体になる.固まる.凝結する.

níngjìng 宁静[形](環境が)静かである.(心が)落ち着いている.¶～ de húshuǐ[～的湖水]静かな湖/xīnli ～xialai[心里～下来]気持ちが落ち着いてきた.

níngjùlì 凝聚力[名]団結力.¶gōngsī de lǐngdǎo xiǎozǔ hěn yǒu ～[公司的领导小组很有～]会社の指導部はとても団結力がある.

†**nìngkě 宁可**[接]たとえ…しようとも.むしろ…する.どちらも好ましくない2項のうち,比較してあえて一方を選択したことを表す.“宁肯”nìngkěn,“宁愿”nìngyuànともいう.後によく“也不”yěbù,“也要”yěyàoなどが呼応する.¶wǒ ～ èsǐ,yě bú huì qù qiú nǐ[我～饿死，也不会去求你]私はたとえ餓死しようとも,君に助けは請わない.

nìngkěn 宁肯[接]=nìngkě 宁可

níngméng 柠檬[名]レモン.

níngshì 凝视[動]じっと見つめる.凝視する.¶shuāng yǎn ～zhe qiánfāng[双眼～着前方]両目で前方をじっと見つめている/～ duìfāng[～对方]相手を凝視する.

nìngyuàn 宁愿[接]=nìngkě 宁可

†**nítǔ 泥土**[名]土.土壌.¶nóngmín zhěngrì hé ～ dǎ jiāodao[农民整日和～打交道]農民は一日中,土と付き合っている.

⁑**niú 牛**[名]〔tóu 头,tiáo 条〕ウシ.

*__niǔ 扭__[動]❶振り返る.¶～guo tóu lai qiáo[～过头来瞧]振り返って見る.❷ねじる.¶bǎ gānzhe ～duàn[把甘蔗～断]サトウキビをねじ切る/～yānggē[～秧歌]ヤンコ踊りを踊る.❸(筋

N

を）くじく. ¶ ～le yāo［～了腰］ぎっくり腰になる. ❹（体を）くねらせる. ¶ zǒulù yì ～ yì ～ de［走路一～一～的］くねくねと歩く.

niǔ yāngge
扭秧歌

niǔkòu 纽扣［名］〔kē 颗,lì 粒〕ボタン. ¶ qǐng bǎ ～ kòushang［请把～扣上］ボタンを掛けてください.

niǔkuī wéi yíng 扭亏为盈［動］欠損を挽回（ばんかい）し,利益を得るようになる. ¶ jīngguò liǎng nián de nǔlì, tāmen chǎng zhōngyú ～［经过两年的努力，他们厂终于～］2年の努力を経て,彼らの工場はとうとう欠損を挽回し,利益を出すようになった.

⁑**niúnǎi 牛奶**［名］牛乳.ミルク.

niúpí·qi 牛脾气［名］俗 頑固で強情な性質. ¶ tā yòu fā ～ le,shéi quàn yě bù tīng［他又发～了，谁劝也不听］彼の強情っ張りがまた始まって,誰がなんと言おうと全然聞こうとしない.

niúzǎikù 牛仔裤［名］〔tiáo 条〕ジーパン.ジーンズ. ¶ xiǎohuǒzi chuānzhe yì tiáo ～［小伙子穿着一条～］若者がジーンズをはいている.

†**niǔzhuǎn 扭转**［動］❶ねじり回す.向きを変える. ¶ ～ shēnzi［～身子］体をねじる. ❷（情勢を）ひっくり返す. ¶ ～ júmiàn［～局面］情勢を転換させる.

*__nóng 浓__［形］❶濃い. ↔ báo 薄,dàn 淡 ¶ ～chá［～茶］濃いお茶. ❷（程度が）深い. ¶ xìngqù hěn ～［兴趣很～］興味深い.

⁑**nòng 弄**［動］❶いじる. ¶ ～ níbā［～泥巴］泥いじりをする. ❷やる.する. 注 ほかの動詞の代わりに用いられる. ¶ bié bǎ sǎngzi ～huài le［别把嗓子～坏了］のどを痛めてはいけない. ❸工面する. ¶ ～ diǎnr chī de［～点儿吃的］食べ物を手に入れる. ❹権謀をめぐらす. ¶ ～quán［～权］権謀術数を弄（ろう）する.

†**nóngchǎng 农场**［名］農場.

nóngchǎnpǐn 农产品［名］農産物.

⁑**nóngcūn 农村**［名］農村. ¶ ～ dìqū［～地区］農村地帯.

nóngdù 浓度［名］濃度. ¶ ～ tài gāo［～太高］濃度がとても高い.

nóngfùchǎnpǐn 农副产品［名］農産物や農家による副産物. ¶ ～ shìchǎng［～市场］農産物や農業副産物の市場.

nónghòu 浓厚［形］❶（雲や霧が）非常に濃い. ❷（色や意識が）濃い. ¶ ～ de fēngjiàn sīxiǎng［～的封建思想］濃厚な封建思想. ❸（興味が）深い. ¶ duì xīn jìshù yǒu ～ de xìngqù［对新技术有～的兴趣］新技術への興味が深い.

nónghù 农户［名］農家. ¶ yǎng jī zhuānyè ～［养鸡专业～］養鶏専門の農家.

nóngjù 农具［名］農具.

nónglì 农历［名］旧暦.陰暦.普通は“阴历”yīnlìという. “旧历”jiùlìという言い方もある. ¶ jīntiān shì ～ zhēngyuè chūwǔ［今天是～正月初五］今日は旧暦1月5日だ.

†**nóngmào shìchǎng 农贸市场**［名］自由市場.

⁑**nóngmín 农民**［名］農民.

nóngtián 农田［名］耕地. ¶ ～ li zhòngzhe xiǎomài［～里种着小麦］畑にはコムギが植えてある／～ jīběn jiànshè［～基本建设］（灌漑システムを整えるなど）田畑の整備.

nòng xū zuò jiǎ 弄虚作假 成 いんちきをして人をだますこと. ¶ tā zǒngshì ～［他总是～］彼はいつもいんちきをして人をだましている.

nóngyào 农药［名］農薬. ¶ dǎ ～［打～］農薬をまく／pēn ～［喷～］農薬を吹き付ける.

⁑**nóngyè 农业**［名］農業.

†**nóngzuòwù 农作物**［名］農作物.

nù 怒*［形］❶怒っている.腹が立つ. ¶ ～ shàng xīntóu［～上心头］怒り心頭に達する／～róng mǎnmiàn［～容满面］顔中に怒りの表情をたたえる. ❷勢いが激しい. ¶ bǎihuā ～fàng［百花～放］いろいろな花が咲き乱れる／

N

kuángfēng ～háo[狂风～号]強風が吹きすさぶ.

⁑**nǚ 女**[区]女.女の.↔ nán 男 ¶ nán～píngděng[男～平等]男女平等／～xuésheng[～学生]女子学生.女子生徒.[名]娘. ¶ ér～[儿～]息子と娘／zhǎng～[长～]長女／shēng ér yù ～[生儿育～]子供を産み育てる.

*__nuǎn 暖__[形]暖かい. ¶ tiān ～qilai le[天～起来了]暖かくなってきた.[動]温める. ¶ ～ jiǔ[～酒]酒を温める／～～ shǒu[～～手]ちょっと手を温める.

⁑**nuǎn·huo 暖和**[形]暖かい. ¶ zhèr de tiānqì yì nián dōu hěn ～[这儿的天气一年都很～]ここの気候は一年中ずっと暖かい.[動]暖める.暖まる. ¶ hē diǎnr jiǔ ～～ shēnzi ba[喝点儿酒～～身子吧]お酒でも飲んで体を暖めましょう.

*__nuǎnqì 暖气__[名]❶蒸気.❷暖房. ¶ zhuāngshang ～ yǐhòu nuǎnhuoduō le[装上～以后暖和多了]暖房を備えてから,ずいぶん暖かくなった.

⁑**nǚ'ér 女儿**[名]娘. ¶ tā shì Liú āyí de ～[她是刘阿姨的～]彼女は劉おばさんの娘だ.

nǚgōng 女工[名]女性労働者. ¶ zhèige gōngchǎng jīhū dōu shì ～[这个工厂几乎都是～]この工場はほとんど皆女性労働者だ.

nùhǒu 怒吼[動]猛獣がほえる.勇ましい声や音のたとえ. ¶ kuángfēng zài ～[狂风在～]暴風がうなっている.

nùhuǒ 怒火[名]大きな怒り. ¶ ～ zhōng shāo[～中烧]怒りの炎が心中に燃える／yìzhìbuzhù xīnzhōng de ～[抑制不住心中的～]心中の怒りを抑えきれない.

núlì 奴隶[名]奴隷.

⁑**nǔlì 努力**[形]頑張る.努力する. ¶ tā xuéxí hěn ～[他学习很～]彼は一生懸命勉強する.

nuó 挪[動]動かす. ¶ qǐng ～yi～ jiǎo[请～一～脚]ちょっと足をどけてください.

nuóyòng 挪用[動]❶使い込む. ¶ suíbiàn ～ gōngkuǎn shì wéifǎ de[随便～公款是违法的]公金を勝手に使い込むのは違法である.❷流用する. ¶ jiàoyù jīngfèi bù néng ～[教育经费不能～]教育経費は流用できない.

*__nǚrén 女人__[名]❶女の人.成人女性.❷妻.

*__nǚshì 女士__[名]女性に対する尊称. ¶ Chén Xiāngméi ～[陈香梅～]陳香梅女史／～ yōuxiān[～优先]レディーファースト.

nǚxìng 女性[名]女性. ¶ zūnzhòng ～[尊重～]女性を尊重する／～ de quánlì[～的权利]女性の権利.

nǚ·xu 女婿[名]娘婿. ¶ Chūnjié de shíhou nǚ'ér hé ～ yìqǐ huílai le[春节的时候女儿和～一起回来了]旧正月に娘と娘婿が一緒に帰ってきた.

nǚzǐ 女子[名]女性.女子.注女子の運動種目には通常"女子"を用い,"女性"nǚxìngや"女人"nǚrénは用いない. ¶ xīnlíng shǒuqiǎo de ～[心灵手巧的～]機転がきき,手先も器用な女性／wēnróu de ～[温柔的～]優しい女性.

núyì 奴役[動]奴隷のようにこき使う. ¶ ～ gōngrén[～工人]労働者を酷使する.

N

谜语 答えがNで始まるなぞなぞ

吃进去是草，	Chījinqu shì cǎo,	草を食べて,
挤出来是宝，	jǐchulai shì bǎo,	宝を絞り出す,
养分给人民，	yǎngfèn gěi rénmín,	人々に栄養を与える,
功劳真不少。	gōngláo zhēn bù shǎo.	その功績は多大なり.

(答えは406～407ページの中に)

O,o

†ō 噢[嘆]ああ.(了解を表す) ¶ ～!duìbuqǐ,wǒ wàng le[～! 对不起，我忘了]ああ,ごめん,忘れていた.

ó 哦[嘆]えっ.(半信半疑の気持ちを表す) ¶ ～?yǒu zhèyàng de shì?[～?有这样的事?]ええ.こんなことがあるの?

†ò 哦[嘆]ああ.(悟ったり理解したことを表す) ¶ ～,wǒ zhīdao le[～，我知道了]ああ,分かった.

ōudǎ 殴打[動]殴る. ¶ bèi liúmáng ～[被流氓～]ごろつきに殴られる／hùxiāng ～[互相～]殴り合う.

†ǒu'ěr 偶尔[副]たまに.↔ jīngcháng 经常 ¶ wǒmen zhǐshì ～ jiàn yí miàn [我们只是～见一面]私たちはたまにしか会わない.

Ōu Měi 欧美[名]欧米.

†ǒurán 偶然[形]偶然である.たまたまである. ¶ ～ de shìgù[～的事故]偶然の事故.[副]偶然に.たまたま. ¶ jīntiān de shìqing wánquán shì ～ fāshēng de[今天的事情完全是～发生的]今日のことはまったく偶然起こったことだ.↔ bìrán 必然

ǒutù 呕吐[動]吐く. ¶ wǒ wèi bù shūfu, jīntiān ～le liǎng cì[我胃不舒服，今天～了两次]胃が気持ち悪くて,今日2度吐いた.

ōuyuán 欧元[量]ユーロ.EU内の統一通貨単位.

Ōuzhōu 欧洲[名]ヨーロッパ.欧州.

●百科知識●

オリンピックの競技種目

ハードル	跨栏跑	kuàlánpǎo
競歩	竞走	jìngzǒu
リレー	接力跑	jiēlìpǎo
マラソン	马拉松	mǎlāsōng
自由形	自由泳	zìyóuyǒng
背泳ぎ	仰泳	yǎngyǒng
平泳ぎ	蛙泳	wāyǒng
バタフライ	蝶泳	diéyǒng
シンクロナイズド･スイミング	花样游泳	huāyàng yóuyǒng
サッカー	足球	zúqiú
バスケットボール	篮球	lánqiú
バレーボール	排球	páiqiú
ビーチバレー	海滨排球	hǎibīn páiqiú
テニス	网球	wǎngqiú
バドミントン	羽毛球	yǔmáoqiú
卓球	乒乓球	pīngpāngqiú
新体操	艺术体操	yìshù tǐcāo
レスリング	摔跤	shuāijiāo
ウェイトリフティング	举重	jǔzhòng
フェンシング	击剑	jījiàn
床運動	自由体操	zìyóu tǐcāo
段違い平行棒	高低杠	gāodīgàng
トライアスロン	铁人三项	tiěrén sānxiàng;
	铁人马拉松	tiěrén mǎlāsōng

P,p

†**pā 趴**[動]❶腹ばいに伏す.¶yì zhī shīzi ～zai dìshang yí dòng bú dòng[一只狮子～在地上，一动不动]1頭のライオンが地面に腹ばいになり,微動だにしない.❷前向きに何かにもたれかかる.¶～zai zhuōshang cái yīliào[～在桌上裁衣料]机にかぶさるようにして布を裁つ.➡見る類 p.646

pā 趴❶

pá 扒[動]手や道具で物をかき集める.¶～ tǔ[～土]土をかき寄せる／～ cǎo[～草]草をかき集める.

⁑**pá 爬**[動]❶はう.¶zhè háizi huì ～le[这孩子会～了]この子ははいはいができるようになった.❷登る.よじ登る.¶～shù[～树]木に登る／～shān[～山]山に登る.

⁑**pà 怕**[動]❶怖がる.恐れる.¶Xiǎo-Huá hěn ～ tā bàba[小华很～他爸爸]華ちゃんはお父さんを怖がっている／～ shuǐ[～水]水を恐れる.水に弱い.❷心配である.¶wǒ ～ nǐ bù jígé[我～你不及格]君が試験に落ちるんじゃないかと心配だ.[副]おそらく.¶zhèi cì ～ shì táobudiào le[这次～是逃不掉了]今回はおそらく逃げられまい.➡類義語 hàipà 害怕

⁑**pāi 拍**[動]❶(手のひらで)たたく.打つ.¶～ qiú[～球]球を打つ／～le～shēnshang de tǔ[～了～身上的土]体についた土を払った.❷撮影する.¶～ diànshìjù[～电视剧]テレビドラマを撮る.❸発する.打電する.¶～ diànbào[～电报]電報を打つ.❹お世辞を言う.¶～ mǎpì[～马屁]へつらい,お世辞を言う／chuīchui～～[吹吹～～]ほらをふき,おだてる.[名]❶(～儿)たたくもの.はたく道具.¶qiú～r[球～儿]ラケット／cāngying～r[苍蝇～儿]ハエたたき.❷音楽のリズム.¶hé～[合～]リズムが合う.調子が合う／èr fēn zhī yī ～[二分之一～]2分の1拍子.

*__pái 排__[動]❶(1つ1つ)並べる.並ぶ.¶～chéng yì háng[～成一行]1列に並ぶ.❷リハーサルを行う.¶～yǎn[～演]劇などのリハーサルを行う.[名]❶順に並んだ列.¶qián～ hòu～[前～后～]前列後列.❷軍隊の編成単位.小隊.[量]並んだものを数える.¶yì ～ píngzi [一～瓶子]一並びの瓶／liǎng ～ fángzi[两～房子]2列に並

目で見る類義語 pāi 拍　chuí 捶　qiāo 敲　dǎ 打

►“拍”pāiは平手でたたく.弱くたたいてもよいし,強くたたいてもよい.¶拍手 pāishǒu(手をたたく)／拍球 pāi qiú(まりをつく)►“捶”chuíはこぶしを握ってたたく動作をさす.強くたたくイメージがある.¶捶背 chuí bèi(とんとんと背中をたたく)►“敲” qiāoは手の指先あるいは指骨でたたく動作で,多く音をともなう.¶敲门 qiāo mén(ドアをノックする)►“打” dǎは打つという意味で,強くたたく場合が多い.¶打人 dǎ rén (人をぶつ)

んだ家屋.

pái 排[名]いかだ状のもの.¶zhú～[竹～]竹製のいかだ／mù～[木～]木製のいかだ.

*pái 排[動]取り除く.のける.¶gǎnkuài bǎ shuǐ ～chuqu[赶快把水～出去]急いで水をかき出せ／～ shān dǎo hǎi[～山倒海]㊇力が強く,勢いが盛んな様子.

*pái 排[名](洋菓子の)パイ.英語のpieの音訳.¶píngguǒ～[苹果～]アップルパイ.

pái 牌[名]❶(～儿)看板.¶guǎnggào～[广告～]看板広告.❷(～儿)木などでできた札.¶mén～[门～]門の表札／zìxíngchē ～r[自行车～儿]自転車の登録票.❸(～儿)商標.ブランド.¶mào～huò[冒～货]偽ブランド品／Dàbáitù～ nǎitáng[大白兔～奶糖]大白兎印のミルクキャンディー.❹〔fù 副〕カルタなどの札.麻雀の牌.¶pūkè～[扑克～]トランプのカード.

**pài 派[名]立場や見解が同じ人々.流派.派閥.¶dǎng～[党～]党派／lèguān～[乐观～]楽観主義者／chōuxiàng～[抽象～]抽象派.[量]流派,景色,言葉などを数える.¶yí ～ xīn qìxiàng[一～新气象]新たな景観／yí ～ húyán [一～胡言]一連のでたらめ.[動]人を派遣する.配置する.(公的なこと,私的なことどちらの場合にも用いることができる)¶～ rén sòngqu[～人送去]人を派遣し届けてもらう／gōng ～ liúxuéshēng[公～留学生]公的機関が派遣する留学生.

pāi∥bǎn 拍板[動](～儿)決定する.¶zhèi bǐ shēngyi děng zǒngjīnglǐ huílai cái néng ～[这笔生意等总经理回来才能～]この取り引きは社長が戻ってからでなければ決められない.

pàibié 派别[名]学術・宗教・政党などの派閥.流派.¶bùtóng de ～[不同的～]異なる流派／liǎng dà ～[两大～]二大派閥.

pái·chǎng 排场[形](やり方が)派手である.見栄を張る.¶zhè jiā de hūnlǐ bànde zhēn gòu ～ de[这家的婚礼办得真够～的]この家の結婚式は実に派手だった.[名]見栄.見栄え.構え.格式.¶jiǎng ～[讲～]見栄を張る.

†páichì 排斥[動]排斥する.除外する.¶shòu ～[受～]排斥を受ける／～ yìjǐ[～异己]異分子を排除する.

páichú 排除[動]排除する.取り除く.¶～ jīshuǐ[～积水]たまった水を取り除く／～ kùnnan[～困难]困難を排する.

pàichūsuǒ 派出所[名]派出所.¶wǒ dài nǐ qù ～[我带你去～]派出所までご案内します.

pái∥duì 排队[動]列を作って並ぶ.¶～ mǎi diànyǐngpiào[～买电影票]並んで映画のチケットを買う／páile yí ge xiǎoshí de duì[排了一个小时的队]1時間列に並んだ.

páihángbǎng 排行榜[名]売り上げチャート.ランキング.(本,レコードなどを売り上げの多い順に掲示したもの)

páihuái 徘徊[動]❶(ある地点で)行ったり来たりする.¶zài yǔzhōng ～[在雨中～]雨の中を行きつ戻りつする／～ jiētóu[～街头]街中をうろつく.❷〈喩〉迷って決められない.¶～ búdìng[～不定]迷って決断できない.❸〈喩〉何かが一定の範囲内で上下すること.¶gǔjià zǒngshì zài bā kuài dào shí kuài zhī jiān ～[股价总是在八块到十块之间～]株価は常に8元から10元の間を上下している.

páijǐ 排挤[動](力や計略を使って)締め出す.失脚させる.¶shòu rén ～[受人～]締め出しを食う／～ tārén[～他人]他人を締め出す.

†páiliàn 排练[動]稽古をする.リハーサルする.¶zhèngshì biǎoyǎn yǐqián jīngguòle duōcì ～[正式表演以前经过了多次～]本番の前に何回ものリハーサルをへている／xiàwǔ ～ dàhéchàng[下午～大合唱]午後合唱の稽古をする.

†páiliè 排列[動]順番に並べる.配列する.¶yī dàxiǎo shùnxù ～[依大小顺序～]大小の順に並べる.

pāimài 拍卖[動]競売する.¶zhèi fú zuòpǐn yǐ zuì gāo jiàgé bèi ～ le[这

幅作品以最高价格被～了]この作品は最高の値段で競売された.

pàiqiǎn 派遣[動](政府・機関などが)人を派遣する.("派" pàiに比べ重々しい語感がある)¶～ liúxuéshēng[～留学生]留学生を派遣する/shòu shàngjí de ～[受上级的～]上級機関によって派遣される.

☆**páiqiú 排球**[名]❶バレーボール.¶～ yùndòngyuán[～运动员]バレーボール選手.❷バレーボールのボール.

†**pāishè 拍摄**[動]撮影する.¶zhè měihǎo de shíkè bèi ～lexialai[这美好的时刻被～了下来]この美しい瞬間が写真として記録された.

†**pāi∥shǒu 拍手**[動]手をたたく.¶tīngdao zhèige xiāoxi,dàjiā dōu ～chēngkuài[听到这个消息,大家都～称快]その知らせを聞いて,みんな拍手喝采(かっさい)した/háizimen hùxiāng ～ zuò yóuxì[孩子们互相～做游戏]子供たちが互いに手をたたいてゲームをする.

páiwài 排外[形]排外的だ.¶zhèige chéngshì de rén hěn ～[这个城市的人很～]この街の人はとても排外的だ.

páizhǎng 排长[名]〔wèi 位〕〔軍〕小隊長.¶wǔ pái de ～[五排的～]第5小隊の小隊長.

pāi∥zhào 拍照[動]写真を撮る.(後ろに目的語をとれない)¶lái,āyí gěi nǐ ～[来,阿姨给你～]おいで,おばちゃんが写真を撮ってあげるよ.

†**pāi·zi 拍子**[名]❶ラケット.¶wǎngqiú ～[网球～]テニスラケット.❷リズム.¶bùhé ～[不合～]リズムが合わない/dǎ ～[打～]拍子をとる.

†**pái·zi 牌子**[名]❶〔kuài 块〕板状の表示.看板.¶guǎnggào ～[广告～]看板広告/mù ～[木～]木製の表示.札.❷〔zhǒng 种〕商標.¶zhè xié shì shénme ～ de?[这鞋是什么～的?]この靴はどこのブランドのもの?/lǎo～[老～]よく知られている老舗(しにせ)ブランド.

†**pān 攀**[動]❶何かにつかまりながら登る.¶～zhe tīzi páshangle fángdǐng[～着梯子爬上了房顶]はしごにつかまって屋根の上に登った.❷地位の高い人と関係を結ぶ.¶～ gāozhīr[～高枝儿]〔慣〕地位の高い人と知り合いや親戚になろうとする/～ lóng fù fèng[～龙附凤]〔成〕権勢のある人に取り入る.❸引き入れる.¶～tán[～谈]おしゃべりをする.

***pán 盘**[名](～儿)❶お盆.¶chá～r[茶～儿]茶器をのせる盆/tuō～[托～]お盆.大型の受け皿.*❷形や用途がお盆に似たもの.¶suàn～[算～]そろばん/qí～[棋～]碁盤.将棋盤.❸商品の相場.¶jīntiān gǔshì de kāi～r búcuò[今天股市的开～儿不错]今日の株式相場の寄り付きはなかなかいい/shōu～r[收～儿]大引け/píng～r[平～儿]持ち合い相場.[動]❶回転する.❷詳しく調べたり尋ねたりする.¶～wèn[～问]詳細に尋問する/～ gēn jiū dǐ[～根究底]〔成〕物事を徹底的に追及する/～zhàng

目で見る類義語 pán 盘 dié 碟 pén 盆

盘

碟

盆

►取り皿のような小さいお皿は"碟"diéという.►料理を入れるような普通サイズのお皿は"盘"pánという.たとえば"拼盘儿"pīnpánrといえばオードブルのこと."托盘"tuōpánならお盆,トレイのことである.►まぎれやすいのに"盆"pénがある.これは底が深いボウルのような入れ物."洗脸盆"xǐliǎnpénは洗面器だし,"饭盆儿"fànpénrはほうろうびきの食器用のボウルをさす.

P

[～账]帳簿を詳しく調べる.[量]機械や,皿に盛った料理などを数える.¶ yì ～ dòufu[一～豆腐]豆腐一皿／yì ～ jīqì[一～机器]1台の機械.
➡見る類 p.413

pán 盘[名]❶

① guǒpán 果盘 ② chápán 茶盘
①コンポート ②茶盆

†**pàn 盼**[動]❶待ち望む.望む.¶māma ～ xīngxing ～ yuèliang,zhōngyú ～ daole érzi huílai[妈妈～星星～月亮,终于～到了儿子回来]お母さんは今か今かと待ち続け,ついに息子の帰ってくる時がやってきた.❷見る.¶zuǒ gù yòu ～[左顾右～]成右顧左眄(うこさべん)する.左右を見回す.周囲の情勢をうかがう.

†**pàn 畔***[名](川・湖・道路などの)岸.あぜ.へり.ほとり.¶hú～[湖～]湖畔／qiáo～[桥～]橋のたもと／hé～[河～]川べり.

pànbiàn 叛变[動]味方に背く.¶tā ～ le[他～了]彼は裏切った.

pànchǔ 判处[動]判決を下す.¶tā bèi ～ wǔ nián túxíng[他被～五年徒刑]彼は懲役5年の判決を下された.

†**pāndēng 攀登**[動]よじ登る.¶yánjìn ～[严禁～]登るべからず.

pàndìng 判定[動]判定する.¶jìnxíng zōnghé ～[进行综合～]総合的に判定を進める／～ hǎohuài[～好坏]善し悪しを判定する.

***pànduàn 判断**[動]判断する.断定する.¶yóu zìjǐ ～[由自己～]自分で判断する／zhǔnquè de ～[准确的～]正しい判断.

***páng 旁**[名]❶そば.¶lù～[路～]路傍／～ ruò wú rén[～若无人]成傍若無人／dāng jú zhě mí,～ guān zhě qīng[当局者迷，～观者清]当事者は迷うが,局外者にははっきり分かる.傍目八目(おかめはちもく).❷(～儿)漢字の偏.¶piān～r[偏～儿]偏／"men" shì lìrén～r["们"是立人～儿]"们"は人偏(にんべん)だ.

páng 旁[形]ほかの.¶zhèli méi ～ rén,nǐ shuō ba![这里没～人，你说吧!]ここにはほかの人はいないから,さぁ話しなさい!

***pàng 胖**[形]太っている.↔ shòu 瘦 ¶tā hěn ～[他很～]彼は太っている.
➡見る類 p.415

****pángbiān 旁边**[名](～儿)そば.傍ら.¶nǎinai zuòzai wǒ ～[奶奶坐在我～]おばあさんは私の傍らに座った.

pángdà 庞大[形]非常に大きい.膨大である.¶shífēn ～[十分～]非常に膨大である／～ de kāizhī[～的开支]膨大な支出.

pángxiè 螃蟹[名]〔zhī 只〕カニ.ワタリガニ.

pàng·zi 胖子[名]太った人.でぶ.¶bàba shì ge dà～[爸爸是个大～]お父さんはでぶだ.

pànjué 判决[動]判決を下す.¶～ sǐxíng[～死刑]死刑判決を下す／fǎtíng de ～[法庭的～]法廷の判決.

pàn ruò liǎng rén 判若两人成まるで別人のようである.¶tā kǎoshang dàxué hòu,gēn shàng gāozhōng shí jiǎnzhí shì ～[他考上大学后，跟上高中时简直是～]彼は大学に受かってからは,高校の時とはまったく別人のようだ.

pàntú 叛徒[名]叛徒(はんと).謀反(むほん)を企てた人.¶tā shì ge ～[他是个～]彼は裏切り者だ.

***pànwàng 盼望**[動]望む.待ち望む.¶～ yǔ jiārén tuánjù[～与家人团聚]家族との団らんを切望する／～ fēngshōu[～丰收]豊作を待ち望む.

pánxuán 盘旋[動]❶回りながら飛ぶ.回りながら走る.¶yì zhī lǎoyīng zài kōngzhōng ～[一只老鹰在空中～]1羽のタカが空中を旋回している.❷うろうろする.

***pán·zi 盘子**[名]〔zhī 只〕お盆.大皿.¶xǐ ～[洗～]皿洗い.

†**pāo 抛**[動]❶投げる.放り投げる.¶～ qiú wánr[～球玩儿]ボールを投げて遊ぶ／～ zhuān yǐn yù[～砖引

玉]成れんがを投げて玉を引く.自分の意見を述べほかの人の優れた意見を引き出すこと(自分の意見を言う時に謙遜して言う).❷捨てる.置き去りにする.¶tā ～xia qīzi zǒu le[他～下妻子走了]彼は妻を捨てていなくなった／méi pǎo jǐ quān,tā jiù bèi yuǎnyuǎn de ～zaile hòumian[没跑几圈,他就被远远地～在了后面]何周も走っていないのに,彼は遠く引き離されてしまった.❸投げ売りする.¶～shòu shāngpǐn[～售商品]商品を投げ売りする／～chu liǎng wàn gǔ[～出两万股]2万株投げ売りに出す.

páo 刨[動]❶掘り出す.¶～tǔdòu[～土豆]ジャガイモを掘り出す／～gēnr wèn dǐr[～根儿问底儿]根掘り葉掘り追求する.❷減じる.除く.¶shí ge rén ～qu wǔ ge rén,zhǐ shèngxia wǔ ge rén le[十个人～去五个人，只剩下五个人了]10人から5人引いたら,5人しか残っていない.

⁑**pǎo 跑**[動]❶走る.¶～de hěn kuài[～得很快]走るのが速い.❷逃げる.¶bié ràng xiǎotōu ～ le[别让小偷～了]こそ泥を逃がすな.❸何かのことに奔走する.¶～ mǎimai[～买卖]商売に駆けずり回る／～ cáiliào[～材料]材料集めに走り回る.❹物体があるべき所から離れる.¶zhuōzi shang de zhǐ bèi fēng guā～ le[桌子上的纸被风刮～了]机の上の紙が風で吹き飛んだ.❺液体が揮発する.蒸発する.¶gàizi yídìng yào gàihǎo,yǐmiǎn qìyóu ～ le[盖子一定要盖好，以免汽油～了]ガソリンが揮発しないようにふたはしっかり閉めなければならない.

†**pào 泡**[名]❶(～儿)泡.¶xiǎo shuǐ～[小水～]泡粒／féizào～[肥皂～]石鹸の泡.❷泡に似たもの.¶dēng～[灯～]電球／tàngshāng chù qǐle ～[烫伤处起了～]火傷の傷に水ぶくれができた.

†**pào 泡**[動]❶液体に浸す.¶～ chá[～茶]お茶を入れる／～ wēnquán[～温泉]温泉につかる.❷ひまをつぶす.¶zài jiā ～ shíjiān[在家～时间]家でひまをつぶす／zài diànyǐngyuàn ～le liǎng ge zhōngtóu[在电影院～了两个钟头]映画館で2時間ひまつぶしをした.

*__pào 炮__[名]〔mén 门〕❶大砲.¶gāoshè～[高射～]高射砲.❷爆竹.¶fàng biān～[放鞭～]爆竹を鳴らす.

⁑**pǎo//bù 跑步**[動]駆け足をする.ジョギングをする.¶Xiǎo-Míng měitiān qīngchén dōu ～[小明每天清晨都～]明君は毎朝明け方にジョギングをしている.

†**pàodàn 炮弹**[名]砲弾.¶fāshè ～

目で見る類義語 pàng 胖　féi 肥

►人間が太っているのは“胖”pàngを使う.¶你胖了 nǐ pàng le(君太ったね)►動物が太っているのは「肥えている」といい“肥”féiを使う.¶肥猪 féi zhū(肥えたブタ)►肉でも赤身は“瘦肉”shòuròuだが,脂身は“肥肉”という.身体についた脂身,つまり贅肉(ぜいにく)は人間でも“肥”を使う.これを減らす,つまり「ダイエットする」は“减肥”jiǎnféi という.►一般に人間に“肥”を使えば,よい意味にはならない.¶肥头大耳 féi tóu dà ěr(太っていて図体がでかい)►動物について「まるまるとしていて可愛い」という場合は擬人化して“胖”が使える.¶胖胖的小猪 pàngpàng de xiǎo zhū(まるまると太っている可愛い小ブタ)

[发射～]砲弾を発射する／～ chōngzú[～充足]砲弾が足りている.

pǎodào 跑道[名]〔tiáo 条〕❶滑走路.¶fēijī yánzhe ～ huáxíng[飞机沿着～滑行]飛行機が滑走路を走る.❷運動場のトラック.¶zhèi tiáo ～ shì sìbǎi mǐ yì quān[这条～是四百米一圈]このコースは1周400メートルだ.

pàohuǒ 炮火[名]砲火.¶màozhe ～ qiánjìn[冒着～前进]砲火をついて前進する.

pàomò 泡沫[名]泡沫(ほうまつ).泡.¶liǎnpén li yǒu xǔduō féizào ～[脸盆里有许多肥皂～]洗面器の中は石けんの泡だらけだ.

pāoqì 抛弃[動]捨て去る.見捨てる.¶zhèige háizi yì shēngxialai jiù bèi fùmǔ ～ le[这个孩子一生下来就被父母～了]この子は生まれてすぐ親に捨てられた.

páshǒu 扒手[名]すり.¶yào jǐngtì gōnggòng qìchē shang de ～[要警惕公共汽车上的～]バスではすりに用心するように.

***péi 陪**[動]付き添う.同行する.¶～ bìngrén[～病人]病人に付き添う／wǒ lái zuò nǐ de ～bàn[我来作你的～伴]私があなたのお供をします.

類義語 péi 陪　dài 带
lǐng 领　gēn 跟

►"陪"は相手につき合って一緒に行く.お供する.¶陪客人参观 péi kèren cānguān(お客について見学する)►"带"は連れる.率いる.¶他带新同学去见老师 tā dài xīn tóngxué qù jiàn lǎoshī(彼は新しく来たクラスメートを連れて先生に会いに行った)►"领"は案内する.お連れする."带"よりもやや改まった言い方.¶我领你去 wǒ lǐng nǐ qù(私がご案内します)►"跟"は後について行く.¶请跟我来 qǐng gēn wǒ lái(私について来て)

***péi 赔**[動]❶弁償する.¶shì wǒ nònghuài de,yīnggāi yóu wǒ ～[是我弄坏的，应该由我～]私が壊したのですから,私に弁償させてください.❷わびる.謝罪する.¶wǒ shì lái xiàng nín ～ búshi de[我是来向您～不是的]あなたに謝罪に来ました.❸損をする.↔zhuàn 赚¶yǒu ～ yǒu zhuàn[有～有赚]儲けもあれば損もある／～běn de mǎimai[～本的买卖]元手を割った商売.

†**pèi 配**[動]❶両性が結合する.結婚する.つれ添う.¶hūn～[婚～]結婚する／měinǚ ～ yīngxióng[美女～英雄]美女が英雄と結ばれる.❷動物を交配させる.¶～ zhǒng[～种]種付けをして交配させる／jiāo～[交～]交配する.❸ある適当な基準で調和させる.¶～ yánsè[～颜色]色を配合する／dā～[搭～]組み合わせる／～yào[～药]薬を調合する.❹計画的配置を行う.¶fēn～[分～]割り当てる.配属する／～shòu[～售]ある商品の数量や価格を制限して売る.❺欠けている部品などを補う.補充する.¶～ yàoshi[～钥匙]鍵をあつらえる／～ suǒ[～锁]錠を取り付ける／～ língjiàn[～零件]部品を取り付ける.❻何かを添えて際立たせる.¶hónghuā ～ lǜyè[红花～绿叶]赤い花に緑の葉をあしらう／～jué[～角]共演する(脇役,または脇役的な仕事のたとえ)❼…たりえる.…するにふさわしい.¶～deshàng[～得上]…するにふさわしい／xiāng～[相～]つりあいがとれている.

語法 いろいろな「つくる」

❶盖房子 gài fángzi(家をつくる)❷配眼镜 pèi yǎnjìng(眼鏡をつくる)❸种水稻 zhòng shuǐdào(米をつくる)❹拍电影 pāi diànyǐng(映画をつくる)❺修水库 xiū shuǐkù(ダムをつくる)❻编字典 biān zìdiǎn(字典をつくる)❼交朋友 jiāo péngyou(友達をつくる)❽包饺子 bāo jiǎozi(ギョーザをつくる)❾打基础 dǎ jīchǔ(土台をつくる)❿抽时间 chōu shíjiān(時間をつくる)

pèibèi 配备[動]❶(需要に応じて人や物を)配備する.¶gěi gōngchǎng ～ jìshù lìliang[给工厂～技术力量]

工場に技術者を配備する／gěi nóngmín ～ nóngjī[给农民～农机]農民に農業機械を分配する.❷(兵力を)配置する.¶～ bīnglì[～兵力]兵力を配置する／～ wǔqì[～武器]武器を配備する.

pèibèi 配备[名]設備一式.装備一式.¶～ qíquán[～齐全]万全の装備／xiàndàihuà de ～[现代化的～]最新の設備.

péi∥bù·shi 赔不是[動]慣謝る.おわびをする.¶nǐ xiàng tā péi ge bú shi,shìqing bú jiù wán le[你向她赔个不是，事情不就完了]あなたが彼女に謝れば,この件は即解決だ.

†**péicháng 赔偿**[動]弁償する.¶wǒ yídìng ～ nín de sǔnshī[我一定～您的损失]あなたの損失は必ず弁償します.

pèi∥fāng 配方[動]〔薬〕薬の処方や配合をする.¶ànzhào ～ zhuāyào[按照～抓药]処方通りに薬を調合する／zǔchuán ～[祖传～]先祖伝来の処方.

†**pèi·fú 佩服**[動]感服する.¶wǒ ～ nǐ de yǒngqì[我～你的勇气]あなたの勇気には感心しました／～de wǔ tǐ tóu dì[～得五体投地](地にひれ伏すほどの)感服の極みです.

***pèihé 配合**[動]協力して共通の任務を行う.¶～ mòqì[～默契]息が合っている／～de bù hǎo[～得不好]チームワークがとれていない.→pèihe

pèi·he 配合[形]組み合わせがよい.¶yánsè hěn ～[颜色很～]色の取り合わせがよい.→pèihé

péi∥kuǎn 赔款[動]❶(金銭で)補償する.弁償する.¶nǐ yīnggāi ～[你应该～]あなたが弁償すべきだ.❷(敗戦国が戦勝国に対し)賠償する.

péikuǎn 赔款[名]〔bǐ 笔〕❶補償金.賠償金.¶zhè shì bǎoxiǎn gōngsī gěi wǒ de ～[这是保险公司给我的～]これは保険会社が私にくれた補償金です.❷敗戦国が払う賠償金.¶zhàn-zhēng ～[战争～]戦争の賠償.

pèi'ǒu 配偶[名]配偶者.注多く法律文書などで用いられる.¶xúnzhǎo ～[寻找～]配偶者を探す／zhōngshēng ～[终生～]終生のパートナー.

pèi∥tào 配套[動]組み合わせてセットにする.¶～ xiāoshòu[～销售]セット販売／～ fúwù[～服务]セットになったサービス.

†**péitóng 陪同**[動]付き添う.同行する.¶～ yóukè cānguān[～游客参观]旅行客に随行して見学する.[名]付き添い.同行者.¶tā shì zhèi cì de ～[他是这次的～]彼は今回の同行者です.

péixùn 培训[動](技術者などを)育成し訓練する.¶～ zhōngxīn[～中心]養成センター／jiēshòu ～[接受～]訓練を受ける／～ gōngrén[～工人]労働者を訓練する.

†**péiyǎng 培养**[動]❶培養する.繁殖させる.¶zài shíyànshì ～ xìjūn[在实验室～细菌]実験室で細菌を培養する.❷教育や訓練を施す.¶～ réncái[～人才]人材を育成する／～ chéng cái[～成材]教育して有用な人材にする.

†**péiyù 培育**[動]❶生物を育てる.¶～ shùmiáo[～树苗]樹木の苗を育てる.❷人などを育てる.¶lǎoshī xīnkǔ ～ zǔguó de huāduǒ[老师辛苦～祖国的花朵]先生は苦労して祖国の花(である子供たち)を育てている.

***pēn 喷**[動]噴き出す.¶～ fàjiāo[～发胶](頭髪用の)ムースをつける／～ shuǐ[～水]水を吹きかける.

***pén 盆**[名](～儿)物を盛ったり洗ったりする鉢.ボウル.¶huā～[花～]植木鉢／xǐliǎn～[洗脸～]洗面器.→見る類 p.413

①バスタブ ②洗面器 ③植木鉢

péndì 盆地[名]盆地.¶Sìchuān ～[四川～]四川盆地.

péng 棚[名]❶日差しや風雨が当たらないように木などで作った覆い.¶

liáng～［凉～］日よけ／tiān～［天～］日よけ.❷簡単な作りの小屋.¶shēngkou～［牲口～］家畜小屋／dā ～［搭～］小屋をかける.

péng 棚❷　chēpéng 车棚
屋根付きの自転車置き場

★**pěng 捧**［動］❶両手で捧げ持つ.両手ですくうように持つ.抱える.¶tā shǒuli ～zhe yì běn shū［他手里～着一本书］彼は両手で1冊の本を捧げ持っている／～ fù dà xiào［～腹大笑］成腹を抱えて大笑いする.❷おだてる.¶bié ～ tā le!［别～他了!］彼をおだてるのはやめろ／～chǎng［～场］(劇場まで行って役者をほめることから)人を持ち上げる.応援する.➡見る類 p.399

pěng 捧❶

pěng 捧［量］両手で一すくいの量を数える.¶yì ～ táng［一～糖］一すくいの飴／yì ～ guāzǐ［一～瓜子］一すくいの(スイカやヒマワリなどの)種.

☆**pèng 碰**［動］❶(動いている物体が)ぶつかる.ぶつける.¶～bēi［～杯］杯を当てて乾杯する／bù xiǎoxīn ～le yíxiàr［不小心～了一下儿］うっかりぶつかってしまった.❷ばったり会う.¶～tóu［～头］顔を合わせる.ミーティングする.❸試してみる.¶～ yùnqì［～运气］運試しをする／～ jīhuì［～机会］チャンスにかける／zhèi jiā gōngsī zhāo zhíyuán,wǒ qù ～～ kàn［这家公司招职员，我去～～看］この会社が従業員を募集しているので,試しに受けてみよう.➡見る類 p.419

pèng 碰❶

†**péngbó 蓬勃**［形］栄えている.勢いに満ちている.¶xiāngzhèn qǐyè ～ fāzhǎn［乡镇企业～发展］郷鎮企業が勢いよく発展している／zhāoqì ～［朝气～］成生気みなぎる様子.

†**pèng dīng·zi 碰钉子**慣拒絶されたり,厳しく責められることのたとえ.¶bú pà ～［不怕～］壁にぶつかるのを恐れない／tā xiǎng pāi mǎpì,jiéguǒ pèngle ge dīngzi［他想拍马屁，结果碰了个钉子］彼はへつらおうとしたが,肘鉄を食らった.

★**pèng//·jiàn 碰见**［動］偶然出会う.¶jīntiān wǒ zài jiēshang ～le Lǐ Míng［今天我在街上～了李明］今日街でばったり李明に会った.

pēngrèn 烹饪［動］〈書〉調理する.¶～kè［～课］調理の授業／xué ～［学～］調理を勉強する／～shū［～书］料理の本.

pēngtiáo 烹调［動］調理する.料理する.¶māma de ～ shǒuyì hěn gāo［妈妈的～手艺很高］お母さんの料理の腕前はすばらしい／～ jìshù［～技术］調理の技術.

☆**péng·you 朋友**［名］❶友達.¶wǒ hé tā shì ～［我和她是～］私と彼女は友達だ／lǎo～［老～］長年の友人／hǎo ～［好～］仲のいい友達.❷恋人.恋愛の対象.¶nǚ～［女～］ガールフレンド／nǐ yǒu ～le méiyou?［你有～了没有?］恋人はできましたか.

péngzhàng 膨胀［動］❶(温度の上昇やそのほかの要因で)膨張する.¶qìtǐ ～［气体～］気体が膨張する／gān mù'ěr fàngzai shuǐzhōng hěn kuài jiù ～qilai le［干木耳放在水中很快就～起来了］干しキクラゲを水に浸すとすぐにもどり始めた.❷事物が増加し拡大する.¶tōnghuò ～［通货～］通货膨張.インフレーション／jiàgé búduàn ～[价格不断～]価格は上昇を続けている.

pēnshè 喷射[動]噴射する.¶～ huǒyàn[～火焰]火炎を噴射する.

†**pī 批**[動]❶(文書や書類に)可否や意見などを書きつける.¶～ zuòyè[～作业]宿題を添削する.❷批判する.批評する.叱責する.¶tā yòu ái～ le[他又挨～了]彼はまた叱られた.

***pī 批**[量]大口の商品や一まとまりの人を数える.¶yì ～ rén[一～人]一まとまりの人／yì ～ huò[一～货]一まとまりの商品／dà～ nànmín táolí zāiqū[大～难民逃离灾区]数多くの罹災者(りさいしゃ)が被災地から逃げ出した.

pī 坯[名]❶製造過程でまだ焼いていないれんが・磁器・七宝焼きなど.¶zhuān～[砖～]まだ焼いていないれんが.❷(特に)土れんが.¶dǎ～[打～]土れんがを作る／tuō～[脱～]れんがを型から外す.

***pī 披**[動]❶はおる.肩にかける.¶～zhe dàyī[～着大衣]オーバーをはおっている.❷(木や竹などが)裂ける.割れる.¶zhǐjia ～ le[指甲～了]爪が割れた.➡見る類 p.141

pī 披❶

pī 劈[動]❶刀や斧で縦に切る.割る.¶～ mùchái[～木柴]薪を割る.❷雷が落ちる.雷が落ちて破壊する.¶tā shì bèi léidiàn ～sǐ de[他是被雷电～死的]彼は雷に打たれて死んだのだ.➡見る類 p.337

***pí 皮**[名]〔céng 层,kuài 块〕❶人や動植物の表皮.皮.皮膚.¶guǒ～[果～]果物の皮／bù xiǎoxīn pèngdiàole yí kuài ～[不小心碰掉了一块～]うっかりぶつかって皮膚をすりむいた.❷革.皮革.毛皮.¶～xié[～鞋]革靴／

目で見る類義語 pèng 碰　zhuàng 撞

碰

撞

►2つのものが「ぶつかる」."碰"pèngは程度が軽くしかも意志なくぶつかる.¶把酒碰撒了 bǎ jiǔ pèngsǎ le(お酒が入っている容器にうっかりぶつかりこぼしてしまった).時には「ふれる」というぐらいの意味になる.¶用手碰了碰他 yòng shǒu pènglepèng tā(手で彼をちょっと突いた).また,偶然にぶつかることから「遭遇する,出会う」意にもなる.¶昨天碰上他了 zuótiān pèngshang tā le(昨日彼にばったり会った)►それに対して"撞"zhuàngは意味が広く「偶然にぶつかる／故意にぶつかる」の両義がある.偶然の場合,その程度が軽ければ"撞"は"碰"とほぼ同じである.¶他{碰／撞}了我一下 tā {pèng / zhuàng}le wǒ yíxià(彼は私にぶつかった).その程度が重い時はもっぱら"撞"が使われる.¶他飞快地跑过来,猛地撞了我一下 tā fēikuài de pǎoguolai,měng de zhuàngle wǒ yíxià(彼はものすごいスピードで走ってきて,どーんと私にぶつかった).意図的である場合は普通"撞"のみが使われる.¶他朝墙上撞去 tā cháo qiángshang zhuàngqu(彼は壁に体当たりした)►見られたくないのに偶然人に目撃されてしまう場合,"撞"を使う.受け身で表すことが多い.¶昨天他跟女朋友出去玩儿，被我撞上了 zuótiān tā gēn nǚpéngyou chūqu wánr,bèi wǒ zhuàngshang le(昨日彼が彼女と遊びに出かけたところを,僕に目撃されたってわけさ)

P

～bāo[～包]革かばん.❸(～儿)物を包む薄いもの.¶bāofu～r[包袱～儿]ふろしき／jiǎozi～r[饺子～儿]ギョーザの皮.

*pǐ 匹[量]❶ウマやロバなどを数える.¶yì ～ mǎ[一～马]1頭のウマ／liǎng ～ luòtuo[两～骆驼]2頭のラクダ.❷(絹や木綿の)反物を数える.注長さは50尺または100尺.¶liǎng ～ bù[两～布]木綿2反／jǐ ～ chóuzi[几～绸子]何匹かの絹.

pì 屁[名]❶おなら.¶fàng～[放～]おならをする.❷〈喩〉役に立たないもの.つまらないこと.¶～huà[～话]でたらめ.

†piān 偏[形]❶傾いている.偏っている.↔ zhèng 正 ¶tàiyáng yǐjing ～xī le[太阳已经～西了]太陽はもう西に傾いた.❷片方だけを重視する.不公平である.¶～ tīng ～ xìn[～听～信]一方の言うことだけを信じる／～téng xiǎo'érzi[～疼小儿子]末の息子だけ可愛がる.

*piān 偏[副]❶あいにく.都合悪く.¶wǒ zhèng yào chūqu de shíhou,～ xiàqi dàyǔ lai[我正要出去的时候，～下起大雨来]私がちょうど出かけようという時に,折あしく大雨が降ってきた.❷あくまで.意地でも.¶wǒ de huà tā ～ bù tīng[我的话他～不听]私の話を彼はあくまでも聞こうとしない.

**piān 篇[量](～儿)文章を数える.¶sān ～ xiǎoshuō[三～小说]3編の小説.

**piàn 片*[名](～儿)〔kuài 块,zhāng 张〕平たくて薄く,あまり大きくないもの.¶bù～r[布～儿]布きれ／bōli～[玻璃～儿]ガラスのかけら.[量]❶平たい形をしているもの,かけらになっているものを数える.¶jǐ ～ miànbāo[几～面包]何枚かのパン.❷地面や水面など,平たくて面積や範囲の大きいものを数える.¶yí ～ lǜsè de tiányě[一～绿色的田野]一面緑色の田畑.❸景色・声・言葉・心情などを数える.¶yí ～ húyán[一～胡言]でたらめ／yí ～ xīnyì[一～心意]まったくの気持ち.

*piàn 骗[動]❶(デマやペテンで人を)だます.¶～rén[～人]人をだます／shòu～[受～]だまされる.❷だまし取る.ごまかして取る.¶～qián[～钱]金銭をだまし取る.

piānchā 偏差[名]偏差.偏り.誤差.ずれ.¶fēixíng jiǎodù chūxiànle ～[飞行角度出现了～]飛行角度に誤差が生じた.

piānjiàn 偏见[名]偏見.¶tā duì wǒ bào yǒu ～[他对我抱有～]彼は私に偏見を持っている.

piànkè 片刻[名]ほんの短い時間.しばらくの間.¶xiūxi ～ zài zǒu[休息～再走]しばらく休んでから行く.

*piànmiàn 片面[形]❶一方的である.¶bù néng zhǐ tīng ～ zhī cí[不能只听～之词]一方的な言葉だけを聞いてはいけない.❷一方に偏っている.全面的でない.¶tā de guāndiǎn hěn ～[他的观点很～]彼の見方は一方に偏っている.

piānpì 偏僻[形]辺鄙(へんぴ)であ

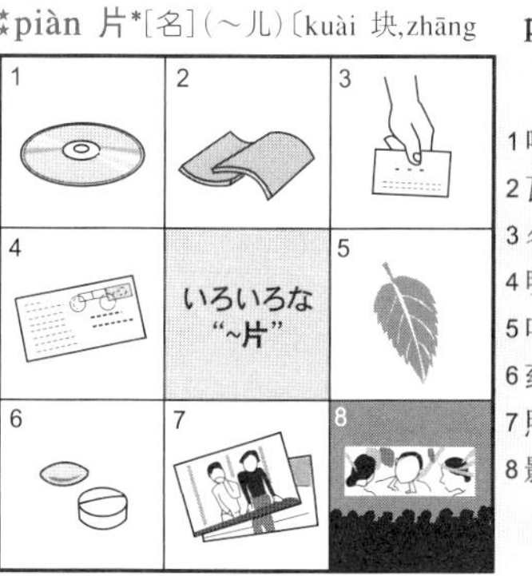

◁◀ 逆引きウインドウズ

1 唱片	chàngpiàn	レコード・CD
2 瓦片	wǎpiàn	かわら
3 名片	míngpiàn	名刺
4 明信片	míngxìnpiàn	葉書
5 叶片	yèpiàn	葉っぱ
6 药片	yàopiàn	錠剤
7 照片	zhàopiàn	写真
8 影片	yǐngpiàn	映画

る. ¶ ～ de shānqū［～的山区］辺鄙な山地.

⁑piānpiān 偏偏［副］❶あくまで.意地でも.わざと. ¶ yīshēng quàn tā jièyān, dàn tā ～ yào chōu［医生劝他戒烟，但他～要抽］医者が彼にタバコをやめるように言ったのに,彼は意地でも吸う.❷あいにく.都合悪く. ¶ wǒ yǒu jíshì qù zhǎo tā, ～ tā bú zài［我有急事去找他，～他不在］私が急ぎの用事で彼を訪ねて行ったが,あいにく彼は不在だった.❸…だけ. ¶ wèi shénme ～ bú ràng wǒ qù?［为什么～不让我去?］なぜ私だけ行かせてくれないんだ.

piānxiàng 偏向［名］偏り.偏向.注多くは政策の右寄り左寄りについていう. ¶ wǒmen yào jiūzhèng zhèi zhǒng ～［我们要纠正这种～］私たちはこのような偏向を是正しなければならない.［動］片方を無条件に支持する. ¶ māma zǒngshì ～ jiějie［妈妈总是～姐姐］母はいつも姉をひいきする.

⁑pián·yi 便宜［形］価格が安い.↔ guì 贵 ¶ zài ～ yìdiǎnr wǒ jiù mǎi［再～一点儿我就买］もう少し安かったら買う／yòu ～ yòu hǎo［又～又好］安くて物がいい.［名］得.利益. ¶ zhàn ～［占～］得する.うまい汁を吸う.

piānzhòng 偏重［動］偏る. ¶ zhèige dìqū bǐjiào ～ fāzhǎn zhònggōngyè［这个地区比较～发展重工业］この地区は比較的に重工業の発展に重点を置いている.

piāo 漂［動］❶空中や水面にものが浮かぶ.漂う. ¶ shuǐmiàn shang ～zhe yí piàn shùyè［水面上～着一片树叶］水面に1枚の木の葉が漂っている.❷流される. ¶ yì zhī xiǎochuán cóng yuǎnchù ～guolai［一只小船从远处～过来］1艘の小舟が遠くから流されて来た.

*piāo 飘［動］(風にのって)漂う.翻る.舞う. ¶ wūwài ～zhe xuěhuā［屋外～着雪花］外で雪がちらちらと降っている.

⁑piào 票［名］〔zhāng 张〕❶切符.証書となる紙片. ¶ mǎi ～［买～］切符を買う／chē～［车～］乗車券／fēijī～［飞机～］航空券.❷(～儿)〔zhāng 张〕お札.紙幣. ¶ líng ～r［零～儿］細かい(額面の小さい)お札.

地下鉄のchēpiào“车票”(乗車券)

⁑piào·liang 漂亮［形］❶美しい.きれいである.↔ nánkàn 难看❷見事である.立派である. ¶ nǐ shuō Hànyǔ shuōde hěn ～［你说汉语说得很～］あなたの中国語は見事だ. ➡ 類義語 gānjìng 干净

> 語法　行為と結果
> ►人がきれいであることを言いたい時,しばしば“漂亮”piàoliangの前に“长得”zhǎngdeを置き,成長した結果きれいであると言う. ¶ 她长得很漂亮 tā zhǎngde hěn piàoliang(彼女はきれいだ)►日本語は結果だけを言う傾向が強いが,中国語ではその結果にいたる動作や行為も言うことが多い. ¶ 您说的话我听不懂 nín shuō de huà wǒ tīngbudǒng(あなたのおっしゃることは〈聞いて〉分かりません)／今天玩儿得痛快吗? jīntiān wánrde tòngkuài ma?(今日は〈遊んで〉楽しかった?)／她唱歌唱得很好 tā chàng gē chàngde hěn hǎo(彼女は歌〈を歌うの〉がうまい)

†piāoyáng 飘扬［動］風にのって揺れ動く. ¶ qízi zài kōngzhōng ～［旗子在空中～］旗が空で翻る.

píbèi 疲惫［形］とても疲れている. ¶ tā shífēn ～［他十分～］彼は非常に疲れている.

pídài 皮带［名］〔tiáo 条〕❶皮製のベルト.❷(機械の)ベルト.伝動ベルト.

piē 撇［動］❶捨て去る.放っておく. ¶ zánmen xiān ～xià zhèige wèntí, tán zhǔyào de［咱们先～下这个问题，谈主要的］この問題はひとまず放っておいて,大事なことを話そう.❷液体の表面に浮いているものをすくい取る. ¶ ～ mòr［～沫儿］泡をすくい取る.

P

piē 瞥[動]一瞥(いちべつ)する.ちらっと見る.¶tā ～le wǒ yì yǎn[他～了我一眼]彼は私をちらっと見た.

pīfā 批发[動]卸売りをする.¶shāngpǐn ～[商品～]商品の卸売り／～jià[～价]卸売り価格／～bù[～部]卸部.

pífá 疲乏[形](頭や体が)疲れている.疲れる.¶pǎowán sānqiān mǐ,wǒ juéde hěn ～[跑完三千米，我觉得很～]3千メートル走り終わって,私はとても疲れた／jīròu ～[肌肉～]筋肉疲労.

pīfù 批复[動](下級部門からの書面報告に対して)意見を書き添えて回答する.¶shàngjí duì cǐ jiànyì jìnxíngle ～[上级对此建议进行了～]上級部門はこの提案に対して意見を書き加えて回答してきた.

*__pífū 皮肤__[名]皮膚.肌.¶bǎohù ～[保护～]肌を保護する／～bìng[～病]皮膚病.

pīgǎi 批改[動]文章を添削し,批評する.¶～ zuòwén[～作文]作文を添削する.

pígé 皮革[名]革.皮革.¶～ chǎnpǐn[～产品]革製品.

†**pì·gu 屁股**[名]❶尻.¶tā dǎle yíxià háizi de ～[她打了一下孩子的～]彼女は子供の尻をたたいた.❷広く動物の臀部(でんぶ)をさす.❸物の端っこ.¶xiāngyān ～[香烟～]タバコの端.

**__píjiǔ 啤酒__[名]〔píng 瓶,bēi 杯〕ビール.

píjuàn 疲倦[形]疲れている.疲れて眠い.¶tā tài ～ le,yì tǎngxia jiù shuìzháo le[她太～了，一躺下就睡着了]彼女はあまりに疲れていて,横になるとすぐに寝てしまった.

*__píláo 疲劳__[形]❶疲れる.¶gànle zhème duō tiān,wǒ gǎndào hěn ～[干了这么多天，我感到很～]こんなに何日も働いて,私はとても疲れた.❷(強い外力や長い作動時間から)正常な反応が継続しなくなる.(物体が)疲労する.¶cíxìng ～[磁性～]磁気が弱まる.[名]疲労.¶huīfu ～[恢复～]疲労を回復する.

†**pīn 拼**[動]2つ以上のものをつなぎ合わせる.つづり合わせる.¶～còu[～凑]寄せ集める.

†**pīn 拼**[動]一生懸命になる.なりふりかまわずやる.¶wèile wánchéng gōngzuò,tāmen ～le sān tiān[为了完成工作，他们～了三天]仕事を完成させるため,彼らは3日間必死でやった.

pín 贫*[形]❶貧しい.貧乏である.¶tā de shēnghuó hěn qīng～[他的生活很清～]彼の生活は清貧である.❷乏しい.欠乏している.足りない.¶～xuè[～血]貧血／～ruò[～弱]貧弱である.

pǐn 品*[名]❶品物.物品.¶shāng～[商～]商品／jìniàn～[纪念～]記念品.❷ランク.等級.¶shàng～[上～]上等品.[動]品定めをする.¶nǐ ～～ zhèi zhǒng chá ba[你～～这种茶吧]このお茶をちょっと味わってみてください.

pìn 聘*[動]❶招聘(しょうへい)する.招く.¶yìng～[应～]招聘に応じる.❷結納をする.¶～lǐ[～礼]結納／xià～[下～]結納をすませる.❸嫁入りする.¶chū～[出～]嫁に行く／～ gūniang[～姑娘]娘を嫁がせる.

pīnbó 拼博[動]全力で闘う.全力で勝ち取る.¶fènlì ～[奋力～]力を尽くして闘う.

pǐncháng 品尝[動]細かく弁別する.味わう.¶～ měijiǔ[～美酒]美酒を味わう.

*__píndào 频道__[名]チャンネル.¶yī ～ shì Zhōngyāng Diànshìtái[一～是中央电视台]第1チャンネルは中央テレビです／jīnwǎn zhèige ～ yǒu hǎo jiémù[今晚这个～有好节目]今夜このチャンネルでいい番組がある.

†**pǐndé 品德**[名]品格.品性.¶tā ～ hěn hǎo[他～很好]彼は素行がよい.

pínfá 贫乏[形]欠乏している.乏しい.¶tā de yǎnshuō nèiróng hěn ～[他的演说内容很～]彼の演説は内容が乏しい.

pínfán 频繁[形]回数が多い.頻繁である.¶jiāowǎng hěn ～[交往很～]交流がとても盛んである.

*__píng 平__[形]❶表面が平らである.¶mǎlù hěn ～[马路很～]道路が平らだ.❷同じ高さである.対等である.優劣がない.¶～jú[～局]引き分け／

～qǐ～zuò[～起～坐]対等である／～bèi[～辈]同世代の人.[動]❶平らにする.¶yòng tuōlājī bǎ dì ～ le[用拖拉机把地～了]トラクターで地面をならした.❷(気持ちを)穏やかにする.¶bǎ qì ～xiaqu[把气～下去]気持ちを落ち着かせる.❸対等になる.¶～le dàhuì jìlù[～了大会记录]大会タイ記録となった.

†**píng 评**[動]*❶批評する.評論する.¶wénzhāng ～shùle jìnnián lái xiǎoshuō chuàngzuò de qīngxiàng[文章～述了近年来小说创作的倾向]論文は近年来の小説創作の傾向を評論した.❷判定する.評定する.¶～le wǔ ge láodòng mófàn[～了五个劳动模范]5人の労働模範を選出した.

†**píng 凭**[動]❶もたれる.寄りかかる.¶～lán yuǎn tiào[～栏远眺]欄干にもたれて遠くを眺める.❷頼る.頼みにする.¶～zìjǐ de nǔlì huòdé chénggōng[～自己的努力获得成功]自らの努力で成功を勝ち取る.*[名]証拠.よりどころ.¶kǒu shuō wú ～[口说无～]口だけでは当てにならない／wén ～[文～]卒業証書.[前]…を頼りに.…を根拠に.¶nǐ ～ shénme shuō wǒ yǒu zuì[你～什么说我有罪]君は何を根拠に私に罪があるというのか.

⁑**píng 瓶**[名](～儿)瓶.¶nuǎnshuǐ～[暖水～]ポット.魔法瓶.[量]瓶に入っているものを数える.¶liǎng ～ cù[两～醋]2本の酢.

*** píng'ān 平安**[形]平安である.無事である.¶zhù nǐ yílù ～![祝你一路～!]道中ご無事で!

píngbǎnchē 平板车[名]貨物運搬用の人力三輪車.

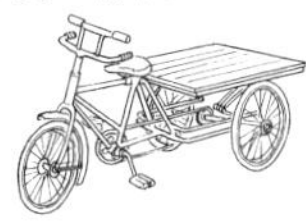

píngbǐ 评比[動]比較して優劣を評価する.¶～ jìshù[～技术]技術を比較して評定する.

*** píngcháng 平常**[名]平時.ふだん.¶tā ～ bù kāichē shàngbān[他～不开车上班]ふだん彼は車で通勤しない.[形]普通である.ありふれている.¶zhèi zhǒng shì hěn ～[这种事很～]こういったことはよくあることだ.

*** píngděng 平等**[形]平等である.対等である.¶zhèyàng zuò bù ～[这样做不～]こんなふうにするのは不平等だ.

píngdìng 评定[動](評議または審議を通じて)評定する.¶～ děngjí[～等级]ランクを決める.

†**píngfán 平凡**[形]平凡である.¶wǒmen dōu shì ～ de rén[我们都是～的人]我々は皆平凡な人間だ.

*** píngfāng 平方**[名]❶平方.自乗.2乗.¶bā de ～ shì liùshísì[八的～是六十四]8の2乗は64である.❷平方メートル.¶zhèige fángjiān yǒu duōshao ～?[这个房间有多少～?]この部屋は何平米ありますか.

pínggū 评估[動]評価して見積もる.¶～ zīchǎn[～资产]資産を見積もる.[名]アセスメント.¶huánjìng ～[环境～]環境アセスメント.

⁑**píngguǒ 苹果**[名]〔植〕リンゴ.

†**pínghéng 平衡**[形]つりあっている.つりあいがとれている.¶bǎochí ～ zhuàngtài[保持～状态]均衡状態を保つ.[動]つりあわせる.¶～ gōngqiú guānxi[～供求关系]需要と供給のバランスをとる.

†**píngjià 评价**[動]価値の優劣を決める.¶～ wénxué zuòpǐn[～文学作品]文学作品を評価する.[名]評価.

píng//jiǎng 评奖[動](成績を)評価して表彰する.¶～ wěiyuánhuì[～委员会]評価表彰委員会.

*** píngjìng 平静**[形](心や身の回りの環境が)落ち着いている.穏やかである.¶xīnqíng hěn ～[心情很～]気持ちが落ち着いている／fēnglàng zhújiàn ～xialai le[风浪逐渐～下来了]荒波がだんだん穏やかになってきた.

*** píngjūn 平均**[動]平均にする.¶bǎ shí ge píngguǒ fēnchéng liǎng fèn,～ měi fèn wǔ ge[把十个苹果分成两份,～每份五个]10個のリンゴを等分して,5個ずつにする.[形]平均的である.大差がない.¶～ fēnpèi[～分配]平均的に分配する.

P

†**pínglùn 评论**[動]批評する.評論する.¶～ yōuliè[～优劣]優劣を批評する.[名]〔piān 篇〕評論文.コメント.¶ xiě ～[写～]コメントを書く／～jiā[～家]評論家.コメンテーター.

píngmiàn 平面[名]平面.¶～tú[～图]平面図.

píngmín 平民[名]平民.庶民.

*pīngpāngqiú 乒乓球[名]❶卓球.ピンポン.❷卓球の玉.

píngrì 平日[名]平日.

píngshěn 评审[動]評議して審査する.¶qǐng zhuānjiā ～ zhèixiē lùnwén[请专家～这些论文]専門家に頼んでこれらの論文を審議してもらう.

*píngshí 平时[名]ふだん.平時.¶wǒ ～ bù hē jiǔ[我～不喝酒]私はふだん酒を飲まない.

píng shuǐ xiāng féng 萍水相逢 成知らない者同士が偶然に知り合うことのたとえ.¶wǒmen liǎ suīrán shì ～, dàn hěn kuài chéngle hǎo péngyou[我们俩虽然是～, 但很快成了好朋友]我々は偶然知り合ったが,すぐ親友になった.

píngtǎn 平坦[形](地形が)平らである.平坦である.¶zhèige dìfang hěn ～[这个地方很～]この場所はとても平坦だ.

píngwěn 平稳[形](揺れや危険がなく)穏やかである.平穏である.¶júshì ～[局势～]情勢が穏やかである／wùjià ～[物价～]物価が安定している.

†**píngxíng 平行**[形]❶対等である.同等である.¶～ jīguān[～机关]同等の機関.❷平行である.¶～ de píngmiàn[～的平面]平行な平面.❸同時進行している.¶～ zuòyè[～作业]並行作業.

píngxuǎn 评选[動]評議して選出する.¶～ xiānjìn gōngzuòzhě[～先进工作者]模範労働者を選出する.

píng yì jìn rén 平易近人 成温和で親しみやすい.¶wǒmen de zǒngjīnglǐ fēicháng ～[我们的总经理非常～]我々の社長はとても温和で親しみやすい.

*píngyuán 平原[名]〔kuài 块,piàn 片〕平原.

píngzhàng 屏障[名]〔dào 道〕屏風のように遮るもの.障壁.注多くの場合,山や島をさす.¶Yànshān shānmài shì Běijīng dìqū de tiānrán ～[燕山山脉是北京地区的天然～]燕山(えんざん)山脈は北京地区の天然の障壁だ.

píngzhěng 平整[動]地面をならす.¶～ tǔdì[～土地]土地をならす／bǎ zhèi kuài dì ～ yíxià[把这块地～一下]この土地をちょっと地ならしする.[形](土地が)平らである.¶dàolù hěn ～[道路很～]道路が平らである.

*píng·zi 瓶子[名]瓶.¶dǎsuìle yí ge ～[打碎了一个～]瓶を1本割った.

†**pínkǔ 贫苦**[形]貧乏である.貧しい.¶tā de jiātíng hěn ～[他的家庭很～]彼の家はとても貧乏だ.

pínkùn 贫困[形]生活が苦しい.貧困である.¶～ dìqū[～地区]貧困地帯.

pínlǜ 频率[名]❶周波数.(単位はヘルツ)❷頻度.単位時間にある事柄が起こる回数.¶chūxiàn ～ hěn gāo[出现～很高]出現頻度が高い.

pínmín 贫民[名]生活が苦しく貧しい人々.¶jiējì ～[接济～]貧民を救済する.

*pīn//mìng 拼命[動]命がけでやる.命を投げ出す.¶tā yào gēn wǒ ～[他要跟我～]彼は私と命がけでやる気だ.[副]最大限努力して.一生懸命に.¶～ de xuéxí[～地学习]力を尽くして勉強する.

pìnqǐng 聘请[動]招聘する.¶～ jiàoshī[～教师]教師を招聘する.

†**pínqióng 贫穷**[形](財産や物資が)乏しい.貧窮している.¶wǒ de jiāxiāng guòqù hěn ～[我的家乡过去很～]私の故郷は昔とても貧しかった.

pìnrèn 聘任[動]任命する.¶gōngsī ～le sān wèi jìshù rényuán[公司～了三位技术人员]会社は3名の技術者を任命した.

pǐnxíng 品行[名]品行.素行.¶péiyǎng háizi de ～[培养孩子的～]子供をしつける.

pìnyòng 聘用[動]招いて任用する.¶～ tuìxiū jiàoshī[～退休教师]退

職した教師を招いて任用する.

†**pǐnzhì 品质**[名]❶人の本質.品性.¶～ bù hǎo[～不好]たちが悪い.❷品物の質.¶chǎnpǐn ～ yōuliáng[产品～优良]品物の質はとてもよい.

*__pǐnzhǒng 品种__[名]❶品種.¶zhèi pǐ mǎ ～ yōuliáng[这匹马～优良]この馬は品種が良い.❷製品の種類.¶～ hěn duō[～很多]種類がたくさんある.

*__pīpàn 批判__[動](誤った思想・言行を)系統的に分析し否定する.¶duì jiàotiáo zhǔyì jìnxíng ～[对教条主义进行～]教条主義に対し批判を加える.

⁑**pīpíng 批评**[動]❶欠点や誤りを指摘して意見を言う.¶lǎoshī ～le wǒ[老师～了我]先生は私を叱った／wǒ jiēshòu nǐ de ～[我接受你的～]あなたの批判を受け入れる.❷よい点と悪い点を指摘し,評論する.¶～jiā[～家]批評家.評論家／wényì ～[文艺～]文芸批評.

*__pí·qi 脾气__[名]❶気立て.性格.たち.¶jiějie de ～ hěn hǎo[姐姐的～很好]姉は気立てが良い.❷怒りっぽい性格.短気な性格.¶fā ～[发～]かんしゃくを起こす／gǎiyigǎi nǐ de juè ～[改一改你的倔～]頑固な性格を少し改めなさい.

†**pìrú 譬如**[動]例えば.例を挙げると.¶tā de àihào hěn duō,～ huà huàr、tīng yīnyuè、dǎ wǎngqiú děngděng[她的爱好很多,～画画儿、听音乐、打网球等等]彼女の趣味は多くて,例えば絵を描いたり,音楽を聴いたり,テニスをしたりといろいろある.

pīshì 批示[動](上級機関が,下級機関からの文書に対し書面で)指示を与える.¶zhèige jìhuàshū shàngjí hái méi ～xialai[这个计划书上级还没～下来]この計画書については上からまだ指示がない.[名]書面による上からの指示.¶xiàdá ～[下达～]上からの指示を伝える.

*__pī∥zhǔn 批准__[動](上の者が下の者の意見や要求に対して)同意する.許可する.¶lǐngdǎo ～le wǒ de qǐngqiú[领导～了我的请求]私の申請が上から許可された／～ tiáoyuē[～条约]条約を批准する.

†**pō 泼**[動](液体を)まく.¶～ shuǐ[～水]水をまく.

†**pō 坡**[名]坂.傾斜のある所.¶shān～[山～]山の斜面.[形]傾斜している.傾いている.¶bǎ zhuān ～zhe fàng[把砖～着放]れんがを斜めに置く.

pō 颇[副]〈書〉すこぶる.たいへん.¶wǒ duì Zhōngguó gǔdài jiànzhù ～ gǎn xìngqù[我对中国古代建筑～感兴趣]私は中国の古代建築にたいへん興味がある.

⁑**pò 破**[動]❶壊れる.破れる.¶yīfu ～le[衣服～了]洋服が破れた／xié ～le[鞋～了]靴に穴があいた.❷壊す.割る.¶shì rú ～ zhú[势如～竹]破竹の勢い.❸お金をくずす.¶qǐng bǎ zhèi zhāng yìbǎi yuán de chāopiào ～chéng liǎng zhāng wǔshí kuài de[请把这张一百元的钞票～成两张五十块的]この100元を50元2枚にくずしてください.❹打ち破る.突破する.¶～lì[～例]慣例を破る／～ jìlù[～记录]記録を破る.[形]破れている.つまらない.おんぼろである.¶～ zhuōzi[～桌子]壊れた机／～ diànyǐng[～电影]つまらない映画.

†**pò∥chǎn 破产**[動]❶破産する.¶zhèi jiā gōngsī jīntiān xuānbù ～[这家公司今天宣布～]この会社は今日破産を表明した／gōngchǎng ～ le[工厂～了]工場が破産した.❷〈喩〉失敗する.¶zhèige jìhuà yòu ～ le[这个计划又～了]この計画はまたもや失敗した.

pòchú 破除[動](従来の思想や信仰を)打ち破る.捨て去る.除く.¶～ jiù de fēngsú xíguàn[～旧的风俗习惯]古い風俗習慣を打ち破る.

†**pòhài 迫害**[動]迫害する.¶～ qúnzhòng[～群众]群集を迫害する.

*__pòhuài 破坏__[動]❶建物などを破壊する.¶～ gōngwù[～公物]公共物を破壊する.❷(抽象的なものを)損なう.¶～ biéren de míngyù[～别人的名誉]他人の名誉を傷つける.❸(社会制度や習慣を)変える.¶～ jiù de zhìdù[～旧的制度]古い制度を変革す

る.❹(条約や規律に)違反する.¶～guīdìng[～规定]規則に違反する.

pòhuò 破获[動](刑事事件を解決して)犯人を検挙する.¶～le yí ge fànzuì zǔzhī[～了一个犯罪组织]犯罪組織を摘発した.

pòjiù 破旧[形]ぼろぼろで古い.¶tā de dàyī hěn ～[他的大衣很～]彼のオーバーはひどいぼろだ.

†**pòlàn 破烂**[形](使い込んで)ぼろぼろである.¶～ de bèizi[～的被子]おんぼろの布団.[名](～儿)くず.廃品.¶yì duī ～r[一堆～儿]廃品の山.

pòliè 破裂[動](整っていたものに)亀裂ができる.割れる.¶gǔmó ～[鼓膜～]鼓膜が破ける/tánpàn ～ le[谈判～了]交渉が決裂した.

pó·po 婆婆[名]❶姑.夫の母親.❷〈方〉祖母.母方の祖母.

***pòqiè 迫切**[形]差し迫っている.切実である.¶tāmen de yāoqiú yuè lái yuè ～ le[他们的要求越来越～了]彼らの要求はますます切実になってきた.

pòshǐ 迫使[動]…せざるをえない.否応なく…させる.¶dāngshí de qíngkuàng ～ wǒ bù dé bù nàme zuò[当时的情况～我不得不那么做]当時の状況が否応なく私にそうさせた.

pòsuì 破碎[動]❶粉々になる.かける.¶～ de bēizi[～的杯子]割れて粉々になったコップ.❷砕く.粉々にする.¶zhèi tái suìzhǐjī měi fēnzhōng kěyǐ ～ duōshao zhǐ?[这台碎纸机每分钟可以～多少纸?]このシュレッダーは1分間にどれだけの紙を処理できますか.

***pū 扑**[動]❶飛びかかる.突き進む.体あたりする.¶yǒnggǎn de xiàng dírén ～qu[勇敢地向敌人～去]勇敢に敵に向かって飛びかかっていく.❷(仕事や事業に)全力を捧げる.¶quánshēn xīn ～zai gōngzuò shang[全身心～在工作上]全身全霊を仕事に捧げる.❸軽く打つ.はたく.¶xiǎoniǎo ～zhe chìbǎng[小鸟～着翅膀]小鳥が羽をばたつかせている.

***pū 铺**[動]敷く.のばす.¶～ tiěguǐ[～铁轨]レールを敷く/～ bèizi[～被子]布団を敷く.

pǔ 谱[名]❶系譜.¶nián～[年～]年譜/jiā～[家～]家系図/cài～[菜～]メニュー.❷楽譜.¶yuè～[乐～]楽譜.❸(～儿)だいたいの見通し.見当.¶tā zuòshì yǒu ～r[他做事有～儿]彼は事に当たるに成算がある.[動]詞に曲をつける.作曲する.¶tā bǎ zhèi shǒu shī ～chéngle gēqǔ[他把这首诗～成了歌曲]彼はこの詞に曲をつけた.

***pǔbiàn 普遍**[形]普遍的である.一般的である.¶zhèi zhǒng xiànxiàng hěn ～[这种现象很～]こういう現象は普遍的なものだ.

pùbù 瀑布[名]滝.

pǔchá 普查[動]広く一斉に調査する.¶wǒ guó dìngqī jìnxíng rénkǒu ～[我国定期进行人口～]我が国では定期的に国勢調査を実施している/dìzhì ～[地质～]地質調査.

†**pǔjí 普及**[動]❶普及する.広くいきわたる.¶zhèi zhī gē yǐjing ～ quánguó[这支歌已经～全国]この歌はすでに全国的に知れ渡った.❷普及させる.大衆化させる.¶～ yìwù jiàoyù[～义务教育]義務教育を普及させる.[形]普及している.¶xiànzài diànshìjī yǐjing hěn ～ le[现在电视机已经很～了]現在テレビはすでにかなり普及している.

pūkè 扑克[名]〔fù 副〕トランプ.¶dǎ ～[打～]トランプをする/～pái[～牌]トランプのカード.

① jiānr 尖儿 ② gōur 钩儿 ③ quānr 圈儿

④ lǎo kèi 老K

①エース ②ジャック ③クィーン ④キング ⑤ハート ⑥ダイヤ ⑦クラブ ⑧スペード

pū∥miè 扑灭[動]撲滅する.消し去

る. ¶ ～ hàichóng［～害虫］害虫を撲滅する／dà huǒ hěn kuài bèi ～ le［大火很快被～了］火事は速やかに消された.

púrén 仆人［名］召使い.下僕.使用人.(昔の言葉.今はお手伝いさんのことは“保姆”bǎomǔや“阿姨”āyíと言う)

pǔshí 朴实［形］❶質素である.飾り気がない. ¶ sèdiào hěn ～［色调很～］色合いが落ち着いている.❷真面目である.実直である. ¶ tā xìnggé hěn ～［他性格很～］彼は性格が実直である.

*__pǔsù 朴素__［形］❶(色や様式が)派手でない.素朴である. ¶ yīfu ～ dàfang［衣服～大方］服が地味で上品だ.❷(生活が)質素である.つつましい. ¶ shēnghuó hěn ～［生活很～］生活がつましい.

†**pú·táo 葡萄**［名］〔kē 颗,lì 粒,chuàn 串〕〔植〕ブドウ.ブドウの果実.

pú·táotáng 葡萄糖［名］〔化〕ブドウ糖.

*__pǔtōng 普通__［形］一般的である.普通である. ¶ ～rén［～人］一般の人／zhǎngxiàng ～［长相～］容姿が十人並みだ.

†**pǔtōnghuà 普通话**［名］現代中国語の標準語.共通語. ¶ tā bú huì shuō ～［他不会说～］彼は共通語を話せない.➡ 類義語 Hànyǔ 汉语

pù·zi 铺子［名］店. ¶ gōngyuán pángbiān de xiǎo ～ mài de zǎodiǎn hěn hǎochī［公园旁边的小～卖的早点很好吃］公園近くの小さな店で売っている朝食はとても美味しい.

谜语 答えがＰで始まるなぞなぞ

胖子大娘,	Pàngzi dàniáng,	ふっくらおばさん,
背个大筐,	bēi ge dà kuāng,	大きなカゴをしょっている,
剪刀两把,	jiǎndāo liǎng bǎ,	ハサミが２つに,
筷子四双。	kuàizi sì shuāng.	はし４客.

(答えは414～415ページの中に)

Q,q

Q

☆qī 七[数]7.7つ.

qī 沏[動]熱湯を注ぐ.¶gěi kèren ～chá[给客人～茶]お客にお茶を入れる.

qī 柒[数]“七”の“大写”dàxiě(大字).注書き直しを防ぐために証書や契約書の数字の記載に用いる.

*qī 期[名]❶決められている日.期日.¶dìng～[定～]期日を決める.定期的／xiàn～[限～]期限を決める／guò～[过～]期限を越える.❷期間.¶jià～[假～]休暇／duǎn～[短～]短期.[量]定期的に行われる事物を数える.期.回.号.定期刊行物の刊数.¶zhè shì dì shí'èr ～《Rénmín Wénxué》[这是第十二～《人民文学》]これは第12期の『人民文学』誌だ／tāmen kāile sān ～ xuéxíbān[他们开了三～学习班]彼らは学習班を3回開いた.

†qī 漆[名]漆.¶～qì[～器]漆器.塗り物／yóu～[油～]ペンキ.[動]ペンキなどを塗る.¶tā zhèngzài ～ zhuōzi[他正在～桌子]彼はテーブルを塗っているところだ.

*qí 齐[形]❶(動作が)そろっている.整っている.¶háizimen páide hěn ～[孩子们排得很～]子供たちはきちんと並んでいる.❷全てそろっている.欠けていない.¶rén dōu lái～ le[人都来～了]人は皆そろった／gōngjù dōu zhǔnbèi～ le[工具都准备～了]道具は全部そろった.[動]❶…と同じ高さになる.¶～ yāo shēn de shuǐ[～腰深的水]腰の高さまで及ぶ水.❷1つにする.一致する.¶rénxīn ～,Tàishān yí[人心～，泰山移]人々が心を1つにすれば,泰山(山東省にある山の名)も動かすことができる.

†qí 其[代]それ.その.¶gè dé ～ suǒ[各得～所]成それぞれがふさわしい場を得る.適材適所／zì yuán ～ shuō[自圆～说]成自分で話のつじつまを合わせる.

☆qí 骑[動](またがって)乗る.¶～ mǎ[～马]馬に乗る／～ mótuōchē[～摩托车]バイクに乗る／～ chē[～车]

目で見る類義語 qí chē 骑车　shàng chē 上车　zuò chē 坐车　dāchē 搭车　chéng chē 乘车

►自転車やオートバイにまたがって乗るのが“骑车”qí chē.►車に乗り込む時,地面から車へと足をあげる,下から上への動作は“上车”shàng chē(車に乗る)という.►どうやって行くのかと聞かれて「車で」と答える時は“坐车”zuò chēを使う.この“坐”は「座る」という意味が薄れていて,バスで立ちっぱなしでも“坐车”という.►ヒッチハイクなど同じ方向に行く車に便乗することを“搭车”dāchēという.►日本語の「乗車」と同じく,中国語の“乘车”chéng chēもフォーマルな表現である.“上车”と“坐车”の両義を持ち,よくアナウンスなどで使われる.¶请大家排队乘车 qǐng dàjiā páiduì chéng chē(皆様お並びになってご乗車ください)

自転車に乗る.

†**qí 棋**[名]〔pán 盘,fú 幅〕将棋や碁など.¶xià～[下～]将棋を指す.碁を打つ/～pán[～盘]碁盤.将棋盤/～zǐ[～子]将棋の駒.碁石.

⁂**qǐ 起**[動]❶(座ったり横になったりしている状態から)起きる.起き上がる.¶zǎo shuì zǎo ～[早睡早～]早寝早起きする.❷元の位置から離れる.¶tā míngtiān ～shēn qù Běijīng[他明天～身去北京]彼は明日北京へ向かう.❸水疱・おできなどができる.¶xiàtiān, háizi róngyì ～ fèizi[夏天，孩子容易～痱子]夏には子供はあせもができやすい.❹取り除く.¶～ dīngzi[～钉子]くぎを抜き取る.❺起きる.生じる.¶～fēng le[～风了]風が吹いてきた/kàn,nàli yòu ～huǒ le[看，那里又～火了]ほら,あそこでまた火が出た.❻原稿などを書く.¶～ gǎozi[～稿子]原稿を書く.❼(建物などを)建てる.建造する.¶tā jiā xīn ～le sān jiān fáng[他家新～了三间房]彼の家は新しく3つ部屋のある家を建てた.❽("从"cóng,"由"yóuなどと共に用いて)起点を表す.¶bǎihuò shāngdiàn shí diǎn ～ kāishǐ yíngyè[百货商店十点～开始营业]デパートは10時から営業を始める.❾動詞の後ろに用いて,人や事物が動作につれ下から上に向かうことを表す.¶jǔ～ shítou[举～石头]石を持ちあげる.❿動詞の後ろに用いて,動作の開始や継続を表す.¶cóng nǎr shuō ～ ne?[从哪儿说～呢?]どこから話し始めよう/yuèduì zòu ～le guógē[乐队奏～了国歌]楽隊が国歌の演奏を始めた.⓫動詞+"得/不"de/bùの後に用いられ,ある能力の有無を表す.¶tài guì, wǒ mǎibu ～[太贵，我买不～]高くて私には買えない.

†**qì 气**[名]❶気体.¶méi～[煤～]ガス.❷空気.¶gěi zìxíngchē chētāi dǎ ～[给自行车车胎打～]自転車のタイヤに空気を入れる.❸(～儿)息.¶zhè rén méi ～r le[这人没～儿了]この人は息が絶えた/pǎode chuǎnbushàng ～ lai[跑得喘不上～来]走りすぎて息もつけないほどである.

*__qì 气__[動]❶怒る.¶tā ～de shuōbuchū huà lai[她～得说不出话来]彼女は怒りのあまり声も出なかった.❷怒らせる.¶Xiǎo-Wáng de xíngwéi zhēn ～rén[小王的行为真～人]王君の行為はまったく腹立たしい/nǐ bié ～ wǒ le![你别～我了!]私を怒らせるな.

qì 汽*[名]蒸気.水蒸気.

qiā 掐[動]❶摘む.つねる.押さえる.¶háizi ～le liǎng duǒ huā[孩子～了两朵花]子供が花を2輪摘み取った.❷(両手を使って)絞める.¶～ hóulóng[～喉咙]首を絞める.

qì 砌[動](れんがや石などを)積む.築く.¶～ qiáng[～墙](れんがなどを積んで)塀を築く.

qì 器*[名]器具.うつわ.¶cí～[瓷～]磁器.

†**qiàdàng 恰当**[形]適当である.妥当である.¶yòng cí ～[用词～]言葉の使い方が妥当だ.

qià dào hǎo chù 恰到好处成行動・話がちょうどよい程度である.¶tā shuōde bù duō,～[他说得不多，～]彼の話は長くなくて,ちょうどよい.

†**qiàhǎo 恰好**[副](時間・数量・場面などが)ちょうどよく.まさに.うまい具合に.¶wǒ gānggāng dào qìchēzhàn,～ qìchē jiù lái le[我刚刚到汽车站，～汽车就来了]私がバス停についたところに,ちょうどバスがやって来た.

⁂**qiān 千**[数]千.1000.

qiān 迁[動]引っ越しする.移転する.¶zhè yídài de jūmín dōu ～zǒu le[这一带的居民都～走了]このあたりの住民は皆引っ越した/dàxué ～daole jiāowài[大学～到了郊外]大学は郊外に移転した.

*__qiān 牵__[動]❶(人や家畜を)引く.¶dàjiā shǒu ～zhe shǒu zhànchéng yí ge quānzi[大家手～着手站成一个圈子]みんなは手をつないで輪になった.❷関係する.波及する.¶～lián[～连]巻き込む.

†**qiān 铅**[名]〔鉱〕鉛.

⁂**qián 前**[名]❶(空間的に)前.前方.↔ hòu 后 ¶chuāng～[窗～]窓の前.❷(順序の)前.先.↔ hòu 后 ¶zhèige xiàngmù de ～ sān míng dōu shì Měiguó xuǎnshǒu[这个项目的～三名都是美国选手]この種目の上位3名はすべてアメリカの選手だ.❸(時間的に)前.以前.↔ hòu 后 ¶wǔ nián ～[五年～]5年前.❹未来.将来.¶wǒmen yào xiàng ～ kàn[我们要向～看]我々は将来に目を向けなければならない.

☆**qián 钱**[名]〔bǐ 笔〕貨幣.お金.¶wǒ kǒudai li zhǐ yǒu yí kuài ～[我口袋里只有一块～]私はポケットの中に1元しか持っていない／jīntiān wǒ huāle yí dà bǐ ～[今天我花了一大笔～]今日私は多額の金を使った.

qián 潜* [動]❶(水中に)潜る.¶～yǒng[～泳]潜水／～rù hǎidǐ[～入海底]海底に潜る.❷潜む.隠れる.¶～cáng de fànrén[～藏的犯人]身を隠している犯人／tā yǐn xìng máimíng de ～táole jìn shíwǔ nián[她隐姓埋名地～逃了近十五年]彼女は名前を隠し15年近く逃亡していた.

☆**qiǎn 浅**[形]❶浅い.↔ shēn 深 ¶zhèi tiáo xiǎo hé shuǐ hěn ～[这条小河水很～]この小川は水深が浅い.❷(内容が)やさしい.平易である.¶zhèi běn shū nèiróng hěn ～[这本书内容很～]この本の内容はやさしい.❸(色が)薄い.¶tā chuānle yí jiàn ～lánsè liányīqún[她穿了一件～蓝色连衣裙]彼女は薄いブルーのワンピースを着ていた.

*__qiàn 欠__[動]❶借りがある.借金をする.¶～zhài[～债]借金をする／tā ～le yínháng yì bǐ qián[他～了银行一笔钱]彼は銀行から借金をしていた.❷欠ける.¶～ kǎolǜ[～考虑]配慮に欠ける.❸伸び上がる.つま先立つ.¶～zhe jiǎor cái néng nádao shūjià shang de shū[～着脚儿才能拿到书架上的书]つま先立ってようやく本棚の上の本を取ることができる／～ yíxià shēnzi[～一下身子]ちょっと腰を上げる.

qiàn 嵌[動]はめ込む.¶jièzhi shang ～le yì kē zuànshí[戒指上～了一颗钻石]指輪にはダイヤモンドがはめ込んである.

qiánbèi 前辈[名]先輩.先人.¶yīxué jiè de lǎo～[医学界的老～]医学界の大先輩／wǒmen yào xuéxí ～ de jīngyàn[我们要学习～的经验]我々は先人の経験に学ばなければならない.

●百科知識●

中国のお金

貨幣

中国の通貨は"人民币"rénmínbì「人民元」と呼ばれる.単位は"元"yuán,"角"jiǎo,"分"fēn の3種類で,1元＝10角＝100分である.

日常生活では"元"は"块"kuài といい,"角"は"毛"máo と言う."分"は"分"のままで変わらない.

貨幣は,"纸币"zhǐbì("钞票"chāopiào とも言う)「紙幣」と"硬币"yìngbì("金属货币"jīnshǔ huòbì, "钢镚儿"gāngbèngr とも言う)「硬貨」の2種類がある.

紙幣には,100元,50元,20元,10元,5元,2元,1元,5角,2角,1角,5分,2分,1分の13種類がある.

100元札は"四位领袖"sì wèi lǐngxiù「4人の指導者」ともよばれる.右から"毛泽东"Máo Zédōng「毛沢東」,"周恩来" Zhōu Ēnlái「周恩来」,"刘少奇"Liú Shàoqí「劉少奇」,"朱德" Zhū Dé「朱徳」の中国革命の指導者の横顔が描かれているからである.左側に,毛沢東の顔の"水印儿"shuǐyìnr「すかし」が入っている.

1999年に新しい100元札が発行された.新札では毛沢東1人の肖像だけになっている.

他の紙幣には,労働者,農民,知識人,少数民族や乗り物が描かれている.

硬貨には,1元,5角,1角,5分,2分,1分の6種類がある.

☆qiānbǐ 铅笔[名]〔zhī 支,zhī 枝〕鉛筆. ¶ ～hé[～盒]筆箱.ペンケース／zìdòng ～[自动～]シャープペンシル.

☆qián·bian 前边[名](～儿)(空間的に)前.前方. ¶ Xiǎo-Lǐ zuòzai wǒ de ～[小李坐在我的～]李さんは私の前に座っている.

qiānchě 牵扯[動]関係する.関わりを有する.迷惑を与える.影響を及ぼす. ¶ zhèige chǒuwén bǎ tā yě ～jìnqu le[这个丑闻把他也～进去了]このスキャンダルは彼にも波及した／bù gāi ～ biéren[不该～别人]他人をまきぞえにしてはいけない.

qiánchéng 前程[名]将来.前途. ¶ tā cōngmíng hàoxué,jiānglái yídìng ～ yuǎndà[他聪明好学，将来一定～远大]彼は頭もよく勉強好きなので,将来はきっと前途有望だ.

*qiāndìng 签订[動]調印する.締結する. ¶ ～ hétong[～合同]契約を交わす.

qiānfā 签发[動](署名捺印した公文書などを正式に)発行する. ¶ ～ hùzhào[～护照]パスポートを発行する.

†qiánfāng 前方[名]❶前.前方. ¶ ～ láile yí liàng qìchē[～来了一辆汽车]前方から車がやって来た.❷前線. ¶ shǒuwèi ～[守卫～]前線を守る.

†qiān fāng bǎi jì 千方百计㊜あれこれ方策を講じる.あらゆる手を尽くす. ¶ wǒmen yào ～ wǎnjiù zhèixiē shīzú de qīngnián[我们要～挽救这些失足的青年]あらゆる手を尽くして非行に走った若者を救わなければならない.

qiánfú 潜伏[動]隠れる.潜伏する. ¶ diànnǎo ～zhe bìngdú qīnrù de wēixiǎn[电脑～着病毒侵入的危险]コンピュータにはウィルス侵入の危険が潜んでいる.

qián fù hòu jì 前赴后继㊜前の者が進めば,後の者もこれに続いて進む.勇往邁進(ゆうおうまいしん).

*qiāng 枪[名]〔zhī 支,zhī 枝,gān 杆,tiáo 条〕❶槍. ¶ biāo～[标～]槍投げ用の槍.❷銃. ¶ shǒu～[手～]ピストル／～kǒu[～口]銃口／qì～[气～]空気銃.

qiāng 腔[名](～儿)*❶身体の内部の空洞部分. ¶ kǒu～[口～]口腔(こうこう)／xiōng～[胸～]胸腔(きょうこう).❷話.言葉. ¶ kāi～[开～]話をする／dā～[答～]受け答える.❸音楽

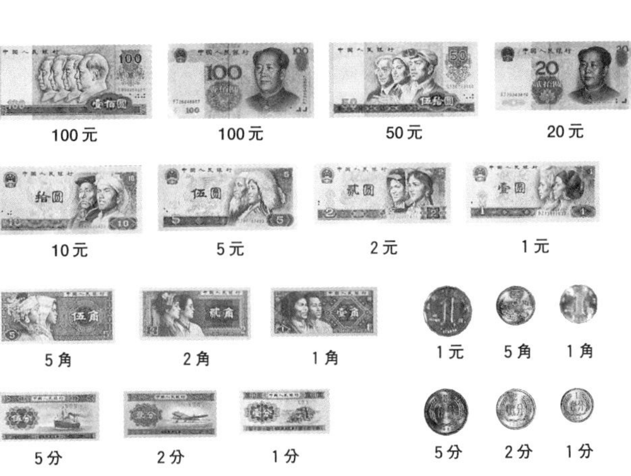
100元　100元　50元　20元
10元　5元　2元　1元
5角　2角　1角　1元　5角　1角
5分　2分　1分　5分　2分　1分

の調子. ¶tā yí chàng gē jiù zǒu～[他一唱歌就走～]彼は歌うとすぐ調子っぱずれになる.❹言葉のなまり. ¶jīng～[京～]北京なまり/xuésheng～[学生～]学生口調.

Q

*qiáng 强[形]❶力が強い.能力が高い.↔ ruò 弱 ¶Rìběn shì jīngjì ～guó[日本是经济～国]日本は経済強国だ/gōngzuò nénglì ～[工作能力～]実務能力が高い.❷意思が強い.信念が固い. ¶tā hěn yào～[她很要～]彼女は負けず嫌いだ/gōngzuò zérènxīn hěn ～[工作责任心很～]仕事への責任感が強い.❸まさっている.優れている.(比較の形で用いられることが多い) ¶tā de chéngjì bǐ wǒ ～duō le[他的成绩比我～多了]彼の成績は私に比べてずっとよい.

⁑qiáng 墙[名]〔dǔ 堵,dào 道〕塀.壁.囲い. ¶yuàn～[院～]庭囲い/chéng～[城～]城壁/～bào[～报]壁新聞/～zhǐ[～纸]壁紙.

*qiǎng 抢[動]❶奪う.横取りする. ¶qiángdào bǎ wǒ de bāo ～zǒu le[强盗把我的包～走了]強盗は私のバッグを奪って行った.❷先を争う. ¶～zhe bàomíng[～着报名]先を争って申し込む/dàjiā ～zhe gànhuór[大家～着干活儿]皆率先して働く.❸急いで行う. ¶～ shíjiān gē màizi[～时间割麦子]急いでムギを刈る.

qiāngbì 枪毙[動]銃殺する.銃殺刑に処する.(戦場で銃で人を殺す時は"枪毙"とは言わず"击毙"jībìと言う) ¶～ fànrén[～犯人]犯人を銃殺する.

†qiángbì 墙壁[名]塀.壁.囲い. ¶yòng yóuqī fěnshuā ～[用油漆粉刷～]ペンキで壁を塗装する.

*qiángdà 强大[形]強大である.強力である. ¶tāmen gōngsī de jìshù lìliang hěn ～[他们公司的技术力量很～]彼らの会社の技術力はとてもすぐれている.

†qiángdào 强盗[名]強盗.略奪者. ¶shānshang chángcháng yǒu ～[山上常常有～]山にはよく山賊が出る.

*qiángdiào 强调[動]強調する. ¶zhèngfǔ ～ yào yōuxiān fāzhǎn nóngyè[政府～要优先发展农业]政府は,農業を優先的に発展させることを強調した.

†qiángdù 强度[名]❶(光・音・電流などの)強度.強さ. ¶zhèige jiàoshì de guāngxiàn ～ búgòu[这个教室的光线～不够]この教室の照明の強さは不十分だ/yīnxiǎng ～[音响～]音の強度.❷(物体の外力に対する)対抗力.耐久力. ¶kàngzhèn ～[抗震～]耐震強度/fánghóng ～[防洪～]水防強度.

qiǎnggòu 抢购[動]先を争って買う. ¶tīngshuō jīntiān hěn duō rén qù ～ dàmǐ le[听说今天很多人去～大米了]今日はたくさんの人が我先にと米を買いに走ったそうだ.

qiánghuà 强化[動]強化する.強める. ¶～ zhì'ān guǎnlǐ[～治安管理]治安管理を強化する.

qiǎngjié 抢劫[動]強奪する.略奪する. ¶～ yínháng[～银行]銀行強盗をはたらく.

qiǎngjiù 抢救[動]応急手当をする. ¶～ bìngrén[～病人]病人に応急手当を施す.

*qiángliè 强烈[形]❶(光線や色彩,感情などが)強烈である.激しい.強い. ¶tàiyángguāng hěn ～[太阳光很～]太陽の光が強烈である/～ de zēngwùgǎn[～的憎恶感]激しい憎悪感.❷鮮明である.程度が高い. ¶～ de duìzhào[～的对照]鮮明な対照.

†qiǎngpò 强迫[動]強いる.強制する. ¶～ tā jiēshòu mìnglìng[～他接受命令]彼に命令を受け入れるよう強制する.

qiángshèng 强盛[形]勢いが盛んである.強大な. ¶～ de zǔguó[～的祖国]強大な祖国.

qiāngzhàn 枪战[名]銃撃戦. ¶shuāngfāng zhǎnkāile jīliè de ～[双方展开了激烈的～]双方は激しい銃撃戦を繰り広げた.

qiángzhì 强制[動]強制する. ¶fá kuǎn ～[罚款～]強制的に罰金を科す.

†qiánhòu 前后[名]❶(ある時間の)前後.…の頃. ¶Xiǎo -Míng dàyuē zài Chūnjié ～ huíguó[小明大约在春节

～回国]明さんはおそらく旧正月の頃に帰国するだろう.❷始めから終わりまで(の時間).¶diànshìtǎ cóng kāigōng dào jiànchéng,～ zhǐ yòngle liǎng nián[电视塔从开工到建成，～只用了两年]テレビ塔は着工から完成まで全部でたった2年しかかからなかった.❸(空間の)前と後ろ.¶shān de ～ dōu shì xiágǔ[山的～都是峡谷]山の前後はいずれも峡谷だ.➡類義語 zuǒyòu 左右

*qiánjìn **前进**[動]前進する.発展する.↔ hòutuì 后退 ¶wǒmen yào kèfú kùnnan,búduàn ～[我们要克服困难，不断～]我々は困難を克服し,絶えず前進しなければならない.

qiánjǐng 前景[名]見通し.先行き.¶jiàoyù de xiànzhuàng hé ～[教育的现状和～]教育の現状と見通し.

qiānjiù 迁就[動]大目にみる.妥協する.¶hùxiāng ～[互相～]お互いに歩み寄る／māma lǎo shì ～ háizi[妈妈老是～孩子]母親は子供に甘くなりがちだ.

qiān jūn wàn mǎ 千军万马成兵馬の数が多いこと.¶～ zhī shì[～之势]勢いの盛んなさま.

†**qiānkè 千克**[量]キログラム.普通は"公斤"gōngjīnを用いる.

qiánlì 潜力[名]潜在力.¶Zhōng Měi liǎng guó zài jīngmào hézuò fāngmiàn yǒu hěn dà de ～[中美两国在经贸合作方面有很大的～]中国·アメリカ両国は経済貿易提携において大きな潜在力を持っている.

qiánliè 前列[名]前列.先頭.¶jǔ qí de rén zǒuzai duìwu ～[举旗的人走在队伍～]旗手は隊列の先頭を歩いている.

*qián·mian **前面**[名](～儿)❶(空間的に)前.前方.¶hú de ～ yǒu yí piàn sēnlín[湖的～有一片森林]湖の前方は森だ.❷(順序の)前.先.(話や文章の)前.これまで.¶guānyú zhèige wèntí wǒ ～ yǐjing jiǎngguo le[关于这个问题我～已经讲过了]この問題について,私はすでに前で述べている.

†**qiān//míng 签名**[動]署名する.サインする.¶qǐng zài zhèr qiān yíxià míng[请在这儿签一下名]ここにサインをしてください／qīnbǐ ～[亲笔～]直筆で署名する.

*qiánnián **前年**[名]一昨年.おととし.¶tā ～ shēngle yí ge nǚháir[她～生了一个女孩儿]彼女はおととし女の子を生んだ.

qiānniúhuā 牵牛花[名]〔植〕アサガオ.

qiánqī 前期[名]前期.¶～ gōngzuò yǐjing wánchéng[～工作已经完成]前期作業はすでに完成した.

qiánrén 前人[名]先人.古人.¶～ zāi shù,hòurén chéngliáng[～栽树，后人乘凉]成先人が木を植え,後人が涼をとる.先人のおかげで後世の者が幸福を得ることができるたとえ.

qiānshè 牵涉[動]関連する.関与する.¶zhèige ànzi ～dao yìxiē guānyuán[这个案子～到一些官员]この事件は一部の政府の役人も関与している.

qiānshǔ 签署[動](重要書類に)調印する.¶～ xiéyìshū[～协议书]合意書に調印する.

qiánshuǐ 潜水[動]潜水する.水に潜る.¶～ yùndòng[～运动]スキューバダイビング／～yuán[～员]ダイバー／～tǐng[～艇]潜水艇.

qián suǒ wèi yǒu 前所未有成いまだかつてない.¶～ de gōngchéng[～的工程]未曽有(みぞう)のプロジェクト.

qiántí 前提[名]前提.前提条件.¶chénggōng de ～ shì kèkǔ、nǔlì[成功的～是刻苦、努力]成功の前提条件は骨身を惜しまず努力をすることである.

*qiántiān **前天**[名]一昨日.おととい.¶～ xiàle yì cháng dàyǔ[～下了一场大雨]おととい大雨が降った.

†**qián·tou 前头**[名]❶(空間の)前.前方.¶shātān de ～ shì dàhǎi[沙滩的～是大海]砂浜の前は大海だ.❷(順序の)前.これまで.

*qiántú **前途**[名]前途.将来.¶～ yuǎndà[～远大]前途洋々である.

qiānwǎ 千瓦[量]〔電〕電力の単位.

キロワット.

*qiānwàn 千万[副]是非とも.どんなことがあっても.きっと.¶～ búyào wàngjì[～不要忘记]絶対に忘れてはいけない.

qiān～wàn～ 千～万～ 呼 数え切れないほど多いさまを表す.(同一或いは近い意味の単音節の名詞・動詞・形容詞を前後に置く)¶háizi déjiù le,háizi de fùmǔ duì yīshēng qiān ēn wàn xiè[孩子得救了，孩子的父母对医生千恩万谢]子供の命が助かったので,両親は医師に深く深く感謝した／nèixiē jiànzhùwù sìhū shì cóng shìjiè gèdì cǎijílai de zhēnqí,qiān xíng wàn sè,cóng bù chóngfù[那些建筑物似乎是从世界各地采集来的珍奇，千形万色，从不重复]その建築物はまるで世界各地から珍しいものを集めたかのように,色や形に富み,一つとして同じものがない.

qiánwǎng 前往[動](…へ)行く.赴く.¶dàibiǎotuán ～ Tàiguó jìnxíng yǒuhǎo fǎngwèn[代表团～泰国进行友好访问]代表団はタイに赴き,友好訪問を行う.

qiánxī 前夕[名]ある事が起こる直前.¶Guóqìngjié ～ xuéxiào zǔzhī xuésheng kāile qìngzhù dàhuì[国庆节～学校组织学生开了庆祝大会]国慶節の前に学校側は学生を集めて祝賀大会を開いた.

qiánxiàn 前线[名]前線.↔ hòufāng 后方 ¶～ chuánlaile jiébào[～传来了捷报]前線から勝利の知らせが伝わってきた.

†qiānxū 谦虚[形]謙虚である.↔ jiāo'ào 骄傲 ¶～ de tàidu[～的态度]謙虚な態度／nǐ yào ～ yìdiǎnr[你要～一点儿]少し謙虚にしなさい.

qiānxùn 谦逊[形]謙虚である.へりくだっている.¶tā dàirén zǒngshì fēicháng ～[他待人总是非常～]彼はいつも大変謙虚に人と接する.

†qiànyì 歉意[名]遺憾の意.¶biǎoshì ～[表示～]遺憾の意を表す.

qiānyǐn 牵引[動](機械や家畜が車や農具を)引く.牽引する.¶jīchē ～ lièchē xíngshǐ[机车～列车行驶]機関車は列車を牽引して進む.

qiān//yuē 签约[動](条約・契約書に)署名する.¶wǒmen gōngsī yǐjing hé tāmen ～ le[我们公司已经和他们～了]我が社はすでに彼らと契約を結んだ.

qiǎnzé 谴责[動]譴責(けんせき)する.非難する.¶tā de xíngwéi shòudaole dàjiā de ～[他的行为受到了大家的～]彼の行動は皆から非難された.

†qiānzhèng 签证[名]ビザ.¶～ dào qī le[～到期了]ビザが切れた／bàn ～[办～]ビザの手続きをする／～ hái méi xiàlai ne[～还没下来呢]ビザはまだ下りていないんだ.

qiānzhì 牵制[動]牽制する.¶～ duìfāng de xíngdòng[～对方的行动]相手方の動きを牽制する.

†qiān//zì 签字[動]署名する.サインする.¶qīnshǔ qiānle zì,yīyuàn cái néng dòng shǒushù[亲属签了字，医院才能动手术]親族がサインして,病院は初めて手術できる.

qián·zi 钳子[名]ペンチ.やっとこ.ピンセット.¶yòng ～ jiā dīngzi[用～夹钉子]ペンチでくぎをはさむ.

*qiāo 敲[動]❶(音を出すように物体の表面を)たたく.¶～ mén[～门]ノックする.❷ゆする.¶～ zhúgàng[～竹杠](人の弱みにつけこんで)ゆする／～zhà[～诈]恐喝する.➡ 見る類 p.411

qiāo 锹[名]〔bǎ 把〕スコップ.シャベル.¶tiě～[铁～]スコップ.シャベル.

**qiáo 桥[名]〔zuò 座〕橋.(多く特定の橋または具体的な橋をさす.橋の総称は"桥梁"qiáoliángを用いる)¶shí～[石～]石橋／diào～[吊～]つり橋／tiān～[天～]歩道橋.

*qiáo 瞧[動]〈口〉見る.¶kuài ～～, yǒu rén lái le[快～～，有人来了]早く見てごらん,誰か来たよ.

類義語 qiáo 瞧 dīng 盯
wàng 望 kàn 看

▶いずれも「見る」."瞧"は話し言葉で短時間の動作に用いる.¶瞧了一眼 qiáole yì yǎn(ちらっと見る)▶

“盯”は一点をじっと見つめる.¶他上课眼睛总是盯着老师 tā shàngkè yǎnjing zǒng shì dīngzhe lǎoshī(彼は授業中いつも先生をじっと見つめている) ►“望”は遠くを見る.気持ちを込めて見る.¶登高远望 dēnggāo yuǎnwàng(高みに登り遠くを眺める) ►“看”は広く「見る」動作をさす.¶看电影 kàn diànyǐng(映画を見る)

*qiǎo 巧[形]❶(手が)器用である.(口が)うまい.↔ bèn 笨 ¶shǒu～[手～]手先が器用である.❷ちょうどよい.折よく.¶nǐ láide zhēn ～[你来得真～]ちょうどいいところへ来た.*❸うわべだけである.実がない.¶huā yán ～ yǔ[花言～语]㊔甘言.巧言/～ yán lìng sè[～言令色]㊔巧言令色.

†qiào 翘[動](片方が)上に上がる.そる.はねる.¶zhèibiān tài zhòng le, nèibiān ～qilai le[这边太重了，那边～起来了]こちら側が重すぎて,あちら側が上に上がった/～qi dàmǔzhǐ[～起大拇指]親指をピンと立てる.(称賛する時のしぐさ)

qiáobāo 侨胞[名]海外に居留する同胞.¶hǎiwài ～[海外～]海外同胞.

*qiáoliáng 桥梁[名]❶橋.橋梁.(橋の総称)¶～ shèjìshī[～设计师]橋梁デザイナー.❷〈喩〉橋渡し.架橋.¶yǔyán shì bùtóng wénhuà zhī jiān de ～[语言是不同文化之间的～]言葉は異文化間の架橋である.

*qiǎomiào 巧妙[形]巧妙である.¶～ de jìcè[～的计策]巧妙な策略.

*qiāoqiāo 悄悄[副](～儿)ひっそりと.こっそりと.¶tā ～ de zǒu le[他～地走了]彼はこっそり出ていった.

qiáozhuāng 乔装[動]変装する.なりすます.¶tā ～chéng yí wèi lǎo fūrén[她～成一位老妇人]彼女は老婦人になりすました.

†qiàqià 恰恰[副]ちょうど.まさに.¶shìshí yǔ wǒ xiǎngxiàng de ～ xiāngfǎn[事实与我想像的～相反]事実は私の想像とはまさに正反対だった.

†qiàqiǎo 恰巧[副]折よく.ちょうど.まさに.㊟時間・条件などについていう.¶wǒmen zhèng yào qù zhǎo Lǎo-Lǐ,～ tā jiù lái le[我们正要去找老李，～他就来了]我々が李さんを訪ねに行こうとしたとき,ちょうど彼がやってきた.

qià rú qí fèn 恰如其分㊔ちょうど適当である.¶zhèige bǐyù zhēn shì～[这个比喻真是～]そのたとえは,まさにぴったりだ.

†qiàtán 洽谈[動]〈書〉相談する.交渉する.¶～ shēngyi[～生意]取り引きの交渉をする.商談する.

qī～bā～ 七～八～㊋物事が多く,雑然としているさまを表す.(同一または意味の近い単音節の名詞・動詞・形容詞を前後に置く)¶zhàopiàn bèihòu shì qī niǔ bā wāi de értóng zìtǐ “sònggěi bàba”[照片背后是七扭八歪的儿童字体“送给爸爸”]写真の裏に,曲がりくねった子供の字で「お父さんへ」と書いてある.

qǐbù 岂不㊐〈書〉…ではないだろうか.(反語を表す)¶zhèyàng zuò,～ ràng rén xiàohua?[这样做，～让人笑话?]こんなふうにしたら笑いものになるのではないか.

qǐbù 起步[動]始める.スタートする.¶nǐ ～ jiù bǐ biéren wǎn,zài bù nǔlì,jiù gèng gǎnbushàng le[你～就比别人晚，再不努力，就更赶不上了]君は始めるのが人より遅かったのだから,努力しなければ一層追いつかなくなるぞ.

†qìcái 器材[名]器材.¶zhèi jiā shāngdiàn jīngyíng zhàoxiàng ～[这家商店经营照相～]この店は撮影器材を扱っている.

qīcǎn 凄惨[形]むごたらしい.悲惨である.¶yǐqián,tāmen de shēnghuó shífēn ～[以前，她们的生活十分～]以前,彼女たちの生活はとても悲惨なものだった.

qǐ∥cǎo 起草[動]起草する.¶～ jìhuà[～计划]計画書の原稿を書く.

☆qìchē 汽车[名]〔liàng 辆〕自動車.¶kāi ～[开～]自動車を運転する.

qǐchéng 启程[動]〈書〉出発する.旅に出る.¶wǒ míngtiān zǎochen ～[我明天早晨～]私は明日の朝出発する.

†qǐchū 起初[名]初め.最初.¶tā ～

bù tóngyì zhèige yìjiàn[他～不同意这个意见]彼は当初この意見に賛成ではなかった.

†**qìchuán 汽船**[名]〔zhī 只,sōu 艘〕蒸気船.

qìchuǎn 气喘[動]あえぐ.息を切らす.¶Xiǎo-Míng ～xūxū de pǎolehuilai[小明～吁吁地跑了回来]明君は息を切らせて走って戻ってきた.

☆**qǐ//chuáng 起床**[動]起床する.¶māma měitiān zǎoshang jiào wǒ ～[妈妈每天早上叫我～]お母さんが毎朝私を起こしてくれる／tā měitiān qǐle chuáng jiù qù pǎobù[他每天起了床就去跑步]彼は毎日起きるとすぐジョギングをしに行く.

*__qícì 其次__[名]❶その次.2番目.¶Lǎo-Liú xiān fāyán,～ shì Xiǎo-Lǐ[老刘先发言，～是小李]劉さんがまず発言して,次に李君だ.❷二の次.¶nèiróng shì zhǔyào de,xíngshì hái zài ～[内容是主要的，形式还在～]内容が第一,形式は二の次だ.

qīdài 期待[動]期待する.待ち望む.¶wǒ ～zhe qíjì de chūxiàn[我～着奇迹的出现]私は奇跡が起こるのを期待していた.

qǐdiǎn 起点[名]出発点.起点.¶Běijīng mǎlāsōng bǐsài de ～ shì Tiān'ānmén Guǎngchǎng[北京马拉松比赛的～是天安门广场]北京マラソンのスタート地点は天安門広場だ.

qǐdòng 启动[動](機械・計器などが)動き始める.起動する.¶diànnǎo gāng ～,zài děng yíhuìr[电脑刚～，再等一会儿]コンピュータの電源を入れたところですから,もう少しお待ちください.

*__qiē 切__[動]刃物で切る.¶～ xīguā[～西瓜]スイカを切る.➡見る類 p.337

*__qiě 且__[副]しばらく.ひとまず.¶wǒmen ～ tīngting tā shuō shénme,ránhòu zài shuō wǒmen de kànfǎ[我们～听听他说什么，然后再说我们的看法]ひとまず彼の話を聞いてから,我々の考えを話そう.[接]〈書〉❶…でさえ.…ですら.¶nǐ ～ rúcǐ,hékuàng biéren[你～如此，何况别人]あなたでさえこうなのだからほかの人なら言うまでもない.❷その上.しかも.¶zhè gǔ shù jì gāo ～ dà[这古树既高～大]この古木は高くて,しかも大きい.

qièqǔ 窃取[動]盗み取る.横取りする.(比喩として用いられることが多い)¶～ biéren de láodòng guǒshí[～别人的劳动果实]他人の労働成果を横取りする.

qièshēn 切身[形]切実である.¶zhè shì wǒ de ～ tǐhuì[这是我的～体会]これは私の切実な体験である.

†**qièshí 切实**[形]現実的である.実情に即している.¶zhèige fāng'àn ～ kě xíng[这个方案～可行]この案は現実に即したものであり実行できる.

qiètīng 窃听[動]盗聴する.盗み聞きする.¶huìyì yánfáng ～[会议严防～]会議の盗聴防止を厳重に行う.

qié·zi 茄子[名]〔植〕ナス.

*__qǐfā 启发__[動]啓発する.導く.¶lǎoshī zhèngzài ～ xuéshengmen huídá wèntí[老师正在～学生们回答问题]先生は学生が問題に答えるように導いている／jǐyǔ ～[给予～]示唆を与える.

†**qǐfēi 起飞**[動](飛行機が)離陸する.飛び立つ.¶fēijī ～ le[飞机～了]飛行機が飛び立った.

†**qìfēn 气氛**[名]雰囲気.ムード.¶dàhuì de ～ yánsù ér yòu rèliè[大会的～严肃而又热烈]大会の雰囲気は厳粛かつ熱烈だ.

†**qìfèn 气愤**[形]憤慨している.腹立たしい.¶tīngle zhèi jiàn shì,tā fēicháng ～[听了这件事，他非常～]これを聞いて彼はたいそう腹を立てた／tā ～de shuōbuchū yí jù huà lai[他～得说不出一句话来]彼は立腹のあまり,一言も発せなかった.

†**qī·fu 欺负**[動]しいたげる.いじめる.侮る.¶tā bǎ dìdi ～kū le[他把弟弟～哭了]彼は弟をいじめて泣かせた.

qǐfú 起伏[動]起伏する.¶dìshì ～[地势～]地勢に起伏がある／bìngshì ～ bú dìng[病势～不定](少しよくなったかと思うとまた悪くなってしまうように)病勢が変動して安定しない.

†**qìgài 气概**[名]気概.気骨.¶～ bù fán[～不凡]気概が並はずれている.

qìgōng 气功[名]気功.¶liàn ～[练～]気功をする.

★**qíguài 奇怪**[形]❶変わっている.奇妙である.¶tā jīntiān de dǎban hěn ～[她今天的打扮很～]彼女の今日の装いはとても奇抜だ.❷不思議である.納得できない.¶zhēn ～,wǒ zěnme huì zài zhèr?[真～，我怎么会在这儿?]変だなぁ,私はどうしてここにいるのだろう.

†**qìguān 器官**[名]〔生理〕器官.¶xiāohuà ～[消化～]消化器官.

qíhào 旗号[名]〈喩〉旗印.もともとは軍や将軍の名を記した旗のこと.転じて,比喩的に名目・名分などをいう.多くは悪い意味で用いる.¶zhèixiē jiāhuo dǎzhe gèzhǒng héfǎ de ～,gànzhe bùkě gào rén de gòudàng[这些家伙打着各种合法的～，干着不可告人的勾当]こいつらはさまざまの合法的な名目で,人に言えないような事をしている.

qīhēi 漆黑[形]漆のように黒い.真っ黒である.¶dēng yì guān,wūzi li biànde ～ yì tuán[灯一关,屋子里变得～一团]明かりを消すと,室内は真っ暗闇だ.

qǐ∥hòng 起哄[動]❶大勢の人が騒ぐ.¶～ nàoshì[～闹事]大勢で騒いで問題を起こす.❷野次る.冷やかす.¶táixia yì yǒu rén ～,tā jiù fāhuāng[台下一有人～，他就发慌]壇の下で野次る人がいると,彼はすぐにうろたえてしまう.

★**qìhòu 气候**[名]気候.天候.¶jīnnián de ～ hěn fǎncháng[今年的～很反常]今年の天候はとても異常だ.❷〈喩〉情勢.動向.¶zhèngzhì ～[政治～]政治の動向.❸〈喩〉成果.¶chéngbuliǎo ～[成不了～]成果を出せない.➡ 類義語 tiānqì 天气

qí huā yì cǎo 奇花异草成 珍しい花や草.

†**qíjì 奇迹**[名]奇跡.¶chuàngzào ～[创造～]奇跡を生み出す.

★**qījiān 期间**[名]期間.¶nóngmáng ～[农忙～]農繁期.

qíjiān 其间[名]その中.その間.¶qù Měiguó liúxué wǔ nián,～ zhǐ huíguo yí cì Shànghǎi[去美国留学五年，～只回过一次上海]アメリカに留学していた5年間上海には1度しか帰らなかった.

qǐjìn 起劲[形](～儿)張り切っている.力が入っている.¶tā xué Zhōngwén xuéde hěn ～[他学中文学得很～]彼は中国語の勉強に打ち込んでいる.

qìjīn 迄今[副]今まで.¶～ wéizhǐ hái méiyou rén néng zuòdao zhè yì diǎn ne[～为止还没有人能做到这一点呢]今までのところ,まだここまでやりおおせた人はいない.

qìjù 器具[名]用具.¶nóng ～[农～]農機具.

qīkān 期刊[名]週刊・月刊・季刊など定期的に出版する刊行物.

☆**qǐ∥•lái 起来**[動]❶立ち上がる.起き上がる.¶nǐ bié lǎoshì tǎngzhe,～ huódònghuódòng[你别老是躺着，～活动活动]ごろごろしてばかりいないで,起きてちょっと動きなさい.❷起きる.起床する.¶dōu shí diǎn le,nǐ zěnme hái bù ～?[都十点了,你怎么还不～?]もう10時なのにどうしてまだ起きないの?❸(積極的な行動に向けて)立ち上がる.¶qúnzhòng ～ le[群众～了]民衆は立ち上がった.

☆**∥•qǐ∥•lái 起来**[動]❶動詞の後ろに用いて,上に向かって動作が行われることを表す.¶tā zhàn～,gěi lǎorén ràngzuò[他站～，给老人让坐]彼は立ち上がって,老人に席を譲った.❷動詞・形容詞の後ろに用いて,動作が開始後継続していることを表す.❸動詞の後ろに用いて,動作の完成,あるいは目的を達成したことを表す.¶dàjiā jízhōng～ le[大家集中～了]みんな一ヵ所に集まった/xiǎngbu～[想不～]思い出せない.❹形容詞の後ろに用いて,状態が始まり,さらに程度が深まることを表す.¶tiānqì rè～ le[天气热～了]暑くなってきた/tā yì chīwán fàn jiù huàqǐ huàr lai le[他一吃完饭就画起画儿来了]彼は食事を済ませるとすぐ絵を描きはじめた.

qìlì 气力[名]力.気力.体力.¶yòngjìn ～[用尽～]気力を使い果たす.

qīliáng 凄凉[形]❶(情景が)もの寂

しい.¶～ de jǐngsè[～的景色]もの寂しい景色.❷もの悲しい.痛ましい.¶wǎnjìng ～[晩境～]晩年がうら悲しい.

Q

qìliú 气流[名]〔気〕気流.

qǐmǎ 起码[形]最低限である.最小である.¶zhè shì zuì ～ de tiáojiàn[这是最～的条件]これは最低限の条件だ／～ yào yí ge yuè[～要一个月]少なくとも1ヵ月は必要だ.

qímiào 奇妙[形](珍しくて)興味深い.目新しく不思議である.¶hǎidǐ shìjiè hěn ～[海底世界很～]海底の世界はとても不思議だ.

qīn 亲[形]*❶血のつながりのある.実の.¶tā shì wǒ de ～jiějie[她是我的～姐姐]彼女は私の実の姉だ.❷仲のよい.親しい.¶nǚ'ér hé māma hěn ～[女儿和妈妈很～]娘と母親はとても仲がよい.[動]頬ずりする.口づけする.¶tā qīngqīng de ～le tā yíxià[他轻轻地～了她一下]彼は彼女に軽く口づけした.

†**qín 琴**[名]❶古琴.❷オルガン・ピアノ・バイオリン・ハーモニカなどの楽器の総称.¶gāng～[钢～]ピアノ／fēng～[风～]オルガン／xiǎotí～[小提～]バイオリン.

qín 琴❶

qín 勤[形]❶まめである.¶tā shǒu hěn ～[她手很～]彼女は手まめだ.❷しょっちゅう…する.頻繁である.¶xiàtiān yào ～ xǐzǎo[夏天要～洗澡]夏はまめに風呂に入るべきだ.

*__qīn'ài 亲爱__[形]親愛な.¶māma shì wǒ zuì ～ de rén[妈妈是我最～的人]母は私の最も親愛なる人だ.

qīnbǐ 亲笔[名]直筆.自筆.¶zhè jǐ ge zì shì tā de ～[这几个字是他的～]この文字は彼の直筆だ.[副]直筆で.自らの手で.(書く・描く)¶zhèi fú duìlián shì tā ～ xiě de[这幅对联是他～写的]この対聯(ついれん)は彼自身の手で書かれたものだ.

文法　兼語文

兼語文とは,前半の「動詞＋目的語」構造と後半の「主語＋述語」構造が重なり合って述語を形成している文である.たとえば,“我叫他去”wǒ jiào tā qù(私は彼を行かせる)において“他”は前半“我叫他”(私は彼に言いつけてさせる)の目的語であり,後半“他去”(彼は行く)の主語である.

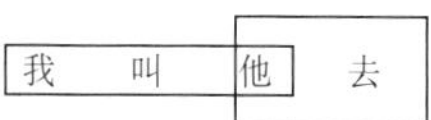

このように1つの語が2つの役割をしていることから「兼語文」と呼ばれる.兼語文には次の3つのタイプがある.

1 **兼語文のタイプ**

1)使役を表すタイプ

1つめの動詞に“叫”jiào,“让”ràng,“使”shǐ(～に…させる),“请”qǐng(～に頼んで…してもらう),“派”pài(～を派遣して…させる)などを用いる.

➡ 文法 使役文 p.300

¶他叫我去买东西。 Tā jiào wǒ qù mǎi dōngxi.(彼は私を買い物に行かせた)

¶让我用一下，好吗？ Ràng wǒ yòng yíxià,hǎo ma?(ちょっと使わせていただけますか)

¶他们的服务态度使我很满意。Tāmen de fúwù tàidu shǐ wǒ hěn mǎnyì.(彼らのサービスは私を満足させた)

¶公司派他来中国。 Gōngsī pài tā lái Zhōngguó.(会社は彼を中国に派遣した)

qíncài 芹菜[名]〔植〕中国セロリ.キンサイ.¶jīntiān wǎnshang chī chǎo ～[今天晚上吃炒～]今晩は中国セロリの炒め物を食べる／yáng～[洋～]セロリ.

†**qīnfàn 侵犯**[動]❶(人の権利を)侵す.侵害する.¶～le wǒ de lìyì[～了我的利益]私の利益を侵害した.❷(領土を)侵す.侵犯する.¶～ lǐngtǔ[～领土]領土を侵す.

qínfèn 勤奋[形]勤勉である.¶Xiǎo-Gāng hěn ～[小刚很～]剛さんは勤勉だ.

*__qīng 青__[形]青い.緑色である.注現代の話し言葉では普通青い色には"蓝"lánを用いる.¶tiān ～～,shuǐ lánlán[天～～，水蓝蓝]空は青々としていて,水はとても清い／～ shān lǜ shuǐ[～山绿水]成青い山に緑の川.景色が秀麗なさま.

⁑**qīng 轻**[形]❶(重さが)軽い.↔ zhòng 重,chén 沉 ¶zhèige píxiāng hěn ～[这个皮箱很～]このトランクは軽い.❷(年齢が)若い.(数が)少ない.(程度が)低い.¶tā niánjì ～ bù dǒng shì[他年纪～不懂事]彼は年若く分別がない／zhèi jiàn shì hòuguǒ bù ～[这件事后果不～]この件の結果は深刻だ.❸(動作が)軽い.静かである.¶tā ～～ tuīle wǒ yíxià[他～～推了我一下]彼は私を軽く押した.

*__qīng 清__[形]❶(気体や液体が)澄んでいる.にごりがない.¶héshuǐ hěn ～[河水很～]河の水が澄んでいる.*❷静かである.¶～xián de shēnghuó[～闲的生活]静かで暇な暮し.*❸公正廉潔である.高潔である.¶～guān[～官]清廉で公正な官吏.❹はっきりしている.¶wǒ méi tīng～ tā de huà[我没听～他的话]私は彼の話がはっきり聞こえなかった.❺まじり気のない.¶～ kāfēi[～咖啡](砂糖とミルクが入っていない)コーヒー.*❻少しも残っていない.¶bǎ qián huán～ le[把钱还～了]お金をすっかり返した.[動]❶清算する.¶qùnián de zhàng,wǒ yǐjing ～ le[去年的账，我已经～了]去年の借金はもう清算した.❷点検する.¶wǒ lái ～diǎn xíngli[我来～点行李]私が荷物を数えます.[名]王朝名.清(しん).(1616年～1911年)

†**qíng 情**[名]❶感情.*❷人情.¶qiú～

¶我请别人帮忙。 Wǒ qǐng biéren bāngmáng.(私は人に手伝ってもらう)

2)呼称·認定を表すタイプ

1つめの動詞に"称"chēng(～を…と呼ぶ),"认"rèn(～を…とみなす)"选"xuǎn(～を…に選ぶ)などを用いる.この場合2つめの動詞には"为"wéi,"做"zuò,"当"dāngなどが多く用いられる.

¶历史上称这一时期为战国。 Lìshǐ shang chēng zhè yì shíqī wéi Zhànguó.(歴史上この時期を戦国時代と呼ぶ)

¶我认您做我的师傅吧！ Wǒ rèn nín zuò wǒ de shīfu ba!(あなたを師匠とさせてください)

¶我们选他当班长。 Wǒmen xuǎn tā dāng bānzhǎng.(私たちは彼を学級長に選んだ)

3) "有" yǒuを用いるタイプ

1つめの動詞に"有"を用いる.この場合"有"の目的語は不特定のもので"人"rén,"一个～"yí ge ～,"几个～"jǐ ge ～などが来る.

¶有人叫喊。 Yǒu rén jiàohǎn.(誰かが叫んでいる)

¶以前有个人非常骄傲。Yǐqián yǒu ge rén fēicháng jiāo'ào.(昔とても傲慢な人がいた)

[2] 兼語文の否定形

兼語文の否定形は1つめの動詞の前に"不" bùや"没" méiを置く.

¶爸爸不让我去看电影。 Bàba bú ràng wǒ qù kàn diànyǐng.(父は私に映画を見に行かせてくれない)

¶我们这儿没有人姓张。 Wǒmen zhèr méiyou rén xìng Zhāng.(私たちの所には張という人はいない)

[求～]情に訴えて頼む／jiǎng～[讲～]とりなす.❸(男女間の)愛情.¶yì fēng ～shū[一封～书]1通のラブレター.*❹情欲.¶fā～qī[发～期]発情期.*❺状況.ありさま.¶yéye de bìng～zěnmeyàng le?[爷爷的病～怎么样了?]おじいさんの病状はどうですか.

☆**qíng 晴**[形]晴れている.↔ yīn 阴 ¶tiān ～ le[天～了]空が晴れた.

☆**qǐng 请**[動]❶頼む.求める.¶～ rén lái bāngmáng[～人来帮忙]人に手伝いに来てもらう.❷招く.招聘(しょうへい)する.¶～ lǜshī[～律师]弁護士を招聘する／～le sān wèi wàibīn[～了三位外宾]3人の外国人客を招待した.❸どうぞ…してください.(相手に何かを頼む時に用いる)¶～ zuò[～坐]どうぞお座りください／～ búyào xīyān[～不要吸烟]どうぞおタバコはご遠慮ください.➡ 文法 兼語文 p.438

†**qíngbào 情报**[名]情報.注 多くは機密性を帯びたものをいう.¶jūnshì ～[军事～]軍事情報／shōují jīngjì ～[收集经济～]経済情報を集める.

qīngbiàn 轻便[形]❶軽便である.手軽である.¶zhèi zhǒng zìxíngchē hěn ～[这种自行车很～]この種の自転車は軽くて便利だ.❷(仕事が)軽い.楽である.¶～ huór[～活儿]軽い仕事.

qíng bù zì jīn 情不自禁成 感情が抑えきれない.思わず.¶nèige diànyǐng shízài tài gǎndòng rén le,wǒ ～ de liúxiale yǎnlèi[那个电影实在太感动人了，我～地流下了眼泪]その映画にとても感動させられ私は思わず涙を流した.

†**qīngcài 青菜**[名]❶野菜.青物.¶～ shuǐguǒ yǒuyì jiànkāng[～水果有益健康]野菜や果物は健康によい.❷パクチョイ,チンゲンサイなどの中国野菜.

qīngchá 清查[動]徹底的に検査する.¶～ gōngsī de cáiwù[～公司的财物]会社の財産を徹底的に調べ上げる.

†**qīngchén 清晨**[名]早朝.¶～ de kōngqì hěn xīnxian[～的空气很新鲜]朝の空気は新鮮だ.

†**qīngchú 清除**[動]全部取り除く.注 よくないものを取り除くことをさす.¶～ lājī[～垃圾]ごみを取り除く／～ wūshuǐ[～污水]汚水をきれいに除く.

☆**qīng·chu 清楚**[形]❶はっきりしている.¶hēibǎn shang de zì hěn ～[黑板上的字很～]黒板の字がとてもはっきりしている.❷明晰(めいせき)である.よくわかっている.¶tā tóunǎo hěn ～[他头脑很～]彼は頭脳明晰だ.[動]了解している.¶duì zhè yídài de qíngkuàng tā ～de hěn[对这一带的情况她～得很]この一帯の状況について彼女はとてもよく知っている.

類義語 **qīngchu 清楚**
míngbai 明白

►"清楚"は物事の輪郭や内容が筋道だっていてあいまいでなく識別しやすいこと.音声,言葉,認識,目標など具体的,抽象的なこといずれにも使える.¶字迹清楚 zìjì qīngchu(筆跡がはっきりしている)►"明白"は意味や内容が明らかで難しくなく分

表現Chips 誘う

请进来坐坐吧。Qǐng jìnlai zuòzuo ba.
(どうぞ中へお入りになっておかけください)
星期天到我家来玩儿呀。Xīngqītiān dào wǒ jiā lái wánr ya.(日曜日私の家に遊びにいらっしゃいよ)
明晚咱们去看戏，怎么样? Míngwǎn zánmen qù kàn xì,zěnmeyàng?
(明日の晩,私たちお芝居を見に行きませんか)
以后有时间，请你来我家玩儿吧。Yǐhòu yǒu shíjiān,qǐng nǐ lái wǒ jiā wánr ba.(いつか時間があったら我が家に遊びに来てください)
如果你方便的话，我想请您吃顿便饭。Rúguǒ nǐ fāngbiàn de huà,wǒ xiǎng qǐng nín chī dùn biànfàn.
(もしよろしかったら,簡単なお食事を差し上げたいのですが)

かりやすい.¶一听就明白 yì tīng jiù míngbai(聞いてすぐ分かる)

†**qīngchūn 青春**[名]青春.¶～ yí qù bú fù fǎn[～一去不复返]青春は過ぎてしまえば二度と戻ってこない.

qīngdiǎn 清点[動]細かく調べる.¶míngtiān yào ～ huòwù,suǒyǐ bù kāimén[明天要～货物，所以不开门]明日は棚卸しのため休業する.

qínggǎn 情感[名]情感.感情.¶rén dōu shì yǒu ～ de[人都是有～的]人は誰しも感情がある／biǎodá ～[表达～]感情を表現する.

qīnggōngyè 轻工业[名]軽工業.

qìnghè 庆贺[動]祝う.¶～ shènglì[～胜利]勝利を祝う.

☆**qǐng//jià 请假**[動]休みをとる.休みをもらう.¶tā yǐjing ～ le[他已经～了]彼はもう休みをとった／wǒ yīn bìng qǐngle liǎng tiān jià[我因病请了两天假]私は病気で2日間の休みをとった.➡[類義語] fàngjià 放假

qǐngjiǎn 请柬[名]〈書〉招待状.¶nǐmen de jiéhūn ～ fāchuqu le ma?[你们的结婚～发出去了吗?]あなた方の結婚式の招待状は出しましたか.

†**qǐngjiào 请教**[動]教えを請う.教えてもらう.¶wǒ xiǎng xiàng nín ～ yí ge wèntí[我想向您～一个问题]ちょっと教えていただきたいことがあるのですが.

†**qīngjié 清洁**[形]清潔である.¶zhèige gōngyuán zhēn ～![这个公园真～!]この公園は本当にきれいだね.

qíngjié 情节[名]物事の経過.話の筋.¶gùshi ～ shēngdòng gǎnrén[故事～生动感人]話の筋が生き生きとしていて感動的だ.

qīngjìng 清静[形]煩わしさがなく静かである.¶yí ge rén zhù suīrán ～, dàn yě yǒudiǎnr jìmò[一个人住虽然～，但也有点儿寂寞]一人住まいは静かではあるが,少し寂しいところもある.

*__qíngjǐng 情景__[名]情景.光景.¶dōngtiān de ～[冬天的～]冬の光景／nǐ hái jìde dāngshí de ～ ma?[你还记得当时的～吗?]あなたはまだ当時の光景を覚えていますか.

*__qǐng//kè 请客__[動]客を招待する.(宴会や観劇に)人を招待する.ご馳走する.¶zánmen qù wàibian chī ba,wǒ ～[咱们去外边吃吧，我～]外に食事に行きましょう,私がおごります.

qīngkuài 轻快[形]❶(動作が)軽快である.¶jiǎobù ～[脚步～]足取りが軽やかである.❷(気持ちが)軽やかである.¶zhèi zhī qǔzi hěn ～[这支曲子很～]この曲は軽快だ.

☆**qíngkuàng 情况**[名]❶状況.状態.¶shèhuì ～[社会～]社会状況／tāmen de gōngzuò ～ rúhé?[他们的工作～如何?]彼らの仕事の様子はどうですか.❷〔軍〕軍事上の変化.¶qiánxiàn méiyou shénme ～[前线没有什么～]前線には何の変化もない.

qínglǎng 晴朗[形]晴れ渡っている.¶tiānkōng ～ wú yún[天空～无云]空が晴れ渡り,雲一つない.

qīnglǐ 清理[動]徹底的に整理する.¶～ bàozhǐ[～报纸]新聞紙を整理する／～ wénjiàn[～文件]書類を片づける.

qínglǐ 情理[名]情理.人情と道理.¶nǐ de zuòfǎ bùhé ～[你的做法不合～]あなたのやり方は道理に合わない.

qīng méi zhú mǎ 青梅竹马[成]幼なじみ.¶tāmen fūqī liǎ ～,gǎnqíng hěn shēn[他们夫妻俩～，感情很深]彼ら夫婦は幼なじみでとても仲がよい.

☆**qīngnián 青年**[名]❶15,6歳から30歳ぐらいまでの年代.¶wǒmen yīnggāi zhēnxī ～ shídài[我们应该珍惜～时代]我々は青年時代を大切にすべきだ.❷青年.若者.¶tā shì ge hǎo ～[他是个好～]彼は好青年だ.

qín gōng jiǎn xué 勤工俭学[成]働きつつ学ぶ.¶tā qù Rìběn ～[他去日本～]彼は日本へ行き,働きながら勉強する.

*__qǐngqiú 请求__[動]頼む.申請する.¶～ nín ràng wǒ gōngzuò ba[～您让我工作吧]お願いです,私に仕事をさせてください／～ zhīyuán[～支援]助けを求める.[名]申請.要求.リクエス

ト. ¶ ～ bèi pīzhǔn le[～被批准了]申請が許可された.

qīngshàonián 青少年[名]青少年.若者. ¶ búyào yòng zhèi zhǒng dōngxi lái dúhài ～[不要用这种东西来毒害～]こういうもので若者を毒してはいけない.

†**qīngshì 轻视**[動]軽視する.軽んずる. ¶ ～ biéren de chángchù[～别人的长处]他人の長所を軽視する.

†**qǐngshì 请示**[動](上司に)指示を仰ぐ. ¶ wèi zhè shì wǒmen xiàng lǐngdǎo ～le hǎojǐ cì[为这事我们向领导～了好几次]この件のために我々は何度も上役の指示を仰いだ.

qīngsōng 轻松[形]気楽である.気軽である. ¶ zhè jǐ tiān de shēnghuó guòde hěn ～ yúkuài[这几天的生活过得很～愉快]ここ数日気楽に楽しく過ごしている.

qīngtiān 青天[名]❶青い空.❷〈喩〉清廉な役人.

†**qíngtiān 晴天**[名]晴天.

qǐngtiě 请帖[名]招待状.通知. ¶ tā shǒuli názhe yì zhāng ～[他手里拿着一张～]彼は手に招待状を持っている.

qīngtīng 倾听[動]耳を傾ける.傾聴する.注多くは目上の者が目下の者の意見を聞く場合に用いる. ¶ ～ qúnzhòng de yìjiàn[～群众的意见]大衆の意見に耳を傾ける.

qīngtíng 蜻蜓[名]〔zhī 只〕トンボ.

†**qīngwā 青蛙**[名]〔zhī 只〕カエル.トノサマガエル. ¶ dìdi yǎngle yì zhī xiǎo ～[弟弟养了一只小～]弟はカエルを1匹飼っている.

qīngwēi 轻微[形]軽微である.わずかばかりの. ¶ ～ shòule diǎnr shāng[～受了点儿伤]ちょっとしたけがをした／～ láodòng[～劳动]軽微な作業.

☆**qǐngwèn 请问**慣お尋ねします.すみませんが….注相手に尋ねる時に用い,後ろにその内容が続く. ¶ ～,yóujú zài nǎr?[～，邮局在哪儿?]すみません,郵便局はどこですか.

†**qīngxī 清晰**[形](音や形が)はっきりしている. ¶ fāyīn ～[发音～]発音がはっきりしている／lùxiàng cídài de túxiàng fēicháng ～[录像磁带的图像非常～]ビデオテープの画像がとてもはっきりしている.

†**qīngxiàng 倾向**[動]一方に傾く.一方を支持する. ¶ bùguǎn zěnme shuō wǒ háishi ～ Xiǎo-Gāng[不管怎么说我还是～小刚]何と言おうと私はやはり剛さんを支持する.[名]傾向.趨勢(すうせい). ¶ sīxiǎng ～[思想～]思想の傾向.

qīngxié 倾斜[形]傾いている.傾斜している. ¶ fángzi yǒuxiē ～ le,gāi xiūyixiū le[房子有些～了，该修一修了]家が少し傾いてきたので修理する必要がある／～ zhèngcè[～政策]優待策.優遇策.

qīngxīn 清新[形]清新である.さわやかで新鮮である. ¶ jiāowài de kōngqì shífēn ～[郊外的空气十分～]郊外の空気はたいへんすがすがしい.

表現Chips
尋ねる・問う

请问，去王府井怎么走? Qǐngwèn,qù Wángfǔjǐng zěnme zǒu? (お尋ねします,王府井へはどう行くのですか)
把东西放在这儿，可以吗? Bǎ dōngxi fàngzai zhèr,kěyǐ ma? (荷物をここに置いていいですか)
你知道东风市场在哪儿吗? Nǐ zhīdao Dōngfēng Shìchǎng zài nǎr ma? (東風市場はどこにあるかご存知ですか)
跟您打听一下，去北京站坐几路车? Gēn nín dǎting yíxià,qù Běijīngzhàn zuò jǐ lù chē? (ちょっとお尋ねいたしますが,北京駅へは何番のバスに乗ればよいですか)
你找到工作了? 长期的还是短期的? Nǐ zhǎodào gōngzuò le? Chángqī de háishi duǎnqī de? (お仕事見つかったんですか？ 長期の仕事ですか,それとも短期ですか)

†**qīngxǐng 清醒**[形](頭脳が)はっきりしている.¶qīngchén shí tóunǎo zuì ～[清晨时头脑最～]朝方は頭が一番はっきりしている.[動]意識が戻る.¶tā cóng hūnmí zhōng ～guolai[他从昏迷中～过来]彼はもうろうとした状態から意識を取り戻した.

qíng·xing 情形[名]実際の様子.模様.¶cūnli de ～ yǒule hěn dà de biànhuà[村里的～有了很大的变化]村の様子が大きく変化した.

qíng·xù 情绪[名]❶気持ち.¶～ bù wěndìng[～不稳定]気持ちが落ち着かない／dàjiā de ～ shífēn gāozhǎng[大家的～十分高涨]皆の意欲は非常に高まっている.❷不愉快な気持ち.¶tā wèile gōngzuò de shì nào ～[她为了工作的事闹～]彼女は仕事のことで不機嫌になっている.

†**qīng·yì 轻易**[形]容易である.たやすい.多く否定文・禁止文に用いられる.¶wǒ cóng bù ～ xiāngxìn biéren[我从不～相信别人]私は軽々しく人を信用したりはしない／tā hěn ～ de nádaole guànjūn[他很～地拿到了冠军]彼はいとも簡単に優勝を手に入れた.

qíngyuàn 情愿[動]心から願う.¶wǒ ～ mǎi guì yìdiǎnr dàn zhìliàng hǎo de dōngxi[我～买贵一点儿但质量好的东西]私は少し高くても品質のよい物を買いたい.

qǐng//yuàn 请愿[動]請願する.¶xuésheng zài guǎngchǎng ～[学生在广场～]学生が広場で請願している.

qīngzǎo 清早[名]〈口〉早朝.明け方.¶míngtiān ～ zánmen jiù chūfā[明天～咱们就出发]我々は明日の早朝すぐに出発する.

qīngzhēnsì 清真寺[名]〔宗〕イスラム教の寺院.

***qìngzhù 庆祝**[動](一般性のある共同の喜びについて)祝う.¶～ xīnnián[～新年]新年を祝う／～ guóqìng[～国庆]国慶節を祝う.➡ 類義語 zhù 祝

qīnhài 侵害[動]❶食い荒らす.侵食する.¶huángchóng ～le zhuāngjia[蝗虫～了庄稼]イナゴが農作物を食い荒らした.❷暴力や非合法的手段で侵害する.¶～ tārén de quánlì[～他人的权利]他人の権利を侵害する.

qínjiǎn 勤俭[形]勤勉でつつましい.¶tā shífēn ～[他十分～]彼はとても勤勉で倹約家だ.

qínkěn 勤恳[形]勤勉でまじめである.¶Lǐ Míng gōngzuò hěn ～[李明工作很～]李明さんは仕事ぶりが勤勉でまじめだ.

†**qínláo 勤劳**[形]勤勉である.¶tā fēicháng ～[她非常～]彼女は非常に勤勉だ.

***qīnlüè 侵略**[動]侵略する.¶～ biéguó[～别国]他国を侵略する.

qīnmì 亲密[形]親密である.親しい.¶tāmen de guānxi hěn ～[她们的关系很～]彼女たちはとても親しい間柄である.

qīnpèi 钦佩[動]敬服する.感心する.¶dàjiā dōu hěn ～ tā de cáinéng[大家都很～她的才能]皆,彼女の才能に敬服している.

***qīn·qi 亲戚**[名]親戚.親類.¶tā hé wǒ shì ～[他和我是～]彼と私は親戚だ.

***qīnqiè 亲切**[形]❶親しみがある.親しい.¶huídao jiǔbié de gùxiāng,chùchù dōu gǎndào hěn ～[回到久别的故乡，处处都感到很～]久しぶりに故郷に戻り,至るところに親しみを感じる.❷親身である.心がこもっている.¶Zhāng lǎoshī duì xuésheng hěn ～[张老师对学生很～]張先生は学生に対してとても親身だ.

類義語 qīnqiè 亲切 rèqíng 热情 rèxīn 热心

►"亲切"は気持ちや態度に親しみがこもっている.親から子,先生から生徒のように立場や力関係が上の者から下の者へ向けて使われることが多い.¶老师的亲切教导 lǎoshī de qīnqiè jiàodǎo(先生の親切な指導)／他总是对我很亲切 tā zǒngshì duì wǒ hěn qīnqiè(彼はいつも優しく接してくれる)►"热情"は情に厚い,意欲的である.¶他热情地招待客人 tā rèqíng de zhāodài kèren

（彼は心を込めてお客をもてなしている）►名詞としても使われる.¶爱国热情 àiguó rèqíng（国を愛する情熱）►"热心"は事にあたり積極的で全力を尽くすこと.¶他很热心地给学生辅导 tā hěn rèxīn de gěi xuésheng fǔdǎo（彼は熱心に学生に補習をする）►動詞としても使われる.¶他热心教育事业 tā rèxīn jiàoyù shìyè（彼は教育事業に熱心だ）

†**qīnrè 亲热**［形］非常に仲がよい.親密である.¶tāmen liǎ tèbié ～［他们俩特别～］彼ら2人はとりわけ仲がよい.

qīnrén 亲人［名］肉親.¶chúle jiějie yǐwài,wǒ méiyou qítā ～［除了姐姐以外，我没有其他～］姉以外に私には肉親はいない.

qīnrù 侵入［動］（敵や有害な事物が）侵入する.侵犯する.¶dírén yǐjing ～ wǒ guó lǐngtǔ［敌人已经～我国领土］敵はすでに我々の領土まで侵入している／bìngjūn ～ pífū［病菌～皮肤］病原菌が皮膚に入りこむ.

qīnshēn 亲身［形］自ら体験した.身をもって.¶wǒ ～ jīnglìle nèi cháng dìzhèn［我～经历了那场地震］私はその地震を体験した.

qīnshēng 亲生［形］自分が生んだ.自分を生んだ.¶ ～ nǚ'ér［～女儿］実の娘／tā shì wǒ de ～ mǔqīn［她是我的～母亲］彼女は私の生みの母だ.

qīnshí 侵蚀［動］❶むしばむ.侵蝕する.¶bìngdú ～ réntǐ［病毒～人体］ウィルスが人体をむしばむ.❷少しずつ横領する.¶ ～ gōngchǎn［～公产］公共の財産を少しずつ横領する.

qīnshǒu 亲手［副］自分の手で.自ら.¶zhèi kē shù shì wǒ ～ zāi de［这棵树是我～栽的］この木は私が自分の手で植えたものだ.

qīnyǎn 亲眼［副］自分の目で.¶zhèi jiàn shì shì wǒ ～ kàndao de［这件事是我～看到的］これは私がこの目で見たことだ.

qīnyǒu 亲友［名］親戚や友人.¶tā yǒu xǔduō ～［他有许多～］彼にはたくさんの親戚.友人がいる.

qīnzhàn 侵占［動］❶横領する.¶ ～ gōngkuǎn［～公款］公金を横領する.❷侵略占拠する.¶dírén ～le shāntóu［敌人～了山头］敵は頂上を占拠した.

***qīnzì 亲自**［副］自ら.自分で.¶máfan nín ～ hé tā tányitán ba［麻烦您～和他谈一谈吧］お手数ですがあなたが自ら彼と話してください.

***qióng 穷**［形］❶貧しい.貧乏である.↔ fù 富¶wǒ jiā ～jí le［我家～极了］我が家は非常に貧しい.❷尽きる.なくなる.¶wú ～ wú jìn［无～无尽］限りがない.

qióngkǔ 穷苦［形］貧乏で苦しい.¶ ～ de jiātíng［～的家庭］貧乏で苦しい家庭.

†**qióngrén 穷人**［名］貧乏人.

†**qípáo 旗袍**［名］（～儿）〔jiàn 件〕チーパオ.チャイナドレス.（もとは満州族の婦人が着用していた）

***qīpiàn 欺骗**［動］だます.欺く.¶tā ～ dàjiā hǎo jǐ cì le［他～大家好几次了］彼は皆を幾度も欺いた.

qìpò 气魄［名］気迫.迫力.¶ ～ hóngdà［～宏大］意気込みが大きい.

qǐqiú 乞求［動］請い求める.¶ ～ kuānshù［～宽恕］寛大な許しを請う.

qìqiú 气球［名］気球.風船.

qíquán 齐全［形］揃っている.完備している.¶zhèi jiā shāngdiàn suīrán bú dà,dànshì shāngpǐn hěn ～［这家商店虽然不大，但是商品很～］この店は大きくはないが,品物は揃っている.

qíquē 奇缺［形］非常に欠けている.大変欠乏している.¶yǒu duàn shíjiān shāngpǐn ～,dàjiā shēnghuó dōu hěn kùnnan［有段时间商品～，大家生活都很困难］ある期間,商品が非常に不足して,人々の生活はとても厳しかった.

qī shàng bā xià 七上八下㊀心が乱れるさま.どきどきする.¶yì xiǎngdao tā míngtiān yào zǒu,wǒ de xīnli jiù ～ de,méiyou zhuóluò［一想到他明天要走，我的心里就～的，没有着落］彼が明日行ってしまうことを思うと,私の心は乱れて落ち着かない.

qǐ//shēn 起身［動］❶出発する.旅立つ.¶tā zuótiān ～ qù Rìběn le［他昨

天～去日本了]彼は昨日日本へ旅立った.❷起きる.¶měitiān zǎoshang ～ hòu,tā xiān qù pǎobù[每天早上～后，他先去跑步]毎朝起きると彼はまずジョギングをしに行く.

†**qíshí 其实**[副]実は.実際は.¶zhèi jiàn shì,～ wǒ yě shì gāng zhīdao[这件事，～我也是刚知道]このことは実は私も今知ったばかりなんだ／zhèige kànshangqu xiàng shì zhēn de,～ shì diànnǎo héchéng de[这个看上去像是真的，～是电脑合成的]これは本物のように見えるが,実はコンピュータで合成して作ったものなのだ.

qíshì 歧视[動]差別する.差別視する.¶búyào ～ wàidì lái de rén[不要～外地来的人]よそから来た人を差別してはいけない／zhǒngzú ～[种族～]人種差別.

qǐshì 启示[動]啓示する.啓発する.¶zhèi piān yùyán ～le wǒ[这篇寓言～了我]この寓話は私に啓示を与えた.

qǐshì 启事[名]公示.告示.知らせ.¶zhāogōng ～[招工～]求人の知らせ.求人広告.

qìshì 气势[名](人や事物の)勢い.力.¶～ pángbó[～磅礴]勢いが盛んである／xiǎnshìchu zìjǐ de ～[显示出自己的～]自己の力量を示す.

qíshǐjù 祈使句[名]〔語〕命令文.

☆**qìshuǐ 汽水**[名](～儿)炭酸が入った清涼飲料水.サイダー.

qǐ sǐ huí shēng 起死回生成起死回生.注多く医術が優れていることや,方策がすばらしいことの比喩として用いられる.¶yīnwèi dàjiā de gòngtóng nǔlì,gōngsī yòu ～ le[因为大家的共同努力，公司又～了]みなさんの努力のおかげで会社はよみがえりました.

qǐsù 起诉[動]起訴する.¶xiàng fǎyuàn ～[向法院～]裁判所に提訴する.

qítā 其他[代]そのほかの.注人・事物に対して用いる.¶chúle wǒ,～ rén dōu tōngguòle kǎoshì[除了我，～人都通过了考试]私以外の人は皆試験に合格した.

*__qítā 其它__[代]別の.そのほかの.注事物に対して用いる.¶Běijīng chú Gùgōng wài,hái yǒu ～ hǎowánr de dìfang ma?[北京除故宫外，还有～好玩儿的地方吗?]北京には故宫以外に,面白い所がありますか.

qítè 奇特[形]尋常ではない.奇異である.¶tā de xiǎngfa hěn ～[他的想法很～]彼の発想は一風変わっている／zhuāngshì ～[装饰～]飾り付けが奇抜だ.

†**qìtǐ 气体**[名]〔物〕気体.

*__qǐtú 企图__[動]〈貶〉謀(はか)る.もくろむ.注アスペクト助詞の"着"zhe,"了"le,"过"guoをともなうことはできない.目的語は動詞性語句に限られる.¶～ pòhuài hépíng[～破坏和平]平和を打ち壊そうと企む／bēiliè de ～[卑劣的～]卑劣な謀(はかりごと).

☆**qiū 秋***[名]❶秋.注季節を表す場合は"秋天"qiūtiānのように2音節になる.¶xiànzài yǐ shì shēn～ le[现在已是深～了]もう晩秋だ／wàimian guāzhe ～fēng[外面刮着～风]外は秋の風が吹いている.❷作物の収穫時.¶mài～ shíjié[麦～时节]麦秋の季節.❸1年.¶yí rì bú jiàn,rú gé sān ～[一日不见，如隔三～]1日会わないと,3年も会わないかのように思える.一日千秋の思い.

*__qiú 求__[動]❶求める.頼む.¶wǒ xiǎng ～ nǐ yí jiàn shì[我想～你一件事]あなたに頼みたいことがある.❷要求する.¶zhèi xiàng shèshī yīng lì～ gǎijìn[这项设施应力～改进]この施設は改善に努めなければならない.❸追求する.¶～zhī[～知]知識を求める／～xué[～学]学問を探求する.❹需要.¶gōng bú yìng ～[供不应～]供給が需要を満たせない.

☆**qiú 球**[名]*❶球体.*❷(～儿)球のように丸いもの.¶gǔn xuě～[滚雪～]雪の玉を転がす／bái xuè～[白血～]白血球.❸ボール.まり.¶shǒu～[手～]ハンドボール／shuǐ～[水～]水球.❹球技.¶xǐhuan dǎ～[喜欢打～]球技を好む.❺地球.¶huán～ lǚxíng[环～旅行]世界一周旅行.

*__qiúchǎng 球场__[名]球技場.コート.

qiúdé 求得[動]求めて得る.¶wǒ ～ le tā de yuánliàng[我～了她的原谅]

私は彼女の許しを得た.

qiúduì 球队[名]球技のチーム. ¶wǒmen ～ yǒu èrshísì míng duìyuán[我们～有二十四名队员]私たちのチームには24人のメンバーがいる.

†**qiūjì 秋季**[名]秋.秋季.

†**qiūlíng 丘陵**[名]丘陵.小山. ¶～ dìdài dìmiàn qǐfú[～地带地面起伏]丘陵地帯は地面が起伏している.

qiúmí 球迷[名]球技ファン.

qiūshōu 秋收[動]秋の取り入れをする. ¶tā huíjiā ～ qù le[他回家～去了]彼は秋の収穫をしに家に帰った. [名]秋に収穫した農作物. ¶jīnnián ～ hěn hǎo[今年～很好]今年の秋の収穫はとてもよい.

⁂**qiūtiān 秋天**[名]秋.

qiú tóng cún yì 求同存异成 共通するところを求めて,異なる点は残す. ¶shuāngfāng hùxiāng lǐjiě,～,zuìhòu dáchéngle xiéyì[双方互相理解,～,最后达成了协议]双方はお互いに理解を示し,共通点については歩調を合わせ,異なる点は留保して,最後には合意に達した.

qīwàng 期望[動]期待する. ¶fùmǔ ～ háizi kǎoshang míngpái dàxué[父母～孩子考上名牌大学]両親は子供が有名大学に合格することを期待している／bàozhe hěn dà de ～[抱着很大的～]大きな期待を抱いている.

†**qìwèi 气味**[名]❶におい. ¶wén ～[闻～]においをかぐ.❷〈喩〉性格.趣味.(悪い意味で用いることが多い) ¶zhè liǎng ge rén ～ xiāngtóu,zhěngtiān zài yìqǐ guǐhùn[这两个人～相投,整天在一起鬼混]この2人はうまが合って,日がな一日一緒によからぬことをしている.

*__qìwēn 气温__[名]気温.温度. ¶～ xiàjiàng[～下降]温度が下がる.

qìxī 气息[名]❶呼吸.息. ¶～ yǎnyǎn[～奄奄]息絶え絶えだ.❷〈喩〉におい.雰囲気. ¶Shànghǎi dàochù yángyìzhe shídài de ～[上海到处洋溢着时代的～]上海はそこかしこに時代の息吹が横溢(おういつ)している.

qīxiàn 期限[名]期限. ¶zhèi tái diànshìjī de bǎoxiū ～ shì yì nián[这台电视机的保修～是一年]このテレビの保証期間は1年だ.

*__qìxiàng 气象__[名]❶気象.天気. ¶～ yùbào[～预报]天気予報.❷外部の状況.情景.様子. ¶zǔguó dàochù dōu shì yí piàn xīn ～[祖国到处都是一片新～]祖国はどこもすっかり様がわりした.➡ 類義語 tiānqì 天气

qìxiè 器械[名]器械.器具. ¶yīliáo ～[医疗～]医療器械.

qí xīn xié lì 齐心协力成 心を合わせ,力を合わせる.一致協力する. ¶zhǐyào wǒmen ～,jiù yídìng néng bǎ shìqing bànhǎo[只要我们～,就一定能把事情办好]我々が一致協力しさえすれば,きっとうまくやれる.

†**qìyā 气压**[名]〔気〕気圧.

*__qǐyè 企业__[名]企業. ¶bàn ～[办～]企業を経営する.

qíyì 奇异[形]不思議である. ¶tā de

いろいろな"～球"

逆引きウインドウズ

1 足球	zúqiú	サッカー
2 排球	páiqiú	バレーボール
3 篮球	lánqiú	バスケットボール
4 乒乓球	pīngpāngqiú	卓球
5 网球	wǎngqiú	テニス
6 棒球	bàngqiú	野球
7 气球	qìqiú	風船・気球
8 地球	dìqiú	地球

zuòpǐn yǒu yì zhǒng ～ de mèilì[他的作品有一种～的魅力]彼の作品にはある種の不思議な魅力がある.

qǐyì 起义[動](統治に抵抗して)武装闘争を起こす.¶nóngmín ～ le[农民～了]農民が武装蜂起した.

*__qìyóu 汽油__[名]ガソリン.

qǐ yǒu cǐ lǐ 岂有此理成もってのほか.言語道断.¶wǒ zìjǐ de dōngxi wèi shénme bú ràng ná?zhēnshì ～[我自己的东西为什么不让拿? 真是～]自分の物をどうして持っていっちゃいけないんだ,まったく言語道断だ.

*__qíyú 其余__[名]余り.その残り.¶jīntiān chúle Xiǎo-Wáng,～ de rén dōu lái le[今天除了小王，～的人都来了]今日は王君を除いて,ほかの人は皆来た.

†__qǐyuán 起源__[動]始まる.…に起源する.¶jīngjù ～ yú shíbā shìjì zhōngyè[京剧～于十八世纪中叶]京劇は18世紀中葉に始まった/zhè jiù shì wèntí de ～[这就是问题的～]これこそ問題の発端だ.

†__qízhì 旗帜__[名]❶〔miàn 面〕旗.❷〈喩〉手本.模範.¶shùlì ～[树立～]模範を打ち立てる.❸旗じるし.¶～ xiānmíng[～鲜明]立場が明らかである.

*__qízhōng 其中__[名]その中.そのうち.¶zhèige bān wǔshíyī ge xuésheng,～ nǚ tóngxué zhàn sān fēn zhī yī[这个班五十一个学生，～女同学占三分之一]このクラスには学生が51人いるが,そのうち女子学生が3分の1を占める.

*__qī·zi 妻子__[名]妻.➡類義語 fūrén 夫人

*__qí·zi 旗子__[名]〔miàn 面〕旗.

qī zuǐ bā shé 七嘴八舌成たくさんの人が思い思いに話す.口々に言う.¶gāng yì xuānbùwán zhèige xiāoxi, dàjiā jiù ～ de yìlùnqilai[刚一宣布完这个消息，大家就～地议论起来]このニュースが知らされると,皆口々に議論を始めた.

*__qū 区__[名]*❶区.地域.¶shān～[山～]山間地区/gōngyè～[工业～]工業地.❷行政区画の単位.¶wǒ jiā zhùzai Tiānjīnshì Hépíng～[我家住在天津市和平～]私の家は天津市和平区にある/zhèige shì huàfēnchéng shí ge ～[这个市划分成十个～]この市は10の区に分けられている.

*__qú 渠__[名](人工の)水路.¶nóngmínmen wāle yì tiáo shuǐ～[农民们挖了一条水～]農民たちは人工の水路を

●百科知識●

ブランド名,企業名

ベンツ(自動車)	奔驰	Bēnchí
シャレード(自動車)	夏利	Xiàlì
マイクロソフト(パソコン)	微软	Wēiruǎn
ウインドウズ(パソコン)	视窗	Shìchuāng
モトローラ(携帯電話)	摩托罗拉	Mótuōluólā
キャノン(カメラ)	佳能	Jiānéng
ミノルタ(カメラ)	美能达	Měinéngdá
グッチ(ファッション)	古姿	Gǔzī
プラダ(ファッション)	普拉达	Pǔlādá
ルイ・ヴィトン(ファッション)	路易威登	Lùyìwēidēng
スターバックス(喫茶店)	星巴克咖啡	Xīngbākè kāfēi
マクドナルド(ファーストフード)	麦当劳	Màidāngláo
ケンタッキー(ファーストフード)	肯德基	Kěndéjī
ナイキ(スポーツ用品)	耐克	Nàikè
アディダス(スポーツ用品)	阿迪达斯	Ādídásī
セガ(ゲーム)	世嘉	Shìjiā

掘った／shuǐ dào ～ chéng[水到～成]水が来れば溝ができる.条件が整えば物事が自然に運ぶことのたとえ.

*qǔ 取[動]❶取る.受け取る.↔ sòng 送 ¶qù ～ xíngli[去～行李]荷物を取りに行く／bǎ qián ～lai[把钱～来]お金を引き出して来る.お金を受け取ってくる.❷招く.取る.¶zì ～ mièwáng[自～灭亡]自ら滅亡を招く／shēnghuǒ ～nuǎn[生火～暖]火を起こして暖をとる.❸採用する.選ぶ.¶gěi háizi ～ ge míngzi ba[给孩子～个名字吧]子供に名前をつけてください.

†qǔ 娶[動]めとる.嫁をもらう.↔ jià 嫁 ¶～ qī[～妻]妻をめとる／tā ～le ge niánqīng de xífù[他～了个年轻的媳妇]彼は若い奥さんをもらった.

**qù 去[動]❶行く.↔ lái 来 ¶wǒ ～ Zhōngguó lǚxíng[我～中国旅行]私は中国へ旅行に行きます／wǒmen yíkuàir ～ ba[我们一块儿～吧]一緒に行きましょう.❷取り除く.¶chī yào shì wèile ～bìng[吃药是为了～病]薬を飲むのは病気を取り除くためだ.❸(動詞や動詞句の後ろに置いて)…しに行く.¶tā mǎi dōngxi ～le[她买东西～了]彼女は買い物に行った／zuótiān wǒ kàn diànyǐng ～le[昨天我看电影～了]昨日私は映画を見に行った.➡ 類義語 shàng 上

**//·qù 去[動]❶動詞の後ろに用いて,動作に伴い人や事物が遠ざかっていくことを表す.¶huǒchē xiàng yuǎnfāng kāi～[火车向远方开～]汽車が遠ざかっていく／tā xiàng ménwài pǎo～[她向门外跑～]彼女は門の外へ駆け出していった.❷動作の継続を表す.¶suí tā shuō～[随她说～]彼女に言わせておけ／ràng tā chī～[让他吃～]彼に食べさせておけ.

*quān 圈[名]❶(～儿)図形や物の形としての丸.円.輪.¶huà ～[画～]丸を描く／sòng yì zhī huā～[送一只花～]花輪を1つ送る.❷仲間.範囲.¶tā shì ～nèi rén[他是～内人]彼は仲間だ.[動]❶囲いを付ける.囲む.¶zhèi kuài dì yǐjing ～qilai le[这块地已经～起来了]この土地はもう囲いが付けられた.❷丸を書く.丸を付ける.¶bǎ shēngcí ～chulai[把生词～出来]新出単語を丸で囲む.→juàn

文法　連動文

述語が2つ以上の動詞(フレーズ)の連用からなっている文を連動文という.これらの動詞は主語を同じくし,動作の目的,方式,前後関係などを説明する.

1 連動文のタイプ

1)後の動詞が前の動詞の目的を表すタイプ

¶我去北京旅游。 Wǒ qù Běijīng lǚyóu.(私は北京に旅行に行く)

"旅游"(旅行する)が"去北京"(北京に行く)の目的になっている.

動詞は動作の行われる順に並べられる."去北京"が"旅游"の前に位置する.

"来" láiを用いたこのタイプの連動文には"来"が「来る」の意味を失い何らかの意志や願望のみを表すものがある.

¶我来做饭。 Wǒ lái zuò fàn.(私がご飯を作りましょう)

完了を表す"了" leは後の動詞につく.

¶我去书店买了一本词典。 Wǒ qù shūdiàn mǎile yì běn cídiǎn.(私は辞書を買いに本屋へ行った)×我去了书店买一本词典。

"不"bù,"也"yě,"都"dōuは1つめの動詞の前に置く.

¶我不去吃饭。 Wǒ bú qù chīfàn.(私は食事に行かない)

¶她们也进城买东西。 Tāmen yě jìnchéng mǎi dōngxi.(彼女たちも町に買い物に行く)

2)前の動詞が後の動詞の方式を表すタイプ

☆quán 全[形]❶そろっている.完備している.¶dōngxi hěn ～[东西很～]品物がそろっている／yànhuì de dōngxi dōu zhǔnbèi～ le[宴会的东西都准备～了]宴会の準備はすべて整った.❷全部の.すべての.¶～guó[～国]全国／～jí yígòng yǒu èrshísì juàn[～集一共有二十四卷]全集は合わせて24巻ある.[副]すべて.みな.¶jīntiān de zuòyè wǒ ～ zuòwán le[今天的作业我～做完了]私は今日の宿題をすべてやり終えた.

quán 权[名]❶権力.¶yǒu zhí yǒu ～[有职有～]地位も権力もある.*❷権利.¶zài Zhōngguó shíbā suì kāishǐ yǒu xuǎnjǔ～[在中国十八岁开始有选举～]中国では18歳から選挙権がある.

quán 泉*[名]❶泉.泉水.¶wēn～[温～]温泉.❷泉がわき出てくる穴.

quǎn 犬[名]〈書〉イヌ.注口語では"狗"gǒuという.単独では用いない.¶jǐng～[警～]警察犬／liè～[猎～]猟犬.

*quàn 劝[動]勧める.忠告する.¶māma ～ tā búyào hē jiǔ[妈妈～他不要喝酒]母親は彼に禁酒を勧めた.

quàn 券[名]券.チケット.証明書.¶rùchǎng～[入场～]入場券.

☆quánbù 全部[名]全部.¶zhè shì wǒ de ～ cáichǎn[这是我的～财产]これは私の全財産です.

quándōu 全都[副]すべて.例外なく.¶tāmen ～ zǒu le[他们～走了]彼らはみんな行ってしまった.

†quàngào 劝告[動]勧告する.忠告する.¶wǒ ～guo tā hǎojǐ cì,kěshì tā bù tīng[我～过他好几次，可是他不听]私は彼に何度も忠告したが,彼は言うことを聞かない／nǐ zěnme bù tīng dàjiā de ～ ne?[你怎么不听大家的～呢?]君はなぜ皆の忠告を聞かないんだ?

quánhuì 全会[名](政党や団体の)全体会議."全体代表大会"quántǐ dàibiǎo dàhuìの略.

quánjí 全集[名]〔tào 套〕全集.¶《Lǔ Xùn ～》[《鲁迅～》]『鲁迅全集』.

†quánjú 全局[名]全体の局面.¶yào zhǎngwò ～[要掌握～]全体の局面を把握しなければならない／～ de

---

¶他骑车去图书馆。 Tā qí chē qù túshūguǎn.(彼は自転車で図書館に行く)

¶我们喝着咖啡听音乐吧。 Wǒmen hēzhe kāfēi tīng yīnyuè ba.(コーヒーを飲みながら音楽を聴きましょう)

動詞の順序を入れ替えると異なった意味になる.

¶他去图书馆骑车。 Tā qù túshūguǎn qí chē.(彼は自転車に乗りに図書館へ行く)

3)前後して起こる動作を表すタイプ

¶他听完故事大笑起来。 Tā tīngwán gùshi dà xiàoqilai.(彼は物語を聞き終わると大笑いを始めた)

¶他戴上眼镜拿起报纸念了起来。 Tā dàishang yǎnjìng náqi bàozhǐ niànleqilai.(彼は眼鏡をかけ新聞を手にとって読み始めた)

4)前の動詞に"有"yǒuが用いられているタイプ

¶我们都有房子住。 Wǒmen dōu yǒu fángzi zhù.(私たちは皆住む家がある)

¶以前我家没有饭吃。 Yǐqián wǒ jiā méiyou fàn chī.(以前うちには食べるものがなかった)

これらは"有"の目的語が後の動詞の受け手となっており,兼語式の"有"構文とは異なる.➡文法 兼語文 p.438

2 連動文の文法的特徴

"来","去"以外は,動詞同士が密着することはない.

¶我去买东西。 Wǒ qù mǎi dōngxi.(私は買い物しに行く)

¶我来谈谈。 Wǒ lái tántan.(私からも一言)

qíngkuàng[～的情况]全体の様子.

quánlì 全力[名]全力.¶wǒmen ～ zhīchí nǐ[我们～支持你]私たちは全力で君を支持する.

†**quánlì 权力**[名]❶権力.¶guójiā de ～[国家的～]国家の権力/zhēngduó ～[争夺～]権力争い.❷職権.¶xíngshǐ ～[行使～]職権を行使する.

†**quánlì 权利**[名]権利.¶bǎozhàng ～[保障～]権利を保障する.

quán lì yǐ fù 全力以赴㊀全力で対処する.¶tāmen zǒngshì ～ qiǎngjiù bìngrén[他们总是～抢救病人]彼らはいつも全力を尽くして病人に緊急手当をする.

*__quánmiàn 全面__[形]全面的である.全般的である.¶tā de zhīshi hěn ～[她的知识很～]彼女の知識は全般にわたっている/shuōmíngde hěn ～[说明得很～]説明にぬかりがない.

quánmín 全民[名]全人民.¶～ jiē bīng[～皆兵]国民皆兵/～ de yìzhì[～的意志]国民全体の意志.

quán shén guàn zhù 全神贯注㊀全神経を集中する.全注意力を傾ける.一心不乱になる.¶wǒ qù zhǎo tā de shíhou,tā zhèngzài ～ de xuéxí ne[我去找他的时候，他正在～地学习呢]私が彼を訪ねた時,彼は一心不乱に勉強に打ちこんでいた/yīshēng zuò shǒushù shí bìxū ～,yìdiǎnr yě bù néng fēnxīn[医生做手术时必须～，一点儿也不能分心]医者は手術をする時全神経を集中させなくてはならず,少しも気を抜いてはならない.

quánshì 权势[名]権勢.¶yǒu ～ de rén bù yídìng dōu shì huàirén[有～的人不一定都是坏人]権勢のある人が全部悪い人というわけではない.

quànshuō 劝说[動]言い聞かせる.説得する.¶～ érzi[～儿子]息子を説得する/fǎnfù ～[反复～]何度も言い聞かせる.

quāntào 圈套[名]人を陥れる策略.わな.¶wǒ zhòngle tā de ～[我中了她的～]私は彼女のわなにかかった.

quántǐ 全体[名]全体.全部.(多く人をさす)¶～ tóngxué dōu dào le[～同学都到了]学生全員が揃った/～ qǐlì[～起立]全員起立.

†**quán·tóu 拳头**[名]こぶし.げんこつ.¶tā bǎ ～ wòde jǐnjǐn de[他把～握得紧紧的]彼はこぶしをきつく握りしめた.

quánwēi 权威[名]❶権威.¶zūnzhòng ～[尊重～]権威を尊重する.❷権威者.オーソリティ.¶tā zài wùlǐ xuéjiè shì ～[他在物理学界是～]彼は物理学の世界では権威者だ.

quánxiàn 权限[名]権限.¶kuòdà ～[扩大～]権限を拡大する.

quán xīn quán yì 全心全意㊀誠心誠意.真心から.¶～ wèi rénmín fúwù[～为人民服务]誠心誠意人民のためにつくす/～ de duìdài[～地对待]誠心誠意対処する.

quányì 权益[名]権利と利益.権益.¶értóng de ～[儿童的～]児童の権益/píngděng de ～[平等的～]平等な権益.

†**quān·zi 圈子**[名]❶輪.丸型のもの.¶dàjiā wéichéng yí ge dà ～[大家围成一个大～]みんなで大きな輪になる.❷集団や活動の範囲.枠.¶kuòdà zìjǐ de shēnghuó ～[扩大自己的生活～]自分の生活範囲を広げる.

quànzǔ 劝阻[動]いさめる.制止する.¶dàjiā ～le bàntiān,kě tā háishi qù le[大家～了半天，可她还是去了]皆が長いこと引き止めたが,彼女はやはり行ってしまった/tīngcóng yīshēng de ～[听从医生的～]医者のいさめに従う.

*__qūbié 区别__[動]区別する.分ける.¶～ hǎo yǔ huài[～好与坏]よい事と悪い事を区別する/～ xíngzhuàng[～形状]形を区別する.[名]差異.¶wǒmen yīnggāi zhùyì zhè liǎng ge cí de ～[我们应该注意这两个词的～]私たちはこの2つの語の違いに気をつけねばならない.➡類義語 chābié 差別

qǔdài 取代[動]取って代わる.¶yòng guāngpán ～ chàngpiàn[用光盘～唱片]CDがレコードに取って代わる.

†**qúdào 渠道**[名]〔tiáo 条〕❶用水路.¶gōngrénmen kāizáole yì tiáo ～[工人们开凿了一条～]労働者たちは1

本の用水路を切り開いた.❷経路.ルート.¶dǎtōng ～[打通～]ルートを切り開く.

☆**qǔdé 取得**[動]取得する.手に入れる.¶～ shènglì[～胜利]勝利を手にする／～le hěn duō bǎoguì de jīngyàn[～了很多宝贵的经验]たくさんの貴重な経験を得た.

qǔdì 取缔[動]取り締まる.¶yìxiē bùhé guīdìng de jiǔbā bèi ～ le[一些不合规定的酒吧被～了]規定を満たしていない一部のバーが取り締まられた.

*__quē 缺__[動]❶(数量の面で)欠ける.足りない.¶wǒmen chǎng ～ rén[我们厂～人]我々の工場は人手不足だ.❷完全にそろっていない.破損している.¶zhèi tào shū cán～ bù quán[这套书残～不全]この本のセットには欠けがあり,全部そろっていない.❸欠席する.休む.¶xuésheng bù néng wúgù ～ kè[学生不能无故～课]学生は理由もなく授業を欠席してはいけない.[名]空席.欠員.¶bǔ～[补～]空席を補う.

qué 瘸[動]足を引きずる.¶tā tuǐshang yǒu shāng,zǒulù yì ～ yì guǎi de[他腿上有伤，走路一～一拐的]彼は足に怪我をして,引きずりながら歩いている.

*__què 却__[副]…なのに.…だけれども.注 後文の主語の後に用いられ,"但是" dànshìや"可"kěなどと呼応して逆接を表す.¶zuótiān yuēhǎo de,kě tā ～ méi lái[昨天约好的，可他～没来]昨日約束したのに,彼は来なかった.

quèbǎo 确保[動]確保する.¶jiāqiáng guǎnlǐ,～hǎo shōucheng[加强管理，～好收成]管理を強化し,収穫を確かなものにする.

*__quēdiǎn 缺点__[名]欠点.短所.↔ yōudiǎn 优点 ¶měi ge rén dōu yǒu ～[每个人都有～]誰にでも短所はある／kèfú ～[克服～]欠点を克服する.

> 類義語 quēdiǎn 缺点 máobìng 毛病
>
> ►"缺点"は一般に人や物の欠点や短所をさす.¶新盖的房子有个共同的缺点，屋子都太小 xīn gài de fángzi yǒu ge gòngtóng de quēdiǎn, wūzi dōu tài xiǎo(新築の建物には共通の欠点がある,部屋がどれも小さすぎるのだ)►"毛病"は欠点のほか,悪い習慣,器物の損傷や故障,仕事上の失敗,身体の不調などにも使われる.¶电冰箱有点毛病，噪音大 diànbīngxiāng yǒudiǎn máobìng, zàoyīn dà(冷蔵庫がちょっとおかしい,騒音がする)／他的左腿有毛病 tā de zuǒtuǐ yǒu máobìng(彼は左足が悪い)

*__quèdìng 确定__[形]明確である.確定的である.¶wǒ hái méiyou dédào ～ de xiāoxi [我还没有得到～的消息]私はまだはっきりした情報を得ていない.[動]確定する.はっきり決める.¶～ zhuānyè hòu jiù shàngkè[～专业后就上课]専門を決めてから授業に出る.

*__quēfá 缺乏__[動](必要なもの,あるべきものが)欠けている.足りない.¶nóngcūn ～ jiàoshī[农村～教师]農村では教師が不足している／～ zījīn[～资金]資金が足りない／shāngpǐn shífēn ～[商品十分～]商品が大変不足している.

quēkǒu 缺口[名](～儿)欠けたところ.割れ目.¶wǎnbiān yǒu ge ～[碗边有个～]お碗の縁に欠けたところがある.

quèlì 确立[動]確立する.¶～ zhèngquè de shìjièguān[～正确的世界观]正しい世界観を確立する.

quèqiè 确切[形]❶適切である.妥当である.¶tā de yìjiàn xiāngdāng ～[他的意见相当～]彼の意見はかなり妥当だ.❷確実である.¶dédàole ～ de bǎozhèng[得到了～的保证]確かな保証を得た.

quèrèn 确认[動]確認する.¶qǐng nǐ ～ yíxià[请你～一下]ちょっと確認してください.

*__quēshǎo 缺少__[動](人や物の数量が)欠如している.不足する.¶～ réncái[～人才]人材が不足している／zāiqū rénmín ～ liángshi hé yàopǐn[灾

区人民～粮食和药品]被災地区の人々には食料と薬品が不足している.

⋆⋆**quèshí 确实**[形]確実である.¶wǒ dédàole ～ de qíngbào[我得到了～的情报]私は確実な情報を手に入れた.[副]確かに.¶tā ～ láiguo[他～来过]彼は確かに来た.

quē//xí 缺席[動]会議や授業を欠席する.¶tā shàngkè chángcháng ～[她上课常常～]彼女は授業をしばしば欠席する／zhèi cì huìyì nǐ bù néng ～[这次会议你不能～]今度の会議は君は欠席してはいけない.

quēxiàn 缺陷[名]欠陥.欠点.¶míbǔ ～[弥补～]欠点を補う／zhèige jiànzhùwù méiyou rènhé ～[这个建筑物没有任何～]この建築物にはいかなる欠陥もない.

quèxìn 确信[動]確信する.¶wǒ ～ nèi jiàn shì bú shì tā zuò de[我～那件事不是他做的]私はあの件は彼がやったのではないと確信している.

quèzáo 确凿[形]非常に確かである.¶zhèngjù ～,nǐ hái xiǎng jiǎobiàn[证据～，你还想狡辩]証拠は確かなのに,まだ言い逃れようというのか.

qūfēn 区分[動]区分する.区分けする.¶àn zhǒnglèi bǎ zhèixiē yàngpǐn ～kāilai[按种类把这些样品～开来]種類によってこのサンプルを区分けする.

qūfú 屈服[動]屈服する.¶wǒmen wúlùn rúhé yě bù ～[我们无论如何也不～]我々は何がなんでも屈服しない.

qǔjué yú 取决于[動]…によって決まる.…に判断を委ねる.¶shìqing néng bù néng chéng hái ～ lǐngdǎo de tàidu[事情能不能成还～领导的态度]この件ができるかどうかは幹部の考え方によって決まる.

⋆**qún 群**[量]群れをなしている人・動物・事物を数える.¶nàr yǒu yì ～ háizi zài wánr[那儿有一～孩子在玩儿]あそこで一群の子供たちが遊んでいる.

†**qúndǎo 群岛**[動]群島.

⋆⋆**qùnián 去年**[名]去年.昨年.

qúntǐ 群体[名]複合体.¶shèhuì shì yóu xǔduō rén zǔchéng de ～[社会是由许多人组成的～]社会は多くの人々からなる複合体だ.

⋆**qúnzhòng 群众**[名]❶大衆.¶nǐ yīnggāi tīngting ～ de yìjiàn[你应该听听～的意见]君は大衆の意見を聞くべきだ.❷共産党や共産主義青年団に入っていない人々をさす.¶rùle dǎng nǐ jiù bú zài shì ～ le[入了党你就不再是～了]入党すれば君はもはや一般の「群衆」ではなくなる.

⋆**qún·zi 裙子**[名]〔tiáo 条〕スカート.

qūshì 趋势[名]趨勢(すうせい).成り行き.¶jīngjì ～[经济～]経済動向／zhànzhēng de ～[战争的～]戦争の成り行き.

qùshì 去世[動](成人が)死ぬ.亡くなる.¶tā de fùmǔ dōu ～ le[他的父母都～了]彼の両親はともに亡くなった.

†**qùwèi 趣味**[名](～儿)興味.面白み.¶gāoshàng de ～[高尚的～]高尚な趣味／tā de huà hěn yǒu ～[她的话很有～]彼女の話はとても面白い.

qūxiàn 曲线[名]〔tiáo 条〕曲線.¶zhè túshang de ～ biǎoshì yùndòng guǐjì[这图上的～表示运动轨迹]この図の曲線は運動の軌跡を示している.

qūxiàng 趋向[動](ある方向に)発展する.¶wǒ jiā shēnghuó yóu qióngkùn ～ fùyù[我家生活由穷困～富裕]我が家の生活は貧困から富裕へと向上した／wùjià ～ yú wěndìng[物价～于稳定]物価が安定してくる.[名]趨勢(すうせい).傾向.¶zhèngzhì de ～[政治的～]政治傾向.

⋆**qǔxiāo 取消**[動]取り消す.廃止する.キャンセルする.¶～ bǐsài zīgé[～比赛资格]試合の出場資格を取り消す／～ jìhuà[～计划]計画を取りやめる.

†**qūyù 区域**[名]区域.¶kuòdà ～[扩大～]区域を拡大する／Xiānggǎng dìqū shíxíng ～ zìzhì[香港地区实行～自治]香港地区は地域的自治を実行している.

†**qūzhé 曲折**[形]❶曲がっている.¶shānlù ～[山路～]山道が曲折している／～ de dàolù[～的道路]曲がりく

ねった道.❷(事情が)複雑である.込み入っている.¶zhèi piān xiǎoshuō de nèiróng hěn ～[这篇小说的内容很～]この小説の内容はとても入り組んでいる.[名]曲折.込み入った事情.¶tā jīngguòle xǔduō ～[她经过了许多～]彼女は数多くの曲折を経てきた.

qūzhú 驱逐[動]駆逐する.追い出す.¶jiàndié bèi ～ chūjìng[间谍被～出境]スパイは国外に追放された.

qǔ·zi 曲子[名]〔shǒu 首,zhī 支〕曲.¶wǒ tīngshuōguo zhèi zhī ～[我听说过这支～]私はこの曲を聞いたことがある.

谜语 答えがQで始まるなぞなぞ

紫树开紫花,	Zǐshù kāi zǐhuā,	紫の樹に紫の花咲く,
紫花结紫瓜,	zǐhuā jiē zǐguā,	紫の花に紫の瓜が結ぶ,
紫瓜肚里有芝麻。	zǐguā dùli yǒu zhīma.	紫の瓜の中には胡麻がたっぷり.

(答えは436～437ページの中に)

谜语 答えがRで始まるなぞなぞ

玻璃房,	Bōli fáng,	ガラスの部屋に,
水银墙,	shuǐyín qiáng,	水銀の壁,
里面热,	lǐmian rè,	中は熱くて,
外面凉。	wàimian liáng.	外はひんやり.

(答えは460～461ページの中に)

谜语 答えがSで始まるなぞなぞ 1

一条绳子,	Yì tiáo shéngzi,	一本の紐,
花花绿绿,	huāhuālùlù,	模様がある,
走起路来,	zǒuqi lù lái,	路をゆくときは,
弯弯曲曲。	wānwānqūqū.	くねくねうねうね.

(答えは476～477ページの中に)

谜语 答えがSで始まるなぞなぞ 2

有人不用它,	Yǒu rén bú yòng tā,	人がいる時はいらないが,
无人要用它,	wú rén yào yòng tā,	人がいない時はいるもの,
在家不用它,	zài jiā bú yòng tā,	家に居る時はいらないが,
出门要用它。	chūmén yào yòng tā.	家を出る時はいるもの.

(答えは510～511ページの中に)

R,r

R

rán 燃*[動]❶燃える.¶gōuhuǒ ～de hěn wàng～[篝火～得很旺]たき火が盛んに燃えている.❷燃やす.火をつける.¶chúxī zhī yè dàjiā dōu ～fàng bàozhú[除夕之夜大家都～放爆竹]大晦日の夜にはみんな爆竹を鳴らす.

*****rǎn** 染[動]❶(染色などで)染める.¶tā de yīfu bèi mòshuǐ ～hēi le[他的衣服被墨水～黑了]彼の服はインクで黒く染まった.❷病気や悪習に感染する.¶tā ～shangle xīdú de èxí[他～上了吸毒的恶习]彼は麻薬という悪習に染まった.

*****rán'ér** 然而[接]〈書〉しかし.注逆接を表し語気は"却"quèよりも強い.口語ではふつう"但是" dànshì,"可是"kěshìを用いる.¶wǒ yǐwéi tā huì lái,～ wǒ cuò le[我以为他会来，～我错了]彼が来ると思っていたが,それは間違いだった.

*****rǎng** 嚷[動]大声でわめく.騒ぐ.¶bié ～ le,wǒ tīngjian le[别～了，我听见了]わめくな,聞こえているよ.

⁑ràng 让[動]❶譲歩する.¶nǐ bǐ tā dà, yīnggāi ～zhe diǎnr tā[你比他大，应该～着点儿他]あなたは彼より年上なのだから少し譲らなければ.❷招き入れる.勧める.¶～ chá[～茶]お茶を勧める／tóngxuémen bǎ lǎoshī ～jin wūli[同学们把老师～进屋里]クラスメートたちは先生を部屋に招き入れた.❸(一定の代価を取って)譲り渡す.¶tā bǎ fángzi ～gěi wǒ le[他把房子～给我了]彼は家を私に譲ってくれた.❹…させる.¶wǒ bú ～ nǐ zǒu[我不～你走]私はあなたを行かせない.[前]…される.¶màozi ～ fēng chuīzǒu le[帽子～风吹走了]帽子が風にとばされていった.

ràng//bù 让步[動]譲歩する.¶liǎng ge rén shéi yě bù kěn ～[两个人谁也不肯～]2人ともどちらも譲歩しようとしない.

⁑ránhòu 然后[副]その後で.それから.¶tā xiān zuòwánle zuòyè,～ cái chūqu wánr[他先做完了作业，～才出去玩儿]彼はまず宿題を終わらせ,それから遊びに出かけた.

†ránliào 燃料[名]燃料.¶huǒ yào miè le,kuài jiā xiē ～[火要灭了，快加些～]火が消えそうだ.早く燃料を足せ.

†rǎnliào 染料[名]染料.

*****ránshāo** 燃烧[動]燃える.¶dà huǒ xióngxióng ～[大火熊熊～]火がぼうぼうと燃えている.

†ráo 饶[動]❶加える.添える.¶diànzhǔ yòu gěi wǒ ～le liǎng tiáo yú[店主又给我～了两条鱼]店の主人はまた私に魚を2匹おまけしてくれた.❷許す.¶shīfu,nǐ jiù ～le wǒ ba[师傅，你就～了我吧]師匠,許してください.

*****rào** 绕[動]❶巻く.巻きつける.¶wǒ bǎ diànxiàn ～zai yí kuài zhǐbǎn shang le[我把电线～在一块纸板上了]電線を厚紙に巻きつけた／～kǒulìng[～口令]早口言葉.❷回る.¶nǐmen měi ge rén ～ cāochǎng pǎo yì quān[你们每个人～操场跑一圈]みんな運動場をぐるっと1周走れ.❸回り道をする.¶zhèr zài shīgōng,zhǐhǎo ～zhe zǒu[这儿在施工，只好～着走]ここは工事中だ,迂回して行くしかない.

rǎoluàn 扰乱[動]かき乱す.¶nǐ de xíngwéi ～le gōnggòng zhìxù[你的行为～了公共秩序]おまえの行為は公共の秩序を乱すものだ.

*****rě** 惹[動]❶(よくない結果を)引き起こす.¶nǐ yòu ～ máfan le[你又～麻烦了]おまえはまた面倒を引き起こした.❷怒らせる.気にさわる.¶nǐ bié bǎ wǒ ～huǒ le[你别把我～火了]私を怒らせるな.❸(感情を)起こさせる.¶tā zhǎngde hěn piàoliang,hěn ～ rén zhùyì[她长得很漂亮，很～人注意]彼女は容姿が美しく,とても人目を引く.

⁑rè 热[名]❶熱.¶mócā kěyǐ chǎnshēng ～[摩擦可以产生～]摩擦は熱を起こせる.❷体の熱.¶gǎnmào fā～[感

冒发～]風邪を引いて熱が出る.*❸ブーム.¶rújīn Měiguó xīngqǐle Hànyǔ～[如今美国兴起了汉语～]近頃アメリカで中国語ブームが起こっている.[形]❶暑い.熱い.↔ lěng 冷 ¶jīntiān tiānqì hěn ～[今天天气很～]今日はとても暑い.*❷情が深い.激しい.¶mǔnǚ liǎ hěn qīn～[母女俩很亲～]母娘2人はとても仲がよい.*❸人気がある.流行っている.¶jìsuànjī gōngchéng shì ～ménr[计算机工程是～门儿]コンピュータエンジニアリングは人気の分野だ.❹うらやましい.ほしくてたまらない.¶rénjia de dōngxi nǐ yǎn～ shénme[人家的东西你眼～什么]人のものをほしがってどうするんだ.[動]食べ物を温める.¶wǒ bǎ fàn ～yi～[我把饭～一～]ご飯をちょっと温めよう.

*rè'ài 热爱[動]熱愛する.¶wǒ ～ gùxiāng[我～故乡]私は故郷を熱愛している.

rècháo 热潮[名]高揚.ブーム.¶gǎigé kāifàng de ～[改革开放的～]改革開放の高まり.

rèdài 热带[名]熱帯.

rèdiǎn 热点[名](多くの人が注目し関心を持つ事物や場所)人気スポット.関心事.¶zhèi zhōu de ～ xīnwén shì shénme?[这周的～新闻是什么?]今週のホットニュースは何ですか.

rè lèi yíng kuàng 热泪盈眶㊈感動して熱い涙が目からあふれる.¶tīngle tā de gùshi,wǒ gǎndòngde ～[听了他的故事，我感动得～]彼の話を聞き,私は感動で涙があふれた.

†**rèliàng 热量**[名]熱量.カロリー.¶qiǎokèlì de ～ tèbié gāo[巧克力的～特别高]チョコレートのカロリーはとても高い.

*rèliè 热烈[形]熱烈である.(興奮して)熱がこもっている.¶huìchǎng shang qìfēn shífēn ～[会场上气氛十分～]会場の雰囲気は非常に盛り上がっている/～ de zhǎngshēng[～的掌声]熱烈な拍手.

rèmén 热门[名]人気のある分野.はやっているもの.¶Shìjièbēi zúqiúsài chéngwéi xiànzài de ～ huàtí[世界杯足球赛成为现在的～话题]サッカー

●百科知識●

早口ことば

1 四是四，十是十，　Sì shì sì, shí shì shí,
十四是十四，四十是四十。　shísì shì shísì, sìshí shì sìshí.
(4は4, 10は10, 14は14, 40は40)

2 黄凤凰灰凤凰，　Huáng fènghuáng huī fènghuáng,
粉红墙上画凤凰，　fěnhóng qiángshang huà fènghuáng,
凤凰黄凤凰灰，　fènghuáng huáng fènghuáng huī,
粉红墙上凤凰飞。　fěnhóng qiángshang fènghuáng fēi.
(黄色い鳳凰灰色鳳凰,ピンクの壁に鳳凰描いた,鳳凰黄色鳳凰灰色,ピンクの壁で鳳凰が飛ぶよ)

3 大妹和小妹，一起去收麦，　Dàmèi hé xiǎomèi, yìqǐ qù shōu mài,
大妹割小麦，小妹割大麦。　dàmèi gē xiǎomài, xiǎomèi gē dàmài.
(上の妹と下の妹, 2人いっしょに麦刈りに行った,上の妹小麦を刈った,下の妹は大麦刈った)

4 祖父属猪，祖母属兔，　Zǔfù shǔ zhū, zǔmǔ shǔ tù,
叔父属鼠，姑母属虎。　shūfù shǔ shǔ, gūmǔ shǔ hǔ.
(お祖父さん亥〈ブタ〉年,お祖母さん卯〈ウサギ〉年,叔父さんは子〈ネズミ〉年で叔母さんは寅〈トラ〉年)

のワールドカップは今一番ホットな話題になっている.

★rén 人[名]❶人間.¶hǎo～[好～]いい人.❷それぞれの人.人々.¶zhèige dàoli ～ suǒ gòng zhī[这个道理～所共知]こんな理屈は誰でも知っていることだ.❸大人.¶tā zhōngyú zhǎngdà chéng ～ le[他终于长大成～了]彼はやっと大人になった.*❹(なんらかの職業や役割などを担っている)人.者.¶wǒ shūshu shì gōng～[我叔叔是工～]私のおじさんは(肉体)労働者だ.❺ほかの人.¶nǐ búyào zǒng tīng bié～ de[你不要总听别～的]他人の言うことを聞くばかりではだめだよ.❻人柄.¶tā ～ hěn hǎo[他～很好]彼は人柄がいい.❼体.体調.¶māma zuìjìn ～ bú tài shūfu[妈妈最近～不太舒服]お母さんはこの頃調子があまりよくない.❽人手.人材.¶wǒmen chǎng hěn quē ～[我们厂很缺～]我々の工場では人手が足りない.

***rěn 忍**[動]❶耐える.我慢する.¶tā ～zhe téng zuòwánle shǒushù[他～着疼做完了手术]彼は痛みをこらえながら手術をやり終えた.❷心を鬼にする.注否定や反語の形でしか使われない.¶wǒ bù ～xīn kànzhe tā chūshì[我不～心看着他出事]彼が事故を起こすのを見るに忍びない／nǐ zěnme ～xīn zhèyàng zuò![你怎么～心这样做!]あなたはなぜ無慈悲にもそんなことをするのか.

***rèn 认**[動]❶見分ける.知っている.¶wǒ ～ zì[我～字]私は字が読める.❷関わりのなかった人と関係を結ぶ.¶～ shīfu[～师傅]師弟関係を結ぶ.*❸認める.同意する.¶tā shì dàjiā gōng～ de hǎorén[他是大家公～的好人]彼は誰もが認める好人物だ.❹しかたなく我慢する.あきらめて認める.¶xiǎng ràng wǒ ～ dǎoméi,méi nàme róngyì[想让我～倒霉，没那么容易]私に泣き寝入りさせせようとしても,そう簡単にはいかない／yǐjing zhèyàng le, nǐ jiù ～ le ba![已经这样了，你就～了吧!]すでにこうなってしまったのだから,あきらめなさい.

†rèn 任[動]❶任ずる.¶zhèi jiā gōngsī ～yòng wǒ le[这家公司～用我了]この会社は私を任用した.❷担当する.任に就く.¶tā shì cóng jīnnián sìyuè kāishǐ ～ xiànzhí de[他是从今年四月开始～现职的]彼は今年の4月から現職についたのだ.*❸引き受ける.¶duì gōngzuò,tā kě zhēn shì ～ láo ～ yuàn [对工作，他可真是～劳～怨]仕事に関しては,彼は本当に苦労をものともせず,非難も気にしない.

†rèn 任[前]…に任せる.…の自由にさせる.¶duì zhèi zhǒng rén hé shì,bù néng tīng zhī ～ zhī[对这种人和事，不能听之～之]このような人や事をなすがままにさせておくわけにはいかない.[接]…に関わらず.たとえ…であろうと.¶～ nǐ zěnme shuō,wǒ dōu bú huì gǎibiàn zhǔyi[～你怎么说，我都不会改变主意]君がどう言おうと私は考えを変えない.

***rè·nao 热闹**[形]にぎやかである.¶

いろいろな"～人"

◁◁◀ 逆引きウインドウズ

1 爱人	àiren	妻・夫(配偶者)
2 坏人	huàirén	悪人
3 老人	lǎorén	老人
4 年轻人	niánqīngrén	若者
5 发言人	fāyánrén	スポークスマン
6 主持人	zhǔchírén	司会者・ニュースキャスター
7 雪人	xuěrén	雪だるま
8 机器人	jīqirén	ロボット

dàjiē shang hěn ～[大街上很～]大通りはにぎやかだ.[動]楽しくにぎやかに過ごす.¶zánmen kāi ge wǔhuì ～yíxià,zěnmeyàng?[咱们开个舞会～一下，怎么样?]ダンスパーティーを開いてにぎやかにやらないか.

†**rěn•buzhù 忍不住**[動]我慢できない.¶tā hěn nánguò,～ kūlechulai[她很难过，～哭了出来]彼女はとてもつらくて,こらえきれずに泣き出した.

***réncái 人才**[名]人材."人材"とも書く.¶wǒmen chǎng hěn xūyào guǎnlǐ ～[我们厂很需要管理～]我々の工場では管理職の人材をとても必要としている.

réncí 仁慈[形]慈しみ深い.¶lǎo dàniang hěn ～[老大娘很～]おばあさんはとても慈しみ深い.

réndà 人大[名]人民代表大会."人民代表大会"rénmín dàibiǎo dàhuìの略.¶tā dāngshangle ～ dàibiǎo[他当上了～代表]彼は人民代表大会の代表になった.

réndào zhǔyì 人道主义[名]人道主義.ヒューマニズム.¶yīshēng yào yǒu ～ de jīngshén[医生要有～的精神]医者には人道主義の精神がなければならない.

***rèn•de 认得**[動]知っている.覚えている.¶zhèige rén wǒ ～[这个人我～]この人なら知っている.

rèndìng 认定[動]はっきりと認める.認定する.¶tā ～ de shì,shéi yě wúfǎ gǎibiàn[他～的事，谁也无法改变]彼がこうと決めたことは誰にも変えることはできない.

***rēng 扔**[動]❶ほうり投げる.¶nǐ bǎ nèi jiàn yīfu ～gěi wǒ[你把那件衣服～给我]その服を私に投げてくれ.❷捨てる.¶nèi jiàn yīfu méi huài, bié ～ le[那件衣服没坏，别～了]その服はまだだめになっていないから捨てないで.→[類義語] diū 丢→[見る類] p.533

***réng 仍**[副]〈書〉依然として.やはり.¶suīrán zhìliáole hěn jiǔ,dàn bìng ～ bú jiànhǎo[虽然治疗了很久，但病～不见好]治療してだいぶたつというのに,病状は相変わらず好転する兆しがない.

réngé 人格[名]❶人格.人柄.¶～wěidà[～伟大]人格が偉大である／yào zūnzhòng tārén de ～[要尊重他人的～]人の人格を尊重すべきだ.❷(人の)品格.¶tā jùyǒu gāoshàng de ～[他具有高尚的～]彼は高尚な品格を具えている.

†**réngjiù 仍旧**[副]依然として.やはり.¶jǐshí nián le,tā ～ shì lǎoyàngzi[几十年了，他～是老样子]数十年もたつのに彼は相変わらずだ.[形]以前のままである.¶yíqiè ～[一切～]すべて今まで通りである.

***réngōng 人工**[区]❶人工的な.¶zhèi zhǒng zhēnzhū shì ～ yǎngzhí de[这种珍珠是～养殖的]この種の真珠は人工的に養殖されたものだ.❷人力による.¶zhèli háishi ～ gēngtián[这里还是～耕田]ここではまだ人力で田畑を耕している.

***réngrán 仍然**[副]依然として.やはり.¶suīrán nǐ yǒu hěn duō quēdiǎn,kě wǒ ～ ài nǐ[虽然你有很多缺点，可我～爱你]君には欠点がたくさんあるが,それでも私はやはり君を愛している.

⁑**rènhé 任何**[代]いかなる.どのような.¶chúle yīnyuè,tā duì ～ shì dōu bù gǎn xìngqù[除了音乐，他对～事都不感兴趣]音楽以外,彼はいかなる事にも興味を示さない.

***rénjiā 人家**[名](～儿)〔hù 户,jiā 家〕❶人家.世帯.¶zhè lóuli zhùzhe èrshísān hù ～[这楼里住着二十三户～]この建物には23世帯が住んでいる.❷家庭.¶zhè shì yí hù hǎo ～[这是一户好～]これはよき家庭だ.→rénjia

†**rén•jia 人家**[代]❶ほかの人.¶～néng zuòdao de shì wǒ yě néng zuòdao[～能做到的事我也能做到]人にできることなら私にだってできる.❷あの人(たち).ある人(たち).¶nǐ yào xuéxue ～[你要学学～]あの人(たち)を見習いなさい.❸(親しい人との会話の中などで)自分をさす.¶nǐ yìdiǎnr yě bù bǎ ～ fàngzai xīnshang[你一点儿也不把～放在心上]あなたは私のことをこれっぽっちも考えてくれな

いんだから.→rénjiā

> 語法 **"人家"**
> ►"人家"はrénjiāのように2音節目を第1声に読むと「人家(じんか),家庭」の意味になるが,rénjiaのように軽声に読むと「人様,あの人,私」の意味になる.
> 1)第1声に読む場合
> ¶这里有两百户人家 zhèli yǒu liǎngbǎi hù rénjiā(ここには200戸の人家がある)
> 2)軽声に読む場合
> ¶你看，人家在排队呢 nǐ kàn,rénjia zài páiduì ne(ほら,人が並んでいるよ)／我哪能跟人家比？ wǒ nǎ néng gēn rénjia bǐ?(私があの人と比べものになりましょうか)／人家跟你说，你不听 rénjia gēn nǐ shuō,nǐ bù tīng(私が言ってるのに,あなたは聞かない)

†**rénjiān 人间**[名]世間.この世.¶～lètǔ[～乐土]この世の楽土／～dìyù[～地狱]この世の地獄.

rénjì guān·xì 人际关系[名]人間関係.¶gōngsī de ～ hěn fùzá[公司的～很复杂]会社内の人間関係はとても複雑である.

†**rénjūn 人均**[形]1人当たり平均.¶wǒmen gōngsī jīnnián de ～ shōurù yí wàn yuán[我们公司今年的～收入一万元]我が社の今年の1人当たりの平均収入は1万元だ.

rènkě 认可[動]許可する.承認する.¶zhèi jiàn hūnshì yǐjing dédàole tā fùmǔ de～[这件婚事已经得到了她父母的～]この縁談はすでに彼女の両親の承認を得た.

*__rénkǒu 人口__[名]❶人口.¶Zhōngguó yǒu shísān yì ～[中国有十三亿～]中国は13億の人口を有する.❷世帯の人数.¶tā jiā ～ bù duō[他家～不多]彼の家族は人数が多くない.

*__rénlèi 人类__[名]人類.¶～ de qǐyuán[～的起源]人類の起源.

†**rénlì 人力**[名]人の力.労力.¶zhèige gōngzuò xūyào hěn duō ～、wùlì[这个工作需要很多～、物力]この仕事は多くの労力と物資を必要とする.

⁑**rén·men 人们**[名](多くの)人々.¶～ dōu zài yìlùn nèi jiàn shì[～都在议论那件事]人々はみんなそのことについて取りざたしている.

⁑**rénmín 人民**[名](労働者を中心とした)人民.¶quánguó ～ qíxīn xiélì jiànshè zǔguó[全国～齐心协力建设祖国]全国人民が一致協力して祖国を建設する.

⁑**rénmínbì 人民币**[名](中国の法定貨幣である)人民元.¶nǐ yǒu méiyou ～?[你有没有～?]人民元を持っていますか.

rènmìng 任命[動]任命する.¶wǒ bèi gōngsī ～wéi fùjīnglǐ[我被公司～为副经理]私は会社から副社長に任命された.

†**rěnnài 忍耐**[動]忍耐する.我慢する.¶yí ge rén de ～ shì yǒu xiàndù de[一个人的～是有限度的]人の我慢にも限度というものがある.

rénqì 人气[名]人気(にんき).日本語からの借用語.¶zhèi wèi gēshǒu hěn yǒu ～[这位歌手很有～]この歌手はとても人気がある.

rénqíng 人情[名]❶人情.¶wēnnuǎn de ～[温暖的～]温かい人情／tā hěn yǒu ～wèi[他很有～味]彼はとても人情味がある.❷私情.コネ.¶māma tuō ～ ràng wǒ shàng yǒumíng de xuéxiào[妈妈托～让我上有名的学校]母はコネを使って私を有名校に入れた.❸儀礼上の付き合い.義理.¶wǒ bù liǎojiě zhè dìqū de fēngsú ～[我不了解这地区的风俗～]私はこの地の風俗や付き合いの慣習は分からない.

rénqíngwèi 人情味[名](～儿)人情味.¶tā zhèige rén hěn yǒu ～[他这个人很有～]彼はとても人間味がある.

†**rénquán 人权**[名]人権.¶qīnfàn ～[侵犯～]人権を害する.

†**rénqún 人群**[名]人の群れ.¶tā gēnzhe ～ xiàng qián zǒu[他跟着～向前走]彼は人波に従って前へ進んだ.

rénshēn 人身[名]人身.人格.¶zuòwéi gōngmín,wǒ xiǎngyǒu ～ zìyóu[作为公民，我享有～自由]公民と

して,私は人身の自由(不法逮捕されないことなど)を有している／～ gōngjī[～攻击]人身攻撃／～ ānquán[～安全]身の安全.

rénshēn 人参[名]〔植〕薬用ニンジン.

rénshēng 人生[名]人生.¶～guān[～观]人生観／～ dàolù[～道路]人生の道.人生行路.

†**rénshì 人士**[名](社会的影響力のある)人士.¶gèjiè ～[各界～]各界の人士／wúdǎngpài ～[无党派～]無党派人士／zhùmíng ～[著名～]著名人.

rénshì 人事[名]❶(仕事上の)人事.¶zhèli shì ～kē[这里是～科]ここは人事課だ.❷人情.道理.¶xiǎoháizi bù dǒng ～[小孩子不懂～]子供は義理人情が分からない.❸意識.¶dàole yīyuàn,tā yǐjing ～ bù zhī le[到了医院，他已经～不知了]病院に着いた時,彼は既に意識を失っていた.

☆**rèn·shi 认识**[動]❶知っている.¶wǒ ～ zhèi zhǒng huā[我～这种花]私はこの花を知っている.❷認識する.¶duì shèhuì de ～ hái bú gòu shēn[对社会的～还不够深]社会に対する認識がまだ十分に深まっていない.

> [類義語] **rènshi 认识　zhīdao 知道　liǎojiě 了解**
> ►いずれも「知っている」という意味を表すが,"认识"は人や事物について,ほかのものと見分けがつく,見知っている.目的語には多く名詞(句)をとる.¶照片儿上这个人我认识 zhàopiānr shang zhèige rén wǒ rènshi(写真に写っているこの人を私は知っている)►"知道"は対象についての情報や知識を持っている.目的語に名詞(句),動詞(句),主述句をとる.¶我知道你很忙 wǒ zhīdao nǐ hěn máng(あなたが忙しいのは分かっている)／他知道的事情很多 tā zhīdao de shìqing hěn duō(彼が知っていることはとても多い)►"了解"は全面的に深く知り,理解していること.目的語には多く名詞(句)をとる.¶我很了解他的底细 wǒ hěn liǎojiě tā de dǐxì(私は彼の事情をよく理解している)

†**rěnshòu 忍受**[動]耐え忍ぶ.¶zhèyàng de dǎjī wǒ wúfǎ ～[这样的打击我无法～]このような打撃は私には耐えられない.

†**réntǐ 人体**[名]人体.¶zhè shì yí jù ～ móxíng[这是一具～模型]これは人体模型だ.

rénwéi 人为[区]人為的である.(多くは好ましくないことについて用いる)¶zhè shì yì cháng ～ de zāinàn[这是一场～的灾难]これは人為的な災害である.

☆**rènwéi 认为**[動]…であるとみなす.思う.¶wǒ ～ nǐ zhèyàng zuò shì bú duì de[我～你这样做是不对的]君がこのようにしたのは間違っていると私は思う.

***rénwù 人物**[名]❶人物.¶tā xǐhuan yīngxióng ～[他喜欢英雄～]彼は英雄的な人物が好きだ.❷芸術作品の中の登場人物.¶zhèi bù xiǎoshuō zhōng de ～ miáoxiě shífēn xìnì[这部小说中的～描写十分细腻]この小説の人物描写は非常に細やかだ.

***rèn·wu 任务**[名]任務.課題.¶shàng bànnián,wǒmen chāo'é wánchéngle shēngchǎn ～[上半年，我们超额完成了生产～]上半期において,我々は生産目標額を超過達成した.➡[類義語] gōngzuò 工作

†**rénxīn 人心**[名]❶人心.¶zhèige xiāoxi shífēn zhènfèn ～[这个消息十分振奋～]この知らせは人々の心を大いに奮い立たせた.❷良心.人間らしい心.¶tā zhèi zhǒng rén méiyou ～[他这种人没有～]彼という男は良心を持たない.

rénxìng 人性[名]人間性.¶tā yǐjing sàngshīle ～[他已经丧失了～]彼はもはや人間性を失ってしまった.

rènxìng 任性[形]わがままである.勝手である.¶zhèige xiǎogūniang hěn ～[这个小姑娘很～]この娘はわがままだ.

†**rènyì 任意**[副]自由に.勝手に.¶zhèixiē lǐwù nǐ kěyǐ ～ tiāoxuǎn[这些礼

物你可以～挑选]これらの贈り物は自由に選んでいいですよ.

*rényuán 人员[名](何らかの職務を持つ)人員.職員.要員.¶guójiā jīguān gōngzuò ～[国家机关工作～]国家機関の要員(公務員).

*rénzào 人造[区]人造の.¶～ dàlǐshí [～大理石]人工大理石.

rénzào wèixīng 人造卫星[名]人工衛星.¶Zhōngguó fāshèle yì kē ～[中国发射了一颗～]中国は人工衛星を打ち上げた.

☆rèn//zhēn 认真[形]まじめである.真剣である.↔ mǎhu 马虎 ¶Xiǎo-Míng xuéxí shífēn ～[小明学习十分～]明ちゃんはとてもまじめに勉強している.

rénzhì 人质[名]人質.¶zuìfàn shāhàile ～[罪犯杀害了～]犯人は人質を殺害した.

rèn//zhí 任职[動]職務に就く.勤める.¶tā zài jiāotōng bùmén ～[他在交通部门～]彼は交通部門に勤めている.

rèn zhòng dào yuǎn 任重道远 成 任務は重く道のりは遠い.¶yào wánchéng zhèi xiàng yánjiū gōngzuò, hái ～,dàjiā jìxù nǔlì ba[要完成这项研究工作，还～，大家继续努力吧]この研究が完成するには,まだ長い道のりがあります.皆さん引き続き努力しましょう.

☆rèqíng 热情[形]熱い心がこもっている.親切である.¶tā duì wǒ hěn ～[他对我很～]彼は私に対してとても親切だ.[名]情熱.熱意.¶tā gōngzuò ～ hěn gāo[他工作～很高]彼は仕事への情熱が大いにある.➡ 類義語 qīnqiè 亲切

*rèshuǐpíng 热水瓶[名]魔法瓶.ポット.“暖水瓶”nuǎnshuǐpíngともいう.¶～ li yǒu shuǐ ma?[～里有水吗?]魔法瓶に水が入っていますか.

rèxiàn 热线[名]ホットライン.¶yǒu wèntí qǐng dǎ xiāofèizhě ～[有问题请打消费者～]何か問題がありましたら消費者ホットラインにおかけください.

rèxiàn diànhuà 热线电话[名]ホットライン電話.

*rèxīn 热心[形](人や事物に対する態度が)熱心である.熱意を持っている.親切である.¶tā ～ de bāngzhù tóngxué[他～地帮助同学]彼は親切にクラスメートを助けている.➡ 類義語 qīnqiè 亲切

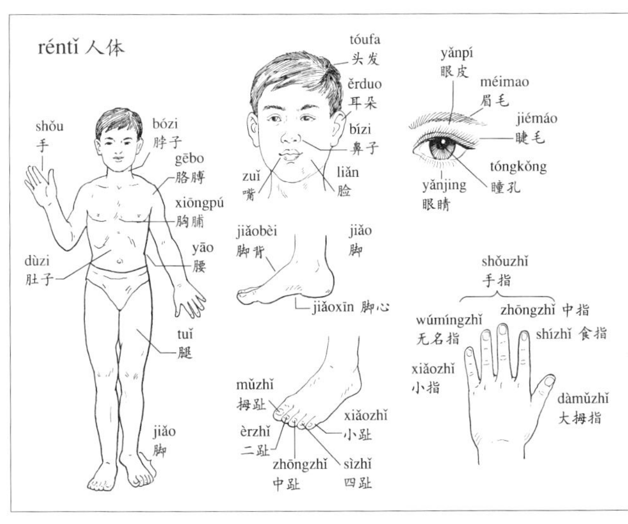

rèzhōng 热衷[動]…に熱中する. ¶ hěn duō rén ～yú tiào jiāoyìwǔ[很多人～于跳交谊舞]多くの人が社交ダンスに熱中している.

⁑**rì 日**[名]❶太陽. ¶ qù kàn ～chū[去看～出]日の出を見に行く.❷日本の略称. ¶ fǎng ～ dàibiǎotuán[访～代表团]訪日代表団.❸昼間. ¶ zhèi zhōu shàng ～bān [这周上～班]今週は日勤だ.❹一日. ¶ nà,zánmen gǎi ～ zài tán ba[那，咱们改～再谈吧]それじゃあ,また日を改めて話そう.*❺毎日.日一日.❻時期. ¶ wǎng～ de suìyuè[往～的岁月]往時の歳月／lái ～ fāng cháng[来～方长]成これから先の月日は長い.➡類義語 tiān 天

†**rìbào 日报**[名]日刊紙. ¶ wǒ jiā dìngle ～[我家订了～]我が家では日刊紙を予約購読している.

***rìcháng 日常**[形]日常の.日々の. ¶ zhè bù yǐngxiǎng tā de ～ shēnghuó[这不影响他的～生活]これは彼の日常生活に影響しない.

***rìchéng 日程**[名]日程. ¶ nǐ gěi dàjiā jiǎng yíxià ～ ānpái[你给大家讲一下～安排]ちょっとみんなに日程の段取りを説明してください.

rìguāng 日光[名]日光. ¶ xǐhuan ～yù[喜欢～浴]日光浴を好む.

***rìjì 日记**[名]日記. ¶ wǒ měitiān dōu xiě ～[我每天都写～]私は毎日日記を書いている.

***rìqī 日期**[名]期日.日付. ¶ zhèi cì dàhuì kāishǐ de ～ shì jiǔyuè shí rì[这次大会开始的～是九月十日]今回の大会開始日は9月10日だ.

rìqián 日前[名]〈書〉先日.このほど. ¶ ～ shìzhèngfǔ zhàokāile gōngzuò huìyì[～市政府召开了工作会议]数日前,市は業務会議を開いた.

rì xīn yuè yì 日新月异成日進月歩.絶え間なく進展する. ¶ zhè jǐ nián Shànghǎi de biànhuà zhēn shì ～,ràng rén nányǐ zhìxìn[这几年上海的变化真是～，让人难以置信]ここ数年の上海の変化はまさに日進月歩で,信じられないものがある.

†**rìyè 日夜**[名]日夜. ¶ tā gōngzuòqilai bù fēn ～[他工作起来不分～]彼は働き始めると昼も夜もない.

†**rìyì 日益**[副]日ましに.1日1日と. ¶ rénmín shēnghuó ～ gǎishàn[人民生活～改善]人民の生活は日に日に改善されている.

†**rìyòng 日用**[区]日用の.日常使いの. ¶ zhèli chénliè de dōu shì ～ diànqì[这里陈列的都是～电器]ここに陳列してあるのはすべて日用電化製品だ.

***rìyòngpǐn 日用品**[名]日用品. ¶ zhèi jiā shāngdiàn jīngyíng gèzhǒng ～[这家商店经营各种～]この商店はいろいろな日用品を扱っている.

⁑**Rìyǔ 日语**[名]日本語. ¶ jiějie huì shuō ～[姐姐会说～]姉は日本語が話せる.

***rìyuán 日元**[名]日本円. ¶ ～ zhèngzài shēngzhí[～正在升值]円が値上がりしている.

rì yuè rú suō 日月如梭成月日のたつのが早いたとえ."梭"は織物の横糸を渡す道具. ¶ ～,wǒ líkāi jiāxiāng yǐjing zhěngzhěng sān nián le[～，我离开家乡已经整整三年了]月日がたつのは早いもので,私が故郷を離れてからまる3年がたった.

⁑**rì·zi 日子**[名]❶日にち.期日. ¶ jiéhūn de ～ kuài dào le[结婚的～快到了]もうすぐ結婚する日だ.❷期間.時間. ¶ qián xiē ～ wǒ chángcháng tóuténg[前些～我常常头疼]この何日か私はよく頭痛がした.❸生活.暮らし. ¶ tā de ～ bù hǎo guò ya![他的～不好过呀!]彼の暮らしはさぞ苦しいだろう.

róng 绒*[名]❶鳥や動物の短くて柔らかい毛. ¶ yā～bèi[鸭～被]羽毛のかけ布団.❷表面を毛羽立たせてある織物の総称. ¶ zhèige xiǎoháir shēn chuān dēngxīn～ kù[这个小孩儿身穿灯心～裤]この子はコーデュロイのズボンをはいている.

†**róng 容**[動]❶入れる.収容する. ¶ zhèige tǐyùchǎng ～dexià liǎng wàn míng guānzhòng[这个体育场～得下两万名观众]この体育館は2万人の観衆を収容できる.❷納得する.受け入れる. ¶ tiānlǐ nán～[天理难～]道義上受け入れがたい.

róng 溶[動]溶ける.¶diǎn ～yú jiǔjīng chéngwéi diǎnjiǔ[碘～于酒精成为碘酒]ヨードをアルコールに溶かすとヨードチンキになる.

róng 熔[動](固体に熱を加えて)溶かす.溶解する.¶tiěbǎn ～chéngle tiěshuǐ[铁板～成了铁水]鉄板は溶けてドロドロになった.

R

rónghuà 溶化[動]〔化〕(固体が水や液体の中で)溶ける.溶解する.¶zuǐli de táng ～ le[嘴里的糖～了]口の中の飴が溶けた.

rónghuà 融化[動](氷や雪が)溶ける.解ける.¶chūntiān lái le,bīngxuě kāishǐ ～[春天来了，冰雪开始～]春になって,氷雪が溶け始めた.

róngjī 容积[名]容積.¶zhèige hézi de ～ bǐ nèige hézi dà[这个盒子的～比那个盒子大]この入れ物の容積はあの入れ物より大きい.

róngjiě 溶解[動]〔化〕溶ける.溶解する.¶shíyán nénggòu ～ yú shuǐ[食盐能够～于水]食塩は水に溶ける.

róngliàng 容量[名]容量.¶rè～[热～]熱容量.

róngnà 容纳[動]収容する.¶zhèige lǐtáng kěyǐ ～ yí wàn rén[这个礼堂可以～一万人]この講堂は1万人収容できる.

róngqì 容器[名]容器.¶xiànzài de jiātíng dōu xǐhuan shǐyòng búxiùgāng ～[现在的家庭都喜欢使用不锈钢～]現在の家庭は皆ステンレスの容器を好んで使っている.

róngqià 融洽[形]互いにうちとけ合っている.しっくりいっている.¶tā jiā de póxí guānxi hěn ～[他家的婆媳关系很～]彼の家の嫁姑関係はうまくいっている.

róngrěn 容忍[動]我慢する.容赦する.¶jué bù néng ～ fànzuì xíngwéi[绝不能～犯罪行为]犯罪行為を決して容認することはできない.

†**róngxìng 荣幸**[形]光栄である.幸運である.¶jīntiān nénggòu rènshi nín,wǒ gǎndào fēicháng ～[今天能够认识您，我感到非常～]今日はあなたとお知り合いになれて,大変光栄に存じます.

†**róngxǔ 容许**[動]許可する.認める.同意する.¶wǒ bù ～ nǐ chūqu[我不～你出去]私はおまえが出ていくことを認めない.

róngyè 溶液[名]〔化〕溶液.¶tā zài shíyànshì pèi ～[他在实验室配～]彼は実験室で溶液を調合している.

⁑**róngyì 容易**[形]❶…しやすい.¶chī bù gānjìng de dōngxi ～ shēng bìng[吃不干净的东西～生病]不潔なものを食べると病気になりやすい.❷容易である.¶shàngshān ～,xiàshān nán[上山～，下山难]山に登るのは容易だが,降りるのは難しい.➡類義語 jiǎndān 简单

類義語　róngyì 容易　hǎo 好

►「…するのがたやすい」の意ではいずれも使える.¶这件事｛容易／好｝办，就交给我吧 zhèi jiàn shì {róngyì／hǎo} bàn，jiù jiāogěi wǒ ba(この事はやりやすいから私にやらせてよ)►日本語に直した場合,同じ「…しやすい」だが,「あることが起きる可能性が高い」の意では“容易”を用いる.¶天热，食物｛容易／×好｝变质 tiān rè,shíwù {róngyì／×hǎo} biànzhì(暑いから食べ物がいたみやすい)

róngyù 荣誉[名]名誉.栄誉.誇り.¶jítǐ ～[集体～]集団全体の名誉.

†**róu 揉**[動]❶撫でる.こする.¶Xiǎo-Míng zuìjìn zǒng ài ～ yǎnjing[小明最近总爱～眼睛]明ちゃんは最近いつも目をこすっている.❷こねる.¶māma ～ miàn zhǔnbèi bāo jiǎozi[妈妈～面准备包饺子]お母さんは小麦粉をこねてギョーザ作りの準備をする.

⁑**ròu 肉**[名]❶〔kuài 块,piàn 片〕肉.¶wǒ ài chī niú～[我爱吃牛～]私は牛肉が好きだ.❷果肉.¶guìyuán～ shì zībǔ jiāpǐn[桂圆～是滋补佳品]リュウガンの果肉はよい栄養補助食品である.

róuhé 柔和[形]柔和である.優しい.柔らかである.¶zhèi zhǎn dēng de dēngguāng hěn ～[这盏灯的灯光很～]この電灯の明かりはとても優しい.

†**róuruǎn 柔软**[形]柔らかである.柔軟である.¶tǎngzai ～ de chuángshang hěn shūfu[躺在～的床上很舒服]柔らかいベッドに横たわるのはとても気持ちがいい.

*__rú 如__[動]❶…にかなう.…に合う.¶wǒ ～yuàn kǎoshangle lǐxiǎng de dàxué[我～愿考上了理想的大学]私は願いどおり理想の大学に合格した.❷…のようである.…の如くである.¶tā měitiān dǎ tàijíquán,shí nián ～ yí rì[他每天打太极拳，十年～一日]彼は十年一日の如く毎日太極拳をしている.❸(程度や能力などが)及ぶ.注比較の否定形のみに用いられる.¶zhèi shǒu gē bù～ nèi shǒu gē hǎotīng[这首歌不～那首歌好听]この歌はあの歌の美しさには及ばない.❹(例を挙げるのに用い)たとえば….¶wǒ qùguo hěn duō dìfang,～ Běijīng、Shànghǎi、Guǎngzhōu[我去过很多地方，～北京、上海、广州]私はいろいろな場所へ行ったことがある.たとえば北京,上海,広州などである.

*__rú 如__[接]もし…だったら.¶～ bù jí zǎo líkāi huì yǒu wēixiǎn de[～不及早离开会有危险的]早く離れないと危ないよ／～ yǒu wèntí,qǐng zhǎo Lǎo-Liú[～有问题，请找老刘]もし何かあった場合は劉さんに連絡してください.

rǔ 乳[名]❶乳房.❷乳.乳のような液体.¶niú～[牛～]牛乳／dòu～[豆～]豆乳.

*__rù 入__[動]❶入る.↔ chū 出 ¶xiànzài yǐjing ～ dōng,tiānqì zhuǎnlěng le[现在已经～冬，天气转冷了]今はすでに冬に入り寒くなった.❷(組織などに)加入する.入る.¶～ wǔ hěn guāngróng[～伍很光荣]入隊はとても名誉なことだ.❸…に合致する.…に合う.¶tā de chuānzhuó shífēn ～shí[她的穿着十分～时]彼女の身なりはとてもモダンである.

*__ruǎn 软__[形]❶(物体が)柔らかい.↔ yìng 硬 ¶zhèi kuài xiàngpí hěn ～[这块橡皮很～]この消しゴムは柔らかい.❷柔和である.優しい.¶huà shuōde hěn ～[话说得很～]話し方がとても柔和である.❸ふらふらする.¶zhème cháng de lù zǒude wǒ liǎngtuǐ fā ～[这么长的路走得我两腿发～]こんなに長い道を歩いたので両足がガタガタだ.❹動揺しやすい.感動しやすい.¶zhèi wèi dàmā jiù shì xīn ～[这位大妈就是心～]このおばさんは本当に情にもろい.

†**ruǎnjiàn 软件**[名]ソフトウェア.¶wǒ shì yánjiū jìsuànjī ～ de[我是研究计算机～的]私はコンピュータのソフトウェアを研究している者です.

†**ruǎnpán 软盘**[名]フロッピーディスクやMOなど,記憶装置への挿入や取り出しが容易なディスク状の記憶媒体の総称.

†**ruǎnruò 软弱**[形]軟弱である.¶Xiǎo-Zhāng zhèige rén xìnggé tài ～ le[小张这个人性格太～了]張さんの性格は軟弱すぎるよ.

†**rúcǐ 如此**[代]このような.¶shì yǐ ～,méiyou bànfǎ le[事已～，没有办法了]ことここに至っては,もうどうしようもない.

*__rúguǒ 如果__[接]もしも…ならば.(仮定を表す)¶nǐ ～ xiànzài zǒu hái láidejí[你～现在走还来得及]今行けばまだ間に合うよ.

*__rúhé 如何__[代]いかが.¶hǎojiǔ bú jiàn le,jìnkuàng ～?[好久不见了，近况～?]お久しぶりです.最近はいかがお過ごしですか.

ruìlì 锐利[形]❶(刃などが)鋭利である.鋭い.¶～ de dāofēng[～的刀锋]鋭い切っ先.❷(言葉や視線が)鋭い.¶tā yòng ～ de yǎnguāng zhùshìzhe wǒmen[他用～的眼光注视着我们]彼は鋭い眼光で私たちを見つめている.

ruìxuě 瑞雪[名]吉兆とされる雪.瑞雪(ずいせつ).¶zhè shì rù dōng yǐlái de dì yī cháng ～[这是入冬以来的第一场～]これは冬に入ってからの初めての瑞雪だ.

*__rújīn 如今__[名]この頃.当世.¶～ de rén,sīxiǎng guānniàn dōu hé yǐqián bùtóng le[～的人，思想观念都和以前不同了]この頃の人は思想も観念も昔とはすっかり変わった.

†**rù∥jìng 入境**[動]入国する.¶jiějie zhèngzài jīchǎng bànlǐ ～ shǒuxù[姐姐正在机场办理～手续]姉は今空港で入国手続きをしているところだ.

rùkǒu 入口[名]入り口.¶zhè shì diànyǐngyuàn de ～[这是电影院的～]ここは映画館の入り口だ.

R

†**ruò 若**[接]〈書〉もし.¶～shì yǒu shíjiān,qǐng nín míngtiān yídìng chūxí[～是有时间，请您明天一定出席]もしお時間があれば,明日はぜひ出席してください.

*__ruò 弱__[形]❶(気力や体力が)弱い.↔ qiáng 强¶yéye zhè jǐ nián de tīnglì zhújiàn shuāi～[爷爷这几年的听力逐渐衰～]この数年,おじいさんの聴力は少しずつ衰えている.❷(年齢が)若い.¶zài gōnggòng qìchē shang yīng gěi lǎo ～ bìng cán zhě ràngzuò[在公共汽车上应给老～病残者让座]バスではお年寄りや小さい子供,病人,身障者に席を譲らなくてはいけない.❸劣る.¶guójiā de zōnghé shílì hái hěn ～[国家的综合实力还很～]国の総合的な実力はまだ弱い.

ruòdiǎn 弱点[名]弱点.¶měi ge rén dōu yǒu zìjǐ de ～[每个人都有自己的～]人にはみんな自分の弱点がある.

†**ruògān 若干**[数]いくらかの.若干の.¶tā zài guówài shēnghuóguo ～ nián[他在国外生活过～年]彼は外国で数年暮していた.

ruò wú qí shì 若无其事成何事もなかったかのように.ことをもなげに.¶xiǎotōu yǐwéi biéren méi fāxiàn,hái ～ de zài shāngdiàn li guàng[小偷以为别人没发现，还～地在商店里逛]泥棒は誰にも見つかっていないと思い,何事もないような顔でまだ店の中をぶらぶらしていた.

rúqī 如期[副]期日通りに.¶huìyì ～ jǔxíng le[会议～举行了]会議は期日通りに行われた.

rùqīn 入侵[動](敵軍が)国境に侵入する.¶yījiǔlínglíng nián,Bā guó liánjūn ～ Běijīng[一九〇〇年，八国联军～北京]1900年,8ヵ国連合軍は北京に侵入した.

rúshí 如实[副]事実通りに.如実に.¶wǒ ～ tánle zìjǐ de xiǎngfǎ[我～谈了自己的想法]私は自分の考えをありのまま話した.

†**rùshǒu 入手**[動]着手する.開始する.¶zhèi xiàng gōngzuò wǒ bù zhī cóng hé ～[这项工作我不知从何～]この仕事はどこから手を着ければよいのか分からない.

†**rútóng 如同**[動]…と同じである.まるで…のようだ.¶wǒmen liǎ jiù ～ shì qīnjiěmèi yìbān[我们俩就～是亲姐妹一般]私たち2人はまるで本当の姉妹のようだ.

†**rúxià 如下**[動]次の通りである.次のようである.¶zhèi cì huódòng de rìchéng ānpái ～[这次活动的日程安排～]今回の活動スケジュールは次の通りである.

rù∥xué 入学[動]❶(学校に)入学する.¶rùle xué yào hǎohāor de tīng lǎoshī de huà[入了学要好好儿地听老师的话]入学したら先生の話をちゃんと聞かなくてはいけない.❷小学校に上がる.就学する.

rú∥yì 如意[形]思い通りになる.意にかなっている.¶yí ge rén bù kěnéng shìshì ～[一个人不可能事事～]人は何もかもが思い通りになることはありえない.

rú yuàn yǐ cháng 如愿以偿成願いがかなえられる.¶duōnián de yuànwàng zhōngyú ～[多年的愿望终于～]長年の願いはやっとかなえられた.

rú zuì rú chī 如醉如痴成夢中になる様子.¶tā duì jīngjù ～[他对京剧～]彼は京劇に夢中だ.

S,s

*sā 撒[動]❶(力を入れて外へ向かって)放す.打つ.¶yúfūmen zhèngzài ～wǎng[渔夫们正在～网]漁師たちは網を打っている.❷思う存分にやる.¶shūshu jiǔ hēduō le,zhèng ～ jiǔfēng ne[叔叔酒喝多了，正～酒疯呢]おじさんは酒を飲み過ぎて,ばか騒ぎをして暴れているところだ.

*sǎ 洒[動]❶(水·液体·細かなものを)まく.¶sǎodì de shíhou xiān wǎng dìshang ～ diǎn shuǐ[扫地的时候先往地上～点水]地面を掃く時はまず少し水をまく.❷こぼす.こぼれる.¶～le de yán jiù bú yào le[～了的盐就不要了]こぼれた塩はもういらない.

†sā//huǎng 撒谎[動]嘘をつく.¶zhè jiāhuo yòu zài ～[这家伙又在～]こいつ,また嘘をついている.

†sāi 塞[動](すき間に物を)詰める.¶Xiǎo-Hóng zhèng wǎng xiāngzi li ～ dōngxi[小红正往箱子里～东西]紅さんは箱に物を詰めているところだ／bǎ píngkǒu ～jǐn[把瓶口～紧]瓶の口にぎゅっと栓をする.

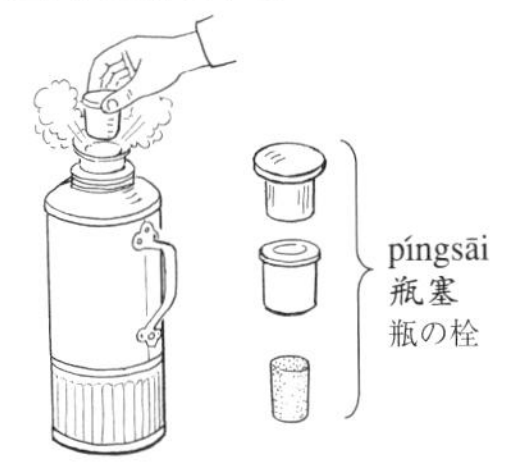

*sài 赛[動]❶競う.競技する.¶～chē[～车]車のレース／zánmen lái ～pǎo ba[咱们来～跑吧]かけっこしよう.❷…に勝る.¶tā de xuéxí chéngjì ～guo nǐ[他的学习成绩～过你]彼の成績は君より良い.

sā//jiāo 撒娇[動](～儿)甘える.¶xiǎogūniang gēn māma ～ yào yí ge bùwáwa[小姑娘跟妈妈～要一个布娃娃]小さな女の子がお母さんに縫いぐるみがほしいと甘えている.

⁑sān 三[数]❶3.3つ.❷繰り返し.何度も.¶wǒ zài～ quàn tā,kě tā jiùshì bù tīng[我再～劝他，可他就是不听]私は何度も説得をしたが,彼はどうしても聞いてくれなかった.

sān 叁[数]"三"の"大写"dàxiě(大字).注書き直しを防ぐために証書や契約書の数字の記載に用いる.

*sǎn 伞[名]❶〔bǎ 把〕傘.¶yào xià yǔ le,bié wàngle dài ～[要下雨了，别忘了带～]雨が降り出しそうだから,傘を忘れないように.❷傘の形をした物.¶tiānkōng zhōng yǒu yí ge xiǎoxiǎo de jiàngluò～[天空中有一个小小的降落～]空に小さなパラシュートが浮かんでいる.

†sǎn 散[動]ばらばらになる.散らばる.¶pǎole yíhuìr,biànzi dōu ～ le[跑了一会儿，辫子都～了]しばらく走ったら,おさげがほどけてしまった.→sàn

†sǎn 散*[形]ばらばらである.¶zhèi zhǒng lóngjǐngchá méiyou ～zhuāng de[这种龙井茶没有～装的]このロンジン茶はばら売りがない.→sàn

†sàn 散[動]❶解散する.¶shénme shíhou cái néng ～huì?[什么时候才能～会?]いつになったら会議が終わるのか.❷配る.¶tiānshang ～luòxia xǔduō chuándān[天上～落下许多传单]空からたくさんのビラがまかれている.→sǎn

†sànbù 散布[動]伝わる.散らす.¶zhèige xiāoxi hěn kuài jiù ～chuqu le[这个消息很快就～出去了]この知らせはすぐに伝わった.

⁑sàn//bù 散步[動]散歩する.注「公園を散歩する」は,"～公园"～ gōngyuán ではなく,"在公园～"zài gōngyuán ～と言う.¶chīwán fàn,bàba māma chūqu ～ le[吃完饭,爸爸妈妈出去～了]食事をしてから,父と母は散歩に出かけた.

sànfā 散发[動]配る.ばらまく.¶nǐ bǎ zhèixiē xìpiào ～gěi tóngxuémen[你把这些戏票～给同学们]これらの劇のチケットを学生たちに配ってください.

sān fān wǔ cì 三番五次㊀再三.幾度も.¶nǐ ～ de shīyuē,jiūjìng shì wèi shénme?[你～地失约，究竟是为什么?]君が再三約束を破るのは一体なぜなんだ.

sāngná 桑拿[名]サウナ.英語 sauna の音訳."桑拿浴"sāngnáyùともいう.

†**sàngshī 丧失**[動]喪失する.¶suīrán shībàile xǔduō cì,dàn tā réng méiyou ～ xìnxīn[虽然失败了许多次，但他仍没有～信心]何度も失敗したが,彼は自信を失っていない.

sāngshù 桑树[名]〔植〕クワの木.¶wǒ jiā hòuyuàn zhòngzhe yì kē ～[我家后院种着一棵～]家の裏庭にクワの木が1本植えられている.

*__sǎng·zi 嗓子__[名]❶声.¶tā yǒu yí fù hǎo ～[他有一副好～]彼はいい声をしている.❷のど.¶wǒ ～ téng[我～疼]私はのどが痛い.

sānjiǎo 三角[名]三角.三角形.¶Shànghǎi wèiyú Chángjiāng ～zhōu[上海位于长江～洲]上海は長江のデルタにある.

sān～liǎng～ 三～两～㊁数が少ないこと,時間の間隔が短いことを表す.同一もしくは近い意味の単音節の名詞・動詞・量詞を前後に置く.¶yì tīngdao wàimian yǒu rén hǎn tā,tā sān xià liǎng xià jiāng yīfu chuānhǎo,jícōngcōng de zǒuchu jiāmén[一听到外面有人喊他，他三下两下将衣服穿好，急匆匆地走出家门]外で誰かが呼んでいる声を聞くと,彼はすぐに服を着て,大急ぎで出て行った.

sān sān liǎng liǎng 三三两两㊀

●百科知識●

色彩のイメージ

赤

赤はおめでたいこと,お祝い事,喜びの色である."春节"Chūnjié（旧正月）には赤い"对联"duìlián（対句を書いた掛け物,ついれん）を門に貼り,結婚式には新婦は真っ赤な服を着,新郎は赤い花を胸につける.部屋の飾りつけも贈り物も赤一色となる.子供が生まれると,産婦は赤く色をつけた卵を食べて,子供の人生が"红运"hóngyùn（幸運）であるよう願う.

赤はまた事業の隆盛,成功の象徴でもある.株主への配当は"红利"hónglì といい,商売が成功をおさめることを"满堂红"mǎntánghóng という.

成功は人から評価され,喝采を博する.人気者のことを"红人"hóngrén といい,大変な人気を得ることを"红得发紫"hóngde fāzǐ（人気絶頂にあること）という.成功や人気は嫉妬を招く."眼红"yǎnhóng はうらやましがること,"红眼病"hóngyǎnbìng は人のことをねたむ嫉妬病.

赤はまた革命の象徴でもある.中国の国旗"五星红旗"Wǔxīng hóngqí の赤は革命に殉じた人の鮮血を意味している.

青／緑

青は草木を意味する."青春"qīngchūn はもとは一面青（緑）の春という意味で,後に若い時代という意味になった.青は濃くなると黒に近くなるので黒いものもかつては「青」と言った."青眼"qīngyǎn は黒目のこと.黒い目で人を見ることは尊敬を意味し,白い目で人を見ることは軽蔑を意味した.「白い目で見る」は日本語でも同じ意味で使われている.

昔は青と緑の区別がなかった."不分青红皂白"bù fēn qīng hóng zào bái（是非,黒白をわきまえない）の青は緑のこと.その緑色は現在"绿色食品"lǜsè shípǐn（自然食品）,"绿色工程"lǜsè gōngchéng（防風,防砂植樹造林プロジェクト）など「環境に配慮した」という意味で使われている.

また青信号のことを"绿灯"lǜdēngという."开绿灯"kāi lǜdēng といえばゴーサインを出す,便宜を図るの意味.

三々五々.小グループずつ群がること. ¶xiàbān le,gōngrénmen ～ de cóng gōngchǎng dàménkǒu zǒuchulai le［下班了，工人们～地从工厂大门口走出来了］仕事が終わると労働者たちが工場の門から次々と出てきた.

†**sǎnwén 散文**［名］散文.韻を踏まない文章のこと.エッセイ. ¶～ shì Zhōngguó wénxué zuòpǐn de xíngshì zhī yī［～是中国文学作品的形式之一］散文は中国文学作品の形式の1つだ.

sān xīn èr yì 三心二意㊢あれこれ迷って気が散る.心が1つのことに集中しない. ¶xuéxí de shíhou bù néng ～［学习的时候不能～］勉強する時はあれこれ気を散らしてはいけない.

sān yán liǎng yǔ 三言两语㊢二言三言.簡単な言葉. ¶nǐ shuō jǐ jù,nǎpà ～ yě xíng［你说几句，哪怕～也行］ちょっと何か言ってください,簡単でいいですから.

*__sǎo 扫__［動］❶掃く. ¶māma zhèngzài wūzi li ～dì［妈妈正在屋子里～地］お母さんは部屋で床の掃除をしている.*❷取り除く. ¶～léibīng［～雷兵］地雷を取り除く兵士.❸ちらっと見る.さっと見る. ¶tīngdao wǒ shuōhuà,tā ～ le wǒ yì yǎn［听到我说话，他～了我一眼］私の話を聞くと,彼はちらっと私を見た.

sǎochú 扫除［動］❶掃除する. ¶měi zhōuliù wǒmen dōu yào dà ～［每周六我们都要大～］毎週土曜日に私たちは大掃除をする.❷取り除く. ¶～ xuéxí shang de zhàng'ài［～学习上的

S

黄

黄色にもいろいろな意味があるが,今"黄色"huángsè のつく語はポルノを意味することが多い."黄色录像"huángsè lùxiàng(ポルノビデオ),"黄色电影"huángsè diànyǐng(ポルノ映画),"扫黄"sǎohuáng(ポルノ一掃)は皆こうした意味だが"黄色"がもともとよくないイメージを持っていたわけではない.

かつて黄色は高貴な色であり,"黄土地"huáng tǔdì は中国の国土を意味し,"黄袍"huángpáo(黄色い衣)は皇帝の身分の象徴だった.一般民衆が黄色い服を着ることは長い間許されなかった.黄色が今のような意味を持つにいたったのは,18,19世紀に入ってきた西洋文化によるものと言われる.

黒

古代黒は悪いイメージを持たなかった.京劇のくまどりでも,黒はまっすぐで厳正な性格を表す.やがて白と対照させて黒は悪,白は善のイメージが定着する."颠倒黑白,混淆是非"diāndǎo hēibái,hùnxiáo shìfēi は善悪をさかさまにすること."心黑"xīnhēi は腹黒い,"手黑"shǒuhēi は手段が悪辣なこと.

文化大革命の際,黒は打倒すべき反動の色となった."黑五类"hēiwǔlèi は5種類の階級の敵,「地主,富農,反革命分子,悪人,右派分子」を指す.対する"红五类"hóngwǔlèi は「労働者,貧農·下層中農,革命軍人,革命幹部,革命烈士」.

さらには非合法のたとえにも使われるようになった."黑社会"hēishèhuì はやくざの世界のこと."黑人"hēirén は戸籍のない人."黑市"hēishì はヤミ市.日本語の白タクは中国語では"黑车"hēichē になる.

白

白は純潔,高雅,光明をたとえる."洁白如玉"jiébái rú yù(純潔なること玉のごとし)など."白鹿"báilù など白い毛皮を持つ動物は吉祥の印.白はまた五行思想から季節の秋と結びつき,そこから死を意味するようになった.葬式のことを"白事"báishì といい,遺族は白い喪服を着て,白い紙銭を焼く.

近代,白は反動を意味することもあり,反革命側の軍隊を"白军"báijūn,その支配地域を"白区"báiqū と呼んだ.新中国成立以後,政治に無関心で専門知識だけを持つ人間を"白专分子"báizhuān fènzǐ と呼んで軽んじ,"又红又专"yòu hóng yòu zhuān(革命的な思想を持ち,かつ仕事もできる)ことが求められた.

障碍]勉強する上での障害を取り除く.

sǎo//máng 扫盲[動]非識字者(字の読めない人)をなくす.¶jīngguò ～ bùshǎo rén néng xiě jiǎndān de xìn le[经过～不少人能写简单的信了]文盲一掃の運動を経て,多くの人が簡単な手紙を書けるようになった.

***sǎo·zi 嫂子**[名]❶兄嫁.❷既婚の若い女性に対する呼称.

***sè 色**[名]❶色.¶jiérì li,háizimen chuānshangle wǔ yán liù ～ de yīfu[节日里,孩子们穿上了五颜六～的衣服]祝日に子供たちは色とりどりの服を着た.❷顔色.表情.¶xǐ xíng yú ～[喜形于色]成顔をほころばせる/miàn bù gǎi ～[面不改～]成表情一つ変えない/hé yán yuè ～[和颜悦～]にこやかな顔.❸品質.¶nǐ mǎi de dōngxi shì shàngděng huò～[你买的东西是上等货～]あなたが買ったのは上等品だ.❹景色.¶Hángzhōu de jǐng～ shífēn měimiào[杭州的景～十分美妙]杭州の景色はとてもすばらしい.❺美貌.¶zī ～ dòng rén[姿～动人]美しい容姿が人々を魅了する.

†**sècǎi 色彩**[名]❶色彩.¶tā de yīfu ～ hěn xiānyàn[她的衣服～很鲜艳]彼女の洋服は色が鮮やかだ.❷特色.¶tā de chuānzhuó hěn yǒu mínzú ～[她的穿着很有民族～]彼女の身なりにはとても民族的な特色がある/dìfāng ～[地方～]地方色.➡類義語 cǎisè 彩色

***sēnlín 森林**[名]森.森林.¶dàjiā dōu yīnggāi qíxīn xiélì bǎohù ～[大家都应该齐心协力保护～]皆で協力して森林を守るべきだ.

***shā 杀**[動]❶殺す.¶～ rén[～人]人を殺す.❷戦う.¶zhànshìmen zài zhànchǎng shang pīn～[战士们在战场上拼～]戦士たちは戦場で戦っている.❸〈口〉和らげる.消す.減らす.¶xiàtiān hē bēi lěngyǐn ～～ shǔqì[夏天喝杯冷饮～～暑气]夏に冷たいものを飲んで暑さを和らげる/～jià[～价]値切る.❹(薬などが)しみて痛い.¶yòng yánshuǐ cā shāngkǒu ～dehuang[用盐水擦伤口～得慌]塩水で傷口を拭いたら痛くて仕方がない.

shā 沙[名]砂.¶chūntiān de shíhou Běijīng fēng～ hěn dà[春天的时候北京风～很大]春の北京は砂ぼこりが多い.

†**shā 纱**[名]❶綿と麻の糸.¶māma zài ～chǎng gōngzuò[妈妈在～厂工作]母は紡績工場で働いている.❷紗(しゃ).薄い網状のもの.¶～chuāng[～窗]網戸/～bù[～布]ガーゼ.

語法 **常用組み合せ連語(3)**

S

晒太阳 shài tàiyáng(ひなたぼっこをする)/上闹钟 shàng nàozhōng(目覚まし時計をかける)/上药 shàng yào(薬をつける)/上课 shàngkè(授業に出る)/上网 shàng wǎng(インターネットをする)/烧开水 shāo kāishuǐ(お湯を沸かす)/生火 shēnghuǒ(火を起こす)/生炉子 shēng lúzi(ストーブの火をおこす)/试体温表shì tǐwēnbiǎo(体温計で測る)/收拾屋子 shōushi wūzi(部屋を片づける)/梳辫子 shū biànzi(おさげを結う)/梳头发 shū tóufa(髪をとかす)/属马 shǔ mǎ(うま年生まれだ)/刷牙 shuā yá(歯を磨く)/睡午觉 shuì wǔjiào(昼寝をする)

T

弹钢琴 tán gāngqín(ピアノをひく)/谈恋爱 tán liàn'ài(恋愛をする)/烫头发 tàng tóufa(パーマをかける)/掏腰包 tāo yāobāo(自腹を切る)/掏耳朵 tāo ěrduo(耳あかをとる)/讨价还价 tǎo jià huán jià(値引き交渉をする)/踢足球 tī zúqiú(サッカーをする)/填表 tián biǎo(表に書き込む)/填空儿 tián kòngr(空欄を埋める)/推头 tuī tóu(バリカンで髪を刈る)/退房 tuì fáng(チェックアウトする)

W

喂奶 wèi nǎi(乳をやる)/问问题

shā 砂[名]砂. ¶ ~bù[~布]布やすり／mǐli yǒu hěn duō ~zi[米里有很多~子]米の中に砂がたくさんまじっている.

shá 啥[代]〈方〉何. ¶ wǒ kěshì yǒu ~ shuō ~[我可是有~说~]私はありのままに話す.

***shǎ 傻**[形]愚かである. ¶ zhè tū rú qí lái de shìjiàn bǎ tā xià~ le[这突如其来的事件把他吓~了]この突然の事件で彼は呆然としていた／shéi xiàng nǐ nàme ~ ya?[谁像你那么~呀?]君みたいにばかな人はいないよ.

shā//chē 刹车[動]❶ブレーキをかける. ¶ qiánmian yǒu rén,gǎnkuài ~[前面有人，赶快~]前に人がいる,早くブレーキをかけて.❷〈喩〉やめる.停止する. ¶ nǐ huàishì zuòde gòu duō le,gāi ~ le[你坏事作得够多了，该~了]あなたはもうずいぶん悪事を重ねてきたから,もういい加減にやめてもいいだろう.

***shāfā 沙发**[名]ソファー.英語sofaの音訳. ¶ wǒ jiā xīn mǎile yí tào ~[我家新买了一套~]我が家は新たにソファーのセットを買った／~chuáng[~床]ソファーベッド.➡ 見る類 p.622

shǎguā 傻瓜[名]ばか.間抜け. ¶ nǐ zhèige ~![你这个~!]このばかめ.

shāhài 杀害[動]殺害する. ¶ shì shéi ~le tā?[是谁~了他?]誰が彼を殺害したのですか.

shāi 筛[動]❶篩(ふるい)にかける.こす. ¶ māma zhèngzài wūzi li ~ miàn[妈妈正在屋子里~面]母は部屋の中で小麦粉をふるいにかけている.❷〈方〉温める. ¶ yǒu kèrén lái le,nǐ qù ~ liǎng hú jiǔ[有客人来了，你去~两壶酒]お客さんが来たから,お酒を2本ほど温めてくれ.

***shài 晒**[動]❶太陽に晒す. ¶ zhè tàiyáng zhēn dú,~de rén zhēngbukāi yǎn[这太阳真毒，~得人睁不开眼]日差しが強くて,目が開けられない.❷干す. ¶ tā jīngcháng ~ bèizi[她经常~被子]彼女はよく布団を干す.

shāi·zi 筛子[名]篩(ふるい). ¶ zhú ~[竹~]竹の篩／yòng ~ shāi[用~筛]ふるいにかける.

***shāmò 沙漠**[名]砂漠. ¶ Sāhālā dà ~ wèiyú Fēizhōu dìqū[撒哈拉大~位于非洲地区]サハラ砂漠はアフリカにある.

⁑**shān 山**[名]山. ¶ wǒ jiā ménqián yǒu yí zuò ~[我家门前有一座~]我が家の前に山がある.

†**shān 删**[動]削除する. ¶ zhè yí duàn wénzhāng bù hǎo,~ le ba![这一段文

---

wèn wèntí(質問する)

X

洗胶卷 xǐ jiāojuǎn(フィルムを現像する)／洗牌 xǐ pái(カードを切る)／洗温泉 xǐ wēnquán(温泉に入る)／下象棋 xià xiàngqí(将棋をさす)／下决心 xià juéxīn(決心する)／想家 xiǎng jiā(家が恋しい,ホームシックだ)／写信 xiě xìn (手紙を書く)／写作业 xiě zuòyè(宿題をやる)／卸装 xièzhuāng(化粧をおとす)／修铁路 xiū tiělù(鉄道を敷く)／修水库 xiū shuǐkù(ダムを造る)

Y

养狗 yǎng gǒu(犬を飼う)

Z

摘帽子 zhāi màozi(帽子を脱ぐ)／摘眼镜 zhāi yǎnjìng(眼鏡をはずす)／蘸糖 zhàn táng(砂糖をつける)／招新生 zhāo xīnshēng(新入生を募集する)／着凉 zháo liáng(風邪をひく)／找钱 zhǎo qián(おつりを出す)／照镜子 zhào jìngzi(鏡を見る)／照X光 zhào X-guāng(レントゲンを撮る)／斟酒 zhēn jiǔ(お酒をつぐ)／挣钱 zhèng qián(お金を稼ぐ)／种菜 zhòng cài(野菜をつくる)／住院 zhù yuàn(入院する)／装电话 zhuāng diànhuà(電話を取り付ける)／捉迷藏 zhuō mícáng(鬼ごっこをする)／走亲戚 zǒu qīnqi(親戚回りをする)／租房子 zū fángzi(家を借りる)／坐车 zuò chē(自動車・バスに乗る)／做梦 zuò mèng(夢を見る)

章不好，～了吧!]この1節の文章はよくないから,カットしよう.

*shǎn 闪[動]❶よける.身をかわす.¶nǐ gěi wǒ ～kāi[你给我～开]どいて.❷(筋肉が)ねじれる.くじく.¶bǎ yāo ～ le[把腰～了]腰がねじれた／～le bózi[～了脖子]首の筋をちがえてしまった.❸突然現れる.¶huíguó de niàntou zài wǒ nǎozi li ～guo[回国的念头在我脑子里～过]帰国の考えが私の頭にひらめいた.❹きらきら光る.¶yǎnli ～zhe lèihuā[眼里～着泪花]目に涙を光らせている.[名]稲光.稲妻.¶dǎ～[打～]稲妻が光る.

shàn 善[形]❶善良である.¶tā zǒng ài zuò ～shì[他总爱做～事]彼はいつも善事をなす.❷よい.¶～cè[～策]良策／～ shǐ ～ zhōng[～始～终]終始をよく全うする.❸～にたける.長じている.¶～yú cílìng[～于辞令]口が上手だ.❹よく.容易に.¶bù néng ～ bà gān xiū[不能～罢甘休]このままでは事を済ませることはできない／～ biàn[～变]よく変わる.

shàncháng 擅长[副]堪能である.¶Zhāng lǎoshī ～ zuò sìchuāncài[张老师～做四川菜]張先生は四川料理を作るのがうまい.

†**shāndì 山地**[名]❶山地.¶wǒ guó dōngběi dìqū shì ～[我国东北地区是～]我が国の東北地区は山地である／～ zìxíngchē[～自行车]マウンテンバイク.❷山の上の耕地.¶～ miànjī[～面积]山の耕地の面積.

†**shǎndiàn 闪电**[名]〔dào 道〕稲光.稲妻.¶bàofēngyǔ shícháng bàn yǒu léimíng ～[暴风雨时常伴有雷鸣～]嵐には雷と稲妻がつきものだ.

†**shānfēng 山峰**[名]峰.¶Huángshān de ～ hěn xióngwěi[黄山的～很雄伟]黄山の峰はとても雄大である.

***shāng 伤**[名]けが.¶tā shòu～ le[他受～了]彼はけがをした.[動]❶傷つける.害する.¶shuāi～le tuǐ[摔～了腿]転んで足をけがした.❷(気持ちを)害する.傷つける.¶～ gǎnqíng[～感情]感情を傷つける.❸食べ飽きる.¶chī xiā chī～ le[吃虾吃～了]エビを食べ過ぎていやになった.

shāng 商[動]相談する.¶miàn～[面～]直接会って相談する.[名]❶商業.商売.¶tōng～[通～]通商をする.❷商人.¶xiǎo～fàn [小～贩]小商人(こあきんど).❸〔数〕商.¶shí'èr chúyǐ sì de ～ shì sān[十二除以四的～是三]12割る4の商は3だ.

shǎng 赏[動]❶ほうびを与える.¶lǎobǎn ～gěi wǒ yì bǐ qián[老板～给我一笔钱]社長は私にほうびとして金一封をくれた.❷観賞する.¶Zhōngqiūjié quánjiā dōu zài yuànzhōng ～yuè[中秋节全家都在院中～月]中秋節に一家みんなで庭で月見をする.

****shàng 上**[名]❶上.¶dàjiā wǎng ～ kàn[大家往～看]皆さん上を見てください.❷(順序や時間が)先の.前の.¶～bànnián[～半年]上半期.[動]❶(高い所へ)登る.上がる.¶～shān[～山]山に登る／～chē[～车]車に乗る.乗車する.❷塗る.付ける.¶～yào[～药]薬を塗る.❸記載する.載る.¶nǐ de zhàng ～le méiyou?[你的账～了没有?]記帳は終わりましたか.❹(機械の)ねじを巻く.締める.油を注ぐ.¶shuì qián bié wàngle gěi biǎo ～ xián[睡前别忘了给表～弦]寝る前に時計のねじを巻くのを忘れないように.❺(決められた時刻に勤務や授業が)始まる.始める.❻(数や程度が)ほぼ…に達する.¶yǎnchànghuì láile ～ wàn míng guānzhòng[演唱会来了～万名观众]演奏会には1万人もの聴衆がやって来た.❼(試合・ゲーム・マスコミ・メディアなどに)出る.出場する.¶tāmen duì zhǐ ～le sān ge zhǔlì[他们队只～了三个主力]彼らのチームはたった3名の主力メンバーしか出していない／xià yí cì ràng Xiǎo-Wáng ～ ba[下一次让小王～吧]次回は王さんに出場させましょう.➡見る類 p.428

類義語 shàng 上 dào 到 qù 去
►いずれも「…へ行く」という意味.►"上"は,ただある場所へ行くのではなく,何らかの用事をするためにそこへ行くというニュアンスがあり,必ず後ろに場所を示す名詞を置く.¶

上街 shàngjiē(街へ行く)/上菜市场 shàng càishìchǎng(野菜市場へ行く)/上学校 shàng xuéxiào(学校へ行く) ►"去"は,後ろに場所を示す名詞を置いても,置かなくてもよい. ¶你也去那儿吗? nǐ yě qù nàr ma?(あなたもそこへ行くんですか)/我不去 wǒ bú qù(私は行きません)/我也去 wǒ yě qù(私も行きます) ►"到"は「…へ着く(行く/来る)」の意で,やや文章語的である.後ろに場所を表す目的語をとることが多い. ¶火车到北京了 huǒchē dào Běijīng le(汽車は北京に着いた)/我还从来没到过上海 wǒ hái cónglái méi dàoguo Shànghǎi(私はこれまで上海へ行ったことがない) ►"上","到"は文末に"去"を置いて用いられることもある. ¶他上老师家去了 tā shàng lǎoshī jiā qù le(彼は先生の家へ行った)/我明天到上海去 wǒ míngtiān dào Shànghǎi qù(明日上海へ行きます)

⁂//·**shàng 上**[動]動詞の後ろに用いて,高い所へ上がること,動作が実現すること,目的を達成することを表す. ¶dēng~ shāndǐng[登~山顶]山頂に到達する/chuān~ yīfu[穿~衣服]服を着る/kǎo~ dàxué[考~大学]大学に合格する.

shàng 尚[副]〈書〉まだ.なお. ¶nǐ shuō zhè huà wéishí ~ zǎo[你说这话为时~早]まだそのように言うのは時期尚早である.

shāngāng 山冈[名]丘. ¶wǒ jiā sìzhōu yǒu hěn duō xiǎo ~[我家四周有很多小~]我が家の周りに小さな丘がたくさんある.

***shàng//bān 上班**[動]出勤する.勤務する.↔ xiàbān 下班 ¶māma měitiān bā diǎn ~[妈妈每天八点~]母は毎日8時に出勤する.

shàng//bào 上报[動]❶新聞に載る. ¶nǐ de wénzhāng ~ le[你的文章~了]あなたの文章が新聞に載ったよ. ❷上に報告する. ¶zhèi jiàn shì yào ~ guówùyuàn[这件事要~国务院]この事は国務院に報告しなければならない.

⁂**shàng·bian 上边**[名]❶上.上の方.↔ xiàbian 下边 ¶kōngtiáo ānzai chuānghu ~[空调安在窗户~]エアコンは窓の上に取り付ける.❷(順序が)前である. ¶wǒ ~ jiǎng de jǐ ge lìzi dōu shì jīnnián fāshēng de shì[我~讲的几个例子都是今年发生的事]私が前に挙げた数例はいずれも今年起きたことだ.❸上層部.上級機関. ¶tā de shì ~ yǐjing zhīdao le[他的事~已经知道了]彼のことは上層部はすでに知っていた.

shāngbiāo 商标[名]商標.(服に付いている)ラベル. ¶zhèi jiā gōngchǎng shēngchǎn de fúzhuāng méiyou ~[这家工厂生产的服装没有~]この工場で作られた洋服には商標がない.

shàngcéng 上层[名](組織の)上層部. ¶tā jiéjiāole bùshǎo ~ rénwù[他结交了不少~人物]彼は多くの上層部の人と親交を結んだ.

***shāngchǎng 商场**[名]市場.マーケット.

***shàng//dàng 上当**[動]だまされる.罠にかかる. ¶tān xiǎopiányi de rén jiù róngyì ~ shòupiàn[贪小便宜的人就容易~受骗]小さな利益にこだわる人間はだまされやすい.

shàngděng 上等[区]上等である.高級である. ¶zhè shì ~huò[这是~货]これは上等の品物だ.

†**Shàngdì 上帝**[名]❶天帝.上帝.❷キリスト教の神.

⁂**shāngdiàn 商店**[名]〔jiā 家〕商店.

shàngfǎng 上访[動]陳情に行く.上部の機関を訪ねて苦情を訴える. ¶~ de rén zài ménkǒu děngzhe[~的人在门口等着]陳情者が玄関で待っている.

shànggǎng 上岗[動]持ち場に就く.歩哨所に行く.(部隊の兵士や交通警察などが)出勤する. ¶jiāotōngjǐng jǐ diǎn ~?[交通警几点~?]交通係の警官は何時に出勤しますか.

†**shānghài 伤害**[動](肉体的または精神的に)傷つける.↔ bǎohù 保护 ¶nǐ de huà ~le wǒ[你的话~了我]あなたの言葉が私を傷つけた.

shānghén 伤痕［名］傷跡. ¶ tā bèi rén dǎde ～ lěilěi［他被人打得～累累］彼は殴られて傷だらけである.

*__shàngjí 上级__［名］上級部門.上層部.上司.↔ xiàjí 下级 ¶ zhè shì ～ de mìnglìng［这是～的命令］これは上司の命令だ.

shàngjiāo 上交［動］政府機関に納める.上級部門に引き渡す. ¶ nóngmín měinián dōu xiàng guójiā ～ liángshi［农民每年都向国家～粮食］農民は毎年国に作物を納める.

shàngjìn 上进［動］向上する. ¶ zhèige xiǎogūniang bù qiú ～［这个小姑娘不求～］この娘は向上心がない.

⁑**shàng∥kè 上课**［動］授業する.授業を受ける.↔ xiàkè 下课 ¶ tā gěi gāozhōngsheng shàng lìshǐkè［他给高中生上历史课］彼は高校生に歴史を教えている／wǒmen měitiān qī diǎn sānshí fēn ～［我们每天七点三十分～］私たちは毎日7時30分に授業が始まる.

shàngkōng 上空［名］上空. ¶ yí jià zhíshēng fēijī zài Tiān'ānmén ～ pánxuán［一架直升飞机在天安门～盘旋］1機のヘリコプターが天安門の上空を旋回している.

†**shāngkǒu 伤口**［名］傷口. ¶ bié luàndòng,xiǎoxīn ～ gǎnrǎn le［别乱动，小心～感染了］やたらと触るな,傷口が感染しないように気をつけなさい.

⁑**shàng∥•lái 上来**［動］(低い所から高い所へ)上がってくる.登ってくる. ¶ nǐ ～,wǒ xiàqu［你～，我下去］あなたは上がってきなさい,私は下りていく.

⁑∥**•shàng∥•lái 上来**［動］動詞の後ろに用いて,上がってくる動作や,行為が完成することを表す. ¶ tā cóng lóuxià pǎo～ le［他从楼下跑～了］彼は階下から駆け登ってきた／zhèi piān wénzhāng wǒ xiěbu～［这篇文章我写不～］この文章は私には書けない.

*__shāng•liang 商量__［動］相談する.協議する. ¶ zhèi jiàn shì,wǒ yào hé fùmǔ ～［这件事，我要和父母～］この事について私は両親に相談しなければならない.

shàng∥mǎ 上马［動］(プロジェクトなどが)開始する. ¶ xīn xiàngmù yǐjing ～ le［新项目已经～了］新しいプロジェクトはすでに動き始めた.

*__shàng•mian 上面__［名］❶上の方.上部. ¶ hé de ～ shì yí zuò qiáo［河的～是一座桥］川の上に橋がある.❷(順序の)先.前. ¶ ～ gāng jiǎngguo,nǐ jiù wàng le［～刚讲过，你就忘了］たった今話したばかりのことを君はもう忘れてしまった.❸(物の)表面.おもて. ¶ shūzhuō ～ fàngzhe yì běn shū［书桌～放着一本书］机の上に本が1冊置いてある.❹方面. ¶ zài shēngyi ～ wǒ shì ge wàiháng［在生意～我是个外行］私は商売の面では素人だ.❺上司.上の方. ¶ tīng ～ de［听～的］上の指示に従う.

†**shāng nǎojīn 伤脑筋**㊓頭を悩ます. ¶ zhèi xiàng gōngzuò zhēn ～［这项工作真～］この仕事には本当に頭が痛い.

表現Chips
相談する

你看这样行不行? Nǐ kàn zhèyàng xíng bù xíng?
(ねぇ,これでいいですか)
你看怎么办好呢? Nǐ kàn zěnme bàn hǎo ne?
(あなたはどうしたらいいと思う？)
再便宜一点儿，180块怎么样? Zài piányi yìdiǎnr,yìbǎi bāshí kuài zěnmeyàng?(もう少しまけてくれませんか,180元ではどうですか)
这个东西不太好，我们不买了吧，你说呢?
Zhèige dōngxi bú tài hǎo,wǒmen bù mǎi le ba,nǐ shuō ne?
(この品物はあまりよくないから買わないことにしましょうよ,どう思う？)
跟你商量个事儿，你帮我去机场接一下我妹妹，可以吗? Gēn nǐ shāngliang ge shìr,nǐ bāng wǒ qù jīchǎng jiē yíxià wǒ mèimei,kěyǐ ma?(一つ相談したいのですが,私の替わりに空港に妹を迎えに行ってもらえないでしょうか)

shāngōu 山沟[名]❶辺鄙(へんぴ)な山地.¶dà chéngshì de xuésheng qùle yí ge qióng ～[大城市的学生去了一个穷～]大都会の学生が貧しい山地に行った.❷谷川.沢.¶sēnlín zhōng yǒu tiáo xiǎo ～[森林中有条小～]森の中に小さな沢がある.❸谷間.¶zài ～ li shuōhuà,yǒu huíyīn[在～里说话，有回音]谷間で話すとやまびこが返ってくる.

*__shāngpǐn 商品__[名]〔jiàn 件,pī 批〕商品.

shàngqiě 尚且[接]まだ…ですら.注"何况"hékuàngなどと呼応することが多い.¶zhuānjiā ～ zuòbudào,wǒ jiù gèng búyòng shuō le[专家～做不到，我就更不用说了]専門家ですらできないことなのだから,僕なんかなおさら話にならない.

⁑**shàng//·qù 上去**[動](低い所から高い所へ)上がっていく.登っていく.¶zánmen zěnme ～?[咱们怎么～?]私たちどうやって上がっていきましょう?

⁑**//·shàng//·qù 上去**[動]動詞の後ろに用いて,動作が低い所から高い所へ,下級部門から上級部門へ向かうことを表す.¶nǐ pá～ ba![你爬～吧!]登っていきなさい／zuòyè yǐjing jiāo～ le[作业已经交～了]宿題はもう提出した.

shāngquè 商榷[動]〈書〉討論する.議論する.¶zhèige guāndiǎn zhídé ～[这个观点值得～]この観点は議論するに値する.(主に学術上のことで,相手の見解に同意できない,見直すべきであるの意)

†**shāngrén 商人**[名]商売人.ビジネスマン.

shàng//rèn 上任[動]就任する.赴任する.¶jīntiān tā lái zhèli ～[今天他来这里～]今日彼がここに赴任する.

shàngrèn 上任[名]前任者.¶～ bùzhǎng[～部长]前任の大臣.

†**shàngshēng 上升**[動]上昇する.立ち昇る.¶xià zhōu qìwēn jiāng lüè yǒu ～[下周气温将略有～]来週は気温がやや上がるでしょう.

shàng//shì 上市[動]❶売り出される.市場に出る.¶chǎnpǐn ～ hòu fǎnyìng búcuò[产品～后反映不错]製品が売り出されてからいい評判を得ている.❷(株式が)上場する.¶yòu yǒu yìxiē xīn gǔ ～[又有一些新股～]また新しい株式が上場した.

†**shàngshù 上述**[区]〈書〉上述の.¶yóuyú ～ yuányīn wǒ bù néng pīzhǔn nǐ de qǐngqiú[由于～原因我不能批准你的请求]以上の理由により私はあなたの要求を受け入れられない.

shàngsù 上诉[動]上訴する.¶rúguǒ duì pànjué bùfú,kěyǐ ～[如果对判决不服，可以～]判決に不服ならば上訴できる.

shàng//tái 上台[動]❶舞台に上がる.¶Lǎo -Liú ～ jiǎngle huà[老刘～讲了话]劉氏は壇上で話をした.❷政権をとる.¶yījiǔsānsān nián Xītèlè ～[一九三三年希特勒～]1933年ヒトラーは政権をとった.

shāngtǎo 商讨[動]討議する.検討する.¶shuāngfāng ～ jìnchūkǒu yèwù[双方～进出口业务]双方は輸出入業務について協議する.

†**shàng·tou 上头**[名]上.上部.¶tā zhùzai wǒ jiā ～[他住在我家～]彼は我が家の上の階に住んでいる／～ yǒu zhǐshì,bù zhǔn chūqu[～有指示，不准出去]上からの指示で,外出禁止だ.

†**shāngǔ 山谷**[名]谷間.

shàng//wǎng 上网[動]インターネットに接続する.

shāngwù 商务[名]ビジネス.商務.¶～ hùzhào[～护照]商務用パスポート／～ zhōngxīn[～中心]ビジネスセンター.

shǎng·wu 晌午[名]〈口〉正午.昼.

⁑**shàngwǔ 上午**[名]午前.¶jīntiān ～ wǒ yǒu shì[今天～我有事]今日の午前中私は用事がある.

†**shàngxià 上下**[名]❶上から下まで.上と下.¶zhèi gēn zhúgān ～ yìbān cū[这根竹竿～一般粗]この竹竿は上から下まで同じ太さだ／zhè rén yīzhuó ～ hěn zhěngqí[这人衣着～很整齐]この人の服装は上も下もきちんとしている.❷(身分・ランク・年齢が)上から下まで(の人).¶shēngchǎn xiào-

yì hǎo,quán chǎng ～ dōu hěn gāoxìng［生产效益好，全厂～都很高兴］生産の効率がよく,工場では上から下まで大喜びだ／～ de yìjiàn bǐjiào yízhì［～的意见比较一致］上から下まで考えはほぼ一致している.❸前後.辺り.¶tā de tǐzhòng zǒng zài wǔshí gōngjīn ～ fúdòng［她的体重总在五十公斤～浮动］彼女の体重はいつも50キロ前後を行き来している.➡類義語 zuǒyòu 左右

S

*shāngxīn 伤心［動］悲しむ.悲しませる.¶wǒ tīngle nǐ de huà hěn ～［我听了你的话很～］私はあなたの話を聞いて悲しくなった.

⁑shàng//xué 上学［動］❶学校に行く.¶Xiǎo-Míng měitiān qī diǎnzhōng qù ～［小明每天七点钟去～］明君は毎日7時に学校へ行く.❷小学校に入学する.¶Xiǎo-Hóng hái méi ～ ne［小红还没～呢］紅ちゃんはまだ小学校に上がっていない.

†shàngxún 上旬［名］上旬.¶liùyuè ～ yǒu kǎoshì［六月～有考试］6月上旬にテストがある.

*shāngyè 商业［名］商業.

shāngyì 商议［動］相談する.協議する.¶jīngguò ～,shuāngfāng qǔdéle yízhì de yìjiàn［经过～，双方取得了一致的意见］協議を経て,双方は合意に達した.

*shàngyī 上衣［名］〔jiàn 件〕上半身に着る服.

†shàngyóu 上游［名］川の上流.¶jīnnián Chángjiāng ～ de shuǐwèi shàngzhǎng le［今年长江～的水位上涨了］今年は長江上流の水位が上がった.

shāngyuán 伤员［名］怪我人.負傷兵.

†shàngzhǎng 上涨［動］水位,物価などが上がる.¶shuǐwèi ～［水位～］水位が上がる／jīnnián de wùjià búduàn ～［今年的物价不断～］今年の物価はずっと上がり続けている.

shānhé 山河［名］山河.国土.

shānhú 珊瑚［名］サンゴ.¶～ shēngzhǎngzai hǎili［～生长在海里］サンゴは海で生長する.

shānjiǎo 山脚［名］山のふもと.¶～ xia méiyou shāngdiàn［～下没有商店］山のふもとには店がない.

shànliáng 善良［形］善良である.¶Zhāng gūniang xīndì ～［张姑娘心地～］張さんは気だてのよい娘だ.

shānlǐng 山岭［名］連峰.¶～ shang shùlín cóngshēng［～上树林丛生］峰々には樹木が生い茂っている.

*shānmài 山脉［名］山脈.

shānpō 山坡［名］山の斜面.山の坂.¶xuéxiào jiànzai ～ shang［学校建在～上］学校は山の斜面に建っている.

*shānqū 山区［名］山地.¶xiànzài ～ de nóngmín yě dōu kànshangle diànshì［现在～的农民也都看上了电视］現在では山間部の農民も皆テレビを見られるようになった.

shānshuǐ 山水［名］❶山から流れてくる水.¶zhèr de ～ qīngchè gāntián［这儿的～清彻甘甜］ここの水はきれいでおいしい.❷風景.¶Guìlín ～ jiǎ tiānxià［桂林～甲天下］桂林の風景は天下一である.❸山水画.¶míngjiā ～［名家～］名人の山水画.

†shǎnshuò 闪烁［動］❶きらめく.ちらちらする.¶tiānkōng zhōng fánxīng ～［天空中繁星～］空に無数の星がまたたいている.❷言葉を濁す.口ごもる.¶tā ～ qí cí,bù kěn zhèngmian huídá

表現Chips 悲しみ・心痛

我很难过。Wǒ hěn nánguò.（私はとてもつらい）
让人心酸。Ràng rén xīnsuān.
（悲しい気持ちにさせられる）
我已经寒心了。Wǒ yǐjing hánxīn le.（私はもう気がくじけてしまった）
别说了，难过死了。Bié shuō le,nánguòsi le.
（もう言わないで,つらくて耐えられないから）
她得了不治之症，真让我伤心! Tā déle bú zhì zhī zhèng,zhēn ràng wǒ shāngxīn!（彼女が不治の病になったなんて,本当に悲しい）

[他～其词，不肯正面回答]彼は言葉を濁し,まともに答えようとしない.

shāntóu 山头[名]山頂.

shānyāo 山腰[名]山の中腹.

shǎnyào 闪耀[動]きらきら光る.輝く.¶tā de yǎnjing ～zhe guāngmáng[他的眼睛～着光芒]彼の目はきらきら輝いている.

★**shànyú 善于**[動]…にたけている.…が得意だ.¶Xiǎo-Míng ～ cílìng[小明～辞令]明君は応対が巧みだ.

shān zhēn hǎi wèi 山珍海味㊖山海の珍味.たくさんご馳走があること.¶tā miànduìzhe ～ què yìdiǎnr wèikǒu yě méiyou[他面对着～却一点儿胃口也没有]彼はたくさんのご馳走と向かいあっていたが,食欲はまるでなかった.

shànzì 擅自[副]好き勝手に.¶nǐ bù néng ～ gǎibiàn juédìng[你不能～改变决定]君は決定を勝手に変えてはならない.

†**shàn·zi 扇子**[名]〔bǎ 把〕扇子.扇.¶shān ～[扇～]扇子であおぐ.

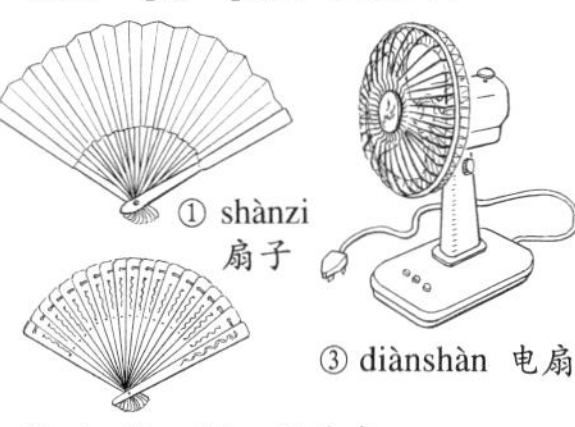

①扇子 ②白檀の扇子 ③扇風機

shāo 捎[動]ついでに持っていく.ことづける.¶nǎinai tuō wǒ gěi nǐ ～lai yì fēng xìn[奶奶托我给你～来一封信]祖母は私にあなたへの手紙をことづけた／máfan nǐ gěi wǒ érzi ～ ge kǒuxìnr[麻烦你给我儿子～个口信儿]お手数ですが息子へのことづてを願えませんか.

★**shāo 烧**[動]❶焼く.焼ける.燃える.燃やす.¶～ chái[～柴]たきぎを燃やす.❷炊く.沸かす.¶nǐ ～ shuǐ,wǒ zuò fàn[你～水，我做饭]あなたが湯を沸かし,私がご飯を作る.❸熱が出る.¶zhè jǐ tiān jiějie ～de hěn lìhai[这几天姐姐～得很厉害]ここ数日姉の熱はひどい.[名](体の)熱.¶tā de ～ tuì le[他的～退了]彼の熱は下がった.➡類義語 jiān 煎

★**shāo 稍**[副]少し.やや.¶júzhǎng zhèngzài kāihuì,qǐng ～ děng[局长正在开会，请～等]局長は会議中なので,しばらくお待ちください.

⁑**shǎo 少**[形]少ない.↔ duō 多¶píngguǒ nàme ～,zěnme fēn ne?[苹果那么～，怎么分呢?]リンゴがこんなに少ないのに,どうやって分けたらいいんですか.[動]❶不足する.欠ける.↔ duō 多¶qiánshù bú duì,～le yí kuài qián[钱数不对，～了一块钱]お金が合わない,1元足りない.❷なくなる.¶fángjiān li ～le yì tái diànshìjī[房间里～了一台电视机]部屋からテレビが1台消えた.

shào 哨[名]❶歩哨所(ほしょうじょ).¶liǎng ge zhànshì zhèngzài fàng～[两个战士正在放～]2人の兵士が歩哨をつとめている.❷呼び子.¶lǎoshī chuī ～ jíhé tóngxué[老师吹～集合同学]先生は呼び子を吹いて生徒を集合させる.

shāo·bing 烧饼[名]シャオピン.小麦粉をこねて円形にして焼いた食品.

†**shàobīng 哨兵**[名]歩哨(ほしょう).

shāohuǐ 烧毁[動]焼き払う.焼ける.焼却する.¶zhèngfǔ ～le dàobǎn shūkān[政府～了盗版书刊]政府が海賊版の出版物を焼却した.

shǎoliàng 少量[形]少量の.¶zhèi pī huòzhōng yǒu ～ cìpǐn[这批货中有～次品]この商品の中には粗悪品が少しある.

★**shàonián 少年**[名]少年.少年少女.¶～ shídài shì rénshēng de huángjīn shídài[～时代是人生的黄金时代]少年時代は人生の黄金時代だ.

†**shàonǚ 少女**[名]少女.

★**shǎoshù 少数**[名]少数.¶～ fúcóng duōshù[～服从多数]少数は多数に従う.

shǎoshù mínzú 少数民族[名]少数民族.

★**shāowēi 稍微**[副]少し.やや.注後に数量表現をともなうことが多い.¶～

xiūxi yíhuìr ba[～休息一会儿吧]少し休憩しましょう.

shàoxiānduì 少先队[名]少年先鋒隊."少年先锋队"shàonián xiānfēng duìの略.中国共産党青年団が指導する少年・少女の組織.

*__sháo·zi 勺子__[名]杓子(しゃくし).スプーン.

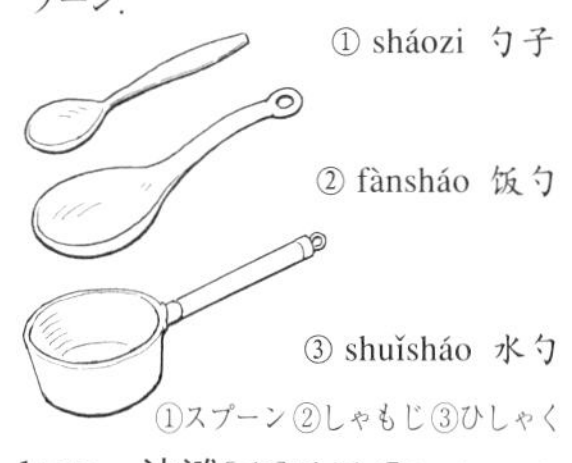

①スプーン②しゃもじ③ひしゃく

shātān 沙滩[名]砂浜.¶jīntiān zánmen qù ～ sànbù zěnmeyàng?[今天咱们去～散步怎么样?]今日,砂浜へ散歩に行きませんか.

shātǔ 沙土[名]砂地.

*__shā·zi 沙子__[名]砂.¶wǒmen zài shātān shang yòng ～ duī chéngbǎo[我们在沙滩上用～堆城堡]私たちは砂浜に砂で城を作った.

*__shé 蛇__[名]〔tiáo 条〕ヘビ.

shě 舍[動]捨てる.放り出す.¶nán ～ nán fēn[难～难分]別れがたい/～jìn qiú yuǎn[～近求远]廻り道をする.

†**shè 设**[動]設ける.配置する.¶～yàn[～宴]宴席を設ける/zǒnggōngsī ～zai Běijīng[总公司～在北京]本社は北京に置かれている.

shè 社[名]団体や組織などをさす.¶bào～[报～]新聞社/hézuò～[合作～]協同組合.

*__shè 射__[動]❶発射する.¶wǒ àihào ～jiàn[我爱好～箭]私はアーチェリーが好きだ.❷放射する.¶tàiyáng ～chu yàoyǎn de guāngxiàn[太阳～出耀眼的光线]太陽がまぶしい光を放っている.

shè 摄[動]撮影する.¶zhè měimiào de jǐngsè bèi ～rùle huàmiàn[这美妙的景色被～入了画面]このすばらしい景色が画面に収められた.

shèbèi 设备[名]設備.¶zìláishuǐ ～[自来水～]水道設備/zhèige gōngchǎng ～ hěn búcuò[这个工厂～很不错]この工場は設備がすばらしい.

†**shě·bu·de 舍不得**[動]❶離れがたい.¶māma ～ háizi líkāi zìjǐ[妈妈～孩子离开自己]お母さんは子供が自分から離れていくことが大変つらい.❷惜しがる.…したがらない.¶ràng nǐ qù nàr,wǒ zhēn shì ～[让你去那儿,我真是～]あなたをそこへ行かせるのは本当に気が進まない/zhèi jiàn yīfu yǐjing chuānle shí lái nián,wǒ hái ～ rēngdiào[这件衣服已经穿了十来年，我还～扔掉]この服はもう10年ほど着たが,私はまだ捨てるのが惜しい.

shēchǐ 奢侈[形]贅沢である.¶qián zài duō yě bù néng zhème ～ ya![钱再多也不能这么～呀!]どんなにお金がたくさんあってもこんな贅沢をしてはいけない.

†**shě·de 舍得**[動]…するのを惜しまない.¶wèile xuéxí,huā zài duō de qián wǒ yě ～[为了学习，花再多的钱我也～]勉強のためなら,どんなにお金を使っても惜しくない.

†**shèfǎ 设法**[動]方法を考える.¶～jiějué[～解决]対策を講じて解決する.

*†**shèhuì 社会**[名]社会.¶zīběn zhǔyì ～[资本主义～]資本主義社会.

†**shèhuì zhǔyì 社会主义**[名]社会主義.

*†**shéi 谁**[代]❶誰.どなた.¶～ shì Wáng lǎoshī?[～是王老师?]どなたが王先生ですか/nǐ zhǎo ～?[你找～?]どなたにご用ですか.❷誰か.不特定の人をさす.¶wǒ de xìn bù zhī bèi ～ názǒu le[我的信不知被～拿走了]私の手紙は誰かに持っていかれてしまった.❸誰でも.¶～ dōu bù zhīdào[～都不知道]誰も知らない.

†**shèjī 射击**[動]射撃する.¶tā shì yì míng ～ yùndòngyuán[他是一名～运动员]彼は射撃の選手だ.

shèjí 涉及[動]…に関係する.…に及ぶ.¶zhèi jiàn shì ～ hěn duō rén[这件事～很多人]これは多くの人にかかわりがある.

shèjì 设计[動]設計する.¶～ jiājù

[～家具]家具の設計をする.[名]設計.デザイン.¶fēngmiàn de ～[封面的～]表紙のデザイン.

shèjiāo 社交[名]社交.¶wǒ zhèige rén bútài huì gǎo ～[我这个人不太会搞～]私は人付き合いがあまり得意でない.

shèlì 设立[動]設立する.つくる.¶～ yánzhì xiǎozǔ[～研制小组]研究開発チームを設立する.

†**shèlùn 社论**[名]社説.

shēn 伸[動](身体,物体の一部を)伸ばす.¶～ gēbo[～胳膊]腕を伸ばす.

*__shēn 身__[名]❶身体.体.¶lèile yì tiān, dǎo ～ jiù shuì[累了一天，倒～就睡]1日の疲れで横になるとすぐ眠った.❷生命.¶fèn bú gù ～[奋不顾～] 成生命をも顧みずに,勇ましく進む.❸自己.¶gànbù yīnggāi yǐ ～ zuò zé[干部应该以～作则]幹部は自身が模範とならなければならない.[量](～儿)一そろいの衣服を数えるのに用いる.¶mǎile yì ～ xīn yīfu[买了一～新衣服]新しいスーツを1着買った.

shēn 深[形]❶奥行きが深い.↔ qiǎn 浅¶húshuǐ hěn ～[湖水很～]湖が深い／zhèi kǒu jǐng yǒu shí mǐ ～[这口井有十米～]この井戸は深さが10メートルある.❷内容が難しい.¶zhèi běn Zhōngwén shū tài ～[这本中文书太～]この中国語の本は難しすぎる.❸程度が深い.強い.¶yìnxiàng tèbié ～[印象特别～]印象がとりわけ深い.❹(色が)濃い.↔ dàn 淡¶～hóng[～红]深紅(しんく).❺時間がたっている.¶yè ～ le[夜～了]夜が更けた.

*__shén 神__[名]❶神.¶wǒ bù xiāngxìn ～[我不相信～]私は神を信じない.❷(～儿)精神.精力.¶láo～[劳～]精神が疲れる.❸(～儿)表情.顔つき.¶yǎn～r[眼～儿]目の表情.

shěn 审[動]調べる.審査する.¶zhèi piān gǎozi wǒ yǐjing ～guo le[这篇稿子我已经～过了]この原稿に私はもう目を通した.

shèn 渗[動]しみる.しみ込む.にじむ.¶yí xià yǔ jiù ～ shuǐ[一下雨就～水]雨が降るとすぐ水がしみ込む／xiě cóng shābù ～chulai[血从纱布～出来]血がガーゼからにじみ出てきた.

shēn'ào 深奥[形]難しい.深遠である.¶～ de sīxiǎng[～的思想]深遠な思想.

shēnbào 申报[動]申告する.届け出る.¶suǒ xiédài de wùpǐn wǒ yǐjing ～ hǎiguān le[所携带的物品我已经～海关了]携行品については私はもう税関に申告した.

*__shēnbiān 身边__[名]身辺.身近.¶lǎorén ～ wú ér wú nǚ[老人～无儿无女]老人は身辺に息子も娘もいない.

†**shēncái 身材**[名]体格.体つき.¶～ miáotiao[～苗条]体つきがすらりとしている.

†**shěnchá 审查**[動](計画・提案・著作・人の資格や経歴などを)審査する.詳しく調べる.¶dàhuì ～le dàibiǎo zīgé[大会～了代表资格]大会は代表の資格について審査した.

shēnchén 深沉[形]❶程度が深い.¶mùsè ～[暮色～]暮色が濃い.❷(音が)低くて鈍い.¶fāchū ～ de shēngxiǎng[发出～的声响]鈍い音をたてる.❸考えや表情を顔に出さない.沈着である.¶～ de yǎnjing[～的眼睛]もの静かで沈着な目.

shēnchù 深处[名]奥底.深部.¶tā de nèixīn ～ yǐncángzhe hěn duō mìmì[他的内心～隐藏着很多秘密]彼は心の奥底に秘密をたくさんしまい込んでいる.

shěndìng 审定[動]審査して決定する.¶～ de jìhuà bù néng qīngyì gēngdòng[～的计划不能轻易更动]審査し決定した計画は軽々しく変更することはできない.

†**shēndù 深度**[名]❶深さ.深度.¶tāmen zhèngzài cèliáng nèi kǒu jǐng de ～[他们正在测量那口井的～]彼らはあの井戸の深さを測量している.❷(理論・認識などの)深さ.深み.¶zhèi bù zuòpǐn hěn yǒu ～[这部作品很有～]この作品はとても深みがある.

†**shēn·fen 身份**[名]❶(社会的な,または法律上の)身分.資格.¶tā yǐ guāncháyuán de ～ cānjiāle zhèi cì huìyì

[他以观查员的～参加了这次会议]彼はオブザーバーとして今回の会議に参加した.❷体面.¶gàn zhèi zhǒng shìqing yǒu shī ～[干这种事情有失～]こんなことをしては体面にかかわる.‖“身分”とも書く.

*shēng 升[動]❶(低い所から高い所へ)上がる.上げる.昇る.¶tàiyáng ～ qilai[太阳～起来]太陽が昇ってくる／～qí[～旗]旗を上げる.❷(職位や等級が)上がる.進級する.¶～wéi kēzhǎng[～为科长]課長に昇格する／～rù gāozhōng[～入高中]高校に進学する.↔ jiàng 降

*shēng 生[動]❶生む.産む.生まれる.¶tā ～le ge nánháir[她～了个男孩儿]彼女は男児を産んだ.❷(生物・植物が)成長する.育つ.¶～gēn fāyá[～根发芽]根が伸び芽が出る.❸生きる.生きている.↔ sǐ 死¶qǐ sǐ huí ～[起死回～]成起死回生／tān ～ pà sǐ[贪～怕死]生をむさぼり死を恐れる.❹生じる.発生する.¶～xiù[～锈]錆びる／～ yíxīn[～疑心]疑念が生じる.❺(火を)おこす.¶～ lúzi[～炉子]ストーブの火をおこす.[名]❶暮らし.生活.¶móu～[谋～]生活を営む.❷命.生命.¶sàng～[丧～]命を落とす.

*shēng 生[形]❶熟していない.↔ shú 熟¶zhè shìzi tài ～ le[这柿子太～了]この柿はまだまだ熟していない.❷煮えていない.生である.↔ shú 熟¶jiā～[夹～]生煮えである.❸加工していない.↔ shú 熟¶～tiě[～铁]銑鉄／～shǒu[～手]新人.新米.❹慣れない.よく知らない.↔ shú 熟¶wǒ duì zhèli de huánjìng hěn ～[我对这里的环境很～]私はこのあたりに不案内だ／rèn～[认～]人見知りをする.❺無理やり.¶～ bān yìng tào[～搬硬套]成無理に適用する.強引に当てはめる.❻ひどく.¶～ téng[～疼]ひどく痛い.

⁑shēng 声[名]❶(～儿)声.音.¶qǐng dà diǎnr ～ huídá wèntí[请大点儿～回答问题]もう少し大きな声で問題に答えてください.❷〔語〕声調.¶“hǎo”zì shì dìsān～[“好”字是第三～]“好”の字は第3声だ.[量]声.音声を出す回数.¶hǎnle hǎojǐ ～[喊了好几～]何度も呼んだ.[動]声を出す.述べる.言明する.¶bù ～ bù xiǎng[不～不响]声を立てない.うんともすんとも言わない.

⁑shěng 省[名]省.中国の行政区画の最上級の単位.中央に直属する.

*shěng 省[動]❶節約する.切り詰める.↔ fèi 费¶～qián[～钱]お金を節約する／～ shíjiān[～时间]時間を節約する.❷省略する.省く.¶～ yí dào gōngxù[～一道工序]工程が1つ省ける.

*shèng 胜[動]❶勝つ.打ち勝つ.↔ bài 败,fù 负¶wǒmen bān qǔ～ le[我们班取～了]私たちのクラスが勝った／zhōngyú zhàn～le kùnnan[终于战～了困难]ついに困難に打ち勝った.❷(…よりも)優れている.勝る.注後に“于”yú,“过”guòなどをともなう.¶nǐ de tiáojiàn ～guo tā[你的条件～过他]君の条件は彼に勝っている.

shèng 盛[形]❶盛んである.盛りである.¶táohuā ～kāi de jìjié[桃花～开的季节]桃の花が満開の季節.❷旺盛である.激しい.¶niánqīng qì～[年轻气～]若く元気旺盛である.❸盛大である.立派である.¶～yàn[～宴]盛大な宴会.❹心がこもっている.¶～ qíng[～情]厚情.厚意.❺盛んに行われる.はやっている.¶fēngqì hěn ～[风气很～]気風が大いにはやっている／～xíng yìshí[～行一时]一時流行する.→chéng

⁑shèng 剩[動]残る.残す.余る.余す.¶～le yí ge[～了一个]1つ残った／bǎ fàn dōu chīwán,búyào ～xia[把饭都吃完，不要～下]ご飯はみな食べて残さないように.

†shēng//bìng 生病[動]病気になる.¶xiǎoxīn ～[小心～]病気にならないよう注意せよ.

⁑shēngchǎn 生产[動]❶生産する.¶zhè shì wǒmen chǎng ～ de chǎnpǐn[这是我们厂～的产品]これは我が工場生産の製品だ／gōngyè ～[工业～]工業生産.❷子供を産む.¶mèimei jiù yào ～ le[妹妹就要～了]妹がま

もなくお産だ.

shèngchǎn 盛产[動]豊富に産出する.¶～ mùcái[～木材]木材を豊富に産出する.

shēngchǎnlì 生产力[名]生産力.¶dàlì fāzhǎn ～[大力发展～]全力を挙げて生産力を伸ばす.

shēngchǎnlǜ 生产率[名]❶労働生産性.¶tígāo ～[提高～]労働生産性を上げる.❷生産力.¶zhèi tái jīqì de ～ hái kěyǐ[这台机器的～还可以]この機械の生産力はまあまあだ.

shēngchù 牲畜[名]家畜.

⁑**shēngcí 生词**[名]知らない単語.新出単語.¶yòng ～ zàojù[用～造句]新出単語を使って文を作る.

†**shēngcún 生存**[動]生存する.生きていく.¶～ shì yíqiè shēngwù de zuì jīběn yāoqiú[～是一切生物的最基本要求]生きていくことはすべての生物の最も基本の要求だ／wúfǎ ～xiaqu[无法～下去]生き延びていくすべがない.

shèngdà 盛大[形]盛大である.¶～ de yuèbīngshì[～的阅兵式]盛大な閲兵式.

†**Shèngdànjié 圣诞节**[名]クリスマス.

†**shěng·de 省得**[接]…しないですむように.¶kuài gàosu nǎinai ba! ～ tā zháojí[快告诉奶奶吧！～她着急]早くおばあちゃんに知らせなさいよ.気をもませないように／duō chuān yìdiǎnr, ～ chūqu lěng[多穿一点儿，～出去冷]もう少し多く着なさい,出かけて凍えないように.

⁑**shēngdiào 声调**[名]❶(語や朗読の)調子.イントネーション.¶wēnróu de ～[温柔的～]優しい話し方.❷〔語〕声調.

*__shēngdòng 生动__[形]生き生きとしている.¶～ de yǔyán[～的语言]生き生きとした言葉／zhèi fú huà huàde hěn ～[这幅画画得很～]この絵はとても生き生きと描かれている.

shěnghuì 省会[名]省都."省"の行政府の所在地."省城"shěngchéngともいう.

⁑**shēnghuó 生活**[動]生活する.暮らす.¶tā hé tā ～zai yìqǐ[他和她～在一起]彼と彼女は一緒に暮らしている／nǐ kào shénme ～?[你靠什么～?]君は何をして生活しているんだ?[名]❶生活.くらし.¶rénmín de ～ shuǐpíng búduàn tígāo[人民的～水平不断提高]人々の生活レベルは向上し続けている.❷〈方〉仕事.注工業,農業,手工業など身体を使う仕事をさす.¶měitiān zài jiāli zuò ～[每天在家里做～]毎日家で仕事をする.

shēngjī 生机[名]❶生きる機会.生への望み.¶yǒu yí xiàn ～[有一线～]一縷(いちる)の助かる望みがある.❷生命力.¶dàdì chōngmǎnle ～[大地充满了～]大地は生命力に満ちている.

shèngkāi 盛开[動](花が)満開である.¶júhuā ～ de jìjié[菊花～的季节]キクの盛りの季節.

shēng·kou 牲口[名]役畜(えきちく.耕作や運搬に使う家畜).

†**shēnglǐ 生理**[名]生理.¶～ shang de quēxiàn[～上的缺陷]生理的欠陥.

⁑**shènglì 胜利**[動]❶勝利する.¶kàngzhàn ～[抗战～]抗戦が勝利する／～ de xiàoróng[～的笑容]勝利の笑顔.❷(仕事や事業で)成功する.¶dàhuì ～ de jiéshù le[大会～地结束了]大会は成功裏に終わった.[名]勝利.¶qǔdé ～[取得～]勝利をおさめる.

shēng lóng huó hǔ 生龙活虎成 生気がみなぎって生き生きしている.¶zhàopiàn pāichule qiúchǎng shang xiǎohuǒzimen ～ de yàngzi, fēicháng yǒu gǎnrǎnlì[照片拍出了球场上小伙子们～的样子，非常有感染力]写真に映し出された球場の若者たちの生気に満ちた様子は,感銘を与える力がある.

shěnglüè 省略[動]省略する.¶zhèi dào gōngxù kě bù néng ～[这道工序可不能～]この工程は省くことはできない／jùzi chéngfèn de ～[句子成分的～]文成分の省略.

†**shēngmíng 声明**[動]声明する.言明する.¶xiàng dàjiā ～ zhèi jiàn shì bú

shì wǒ zuò de[向大家～这件事不是我做的]これは私がしたことではないと皆に言明する.[名]声明.¶fābiǎo liánhé ～[发表联合～]共同声明を発表する.

*shēngmìng 生命[名]生命.¶zhèngzhì ～[政治～]政治生命／xīshēng zìjǐ de ～[牺牲自己的～]己の命を犠牲にする.

S

shēngmìnglì 生命力[名]生命力.¶～ hěn qiáng[～很强]生命力がとても強い.

shēngpà 生怕[動]ひどく恐れる.¶～shuōcuò huà[～说错话]話を言い間違えるのではないかと恐れる.

*shēng//qì 生气[動]怒る.腹を立てる.¶～ búlì yú jiànkāng[～不利于健康]怒るのは健康によくない／shénme shì shǐ tā zhème ～?[什么事使她这么～?]何が彼女をこんなに怒らせているのか.➡ 見る類 p.216

shēngqián 生前[名]生前.¶bàba ～ de yuànwàng[爸爸～的愿望]父の生前の願望.

shèngqíng 盛情[名]厚情.厚意.¶zhǔrénmen de ～[主人们的～]もてなす側の厚意.

shēngrén 生人[名]見知らぬ人.¶Xiǎo-Hóng zuì pà jiàn ～[小红最怕见～]紅ちゃんは人見知りをする.

shèngrèn 胜任[動]任に堪える.担当する能力がある.¶nǐ yídìng néng ～ zhèi xiàng gōngzuò[你一定能～这项工作]あなたならきっとこの仕事をうまくこなせる.

**shēng·ri 生日[名]誕生日.¶zhù nǐ ～ kuàilè[祝你～快乐]お誕生日おめでとう.

shēngshì 声势[名]気勢.勢い.¶zhèi cì yùndònghuì ～ hàodà[这次运动会～浩大]今回の運動会は勢いがすさまじい.

shěng//shì 省事[動]手間が省ける.¶gàn huór bù néng lǎo xiǎng tú ～[干活儿不能老想图～]仕事をするのに手間を省くことばかり考えていてはいけない.[形]便利である.¶měitiān zài xuéxiào shítáng chī fàn, jì ～ yòu jīngjì[每天在学校食堂吃饭,既～又经济]毎日学校の食堂で食事をとると,便利でしかも安くあがる.

shēngshū 生疏[形]❶よく知らない.慣れない.¶duì yèwù hěn ～[对业务很～]仕事に不慣れである／rén dì ～[人地～]顔見知りがなく土地も不案内である.❷(腕が)なまっている.落ちている.¶hǎo cháng shíjiān méiyou shuō Rìyǔ le,dōu ～ le[好长时间没有说日语了,都～了]長いこと日本語を話していないのですっかり(腕が)なまってしまった.❸疎遠である.親しみがない.¶gǎnqíng ～[感情～]気持ちがしっくりしない.

shēngtài 生态[名]生態.¶～ huánjìng[～环境]生態環境.

*shēngwù 生物[名]生物.

*shèng//·xià 剩下[動]残る.残す.¶～ de gōngzuò míngtiān zài gàn ba[～的工作明天再干吧]残った仕事は明日またやりましょう／dàjiā dōu zǒu le,zhǐ ～ wǒ yí ge rén[大家都走了,只～我一个人]みんな行ってしまって,私1人だけ残った.

shēng//xiào 生效[動]効力が発生する.¶zhèige hétong cóng qiāndìng zhī rì qǐ ～[这个合同从签订之日起～]この契約は調印日から効力を発生する.

shěng//xīn 省心[動]心配しないですむ.気にかけなくてよい.¶nín érzi kǎoshang dàxué le,zhèi xià nín kě ～ le[您儿子考上大学了,这下您可～了]お子さんが大学に合格なさって,これでひと安心ですね.

shèngxíng 盛行[動]流行する.¶jīn xià ～ chāoduǎnqún[今夏～超短裙]この夏はミニスカートが流行している.

shēng//xué 升学[動]上の学校に進む.進学する.¶～ kǎoshì[～考试]入学試験／～lǜ[～率]進学率.

*shēng·yi 生意[名]商売.商い.¶zuìjìn nǐ de ～ zěnmeyàng?[最近你的～怎么样?]近頃君の商売はどうですか.

**shēngyīn 声音[名]声.音.音声.¶diànhuà li de ～[电话里的～]電話での声／qiāo gǔ de ～[敲鼓的～]太鼓を叩く音.

†shēngyù 生育[動]子供を産む.出産

する.¶jìhuà ～[计划～]計画出産／～ niánlíng[～年龄]子供を産む年齢.

shēngyù 声誉[名]名声.評判.¶yǐngxiǎng ～[影响～]評判に影響する／tígāo ～[提高～]評判を高める.

†**shèngyú 剩余**[動]残る.余る.¶～ wǔbǎi jīn liángshi[～五百斤粮食]250キロの食糧を残す.[名]残り.余り.¶～ zījīn[～资金]剰余資金／hái yǒu ～[还有～]まだ余りがある.

***shēngzhǎng 生长**[動]❶成長する.¶～ shì fāyù de yí ge tèzhēng[～是发育的一个特征]成長は発育の1つの特徴だ／～de hěn kuài[～得很快]成長が速い.❷生まれ育つ.¶wǒ ～zai Běijīng[我～在北京]私は北京で生まれ育った.

†**shěngzhǎng 省长**[名]省長.省の長官.

shēngzhí 生殖[動]生殖する.¶～ guòchéng[～过程]生殖過程／～ hòudài de nénglì[～后代的能力]子孫を残す能力.

***shéng·zi 绳子**[名]縄.ひも.¶yòng ～ kǔnqilai[用～捆起来]縄でくくる／jiěkāi ～[解开～]ひもを解く.

shěnhé 审核[動]審査する.¶bàogào jīng ～ hòu yǐjing tōngguò le[报告经～后已经通过了]報告書は審査され通った.

***shēnhòu 深厚**[形]深い.厚い.¶～ de qíngyì[～的情谊]深い情誼(じょうぎ).

shēnhuà 深化[動]深まる.深化する.¶tāmen liǎ de máodùn gèngjiā ～ le[他们俩的矛盾更加～了]彼ら2人の対立はいっそう深まった.

†**shénhuà 神话**[名]❶神話.¶háizi ài tīng ～[孩子爱听～]子供は神話を聞くのが好きだ.❷〈喩〉荒唐無稽(こうとうむけい)な話.¶nǐ shuō de shì jiǎnzhí xiàng ～[你说的事简直像～]君の言うことはまったく荒唐無稽だ.

***shénjīng 神经**[名]〔gēn 根,tiáo 条〕神経.¶～ guòmǐn[～过敏]神経過敏.神経質である／～zhì[～质]神経質である／～ shīcháng[～失常]神経に異常をきたす.

***shēnkè 深刻**[形]❶深い.深く心に触れる.¶zhèi běn xiǎoshuō gěi wǒ liúxiale ～ de yìnxiàng[这本小说给我留下了～的印象]この小説は私に強い印象を残した.❷本質に迫る.¶tā de yìjiàn hěn ～[他的意见很～]彼の意見は核心をついている／zhèi piān wénzhāng nèiróng hěn ～[这篇文章内容很～]この文章は内容が深い.

shěnlǐ 审理[動]審理する.¶～ ànjiàn[～案件]事件を審理する.

⁂**shén·me 什么**[代]❶何.どんな.¶nǐ yào ～?[你要～?]何がほしいのですか／tā déle ～ bìng?[他得了～病?]彼はどんな病気なの.❷(任意あるいは不確定の事物・人などを表す)何か.¶nǐ xiǎng chī diǎnr ～ ma?[你想吃点儿～吗?]何か食べたいですか.❸(“也”yě,“都”dōuなどと呼応して,例外がないことを表す)何でも.いかなるものも.¶wǒmen de yánjiūhuì ～ rén dōu kěyǐ cānjiā[我们的研究会～人都可以参加]私たちの研究会は誰でも参加してよい.

> **語法** 疑問詞の呼応用法
> ►2つの同じ疑問詞が前後で呼応して用いられる時,次のような意味を表す.¶你要什么，他有什么 nǐ yào shénme,tā yǒu shénme(あなたはXが欲しいか,そのXを彼が持っている→あなたが欲しいものを彼は何でも持っている)／谁想说谁说 shéi xiǎng shuō shéi shuō(誰か話したいなら,そのダレが話しなさい→話したい人が話しなさい)／吃多少拿多少 chī duōshao ná duōshao(いくつ食べるか,そのイクツを取りなさい→食べるだけ取りなさい)

***shén·me·de 什么的**[代](1つ,またはいくつか列挙した項目の後に置いて,その類のものであることを表す)…など.¶zhuōzi shang bǎizhe shūběn、gāngbǐ ～[桌子上摆着书本、钢笔～]机の上にはノート,鉛筆などが並べてある.

shěnměi 审美[動](物事や芸術品

の）美を見分ける.¶～ biāozhǔn［～标准］審美の基準.

†**shénmì 神秘**［形］神秘的である.計り知れない.¶tā shì ge ～ rénwù［他是个～人物］彼は神秘的な人物だ.

shěnpàn 审判［動］審判する.審理し判決する.¶fǎyuàn ～le yì pī zuìfàn［法院～了一批罪犯］裁判所は犯罪者たちを審理した.

S

shěnpī 审批［動］審査し指示を与える.¶zhèi fèn bàogào hái méiyou ～［这份报告还没有～］この報告はまだ指示を仰いでいない.

shénqí 神奇［形］不思議である.¶～ de sècǎi［～的色彩］不思議な色彩.

†**shén·qì 神气**［形］❶元気がよい.¶xuéshengmen dōu chuānshang xīn de xiàofú,xiǎnde hěn ～［学生们都穿上新的校服,显得很～］学生たちは皆新しい制服を着込んで,すこぶるはつらつとしている.❷得意そうである.気取っている.¶～ huóxiàn［～活现］得意満面だ／nǐ bié tài ～ le［你别太～了］そう得意にならないで.［名］表情.態度.¶dǎliang duìshǒu de ～［打量对手的～］相手の態度を観察する.

shēnqiǎn 深浅［名］❶深さ.¶wǒ bù qīngchu zhèi tiáo hé de ～［我不清楚这条河的～］私にはこの川の深さが分からない.❷程合い.ちょうどよい程度.¶zhèige rén shuōhuà méiyou ～［这个人说话没有～］この人は話し方の程合いをわきまえていない.

shēnqiè 深切［形］深い.懇切である.¶～ de guānhuái［～的关怀］たいへん深い心遣い／jǐn biǎo ～ de xièyì［谨表～的谢意］謹んで深い感謝の意を表す.

shēnqíng 深情［名］とても深い感情.¶wúxiàn ～［无限～］限りなく深い思い.

†**shēnqǐng 申请**［動］申請する.¶～ jiǎngxuéjīn［～奖学金］奨学金を申請する.

†**shénqíng 神情**［名］表情.¶liúlùchu hàipà de ～［流露出害怕的～］恐れている様子を表に出す.

*__shēnrù 深入__［動］深く入り込む.深く掘り下げる.¶～ qúnzhòng［～群众］大衆の中に深く入り込む.［形］深い.深く掘り下げている.¶tāmen ～ de tǎolùnle zhèige wèntí［他们～地讨论了这个问题］彼らはこの問題を掘り下げて討論した.

shénsè 神色［名］表情.顔つき.¶～ huāngzhāng［～慌张］慌てふためいた様子をする.

†**shénshèng 神圣**［形］神聖である.¶～ de rènwu［～的任务］神聖なる任務.

shēnshì 绅士［名］紳士.以前は地主や退職した官吏など,地方の権力者や名声のある人をさした.¶～ fēngdù［～风度］紳士の風格.

†**shēn//shǒu 伸手**［動］❶手を伸ばす.¶jiù zài nàr,yì ～ jiù gòuzháo le［就在那儿，一～就够着了］すぐそこにあるのだから,ちょっと手を伸ばせば届くはずだ.❷（人に物や栄誉などを）求める.¶búyào ～ yào biéren de dōngxi［不要～要别人的东西］他人のものをほしがってはいけない.

shēnshù 申述［動］詳しく説明する.¶～ láiyì［～来意］来意を説明する.

shéntài 神态［名］表情と態度.様子.¶cóng chuānzhuó hé ～ shang kàn,tā hǎoxiàng shì ge shāngrén［从穿着和～上看，他好像是个商人］身なりや態度から見ると,彼はどうやら商人らしい.

⁑**shēntǐ 身体**［名］身体.体.¶duànliàn ～［锻炼～］体を鍛える.

shèntòu 渗透［動］❶〔物〕浸透する.❷しみる.にじむ.¶xiě ～le shābù［血～了纱布］血がガーゼににじんだ.❸〈喩〉浸透する.¶wénhuà ～ shì xìnxī shídài de chǎnwù［文化～是信息时代的产物］文化の浸透は情報時代の産物だ.

shénxiān 神仙［名］❶神仙.❷〈喩〉物事を見通し将来を予見する能力を持った人や,何事にもわずらわされない自由闊達（かったつ）な人.

shēnxìn 深信［動］深く信じる.¶～ tā de nénglì［～他的能力］彼の能力を信じる.

shěnxùn 审讯［動］尋問する.¶fǎyuàn zhèngzài ～ fànrén［法院正在

〜犯人]裁判所は容疑者に尋問しているところだ.

shènyán 肾炎[名]〔医〕腎炎(じんえん).

†**shēnyè 深夜**[名]深夜.真夜中.

shěnyì 审议[動]審議する.¶jīngguò 〜,dàjiā rènwéi nǐ de jìhuà hěn yǒu kěxíngxìng[经过〜,大家认为你的计划很有可行性]審議の結果,皆は君の計画は実現性があると認めた.

shēnyín 呻吟[動]呻吟(しんぎん)する.うめく.¶tā rěnbuzhù yòu 〜 qilai[她忍不住又〜起来]彼女はこらえきれずにまたもやうめき始めた.

shēnyuǎn 深远[形]計り知れない.深遠である.¶yǐngxiǎng 〜[影响〜]影響が計り知れない.

shēnzhǎn 伸展[動]ある方向に伸びる.広がる.¶bìlǜ de dàotián yìzhí 〜 dao cūnzi de jìntóu[碧绿的稻田一直〜到村子的尽头]青々とした稲田が村はずれまで広がっている.

†**shènzhì 甚至**[副]…すら.…さえ.(後によく"都"dōuや"也"yěが呼応する)¶〜 zìjǐ de míngzi dōu wàng le[〜自己的名字都忘了]自分の名前すら忘れてしまった.[接](2つ以上の並列成分の最後の1項の前に置き)甚だしきに至っては.ひいては.¶búdàn méiyou shíjiān chīfàn,〜 lián shuìjiào de shíjiān yě méiyou[不但没有时间吃饭,〜连睡觉的时间也没有]食事はもちろん寝る時間すらもない.‖"甚至于"shènzhìyúともいう.

†**shènzhìyú 甚至于**[接]ひいては.甚だしきに至っては.¶dàjiā dōu juānle qián,〜 tuìxiū de lǎorén yě bú lìwài[大家都捐了钱,〜退休的老人也不例外]皆が寄付金を出し,退職した老人も例外ではなかった.

shēnzhòng 深重[形](災難,苦痛,苦悩などが)ひどい.深刻である.¶〜 de jīngjì wēijī[〜的经济危机]深刻な経済危機.

†**shènzhòng 慎重**[形]慎重である.¶zhèi jiàn shìqing wǒmen yídìng 〜 chǔlǐ[这件事情我们一定〜处理]この件については必ず慎重に処理します/tàidu 〜[态度〜]態度が慎重だ.

†**shēn·zi 身子**[名]身体.体.¶zuìjìn wǒ 〜 búdà shūfu[最近我〜不大舒服]近頃体調があまりよくない.

†**shěn·zi 婶子**[名]おば.父の弟の妻.

shèshī 设施[名]施設.組織.¶gōnggòng 〜[公共〜]公共施設.

†**shèshì 摄氏**[名]摂氏.¶èrshíwǔ 〜 dù[二十五〜度]摂氏25度.

*__shé·tou 舌头__[名]舌.¶tā bù hǎoyìsi de tǔletǔ 〜[他不好意思地吐了吐〜]彼はきまりが悪そうにぺろっと舌を出した.

shèwài 涉外[動]外国にかかわる.外交に及ぶ.¶〜 fǎguī[〜法规]外交法規.

†**shèxiǎng 设想**[動]❶構想する.想像する.¶〜 yí ge fāng'àn[〜一个方案]ある計画を構想する.❷考慮する.配慮する.¶nǐ yīnggāi duō tì dàjiā 〜[你应该多替大家〜]あなたは皆の立場に立って考えなければならない.[名]構想.¶nǐ de 〜 bútài xiànshí[你的〜不太现实]君の考えはあまり現実的でない.

†**shèyǐng 摄影**[動]❶写真を撮る.¶〜shī[〜师]カメラマン/Lǎo-Lǐ xǐhuan 〜[老李喜欢〜]李さんは写真を撮るのが好きだ.❷映画を撮影する.¶tā zài diànyǐngchǎng gǎo 〜[他在电影厂搞〜]彼は映画製作所でカメラマンをしている.

shèyuán 社员[名]社員.新聞社・社団など,社という名を持つ組織の成員.

shèzhì 设置[動]❶設立する.¶bìxū 〜 zhuānmén jīgòu,yǐ jiějué jiùyè wèntí[必须〜专门机构,以解决就业问题]専門の組織を設置して,就業問題の解決を図らねばならない.❷置く.備えつける.¶〜le bìyào de yīliáo qìjù[〜了必要的医疗器具]必要な医療器具を備えつけた.

shī 失[動]❶失う.¶〜xuè[〜血]失血する/zuò 〜 liángjī[坐〜良机]手をこまねいて良機を失う.❷うっかりする.¶〜shǒu[〜手]手元がくるう.❸背く.遂行していない.¶〜péi [〜陪]お先に失礼いたします/〜xìn[〜信]信用を失う.[名]間違い.過ち.¶wéikǒng yǒu 〜[唯恐有〜]間違いがあ

S

ってはと,それだけを恐れる.

shī 师*[名]❶師.先生.¶～shēng[～生]先生と学生／～tú guānxi[～徒关系]師弟の間柄.❷模範.手本.¶qián shì bú wàng,hòu shì zhī ～[前事不忘，后事之～]成過去の経験を忘れず,将来の教訓とする.❸専門家.¶gōngchéng～[工程～]エンジニア／lǜ～[律～]弁護士.

S

***shī 诗**[名]〔shǒu 首〕詩.¶zuò yì shǒu ～[作一首～]詩を1首作る.

shī 施*[動]❶実行する.¶shí～[实～]実施する／wú jì kě ～[无计可～]成打つ手がない.❷施す.恵む.¶～zhōu[～粥]粥を施す.❸加える.¶～fěn[～粉]おしろいをつける／～féi[～肥]こやしをやる.

***shī 湿**[形]湿っている.濡れている.↔gān 干 ¶～ de máojīn[～的毛巾]湿ったタオル／dìshang tài ～,bù hǎozǒu[地上太～，不好走]道がぬかっていて歩きにくい.

⁑**shí 十**[数]❶10.*❷十分である.¶～quán[～全]完全である.十全である.

shí 识*[動]知る.見分ける.¶～zì[～字]字が読める.

shí 时[名]❶時代.時期.¶Sòng～[宋～]宋代／shàng dàxué ～ de hǎoyǒu[上大学～的好友]大学時代の親しい友人.❷決まった時期,時間.¶měitiān àn～ qǐchuáng[每天按～起床]毎日時間通りに起床する.[副]❶時々.¶zhè yídài ～ yǒu dàxióngmāo chūxiàn[这一带～有大熊猫出现]このあたりではパンダが時々現れる.❷(“时～时～”の形で)…したり…したりする.¶zhèige zhōng ～ kuài ～ màn[这个钟～快～慢]この時計は進んだり遅れたりする.[量]〈書〉(時間の単位)時(じ).¶xiànzài shì wǎnshang jiǔ ～ zhěng[现在是晚上九～整]今,夜の9時ちょうどだ.

shí 实[形]❶中身が詰まっている.↔kōng 空 ¶zhè lǐbianr shì ～ de,bú shì kōng de[这里边儿是～的，不是空的]この中身は詰まっていて,空ではない.❷本当である.偽りのない.¶～huà～shuō[～话～说]真実をありのまま話す.*[名]❶事実.¶shī～[失～]事実と異なる.❷果実.種子.¶wǔ yán liù sè de guǒ～[五颜六色的果～]色とりどりの果実.

shí 拾[数]“十”の“大写”dàxiě(大字).注書き直しを防ぐために証書や契約書の数字の記載に用いる.

***shí 拾**[動]拾う.¶～le yí kuài qián[～了一块钱]1元拾った／～ màisuì[～麦穗]ムギの落穂を拾う／～jīn bú mèi[～金不昧]成金を拾ってもねこばばしない.拾得物は届け出る.

shí 食*[動]食べる.¶lǎohǔ shì ～ròu dòngwù[老虎是～肉动物]トラは肉食動物だ.[名]*❶食事.¶fèi qǐn wàng ～[废寝忘～]成寝食を忘れる.*❷食べ物.¶běifāngrén yǐ miàn～ wéizhǔ[北方人以面～为主]北方の人は小麦粉で作った食品を主食にしている.❸(～儿)飼料.えさ.¶zhū～[猪～]ブタの飼料／gǒu～[狗～]ドッグフード.

†**shǐ 史**[名]歴史.¶shìjiè～[世界～]世界史.

***shǐ 使**[動]❶派遣する.使いにやる.¶～ rén qù tīng xiāoxi[～人去听消息]人をやって音信を尋ねる.❷使う.使用する.¶～ kuàizi chīfàn[～筷子吃饭]箸を使って食事をする／hǎo～[好～]使いやすい.❸…させる.…せしめる.¶～ dàjiā dōu mǎnyì[～大家都满意]皆を満足させる／xūxīn ～ rén jìnbù,jiāo'ào ～ rén luòhòu[虚心～人进步，骄傲～人落后]謙虚は人を進歩させ,傲慢は人を落伍させる.

語法　使役の表現

►“让”ràng,“叫”jiào,“使”shǐは「…に(を)…させる」という使役の意を表す.►本来“让”は相手に「…させてあげる」という意,“叫”は相手に「言いつけて…させる」という意である.“使”は,動的ではなく,静的な動作・行為を相手にさせる場合に用いる.¶我们应该｛让／叫／使｝每个顾客都感到满意 wǒmen yīnggāi {ràng／jiào／shǐ} měi ge gùkè dōu gǎndào mǎnyì(私たちはすべてのお客様を満足させなければならない)／妈妈｛让／叫｝明明去买东西 māma {ràng／jiào} Míngming qù mǎi dōngxi(お母さんは明明に言いつけて買い物に行かせる)

shǐ 始[動]始まる.開始する.¶cóng ～ zhì zhōng[从～至终]始めから終わりまで／bù zhī ～yú héshí[不知～于何时]いつから始まったか分からない.[副]〈書〉初めて.ようやく.¶búduàn xuéxí, ～ néng jìnbù[不断学习，～能进步]たえず学習することによって初めて進歩できる.

†**shǐ 驶**[動]速く走る.疾走する.¶yí liàng chē cóng miànqián ～guo[一辆车从面前～过]1台の車が目の前を通って行く／jià～[驾～](車や飛行機を)操縦する.運転する／xíng～[行～](車や船が)走る.進む.

shǐ 屎[名]❶大便.糞.¶lā～[拉～]大便をする.❷(目や耳などの)あか.やに.¶yǎn～[眼～]目やに／ěr～[耳～]耳あか.

shì 世[名]❶一生.生涯.¶yìshēng yí～[一生一～]一生一代／mò～ nánwàng[没～难忘]生涯忘れない.❷世代.代.¶sì ～ tóngtáng[四～同堂]四世代の家族が一緒に住む.❸代々の.¶～jiā[～家]代々の名門／～～dàidài[～～代代]子々孫々.❹時代.¶jìn～[近～]近世／dāng～[当～]当世.今時.❺世界.社会.世間.世の中.¶wèn～[问～]世に出る／～rén[～人]世の中の人々.

⁑**shì 市**[名]❶市場.マーケット.¶yè～[夜～]夜店／cài～[菜～]青物市場／xīn shāngpǐn shàng～[新商品上～]新商品が店頭に出る.❷市.町.¶dū～[都～]都市.❸行政区画の単位.市.¶Běijīng～[北京～]北京市.❹旧度量衡の単位.¶yì ～jīn[一～斤]2分の1キログラム.500グラム.

shì 式[名]❶様式.スタイル.¶xīn～ fúzhuāng[新～服装]ニューファッション／yáng～ jiànzhù[洋～建筑]洋風建築.❷式典.儀式.¶kāimù～[开幕～]開幕式／yuèbīng～[阅兵～]閲兵式.❸(標準・基準になる)式.¶gé～[格～]書式.(文書の)フォーム／fǎ～[法～]法式.❹(自然科学などの)式.¶fènzǐ～[分子～]分子式／fāngchéng～[方程～]方程式.❺〔語〕法.ムード.¶xùshù～[叙述～]叙述法／mìnglìng～[命令～]命令法.

⁑**shì 事**[名]❶(～儿)事.事柄.用事.件.¶gōng～[公～]公務／yǒu ～[有～]用事がある／xián～[闲～]つまらない事.❷(～儿)事故.故障.¶píng'ān wú ～[平安无～]平穏無事／chū～le[出～了]事故が起きた.❸(～儿)仕事.職業.¶zhǎo～r[找～儿]職を探す／nǐ zài nǎr zuò～r? [你在哪儿做～儿?]あなたはどこにお勤めですか.❹関係.関わり.¶méiyou nǐ de ～[没有你的～]君の知ったことではない／tāmen liǎ chǎojià, méi wǒ de ～[他们俩吵架，没我的～]彼ら2人のけんかだ,私には関係ない.[動]従事する.携わる.¶bú ～ láodòng[不～劳动]労働に携わらない.

⁑**shì 试**[動]❶試みる.試す.¶～yi～[～一～]試してみる／～chē[～车]試運転する／～háng[～航]試験航海する.試験飛行する.❷試験する.¶kǒu～[口～]口頭試験／miàn～[面～]面接試験／～tí[～题]試験問題／fù～[复～]再試験.

shì 视[動]❶見る.¶～jué[～觉]視覚／zhù～[注～]注視する.❷見なす.考える.¶zhòng～[重～]重視する／qīng～[轻～]軽視する／～wéi zhījǐ[～为知己]親友と見なす.❸調べる.観察する.¶jiān～[监～]監視する.

*__shì 室__[名]部屋.室.¶bàngōng～[办公～]事務室／wò～[卧～]寝室／～nèi[～内]室内／zīliào～[资料～]資料室／túshū～[图书～]図書室.

⁑**shì 是**[動]❶…だ.…である.(2つの事柄をつなぎ,両者が同一であるか,"是"以下に述べられた属性・状態にあることを表す)¶wǒ ～ xuésheng [我～学生]私は学生です／zhè ～ zhuōzi[这～桌子]これは机です／quánshēn ～ hàn[全身～汗]全身汗まみれである／sìzhōu ～ hǎi[四周～海]周りは海に囲まれている.❷…なのだ.…なのである.("的"deを伴う名詞相当句を目的語にとる)¶zhèi jiàn yīfu ～ jiù de[这件衣服～旧的]この服は古いものです／tā ～ lái kànbìng de [他

S

S

～来看病的]彼は病気の診察に来たのです.❸(確かに,本当に)…である.(“是”の前後に同じ語を繰り返す)¶piányi ～ piányi,dànshì zhìliàng bù hǎo[便宜～便宜，但是质量不好]確かに安いことは安いが品質がよくない／shuō ～ shuō,gàn ～ gàn[说～说，干～干]言うことは言うこと,やることはやることだ.言うのとやるのとでは違う.❹…なのだ.(文の主語を強調する)¶～ shéi gàosu nǐ de?[～谁告诉你的?]誰があなたに知らせたのですか／～ wǒ shuō de[～我说的]言ったのは私です.❺…ですか.(“是”を並列させて疑問の意を表す)¶nǐ ～ qù,hái～ bú qù?[你～去，还～不去?]あなたは行くのですか,それとも行かないのですか／nǐ ～ chī miàn, hái～ chī fàn? [你～吃面，还～吃饭?]君は麺を食べますか,それともご飯を食べますか.❻(名詞の前に置いて)ちょうどよい.頃合いである.¶nǐ lái de zhēn ～ shíhou[你来的真～时候]あなたはちょうどよい時に来ました／huà shuō de ～ dìfang[话说的～地方]ちょうどよいところで口を開いた.❼(形容詞や動詞を目的語にして)確かに…だ.¶nèige rén ～ búcuò[那个人～不错]あいつは確かにいいやつだ／wǒ ～ bù dǎsuan qù[我～不打算去]私は行くつもりはないのです.❽(名詞の前に置いて)およそ.すべて.いかなる.¶～ rén jiù huì[～人就会]人であればできるはずだ／～ hǎoshì,jiù yīnggāi gàn[～好事，就应该干]いい事ならやるべきだ.❾(肯定の返事)はい.¶míngbai le ma?－～,míngbai le[明白了吗? －～，明白了]分かりましたか－はい,分かりました.[形]正しい.¶dàodǐ shéi ～ shéi fēi?[到底谁～谁非?]一体誰が正しくて誰が間違っているのか／gè xíng qí ～[各行其～]それぞれが正しいと思ったことをやる.

類義語 shì 是 duì 对 hǎo 好

►相手の問いに対し「はい」と答える時に使う.“是”は事実に相違ないことを表す.改まった,フォーマルなニュアンスを持つ.¶你是李小姐吗?

文法 “是～的”構文

述部が“是～的”shì ～ deという構造からなり,強調や断定の語気を持つ文を“是～的”構文といい,2つのタイプがある.

1 **“是～的”**(1)

すでに実現している動作について,いつ,どこで,誰が,どのように,何のために,行ったかを強調したい時に用いる.

1) 時間

¶我是去年九月来中国的。 Wǒ shì qùnián jiǔyuè lái Zhōngguó de.(私は去年の9月に中国へ来たのだ)

2) 場所

¶我是从意大利来的。 Wǒ shì cóng Yìdàlì lái de.(私はイタリアから来たのだ)

3) 行為者

¶是他介绍我来的。 Shì tā jièshào wǒ lái de.(彼の紹介でここに来たのだ)

4) 方式

¶我是坐飞机来的。 Wǒ shì zuò fēijī lái de.(私は飛行機で来たのだ)

5) 目的

¶我是为这件事来的。 Wǒ shì wèi zhèi jiàn shì lái de.(私はこの事のために来たのだ)

否定文は“是”の前に“不”bùを置く.

¶我不是一个人来的。 Wǒ bú shì yí ge rén lái de.(私は1人で来たのではない)×我是一个人不来的。

反復疑問文は“是不是～的?”の形にする.

¶你是不是跟妈妈一起来的? Nǐ shì bú shì gēn māma yìqǐ lái de?(あなたはお母さんと一緒に来たのですか)×你是跟妈妈一起来不来的?

－是 nǐ shì Lǐ xiǎojie ma?－shì (あなたは李さんですか－そうです) ►“对”は相手の判断や主張が正しいと認めることを表す. ¶去故宫要换车吧? －对 qù Gùgōng yào huànchē ba?－duì(故宮へ行くには乗り換えますよね?－はい) ►“好”は相手の命令や要求に対し同意や賛成を表す. ¶以后常来玩儿－好 yǐhòu cháng lái wánr－hǎo(これからちょくちょく遊びにいらっしゃい－はい)

*shībài 失败[動]❶負ける.敗北する. ¶zhèi cì bǐsài wǒmen ～ le[这次比赛我们～了]今回の試合では私たちが負けた.❷失敗する.↔ chénggōng 成功 ¶zhèi cì shìyàn yòu ～ le[这次试验又～了]今回の実験も失敗した. [名]失敗. ¶～ shì chénggōng zhī mǔ[～是成功之母]失敗は成功のもと.

shìbì 势必[副]必ず.きっと.必然的に. ¶zhèyàng zuò ～ yào shībài[这样做～要失败]そんなことをすれば必ず失敗する／～ zāoshòu sǔnshī[～遭受损失]きっと損をするに決まっている.

shìbiàn 事变[名]事変. ¶Qī Qī ～[七七～]盧溝橋事件(1937年7月7日に発生した日中全面戦争の発端となった事件).

shíbié 识别[動]見分ける.識別する. ¶～ zhēnjiǎ[～真假]真偽を見分ける／tígāo ～ nénglì[提高～能力]識別能力を高める.

shìbīng 士兵[名]下士官と兵卒.

shìchá 视察[動]視察する. ¶～ gōngchéng de jìnzhǎn qíngkuàng[～工程的进展情况]工事の進み具合を視察する.

†shícháng 时常[副]いつも.よく. ¶tā ～ gěi wǒ xiě xìn[他～给我写信]彼はよく私に手紙をよこす／wǒmen ～ jiànmiàn[我们～见面]私たちはしょっちゅう会っている.

*shìchǎng 市场[名]❶市場(いちば). ¶nóngmào ～[农贸～]自由市場(農作物を自由に売る市場).❷市場.マーケット. ¶guójì ～[国际～]国際市場／jīnróng ～[金融～]金融市場.

動詞が目的語をとる場合,“的”は目的語の前にも後にも置ける.ただし,目的語が人称代詞の場合は目的語の後に置く.

¶他是在中国学汉语的。 Tā shì zài Zhōngguó xué Hànyǔ de.／他是在中国学的汉语。 Tā shì zài Zhōngguó xué de Hànyǔ.(彼は中国で中国語を勉強したのだ)

¶这件礼物是他送我的。 Zhèi jiàn lǐwù shì tā sòng wǒ de.(この贈り物は彼が私にくれたのだ) ×这件礼物是他送的我。

“是～的”の“是”はしばしば省略される.

¶他(是)昨天晚上到的。 Tā (shì) zuótiān wǎnshang dào de.(彼は昨日の夜着いたのだ)

ただし,否定形“不是～的”の場合は省略できない.

¶我不是从中国来的。 Wǒ bú shì cóng Zhōngguó lái de.(私は中国から来たのではない) ×我不从中国来的。

2 **“是～的”(2)**

“是”,“的”ともに強調の語気を表し,話し手の見解・態度を断定的に言い表す時に用いる.

¶这个问题是可以解决的。 Zhèige wèntí shì kěyǐ jiějué de.(この問題は解決できますよ)

“是～的”を取り外しても文法的には問題ない.

¶这个问题可以解决。 Zhèige wèntí kěyǐ jiějué.(この問題は解決できる)

“是～的”(2)の否定形はふつう“是～的”内の成分を否定形にする.

¶这个问题是不能解决的。 Zhèige wèntí shì bù néng jiějué de.(この問題は解決できませんよ)

shìchǎng jīngjì 市场经济[名]市場経済.¶dāng lǐngdǎo de bù dǒng ～ bùxíng[当领导的不懂～不行]指導者たる者は市場経済を理解していなくてはならない.

★**shídài 时代**[名]❶歴史上の一時代.¶fēngjiàn ～[封建～]封建時代/shíqì ～[石器～]石器時代.❷人生の一時期.¶qīngnián ～[青年～]青年時代.

S

shìdài 世代[名]❶長い年月.¶～ yǒngcún[～永存]長く後代に残る.❷代々.¶～ xiāngchuán[～相传]代々伝わる/tā jiā ～ xíngyī[他家～行医]彼の家は代々医者である.

★**shìdàng 适当**[形]適切である.ふさわしい.妥当である.¶～ de rénxuǎn[～的人选]適切な人選/zhèige cí yòngde hěn ～[这个词用得很～]この言葉の使い方は大変適切だ.

†**shǐ·de 使得**[動]使える.¶zhèi zhī bǐ ～ shǐbude?[这支笔～使不得?]このペンは使えますか.[形]よい.よろしい.¶nǐ yào cízhí,zhè zěnme ～?[你要辞职，这怎么～?]あなたが辞職するなんて,そんなのいいはずがない.

†**shǐ·de 使得**[動]…させる.¶gāosù gōnglù de jiànchéng,～ jiāotōng gèngjiā fāngbiàn le[高速公路的建成，～交通更加方便了]高速道路ができたことで,交通がいっそう便利になった.

†**shì·de 似的**[助]名詞・代詞・動詞の後ろに置かれ,ある事物や事象がよく似ていることを表す.注前に“像”xiàng,“好像”hǎoxiàng,“仿佛”fǎngfú などを用いる.“是的”とも書く.¶líhuā xiàng xuě ～ nàme bái[梨花像雪～那么白]ナシの花はまるで雪のように白い/wǒ de tuǐ xiàng duànle ～,zhēn téng[我的腿像断了～，真疼]私の足はまるで折れてしまったようだ,本当に痛い.

†**shīdiào 失掉**[動]❶失う.なくす.¶～ xìnxīn[～信心]自信を失う.❷逸する.逃す.¶～ jīhuì[～机会]チャンスを逸する.

shīdù 湿度[名]湿度.

shí'ér 时而[副]❶時々.時折.¶wǒ ～ gǎndào jìmò[我～感到寂寞]私は時折寂しさを感じる/tā ～ gěi wǒ dǎ diànhuà[他～给我打电话]彼は時々電話をよこす.❷(“时而…时而…”の形で)時には…時には….…したり…したり.¶tiānqì ～ qíng,～ yīn[天气～晴，～阴]天気は晴れたり曇ったりだ.

shí'èr shēngxiào 十二生肖[名]十二支を使っていう生まれ年.(　)内は話し言葉での言い方.“子”(=“鼠”)“丑”(=“牛”)“寅”(=“虎”)“卯”(=“兔”)“辰”(=“龙”)“巳”(=“蛇”)“午”(=“马”)“未”(=“羊”)“申”(=“猴”)“酉”(=“鸡”)“戌”(=“狗”)“亥”(=“猪”).

†**shīfàn 师范**[名]❶師範学校.“师范学校”shīfàn xuéxiào の略.❷〈書〉模範.手本.

shìfàn 示范[動]模範を示す.¶qǐng nǐ ～ yíxià[请你～一下]模範を示してください／～ cāozuò[～操作]模範作業.

shìfàng 释放[動]❶釈放する.¶xíng mǎn ～[刑满～]刑期満了で釈放する／～ fúlǔ[～俘虏]捕虜を釈放する.❷放出する.¶shùlín ～ dàliàng yǎngqì[树林～大量氧气]森は大量の酸素を放出している.

shī∥féi 施肥[動]肥料をやる.

†**shìfēi 是非**[名]❶善し悪し.是非.¶biànbié ～[辨别～]是非を区別する／～ zì yǒu gōnglùn[～自有公论]是非は自ずと世論が決める.❷いざこざ.争い.¶rě ～[惹～]いざこざを引き起こす／nàr ～ hěn duō[那儿～很多]あそこは争いが多い.

⁑**shífēn 十分**[副]十分に.とても.➡類義語 fēicháng 非常

†**shìfǒu 是否**[副]〈書〉…であるかどうか.¶bù zhī nín ～ xǐhuan[不知您～喜欢]あなたがお好きかどうか分かりません／～ néng lái hái bù qīngchu[～能来还不清楚]来られるかどうかまだ分からない.

⁑**shī·fu 师傅**[名]❶師匠.親方.先生.(技能・技術・芸事などを伝授する人をいう)❷技能労働者の尊称.(単独で呼びかけにも使う)¶mùjiang ～[木匠～]大工さん.

shīgē 诗歌[名]詩歌.詩.¶Tángdài de ～[唐代的～]唐代の詩歌.

*__shī∥gōng 施工__[動]施工する.工事する.¶shénme shíhou kāishǐ ～?[什么时候开始～?]いつ工事を始めるのですか.

†**shìgù 事故**[名]事故.¶fāshēngle ～[发生了～]事故が発生した／jiāotōng ～[交通～]交通事故／shāngwáng ～[伤亡～]死傷事故.

shíguāng 时光[名]❶時間.時.¶xiāomó ～[消磨～]時間を無駄に過ごす.❷時期.時代.¶wǒ yǒngyuǎn wàngbuliǎo nèi duàn xìngfú de ～[我永远忘不了那段幸福的～]私はあの幸せな時代を永遠に忘れない.

shìhào 嗜好[名]嗜好(しこう).好み.多く好ましくない意味に使われる.¶hē jiǔ shì tā wéiyī de ～[喝酒是他惟一的～]酒を飲むことは彼のただ1つの道楽である.

*__shìhé 适合__[動]適合する.ちょうど合う.¶zhèi běn cídiǎn hěn ～ dàxuéshēng yòng[这本词典很～大学生用]この辞書は大学生が使うのにぴったりだ／nǐ de xiǎngfa bú ～ xiànshí[你的想法不～现实]あなたの考えは現実に合わない.

⁑**shí·hou 时候**[名]❶(一定量の)時間.¶xiě zhèi piān lùnwén yòngle bù shǎo ～[写这篇论文用了不少～]この論文を書くのにずいぶん時間を使った.❷(ある特定の)時.時刻.¶wǒ chīfàn de ～ tā lái le[我吃饭的～他来了]食事の時に彼がやって来た／dào ～ le,wǒmen zǒu ba[到～了，我们走吧]時間になったので出かけよう.

shìhòu 侍候[動]世話をする.仕える.注話し言葉ではcìhouという.¶～ bìngrén[～病人]病人の世話をする.

†**shíhuà 实话**[名]本当の話.¶shuō ～[说～]本当の事を言う／nǐ shuō de méiyou yí jù ～[你说的没有一句～]あなたの話には一言も真実がない.

shíhuī 石灰[名]〈化〉石灰.

shíhuì 实惠[名]実益.実利.¶dédào ～[得到～]実益を得る.[形]実がある.実用的である.¶zhèixiē dōngxi kànqilai hěn piàoliang,dàn bìng bù ～[这些东西看起来很漂亮，但并不～]これらは見かけはきれいだがそれほど実用的ではない.

†**shíjī 时机**[名]時機.チャンス.¶zhǎngwò ～[掌握～]チャンスをつかむ／búyào cuòguò ～[不要错过～]チャンスを逃がすな／～ yǐjing chéngshú[～已经成熟]機はすでに熟した.

*__shíjì 实际__[名]実際.現実.¶lǐlùn liánxì ～[理论联系～]理論を実際と結びつける.[形]❶実際の.具体的である.¶jǔ yí ge ～ de lìzi[举一个～的例子]具体的な例を挙げる.❷現実的である.実際的である.¶nǐ de xiǎngfa hěn bù ～[你的想法很不～]あなたの考え方は非現実的だ／bù héhū ～ de shuōfa[不合乎～的说法]現実と

S

合致しない意見.

*shìjì 世纪[名]世紀.¶èrshíyī ～[二十一～]21世紀.

†shìjì 事迹[名]成し遂げた事柄.業績.¶shēngpíng ～[生平～]一生の業績／xiānjìn ～[先进～]先進的業績.

shījiā 施加[動](圧力や影響などを)与える.¶～ yālì[～压力]圧力をかける／～ yǐngxiǎng[～影响]影響を与える.

⁑shíjiān 时间[名]❶(概念としての)時間.¶yào zhēnxī ～[要珍惜～]時間は大切にしなくてはならない／～guòde zhēn kuài[～过得真快]時がたつのは本当に速い.❷(一定量の)時間.暇.¶xiàwǔ yǒu ～ ma?[下午有～吗?]午後はお暇がありますか／qù Zhōngguó lǚxíng zuì shǎo xūyào sān tiān ～[去中国旅行最少需要三天～]中国を旅行するなら少なくとも3日はいる.❸(ある特定の)時.時刻.¶kāishǐ shàngkè de ～ shì jiǔ diǎn[开始上课的～是九点]授業開始時間は9時だ／yǐjing dào ～ le[已经到～了]もう時間になった.

⁑shíjiàn 实践[動]実行する.実践する.¶xiān ～,ránhòu zài xià jiélùn[先～，然后再下结论]まずやってみてそれから結論を出す.[名]実行.実践.¶lǐlùn yǔ ～ xiāng jiéhé[理论与～相结合]理論と実践を互いに結び付ける.

*shìjiàn 事件[名]事件.事柄.¶zhèngzhì ～[政治～]政治的事件／zhòngdà ～[重大～]重大事件.

†shíjié 时节[名]❶季節.時期.¶nóngmáng ～[农忙～]農繁期／qīngmíng ～[清明～]清明節の頃.❷時.頃.¶nà ～,wǒ hái shì ge háizi[那～，我还是个孩子]その時私はまだ子供だった.

shǐjié 使节[名]使節.¶pài ～[派～]使節を派遣する／zhù Rìběn de wàijiāo ～[驻日本的外交～]日本駐在の外交使節.

⁑shìjiè 世界[名]❶世界.¶～ jìlù[～记录]世界記録／～ shang yǒu jǐqiān zhǒng mínzú[～上有几千种民族]世界には数千の民族がいる.❷世の中.世間.¶～ guǎngdà[～广大]世間は広い.❸領域.分野.¶jīngshén ～[精神～]精神世界／wénxué ～[文学～]文学の世界.

shìjièguān 世界观[名]世界観.

†shǐ∥jìn 使劲[動](～儿)力を入れる.¶～ gànhuór[～干活儿]精いっぱい働く／wǒ yì ～,jiù bǎ tā nònghuài le[我一～，就把它弄坏了]力を入れたら,壊れてしまった.

*shìjuàn 试卷[名]答案.試験用紙.¶jiāo ～[交～]答案用紙を提出する.

*shíkè 时刻[名](ある特定の)時期.¶guānjiàn ～[关键～]大切な時.正念場.[副]いつも.常に.¶～ bú wàng[～不忘]一刻たりとも忘れない.

†shíkuàng 实况[名]実況.¶～ zhuǎnbō[～转播]実況放送／～ lùxiàng[～录像]実況録画.

shílì 实力[名]実力.¶tā hěn yǒu ～[他很有～]彼はかなり実力を持っている／yīnwèi ～ bù zú,suǒyǐ shūgěile duìfāng[因为～不足,所以输给了对方]実力が足りなかったために,負けてしまった／～ xiāngdāng[～相当]力が拮抗(きっこう)している.

shìlì 事例[名]事例.¶cānkǎo jùtǐ ～[参考具体～]具体的な事例を参考にする.

shìlì 视力[名]視力.

†shì·li 势力[名]勢力.力.¶～ xiónghòu[～雄厚]勢力が強大である／kuòdà zìjǐ de ～[扩大自己的～]自分の勢力を広げる／～ fànwéi[～范围]勢力範囲.

shǐliào 史料[名]歴史資料.¶chá ～[查～]歴史資料を調べる.

†shímáo 时髦[形]流行している.¶gǎn ～[赶～]流行を追う／～ de fúzhuāng[～的服装]流行のファッション.

†shī∥mián 失眠[動]寝つけない.不眠になる.¶～ de rén gǎndào hěn jiāolǜ[～的人感到很焦虑]眠れない人はとても焦りを感じる／zàochéng ～[造成～]不眠をもたらす.

†shìmín 市民[名]❶市民.❷「農民」に対し,農村戸籍を持たない都市人口.

shǐmìng 使命[名]使命.¶wèi Zhōng Rì yǒuhǎo zuò gòngxiàn,shì wǒmen de ～[为中日友好做贡献，

S

是我们的～]日中友好のために貢献するのは我々の使命だ／yīnggāi yǒu ～gǎn[应该有～感]使命感を持つべきだ.

shímò 石磨 [名]石臼.

shīpéi 失陪[動](挨拶)失礼する.席をはずすことをわびる.¶duìbuqǐ,wǒ xiān ～ le[对不起，我先～了]すみません,お先に失礼します.

*shípǐn 食品[名]食品.¶zhùyì ～ wèishēng[注意～卫生]食品衛生に注意する／lěngdòng ～[冷冻～]冷凍食品.

*shíqī 时期[名](ある特定の)時期.¶kùnnan ～[困难～]苦しい時期／jiànshè ～[建设～]建設時期.

⁑shì·qing 事情[名]❶〔jiàn 件〕事.事柄.¶tā shénme ～ dōu zhīdao[他什么～都知道]彼はどんな事でも知っている.❷用事.用.¶jīntiān méiyou shénme ～[今天没有什么～]今日は何も用事はない.

*shīqù 失去[動]失う.¶～ zhījué[～知觉]気を失う.

shìqū 市区[名]市区.市街区.¶Lǐ lǎoshī zài ～ mǎile yí tào xīn fángzi[李老师在～买了一套新房子]李先生は市街地に新しい家を買った.

shí quán shí měi 十全十美[形]成完全無欠である.非のうちどころのない.¶～ de rén[～的人]完全無欠の人.

†shīrén 诗人[名]詩人.

shìróng 市容[名]都市の様子.街の外観.街並み.¶zhěngdùn ～[整顿～]街の外観を整える.

†shīrùn 湿润[形](空気や土壌が)湿り気がある.湿って潤いがある.¶hǎibiān kōngqì ～[海边空气～]海辺の空気は湿り気がある／～ de yǎnjing[～的眼睛]潤んだ目.

shī∥shì 失事[動]不幸な事故が起こる.¶fēijī ～[飞机～]飛行機事故が起こる.

†shíshī 实施[動]実施する.¶～ jìhuà[～计划]計画を実施する／zhèige fǎguī cóng míngnián kāishǐ ～[这个法规从明年开始～]この法規は来年から実施される.

†shíshí 时时[副]いつも.しょっちゅう.¶～ diànjìzhe mǔqīn[～惦记着母亲]しょっちゅう母親のことを気にかけている／～ bú wàng gōngzuò[～不忘工作]常に仕事のことを忘れない.

shíshì 时事[名]時事.¶jīntiān yǒu ～ kǎoshì[今天有～考试]今日は時事のテストがある／～ bàogào[～报告]時事報告.

*shìshí 事实[名]事実.¶wǒ shuō de quán shì ～[我说的全是～]私の言っているのは全て事実です／～ zhèngmíng[～证明]事実が証明する／bǎi ～,jiǎng dàoli[摆～，讲道理]事実を並べて道理を説く.

†shìshì 逝世[動]〈書〉逝去する.¶yīn bìng ～[因病～]病気のため逝去した／tā yǐjing ～ duōnián le[他已经～多年了]彼はすでに亡くなってだいぶ経つ.

*shí shì qiú shì 实事求是成事実に即して問題を処理する.実事求是.¶～ de tàidu[～的态度]事実に基づいて事にあたる態度／kàn wèntí yīnggāi ～[看问题应该～]事にあたるには実事求是であるべきだ／zhèi fèn bàogào xiěde fēicháng ～,ràng rén xìnfú[这份报告写得非常～，让人信服]この報告は,非常に実際に即して書かれているから,信用できる.

shìtài 事态[名]事態.¶～ jǐnjí[～紧急]緊急事態／～ yǒusuǒ huǎnhé[～有所缓和]事態はいくらか落ち着いた.

⁑shítáng 食堂[名]食堂.¶qù ～ chī wǔfàn[去～吃午饭]食堂に行って昼食をとる／xuéxiào ～[学校～]学校の食堂／zhígōng ～[职工～]社員食堂.➡見る類 p.121

shītǐ 尸体[名](人や動物の)死体.

shítǐ 实体[名]実体.¶zhèi zhāng

zhàopiàn hé ～ dàxiǎo yíyàng[这张照片和～大小一样]この写真と実物とは同じ大きさだ／jīngjì ～[经济～]企業体.

shītiáo 失调[動]バランスを失う.¶ wǒmen zhèr nánnǚ bǐlì yǒudiǎnr ～[我们这儿男女比例有点儿～]我々の所は男女の比率がいささかアンバランスである.

S

*__shí·tou 石头__[名]〔kuài 块,duī 堆〕石.(比喩としても使う)¶ fàngzai ménkǒu de ～[放在门口的～]入り口に置かれた石／～ nǎodai[～脑袋]石頭.

*__shīwàng 失望__[動]失望する.がっかりする.¶ tā ～ le[他～了]彼は失望した／lìng rén ～[令人～]がっかりさせる.

†**shìwēi 示威**[動]示威する.デモをする.¶ ～ yóuxíng[～游行]デモ行進する.

†**shīwù 失误**[動](仕事や役割上での)ミスをする.失策する.¶ chuánqiú ～[传球～]ボールのパスをミスする／tā fāqiú shí ～ hěn duō[他发球时～很多]彼はサーブの時ミスが多い.

shíwù 实物[名]実物.実際の物.¶ ～ jiàoxué[～教学]実物教育／qǐng ràng wǒ kànyikàn ～[请让我看一看～]ちょっと実物を見せてください.

*__shíwù 食物__[名]食べ物.¶ zhèixiē ～ yǐjing guòqī le[这些～已经过期了]これらの食べ物はもう賞味期限が切れている／～ zhòngdú[～中毒]食中毒／xīnxiān ～[新鲜～]新鮮な食べ物.

†**shìwù 事务**[名]❶仕事.¶ ～ fánmáng[～繁忙]仕事が忙しい.❷一般事務.庶務.¶ ～yuán[～员]事務員／～ gōngzuò[～工作]庶務の仕事.

*__shìwù 事物__[名]物事.事物.¶ xīn shēng ～[新生～]新しく生まれた現象／rènshi ～ de běnzhì[认识～的本质]物事の本質を認識する.

†**shíxí 实习**[動]実習する.¶ qù gōngchǎng ～[去工厂～]工場へ実習に行く／～shēng[～生]実習生.

⁂**shíxiàn 实现**[動]実現する.¶ ～ xiàndàihuà[～现代化]現代化を実現する／lǐxiǎng zhōngyú ～ le[理想终于～了]夢がついに実現した.

*__shìxiān 事先__[名]事前に.前もって.¶ ～ zhǔnbèihǎo[～准备好]前もって準備しておく／～ tōngzhī[～通知]事前に通知する／qǐng ～ gěi wǒ dǎ diànhuà[请～给我打电话]前もって電話を掛けてください.

shìxiàn 视线[名]視線.¶ xīyǐnle dàjiā de ～[吸引了大家的～]みんなの視線を集めた／zhuǎnyí ～[转移～]視線をそらす.

shìxiàng 事项[名]事項.¶ zhùyì ～[注意～]注意事項.

shī//xiào 失效[動]失効する.効力を失う.¶ zhèi píng yào yǐjing ～ le[这瓶药已经～了]この瓶の薬はもう効かなくなっている／shīle xiào de hétong[失了效的合同]失効した契約.

shīxíng 施行[動]❶(法令などを)施行する.実施する.¶ sìyuè yī rì qǐ ～ xīn chǎngguī[四月一日起～新厂规]4月1日から新しい工場規則を実施する.❷行う.実行する.¶ ～ shǒushù[～手术]手術を施す.

shíxīng 时兴[動]はやる.¶ xiànzài

表現Chips
失望する

我很失望。Wǒ hěn shīwàng.
(私はとてもがっかりした)
太让人失望了。Tài ràng rén shīwàng le.
(おおいに失望させられた)
一切都白费了。Yíqiè dōu báifèi le. (すべてが無駄になってしまった)
哎，说什么也没用了。Āi，shuō shénme yě méi yòng le.
(ああ,何を言ってももう遅い)
我对我的英语不抱希望了。Wǒ duì wǒ de Yīngyǔ bú bào xīwàng le.
(私は自分の英語に望みが持てなくなった)

zhèng ～ zhèi zhǒng kuǎnshì［现在正～这种款式］今ちょうどこのようなデザインが流行している.

*shíxíng 实行［動］(計画や政策などを)実行する.¶～ yǒuxiào de fāngzhēn、zhèngcè［～有效的方针、政策］有効な方針,政策を実行する／jùtǐ de jìhuà hái méiyou ～［具体的计划还没有～］具体的な計画はまだ実行していない.

shìxíng 试行［動］試験的に行う.試行する.¶～ jiéguǒ lìng rén mǎnyì［～结果令人满意］試行した結果は満足のいくものだった.

shī∥xué 失学［動］(貧困や病気などで)学校に通えない.中途退学する.¶zhǐ shàngle yì nián dàxué,jiù shīle xué［只上了一年大学，就失了学］1年大学に通っただけでもう退学した／yīnwèi jiāli kùnnan,tā ～ le［因为家里困难，他～了］家が貧しくて,彼は学校に通えなくなった.

*shíyàn 实验［動］実験する.¶wǒmen měitiān shàngwǔ xuéxí,xiàwǔ ～［我们每天上午学习，下午～］私たちは毎日,午前中は勉強して午後は実験を行う／～le jǐ cì,dōu méiyou chénggōng［～了几次，都没有成功］何度か実験したがどれも失敗だった.［名］実験.¶kēxué ～［科学～］科学実験.

shìyán 誓言［名］誓い(の言葉).¶lìxia ～［立下～］誓いを立てる／shíxiànle ～［实现了～］誓いを実現した.

*shìyàn 试验［動］試験する.実験する.テストする.¶～ xīn chǎnpǐn［～新产品］新製品をテストする／yǐjing fǎnfù ～guo le［已经反复～过了］すでに何度もテスト済みである.

†shìyàng 式样［名］型.デザイン.¶～ xīnyǐng［～新颖］デザインが斬新である／nǐmen xuéxiào de xiàofú shì shénme ～?［你们学校的校服是什么～?］あなたの学校の制服はどんなデザインですか.

*shī∥yè 失业［動］失業する.¶～ de rénshù［～的人数］失業者数／tā ～ le［他～了］彼は失業した.

shìyě 视野［名］視野.¶kāikuò ～［开阔～］視野を広げる／～ kuānguǎng［～宽广］視野が広い.

*shìyè 事业［名］事業.¶chuàngbàn xīn ～［创办新～］新しい事業を興す／kēxué wénhuà ～［科学文化～］科学文化事業／tā ～xīn hěn qiáng［他～心很强］彼は仕事に意欲的だ.

†shìyí 适宜［形］適している.程よい.¶zhèr ～ zhòng shuǐdào［这儿～种水稻］ここは水稲の栽培に適している／nóngdàn ～［浓淡～］濃淡の具合がちょうどよい.

*shìyìng 适应［動］適応する.応じる.¶～ huánjìng［～环境］環境に順応する／wèile ～ gèdì de xūyào,tiáozhěngle jìhuà［为了～各地的需要，调整了计划］各地の需要に応じるために計画を調整した.

shìyìtú 示意图［名］略図.見取り図.

*shíyòng 实用［形］実用的である.¶yòu měiguān yòu ～［又美观又～］きれいで実用的だ／suīrán háohuá,dàn bútài ～［虽然豪华，但不太～］豪華だがあまり実用的ではない.

shíyòng 食用［動］食用にする.¶zhèi zhǒng mógu yǒu dú,bù néng ～［这种蘑菇有毒，不能～］この種のキノコには毒があって食用にはできない.

⁑shǐyòng 使用［動］使用する.¶～ diànnǎo［～电脑］コンピュータを使用する／zhèi tái jīqì zěnme ～?［这台机器怎么～?］この機械はどうやって操作するのですか／～ shuōmíngshū［～说明书］使用説明書.

shìyòng 试用［動］試用する.¶～pǐn［～品］試用品／～qī［～期］試用期間／nǐ xiān ～ yíxià ba［你先～一下吧］まず使ってみてください.

*shìyòng 适用［動］使用に適する.使える.¶zhèi běn cānkǎoshū duì wàiguórén xué Hànyǔ hěn ～［这本参考书对外国人学汉语很～］この参考書は外国人が中国語を学ぶのに適している／zhèige ruǎnjiàn ～yú suǒyǒu de diànnǎo［这个软件～于所有的电脑］このソフトはすべてのコンピュータに適用する.

*shíyóu 石油［名］石油.¶kāicǎi ～［开采～］石油を採掘する.

shí yǒu bā jiǔ 十有八九㊉十中八

九.¶kàn zhè tiānqì ～ yào xià dàyǔ[看这天气～要下大雨]この天気じゃ,十中八九大雨が降りそうだ.

shíyù 食欲[名]食欲.¶～ wàngshèng[～旺盛]食欲が旺盛だ／wǒ méiyou ～[我没有～]私は食欲がない.

shī∥yuē 失约[動]約束を守らない.¶cónglái bù ～[从来不～]今まで約束を破ったことがない／qiānwàn bié ～[千万别～]決して約束を破るな.

***shízài 实在**[形]本物である.うそ偽りがない.まじめである.¶～ de běnlǐng[～的本领]本物の実力／tā zhèige rén hěn ～[他这个人很～]彼という人はまじめだ.[副]確かに.本当に.¶～ méiyou bànfǎ le[～没有办法了]本当にもうどうにもできない／～ bù zhīdào[～不知道]本当に知らない.

shīzhǎn 施展[動]発揮する.¶bǎ běnlǐng ～chulai[把本领～出来]持てる能力を発揮する.

shīzhǎng 师长[名]❶教師に対する尊称.❷〔軍〕師団長.

†**shìzhǎng 市长**[名]市長.

shī∥zhí 失职[動]職責を果たさない.¶yóuyú tā de ～,gěi gōngsī zàochéngle yánzhòng de sǔnshī[由于他的～，给公司造成了严重的损失]彼の怠慢が会社に重大な損失をもたらした.

†**shízhì 实质**[名]実質.本質.¶tā ～shang bìng bú huài[他～上并不坏]彼は実際にはそれほど悪い人ではない／zhuāzhu shìqing de ～[抓住事情的～]物事の本質をつかむ.

shìzhì 试制[動]試作する.試験的に製造する.¶～ xīn chǎnpǐn[～新产品]新製品を試作する.

***shǐzhōng 始终**[副]終始.始めから終わりまで.¶～ rúyī[～如一]終始一貫している／tā ～ méi gàosu wǒ[他～没告诉我]彼は最後まで私に知らせなかった.

shízhuāng 时装[名]最新流行の服.¶xiànzài liúxíng shénmeyàng de ～?[现在流行什么样的～?]今どんな服がはやっているのですか／～ biǎoyǎn[～表演]ファッションショー／～ mótèr[～模特儿]ファッションモデル.

***shī·zi 狮子**[名]ライオン.

shī∥zōng 失踪[動]行方不明になる.失踪する.¶tā de háizi ～ le[他的孩子～了]彼の子供が行方不明になった.

shízú 十足[形]十分である.満々である.¶lǐyóu ～[理由～]理由は十分だ／～ de xìnxīn[～的信心]満々たる自信.

⁂**shōu 收**[動]❶しまう.片付ける.¶bǎ qián ～hǎo[把钱～好]お金をしまう／bǎ yīfu ～jinlai[把衣服～进来]服を取り込む.❷集める.徴収する.¶～shuì[～税]税金を徴収する／～ fèipǐn[～废品]廃品を回収する.❸収穫する.¶qiū～[秋～]秋の収穫／mài～[麦～]ムギの取り入れ.❹受け取る.¶～ lǐwù[～礼物]プレゼントを受け取る／～ xìn[～信]手紙を受け取る.❺(感情や行動を)制御する.¶～xīn[～心](散漫な思いを)一つにまとめる／gǎnqíng ～buzhù le[感情～不住了]感情を抑えきれなくなった.❻(仕事を)おしまいにする.しまう.¶～gōng[～工]仕事を終える／～tānr[～摊儿]露店をしまう.

⁂**shǒu 手**[名]❶〔zhī 只(片方)〕〔shuāng 双(両方)〕手.¶jǔ～[举～]手を挙げる／bèi ～[背～]後ろ手を組む／wò～[握～]握手する.❷手段.やり方.¶xīn hěn ～ dú[心狠～毒]冷酷でやり口がひどい.❸特殊な技術を持っている人.¶xuǎn～[选～]選手／néng～[能～]名人.達人／hǎo～[好～]やり手／duōmiàn～[多面～]多芸多才な人.[量]能力・腕前などを数える.¶tā néng xiě yì ～ hǎo zì[她能写一～好字]彼女は字がうまい／tā yǒu yì ～ juéjì[他有一～绝技]彼はすばらしい技を持っている.

†**shǒu 守**[動]❶守る.¶～mén[～门]門番をする.ゴールを守る.❷番をする.見張る.看護する.¶hùshi rìrìyèyè ～zhe bìngrén[护士日日夜夜～着病人]看護婦は日夜患者の看護をする.❸遵守する.¶～yuē[～约]約束を守る.❹近くにある.そばにいる.¶fùjìn ～zhe shān[附近～着山]近くに山が

ある.

shǒu 首[名]❶頭.注「頭」の意味で単独では用いない.「頭」を表す場合は"头"tóu,「首」を表す場合は"脖子"bózi という. ¶ ～shi[～饰]装身具.アクセサリー／áng ～ tǐng xiōng[昂～挺胸]頭をもたげ胸を張る／zhǎn～[斩～]首を切る.❷第1の.最高の. ¶ ～wèi[～位]第1位.首位／～xí[～席]首席.最高職務.❸リーダー.長. ¶ ～fàn[～犯]主犯.❹最初.一番始め. ¶ ～jiè[～届]第1回.[量](詩歌を数える)首. ¶ yì ～ shī[一～诗]詩1首.

*shòu 受[動]❶受ける. ¶ ～ jiàoyù[～教育]教育を受ける.❷こうむる. ¶ ～ pīpàn[～批判]批判される.❸耐える. ¶ ～buliǎo[～不了]耐えられない.

shòu 授[動]授ける.与える. ¶ ～kè[～课]授業をする.

†shòu 售[動]売る.販売する.↔ mǎi 买 ¶ ～piào[～票]切符・チケットを売る.

*shòu 瘦[形]❶やせている.↔ pàng 胖 ¶ tā bǐ yǐqián ～duō le[她比以前～多了]彼女は前よりも随分やせた.❷脂肪のない. ¶ ～ròu[～肉]赤身の肉.❸衣服や靴などが窮屈である. ¶ yīfu tài ～ le[衣服太～了]服がきつすぎる.❹土地がやせている. ¶ ～ tián[～田]やせた耕地.

**shǒubiǎo 手表[名]〔zhī 只,kuài 块〕腕時計. ¶ dài ～[带～]腕時計をする／zhāi ～[摘～]腕時計をはずす.

shōucáng 收藏[動]収蔵する. ¶ ～ wénwù[～文物]文物を収蔵する／～ jiā[～家]収集家.

shōu·cheng 收成[名]農作物の収穫.作柄. ¶ ～ yì nián bǐ yì nián hǎo[～一年比一年好]収穫は1年ごとによくなる／gānhàn méiyou yǐngxiǎng ～[干旱没有影响～]日照りは作柄に影響しなかった.

shòu chǒng ruò jīng 受宠若惊 成身に余る待遇に驚き喜ぶ. ¶ Xiǎo-Wáng ～ de wàngzhe xiàozhǎng,bù zhī gāi shuō shénme hǎo[小王～地望着校长，不知该说什么好]王君は身に余る待遇に驚いたように校長先生を見つめ,何と言ったらよいのか分からなかった.

shǒuchuàng 首创[動]創造する. ¶ ～ jìlù[～记录]記録をつくる／～ xǔduō xīn chéngguǒ[～许多新成果]多くの新しい成果を創り出した／～ jīngshén[～精神]新しいものを創り上げる精神.

shǒucì 首次[名]最初.第1回目. ¶ ～ shàngyìng[～上映]初めての上映.

*shōu//dào 收到[動]❶受け取る. ¶ ～ nǐ de láixìn,wǒ hěn gāoxìng[～你的来信，我很高兴]お手紙をいただきとても嬉しかったです.❷収める. ¶ ～ yùqī xiàoguǒ[～预期效果]予期した通りの効果を収める.

shòu//dào 受到[動]…を受ける. ¶ qùnián ～ nín de duōfāng guānzhào, fēicháng gǎnxiè[去年～您的多方关照，非常感谢]昨年はいろいろお世話になりましてありがとうございます.

shǒudiàn 手电[名]懐中電灯. ¶ dǎ ～[打～]懐中電灯をつける.

**shǒudū 首都[名]首都.

*shǒuduàn 手段[名]手段.手だて. ¶ cǎiqǔ ～[采取～]手段を用いる.

shǒufǎ 手法[名](芸術作品などの)技法.テクニック. ¶ nǐrén ～[拟人～]擬人法／xiūcí ～[修辞～]修辞法.レトリック.

shǒu//fǎ 守法[動]法律を守る. ¶ ～ de rén[～的人]法律を守る人.

†shōu//fèi 收费[動]有料である.料金を取られる.↔miǎnfèi免费 ¶ zài zhèr tíngchē yào ～ ma?[在这儿停车要～吗?]ここでの駐車は有料ですか／jùshuō Guìlín qǔxiāole ～ cèsuǒ[据说桂林取消了～厕所]桂林では有料トイレがなくなったらしい.

shōufèi cúnchēchù"收费存车处"(有料駐輪場)

shōufù 收复[動]奪い返す. ¶ ～ shīdì[～失地]失地を回復する／～ lǐngtǔ

[～领土]領土を奪い返す.

†**shōugē 收割**[動](農作物を)刈り入れる.¶～ xiǎomài[～小麦]コムギを刈り取る／～ shíjié[～时节]刈り入れの季節.

*__shǒugōng 手工__[名]❶手仕事.細工.¶cóngshì ～ láodòng[从事～劳动]手仕事に従事する／～ xìnì[～细腻]細工が細かい／～ biānzhī de máoyī[～编织的毛衣]手編みのセーター／～ cìxiù[～刺绣]手刺しの刺繡／～ diāokè[～雕刻]手彫りの彫刻.❷手仕事に対する報酬.¶～ piányi[～便宜]手間賃が安い.

shōugòu 收购[動]買い集める.買い付ける.¶～ liángshi[～粮食]食料を買い付ける／zhèi zhǒng dōngxi,guójiā bù ～[这种东西，国家不～]こうした品物については政府は買い上げない.

shōuhuí 收回[動]❶取り戻す.回収する.¶～ chéngběn[～成本]コストを回収する／～ dàikuǎn[～贷款]貸付金を回収する.❷撤回する.取り消す.¶～ xǔnuò[～许诺]承諾を撤回する／～ yuán pàn[～原判]もとの判決を取り消す.

shòu∥huì 受贿[動]賄賂を受ける.収賄する.¶zhèngfǔ gànbù ～,yào shòudao fǎlǜ zhìcái[政府干部～，要受到法律制裁]政府幹部の収賄は法律の制裁を受ける.

*__shōuhuò 收获__[動](農作物を)収穫する.¶qiūtiān shì ～ de jìjié[秋天是～的季节]秋は収穫の季節だ.[名]収穫.成果.¶xuéxí de ～ hěn dà[学习的～很大]学習成果がとても大きい／zhèi cì kǎochá yǒu méiyou ～?[这次考察有没有～?]今回の視察は成果が上がりましたか／jīngshén shang de ～[精神上的～]精神面での得るところ.

†**shòu∥huò 售货**[動]品物を売る.¶shòule yì nián huò[售了一年货]1年間品物を売った.

†**shòuhuòyuán 售货员**[名]店員.販売係.¶～ fēicháng rèqíng[～非常热情]店員がとても親切だ.

†**shōují 收集**[動]集める.収集する.¶～ yóupiào[～邮票]切手を収集する／～ zīliào[～资料]資料を集める.

shǒujī 手机[名]携帯電話.¶tā de ～ méi kāi,suǒyǐ dǎbutōng[他的～没开，所以打不通]彼の携帯電話は電源を入れていないので,かからない／wǒ dǎsuan mǎi yí bù ～[我打算买一部～]私は携帯電話を買うつもりだ.

shòu∥jiǎng 授奖[動]賞を授与する.¶chūxí ～ yíshì[出席～仪式]授賞式に出席する.

shǒujīn 手巾[名]〔kuài 块,tiáo 条〕タオル.手ぬぐい.

*__shǒujuàn 手绢__[名](～儿)〔kuài 块,tiáo 条〕ハンカチ.

shōukàn 收看[動](テレビ番組を)見る.¶míngtiān de zhèige shíjiān huānyíng dàjiā jìxù ～[明天的这个时间欢迎大家继续～]明日のこの時間も引き続きご覧ください.

shǒulǐng 首领[名]首領.リーダー.¶bùluò de ～[部落的～]部落の首領／qǐyìjūn de ～[起义军的～]武装蜂起軍のリーダー.

shǒuliúdàn 手榴弹[名]〔kē 颗〕〔軍〕手榴弾.¶tóu ～[投～]手榴弾を投げる／zhì ～[掷～](フィールド競技で)手榴弾を投げる.

shōumǎi 收买[動]❶買い集める.買い入れる.¶～ jiùshū[～旧书]古書を買い入れる／～ gǔdǒng[～古董]骨董品を買い入れる.❷買収する.味方に引き入れる.¶～ rénxīn[～人心]人心を買収する／tā bèi dírén ～le[他被敌人～了]彼は敵に買収された.

†**shòumìng 寿命**[名]寿命.

†**shǒunǎo 首脑**[名]首脳.¶～ huìyì[～会议]首脳会議.

†**shòupiàoyuán 售票员**[名]切符や入場券を売る係員.バスの車掌.¶～ bàozhàn shí shuōde hěn kuài[～报站时说得很快]車掌は早口で駅名を告げる.

†**shǒuqiāng 手枪**[名]〔zhī 只,bǎ 把〕拳銃.ピストル.

shòuquán 授权[動]権限を与える.¶zǒnggōngsī ～ wǒmen chǔlǐ zhèige wèntí[总公司～我们处理这个问题]

本社は我々にこの問題を処理する権限を与えた.

*shōurù 收入[動]受け入れる.収容する.¶jìnnián ～ de xīnshēng bǐ lìnián dōu duō[近年～的新生比历年都多]今年受け入れた新入生は例年より多い.[名]収入.所得.¶nián ～[年～]年間所得／wǒ zuìjìn zēngjiāle yì bǐ ～[我最近增加了一笔～]私は最近収入が増えた.

shòu//shāng 受伤[動]負傷する.¶méiyou rén ～[没有人～]けがをした人はいない.

**shōu·shi 收拾[動]❶片付ける.整理する.¶～ fángjiān[～房间]部屋を片付ける／～ yīwù[～衣物]衣服を整理する／～ zhuāngshù[～装束]身なりを整える.❷修理する.¶zhèi zuò zhōng huài le,nǐ néng ～ ma?[这座钟坏了，你能～吗?]この時計は壊れてしまったが修理できますか.❸〈口〉やっつける.こらしめる.¶bǎ dírén ～ le[把敌人～了]敵をやっつけた／bié dòng,bùrán wǒ ～le nǐ[别动，不然我～了你]動くな,さもないとひどい目に遭わせるぞ.

†shǒu·shì 手势[名]手まね.合図.ジェスチャー.¶dǎ ～[打～]手まねで合図する.(“做手势”zuò shǒushìともいう)

*shǒushù 手术[名]手術.¶dòng ～[动～]手術をする.(“做手术”zuò shǒushùともいう)

†shōusuō 收缩[動]❶収縮する.縮む.¶zhèi zhǒng huàzhuāngshuǐ néng ～ nǐ de máokǒng[这种化妆水能～你的毛孔]この化粧水は毛穴をひきしめる.❷縮小する.圧縮する.¶～ kāizhī[～开支]支出を圧縮する／～ fùbù[～腹部]お腹をへこます.

*shǒutào 手套[名]〔zhī 只(片方)〕〔fù 副,shuāng 双(両方)〕手袋.¶dài ～[带～]手袋をはめる／zhāi ～[摘～]手袋をとる.

shōutīng 收听[動](ラジオを)聞く.¶tā měitiān zǎoshang qī diǎn zhǔnshí ～ tiānqì yùbào[他每天早上七点准时～天气预报]彼は毎朝7時ちょうどにラジオの天気予報を聞く.

shǒuwèi 守卫[動]防衛する.守備する.¶～ biānjiāng[～边疆]辺境を防衛する.

shǒu wǔ zú dǎo 手舞足蹈[成]手が舞い足が踊るように喜ぶこと.¶háizi yì tīngshuō yào qù kàn zájì,gāoxìngde ～,jízhe wǎng wài pǎo[孩子一听说要去看杂技，高兴得～，急着往外跑]子供は雑技を見に行くと聞くと,こおどりして喜び急いで外へ走り出した.

shǒuxí 首席[名]❶主賓の席.¶zuòzai ～[坐在～]主賓の席に座る.❷首席.最高の身分.¶～ dàibiǎo[～代表]首席代表.

*shǒuxiān 首先[副]真っ先に.第一に.¶～ yào dào de dìfang shì Chángchéng[～要到的地方是长城]真っ先に行きたいのは万里の長城です／yào xiǎng zài wàiguó gōngzuò,～ děi xuéhǎo wàiyǔ[要想在外国工作，～得学好外语]外国で仕事をしたいなら,第一に外国語をマスターしなければならない.[接]まず最初に.¶～,wǒ yào gàosu dàjiā yí ge hǎo xiāoxi[～，我要告诉大家一个好消息]まず,皆さんにいいニュースをお知らせします.

†shǒuxiàng 首相[名]首相.[注]“总理”zǒnglǐに当たる.中国には“首相”という役職はない.

*shǒuxù 手续[名]手続き.¶bàn ～[办～]手続きをする／～fèi[～费]手数料.

†shǒuyào 首要[区]最も重要な.主要な.¶～ rènwu[～任务]主要な任務.[名]重要人物.¶dìfāng ～[地方～]地方の第一人者.

shōuyì 收益[名]収益.利益.¶～ fēi qiǎn[～非浅]収益が低くない.よい収益を上げる／～ kěguān[～可观]相当の収益がある.

shǒuyì 手艺[名]腕前.技術.¶～ hěn hǎo[～很好]たいした腕前である／～rén[～人]職人.

*shōuyīnjī 收音机[名]〔jià 架,tái 台〕ラジオ.

shòuyǔ 授予[動]授与する.¶xuéxiào ～ tā sānhǎo xuésheng de chēnghào[学校～他三好学生的称号]学校は彼に「三好学生(スポーツ,成績,行いに優れた学生)」の称号を与えた.

shǒuzhǎng 首长[名](政府の各部門,軍などの)上級指導者,及びその尊称.

shōuzhī 收支[名]収支.収入と支出. ¶～ pínghéng[～平衡]収支のバランスがとれている／měinián de ～ bù xiáng[每年的～不详]毎年の収支が不明瞭である.

*shǒuzhǐ 手指[名]〔gēn 根〕手の指.

S

⁑**shū 书**[名]〔běn 本,cè 册,bù 部,juàn 卷〕本.書物.書類.[動]〈書〉書く.

†**shū 梳**[名](～儿)くし.[動]くしでとかす.髪を結う.¶～tóu[～头]くしで髪をとかす／～ xiǎobiànr[～小辫儿]短いおさげを結う.

⁑**shū 输**[動]負ける.敗れる.↔ yíng 赢 ¶A duì ～gěile B duì[A队～给了B队]AチームはBチームに負けた／wǒ rèn～ le[我认～了]参った,私の負けだ.

⁑**shú 熟**[形]❶熟している.¶màizi ～ le[麦子～了]ムギが実った.❷(食べ物が)煮えている.¶fàn ～ le[饭～了]ご飯が炊けた.❸よく知っている.慣れている.¶～rén[～人]知り合い.注話し言葉ではshóuともいう.↔ shēng 生

shǔ 属[動]属する.¶zhèige dōngxi ～ tā suǒyǒu[这个东西～他所有]これは彼のものである／wǒ shì ～ jī de[我是～鸡的]私はとり年生まれだ.

⁑**shǔ 数**[動]❶数える.¶cóng yī ～dao yìbǎi[从一～到一百]1から100まで数える.❷(比較して)…に数えられる.¶quán bān ～ tā cōngmíng[全班～他聪明]クラスで彼がいちばん頭がいい.→shù

◆読めますか？ 多音字10
❶又便宜又方便
❷数数儿
❸正好正月
❹还没还书
❺一边看家一边看书
❻钉钉子
❼用教科书教
❽扇扇子
❾种种子
❿了解了

❶yòu piányi yòu fāngbiàn(安くて便利)❷shǔ shùr(数を数える)❸zhènghǎo zhēngyuè(ちょうど正月だ)❹hái méi huán shū(まだ本を返していない)❺yìbiān kānjiā yìbiān kàn shū(留守番をしながら本を読

●百科知識●

指による数表示

10はほかにも地域等によって「両手の人差し指を使って十の形を作る」「両手を開く」「片手を開き、それを表裏ひっくり返して見せる」「こぶしを作る」(“石”shíと“十”shíをかけている)などいろいろな表示のしかたがある。

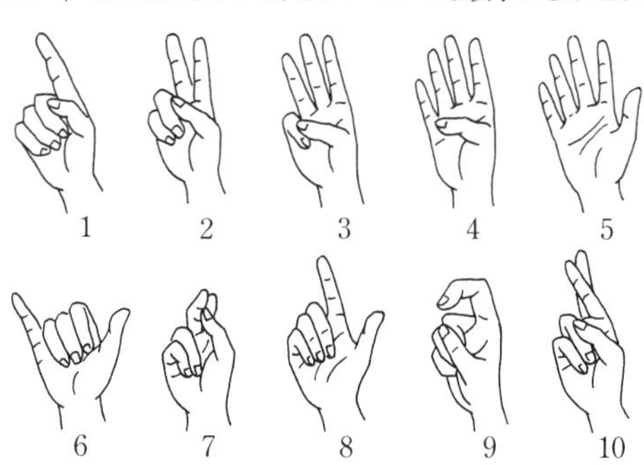

む)❻dìng dīngzi(くぎを打つ)❼yòng jiàokēshū jiāo(教科書を使って教える)❽shān shànzi(扇子であおぐ)❾zhòng zhǒngzi(種をまく)❿liǎojiě le(理解した)

†**shù 束**[動]束ねる.くくる.[量]束になったものを数える.¶yí ～ xiānhuā[一～鲜花]花1束.

⁑**shù 树**[名]〔kē 棵,zhū 株〕木.樹木.¶zhòng ～[种～]木を植える.

shù 竖[形]縦になっている.¶～xiàn[～线]縦線.[動]立てる.¶～ zhùzi[～柱子]柱を立てる.

shù 竖[動]
shù dàmǔzhǐ
竖大拇指
親指を立てる
(ほめるしぐさ)

*__shù 数__[名](～儿)数.[数]〈書〉いくつかの.¶～ ge xiǎoshí[～个小时]数時間.→shǔ

*__shuā 刷__[名]〔bǎ 把〕ブラシ.“刷子”shuāziともいう.¶yá～[牙～]歯ブラシ.[動]ブラシをかける.磨く.¶～yá[～牙]歯を磨く/bǎ guō ～ yíxià[把锅～一下]鍋をちょっと洗う.

†**shuǎ 耍**[動]❶遊ぶ.¶dào wàimian qù ～[到外面去～]外に行って遊ぶ.❷演じる.¶～hóur[～猴儿]猿回しをする.❸発揮する.振る舞う.¶～ píqi[～脾气]ごねる.かんしゃくをおこす.❹もてあそぶ.¶～ huāzhāo[～花招]手管を弄(ろう)する.いんちきをする.

shuǎ 耍❷

shuǎ lóngdēng 耍龙灯 竜灯踊りを舞う

*__shuāi 摔__[動]❶転ぶ.¶～jiāo[～跤]転ぶ.❷落ちる.¶～xialai[～下来]落ちる.❸落として割る.¶～suì[～碎]落として粉々にする.❹投げ捨てる.投げつける.¶～ dōngxi[～东西]物を投げつける.→見る類 p.500

*__shuǎi 甩__[動]❶振りまわす.¶～ gēbo[～胳膊]腕を振る.❷投げる.ほうる.¶～bǎ shǒuli de shítou ～lechuqu[把手里的石头～了出去]手の中の小石をほうり投げた.❸振り捨てる.置き去りにする.¶bǎ tā ～ le[把她～了]彼女を振った.→見る類 p.533

shuài 帅[形]〈口〉かっこいい.あかぬけている.¶tā zhǎngde zhēn ～[他长得真～]彼,すごくハンサムだね.

†**shuāi//dǎo 摔倒**[動]❶転倒する.転ぶ.¶yóuyú zǒude tài jí,～ le[由于走得太急，～了]急いで歩いたら転んでしまった.❷投げ倒す.¶bǐsài gāng yì kāishǐ,tā jiù bǎ duìshǒu ～zaile dìshang[比赛刚一开始，他就把对手～在了地上]試合が始まって間もなく彼は相手を投げ倒した.→見る類 p.500

shuāi gēn·tou 摔跟头組❶転んでひっくり返る.¶shuāile yí ge gēntou,gǔzhé le[摔了一个跟头，骨折了]転んで骨折した.❷〈喩〉失敗する.¶gōngzuò zhōng shuāi jǐ cì gēntou yě shì nánmiǎn de[工作中摔几次跟头也是难免的]仕事での多少の失敗はよくあることだ.

shuāilǎo 衰老[形]老い衰えている.¶tā hǎoxiàng ～le hěn duō[他好像～了很多]彼は随分老けたようだ.

*__shuàilǐng 率领__[動]引き連れる.引率する.¶～ dàibiǎotuán fǎngwèn Zhōngguó[～代表团访问中国]代表団を引率して中国を訪れる/zài tā de ～ xia,wǒmen de gōngzuò jìnzhǎnde hěn shùnlì[在他的～下，我们的工作进展得很顺利]彼の統率のもと,我々の仕事は順調に進んでいる.

†**shuāiruò 衰弱**[形]衰弱している.衰えている.¶shēntǐ ～[身体～]体が衰弱している.

shuāituì 衰退[動](体,気持ち,意志,能力などが)衰弱する.減退する.¶jìyìlì ～[记忆力～]記憶力が衰える/yìzhì ～[意志～]意欲がなえる.

S

shuān 拴[動]しばる.つなぐ.¶bǎ mǎ ～zai zhùzi shang[把马～在柱子上]馬を柱につなぐ/～zhu tā de xīn[～住他的心]彼の心をつなぎ止める.

†**shuāng 双**[区]❶2つの.一対の.↔dān 单 ¶～zhígōng[～职工]共働きの夫婦.❷偶数の.¶～shù[～数]偶数.[量]対になったものを数える.¶yì ～ xié[一～鞋]靴1足/yì ～ shǒu[一～手]両手.

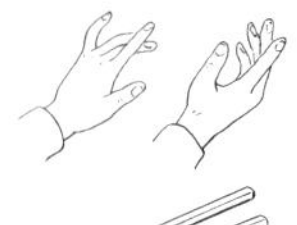
shuāng 双[区]①
shuāngshǒu
双手

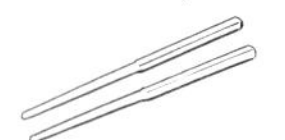
shuāng 双[量]
yì shuāng kuàizi
一双筷子

yì shuāng xié
一双鞋

①両手 ②1膳の箸 ③1足の靴

類義語 shuāng 双 duìr 对儿
►“双”は本来ペアになっているものや,人体で対をなすものを数える.¶一双手 yì shuāng shǒu(両手)/一双鞋 yì shuāng xié(1足の靴)►“对儿”は性別・正反・左右など対になっている人,動物,事物などを数える.自然発生的でないものが多い.¶那对儿夫妻 nèi duìr fūqī(あの夫婦)/一对儿沙发 yí duìr shāfā(一対のソファー)►“眼睛”yǎnjing(目)や“翅膀”chìbǎng(羽)など,どちらでも数えられるものもある.

shuāng 霜[名]❶霜.¶xià ～[下～]霜が降りる.❷霜のようなもの.¶shì～[柿～]干し柿の表面の白い粉.

shuāngbiān 双边[区]2者間の.2国間の.¶jiějué ～ wèntí[解决～问题]2国間の問題を解決する.

★**shuāngfāng 双方**[名]双方.¶～jiāohuàn yìjiàn[～交换意见]双方が意見を交わす.

shuǎng·kuai 爽快[形]❶爽快である.すがすがしい.¶xīnli hěn ～[心里很～]気分爽快だ.❷(気性などが)さっぱりしている.率直である.¶～ de xìnggé[～的性格]さっぱりした性格/gànshì hěn ～[干事很～]やることがてきぱきしている.

†**shuā·zi 刷子**[名]〔bǎ 把〕ブラシ.

★**shūbāo 书包**[名]かばん.¶bēi ～[背～]かばんを背負う/tí ～[提～]かばんを提げる.

†**shūběn 书本**[名]本.書物.¶bèi ～[背～]本を暗記する/kěn ～[啃～]猛勉強をする.

目で見る類義語 shuāidǎo 摔倒 diēdǎo 跌倒 bàndǎo 绊倒

►相撲やプロレスで,相手を倒すような動作を“摔倒”shuāidǎoという.「投げ倒す」である.¶把他摔倒了 bǎ tā shuāidǎo le(彼を投げ倒した)►自分が不注意で倒れたのも“摔倒”という.「転倒する」である.これは“跌倒”diēdǎoともいう.¶不小心{摔倒/跌倒}了 bù xiǎoxīn {shuāidǎo / diēdǎo} le(不注意で転んだ)►何かに足を取られて倒れることを“绊倒”bàndǎoという.この時,石につまずいたとか縄に足をとられたとか,障害物を示すのが普通である.¶被绳子绊倒了 bèi shéngzi bàndǎo le(ひもに引っかかって転んだ)

★shūcài 蔬菜[名]野菜.

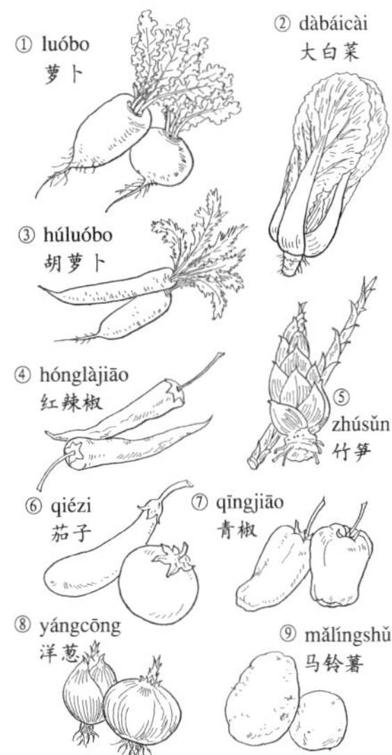

①ダイコン ②ハクサイ ③ニンジン
④トウガラシ ⑤タケノコ ⑥ナス
⑦ピーマン ⑧タマネギ ⑨ジャガイモ

†shūchàng 舒畅[形]のびのびして愉快である.¶xīnqíng ～[心情～]気分爽快だ.

shūchū 输出[動]送り出す.輸出する.アウトプットする.¶xuèyè cóng xīnzàng ～[血液从心脏～]血液を心臓から送り出す／～ láodònglì[～劳动力]労働力を輸出する.

shùcí 数词[名]〔語〕数詞.

shūdāi·zi 书呆子[名]本の虫.(本を読むだけで実際の役に立たない知識人をおとしめていう)¶yǒuxiē xuésheng chéngle zhǐ zhīdao dúshū de ～[有些学生成了只知道读书的～]学生の中には本を読むしか能のない本の虫がいる.

★shūdiàn 书店[名]〔jiā 家〕本屋.書店.

shù'é 数额[名]一定の数.¶chāochu guīdìng ～[超出规定～]規定の数を超える.

shūfǎ 书法[名]書法.書道.¶～jiā [～家]書家.

zhuànshū lìshū xíngshū kǎishū cǎoshū
①篆书 ②隶书 ③行书 ④楷书 ⑤草书
①篆書(てんしょ) ②隷書(れいしょ)
③行書(ぎょうしょ) ④楷書(かいしょ)
⑤草書(そうしょ)

★shū·fu 舒服[形]気持ちがよい.快適だ.↔ nánshòu 难受¶jīntiān shēntǐ bù ～[今天身体不～]今日は体の調子がよくない／bù lěng bú rè hěn ～[不冷不热很～]暑くもなし寒くもなし,とても心地よい.

†shùfù 束缚[動]束縛する.¶guò duō de xiànzhì ～le rénmen de xiǎngxiànglì[过多的限制～了人们的想像力]制限が多すぎると人間の想像力を縛ってしまう.

shùgàn 树干[名]木の幹.

shū·hu 疏忽[動]おろそかにする.¶gōngzuò bù néng ～[工作不能～]仕事はいいかげんにやってはいけない.

★shuí 谁[代]＝shéi 谁

★shuǐ 水[名]❶水.¶yì bēi ～[一杯～]1杯の水.❷(～儿)汁.液.¶gānzhe ～r[甘蔗～儿]サトウキビの汁.

†shuì 税[名]税金.¶shàng ～[上～]税金を納める.

★shuì 睡[動]眠る.寝る.¶zǎo ～ zǎo qǐ [早～早起]早寝早起き／～zháo le [～着了]寝ついた.

shuǐchǎn 水产[名]水産.¶～pǐn

［～品］水産物.

⋆**shuǐdào 水稻**［名］水稲.

shuǐdiàn 水电［名］❶水道と電気.¶～fèi［～费］水道料金と電気代.❷水力発電.¶～zhàn［～站］水力発電所.

†**shuǐfèn 水分**［名］❶水分.¶xīshōu～［吸收～］水分を吸収する.❷水増し.誇張.¶zhèige shùzì yǒu～［这个数字有～］この数字は水増しされている.

⁑**shuǐguǒ 水果**［名］果物.

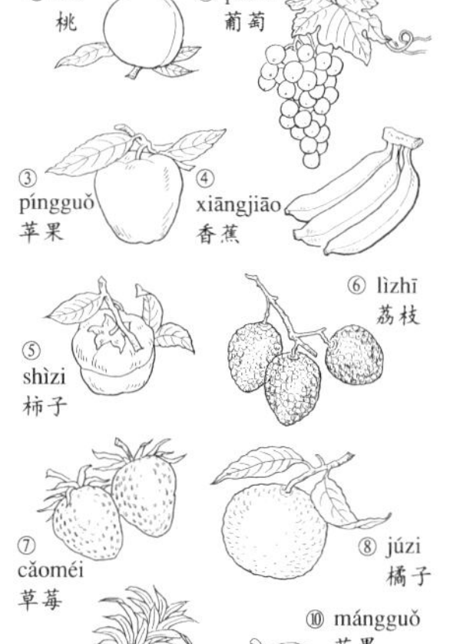

①モモ ②ブドウ ③リンゴ ④バナナ ⑤カキ ⑥ライチ ⑦イチゴ ⑧ミカン ⑨パイナップル ⑩マンゴー

⁑**shuì//jiào 睡觉**［動］眠る.¶shuìle yí jiào［睡了一觉］一眠りした／tā zài～［他在～］彼は眠っている.

†**shuǐkù 水库**［名］〔zuò 座〕ダム.¶xiū～［修～］ダムを建造する.

shuì lǎnjiào 睡懒觉㊇寝坊する.¶zǎoshang～,shàngkè chídào le［早上～，上课迟到了］朝寝坊したので授業に遅れた.

shuǐlì 水力［名］水力.¶～fādiàn［～发电］水力発電.

†**shuǐlì 水利**［名］❶水利.❷水利工事.¶xīngxiū～［兴修～］水利工事をおこす.

shuǐ luò shí chū 水落石出㊄水落ちて石出(い)づ.真相がはっきりすること.¶jīngguò fǎnfù diàochá,àn-qíng zhōngyú zhēnxiàng dàbái,～le［经过反复调查，案情终于真相大白，～了］度重なる調査を経て,事件のいきさつがついに明らかになり,真相がはっきりした.

†**shuìmián 睡眠**［名］睡眠.¶～shíjiān bā xiǎoshí［～时间八小时］睡眠時間は8時間だ／～bùzú［～不足］睡眠不足.

⋆**shuǐní 水泥**［名］セメント.

⁑**shuǐpíng 水平**［名］水準.レベル.¶tígāo wàiyǔ～［提高外语～］外国語のレベルを上げる／～bù gāo［～不高］レベルが低い／wénhuà～［文化～］文化水準.教育程度.教養の程度.

shuìshōu 税收［名］税収.

shuǐtǔ 水土［名］❶(地表の)水と土.¶～liúshī［～流失］水土流失.❷自然環境.気候風土.¶～bùfú［～不服］気候風土が合わない.

shuǐyuán 水源［名］水源.

shuǐzāi 水灾［名］水害.¶zāoshòu～［遭受～］水害に見舞われる.

shuǐzhēngqì 水蒸气［名］水蒸気.

†**shūjí 书籍**［名］書籍.本の総称.

⋆**shū·ji 书记**［名］書記.(党や青年団などの組織における責任者)¶dǎngwěi～［党委～］党委員会書記.

⋆**shūjià 书架**［名］書架.本棚.

⋆**shǔjià 暑假**［名］夏休み.¶fàng～［放～］夏休みになる.

†**shùjù 数据**［名］データ.¶～kù［～库］データベース.

shūkān 书刊［名］本と雑誌.

†**shùlì 树立**［動］打ちたてる.樹立する.㊟抽象的で好ましいものに用いる.¶～mùbiāo［～目标］目標を立てる.

⋆**shúliàn 熟练**［形］経験があり慣れている.熟練している.¶cāozuò～［操作～］操作に手慣れている.

⋆**shùliàng 数量**［名］数.数量.

⋆**shùlín 树林**［名］林.“树林子”shùlín-ziともいう.

shùmǎ zhàoxiàngjī 数码照相机

[名]デジタルカメラ.

shūmiàn 书面[名]書面.文書.¶～yǔ[～语]書き言葉.

†**shùmù 树木**[名]樹木.

†**shùmù 数目**[名]数.額.¶shǔhǎo yǐhòu,bǎ ～ gàosu tā[数好以后，把～告诉他]ちゃんと数えてから,額を彼に言ってください.

*__shùn 顺__[動]❶従う.沿う.¶～ liú ér xià[～流而下]流れに沿ってくだってゆく.❷そろえる.整える.¶bǎ wénzhāng ～ yíxiàr[把文章～一下儿]文章の筋を通す／bǎ zhuōyǐ dōu ～guolai[把桌椅都～过来]椅子やテーブルをそろえる.❸服従する.従う.¶～ tiānyì[～天意]天意に従う.❹気に入る.¶yuè kàn yuè bú ～yǎn[越看越不～眼]見れば見るほど気に入らない.[形]順調である.¶shàng dàxué yǐhòu yìzhí hěn ～[上大学以后一直很～]大学に入ってからずっと順調だ.[前]…に従って.…に沿って.¶～ zhèi tiáo lù yìzhí zǒu[～这条路一直走]この道に沿ってまっすぐ行く.

*__shùnbiàn 顺便__[副]ついでに.¶huíjiā de lùshang ～ guàngle yíxià shūdiàn[回家的路上～逛了一下书店]帰宅の途中ついでにちょっと本屋をぶらついた.

*__shùnlì 顺利__[形]順調である.スムーズである.¶～ de wánchéngle rènwu[～地完成了任务]無事任務をやり終えた.

†**shùnshǒu 顺手**[形](～儿)順調である.¶nèi jiàn shì bànde hěn ～[那件事办得很～]あの件はスムーズに運んでいる.[副]❶ついでに.その手で.¶xǐwán wǎn ～ bǎ guō shuàn yíxiàr[洗完碗～把锅涮一下儿]茶碗を洗った時ついでに鍋をゆすいでおく／～ qiān yáng[～牵羊]㊔ついでにヒツジを引いていく.ねこばばする.❷無造作に.手当たり次第に.¶～ náqi yì zhī fěnbǐ[～拿起一支粉笔]ひょいとチョークをつまんだ.

shùnxù 顺序[名]順序.¶àn ～ páihǎo[按～排好]順序通りに並ぶ.

⁂**shuō 说**[動]❶話す.言う.¶nǐ ～ shénme?[你～什么?]君は何を言っているのだ／wǒ ～le yí ge gùshi[我～了一个故事]私は1つの物語を語った.❷説明する.¶yì ～ jiù míngbai[一～就明白]説明すればすぐ分かる／tā ～le bàntiān,wǒ yě méi tīngdǒng[他～了半天，我也没听懂]彼は長々と説明したが,私は分からなかった.❸叱る.¶māma ～le háizi yí dùn[妈妈～了孩子一顿]お母さんは子供をひとしきり叱った.❹仲を取り持つ.¶～ pójia le[～婆家了]嫁ぎ先を世話した／～méi[～媒]仲人をする.❺意味する.¶zhèi duàn huà ～ de shì shénme yìsi?[这段话～的是什么意思?]この話はどういう意味なのか／wǒ shì ～,zhǐyào hǎohāo liànxí,shéi dōu néng xuéhǎo[我是～，只要好好练习，谁都能学好]私はよく練習しさえすれば,誰にでもできると言っているのだ.[名]説.考え.¶xué～[学～]学説／zhù shū lì ～[著书立～]本を書き説を立てる／yǒu cǐ yì ～[有此一～]こんな説もある.

†**shuō·buding 说不定**[動]はっきり言えない.¶zhèi jiàn shì hái ～ chéng bù chéng ne[这件事还～成不成呢]この件はうまくいくかどうかまだ分からない.[副]…の可能性がある.…かもしれない.¶～ tāmen yǐjing chūfā le[～他们已经出发了]彼らはもう出発したのかもしれない／～ yǐhòu huì yǒu jīhuì de[～以后会有机会的]そのうちチャンスがあるかもしれない.

shuō～dào～ 说～道～㊉話や議論の様子を表す.意味の相反する,または類似する単音節の名詞·形容詞もしくは"三 · 四"sān·sì,"七 · 八"qī·bā,"千 · 万"qiān·wànなどを前後に置く.¶duì biéren de sīshì búyào shuō cháng dào duǎn[对别人的私事不要说长道短]他人のプライベートなことをとやかく言ってはいけない／shuō zhè dào nà[说这道那]あれこれ言う.

†**shuō·fa 说法**[名]❶言い方.¶yí ge ～[一个～]1つの言い方／qǐng nǐ huàn ge ～ jiěshì yíxià[请你换个～解释一下]ほかの言い方で説明してください.❷意見.見解.¶zhèi zhǒng ～ shì bú duì de[这种～是不对的]こ

のような意見は間違っている.

†**shuō//fú 说服**[動]納得させる.説得する.¶wǒ ～buliǎo tā[我～不了他]私には彼を説得できない/zhǐ néng ～,bù néng yāfú[只能～，不能压服]言葉で納得させることはできても,力で屈服させることはできない.

☆**shuō//huà 说话**[動]❶話す.しゃべる.¶dàshēng ～ huì yǐngxiǎng biéren xiūxi[大声～会影响别人休息]大きな声でしゃべっているとほかの人の休息の邪魔になる.❷雑談する.世間話をする.¶tā jìnlai shí,wǒmen zhèngzài ～[他进来时，我们正在～]彼が入って来た時,私たちは雑談していた.➡類義語 tánhuà 谈话

shuō//huǎng 说谎[動]うそをつく.¶bùxǔ ～[不许～]うそをついてはいけない/shuōle yí ge dà huǎng[说了一个大谎]おおうそをついた.

☆**shuōmíng 说明**[動]❶説明する.¶xiàng dàjiā ～ wèntí de yánzhòngxìng[向大家～问题的严重性]みんなに問題の深刻さを説明する/～ yuányīn[～原因]原因を説明する.❷証明する.物語っている.¶jiéguǒ ～ zhèyàng zuò shì duì de[结果～这样做是对的]結果をみれば,こうするのが正しいということが分かる/zhèi jiàn shì ～le yí ge dàoli[这件事～了一个道理]この事は1つの道理を物語っている.[名]説明.¶qǐng dàjiā kànyikàn ～[请大家看一看～]皆さん,ちょっと説明を見てください/xiángxì de ～[详细的～]詳しい説明.

shuō//qíng 说情[動]人のために許しを請う.わびを入れる.¶qǐng nǐ wèi wǒ shuōshuo qíng ba[请你为我说说情吧]私のためにとりなしてください/wǒ méiyou cuò,bù xūyào biéren wèi wǒ ～[我没有错，不需要别人为我～]私は間違っていないのだから,誰かが私のためにわびを入れてもらう必要はない.

shuòshì 硕士[名]修士.マスター.¶huòdéle ～ xuéwèi[获得了～学位]修士の学位を得た.

shūrù 输入[動]送りこむ.輸入する.インプットする.¶～ xīnxiān xuèyè[～新鲜血液]新鮮な血液を送りこむ/～ xīn shèbèi[～新设备]新しい設備を輸入する/bǎ zhèige ruǎnjiàn ～ dao diànnǎo[把这个软件～到电脑]このソフトをコンピュータにインストールする.

★**shūshì 舒适**[形]のびのびして快適である.¶～ de fángjiān[～的房间]快適な部屋.

shù shǒu wú cè 束手无策成手の施しようがない.なすすべを知らない.¶qìchē kāidao bànlù méiyou yóu le,tāmen zhǐhǎo ～ de zuòzai chēshang,xīwàng yǒu shéi néng lùguo[汽车开到半路没有油了，他们只好～地坐在车上，希望有谁能路过]途中で車のガソリンが切れてしまい,彼らはなすすべもなく車の中で誰かが道を通りかかることを待ち望んでいた.

★**shū·shu 叔叔**[名]❶おじ.父の弟.❷父と同世代で父より若い男性に対する呼称.¶jǐngchá ～[警察～](子供から見た)おまわりさん.

shūsòng 输送[動]送る.輸送する.¶～ réncái[～人才]人材を送り出す.

★**shú·xī 熟悉**[動]よく知っている.¶～ de miànkǒng[～的面孔]よく知っている顔/wǒ duì zhèige bútài ～[我对这个不太～]これについてはあまりよく知りません.

shūxiě 书写[動](字を)書く.¶～ gōngjù[～工具]筆記用具.

shūxìn 书信[名]手紙.¶～ láiwǎng[～来往]手紙のやりとりをする.

☆**shùxué 数学**[名]数学.¶～jiā[～家]数学者.

★**shǔyú 属于**[動]…に属する.…のものである.¶zhèige dìqū bù ～ tā de guǎnxiá fànwéi[这个地区不～他的管辖范围]この地域は彼の管轄内ではない.

shū·zhǎn 舒展[動](たたんであるものや,しわのあるものを)伸ばす.¶zhòuwén ～ le[皱纹～了]しわが伸びた.[形]気持ちがのびのびしている.¶xīnqíng ～[心情～]気持ちがのびやかだ.

†**shū·zi 梳子**[名]〔bǎ 把〕くし.

★**shùzì 数字**[名]❶数字.¶Ālābó ～

[阿拉伯～]アラビア数字.❷数量.¶mángmù zhuīqiú ～[盲目追求～]ただただ数量のみを追いかける.

*sī 丝[名]❶生糸.絹糸.¶cán～[蚕～]カイコの糸.❷糸状のもの.¶gāng～[钢～]スチールワイヤ／tiě～[铁～]針金.❸ごく少ない量.¶lián yì ～ fēng yě méiyou[连一～风也没有]風が少しもない／méiyou yì ～ kěnéngxìng[没有一～可能性]わずかな可能性すらない.

sī 私[区]❶私的な.↔ gōng 公¶～rén xìnjiàn[～人信件]個人の信書／～shì[～事]私事.私用.❷利己的な.↔ gōng 公¶dà gōng wú ～[大公无～]成公平無私である／zì～[自～]利己的で勝手である.❸ひそかな.¶qièqiè ～yǔ[窃窃～语]ひそひそ話をする／～xià shāngdìng[～下商定]非公式に打ち合わせて決める.❹非合法の.¶～huò[～货]闇物資.密輸品／zǒu～[走～]密輸する.

sī 思[動]❶〈書〉思う.思考する.¶shēn ～ shú lǜ[深～熟虑]熟考熟慮する／～ lái xiǎng qù[～来想去]思いめぐらす.❷慕う.懐かしむ.¶měi féng jiājié bèi ～ qīn[每逢佳节倍～亲]節句が来るたび,家族を一層懐かしく思い出す／xiāng～[相～]慕い合う.思い合う.[名]思考の道筋.¶～lù hěn qīngchu[～路很清楚]考え方がすっきりしている／wén～ mǐnjié[文～敏捷]文章の構想を練るのが速い.

*sī 撕[動]引き裂く.引き剥がす.¶huà bèi bàba ～lexialai[画被爸爸～了下来]絵は父によって引き剥がされた／bǎ mābù ～chéng liǎng kuài yòng[把抹布～成两块用]雑巾を2つに裂いて使う／bù xiǎoxīn bǎ shū ～pò le[不小心把书～破了]うっかりして本を破ってしまった.

☆sǐ 死[動]死ぬ.枯れる.↔ shēng 生¶bìng～ le[病～了]病死した／zhèi kē shù yǐjing ～ le[这棵树已经～了]この木はもう枯れてしまった／～huǒshān[～火山]死火山.

†sǐ 死[形]❶融通が利かない.¶～nǎojīn[～脑筋]頑固である.頑固者／～xīnyǎnr[～心眼儿]杓子定規である.杓子定規な人.❷相容れない.¶～duìtou[～对头]許せない相手／～dí[～敌]宿敵.❸通り抜けられない.¶～hútòng[～胡同]行き止まり.袋小路／～lù yì tiáo[～路一条]行き止まり.解決手段のないことのたとえ.❹動詞・形容詞の後について程度がはなはだしいことを表す.(この場合は軽声で発音される)¶xiào～ rén le[笑～人了]死ぬほどおかしい／gāoxìng～ le[高兴～了]うれしくてたまらない／rè～le[热～了]暑くて死にそうだ.❺死んでも.あくまでも.¶～zhàn[～战]死闘する.必死に取り組む.

☆sì 四[数]4.4つ.

sì 肆[数]"四"の"大写"dàxiě(大字).注書き直しを防ぐために証書や契約書の数字の記載に用いる.

sì 似[動]❶似ている.¶tīngdao zhèige xiāoxi, tā de xīn ～ dāo gē[听到这个消息,他的心～刀割]その知らせを聞いて彼の心は切りさかれるようだった.❷(比較に用いられ,単音節形容詞の後に置き)…を超える.…より.¶yì nián shèng～ yì nián[一年胜～一年]年々よくなる／yì tiān qiáng～ yì tiān[一天强～一天]日ごとに優れてくる.[副]…ようだ.¶～ céng xiāngshí de miànkǒng[～曾相识的面孔]以前面識があったような顔／～ yīng cóngsù bànlǐ[～应从速办理]速やかに処理すべきと思われる.

sì 寺[名]❶仏教の寺.¶～miào[～庙]寺院／Shàolín～[少林～]少林寺.❷回教寺院.¶qīngzhēn～[清真～]イスラム教のモスク.

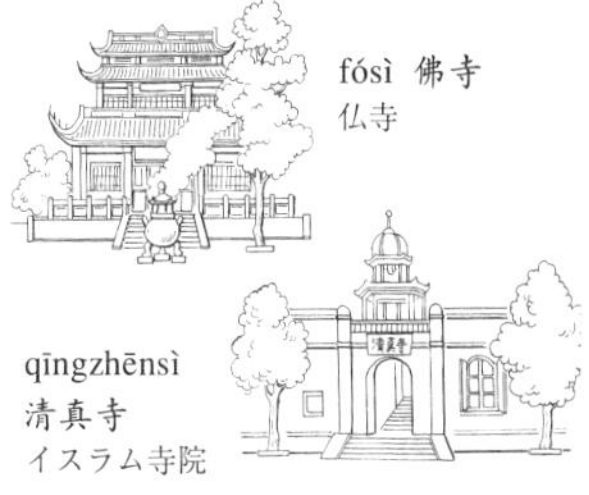
fósì 佛寺
仏寺
qīngzhēnsì
清真寺
イスラム寺院

sì～bā～ 四～八～呼各方面にわたること,範囲が広いことを表す.意味の近い単音節の名詞·動詞·形容詞を前後に置く.¶sì píng bā wěn[四平八稳]穏当である.当たり障りがない.

sīcháo 思潮[名]❶思想の潮流.¶fǎndòng ～[反动～]反動思潮／liúxíng de ～[流行的～]はやりの思潮. ❷次々に思い浮かぶ考え.¶～ qǐfú[～起伏]次々に思いが浮かぶ／～ xiōngyǒng[～汹涌]怒涛のように思いが激しくこみ上げる.

S

†**sìchù 四处**[名]あたり一面.¶～ dōu shì rén[～都是人]そこら中人だらけだ／～ bēnpǎo[～奔跑]あちらこちら奔走する.

sīfǎ 司法[名]司法.¶～ jīguān[～机关]司法機関.

sìfāng 四方[名]四方.¶wèile zhēngqǔ zījīn tā ～ qiúyuán[为了争取资金他～求援]資金を獲得するために彼は各方面に支援を求めた／bēnzǒu ～[奔走～]四方八方に奔走する.

†**sīháo 丝毫**[名]ごく少量.¶méiyou ～ chācuò[没有～差错]わずかな間違いもない／méiyou ～ zhèngjù[没有～证据]みじんも根拠がない.

***sì·hū 似乎**[副]…のようだ.…らしい.¶wǒ ～ zài nǎli jiàndaoguo zhèige rén[我～在哪里见到过这个人]私はどこかでこの人に会ったことがあるような気がする／tā ～ méi tīngdǒng wǒ de huà[他～没听懂我的话]彼は私の話が分かっていないようだ.

***sījī 司机**[名]運転手.¶gōnggòng qìchē ～[公共汽车～]バスの運転手／chūzū qìchē ～[出租汽车～]タクシードライバー.

sìjì 四季[名]四季.¶～ rú chūn[～如春]一年中春のようだ／～ fēnmíng[～分明]四季がはっきりしている.

†**sīkǎo 思考**[動]思考する.¶～ wèntí[～问题]問題について思考する／péiyǎng dúlì ～ de nénglì[培养独立～的能力]独力で思考する能力を育成する／jīngguò zàisān ～,wǒ juédìng bú qù le[经过再三～，我决定不去了]よくよく考えて,私は行かないことにした.

sìliào 饲料[名]飼料.

†**sīlìng 司令**[名]〔軍〕司令官.

sīlìngbù 司令部[名]司令部.

†**sì miàn bā fāng 四面八方**[慣]四方八方.あちこち.¶tīngshuō tā bìng le, péngyoumen cóng ～ dǎlai diànhuà biǎoshì wèiwèn[听说他病了，朋友们从～打来电话表示慰问]彼が病気になったと聞いて,友人たちがあちこちから電話をかけてきてお見舞いを述べた.

†**sīniàn 思念**[動]懐かしむ.[注]人を懐かしむ場合は,生きている人について用いる.¶～ gùxiāng[～故乡]ふるさとを懐かしむ／～ yuǎnfāng de qīnrén[～远方的亲人]遠くの家族を恋しく思い出す.

sī qián xiǎng hòu 思前想后[成]過去と将来について繰り返し考える.¶wúlùn zuò shénme shì zǒngshì ～[无论做什么事总是～]何をするにもあとさきをよく考えて行う／wǒ zhè liǎng tiān yìzhí zài ～[我这两天一直在～]私はこの2日間,ずっとあれこれとあとさきのことを考えていた.

***sīrén 私人**[区]個人的な.プライベートな.私的な.民間の.¶～ zhùzhái[～住宅]個人の住宅／～ qǐyè[～企业]私企業／～ guānxi[～关系]個人的な関係／～ gǎnqíng[～感情]個人的な感情.

sì shě wǔ rù 四舍五入[名]〔数〕四捨五入.

sì shì ér fēi 似是而非[成]正しいように見えるが,実は間違っている.¶zhèi zhǒng sīxiǎng ～[这种思想～]こういう思想は正しいようだが実はいんちきだ／dōu shì xiē ～ de lùndiào[都是些～的论调]どれもみなもっともらしいようで間違っている意見だ.

†**sīsuǒ 思索**[動]思索する.¶～ wèntí[～问题]問題について思索する／zǐxì、yòngxīn de ～[仔细、用心地～]仔細に注意深く思いを巡らす.

sì tōng bā dá 四通八达[成]四方八方に通じている.¶zhèli zhēn fāngbiàn,zhēn kěwèi ～[这里真方便，真可谓～]ここは本当に便利で,文字通り四通八達といえる.

†**sǐwáng 死亡**[動]死亡する.¶～ shìgù[～事故]死亡事故／hěn duō rén

dāngchǎng ～[很多人当场～]多くの人が即死した.

†**sīwéi 思维**[動]思惟(しい)する.思考する."思惟"とも書く.¶～ nénglì hěn qiáng[～能力很强]ものを考える力がすぐれている／～ fāngshì[～方式]思考方法.

sī·wen 斯文[形]上品である.優雅である.¶tā shuōqi huà lai hěn ～[她说起话来很～]彼女は話し方がとても上品だ／tā zǒngshì nàme sīsīwénwén de[她总是那么斯斯文文的]彼女はいつもあのように優雅だ.

⁂**sīxiǎng 思想**[名]❶思想.イデオロギー.¶～ shang de wèntí[～上的问题]思想上の問題／fǎndòng ～[反动～]反動思想.❷考え.考え方.¶tā hěn yǒu ～[他很有～]彼はとても考え深い／wǒ zǎo yǒu cānjiā nóngyè shēngchǎn de ～[我早有参加农业生产的～]私は前から農業生産活動に参加しようという考えを持っていた.

～sī～xiǎng ～思～想㊇考えるさまを表す.同一または意味の近い単音節の名詞・形容詞,もしくは意味の相反する単音節の時間詞・方位詞・数詞を前後に置く.¶tā hú sī luàn xiǎng, jīngshén jízhōngbuqǐlái[他胡思乱想,精神集中不起来]彼はあれこれとつまらないことを考えて気持ちを集中できない.

sì xiào fēi xiào 似笑非笑㊈笑っているような笑っていないような.¶nǐ bié zhèyàng ～ de kànzhe wǒ[你别这样～地看着我]そんなうすら笑いをうかべた顔で私を見ないでよ.

sǐxíng 死刑[名]死刑.¶pànchǔ ～[判处～]死刑を言い渡す.

sīxù 思绪[名]〈書〉思い.考え.¶dǎluànle wǒ de ～[打乱了我的～]私の考えを乱した／～ wànqiān[～万千]思いは千々に乱れる.

†**sìyǎng 饲养**[動]飼う.¶～ dòngwù[～动物]動物を飼育する／～yuán[～员]飼育係.

sīyíng 私营[区]私営の.↔ guóyíng 国营 ¶～ de fànguǎn[～的饭馆]個人営業の料理屋／～ qǐyè[～企业]個人経営の企業.

†**sīyǒu 私有**[区]私有の.↔ guóyǒu 国有 ¶～ wùpǐn[～物品]私物／～ cáichǎn[～财产]私有財産.

sìzhī 四肢[名]両手両足.¶～ fādá[～发达]四肢が発達している.

†**sìzhōu 四周**[名]周囲.¶～ jìngqiāoqiāo de[～静悄悄的]あたりはひっそりと静まりかえっている／tā xiàng ～ kànle yíxià[他向～看了一下]彼は周囲を見回した.

sīzì 私自[副]勝手に.断りなく.¶～ zuò juédìng[～做决定]無断で決める／nǐ zěnme néng ～ názǒu ne?[你怎么能～拿走呢?]どうして断りなく持って行くんだ.

*__sōng 松__[形]❶きつくない.緩い.↔ jǐn 紧 ¶xiédài ～ le[鞋带～了]靴のひもが緩んだ／～jǐndàir[～紧带儿]ゴムひも.❷経済的にゆとりがある.↔ jǐn 紧 ¶rìzi guòde bìng bù ～kuai[日子过得并不～快]生活は決して楽ではない／zhè jǐ nián shǒutóu shang ～ duō le[这几年手头上～多了]この数年で懐具合はだいぶ楽になった.❸柔らかい.もろい.¶zhè diǎnxin yòu ～ yòu cuì[这点心又～又脆]このお菓子は柔らかくてサクッとしている／húnshēn ～ruǎn wúlì[浑身～软无力]全身の力が抜け,くたっとしている.[動]❶緊張などを緩める.↔ jǐn 紧 ¶～le kǒuqì[～了口气]一息ついた／～jìnr[～劲儿]力を抜く.気を抜く／fàng～ yíxià jīngshén[放～一下精神]ちょっとリラックスする.❷放す.¶～shǒu[～手]手を放す／bǎ shéngzi ～kāi[把绳子～开]縄をほどく.[名]でんぶ.¶ròu～[肉～]肉のでんぶ.そぼろ.

sǒng 耸[動]❶そびえ立つ.¶mótiān dàlóu gāo～ rù yún[摩天大楼高～入云]摩天楼が天をつくようにそびえる／gāoshān ～lì[高山～立]高山がそびえ立つ.❷〈書〉人を驚かす.びっくりさせる.¶～ rén tīng wén[～人听闻]㊃わざと大げさなことを言って人を驚かす.

⁂**sòng 送**[動]❶送り届ける.↔ qǔ 取 ¶～ xìn[～信]手紙を送り届ける／～ bào[～报]新聞を配達する.❷贈る.¶zhè shì wǒ ～gěi nǐ de shēngri lǐwù

[这是我～给你的生日礼物]これは私からの誕生日の贈り物です/tā ～ gěi wǒ yì běn Zhōng Rì cídiǎn[他～给我一本中日辞典]彼は私に中日辞典をプレゼントしてくれた.❸送る.見送る.↔ jiē 接 ¶bǎ kèrén ～dao jīchǎng[把客人～到机场]お客さんを空港まで見送る/～ háizi qù yòu'éryuán[～孩子去幼儿园]子供を幼稚園まで送って行く.➡見る類 p.290

†**sòng//lǐ 送礼**[動]贈り物をする.プレゼントする.¶dàole Chūnjié,rénmen jiù hùxiāng ～[到了春节，人们就互相～]春節が来ると,皆お互いにプレゼントを贈る/gěi lǎorén ～[给老人～]お年寄りに贈り物をする/nǐ qù jiàn tā de shíhou,děi sòng diǎnr lǐ[你去见他的时候，得送点儿礼]君は彼に会いに行く時は何か贈り物をしなければいけない.

†**sōngshù 松树**[名]〔植〕マツの木.¶yì kē ～[一棵～]1本のマツの木.

***sòng//xíng 送行**[動]見送る.送別する.¶míngtiān wǒ qù wèi tā ～[明天我去为他～]明日私は彼を見送りに行く.

sōu 搜[動]❶捜す.¶～xún[～寻]捜す.❷捜索する.捜査する.¶～bǔ fànrén[～捕犯人]犯人を捜索する/～shēn[～身]ボディチェックをする.

†**sōu 艘**[量](船を数える)隻.艘(そう).¶yì ～ jūnjiàn[一～军舰]1艘の軍艦/yì ～ huòlún[一～货轮]1隻の貨物船.

sōuchá 搜查[動](犯罪者や禁制品などを)捜査する.¶～ fànrén[～犯人]犯人を捜査する/～ jiǎ yào[～假药]偽の医薬品を捜査する/jǐngchá duì zhěng jiān wūzi jìnxíngle ～[警察对整间屋子进行了～]警察は部屋中を捜査した.

†**sōují 搜集**[動]捜し集める.収集する.¶～ zīliào[～资料]資料を集める/～ gǔwán[～古玩]骨董品を集める.

sōusuǒ 搜索[動]捜索する.探る.¶～ táofàn[～逃犯]逃亡犯を捜索する/sìchù ～[四处～]あたりをくまなく捜す.

sú 俗[名]風俗.習慣.¶rù xiāng suí ～[入乡随～]成郷に入っては郷に従え.[形]❶大衆向きである.¶～míng[～名]俗称.❷俗っぽい.下品な.¶tā de yīfu tài ～ le[她的衣服太～了]彼女の洋服はとても品がない.

sù 素[形]❶白色の.無地の.¶～fú[～服]白い服.❷地味である.派手でない.¶jīntiān tā chuān de yīfu hěn ～[今天他穿的衣服很～]今日彼が着ている服はとても地味だ/zhè fángjiān bùzhìde hěn ～jing[这房间布置得很～净]この部屋は質素にしつらえてある.❸もとの.本来の.¶～xìng[～性]本来の性質.[名]❶精進料理.野菜料理.↔hūn 荤 ¶chī～[吃～]精進料理を食べる/liǎng hūn liǎng ～[两荤两～]肉料理が2つに野菜料理が2つ.❷もとになる物質.¶yuán～[元～]元素/～cái[～材]素材/wéishēng～[维生～]ビタミン.[副]日頃から.平素から.¶wǒ liǎ ～ bù xiāngshí[我俩～不相识]私たちは一面識もない.

suān 酸[名]〔化〕酸.[形]❶酸っぱい.¶cù hěn ～[醋很～]酢は酸っぱい味がする/wǒ bù xǐhuan chī ～ de[我不喜欢吃～的]私は酸っぱいものが苦手だ.*❷悲しい.切ない.¶xīn～[辛～]辛酸/xīnli fā～[心里发～]切ない.*❸(文人を風刺して)きざである.嫌みがある.もったいぶっている.¶hán～[寒～]貧乏で嫌みっぽい.

⁑**suān 酸**[形]体がだるい.疲れている.¶húnshēn fā～[浑身发～]体中がだるい/shǒubì ～tòng[手臂～痛]腕がだるくて痛い.

suàn 蒜[名]〔tóu 头,bàn 瓣〕〔植〕ニンニク.¶chī ～ duì shēntǐ yǒu hǎochu[吃～对身体有好处]ニンニクを食べると体によい.

⁑**suàn 算**[動]❶計算する.勘定する.¶～ qián[～钱]お金を勘定する/～le sān ge ～shùtí[～了三个～术题]算数の問題を3題解いた.❷数に入れる.¶～ tā yígòng wǔ ge rén[～他一共五个人]彼を入れて全部で5人だ.❸計画する.もくろむ.¶àn～[暗～]ひそかにたくらむ/pán～[盘～]思索する.❹推測する.¶wǒ ～zhe tā gāi dào le[我～着他该到了]私は彼が来ると

見込んでいる／～mìng[～命]運命を占う.❺…と見なす.…と認める.¶ zhèige wèntí bú ～ nán[这个问题不～难]この問題は難しいとは言えない／jiù ～ wǒ shénme dōu méi shuō[就～我什么都没说]私が何も言わなかったことにしましょう.❻効力を与える.意味があるとみなす.¶ shuōhuà ～ huà[说话～话]言った事は実行する.

*suàn·le 算了 組 やめにする.よす.¶ ～,wǒ bù xiǎng gàn le[～, 我不想干了]もうやめた,したくなくなった／bú yuànyi shuō jiù ～[不愿意说就～]言いたくないのならそれまでだ.

suàn·pán 算盘[名]〔bǎ 把〕そろばん.¶ dǎ ～[打～]そろばんをはじく.(転じて)打算的にものを考える.

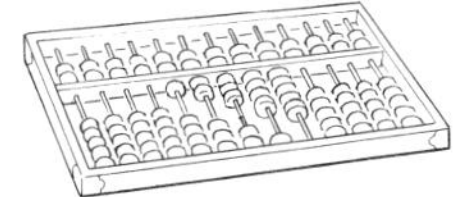

suànshì 算是[動]どうやら…である.どうにか…と言える.注 副詞として用いられることもあるが,その場合「かなり長い時間を経てある願望がやっと実現した」ことを表す.¶ yuànwàng ～ shíxiàn le[愿望～实现了]願いがどうやら実現した／zhèi huí ～ dǎoméi le[这回～倒霉了]今回はどうやらついてないようだ.

suànshù 算术[名]算数.

†suàn//shù 算数[動]❶効力がある.数に入る.¶ shuōhuà kě yào ～[说话可要～]言った事は実行しなければならない.❷…したことになる.¶ zhǎngwòle cái ～[掌握了才～]きちんとマスターして初めてできたことになる／pǎodao zhōngdiǎn cái ～[跑到终点才～]ゴールまで走って初めて走ったことになる.

†sùchéng 速成[動]短期間でマスターする.¶ ～ Yīngyǔ[～英语]短期間で英語をマスターする／diànnǎo ～bān[电脑～班]コンピュータ速成学習教室.

*sùdù 速度[名]速度.¶ ～ tài màn le[～太慢了]速度が遅すぎる／jiākuài ～[加快～]スピードを上げる.

†súhuà 俗话[名]ことわざ.¶ zhèi piān wénzhāng yòngle hěn duō ～[这篇文章用了很多～]この文章にはたくさんのことわざが用いられている／～ shuō : "bǎi wén bù rú yí jiàn" [～说 : "百闻不如一见"]ことわざでいうように,「百聞は一見にしかず」だ.

†suī 虽[接]❶…ではあるが,…ではあるけれども.¶ fángjiān ～ xiǎo,dàn hěn gānjìng[房间～小，但很干净]部屋は小さいが,きれいだ.❷たとえ…でも.¶ ～ bài yóu róng[～败犹荣]負けても名誉である.

*suí 随[動]❶…に従う.ついていく.¶ nǐ ～ wǒ lái[你～我来]私についてきなさい／fēngzheng ～ fēng piāozǒu le[风筝～风飘走了]凧が風にのって飛んでいった.❷言うことを聞く.服従する.¶ hěn ～he de rén[很～和的人]人付き合いがいい人.❸任せる.¶ gàn bú gàn ～ nǐ[干不干～你]するかしないかは君に任せる／～ tā qù ba[～他去吧]彼の好きなように行かせよう.

⁂suì 岁[量]年齢を数える.¶ wǒ jīnnián shíbā ～[我今年十八～]私は今年18歳です／wǒ nǎinai yǐjing bāshí ～ le[我奶奶已经八十～了]私の祖母はもう80歳です.

◆年齢の尋ね方

►中国人に「何歳ですか」と年を尋ねる時は相手によって言い方を変える.10歳くらいまでの子供だったら10以下の数を問う"几"jǐを使う.¶ 你几岁了? nǐ jǐ suì le?►目下の若者や同輩であれば"你多大了? "nǐ duō dà le?という.►年上の人には"你"のかわりに"您"nínを用いて"年纪"niánjìや"岁数"suìshuで尋ねる.¶ 您多大年纪了? nín duō dà niánjì le?／您今年多大岁数了? nín jīnnián duō dà suìshu le?►お年寄りには"您高寿? "nín gāoshòu?などを使う.

*suì 碎[動]❶砕ける.粉々になる.¶ bǎ huāpíng dǎ～ le[把花瓶打～了]花瓶を粉々に割ってしまった／tā de bēizi ～ le[她的杯子～了]彼女のコップが

割れた.❷砕く.粉砕する.¶ ～shíjī[～石机]砕石機／fěn shēn ～ gǔ[粉身～骨]成粉骨砕身.骨身を惜しまないこと.[形]❶不完全である.ばらばらである.¶ ～bù[～布]布の切れ端／～zhǐ[～纸]紙くず／suǒ～ de shìqing[琐～的事情]こまごまとした事.❷くどくどしている.¶ zuǐ tài ～le[嘴太～了]話がくどすぎる／tā shì ge ～zuǐzi[他是个～嘴子]彼は口やかましい.

S

suí∥biàn 随便[動]都合のよいようにする.好きなようにする.¶ shénme dōu kěyǐ,～[什么都可以，～]何でもいいです,ご自由に／suí nǐ de biàn[随你的便]あなたのお好きなように.

★suíbiàn 随便[形]❶随意である.自由である.¶ wǒmen ～ tántan ba[我们～谈谈吧]私たち気楽におしゃべりしましょう／～ ná jǐ ge qu ba[～拿几个去吧]自由にいくつか持って行きなさい.❷勝手である.気ままである.¶ shàng kè bùxǔ ～ shuōhuà[上课不许～说话]授業中は勝手におしゃべりをしてはいけない.

suìdào 隧道[名]〔kǒng 孔,tiáo 条〕トンネル.¶ hǎidǐ ～[海底～]海底トンネル／tōngguò ～[通过～]トンネルを通る.

†suídì 随地[副]所かまわず.¶ búyào ～ luàn rēng lājī[不要～乱扔垃圾]所かまわずゴミを捨てるな.

†suíhòu 随后[副]それに続いて.その後で.¶ nǐmen xiān zǒu,wǒ ～ jiù qù[你们先走，我～就去]君たち先に行きなさい,私は後からすぐ行くから.

†suíjí 随即[副]すぐに.直ちに.¶ jiēdao diànbào,tā ～ jiù chūfā le[接到电报,他～就出发了]電報を受け取ると,彼はすぐに出発した／～ zhàokāile jǐnjí huìyì[～召开了紧急会议]直ちに緊急会議を召集した.

⁂suīrán 虽然[接]…ではあるけれども.“但是”dànshì,“可是”kěshìなどと呼応する.¶ tā ～ hěn máng,dàn měitiān dōu jiānchí bèi wàiyǔ dāncí[他～很忙，但每天都坚持背外语单词]彼はとても忙しいが,毎日頑張って外国語の単語を暗記している／～ méiyou jiànguo,dàn tīngshuōguo tā de shì[～没有见过，但听说过他的事]会ったことはないのだが,彼の事は聞いたことがある.➡類義語 jíshǐ 即使

suíshēntīng 随身听[名]携帯用ヘッドホンステレオ.ポータブルオーディオプレーヤー.

★suíshí 随时[副]❶常に.いつでも.¶ yǒu wèntí kěyǐ ～ tíwèn[有问题可以～提问]質問があったらいつでもしていい／yǒu shìqing ～ gěi wǒ dǎ diànhuà[有事情～给我打电话]用事があったらいつでも私に電話をください.❷随時.¶ wǒ ～ gēn nǐ liánxì[我～跟你联系]私は随時あなたに連絡します.

suíshí suídì 随时随地[副]いつでも,どこでも.¶ zhèi zhǒng zhíwù ～ dōu kěyǐ jiàndao[这种植物～都可以见到]この植物はいたる所で見かける／～ búyào wàngjì zìjǐ de shēnfen[～不要忘记自己的身份]いつどんな時にも自分の身分を忘れてはいけない.

†suíshǒu 随手[副]ついでに.¶ qǐng ～ guān mén[请～关门]ついでにドアを閉めてください.

†suì·shu 岁数[名](～儿)年.年齢.¶ nín jīnnián duō dà ～ le?[您今年多大～了?]今年おいくつですか／tā hé wǒ ～ yíyàng[他和我～一样]彼と私は同い年だ.注この場合,2人とも高齢である.

†suīshuō 虽说[接]〈口〉…ではあるが.¶ ～ shì yí jiàn xiǎoshì,què gěile wǒ hěn dà de qǐfā[～是一件小事，却给了我很大的启发]些細な事ではあったが,私に大きなヒントを与えてくれた／～ xuéle sān nián de Yīngyǔ, kě lián rìcháng duìhuà dōu bú huì[～学了三年的英语，可连日常对话都不会]3年間英語を勉強したが,日常会話さえできない.

suí xīn suǒ yù 随心所欲成すべて思い通り.何事もほしいまま.¶ jiāzhǎngmen yì zǒu,háizimen jiù ～ de fēngnàoqilai[家长们一走，孩子们就～地疯闹起来]保護者たちが行ってしまうと,子供たちは好き勝手に騒ぎ

始めた.

suí∥yì 随意[副]気ままに.随意に.¶búyào ～ gēnggǎi[不要～更改]勝手に変更してはいけない／dàjiā ～ diǎn cài ba[大家～点菜吧]皆さん好きなように注文してください.

suìyuè 岁月[名]年月.歳月.¶nánwàng de ～[难忘的～]忘れがたい年月／～ rú liúshuǐ[～如流水]歳月は流水のごとし.

suí·zhe 随着[前]…につれて.…に従って.¶～ jīngjì fāzhǎn,rénmín de shēnghuó shuǐpíng tígāo le[～经济发展，人民的生活水平提高了]経済の発展につれて,人々の生活レベルも上がった.

*__sùliào 塑料__[名]プラスチック.¶～ zhìpǐn[～制品]プラスチック製品／～dài[～袋]ビニール袋.

sǔn 损[動]❶減らす.¶zēng ～[增～]増減／～yì xiāngtóng[～益相同]損益が同じ.❷損なう.¶yǒuyì wú ～[有益无～]益はあっても損はない.❸破壊する.¶pò～ de jīqì[破～的机器]破損した機械.❹〈方〉辛辣(しんらつ)な言葉で人をけなす.¶～rén[～人]人をけなす／wǒ méiyou ～ nǐ de yìsi[我没有～你的意思]私は君をけなすつもりはない.[形]〈方〉辛辣である.あくどい.¶tā bànshì tài ～ le[他办事太～了]彼はやることがあくどい／nǐ shuōhuà kě zhēn ～[你说话可真～]君の言うことは本当に辛辣だ.

†**sǔnhài 损害**[動]害する.損なう.¶～ jiànkāng[～健康]健康を害する／～ biéren de míngyù[～别人的名誉]他人の名誉を傷つける.

sǔnhào 损耗[動]消耗する.¶zhèi zhǒng dēng yào ～ dàliàng de diànnéng[这种灯要～大量的电能]こういった電灯はたくさんの電力を消費する.[名]損失.ロス.¶jǐnliàng jiǎnshǎo yùnshū zhōng de ～[尽量减少运输中的～]輸送中のロスを極力減らす.

†**sǔnhuài 损坏**[動]損なう.だめにする.¶búyào ～ gōngwù[不要～公物]公共物を壊してはいけない.

†**sūnnǚ 孙女**[名](～儿)孫娘.息子の女児.↔ sūnzi 孙子

sǔn rén lì jǐ 损人利己㊇人を傷つけ自分が利を得る.¶zhèi zhǒng ～ de shì,qiānwàn zuòbude[这种～的事,千万做不得]このような人を傷つけ自分を利することは絶対にしてはならない.

sǔnshāng 损伤[動]損ねる.傷つける.¶～ zìzūnxīn[～自尊心]自尊心を傷つける.

*__sǔnshī 损失__[動]損をする.¶～le bù shǎo cáichǎn[～了不少财产]多くの財産を失った.[名]損失.ロス.¶méngshòule jùdà de jīngjì ～[蒙受了巨大的经济～]莫大な経済的損失を蒙った.

†**sūn·zi 孙子**[名]孫.息子の男児.↔ sūnnǚ 孙女¶wǒ hái méiyou ～[我还没有～]私にはまだ孫がいない.

*__suō 缩__[動]❶縮む.¶zhèi jiàn yīfu xiàshuǐ hòu ～le bùshǎo[这件衣服下水后～了不少]この洋服は洗濯したらずいぶん縮んでしまった.❷ひっこめる.¶～ bózi[～脖子]首をすくめる.

*__suǒ 所__[量]家屋を数える.¶yì ～ xuéxiào[一～学校]1つの学校.[助]❶(動詞の前に置いて)…するところの.¶wǒ ～ tīngdao de zhǐ yǒu zhèixiē[我～听到的只有这些]私が聞いたのはこれだけだ.❷(“被…所…” bèi…suǒ…,“为…所…”wéi…suǒ…の形で受け身を表す)…に…される.¶wéi rén ～ chǐxiào[为人～耻笑]人に笑われる.

†**suǒ 锁**[動]❶鍵をかける.¶chūmén shí bǎ mén ～hǎo[出门时把门～好]出かける時にはしっかり戸締まりをして.❷かがる.¶～ kòuyǎnr[～扣眼儿]ボタン穴をかがる.[名]〔bǎ 把〕錠.錠前.¶shàng～[上～]施錠する.鍵をかける.

suǒdé 所得[名]所得.¶gèrén ～[个人～]個人所得.

suǒdéshuì 所得税[名]所得税.

†**suōduǎn 缩短**[動]縮める.短縮する.¶xīyān huì ～ rén de shòumìng[吸烟会～人的寿命]喫煙は人の寿命を縮める.

suǒnà 唢呐[名]〔音〕チャルメラ(楽

器). ¶chuī ～[吹～]チャルメラを吹く.

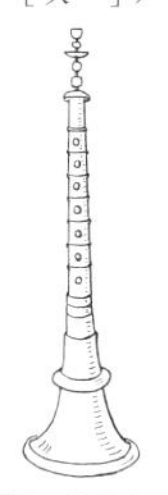

suǒshǔ 所属[形]❶管轄下にある.¶zhè shì zhōngyāng ～ jīguān[这是中央～机关]これは中央の管轄下にある機関である.❷所属している.¶xiàng ～ dānwèi shēnqǐng[向～单位申请]所属部門に申し込む.

*****suǒwèi 所谓**[形]❶いわゆる.言うところの.¶～ shēngsù,yě jiào yīnsù[～声速，也叫音速]いわゆる"声速"は"音速"ともいう.❷(ある人が)言うところの.(認められないという気持ちや皮肉の意を込めて言う)¶búyào bǎ nǐ ～ de xuéshuō qiángjiā yú wǒ[不要把你～的学说强加于我]あなたの言う学説を私に押しつけないでくれ.

†**suōxiǎo 缩小**[動]縮める.小さくする.¶～ kǎoshì de fànwéi[～考试的范围]試験範囲を縮小する.

suǒxìng 索性[副]いっそのこと.思い切って.¶jīntiān wǒ ～ bǎ huà gēn nǐ jiǎngmíngbai[今天我～把话跟你讲明白]今日こそ思い切ってあなたにはっきりと話そう.

⁑**suǒyǐ 所以**[接]…なので.(結果を表す.原因を表す前文に"因为"yīnwèiを用いることが多い)¶yīnwèi tā shēngbìng le,～ méi lái shàngkè[因为她生病了，～没来上课]彼女は病気のため授業に来なかった.

suōyǐng 缩影[名]縮図.ひながた.¶yí ge xiǎo cūnzi yě shì zhěnggè shèhuì de ～[一个小村子也是整个社会的～]1つの小さな村でも社会全体の縮図である.

⁑**suǒyǒu 所有**[形]すべての.あらゆる.¶wǒmen bān ～ tóngxué dōu xuǎnxiū Zhōngwén[我们班～同学都选修中文]私たちのクラス全員が中国語を選択している.[動]所有する.¶yíqiè yíchǎn dōu guī tā ～[一切遗产都归她～]すべての遺産が彼女のものになる.

suǒyǒuquán 所有权[名]所有権.

suǒyǒuzhì 所有制[名]所有制.

†**suǒzài 所在**[名]❶場所.¶Kūnmíng shì qìhòu yírén de ～[昆明是气候宜人的～]昆明は気候のよい所だ.❷存在する所.¶cháchule bìngyīn de ～[查出了病因的～]検査で病因のありかが分かった.

sú·qi 俗气[形]やぼったい.品がない.¶zhèi jiàn yàngzi yǒudiǎnr ～[这件样子有点儿～]この服のデザインはちょっとやぼったい.

sùqīng 肃清[動]悪人・悪事・悪い思想を徹底的に取り除く.¶～ huàirén[～坏人]悪人を一掃する／～ fēngjiàn yìshí[～封建意识]封建意識を取り除く.

⁑**sùshè 宿舍**[名]宿舎.寮.¶zhù liúxuéshēng ～[住留学生～]留学生寮に住む.

sùsòng 诉讼[名]〔法〕訴訟.¶tíqǐ ～[提起～]訴訟を起こす／～fǎ[～法]訴訟法.

sūxǐng 苏醒[動]よみがえる.息を吹き返す.¶bìngrén ～ le[病人～了]病人が息を吹き返した／chūntiān dào le,dàdì ～ le[春天到了，大地～了]春になって,大地はよみがえった.

sùzào 塑造[動]❶粘土などで人物を作る.¶～ diāoxiàng[～雕像]彫像を作る.❷文字によって人物像を描き出す.¶～ yīngxióng xíngxiàng[～英雄形象]英雄像を描き出す／～ rénwù[～人物]人物像を描く.

sùzhì 素质[名]質.資質.素養.¶tígāo guómín de ～[提高国民的～]国民の質を高める／shēntǐ ～[身体～]体の素質.

T,t

☆**tā 他**[代]彼.

☆**tā 它**[代]これ.それ.あれ.(人間以外の動物・事物を表す)

語法 "它"三人称代名詞
►三人称代名詞として,男性の場合は"他"tā,女性の場合は"她"tāを用いる.人以外のモノや動物の場合には"它"tāを用いる.しかし"它"は前提なしにいきなり用いることはできない.具体的なモノや動物の名を挙げ,それを後で再びさす場合にのみ"它"を用いる.¶这是一本好书,我把它送给你 zhè shì yì běn hǎo shū, wǒ bǎ tā sònggěi nǐ(よい本なので,これをあなたにプレゼントします)/字典,它是我不说话的老师 zìdiǎn,tā shì wǒ bù shuōhuà de lǎoshī(辞書,それは私の物言わぬ師である)

☆**tā 她**[代]彼女.

†**tā 塌**[動]❶崩れる.¶gāng gàihǎo de fángzi jiù ～ le[刚盖好的房子就～了]出来上がったばかりの家が崩れてしまった.❷へこむ.沈む.¶tā shòude liǎngsāi dōu ～xiaqu le[她瘦得两腮都～下去了]彼女はやせて両ほほがこけてしまった.❸〈口〉〈方〉(気を)落ち着ける.安定させる.¶～xia xīn lai,bié sān xīn èr yì de[～下心来,别三心二意的]気を落ち着けて,あれこれ考えないで.

*__tǎ 塔__[名]〔zuò 座〕塔.タワー.¶diànshì ～[电视～]テレビ塔.

bǎotǎ
宝塔
宝塔

†**tà 踏**[動]踏む.¶qīngqīng yí ～,tā jiù huì fāshēng[轻轻一～,它就会发声]軽く踏めば,それは音を出すことができる.

*__tái 台__[名]❶高く見晴らしのきく建物.¶liáowàng ～[瞭望～]展望台.❷演壇.¶wǔ～[舞～]舞台.[量]機械などを数える.¶yì ～ diànshìjī[一～电视机]1台のテレビ.

☆**tái 抬**[動]❶(荷物を2人以上で)運ぶ.担ぐ.¶liǎng ge rén ～ yì zhāng zhuōzi[两个人～一张桌子]2人で机を運ぶ.❷持ち上げる.¶～tóu kàn hēibǎn[～头看黑板]顔を上げて黒板を見る.❸口論する.¶tā hé tā māma ～qilai le[她和她妈妈～起来了]彼女はお母さんと口げんかを始めた.➡類義語 jǔ 举 ➡見る類 p.523

tái 抬❶
tái shuǐ
抬水
2人で水を運ぶ

☆**tài 太**[副]非常に…だ.…すぎる.¶zhèli ～ zāng le[这里～脏了]ここはひどく汚い.

語法 bú tài hǎo 不太好
►中国語は前の語句が後の語句を修飾するのが原則である.そこで,〈"不"+副詞+～〉と〈副詞+"不"+～〉では意味が異なってくる.
1)"都"dōu(皆)
¶他们不都是日本人 tāmen bù dōu shì Rìběnrén(彼らが皆日本人というわけではない)/他们都不是日本人 tāmen dōu bú shì Rìběnrén(彼らは皆日本人ではない)
2)"太"tài(とても)
¶她的成绩不太好 tā de chéngjì bú tài hǎo(彼女の成績はあまりよくな

い)／她的成绩太不好 tā de chéngjì tài bù hǎo(彼女の成績はとても悪い)
3)"常"cháng(常に)
¶千里马常有，而伯乐不常有 qiānlǐmǎ cháng yǒu,ér Bólè bù cháng yǒu(千里の馬は常にいるが,伯楽〈馬を見る目があった人物〉が常にいるとは限らない)

☆**tài•du 态度**[名]❶(人の)態度.様子.¶～ dàfang[～大方]態度が堂々としている.❷(物事に対する)態度.¶tā de láodòng ～ fēicháng rènzhēn[他的劳动～非常认真]彼の仕事ぶりはとてもまじめだ.

táifēng 台风[名]台風.

táijiē 台阶[名]〔céng 层,jí 级〕屋外の階段.¶shùnzhe ～ xiàng shàng zǒu[顺着～向上走]階段に沿って上っていく.

tàijíquán 太极拳[名]太極拳.¶dǎ～[打～]太極拳をする.

tàikōng 太空[名]宇宙.

tàipíng 太平[形]平和である.¶wǒmen xīwàng tiānxià yǒngyuǎn ～[我们希望天下永远～]私たちは世の中がずっと平和であることを望んでいる.

tàirán 泰然[形]泰然としている.¶～ de miànduì yǎnqián fāshēng de yíqiè[～地面对眼前发生的一切]目の前に起こったすべての事柄に落ち着いて対処する.

***tài•tai 太太**[名]奥さん.夫人.¶～, nín yào diǎnr shénme?[～，您要点儿什么?]奥さん,何になさいますか／Zhāng ～ shì ge hěn wényǎ de rén[张～是个很文雅的人]張さんの奥さんは品のよい方である.➡[類義語] fūrén 夫人

☆**tàiyáng 太阳**[名]太陽.

tàiyángnéng 太阳能[名]太陽エネルギー.

☆**tā•men 他们**[代]彼ら.

☆**tā•men 它们**[代]それら.

☆**tā•men 她们**[代]彼女たち.[注]全員が女性の時にだけ用いることができ,1人でも男性がいる場合は"他们"tāmenを用いる.

tān 贪[動]❶汚職行為をする.¶～ xiǎo piányi[～小便宜]小利をむさぼる.❷むさぼる.ふける.¶zhèige háizi cóng xiǎo jiù ～wánr[这个孩子从小就～玩儿]この子は小さい時から遊んでばかりいる.

†**tān 滩***[名]❶浅瀬.砂浜.¶hǎi～[海～]砂浜／yán～[盐～]塩浜.❷早瀬.¶jiāngzhōng yǒu yí ge xiǎn～[江中有一个险～]川の中に流れの急な早瀬がある.

†**tān 摊**[動]❶(平らに)並べる.広げる.¶bǎ rùzi ～kāi[把褥子～开]敷き布団を広げる.❷(糊状の材料を)薄く焼

目で見る類義語 táijiē 台阶　lóutī 楼梯

楼梯

台阶

►"楼梯" lóutīは建物に付随して,フロアーを移動するために使う階段をさす.¶爬楼梯 pá lóutī(階段を上がる)►家の門の前や公園の中などにある上がり段は"台阶" táijiēと呼ぶ.¶下台阶 xià táijiē(段をおりる)

く.¶～ jīdàn[～鸡蛋]卵を焼く.❸割り当てる.¶zhèi xiàng gōngzuò yóu wǔ ge rén lái fēn～[这项工作由五个人来分～]この仕事は5人で分担する.➡ 類義語 bǎi 摆

†**tān 摊**[名](～儿)露店.¶shuǐguǒ～[水果～]果物の露店.[量]糊状に広がったものを数える.¶mǎlù zhōngjiān yǒu yì ～ ní[马路中间有一～泥]大通りの真ん中にぬかるみがある.

tán 痰[名]〔kǒu 口〕痰(たん).¶tǔ～[吐～]痰を吐く/sǎngzi li yǒu ～[嗓子里有～]のどに痰が詰まっている.

tán 坛[名]❶昔,祭祀(さいし)を行うのに用いた台,または壇.¶tiān～[天～]天壇.❷土を盛り上げた小高い場所.¶huā～[花～]花壇.❸文芸あるいはスポーツの世界.分野.¶wén～[文～]文壇/yǐng～[影～]映画界/shī～[诗～]詩壇.❹(～儿)つぼ.かめ.酒つぼ.¶jiǔ～[酒～]酒つぼ.

⁑**tán 谈**[動]話す.語る.¶wǒ xiǎng gēn nǐ ～～[我想跟你～～]私はあなたと話をしたい/miàn～[面～]会談する.*[名]話.談.¶měi～[美～]美談/qí～[奇～]奇談.

*__tán 弹__[動]❶(指で)はじく.はじき出す.¶～ bōliqiú[～玻璃球]ビー玉をはじく/bǎ yīfu shang de tǔ ～～[把衣服上的土～～]服についた土を指ではじく.❷(楽器を)弾く.¶～ gāngqín[～钢琴]ピアノを弾く/～ jítā[～吉他]ギターを弾く.❸(繊維を)ふわふわさせる.¶～ miánhua[～棉花]綿を打ち直す/～ yángmáo[～羊毛]羊毛をふわふわにする.→dàn➡ 見る類 p.146

tán 潭*[名]❶深い池.¶gǔ ～[古～]古い池/lóng ～ hǔ xué[龙～虎穴]成非常に危険な場所のたとえ.❷くぼみ.¶shuǐ～[水～]池.

tàn 叹[動]❶ため息をつく.嘆く.¶～xī[～息]ため息をつく/cháng～le yì shēng[长～了一声]長いため息をついた.*❷吟じる.吟詠する.¶yǒng～[咏～]詠嘆する.*❸ほめる.賛美する.¶zàn～[赞～]賛嘆する/～fú[～服]感服する.

tàn 炭[名]❶炭.木炭.¶shāo ～[烧～]炭を焼く.❷炭のようなもの.¶shānzhā～[山楂～]サンザシの実の黒焼き.

*__tàn 探__[動]❶探す.¶～lù[～路]道を探す/～ bǎo[～宝]宝を探す.❷訪問する.見舞う.¶～jiān[～监]監獄に面会に行く/～bìng[～病]病人を見舞いに行く.❸上体を前に乗り出す.¶búyào bǎ tóu ～chuqu[不要把头～出去]頭を乗り出してはいけません.

†**tǎnbái 坦白**[形]率直である.¶tā wéi rén ～、zhèngzhí[他为人～、正直]彼は人柄が率直で正直だ.[動]正直に言う.¶～ de shuō,wǒ gēnběn bù xǐhuan tā[～地说，我根本不喜欢他]率直に言うと,私はもとから彼のことが嫌いだ.

tàncè 探测[動]探測する.探索する.¶～ hǎiyáng de mìmì[～海洋的秘密]海洋の秘密を探る/rén de xīn hěn nán ～[人的心很难～]人の心の内を探るのは難しい.

tàncí 叹词[名]〔語〕感動詞.感嘆詞.

⁑**tāng 汤**[名]*❶〈書〉湯.¶～chí[～池]銭湯の湯船/～hú[～壶]湯たんぽ.❷煮汁.¶mǐ～[米～]重湯/jī～[鸡～]鶏のだし汁.❸スープ.¶cài～[菜～]野菜スープ/jīdàn～[鸡蛋～]玉子スープ.❹煎(せん)じ薬.¶～yào[～药]煎じ薬.

táng 塘[名]❶堤防.¶hé～[河～]川の堤/hǎi～[海～]防波堤.❷池.¶chí～[池～]池/yú～[鱼～]養殖用の池.❸風呂.¶xǐzǎo～[洗澡～]湯船.

⁑**táng 糖**[名]❶糖.¶～fèn[～分]糖分/～niàobìng[～尿病]糖尿病.❷砂糖.¶bái～[白～]白砂糖/bīng～[冰～]氷砂糖.❸〔kuài 块〕あめ.キャンディー.¶shuǐguǒ～[水果～]ドロップ/nǎiyóu～[奶油～]バターあ

め／～zhǐ[～纸]あめを包む紙.

táng 糖❸

☆tǎng 躺[動]横になる.寝そべる.¶tā ～zai chuángshang[他～在床上]彼はベッドの上で横になっている／～le yí ge xīngqī le[～了一个星期了]1週間寝たきりだ.➡ 見る類 p.646

★tàng 烫[動]❶やけどする.¶～ shǒu le[～手了]手をやけどした／xiǎo-xīn,bié ～zhe![小心，别～着!]気をつけて!やけどをしないように.❷熱くする.温める.¶bǎ jiǔ ～ yíxià[把酒～一下]酒をおかんにする／～ yīfu[～衣服]服にアイロンをかける.❸パーマをかける.¶～fà[～发]パーマをかける.[形](物体の温度が)熱い.(焼けつくように)熱い.¶zhè shuǐ tài ～le[这水太～了]このお湯は熱すぎる／gāng chū guō hěn ～[刚出锅很～]鍋から出したばかりでとても熱い.

★tàng 趟[量]❶行き来した回数を数える.回.度.¶qùle yí ～[去了一～]1度行った／tā pǎole sān ～[他跑了三～]彼は3度も行ったり来たりした.❷列車の発着回数を数える.¶wǒmen zuò nèi ～ lièchē qù Běijīng[我们坐那～列车去北京]我々はあの列車に乗って北京へ行く.➡ 類義語 biàn 遍

tángguǒ 糖果[名]あめ・キャンディーなど砂糖菓子の総称.

tánghú·lu 糖葫芦[名]サンザシやカイドウの実を串にさし,溶かした砂糖で固めた菓子.

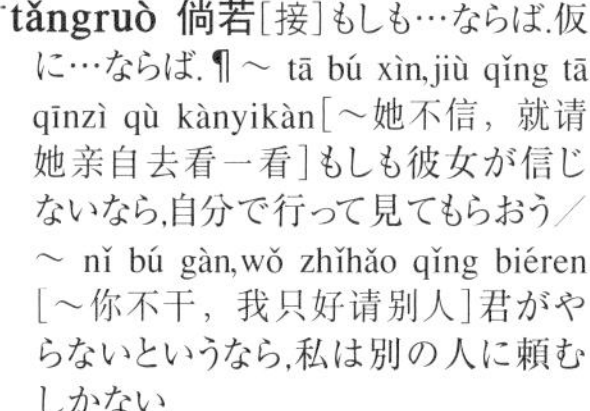

†tǎngruò 倘若[接]もしも…ならば.仮に…ならば.¶～ tā bú xìn,jiù qǐng tā qīnzì qù kànyikàn[～她不信，就请她亲自去看一看]もしも彼女が信じないなら,自分で行って見てもらおう／～ nǐ bú gàn,wǒ zhǐhǎo qǐng biéren[～你不干，我只好请别人]君がやらないというなら,私は別の人に頼むしかない.

★tán//huà 谈话[動]話をする.¶lǎoshī zhèngzài hé tā ～[老师正在和他～]先生は今ちょうど彼と話をしているところだ／wǒmen cháng zài yìqǐ ～[我们常在一起～]私たちはよく一緒に話をする.

類義語 tánhuà 谈话　shuōhuà 说话　jiǎnghuà 讲话

►"谈话"は複数の人間が意見を述べ合い,話し合う.¶他们在客厅里谈话 tāmen zài kètīng li tánhuà(彼らは応接間で話している)►"说话"はものを言う.雑談する.相手の人数などは問わない.¶这孩子说话说得慢 zhè háizi shuōhuà shuōde màn(この子は話すのが遅い)／他进来时，我们正说话呢 tā jìnlai shí, wǒ-men zhèng shuōhuà ne(彼が入ってきた時,私達はおしゃべりしているところだった)►"讲话"は大勢の人の前でスピーチする.一方通行的に説明する.¶今天校长讲话吗? jīn-tiān xiàozhǎng jiǎnghuà ma?(今日は校長先生はお話しされますか)►"讲话"には「話す」という意味もあり,このときは"说话"に言いかえられる.¶我不会｛讲话／说话｝wǒ bú huì｛jiǎnghuà／shuōhuà｝(私は口下手だ)

†tánhuà 谈话[名]談話.¶～ de nèi-róng[～的内容]談話の内容／fābiǎo ～[发表～]談話を発表する.

tānhuàn 瘫痪[動]❶半身不随になる.¶yìzhí ～zai chuángshang[一直～在床上]半身不随で寝たきりである.❷(組織や機関が)機能しない状態になる.¶zhǐhuī xìtǒng wánquán ～le[指挥系统完全～了]指揮システム

が完全に麻痺してしまった.

tǎnkè 坦克[名]〔liàng 辆〕タンク.戦車.英語のtankの音訳.

†**tánlùn 谈论**[動]議論する.談論する.¶～ zhèngzhì wèntí[～政治问题]政治問題を議論する.

***tánpàn 谈判**[動]談判する.(解決のための)話し合いをする.¶zhèige wèntí shuāngfāng zhèngzài ～[这个问题双方正在～]この問題は双方で談判しているところだ.[名]談判.交渉.¶hépíng ～[和平～]和平交渉.

†**tàn//qì 叹气**[動]ため息をつく.¶tā tàn le yì kǒu qì[她叹了一口气]彼女はため息をついた／guāng ～ yǒu shénme yòng?[光～有什么用?]ため息ばかりついて何になるの.

tàn//qīn 探亲[動]肉親に会いに行く.里帰りする.¶huílai ～[回来～]里帰りする／～jià[～假]帰省休暇.

†**tǎnshuài 坦率**[動]率直である.正直である.¶xìnggé ～[性格～]性格が率直だ／qǐng ～ de tányitán nǐ de xiǎngfa[请～地谈一谈你的想法]率直に自分の考えを述べてください.

†**tànsuǒ 探索**[動]探索する.探究する.¶～ zìránjiè de àomì[～自然界的奥秘]自然界の神秘を探索する／～ xīn jìshù[～新技术]新しい技術を探求する.

tàntǎo 探讨[動]研究する.討論する.¶～ wèntí[～问题]問題を討論する／zhèi jiàn shì xūyào jìn yí bù ～[这件事需要进一步～]この件はさらに検討する必要がある.

tǎn tè bù ān 忐忑不安㊄不安でどきどきする.¶bù zhīdào jiéguǒ shí nèi zhǒng ～ de xīnqíng,shéi dōu néng tǐhuìdao[不知道结果时那种～的心情,谁都能体会到]結果を知らない時の,不安でどきどきする気分は誰でも味わうものだ.

tántiān 谈天[動](～儿)おしゃべりする.¶hé péngyou ～[和朋友～]友達とおしゃべりする／méiyou shíjiān ～[没有时间～]おしゃべりする時間がない.

tàn tóu tàn nǎo 探头探脑㊇頭を出したり引っ込めたりして,こそこそのぞく.¶jìnlai ba! bié zài nàr ～ de[进来吧! 别在那儿～的]入ってきなさい!そこでこそこそのぞき見なんかしないで.

tànwàng 探望[動]❶(何かを見つけようとして)見回す.¶búyào sìchù ～[不要四处～]あたりを見回してはいけない／tā bùshí xiàng chuāngwài ～[他不时向窗外～]彼はたびたび窓の外を見回している.❷(はるばる)訪問する.見舞う.¶～ bìngrén[～病人]病人を見舞う／～ lǎo tóngxué[～老同学]昔の同級生を訪ねる.

tānwū 贪污[動]賄賂を受け取る.汚職する.¶jué bù néng ～ gōngjia de cáichǎn[决不能～公家的财产]決して公共の財産を横領してはならない.

***tǎn·zi 毯子**[名]〔tiáo 条〕毛布.¶yì tiáo ～[一条～]1枚の毛布／gài ～[盖～]毛布を掛ける.

***tāo 掏**[動]❶(手や道具を使って中から物を)取り出す.探り出す.¶～ qián[～钱]お金を取り出す／～ kǒudai[～口袋]ポケットを探って取り出す.❷穴を掘る.¶zài qiángshang ～le yí ge kūlong[在墙上～了一个窟窿]壁に穴を1つ開けた／máoyī bèi chóngzi ～le yí ge dòng[毛衣被虫子～了一个洞]セーターは虫に食われて穴が開いてしまった.

tāo 掏❶

***táo 逃**[動]❶逃げる.¶～dao shānshang qù le[～到山上去了]山へ逃げていった／～mìng[～命]危険を回避する.❷避ける.のがれる.¶～nàn[～难]災害を避けるためよそへ逃げる／～xué[～学]授業をサボる.

†**táo 桃**[名]〔植〕❶モモ.モモの実.¶～shù[～树]モモの木.*❷モモのような形をしたもの.¶mián～[棉～]ワタの実.*❸クルミ.¶～sū[～酥]クルミの

実を使った菓子.

tǎo 讨[動]*❶討つ.討伐する.¶zhēng～[征～]征伐する／～fá[～伐]討伐する.❷取り立てる.求める.¶～zhài[～债]借金を取り立てる／～fàn[～饭]乞食(こじき)をする.❸(感情・状態を)招く.…される.¶～rén xǐhuan[～人喜欢]人に喜ばれる／～rén xián[～人嫌]人に嫌われる.*❹討論する.¶tàn～[探～]研究する.

***tào 套**[名](～儿)覆い.カバー.¶shǒu～[手～]手袋／shū～[书～]ブックカバー.[動]❶(外側に)かぶせる.(外側を)覆う.(外側に)つける.¶～shang yí jiàn dàyī[～上一件大衣]オーバーを上に着る／duō ～ yí jiàn yīfu ba[多～一件衣服吧]もう1枚服を着なさい.❷模倣する.当てはめる.¶～gōngshì[～公式]公式を当てはめる／～yòng nǐ de shuōfa[～用你的说法]あなたの言い方をまねて言う.[量]セットになっているものを数える.¶yí ～ jiājù[一～家具]1組の家具／yí ～ cānjù[一～餐具]1セットの食器／～cài[～菜]コース料理.

†**táobì 逃避**[動]逃避する.(嫌なことを)避ける.逃げる.¶bù yīnggāi ～ xiànshí[不应该～现实]現実逃避してはいけない／chūle shì tā bì shì ～ zérèn[出了事他必是～责任]何か起こると彼は決まって責任逃れをする.

táocí 陶瓷[名]陶磁器.

táohuā 桃花[名]〔植〕モモの花.¶～shèngkāi de jìjié[～盛开的季节]モモの花が満開になる季節.

†**tǎohuán 讨还**[動]返還を要求する.¶gōngchǎng pàile liǎng ge rén qù ～ zhàiwù[工厂派了两个人去～债务]工場側は2名派遣して債務の返還を要求した.

táo//huāng 逃荒[動]飢饉(ききん)のためよその場所へ逃れる.¶dào wàidì qù ～[到外地去～]飢饉のためよその土地へ逃れて行く.

tǎo jià huán jià 讨价还价㊊駆け引きする.物の値段を掛け合う.¶zhè shì guóyíng shāngdiàn,bù néng ～[这是国营商店，不能～]ここは国営商店なので値段の掛け合いはできない／Dōngjīngrén mǎi dōngxi hǎoxiàng bútài xǐhuan ～[东京人买东西好像不太喜欢～]東京の人は買い物をする時,値引き交渉するのを好まないようだ.

☆**tǎolùn 讨论**[動]討論する.検討する.¶wǒmen zài ～ míngtiān de rìchéng[我们在～明天的日程]我々は明日の日程を検討しているところだ／tóngxuémen zhǎnkāile jīliè de ～[同学们展开了激烈的～]同級生たちは激しい討論を展開した.

táopǎo 逃跑[動]逃亡する.逃走する.¶dírén ～ le[敌人～了]敵が逃走した／zhū ～ le[猪～了]ブタが逃げ出した.

táo//qì 淘气[形](子供が)言うことを聞かない.腕白である.¶dàole biéren jiā bié ～[到了别人家别～]よそのお家に行ったら,いい子にしなきゃだめですよ／wǒ xiǎo shíhou shì yí ge hěn ～ de háizi[我小时候是一个很～的孩子]私は小さい頃,とても腕白な子供だった.

táotài 淘汰[動]淘汰(とうた)する.悪いものを取り去り,よいものを残す.¶A duì ～le B duì[A队～了B队]AチームはBチームを負かした／jiùshì xǐyījī zǎojiù bèi ～ le[旧式洗衣机早就

表現Chips
不機嫌

真讨厌。Zhēn tǎoyàn.（ほんとに嫌だ）
一听就烦了。Yì tīng jiù fán le.
（聞くだけで嫌になってしまう）
一看见她就有气。Yí kànjiàn tā jiù yǒuqì.（彼女に会うと腹が立つ）
暑假以后要补考，真讨厌。Shǔjià yǐhòu yào bǔkǎo,zhēn tǎoyàn.
（夏休みになって追試だなんて,ほんとに嫌になる）
我也不知为什么，就是觉得没意思。Wǒ yě bù zhī wèi shénme，jiù shì juéde méi yìsi.（なぜだか私もわからないが,とにかく面白くない）

被～了]古い洗濯機はもうとっくにすたれた.

tāo tāo bù jué 滔滔不绝㊊言葉によどみがないこと.¶tā ～ de chǎnshù zìjǐ de kànfǎ[他～地阐述自己的看法]彼は立て板に水のごとく自分の考えを述べた.

*__tǎo//yàn 讨厌__[形]❶嫌である.¶zuìjìn zǒngshì dà yīntiān,zhēn ～![最近总是大阴天，真～!]最近ずっと曇り空でまったく嫌になる／zhèige rén zhēn ～![这个人真～!]この人は本当に嫌らしい!❷煩わしい.厄介だ.¶zhèi zhǒng jiù jīqì hěn ～,zǒng chū gùzhàng[这种旧机器很～，总出故障]この古い機械はとても厄介でいつも故障を起こす.[動]嫌う.嫌がる.¶wǒ zhēn ～ Běijīng de fēngshā[我真～北京的风沙]私は北京の砂まじりの風が大嫌いだ.

táozǒu 逃走[動]逃走する.逃げる.¶fànrén ～ le[犯人～了]犯人が逃走した.

tārén 他人[名]他人.ほかの人.¶búyào guǎn ～ zěnme xiǎng[不要管～怎么想]他人がどう思おうが気にするな.

†**tā·shi 踏实**[形]❶(仕事などに対する態度が)着実である.しっかりしている.¶tā gōngzuòde hěn ～[他工作得很～]彼の仕事ぶりはしっかりしている.❷(情緒が)安定している.¶zhèi huí nǐ xīnli gāi ～ le ba[这回你心里该～了吧]今度は気持ちが落ち着いたでしょう.

†**tè 特**[形]特別である.特殊である.¶qí ～[奇～]突飛である.[副]特に.¶tā ～ ài chī ròu[他～爱吃肉]彼は特に肉が好きだ.

⁑**tèbié 特别**[形]特別である.特殊である.¶zhèige shìyàng hěn ～[这个式样很～]このデザインは変わっている／～ de shìqing[～的事情]特別の事情.[副]❶とりわけ.格別に.¶tā de Zhōngwén ～ hǎo[他的中文～好]彼の中国語は格別にうまい／zhèige cài ～ hǎochī[这个菜～好吃]この料理はとてもおいしい.❷特に.わざわざ.¶lǎoshī ràng wǒ liúxialai, ～ gěi wǒ bǔkè[老师让我留下来，～给我补课]先生は私を残して,特別に補講をしてくれた.

tèbié shì 特别是[副]特に.とりわけ.¶wǒ bútài ài chī ròu,～ yángròu[我不太爱吃肉，～羊肉]私は肉があまり好きではなく,とりわけ羊肉はだめだ.

tèbié xíngzhèngqū 特别行政区[名]特別行政区.¶Xiānggǎng xiànzài shǔyú ～[香港现在属于～]香港は現在特別行政区に属している.

tèchǎn 特产[名]特産.¶dāngdì de ～[当地的～]その土地の特産.

*__tècǐ 特此__[副](公文書などで)特にここに.¶"míngtiān xiàwǔ de huìyì zài sān diǎn jìnxíng" ～ tōngzhī["明天下午的会议在三点进行"～通知]「明日の午後の会議は3時開始」右ここに通知する／～ gōnggào[～公告]特にここに公告する.

tèdì 特地[副]わざわざ.特にある事柄のために.¶tā ～ lái jiē wǒmen[她～来接我们]彼女はわざわざ私たちを迎えに来てくれた.

> ◆「特に,わざわざ」
> ►「特に,わざわざ」の意を表すには"特地"tèdìや"特意"tèyìを用いる.日本人の習慣として,相手に何かをしてあげた時,普通は面と向かって「わざわざ…した(してあげた)」という表現はとらない.むしろ,相手の心理的負担を減らそうと,「ついでに…した」と言うことが多い.相手への心を込めたプレゼントを「つまらないもの」,「粗品」と称する心理に通ずるものがある.しかし,中国人の場合は,そのまま「わざわざ…してあげた」と表現する.¶这是特地为你买的zhè shì tèdì wèi nǐ mǎi de(これはわざわざあなたのために買ったのです)／我今天特意来看你的wǒ jīntiān tèyì lái kàn nǐ de(今日はわざわざあなたに会いにきたのです)

*__tèdiǎn 特点__[名]特徴.特色.¶zhèige zuòpǐn de ～[这个作品的～]この作品の特色／Zhōngwén de yǔfǎ yǒu shénme ～?[中文的语法有什么～?]

中国語の文法にはどのような特徴がありますか.

tèdìng 特定[形]❶特に指定されている.¶～ de rénxuǎn[～的人选]特に指定された候補者.❷ある特定の.¶～ de fāngfǎ[～的方法]ある特定の方法／～ de shíqī[～的时期]ある特定の時期.

⁑**téng 疼**[動]❶痛い.痛む.¶tóu～[头～]頭が痛い／wèi ～de chībuxia fàn[胃～得吃不下饭]胃が痛くてご飯が食べられない.❷かわいがる.¶～ sūnzi[～孙子]孫をかわいがる／zhè háizi zhēn zhāo rén ～[这孩子真招人～]この子は目に入れても痛くない.

téng 腾[動]❶勢いよく走る.舞い上がる.¶huān～[欢～]喜んで躍り上がる.はしゃぐ／wàn mǎ bēn ～[万马奔～]勢いよく猛烈に前進する様子.❷(空中に)昇る.¶shēng～[升～]上昇する／rèqì ～～[热气～～]湯気が立ち上る.❸空ける.空にする.¶wǒ ～chu kòng lai yídìng qù kàn nǐ[我～出空来一定去看你]時間が空いたら必ずあなたに会いに行きます.

téngtòng 疼痛[形]痛い.痛む.¶wǒ de tuǐ yí dào dōngtiān jiù kāishǐ ～[我的腿一到冬天就开始～]私の足は冬になると痛み始める／shāngkǒu yǒudiǎnr ～[伤口有点儿～]傷口が少し痛む.

tèqū 特区[名]経済特区."经济特区" jīngjì tèqūの略.

tèquán 特权[名]特権.¶lìyòng ～[利用～]特権を利用する.

tèsè 特色[名]特色.特徴.¶zhèi zhāng zhàopiàn hěn yǒu mínzú ～[这张照片很有民族～]この写真には民族の特色がとてもよく現れている／gèrén de ～[个人的～]個人の個性.

***tèshū 特殊**[形]特殊である.↔ yībān 一般 ¶～ jiàoyù[～教育]特殊教育／qíngkuàng hěn ～[情况很～]事情が特別である.

†**tè・wu 特务**[名]❶(軍の)特殊任務.¶～yuán[～员]特殊人員.❷スパイ.¶dírén pàilai de ～[敌人派来的～]敵が送り込んだスパイ／～ zǔzhī[～组织]スパイ組織.

tèxìng 特性[名]特性.特質.¶zhǎngwò wùzhì de ～[掌握物质的～]物質の特性を把握する.

tèyì 特意[副]特に.わざわざ.¶zhè shì wǒ ～ wèi nǐ zhǔnbèi de[这是我～为你准备的]これは私が特にあなたのために準備したものです.

†**tèzhēng 特征**[名]特徴.¶tā de liǎn yǒu shénme ～?[她的脸有什么～?]彼女の顔にはどんな特徴がありますか／zhèige zuòpǐn de zuì dà ～ shì shénme?[这个作品的最大～是什么?]この作品の最大の特徴は何ですか.

⁑**tī 踢**[動]ける.¶～qiú[～球]ボールをける／búyào yòng jiǎo ～ zhuō yǐ[不要用脚～桌椅]足で机や椅子をけってはいけない.

⁑**tí 提**[動]❶手に提げる.¶～ shūbāo[～书包]かばんを手に提げる／～ zhúlán[～竹篮]竹かごを手に提げる.❷引き上げる.¶～ gōngzī[～工资]給料を引き上げる／bèi ～shēng wéi kēzhǎng[被～升为科长]課長に抜擢(ばってき)される.❸(時間・期限を)繰り上げる.¶～qián shí fēnzhōng[～前十分钟]10分繰り上げる.❹提起する.指摘する.¶tāmen chángcháng xiàng wǒ ～ hěn duō wèntí[他们常常向我～很多问题]彼らはしばしば私にたくさんの問題を出してくる.❺話題にする.¶shàng cì gēn nǐ ～guo de shì, zěnmeyàng le?[上次跟你～过的事，怎么样了?]前回あなたに言った件はどうなりましたか／～ yǐqián de shì[～以前的事]昔のことを話題にする.➡ 見る類 p.523

tí 提❶

***tí 题**[名]〔dào 道〕題目.問題.テーマ.¶lǎoshī chūle sān dào ～[老师出了三

道～]先生は3つ問題を出した.[動]書き付ける.¶～shī[～诗]詩を書き付ける.

tí 蹄[名]ひづめ.¶mǎ～[马～]馬のひづめ/zhū～[猪～]豚足.

tǐ 体[名]❶身体.¶shàng～[上～]上半身/xià～[下～]下半身.❷物体.¶yè～[液～]液体/zhěng～[整～]全体.❸(文字・文章の)形式.スタイル.¶zì～[字～]字体/sǎnwén～[散文～]散文体.

tì 剃[動](ひげや髪の毛を)そる.¶nǐ gāi ～tóu le[你该～头了]君は散髪しなくてはいけない.

***tì 替**[動]代わる.¶Xiǎo-Wáng méi lái,Xiǎo-Zhāng ～ yíxià[小王没来,小张～一下]王君が来ないので,張君が代わってくれ.[前]…のために.¶wǒmen ～ nǐ kāi huānyínghuì[我们～你开欢迎会]私たちは君のために歓迎会を開こう.

☆tiān 天[名]❶空.¶～shang bùmǎnle xīngxing[～上布满了星星]空には星がいっぱいだ.❷日.昼間.¶tā měi～shàngbān[他每～上班]彼は毎日出勤する.❸時間.¶～ hái zǎo ne[～还早呢]まだ早いよ.❹気候.¶～ liáng le[～凉了]涼しくなった.❺天気.¶hǎo～[好～]好天.❻神.¶～dì[～帝]天の神様.

> [類義語] tiān 天 rì 日 hào 号
> ►"天"は一昼夜24時間をさす.¶今天 jīntiān(今日)/第二天 dì èr tiān(2日目)►昼間のみをさすこともある.¶三天三夜 sān tiān sān yè(三日三晩)►"日"・"号"は1ヵ月の中のある1日をさす."号"は話し言葉のみ,"日"は話し言葉,書き言葉いずれにも使われる.¶五月一号是国际劳动节 wǔyuè yī hào shì Guójì láodòngjié(5月1日はメーデーだ)►"日"は"天"のように一昼夜を表すこともある."日"の方があらたまった言い方で,この場合は"号"に置き換えられない.¶三{天/日}内有效 sān {tiān/rì} nèi yǒuxiào(3日間有効)

***tiān 添**[動]つけ加える.増やす.加える.¶tiān liáng le,duō ～ jiàn yīfu[天凉了,多～件衣服]涼しくなってきたから洋服をもう1枚着なさい/xīn ～ le sānshí tái jīqì[新～了三十台机器]機械を30台増やした.

***tián 田**[名]〔kuài 块〕田.畑.¶gēng～[耕～]畑を耕す.

***tián 甜**[形]❶甘い.↔ kǔ 苦¶tā nálai de shuǐguǒ zhēn ～[他拿来的水果真～]彼が持ってきた果物は本当に甘い.❷心地よい様子のたとえ.¶xiān ～～ de shuì yí jiào[先甜甜地睡一觉]まずぐっすり一眠りしましょう.

***tián 填**[動]❶埋める.¶bǎ kēng ～píng[把坑～平]穴を埋めて平らにする.❷(書類に)書き入れる.¶～kòng[～空]空欄を埋める.➡[見る類] p.576

tí'àn 提案[名]提案.¶wǒmen yǒu yí ge xīn ～[我们有一个新～]私たちに新たな提案がある/tā de ～ bèi dàjiā fǒujué le[他的～被大家否决了]彼の提案は皆に否決された.

tiánbǔ 填补[動]補う.補充する.¶yóu shéi lái ～ zhèige kòng'é?[由谁来～这个空额?]誰がこの欠員を補うのか/～ kòngbái[～空白]空白を埋める.

†tiāncái 天才[名]❶素晴らしい才能.¶tā yǒu chuàngzuò ～[他有创作～]彼には創作の才能がある.❷素晴らしい才能の持ち主.天才.¶～ shàonǚ[～少女]天才少女.

tiān cháng dì jiǔ 天长地久[成]いつまでも変わらないこと.¶xīwàng wǒmen de yǒuyì ～[希望我们的友谊～]私たちの友情がずっと続きますように.

tiāndì 天地[名]天地.

tiān～dì～ 天～地～[呼]規模が大きいことや程度が高いことを表す(誇張の意味を含む).近い意味を表す単音節の名詞・動詞・形容詞を前後に置く.¶gǎigé kāifàng yǐlái,wǒmen de zǔguó fāshēngle tiān fān dì fù de biànhuà[改革开放以来,我们的祖国发生了天翻地覆的变化]改革開放以来,我々の祖国には天地がひっくり返るような変化が起こった/qī bā

T

miǎo hòu,yì shēng tiān bēng dì liè bān de jù xiǎng,bǎ wǒ zhènde yūn tóu zhuàn xiàng[七八秒后，一声天崩地裂般的巨响，把我震得晕头转向]7,8秒後,天地が崩れるかと思うほどの大音響がし,私は頭がくらくらして方向が分からなくなった.

†**tiándì 田地**[名]❶田畑.❷段階.程度.状態.¶shìqing hái méi dào zhèi bù ～[事情还没到这步～]事態はまだそんな状態に至っていない.

tiánjiān 田间[名]田畑.¶～ guǎnlǐ[～管理]野良仕事.

tiánjìng 田径[名]陸上競技.¶～ yùndòng[～运动]陸上競技.

†**tiānkōng 天空**[名]空.¶qínglǎng de ～[晴朗的～]晴れわたった空.

⁑**tiānqì 天气**[名]天気.気候.¶jīntiān ～ zhēn hǎo[今天～真好]今日は実にいい天気だ／～ zhújiàn nuǎnhuo le[～逐渐暖和了]気候がだんだん暖かくなってきた.

類義語 tiānqì 天气　qìhòu 气候　qìxiàng 气象

►"天气"は一定の区域で短期間内に発生する各種の気候変化.¶今天天气很暖和 jīntiān tiānqì hěn nuǎnhuo(今日は暖かい)►"气候"は一定の区域における長期の概括的気候変化をさす.¶海洋性气候 hǎiyángxìng qìhòu(海洋性気候)►比喩として動向や情勢をさすこともある.¶政治气候 zhèngzhì qìhòu(政治動向)►"气象"は天候及び風向き・地震・津波などの自然現象をさす.多く科学用語に用いる.¶气象预报 qìxiàng yùbào(気象予報)

†**tiānrán 天然**[形]天然の.自然の.¶zhèi kuài bǎoshí shì ～ de[这块宝石是～的]この宝石は天然のものだ.

†**tiānránqì 天然气**[名]〔化〕天然ガス.

tiānsè 天色[名]空の色.天候.時間.¶kàn ～ jīntiān yào xià dàyǔ le[看～今天要下大雨了]この空模様だと今日は大雨になるだろう／～ bù zǎo le,nǐ gāi qǐchéng le[～不早了，你该起程了]もう遅いので君はそろそろ旅立たなくてはならない.

†**tiānshàng 天上**[名]空.天上.¶～ guàzhe yì tiáo cǎihóng[～挂着一条彩虹]空に虹がかかっている.

tiānshēng 天生[形]生まれつきである.¶tā de cáinéng shì ～ de[他的才能是～的]彼の才能は生まれつきだ.

tiāntáng 天堂[名]❶〔宗〕天国.❷〈喩〉極楽.パラダイス.¶shàng yǒu ～, xià yǒu Sū Háng[上有～，下有苏杭]天に極楽あり,地には蘇州と杭州がある.(蘇州と杭州の美をたたえることば)

†**tiānwén 天文**[名]天文.天文学.

†**tiānxià 天下**[名]❶世の中.世界.中国.¶～ tàipíng[～太平]天下太平／wǒmen de péngyou biàn ～[我们的朋友遍～]私たちの友人は世界にあまねく存在する.❷天下.国の統治権.¶xiànzài shì shéi de ～?[现在是谁的～?]今は誰の天下なのか.

tiānxiàn 天线[名]アンテナ.

tiánxiě 填写[動](書類に)書き込む.¶qǐng ～ xìngmíng、zhùzhǐ[请～姓名、住址]お名前と住所を書き込んでください.

tián yán mì yǔ 甜言蜜语成甘言.蜜のように甘い言葉.¶nǐ jiù bú huì shuō diǎnr ～ ma?[你就不会说点儿～吗?]君は甘い言葉を口にすることができないの.

*__tiányě 田野__[名]田畑や野原.

*__tiānzhēn 天真__[形]❶無邪気である.¶～ kě'ài shì háizi de běnxìng[～可爱是孩子的本性]無邪気でかわいいのは子供の本性である.❷〈貶〉(考え方が)単純である.¶nǐ búyào xiǎngde tài ～[你不要想得太～]甘く考えるな.

†**Tiānzhǔjiào 天主教**[名]〔宗〕カトリック教.

*__tiāo 挑__[動]❶(天秤棒で)担ぐ.¶～ shuǐ[～水](天秤棒で)水を担ぐ.❷いくつかの中から選ぶ.¶nǐ ～ yí jiàn zuì piàoliang de ba[你～一件最漂亮的吧]一番きれいなのを選びなさい.❸(欠点を)指摘する.¶～ máobìng[～毛病]間違いを指摘する.→tiǎo

➡ 類義語 xuǎn 选

☆**tiáo 条**［名］（～儿）細くて長いもの. ¶ liúle yí ge ～r［留了一个～儿］メモを1枚残した.［量］細くて長いもの,しなるものを数える. ¶ yì ～ xiàngliàn［一～项链］1本のネックレス／yì ～ hé［一～河］1本の川. ➡ 類義語 dào 道

tiǎo 挑［動］❶（竿などで）物を高く上げる. ¶ bǎ zhúlián ～qilai［把竹帘～起来］竹すだれを竿で高く上げる. ❷（細長いもので）ほじくる. ¶ bǎ huǒ ～ yíxià［把火～一下］かまどの火をちょっとかきたててください. ❸けしかける.挑発する. ¶ nǐ bié zài zhèr ～ shìfēi［你别在这儿～是非］ここで騒ぎを起こさせるな. →tiāo

☆**tiào 跳**［動］❶跳ぶ.跳びはねる. ¶ tā gāoxìngde ～leqilai［他高兴得～了起来］彼は跳び上がって喜んだ. ❷弾む. ¶ xīn píqiú ～de gāo［新皮球～得高］新しいボールは高く弾む. ❸（心臓が）どきどきする. ¶ wǒ xīn ～de lìhai［我心～得厉害］私は心臓がとてもどきどきしている.

tiǎobō 挑拨［動］そそのかす.けしかける. ¶ tāmen guānxi bù hǎo dōu shì yīnwèi nǐ cóngzhōng ～［他们关系不好都是因为你从中～］彼らの仲が悪いのは君が間に入ってけしかけたからだ.

†**tiàodòng 跳动**［動］脈打つ. ¶ wǒ de xīn zài jīliè de ～［我的心在激烈地～］心臓が激しく脈打っている.

tiàogāo 跳高［名］（～儿）走り高跳び.

tiáo•hé 调和［形］調和がとれている. ¶ sèdiào hěn ～［色调很～］色彩の調和がとれている.［動］❶調停する. ¶ nǐ qù gěi tāmen ～～［你去给他们～～］君が彼らのために調停に行きなさい. ❷妥協する.譲歩する. ¶ zài zhèige wèntí shang méiyou ～ de yúdì［在这个问题上没有～的余地］この件には妥協の余地はない.

tiáo∥jì 调剂［動］（薬を）調合する. ¶ ～ zhōngyào［～中药］漢方薬を調合する.

tiáojì 调剂［動］（多と少,忙と閑,有と無などを）調整する.つり合いをとる. ¶ tīng yīnyuè kěyǐ ～ yíxià jīngshén

目で見る類義語 tiāo shuǐ 挑水 tí shuǐ 提水 tái shuǐ 抬水 dǎ shuǐ 打水

►“挑水” tiāo shuǐは天秤棒でかつぐ.体の前後にバケツや水桶がくる.農村などで川まで水を汲みに行き,それを天秤棒でかついで運ぶ,こういうのが典型的な“挑水”である. ►“提水” tí shuǐ は手で提げて持つ.バケツなどを提げて持つ格好である. ►“抬水” tái shuǐは2人で力をあわせて水を運ぶ姿.“一个和尚挑水吃，两个和尚抬水吃，三个和尚没水吃” yí ge héshang tiāo shuǐ chī,liǎng ge héshang tái shuǐ chī,sān ge héshang méi shuǐ chīという童話が有名だ.「お坊さん1人だと,自分で天秤棒で水を運ぶ.2人のお坊さんは協力して水を運ぶが,3人のお坊さんだと互いに相手を頼りにしてしまい,誰も水汲みに行かないから,飲み水がなくなる」という話である. ►“打水” dǎ shuǐは広く「水やお湯を取りに行く」ことを表す.会社とか大学,機関などで,朝一番,ポットを手に給湯室へお湯をもらいに行く.これを“打水去” dǎ shuǐ qùという.誰がお湯を入れに行くか決まっていることも多いという. ¶ 我是新来的，每天都得我去打水 wǒ shì xīn lái de,měi tiān dōu děi wǒ qù dǎ shuǐ（私は新米なので,毎日お湯を取りに行かなければならない）

[听音乐可以～一下精神]音楽を聴くと気分転換になる.

⁑**tiáojiàn 条件**[名]条件.¶zhè duì tā shì hěn búlì de ～[这对他是很不利的～]これは彼にとって不利な条件である／tā shēntǐ ～ hěn hǎo[他身体～很好]彼は肉体的に恵まれている.

†**tiáojié 调节**[動]調節する.調整する.¶～ shìnèi de wēndù[～室内的温度]室内の温度を調節する.

tiáojiě 调解[動]調停する.仲裁する.¶tāmen de máodùn yǐ wúfǎ ～ le[他们的矛盾已无法～了]彼らの対立はすでに仲裁の余地がなくなった.

tiáokuǎn 条款[名](文書などの)条項.¶fǎlǜ ～ shang yǒu míngquè guīdìng[法律～上有明确规定]法律の条項にはっきりとした規定がある／tíngzhàn ～[停战～]停戦条項.

tiáolǐ 条理[名]秩序.筋道.¶shēnghuóde hěn yǒu ～[生活得很有～]規則正しい生活をする／shuōhuà ～ qīngchu[说话～清楚]話の筋がわかりやすい.

†**tiáolì 条例**[名]条例.

†**tiáopí 调皮**[形]❶腕白である.いたずらである.¶zhè háizi tài ～ le[这孩子太～了]この子はとても腕白だ.❷言うことを聞かない.手に負えない.¶zhèi tiáo gǒu hěn ～,bù tīnghuà[这条狗很～，不听话]このイヌは言うことを聞かず手に負えない.

tiáotiáo kuàngkuàng 条条框框㊞〈貶〉いろいろな規定や制限.¶～ de shùfù yǐngxiǎngle dàjiā de jījíxìng[～的束缚影响了大家的积极性]いろいろな規定や制限の束縛が皆の積極性を損なった.

tiáowén 条文[名]条文.

⁑**tiào//wǔ 跳舞**[動]踊る.ダンスをする.¶wǒmen lái tiào ge wǔ ba[我们来跳个舞吧]ひと踊りしましょう／tiàobuliǎo wǔ[跳不了舞]ダンスはできません.

tiǎoxìn 挑衅[動]挑発する.けんかをしかける.¶nǐ gǎn xiàng wǒ ～?[你敢向我～?]私にけんかを売ろうっていうのか.

tiāoxuǎn 挑选[動]選ぶ.¶dōngxi hěn fēngfù,rèn nín zìyóu ～[东西很丰富，任您自由～]品物が豊富なので,自由に選びなさい／～chu wǔ míng dàibiǎo[～出五名代表]5名の代表を選出する.

tiàoyuǎn 跳远[名](～儿)走り幅跳び.

*__tiáoyuē 条约__[名]条約.¶qiāndìng ～[签订～]条約を締結する.

tiàoyuè 跳跃[動]跳躍する.¶～ yùndòng[～运动]跳躍運動.

tiǎo//zhàn 挑战[動]戦いを挑む.挑戦する.¶wǒ jiēshòu nǐ de ～[我接受你的～]君の挑戦を受けて立とう.

*__tiáozhěng 调整__[動]調整する.¶duì rìchéng jìnxíng ～[对日程进行～]スケジュールに調整を加える.

tiáo·zi 条子[名]❶細長いもの.¶bù ～[布～]細長い布の切れ端.❷メモ.書きつけ.¶～ shang xiě de shénme?[～上写的什么?]メモになんて書いてあるの.

tí·bá 提拔[動]抜擢する.¶～ niánqīngrén[～年轻人]若い人を抜擢する／xīn ～shanglai de júzhǎng[新～上来的局长]新しく抜擢された局長.

†**tíbāo 提包**[名]〔zhī 只〕手提げかばん.ハンドバッグ.¶ná ～[拿～]ハンドバッグを持つ.

†**tícái 题材**[名]題材.¶zhèige xiǎoshuō de ～ hěn hǎo[这个小说的～很好]この小説の題材はとても良い.

†**tǐcāo 体操**[名]体操.¶zuò ～[做～]体操をする／guǎngbō ～[广播～]ラジオ体操.

*__tíchàng 提倡__[動]推奨する.呼びかける.¶～ wǎnhūn[～晚婚]晩婚を推奨する／～ jièyān[～戒烟]禁煙を呼びかける.

*__tí//·chū 提出__[動](意見・問題などを)提出する.申し出る.¶xiàng yǒuguān bùmén ～ shēnqǐng[向有关部门～申请]関係部門に申請する／～ fāng'àn[～方案]案を提出する.

tìdài 替代[動]代える.代わる.¶zìjǐ de shì zìjǐ zuò,búyào ràng biéren ～[自己的事自己做，不要让别人～]自分のことは自分でしなさい,人に代わってもらってはいけない／wú kě ～

［无可～］かけがえがない.

★tiē 贴［動］貼る.貼りつける.¶bǎ yóupiào ～hǎo［把邮票～好］切手をきちんと貼る.

★tiě 铁［名］鉄.［形］確固たる.揺るぎない.¶～ de shìshí［～的事实］揺るぎない事実.

tiědào 铁道［名］〔tiáo 条〕鉄道.

tiěfànwǎn 铁饭碗［名］鉄の茶碗.〈喩〉食いはぐれのない職業.親方日の丸.¶jiàoshī zhèige hángyè shì ～［教师这个行业是～］教師という職業は食いっぱぐれがない.

★tiělù 铁路［名］〔tiáo 条〕鉄道.¶～ chángcháng de xiàng qián yánshēn［～长长地向前延伸］鉄道が前方に延々と続いている／～ zhígōng［～职工］鉄道員.

†tígāng 提纲［名］(文章・発言などの)要点.大綱.¶fāyán ～［发言～］発言の要旨.

☆tí∥gāo 提高［動］(位置・水準・程度などを)高める.向上させる.¶～ Zhōngwén shuǐpíng［～中文水平］中国語のレベルを高める／～ jǐngtì［～警惕］警戒心を強める.

★tígōng 提供［動］(意見・資料・物資などを)提供する.供給する.¶～ shípǐn［～食品］食料を提供する／～ zījīn［～资金］資金を供給する／～ tiáojiàn［～条件］条件を与える.

tì·huàn 替换［動］(仕事や洋服,使用しているものを)新しいものと取り替える.¶nǐ gāi qù ～ yíxià Xiǎo-Wáng le［你该去～一下小王了］あなたは王君とちょっと交代すべきだ／duō dài jǐ jiàn ～ de yīfu［多带几件～的衣服］着替えを少し多めに持っていく.

★tǐhuì 体会［動］体得する.会得する.¶～ tā de xīnqíng［～他的心情］彼の気持ちを理解する.

★tǐjī 体积［名］体積.

tíjiāo 提交［動］(議案などを)提出する.¶～ lùnwén［～论文］論文を提出する／～ zhèngjù［～证据］証拠を提出する.注 中国語の“提出”tíchūは,“提出意见”tíchū yìjiànのように意見・問題を出すことをいう.具体的な物を提出するという意味では,“提供”tígōng,“提交”を用いる.

†tǐlì 体力［名］体力.¶zēngqiáng ～［增强～］体力をつける／～ láodòng［～劳动］肉体労働.

tíliàn 提炼［動］精練する.抽出する.¶～ méijiāoyóu［～煤焦油］コールタールを抽出する.

tǐ·liàng 体谅［動］相手を思いやる.同情する.¶péngyou zhī jiān gāi hùxiāng ～［朋友之间该互相～］友達同士お互いを思いやることが必要だ／nǐ de fánnǎo,wǒ néng ～［你的烦恼,我能～］あなたの悩みはよく分かります.

†tǐ·miàn 体面［名］体面.面目.¶yǒu shī ～［有失～］体面をなくす.［形］❶光栄である.名誉である.¶kǎoshì jígé shì hěn ～ de shì［考试及格是很～的事］試験に合格するのはとても名誉なことだ.❷顔や姿が美しい.¶tā zhǎngde shífēn ～［她长得十分～］彼女は非常に見目うるわしい.

tí∥míng 提名［動］名前を挙げる.指名する.ノミネートする.¶bèi ～ de hòuxuǎnrén［被～的候选人］指名された候補者.

★tímù 题目［名］❶題目.¶wénzhāng de ～［文章的～］文章の題目.❷問題.¶kǎoshì de ～［考试的～］試験の問題.

†tīng 厅*［名］❶広間.ホール.¶wǔ～［舞～］ダンスホール.❷(公官庁の)部局.¶jiàoyù～［教育～］教育庁.

☆tīng 听［動］❶聞く.¶wǒ zài ～ yīnyuè［我在～音乐］私は音楽を聞いているところだ.❷聞き入れる.¶wǒ yě quànguo tā,tā piān bù ～［我也劝过他，他偏不～］私も彼に忠告したことがあるが,彼は意地を張って聞き入れようとしなかった.

類義語 tīng 听　tīngjiàn 听见　tīngdào 听到

►“听”は意識して聞く.¶听广播 tīng guǎngbō(ラジオを聞く)►“听见”は聞こうとする意思に関わらず,音や声が耳に入ること.¶我听了半天，什么也没听见 wǒ tīngle bàntiān, shénme yě méi tīngjian(私はしばらく耳をすましていたが,何も聞こえなかった）►“听到”は音や声が耳に届くこと.ニュースやうわさをキャッチするという時には“听到”しか使えない.¶这个消息你听到了没有? zhèige xiāoxi nǐ tīngdao le méiyou?（この知らせをあなたは聞きましたか）

☆**tíng 停**［動］❶やむ.停止する.¶xuě ～ le［雪～了］雪がやんだ.❷滞在する.¶wǒ zài Shànghǎi ～le sān zhōu［我在上海～了三周］私は上海に3週間滞在した.❸（車両などを）短時間止める.¶～chē［～车］車を止める.

tíngchēchǎng“停车场”（駐輪場）

†**tǐng 挺**［動］❶ぴんとまっすぐに伸ばす.¶nǐ yào ～ xiōng, táitóu, wǎng qián kàn［你要～胸，抬头，往前看］胸を張り,頭を上げて前を見なさい.❷頑張る.無理して…する.¶tā yǒu bìng hái yìng～zhe shàngbān［他有病还硬～着上班］彼は病気になっても無理して仕事に出ている.［副］〈口〉大変.とても.¶zhèige gūniang ～ piàoliang［这个姑娘～漂亮］この娘は大変美しい.➡ 類義語 hěn 很

tǐng 挺［量］機関銃を数える.¶yì ～ jīguānqiāng［一～机关枪］1丁の機関銃.

tǐng 艇［名］舟.小船.¶yóu～［游～］遊覧船.

tǐngbá 挺拔［形］まっすぐに伸びている.¶～ de báiyángshù［～的白杨树］まっすぐ伸びているポプラ.

tíngbó 停泊［動］停泊する.¶mǎtou shang ～le xǔduō chuánzhī［码头上～了许多船只］船着き場にはたくさんの船が停泊している.

tíngdùn 停顿［動］停頓（ていとん）する.中断する.¶zhènzāi zàochéngle shēngchǎn ～［震灾造成了生产～］震災は生産をストップさせた／shuōhuà shí, yǒu ～ cái hǎo［说话时，有～才

●百科知識●　題名はどう訳されているか

※翻訳タイトルは1つであるとは限らない.ここでは代表例を示す.

■小説

ああ無情	悲惨世界	Bēicǎn shìjiè
伊豆の踊り子	伊豆的舞女	Yīdòu de wǔnǚ
吾輩は猫である	我是猫	Wǒ shì māo
風立ちぬ	起风了	Qǐ fēng le
風とともに去りぬ	乱世佳人	Luànshì jiārén
ガリバー旅行記	格列佛游记	Gélièfó yóujì
ジキル博士とハイド氏	化身博士, 杰克尔和哈第	Huàshēn bóshì, Jiékè'ér hé Hādì
ロミオとジュリエット	罗米欧与朱丽叶	Luómǐ'ōu yǔ Zhūlìyè

■童話

白雪姫	白雪公主	Báixuě gōngzhǔ
シンデレラ	灰姑娘	Huīgūniang
赤頭巾	小红帽	Xiǎo hóngmào
不思議の国のアリス	爱丽丝梦游记	Àilìsī mèngyóujì
醜いアヒルの子	丑小鸭	Chǒu xiǎoyā
イソップ物語	伊索寓言	Yīsuǒ yùyán

好]話をする時は間をとった方がよい.

tīng//huà 听话[動]言うことを聞く.聞き分けがある.¶～,bié zài kū le![～,别再哭了!]言うことを聞きなさい,もう泣くんじゃない.

⁑**tīng//·jiàn 听见**[動]聞こえる.耳に入る.¶shēngyīn tài xiǎo,tīngbujiàn[声音太小，听不见]声が小さくて聞こえない.➡[類義語] tīng 听

*__tīng//jiǎng 听讲__[動]講演などを聴く.¶xuésheng yào rènzhēn ～[学生要认真～]学生はまじめに講義を聴かなくてはならない.

tǐnglì 挺立[動]直立する.まっすぐに立つ.¶jǐ kē lǎo sōngshù ～zai shānpō shang[几棵老松树～在山坡上]何本かのマツの木が山の斜面にまっすぐ立っている.

†**tíngliú 停留**[動]とどまる.滞在する.¶dàibiǎotuán zhǐ zài Běijīng ～ yì zhōu[代表团只在北京～一周]代表団は北京にわずか1週間しか滞在しない／kējì shuǐpíng ～zai xiànyǒu de shuǐpíng[科技水平～在现有的水平]科学技術のレベルは現状維持のままだ.

tīngqǔ 听取[動]聴取する.意見を聞く.¶～ qúnzhòng de yìjiàn[～群众的意见]民衆の意見を聞く.

⁑**tīng//shuō 听说**[動]話を聞いている.聞くところによれば…だそうだ.¶～ Zhōngwén yǔfǎ bù nán[～中文语法不难]中国語の文法は難しくないそうだ／nǐ ～guo zhèi jiàn shì ma?[你～过这件事吗?]あなたはこの事を聞いたことがありますか.

tíng tíng yù lì 亭亭玉立[成]ほっそりとして美しいこと.木などがすっと伸びて美しいこと.¶jǐ nián bújiàn,tā yǐjing chéngle yí ge ～ de dàgūniang le[几年不见，她已经成了一个～的大姑娘了]数年会わないうちに,彼女はすらりとした美しい娘に成長していた.

⁑**tīngxiě 听写**[動]書き取りをする.¶kǎoshìtí zhōng méiyou ～[考试题中没有～]試験問題の中には書き取りはない.

*__tíngzhǐ 停止__[動]停止する.やめる.¶bàofēngyǔ zhōngyú ～ le[暴风雨终于～了]嵐はついに収まった.

tíngzhì 停滞[動]停滞する.滞る.¶qǐ-

■映画

ローマの休日	罗马假日	Luómǎ jiàrì
七人の侍	七武士	Qī wǔshì
太陽がいっぱい	阳光普照	Yángguāng pǔzhào
スターウォーズ	星球大战	Xīngqiú dàzhàn
シックスセンス	第六感	Dìliùgǎn
タイタニック	泰坦尼克号	Tàitǎnníkè hào
フォレストガンプ	阿甘正传	Ā-Gān zhèngzhuàn

■中国で人気を博した日本のテレビドラマ

赤い疑惑	血疑	Xuèyí
おしん	阿信	Ā-xìn
東京ラブストーリー	东京爱情故事	Dōngjīng àiqíng gùshi
一つ屋根の下	同一屋檐之下	Tóngyī wūyán zhī xià
星の金貨	星之金币	Xīng zhī jīnbì

■日本の漫画

鉄腕アトム	铁臂阿童木	Tiěbì Ātóngmù
ドラえもん	机器猫，哆啦A梦	Jīqìmāo, DuōlāAmèng
ドラゴンボール	龙珠	Lóngzhū
ちびまるこちゃん	樱桃小丸子	Yīngtáo Xiǎowánzǐ
ポケットモンスター	宠物小精灵	Chǒngwù xiǎo jīnglíng

yè fāzhǎn ～ bù qián[企业发展～不前]企業の発展が足踏み状態だ.

tīngzhòng 听众[名](講演やラジオなどの)聴衆.¶xièxie gèwèi ～[谢谢各位～]ご清聴ありがとうございました.

†**tíng·zi 亭子**[名]あずまや.

***tíqián 提前**[動](予定・時間を)繰り上げる.早める.¶～ zuò zhǔnbèi[～做准备]予定より早く準備する／kāi huì de shíjiān ～ le[开会的时间～了]会議の時間が早まった.

tíqǔ 提取[動]❶(預けていたものを)引き出す.受け取る.¶～ cúnkuǎn[～存款]預金を引き出す／～ xíngli[～行李]荷物を受け取る.❷抽出する.¶cóng kuàngshí zhōng ～ jīnshǔ wùzhì[从矿石中～金属物质]鉱石の中から金属物質を抽出する.

tíshēng 提升[動]昇進させる.¶tā bèi ～wéi fùchùzhǎng le[他被～为副处长了]彼は副部長に抜擢された.

tíshì 提示[動]思い付かせる.注意を与える.¶wǒ yàoshi wàngle táicí,qǐng nǐ ～ yíxià[我要是忘了台词，请你～一下]私が台詞(せりふ)を忘れたら,教えてください.

tǐtiē 体贴[動]思いやる.¶tā hěn ～rén[她很～人]彼女はとても思いやりがある.

†**tíwèn 提问**[動](教師が学生に)問題を出す.質問する.¶huídá lǎoshī de ～[回答老师的～]先生の質問に答える／～ shí yào xiān jǔshǒu[～时要先举手]質問をする時にはまず挙手しなければいけない.

†**tǐwēn 体温**[名]体温.¶liáng ～[量～]体温をはかる／～ shēnggāo[～升高]体温が上がる.

***tǐxì 体系**[名]システム.体系.¶xíngchéngle yí ge wánzhěng de ～[形成了一个完整的～]1つの完璧なシステムを作り上げた／jiàoyù ～[教育～]教育システム／lǐlùn ～[理论～]理論体系.

†**tǐxiàn 体现**[動]体現する.¶zhè shì àiguó jīngshén de jùtǐ ～[这是爱国精神的具体～]これは愛国心の具体的な現れだ.

tí xīn diào dǎn 提心吊胆[成]びくびくする.気が落ち着かない様子.¶gāokǎo kuàiyào fābǎng le,tā zhěngtiān ～ de[高考快要发榜了，他整天～的]大学入試の合格発表が間近に迫り,彼は一日中落ち着きがない.

†**tí//xǐng 提醒**[動]注意を促す.指摘する.¶yàoshi nǐ bù ～ wǒ,wǒ kěndìng huì wàng le[要是你不～我，我肯定会忘了]あなたが注意してくれなかったら,私はきっと忘れていただろう.

tǐyàn 体验[動]体験する.¶qīnshēn ～le liúxué shēnghuó de lèqù[亲身～了留学生活的乐趣]留学生活の楽しさを身をもって体験した.

tíyào 提要[名]提要.要点の抜き書き.¶lùnwén ～[论文～]論文要旨／nèiróng ～[内容～]内容の要点.

†**tíyì 提议**[動]提議する.提案する.¶wǒ ～ wèi Zhōng Rì yǒuhǎo gānbēi[我～为中日友好干杯]中日友好のために乾杯したいと思います／dàjiā zàntóngle wǒ de ～[大家赞同了我的～]皆が私の提案に同意した.

☆**tǐyù 体育**[名]スポーツ.体育.¶cùjìn ～ yùndòng de fāzhǎn[促进～运动的发展]スポーツの発展を促す.

[類義語] **tǐyù 体育 yùndòng 运动**
►"体育"は学校などで行われる体育の授業."德育"déyù(道徳教育),"智育"zhìyù(知識教育)と並び身体を強化,育成するための教育.¶体育课 tǐyùkè(体育の授業)►"运动"はスポーツ,運動.¶奥林匹克运动会 Àolínpǐkè yùndònghuì(オリンピック)►"运动"には動詞の用法があるが,"体育"は名詞のみ.¶不运动就容易发胖 bú yùndòng jiù róngyì fāpàng(運動しないと太りやすい)►"运动"は政治,文化,生産などの方面での運動やキャンペーンを表すこともある.¶政治运动 zhèngzhì yùndòng(政治運動)

***tǐyùchǎng 体育场**[名]運動場.

***tǐyùguǎn 体育馆**[名]体育館.

†**tízǎo 提早**[動]〈口〉時間を早める.¶～ dòngshēn[～动身]早めに出発す

る.

tǐzhì 体制[名]体制.¶lǐngdǎo ～ gānggāng xíngchéng[领导～刚刚形成]指導体制が出来上がったばかりだ.

tǐzhì 体质[名]体質.¶yàopǐn fùzuòyòng de dàxiǎo gēn měi ge rén de ～ yǒuguān[药品副作用的大小跟每个人的～有关]薬の副作用の程度は人それぞれの体質と関係がある.

tǐzhòng 体重[名]体重.

⁑**tōng 通**[動]❶通る.通じる.¶diànhuà ～ le[电话～了]電話が通じた.❷通す.¶shuǐguǎn dǔ le,gāi ～ le[水管堵了,该～了]水道管が詰まったので通るようにしなくてはならない.❸通信する.¶hùxiāng ～ ge diànhuà[互相～个电话]互いに電話連絡しよう.❹分かる.¶wǒ ～ Měnggǔyǔ[我～蒙古语]私はモンゴル語に通じている.[形]通じている.¶yǔfǎ bù～[语法不～]文法上通じない.

*__tóng 同__[形]同じである.¶～suì[～岁]同い年／～ gōng ～ chóu[～工～酬]成年齢や性別によらず同じ仕事には同じ報酬を与えること.[動](…と)同じである.¶～shàng[～上]上に同じ.[副]一緒に.ともに.¶～ gānkǔ,gòng huànnàn[～甘苦，共患难]成苦楽を同じくし,艱難(かんなん)をともにする.[前]❶(動作の対象を表す)…と.¶～ dàjiā shāngliang[～大家商量]みんなと相談する.❷(比較の対象を表す)…と.¶wǒ ～ jiějie yíyàng gāo[我～姐姐一样高]私は姉と同じくらいの背丈だ.[接](並列関係を表す)…と.¶nǐ ～ lǎoshī yìqǐ lái ba[你～老师一起来吧]あなたと先生は一緒においでください.➡類義語 gēn 跟

*__tóng 铜__[名]銅.

tǒng 捅[動]❶突く.突き破る.¶bǎ zhǐ ～le ge dà dòng[把纸～了个大洞]紙を破って大きな穴をあけた.❷触る.つつく.¶yòng gēbo ～le tā yíxià[用胳膊～了他一下]ひじで彼をちょっとつついた.❸暴く.¶bié ～chuqu[别～出去]すっぱ抜くな.

tǒng 桶[名]桶.[量]❶バレル.❷桶やバケツ1杯分.¶yì ～ shuǐ[一～水]桶1杯分の水.

tǒng 桶[名]

①ごみ箱 ②ドラム缶 ③バケツ ④ポリタンク

†**tǒng 筒***[名]❶竹の筒.❷太めの筒状の物.¶yóu～[邮～]ポスト／yān～[烟～]煙突.❸(～儿)衣服などの筒状になっている部分.¶xiù～r[袖～儿]袖.

*__tòng 痛__[動]❶痛む.¶tóu～[头～]頭が痛い.❷心を痛める.苦悩する.¶āi～[哀～]哀れみ悲しむ.[副]徹底的に.思いきり.¶～yǐn[～饮]痛飲する／～dǎ[～打]思いきり殴る.

†**tóngbàn 同伴**[名](～儿)相棒.仲間.連れ.

tōngbào 通报[動]通報する.通知する.¶tā de shìjì yǐjing ～ shàngjí le[他的事迹已经～上级了]彼の功績はすでに上層部に通知した.

†**tóngbāo 同胞**[名]❶(父母を同じくする)兄弟姉妹.¶～ jiěmèi[～姐妹]実の姉妹.❷同胞.同じ国,同じ民族の人.¶hǎiwài ～[海外～]海外に居住する同胞.

tóngbù 同步[動]同時に進める.¶lǐlùn xuéxí yǔ shíjiàn huódòng yīng ～ jìnxíng[理论学习与实践活动应～进行]理論学習と実践活動は同時に行うべきである.

†**tōngcháng 通常**[形]通常である.一般的である.¶～ cǎiyòng zhèi zhǒng fāngshì[～采用这种方式]通常はこ

の方式を採用する.

tǒngchóu 统筹[動]統一的に計画する.¶～ ānpái[～安排]統一的に段取りを計画する.

tōngdào 通道[名]〔tiáo 条〕通路.通り道.¶dìxià ～[地下～]地下道.

tóngděng 同等[形]同等である.¶fāyīn hé yǔfǎ ～ zhòngyào[发音和语法～重要]発音と文法は同じように重要である/nánnǚ dìwèi ～[男女地位～]男女の地位は同等である.

T

tōng∥fēng 通风[動]❶風を通す.換気する.¶bǎ chuānghu dǎkāi,tōngtong fēng[把窗户打开，通通风]窓を開けて,風を入れよう.❷(～儿)情報を漏らす.¶jìnzhǐ rènhé rén hé tā ～r[禁止任何人和他～儿]誰であろうと彼に情報を漏らすことを禁じる.

tóng gān gòng kǔ 同甘共苦㊝苦楽を共にする.¶fūfù yīnggāi ～[夫妇应该～]夫婦は苦楽を共にすべきである.

tōnggào 通告[動]通告する.¶zhè shì yào jíshí ～ dàjiā[这事要及时～大家]こういう事は直ちに皆に知らせなければならない.[名]通告.告知.¶xuānchuánlán li tiēzhe liǎng zhāng ～[宣传栏里贴着两张～]宣伝欄には2つの通告が貼ってある.

⁑**tōng∥guò 通过**[動]❶通過する.通り抜ける.¶zhèli dàolù tài zhǎi,dàxíng chē tōngbuguò[这里道路太窄，大型车通不过]ここは道が狭すぎて大型車は通れない.❷(議案などを)採択する.可決する.¶zhèi xiàng juéyì zài huìshang ～ le[这项决议在会上～了]この決議は会議で可決された.

⁑**tōngguò 通过**[前]…を通じて.¶wǒmen ～ Xiǎo-Lǐ rènshile Xiǎo-Zhāng[我们～小李认识了小张]私たちは李さんを通じ張さんと知り合った/～ zuòtánhuì zhēngqiú yìjiàn[～座谈会征求意见]座談会で意見を求める.

tōngháng 通航[動](飛行機や船が)通航する.運行する.¶Zhōng Měi zhī jiān zhèngshì ～[中美之间正式～]中国とアメリカ間は正式に通航している.

tóngháng 同行[動]同業である.同じ職業である.¶wǒ gēn tā ～,dōu cóngshì jiàoyù gōngzuò[我跟他～，都从事教育工作]私と彼は同業で,どちらも教育の仕事に従事している.[名]同業者.¶dàjiā dōu shì ～[大家都是～]皆同業者だ.

tònghèn 痛恨[動]心から憎む.ひどく憤りを感じる.¶～ dírén[～敌人]敵を心から憎む/～ fǔxiǔ xiànxiàng[～腐朽现象]堕落した現象に憤る.

tōnghóng 通红[形]真っ赤である.とても赤い.㊟ある面積全体が赤い場合に用いる.程度副詞"很"hěnで修飾できない.tònghóngと発音されることもある.¶xiūde mǎnliǎn ～[羞得满脸～]恥ずかしさのあまり顔中真っ赤だ.

tōnghuò péngzhàng 通货膨胀[名]〔経〕インフレーション.インフレ.

†**tǒngjì 统计**[名]統計.[動]統計をとる.¶bǎ rénshù ～ yíxià[把人数～一下]人数の統計をとってみる.

*__tòngkǔ 痛苦__[形](精神的・肉体的に)苦しい.苦痛である.¶tīngdao zhèige xiāoxi,wǒ hěn ～[听到这个消息，我很～]この知らせを耳にして私はとてもつらかった.[名]苦痛.¶jīngshén shang de ～[精神上的～]精神的苦痛.

⁑**tòng·kuài 痛快**[形]❶気分がよい.爽快である.嬉しい.痛快である.¶zhèige zǎo xǐde zhēn ～[这个澡洗得真～]ひとふろあびて実にさっぱりした/guòde ～[过得～]痛快に過ごす.❷率直である.さっぱりしている.¶tā ～ de dāyingle wǒmen de qǐngqiú[他～地答应了我们的请求]彼は快く我々の求めに応じた.

tónglèi 同类[動]同類である.¶～ de ànjiàn[～的案件]同類の事件.[名]同類.同じ仲間.¶yuánhóu hé lèirényuán yuán shì ～[猿猴和类人猿原是～]サルと類人猿はもとは同類だ.

†**tóngméng 同盟**[名]同盟.¶～guó[～国]同盟国/jiéchéng ～[结成～]同盟を結ぶ.

tóngnián 同年[名]❶その年.同年.¶～ jiǔyuè jùngōng[～九月竣工]同年9月竣工(しゅんこう).❷〈方〉同い年.

tóngnián 童年[名]幼年時代.子供時代.

tóngqī 同期[名]❶同じ時期.¶jīnnián jiàngshuǐliàng chāoguò qùnián ～[今年降水量超过去年～]今年の降水量は昨年の同じ時期を越えた.❷同期.¶wǒmen liǎ ～ bìyè[我们俩～毕业]私たち2人は同期の卒業だ.

*__tóngqíng 同情__[動]❶同情する.¶duì tā de zāoyù shēn gǎn ～[对他的遭遇深感～]彼の不遇に深く同情する.❷共鳴する.共感する.¶dàjiā dōu hěn ～ bìng zhīchí tā de zuòfǎ[大家都很～并支持他的做法]皆は彼のやり方にとても共鳴しかつ支持している.

tōng//shāng 通商[動](国家や地域間で)貿易する.¶～ kǒu'àn[～口岸]貿易港／yǔ Měiguó ～[与美国～]アメリカと貿易を行う.

⁑**tóngshí 同时**[名]同時.同じ時.¶jiǎnféi de ～ yě yào zhùyì jiànkāng[减肥的～也要注意健康]ダイエットするのと同時に健康にも注意が必要だ.[接]…と同時に.しかも.¶zìxíngchē fēicháng fāngbiàn,～ jiàgé yě piányi[自行车非常方便，～价格也便宜]自転車は便利でしかも安い.

tóng//shì 同事[動]同じ職場で働く.¶wǒmen zài yí ge xuéxiào tóngguo shì[我们在一个学校同过事]私たちは同じ学校で一緒に働いたことがある.

tóngshì 同事[名]同僚.

†**tōngshùn 通顺**[形](文章が論理的,文法的に)矛盾がない.筋が通っている.¶wénzhāng xiěde hěn ～[文章写得很～]文章の筋道が通っている.

tōngsú 通俗[形]通俗的である.大衆的である.¶zhèi běn xiǎoshuō ～ yì dǒng[这本小说～易懂]この小説は大衆向けで分かりやすい.

†**tǒngtǒng 统统**[副]すべて.残らず.¶duì bù shǒufǎ de rén yào ～ yánchéng bú dài[对不守法的人要～严惩不贷]法律を守らない者はすべて容赦なく厳罰に処しなければならない.

*__tóngwū 同屋__[名]ルームメート.

†**tōng//xìn 通信**[動]文通する.¶wǒmen céngjīng tōngguo xìn[我们曾经通过信]私たちは以前手紙のやりとりをしたことがある.

tōngxìn 通信[動](電波や光の信号を利用して文字や画像などを)通信する.

tōngxíng 通行[動]❶通行する.¶chēliàng jìnzhǐ ～[车辆禁止～]車両通行禁止.❷通用する.¶quánguó ～ de zhǐbì[全国～的纸币]国中で通用する紙幣.

tóng xīn tóng dé 同心同德㊗心を一つにする.¶wǒmen yào xiéqi shǒu lai,～,gòngtóng dùguò zhèige nánguān[我们要携起手来，～，共同度过这个难关]私たちは手に手を携え心を一つにし,一緒にこの難関を突破しよう.

tōngxìn wèixīng 通信卫星[名]通信衛星.¶fāshè ～[发射～]通信衛星を打ち上げる.

tóng//xué 同学[動]同じ学校で学ぶ.¶wǒ hé tā tóngguo qī nián xué[我和他同过七年学]私と彼は7年間同じ学校で学んだ.

⁑**tóngxué 同学**[名]❶同級生.同窓生.¶tā shì wǒ de tóngbān ～[他是我的同班～]彼は私のクラスメートだ.❷学生に対する呼びかけとして用いる呼称.注教師から学生への呼びかけだけでなく学生間でも使える.¶～,qù chēzhàn zěnme zǒu?[～，去车站怎么走?]すみません,駅へはどう行けばいいのですか／～,nǐ shì něige bān de?[～，你是哪个班的?]ねえ,君は何組なの.

*__tōngxùn 通讯__[動]通信する.¶～ fāngfǎ[～方法]通信手段.[名]ニュースレポート.通信.記事.¶～ wénzhāng[～文章]レポート記事.

tōngxùnshè 通讯社[名]通信社.

*__tóngyàng 同样__[形]同様である.差がない.¶～ de qíngkuàng[～的情况]同じような状況.[接]同様に.¶tā shì nǐ de péngyou,～ wǒ yě shì nǐ de péngyou[他是你的朋友，～我也是你的朋友]彼が君の友人であるのと同じように,私も君の友人だ.

tóngyī 同一[形]同じである.同一である.¶～ xíngshì[～形式]同一形式.

☆**tóngyì 同意**[動]同意する.賛成する.↔ fǎnduì 反对 ¶bù ～ tā de guāndiǎn[不～他的观点]彼の見方に賛成しない／yāoqiú ～[要求～]同意を求める.

*__tǒngyī 统一__[動]統一する.一つにする.¶～ sīxiǎng[～思想]思想を統一する.[形]統一的な.全体的な.¶～ de rènshi[～的认识]全体的な認識／～ lǐngdǎo[～领导]統一的に指導する.

tōngyòng 通用[動]❶通用する.広く用いられる.¶Yīngyǔ shì shìjiè ～yǔ[英语是世界～语]英語は世界で通用する言葉だ.❷(同じ発音で異なる字がある意味に限って)互いに通じる.通用する.¶cuòcí hé cuòcí kěyǐ ～[措词和措辞可以～]"措词"と"措辞"は通用できる.

tǒngzhàn 统战[名]統一戦線."统一战线"tǒngyī zhànxiànの略.

☆**tōngzhī 通知**[動]通知する.知らせる.¶bié wàng ～ wǒ[别忘～我]私に知らせるのを忘れないで／xuéxiào ～ wǒmen míngtiān tíngkè[学校～我们明天停课]明日は休講だと学校から私たちに知らせがあった.[名](書面や口頭による)通知.知らせ.¶xiàng quán xiào shīshēng fāchū ～[向全校师生发出～]全校の教師,学生に通知を出す／bǎ ～ xiězai hēibǎn shang[把～写在黑板上]知らせを板書する.

☆**tóngzhì 同志**[名]❶同志.(特に政治的な)志を同じくする人.❷「…さん」に当たる呼称.¶Wáng ～[王～]王さん.❸見知らぬ人に呼びかける呼称.¶～,qù chēzhàn zěnme zǒu?[～,去车站怎么走?]すみません,駅へはどう行くのですか.

*__tǒngzhì 统治__[動]統治する.支配する.¶kāishǐ ～[开始～]統治を始める／jūnfá de ～[军阀的～]軍閥の統治.

*__tōu 偷__[動]❶盗む.¶wǒ de qiánbāo bèi ～zǒu le[我的钱包被～走了]私の財布が盗まれた.❷暇を見つける.時間を作る.¶máng lǐ ～ xián[忙里～闲]成忙中閑を見つける.❸一時逃れをする.¶～'ān[～安]目先の安楽をむさぼる.[副]人目をしのんで.こっそりと.¶～tīng[～听]盗み聞きする.

☆**tóu 头**[名]❶頭.¶táiqi ～ lai[抬起～来]頭をもたげる.❷頭髪.髪型.¶shū ～[梳～]髪をとかす.❸(～儿)(物の)端.先端.¶bǐ～r[笔～儿]筆の穂先／liǎng～ jiān,zhōngjiān kuān[两～尖,中间宽]両端はとがって中間は広い.❹(～儿)事の始まり,または終わり.¶huà～r[话～儿]話の始め.❺(～儿)(物の)使い残り.切れ端.¶bù～r[布～儿]端切れ.❻(～儿)頭.親分.親方.チーフ.¶Lǐ ～[李～]李親方.[形]❶第一の.¶～děng[～等]1等.❷(順番が)前の.初めの.¶～ sān tiān[～三天]最初の3日間.[量]家畜などを数える.頭.匹.¶yì ～ niú[一～牛]ウシ1頭.➡類義語 dì 第

tóu 头*[尾]❶(～儿)名詞の後につく.¶mù～[木～]木／shí～[石～]石.❷動詞の後につき,名詞化する.¶kàn～r[看～儿]見どころ.見る価値／niàn～[念～]考え.心づもり.❸形容詞

表現Chips
賛成する・反対する

就是。Jiù shì.（ごもっとも）
没错。Méi cuò.（その通り）
可不是。Kěbushì.（そうですとも）
未必吧。Wèibì ba.（必ずしもそうじゃないでしょう）
不见得。Bú jiànde.（どうですかねぇ）
我反对。Wǒ fǎnduì.（私は反対です）
那还用说。Nà hái yòng shuō.（それは言うまでもない）
好，就这样吧。Hǎo，jiù zhèyàng ba.（わかりました,じゃそうしましょう）
我不这样认为。Wǒ bú zhèyàng rènwéi.（私はそうは思いません）
我不同意你的说法。Wǒ bù tóngyì nǐ de shuōfǎ.
（私はあなたの意見に賛成しません）

の後につき,名詞化する.¶chángdao tián～r[尝到甜～儿]うまい汁を吸う／chīle bùshǎo kǔ～r[吃了不少苦～儿]さんざんつらい目にあった.❹方位を表す名詞の後につく.¶wài～[外～]外.外側／shàng～[上～]上の方.上.

*tóu 投[動]❶(目標に向かって)投げる.¶～lán[～篮](バスケットボールで)シュートする.❷投げ込む.入れる.¶bǎ xìn ～jinle xìnxiāng[把信～进了信箱]手紙をポストに投函した.❸身投げする.(自殺の目的で)跳び込む.¶～hé[～河]川へ身投げする.❹(光線などが)射(さ)す.投射する.¶shēnyǐng ～zai bōlichuāng shang[身影～在玻璃窗上]人影がガラス窓に映っている.❺(手紙,原稿などを)寄せる.送る.¶dàochù ～ shū[到处～书]到る所へ投書する.❻加わる.参加する.投じる.¶dào tā nàli ～sù[到他那里～宿]彼の所で泊まる.❼合う.合わせる.投合する.¶píqi xiāng～[脾气相～]気が合う.

*tòu 透[動]❶(光線・液体・気体が)通る.通す.しみ通る.¶yángguāng ～guo bōlichuāng zhàoshèjinlai[阳光～过玻璃窗照射进来]日の光がガラス窓を通して差し込んでくる.❷こっそり告げる.漏らす.¶nǐ shìxiān gěi wǒ ～ge xìnr[你事先给我～个信儿]事前に私に知らせてください.❸現れる.あらわにする.¶báili ～ hóng[白里～红]白いところに赤みがさす.[形]❶(状況分析などが)詳しくてはっきりしている.透徹している.¶wǒ kàn～le nǐ le[我看～了你了]私は君の正体を見抜いた／zhèi dào tí lǎoshī jiǎng ～ le[这道题老师讲～了]この問題を先生は詳しく説明してくれた.❷ひどい.十分である.注動詞や形容詞の結果補語として用いられる.¶yīfu shī～le[衣服湿～了]服がびしょ濡れになった／xīguā shú～ le[西瓜熟～了]スイカはすっかり熟れた.

tóu∥biāo 投标[動]入札する.¶xǔduō qǐyè cānjiā ～[许多企业参加～]多くの企業が入札に参加する.

tóuchǎn 投产[動]生産を始める.¶zhèi zhǒng xīnyào yǐ zhèngshì ～[这种新药已正式～]この新薬はもう正式に生産を始めている.

tòuchè 透彻[形](状況分析や理解が)透徹している.詳しくてはっきりしている.¶liǎojiěde ～[了解得～]理解が透徹している／bǎ huà shuō ～ xiē[把话说～些]話を少し分かりやすく言う.

*tóu•fa 头发[名]〔gēn 根〕頭髪.

tóufàng 投放[動]❶投げ入れる.¶～ yú'ěr[～鱼饵]魚の餌を投げ入れる.❷(人・資金・物資を)投入する.注ぎ込む.¶～ dàliàng rénlì[～大量人力]大量の人手を注ぎ込む／～ zījīn[～资金]資金を投入する.❸(商品を市場に)出す.供給する.¶zhèi pī

目で見る類義語 tóu 投　rēng 扔　shuǎi 甩

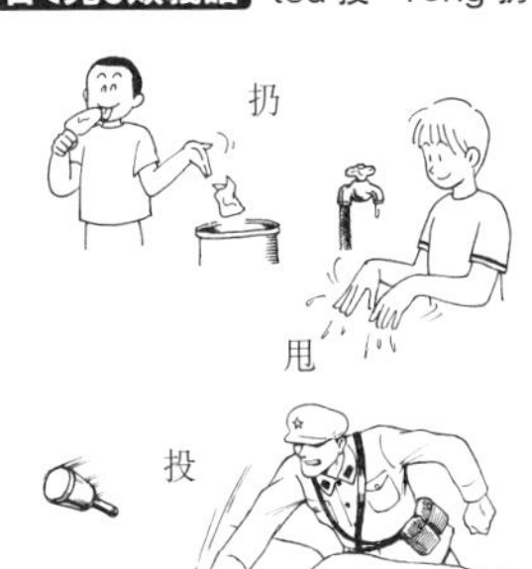

►いらないものを捨てる場合には"扔" rēngを使う.¶扔垃圾 rēng lājī(ゴミを捨てる)►ものを激しく振り回す動作は"甩"shuǎiという.¶甩辫子 shuǎi biànzi(おさげを振る)／把手上的水甩干 bǎ shǒushang de shuǐ shuǎigān(手の水分をふり払う)►"投"tóuは目標に当てるために,ものを投げる動作をさす.¶投篮 tóulán(バスケットのシュートをする)／投手榴弹 tóu shǒuliúdàn(手榴弾を投げる)

shāngpǐn zhǔnbèi dàliàng ～ shìchǎng［这批商品准备大量～市场］この商品は大量に市場に投入する予定だ.

tóu hūn yǎn huā 头昏眼花㊇頭がくらくらして目がかすむこと.¶fùxí gōngkè fùxíde ～［复习功课复习得～］頭がくらくらして目がかすむほど復習する.

†**tóujī 投机**［形］気が合う.話が合う.¶wǒmen tánde hěn ～［我们谈得很～］私たちは意気投合した／huà bù ～［话不～］話が合わない.［動］投機する.チャンスを狙う.¶～ qǔqiǎo［～取巧］チャンスを狙ってうまく立ち回る.

tóujī dǎobǎ 投机倒把［動］投機取引をする.

†**tòumíng 透明**［形］透明である.透き通っている.¶～ de yètǐ［～的液体］透明な液体.

tòumíngdù 透明度［名］透明度.¶～ gāo［～高］透明度が高い.

†**tóunǎo 头脑**［名］❶頭脳.能力.¶bǎochí qīngxǐng de ～［保持清醒的～］明晰(めいせき)な頭脳を保つ.❷糸口.手がかり.¶mōbuzháo ～［摸不着～］㊆見当がつかない.❸首領.頭.

†**tóu∥piào 投票**［動］投票する.¶wǒ tóule Zhāng Míng yí piào［我投了张明一票］私は張明に1票入れた.

tōuqiè 偷窃［動］盗む.窃盗する.¶xiǎotōur ～le bùshǎo cáiwù［小偷儿～了不少财物］泥棒は多くの財物を盗んだ／～fàn［～犯］窃盗犯.

***tóurù 投入**［動］ある状態になる.投じる.¶～ shēngchǎn［～生产］生産を始める.［形］(あることに集中し)夢中になっている.¶tā kàn shū fēicháng ～［他看书非常～］彼は本を読むのに夢中だ.

tōu∥shuì 偷税［動］脱税する.

tóusù 投诉［動］訴える.訴え出る.¶mǎile jiǎmào wěiliè shāngpǐn yīnggāi xiàng nǎr ～ ne?［买了假冒伪劣商品应该向哪儿～呢?］にせの粗悪品を買った場合はどこに訴えればいいのですか.

***tōutōu 偷偷**［副］(～儿)こっそりと.¶～ liūzǒu le［～溜走了］こっそり抜け出した.

tóuxiáng 投降［動］投降する.¶dírén jiǎoxiè ～［敌人缴械～］敵は武装解除し投降した.

tóuzhì 投掷［動］投げる.投擲(とうてき)する.¶～ qiānqiú［～铅球］砲丸を投げる.砲丸投げ.

†**tóu∥zī 投资**［動］投資する.¶～ yìbǎi wàn měiyuán［～一百万美元］100万ドル投資する.

†**tóuzī 投资**［名］投資.¶yí dàbǐ ～［一大笔～］大口投資.

tóu·zi 头子［名］親玉.頭.¶tǔfěi ～［土匪～］土地の悪者の親玉.

tū 秃［形］❶はげている.¶tóufa ～le［头发～了］頭がはげた／～dǐng［～顶］てっぺんがはげた頭／～ wěiba niǎo［～尾巴鸟］しっぽのすり切れた鳥.❷木や葉がない.¶～shān［～山］はげ山／～shù［～树］葉の落ちた木.❸先端がなくなっている.¶bǐjiān ～ le［笔尖～了］筆の先がちびた／sàozhou ～de méifǎ yòng le［扫帚～得没法用了］ほうきの先がすり切れて使えなくなった.❹完全でない.一貫していない.¶zhèi piān wénzhāng jiéwěi tài ～ le［这篇文章结尾太～了］この文章は結末が整っていない.

***tú 图**［名］❶図.絵.¶dì～［地～］地図／chā～［插～］挿し絵／kàn ～ shízì［看～识字］図を見ながら字を覚える.❷遠大な計画.¶hóng ～ dà zhǎn［宏～大展］㊇遠大な計画を大いに広げる／lán～［蓝～］青写真.［動］*❶計画する.たくらむ.¶qǐ～［企～］たくらむ／lì～［力～］躍起になる／shì～［试～］試みる.❷むさぼる.¶tān～ xiǎnglè［贪～享乐］享楽をむさぼる／～ shěngshìr［～省事儿］手間を省こうとする.

***tú 涂**［動］❶塗る.¶bǎ qiáng ～chéng lǜsè［把墙～成绿色］壁を緑色に塗る／liǎnshang ～le yì céng fěndǐshuāng［脸上～了一层粉底霜］顔にファンデーションを塗っている／～yào［～药］薬を塗る.❷塗りたくる.書きなぐる.¶búyào zài hēibǎn shang luàn ～ luàn huà［不要在黑板上乱～乱画］黒板にいたずら書きをしてはいけない.❸消す.¶qǐng bǎ xiěcuò de zì

～qu[请把写错的字～去]書き損じた字を消してください／yòng gǎizhèngyè ～diào běnzi shang de zì[用改正液～掉本子上的字]修正液でノートの字を消す.➡ 見る類 p.576

tú 屠*[動]殺す.¶～zǎi[～宰]家畜を殺す

***tǔ 土**[名]❶土.¶huáng～[黄～]黄土／～pō[～坡]坂.❷土地.¶zǔguó de lǐng～[祖国的领～]祖国の領土／guó～[国～]国土.❸その土地の.¶～tèchǎn[～特产]当地の名産／～huà[～话]方言.❹未精製のアヘン.¶yān～[烟～]生アヘン.

†**tǔ 土**[形]❶在来の.外来でない.↔yáng 洋¶～ fāngfǎ[～方法]在来の,民間に伝わる方法／～zhuānjiā[～专家]現場出身の専門家／～ xiùcai[～秀才]地方や国内だけで教育を受けたインテリ.❷やぼったい.流行遅れである.¶shuōchu huà lai ～li～qì de[说出话来～里～气的]話すと本当にやぼったい／tā chuānzhuó tài ～[他穿着太～]彼は着ているものがひどくあかぬけない.

***tǔ 吐**[動]❶吐き出す.↔ tūn 吞¶bùxǔ suídì ～tán[不许随地～痰]あたりかまわず痰(たん)を吐いてはならない／～ pír[～皮儿](果物などの)皮を吐き出す／gǒuzuǐ li ～buchū xiàngyá lai[狗嘴里～不出象牙来]イヌの口から象牙(ぞうげ)は出ない.悪人からはいい言葉は出ないことのたとえ.❷(穂などが)出る.¶màizi kuài ～suì le[麦子快～穗了]ムギがもうじき穂を出しそうだ／chūncán ～ sī[春蚕～丝]カイコの春蚕(はるご)が糸を吐く.❸話す.¶tán～ wényǎ[谈～文雅]話しぶりが優雅だ／～zì qīngchu[～字清楚]台詞(せりふ)などをはっきりと話す.→tù

***tù 吐**[動]もどす.嘔吐(おうと)する.¶tā bùtíng de ǒu～[他不停地呕～]彼はずっと吐き続けている／～xiě[～血]血を吐く／shàng～ xiàxiè[上～下泻]上は吐き,下は腹をくだす.→tǔ

***tuán 团**[形]丸い.¶～shàn[～扇]うちわ.[名]❶団子.¶tāng～[汤～]スープに入れるもち米でできたあん入りの団子／yùmǐmiàn～[玉米面～]トウモロコシの粉をこねたかたまり.❷(～儿)球形の物.¶zhǐ～r[纸～儿]紙の玉／xiàn～r[线～儿]糸の玉.❸団体.¶dàibiǎo～[代表～]代表団／zhǔxí～[主席～]議長団／cānguān～[参观～]見学団体.❹軍隊の連隊.¶～ jí gànbù[～级干部]連隊幹部.❺青少年の政治組織.¶gòngqīng～[共青～]中国共産主義青年団.“中国共产主义青年团”Zhōngguó gòngchǎn zhǔyì qīngniántuánの略／Értóng～[儿童～]新中国成立前の少年の革命組織.[動]❶丸める.¶～ níqiú[～泥球]泥団子をつくる／～ shǒujuàn[～手绢]ハンカチを丸める.*❷集まる.¶yí dào Chūnjié, zhèngfǔ jiùyào jìnxíng ～ bài huódòng[一到春节,政府就要进行～拜活动]旧正月になると政府は集まって新年を祝う会をする.[量]丸まった物を数える.¶yì ～ suìzhǐ[一～碎纸]一かたまりの紙くず.

目で見る類義語 tǔ 吐　tù 吐

tǔ 吐

tù 吐

►“吐” tǔはコントロール可能な動作.つばや痰(たん)を吐いたり,タバコの煙を吐く.►“吐” tùはコントロールできない肉体の反応を表す.もどす.►同じ「もどす」でも牛が胃の中のものをもどして再び咀嚼(そしゃく)するのは意図的であるので,“吐” tǔという.

tú'àn 图案[名]図案.デザイン.¶shèjì ～[设计～]図案のデザインをする.

⁂**tuánjié 团结**[動]団結する.¶～ qúnzhòng[～群众]大衆を結束させる／hé péngyou gǎohǎo ～[和朋友搞好～]友達と団結する.[形]仲がよい.¶wǒmen bān de tóngxué hěn ～[我们班的同学很～]私たちのクラスのクラスメートはとても仲がよい.

tuán jié yī zhì 团结一致成 一つになって協力する.¶wǒmen bìxū ～, gòngtóng nǔlì,cái néng qǔdé chénggōng[我们必须～，共同努力，才能取得成功]我々は一つになって協力し,共に努力しなければならない.そうしてこそ成功が勝ち取れるのだ.

tuánjù 团聚[動]団らんする.¶héjiā ～[合家～]一家団らん／líbié duōnián de qīnrén jīnrì zhōngyú ～ le[离别多年的亲人今日终于～了]長年離れていた家族が今日ついに集まった.

†**tuántǐ 团体**[名]団体.¶～ huódòng[～活动]団体行動／zhèngzhì ～[政治～]政治団体.

†**tuányuán 团员**[名]❶団員.¶dàibiǎotuán ～[代表团～]代表団の団員.❷特に中国共産主義青年団(共青団)の団員をさす.

tuányuán 团圆[動]別れていた肉親が集まる.¶héjiā ～[合家～]一家団らん／shīsàn duōnián de qīngǔròu ～ le[失散多年的亲骨肉～了]長年ちりぢりだった肉親が再会した.

†**tuánzhǎng 团长**[名]団長.連隊長.

túbiǎo 图表[名]図表.

*__tū∥chū 突出__[動]❶突破する.¶～ bāowéiquān[～包围圈]包囲網を突き破る.❷強調する.¶yīnggāi ～ zhòngdiǎn[应该～重点]重点を際立たせなければならない／búyào ～ mǒu ge rén[不要～某个人]誰か1人を目立たせてはいけない.[形]❶飛び出ている.¶shānyá ～[山崖～]崖が突き出ている.❷目立っている.¶chéngjì ～[成绩～]成績がぬきんでている／biǎoxiàn hěn ～[表现很～]ふるまいが際立っている.

†**tú·dì 徒弟**[名]弟子.¶wǒ shīfu dàile sān ge ～[我师傅带了三个～]私の師匠は3人の弟子をとっている.

*__tǔdì 土地__[名]❶土地.田畑.¶féiwò de ～[肥沃的～]肥沃な土地／yí dà piàn ～[一大片～]一面の広大な土地.❷領土.¶Zhōngguó ～ guǎngkuò[中国～广阔]中国は国土が広大である.

*__tǔdòu 土豆__[名](～儿)ジャガイモ.

†**túhuà 图画**[名]図画.絵画.¶huà ～[画～]絵を描く／～kè[～课]図画の授業.

⁂**tuī 推**[動]❶押す.¶～ chē[～车]車を押す／bǎ mén ～kāi[把门～开]ドアを押し開ける／Xiǎo-Huá bǎ Xiǎo-Hóng ～dǎo le[小华把小红～倒了]華ちゃんは紅ちゃんを押し倒した.❷臼(うす)などでひく.¶wǒ gāng ～le sān dǒu màizi[我刚～了三斗麦子]私はムギを3斗ひいたところだ.❸刈る.削る.¶～tóu[～头]頭を刈る.❹物事を押し進める.¶bǎ jīngjì gǎigé ～xiàng xīn jiēduàn[把经济改革～向新阶段]経済改革を新たな段階へと押し進める.❺推し量る.¶lèi～[类～]類推する.❻譲る.¶～ràng[～让]辞退する／běnlái ràng tā dāng kēzhǎng, dàn tā ～ le[本来让他当科长,但他～了]もともと彼に課長をやってもらおうとしたが,彼は辞退してしまった.❼責任を回避する.転嫁する.¶～ sān zǔ sì[～三阻四]何かと言い訳をして拒絶する／～shuō yǒu bìng,jiùshì bù lái[～说有病，就是不来]病気にかこつけて何としても来ない.❽延期する.¶zhèi jiàn shì zài wǎng hòu ～ jǐ tiān ba[这件事再往后～几天吧]この件はもう数日延ばそう／bù néng zài ～ le,zǎo guòle qīxiàn le[不能再～了，早过了期限了]これ以上遅らせるわけにはいかない,とっくに期限を過ぎているんだ.❾推薦する.¶dàjiā dōu ～jǔ Xiǎo -Wáng dāng zǔzhǎng[大家都～举小王当组长]みんなが王さんを班長に推挙している.*❿賞賛する.¶tā de wénzhāng hěn shòu ～xǔ[他的文章很受～许]彼の文章は高い称賛を浴びている.

⁂**tuǐ 腿**[名]❶〔tiáo 条〕(ももからくるぶしまでの)足.¶～ téng[～疼]足が

痛い／dà～ xiǎo～[大～小～]ももとすね／qián～ hòu～[前～后～]前足と後ろ足／tā ～ hěn cháng[他～很长]彼は足が長い.❷(～儿)器物の脚.¶zhuōzi ～[桌子～]テーブルの脚／yǐzi ～[椅子～]椅子の脚.❸ハム.¶huǒ～[火～](中華風)ハム.

⁑**tuì 退**[動]❶後ろへ下がる.↔ jìn 进¶hòu～[后～]後退する／dào～[倒～]逆行する／jìn ～ liǎng nán[进～两难]成進退きわまる／qǐng xiàng hòu ～ liǎng bù[请向后～两步]後ろに2歩下がってください.❷引き下がらせる.撤退させる.¶bǎ zǐdàn ～chulai[把子弹～出来]弾を弾倉から取り出す／～bīng[～兵]撤兵する.❸出ていく.退く.¶～xí[～席]宴会などを退席する／～wǔ jūnrén[～伍军人]退役軍人／～zhí gànbù[～职干部]退職した幹部.❹下降する.減少する.¶～shāo[～烧]熱が下がる.熱を下げる／～cháo[～潮]潮が引く／yīfu ～sè le[衣服～色了]服の色があせた.❺返す.¶～huò[～货]返品する／～piào[～票]チケットの払い戻しをする／～ fáng[～房]チェックアウトする.❻取り消す.¶～hūn[～婚]婚約を解消する.

†**tuì∥bù 退步**[動]❶退歩する.後退する.¶zuìjìn yǒudiǎn ～[最近有点～]最近少し後退している／nǐ de chéngjì zěnme ～de zhème lìhai?[你的成绩怎么～得这么厉害?]君の成績はどうしてこんなにひどく下がっているの.❷譲歩する.¶nǐ jiù tuì yí bù ba[你就退一步吧]ここはちょっと譲ってくれ.

†**tuìbù 退步**[名]後退する余地.¶nǐ zuòshì yào gěi zìjǐ liú ge ～[你做事要给自己留个～]何かする時は,引き返せるような余地を自分に残しておきなさい.

tuīcè 推測[動]推測する.¶zhèi jiàn shì,wǒ wúfǎ ～[这件事，我无法～]この事は推測不可能だ／méiyou gēnjù,húluàn ～[没有根据，胡乱～]根拠もなくでたらめに推測する.

tuī chén chū xīn 推陈出新成古いものを退けて新しいものを生み出す.¶zhèige chǎng búduàn ～,shèjì zhìzàole hěn duō xīn chǎnpǐn[这个厂不断～，设计制造了很多新产品]この会社は絶えず古いものを退け,新しいものを生み出そうと,たくさんの新製品を設計し,製造した.

†**tuīchí 推迟**[動]延期する.ずらす.¶huìyì ～le yì tiān[会议～了一天]会議は1日延期された／bù néng zài ～le[不能再～了]もうこれ以上遅らせることはできない.

tuìchū 退出[動]退出する.脱退する.↔ cānjiā 参加¶qǐng nǐ ～ huìchǎng[请你～会场]会場から退出してください／～ zǔzhī[～组织]組織を抜ける.

†**tuīcí 推辞**[動]辞退する.¶dàjiā zàisān yāoqǐng,nǐ jiù búyào zài ～ le[大家再三邀请，你就不要再～了]みんなが何度も招待しているのだから,これ以上断らないでください／wǒ xiǎng qǐng tā chīfàn,bèi tā ～ le[我想请他吃饭，被他～了]彼にごちそうしようと思ったが,彼から断られてしまった.

*__tuī∥dòng 推动__[動]推進する.¶～le jiàoyù gōngzuò de fāzhǎn[～了教育工作的发展]教育事業の発展を推し進めた.

†**tuī∥fān 推翻**[動]❶武力で打倒する.¶～le dìguó zhǔyì de tǒngzhì[～了帝国主义的统治]帝国主義による支配を打倒した.❷覆す.否定する.¶zhèige jìhuà bèi chèdǐ de ～ le[这个计划被彻底地～了]この計画は徹底的に覆された／～le duōnián lái de dìnglùn [～了多年来的定论]長年の定説を覆した.

*__tuīguǎng 推广__[動]普及させる.¶dàlì ～ pǔtōnghuà[大力～普通话]普通話(共通語)を強力に普及させる／tāmen de jīngyàn dédàole pǔbiàn ～[他们的经验得到了普遍～]彼らの経験は広く知られるようになった.

tuìhuán 退还[動]もらったものや買ったものなどを返す.¶bǎ cuò shōu de qián ～gěi gùkè[把错收的钱～给顾客]誤って受け取ったお金を客に返す／yuánwù ～[原物～]品物を元通りの形で返す.

†**tuījiàn 推荐**[動]推薦する.¶wǒ xiǎng ～ nǐ dānrèn zǒngzhǐhuī[我想～你担任总指挥]私はあなたを総指揮に推薦したい／xiàng bàoshè ～ yōuxiù zuòpǐn[向报社～优秀作品]新聞社に優秀作品を推薦する.

†**tuījìn 推进**[動]❶推進する.¶xùnsù ～ jìshù gǎigé[迅速～技术改革]技術改革を速やかに推進する／shǐ gǎigé kāifàng gōngzuò búduàn xiàng qián ～[使改革开放工作不断向前～]改革開放をたゆみなく押し進める.❷(軍隊が)前進する.¶bùduì jìxù xiàng qián ～[部队继续向前～]部隊は前進を続ける.

tuī lái tuī qù 推来推去慣押しつけ合う.譲り合う.¶dàjiā dōu ～ de,nà gōngzuò yóu shéi lái zuò ne[大家都～的，那工作由谁来做呢]皆が押しつけ合ったら,仕事は誰がやるの／zhǐ yǒu yì bēi shuǐ,dàjiā ～,shéi dōu bù kěn hē[只有一杯水，大家～，谁都不肯喝]1杯しか水がなく,皆譲り合って飲もうとしない.

tuīlǐ 推理[動]推理する.¶gēnjù wǒ de ～,chénggōng de kěnéngxìng zhǐ yǒu bǎi fēn zhī sānshí[根据我的～，成功的可能性只有３０％]私の推理では,成功の可能性は30パーセントしかない／～ xiǎoshuō[～小说]推理小説.

tuīlùn 推论[動]推論する.¶gēnjù shìshí zuò ～[根据事实做～]事実に基づいて推論を行う.

tuīqiāo 推敲[動]繰り返し考案する.推敲(すいこう)する.¶xiě wénzhāng yīnggāi zǐxì ～ cíjù[写文章应该仔细～词句]文章を書く時は言葉をよく推敲すべきである.

tuīsuàn 推算[動]推算する.¶gēnjù lièchē shíkèbiǎo ～ yíxià túzhōng suǒ yào shíjiān[根据列车时刻表～一下途中所要时间]列車の時刻表に基づいて行程の所要時間を推算してみる／zhīdao shēngāo hé tǐzhòng,jiù kěyǐ ～chu féipàng chéngdù[知道身高和体重，就可以～出肥胖程度]身長と体重が分かれば,肥満度を推算することができる.

tuīxiāo 推销[動]売り広める.販路を開拓する.¶Xiǎo-Zhāng zài gōngsī gǎo ～[小张在公司搞～]張さんは会社で販売の仕事をしている／bǎ dàliàng shāngpǐn ～dao guójì shìchǎng shang[把大量商品～到国际市场上]大量の商品を国際市場に売り広める／～yuán[～员]セールスマン.

tuīxíng 推行[動]普及させる.押し広める.¶～ yì tiáo xīn de lùxiàn[～一条新的路线]新しい路線を推進する／zài quánguó pǔbiàn ～ shēngchǎn zérènzhì[在全国普遍～生产责任制]全国で広く生産責任制を押し進める.

†**tuìxiū 退休**[動]定年などで職を退く.¶wǒ fùqīn qùnián ～ le[我父亲去年～了]父は去年定年退職した／～ zhígōng[～职工]退職した労働者.

tuīxuǎn 推选[動]口頭で名前を挙げて推薦する.¶～ Xiǎo-Wáng wéi zǔzhǎng[～小王为组长]王さんを班長に推薦する／Zhāng lǎoshī bèi ～ wéi dàibiǎotuán tuánzhǎng[张老师被～为代表团团长]張先生は代表団の団長に推薦された.

*__tūjī 突击__[動]❶突撃する.¶～ bùduì[～部队]突撃部隊／xiàng dí fāqǐ měngliè ～[向敌发起猛烈～]敵に向かって猛烈な突撃を開始した.❷〈喩〉短時間に集中的にやり遂げること.¶～ qiǎngshōu xiǎomài[～抢收小麦]コムギを一気に刈り取る／kǎoshìqián ～le liǎng ge wǎnshang[考试前～了两个晚上]試験の前に2晩一気に勉強した.

†**tújìng 途径**[名](比喩的な意味で)道.方法.¶zhè shì jiějué wèntí de wéiyī ～[这是解决问题的唯一～]これは問題を解決する唯一の道だ／xúnzhǎo yì tiáo yǒuxiào de ～[寻找一条有效的～]有効な手だてを探る.

†**tūn 吞**[動]❶まる飲みする.↔ tǔ 吐¶láng ～ hǔ yàn[狼～虎咽]成狼や虎のようにがつがつ食べる／bǎ yào yì kǒu ～lexiaqu[把药一口～了下去]薬を一口で飲み込んだ.❷併呑(へいどん)する.横領する.¶dú～le yí dàpī qián[独～了一大批钱]大金を独り占めした／dà gōngsī ～bìng xiǎo gōng-

T

sī[大公司～并小公司]大企業が小企業を併合する.

*tuō 托[動]両手にのせる.¶yòng shǒu ～zhe liǎngsāi[用手～着两腮]両手で頬杖をつく/shuāngshǒu ～zhe yí ge dà pánzi[双手～着一个大盘子]両手で1枚の大皿を捧げ持つ.

*tuō 托[動]❶人に託す.¶zhè shì ～rén dàihuilai de[这是～人带回来的]これは人に頼んで持って帰ってきてもらったものだ/wǒ xiǎng ～ tā gěi wǒ mǎi yì běn cídiǎn huílai[我想～他给我买一本辞典回来]彼に頼んで辞書を1冊買ってきてもらおうと思う.❷口実にする.¶tā ～bìng zài jiā,méi shàngbān[她～病在家,没上班]彼女は病気を口実に家にいて出勤しなかった/bié ～cí le,nǐ jiù dāying le ba[别～辞了,你就答应了吧]言い訳しないで承諾して下さい.❸頼る.¶～ nín de fú[～您的福]おかげさまで/yílù shang dōu ～ nín zhàogù,xièxie le[一路上都～您照顾,谢谢了]道中何から何までお世話になり,どうもありがとうございました.

*tuō 拖[動]❶引っ張る.¶yí ge huǒchētóu ～zhe shí jié chēxiāng[一个火车头～着十节车厢]機関車1台で10両の車両を引っ張っている/～chuán[～船]タグボート,またはそれに引かれる船.❷体の後ろに垂らす.引きずる.¶láng ～zhe tiáo dà wěiba[狼～着条大尾巴]狼は大きなしっぽを垂らしている/～zhe yì tiáo cháng biànzi[～着一条长辫子]長いおさげを1本垂らしている.❸時間を引き延ばす.遅らせる.¶zhèi jiàn shì bù néng zài ～le[这件事不能再～了]この件はもう引き延ばせない/～de tài jiǔle huì wùshì de[～得太久了会误事的]あまり長く延ばしていると事を誤る.

*tuō 脱[動]❶抜ける.むける.¶tóufa dōu ～guāng le[头发都～光了]髪の毛がすべて抜けてしまった/shàide dōu ～pí le[晒得都～皮了]日焼けして皮までむけてしまった.❷脱ぐ.↔chuān 穿¶～ xié[～鞋]靴を脱ぐ/nǐ kuài ～xia shī yīfu ba[你快～下湿衣服吧]濡れた服を早く脱ぎなさいよ.❸脱する.¶～xiǎn[～险]危機を脱する/～jiāng zhī mǎ[～缰之马]㊀手綱を逃れた馬.わがままで抑えのきかないこと/bǎi～ tèwu de gēnzōng[摆～特务的跟踪]スパイの追跡を逃れる.❹文字が抜ける.¶zài kànkanyǒu méiyou ～ zì lòu zì[再看看有没有～字漏字]脱字がないかもう一度見てみなさい.❺品物が切れる.¶yǒu liǎng zhǒng huòwù ～xiāo le[有两种货物～销了]2品目の商品が売り切れた.

†tuó 驮[動]荷を背負う.¶zhèi pǐ mǎ ～le xǔduō dōngxi[这匹马～了许多东西]この馬はたくさんの物を背に載せている/zìxíngchē bù néng ～ rén[自行车不能～人]自転車は人を後ろに乗せてはいけない.➡見る類 p.87

tuǒ 妥[形]❶妥当である.¶zhèyàng bàn yǒuxiē bù～[这样办有些不～]このやり方にはちょっと不適切なところがある.❷(多くは動詞の後に置いて)きちんと…する.¶chūguó shǒuxù bàn～ le ma?[出国手续办～了吗?]出国手続きはきちんとすませましたか/huò yǐ gòu～[货已购～]商品はすでに買い整えられた.

†tuǒ·dang 妥当[形]妥当である.¶zhèige xíngróngcí yòngde bù ～[这个形容词用得不～]この形容詞は使い方が不適切だ.

†tuō'érsuǒ 托儿所[名]託児所.保育園.

tuō kǒu ér chū 脱口而出㊀口がすべる.思わず口にする.¶zhème jiǎndān de wèntí yīnggāi xiǎng dōu búyòng xiǎng jiù ～[这么简单的问题应该想都不用想就～]こんな簡単な問題は,考えなくとも口をついて出てくるべきだ.

†tuōlājī 拖拉机[名]トラクター.

*tuōlí 脱离[動]離脱する.¶～ shíjì de huànxiǎng[～实际的幻想]現実離れした空想.

tuōluò 脱落[動]脱落する.とれる.¶yáchǐ dōu ～ le[牙齿都～了]歯が全部抜け落ちた/yóuqī yǐjing ～ le[油漆已经～了]ペンキがすでにはげてしまった.

T

tuò•mo 唾沫[名]唾液(だえき).つばき.¶tǔle yì kǒu ～[吐了一口～]つばを吐いた.

tuō pín zhì fù 脱贫致富㊢貧困から脱出し豊かになる.¶dàjiā zhèngzài shāngliang zěnyàng cái néng jǐnkuài ～[大家正在商量怎样才能尽快～]みんなはどうしたら早く貧困から脱出して豊かになれるか相談している.

tuōqiàn 拖欠[動]返済を延ばす.滞納する.¶nèi bǐ zhàng yǐjing ～ hěn jiǔ le[那笔账已经～很久了]その金はすでに長い間滞納している.

tuǒshàn 妥善[形]妥当で完全である.¶yīnggāi ～ ānpái tuìxiū zhígōng de shēnghuó[应该～安排退休职工的生活]定年退職者の生活設計を適切に練らなければならない/zhǎochu ～ jiějué wèntí de fāngfǎ[找出～解决问题的方法]問題を適切に解決する方法を探し出す.

tuǒxié 妥协[動]妥協する.¶bú xiàng kùnnan ～[不向困难～]困難に妥協しない/měi cì chǎojià dōu shì wǒ ～[每次吵架都是我～]けんかの時はいつも私が妥協する.

tuōyán 拖延[動]引き延ばす.¶～ shíjiān[～时间]時間を引き延ばす/nǐ de bìng bù néng zài ～ le[你的病不能再～了]君の病気はこれ以上治療を遅らせるわけにはいかない.

tuǒyuán 椭圆[名]〔数〕❶楕円(だえん)形.¶～ shì yì zhǒng jǐhé túxíng[～是一种几何图形]楕円とは幾何図形の一種である.❷楕円体.楕円形の立体.¶gǎnlǎnqiú shì ～ de[橄榄球是～的]ラグビーボールは楕円体だ.

túpiàn 图片[名]何かを説明するための図や写真など.

†**tūpò 突破**[動]❶突破する.¶～ fēngsuǒ[～封锁]封鎖を突破する/～ dírén de fángxiàn[～敌人的防线]敵の防御線を突破する.❷困難・制約を乗り越える.¶～ qiánrén de jìlù[～前人的记录]前人の記録を乗り越える.

⁑**tūrán 突然**[副]突然.思いがけず.¶zuótiān tā ～ gěi wǒ dǎlai diànhuà[昨天他～给我打来电话]昨日彼が突然電話をかけてきた.[形]突然である.急である.¶zhè shì tài ～ le[这事太～了]これは本当に思いがけないことだ.➡類義語 hūrán 忽然

†**tǔrǎng 土壤**[名]土壌.

túshā 屠杀[動]〈書〉虐殺する.¶～ bǎixìng[～百姓]庶民を虐殺する/dà ～[大～]大虐殺.

⁑**túshūguǎn 图书馆**[名]図書館.

túxiàng 图像[名]画像.映像.¶～ qīngxī[～清晰]画像(映像)が鮮明だ.

túxíng 图形[名]❶図形.¶qǐng cānkǎo dì sān yè de ～[请参考第三页的～]3ページの図を参照してください.❷〔数〕幾何学図形.¶zhèige ～ jiào sānjiǎoxíng[这个～叫三角形]この図形を三角形という.

túzhāng 图章[名]はんこ.印鑑.¶kè ～[刻～]はんこをつくる/gài ～[盖～]捺印する.

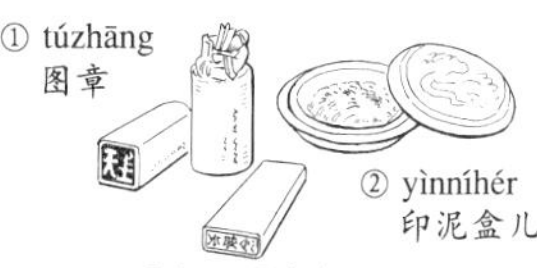

①印鑑 ②朱肉入れ

túzhǐ 图纸[名]図面.設計図.¶huà ～[画～]図面を引く.

***tù•zi 兔子**[名]〔zhī 只〕ウサギ.

T xùshān T恤衫[名]Tシャツ.

谜语 答えがTで始まるなぞなぞ

高高山上	Gāogāo shānshang	高いお山に,
一蓬麻,	yì péng má,	麻が一叢,
月月割了	yuèyuè gēle	毎月刈っても,
月月发。	yuèyuè fā.	毎月生える.

(答えは532～533ページの中に)

W,w

*wā 挖[動]掘り起こす.↔ mái 埋 ¶～dòng[～洞]穴を掘る/～tǔjī[～土机]掘削機.

†wǎ 瓦[名]❶瓦. ¶～piàn[～片]瓦のかけら/hóng zhuān ～fáng[红砖～房]赤れんがで瓦ぶきの家.❷素焼き. ¶～pén[～盆]素焼きの鉢/～zhìpǐn[～制品]素焼き製品.

*·wa 哇[助]語気助詞"啊"aが直前のu,ao,ouの音に影響されて発音されるときの漢字. ¶nǐ hǎo ～![你好～!]こんにちは.

*wāi 歪[形]❶まっすぐでない.傾いている.↔ zhèng 正 ¶zhèi kē shù zhǎng ～ le[这棵树长～了]この木は曲がっている/～ dǎ zhèng zháo[～打正着]㊉でたらめに打ったのにうまく当たる.まぐれ当たり.❷正しくない.悪い. ¶nǐ nǎ lái de nàme duō ～ mén xiédào[你哪来的那么多～门邪道]おまえはなんでそんなに変なことばかり考えているんだ/dǎjī ～fēng xiéqì[打击～风邪气]不健全な風潮を非難する/búyào jiǎng ～lǐ[不要讲～理]屁理屈(へりくつ)をこねるんじゃない.

⁑wài 外[名]❶外.表側.↔ lǐ 里,nèi 内 ¶～shāng[～伤]外傷/shì～[室～]室外.❷よそ.ほかの土地. ¶～shěng[～省]よその省/～xiāng[～乡]よその土地/～ dānwèi[～单位]よその職場.❸外国. ¶zhōng～ yóukè[中～游客]中国内外の観光客.*❹母方,姉妹,娘の方の親戚. ¶～zǔfù[～祖父]母方の祖父/～sheng[～甥]姉妹の息子.*❺関係が疎遠. ¶zhè nín jiù jiàn～ le[这您就见～了]それは他人行儀ですね/búyào ràng ～rén tīngjian[不要让～人听见]部外者に聞かれてはならない.❻それ以外. ¶lìng～[另～]ほかに/cǐ～[此～]このほか/bǎ tā chú～[把他除～]彼を除外する.*❼正式ではない. ¶qǐ ～hào[起～号]あだなをつける/～zhuàn[～传]外伝.

⁑wài·bian 外边[名]❶(～儿)外. ¶～ xià yǔ le[～下雨了]外は雨だ/háizi xǐhuan zài ～ wánr[孩子喜欢在～玩儿]子供は屋外で遊ぶのが好きだ.❷よその土地. ¶jiějie zài ～ gōngzuò[姐姐在～工作]姉はよその土地で働いている/nǐ shì cóng ～ lái de ba[你是从～来的吧]あなたはよそから来た人でしょう.❸表面. ¶hézi ～ bāo zhāng zhǐ[盒子～包张纸]箱のまわりを紙で包む/máoyī ～ chuān jiàn dàyī[毛衣～穿件大衣]セーターの上にコートを着込む.

wàibiǎo 外表[名]外見.うわべ. ¶kàn rén bù néng guāng kàn ～[看人不能光看～]人を見るにはうわべばかり見ていてはだめだ/zhèi tái zhàoxiàngjī bùjǐn ～ měiguān,érqiě gōngnéng qíquán[这台照相机不仅～美观，而且功能齐全]このカメラは外観が格好いいだけでなく機能も揃っている.

wàibīn 外宾[名]外国からの賓客. ¶jiēdài ～[接待～]外国人客を接待する/～ jiàgé[～价格]外国人特別料金.

†wàibù 外部[名]❶ある範囲外. ¶zhèige xiāoxi búyào xiàng ～ tòulòu[这个消息不要向～透漏]この情報は外部に漏らしてはならない/～ rényuán bù dé rù nèi[～人员不得入内]外部の人間は中へ入ってはならない.❷表面.外側. ¶～ dōu pòsǔn le[～都破损了]外側は壊れている/～ wánhǎo[～完好]外観が整っている.

wàichū 外出[動]外出する. ¶～ kāi huì[～开会]会議のために出かける/yīn gōng ～[因公～]公用で外出する.

*wàidì 外地[名]よその土地. ¶～rén, běndìrén[～人，本地人]よそ者と地元の者/qù ～ chūchāi le[去～出差了]ほかの土地に出張した.

wàidiàn 外电[名]外電. ¶jù ～ bàodào[据～报道]外電によれば/～ xiāoxi[～消息]外電情報.

wàiguān 外观[名]外観. ¶～ piàoliang[～漂亮]外観が美しい／fángzi de ～ hěn xīnyǐng[房子的～很新颖]家の外観が斬新だ.

⁑**wàiguó 外国**[名]外国.

wàiháng 外行[形]経験がない.↔nèiháng 内行 ¶ jiàoxué wǒ hěn ～[教学我很～]教えることに関して私は未経験だ／nǐ shuō de shì ～ huà le[你说的是～话了]おまえが言っていることはしろうとの言葉だ.[名]しろうと.専門外の人.¶ ～ rén[～人]しろうと／zuò mǎimai wǒ kě shì ge ～[做买卖我可是个～]商売については私はまったくのしろうとだ.

wàihuì 外汇[名]外貨.外国為替.¶ ～ chǔbèi[～储备]外貨準備高／～ hángqíng[～行情]外国為替の相場／duìhuàn ～[兑换～]外貨を兌換(だかん)する.

*__wàijiāo 外交__[名]❶外交.¶ ～ guānxi[～关系]外交関係／～ shǐjié[～使节]外交使節／～guān[～官]外交官.❷人付き合い.¶ tā hěn shànyú gǎo ～[他很善于搞～]彼は人付き合いがうまい.

wàijiāobù 外交部[名]外交部.外務省.¶ tā zài ～ gōngzuò[他在～工作]彼は外交部で働いている／～ bùzhǎng[～部长]外交部部長.外務大臣.

†**wàijiè 外界**[名]外部.¶ ～ de yālì[～的压力]外部からの圧力／～ de yúlùn[～的舆论]外部の世論.

†**wàikē 外科**[名]外科.¶ ～ yīshēng[～医生]外科医／kàn ～[看～]外科の診察を受ける.

wàilì 外力[名]❶〔物〕外力.¶ wùtǐ shòudao ～ de zuòyòng[物体受到～的作用]物体は外力の作用を受ける.❷外部の力.¶ bù néng zhǐ yīkào ～[不能只依靠～]外部の力にばかり頼っていてはいけない.

wàiliú 外流[動]流出する.¶ rénkǒu ～[人口～]人口が流出する／réncái ～[人材～]人材が流出する／zījīn ～[资金～]資金が流出する.

wàimào 外贸[名]外国貿易."对外贸易"duìwài màoyìの略.¶ bìyè hòu wǒ xiǎng gǎo ～ gōngzuò[毕业后我想搞～工作]卒業後,私は対外貿易の仕事をしたい.

*__wài·mian 外面__[名](～儿)外.外面.↔ lǐmiàn 里面 ¶ ～ hěn lěng[～很冷]外はとても寒い／chènyī ～ tàole yí jiàn jiākè[衬衣～套了一件夹克]シャツの上にジャケットを1枚はおった.

wàipó 外婆[名]母方の祖母.

wàiqǐ 外企[名]外資系企業."外资企业"wàizī qǐyèの略.

†**wāiqū 歪曲**[動]故意に歪曲(わいきょく)する.¶ nǐ ～le wǒ de yìsi[你～了我的意思]あなたは私の言うことを曲げてとっている／～ shìshí[～事实]事実を歪曲する.

wàishāng 外商[名]外国の商人.¶ yǔ ～ qiàtán[与～洽谈]外国のビジネスマンと協議する.

wàishì 外事[名]外交事務.¶ ～ jīguān[～机关]外交機関／～ rényuán[～人员]外交関係者／fùzé ～ gōngzuò[负责～工作]対外事務に責任を持つ.

†**wài·tou 外头**[名]外.表.¶ qù ～ wánrwanr ba[去～玩儿玩儿吧]表に出て遊びなさい／jīntiān ～ hěn lěng[今天～很冷]今日は外は寒い.

wàixiàng 外向[形]❶性格が外向的な.↔nèixiàng 内向.¶ xìnggé ～[性格～]性格が外向的だ.❷海外に目を向けている.輸出型の.¶ ～xíng qǐyè[～型企业]輸出型企業.

wàixiāo 外销[動]外国へ売る.輸出する.¶ zhèige shāngpǐn zhǔyào shì ～[这个商品主要是～]この商品は主に輸出されている.

wàixíng 外形[名]外形.¶ ～ měiguān[～美观]外観が美しい.

†**wàiyī 外衣**[名]オーバー.コート.

⁑**wàiyǔ 外语**[名]外国語.¶ ～ zhuānyè[～专业]外国語専攻／～ réncái[～人材]外国語のできる人材.

wàizī 外资[名]外国資本.¶ xīyǐn ～[吸引～]外資を引きつける／～ qǐyè[～企业]外資企業.

†**wàizǔfù 外祖父**[名]母方の祖父.

†**wàizǔmǔ 外祖母**[名]母方の祖母.

wǎjiě 瓦解[動]❶瓦解(がかい)する.崩壊する.¶ fǎndòng tǒngzhì bēng-

W

kuì ～ le[反动统治崩溃～了]反動的支配体制は崩壊した／nèige zǔzhī zìrán ～ le[那个组织自然～了]その組織は自然消滅した.❷相手の力を崩す.¶～ dírén de zhàndòulì[～敌人的战斗力]敵の戦闘力を破壊する／～ dòuzhì[～斗志]闘志を打ち砕く.

wājué 挖掘[動]掘り起こす.¶～ dìxià de bǎozàng[～地下的宝藏]地下にある宝を掘り起こす／～ zhīshi de qiánlì[～知识的潜力]知識の潜在力を発掘する.

*__wān 弯__[動]曲げる.¶tā lǎo ～zhe yāo gànhuó,yāo dōu suān le[他老～着腰干活，腰都酸了]彼はずうっと腰を曲げて仕事をしていたので,腰がだるくなった.[形]曲がっている.¶zhèi tiáo xiàn huàde yǒudiǎnr ～[这条线画得有点儿～]この線はちょっと曲がって描かれている.[名](～儿)曲がっているところ.¶wǒ ràole jǐ ge ～r cái zǒudao nàli[我绕了几个～儿才走到那里]曲がり角を幾度か曲がってやっとそこについた.(あちこち遠まわりしてやっとついた)

wān 湾[名]入り江.湾.川が弓形になっているところ.

†__wán 丸__[量]丸薬などを数える.粒.¶měi rì sān cì,měi cì chī yì ～[每日三次，每次吃一～]1日3回,1粒ずつ服用.

⁂__wán 完__[動]❶尽きる.¶gǎozhǐ yòng ～ le[稿纸用～了]原稿用紙がなくなった.❷終わる.おしまいになる.完結する.¶～le shì,wǒ mǎshàng huíjiā[～了事，我马上回家]終わったらすぐ家に帰る.

⁂__wán 玩__[動](～儿)❶遊ぶ.¶nǐ yǒu kòngr dào wǒ jiā lái ～[你有空儿到我家来～]暇があったら私の家へ遊びにいらっしゃい.❷(スポーツやゲームなどを)する.¶～ tiàoshéng[～跳绳]縄跳びをする／～ zhuō mícáng[～捉迷藏]かくれん坊をする.❸(不正な手段を)弄(ろう)する.¶～ yīnmóu shǒuduàn[～阴谋手段]陰謀・策略を弄する.

†__wǎn 挽__[動]❶引く.¶shǒu ～zhe shǒu[手～着手]手に手をつなぐ.❷衣服を上にまくり上げる.¶～qi xiùzi lái gànhuó fāngbiàn[～起袖子来干活方便]袖をまくり上げて仕事をすればや

W

目で見る類義語 wǎn 碗　zhōng 盅　bēi 杯

►“碗”wǎnは口が広く,底のほうが小さいもので,ご飯を入れる器として“饭碗”fànwǎnがある.また“饭碗”より小さい,中国茶を飲むふた付きの“茶碗”cháwǎnもある.これは日本で客に日本茶を出す時の器とほぼ同じである.►小さくて丈の低い「おちょこ」型のものは“盅”zhōngと呼び,大体お酒を飲む時に使う.¶酒盅 jiǔzhōng(酒の盃).地方によってはお茶を飲むための小さい“茶盅”cházhōngもある.►“杯”bēiは最も一般的な容器で,様々な形がある.“茶杯”chábēi(湯飲み),“水杯”shuǐbēi(コップ),“酒杯”jiǔbēi(酒杯),“玻璃杯”bōlibēi(グラス)のように,使用範囲もとても広い.►ティーカップは元々中国にないものなので,それをさす場合は“喝红茶的杯子”hē hóngchá de bēizi(紅茶を飲むカップ)という.

りやすい.

wǎn 挽❶
wǎn shǒu
挽手
手をつなぐ

⁑wǎn 晩*[名]晩.夕方.¶～shang[～上]夜.[形]❶遅い.↔ zǎo 早 ¶tiān yǐjing hěn ～ le[天已经很～了]もう時間が遅い.❷遅れた.¶～hūn ～yù[～婚～育]晩婚と晩婚による出産,育児.

⁑wǎn 碗[名]碗.¶chá～[茶～]茶碗.[量]碗に入ったものを数える.¶liǎng ～ mǐfàn[两～米饭]ご飯2膳.➡見る類 p.543

wǎn 碗[名]

① fànwǎn 饭碗　② cháwǎn 茶碗
①飯茶碗 ②茶飲み茶碗

⁑wàn 万[数]❶1万.❷数が多いことの形容.¶～ shuǐ qiān shān[～水千山]成たくさんの山河.道のりがはるかで険しいことの形容.

†wǎnbào 晩报[名]夕刊.

†wánbèi 完备[形]完備している.¶yǒu bù ～ de dìfang,qǐng duō zhǐzhèng[有不～的地方，请多指正]不備な点がありましたら,どうぞご指摘ください.

wánbì 完毕[動]終わる.¶yíqiè zhǔnbèi ～[一切准备～]すべての準備が終わった.

wǎncān 晩餐[名]晩餐.夕食.

⁑wánchéng 完成[動]完成する.¶shùnlì ～le rènwu[顺利～了任务]順調に任務を終了した.

wán//dàn 完蛋[動]❶だめになる.終わる.¶fǎndòngpài ～ le[反动派～了]反動派はオダブツになった.❷くたばる.¶zhèi lǎojiāhuo ～ le[这老家伙～了]この老いぼれはくたばった.

⁑wǎnfàn 晩饭[名]夕食.晩ご飯.

†wànfēn 万分[副]たいへん.きわめて.¶～ nánguò[～难过]きわめてつらい.

wáng 亡*[動]❶逃げる.¶liú～[流～]亡命する.❷滅びる.滅ぼす.¶jiù～[救～]救国／shuāi～[衰～]衰えて滅びる.❸死ぬ.¶jiā pò rén ～[家破人～]一家が離散し,身内の者を亡くす／shāng～[伤～]死んだり傷ついたりする.

wáng 王[名]❶王.国王.¶nǚ～[女～]女王.❷リーダー.親分.¶shān dà ～[山大～]山賊の親分／háizi～[孩子～]がき大将.

†wǎng 网[名]❶網.¶sā～[撒～]網を投げる.❷パソコンのネットワーク.¶yīntè～[因特～]インターネット／hùlián～[互联～]インターネット／～chóng[～虫]インターネットおたく／júyù～[局域～]イントラネット.

⁑wǎng 往[動]行く.¶jiēshang rén lái rén ～,hěn shì rènao[街上人来人～,很是热闹]街頭は人が行き来して,ほんとうににぎやかだ.[前]…へ.…に向かって.¶yìzhí ～ qián zǒu[一直～前走]まっすぐ前に行きなさい.

⁑wàng 忘[動]忘れる.¶wǒ bǎ shū ～ zai jiàoshì le[我把书～在教室了]私は本を教室に忘れた／～buliǎo[～不了]忘れっこない.

*wàng 望[動]遠くを見る.見渡す.¶tā ～le wǒ yì yǎn[她～了我一眼]彼女は私のほうを見やった.➡類義語 qiáo 瞧

wǎngbā 网吧[名]インターネットカフェ.

wǎngcháng 往常[名]ふだん.いつも.¶wǒmen ～ hěn shǎo hē jiǔ[我们～很少喝酒]私たちは平素あまり酒をたしなまない.

wǎngfǎn 往返[動]往復する.¶～ yú Běijīng hé Xiānggǎng[～于北京和香港]北京と香港を往復する.

wángguó 王国[名]王国.

wǎnghòu 往后[名]これから.今後.¶～ yào rènzhēn xuéxí![～要认真学

习!］これからはしっかり勉強しなさい.

*wàngjì 忘记［動］忘れる.¶wǒ méiyou yì tiān ～guo wǒ de fùmǔ［我没有一天～过我的父母］私は1日たりとも父母のことを忘れたことがない.

wàngjì 旺季［名］最盛期.シーズン.最も活況を呈する時期.↔ dànjì 淡季 ¶lǚyóu ～ shí fàndiàn de fángjiān hěn nán yùdìng［旅游～时饭店的房间很难预订］旅行シーズンのホテルは予約がとりにくい.

†wǎnglái 往来［動］❶行き来する.¶chēliàng ～［车辆～］車が行き交っている.❷交際する.¶～ mìqiè［密切～］しげしげと往来する.

wǎngluò 网络［名］ネットワーク.¶diànnǎo ～［电脑～］パソコンのネットワーク.

wǎngnián 往年［名］往年.以前.¶jīnnián de shōucheng bǐ ～ hǎo［今年的收成比～好］今年の作柄はこれまでよりもよい.

*wǎngqiú 网球［名］❶テニス.¶dǎ ～［打～］テニスをする.❷テニスボール.

wàngquè 忘却［動］〈書〉忘れる.¶nányǐ ～［难以～］忘れがたい.

wǎngrì 往日［名］以前.かつて.¶～ de huānlè yǐ bù cúnzài le［～的欢乐已不存在了］かつての楽しみはもうない.

wàngshèng 旺盛［形］旺盛である.盛んである.¶lǎorén suīrán niánjì dà le,dàn hái bǎochízhe ～ de jīnglì［老人虽然年纪大了，但还保持着～的精力］老人は年はとったが,旺盛な体力と気力を保っている.

wǎngshì 往事［名］往時.昔.¶huíyì ～［回忆～］往時を回想する.

wàngtú 妄图［動］無謀な企みをする.¶～ cuànduó zhèngquán［～篡夺政权］政権を奪取しようと企む.

†wángù 顽固［形］頑固である.保守的である.¶tā de sīxiǎng tài ～［他的思想太～］彼はあまりに考えが保守的だ.

†wàn gǔ cháng qīng 万古长青〔成〕いつまでも色があせない.友情などが永遠に変わらない.¶yuàn wǒmen de yǒuyì rú sōng bǎi yíyàng ～［愿我们的友谊如松柏一样～］私たちの友情が,マツやカシワと同じようにいつまでも色あせずにいますように.

*wǎngwǎng 往往［副］往々にして.ややもすれば.¶gōngzuòqilai,tā ～ wàngjì chīfàn［工作起来，他～忘记吃饭］彼は仕事を始めると,ややもすると食事をするのを忘れる.➡〔類義語〕chángcháng 常常

wàngxiǎng 妄想［動］妄想する.¶chī xīn ～［痴心～］〔成〕実現しそうもないことを妄想する.［名］妄想.¶bù láo ér huò,nà shì ～［不劳而获，那是～］労せずして手に入れようだなんて,それは妄想だよ.

wāngyáng 汪洋［名］水が洋々と果てしないこと.¶～ dàhǎi［～大海］茫洋たる大海原.

wǎngyè 网页［名］ウェブページ.ホームページ.

wàngyuǎnjìng 望远镜［名］望遠鏡.

wǎngzhàn 网站［名］ウェブサイト.サイト.

wǎngzhǐ 网址［名］ウェブアドレス.URL.

⁑wǎnhuì 晚会［名］夜会.夕べの集い.“文艺晚会”wényì wǎnhuì,“联欢晚会”liánhuān wǎnhuìの略.¶kāi ～［开～］夕べの集いを催す.

†wǎnjiù 挽救［動］救う.¶～ bìngrén de shēngmìng［～病人的生命］病人の命を救う.

wánjù 玩具［名］玩具(がんぐ).おもちゃ.

wǎnnián 晚年［名］晩年.老後.¶āndù ～［安度～］平穏無事に晩年を送る／～ de lèqù［～的乐趣］老後の楽しみ.

wánnòng 玩弄［動］❶手で弄(もてあそ)ぶ.いじくる.¶shǒuli ～zhe yí ge dǎhuǒjī［手里～着一个打火机］手の中でライターをいじくっている.❷弄ぶ.玩弄(がんろう)する.¶～ rén de gǎnqíng［～人的感情］人の心を弄ぶ.❸弄(ろう)する.¶～ shǒuduàn［～手段］手段を弄する.

†wánqiáng 顽强［形］粘り強い.堅固である.¶yìzhì ～［意志～］意志が堅固だ／～ dǐkàng［～抵抗］粘り強く抵

抗する.

†**wānqū 弯曲**[形]曲がっている.¶shānjiǎo xia yǒu yì tiáo wānwānqūqū de xiǎoxī[山脚下有一条弯弯曲曲的小溪]山のふもとには曲がりくねった一筋の小川がある.

⁑**wánquán 完全**[形]完全である.¶nǐ huídáde hěn ～[你回答得很～]あなたの答え方は完全だ.[副]完全に.¶wǒ ～ zànchéng[我～赞成]私はまったく賛成だ.

wànr 腕儿[名](芸能界の)人気タレント.売れっ子.有名人."大腕儿"dàwànrともいう.

†**wánshàn 完善**[形]完璧である.¶shèbèi hái bù ～[设备还不～]設備がまだ完璧ではない.[動]完璧にする.¶～ guīzhāng zhìdù[～规章制度]規則,制度を整備する.

⁑**wǎn·shang 晚上**[名]夜.晩.

†**wànsuì 万岁**[名]❶(祝福の言葉)永遠に続くことを願う.万歳(ばんざい).¶yǒuyì ～[友谊～]友情万歳.❷皇帝に対する呼称.

†**wànwàn 万万**[副]決して.¶～ méi xiǎngdao[～没想到]まったく思いもよらなかった.

wǎnxī 惋惜[動](人が不幸にあったり,ものが損失を被ったことに対して)悼む.同情する.¶nèige gūniang búxìng qùshì,tóngxuémen dōu hěn ～[那个姑娘不幸去世，同学们都很～]その娘が不幸にして亡くなり,クラスメートは皆その死を悼んだ.

†**wánxiào 玩笑**[名]冗談.¶kāi ～[开～]冗談を言う.

†**wànyī 万一**[名]1万分の1.きわめて小さな一部分を言う.¶wǒ de kǒucái bùjí tā de ～[我的口才不及他的～]私の弁舌は彼の1万分の1にも及ばない.[副]万が一.¶～ xūyào rén bāngmáng,jiù lái zhǎo wǒ[～需要人帮忙，就来找我]万が一手助けが必要になったら,私を呼んでください.

†**wányìr 玩意儿**[名]❶玩具.おもちゃ.¶gěi háizi mǎile jǐ ge ～[给孩子买了几个～]子供におもちゃをいくつか買ってやった.❷曲芸,雑技など.¶xiàngsheng zhè ～[相声这～]かけあい漫才という芸.

wànyuánhù 万元户[名]年収が1万元を超える世帯.

*__wánzhěng 完整__[形]完全である.¶zhèi fú gǔhuà bǎocúnde hěn ～[这幅古画保存得很～]この古い絵は保存の状態がきわめていい.

†**wá·wa 娃娃**[名]子供.人形.¶ní～[泥～]泥人形/pàng ～[胖～]まるまると太った赤ちゃん/bù～[布～]布の人形.縫いぐるみ.

⁑**wà·zi 袜子**[名]〔shuāng 双〕靴下.

⁑**wéi 为**[動]❶…となす.…とする.¶xuǎn tā ～ dàibiǎo[选他～代表]彼を代表に選ぶ/bài nǐ ～ shī[拜你～师]あなたを師とあおぐ.❷…と変える.…に変わる.…となる.¶biàn shāmò ～ tián[变沙漠～田]砂漠を田に変える.❸…である.¶Běijīng ～ Zhōngguó de shǒudū[北京～中国的首都]北京は中国の首都である.❹する.やる.行う.¶niánqīng yǒu～[年轻有～]若くて将来有望である/jìnlì ér ～[尽力而～]力をつくして行う.

⁑**wéi 为**[前]受け身を表す.…される.(後の"所"suǒと呼応する)¶zhèi zhī gē ～ dàjiā suǒ xǐ'ài[这支歌～大家所喜爱]この歌はみんなから愛されている.→wèi

*__wéi 围__[動]取り囲む.¶liǎng ge rén chǎojià,wàimian ～le yì quān rén[两个人吵架，外面～了一圈人]2人がけんかしているその周りを人垣が取り囲んだ.

wěi 尾*[名]❶しっぽ.単独で言う時は通常"尾巴"wěibaの形で用いる.¶niú～[牛～]ウシのしっぽ.❷末尾.¶duì ～[队～]隊列の最後尾/～qì[～气]排気ガス/～shù[～数]末尾の数字.[量]魚を数える.¶jǐ ～ yú[几～鱼]何匹かの魚.

⁑**wèi 为**[動]…のためである.¶wǒ zhèyàng zuò ～ shéi?[我这样做～谁?]私がこうしているのは誰のためだと思っているのだ.[前]❶…のために.(行為の対象を示す)¶～ rénmín fúwù[～人民服务]人民のために奉仕する/～ péngyou bāngmáng[～朋友帮忙]友達のために手伝う.❷…のた

めに.(目的を表す)¶～ xiě zhèi běnshū huāle wǔ nián shíjiān[～写这本书花了五年时间]この本を書くのに5年間費やした／～ chūguó sìchù bēnzǒu[～出国四处奔走]出国のために奔走する.→wéi

*wèi 未[副]❶まだ…しない.¶～chéngniánzhě[～成年者]未成年者／shàng ～ wánchéng[尚～完成]いまだ完成しない.❷…ない.＝ bù 不¶～ kě hòu fēi[～可厚非]成あまりとがめるべきではない.

⁑wèi 位[量]敬意をもって人を数える時に用いる.¶sān ～ kèren[三～客人] 3名のお客様／gè～ péngyou[各～朋友]皆様方／qǐngwèn yígòng jǐ ～?[请问一共几～?]全部で何名様ですか.

†wèi 味[名]❶(～儿)味.¶zhèige cài ～r búcuò[这个菜～儿不错]この料理は味がとてもよい／suān～[酸～]酸味.❷(～儿)におい.¶mòlihuā yǒu yì gǔ xiāng～r[茉莉花有一股香～儿]ジャスミンはよい香りがする／wénjian yì gǔ chòu～r[闻见一股臭～儿]嫌なにおいがする.❸味わい.面白み.¶zhèi piān wénzhāng kūzào wú～[这篇文章枯燥无～]この文章は単調で面白みがない.

*wèi 胃[名]胃.¶～ téng[～疼]胃が痛い／kāi ～yào[开～药]胃薬を処方する.

wèi 畏[動]❶恐れる.¶wàng ér shēng ～[望而生～]成見ただけで恐れをなす／dàwú～ de jīngshén[大无～的精神]何ものも恐れない精神.❷感服する.¶jìng～[敬～]敬い畏(おそ)れる.

⁑wèi 喂[嘆]おい.もしもし.注呼びかけに使う.電話での呼びかけはwéiと第2声になることが多い.¶～,shì Liú xiānsheng de jiā ma?[～，是刘先生的家吗?](電話で)もしもし,劉先生のお宅ですか／～,nǐ qù nǎr?[～，你去哪儿?]おい,どこに行くんだい.

*wèi 喂[動]❶動物に餌をやる.飼育する.¶gěi jī ～shí[给鸡～食]ニワトリに餌をやる／～zhe jǐ tóu zhū[～着几头猪]何頭かのブタを飼っている.❷(口まで持っていって)食べさせる.¶gěi xiǎoháir ～fàn[给小孩儿～饭]子供にご飯を食べさせる／～nǎi[～奶]乳を飲ませる.

*wěi·ba 尾巴[名]❶〔tiáo 条〕動物のしっぽ.¶tùzi de ～[兔子的～]ウサギのしっぽ.❷物の尾部.¶fēijī ～[飞机～]飛行機の後部.❸自分の考えを持たず,他人に追随する者.¶tā shì kēzhǎng de xiǎo ～[他是科长的小～]彼は課長の追随者だ.❹尾行者の蔑称.‖話し言葉ではyǐbaと発音される.

†wéibèi 违背[動]背く.違反する.¶～ guīzhāng zhìdù[～规章制度]規則や制度に違反する.

†wèibì 未必[副]必ずしも…とは限らない.¶tā shuō de ～ dōu duì[他说的～都对]彼の言うことがすべて正しいというわけではない／tāmen ～ huì tóngyì[他们～会同意]彼らが必ずしも同意するとは限らない.

wēibōlú 微波炉[名]電子レンジ.

wēi bù zú dào 微不足道成たいへん小さくて取るに足らない.¶zhèi diǎn xiǎoshì ～[这点小事～]こんなささいなことは取るに足らない.

wèicéng 未曾[副]まだ…ことがない.¶～ qùguo de dìfang yǒu jīhuì dōu xiǎng qù kànkan[～去过的地方有机会都想去看看]まだ行ったことのない所にはチャンスがあればどこでも行ってみたい.

wèicháng 未尝[副]…でないわけではない.注否定詞の前に置く.¶zhème zuò ～ bùkě[这么做～不可]このようにやっていけないわけではない.

†wéichí 维持[動]維持する.保持する.¶～ hépíng[～和平]平和を維持する／zhè diǎnr qián néng ～dao yuèdǐ ma?[这点儿钱能～到月底吗?]これっぽっちのお金で月末までもつかなぁ.

wèicǐ 为此[接]このために.¶～, gōngsī hái tèdì qǐng láile zhuānjiā gěi zhíyuánmen zuò bàogào[～，公司还特地请来了专家给职员们做报告]このために,会社はわざわざ専門家を招いて社員たちに講演を行った.

⁑wěidà 伟大[形]偉大である.¶～ de

W

zǔguó[～的祖国]偉大な祖国／～ de wénxuéjiā[～的文学家]偉大な文学者.

*wèi·dao 味道[名]❶味.¶nǐ chángchang ～ zěnmeyàng?[你尝尝～怎么样?]味がどうかちょっと食べてみて／zhèige dòushābāo ～ hǎojí le[这个豆沙包～好极了]このあんまんは最高においしい.❷味わい.¶zhèi bù diànyǐng hěn yǒu ～[这部电影很有～]この映画は趣がある／zhèi bù xiǎoshuō yuè kàn yuè yǒu ～[这部小说越看越有～]この小説は読めば読むほど味がでる.➡ 類義語 fēngwèi 风味

W

wéidú 惟独[副]ただ…だけ.¶dàhuǒr dōu dào le,～ tā méi lái[大伙儿都到了，～他没来]みんな来たのに,彼だけが来ていない.

wéifǎ 违法[動]法を破る.¶dǎjī ～ fànzuì fènzǐ[打击～犯罪分子]法を犯す犯罪者に制裁を加える.

*wéifǎn 违反[動]違反する.¶～ dǎngjì[～党纪]党紀に違反する.

wéifàn 违犯[動]法律などに違反する.¶～ huánjìng bǎohùfǎ[～环境保护法]環境保護法に違反する.

wēifēng 威风[名]威風.威光.¶～ lǐnlǐn[～凛凛]威風堂々としている.[形]威風がある.¶chuānshang jūnzhuāng xiǎnde hěn ～[穿上军装显得很～]軍服に身を包んで威風がある.

wéigān 桅杆[名]帆柱.マスト.

wěigē 伟哥[名]〔薬〕バイアグラ.

wéigōng 围攻[動]包囲して攻撃する.¶zài gànbùhuì shang tā shòudaole zhòngrén de ～[在干部会上他受到了众人的～]幹部会の席上で彼は皆から集中攻撃された.

wēiguān 微观[名]微視.ミクロ.↔ hóngguān 宏观 ¶～ jīngjì[～经济]ミクロ経済.

wéiguān 围观[動]まわりをとり囲んで見る.野次馬見物する.¶diànyǐng míngxīng zài jiēshang bèi rén ～[电影明星在街上被人～]映画スターが街で野次馬に囲まれる.

*wēihài 危害[動]危害を与える.¶～ shèhuì zhì'ān[～社会治安]社会の治安を損なう.[名]ダメージ.損害.

wèihé 为何[代]どうして.なぜ.＝wèi shénme 为什么¶～ fánnǎo?[～烦恼?]なぜ悩んでいるのだ.

*wéihù 维护[動]擁護する.守る.¶～ zhì'ān[～治安]治安を守る.

*wēijī 危机[名]危機.恐慌.¶cáizhèng ～[财政～]財政危機／zhèngzhì ～[政治～]政治的危機.

wēijí 危急[形]危機が迫る.危険である.¶～ de guāntóu[～的关头]危機一髪の瀬戸際.

†wéijīn 围巾[名]〔tiáo 条〕マフラー.スカーフ.¶dài ～[戴～]マフラー(スカーフ)を巻く.

wèijù 畏惧[形]〈書〉恐れる.¶kùnnan bùkě ～[困难不可～]困難を恐れてはいけない／wú suǒ ～[无所～]何ものも恐れない.

wéikǒng 唯恐[動]…だけが気がかりだ."惟恐"とも書く.¶yǒu diǎnr chéngjì jiù ～ biéren bù zhīdào[有点儿成绩就～别人不知道]ちょっと成果があると他人に気づいてもらえないのが気になってしょうがない／tā yíbèizi ～ bèi rén shuō xiánhuà[他一辈子～被人说闲话]彼はいつも人に陰口をたたかれるのではないかと気にして生きている.

†wèikǒu 胃口[名]食欲.¶～ bù hǎo, bù xiǎng chī dōngxi[～不好，不想吃东西]食欲がなくて,何も食べたくない／jīntiān tài lèi le,méiyou ～[今天太累了，没有～]今日はとても疲れて,食欲がない.

*wèilái 未来[名]今後.未来.将来.¶～ liǎng tiān nèi kěnéng yǒu bàofēngyǔ[～两天内可能有暴风雨]2,3日中に暴風雨になるかもしれない／zǔguó de ～[祖国的～]祖国の未来.

⁂wèi·le 为了[動]…のためである.¶zhànshìmen chīkǔ shòulèi,shì ～ zǔguó rénmín[战士们吃苦受累，是～祖国人民]兵士たちが苦難に耐えているのは,祖国の人々のためである.[前]…のために.(目的を表す)¶～ tígāo Hànyǔ shuǐpíng,wǒmen yīnggāi nǔlì xuéxí[～提高汉语水平，我们应该努力学习]中国語のレベルを向上させるために,我々は努力して勉強しないといけない／～ zǎoshang bù chídào,tā mǎile sān ge nàozhōng[～早上不迟到，他买了三个闹钟]朝遅刻しないように,彼は目覚し時計を3つ買った.

wēilì 威力[名]威力.¶xiǎnshìle fǎlǜ de ～[显示了法律的～]法律の威力を示した.

wèimiǎn 未免[副]…をのがれない.どう見ても…と言わざるを得ない.¶～ tài yánlì le[～太严厉了]いくらなんでも厳しすぎる／yuǎnlí qīnrén, yǒushí ～ xiǎngjiā[远离亲人，有时～想家]遠く家族と離れていると,時折どうしても家が恋しくなる.

wēimiào 微妙[形]微妙である.¶zhè liǎng zhǒng huā de xiāngwèi yǒu ～ de qūbié[这两种花的香味有～的区别]この2種類の花の香りは微妙に違う.

†**wéinán 为难**[動]❶困る.困惑する.¶zhè shì yí jiàn shǐ rén gǎndào xiāngdāng ～ de shì[这是一件使人感到相当～的事]これはかなり厄介なことだ.❷困らせる.¶hébì ～ rénjia[何必～人家]どうして人を困らせる必要があろうか.

wéiqī 为期[動]期限とする.限りとする.期限から見る.¶zhèi cì fǎngwèn ～ wǔ tiān[这次访问～五天]今回の訪問は5日間限りだ／shènglì yǐjing ～ bù yuǎn le[胜利已经～不远了]勝利はもう近い.

wéiqí 围棋[名]囲碁.¶xià ～[下～]囲碁を打つ.

†**wěi·qu 委屈**[動]❶いわれのない叱責や処遇につらく思う.¶sù ～[诉～]うらみつらみを訴える／juéde hěn ～[觉得很～]実にやりきれない.❷人につらい思いをさせる.¶zhèr tiáojiàn chà, ～ nǐmen le[这儿条件差，～你们了]ここは条件が悪くてあなた方につらい思いをさせました.

*__wéirào 围绕__[動]❶めぐる.¶wèixīng ～zhe dìqiú zhuàn[卫星～着地球转]衛星は地球の周りを回っている.❷中心とする.¶～ gǎigé kāifàng zhèngcè tǎolùn yíxiàr[～改革开放政策讨论一下儿]改革開放政策についてちょっと討論しよう.

*__wèishēng 卫生__[形]衛生的である.¶chīfàn bù xǐshǒu hěn bú ～[吃饭不洗手很不～]食事の時手を洗わないのは不衛生だ.[名]衛生.¶jiǎng ～[讲～]衛生に注意する／bǎochí huánjìng ～[保持环境～]環境衛生を保つ.

†**wéishēngsù 维生素**[名]ビタミン.かつては音訳語の"维他命"wéitāmìng を用いた.

⁑**wèi shén·me 为什么**[組]どうして.なぜ.¶jīntiān ～ tā méi lái?[今天～他没来?]今日なぜ彼は来ていないのですか／～ nǐ bù tīng dàjiā de quàngào?[～你不听大家的劝告?]どうして君は皆の忠告を聞かないのだ.

[類義語] wèi shénme 为什么
zěnme 怎么

►共に原因を問う.¶他｛为什么／怎么｝不来学校? tā｛wèi shénme／zěnme｝bù lái xuéxiào?(彼はなぜ学校に来ないのか)►"为什么"は「なぜ？」という客観的な質問.¶十万个为什么 shí wàn ge wèi shénme(10万のなぜ)►"怎么"はいぶかり,驚きを伴った疑問.必ずしも答えを求めない.¶你怎么不明白呢? nǐ zěnme bù míngbai ne?(どうして分からないの)

†**wéishǒu 为首**[動]…を頭とする.…をはじめとする.…を中心とする.¶yǐ Zhāng bóshì ～ de wényì gōngzuòzhě dàibiǎotuán[以张博士～的文艺工作者代表团]張博士をはじめとする文芸関係者代表団.

†**wěituō 委托**[動]頼む.委託する.¶～ yínháng chǔlǐ[～银行处理]銀行に処理を委託する／～ tā dàibàn[～他代办]彼に代行を頼む.

wěiwǎn 委婉[形](言葉遣いが)婉曲(えんきょく)である.¶zìjǐ zuòbudào de shìqing yīnggāi ～ de jùjué[自己做不到的事情应该～地拒绝]自分ができないことは婉曲に断るべきである.

wēiwàng 威望[名]威信.名声.¶～

chāoqún[～超群]威信が群を抜いている.

†**wèiwèn 慰问**[動]慰問する.¶～ zāiqū rénmín[～灾区人民]被災地の人々を慰問する/～tuán[～团]慰問団.

wéiwùlùn 唯物论[名]〔哲〕唯物論.

wéiwù zhǔyì 唯物主义[名]〔哲〕唯物主義.

⁂**wēixiǎn 危险**[形]危険である.危ない.↔ ānquán 安全 ¶yèli yí ge rén chūqu hěn ～[夜里一个人出去很～]夜1人で出歩くのは危険だ/～pǐn[～品]危険物.[名]危険.

†**wēixiǎo 微小**[形]微少である.極めて小さい.¶～ de lìliang[～的力量]ごく小さな力.

*__wēixiào 微笑__[動]微笑する.微笑む.¶liǎnshang guàzhe ～[脸上挂着～]顔に微笑みを浮かべる.

†**wēixié 威胁**[動]おびやかす.威嚇する.¶héwǔqì ～ rénlèi[核武器～人类]核兵器は人類を脅かす.

wēixìn 威信[名]威信.権威.¶nèi jiàn chǒuwén shǐ tā ～ sǎodì[那件丑闻使他～扫地]その醜聞は彼の威信を失墜させた.

*__wèixīng 卫星__[名]❶衛星.❷衛星のように中心を取り巻いているもの.¶～ chéngzhèn[～城镇]衛星都市.❸人工衛星.¶～ zhuǎnbō[～转播]衛星中継放送/qìxiàng ～[气象～]気象衛星.

wéixīnlùn 唯心论[名]〔哲〕唯心論.

wéixīn zhǔyì 唯心主义[名]〔哲〕唯心主義.

wéixiū 维修[動]修理維持する.補修する.¶fángwū yào jīngcháng ～[房屋要经常～]家屋は常にメンテナンスをしなければならない.

wéiyī 惟一[形]唯一である.ただ一つである.¶zhè shì wǒ ～ de àihào[这是我～的爱好]これが私のたった一つの趣味だ.

wéiyǒu 唯有[副]…だけ.…のみ.“惟有”とも書く.¶dàjiā dōu cānjiāle wǎnhuì, ～ tā méi lái[大家都参加了晚会,～他没来]みんなパーティーに出席し

文法 主述文のタイプ

主述文は述語のタイプにより,大きく4つに分類される.

1 **動詞述語文**

述語が動詞からなっている文.次のようないくつかの構造が見られる.

1) 主語+動詞

¶他们听。 Tāmen tīng.(彼らは聞く)

¶我们看。 Wǒmen kàn.(私たちは見る)

2) 主語+動詞+目的語

¶你听音乐。 Nǐ tīng yīnyuè.(あなたは音楽を聴く)

¶我们看京剧。 Wǒmen kàn jīngjù.(私たちは京劇を見る)

3) 主語+動詞+間接目的語+直接目的語➡文法 二重目的語文 p.242

¶爸爸给我一本书。 Bàba gěi wǒ yì běn shū.(父は私に1冊の本をくれる)

¶我告诉他一个好消息。 Wǒ gàosu tā yí ge hǎo xiāoxi.(私は彼にいい知らせを告げる)

また,状語(連用修飾語)は動詞の前に置かれる.

¶我们下星期开会。 Wǒmen xià xīngqī kāihuì.(私たちは来週会議を開く)

¶他在这儿吃饭。 Tā zài zhèr chī fàn.(彼はここでご飯を食べる)

このほか,動詞が“是”shìからなる文,存現文などがある.➡文法 存現文 p.560

2 **形容詞述語文**

述語が形容詞からなっている文.

1) 主語+形容詞

¶她很漂亮。 Tā hěn piàoliang.(彼女はきれいだ)

このタイプの文では普通,形容詞の前に副詞の“很”をつける.この場合“很”

たのに,彼だけが来なかった／～ diànnǎo shì tā de àihào[～电脑是他的爱好]コンピュータだけが彼の趣味だ.

†**wèiyú 位于**[動]…に位置する.¶Yìndù ～ Yàzhōu nánbù[印度～亚洲南部]インドはアジアの南部に位置する.

wèiyǔ 谓语[名]〔語〕述語.

◆動詞句だが……

►中国語は活用に乏しい言語だと言われる.それに比べて日本語は動詞や助動詞などの活用語はその活用形で文中における役割が明示され,また助詞を用いることによってその語の文意への関わりが示される.漢文を訓読する際に,語順を操作するだけでなく,助詞や助動詞をたくさん補わなければならなかったことが思い出されよう.►中国語は"来北京" lái Běijīng1つを例にとっても,その文中での役割はさまざまであり,それを日本語に訳出すると実に多様な意味になる.¶他来北京两个月了 tā lái Běijīng liǎng ge yuè le(彼が北京に来てから2ヵ月になる)／你来北京吧 nǐ lái Běijīng ba(北京にいらっしゃい)／来北京也没多大意思 lái Běijīng yě méi duō dà yìsi(北京に来てもあまり面白くない)／来北京就找我吧 lái Běijīng jiù zhǎo wǒ ba(北京にいらしたら私を訪ねてくださいね)／来北京一趟不容易吧 lái Běijīng yí tàng bù róngyì ba(北京に来るのはたいへんでしょう)

***wěiyuán 委员**[名]委員.

wěizào 伪造[動]偽造する.¶～ huòbì[～货币]貨幣を偽造する／～ hùzhào[～护照]パスポートを偽造する.

wéi//zhāng 违章[動]規定・規則に違反する.¶lùbiān de ～ jiànzhù dōu bèi chāichú le[路边的～建筑都被拆除了]道端の違法建築は全部取り壊された.

†**wéizhǐ 为止**[動]終わりにする.¶huìyì dào cǐ ～[会议到此～]会議はここまでとします.

***wèi·zhi 位置**[名]位置.地位.¶àn

が元来持つ「とても」の意味は消失する.また,"很"がないと,比較の意味が生じる.

¶她家远，我家近。 Tā jiā yuǎn, wǒ jiā jìn.(彼女の家は遠いが,私の家は近い)

2)主語＋形容詞＋補語

¶这个人坏极了。 Zhèige rén huàijí le.(こいつはまったく悪いやつだ)

また,状語(連用修飾語)は形容詞の前に置かれる.

¶今天比昨天更热。 Jīntiān bǐ zuótiān gèng rè.(今日は昨日より更に暑い)

③名詞述語文

話し言葉に見られ,"是"を伴わず名詞がそのまま述語になる文.時間,本籍,年齢などを言う時に用いられる.

1)時間

¶今天三月五号。 Jīntiān sānyuè wǔ hào.(今日は3月5日だ)

2)本籍

¶她北京人。 Tā Běijīngrén.(彼女は北京の人だ)

3)年齢

¶我十九岁。 Wǒ shíjiǔ suì.(私は19歳だ)

否定の時には "不是" bù shìとする.これは名詞述語文ではなくなる.

¶今天不是三月五号。 Jīngtiān bú shì sānyuè wǔ hào.(今日は3月5日ではない)

④主述述語文

述語が[主語+述語]からなっている文.日本語の「象は鼻が長い」構文に相当する.

¶我身体健康。 Wǒ shēntǐ jiànkāng.(私は体が健康だ)

¶她脑子很好。 Tā nǎozi hěn hǎo.(彼女は頭がよい)

¶这件衣服价格很适宜。 Zhèi jiàn yīfu jiàgé hěn shìyí.(この洋服は値段が手ごろだ)

zhǐdìng de ～ jiùzuò[按指定的～就坐]指定された場所に座る／tā zài gōngsī de ～ hěn gāo[他在公司的～很高]彼は会社で地位が高い.

†**wēn 温***[形]暖かい.温かい.¶～shuǐ[～水]温かい水.温水.[動]温める.¶bǎ tāng ～ yíxià[把汤～一下]スープをちょっと温める／～ niúnǎi[～牛奶]牛乳を温める.

wén 文*[名]❶文字.¶jiǎgǔ～[甲骨～]甲骨文.❷言葉.¶Zhōng～[中～]中国語.❸文章.¶zuò～[作～]作文.❹非軍事の領域.¶～guān[～官]文官.

wén 文❶

鲁班门下

大匠之门

yángwén 阳文 陽刻　yīnwén 阴文 陰刻

*__wén 闻__[動]❶聞く.聞こえる.注現代語では「聞く」という意味の時は"听"tīngを使う.¶bǎi ～ bùrú yí jiàn[百～不如一见]百聞は一見にしかず.❷においをかぐ.¶～daole yì gǔ xiāngwèir[～到了一股香味儿]いいにおいがした／nǐ lái ～～ zhèige wèir[你来～～这个味儿]このにおいをかいでごらん.

†**wěn 吻**[名]唇.¶jiē～[接～]キスをする.[動]口づけをする.キスする.¶～le～ tā shúshuì de miànpáng[～了～她熟睡的面庞]彼女の寝顔に軽くキスをした.

*__wěn 稳__[形]❶しっかりしている.安定している.¶zhàn～[站～]しっかり立つ／fàng～[放～]しっかり置く.❷落ち着いている.¶tàidu hěn ～[态度很～]態度が落ち着いている.❸着実である.間違いがない.¶tā bànshì hěn ～[他办事很～]彼は仕事が着実だ／shí ná jiǔ ～[十拿九～]成十中八九間違いない.ほぼ確実である.

⁂**wèn 问**[動]❶問う.尋ねる.↔ dá 答¶～ tā zhèi jiàn shì[～她这件事]彼女にこの件について尋ねる／nǐ ～～ tā ba[你～～他吧]彼にちょっと尋ねてごらんなさい.❷かまう.関与する.¶bù wén bú ～[不闻不～]成まったく無関心である／bú ～ nánnǚ lǎoshào[不～男女老少]老若男女を問わない.

類義語　**wèn 问　dǎting 打听**

►物事や人についての状況・消息・住所・道など知らないことを人に尋ねる時に使う.¶{问／打听}去天安门的路{wèn／dǎting} qù Tiān'ānmén de lù(天安門へ行く道を聞く)►理解できないことを人に尋ねる時には"问"が使われ"打听"は使われない.¶不懂就{问／×打听}bù dǒng jiù {wèn／×dǎting}(分からなければ聞く)►"问"は二重目的語をとれるが"打听"はとれず,前置詞を用いて表現する.¶{问／×打听}他什么时候回来{wèn／×dǎting} tā shénme shíhou huílai(彼にいつ戻るか聞く)／跟他打听什么时候回来 gēn tā dǎting shénme shíhou huílai

wèndá 问答[名]問答.¶～tí[～题]問答式の問題.

†**wēndài 温带**[名]温帯.

wěn·dang 稳当[形]穏当である.安定している.¶zhèige bànfǎ hěn ～[这个办法很～]この方法はとても穏当だ／bǎ huāpén fàng～ le[把花盆放～了]鉢植えを安定よく置いた／fàngde bù ～[放得不～]置き方が不安定である.

*__wěndìng 稳定__[形]安定している.落ち着いている.¶qíngxù hěn ～[情绪很～]気持ちが落ち着いている／xuèyā hěn ～[血压很～]血圧が安定している.[動]安定させる.落ち着かせる.¶～ wùjià[～物价]物価を安定させる.

*__wēndù 温度__[名]温度.¶cèliáng ～[测量～]温度をはかる／～ shēnggāo le[～升高了]温度が上がった.

wēndùjì 温度计[名]温度計.

wénfáng sìbǎo 文房四宝[名]書斎に常備してある4つの文具.紙・墨・

筆・硯.

①筆立て ②毛筆 ③筆置き
④墨 ⑤硯 ⑥文鎮

wēng 嗡［擬］虫や機械などがうなる音.¶cāngying ～～ de jiào［苍蝇～～地叫］ハエがブンブンと音をたてている.

wěngù 稳固［形］しっかりしている.安定している.¶xīn zhèngquán hái bútài ～［新政权还不太～］新政権はまだ安定していない.

⁑**wèn//hǎo 问好**［動］安否を尋ねたり,ご機嫌伺いをしたり,よろしく言う時などに用いる.¶qǐng dài wǒ xiàng nǐ quánjiā ～［请代我向你全家～］ご家族の皆さんによろしくお伝えください.

†**wēnhé 温和**［形］❶(気候が)暖かい.温暖である.¶qìhòu ～［气候～］気候が温暖だ.❷(性格や態度が)穏やかである.¶～ de xìnggé［～的性格］温和な性格／tàidu ～［态度～］態度が穏やかだ.

*__wènhòu 问候__［動］安否を問う.機嫌を伺う.¶qǐng zhuǎndá wǒ de ～［请转达我的～］よろしくお伝えください／～ lǎoshī［～老师］先生によろしく言う.

⁑**wénhuà 文化**［名］❶文化.¶xīfāng ～［西方～］西洋文化.❷教養.学問.¶méi ～［没～］教養がない／～ shuǐpíng［～水平］教養レベル.

wénhuàgōng 文化宫［名］文化宮.映画館・図書館・劇場などを備えた娯楽施設.¶xīngqīliù ～ yǒu ge wǔhuì［星期六～有个舞会］土曜日に文化宮でダンスパーティーがある.

*__wénjiàn 文件__［名］❶公文書.¶zhěnglǐ ～［整理～］公文書を整理する.❷(政治・学術などの)文章.

wénjiào 文教［名］文化と教育.¶zhòngshì ～ hángyè［重视～行业］文化教育事業を重視する.

wénmáng 文盲［名］非識字者.字の読めない人.¶sǎochú ～［扫除～］非識字者をなくす.

*__wénmíng 文明__［名］文明.文化.¶chuàngzào ～［创造～］文化をつくりだす／wùzhì ～［物质～］物質文明.［形］❶文化的である.¶～ guójiā［～国家］文明国.❷西洋式である.モダンである.¶～ jiéhūn［～结婚］西洋式の婚礼／～gùnr［～棍儿］ステッキ.

†**wénmíng 闻名**［動］名が知れわたっている.有名である.¶～ tiānxià［～天下］世に名が知られている／Chángchéng ～ shìjiè［长城～世界］長城は世界中で有名である.

*__wēnnuǎn 温暖__［形］暖かい.温暖である.¶～ de yángguāng［～的阳光］暖かい陽射し／～ de jiātíng［～的家庭］温かい家庭.［動］温める.¶qīnqiè de wēixiào ～le háizi de xīnlíng［亲切的微笑～了孩子的心灵］人なつっこい笑顔が子供の心を温かくした.

wénpíng 文凭［名］証書.卒業証書.¶dàxué ～［大学～］大学の卒業証書.

wénrén 文人［名］文人.

wēnróu 温柔［形］(多く女性について)やさしくて柔順である.¶xìnggé ～［性格～］性格がおとなしい／shuōhuà hěn ～［说话很～］話し方がやさしい.

wènshì 问世［動］(著作や新製品が)世に出る.売り出される.¶zhèi bù zuòpǐn ～ yǐlái,yìzhí shòudao huānyíng［这部作品～以来，一直受到欢迎］この作品は出版されてからずっと人気がある／zhèige chǎng de xīn chǎnpǐn bùjiǔ qián gānggāng ～［这个厂的新产品不久前刚刚～］この工場の新製品が少し前に出たところだ.

⁑**wèntí 问题**［名］❶質問.問い.問題.¶tí ～［提～］質問する／jiějué ～［解决～］問題を解決する.❷事故.トラブル.故障.¶jīqì yòu chūle ～［机器又出了～］機械がまた故障した.

wěntuǒ 稳妥[形]穏当である.確かである.¶zhèyàng zuò búdà ～[这样做不大～]こういうふうにやるのはあまり穏当でない.

*__wénwù 文物__[名]文物.文化遺産.文化財.¶～ chūtǔ le[～出土了]文化財が出土した／chénliè ～[陈列～]文化遺産を陳列する.

wénxiàn 文献[名]文献.¶kēxué ～[科学～]科学文献.

‡**wénxué 文学**[名]文学.¶gǔdiǎn ～[古典～]古典文学／àihào ～[爱好～]文学を好む.

‡**wénxuéjiā 文学家**[名]文学者.

wényǎ 文雅[形](言葉遣いや態度が)上品で礼儀正しい.¶zhèige gūniang hěn ～[这个姑娘很～]このお嬢さんはとても上品だ／tántǔ ～[谈吐～]話し方が礼儀正しい.

wényán 文言[名]〔語〕文語.書き言葉.

wēnyì 瘟疫[名]疫病.急性伝染病.¶～ liúxíng[～流行]疫病が流行する.

‡**wényì 文艺**[名]文学・芸術の総称.¶～ zuòpǐn[～作品]文芸作品／～jiè[～界]文芸界.

‡**wénzhāng 文章**[名]❶〔piān 篇,duàn 段〕文章.著作.¶xiě ～[写～]文章を書く.❷言外の含み.¶tā de huàli dàyǒu ～[她的话里大有～]彼女の話には大きな含みがある.❸策略.てだて.工夫.¶zài zhè fāngmiàn hái yǒu hěn duō ～ kě zuò[在这方面还有很多～可做]この方面では工夫を凝らす余地がまだたくさんある.

*__wénzì 文字__[名]文字.文章.¶xiàngxíng ～[象形～]象形文字／～ gǎigé[～改革]文字改革.

†**wén·zi 蚊子**[名]〔zhī 只〕蚊.¶bèi ～ dīng le[被～叮了]蚊に刺された／yòng wénxiāng qū ～[用蚊香驱～]蚊取り線香で蚊を退治する.

wō 窝[名]❶巣.巣窟.¶mǎyǐ～[蚂蚁～]アリの巣／jī～[鸡～]ニワトリ小屋／zéi～[贼～]悪人のアジト.❷くぼみ.¶gāzhi～[胳肢～]わきの下／jiǔ～[酒～]えくぼ.

‡**wǒ 我**[代]❶私.僕.¶～ shì Rìběnrén[～是日本人]私は日本人です.❷我が.うちの.¶～ xiào[～校]我が校／～ guó[～国]我が国.

†**wò 卧**[動]伏す.横になる.腹ばいになる.¶～chuáng[～床]病の床につく／～dǎozai dìshang[～倒在地上]地面に伏せる／ménkǒu ～zhe yì tiáo gǒu[门口～着一条狗]門の入り口でイヌが腹ばいになっている.

*__wò 握__[動]握る.手でつかむ.¶～le～tā de shǒu[～了～他的手]彼の手をちょっと握った.

‡**wǒ·men 我们**[代]私たち.我々.¶tāmen shì běifāngrén,～ shì nánfāngrén,zánmen dōu shì Zhōngguórén[他们是北方人，～是南方人，咱们都是中国人]彼らは北部出身で,私たちは南部出身だが,我々は皆中国人だ.

類義語 **wǒmen 我们**
zánmen 咱们

►一人称複数「私たち」を表す.¶{我们／咱们}一起去吧 {wǒmen／zánmen} yìqǐ qù ba(私達一緒に行きましょうよ)►"我们"は聞き手を含む用法と含まない用法がある."咱们"は話し手と聞き手を含めたその場にいる全員をいう.従って以下のような場合"咱们"は使えない.¶{我们／×咱们}去图书馆，你呢? {wǒmen／×zánmen} qù túshūguǎn, nǐ ne?(私達は図書館に行きますが,あなたは?)►また"咱们"はフォーマルな場では使えない.

wō·nang 窝囊[形]❶気持ちがくさくさする.辛い思いをする.¶xīnli hěn ～[心里很～]気持ちがくさくさする／～qì[～气]鬱憤(うっぷん).❷無能である.役に立たない.¶nǐ zěnme zhème ～ ya[你怎么这么～呀]君はどうしてこんなに役立たずなんだ.

wòshì 卧室[名]寝室.

‡**wò//shǒu 握手**[動]手を握る.握手する.¶gēn tā ～[跟她～]彼女と握手する／jǐnjǐn de ～[紧紧地～]手をぎゅっと握る.

†**wū 污***[形]〈書〉汚い.不潔である.¶～shuǐ[～水]汚水／～ní[～泥]汚泥／～hén[～痕]しみ.

wū 屋[名]家屋.部屋.¶～dǐng[～顶]屋上／fáng～[房～]家／lǐ～[里～]奥の部屋／wài～[外～]外側の部屋.

*wú 无[動]〈書〉ない.↔ yǒu 有 ¶～néng[～能]能力がない／～biān ～jì[～边～际]果てしがない.

⁑wǔ 五[数] 5.5つ.

wǔ 伍[数]"五"の"大写"dàxiě(大字).注書き直しを防ぐために証書や契約書の数字の記載に用いる.¶～qiān[～仟]5千.

wǔ 捂[動]手で押さえる.隠す.¶háizi yòng shǒu ～zhe zuǐ tōutōu de xiào le[孩子用手～着嘴偷偷地笑了]子供が手で口を押えてこっそり笑った.

wǔ 舞[動]❶踊る.舞う.¶méi fēi sè ～[眉飞色～]成喜色満面なさま.❷物を手にして踊る.¶～ jiàn[～剑]剣舞を舞う／～ lóngdēng[～龙灯]竜灯踊りをする.❸振り回す.¶shǒu ～ shuāng fǔ[手～双斧]2本の斧を振り回す.[名]踊り.ダンス／jítǐ～[集体～]フォークダンス.

wù 勿[副]〈書〉(禁止を表す)…なかれ.…するな.¶qǐng～ dǎrǎo[请～打扰]邪魔するべからず／wèi jīng xǔkě, qǐng～ rù nèi[未经许可，请～入内]許可を得ずして中に入るべからず.

wù 物[名]❶物.物品.¶shí～ zhāolǐngchù[拾～招领处]拾得物預かり所.❷世間.¶～yì[～议]世の中の議論.物議.❸中身.内容.¶yán zhī yǒu ～[言之有～]成文章や話に中身がある／kōngdòng wú～[空洞无～]成からっぽで内容がない.

†wù 误[動]❶遅れる.好機を逃がす.¶～le kǎoshì[～了考试]試験を受けそこなった／xuéxí gōngzuò liǎng bú ～[学习工作两不～]勉強と仕事を両立させる／～diǎn[～点](乗り物が)定刻に遅れる.❷損害を与える.人をしくじらせる.¶～rén bù qiǎn[～人不浅]人をひどく害する.[形]❶間違っている.¶～xìn[～信]誤って信じる.❷故意ではない.¶～shāng[～伤]誤って人を傷つける.

wù 悟[動]悟る.理解する.¶～chule zuòrén de dàoli[～出了做人的道理]人としての道理を悟った.

*wù 雾[名]霧.¶xià ～[下～]霧が出る／pēn～qì[喷～器]霧吹き.

†wúbǐ 无比[形]比べるものがない.最高である.¶gǎndào ～ gāoxìng[感到～高兴]最高に嬉しい／～ xìngfú[～幸福]この上なく幸せだ.

wùbì 务必[副]〈書〉必ず.ぜひとも.必ず…しなければならない.¶qǐng ～ chūxí[请～出席]万障お繰り合わせの上,ぜひともご出席ください／nǐ ～ yào bāng zhèige máng[你～要帮这个忙]あなたはどうしたってこの手伝いをしなければだめだよ.

wúbù 无不[副]…しないものはない.すべて….¶zhīdao de rén ～ xiànmù[知道的人～羡慕]知っている人で羨ましがらない人はいない／péngyoumen ～ wèi tā gāoxìng[朋友们～为他高兴]彼のことで喜ばない友人はいなかった.

wùchā 误差[名]誤差.¶～ guò dà[～过大]誤差が大きすぎる.

wúcháng 无偿[形]無償の.¶～ yuánzhù[～援助]無償援助／～ láodòng[～劳动]無償労働.

†wúchǎn jiējí 无产阶级[名]プロレタリアート.プロレタリア階級.

wúchǐ 无耻[形]無恥である.恥知らずである.¶～ de xíngwéi[～的行为]恥知らずな行為／tā tài ～ le[他太～了]彼はあまりに恥知らずだ.

wúcóng 无从[副]…する方法がない.¶～ xiàshǒu[～下手]手のつけようがない／shìqing tài fùzá le,～ tánqi[事情太复杂了，～谈起]事情が複雑すぎてどこから話していいのかわからない.

†wǔdǎo 舞蹈[名]踊り.ダンス.舞踏.

†wúfǎ 无法[動]仕方がない.…するすべがない.¶zhèige wèntí ～ jiějué[这个问题～解决]この問題は解決の仕様がない／～ xíngróng[～形容]言い表しようがない.

⁑wǔfàn 午饭[名]昼食.

wúfēi 无非[副]…にすぎない.…にほかならない.¶～ duō huā yìdiǎn qián[～多花一点钱]ちょっと余計にお金が

W

かかるだけだ／tāmen ～ shì tǎolùn yíxià lǚxíng de rìchéng[他们～是讨论一下旅行的日程]彼らは旅行の日程を相談しているにすぎない.

wǔ guāng shí sè 五光十色 ㊎色とりどりで美しいさま.¶～ de xiǎo jīnyú yóu lái yóu qù,kě'àijí le[～的小金鱼游来游去，可爱极了]色とりどりの金魚が泳ぎまわっていて,とてもかわいらしい／gōngyuán li ～ de cǎidēng zhēn piàoliang [公园里～的彩灯真漂亮]公園の色とりどりの明かりがとても綺麗である.

W

wú huà kě shuō 无话可说 ㊊言うことが何もない.¶yǐjing ～ le[已经～了]もう何も言うことはない.

†**wǔhuì 舞会**[名]〔chǎng 场〕舞踏会.ダンスパーティー.¶jǔbàn ～[举办～]舞踏会を開く.

*****wùhuì 误会**[動]思い違いをする.誤解する.¶wǒ ～ tā le[我～他了]私は彼を誤解していた[名]誤解.¶xiāochú-le ～[消除了～]誤解を解いた.

*****wùjià 物价**[名]物価.¶～ shàngshēng[～上升]物価が上昇する／tiáozhěng ～[调整～]物価を調整する.

wǔjiān 午间[名]正午.¶～ xīnwén [～新闻]昼のニュース.

wùjiě 误解[動]誤解する.¶～le duìfāng de hǎoyì[～了对方的好意]先方の好意を誤解した／zhè wánquán shì nǐ de ～[这完全是你的～]これはまったくあなたの誤解だ.

wú jīng dǎ cǎi 无精打采 ㊎精彩がないさま.しょげかえったさま.¶zuìjìn kàn nǐ ～ de,zěnme le?[最近看你～的，怎么了?]最近元気がないようだけどどうかしたの.

wú kě fèng gào 无可奉告 ㊊何も知らせることがない.ノーコメント.¶guānyú gèrén de sīshì,～[关于个人的私事，～]個人的な事については,ノーコメントです.

†**wú kě nài hé 无可奈何** ㊎どうしようもない.なすすべがない.¶tā ～ de tànle kǒu qì[他～地叹了口气]彼はどうしようもないといった様子でため息をついた／fùmǔ duì tā ～[父母对他～]両親は彼に対してなすすべがない.

wúlǐ 无理[形]道理がない.理不尽である.¶tíchū ～ yāoqiú[提出～要求]理不尽な要求を出す／～ qǔnào[～取闹]理不尽に他人に言いがかりをつける.

wǔlì 武力[名]❶武力.軍事力.¶jìnzhǐ shǐyòng ～[禁止使用～]武力の使用を禁止する.❷暴力.腕力.¶yòng ～ wēixié zhèngren[用～威胁证人]暴力で証人を脅迫する.

⁂**wùlǐ 物理**[名]物理学.

wùlì 物力[名]物資.¶tóurù dàliàng de rénlì hé ～[投入大量的人力和～]大量の労力と物資を投入する.

wúliáo 无聊[形]退屈である.くだらない.¶měitiān dōu gǎndào hěn ～[每天都感到很～]毎日退屈だ／zhèi bù diànyǐng zhēn ～[这部电影真～]この映画はまったくくだらない.

*****wúlùn 无论**[接]…を問わず.どうあろうとも.¶～ nǐ shìfǒu tóngyì,wǒ dōu yào qù[～你是否同意，我都要去]あなたが同意しようとしまいと,私は行く／～ wǒ zěnme shuō,tā jiùshì bù tīng[～我怎么说，他就是不听]私がどう言っても,彼は言うことを聞かない.➡ 類義語 bùguǎn 不管

†**wúlùn rúhé 无论如何** ㊊どうあろうとも.どうしても.¶～ nǐ děi gěi wǒ ge dáfù[～你得给我个答复]どうあろうともあなたは私に返事をしなければならない／tā shì wéiyī de zhèngren, ～ yě děi qǐng tā chūxí[他是唯一的证人，～也得请他出席]彼は唯一の証人だから,なんとしても出席してもらわなくては.

†**wūmiè 诬蔑**[動]中傷する.そしる.悪口を言う.¶zàoyáo ～[造谣～]デマを飛ばす／zhè shì duì tā de ～[这是对他的～]これは彼に対する中傷だ.[名]中傷.そしり.悪口.‖"污蔑"とも書く.

wú néng wéi lì 无能为力 ㊎手に余る.どうすることもできない.¶miànduì chóngchóng kùnnan,tā gǎndào ～[面对重重困难，他感到～]度重なる困難に直面し,彼はなすすべのない無力

感を味わった.

†**wùpǐn 物品**[名]品物.(多くは日常生活で使うものをさす) ¶yì suì ～[易碎～]壊れもの／guìzhòng ～[贵重～]貴重品.

wūpó 巫婆[名]巫女(みこ).女性祈祷師(きとうし).

*__wǔqì 武器__[名]❶武器.兵器.¶～ zhìzàochǎng[～制造厂]兵器製造工場.❷(闘争などの)手段.武器.¶bǎ zhīshi dàngzuò ～[把知识当做～]知識を武器にする.

wú qiān wú guà 无牵无挂㊔足手まといになるものが何もない.気にするものが何もない.¶dānshēn yì rén yě yǒu hǎochu,qù nǎr dōu ～[单身一人也有好处，去哪儿都～]一人身というのもいい所があるよ,どこへ行っても足手まといがいない.

†**wúqíng 无情**[形]❶感情をもたない.薄情である.¶～ de rén[～的人]薄情な人.❷情け容赦ない.冷酷である.¶shuǐhuǒ ～[水火～]水害や火災は情け容赦ない／shìshí shì ～ de[事实是～的]事実は非情だ.

wú qíng wú yì 无情无义㊔義理も人情もない.¶～ de xiǎorén[～的小人]義理も人情も欠くつまらぬやつ.

wúqióng 无穷[形]尽きることがない.際限がない.¶rénmín de lìliang shì ～ de[人民的力量是～的]人民の力は尽きることがない／～ de qiánlì[～的潜力]途方もない底力.

*__wūrǎn 污染__[動]汚染する.¶～ huánjìng[～环境]環境を汚染する／huàféi ～le nóngtián[化肥～了农田]化学肥料が田を汚染した／kōngqì ～[空气～]大気汚染.

†**wǔrǔ 侮辱**[動]侮辱する.辱める.¶shòudao ～[受到～]侮辱を受ける／～ tā de réngé[～他的人格]彼の人格を侮辱する.[名]侮辱.¶zhè shì duì tā mòdà de ～[这是对她莫大的～]これは彼女に対するとんでもない侮辱だ.

wú shēng wú xī 无声无息㊔声も音もしない.¶shíjiān cháng le,chǒuwén yě jiù ～ de bèi dàjiā dànwàng le[时间长了，丑闻也就～地被大家淡忘了]時が流れ,醜聞もひっそりと人々の記憶から忘れ去られた.

wù//shí 务实[動]実務に励む.¶tā zhèige rén bǐjiào ～[他这个人比较～]彼は実務に励む人だ.

*__wúshù 无数__[形]❶数え切れない.無数である.¶～ de értóng shīxué[～的儿童失学]膨大な数の子供たちが学校に通えないでいる／sǐshāng ～[死伤～]死傷者は無数である.❷確かでない.子細が分からない.¶xīnzhōng ～[心中～]確信がない.

*__wǔshù 武术__[名]武術.¶liàn ～[练～]武術を習う.

†**wúsuǒwèi 无所谓**[動]❶…とは言えない.¶wǒ suíbiàn tántan,～ jiǎngyǎn[我随便谈谈，～讲演]私は思いつくまま話しますから講演などとは言えません.❷どうでもよい.どちらでもかまわない.¶nǐ suíbiàn diǎncài ba,wǒ ～[你随便点菜吧，我～]君が好きに注文して,私は何でもいいから.

wú suǒ zuò wéi 无所作为㊔何もしようとしない.何も成果を出そうとせず,無為に毎日を過ごす.¶zhè èrshí nián lái,wǒ shǐzhōng ～[这二十年来,我始终～]この20年来,私は終始無為に毎日を送ってきた.

†**wǔtái 舞台**[名]舞台.¶lìshǐ ～[历史～]歴史の舞台／～ yìshù[～艺术]舞台芸術.

†**wùtǐ 物体**[名]物体.

wǔtīng 舞厅[名]ダンスホール.

wǔ tǐ tóu dì 五体投地㊔〔宗〕五体投地(ごたいとうち).地面にひれ伏して礼拝する.(転じて)心から敬服する.¶tāmen duì Zhū lǎoshī chóngbàide ～[他们对朱老师崇拜得～]彼らは朱先生に対してひれ伏して拝まんばかりに崇拝している.

wútóng 梧桐[名]〔植〕アオギリ.

wú wēi bù zhì 无微不至㊔至れり尽くせりである.¶～ de zhàoliào bìngrén[～地照料病人]手厚く病人の世話をする／～ de guānhuái[～的关怀]至れり尽くせりの配慮.

wūxiàn 诬陷[動]無実の罪に陥れる.¶～ hǎorén[～好人]善人を罪に陥れる.

W

*wúxiàn 无限[形]無限である.限りない.¶yǔzhòu ～ liáokuò[宇宙～辽阔]宇宙は限りなく広い.

†wúxiàndiàn 无线电[名]❶無線電信.❷ラジオ."无线电收音机"wúxiàndiàn shōuyīnjīの略.

wúxiào 无效[形]無効である.効力がない.¶pànjué ～[判决～]判決は無効である/zhǐ xiàn dāngtiān shǐyòng, guòqī ～[只限当天使用,过期～]当日限り有効である.

wūyā 乌鸦[名]〔zhī 只〕カラス.

wùyè guǎnlǐ 物业管理[名]分譲住宅地区のメンテナンス.

W

†wúyí 无疑[形]疑いがない.相違ない.¶quèzáo ～[确凿～]確実で疑いがない/～ nǐ shì duì de[～你是对的]間違いなく君は正しい.

wúyì 无意[動]❶…したくない.…する気がない.¶～ cānjiā jìngxuǎn[～参加竞选]選挙に立候補する気がない.❷無意識に行う.故意ではなく偶然に…する.¶～ fànzuì[～犯罪]故意ではない犯罪.

wú yuán wú gù 无缘无故㊊何のいわれもない.何の理由も原因もない.¶tā tūrán ～ de fāqi píqi lai[他突然～地发起脾气来]彼は突然何の理由もなく怒り出した.

wú yǔ lún bǐ 无与伦比㊊比べるものがない.¶zhèi kuài shǒubiǎo de zuògōng jīngměide jiǎnzhí ～[这块手表的做工精美得简直～]この時計の細工は本当にすばらしく,ほかに類を見ない.

wūyún 乌云[名]〔piàn 片〕黒雲.¶～ mìbù[～密布]黒雲が立ち込めている/～ xiāoshī le[～消失了]黒雲が晴れた.

wúzhī 无知[形]無知である.¶qǐng yuánliàng wǒ de ～[请原谅我的～]私の無知をお許しください.

*wùzhì 物质[名]❶物質.¶～ biànhuà[～变化]物質の変化.❷金銭や物品.¶～ shēnghuó[～生活]物質的な生活.

†wǔzhuāng 武装[動]武装する.¶yòng xiàndàihuà jìshù ～ jūnduì[用现代化技术～军队]現代的な技術で軍隊を武装する.[名]軍事設備.武装力.¶fāzhǎn ～ lìliang[发展～力量]武装力を拡大する.

⁑wū·zi 屋子[名]〔jiān 间〕部屋.¶wǒ jiā yǒu sān jiān ～[我家有三间～]私の家には3つ部屋がある.

類義語 wūzi 屋子 fángjiān 房间
►ともに部屋の意だが,ホテルやマンションの部屋を言う場合には多く"房间"を用いる.¶我住在北京饭店，房间号码儿是三三二 wǒ zhùzai Běijīng Fàndiàn,fángjiān hàomǎr shì sānsān'èr(私は北京飯店に泊まっています.ルームナンバーは332です)►"房间"にはふつう"间"jiānという量詞よりも"个"geの方を使うが,"屋子"はどちらも用いる.¶每个房间都是空的 měi ge fángjiān dōu shì kòng de(どの部屋も空いている)►場所を示す時には,"屋子"は後ろに"里"liをつけなければならないが,"房间"は"里"をつけなくともよい.¶小明在{屋子里/房间}做功课 Xiao-Míng zài{wūzi li/fángjiān} zuò gōngkè(明ちゃんは部屋で宿題をしている)

†wùzī 物资[名]物資.¶～ jǐnquē[～紧缺]物資が欠乏している/～ jiāoliú[～交流]物資の交流.

X,x

*xī 吸[動]❶(液体や気体を)吸う.¶~le yì kǒu qì[~了一口气]息を吸い込んだ/~yān[~烟]タバコを吸う.❷吸収する.吸い取る.¶~chénqì[~尘器]掃除機/hǎimián ~ shuǐ[海绵~水]海綿は水を吸い取る.❸引きつける.¶~tiěshí[~铁石]磁石.

⁑xī 西[名]❶西.注単独で「西」とだけいう場合には,"西方"xīfāng,"西边"xībian,"西面"xīmiànのように普通は2音節にする.¶cóng zhèr wǎng ~ zǒu[从这儿往~走]ここから西へ行く.❷西洋.(多くはヨーロッパ,アメリカをさす)¶~yī[~医]西洋医学/~cān[~餐]洋食/~fú[~服]洋服(多くは背広をさす).

†xī 稀[形]❶まれである.少ない.¶wù yǐ ~ wéi guì[物以~为贵]珍しい物は大切にされる.❷まばらである.↔ mì 密 ¶yuè lǎng xīng ~[月朗星~]月は明るく星はまばらだ.❸水分が多い.希薄である.¶zhōu tài ~ le[粥太~了]お粥が薄すぎる.

xī 溪[名]谷川.渓流.

†xī 锡[名]〔化〕錫(すず).¶~zhǐ[~纸]アルミホイル.銀紙.錫箔(はく).

xī 熄[動](火や明かりを)消す.消える.¶bǎ dēng ~ le[把灯~了]灯を消した/huǒ ~ le[火~了]火が消えた.

xí 席[名]❶〔zhāng 张,lǐng 领,juǎn 卷〕むしろ.ござ.¶liáng~[凉~]寝ござ.*❷席.座席.¶chū~[出~]出席する/ruǎn~[软~](列車の)一等車/yìng~[硬~](列車の)普通車.注列車の車両には柔らかい座席の一等車と硬い座席の普通車とがある.*❸宴席の酒や料理.宴席.¶bǎi jiǔ ~[摆酒~]酒宴を設ける.[量]宴席や談話を数える.¶yì ~ huà[一~话]一席の話/yì ~ jiǔ[一~酒]一席の酒宴.

⁑xǐ 洗[動]❶洗う.洗濯する.¶~shǒu[~手]手を洗う.❷(フィルムを)現像する.¶~ jiāojuǎnr[~胶卷儿]フィルムを現像する.❸(トランプなどの)カードを切る.(麻雀の)パイを混ぜる.¶gāi nǐ ~pái le[该你~牌了]君がカードを切る番だ.*❹(恥や汚名を)そそぐ.¶~ yuān[~冤]冤罪(えんざい)をはらす.*❺(水で洗うように)皆殺しにする.奪う.¶~jié[~劫]残さず奪う.*[名]洗礼.¶shòu~[受~]洗礼を受ける.

xǐ 喜[動]❶好む.好きである.¶hào dà ~ gōng[好大~功]大きなことをして手柄を立てたがる.❷適応する.合う.¶xiàngrìkuí shì ~guāng zhíwù[向日葵是~光植物]ヒマワリは光を好む植物だ.*[名]❶喜ばしい事.めでたい事.¶bào~[报~]吉報を知らせる.❷〈口〉おめでた.懐妊.¶yǒu~ le[有~了]子供ができた.

xì 戏[名]❶遊び.戯れ.¶ér~[儿~]子供の遊び.❷〔tái 台,chǎng 场〕劇.曲芸.¶jīng~[京~]京劇.

⁑xì 系[名]*❶系統.系列.系.¶zhí~ qīnshǔ[直~亲属]直系親族/shuǐ~[水~]水系.❷(大学の)学部.注日本の大学の学部より小さく,学科よりは大きい.¶Rìyǔ~[日语~]日本語学部.→jì

⁑xì 细[形]❶細い.↔ cū 粗 ¶tā de yāo hěn ~[她的腰很~]彼女はウエストが細い.❷(粒が)小さい.細かい.↔ cū 粗 ¶~ shā[~沙]細かい砂.❸(声が)小さい.細い.↔ cū 粗 ¶tā sǎngzi zhēn ~[她嗓子真~]彼女の声は実にか細い.❹(細工が)細かい.精緻(せいち)である.↔cū 粗 ¶huór zuòde zhēn ~[活儿做得真~]仕事が実に細かい/jīng gōng ~ zuò[精工~做]腕によりをかけて丁寧につくる.❺精密である.詳しい.↔cū 粗 ¶~~ yì xiǎng, qízhōng dà yǒu wénzhāng[~~一想,其中大有文章]よくよく考えてみると,その中には大いに含みがある/jīng dǎ ~ suàn[精打~算]細かく計算してそろばんをはじく.❻重要でない.小さい.¶~jié[~节]細かい点.

†xiā 虾[名]〔zhī 只〕エビ.¶lóng~[龙

X

～］イセエビ.ロブスター／～rén［～仁］むきエビ.

†**xiā 瞎**［動］失明する.視力を失う.¶～le zuǒyǎn［～了左眼］左目を失明した.［副］むやみに.やたらに.でたらめに.¶bié ～ xiǎng le,kuài shuì ba［别～想了，快睡吧］つまらないことを考えないで早く寝なさい／～ cāoxīn［～操心］いらぬ心配をする.

xiá 霞*［名］夕焼けや朝焼け.注日の出,日の入りの前後に空や雲の上に現れる色とりどりの光線のこと.日本語でいう「かすみ」とは異なる.¶zhāo～［朝～］朝焼け／～guāng［～光］雲間から差す色とりどりの光.

X

☆☆**xià 下**［動］❶(高い所から低い所へ)下りる.(乗り物から)降りる.(中心部から地方へ,あるいは川上から川下へ)下る.¶～shān［～山］山を下る／～fēijī［～飞机］飛行機を降りる／～xíng lièchē［～行列车］下り列車.❷(雨や雪が)降る.¶～ yǔ［～雨］雨が降る／～ shuāng［～霜］霜が降りる／～wù［～雾］霧が出る.❸(仕事や授業を)終える.¶～le kè jiù huíjiā［～了课就回家］授業が終わったらすぐ家に帰る.❹(命令を)下す.¶～ tōngzhī［～通知］通達を出す.❺(ある場所に)行く.出かける.¶～ gōngchǎng shíxí［～工厂实习］工場へ実習に行く.❻(碁を)打つ.(将棋を)指す.¶～wéiqí［～围棋］碁を打つ／～ xiàngqí［～象棋］中国将棋を指す.❼退場する.¶cóng yòubian de pángmén ～［从右边的旁门～］右手の通用門から退場する.❽(動物が子や卵を)産む.¶mǔzhū ～ xiǎo zhū［母猪～小猪］雌ブタが子ブタを産む／jī ～dàn［鸡～蛋］ニワトリが卵を産む.❾入れる.投入する.(種を)まく.¶～ miàntiáo［～面条］(沸いている湯に)うどんを入れる／～zhǒng［～种］種をまく／～běnqián［～本钱］資本を投入する／～ wǎng lāo yú［～网捞鱼］網を打って魚を捕まえる.❿(結論や判断を)下す.¶～ zhùjiě［～注解］注釈を加える／～ juéxīn［～决心］決心する／～jiélùn［～结论］結論を出す.⓫用いる.出す.¶～bǐ［～笔］筆を下ろす.書き始める／～ lìqi［～力气］力を出す／～ gōngfu［～工夫］精を出す.努力する.

☆☆//•**xià 下**［動］❶動詞の後ろに用いて高い所から低い所へ動作が行われることを表す.¶zuò～［坐～］腰を下ろす／bǎ xiāngzi fàng～［把箱子放～］箱を下に置く.❷動詞の後ろに用いて収納するのに十分であることを表す.¶zuòbu～ liǎng ge rén［做不～两个人］2人は座れない.❸動詞の後ろに用いて動作の完成や結果を表す.¶wǒ yǐjing dìng～ jìhuà le［我已经

文法　存現文

ある場所に何かが存在していること,ある場所またはある時間に何かが現れたり,消えたりしたことを表す文を存現文という.

1 **存現文の語順**

存現文はその語順に特徴があり,［場所／時間＋動詞＋主体］となる.

1) 存在

¶墙上挂着一张地图。Qiángshang guàzhe yì zhāng dìtú.(壁に1枚の地図がかかっている)

2) 出現

¶昨天来了一位客人。 Zuótiān lái-le yí wèi kèren.(昨日客が1人来た)

3) 消失

¶我们班里走了两个同学。Wǒmen bānli zǒule liǎng ge tóngxué.(私たちのクラスから2人転校して行った)

4) 自然現象

¶昨天下了一阵大雨。 Zuótiān xiàle yízhèn dàyǔ.(昨日大雨が降った)

2 **存現文の目的語(意味上の主体)**

一般に不特定のものであり,前によく数量詞などを伴う.

定～计划了]私はもう計画を立て終えた.

☆xià 下[名]❶下.下の方.¶shān～[山～]山のふもと/lóu～[楼～]階下/wǎng ～ kàn[往～看]下の方を見る.❷レベルやクラスが低いことを表す.¶～děng[～等]下等.下級.❸順番や時間の後半,またはその次をさす.¶～ cì[～次]この次/～ xīngqī[～星期]来週/～ ge yuè[～个月]来月/～bànnián[～半年]下半期.❹…のもとに.(ある一定の範囲や条件を表す)¶zài zhèi zhǒng qíngkuàng ～, zhǐ néng rěnzhe[在这种情况～,只能忍着]こうした状況では我慢するしかない.

☆xià 下[量]動作の回数を数える.注"一下"yíxiàの形で1回の短い動作を表す.¶zhōng qiāole sān ～[钟敲了三～]時計が3時を打った/gěi wǒ kàn yí～[给我看一～]ちょっと見せて/qǐng nǐ lái yí～[请你来一～]ちょっと来てください/yí～zi xiǎngbuqǐlái le[一～子想不起来了]急に思い出せなくなった.

*xià 吓[動]脅かす.びっくりさせる.¶～le wǒ yí tiào[～了我一跳]びっくり仰天した/～sǐ rén le[～死人了]本当にびっくりした.

☆xià 夏[名]*❶夏.注季節を表す場合は"夏天"xiàtiānのように2音節になる.¶shèng～[盛～]盛夏.❷夏(か).中国最古とされる王朝名.

xiá'ài 狭隘[形]❶(幅が)狭い.¶dàolù ～[道路～]道路が狭い.❷(心・度量・見識が)狭い.¶～ de àiguó zhǔyì[～的爱国主义]偏狭な愛国主義/xīnxiōng ～[心胸～]心が狭い.

*xià//bān 下班[動]勤めが引ける.退勤する.↔ shàngbān 上班¶měitiān xiàwǔ wǔ diǎn bàn ～[每天下午五点半～]毎日午後5時半に退勤する.

☆xià·bian 下边[名](～儿)❶下.下の方.↔ shàngbian 上边¶shān ～ yǒu ge xiǎo cūnzhuāng[山～有个小村庄]山のふもとに小さな村がある.❷次.以下.¶～ hái yǒu shénme jiémù?[～还有什么节目?]次はどんな出し物があるの.

xià·chǎng 下场[名]〈貶〉(人間の)末路.結末.¶shānghài biéren de rén bú huì yǒu hǎo ～[伤害别人的人不会有好～]人を傷つける者によい結末があるわけはない.

xiàdá 下达[動]下達する.下に伝える.¶～ mìnglìng[～命令]命令を下に伝える/shàngjí ～ zhǐshì[上级～指示]上から指示が下りる.

xiàfàng 下放[動]❶(権限を下部機関に)委譲する.移管する.¶quánlì ～[权利～]権限を下部に委譲する/bǎ juédìngquán ～gěi gè fēngōngsī[把

¶前边跑过来一条狗。 Qiánbian pǎoguolai yì tiáo gǒu.(前から1匹のイヌが走ってきた)

¶口袋里装着很多书。 Kǒudai li zhuāngzhe hěn duō shū.(袋の中にはたくさんの本が入れてある)

すでに話題になっているものが主体となる時は[主体+動詞]の語順になり,存現文は使わない.

¶那条狗从前边跑过来。 Nèi tiáo gǒu cóng qiánbian pǎoguolai.(そのイヌは前から走ってきた)×前边跑过来那条狗。

3 存現文の動詞

存現文の動詞は一般に単独では用いられない.存在を表す場合は"着"zhe,出現や消失を表す場合は"了"leや補語が動詞の後につく.

¶河边上坐着五个人。 Hébiān shang zuòzhe wǔ ge rén.(川岸に5人の人が座っている)

¶昨晚发生了一件大事。 Zuówǎn fāshēngle yí jiàn dàshì.(昨夜,大事件が起こった)

¶院子里搬进来两家。 Yuànzi li bānjinlai liǎng jiā.(長屋に2軒引っ越してきた)

決定权～给各分公司]決定権を各支社にゆだねる.❷下部機関や農村に転勤させる.¶tā bèi ～daole nóngchǎng[他被～到了农场]彼は農場に送られた／gànbù ～dao jīcéng[干部～到基层]幹部が現場に下りる.

*xià//gǎng 下岗[動]リストラされる.現場から外される.¶～ zhígōng de shēnghuó hěn kùnnan[～职工的生活很困难]自宅待機中の労働者の生活はとても苦しい.

xià gōng•fu 下工夫㊐[動]大いに力を入れる.努力する.¶xiǎng xuéhǎo wàiyǔ,yídìng yào ～[想学好外语，一定要～]外国語を習得したければ,努力しなければならない.

X

†xiágǔ 峡谷[名]峡谷.

*xià//hǎi 下海[動]元の職業(役人や教師など)を辞めて商売を始める.¶jīguān li hěn duō rén cízhí ～ le[机关里很多人辞职～了]役所では多くの人が辞職して商売を始めた.

†xǐ'ài 喜爱[動]好きである.好む.¶tā ～ shūfǎ[他～书法]彼は書道が好きだ／shòu niánqīngrén ～[受年青人～]若者に受ける.

xiàjí 下级[名]下級層.下部.部下.↔shàngjí 上级 ¶～ fúcóng shàngjí[～服从上级]部下は上司に従う.

†xiàjì 夏季[名]夏季.夏の季節.

†xiàjiàng 下降[動]下降する.下がる.¶chéngjì ～[成绩～]成績が下がる／chéngběn ～[成本～]コストが下がる／fēijī ～[飞机～]飛行機が下降する.

⁑xià//kè 下课[動]授業が終わる.↔shàngkè 上课 ¶～ líng[～铃]授業の終わりを知らせるベル／yí ～ jiù huíjiā[一～就回家]授業が終わるやすぐ家に帰る.

⁑xià//•lái 下来[動]❶(話し手のいる所へ)近づく.(高い所から低い所へ)下りる.¶cóng lóushàng ～[从楼上～]階上から下りてくる／shàngbian tài wēixiǎn,kuài ～ ba[上边太危险,快～吧]上は危険すぎるから,早く下りてきなさい.❷(上部機関から下部機関へ)下りてくる.¶rènwu ～ le[任务～了]任務が下った／tā shì cóng wèishēngjú li ～ jiǎnchá de[他是从卫生局里～检查的]彼は衛生局から検査にやって来た人です.❸(ある期間が)過ぎる.¶yì nián ～,tā de jìshù dàyǒu tígāo[一年～，他的技术大有提高]1年経って彼の技術は大いに進歩した.

⁑//•xià//•lái 下来[動]❶動詞の後ろに用いて動作が話し手に向かって上から下へ行われることを表す.¶tā cóng lóushàng pǎo～ le[他从楼上跑～了]彼は階上から駆け下りてきた.❷動詞の後ろに用いて話し手のもとから物を取り除く動作を表す.¶bǎ yǎnjìng zhāi～[把眼镜摘～]眼鏡をはずす／tuōxia yīfu lai[脱下衣服来]服を脱ぐ.❸動詞の後ろに用いて動作が現在,あるいは最後まで継続することを表す.¶zhè shì gǔdài liúchuán～ de yí ge gùshi[这是古代流传～的一个故事]これは古くから伝わって来た物語です.❹動詞の後ろに用いて動作の完成,あるいは結果を表す.¶xiě ～[写～]書きとめる／chē jiànjiàn tíngle～[车渐渐停了～]車がゆっくり止まった.❺形容詞の後ろに用いて変化の継続を表す.¶tiānsè jiànjiàn hēi ～[天色渐渐黑～]だんだん暗くなってきた／huìchǎng gānggāng ānjìng～[会场刚刚安静～]会場はやっと静かになってきた.

†xiàliè 下列[形]次に列挙してある.下記の.¶～ wèntí[～问题]下記の問題／qǐng zhùyì ～ jǐ diǎn[请注意～几点]次の点にご注意ください.

xià//lìng 下令[動]命令を下す.¶shǒuzhǎng ～ fādòng jìngōng[首长～发动进攻]長官は攻撃の命令を下した／suīrán xiàle lìng,què méi rén zhíxíng[虽然下了令，却没人执行]命令は出したが遂行する者がいない.

xiàluò 下落[名]行方.¶～ bùmíng[～不明]行方不明／méiyou rén zhīdao tā de ～[没有人知道他的～]彼の行方を誰も知らない.

xià//mǎ 下马[動]中止する.断念する.¶gōngchéng yīnwèi zījīn bùzú,yǐjing ～ le[工程因为资金不足，已经～了]プロジェクトは資金不足のため,すでに中止となった.

*xià·mian 下面[名]❶下.下の方.¶cóng shāndǐng wǎng ～ kàn[从山顶往～看]山頂から下を見下ろす.❷(時間,順番が)次.¶～,tántan yǒuguān zhùyì shìxiàng[～, 谈谈有关注意事项]次に注意事項について話しましょう／～,qǐng kàn zīliào[～,请看资料]次に資料をご覧ください.

⁑xiān 先[副]先に.事前に.まず.¶wǒ ～ zǒu le[我～走了]お先に失礼します／yào ～ jǔshǒu,hòu fāyán[要～举手, 后发言]先に手を挙げてそれから発言しなければならない／nǐ ～ xiūxi yíxià[你～休息一下]まず少し休みなさい.[名](時間や順序について)先.前.¶～lì[～例]前例／lǐng～[领～]先頭を切る.

*xiān 掀[動]❶開ける.めくる.¶～kāi lìshǐ de yí yè[～开历史的一页]歴史の1ページをめくる／bǎ ménlián ～kāi[把门帘～开]カーテンを開ける.❷(波・運動・議論などが)巻き起こる.¶báilàng ～ tiān[白浪～天]白波が天をつくほどに逆巻く／～ fēng gǔ làng[～风鼓浪]波風を立てる.

*xiān 鲜[形]❶(食品などが)新しい.新鮮である.加工していない.¶～ròu[～肉]精肉／～píjiǔ[～啤酒]生ビール／～nǎi[～奶]生乳.*❷鮮やかである.¶yánsè ～yàn[颜色～艳]色が鮮やかだ.❸味がよい.おいしい.¶wèidao ～[味道～]味がいい／zhèi wǎn jītāng zhēn ～[这碗鸡汤真～]このチキンスープはとてもおいしい.

*xián 闲[形]❶暇である.用事がない.↔ máng 忙 ¶～xialai[～下来]暇になる／～de yàomìng[～得要命]暇でたまらない／měitiān ～zhe[每天～着]毎日ぶらぶらしている.❷空いている.遊んでいる.¶～fáng[～房]空き家／shèbèi ～le kuài liǎng ge yuè le[设备～了快两个月了]設備を遊ばせて2ヵ月近くになる.❸関係ない.余計である.¶～liáo[～聊]雑談する／shǎo guǎn ～shì[少管～事]余計な世話をやくな.

xián 弦[名]❶〔gēn 根〕(弓の)つる.¶lāmǎn ～[拉满～]弓を引きしぼる／lí ～ zhī jiàn[离～之箭]つるから放たれた矢.❷楽器の弦.¶jítā～[吉他～]ギターの弦／sān～qín[三～琴]三弦琴.

†xián 咸[形]塩辛い.しょっぱい.↔ dàn 淡 ¶zhèige cài yǒudiǎn ～ le[这个菜有点～了]この料理は少し塩辛い／～cài[～菜]漬物.塩漬け.

xián 衔[動]❶(口に)くわえる.¶xiǎo niǎo ～ shír[小鸟～食儿]小鳥が餌をくわえる／tā chángcháng bǎ yí ge dà yāndǒu ～zai zuǐli[他常常把一个大烟斗～在嘴里]彼はいつも大きなパイプを口にくわえている.*❷心に抱く.¶～yuān shí nián[～冤十年]10年間無念の思いを抱く.

†xián 嫌[動]嫌う.嫌がる.¶bù ～ máfan[不～麻烦]面倒がらない／tā ～ zhèr tài zāng[他～这儿太脏]彼はここを汚いと嫌っている／nǐ kě bié ～ wǒ shuōhuà bú kèqi[你可别～我说话不客气]話がぶしつけだからと嫌な顔をしないでくれ.

†xiǎn 险[形]地勢が険しい.危険である.¶hǎo ～ a![好～啊!]危ないねえ.

xiǎn 显[動]表す.現れる.¶yì yán yì xíng kěyǐ ～chu yí ge rén de pǐnxíng[一言一行可以～出一个人的品行]言動はその人の品性を表す.

*xiàn 县[名]県.行政単位の1つ.“省”shěng(省),“自治区”zìzhìqū(自治区),“直辖市”zhíxiáshì(直轄市)の下に位置する.¶～zhèngfǔ[～政府]県の役所.

xiàn 馅[名](～儿)(ギョーザや肉まん・あんまんなどの)中身.あん.具.¶jiǎozi～[饺子～]ギョーザの具.

xiàn 限[名]範囲.限度.¶yǐ bāyuè wéi ～[以八月为～]8月までとする.[動]限定する.制限する.¶cānjiā rénshù bú ～[参加人数不～]参加人数に制

限はありません.

*xiàn 线[名]❶〔gēn 根〕糸.❷〔tiáo 条〕線.[量]抽象的なものに用いて,わずかであることを示す.数詞は"一"yī のみ.¶yí ～ xīwàng[一～希望]一縷(いちる)の望み.

†xiàn 现[動]現れる.現す.¶～ yuánxíng[～原形]化けの皮がはがれる.[副]その場で.目の前で.¶～ zuò ～ mài[～做～卖]実演販売する.

†xiàn 陷[動]❶落ち込む.はまる.¶～ rù níkēng[～入泥坑]泥沼にはまる.❷くぼむ.¶yǎnjing shēn ～[眼睛深～]眼が落ちくぼむ.

*xiàn 献[動]捧げる.¶xiàng tā ～huā[向她～花]彼女に花を捧げる.

X

xián·buzháo 闲不着[動]じっとしていられない様子.暇で落ち着かない様子.¶tā yào zài jiā dài sūnzi, zhěngtiān ～[他要在家带孙子, 整天～]彼は家で孫の世話をしなければならないので,1日中ゆっくりできない.

xiànchǎng 现场[名]現場.現地.¶～ zhíbō[～直播]生中継する.

†xiànchéng 县城[名]県の行政府の所在地.

†xiànchéng 现成[形](～儿)既成の.でき合いの.あり合わせの.¶cáiliào dōu shì ～ de[材料都是～的]材料は皆あり合わせのものだ／～ de yīfu[～的衣服]既製服／chī ～fàn[吃～饭](自分で作らず)人の作ったご飯を食べる.労せずして利益を得る.

☆xiàndài 现代[名]現代.一般に1919年の五・四運動以後から現在までをさす.

*xiàndàihuà 现代化[名]近代化.現代化.

*xiǎn·de 显得[動]…に見える.…の様子だ.¶～ yǒuxiē pàng le[～有些胖了]少し太ったように見える.

xiàndù 限度[名]限度.¶zuì dà ～[最大～]最大限度.

xiǎn ér yì jiàn 显而易见㊟一見して分かる.¶zuòzhě de yìtú shì ～ de[作者的意图是～的]筆者の意図は明らかである.

†xiànfǎ 宪法[名]憲法.¶zūnshǒu ～[遵守～]憲法を遵守する.

xiānfēng 先锋[名]先鋒(せんぽう).前衛.¶～duì[～队]先鋒部隊／dǎ ～[打～]前衛を受け持つ.

*xiāng 乡[名]❶村.田舎.↔ chéng 城 ¶chéng～ chābié[城～差别]都市と農村の格差.❷故郷.¶huí～[回～]帰省する.❸郷.行政単位の1つ."县"xiànの下に位置する.

*xiāng 相[副]❶互いに.¶～chèn[～称]お互いにつりあいがとれている／Yuēhàn gēn Mǎlì ～'ài le[约翰跟玛丽～爱了]ジョンとマリーは愛し合っている.*❷一方からもう一方へと働きかける動作を表す.¶dān～sī[单～思]片思い／shí bù ～mán[实不～瞒]実を言うと.

☆xiāng 香[形]❶香りがよい.かぐわしい.↔ chòu 臭 ¶huā hěn ～[花很～]花はとてもいいにおいだ.❷味がよい.うまい.¶cài hěn ～[菜很～]料理がうまい.❸心地よい.¶shuìde zhēn ～[睡得真～]ぐっすり眠る.❹人気がある.評判がよい.¶zhèi zhǒng dōngxi zài guówài ～de hěn[这种东西在国外～得很]こういったものは海外でとても人気がある.

†xiāng 箱*[名](大型の)箱.単用の場合は"箱子"xiāngziという.[量]箱に入ったものを数える.¶yì ～ shuǐguǒ[一～水果]1箱の果物.➡見る類 p.565

xiāng 镶[動]❶はめ込む.¶～yá[～牙]入れ歯を入れる.❷縁取りする.¶～ jīnbiānr de yǎnjìng[～金边儿的眼镜]金縁の眼鏡.

☆xiǎng 响[動]鳴る.鳴らす.音がする.¶shàngkè líng ～ le[上课铃～了]始業のチャイムが鳴った.[形](音や声が)大きい.よく響く.¶luógǔ qiāo～ le[锣鼓敲～了]どらや太鼓が打ち鳴らされた.

☆xiǎng 想[動]❶考える.¶～ bànfǎ[～办法]方法を考える.❷思う.推測する.¶wǒ ～ míngtiān huì xià yǔ[我～明天会下雨]明日は雨だと思う.❸心に思う.懐かしむ.¶～jiā[～家]ホームシックにかかる.[助動](…することを)願う.…したい.¶wǒ ～ qù wàiguó liúxué[我～去外国留学]外国に留学したい.

類義語 xiǎng 想 yào 要
►ともに願望を表す.►"想"が心づもりや希望を表すのに対し,"要"はやや強く,明確な意志を表す.¶我想去看京剧 wǒ xiǎng qù kàn jīngjù(私は京劇を見に行きたい)/我要去看京剧 wǒ yào qù kàn jīngjù(私は京劇を見に行く)►また,"要"は程度副詞の修飾を受けない.¶我非常{想/×要}去看京剧 wǒ fēicháng {xiǎng/×yào} qù kàn jīngjù(私はとても京劇を見に行きたい)►「…したくない」は"不想～"bù xiǎng ～で表されるが,はっきりした意思を表す"要"の否定形はない.¶我不想看电视 wǒ bù xiǎng kàn diànshì(私はテレビを見たくない)

⁑**xiàng 向**[動]向かう.対する.面する.¶～yáng de fángzi[～阳的房子]日当たりのいい家.[前]❶動作の方向を示す.¶～ qián zǒu[～前走]前進する.❷動作の対象を示す.¶～ hǎo xuésheng kànqí[～好学生看齐]優等生を見習う.

†**xiàng 巷**[名]〔tiáo 条〕路地.横町.

*__xiàng 项__[量]項目や種類に分けたものを数える.¶yí ～ jìhuà[一～计划]1つの計画.

*__xiàng 象__[名]〔tóu 头〕ゾウ.

*__xiàng 象*__[名]形状.様子.¶qì～[气～]気象.

⁑**xiàng 像**[名]写真.肖像.¶jìniàn ～[纪念～]記念写真/tóng～[铜～]銅像.[動]❶似ている.…みたいだ.¶mǔzǐ liǎ zhǎngde ～[母子俩长得～]母子2人はよく似ている/tā bú ～ ge lǎoshī[他不～个老师]彼は先生らしくない.❷たとえば.¶～tǔdòu、báicài děng dōu shì běifāng de shūcài[～土豆、白菜等都是北方的蔬菜]たとえばジャガイモやハクサイなどはみな北方の野菜だ.

xiāngbǐ 相比[動]比べる.¶liǎngzhě gēnběn wúfǎ ～[两者根本无法～]両者は全く比べものにならない.

†**xiāngbō 香波**[名]シャンプー.英語shampooの音訳.¶xǐfà ～ hé rùnsī[洗发～和润丝]シャンプーとリンス.

xiǎng·bu kāi 想不开[動]あきらめられずにくよくよする.¶bié ～,shéi dōu yǒu fàn cuòwù de shíhou[别～,谁都有犯错误的时候]そんなにくよくよしないで,誰でも過ちを犯すことはあるのだから.

xiāngcài 香菜[名]〔植〕コエンドロ.中国パセリ.シャンツァイ.¶fàng yìdiǎnr ～ huì gèng hǎochī[放一点儿～会更好吃]シャンツァイを少し入れるともっとおいしくなる.

xiāngchà 相差[動]差がある.¶～ duōshao?[～多少?]どのくらい差があるの.

*__xiāngcháng 香肠__[名]〔gēn 根〕ソーセージ.

†**xiāngcūn 乡村**[名]田舎.農村.↔chéngshì 城市

*__xiāngdāng 相当__[形]❶(数量や条件に)ほとんど差がない.¶liǎng zhī qiúduì shuǐpíng ～[两支球队水平～]2チームはレベルがほぼ同じだ.❷

X

目で見る類義語 xiāng 箱 hé 盒

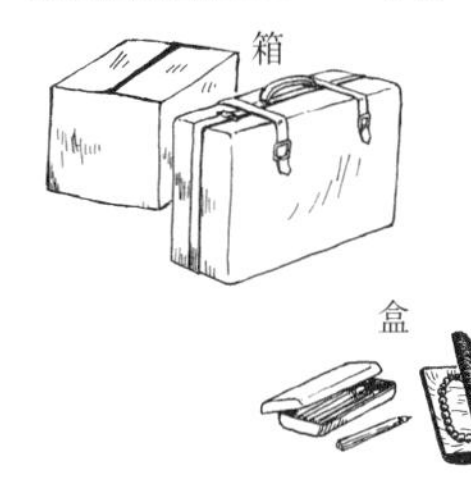

►旅行用のスーツケースや昔風の木製の衣装箱など,一定の容量があり,四角い形のものは"箱子" xiāngziという.¶旅行箱 lǚxíngxiāng(旅行カバン)/纸壳儿箱 zhǐkérxiāng(ダンボール)►小さいボックスは"盒" héと呼び,形はさまざまである.¶铅笔盒 qiānbǐhé(筆箱)/首饰盒 shǒushihé(アクセサリー入れ)

程度が比較的高い.¶tā Hànyǔ shuōde ～ búcuò[他汉语说得～不错]彼は中国語がかなり上手だ.

xiāngdāng yú 相当于[動]…に相当する.¶yí wàn rìyuán xiànzài ～ liù bǎi wǔshí yuán rénmínbì[一万日元现在～六百五十元人民币]1万円は現在650元に相当する.

†**xiàngdǎo 向导**[名]道案内.ガイド.指導者.¶wǒ gěi nǐ dāng ～[我给你当～]私が案内役を務めましょう.

xiāngděng 相等[形]等しい.¶jiàgé ～[价格～]価格は同じである.

†**xiāngduì 相对**[動]向かい合う.相対する.¶guāndiǎn ～[观点～]考えが対立している.[形]比較的.相対的な.¶～ lái shuō[～来说]相対的に言うと.

***xiǎng·fa 想法**[名]考え方.意見.¶gǎibiàn ～[改变～]考えを変える.

***xiāngfǎn 相反**[形]相反している.反対だ.逆に.¶liǎng rén yìjiàn ～[两人意见～]2人の意見は逆である／xiàng ～ de fāngxiàng zǒuqu[向～的方向走去]逆の方向に歩き出す.

xiǎng fāng shè fǎ 想方设法㊄いろいろと思案をめぐらす.あらゆる方法を考える.¶nǐ fàngxīn ba! wǒ yídìng ～, bāng nǐ bàndao[你放心吧！我一定～，帮你办到]安心して！私はあらゆる方法を考えてきっとあなたを助けてあげるから／～ tǎohǎo shàngjí[～讨好上级]上司のご機嫌を取ろうとあれこれ手立てを考える.

xiāngfú 相符[動]一致する.符合する.¶míngshí ～[名实～]名実相伴う.

xiǎng//fú 享福[動]幸せを享受する.楽しく暮らす.¶tuìxiū hòu zài jiāli ～[退休后在家里～]退職後は家でのんびり暮らす／xiànzài de niánqīngrén zhēn ～ a[现在的年轻人真～啊]今の若い人たちは本当に幸せだ.

xiāngguān 相关[動]関係がある.関連する.¶háobu ～[毫不～]なんの関係もない.／～ de wèntí [～的问题]関連の問題.

***xiānghù 相互**[形]相互の.相互に.¶～ zuòyòng[～作用]相互作用.

xiāngjì 相继[副]次々と.¶fùmǔ ～ qùshì[父母～去世]両親が相次いで亡くなった.

xiàngjī 相机[名]カメラ.

xiāngjiāo 相交[動]❶交わる.¶tiělùxiàn zài Běijīng ～[铁路线在北京～]線路は北京で交差する.❷交際する.¶wǒmen ～ duōnián[我们～多年]私たちは古いつきあいだ.

⁂**xiāngjiāo 香蕉**[名]〔chuàn 串,gēn 根〕〔植〕バナナ.

xiàngjiāo 橡胶[名]ゴム.

†**xiànglái 向来**[副]これまで.ずっと.一貫して.¶wǒ ～ bù sāhuǎng[我～不撒谎]私はこれまでうそをついたことがない／～ rúcǐ[～如此]今までずっとこうだった.

xiǎnglè 享乐[動]享楽にふける.

xiàngliàn 项链[名](～儿)〔gēn 根,tiáo 条〕ネックレス.

†**xiǎngliàng 响亮**[形](声や音が)よく通る.¶～ de gēshēng[～的歌声]響く歌声／áile yí jì ～ de ěrguāng[挨了一记～的耳光]バチンとびんたを1発食らう.

xiàngmào 相貌[名]容貌(ようぼう).顔立ち.¶zhèige rén de ～ hěn héshàn[这个人的～很和善]この人はとても優しい顔立ちをしている.

***xiàngmù 项目**[名]項目.プロジェクト.(スポーツの)種目.¶kēyán ～[科研～]科学研究のプロジェクト.

***xiǎngniàn 想念**[動](故郷や離れた人を)思う.しのぶ.¶～ gùxiāng[～故乡]故郷を思う.

xiàngpí 橡皮[名]❶ゴム.❷〔kuài 块〕消しゴム.

xiàngpiàn 相片[名](～儿)〔zhāng 张〕写真.(r化する場合はxiàngpiānrと発音する)¶～ xǐhǎo le[～洗好了]写真が現像できた.

xiàngqí 象棋[名]〔pán 盘〕中国将棋.¶xià ～[下～]将棋を指す.

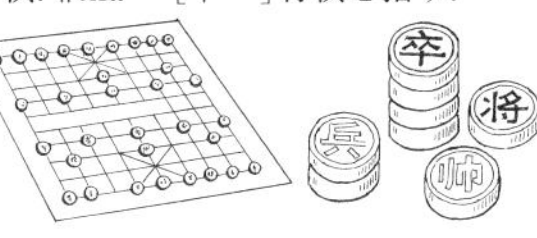

① qípán 棋盘　② qízǐ 棋子
①将棋盤 ②将棋の駒

xiāngqīn 乡亲[名]❶同郷の人.¶zài wàidì yùdaole ～[在外地遇到了～]よその土地で同郷人に会った.❷農村の人に対する呼びかけ.¶～men[～们]皆さん.

xiǎng·shēng 响声[名]音.響き.¶fāchū ～[发出～]音を立てる.

†**xiàng·sheng 相声**[名](中国式の)漫才.¶tīng ～[听～]漫才を聞く／～ yǎnyuán[～演员]漫才師.

xiàngshēngcí 象声词[名]〔語〕擬音語.

xiāngshí 相识[動]知り合う.¶wǒmen shì qùnián ～ de[我们是去年～的]私たちは去年知り合ったのだ.[名]知り合い.¶lǎo～[老～]昔なじみ.

****xiǎngshòu 享受**[動]享受する.¶～tèshū dàiyù[～特殊待遇]特別待遇を受ける.[名]享楽.¶zhuīqiú ～[追求～]享楽を追い求める.

***xiāngsì 相似**[形]似ている.¶liǎng rén miànkǒng hěn ～[两人面孔很～]2人は顔つきがよく似ている.

xiāngtōng 相通[動]通じ合う.¶tāmen de xīn shì ～de[他们的心是～的]彼らの心は通じ合っている.

***xiāngtóng 相同**[形]同じだ.¶niánlíng ～[年龄～]年が同じだ.

xiàngwǎng 向往[動]あこがれる.¶～zhe měihǎo de wèilái[～着美好的未来]美しい未来にあこがれている.

xiāngwèi 香味[名](～儿)〔gǔ 股〕よい香り.よいにおい.

***xiángxì 详细**[形]詳しい.詳細である.¶～ de jièshàole qíngkuàng[～地介绍了情况]状況を詳しく説明した.

***xiāng·xia 乡下**[名]〈口〉田舎.¶～rén[～人]田舎者.

***xiǎngxiàng 想像**[動]想像する.¶tā néng shuōchu nèi zhǒng huà,zhēn nányǐ ～[他能说出那种话，真难以～]彼があんなことを言い出すなんて,ほんとに想像もできなかった.

⁑**xiāngxìn 相信**[動]信じる.¶wǒ ～ nǐ[我～你]あなたを信じます／tā qīngyì bù ～ biéren[他轻易不～别人]彼は簡単には人を信じない.

†**xiāngyān 香烟**[名]〔gēn 根,zhī 支〕紙巻きタバコ.

xiàng//yàng 像样[動](～儿)一定のレベルに達している.さまになっている.¶méiyou yí jiàn ～ de yīfu[没有一件～的衣服]まともな服が1着もない.

xiāngyìng 相应[動]応じる.呼応する.¶cǎiqǔ ～ cuòshī[采取～措施]相応の処置をとる.

***xiǎngyìng 响应**[動](呼びかけ・提唱に)答える.応じる.¶～ shàngjí de hàozhào[～上级的号召]上部の呼びかけに応じる.

xiāngyóu 香油[名]ゴマ油.

xiǎngyǒu 享有[動](権利・名誉・人望などを)受ける.所有する.¶zài guójì shang ～ shèngmíng[在国际上～盛名]国際的に名声を博している.

***xiāngzào 香皂**[名]〔kuài 块〕化粧石けん.

†**xiàngzhēng 象征**[動]象徴する.¶gǎnlǎnzhī ～zhe hépíng[橄榄枝～着和平]オリーブの枝は平和を象徴する.[名]象徴.¶yīnghuā shì Rìběn de ～[樱花是日本的～]サクラの花は日本の象徴だ.

xiāngzhèn qǐyè 乡镇企业[名]郷鎮企業.農村部にあり,末端行政組織や農民が所有・経営する企業.

***xiāng·zi 箱子**[名]〔kǒu 口〕(大きい)箱.ケース.

xiànhài 陷害[動]陥れる.¶zāodao ～[遭到～]人に計られる.

xiānhóng 鲜红[形]鮮やかで赤い.¶～ de xiě[～的血]真っ赤な血／～ de méigui[～的玫瑰]深紅(しんく)のバラの花.

***xiānhòu 先后**[名]前と後ろ.前後.¶àn ～ cìxù mǎi piào[按～次序买票]前から順番に切符を買う.[副]前後

X

して.相次いで.¶tā de lùnwén ～ zài guó nèiwài huòjiǎng[他的论文～在国内外获奖]彼の論文は国内外で相次いで賞を獲得した／tā ～ dòngguo sì cì shǒushù[他～动过四次手术]彼は前後4回手術を受けた.

*xiānhuā **鲜花**[名]生花.切り花.¶yí shù ～[一束～]一束の花／～ shèngkāi[～盛开]花が満開である.

†xiánhuà **闲话**[名]❶無駄話.雑談.¶～ xiū tí[～休提]余談はさておき／péi mǔqīn shuōshuo ～[陪母亲说说～]母の雑談に付き合う.❷陰口.文句.うわさ話.¶zài bèihòu shuō ～[在背后说～]陰でうわさ話をする.

xiánjiē **衔接**[動]つながる.関連する.¶shàngxià ～de bú zìrán[上下～得不自然]上下のつながりが不自然だ.

*xiānjìn **先进**[形]進んでいる.↔ luòhòu 落后 ¶～ gōngzuòzhě[～工作者]模範的な労働者.優れた働き手／～ guójiā[～国家]先進国家.

xiànjīn **现金**[名]現金.¶fù ～[付～]現金で払う／～ jiāoyì[～交易]現金取引.

xiānlì **先例**[名]先例.¶cóng zhèr kāile ～[从这儿开了～]これが先例となった／zhèi zhǒng qíngkuàng méiyou ～[这种情况没有～]この種の状況は前例がない.

†xiánliáo **闲聊**[動]無駄話をする.¶jīntiān hěn máng,méi gōngfu ～[今天很忙，没工夫～]今日はとても忙しいので,無駄口をたたいている暇はない.

†xiànlù **线路**[名]回線.回路.路線.¶qìchē ～ gǎi le[汽车～改了]バスの路線が変わった.

†xiānmíng **鲜明**[形]❶鮮やかである.明るい.¶sèdiào ～[色调～]色が鮮やかである.❷鮮明である.はっきりしている.¶tàidu yào ～[态度要～]態度をはっきりさせる必要がある／liǎngzhě xíngchéng ～ de duìbǐ[两者形成～的对比]両者は際だった対照をなしている.

*xiànmù **羡慕**[動]羨望(せんぼう)する.うらやむ.¶kěyǐ ～ biéren,dàn bù néng jídù[可以～别人，但不能嫉妒]人をうらやんでもいいが,ねたんではいけない.

xiānnǚ **仙女**[名]仙女.

xiānqǐ **掀起**[動]❶開ける.とる.めくる.¶～ guōgài[～锅盖]鍋のふたを取る／～ ménlián[～门帘]カーテンをめくる.❷わき上がる.¶dàhǎi ～ bōtāo[大海～波涛]海に大波がうねる.❸わき起こる.盛り上がる.¶～ yì cháng fēngbō[～一场风波]騒ぎが巻き起こる／～ àiguó zhǔyì yùndòng[～爱国主义运动]愛国主義運動が盛り上がる.

xiànqī **限期**[動]期限を定める.[名]期限.

xiānqián **先前**[名]以前.もと.¶zhè háizi bǐ ～ gāoduō le[这孩子比～高多了]この子は以前より背がだいぶ伸びた／～ wǒmen liǎ guānxi hěn hǎo[～我们俩关系很好]私たちはもとは仲がよかった.

xiànqián **现钱**[名]〈口〉現金.

xiǎnqíng **险情**[名]危険(な状況).¶xiàpō de lùduàn fāshēngle ～[下坡的路段发生了～]下り坂の所で危険が発生した.

*xiǎnrán **显然**[形]明らかである.¶～ tā duì wǒmen yǒu yìjiàn[～他对我们有意见]明らかに彼は我々に不満を持っている／shì dào rújīn,hěn ～ shì yǒu rén gùyì dǎoluàn[事到如今，很～是有人故意捣乱]事態がここに至れば,誰かが故意に騒動を起こしていることは明らかである.

xiànrù **陷入**[動]❶陥る.落ちる.¶～ qíngwǎng[～情网]恋に落ちる.❷ふける.没入する.¶～ chénsī[～沉思]物思いにふける.

⁑xiān·sheng **先生**[名]❶(学校の)先生.教師.❷(成人男性に対する尊称)…さん.呼びかけにも用いる.¶Zhāng ～,nín hǎo[张～,您好]張さん,こんにちは／zhèi wèi ～ shì nǎli rén?[这位～是哪里人?]こちらの方はどなたですか.❸人の夫,自分の夫を称する.(人称代名詞と共に用いる)¶tā ～ chūchāi qù le[她～出差去了]彼女のご主人は出張に出かけた／wǒ ～ jīnnián sìshí suì[我～今年四十岁]主人は今年40歳です.

†**xiǎnshì 显示**[動]はっきり示す.¶zuòpǐn ～chu de shèhuì bèijǐng[作品～出的社会背景]作品が示した社会的背景.

*__xiànshí 现实__[名]現実.¶miànduì ～[面对～]現実に直面する.[形]現実的である.¶～ yìdiǎn ba[～一点吧]もうちょっと現実的になりなさいよ.

xiànshí zhǔyì 现实主义[名]リアリズム.現実主義.¶xiǎoshuō de ～ sècǎi hěn nóng[小说的～色彩很浓]小説の現実主義的色彩は非常に濃い.

xiànsuǒ 线索[名]糸口.手がかり.¶zhèi běn rìjì shì pò'àn de zhòngdà ～[这本日记是破案的重大～]この日記は事件解決の重要な手がかりだ.

xiāntiān 先天[名]先天.生まれつき.¶zhèi zhǒng bìng shì ～ de[这种病是～的]この病気は先天的なものです/gōngsī cóng chuàngyè kāishǐ jiù ～ bùzú[公司从创业开始就～不足]会社は創業から根本的な欠陥がある.

*__xiānwéi 纤维__[名]繊維.¶héchéng ～[合成～]合成繊維/guāng～[光～]光ファイバー.

xiǎnwēijìng 显微镜[名]〔jià 架,tái 台〕顕微鏡.

*__xiànxiàng 现象__[名]現象.¶shèhuì ～[社会～]社会現象.

xiānxíng 先行[動]先に行う.先頭に立つ.¶～zhě[～者]先駆者/zài zhèige lǐngyù de yánjiū shang,tā bǐ biéren ～le yí bù[在这个领域的研究上他比别人～了一步]この領域における研究では,彼は一歩抜きんでている.

xiànxíng 现行[形]現行の.現在行われている.¶～fàn[～犯]現行犯.

†**xiānxuè 鲜血**[名]鮮血.¶～ liútǎng[～流淌]鮮血が流れる.

†**xiānyàn 鲜艳**[形]鮮やかで美しい.¶sècǎi ～[色彩～]色彩があでやかである/～ duómù[～夺目]あでやかで目を奪うばかりだ.

xiǎnyào 险要[形](地形が)険しい.¶shānshang dìshì ～[山上地势～]山は地勢が険しい.

xiányí 嫌疑[名]嫌疑.疑い.¶zǒngjīnglǐ yǒu shòuhuì de ～[总经理有受贿的～]社長には収賄の嫌疑がかけられている.

xiànyú 限于[動]…に限る.…に限られる.…の制約を受ける.¶zhèi bù yǐngpiàn zhǐ ～ chéngniánrén kàn[这部影片只～成年人看]この映画は未成年者お断りだ/～ mùqián de shuǐpíng,wǒ zhǐ néng zuò xiē fǔzhùxìng de gōngzuò[～目前的水平，我只能做些辅助性的工作]今のレベルでは補助的な仕事しかできない.

⁑**xiànzài 现在**[名]今.現在.¶nǐ ～ zuò shénme ne?[你～做什么呢?]今何をしているの/～ kāishǐ ba[～开始吧]では始めましょう.

xiànzhǎng 县长[名]県の行政府のトップ.県知事.

*__xiànzhì 限制__[動]制限する.規制する.制約する.¶～ zìshù[～字数]字数を制限する/chūguó yǒu yídìng de ～[出国有一定的～]出国には一定の制限がある.

*__xiǎnzhù 显著__[形]はっきりしている.顕著である.¶chéngguǒ ～[成果～]成果が顕著だ/chǎnliàng yǒule ～ tígāo[产量有了～提高]生産高が著しく高まった.

xiànzhuàng 现状[名]現状.¶gǎibiàn ～[改变～]現状を変える.

†**xiāo 削**[動]むく.削る.¶～ píngguǒ pí[～苹果皮]リンゴの皮をむく/～ qiānbǐ[～铅笔]鉛筆を削る.

xiāo 消[動]❶消える.¶yān ～ yún sàn[烟～云散]成雲散霧消する.消え去る/zhǒng yǐjing ～ le[肿已经～了]腫(は)れがすっかり引いた/qì ～ le[气～了]怒りが収まった.❷消す.除く.¶～dú[～毒]消毒する/～zhǒng[～肿]腫れを引かせる/～huǒr[～火儿]怒りを静める.❸時間を過ごす.つぶす.¶～mó shíguāng[～磨时光](退屈な)時間をつぶす/～xià[～夏]避暑をする.

xiāo 销[動]*❶取り消す.¶chè～[撤～]取り下げる/～ shēng nì jì[～声匿迹]成声を潜め姿をくらます.❷売る.¶gōng～[供～]供給と販売/zhèi zhǒng huò hǎo ～[这种货好～]この

X

手の商品はよく売れる.*❸消費する. ¶huā～[花～]出費／kāi～[开～]支払う.出費.

☆xiǎo 小[形]❶(体積,面積,数量,年齢,力量などが)小さい.↔ dà 大 ¶miànjī hěn ～[面积很～]面積が狭い／yīfu tài ～[衣服太～]服が小さすぎる／tā bǐ wǒ ～ yí suì[他比我～一岁]彼は私より1歳年下だ／tā de lìqi hěn ～[他的力气很～]彼の力はとても弱い.❷一番末の. ¶～nǚ'ér[～女儿]末娘／～dìdi[～弟弟]末の弟.*[頭]目下の人の姓や名の前に付けて親しみを表す. ¶～-Lǐ[～李]李君／～-Míng[～明]明ちゃん.

X

☆xiào 笑[動]❶笑う.¶tā ～de hébulǒng zuí[他～得合不拢嘴]彼はあごが外れるほど笑った／kāihuái dà～[开怀大～]思いっきり大笑いする／tā ～le yíxià[他～了一下]彼はちょっと笑った.❷あざ笑う. ¶cháo～[嘲～]あざ笑う／chǐ～[耻～]あざ笑う／ràng dàjiā jiàn～ le[让大家见～了]みんなに笑われた.

†xiǎobiàn 小便[動]小便をする.[名]小便.尿.

†xiāochú 消除[動](よくないものを)なくす. ¶～ wùjiě[～误解]誤解をなくす／～ yǐnhuàn[～隐患]危険性を除去する／～ gùlǜ[～顾虑]心配を取り除く.

*xiǎo·de 晓得[動]分かっている.¶bù ～ gāi bù gāi qù[不～该不该去]行くべきかどうか分からない／nǐ ～ zhèi jiàn shì de lìhài ma?[你～这件事的利害吗?]この件の利害について分かっているのか.

†xiāo//dú 消毒[動]消毒する.¶fángjiān yǐjing xiāoguo dú le[房间已经消过毒了]部屋はもう消毒してある／～shuǐ[～水]消毒液.

*xiāofèi 消费[動]消費する. ¶～ shuǐpíng[～水平]消費水準／bīnguǎn měitiān ～ dàliàng shípǐn[宾馆每天～大量食品]ホテルでは毎日大量の食品を消費する.

xiǎofèi 小费[名]チップ. ¶fùkuǎn shí hái yào jiā ～[付款时还要加～]支払い時にはチップを足さなければいけない.

xiāofèizhě 消费者[名]消費者. ¶zhèige zǔzhī de gōngzuò shì wéihù ～ de lìyì[这个组织的工作是维护～的利益]この組織の仕事は消費者の利益を守ることである.

xiǎoguǐ 小鬼[名]親しみを込めて子供を呼ぶ言い方. ¶zhèige ～ jiùshì tiáopí[这个～就是调皮]このちびはまったく腕白だ.

*xiàoguǒ 效果[名]❶効果. ¶zhèntòngjì ～ xiǎnzhù[镇痛剂～显著]鎮痛剤の効果は著しい／shuōle duōshao cì yě méiyou ～[说了多少次也没有～]何度言っても効き目がない.❷効果音.

☆xiǎoháir 小孩儿[名]〈口〉子供."小孩子"xiǎoháiziともいう.

†xiāohào 消耗[動]❶消耗する. ¶～ néngliàng[～能量]エネルギーを消耗する／～ shíjiān[～时间]時間を消費する.❷消耗させる. ¶～ dírén de bīnglì[～敌人的兵力]敵の兵力を消耗させる.

*xiāohuà 消化[動]❶消化する. ¶jīdàn chīduōle bù róngyì ～[鸡蛋吃多了不容易～]卵を食べ過ぎるとなかなか消化できない／～ xìtǒng[～系统]消化器系統.❷理解する.¶zhème nán de nèiróng,xuésheng ～buliǎo[这么难的内容，学生～不了]こんなに難しい内容は学生には消化できない／xīn xué de zhīshi yīnggāi dàngtiān ～[新学的知识应该当天～]新たに学んだことはその日のうちに理解しなければならない.

*xiào·hua 笑话[名](～儿)笑い話. ¶tā ài shuō ～ dòu dàjiā lè[他爱说～逗大家乐]彼は笑い話をしてみんなを笑わせるのが好きだ／kàn biéren de ～[看别人的～]笑いものにする.[動]笑いものにする.¶búyào ～ biéren[不要～别人]他人を笑いものにしてはいけない.

xiāohuǐ 销毁[動]焼却して廃棄する. ¶～ zhèngjù[～证据]証拠を隠滅する／～ zǒusī wùpǐn[～走私物品]密輸品を焼却する.

xiàohuī 校徽[名]〔méi 枚〕校章. ¶

pèidài ～[佩戴～]校章をつける.

*xiǎohuǒ·zi 小伙子[名]〈口〉若い男.呼びかけにも用いる.¶tā shì ge piàoliang ～[他是个漂亮～]あいつはハンサムな若者だ／～,bāng ge máng[～，帮个忙]兄さん,ちょっと手を貸してくれ.

†xiāojí 消极[形]❶否定的である.¶～ yǐngxiǎng[～影响]否定的影響／～ de chéngfèn[～成分]否定的要素.❷消極的である.¶tàidu hěn ～[态度很～]態度が消極的だ／kèfú ～ qíngxù[克服～情绪]消極的な気持ちを克服する.↔ jījí 积极

☆xiǎo·jiě 小姐[名]❶(若い女性に対する敬称)…さん.¶Lǐ ～, qǐng yòng chá [李～，请用茶]李さん,お茶をどうぞ.❷若い女性の呼びかけに用いる.¶～,lái liǎng bēi kāfēi[～，来两杯咖啡](店で女性店員に)すみません,コーヒー2つください.

xiàojìng 孝敬[動]❶孝行をする.¶háizi yào ～ fùmǔ[孩子要～父母]子供は親孝行しなくてはならない.❷(目上の人に)差し上げる.¶zhèi píng jiǔ, shì wǒ ～ nín lǎo de[这瓶酒，是我～您老的]このお酒は私からです.

xiǎokàn 小看[動]ばかにする.軽蔑する.¶nǐ bié ～ rén[你别～人]人をばかにするな.

xiǎokāng 小康[形]衣食住が足りる程度の生活である.¶cūnmín de shēnghuó yǐ dádào ～ shuǐpíng[村民的生活已达到～水平]この村の村民の生活はほぼ衣食住に困らない水準に達している.

xiàolì 效力[名]効力.¶fāhuī ～[发挥～]効力を発揮する／～ bú dà[～不大]効果が小さい.

xiǎoliǎngkǒu 小两口[名]〈口〉若夫婦.¶～ gǎnqíng hěn hǎo[～感情很好]若い夫婦は仲がいい.

xiāolù 销路[名]販路.¶dǎkāi ～[打开～]販路を開拓する／zhèi lèi shāngpǐn ～ yìzhí hěn hǎo[这类商品～一直很好]この手の商品の売れ行きはずっと好調だ.

*xiàolǜ 效率[名]効率.¶tígāo ～[提高～]効率を高める／gōngzuò ～[工作～]仕事の能率.

*xiǎomài 小麦[名]〔植〕コムギ.

xiǎomǐ 小米[名](～儿)アワ.

*xiāomiè 消灭[動]滅びる.消滅する.消滅させる.¶kǒnglóng zǎoyǐ ～[恐龙早已～]恐竜は既に滅亡した／～ bìngchónghài[～病虫害]病虫害を駆除する／～ wéifǎ fànzuì xíngwéi[～违法犯罪行为]違法犯罪行為をなくす.

*xiǎopéngyǒu 小朋友[名]❶児童.¶yòu'éryuán li yǒu hěn duō ～[幼儿园里有很多～]幼稚園にはたくさんの児童がいる.❷子供への呼びかけに使う.ぼく.おじょうちゃん.¶～,nǐ zhùzai nǎr a?[～，你住在哪儿啊?]ぼく,おうちはどこなの.

†xiǎo·qi 小气[形]けちくさい.吝嗇(りんしょく)である.¶nèige rén tài ～, shéi dōu bú yuànyi gēn tā yìqǐ chīfàn[那个人太～，谁都不愿意跟他一起吃饭]あの人はけちなので,誰も一緒に食事をしたがらない／～guǐ[～鬼]けちん坊.

xiǎo qiǎo líng lóng 小巧玲珑㊀成 小さくて精巧である.¶～ de shǒutí diànhuà dà shòu huānyíng[～的手提电话大受欢迎]小さくて精巧な携帯電話は大人気だ.

†xiàoróng 笑容[名]笑顔.笑み.¶miàn dài ～[面带～]顔に笑みを浮かべる／～ mǎnmiàn[～满面]満面の笑みをたたえる.

xiāosǎ 潇洒[形]あか抜けている.¶qiánbian láile yí wèi fēngdù ～ de nǚshì[前边来了一位风度～的女士]前からあか抜けた女性がやってきた.

*xiāoshī 消失[動]なくなる.消え失せる.¶fēijī mànmàn ～zai tiānkōng zhōng[飞机慢慢～在天空中]飛行機はゆっくりと空のかなたに消えていった／liǎnshang de xiàoróng ～ le[脸上的笑容～了]顔から笑みが失せた.

☆xiǎoshí 小时[名](単位の)時間.¶yí ge bàn ～[一个半～]1時間半／àn ～ jìsuàn gōngqian[按～计算工钱]1時間いくらで給料を計算する.

xiāoshòu 销售[動]販売する.¶～ shāngpǐn[～商品]商品を販売する／

～'é[～额]売上高／～kē[～科]販売課.

xiǎoshù 小数[名]〔数〕小数.

xiǎoshùdiǎn 小数点[名]〔数〕小数点.

xiàoshùn 孝顺[形]親孝行である.¶ tā shì ge ～ de érzi[他是个～的儿子]彼は親孝行な息子だ.[動]親孝行する.¶～ mǔqīn[～母亲]母に孝行する.

*__xiǎoshuō 小说__[名]〔bù部, piān篇〕小説.注中,長編小説の量詞は"部"bùを用いるが,短編小説は"篇"piānを用いる.¶kàn ～[看～]小説を読む／wǔxiá ～[武侠～]侠客小説／yánqíng ～[言情～]恋愛小説.

xiǎotíqín 小提琴[名]〔音〕バイオリン.¶ lā ～[拉～]バイオリンを弾く.

⁑**xiāo·xi 消息**[名]❶情報.ニュース.¶ wǒ yǒu ge hǎo ～ yào gàosu nǐ[我有个好～要告诉你]君にいいニュースがあるんだ.❷便り.音信.¶yǒu méiyou tā de ～?[有没有他的～?]彼の便りがありますか／yí qù wú ～[一去无～]行ったきり何の音沙汰もない.➡類義語 xīnwén 新闻

xiàoxiàng 肖像[名]〔fú 幅〕肖像.¶ huà ～huà[画～画]肖像画を描く.

*__xiǎo·xīn 小心__[形]注意深い.用心深い.↔ dàyi 大意 ¶～ de tuīkāi mén[～地推开门]注意深くドアを開ける.[動]注意する.¶～ shuāijiāo[～摔跤]つまずかないよう気を付けて.➡類義語 zhùyì 注意

xiǎoxíng 小型[区]小型である.↔ dàxíng 大型 ¶～ zhāodàihuì[～招待会]小規模なパーティー／～ fādòngjī[～发动机]小型エンジン.

xiǎo xīn yì yì 小心翼翼成慎重で注意深い.¶tā ～ de dǎkāi xiāngzi[他～地打开箱子]彼は注意深く箱を開けた／tā zuò shénme shìqing dōu ～ de,shēngpà chū shénme chācuò[他做什么事情都～的，生怕出什么差错]彼は何をするにも失敗を恐れてこわごわとやっている.

*__xiǎoxué 小学__[名]小学校.¶shàng ～[上～]小学校へ通う.

xiǎoxuéshēng 小学生[名]小学生.

xiàoyì 效益[名]効果と利益.¶jīngjì ～[经济～]経済効果.

xiàoyuán 校园[名]学校の構内.キャンパス.

*__xiàozhǎng 校长__[名]校長.学長.

xiǎo·zi 小子[名]〈口〉❶男の子.¶tā jiā èr ～ zài wàidì dúshū[他家二～在外地读书]彼の次男坊はよその土地で勉強している.❷(軽蔑を込めて主に男性が使う)野郎.やつ.¶zhè ～ zhēn huài[这～真坏]こいつはほんとうにワルだ.

†**xiǎozǔ 小组**[名]小集団.班.グループ.¶～ tǎolùn[～讨论]グループ討論.

⁑**xià//·qù 下去**[動]❶(高い所から低い所へ)下りる.注目的語に場所がくると"下"+場所+"去"の形となる.¶ lóuxià hěn rènao,wǒmen ～ kànkan[楼下很热闹，我们～看看]階下が賑やかだから下に行って見てみよう／tā xià lóu qu le[他下楼去了]彼は階下に下りていった.❷(上部機関から下部機関へ)下りていく.¶qīnzì ～ diàochá[亲自～调查]自ら調査に出向いて行く.❸なくなる.おさまる.¶tā

表現Chips とっさの一言

小心! 汽车!	Xiǎoxīn! Qìchē!	(危ない!車だ!)
着火啦!	Zháo huǒ la!	(火事だ!)
救命啊!	Jiùmìng a!	(助けて!)
臭流氓!	Chòu liúmáng!	(不良!)
快跑!	Kuài pǎo!	(逃げろ!)
瞎说!	Xiāshuō!	(でたらめだ!)
讨厌!	Tǎoyàn!	(嫌な人!)
烦人!	Fán rén!	(嫌だ,嫌だ!)
小偷儿! 快抓!	Xiǎotōur! Kuài zhuā!	(どろぼう!捕まえて!)
站住! 往哪儿跑?	Zhànzhù! Wǎng nǎr pǎo?	(とまれ!どこへ行く)

de qì hái méi ～[她的气还没～]彼女の怒りはまだおさまらない.

☆//•xià//•qù 下去[動]❶動詞の後に用いて動作の方向が話し手から離れていく,或いは低い所へ向かうことを表す.¶chuán jiànjiàn chén～ le[船渐渐沉～了]船が徐々に沈んでいった／nǐ bǎ dōngxi ná～[你把东西拿～]荷物を持って降りてください.❷動詞の後に用いて動作の継続を表す.¶nǐ jiēzhe jiǎng～[你接着讲～]もう少し話を続けてください／wǒ zài yě rěnnàibu～ le[我再也忍耐不～了]これ以上我慢できない.❸形容詞の後に用いて程度の継続を表す.マイナス評価の継続を表すことが多い.¶wǒmen jiāng shìshìdàidài yǒuhǎo～[我们将世世代代友好～]我々は子々孫々にわたって友好を維持していこう／liǎng rén guānxi yì tiāntiān de lěngdàn～ le[两人关系一天天地冷淡～了]2人の関係は日に日に冷めていった／zài zhèyàng shòu～ kě bù hǎo[再这样瘦～可不好]これ以上痩せたらまずいですよ.

xià//tái 下台[動]❶舞台から下りる.¶～ hòu zhíjiē jìnle huàzhuāngshì[～后直接进了化妆室]舞台を下りた後まっすぐ化粧室に入った.❷失脚する.地位を失う.¶zǒngtǒng ～ le[总统～了]大統領が失脚した.❸困った状態から面目を保って脱け出す.引っ込む.注否定形とともに用いることが多い.¶zěnme xiàdeliǎo tái ne?[怎么下得了台呢?]どうして引っ込みがつくものか.

☆xiàtiān 夏天[名]夏.¶yǐjing shì ～ le[已经是～了]もう夏です.

☆xiàwǔ 下午[名]午後.¶～ jǐ diǎn lái?[～几点来?]午後何時に来ますか／děngle yí ge ～[等了一个～]午後ずっと待っていた.

xià//xiāng 下乡[動]農村へ行く.¶gànbù ～ kǎochá[干部～考察]幹部が農村へ視察に行く／tā xiàle shí nián xiāng[他下了十年乡]彼は10年間農村へ行っていた.

xiáxiǎo 狭小[形]狭苦しい.¶fángjiān ～[房间～]部屋が狭苦しい.

†xiàxún 下旬[名]下旬.¶shíyuè ～[十月～]10月下旬.

†xiàyóu 下游[名]❶川下.下流.¶Chángjiāng ～[长江～]長江下流.❷人後に落ちること.人に後れをとること.¶shéi dōu bú yuàn jūyú ～[谁都不愿居于～]皆人に後れをとりたくない.

xiázhǎi 狭窄[形]❶(幅が)狭い.¶～ de zǒuláng[～的走廊]狭い廊下.❷(心・見識が)狭い.¶yǎnjiè ～[眼界～]見識が狭い／xīndì ～[心地～]心が狭い.

†xìbāo 细胞[名]細胞.

*xīběi 西北[名]❶北西.西北.¶～fēng[～风]北西の風／Yuánmíngyuán wèiyú Běijīng ～ jiāo[圆明园位于北京～郊]円明園は北京の北西郊外にある.❷中国西北地区.(陝西省,甘粛省,青海省,寧夏回族自治区,新疆ウイグル自治区などを含む)

☆xī•bian 西边[名](～儿)西の方.西側.

*xībù 西部[名]西部.

*xīcān 西餐[名]洋食.(主にナイフとフォークで食べる食事をさす)¶～guǎn[～馆]洋食のレストラン／～tīng[～厅](ホテルなどの)洋食のレストラン.

xǐ chū wàng wài 喜出望外成望外の喜び.思いがけないことで大喜びする.¶méi xiǎngdao zài zhèr néng jiàndao lǎo tóngxué,tā ～,bùjīn tiàoleqilai[没想到在这儿能见到老同学,她～,不禁跳了起来]ここで昔の同級生に会えるとは思ってもいなかったので,彼女は望外の嬉しさに思わず小躍りした.

xǐdí 洗涤[動]洗う.洗浄する.¶～jì[～剂]洗剤／láodòng de hànshuǐ ～ le línghún[劳动的汗水～了灵魂]労働の汗が魂を清めた.

xī//dú 吸毒[動]麻薬や阿片などを吸う.

☆xiē 些[量]❶不特定の量を表す.¶bǎ zhèi～ shū fàngzai shūjià shang[把这～书放在书架上]これらの本を本棚に並べる／yǒu～ rén bù tóngyì[有～人不同意]賛成しない人も何人かいる.❷少し.¶zhèige wèntí róngyì ～[这个问题容易～]この問題はやや

簡単だ／zuò ～ gōngzuò[做～工作]ちょっと仕事をする.➡[類義語] diǎn 点

*xiē 歇[動]❶休息する.¶lèile jiù ～huìr[累了就～会儿]疲れたらちょっと休む／yǒu bìng zài jiā ～zhe ne[有病在家～着呢]病気のため家で休んでいる.❷停止する.¶～yè[～业]廃業する.休業する／～gōng[～工]仕事を休む.

**xié 鞋[名]〔shuāng 双〕靴.¶chuān ～[穿～]靴を履く／pí～[皮～]革靴／liáng～[凉～]サンダル.➡[見る類] p.575

*xié 斜[形]斜めである.¶～pō[～坡]斜面.坂.[動]斜めに傾ける.¶～zhe shēnzi tǎngxia[～着身子躺下]体を斜めにして横たわる／bǎ mùbǎn ～guolai fàng[把木板～过来放]板を斜めに立てかける.

xié 邪[形]❶悪い.¶wāi mén ～dào[歪门～道]邪道.悪の道／gǎi ～ guī zhèng[改～归正][成]悪の道から足を洗う.❷異常である.¶zhēn ～ménr,huǒ gāng diǎnshang jiù miè le[真～门儿,火刚点上就灭了]おかしいなあ,火がついたと思ったら消えてしまった.❸たたり.¶zhòng～ le[中～了]たたりにあった.

**xiě 写[動]❶字を書く.¶～ duìlián[～对联]対聯(ついれん)を書く／～zì[～字]字を書く.❷創作する.¶～ wénzhāng[～文章]文章を書く／～ xiǎoshuō[～小说]小説を書く.➡[見る類] p.576

*xiě 血[名]血.[注]複合語はxuèと読む場合が多い.¶yì dī ～[一滴～]1滴の血／liú～[流～]流血する／tù～[吐～]血を吐く.

xiè 泄[動]❶排出する.漏れる.漏らす.¶pái～[排～]排出する／～qì[～气]気が抜けてがっかりする／shuǐ ～ bù tōng[水～不通][成]水も漏らさぬほど密である.❷情報などを漏らす.¶～mì[～密]秘密を漏らす／xiàng duìshǒu ～dǐ[向对手～底]ライバルに内情を暴露する.

xiè 泻[動]❶速く流れる.¶yí ～ qiān lǐ[一～千里]よどみなく流れる様子.❷腹をくだす.¶～yào[～药]下剤／～dù[～肚]腹をくだす／shàng tù xià～[上吐下～]吐いたりくだしたりする.

†xiè 卸[動]❶(荷物を)下ろす.¶～huò[～货]貨物を乗り物から下ろす.荷揚げする.❷(体から何かを)取り除く.¶～zhuāng[～妆]化粧を取る.❸(機械から部品を)取り外す.¶chāi～[拆～]機械を解体する.❹責務を解く.¶～rèn[～任]官吏が職務を解かれる.

xiè 谢[動]❶感謝する.¶búyòng ～[不用～]どういたしまして.❷しおれる.¶huā yǐjing ～ le[花已经～了]花はもうしおれてしまった.

xiédài 携带[動]携帯する.¶xiǎoxíng shǒudiàn biànyú ～[小型手电便于～]小型懐中電灯は携帯に便利だ／～ diànhuà[～电话]電話を携帯する／suíshēn ～[随身～]いつも身につけて携帯する.

†xiédìng 协定[動]協定する.¶shuāngfāng ～le zūqī[双方～了租期]双方で賃貸期間を協議して決めた.[名]協定書.¶liǎng ge gōngsī qiānshǔle yí fèn jīngjì hézuò ～[两个公司签署了一份经济合作～]2つの会社は経済協力協定書にサインした.

†xiéhuì 协会[名]協会.¶yǒuhǎo ～[友好～]友好協会／zuòjiā ～[作家～]作家協会.

xièjué 谢绝[動]謝絶する.¶～ láifǎng[～来访]訪問お断り／～ cānguān[～参观]見学お断り.

xièlòu 泄露[動](液体や秘密が)漏れる.漏らす.¶～ jīmì[～机密]機密を漏洩(ろうえい)する.

xiè//mì 泄密[動](機密や秘密を)漏らす.¶yǒu ～ xiányí de rén děi jiēshòu shěnchá[有～嫌疑的人得接受审查]機密漏えいの嫌疑のある人は審査を受けなければならない.

xiè//qì 泄气[動]気が抜けてがっかりする.¶tīngle zhè xiāoxi,dàjiā dōu xièle qì[听了这消息，大家都泄了气]この知らせを聞いて,みんながっかりしてしまった／bù néng yùdao yìdiǎn kùnnan jiù ～[不能遇到一点困难就～]少しばかりの困難に出会って意気消沈しているようではだめだ.

xiéshāng 协商［動］協議する. ¶ zhèige wèntí yīnggāi shuāngfāng jìnxíng ～［这个问题应该双方进行～］この問題は双方が協議を進めるべきだ.

xiétiáo 协调［形］調和している. ¶ sècǎi ～［色彩～］色彩が調和している.［動］調和させる. ¶ ～ gè fāngmiàn de lìyì［～各方面的利益］各方面の利益を調整する／gè bùmén gōngzuò yīng ～ fāzhǎn［各部门工作应～发展］各部門の仕事はバランスをとりながら発展させなければならない.

⁑xiè·xie 谢谢［動］❶感謝する. ¶ ～ nǐ bāngzhùle wǒ［～你帮助了我］あなたの手助けに感謝します.❷(挨拶) ありがとう. ¶ hǎo piàoliang de lǐwù a, ～!［好漂亮的礼物啊，～!］とてもきれいなプレゼントだね,ありがとう!

類義語　**xièxie 谢谢**
gǎnxiè 感谢

►"谢谢"は感謝の意を述べる場合に用いられる. ¶ 谢谢您的帮助 xièxie nín de bāngzhù(手伝ってくれてどうもありがとう) ►"谢谢"は会議での発言の後に聴衆に向かって発したり,相手の申し出を丁寧に辞退する時に付け加えるなど,挨拶言葉としてもよく用いられる. ¶ 我自己拿得动，不用麻烦你了，谢谢 wǒ zìjǐ nádedòng,búyòng máfan nǐ le,xièxie(自分で持てますから,お手をわずらわせることはありませんよ.ありがとう) ►これに対し,"感谢"はフォーマルな場で感謝の意を述べる場合に用いる. ¶ 感谢在场的每一位观众 gǎnxiè zàichǎng de měi yí wèi guānzhòng(ここにいらっしゃる観客の皆様に感謝申し上げます) ►"感谢"には名詞としての用法もあるが,"谢谢"にはない. ¶ 向您表示衷心的感谢 xiàng nín biǎoshì zhōngxīn de gǎnxiè(衷心から感謝の意を表します)

xiéyì 协议［動］協議する. ¶ shuāngfāng ～,zēngjiā dìnghuò［双方～，增加订货］双方は話し合って注文を増やした／fūqī liǎ ～ líhūn［夫妻俩～离婚］夫妻2人は協議離婚した.［名］〔xiàng 项〕(協議の結果の)合意. ¶ dáchéng ～［达成～］合意に達する.

†xiézhù 协助［動］助ける. ¶ ～ lǎoshī gōngzuò［～老师工作］先生の仕事を助ける／xīwàng dédào dàjiā de ～

目で見る類義語 xié 鞋　xuē 靴

►"鞋"xiéははきものの総称として用いられる."拖鞋" tuōxié(スリッパ,サンダル),"凉鞋" liángxié(女物のサンダル)なども"鞋"を使うし,「靴職人」も"鞋匠"xiéjiangである. ►"靴"xuēは長靴・ブーツで,くるぶしより上までくる. ¶ 马靴 mǎxuē(乗馬靴)／皮靴 píxuē(革のブーツ) ►"靴"と対立する意味での"鞋"はくるぶしより下までの短靴をいう. ¶ 球鞋 qiúxié(スニーカー)／高跟儿鞋 gāogēnrxié(ハイヒール) ►なお「雨靴」は普通ブーツだが,"雨靴" yǔxuē とも"雨鞋" yǔxiéともいう.

[希望得到大家的～]皆さんに助けていただきたい.

xiězìlóu 写字楼[名]オフィスビル.

xiězìtái 写字台[名]事務机.¶wǒ de fángjiān li yǒu yì zhāng ～[我的房间里有一张～]私の部屋には事務机が1つある.

†**xiézuò 协作**[動]協同する.協力する.¶shuāngfāng tōnglì ～[双方通力～]双方は力を合わせ協力した／gǎnxiè gèwèi de dàlì ～[感谢各位的大力～]皆様の多大なご協力に感謝いたします.

†**xiězuò 写作**[動]文章を書く.¶～shuǐpíng[～水平]創作のレベル／～kè[～课]作文の授業.

X

★**xīfāng 西方**[名]❶西の方.西.❷欧米諸国.(特に資本主義諸国をいう)

xīfāng guójiā 西方国家[名]西側資本主義国家.¶shòu ～ de yǐngxiǎng[受～的影响]西側諸国の影響を受ける.

†**xīfú 西服**[名]洋服.(多くの場合背広をさす)

†**xífù 媳妇**[名]❶息子の妻.嫁.¶qǔ～[娶～]嫁をとる.❷自分より世代が下の親族の妻.注前に親族呼称を添えて言う.¶sūn～[孙～]孫の嫁／zhí～[侄～]おいの妻.

xīgài 膝盖[名]ひざ.ひざ頭.

★**xīguā 西瓜**[名]スイカ.¶qiē ～[切～]スイカを切る／～pí[～皮]スイカの皮.

☆**xíguàn 习惯**[動]慣れる.慣れている.¶zhèr de shēnghuó yǐjing ～ le[这儿的生活已经～了]ここの生活にはもう慣れた／～ yú jìmò[～于寂寞]寂しさに慣れた.[名]習慣.¶gǎizhèng bùliáng ～[改正不良～]悪い習慣を正す／hǎo ～[好～]良い習慣.

★**xīhóngshì 西红柿**[名]〔植〕トマト."番茄"fānqiéともいう.¶～jiàng[～酱]トマトケチャップ.

☆**xǐ·huan 喜欢**[動]好きである.好む.¶wǒ ～ tā[我～他]私は彼が好きだ／～ chàng gēr[～唱歌儿]歌が好きだ／xuǎnzé ～ de kēmù[选择～的科目]好きな科目を選択する.➡類義語 ài 爱

†**xíjī 袭击**[動]襲撃する.不意打ちをかける.¶～ dírén[～敌人]敵を襲撃する.

xìjié 细节[名]細部.細かい点.¶zuòpǐn de ～[作品的～]作品の細部／duì shēnghuó ～ bútài zhùyì[对生活～不太注意]生活の細かい点についてあまり気にしない.

†**xǐjù 喜剧**[名]喜劇.コメディ.¶～ piàn

目で見る類義語 xiě 写　huà 画　tú 涂　tián 填　jì 记

►文字を書くのが"写"xiěである.¶写字 xiě zì(字を書く).絵や図を描くのが"画"huà.それぞれ英語のwriteとdrawに当たる.¶画画儿 huà huàr(絵を描く)／画地图 huà dìtú(地図を書く)►英語にはもう1つpaint「塗る」がある.中国語では"涂"túという.子供が落書きするように,めちゃくちゃにかきなぐり,塗りたくるのを"乱涂乱画" luàn tú luàn huàなどという.►書類などに書き込む,記入するのが"填"tián.枠やカッコが必ずある."填表"tiánbiǎo(記入する)のようにいう.►"记"jìは記録すること.耳にしたことや事実を記録にとどめる.¶他讲得太快，记不下来 tā jiǎngde tài kuài,jìbuxiàlái(彼は話すのが速くて書ききれない)

[～片]コメディ映画.

†**xìjù 戏剧**[名]芝居.演劇.劇. ¶ shàngyǎnle Shāshìbǐyà de ～[上演了莎士比亚的～]シェークスピアの劇を上演した／～ xuéyuàn[～学院]演劇学院.

*****xìjūn 细菌**[名]細菌.

xìliè 系列[名]シリーズ.連続.一揃えのセットになったもの. ¶ chūbǎn ～ kānwù[出版～刊物]シリーズものを出版する.

*****xīmiàn 西面**[名]西の方.西側. ¶ ～ kào shān[～靠山]西側は山に近い.

xīmiè 熄灭[動](火や明かりを)消す.消える.(比喩にも用いる) ¶ zhànhuǒ yǐjing ～le[战火已经～了]戦火はすでに消えた.

⁑**xīn 心**[名]❶心臓. ¶ ～ zài tiàodòng[～在跳动]心臓が動いている.❷心. ¶ yòng～ xiǎngxiang [用～想想]よくよく考える／tīngdao mǔqin qùshì, ～li shífēn nánguò[听到母亲去世,～里十分难过]母の死を聞き,とても悲しんだ.*❸中心. ¶ jiāng～[江～]川の中央部／yuán～[圆～]円心.

⁑**xīn 新**[形]❶新しい.↔ jiù 旧 ¶ ～ pǐnzhǒng[～品种]新しい品種／～ gōngzuò[～工作]新しい仕事／～ shìwù[～事物]新しい事物.❷(性質がよりよく,進歩して)新しい.↔ jiù 旧 ¶ ěr mù yì ～[耳目一～]㊜耳目を一新する／～ Zhōngguó[～中国]新中国.❸未使用である.↔ jiù 旧 ¶ ～ yīfu[～衣服]新品の服／～ jiājù[～家具]新品の家具.❹新婚の. ¶ ～hūn[～婚]新婚／～ xífù[～媳妇]花嫁.❺(動詞の前に用いて)新たに.近ごろ. ¶ ～ mǎi de yīfu[～买的衣服]買ったばかりの服／～ lái de jìshùyuán[～来的技术员]新任の技術者.

*****xìn 信**[動]信じる.信仰する. ¶ tā de huà wǒ bú ～[他的话我不～]彼の話を私は信じない／wǒ bú ～ zōngjiào[我不～宗教]私は宗教を信仰しない.[名]❶〔fēng 封〕手紙. ¶ yì fēng ～[一封～]1通の手紙／jì ～[寄～]手紙を出す.❷(～儿)消息. ¶ shāo ge kǒu～r[捎个口～儿]ことづける.

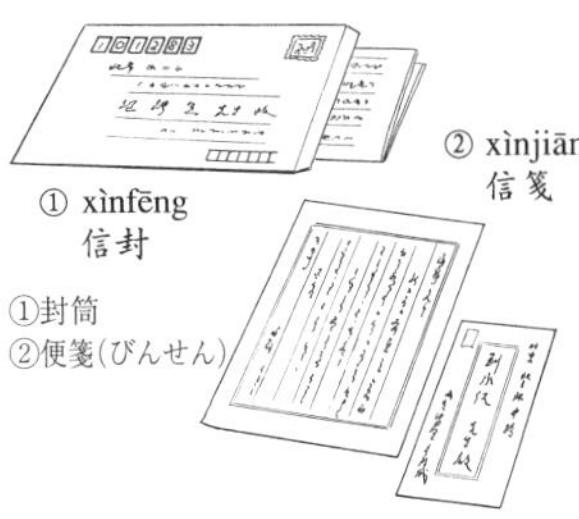

†**xīn'ài 心爱**[形]心の底から愛している. ¶ ～ de nǚ'ér[～的女儿]いとしい娘／zuì ～ de bǎobèi[最～的宝贝]最愛の宝物.

*****xīnán 西南**[名]❶南西.西南.❷中国の西南地区.(四川省,雲南省,貴州省,チベット自治区などを含む)

xīn chén dàixiè 新陈代谢[名]〔生〕新陳代謝.

xìndài 信贷[名](銀行の)貸し付け. ¶ ～'é[～额]貸し付け額／～ yèwù[～业务]貸し付け業務.

*****xīndé 心得**[名](仕事や勉強の中で)体得した知識や技術. ¶ xiě dúshū ～[写读书～]読書感想文を書く／～ tǐhuì[～体会]学んだことや体験.

xīnfáng 新房[名]新しい部屋.新婚夫婦の寝室. ¶ bùzhì ～[布置～]新婚の部屋を飾り付ける.

⁑**xìnfēng 信封**[名]封筒. ¶ chāi ～

表現Chips 好み

她爱干净。Tā ài gānjìng.(彼女はきれい好きだ)

我喜欢吃辣的。Wǒ xǐhuan chī là de.(私は辛いものが好きだ)

我迷上了集邮，看见好邮票就想买。Wǒ míshàngle jíyóu,kànjian hǎo yóupiào jiù xiǎng mǎi.(私は切手収集に夢中で,よい切手を見るとすぐ買いたくなってしまう)

我看书看上了瘾，连吃饭都忘了。Wǒ kàn shū kànshàngle yǐn,lián chīfàn dōu wàng le.(本に夢中になって,食事をするのも忘れてしまった)

［拆～］封を切る.

xīng 兴［動］盛んになる.盛んにする.はやる.¶yǎnxià jiù ～ zhèige［眼下就～这个］目下のところこれがはやっている／jīnnián ～ zǐsè de yīfu［今年～紫色的衣服］今年は紫色の服が流行だ.

xīng 星［名］❶〔kē 颗〕星.(話し言葉では一般に"星星"xīngxingを用いる)¶～kōng［～空］星空.❷天体.¶huì～［彗～］彗星／xíng～［行～］惑星.*❸(～儿)細かくこなごなになったもの.ごくわずかなもののたとえ.¶huǒ～r［火～儿］火の粉／yì～ bàndiǎnr［一～半点儿］ほんの少し.❹スター.¶gē～［歌～］スター歌手／yǐng～［影～］映画スター.

xīng 腥［形］生臭い.¶yì gǔ ～wèi［一股～味］生臭いにおい／zhèi zhǒng yú tèbié ～［这种鱼特别～］この種の魚は特に生臭い.

xíng 刑［名］❶刑.刑罰.¶pànchǔ sǐ～［判处死～］死刑を言い渡す／～qī［～期］刑期.❷犯人への体罰.拷問.¶shòu～［受～］拷問を受ける／shàng～［上～］拷問にかける.

☆**xíng 行**［名］❶道のり.道.行程.¶qiān lǐ zhī ～,shǐ yú zú xià［千里之～，始于足下］千里の道も一歩から.❷行為.¶yán～ yízhì［言～一致］言行一致／xiào～［孝～］孝行.［動］❶行く.¶rì ～ qiān lǐ［日～千里］一日に千里を行く／rén～dào［人～道］歩道.❷する.行う.¶jǔ～［举～］行う／～qiè［～窃］盗みをはたらく.［形］❶よろしい.かまわない.¶bù～,nǐ bié qù［不～，你别去］だめだ,行ってはいけない／～, jiù zhème bàn ba［～，就这么办吧］いいですよ,ではそうしましょう.❷有能である.¶nǐ zhēn ～!［你真～!］君は実によくできるね.→háng

xíng 形*［名］❶形状.¶qiú～［球～］球形／tuǒyuán～［椭圆～］楕円(だえん)形.❷実体.本体.¶wú～［无～］無形／～ yǐng bù lí［～影不离］形と影が離れない.非常に仲が良いことのたとえ.

xíng 型*［名］型.タイプ.¶mó～［模～］模型／xuè～［血～］血液型.

★**xǐng 醒**［動］❶(酔いや麻酔から)覚める.意識を取り戻す.¶～jiǔ［～酒］酔いをさます／bìngrén yǐjing ～guolai le［病人已经～过来了］病人はもう意識を取り戻した.❷(眠りから)目が覚める.¶zuótiān wǎnshang tā ～le hǎo jǐ cì［昨天晚上他～了好几次］昨日の晩,彼は何度も目が覚めた／kuài～～, dōu bā diǎn le［快～～，都八点了］早く目を覚ましなさい,もう8時ですよ.

xìng 杏［名］〔kē 棵〕〔植〕アンズ.¶～r［～儿］アンズの実.

★**xìng 性**［名］❶性格.¶gè～［个～］個性／rèn～［任～］わがまま.❷性別.¶nán～［男～］男性／nǚ～［女～］女性.❸性.¶～yù［～欲］性欲.*［尾］❶性質.¶tán～［弹～］弹力性.❷傾向.…性.¶jījí～［积极～］積極性／jìlǜ～［纪律～］規律性.

☆**xìng 姓**［動］…という姓である.¶nǐ ～ shénme?［你～什么?］何というお名前ですか.［名］姓.¶suí fùqin de ～［随父亲的～］父親の姓を名乗る.

xīn gān qíng yuàn 心甘情愿㊈ 心より願う.喜んでやる.¶wèile jīnhòu néng guòshang xìngfú de shēnghuó, xiànzài zài kǔ zài lèi,wǒ yě ～［为了今后能过上幸福的生活，现在再苦再累，我也～］今後幸せな生活を送るためなら,今どんな苦労でも喜んでやる／māma ～ de wèi háizimen mánglù［妈妈～地为孩子们忙碌］母親は喜んで子供のために立ち働く.

xīngbàn 兴办［動］興す.始める.¶～ féiliào jiāgōngchǎng［～肥料加工厂］肥料加工場を始める.

†**xìngbié 性别**［名］性別.

xíngchǎng 刑场［名］刑場.

xíngchéng 行程［名］行程.道のり.過程.¶～ hěn yuǎn［～很远］道のりが遠い／lìshǐ de ～［历史的～］歴史の過程.

★**xíngchéng 形成**［動］形成する.形作る.¶zhè liǎng ge xuéshuō ～le xiānmíng de duìbǐ［这两个学说～了鲜明的对比］この2つの学説は際だった対照をなしている／～ yì zhǒng shèhuì fēngqì［～一种社会风气］一種の社

会習慣になっている.

*xíngdòng 行动[動]行動する.行う.動く.¶ ànzhōng ～[暗中～]こっそりと活動する／bìng hǎo le,kěyǐ zìyóu ～ le[病好了，可以自由～了]病気がよくなり,自由に動けるようになった.[名]行動.¶ ～ gānglǐng[～纲领]行動綱領.

xíng'érshàngxué 形而上学[名]〔哲〕形而上学."玄学"xuánxuéともいう.

xíngfǎ 刑法[名]〔法〕刑法.

*xīngfèn 兴奋[形]興奮する.¶ jiēdao diànbào,tā ～de tiàoqilai[接到电报，她～得跳起来]電報を受け取ると,彼女は興奮して跳び上がった／～jì[～剂]興奮剤.覚醒剤.

**xìngfú 幸福[名]幸福.¶ zhè shì wǒ yìshēng zhōng zuì dà de ～[这是我一生中最大的～]これは私の生涯で最大の幸福である.[形]幸福である.¶ ～ de wēixiào[～的微笑]幸福そうな微笑み.

†xìng gāo cǎi liè 兴高采烈㊥上機嫌である.有頂天である.¶ wǒmen ～ de yóulǎnle Chángchéng[我们～地游览了长城]我々は心はずませながら長城を見物した／Értóngjié dào le,háizimen dōu ～ de qù guàng gōngyuán、kàn diànyǐng[儿童节到了，孩子们都～地去逛公园、看电影]子供の日になると,子供たちは皆喜び勇んで公園へ遊びに行ったり映画を見に行ったりする.

*xìnggé 性格[名]性格.¶ ～ wēnróu[～温柔]性格がやさしい.

xínghào 型号[名]機械の規格・サイズ.

xìnghǎo 幸好[副]幸いにも…のおかげで.¶ ～ nǐ lái le,bùrán wǒ yí ge

●百科知識●

手紙の書き方

宛名

普通は横書きにする.日本と同様,受け取り人の郵便番号(6ケタ),国名,省名,都市名,…番地を書く.

真ん中に相手の名前を書き,最後に受取人を示す"收"shōuをつける.「様」に相当するものとしては"先生"xiānsheng(男性宛て),"女士"nǚshì(女性宛て),"小姐"xiǎojie(未婚の女性宛て),"老师"lǎoshī(先生宛て),"同学"tóngxué(クラスメート,学生宛て)などがあるが 親しい間では姓名のみでもよく,相手との親しさの度合い等によって書き方はさまざま.

差出人の住所氏名は,封筒表の右下に書くことが多いが,左上でも封筒の裏でもかまわない.

文面

まず相手の名を呼びかけ,「：」"冒号"màohào(コロン)をつける.呼びかけに使う「～様」にあたる部分の書き方は宛名と同じ.

最後に自分の名前を署名して,その後日付を書く.文面については特に細かな形式はなく自由に書いてよい.

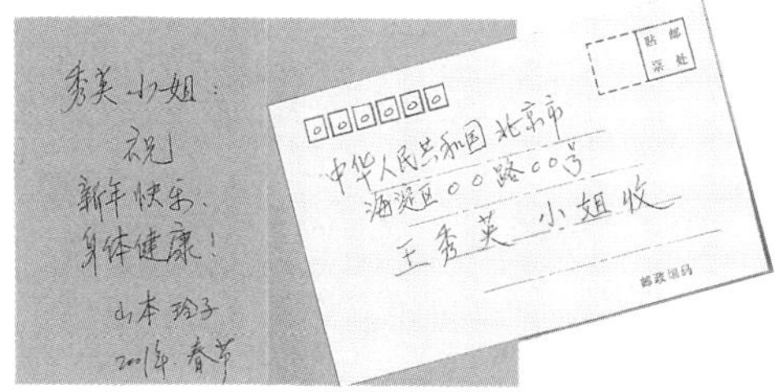

rén zhēn bù zhī gāi zěnme bàn[～你来了，不然我一个人真不知该怎么办]君が来てくれて助かったよ.私1人ではどうすればよいかわからなかった.

xíng//huì 行贿[動]賄賂を贈る.¶ yīn ～ bèi pànxíng[因～被判刑]贈賄で処罰される.

xīngjiàn 兴建[動](規模の大きい建築物を)建設する.¶～ yí ge dàxíng yóulèchǎng[～一个大型游乐场]大型の遊園地を建設する／～ gāocéng zhùzhái[～高层住宅]高層住宅を建設する.

xíngjìng 行径[名](よくない)行為.ふるまい.¶wúchǐ de ～[无耻的～]恥知らずな行為／cánrěn de ～[残忍的～]残忍なふるまい.

xíng//jūn 行军[動]行軍する.¶lián-yè ～[连夜～]夜どおし行軍する.

†**xìngkuī 幸亏**[副]幸いにも.幸いなことに.¶～ zánmen zǒude zǎo,yàobù jiù gǎnbushàng huǒchē le[～咱们走得早，要不就赶不上火车了]早く出かけてよかった,さもなければ汽車に間に合わなかった.

★**xíng·li 行李**[名]〔jiàn 件〕荷物.¶dǎ ～[打～]荷造りする／ná ～[拿～]荷物を持つ.

★**xìngmíng 姓名**[名]姓名.¶zài kǎ-piàn shang tiánxiě ～[在卡片上填写～]カードに姓名を書き込む.

xìngmìng 性命[名]命.生命.¶bǎo-zhu ～[保住～]命をとりとめる／diū-diào ～[丢掉～]命を落とす.

†**xìngnéng 性能**[名]性能.¶jièshào chǎnpǐn de ～[介绍产品的～]商品の性能を説明する.

☆**xīngqī 星期**[名]❶週.¶yí ge ～ yǒu qī tiān[一个～有七天]1週間は7日だ.❷(月曜から順に"一"yī,"二"èr,"三"sān,"四"sì,"五"wǔ,"六"liù,"日"rì・"天"tiānをつけて)曜日.¶míng-tiān shì ～sān[明天是～三]明日は水曜日です.

xīngqǐ 兴起[動]勢いよく出現する.興る.¶～ yì zhǒng bùliáng de fēngqì[～一种不良的风气]よくない気風が現れる.

xìngqíng 性情[名]性格.¶～ jízào

文法　性質形容詞と状態形容詞

形容詞は主に事物の性質や状態を表す語であるが,文法的な特徴から大きく次の2つに分類される.

1 **性質形容詞**

性質形容詞は人や物の性質を表すもので,形態は単純である.

1) A型(単音節)
- 好 hǎo(よい)
- 热 rè(暑い)
- 长 cháng(長い)

2) AB型(2音節)
- 干净 gānjìng(清潔である)
- 漂亮 piàoliang(きれいである)
- 重要 zhòngyào(重要である)

►**文法的特徴**

1) 程度副詞の修飾を受けることができる.
¶最好 zuì hǎo(最もよい)
¶非常漂亮 fēicháng piàoliang(とてもきれいである)
¶有点儿热 yǒudiǎnr rè(少し暑い)

2) 否定を表す副詞"不"bùの修飾を受けることができる.
¶不好 bù hǎo(よくない)
¶不高兴 bù gāoxìng(嬉しくない)

3) 一般に名詞を直接修飾できない.前に程度副詞,後に"的"deを伴って初めて名詞を修飾できる.
¶最粗的树 zuì cū de shù(最も太い木)
¶非常干净的房间 fēicháng gān-jìng de fángjiān(とても清潔な部屋)

述語になる時はふつう程度副詞"很"hěnの修飾を必要とする.ここでは形式的なもので"很"本来の「とても」の意味は消える.
¶他很高 tā hěn gāo(彼は背が高

[～急躁]気が短い／～ wēnhé[～温和]性格が温和だ.

⁑**xīngqīrì 星期日**[名]日曜日.“星期天”xīngqītiānともいう.

*__xìngqù 兴趣__[名]興味.関心.¶wǒ duì zhèi xiàng gōngzuò méiyou ～[我对这项工作没有～]私はこの仕事には興味がない／wǒ duì xìjù gǎn ～[我对戏剧感～]私はお芝居に興味がある／tā de ～ hěn guǎng [他的～很广]彼の興味はとても広い.

†**xíngrén 行人**[名]通行人.歩行者.¶jiēshang de ～ hěn duō[街上的～很多]街を歩いている人が多い／～ qǐng zǒu biàndào[～请走便道]歩行者は歩道を歩いてください.

*__xíngróng 形容__[動]形容する.¶tā de xǐyuè wúfǎ ～[她的喜悦无法～]彼女の喜びようは表現のしようがない／guòfèn de ～[过分的～]オーバーな形容.

xíngróngcí 形容词[名]〔語〕形容詞.

xìngsāorǎo 性骚扰[名]性的嫌がらせ.セクハラ.

xíngshǐ 行使[動]行使する.執行する.¶～ quányì[～权益]権益を行使する／～ zhǔquán[～主权]主権を行使する.

†**xíngshǐ 行驶**[動](車や船が)進む.¶huǒchē jísù de ～[火车急速地～]汽車がぐんぐん走る／hémiàn shang ～zhe jǐ sōu xiǎochuán[河面上～着几艘小船]川の上を何艘かの船が進んでいく.

xíngshì 刑事[名]刑法に関係する事柄.¶～ ànjiàn[～案件]刑事事件／～ fǎtíng[～法廷]刑事法廷.

*__xíngshì 形式__[名]形式.¶nèiróng hé ～[内容和～]内容と形式.

*__xíngshì 形势__[名]❶(軍事的視点から見た)地勢.地形.¶～ xiǎnyào[～险要]地勢が険しい.❷形勢.情勢.¶rènqīng mùqián de ～[认清目前的～]目前の情勢をはっきりさせる／guójì ～[国际～]国際情勢.

†**xíngtài 形态**[名]❶(思想や意識などの)表現形態.¶yìshí ～[意识～]イデオロギー.❷動物や植物の形.形状.¶dòngwù ～[动物～]動物の形

い)

¶今天很冷 jīntiān hěn lěng(今日は寒い)

②**状態形容詞**

状態形容詞は人や物の状態を生き生きと描写する語である.形態は比較的複雑である.

1) ＡＢ型(特殊２音節)

¶雪白 xuěbái(真っ白な)

¶笔直 bǐzhí(真っ直ぐな)

¶飞快 fēikuài(とても速い)

「まるでAのようにBだ」(“雪白”:まるで雪のように白い)という構造を持ち,重ね型はABAB型になる.

¶雪白雪白　×雪雪白白

2) ＡＢＢ型(３音節)

¶黑洞洞 hēidōngdōng(真っ暗な)

¶热乎乎 rèhūhū(ほかほかの)

3) 性質形容詞重ね型など

¶好好儿 hǎohāor(ちゃんとした)←Ａ型の重ね型

¶清清楚楚 qīngqingchǔchǔ(はっきりとした)←ＡＢ型の重ね型

ＡＢ型の重ね型はＡＡＢＢ型になり,第２音節は軽く読まれる.

►**文法的特徴**

1) 程度副詞の修飾を受けられない.

×很热乎乎 ×最清清楚楚

2) “不”の修飾を受けられない.

×不雪白 ×不黑洞洞

3) “的”deを伴って自由に名詞を修飾できる.

¶热乎乎的包子 rèhūhū de bāozi(ほかほかのパオズ)

¶冰凉的手 bīngliáng de shǒu(氷のように冷たい手)

述語になる時は後に“的”をつけ,“很”の修飾は必要ない.

¶他们高高兴兴的 tāmen gāogāoxìngxìng de(彼らは嬉しそうだ)

態.❸語形.形態.¶cí de ～[词的～]語の形態.

xīngwàng 兴旺[形]盛んである.旺盛である.¶guójiā ～[国家～]国家が栄えている／shìyè ～[事业～]事業が盛んである.

†**xíngwéi 行为**[名]行為.¶yǒnggǎn de ～[勇敢的～]勇敢な行為／fànzuì ～[犯罪～]犯罪行為.

***xíngxiàng 形象**[名]形象.イメージ.¶zhǔréngōng de ～[主人公的～]主人公の人物像／rénwù ～ hěn xiānmíng[人物～很鲜明]人物のイメージが鮮明である.[形]生き生きしている.¶zhèi bù xiǎoshuō de yǔyán shēngdòng、～[这部小说的语言生动、～]この小説の言葉づかいは生き生きしている.

xīngxīng 星星[名]細かい点.¶～diǎndiǎn[～点点]ちらほら少しばかり.→xīngxing

***xīng·xing 星星**[名]〔kē 颗〕〈口〉星.¶mǎntiān ～[满天～]空いっぱいの星.→xīngxīng

†**xíngxīng 行星**[名]〔天〕惑星.

xìngyùn 幸运[名]幸運.¶～ jiànglín[～降临]幸運が舞いおりる.[形]幸運である.¶kǎoshangle dì yī zhìyuàn de dàxué,zhēn shì tài ～ le[考上了第一志愿的大学，真是太～了]第一志望の大学に合格するなんて,まったく幸運だ.

†**xíngzhèng 行政**[名]❶行政.¶～ jīgòu[～机构]行政機構.❷(機構・企業・団体などの)管理.運営.¶～ rényuán[～人员]管理部門の人員.

***xìngzhì 性质**[名]性質.

xíng zhī yǒu xiào 行之有效成効果がある.実行して有効であることが分かる.¶shìshí zhèngmíng zhèige bànfǎ shì ～ de[事实证明这个办法是～的]事実はこの方法が有効であることを証明している.

***xíngzhuàng 形状**[名]物の形.外観.¶dōngxi de ～[东西的～]物の形状.

†**xìnhào 信号**[名](光・電波・音声・動作による)信号.合図.¶fā ～[发～]信号を送る／～dēng[～灯]信号灯.

xīn huā nù fàng 心花怒放成心に花が咲いたよう.嬉しくてたまらない.¶tīngdao háizi kǎoshangle míngpái dàxué de xiāoxi,tā lède ～[听到孩子考上了名牌大学的消息，他乐得～]子供が有名大学に受かったという知らせを聞いて,彼は非常に喜んでいた.

Xīnhuáshè 新华社[名]新華社.中国国営の通信社.¶～ jìzhě[～记者]新華社記者／～ fāgǎo[～发稿]新華社記事.

xìnjiàn 信件[名]手紙や書類などの郵便物.

xīnjīn 薪金[名]給料.賃金.

xīnjìn 新近[名]最近.¶～ qùle liǎng tàng Guǎngzhōu[～去了两趟广州]最近2度ほど広州へ行って来た.

xīn jīng dǎn zhàn 心惊胆战成ひどく恐れるさま.¶lóudào li hēihūhū de,wǒ ～ de mōzhe xiàng qián zǒu[楼道里黑乎乎的，我～地摸着向前走]廊下は真っ暗で,私はびくびくしながら手さぐりで前に進んだ.

⁂**xīnkǔ 辛苦**[形]❶苦労である.¶gōngzuò shífēn ～[工作十分～]仕事がかなりつらい／xīnxinkǔkǔ de láodòng[辛辛苦苦地劳动]骨を折りながら働く.❷(挨拶)ねぎらいの言葉として用いる.¶～ le[～了]ご苦労さま.[動]苦労させる.¶zhème lǎoyuǎn pǎo yí tàng,～ nín le[这么老远跑一趟，～您了]こんなに遠い所までご足労かけまして,お世話さまです.

xīn kuàng shén yí 心旷神怡成心が広々として気持ちが愉快である.¶zhànzai shāndǐng,xīnxiān de kōngqì ràng rén ～[站在山顶，新鲜的空气让人～]山頂に立つと,新鮮な空気が気分爽快にしてくれる.

xìnlài 信赖[動]信頼する.¶tā shì yí ge kěyǐ ～ de rén[他是一个可以～的人]彼は信頼のおける人だ／dédào dàjiā de ～[得到大家的～]皆から信頼される.

xīnláng 新郎[名]花婿.↔ xīnniáng 新娘

†**xīnlǐ 心理**[名]人間の精神.心理.¶～xué[～学]心理学／～ jiànkāng[～健康]心の健康／wǒ bù néng lǐjiě

tā de ～[我不能理解他的～]私は彼の気持ちが理解できない.

xīn·li 心里[名]❶胸部.胸の内.¶～téngde hěn[～疼得很]胸がとても痛い／～ dǔdehuang[～堵得慌]胸がふさがる.❷心の中.頭の中.¶nǐ de huà,wǒ yǒngyuǎn jìzai ～[你的话，我永远记在～]あなたの話を永遠に心に刻みます／～ xiǎng shénme jiù shuō shénme[～想什么就说什么]思ったことは何でも言う.

xīnlíng 心灵[名]心.精神.感情.¶yòuxiǎo de ～[幼小的～]幼な心／～ měihǎo de rén[～美好的人]心の美しい人.

xīnmù 心目[名]印象.感覚.考え.¶měi ge rén de ～ zhōng dōu yǒu zìjǐ de ǒuxiàng[每个人的～中都有自己的偶像]皆それぞれ心の中に自分のアイドルがいる.

★**xīnnián 新年**[名]新年.¶gōnghè ～![恭贺～!]あけましておめでとう.

†**xìnniàn 信念**[名]信念.¶yīnggāi jiānchí zìjǐ de ～[应该坚持自己的～]自分の信念を通すべきだ.

xīnniáng 新娘[名]花嫁.↔ xīnláng 新郎

†**xīnqín 辛勤**[形]勤勉である.¶～ de yuándīng[～的园丁]働き者の庭師／～ de gōngzuò[～地工作]まじめに働く.

★**xīnqíng 心情**[名]気分.気持ち.心情.¶～ bù hǎo[～不好]気持ちが晴れない／píngjìng de ～[平静的～]穏やかな気分.

xīnrén 新人[名]❶新しい性質を持つ人.¶～ xīnshì[～新事]新時代の人やこと.❷ある分野や団体に登場した新人.¶wénxué ～[文学～]文学界の新人.❸新郎新婦.¶yí duì ～[一对～]1組の新郎新婦.

†**xìnrèn 信任**[動]信任する.信用して任せる.¶tā gūfùle wǒmen de ～[他辜负了我们的～]彼は私たちの信用を裏切った.

†**xīnshǎng 欣赏**[動]❶鑑賞する.¶～ yīnyuè[～音乐]音楽を鑑賞する／wǒmen zhǔnbèile yìxiē jiémù,qǐng gè wèi ～[我们准备了一些节目，请各位～]私たちの用意した出し物を皆さまどうかお楽しみください.❷よいと評価する.¶～ yǒu nénglì de rén[～有能力的人]有能な人を高く評価する／～ niánqīngrén de chuàngzàolì[～年轻人的创造力]若者の創造力を高く評価する.

†**xīnshēng 新生**[区]出来たばかりの.新たに生じた.¶～ shìwù[～事物]新しく現れた事物.[名]❶新しい生命.¶zài mónàn zhōng huòdé ～[在磨难中获得～]苦難の中で新たな人生をつかむ.❷新入生.¶～ rùxué[～入学]新入生が入学する／huānyíng ～[欢迎～]新入生を歓迎する.

†**xīn·shì 心事**[名]心配事.気がかり.¶tā hǎoxiàng yǒu shénme ～[他好象有什么～]彼は何か心配事があるようだ／～ chóngchóng[～重重]心配事がいくつも重なる.

†**xīnshì 新式**[区]新式の.¶～ fàxíng[～发型]新しいヘアスタイル／～ fúzhuāng[～服装]最新ファッション.

†**xīn·si 心思**[名]❶考え.¶zhēn cāibutòu nǐ de ～[真猜不透你的～]まったく君の考えていることは見当がつかない.❷頭.知恵.¶báifèi ～[白费～]むだに知恵をしぼる.❸やる気.¶méi ～ gēn nǐ kāi wánxiào[没～跟你开玩笑]あなたをからかうつもりはない.

xīnténg 心疼[動]かわいがる.いつくしむ.惜しむ.¶fùmǔ ～ háizi[父母～孩子]両親は子供をかわいがる／tā zuì ～ de shì qián[他最～的是钱]彼が何よりも大切にしているのはお金だ.

xìntǒng 信筒[名]郵便ポスト.➡ 見る類 p.585

xīntóu 心头[名]心.胸の内.¶yǒngyuǎn jìzai ～[永远记在～]いつまでも胸に刻む.

★**xīnwén 新闻**[名]❶ニュース.¶～ jìzhě[～记者]報道記者／～ guǎngbō[～广播]ニュース放送／guójì ～[国际～]国際ニュース.❷最近のできごと.¶xiàoyuán li chuánchule yì tiáo ～[校园里传出了一条～]校内にあるニュースが伝わった／zhè yǐjing bú suàn shénme ～ le[这已经不算什么～了]

X

これはもうニュースでも何でもない.

類義語 xīnwén 新闻
xiāoxi 消息

►"新闻"には社会に生じた最近の出来事の意があるほか,新聞・テレビ・ラジオなどメディアによる国内外の情報・ニュースもいう.¶新闻早播完了 xīnwén zǎo bōwán le(ニュースはもう終わった)►"消息"には非公式な情報・知らせ・音信なども含まれる."小道消息"xiǎodào xiāoxi(口コミ)なども"消息"の部類に入る.¶你有没有李老师的消息? nǐ yǒu méiyou Lǐ lǎoshī de xiāoxi?(李先生のこと,何か聞いてる?)

X

†**xìnxī 信息**[名]消息.便り.情報.¶tígōng ～[提供～]情報を提供する/xiànzài shì ～huà shídài[现在是～化时代]今は情報化の時代である.

★**xīn·xiān 新鲜**[形]❶新しい.新鮮である.¶zhèi tiáo yú zhēn ～[这条鱼真～]この魚は本当に新鮮だ/～ shuǐguǒ[～水果]新鮮な果物/～ de huāduǒ[～的花朵]みずみずしい花/kōngqì ～[空气～]空気が新鮮だ.❷出来事が起こったばかりで目新しい.¶～shìr [～事儿]目新しいこと/zhèi zhǒng shì yǐjing bù ～ le[这种事已经不～了]この手の話はもう珍しくない.

xìnxiāng 信箱[名]❶郵便ポスト.❷私書箱.❸郵便受け.→見る類 p.585

★**xìnxīn 信心**[名]自信.¶mǎnhuái ～[满怀～]自信満々/tā zǒngshì duì zìjǐ méiyou ～[他总是对自己没有～]彼はいつも自分に自信を持っていない.

xīnxīng 新兴[動]新しく興る.¶～ gōngyè chéngshì[～工业城市]新興工業都市/～ chǎnyè[～产业]新興産業.

†**xīnxíng 新型**[区]新型の.¶～ jiàochē[～轿车]新型乗用車/～ diànshìjī[～电视机]新型テレビ.

xīn xīn xiàng róng 欣欣向荣成 草木の生長が盛んな様子.事業が発展していく様子.¶zhè jǐ nián, Shànghǎi jīngjì fāzhǎn xùnsù, chéngxiànchu yí pài ～ de jǐngxiàng[这几年,上海经济发展迅速,呈现出一派～的景象]ここ数年,上海の経済は急速に発展し,活気を呈している.

xīnxuè 心血[名]心血.¶hàojìn ～[耗尽～]心血を使い果たす/wèile jiějué zhèige wèntí,tā fèile duōnián de ～[为了解决这个问题,他费了多年的～]この問題を解決するために,彼は何年も心血を注いだ.

xìnyǎng 信仰[動]信仰する.信奉する.¶～ Fójiào[～佛教]仏教を信仰する.[名]信仰.¶tā yǒu jiāndìng de ～[她有坚定的～]彼女には揺るぎない信仰がある.

xīnyǎnr 心眼儿[名]❶心の底.¶wǒ cóng ～ li xiànmù nǐ[我从～里羡慕你]私は心の底からあなたを羨ましく思います.❷心根.気立て.¶zhèige rén ～ hěn hǎo[这个人～很好]この人は気立てがよい.❸機転.気遣い.¶tā hěn yǒu ～[他很有～]彼はとても機転がきく.❹度量.¶tā ～ xiǎo[她～小]彼女は気が小さい.

†**xīnyì 心意**[名]気持ち.意思.¶zhè shì wǒ de yìdiǎn ～[这是我的一点～]これは私のほんの気持ちです/wǒ de ～ wúfǎ yòng yǔyán biǎodá[我的～无法用语言表达]私の気持ちは言葉では言い表せない.

～xīn～yì ～心～意呼 人の感情,情緒などのありさまを表す.同一または意味の近い単音節の動詞・形容詞・数詞を前後に置く.¶quán xīn quán yì de wèi rénmín fúwù[全心全意地为人民服务]誠心誠意人民のために奉仕する/tā zhǎole ge chèn xīn rú yì de qīzi[他找了个称心如意的妻子]彼は思い通りの妻を見つけた.

xīnyǐng 新颖[形]目新しい.¶gòusī ～[构思～]構想が斬新だ/tícái ～[题材～]題材に新味がある/～ de shèjì xīyǐnle guǎngdà gùkè[～的设计吸引了广大顾客]斬新なデザインが多くの顧客を引きつけた.

xìnyòng 信用[名]信用.¶jiǎng ～[讲～]信用を重んじる/yǒu ～[有～]信用がある.

xìnyòngkǎ 信用卡[名]クレジットカード.

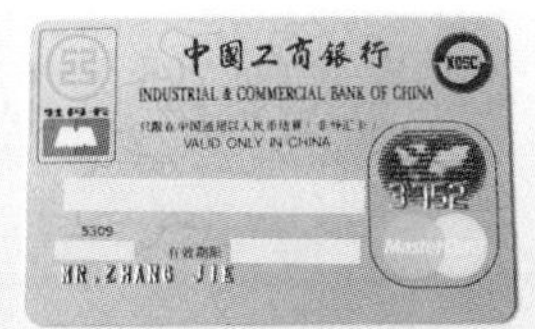

xìnyù 信誉[名]信用と評判. ¶liánghǎo de ～[良好的～]良い評判／yòng ～ yíngdé kèhù[用～赢得客户]信用と評判で顧客を得る.

xīnyuàn 心愿[名]願望.望み. ¶wǒ zuì dà de ～ shì zǎorì dēngshang Chángchéng[我最大的～是早日登上长城]私の最も大きな願いは1日も早く長城に立つことだ.

***xīnzàng 心脏**[名]心臓.中心部. ¶～bìng[～病]心臓病／Běijīng shì zǔguó de ～[北京是祖国的～]北京は祖国の心臓部である.

xīnzhōng 心中[名]心中.心の中. ¶tā yǒngyuǎn huózai wǒ de ～[她永远活在我的～]彼女は永遠に私の心の中に生き続けている.

†**xiōng 凶**[形]❶不吉である.↔ jí 吉 ¶～zhào[～兆]不吉な兆し.❷凶悪である. ¶qióng ～ jí è[穷～极恶]凶悪極まりない／～shén èshà[～神恶煞]凶悪なさま.❸ひどい.はなはだしく悪い. ¶tā chōuyān chōude hěn ～[他抽烟抽得很～]彼はものすごいヘビースモーカーだ.

xiōng 兄*[名]❶兄. ¶zhǎng～[长～]一番上の兄.❷親戚の中の自分より年上の男性. ¶biǎo～[表～]母方の従兄(いとこ)／táng～[堂～]父方の従兄.❸男性の友人間の尊称. ¶lǎo～,bāng ge máng ba[老～，帮个忙吧]兄さん,ちょっと手伝ってください.

***xiōng 胸**[名]❶胸. ¶táitóu tǐng ～[抬头挺～]頭を上げて,胸を張る／bǎ shǒu fàngzai ～qián[把手放在～前]手を胸の上に置く.❷心の内.心中. ¶xīn～ kuānguǎng[心～宽广]度量が広い.

***xióng 雄**[区]雄の.↔ cí 雌 ¶～jī[～鸡]オンドリ／～xìng[～性]雄.*[形]強力な. ¶～zī[～姿]雄姿.*[名]強力な人や国家. ¶yīng～[英～]英雄／Zhànguó qī ～[战国七～]戦国の七雄(戦国時代の7つの強国).

xióng 熊[名]クマ.

***xiōng·dì 兄弟**[名]兄弟. ¶wǒ méiyou ～,zhǐ yǒu yí ge jiějie[我没有～，只有一个姐姐]私には兄弟はなく,姉が1人いるだけだ.→xiōngdi

***xiōng·di 兄弟**[名]❶弟. ¶tā de ～

目で見る類義語 xìntǒng 信筒　yóutǒng 邮筒　xìnxiāng 信箱

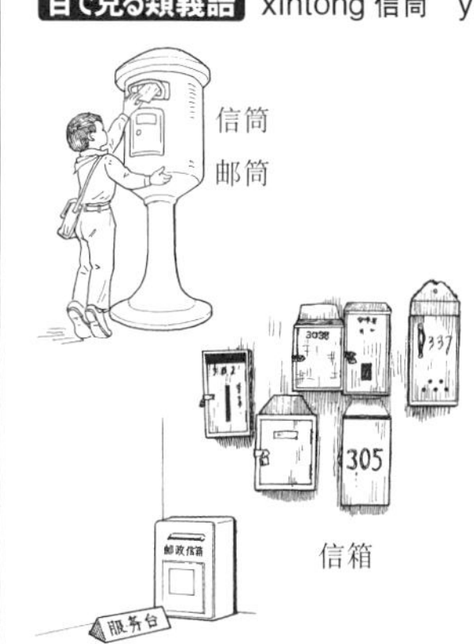

►“信筒”xìntǒngは郵便ポスト.これは“邮筒”yóutǒngともいう.「郵便局が設置した街角にあるポスト」だ.緑の丸い筒状のが典型だが,角ばったのもあるし,速達用の赤いのもある.なお,中国の郵便のシンボルカラーは緑である.►“信箱”xìnxiāngは複雑で,❶郵便ポスト,❷私書箱,❸郵便受け,と3つの意味がある.「私書箱」や「自分の家の郵便受け」などは“信箱”を使い,郵便を出すときのポストは“信筒”や“邮筒”というのが普通だ.►ただ,街角のそれではない,「ホテルや駅構内,役所内などに設けられたポスト」の意味では“信箱”が使われることが多い.室内か否かが分かれ目になる.

niánjì hái hěn xiǎo[他的～年纪还很小]彼の弟はまだ幼い.❷自分より年下の男性に対する呼称.❸同世代の人や大衆に向かって,自分を謙遜して言う言い方.→xiōngdì

†**xiōng'è 凶恶**[形]凶悪である.凶暴である.¶～ de miànkǒng[～的面孔]凶悪な顔つき／lǎohǔ ～ de pūleguolai[老虎～地扑了过来]トラが凶暴に飛びかかってきた.

xiōnghěn 凶狠[形](性格・行為が)凶悪である.残忍である.¶zhè shì yì zhǒng ～ de dòngwù[这是一种～的动物]これは凶暴な動物です.

xiónghòu 雄厚[形](人員や物質が)足りている.十分である.¶zījīn ～[资金～]資金は十分である.

xiōnghuái 胸怀[動]心に抱く.¶～ dàzhì[～大志]大志を抱く／～ chónggāo de lǐxiǎng[～崇高的理想]崇高な理想を心に抱く.[名]見識.胸の内.気持ち.¶kuānkuò de ～[宽阔的～]寛大な気持ち／chǎngkāi ～[敞开～]心を開く.

★**xióngmāo 熊猫**[名]〔zhī 只〕パンダ.“猫熊”māoxióngともいう.¶xiǎo～[小～]レッサーパンダ.

xiōngměng 凶猛[形](勢いや力が)凶暴である.獰猛(どうもう)である.¶láishì ～[来势～]勢いがすさまじい／～ de yěshòu[～的野兽]獰猛な野獣.

xiōngtáng 胸膛[名]胸.

★**xióngwěi 雄伟**[形]雄大である.壮大である.¶Chángchéng hěn ～[长城很～]長城はとても雄大だ.

xiōngyǒng 汹涌[動](水や勢いが)猛烈に沸きあがる.¶～ de bōtāo[～的波涛]激しく沸き上がった波／xīncháo ～[心潮～]気持ちが高ぶる.

xiōng yǒu chéng zhú 胸有成竹 成 胸に成竹あり.事前にちゃんとした展望があり,自信満々である.見通しがある.“成竹在胸”chéng zhú zài xiōngともいう.¶tā duì huìyì de chénggōng ～[他对会议的成功～]彼は会議の成功に自信を持っている.

xióngzhuàng 雄壮[形]勇ましい.勇壮である.¶gēshēng ～[歌声～]歌声が勇壮である.

†**xīqǔ 吸取**[動]❶(水分や栄養を)吸収する.吸い取る.¶～ yǎngfèn[～养分]養分を吸い取る.❷くみ取る.取り入れる.¶～ jīngyàn jiàoxun[～经验教训]経験と教訓をくみ取る.

xǐ·que 喜鹊[名]カササギ.

xīshǎo 稀少[形]まれで少ない.¶nàr rényān ～[那儿人烟～]あそこでは人家もまれだ.

★**xīshēng 牺牲**[動]❶正義のために命を捧げる.¶bùxī ～ zìjǐ de shēngmìng[不惜～自己的生命](正義のために)己の命を捧げることを惜しまない.❷(時間やお金を)犠牲にする.¶tā wèi wǒ ～le hěn duō bǎoguì shíjiān[他为我～了很多宝贵时间]彼は私のために多くの貴重な時間を犠牲にした.

xǐshì 喜事[名]❶めでたい事.祝い事.慶事.¶zhè zhēn shì tiāndà de ～[这真是天大的～]これは実にめでたい事だ.❷結婚.¶bàn ～[办～]結婚式を挙げる／hóng bái ～[红白～]冠婚葬祭.

★**xīshōu 吸收**[動]❶吸収する.吸い込む.¶～ yíngyǎng[～营养]栄養を吸収する.❷(震動や音を)吸収する.¶～ zhèndòng[～震动]震動を吸収する.❸(組織や団体がメンバーとして)受け入れる.取り込む.¶～ xīn chéngyuán[～新成员]新しいメンバーを受け入れる.

★**xǐshǒujiān 洗手间**[名]お手洗い.¶～ zài duìmiàn[～在对面]お手洗いは向かい側にある.

xísú 习俗[名]習俗.風俗習慣.¶dǎpò luòhòu de ～[打破落后的～]因習を打破する／guònián chī jiǎozi shì běifāng de ～[过年吃饺子是北方的～]新年にギョーザを食べるのは北方の習慣だ.

xítí 习题[名]練習問題.¶zuò ～[做

〜]練習問題をする.

★xìtǒng 系统[名]系統.システム.組織.関連部門.¶běn 〜 xia shǔ èrshí duō ge bù[本〜下属二十多个部]この組織には20あまりの部がある/jiàoyù 〜[教育〜]教育システム/zìdòng kòngzhì 〜[自动控制〜]自動制御システム.[形]系統的である.順序だっている.¶jìnxíng 〜 yánjiū[进行〜研究]系統的な研究を行う.

★xiū 修[動]*❶飾る.整える.¶zhuāng 〜[装〜]内装する/〜shì[〜饰]装飾する.❷修理する.直す.¶〜 diànshìjī[〜电视机]テレビを修理する/〜chē[〜车]自転車を修理する.*❸修める.修業する.¶zì〜[自〜]自習する/jìn〜[进〜]研修する/〜shēn[〜身]身を修める.❹建造する.建築する.¶xīn 〜le yí zuò qiáo[新〜了一座桥]新しく橋を架けた/xīng〜shuǐlì[兴〜水利]水利施設の工事をする/〜 gōnglù[〜公路]道路を敷設する.❺(整えるために)切る.¶〜jiǎn shùzhī[〜剪树枝]木の枝葉を剪定する/〜 zhǐjia[〜指甲]爪を切る.

†xiù 绣[動]刺繍する.¶〜huār[〜花儿]模様を刺繍する/cì〜[刺〜]刺繍する.

†xiù 锈[名]さび.¶tiě〜[铁〜]鉄さび/shēng〜[生〜]さびる.[動]さびる.¶suǒ chángnián bú yòng,yǐjing 〜 sǐ le[锁长年不用, 已经〜死了]長いこと使わなかったために, 錠がすっかりさびついてしまった.

xiù 嗅[動](においを)かぐ.口語では"闻"wénを用いることが多い.¶〜 buchū yǒu shénme qìwèi[〜不出有什么气味]何のにおいもしない/〜jué[〜觉]嗅覚(きゅうかく).

xiūchǐ 羞耻[形]恥じる.恥である.¶bù zhī 〜[不知〜]恥知らず/gǎndào 〜[感到〜]恥ずかしいと思う.

xiūdìng 修订[動]改訂する.修訂する.¶〜 gōngzuò jìhuà[〜工作计划]業務計画を訂正する/〜běn[〜本]改訂本.

xiūfù 修复[動]修復する.¶〜 tiělù hé gōnglù[〜铁路和公路]鉄道や道路を修復する.

★xiūgǎi 修改[動]改正する.改訂する.¶〜 fāng'àn[〜方案]プランを改訂する/〜 zuòyè[〜作业]宿題を手直しする.[名]修正.改訂.¶lǎoshī de 〜 dōu huàle hóng xiàn[老师的〜都画了红线]先生が手直ししたところはみな赤線が引いてある.

xiū∥jià 休假[名]休暇.休み.¶zhèi cì 〜 nǐ zhǔnbèi qù nǎr wánr?[这次〜你准备去哪儿玩儿?]今度の休みはどこに遊びに行くつもりですか.
➡[類義語] fàngjià 放假

†xiūjiàn 修建[動]修築する.建造する.¶〜 shuǐkù[〜水库]ダムをつくる/〜 diànzhàn[〜电站]発電所を建設する.

★xiūlǐ 修理[動]修理する.修繕する.¶〜 qìchē[〜汽车]車を修理する.

xiùlì 秀丽[形]優れて美しい.きれいだ.¶fēngjǐng 〜[风景〜]風景がきれいだ/tā de zì shífēn 〜[她的字十分〜]彼女の字はとても美しい.

⁂xiū·xi 休息[動]❶休息する.休む.¶〜 piànkè[〜片刻]しばらく休む/hǎohāo 〜〜 ba[好好〜〜吧]充分に休みなさい.❷(仕事が)休みである.(仕事を)休む.¶tā yìzhí méi shàngbān zài jiā 〜[他一直没上班在家〜]彼はずっと仕事に出ず家で休んでいる/〜rì[〜日]休日.休みの日.

xiūxiánzhuāng 休闲装[名]カジュアルウェア.

xiūyǎng 休养[動]休養する.静養する.¶yǒu bìng zài jiā 〜[有病在家〜]病気になって家で休養する.

xiūyǎng 修养[名]❶教養.素養.¶wénxué 〜[文学〜]文学的教養/yìshù 〜[艺术〜]芸術的素養.❷(人としての)修養.修練.¶tā shì ge hěn yǒu 〜 de rén[他是个很有〜的人]彼はとても修養を積んだ人だ.

†xiūzhèng 修正[動](誤りを)修正す

X

る.改正する.¶～ cuòwù[～错误]誤りを修正する／～ zhǔyì[～主义]修正主義.

†**xiūzhù 修筑**[動]建設する.建造する.¶～ jīchǎng[～机场]飛行場を建設する.

xiù·zi 袖子[名]袖.¶yīfu ～[衣服～]衣服の袖／wǎn ～[挽～]袖をまくる.

☆**xīwàng 希望**[動]希望する.願う.望む.¶～ qù Měiguó liúxué[～去美国留学]アメリカに留学したいと思う／mǔqin ～ érzi zǎo diǎnr huíjiā[母亲～儿子早点儿回家]母親は息子に早く家に帰ってほしいと願っている／nǐ de ～ kǒngpà nányǐ shíxiàn[你的～恐怕难以实现]君の希望はまず実現が難しいだろう.[名]希望を託す対象.ホープ.¶érnǚ shì fùmǔ de ～[儿女是父母的～]子供というものは親の希望だ.

xíwèi 席位[名]議席.¶liǎng ge ～[两个～]2議席／～ zuì duō de dǎng wéi zhízhèngdǎng[～最多的党为执政党]議席が最も多い党を与党とする.

xǐ wén lè jiàn 喜闻乐见成喜んで聞き,喜んで見る.¶xiàngsheng shì lǎobǎixìng ～ de yì zhǒng wényì xíngshì[相声是老百姓～的一种文艺形式]漫才は民衆に喜ばれている芸能形式だ.

xìxiǎo 细小[形]小さい.細かい.ささいである.¶～ de lòudòng[～的漏洞]小さな雨漏りの穴.

★**xìxīn 细心**[形]注意深い.細かいところまで気がつく.¶～ de háizi[～的孩子]注意深い子供／～ guānchá[～观察]注意深く観察する.

xǐ xīn yàn jiù 喜新厌旧成新しいものを喜び,古いものを嫌う.多く愛情が専一でないこと,移り気であることをさす.¶rén dōu yǒu ～ de xīnlǐ[人都有～的心理]人間はみな新しいものを喜び,古いものを嫌うという気持ちがある／tā ～,àishangle biéren[他～,爱上了别人]彼は心が移り,ほかの人を好きになった.

xǐxùn 喜讯[名]吉報.嬉しい知らせ.¶bàogào dàjiā yí ge ～[报告大家一个～]みんなに吉報を知らせる.

★**xī//yān 吸烟**[動]タバコを吸う.“抽烟” chōuyānともいう.¶jìnzhǐ ～[禁止～]喫煙禁止.

†**xīyī 西医**[名]❶西洋医.❷西洋医学.↔ zhōngyī 中医

★**xǐyījī 洗衣机**[名]〔tái 台〕洗濯機.

★**xīyǐn 吸引**[動](人の注意や関心などを)引きつける.¶～le zhòngrén de mùguāng[～了众人的目光]衆人の視線を引きつけた／tā de yì jǔ yí dòng hěn ～ rén[他的一举一动很～人]彼の一挙一動が注意を引く.

†**xīyǒu 稀有**[形]稀少である.¶dòngwùyuán li yǒuxiē ～ dòngwù[动物园里有些～动物]動物園には稀少動物がいる.

†**xǐyuè 喜悦**[形]喜ばしい.嬉しい.¶～ de xīnqíng[～的心情]嬉しい気持ち.

☆**xǐ//zǎo 洗澡**[動]入浴する.水浴びする.¶xǐle zǎo zhī hòu,gǎnjué shūfuduō le[洗了澡之后，感觉舒服多了]入浴した後はとても気持ちよくなった.

†**xìzhì 细致**[形]緻密である.念入りである.きめ細かである.¶～ de ānpái[～的安排]念入りな計画.きめ細かな手配／zhè kě shì ge ～ huór[这可是个～活儿]これは実に細かい仕事だ.

†**xū 须**[助動]…しなければならない.…すべきである.¶bàokǎozhě ～ chí běnrén shēnfenzhèng[报考者～持本人身份证]受験者は本人の身分証明書を持参しなければならない.

xū 虚[形]❶空しい.空虚である.↔ shí 实¶～huàn[～幻]夢.まぼろし／～fú[～浮]浮ついていて着実でない.❷びくびくする.ひやひやする.¶xīnli ～ de hěn[心里～得很]気持ちがびくびくして仕方がない／zuò zéi xīn ～[做贼心～]成盗みをすれば心中びくびくする.やましいことのある人はいつもびくびくしている.❸徒労である.無駄である.¶bù ～ cǐ xíng[不～此行]今回の旅は無駄ではなかった／jiàn bù ～ fā[箭不～发]当たらない矢はない.百発百中／～dù qīngchūn[～度青春]青春を無駄に過ごす.*❹嘘

X

である.偽りである.¶～bào chǎnliàng［～报产量］偽りの生産量を報告する／～gòu［～构］作り事.フィクション.*❺虚心である.謙虚である.¶qiān～［谦～］謙虚である.❻ひ弱である.虚弱である.¶qì～［气～］(中国医学で)気が弱まっている症状／xuè～［血～］(中国医学で)貧血症.

†**xū 需**［動］必要とする.¶àn ～ fēnpèi［按～分配］必要に応じて分配する／gōng～ bù pínghéng［供～不平衡］供給と需要が不均衡である／jí～ yì pī jiùyuán wùzī［急～一批救援物资］救援物資を緊急に必要とする.

*__xǔ 许__［動］❶ほめる.賞賛する.¶zàn～［赞～］ほめる／zuòpǐn bèi ～ wéi jiāzuò［作品被～为佳作］作品は佳作と認められた.❷(物をあげたり何かをしてあげることを)承諾する.承知する.¶fēng guān ～ yuàn［封官～愿］成味方に引き入れるために,昇進などを餌にする／wǒ ～le yuàn yào gěi érzi mǎi yí ge diànzǐqín［我～了愿要给儿子买一个电子琴］息子に電子ピアノを買ってやる約束をした.❸嫁がせる.¶nǚ'ér yǐ ～ gěile rénjia［女儿已～给了人家］娘を人に嫁がせた.❹許す.許可する.¶tè～［特～］特に許す／zhǔn～ qǐng qiú［准～请求］請求を許可する／bù～ chūqu［不～出去］外出を許さない.［副］❶あるいは…かもしれない.¶tā ～shì bù lái le［他～是不来了］彼は来ないかもしれない／～shì nòngcuò rìzi le［～是弄错日子了］日にちを間違ったかもしれない.*❷程度や概数を表す.¶jiā shǎo～ làyóu［加少～辣油］少量のラー油を入れる／～jiǔ［～久］長い間.

xù 续［動］*❶続く.続ける.¶chí～［持～］持続する／lù～［陆～］次々と.❷継ぎ足す.補充する.¶xiě ～jí［写～集］続編を書く／diànxiàn tài duǎn,zài ～shang yì jié ba［电线太短，再～上一截吧］電線が短いのでもう少し継ぎ足そう.❸加える.足す.¶wǎng cháhú li ～ diǎn shuǐ［往茶壶里～点水］急須にお湯をつぎ足す／～ méi［～煤］石炭を継ぎ足す.

xù 蓄［動］❶蓄える.ためる.¶jī～ lìliàng［积～力量］力をためる／～shuǐchí［～水池］貯水池／chǔ～［储～］貯蓄する.❷(剃ったり切ったりせず)蓄える.¶～fà［～发］髪を伸ばす／～húzi［～胡子］ひげを蓄える.❸(心に)秘めている.…のつもりがある.¶～yì pòhuài［～意破坏］破壊をたくらむ／～ móu yǐ jiǔ［～谋已久］以前からたくらんでいた.

xuán 旋［動］❶回る.旋回する.¶fēijī zài tiānkōng zhōng pán～［飞机在天空中盘～］飛行機が上空で旋回している／tiān ～ dì zhuǎn［天～地转］成天地がぐるぐる回る.❷帰る.帰ってくる.¶kǎi～［凯～］凱旋(がいせん)する.

†**xuán 悬**［動］❶つるす.かかる.ぶら下がる.¶～ dēng jiécǎi［～灯结彩］(祭りのために)提灯をつるし飾り付けをする／tiānshang ～zhe yì lún míngyuè［天上～着一轮明月］明月が空にかかっている.❷懸賞をかける.¶～shǎng zhuōná zuìfàn［～赏捉拿罪犯］犯人逮捕に懸賞をつける.❸(手首を)挙げる.¶～wàn xiě zì［～腕写字］(毛筆などで)手首を挙げて字を書く.❹宙に浮いている.未解決になっている.¶ànzi ～ ér wèi jué［案子～而未决］案件は未解決のままだ／yì zhuāng ～'àn［一桩～案］1件の懸案.

➡見る類 p.181

__xuǎn 选__［動］❶選ぶ.選択する.¶～liǎng ge rén cānjiā bǐsài［～两个人参加比赛］試合に出る人を2人選ぶ／～le ge yòu dà yòu yuán de xīguā［～了个又大又圆的西瓜］大きくて丸いスイカを選んだ.❷選挙する.¶～piào［～票］投票用紙／bèi ～ wéi réndà dàibiǎo［被～为人大代表］人民代表大会の代表に選ばれる／luò～［落～］落選する.［名］文学作品などの選集.¶biānxiě gǔshī～［编写古诗～］古詩集を編纂する／wén～［文～］選集／záwén～［杂文～］雑文集.

類義語 **xuǎn 选　tiāo 挑**

►"选"は複数の人や事物の中からある基準や要求に合致するものを選び出すこと.¶选代表 xuǎn dàibiǎo(代表を選ぶ)／选女婿 xuǎn nǚxu(娘婿を選ぶ)►"挑"も選ぶことだが,個人の好みなどにあわせて比較的自由に選ぶことをいう.¶你挑来挑去，想挑到什么时侯儿啊! nǐ tiāo lái tiāo qù,xiǎng tiāodao shénme shíhour a!(選り好みばかりしていて,いつまで選んでいるんだ)

xuǎnbá 选拔[動](人材を)選抜する.選び出す.¶～sài[～赛]トーナメント.勝ち抜き戦／～ yì pī kējì gǔgàn[～一批科技骨干]科学技術に優れた人材を選び出す.

★**xuānbù 宣布**[動]宣言する.公布する.¶～ kǎoshì chéngjì[～考试成绩]試験の成績を発表する／～ mìnglìng[～命令]命令を公布する.

xuānchēng 宣称[動]言明する.公言する.¶tā ～ zìjǐ de yánjiū chéngguǒ jǔ shì wú shuāng[他～自己的研究成果举世无双]彼は自分の研究成果は世に並ぶものなしと公言した.

★**xuānchuán 宣传**[動]宣伝する.¶dàlì ～ xīn chǎnpǐn de tèdiǎn[大力～新产品的特点]新製品の特徴を大いにアピールする／guǎngfàn ～[广泛～]広く宣伝する／～ kǒuhào[～口号]宣伝用スローガン.

xuǎndìng 选定[動]選定する.選んで決める.¶qiánfēng yǐjing ～ le[前锋已经～了]フォワードの人選はすでに決まった.

xuāndú 宣读[動](布告,文書などを)読み上げる.¶～ pànjuéshū[～判决书]判決文を読み上げる／tā zài dàhuì shang ～le gōngzuò bàogào[他在大会上～了工作报告]彼は大会で業務報告書を読み上げた.

†**xuāngào 宣告**[動]宣言する.告げる.¶～ xīn Zhōngguó chénglì le[～新中国成立了]新中国の成立を宣言した／～ zhànzhēng jiéshù[～战争结束]戦争の終結を宣言する.

xuǎngòu 选购[動]選んで購入する.¶shāngchǎng li yǒu hěn duō zhǒng shuǐguǒ,gùkè kěyǐ rènyì ～[商场里有很多种水果，顾客可以任意～]スーパーにはたくさんの果物があり,客は自由に選んで購入することができる.

xuánguà 悬挂[動]掛ける.掲げる.¶kōngzhōng ～zhe wǔ yán liù sè de xiǎo qízi[空中～着五颜六色的小旗子]空に色とりどりの小旗が掲げてある.

xuǎnjí 选集[名]選集.¶《Máo Zédōng ～》[《毛泽东～》]『毛沢東選集』.

★**xuǎnjǔ 选举**[動]選挙する.¶～ réndà dàibiǎo[～人大代表]人民代表大会の代表を選ぶ／～ de jiéguǒ yǐjing gōngbùchulai le[～的结果已经公布出来了]選挙の結果はすでに公表された.[名]選挙.¶zhèi cì ～ fēicháng mínzhǔ[这次～非常民主]今回の選挙はたいへん民主的に行なわれた.

xuánlǜ 旋律[名]〔音〕音律.メロディー.¶～ qīngkuài[～轻快]メロディーが軽快である／zhǔ～[主～]主旋律.

xuǎnmín 选民[名]選挙人.有権者.

xuánniàn 悬念[名]小説や映画におけるスリル.サスペンス.¶xìjù méiyoule ～,jiù huì xiǎnde tài píngdàn fáwèir[戏剧没有了～，就会显得太平淡乏味儿]芝居にスリルがなくなったら,平板で面白みに欠けるものになってしまう.

xuǎnqǔ 选取[動]選択する.選び取る.¶zài chāojí shìchǎng ～ shāngpǐn fēicháng fāngbiàn[在超级市场～商品非常方便]スーパーで商品を選ぶのはとても便利だ.

xuān//shì 宣誓[動]宣誓する.誓う.¶zhuāngyán ～[庄严～]厳かに宣誓する／guìzai shénxiàng qián ～[跪在神像前～]神の像の前にひざまずいて誓いを立てる.

xuǎnshǒu 选手[動]選手.¶pīngpāngqiú ～[乒乓球～]卓球の選手.

†**xuǎnxiū 选修**[動]選択して履修する.↔ bìxiū 必修 ¶hěn duō rén ～ Rìwén[很多人～日文]多くの人が日本語を履修した／tóngshí ～ liǎng mén gōngkè[同时～两门功课]同時に2つの課目を選択履修する.

†**xuányá 悬崖**[名]懸崖(けんがい).¶～ juébì[～绝壁]断崖絶壁.

†**xuānyán 宣言**[名](国家や政党団

体が重大問題に対して公開発表する)宣言.声明.¶《Gòngchǎndǎng ～》[《共产党～》]『共産党宣言』/fābiǎo ～[发表～]宣言を発表する.

xuānyáng 宣扬[動]広く宣伝する.¶dàsì ～[大肆～]盛んに宣伝する/jìnzhǐ ～ míxìn sīxiǎng[禁止～迷信思想]迷信を広めることを禁止する.

xuǎnyòng 选用[動]選択して使用する.¶guǎngfàn ～ réncái[广泛～人才]広く人材を登用する/huānyíng ～ wǒ gōngsī de chǎnpǐn[欢迎～我公司的产品]どうぞ当社の製品をご使用ください.

*__xuǎnzé 选择__[動]選択する.¶kěyǐ zìyóu de ～ shíjiān[可以自由地～时间]自由に時間を選択できる/zhè shì wǒ de ～[这是我的～]これは私の選択だ.

†**xuánzhuǎn 旋转**[動]回転する.回る.¶dìqiú wéirào tàiyáng ～[地球围绕太阳～]地球は太陽の周りを回っている/zhèige fēngchē ～de hěn kuài[这个风车～得很快]この風車は回転が速い.

xùchǎnpǐn 畜产品[名]畜産品.

xù·dāo 絮叨[形](話が)くどい.¶tā shuōhuà tài ～ le[他说话太～了]彼の話はくどすぎる/lǎorén ～qilai méi ge wán[老人～起来没个完]老人は話し出すと止めどない.

⁑**xǔduō 许多**[形]多い.たくさん.¶～ rén[～人]たくさんの人/yǒu ～ nián méiyou huí lǎojiā le[有～年没有回老家了]長い間故郷に帰っていない/túshūguǎn li yǒu ～ Zhōngwén shū[图书馆里有～中文书]図書館には多くの中国語の本がある.

類義語 xǔduō 许多
hěn duō 很多

►「数量が多い」意で,"{许多/很多}人"{xǔduō/hěn duō} rén(たくさんの人)のようにどちらも名詞を修飾できる.►"很多"は述語になれるが,"许多"は述語になれない.¶我们学校留学生{很多/×许多} wǒmen xuéxiào liúxuéshēng {hěn duō/×xǔduō}(私たちの学校には留学生がたくさんいる)►"许多"は"不"bùによって否定することができない.¶不{很多/×许多} bù {hěn duō/×xǔduō}(そんなに多くない)

⁑**xué 学**[動]❶学ぶ.習う.¶～ Zhōngwén[～中文]中国語を学ぶ/～ kāi chē[～开车]車の運転を習う/huódao lǎo,～dao lǎo[活到老,～到老]生きている限り学び続ける.生涯学習.❷まねをする.模倣する.¶～ māo jiào[～猫叫]ネコの鳴きまねをする/tā ～ shénme xiàng shénme[他～什么像什么]彼は何をまねてもよく似ている.[名]*❶学問.学.¶cái shū ～ qiǎn[才疏～浅]成浅学非才/bó ～ duō cái[博～多才]成博学多才.*❷学科.科目.¶jīngjì～[经济～]経済学/shù～[数～]数学.*❸学校.¶xiǎo～[小～]小学校/dà～[大～]大学/kāi～[开～]学校が始まる.

⁑**xuě 雪**[名]〔piàn 片〕雪.¶xià ～ le[下～了]雪になった/zuótiān xiàle yì cháng ～[昨天下了一场～]昨日雪が降った/～jǐng[～景]雪景色/dìshang jīle hòuhòu de yì céng ～[地上积了厚厚的一层～]地面に厚く雪が積もった.

xuěbái 雪白[形]雪のように白い.真っ白である.¶～ de chènshān[～的衬衫]真っ白なシャツ/qiángbì shuāde ～[墙壁刷得～]壁が真っ白に塗られた.

*__xuéfèi 学费__[名]授業料.月謝.¶jiāo ～[交～]学費を払う.

†**xuèguǎn 血管**[名]〔生理〕血管.

†**xuèhàn 血汗**[名]血と汗.勤勉な労働.¶～qián[～钱]苦労して得たお金/zhèixiē liángshi shì yòng ～ huànlai de[这些粮食是用～换来的]これらの食料は血と汗で手に入れたものである.

†**xuěhuā 雪花**[名]〔piàn 片〕雪片.風花.¶～ màntiān fēiwǔ[～漫天飞舞]雪片が空いっぱいにひらひらと舞っている.

†**xuéhuì 学会**[名]学会.

xuējiǎn 削减[動]削減する.削る.減らす.¶～ jīngfèi[～经费]経費を削減

X

する／～ xíngzhèng rényuán[～行政人员]事務管理担当の人数を減らす.

†**xuékē 学科**[名]学科.教科.¶yì mén ～[一门～]1学科.

xuélì 学历[名]学歴.¶～ gāo[～高]学歴が高い／jiǎngjiu ～[讲究～]学歴を重んじる.

†**xuénián 学年**[名]学年.¶yì ～ fēn wéi liǎng ge xuéqī[一～分为两个学期]1学年は2学期に分かれている.

xuépài 学派[名]学派.

*__xuéqī 学期__[名]学期.¶shàng bàn ～[上半～]前期.

xuēruò 削弱[動](力や勢力を)削ぐ.弱める.¶～ duìfāng de zhàndòulì[～对方的战斗力]相手の戦闘力を弱める.

⁑**xué·sheng 学生**[名]学生.生徒.¶～piào[～票]学生チケット／～zhèng[～证]学生証／Fùdàn dàxué de ～[复旦大学的～]復旦大学の学生／～shítáng[～食堂]学生食堂.

†**xuéshí 学时**[名]授業時間.¶měi zhōu shàng liù ge ～ de kè[每周上六个～的课]每週6時間の授業を受ける.

*__xuéshù 学术__[名]学術.¶～ yánjiū[～研究]学術研究／～jiè[～界]学術界.

†**xuéshuō 学说**[名]学説.

†**xuéwèi 学位**[名]学位.¶huòdé ～[获得～]学位を取る／bóshì ～[博士～]博士の学位.

*__xué·wen 学问__[名]❶〔mén 门〕学問.学術.¶zhè shì yì mén xīnxīng de ～[这是一门新兴的～]これは新しい学問です.❷知識.学識.¶tā shì ge hěn yǒu ～ de rén[他是个很有～的人]彼は知識が豊富な人です／duō dúshū néng zhǎng ～[多读书能长～]たくさん本を読めば知識が増える.

⁑**xuéxí 学习**[動]学習する.習う.¶zhè háizi xǐhuan ～[这孩子喜欢～]この子は勉強が好きだ／～ tán gāngqín[～弹钢琴]ピアノを習う／hǎohāo ～, tiāntiān xiàngshàng[好好～，天天向上]よく学び,日々向上する.[名]学習.勉強.¶～ shíjiān[～时间]学習時間／zhèngzhì ～[政治～]政治学習.

⁑**xuéxiào 学校**[名]〔suǒ 所〕学校.

> ◆中国の学校
>
> ►中国の学校制度は“小学”xiǎoxué — “中学”zhōngxué（“初级中学”chūjí zhōngxué,“高级中学”gāojí zhōngxué）— “大学”dàxuéとなっている.►日本と大きく異なるのは“中学”で,日本の「中学」と同義ではない.日本の「中学」は中国では“初级中学”,略して“初中”chūzhōng,日本の「高校」は“高级中学”,略して“高中”gāozhōngである.►また「大学」を“高校”gāoxiàoと呼ぶこともある.►日本で「○○学院」と名づけられているのは多くは予備校や専門学校であり,大学の場合は「○○学院大学」と後ろに必ず「大学」が入る.しかし中国では“学院”xuéyuànは単科大学のことで,総合大学は“大学”という.中国人が日本の「○○学院」という名称を目にすると大学であると思ってしまう.“大学”の中に,留学生教育を専門とする“学院”などがどんどん作られている.

xuèyā 血压[名]〔生理〕血圧.¶gāo ～[高～]高血圧／liáng ～[量～]血圧を測る.

*__xuèyè 血液__[名]〔生理〕血液.

†**xuéyuán 学员**[名](講習会などの)受講生.¶Yīngyǔ péixùnbān de ～[英语培训班的～]英語訓練クラスの受講生.

⁑**xuéyuàn 学院**[名]〔suǒ 所〕単科大学.単科高等専門学校.¶wàiguóyǔ ～[外国语～]外国語大学／yīnyuè ～[音乐～]音楽大学.➡[類義語] dàxué 大学

†**xuézhě 学者**[名]学者.

†**xuézhì 学制**[名]学制.学校教育制度.¶zhèi suǒ zhuānkē xuéxiào de ～ wéi sān nián[这所专科学校的～为三年]この短期大学の修業年限は3年である.

xuě zhōng sòng tàn 雪中送炭[成]雪中に炭を送る.タイミングのよい援助.渡りに舟.¶wǒ dōu kuài èsǐ le,nǐ zhèige miànbāo zhēn shì ～[我都快饿死

了，你这个面包真是～]私はお腹がすいて死にそうだったから,あなたのくれたこのパンは,まさに絶好のタイミングだった.

xuē·zi 靴子[名]〔shuāng 双〕長靴.ブーツ.¶chángtǒng ～[长筒～]ロングブーツ／yǔ～[雨～]雨靴.レインシューズ.➡見る類 p.575

xūjiǎ 虚假[形]うそである.偽りである.¶～ de qíngbào[～的情报]うその情報／rénmen wǎngwǎng bèi ～ de xiànxiàng suǒ míhuò[人们往往被～的现象所迷惑]人は往々にして見せかけの現象に惑わされる.

xùjiǔ 酗酒[動]大酒を飲む.¶～ nàoshì[～闹事]酒に酔って騒動を起こす.

xǔkě 许可[動]許す.許可する.¶wèi jīng ～,bù dé rù nèi[未经～，不得入内]許可なしに立ち入ってはならない／～zhèng[～证]許可証.

xùmù 畜牧[名]牧畜.¶～yè[～业]牧畜業.

xūn 熏[動]❶いぶす.¶yān bǎ qiáng ～hēi le[烟把墙～黑了]煙が壁を黒くいぶした.❷薫製にする.¶～yú[～鱼]薫製の魚／～zhì shípǐn[～制食品]薫製食品.

†**xún 寻**[動]探す.尋ねる.¶～rén qǐshì[～人启示]尋ね人の広告.

xùn 训[動]諭す.叱る.¶lǎoshī hěnhěn de ～le tā[老师狠狠地～了他]先生はきつく彼を叱った／tā áile lǐngdǎo yí dùn ～[他挨了领导一顿～]彼は上司の叱責を受けた.

xùn 讯*[名]情報.ニュース.¶tōng～shè[通～社]通信社／jiǎn～[简～]短いニュース.

†**xúnhuán 循环**[動]循環する.¶xuèyè ～[血液～]血液循環／～sài[～赛]総当たり戦.リーグ戦.

*****xùnliàn 训练**[動]訓練する.¶zhèi pī shìbīng shì jīngguò yángé ～ de[这批士兵是经过严格～的]この兵士たちは厳しい訓練を受けた／yùndòngyuán yídìng yào duō ～[运动员一定要多～]スポーツ選手はかなりのトレーニングを積まなければならない.

xúnluó 巡逻[動]パトロールする.巡邏(じゅんら)する.¶jǐngchá rìyè ～[警察日夜～]警察は日夜パトロールする.

xúnqiú 寻求[動]追求する.探し求める.¶～ zhēnlǐ[～真理]真理を探究する.

*****xùnsù 迅速**[形]速い.素早い.¶dòngzuò ～[动作～]動作が素早い／～ tígāo jìshù shuǐpíng[～提高技术水平]早急に技術レベルを向上させる.

†**xúnwèn 询问**[動]尋ねる.聞く.¶～chù[～处]案内所.インフォメーションセンター／fùqin xiángxì ～le érzi zài wàidì gōngzuò de qíngkuàng[父亲详细～了儿子在外地工作的情况]父親はよその土地で働く息子の状況を細かく尋ねた.

xún xù jiàn jìn 循序渐进成順を追って一歩ずつ進む.¶nǐ yào ～ de fǔdǎo tā,bié tài jí![你要～地辅导他,别太急!]彼に順を追って指導してあげなくては,焦っちゃだめだよ.

*****xúnzhǎo 寻找**[動]探す.¶～ shīwù[～失物]なくした物を探す／～ shīsàn duōnián de qīnrén[～失散多年的亲人]何年も行方不明の親戚を探す.

xūqiú 需求[名]需要.ニーズ.¶shāngpǐn ～liàng yuè lái yuè dà[商品～量越来越大]商品の需要がますます伸びる／wèi shìyìng shìchǎng ～,zēngjiāle shēngchǎn[为适应市场～，增加了生产]市場のニーズに応えるため増産した.

xūruò 虚弱[形]❶(体が)虚弱である.↔ jiànzhuàng 健壮 ¶shēntǐ hěn ～[身体很～]体が弱い.❷(国力などが)弱い.¶bīnglì ～[兵力～]兵力が弱小である.

†**xùshù 叙述**[動]叙述する.¶～ shìqing de jīngguò[～事情的经过]事件の経過を叙述する／～ bēicǎn de jīnglì[～悲惨的经历]悲惨な経歴を述べる.

xùtán 叙谈[動]雑談する.おしゃべりする.¶liǎng rén ～qilai[两人～起来]2人はおしゃべりを始めた.

xūwěi 虚伪[形]偽りである.信用できない.¶tā wéirén tài ～,búyào xiāngxìn

X

tā[他为人太～，不要相信他]彼は不誠実な人だから信じてはだめだ.

*xūxīn 虚心[形]謙虚である.先入観がなく素直である.¶～ xiàng biéren xuéxí[～向别人学习]謙虚にほかの人に学ぶ／～ tīngqǔ biéren de yìjiàn[～听取别人的意见]謙虚に人の意見に耳を傾ける.

xúxú 徐徐[副]〈書〉ゆっくりと.徐々に.¶huǒchē ～ shǐchu zhàntái[火车～驶出站台]汽車がゆっくりとホームを出る／tàiyáng ～ shēngqi[太阳～升起]太陽がゆっくり昇る.

xùyán 序言[名]序言.前書き.

xūyào 需要[動]必要とする.¶yánjiūshì ～ wǔ tái diànnǎo[研究室～五台电脑]研究室には5台のコンピュータが必要だ／bìngrén ～ juéduì ānjìng[病人～绝对安静]病人には絶対安静が必要である.[名]必要.要求.¶jǐnliàng mǎnzú gùkè de ～[尽量满足顾客的～]できるだけ顧客の要求にこたえる／yǒu shénme ～ jǐnguǎn kāikǒu[有什么～尽管开口]何か要求があれば遠慮なく申し出てください.

xūzhī 须知[名]心得.注意事項.¶bàokǎo ～[报考～]受験者心得／dàhuì ～[大会～]大会注意事項.

X

谜语 答えがWで始まるなぞなぞ

一个皮口袋，	Yí ge pí kǒudai,	これは一つの革袋,
能够装饭菜，	nénggòu zhuāng fàncài,	ご飯を中に納めます,
一天装三次，	yì tiān zhuāng sān cì,	一日3回納めます,
乱装容易坏。	luàn zhuāng róngyì huài.	あんまり入れると壊れるよ.

(答えは546～547ページの中に)

谜语 答えがXで始まるなぞなぞ 1

鼻子像钩子，	Bízi xiàng gōuzi,	鼻はまるで鉤(カギ)のよう,
耳朵像扇子，	ěrduo xiàng shànzi,	耳はまるで扇子のよう,
大腿像柱子，	dàtuǐ xiàng zhùzi,	脚はまるで柱のよう,
尾巴像辫子。	wěiba xiàng biànzi.	尻尾はまるでおさげのよう.

(答えは564～565ページの中に)

谜语 答えがXで始まるなぞなぞ 2

青牛角，	Qīng niújiǎo,	青い牛の角,
黄牛角，	huáng niújiǎo,	黄色い牛の角,
青的不好吃，	qīng de bù hǎochī,	青いのはまずいが,
黄的味道好。	huáng de wèidao hǎo.	黄色いのはおいしい.

(答えは566～567ページの中に)

谜语 答えがXで始まるなぞなぞ 3

叫它柿子	Jiào tā shìzi	そいつを「柿」と呼ぶけど,
没有盖，	méiyou gài,	へたがない,
好当水果	hǎo dāng shuǐguǒ	果物にもなるし,
好当菜。	hǎo dāng cài.	野菜にもなる.

(答えは576～577ページの中に)

Y,y

*yā 压[動]❶押さえる.¶bàozhǐ bèi ～zai yí luò shū xiàmian[报纸被～在一摞书下面]新聞は山積みの本の下敷きになっている／bǐnggān gěi ～suì le[饼干给～碎了]ビスケットが押しつぶされてぼろぼろになった／zhèige hézi pà ～[这个盒子怕～]この箱は上積禁止だ.❷抑える.抑圧する.¶～zhu zhènjiǎo[～住阵脚]陣形を乱さないようにする.(混乱が起きるのを抑えるという意味のたとえ)❸いつまでも手元に置く.¶zhèi fèn jìhuà yìzhí bèi ～zai kēzhǎng nàr[这份计划一直被～在科长那儿]この計画はずっと課長のところで棚上げになっている／zhè shì bù hǎo bàn,xiān ～zhe zàishuō[这事不好办，先～着再说]これは厄介だから,とりあえず置いておこう.

⁑yā 呀[嘆](軽い驚きを表す)あれっ.まあ.おや.¶～,hǎo piàoliang de huā[～,好漂亮的花]まあ,きれいな花だね／～,yuánlái shì nǐ ya[～，原来是你呀]おや,あなただったの.→ya

†yā 押[動]❶抵当に入れる.¶～jīn[～金]保証金.敷金／yòng fángzi zuò dǐ～[用房子作抵～]家を抵当に入れる.❷勾留する.拘束する.¶jū～[拘～]拘置する／bǎ zuìfàn xiān ～zai pàichūsuǒ[把罪犯先～在派出所]犯人をまず派出所に勾留する.❸護送する.¶～chē[～车]車を護送する.

*yá 牙[名]❶〔kē 颗〕歯.¶～ téng[～疼]歯が痛い／～yī[～医]歯医者／mén～[门～]前歯／shuā～[刷～]歯を磨く.❷象牙(ぞうげ).象牙製.¶～diāo[～雕]象牙細工／～ kuài[～筷]象牙の箸.

†yá 芽[名](～儿)芽.¶fā～[发～]芽が吹く／yòu～[幼～]若芽.

yǎ 哑[動]❶口がきけない.¶tā shēngxialai jiù yòu lóng yòu ～[他生下来就又聋又～]彼は生まれつき聾唖(ろうあ)者である／～ kǒu wú yán [～口无言]成ぐうの音も出ない／～ jù[～剧]パントマイム.❷(声が)かれる.かすれる.¶bǎ sǎngzi dōu hǎn～le[把嗓子都喊～了]叫び過ぎてのどがかれた／hóulóng shā～[喉咙沙～]のどがかすれる.

yà 轧[動]重いものを転がして物をつぶしたり,のばしたりする.¶～ miàntiáo[～面条]麺生地を麺棒で平らにする／yālùjī bǎ shízi dōu ～suì le[压路机把石子都～碎了]ローラーが石をみなひきつぶした.

⁑・ya 呀[助]語気助詞の“啊”aがa,e,i,o,üで終わる前の韻母に影響されてyaと発音されている場合の表記.¶nǐ ～,zhēnshi de![你～，真是的!]あなたって本当にしょうがないわね／zhè shì shénme dōngxi ～?[这是什么东西～?]これは何なの／shuō ～[说～]言いなさいよ.→yā

†yáchǐ 牙齿[名]〔kē 颗〕歯.¶bǎohù～[保护～]歯を大切にする.

†yágāo 牙膏[名]〔zhī 支,guǎn 管〕練り歯磨き.¶jǐ ～[挤～]練り歯磨きを絞る.(絞られて少しずつ本音をはくたとえ)

†yàjūn 亚军[名]準優勝.第2位.(優勝は“冠军”guànjūnという)¶rónghuò～[荣获～]準優勝を獲得した.

†yālì 压力[名]❶〔物〕圧力.¶～guō[～锅]圧力鍋.❷圧力.圧迫.プレッシャー.¶zhèi jiàn shì gěi tā de ～ hěn dà[这件事给他的～很大]この件は彼に大きなプレッシャーを与えた／Lǎo-Wáng gōngzuò fùdān tài zhòng le,bù néng zài zēngjiā ～ le[老王工作负担太重了，不能再增加～了]王さんの仕事の負担は大きいので,これ以上プレッシャーを与えてはならない.

†yān 烟[名]❶〔gǔ 股,lǚ 缕〕煙.¶mào～[冒～]煙が立つ／chuī～[炊～]炊事の煙.❷煙のようなもの.¶～xiá[～霞]煙か／～yǔ[～雨]霧雨.❸〔zhī 支,gēn 根,tiáo 条,bāo 包〕タバコ.¶yánjìn xī～[严禁吸～]禁煙／yì bāo ～[一包～]タバコ1箱.❹〔植〕タバコ.¶～yèr[～叶儿]タバコの葉／

Y

kǎo～[烤～]乾燥させたタバコの葉.

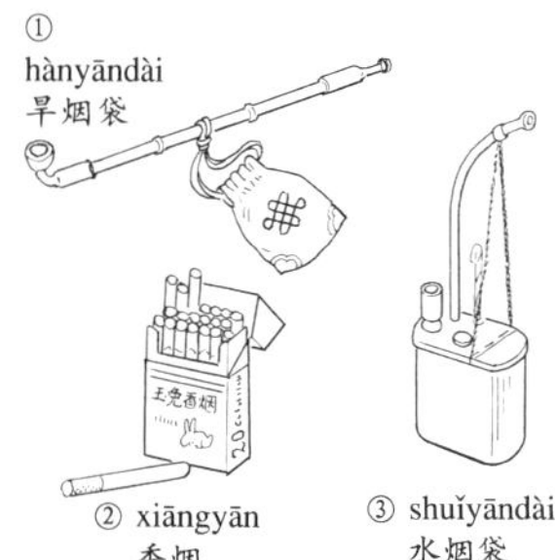

①キセル ②紙巻きタバコ ③水ギセル

†**yān 淹**[動]❶水に浸る.おぼれる.¶zhuāngjia quán bèi shuǐ ～ le[庄稼全被水～了]農作物はすべて水浸しになった／～sǐ[～死]水死する.❷(汗で)べたつく.¶gāzhiwō bèi hàn ～de nánshòu[胳肢窝被汗～得难受]わきの下が汗でべとべとして気持ち悪い.

†**yán 严**[形]❶ぴったりしている.隙間がない.¶bǎ píngkǒu gài～ le[把瓶口盖～了]瓶のふたをかたく締めた／tā zuǐ hěn ～[他嘴很～]彼は口がかたい.❷厳しい.¶jìlǜ hěn ～[纪律很～]規則が厳しい／tǎnbái cóngkuān, kàngjù cóng～[坦白从宽，抗拒从～]自首したものは寛大に,あくまで反抗するものは厳しく処分する／gāo biāozhǔn,～ yāoqiú[高标准，～要求]高いレベル,厳しい要求.

*__yán 沿__[名](～儿)ふち.へり.¶guō～[锅～]鍋のふち／zhuō～[桌～]机のふち.[前]…に沿って.¶～zhe hébiān zǒu[～着河边走]川に沿って歩く／～zhe gōnglù zǒu bù duō yuǎn, jiù dàole héhuā chí[～着公路走不多远，就到了荷花池]道路に沿って少し歩くとすぐハスの池についた.

*__yán 盐__[名]塩.¶～ fàngduō le,cài xiánde hěn[～放多了，菜咸得很]塩を入れすぎたので,おかずが塩辛くなった.

yǎn 掩[動]❶覆う.かぶせる.¶～rén ěr mù[～人耳目]成人の目をくらます／～zhe zuǐ xiào[～着嘴笑]口を覆って笑う.❷閉じる.¶xū～zhe fángmén[虚～着房门](錠をかけず押せば開く状態で)ドアが閉まっている.

*__yǎn 眼__[名]❶目.(普通は"眼睛"yǎnjingという)¶qīn～ kànjian[亲～看见]この目で見る／tā kànle wǒ yì ～[他看了我一～]彼は私をちらりと見た／～li liúchule lèishuǐ[～里流出了泪水]目から涙が流れ出る／zhēng yì zhī ～,bì yì zhī ～[睁一只～，闭一只～]片目を開けて片目をつむる.見て見ぬふりをする／Xiǎo-Huá hěn shāngxīn,～ dōu kūzhǒng le[小华很伤心，～都哭肿了]華ちゃんはとても悲しくて,目が腫れるほど泣いた／bú fàngzai ～li[不放在～里]眼中にない／tā dèngzhe ～ bù shuōhuà[他瞪着～不说话]彼はきっとにらんで口をきかなかった.❷(～儿)穴.¶zhā yí ge ～r[扎一个～儿]穴を1つあける／ěrduo～r[耳朵～儿]耳の穴.ピアスの穴／zhēn～r[针～儿]針の穴.

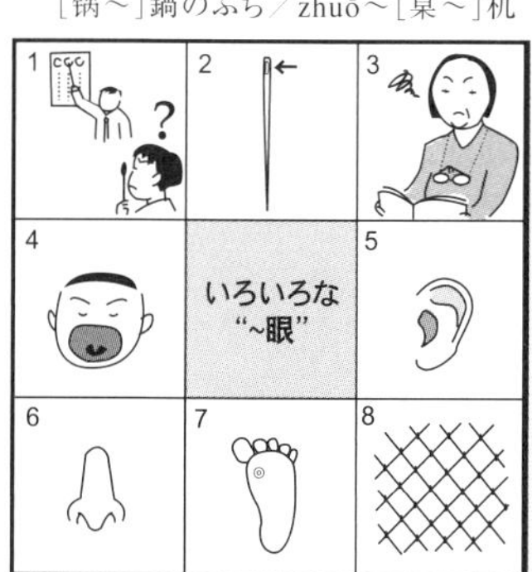

逆引きウインドウズ

1 近视眼	jìnshìyǎn	近視
2 针眼儿	zhēnyǎnr	針の穴
3 老花眼	lǎohuāyǎn	老眼
4 嗓子眼儿	sǎngziyǎnr	のど
5 耳朵眼儿	ěrduoyǎnr	耳の穴
6 鼻子眼儿	bíziyǎnr	鼻の穴
7 鸡眼	jīyǎn	うおのめ
8 网眼儿	wǎngyǎnr	網の目

*yǎn 演[動]演じる.演技する.¶～ diànyǐng[～电影]映画に出る/～xì[～戏]劇を演じる/～ jiémù[～节目]出し物を演じる/～ zhǔjué[～主角]主役を演じる.

*yàn 咽[動]飲む.飲み込む.¶～ tuòmo[～唾沫]つばを飲み込む/xì jiáo màn ～[细嚼慢～]よくかんでゆっくり飲み込む/láng tūn hǔ ～[狼吞虎～]成がつがつ食べる/～buxià zhèi kǒu qì[～不下这口气]どうにも腹にすえかねる.

yàn 验[動]検査する.調べる.¶～xuè[～血]血液検査をする/～guāng[～光]視力検査.

yán'àn 沿岸[名]沿岸.¶Huánghé ～[黄河～]黄河沿岸/Tàihú ～ shì yú mǐ zhī xiāng[太湖～是鱼米之乡]太湖沿岸は水産物も米もよくとれる所である.

yǎnbiàn 演变[動]変化する.発展する.¶hépíng ～[和平～]社会主義政権を平和裡に転覆させること/Hànyǔ de jiècí dàduō shì cóng dòngcí ～ lái de[汉语的介词大多是从动词～来的～]中国語の前置詞のほとんどは,動詞から変化したものだ.

yāncǎo 烟草[名]〔植〕タバコ.

*yáncháng 延长[動]延びる.延長する.¶huìyì ～le sān tiān[会议～了三天]会議は3日間延長された/～ shíjiān[～时间]時間を延長する.

yǎnchàng 演唱[動]歌を歌う.伝統劇を演じる.¶～ gēqǔ[～歌曲]歌を歌う/～huì[～会](歌の)コンサート/～ jìqiǎo[～技巧]歌唱のテクニック.

☆yǎnchū 演出[動]上演する.公演する.¶chūcì dēngtái ～[初次登台～]初舞台に立つ/zài jùyuàn ～[在剧院～]劇場で公演する.[名]上演.公演.¶zhèi cì ～ fēicháng chénggōng[这次～非常成功]今回の公演は非常に成功した.

yāncōng 烟囱[名]煙突.¶～ línlì[～林立]煙突が林立する.

yáng 阳[名]太陽.¶zhèige fángjiān cháo～[这个房间朝～]この部屋は南向きだ.*[形]外に現れている.表面的である.¶～ fèng yīn wéi[～奉阴违]成表面では従うが,陰では反対する.面従腹背.

†yáng 扬[動]高くあげる.¶～qi tóu lai[～起头来]頭をあげる.

☆yáng 羊[名]〔zhī 只〕ヒツジ.¶fàng～[放～]ヒツジを放牧する/shān～[山～]ヤギ.

†yáng 洋[形]❶外国の.↔ tǔ 土 ¶～cōng[～葱]タマネギ.❷現代的である.ハイカラである.¶tā chuānde hěn ～[她穿得很～]彼女の装いはしゃれている.

*yǎng 仰[動]仰ぐ.↔ fǔ 俯 ¶～wàng tiānkōng[～望天空]大空をふり仰ぐ.

*yǎng 养[動]❶養う.¶～jiā[～家]家族を養う.❷動物を飼育する.植物を栽培する.¶～ māo[～猫]ネコを飼う.❸育てる.¶～ háizi[～孩子]子供を育てる.❹大事にする.養生する.¶～ shēntǐ[～身体]養生する.

yǎng 氧[名]酸素.(普通は"氧气"yǎngqìという)

yǎng 痒[形]かゆい.¶fā～[发～]かゆくなる.

yàng 样[量]種類を数える.¶gè zhǒng gè～[各种各～]さまざまである/yì píng báijiǔ,liǎng ～ xiǎocài[一瓶白酒，两～小菜]パイチュー1本に,肴(さかな)2品.[名]様子.かっこう.¶liǎng nián méi jiàn,tā háishi nèige ～r[两年没见，他还是那个～儿]2年間会わなかったが,彼は以前のままだ.

†yǎngài 掩盖[動]隠す.覆い隠す.¶～ zhēnxiàng[～真相]真実を隠す/wǒmen bù yīnggāi ～ máodùn[我们不应该～矛盾]対立を隠してはならない/māma ～buzhù nèixīn de jiāolǜ[妈妈～不住内心的焦虑]母親は内心のいらだちを隠しきれなかった.

†yǎngchéng 养成[動]養成する.育てる.¶～ liánghǎo de xíguàn[～良好的习惯]よい習慣を育てる.

*yángé 严格[動]厳格にする.厳しくする.¶yào ～ jìlǜ[要～纪律]規則を厳格にする.[形]厳しい.¶duì zìjǐ yāoqiú hěn ～[对自己要求很～]自分に厳しく要求する/wǒmen bān de lǎo-

Y

shī shàngkè tèbié ～[我们班的老师上课特别～]私のクラスの先生の授業はとりわけ厳しい.

yǎngfèn 养分[名]養分.栄養分.

★**yángguāng 阳光**[名]〔sī 丝,shù 束,lǚ 缕〕太陽の光.日光.

†**yǎnghuà 氧化**[動]〔化〕酸化する.¶～jì[～剂]酸化剤.

yǎng·huo 养活[動]❶扶養する.¶～ fùmǔ[～父母]父母を養う.❷育てる.¶～ sān ge háizi[～三个孩子]3人の子を育てる.

yǎng∥lǎo 养老[動]老後を過ごす.隠居する.¶tā zhǔnbèi zài jiā ～ le[他准备在家～了]彼は家で隠居生活に入るつもりだ.

†**yǎngliào 养料**[名]養分.

yàngpǐn 样品[名]〔jiàn 件〕サンプル.見本.

†**yǎngqì 氧气**[名]酸素の通称.

★**yángròu 羊肉**[名]ヒツジの肉.¶shuàn ～[涮～]羊肉のしゃぶしゃぶ／kǎo ～ chuànr[烤～串儿]シシカバブー.

yángshù 杨树[名]〔植〕ヤナギ科ヤマナラシ属の木本植物.セイヨウハコヤナギ,ヤマナラシ,ハクヨウ,ドロノキなど.

†**yǎnguāng 眼光**[名]❶視線.¶zhòngrén de ～ dōu jízhōngzai tā de shēnshang[众人的～都集中在他的身上]みんなの視線が彼1人に集中した.❷見る目.観点.¶nǐ zhēn yǒu ～[你真有～]君は本当に見る目がある／yòng lǎo～ kàn wèntí[用老～看问题]古い観点で物を見る.

yáng yáng dé yì 扬扬得意㊄意気揚揚.得意な様子.“洋洋得意”とも書く.“得意扬扬”ともいう.¶kàn nǐ nà ～ de yàngzi,zhǔn shì yòu yíng le ba?[看你那～的样子，准是又赢了吧?]その得意な様子から見ると,きっとまた勝ったんでしょう／búyào yǒule yìdiǎnr chéngjì jiù ～[不要有了一点儿成绩就～]少し成績を上げたからといって,有頂天になってはいけない.

yǎngyù 养育[動]養育する.育てる.¶～ zǐnǚ[～子女]子女を養育する.

yǎngzhí 养殖[動]養殖する.¶～ yúmiáo[～鱼苗]稚魚を養殖する／shuǐchǎn ～[水产～]水産物の養殖.

文法　重ね型

単語を繰り返すことにより,もとの単語とは異なる意味を表す文法的手段を重ね型という.重ね型を作れるのは名詞・動詞・形容詞・量詞である.

1 名詞の重ね型

重ね型を作れる名詞は限られており,「どれもこれも」という意味を表す.

- 人人 rénrén(どの人も)
- 家家 jiājiā(どの家も)
- 年年 niánnián(どの年も,毎年)

2 動詞の重ね型

重ね型を作れるのは動作・行為を表す動詞に限られ,「ちょっと…する」,「試しに…してみる」という意味を表す.

¶给我看看 gěi wǒ kànkan(私にちょっと見せてください)

¶我把我的意见说说 wǒ bǎ wǒ de yìjiàn shuōshuo(私の意見を言ってみます)

一般に,単音節の動詞AはAA型に,2音節の動詞ABはABAB型になる.この場合,後に来るAやABは軽く読まれる.

- 看看 kànkan(ちょっと見る)
- 想想 xiǎngxiang(ちょっと考える)
- 讨论讨论 tǎolùntǎolùn(ちょっと討論する)
- 研究研究 yánjiūyánjiū(ちょっと検討する)

単音節動詞の重ね型では動詞と動詞の間に“一”yīを挟み込むことができる.この場合,意味はAA型と同じである.また“了”leを挿入し,動作の完了を表すことができる.

¶你看（一）看 nǐ kàn(yi)kàn(ちょっと見てください)

¶他点了点头 tā diǎnlediǎn tóu(彼はちょっとうなずいた)

☆yàng·zi 样子[名]❶様子.格好.¶zhèi jiàn yīfu ～ búcuò[这件衣服～不错]この服はデザインがいい.❷表情.様子.¶hàipà de ～[害怕的～]怖がっている様子.❸見本.手本.¶zhào ～ zuò[照～做]手本通りに作る.❹成り行き.形勢.¶kàn ～ tā bú huì lái le[看～他不会来了]この分では彼は来ないだろう.

†yánhǎi 沿海[名]海沿いの地域.沿岸.¶～ dìqū[～地区]沿岸地区／～ chéngshì[～城市]沿岸都市.

yánhán 严寒[形]寒さが厳しい.¶～ de dōngtiān[～的冬天]厳寒の冬.

†yǎnhù 掩护[動]❶援護する.¶～ bùduì chètuì[～部队撤退]部隊の撤退を援護する.❷かくまう.かばう.¶tā zài zìjǐ jiāli ～guo bùshǎo yóujī duìyuán[他在自己家里～过不少游击队员]彼は自分の家に多くのゲリラ兵をかくまったことがある／dǎ ～[打～]かばう.

yǎn huā liáo luàn 眼花缭乱成色とりどりで目がくらむよう.¶shāngdiàn li de dōngxi duōde ràng rén ～[商店里的东西多得让人～]店内の品物の多さにすっかり目移りしてしまう.

yánhuǎn 延缓[動]❶(時間を)延ばす.¶zhè shì bù jí,～ jǐ tiān yě bú yàojǐn[这事不急，～几天也不要紧]この件は急がないので,何日延期してもかまわない.❷緩める.¶yòng yàowù ～ bìngqíng de fāzhǎn[用药物～病情的发展]薬で病状の悪化を抑える.

☆yànhuì 宴会[名]宴会.パーティー.¶jǔxíng ～[举行～]パーティーを催す／cānjiā ～[参加～]パーティーに参加する.

yǎnjiǎng 演讲[動]演説する.講演する.¶～ bǐsài[～比赛]弁論大会.[名]演説.講演.¶shēngdòng de ～[生动的～]生き生きとしたスピーチ.

yǎnjiè 眼界[名]視野.見識.見聞.¶wèile kāikuò ～,yīnggāi qù guówài kànkan[为了开阔～，应该去国外看看]見聞を広めるため,外国に行ってみるべきである.

†yánjìn 严禁[動]かたく禁じる.¶cāngkù li ～ xīyān[仓库里～吸烟]倉庫での喫煙はかたく禁じる／～ pānzhé

---

③形容詞の重ね型

重ね型を作れる形容詞は限られており,物の様子を生き生きと描写する働きがある.

- 红红 hónghóng(真っ赤な)
- 高高兴兴 gāogāoxìngxìng(嬉しそうな)
- 雪白雪白 xuěbáixuěbái(真っ白な)

一般に,単音節形容詞AはAA型に,2音節の性質形容詞ABはAABB型になる.また,2音節の状態形容詞ABはABAB型になる.

➡文法 性質形容詞と状態形容詞 P.580

¶她有一张圆圆的脸，还有一双大大的眼睛 tā yǒu yì zhāng yuányuán de liǎn, hái yǒu yì shuāng dàdà de yǎnjing(彼女は真ん丸な顔,ぱっちりとした目をしている)

¶她的房间干干净净的 tā de fángjiān gānganjìngjìng de(彼女の部屋はこざっぱりとしている)

¶道路笔直笔直的 dàolù bǐzhíbǐzhí de(道路はまっすぐだ)

④量詞の重ね型

重ね型を作れるのは単音節の量詞に限られる.名量詞・動量詞ともに「どれもこれも」の意味を表す.

¶本本都是好书 běnběn dōu shì hǎo shū(どれもいい本だ)

¶顿顿吃米饭 dùndùn chī mǐfàn(毎食お米を食べる)

数詞“一”を加え,重ね型を作ることができる.この場合,モノが一つ一つ別個の状態でたくさん存在していることを表す.

¶我把衣服一件一件都洗干净了 wǒ bǎ yīfu yí jiàn yí jiàn dōu xǐgānjìng le(私は洋服を1枚1枚すべてきれいに洗った)

¶我一趟一趟地给客人冲茶 wǒ yí tàng yí tàng de gěi kèrén chōng chá(私は1回また1回と客に茶をついで回る)

huāmù[～攀折花木]花や枝を折ることを厳禁する.

*yǎnjìng 眼镜[名](～儿)〔fù 副〕眼鏡.¶dài ～[戴～]眼鏡をかける／zhāi ～[摘～]眼鏡をはずす／pèi ～[配～]眼鏡をつくる／yǐnxíng ～[隐形～]コンタクトレンズ.

⁑yǎn·jing 眼睛[名]〔zhī 只(片方)〕〔shuāng 双,duì 对(両方)〕目.¶dà ～[大～]大きな目／zhēngkāi ～[睁开～]目を開ける／bìshang ～[闭上～]目を閉じる.

⁑yánjiū 研究[動]❶研究する.¶zhuān xīn zhì zhì de gǎo ～[专心致志地搞～]一心不乱に研究する／～ jīngjì lǐlùn[～经济理论]経済理論を研究する.❷検討する.考慮する.¶zhè shì wǒmen zài ～～ ba[这事我们再～～吧]この事はまた検討しましょう／wǒ xiǎng gēn nǐ ～ yíxià míngtiān de rìchéng[我想跟你～一下明天的日程]明日の日程を検討したいのですが.[名]研究.研究結果.¶wǒmen de ～ hái méi kāishǐ ne[我们的～还没开始呢]我々の研究はまだ始まっていない／kēxuéjiā de ～ zhèngmíng,rén yīnggāi kěyǐ huódao èrbǎi suì[科学家的～证明，人应该可以活到二百岁]科学者の研究結果で,人間は200歳まで生きられるということが証明された.

†yánjiūshēng 研究生[名]大学院生.¶kǎo ～[考～]大学院試験を受ける／dú ～[读～]大学院で勉強する.

*yánjiūsuǒ 研究所[名]研究所.

yānjuǎnr 烟卷儿[名]紙巻きタバコ.¶zuǐli diāozhe yì zhī ～[嘴里叼着一支～]口に紙巻きタバコをくわえる／chōu ～[抽～]紙巻きタバコを吸う.

yánjùn 严峻[形]厳しい.¶miànsè ～[面色～]厳しい顔／miànduì ～ de xíngshì[面对～的形势]厳しい情勢に直面している.

†yǎnkàn 眼看[動]❶(起こりつつある状況を)目で見る.¶～ nèi zhī tùzi zuānjinle cǎoduī,bújiàn le[～那只兔子钻进了草堆，不见了]そのウサギは見る間に草むらにもぐり込んで見えなくなった.❷(多く"着"zheを伴う)なすすべもなく見ている.みすみす.¶yīshēng ～zhe bìngrén tòngkǔ de sǐqu, gǎndào hěn nánguò[医生～着病人痛苦地死去，感到很难过]医者はみすみす病人が苦しんで死んでいくのを目の当たりにして,非常に辛かった.[副]見る間に.もうすぐ.¶～ jiù yào xià yǔ le[～就要下雨了]もうすぐ雨が降りそうだ／Chūnjié ～ jiù dào le[春节～就到了]もうすぐ春節だ.

*yǎnlèi 眼泪[名]涙.¶liú ～[流～]涙を流す／cā ～[擦～]涙をふく.

†yánlì 严厉[形]厳しい.¶Zhāng lǎoshī ～ de pīpíngle tā[张老师～地批评了他]張先生は厳しく彼をしかった／fùqīn jì cíxiáng yòu ～[父亲既慈祥又～]父親は優しくて厳しい.

yǎnlì 眼力[名]❶視力.❷眼力.¶yǒu ～[有～]見る目がある.

yánlùn 言论[名]言論.¶～ zìyóu[～自由]言論の自由／fābiǎo ～[发表～]言論を発表する.

†yánmì 严密[形]❶ぴったりとしている.すきがない.¶píngkǒu fēngde hěn ～[瓶口封得很～]瓶の口はしっかり封じられている／zhèi piān wénzhāng jiégòu hěn ～[这篇文章结构很～]この文章の構成は緻密(ちみつ)である.❷周到である.厳密である.¶～ zhùshì shìtài de fāzhǎn[～注视事态的发展]事態の推移をしっかりと見守る／xiāoxi fēngsuǒde hěn ～[消息封锁得很～]情報が厳しく遮断されている.[動]周到にする.遺漏のないようにする.¶～ gèzhǒng zhìdù[～各种制度]いろんな制度をきちんと整える.

yānmò 淹没[動]水浸しになる.埋もれる.¶héli zhǎngshuǐ,xiǎo qiáo dōu ～ le[河里涨水，小桥都～了]川が増水し小さな橋が水浸しになった.

yánqī 延期[動]延期する.¶liánrì yīnyǔ,wǒmen de qiúsài jiù ～ jǔxíng ba[连日阴雨，我们的球赛就～举行吧]長雨が続いているので,球技大会は延期しよう.

*yǎnqián 眼前[名]目の前の場所.¶～ shì yí zuò gāoshān[～是一座高山]目の前は高い山だ／～ lìyì[～利益]目先の利益.

yànqǐng 宴请［動］宴席を設けて客を招く.¶～ wàiguó yuánshǒu［～外国元首］外国の元首を招宴する／jiēshòu ～［接受～］宴席の招待を受ける.

yánrè 炎热［形］猛暑である.¶～ de xiàtiān［～的夏天］猛暑の夏／qìhòu ～［气候～］暑さが厳しい.

☆**yánsè 颜色**［名］❶色.色彩.¶hóng ～［红～］赤色／～ xiānyàn［～鲜艳］鮮やかな色彩.❷(主に"给～看"gěi ～ kànの形で)思い知らせる.目にものを見せる.¶gěi tā diǎn ～ qiáoqiao［给他点～瞧瞧］彼に思い知らせてやろう.➡類義語 cǎisè 彩色

yǎnsè 眼色［名］目くばせ.¶kàn shàngsi de ～ xíngshì［看上司的～行事］上司の意を汲んで事を行う／shǐ ～［使～］目くばせする／tā xiàng wǒ dìle ge ～［他向我递了个～］彼は私に目くばせをした.

yánshēn 延伸［動］伸びる.伸展する.¶gōnglù yìzhí ～dao jiāngbiān［公路一直～到江边］道路はずっと川の所までつながっている.

yǎnshén 眼神［名］❶目つき.¶bēishāng de ～［悲伤的～］悲しい目つき.❷(～儿)視力.¶～ bù hǎo［～不好］目が悪い.

†**yánshí 岩石**［名］岩石.

yǎnshì 掩饰［動］〈貶〉ごまかす.粉飾する.¶～ zìjǐ de quēdiǎn［～自己的缺点］自分の欠点をごまかす／nǐ bù yīnggāi ～ zìjǐ de cuòwù［你不应该～自己的错误］自分の過ちをごまかしてはならない.

yànshōu 验收［動］検査を経て受け取る.¶～ chǎnpǐn［～产品］製品検査をして受け取る.

yǎnshú 眼熟［形］見覚えがある.¶wǒ hǎoxiàng zài nǎr jiànguo nǐ,kànzhe tèbié ～［我好像在哪儿见过你，看着特别～］私はどこかであなたに会ったことがあるような気がします,見覚えがあるから.

†**yǎnshuō 演说**［動］演説する.¶～ gǎo［～稿］演説原稿.［名］演説.¶tā de ～ bódéle quánchǎng de hǎopíng［他的～博得了全场的好评］彼の演説は会場中の好評を博した.

†**yánsù 严肃**［形］❶厳かである.厳粛である.¶huìchǎng qìfēn ～［会场气氛～］会場の雰囲気は厳かだった.❷真面目である.真剣である.¶～ de wèntí［～的问题］真剣な問題.［動］ただす.¶～ fǎjì［～法纪］法と規律をただす.

yǎnsuàn 演算［動］演算する.¶～ shùxué tí［～数学题］数学の問題を解く.

yántán 言谈［名］言葉遣い.¶yí ge rén de ～ jǔzhǐ kěyǐ biǎolù zhèige rén de xìnggé［一个人的～举止可以表露这个人的性格］言葉遣いと立ち居ふるまいはその人の性格を表す.

yántǎo 研讨［動］検討する.研究討論する.¶～huì xià xīngqī kāi［～会下星期开］研究討論会は来週開かれる.

yántú 沿途［名］沿道.道中.¶～ de jǐngsè hěn měi［～的景色很美］沿道の景色はとてもきれいだった／～ lùguò tā de jiāxiāng［～路过他的家乡］途中彼の故郷を通る.

yānwù 烟雾［名］煙·ガス·霧などをさす.¶～ mímàn［～弥漫］煙が立ちこめている.

†**yànwù 厌恶**［動］嫌悪する.¶～ zhànzhēng［～战争］戦争を嫌悪する／lìng rén ～［令人～］反感を抱かせる.

yǎnxí 演习［動］演習をする.¶jūnshì ～［军事～］軍事演習／shídàn ～［实弹～］実弾演習／zhèr zhèngzài jìnxíng xiāofáng ～［这儿正在进行消防～］ここで今火災予防訓練を行っている.

yànxí 宴席［名］宴席.宴会.¶jiéhūn ～［结婚～］結婚披露宴／háohuá ～［豪华～］豪華な宴会.

yǎnxià 眼下［名］今のところ.目下.¶～ kùnnan hěn duō［～困难很多］目下困難が山積みである／～ de qíngkuàng［～的情况］今の状況.

†**yánxíng 言行**［名］言行.¶～ yízhì cái néng dédào biéren de xìnlài［～一致才能得到别人的信赖］言行が一致して初めて人の信頼を得られる.

yánxù 延续［動］続く.継続する.¶～ shēngmìng［～生命］延命する／huìyì

yòu ～le yí duàn shíjiān,cái gào jiéshù[会议又～了一段时间，才告结束]会議はまたかなり時間が延びてやっと終わった.

yányǔ 言语[名]言語.言葉.¶～ cūlǔ[～粗鲁]言葉が下品である／shīqùle ～ nénglì[失去了～能力]言語能力を失った.→yányu

yán·yu 言语[動]〈方〉しゃべる.声を出す.¶tā gēn nǐ shuōhuà ne,nǐ zěnme bù ～?[他跟你说话呢，你怎么不～?]彼が話しかけているのに,あなたはなぜしゃべらないのですか.→yányǔ

yànyǔ 谚语[名]ことわざ.

◆ことわざ10

❶说曹操，曹操就到。 Shuō Cáo Cāo,Cáo Cāo jiù dào.(噂をすれば影)

❷入乡随俗。 Rù xiāng suí sú.(郷に入りては郷に従え)

❸有钱能使鬼推磨。 Yǒu qián néng shǐ guǐ tuīmò.(地獄の沙汰も金次第)

❹情人眼里出西施。 Qíngrén yǎnli chū Xīshī.(あばたもえくぼ)

❺临时抱佛脚。 Línshí bào fójiǎo.(苦しい時の神頼み)

❻三天打鱼，两天晒网。 Sān tiān dǎ yú,liǎng tiān shài wǎng.(三日坊主)

❼吃一堑，长一智。 Chī yí qiàn,zhǎng yí zhì.(失敗は成功のもと)

❽去者日以疏。 Qù zhě rì yǐ shū.(去るもの日々に疎し)

❾有志者事竟成。 Yǒu zhì zhě shì jìng chéng.(志あらば事ついに成る)

❿百闻不如一见。 Bǎi wén bùrú yí jiàn.(百聞は一見に如かず)

*__yǎnyuán 演员__[名]役者.俳優.¶nǚ～[女～]女優／nán～[男～]男優／diànyǐng ～[电影～]映画俳優／dāng ～[当～]俳優になる.

yànzhèng 验证[動]検証する.¶yòng shìshí ～[用事实～]事実をもって検証する.

†**yánzhì 研制**[動]開発する.製造する.¶～ xīn chǎnpǐn[～新产品]新製品を開発する／xīnxíng qìchē ～ chénggōng[新型汽车～成功]新型自動車の開発に成功する.

*__yánzhòng 严重__[形]❶厳しい.厳重である.¶～ jǐnggào[～警告]厳重に警告する.❷重大である.由々しい.深刻である.¶wèntí hěn ～[问题很～]問題は深刻だ／～ yǐngxiǎng shèhuì zhì'ān[～影响社会治安]社会の治安に重大な影響を与える／zhèige bìngrén de bìngqíng xiāngdāng ～[这个病人的病情相当～]この病人の病状は相当深刻である.

†**yàn·zi 燕子**[名]ツバメ.¶wūyán xia yǒu ge ～wō[屋檐下有个～窝]軒下にツバメの巣がある.

yǎnzòu 演奏[動]演奏する.¶～ yuèqǔ[～乐曲]曲を演奏する／～huì[～会]演奏会.コンサート／gāngcái de pípa ～ fēicháng jīngcǎi[刚才的琵琶～非常精彩]さっきの琵琶(びわ)の演奏はとてもすばらしかった.

*__yāo 腰__[名]腰.腰の部分.¶wān～[弯～]腰を曲げる.

yāo 邀[動]招待する.招く.¶～ tā lái chūxí huìyì[～他来出席会议]会議に出るよう彼に要請する.

†**yáo 窑**[名](れんが·かわら·陶器などを焼く)窯(かま).¶shāo～[烧～]窯で焼く.

*__yáo 摇__[動]揺れる.揺り動かす.振る.¶～tóu[～头]首を横に振る.

*__yǎo 咬__[動]❶かむ.かじる.¶bèi gǒu ～ le[被狗～了]イヌにかまれた／～ ěrduo[～耳朵]㊖耳打ちする.ささやく.❷字を正確に読んで発音する.¶zhèige yǎnyuán ～zì hěn qīngchu[这个演员～字很清楚]この俳優は発音がきれいだ.→[見る類] p.603

⁑**yào 药**[名]薬.¶chī ～[吃～]薬を飲む／pèi～[配～]調剤する.[動]薬で殺す.¶～ wénzi[～蚊子]殺虫剤で蚊を殺す.

⁑**yào 要**[動]❶ほしがる.ほしい.¶wǒ ～ yí ge wánjù[我～一个玩具]おもちゃが1つほしい.❷求める.要求する.¶tā ～ wǒ bāng tā mǎi yóupiào[她～我帮她买邮票]彼女は私に切手を

買ってくれと頼んだ.[助動]❶…したい.…するつもりだ.¶wǒ ～ chūqu wánr[我～出去玩儿]遊びに行きたい.❷…しなければならない.¶pōdǒu,～ xiǎoxīn[坡陡，～小心]坂が急だから気をつけて.❸…しそうだ.¶～ xià yǔ le[～下雨了]雨が降りそうだ.❹間もなく…する.もうすぐ…になる.¶chē jiù ～ lái le[车就～来了]間もなく車(バス)が来ますよ.❺推量を表す(比較に用いる).¶Lǎo-Zhāng bǐ Lǎo -Lǐ ～ dà yìdiǎnr[老张比老李～大一点儿]張さんは李さんより少し年上だ／Nánjīng ～ bǐ Běijīng rè[南京～比北京热]南京は北京より暑い／wǒ kàn háishi zhèige ～ hǎo yìdiǎnr[我看还是这个～好一点儿]私の見たところ,やはりこちらの方がよいように思われる.➡[類義語] xiǎng 想

†**yào 要**[接]❶もし…ならば.¶nǐ ～ bú qù,wǒ yě bú qù[你～不去，我也不去]君が行かないなら,私も行かない.❷…でなければ…である.¶～ jiù wǒ qù,～ jiù nǐ qù,fǎnzhèng děi qù yí ge rén[～就我去，～就你去，反正得去一个人]私か,あなたか,どっちみち1人は行かなければならない.

†**yáobǎi 摇摆**[動]揺れる.揺れ動く.¶suí fēng ～[随风～]風の吹くままに揺れる.

†**yàobù 要不**[接]さもなければ.¶gāi zǒu le,～ gǎnbushàng huǒchē le[该走了，～赶不上火车了]行かなくちゃ,さもないと電車に遅れてしまう.

†**yào·bu·de 要不得**[動]いけない.許されない.¶zhèi zhǒng tàidu kě ～[这种态度可～]このような態度では許されない.

†**yào·burán 要不然**[接]さもなければ.¶kuài gàosu tā ba,～ tā yào jísǐ le[快告诉他吧，～他要急死了]早く彼に教えてあげなさい,さもないとやきもきするよ.

†**yào·bushì 要不是**[接]もし…でなかったら.¶～ nǐ bāngmáng,wǒ bú huì chénggōng[～你帮忙，我不会成功]あなたが手伝ってくださらなかったら,成功しませんでした.

yàocái 药材[名]漢方薬の原料.生薬(しょうやく).

†**yáochuán 谣传**[動]デマが流れる.¶zuìjìn ～ yòu yào zhǎngjià le[最近～又要涨价了]最近また値段が上がるというデマが流れた.[名]デマ.¶búyào tīngxìn ～[不要听信～]デマを信じるな.

†**yàodào 要道**[名]要路.¶jiāotōng ～ yào bǎochí chàngtōng wúzǔ[交通～要保持畅通无阻]交通の要路はスムーズで支障がないようにしておかなければならない／zhè shì tōngwǎng Běijīng de ～[这是通往北京的～]これは北京に通ずる要路だ.

†**yàodiǎn 要点**[名]❶談話や文章の主要な内容.要点.¶zhǎngwò ～[掌握～]要点を把握する.❷重要な拠点.

Y

目で見る類義語 yǎo 咬　kěn 啃

►“咬”yǎoは「ぱくっと」かむ.当然,かみやすい硬さのものを口にする.¶咬了一口馒头 yǎole yì kǒu mántou(マントウをぱくっと食べる)►“啃”kěnは「がりがりと」かむ.硬いものをかじる場合が多い.¶小狗在啃骨头 xiǎo gǒu zài kěn gǔtou(子イヌが骨をかじっている)►“啃”は困難なものに少しずつ挑戦するという比喩的意味もある.¶他这几天一直在啃一本专业书 tā zhè jǐ tiān yìzhí zài kěn yì běn zhuānyè shū(彼はここ何日かずっと専門書にかじりついている)

要衝.¶jūnshì ～[军事～]軍事拠点.

yáodòng 窑洞[名]黄土高原地帯にある洞穴式の住居.

†**yàofāng 药方**[名]処方箋(しょほうせん).¶kāi ～[开～]処方箋を出す.

yāo·guài 妖怪[名]妖怪.化け物.

yàohài 要害[名]重要な部分.急所.¶zhuāzhu wèntí de ～ lái jiějué[抓住问题的～来解决]問題の核心をつかんで解決する／tā zài ～ bùmén gōngzuò[他在～部门工作]彼は重要な部門で仕事をしている.

†**yàohǎo 要好**[形]仲がよい.¶tāmen liǎ hěn ～[她们俩很～]彼女たち2人は仲がよい.

†**yáo·huàng 摇晃**[動]揺れ動く.¶dēng zài ～[灯在～]ともしびがゆらゆら動いている.

*__yàojǐn 要紧__[形]❶重要である.¶zhèige wèntí hěn ～[这个问题很～]この問題はとても重要だ.❷重大である.¶wǒ yǒudiǎnr gǎnmào,dàn bú ～[我有点儿感冒，但不～]風邪気味ですが,たいした事ないですよ.

yáokòng 遥控[動]遠隔操作する.リモートコントロールで操作する.¶～qì[～器]リモコン.

yàolǐng 要领[名]❶要点.¶bù dé ～[不得～]要領を得ない.❷体育や軍事訓練の動作の基本.要領.

yào·me 要么[接]…でなければ,…である."要末"とも書く.¶～ qù Nánjīng,～ qù Shànghǎi,suí nǐ de biàn[～去南京，～去上海，随你的便]南京に行くか,さもなければ上海に行くか,好きなようにしなさい.

yào∥mìng 要命[動]命をとる.¶yàole tā de mìng[要了他的命]彼の命を奪う.[形]❶程度がはなはだしいことを示す.¶lèide ～[累得～]ひどく疲れる.❷厄介である.困る.¶zhèige rén zhēn ～,chídàole liǎng ge zhōngtóu[这个人真～，迟到了两个钟头]2時間も遅刻するなんて,まったく困った人だ.

†**yàopǐn 药品**[名]薬品.

*__yāoqǐng 邀请__[動]招請する.招待する.¶～ péngyou lái zuòkè[～朋友来做客]友人を招いてもてなす／～sài[～赛]招待試合.

⁑**yāoqiú 要求**[動]要求する.望む.¶yángé ～ zìjǐ[严格～自己]自分に対して厳しく律する.[名]要求.条件.希望.¶tíchu ～[提出～]要求を出す.

†**yào·shi 钥匙**[名]〔bǎ 把〕鍵.¶pèi ～[配～]合い鍵を作る.

⁑**yào·shi 要是**[接]もしも.¶～ tā lái, wǒ jiù bú qù le[～他来，我就不去了]もしも彼が来るなら,私は行かないことにする.

> **語法** 仮定を表す言い方
>
> ►仮定を表すには"要是"yàoshiを用いる.前節で"要是"を用い仮定表現にすると,呼応する形で,後節には"就"jiùや"也"yěが用いられる場合が多い.¶要是下雨就不去了 yàoshi xià yǔ jiù bú qù le(もしも雨が降ったら行くのをやめる)／要是太贵就别买了 yàoshi tài guì jiù bié mǎi le(もしもあまり高いようだったら買うのをやめなさい)／要是不喜欢，送给别人也行 yàoshi bù xǐhuan,sònggěi biéren yě xíng(もしも気にいらないなら,ほかの人にあげてもかまわない)

†**yàoshuǐ 药水**[名](～儿)水薬.

yàosù 要素[名]要素.

yáo tóu huàng nǎo 摇头晃脑㊍首を大きく振る.自己満足をする.¶tā ～,déyì yángyáng de xiàng biéren chuīxū tā xīn mǎi de gāojí xiǎoqìchē[他～，得意洋洋地向别人吹嘘他新买的高级小汽车]彼は1人で悦に入って,得意気に新しく買った高級車を自慢している.

†**yàowén 要闻**[名]主要なニュース.¶xiànzài zhèng guǎngbō ～[现在正广播～]今ちょうど主なニュースを放送

している／méi shíjiān kàn bàozhǐ,zhǐ kànlekàn ～[没时间看报纸，只看了看～]新聞を読む時間がないので,ちょっと主なニュースだけ見た.

†**yàowù 药物**[名]薬物.薬品.

†**yáoyán 谣言**[名]根拠のないうわさ.デマ.¶chuánbō ～[传播～]デマを広める.

yàoyǎn 耀眼[形]まぶしい.まばゆい.¶guāngmáng ～[光芒～]光がまばゆい.

yǎo yá qiè chǐ 咬牙切齿㊄切歯扼腕(せっしやくわん).歯ぎしりをし,腕まくりをして悔しがる.¶yì tíqǐ qián bèi tōu de shì,tā jiù hènde ～[一提起钱被偷的事，他就恨得～]お金をとられた件となると,彼は切歯扼腕して悔しがった.

†**yáoyuǎn 遥远**[形]はるかである.はるかに遠い.¶lùchéng ～[路程～]道のりがはるかだ.

yāpiàn 鸦片[名]アヘン.麻薬.¶～ zhànzhēng[～战争]アヘン戦争.

★**yāpò 压迫**[動]圧迫する.抑圧する.¶～ rén[～人]人を圧迫する／zhǒngliú ～ shénjīng[肿瘤～神经]腫瘍(しゅよう)が神経を圧迫する.

yā què wú shēng 鸦雀无声㊄静まりかえったさま.しんとしている.¶huìchǎng shang ～,qìfēn jǐnzhāngde ràng rén chuǎnbuguò qì lai[会场上～，气氛紧张得让人喘不过气来]会場はしんと静まりかえっていて,緊迫した空気が人々に息もつかせないようだった.

★**yáshuā 牙刷**[名]〔bǎ 把,zhī 支〕歯ブラシ.

†**yāsuō 压缩**[動]❶圧縮する.¶～jī[～机]圧縮機.コンプレッサー.❷(経費を)削減する.(人員を)減らす.(文章を)縮める.¶～ kāizhī[～开支]支出を抑える／～ biānzhì[～编制]定員を減らす／wénzhāng de piānfu zuì hǎo zài ～ yíxià[文章的篇幅最好再～一下]原稿の枚数をもう少し減らした方がよい.

yāyì 压抑[動](感情が)重苦しい.抑圧する.¶tā wúfǎ ～ nèixīn de bēishāng[他无法～内心的悲伤]彼は悲しみを抑えることができなかった／qìfēn chénmèn,gěi rén yì zhǒng ～gǎn[气氛沉闷，给人一种～感]雰囲気が重苦しくて圧迫感を与える／～ buzhù mǎnqiāng de nùhuǒ[～不住满腔的怒火]胸いっぱいの怒りを抑えることができない.

Yàyùnhuì 亚运会[名]アジア大会.¶shàng jiè ～ tā yí ge rén huòdéle sān kuài jīnpái[上届～他一个人获得了三块金牌]前回のアジア大会で,彼は1人で金メダルを3つとった.

†**yāzhì 压制**[動]抑えつける.抑圧する.¶tā ～buzhù nèixīn de jīdòng[他～不住内心的激动]彼は心の高ぶりを抑えることができない／～ pīpíng[～批评]批判を抑える／～ mínzhǔ[～民主]民主を抑圧する.

†**yā·zi 鸭子**[名]〔zhī 只〕アヒル.¶gǎn ～ shàng jià[赶～上架]アヒルを止まり木に追い上げる.(無理強いするたとえ)

★**yě 也**[副]❶…も.…もまた.¶tā shì xuésheng,wǒ ～ shì xuésheng[他是学生,我～是学生]彼は学生で,私も学生だ.❷…もあり,…もあり.¶～ yǒu qí chē lái de,～ yǒu bùxíng lái de[～有骑车来的，～有步行来的]自転車で来る人もいれば,歩いて来る人もいる.❸たとえ…であっても.¶guā fēng ～ hǎo,xià yǔ ～ hǎo,fǎnzhèng míngtiān dōu yào qù[刮风～好，下雨～好，反正明天都要去]風が吹こうが,雨が降ろうが,いずれにせよ明日は行かなければならない.❹…さえも.¶lián dàren ～ bù dǒng[连大人～不懂]大人でさえ分からない.

> 語法　yě 也
> ►中国語の副詞は,原則として動詞あるいは形容詞の前に置く.“也”は副詞なのでこの原則に従うが,その結果,1つの文が2つの意味を持つことがある.¶他也吃饺子 tā yě chī jiǎozi(彼はギョーザも食べる／彼もギョーザを食べる)►“也”の意味が“他”にかかっていても“饺子”にかかっていても動詞“吃”の前に置かなくてはならないからである.

yě 野[形]粗野である.¶zhè háizi shuōhuà tài ～[这孩子说话太～]この子は話し方があまりに乱暴だ.

⁑**yè 页**[名]ページ.¶zhèixiē yǐnyòngyǔ dōu yào biāoshang ～mǎ[这些引用语都要标上～码]これらの引用語にはみなページ番号をつけるべきだ.

⁑**yè 夜**[名]夜.

yè 液*[名]液体.¶xuè～[血～]血液/róng～[溶～]溶液.

yèbān 夜班[名]夜勤.¶zhí ～[值～]夜勤をする.

†**yèchē 夜车**[名]❶夜行の列車やバス.¶zuò ～ qù[坐～去]夜行列車(バス)に乗って行く.❷〈喩〉徹夜で勉強や仕事をする.("开～"kāi ～の形で用いることが多い)¶liánxù jǐ tiān kāi ～ cái bǎ wénzhāng xiěwán[连续几天开～才把文章写完]何日も連続で徹夜をしてやっと論文を書き終えた.

†**yè·jiān 夜间**[名]夜.夜間.¶～ qìwēn[～气温]夜間の気温.

†**yějīn 冶金**[名]冶金(やきん).

yè jīng yú qín 业精于勤㊀学業の進歩は勤勉によるのみ.¶tā shēnshēn dǒngde ～ de dàoli,suǒyǐ zhèixiē nián yìzhí nǔlì,cóng wèi sōngxièguo[他深深懂得～的道理，所以这些年一直努力，从未松懈过]彼は勤勉が学業進歩にどれだけ大切か分かっていたので,ここ数年ひたすら努力し,今まで気をゆるめたことがない.

****yè·li 夜里**[名]夜.夜間.

yěliàn 冶炼[動]金属を精練する.

yěmán 野蛮[形]野蛮である.¶～ de xíngwéi[～的行为]野蛮な行為.

yěshēng 野生[区]野生の.¶～ dòngwù[～动物]野生動物.

†**yěshòu 野兽**[名]野獣.

†**yètǐ 液体**[名]液体.

yěwài 野外[名]野外.¶～ gōngzuò[～工作]野外作業.フィールドワーク.

***yèwǎn 夜晚**[名]夜.夜間.

***yèwù 业务**[名]業務.仕事.

yèxiāo 夜宵 [名](～儿)夜食.¶jiābān yǐhòu dàjiā yìqǐ qù chī ～[加班以后大家一起去吃～]残業の後みんなで夜食を食べに行く.

†**yèxiào 夜校**[名]夜間学校.¶hěn duō rén xiàbān hòu hái shàng ～ xuéxí[很多人下班后还上～学习]多くの人が仕事の後さらに夜間学校で勉強している.

yěxīn 野心[名]野心.¶yǒu ～[有～]野心がある.

⁑**yěxǔ 也许**[副]もしかしたら…かもしれない.¶dōu shí diǎn le,tā ～ bú huì lái le[都十点了，他～不会来了]もう10時だから,彼は来ないかもしれない.

***yé·ye 爷爷**[名]❶父方の祖父.¶wǒ cóngxiǎo shì ～ hé nǎinai dàidà de[我从小是～和奶奶带大的]私は子供の頃から祖父母に育てられた.❷祖父と同年輩の男性へのよびかけ.おじいさん.¶línjū jiā de Lǐ ～ xiě yì shǒu hǎo zì[邻居家的李～写一手好字]隣の李おじいさんは字がうまい.

***yèyú 业余**[区]❶業務時間以外の.¶～ shíjiān[～时间]余暇.❷アマチュアの.¶～ gēshǒu[～歌手]アマチュア歌手.

***yè·zi 叶子**[名]〔piàn 片〕葉."叶儿"yèrともいう.

⁑**yī 一**[数]❶1.1つ.¶～ jiā ～ děngyú èr[～加～等于二]1足す1は2である.❷同じである.¶～ shì tóng rén[～视同仁]㊀一視同仁.分け隔てせずに同等に扱う.❸すべての.¶liúle ～shēn de hàn[流了～身的汗]全身汗びっしょりだ.❹ひたすら.¶～ xīn ～ yì[～心～意]㊀一心に.ひたすら.❺ちょっと.少し.前後に単音節の同じ動詞を繰り返すか,後ろに動量詞が続く.¶ràng wǒ kàn～kàn[让我看～看]ちょっと見せてください/zài shāngliang ～xià[再商量～下]もう少し相談しよう.

> **語法** 数詞"一"yīの省略
> ►〈"一"+量詞+名詞〉が動詞の後に続き,動詞の目的語になる時"一"はしばしば省略される.¶他是(一)个老师 tā shì (yí) ge lǎoshī(彼は先生だ)/我写了(一)封信 wǒ xiěle (yì) fēng xìn(私は手紙を書いた)

★yī 一[副]❶…すると.動詞の前に用いて先にある動作が行われることを示す.("一…就…"yī…jiù…の形で用いることが多い)¶～ xiàchē jiù kànjianle tā[～下车就看见了他]車から降りるとすぐ彼の姿が目に入った.❷パッと.動作や変化が突然起きること.¶jīngguò zhěnglǐ, fángjiān huànrán ～ xīn[经过整理，房间焕然～新]整理したら部屋がみちがえるようになった.

yī 医*[名]❶医者.¶jūn～[军～]軍医.❷医学.¶xué ～[学～]医学を勉強する.[動]治療する.¶xièxie nín ～ hǎole wǒ de bìng[谢谢您～好了我的病]病気を治していただき感謝しています.

yī 依[動]❶言うことを聞く.同意する.¶tā zěnme yě bù～[她怎么也不～]彼女はどうしても同意しない.❷頼る.あてにする.¶xiāng ～ wéi mìng[相～为命]成支えあって生きていく.[前]…によると.…に基づいて.¶～ wǒ kàn, tā de yìjiàn hěn yǒu dàoli[～我看，他的意见很有道理]私の見たところ,彼の意見には一理ある.

yī 壹[数]"一"の"大写"dàxiě(大字).注書き直しを防ぐために証書や契約書の数字の記載に用いる."大写"とは筆画の多い数字を使う書き方のこと."壹"yī,"贰"èr,"叁"sān,"肆"sì,"伍"wǔ,"陆"liù,"柒"qī,"捌"bā,"玖"jiǔ,"拾"shí,"佰"bǎi,"仟"qiān,など.これに対して"一"yī,"二"èr,"三"sānのような書き方を"小写"xiǎoxiě(小字)という.

†yí 姨*[名]❶母の姉妹.母方のおば.❷妻の姉妹.

★yí 移[動]移動する.移す.¶nǐ wǎng hòu ～ yíxià[你往后～一下]後ろへ少し動いてください.

†yǐ 乙[名]乙.十干の第2位.配列順序の2番目.¶jiǎ ～ shuāngfāng dōu zànchéng[甲～双方都赞成]甲,乙双方とも賛成だ.

★yǐ 已[副]すでに.¶wǒ ～ dàxué bìyè[我～大学毕业]私はもう大学を卒業した.

★yǐ 以[前]❶…を用いて.…で(もって).¶～ liúxuéshēng de shēnfen,cānjiāle zhāodàihuì[～留学生的身份，参加了招待会]留学生として歓迎会に参加した.❷(やり方や根拠を表す)…で.…によって.¶～ měi hù sì kǒu rén jìsuàn[～每户四口人计算]1家族4人として計算する.❸(原因を表す)…で.¶～ yǒu zhèyàng de érzi ér zìháo[～有这样的儿子而自豪]このような息子をもって誇りに思う.[接]そうすることによって.(目的を表す)¶chōngfèn zhǔnbèi,～ qǔdé shènglì[充分准备，～取得胜利]勝利をおさめるために十分な準備をする.

†yǐ 倚[動]もたれる.寄り掛かる.¶tā ～ qiáng ér lì[他～墙而立]彼は壁に寄り掛かって立っている.

⁑yì 亿[数]億.¶shísān ～ Zhōngguó rén[十三～中国人]13億の中国人.

yì 忆[動]*❶思い起こす.¶huí～[回～]回想する.❷記憶する.¶jì～lì[记～力]記憶力.

yì 异[形]❶異なる.違う.¶dà tóng xiǎo ～[大同小～]成大同小異／rì xīn yuè ～[日新月～]成日進月歩.❷特別である.優れている.¶tè～[特～]特殊である.❸いぶかる.怪しむ.¶jīng ～[惊～]驚き怪しむ.

yì 亦[副]〈書〉…もまた.…も.¶rén yún ～ yún[人云～云]成人の言ったことを繰り返す.受け売りをする.

★yì 译[動]訳す.¶gēcí ～de hěn yōuměi[歌词～得很优美]歌詞の翻訳がとても美しい.

†yì 易[形]易しい.容易である.¶shēnghuó guòde bú ～[生活过得不～]生活が容易でない／qīng ér ～ jǔ[轻而～举]成簡単にたやすくできる.

yì 翼*[名]❶〈書〉(鳥類の)翼.羽.¶yīng zhǎnkāile yí duì jù ～[鹰展开了一对巨～]タカが一対の大きな翼を広げた.❷(飛行機などの)翼.¶jī～[机～]飛行機の翼.

yì'àn 议案[名]〔xiàng 项〕議案.¶tōngguòle yí xiàng ～[通过了一项～]議案が1つ可決された.

⁑yībān 一般[形]❶同じである.同様である.¶liǎn hóngde xiàng píngguǒ ～[脸红得像苹果～]顔がリンゴのよう

に赤い.❷普通である.↔ tèshū 特殊 ¶tā ～ wǔ diǎn xiàbān[他～五点下班]彼は通常5時に退社する／zhè rén zhǎngde hěn ～[这人长得很～]この人の容貌は十人並みだ.

*yībàn 一半[名](～儿)半分.¶yì rén ～[一人～]1人半分ずつ／rén cái láile ～[人才来了～]来た人は半分ぐらいだった.

yībān·de shuō 一般地说[組]〈口〉一般的には.¶～,tài piányi de dōngxi zhìliàng kěnéng bútài hǎo[～, 太便宜的东西质量可能不太好]一般的には,非常に安い物は質があまり良くないことが多い.

†yī bǎ shǒu 一把手[名]❶リーダー.¶dānwèi de ～ hěn yǒu nénglì[单位的～很有能力]職場のリーダーはとても能力がある.❷やり手.¶tā lǐwài ～,bǎ zhěnggè jiā ānpáide jǐng jǐng yǒu tiáo[她里外～, 把整个家安排得井井有条]彼女は家でも外でもやり手で,家のことすべてをきちんと処理している.

yībèi·zi 一辈子[名]一生.¶xīnkǔle ～[辛苦了～]生涯苦労のしどおしだった.

*yībiān 一边 [名](～儿)❶物の一方.❷傍ら.¶bǎ chē tíngzai mǎlù ～[把车停在马路～]車を道路の傍らにとめる.[副]…しながら…する.(2つの動作が同時に進行することを示す)

†yǐbiàn 以便[接]…するために.…するように.¶qǐng liú ge diànhuà hàomǎ,～ yǒu shì liánxì[请留个电话号码, ～有事联系]何かあった時連絡できるように電話番号を残してください.

*yībiān～yībiān～ 一边～一边～[呼]…しながら…する.(2つの動作が同時に進行することを示す)¶yìbiān chīfàn,yìbiān kàn bàozhǐ[一边吃饭, 一边看报纸]ご飯を食べながら新聞を読む.

[類義語]

yībiān～yībiān～ 一边～一边～
yīmiàn～yīmiàn～ 一面～一面～
yòu～yòu～ 又～又～

►"一边～一边～"と"一面～一面～"とは2つ以上の動作·行為を同時に行うことを表す."一边～一边～"は話し言葉的,"一面～一面～"は書き言葉的である."一边"の"一"は省略できるが"一面"の"一"は省略できない."～"には動詞または動詞フレーズが入り,2つの動作だけではなく,3つの動作の同時進行も可能である.¶他一边听电话, 一边记, 一边又招呼客人坐下 tā yìbiān tīng diànhuà,yìbiān jì,yìbiān yòu zhāohu kèrén zuòxia(彼は電話をしながらメモをとり,お客さんに座るよう促した)／一面吃一面聊 yímiàn chī yímiàn liáo(食事しながらおしゃべりする)►これに対し"又～又～"は2つ以上の動作·行為が「同時に」ではなく,「交互に」行われることを表す.¶他又背课文,又写生词,忙了一晚上 tā yòu bèi kèwén, yòu xiě shēngcí, mángle yì wǎnshang(彼は本文を暗唱したり,新しい単語を書いたり,一晩中忙しくしていた)►かりに「同時に」重なり合って行われても,それを強調する意図はない.¶又哭又闹 yòu kū yòu nào(泣いたりわめいたりする)

†yíbiǎo 仪表[名]❶容貌.風貌.¶～ dàfang[～大方]容貌が優雅で上品だ.❷計器.メーター.¶zhèixiē ～ dōu bù hégé[这些～都不合格]これらの計器はいずれも規格に合わない.

yī～bù～ 一～不～[呼]❶一つも…しない.(誇張の意味を持つ.前に単音節の名詞·量詞を置き,後ろに単音節の動詞·形容詞を置く)¶huìyì shang tā yì yán bù fā[会议上他一言不发]彼は会議で一言も発言しない／tā duì Déyǔ yí qiào bù tōng[他对德语一窍不通]彼はドイツ語が全然分からない.❷一度…すれば決して…しない.(関連する意味を持つ単音節の動詞を前後に置く)¶shìwù bú shì yì chéng bú biàn de[事物不是一成不变的]物事は永久に変わらないというものではない.

†yíchǎn 遗产[名]❶〔bǐ 笔〕遺産.¶

tā zuìjìn jìchéngle yì bǐ ～[他最近继承了一笔～]彼は最近遺産を相続した.❷歴史的な遺産.¶wǒ guó de wénhuà ～ tèbié fēngfù[我国的文化～特别丰富]我が国の文化遺産は非常に豊富である.

*yìcháng 异常[形]尋常でない.普通と違う.¶shénsè ～[神色～]顔色が普通でない.[副]非常に.特別に.¶～ fùzá[～复杂]非常に複雑だ.

yìchéng 议程[名]議事日程.¶nàrù ～[纳入～]議事日程に盛り込む.

yíchuán 遗传[動]遺伝する.¶yǒude jíbìng néng ～[有的疾病能～]遺伝する病気もある／～ yīnzǐ[～因子]遺伝因子.

yīcì 依次[副]順次.順を追って.¶～ jiùzuò[～就座]順次着席する／～ wòshǒu gàobié[～握手告别]順番に握手をして別れを告げる.

†yīdài 一带[名]一帯.¶Jiāngnán ～ shì yú mǐ zhī xiāng[江南～是鱼米之乡]江南一帯は豊富な水産物や米に恵まれた土地だ.

yīdàn 一旦[副]ひとたび…すると.いったん…すると.¶jīhuì ～ shīqù,jiù bú huì zài lái[机会～失去，就不会再来]ひとたびチャンスを失えば二度と戻ってこない.

*yīdào 一道[副]一緒に.¶～ huíqu ba[～回去吧]一緒に帰ろう／liǎng ge rén jīngcháng ～ shàngbān[两个人经常～上班]2人はいつも連れ立って出勤する.

yīdāoqiē 一刀切[慣]一律に処理する."一刀齐"yīdāoqíともいう.¶měi ge rén de jùtǐ qíngkuàng bù tóng, bù néng ～[每个人的具体情况不同，不能～]それぞれの人の具体的な状況が違うから,一律に扱うわけにはいかない.

☆yīdiǎnr 一点儿[名]少し.¶mǎile ～ cài[买了～菜]少しばかりの野菜を買った／hē ～ shuǐ[喝～水]水を少し飲む／～ yě bù hǎo[～也不好]少しもよくない.➡[類義語] yǒudiǎnr 有点儿

☆yīdìng 一定[副]必ず.確かに.¶wǒ ～ nǔlì xuéxí[我～努力学习]必ず一生懸命勉強します／nǐ de bìng ～ huì hǎo de[你的病～会好的]あなたの病気はきっと良くなる.[形]❶定まっている.決まっている.¶xiūxi shíjiān shì ～ de[休息时间是～的]休憩時間は一定している.❷適当である.ある程度のものである.¶tā de Zhōngwén yǒu ～ de jīchǔ[他的中文有～的基础]彼の中国語はある程度の基礎がある／yánjiū qǔdéle ～ de chéngguǒ[研究取得了～的成果]研究はある程度の成果を得た.

yìdìngshū 议定书[名]議定書.¶qiānshǔ ～[签署～]議定書にサインする.

*yídòng 移动[動]移動する.位置を変える.¶dì sān hào táifēng zhèngzài xiàng xīběi fāngxiàng ～[第三号台风正在向西北方向～]台風3号は現在北西方向へ移動中だ.

yīdù 一度[副]❶1度.1回.¶yì nián ～ de yùndòng dàhuì kāimù le[一年～的运动大会开幕了]1年に1度のスポーツ大会が開幕した.❷一時.¶liǎng guó guānxi ～ hěn jǐnzhāng[两国关系～很紧张]両国関係は一時緊迫した.

yī～èr～ 一～二～[呼]事物の性質,状態·程度を強調する.(意味の近い形容詞·動詞を前後に置く)¶yì qīng èr bái[一清二白]潔白である.

yī fān fēng shùn 一帆风顺[成]船が順調に進むように,事がとどこおりなくうまく運ぶたとえ.¶rénshēng bù kěnéng zǒngshì ～,yào zuòhǎo yùdao kùnnan de sīxiǎng zhǔnbèi[人生不可能总是～，要做好遇到困难的思想准备]人生はいつも順調に事が運ぶわけではないから,困難にぶつかった時の心構えが必要だ／tā zhè sìshí nián lái, yìzhí ～[他这四十年来，一直～]彼はこの40年来ずっと順風満帆である.

*yīfāngmiàn～yīfāngmiàn～ 一方面～一方面～[呼]一方では…,他方では….¶tā yìfāngmiàn xiǎng qù, yìfāngmiàn yòu pà qù[他一方面想去，一方面又怕去]彼は行きたい反面,行くのが怖い気もした.

☆yī·fu 衣服[名]〔jiàn 件,tào 套〕服.¶chuān ～[穿～]服を着る／tuō ～[脱

Y

〜]服を脱ぐ.

①長い男子用中国服 ②短い上着 ③綿入れの上着 ④綿入れのオーバーコート ⑤チャイナドレス ⑥人民服

†**yí•fu 姨夫**[名]母の姉妹の夫.おじ.

yīgài 一概[副]すべて.一切.¶〜 miǎnfèi[〜免费]一切無料です/〜 zuòfèi[〜作废]すべて廃棄する.

yī gài ér lùn 一概而论成一律に論じる.¶chéngjì bù hǎo,yǒu gèzhǒng yuányīn,bù néng 〜[成绩不好，有各种原因，不能〜]成績が悪いのにはいろいろな原因があり,一概には言えない.

yī gān èr jìng 一干二净成きれいさっぱり.¶tā bǎ nèi jiàn shì wàngde 〜[他把那件事忘得〜]彼はその事をきれいさっぱり忘れてしまった.

yī•gejìnr 一个劲儿[副]ひたすらに.わき目もふらずに.¶〜 de xiàng qián pǎo[〜地向前跑]まっしぐらに駆けていく/〜 de kū[〜地哭]ひたすら泣きじゃくる.

⋆**yīgòng 一共**[副]合わせて.全部で.¶〜 yǒu sānshí rén[〜有三十人]全部で30人いる/〜 xiūxi shí tiān[〜休息十天]合わせて10日休む/〜 duōshao qián?[〜多少钱?]全部でいくらですか.

yīguàn 一贯[形]一貫している.変わらない.¶〜 de zhèngcè[〜的政策]一貫した政策.

yī guān chǔ chǔ 衣冠楚楚成身なりが整っていて美しい."楚楚"は整っている様子を表す.¶sānshí niándài de diànyǐng li,nánshìmen zǒngshì 〜, bīnbīn yǒu lǐ de[三十年代的电影里，男士们总是〜，彬彬有礼的]1930年代の映画の中では,男性はいつもきちんとした身なりで美しく,礼儀正しい.

yīgǔnǎor 一股脑儿[副]〈方〉全部.すっかり."一古脑儿"とも書く.¶gāng fā de jiǎngjīn ràng tā 〜 dōu gěi huāguāng le[刚发的奖金让他〜都给花光了]もらったばかりのボーナスを彼に全部使われてしまった.

†**yíhàn 遗憾**[形]遺憾である.残念である.外交上では相手国に対する不満や抗議の意を表すのに多く用いられる.¶zhèi chǎng diànyǐng méi kànchéng zhēn 〜[这场电影没看成真〜]この映画を見られなくてとても残念だ/duìyú zhèi zhǒng zuòfǎ,wǒmen shēn biǎo 〜[对于这种做法，我们深表〜]このようなやり方に対し,我々は深く遺憾の意を表する.

yī hòng ér sàn 一哄而散成大勢が騒いで散らばるさま.¶kàn rènao de rén 〜[看热闹的人〜]野次馬たちはワッとあたりに散らばっていった.

⋆**yǐhòu 以后**[名]以後.(それより)後.¶bùjiǔ 〜[不久〜]間もなく/〜 de qíngkuàng wǒ jiù búdà qīngchu le[〜的情况我就不大清楚了]後のことはあまりよく分からない.➡類義語 hòulái 后来

†**yìhuì 议会**[名]議会.¶zhàokāi 〜[召开〜]議会を招集する.

⋆**yīhuìr 一会儿**[名]少しの間.しばらくの時間.yìhuǐrとも発音する.¶jīntiān xuéle 〜 Hànyǔ[今天学了〜汉语]今日少し中国語を勉強した/〜 gōngfu jiù màiwán le[〜功夫就卖完了]少しの時間で完売した.[副]すぐ.間もなく.¶wǒ 〜 jiù huílai[我〜就回来]すぐ戻ります/tā 〜 hái yào chūqu[他〜还要出去]彼はすぐまた出か

けます.

yīhuìr～yīhuìr～ 一会儿～一会儿～ 呼 2つの異なった状況が交互に現れることを言う.¶tiān yíhuìr qíng,yíhuìr yīn[天一会儿晴，一会儿阴]空が晴れたり曇ったりする.

yíhuò 疑惑[動]いぶかしく思う.合点がいかない. 注 程度副詞の修飾を受けることができる.¶wǒ duì zhèige wèntí hěn ～[我对这个问题很～]私はこの問題に対しては非常に納得がいかない.

*****yǐjí 以及**[接]ならびに.および.¶běn diàn jīngxiāo diànshìjī、lùxiàngjī ～ gèzhǒng língjiàn[本店经销电视机、录像机～各种零件]当店はテレビやビデオならびに各種部品を扱っております.

yìjià 议价[名]自由協議価格.¶～ shāngpǐn[～商品]協議価格商品.

⁑**yì·jiàn 意见**[名]❶意見.考え.¶qǐng dàjiā fābiǎo ～[请大家发表～]皆さん意見を発表してください／hái yǒu shénme ～ ma?[还有什么～吗?]ほかに何か意見はありますか.❷不満.文句.¶dàjiā dōu duì tā yǒu ～[大家都对他有～]みんな彼に文句がある／wǒ duì zhèi zhǒng zuòfǎ hěn yǒu ～[我对这种作法很有～]私はこういうやり方には大変不満だ.➡ 類義語 kànfǎ 看法

⁑**yǐ·jing 已经**[副]すでに.もう.¶tā ～ zǒu le[他～走了]彼はすでに出かけた／～ jiéhūn le[～结婚了]もう結婚した.➡ 類義語 céngjīng 曾经

⁑**yī～jiù～ 一～就～** 呼 …するとすぐ….前後の動作や状況を関連づける.¶yì tīng jiù dǒng le[一听就懂了]聞いてすぐ分かった／yí jìn wū jiù zuòxia le[一进屋就坐下了]部屋に入るとすぐ腰を下ろした／yí dào chūntiān huā jiù kāi[一到春天花就开]春になれば花が咲く.

†**yījiù 依旧**[形]昔のままである.以前と同じである.¶xiàkè le,tā ～ zuòzai nàli zuò zuòyè[下课了，他～坐在那里做作业]授業が終わったのに,彼は相変わらずあそこに座って宿題をしている／fēngjǐng ～[风景～]風景は昔のままである.

yī jì zhī cháng 一技之长 成 専門の技術.¶tā shì ge yǒu ～ de rén[她是个有～的人]彼女は専門の技術を持つ人だ.

yījǔ 一举[副]一挙に.¶～ chéngmíng[～成名]一挙に有名になる.[名]一回の行動.¶chéngbài zài cǐ ～[成败在此～]成功か失敗かはこの行動にかかっている.

†**yījù 依据**[動]…に基づく.¶jīnhòu bànshì yào ～ xīn de wénjiàn[今后办事要～新的文件]今後の取り扱いは新文書による.[名]根拠.¶wǒmen pīpíng tā dāngrán yǒu ～[我们批评他当然有～]私たちが彼を批判するのには当然根拠がある.

*****yīkào 依靠**[動]頼る.頼りにする.¶jítǐ de gōngzuò yào ～ dàjiā[集体的工作要～大家]集団の仕事はみんなに頼らねばならない.[名]頼り.よりどころとする物や人.¶tā shīqùle shēnghuó de ～[他失去了生活的～]彼は生活のよりどころを失った.

†**yīkǒuqì 一口气**[副](～儿)一気に.一息で.¶tā ～ pǎoshangle shāndǐng[他～跑上了山顶]彼は一気に山頂に駆け上った.

yì kǒu tóng shēng 异口同声 成 異口同音.人々が口を揃えて同じことを言う.¶dàjiā ～ de chēngzàn zhèige bànfǎ hǎo[大家～地称赞这个办法好]皆は口を揃えてこの方法がよいとほめた.

yīkuàir 一块儿[名]〈口〉同じ場所.¶tāmen zài ～ dúshū[他们在～读书]彼らは同じ所で勉強している.[副]一緒に.¶wǒ gēn tā ～ qù lǚxíng[我跟她～去旅行]私は彼女と一緒に旅行に行く.

yīlài 依赖[動]頼る.あてにする.¶tā yíqiè ～ fùmǔ,lián yīfu yě bú huì xǐ[他一切～父母，连衣服也不会洗]彼は一切を両親に頼り,洗濯すらできない／zhèixiē dānwèi chángqī ～ guójiā,yǐjing shīqù zìwǒ shēngcún de nénglì[这些单位长期～国家，已经失去自我生存的能力]これらの組織は長年国に依存してきたため,他に頼らず自分たちでやっていく力を既に失ってしまった.

*yǐlái 以来[名]…以来.…このかた.¶zìgǔ ～[自古～]古くから/gǎigé kāifàng ～,rénmín shēnghuó yǒule xiǎnzhù tígāo[改革开放～，人民生活有了显著提高]改革開放以来人々の生活水準は著しく向上した.

†yìlì 毅力[名]意志の力.気力.¶yǒu ～[有～]気力がある/jiānqiáng de ～[坚强的～]強靱な意志.

†yīlián 一连[副]続けざまに.¶wǒ ～ kànle sān chǎng diànyǐng[我～看了三场电影]私は続けざまに3本映画を見た/～ sān tiān méi shuìjiào[～三天没睡觉]3日続けて寝ていない.

†yīliáo 医疗[動]〈書〉(薬や手術などで)病気を治療する.¶gōngfèi ～[公费～]公費で治療を行う.

yìliào 意料[動]予想する.¶chūhū ～ zhī wài[出乎～之外]予想外である.

yīliú 一流[形]一流の.¶shìjiè ～ shuǐpíng[世界～水平]世界の一流レベル.

†yíliú 遗留[動]残しておく.残存する.¶bǎ tā ～xia de dōngxi qīnglǐ yíxià[把他～下的东西清理一下]彼の遺した物を整理しよう.

*yìlùn 议论[動]議論する.取りざたする.¶dàjiā dōu zài ～ zhèi jiàn shìqing[大家都在～这件事情]みんなその事を話題にしている/～ fēn fēn[～纷纷]議論が入り乱れる.議論噴出.

†yīlù píng'ān 一路平安㊂道中無事である.¶zhù nǐ ～[祝你～]道中ご無事でありますように.

†yīlù shùnfēng 一路顺风㊂道中無事である.¶zàijiàn,～![再见，～!]さようなら,道中どうぞご無事で!/zhèi tàng lǚxíng ～,wánrde tòngkuai jí le[这趟旅行～，玩儿得痛快极了]今回の旅行は本当に順調で,とても楽しかった.

yīlǜ 一律[形]同じである.¶zhèixiē wénzhāng qiān piān ～[这些文章千篇～]これらの文章は千篇一律(せんぺんいちりつ)だ.

†yímā 姨妈[名]母の姉.おば.

yī máo bù bá 一毛不拔㊇うぶ毛1本すら抜かれたくない.非常にけちであることのたとえ.¶nǐ zhēn shì ～[你真是～]あなたほんとにけちだね.

yīmèir 伊妹儿[名]電子メール.英語E-mailの音訳.

yǐmiǎn 以免[接]…をしないように.¶yào zūnshǒu jiāotōng guīzé,～ fāshēng shìgù[要遵守交通规则，～发生事故]事故を起こさないように交通ルールを守らなければならない.

†yīmiàn～yīmiàn～ 一面～一面～㊉一方では…一方では….2つの動作が同時に行われることを示す.¶tā yímiàn zǒu,yímiàn bèishū[他一面走，一面背书]彼は歩きながら本を暗誦している.➡類義語 yībiān～yībiān～ 一边～一边～

yí∥mín 移民[動]移民する.移住する.¶tāmen hěn zǎo jiù ～dao guówài qù le[他们很早就～到国外去了]彼らはとっくに海外に移住した.

yímín 移民[名]移民.移住者.¶zhèige dǎoshang zhù de dōu shì ～[这个岛上住的都是～]この島に住んでいるのは皆移民だ.

yī mú yī yàng 一模一样㊇まったく同じである.うりふたつ.¶wǒ jiāli yě yǒu yí ge hé zhèige ～ de wánjù[我家里也有一个和这个～的玩具]私の家にも,これとまったく同じおもちゃがあります.

yīn 因[名]原因.理由.¶qián ～ hòu guǒ[前～后果]㊇原因と結果.事の一部始終/shì chū yǒu ～[事出有～]事が起こるには理由がある.

⁑yīn 阴[形]❶曇っている.↔ qíng 晴¶qíng zhuǎn ～[晴转～]晴れのち曇り/tiān ～xialai le[天～下来了]空が曇ってきた.*❷太陽が照らない.明るくない.¶shù～[树～]木陰/～yǐng[～影]暗い影.❸陰険である.朗らかでない.¶zhèige rén tài ～[这个人太～]この人はとても陰険だ.

†yīn 音*[名]❶音.声.¶kǒu～[口～]発音.❷便り.消息.¶jiā～[佳～]よい知らせ.吉報.

*yín 银[名]❶〔化〕銀.(化学元素の1つ)

❷銀貨.お金と関係すること.¶～qián［～钱］金銭.お金.［区］銀色の.¶～huīsè［～灰色］光沢のあるねずみ色.シルバーグレー.

†**yǐn 引**［動］❶引く.引っ張る.¶～gōng［～弓］弓を引く.❷導く.案内する.¶gěi rén ～lù［给人～路］人に道案内をする.❸招く.引き起こす.¶～de dàjiā fāxiào［～得大家发笑］みんなの笑いを招いた.❹引用する.¶～zhèng［～证］引証する.

yǐn 饮*［動］飲む.¶～shuǐ sī yuán［～水思源］㊈水を飲む時その源を思う.よって立つ根本を忘れない.*［名］飲み物.¶lěng～［冷～］冷たい飲み物.

yǐn 瘾［名］中毒.病みつき.¶shàng ～［上～］病みつきになる／guò ～［过～］十分満足する.

*__yìn 印__［動］❶跡を残す.印刷する.¶～xiàngpiàn［～相片］写真を焼き付ける／～ bàozhǐ［～报纸］新聞を刷る.❷ぴったりと合う.¶xīn xīn xiāng ～［心心相～］恋人同士の心が通じ合っている.［名］印.印章.¶gài ～［盖～］判を押す.

yīn'àn 阴暗［形］暗い.陰気である.¶wūzi tài ～［屋子太～］部屋がとても陰気だ／～ de jiǎoluò［～的角落］人目につかない場所.

yínán 疑难［形］判断がつかない.どう対処してよいか分からない.¶pèngdao ～ wèntí［碰到～问题］判断の難しい問題にぶつかる／zhè shì yì zhǒng ～ bìng［这是一种～病］これは一種の難病だ.

yǐnbì 隐蔽［動］隠れる.隠蔽する.¶～zai xiǎo shùlín li［～在小树林里］木立の中に隠れる.

yǐncáng 隐藏［動］こっそり隠れる.人に見られないように隠す.¶～ mìmì［～秘密］秘密を隠す.

*__yīncǐ 因此__［接］それで.従って.(複文の後半に用いて結果や結論を表す)¶shìxiān zuòle chōngfèn zhǔnbèi,～huìyì kāide hěn chénggōng［事先做了充分准备，～会议开得很成功］事前に十分な準備をしたので,会議は成功した.

†**yǐndǎo 引导**［動］引率する.導く.¶～értóng zǒushang jiànkāng chéngzhǎng de dàolù［～儿童走上健康成长的道路］子供たちが健全に成長するよう導く.

yīn dì zhì yí 因地制宜㊈その土地の状況に対し適切な処置を取ること.¶nóngcūn yīnggāi ～ de gǎohǎo nóngzuòwù de gǎiliáng［农村应该～地搞好农作物的改良］農村ではその土地に合った方法で農作物の改良がなされるべきだ.

*__yǐnèi 以内__［名］…のうち.…以内.¶sān nián ～ miǎnshuì［三年～免税］3年間は免税だ／suíshēn xíngli xiànzhìzai èrshí gōngjīn ～［随身行李限制在二十公斤～］手荷物は20キロ以内に制限する.

*__yīn'ér 因而__［接］従って.だから.結果を表す.㊟"因此"yīncǐとほぼ同じ意味だが,"因此"は文と文との接続,すなわち文頭に用いることもできるが"因而"にはその用法がない.¶tā wǎn qǐle èr shí fēnzhōng,～ chídào le［他晚起了二十分钟，～迟到了］彼は20分寝坊したため遅刻した.

*__yīng 应__［助動］…すべきである.…しなければならない.(口語では通常"应该"yīnggāi,"应当"yīngdāngを用いる)¶～ yǒu jìn yǒu［～有尽有］㊈あるべきものはすべて揃っている／zhèi jiàn shì ～ zǎo zuò zhǔnbèi［这件事～早做准备］この件は早くに準備すべきだ.→yìng

yīng 鹰［名］〔zhī 只〕タカ.

†**yíng 迎**［動］❶迎える.¶～ xīnshēng［～新生］新入生を迎える／～"Shí Yī"［～"十・一"］国慶節(10月1日)を迎える.❷…に向かって行く.¶～guoqu dǎ zhāohu［～过去打招呼］(相手の方に)進み出てあいさつをする.

yíng 营［名］❶〔軍〕(軍隊の編成単位)大隊.¶nǐ zài něige ～?［你在哪个～?］君はどこの大隊ですか.❷兵営.キャンプ.

*†__yíng 赢__［動］勝つ.↔ shū 输¶wǒmen duì ～ le［我们队～了］我がチームが勝った／～le liǎng ge qiú［～了两个

Y

球]2ゴール差で勝った.

†**yìng 应**[動]❶答える.¶tā ～le yì shēng[他～了一声]彼は一言答えた.❷応じる.受ける.¶yǒu qiú bì ～[有求必～]成要求には必ず応じる.❸適応している.¶dé xīn ～ shǒu[得心～手]成思うように手が動く.❹対応する.¶～ jiē bù xiá[～接不暇]成応対に忙しい.→yīng

yìng 映[動]映る.¶liǔshù dào～zai shuǐmiàn[柳树倒～在水面]ヤナギの木が水面に逆さまに映っている.

*__yìng 硬__[形]❶硬い.↔ ruǎn 软¶zhèi zhǒng mùcái fēicháng ～[这种木材非常～]この種の木材は非常に硬い／tài ～ le,yǎobudòng[太～了，咬不动]硬すぎてかみ切れない.❷(性格・意志・態度が)かたい.¶tā shì ge ～hànzi[他是个～汉子]彼は硬骨漢だ.

†**yìng 硬**[副]むりやりに.どうしても.¶shì tā zuò de,kě tā ～ bù chéngrèn[是他做的，可他～不承认]彼がやった事なのに,どうしても認めようとしない.

†**yīngbàng 英镑**[名]英ポンド.¶yòng ～ jiésuàn[用～结算]ポンドで決済する.

†**yìng·chou 应酬**[動]交際する.付き合う.¶shànyú ～[善于～]付き合い上手／shuō ～huà[说～话]社交辞令を言う.[名]宴会のつきあい.¶tā zuìjìn ～ tài duō[他最近～太多]彼はこの頃宴会がとても多い.

*__yīngdāng 应当__[助動]…すべきである.…しなければならない.¶～ zūnzhòng lǎorén[～尊重老人]老人を尊重すべきである.

yíngdé 赢得[動]得る.勝ち取る.¶～ hǎopíng[～好评]好評を博す／～le zhǎngshēng[～了掌声]拍手を浴びる.

†**yīng'ér 婴儿**[名]嬰児(えいじ).赤子.¶tā huáili bàozhe yí ge ～[她怀里抱着一个～]彼女は赤ちゃんを抱いている.

Yīngguó 英国[名]イギリス.

†**yìng·fù 应付**[動]❶対処する.¶bù zhīdào rúhé ～[不知道如何～]どのように対処すればよいか分からない.❷いい加減にやる.¶suíbiàn ～～[随便～～]好きなように適当にやる.❸間に合わせる.¶zhèi shēn yīfu hái néng ～deguòqù[这身衣服还能～得过去]この服はまだなんとか使い物になる.

‡**yīnggāi 应该**[助動]…しなければならない.…すべきである.¶～ zhùyì wèishēng[～注意卫生]衛生に注意すべきだ／zhè shì nǐ ～ zuò de[这是你～做的]これはあなたがやるべき事だ.

yīnghuā 樱花[名]〔植〕サクラ.サクラの花.¶guānshǎng ～[观赏～]サクラを見て楽しむ／～ shèngkāi[～盛开]サクラの花が満開だ.

yìngjiàn 硬件[名]ハードウェア.¶jìsuànjī ～[计算机～]コンピュータのハードウェア.

*__yíngjiē 迎接__[動](ある場所へ行って)迎える.歓迎する¶～ guìbīn[～贵宾]貴賓を出迎える／～ xīnnián[～新年]新年を迎える.

yīngjùn 英俊[形]ハンサムできりっとしている.(男子の容貌について言う)¶tā zhǎngde hěn ～[他长得很～]彼はとてもハンサムだ.

yíngkuī 盈亏[名]損益.¶xiànzài dàduōshù shāngdiàn dōu shì zìfù ～[现在大多数商店都是自负～]今,ほとんどの店は損益を自ら負担している.

yínglì 盈利[名]企業の利潤.¶～'é[～额]利潤高.[動]利潤を得る.¶～ sānbǎi yuán[～三百元]300元の利潤を得る.

yíng//miàn 迎面[副](～儿)面と向かって.真向かいから.¶tā ～ zǒulai[他～走来]彼が正面から歩いてくる／～ pèngjianle lǎoshī[～碰见了老师]先生にばったり出会った.

†**yīngmíng 英明**[形](指導者やその行いが)賢明である.優れている.¶zhèige juédìng xiāngdāng ～[这个决定相当～]この決定は大変賢明である／～ juécè[～决策]賢明な方策.

†**yǐngpiàn 影片**[名]〔bù 部〕映画.映画のフィルム.¶zhèi bù ～ hěn shòu huānyíng[这部～很受欢迎]この映画はとても人気がある.

yìngpìn 应聘[動]招聘(しょうへい)に応じる.招きを受け入れる.

⁑**yǐngxiǎng 影响**[動]影響する.¶ shàngkè shuōhuà,～ kètáng jìlǜ[上课说话，～课堂纪律]授業中の私語は,教室の規律に影響する／búyào ～ biéren[不要～别人]ほかの人のじゃまをしてはいけない.[名]影響.反響.¶kuòdà ～[扩大～]影響を強める／bú shòu ～[不受～]影響を受けない.

*__yīngxióng 英雄__[名]英雄.¶～ hǎohàn[～好汉]英雄豪傑／mínzú ～[民族～]民族の英雄.

*__yíngyǎng 营养__[名]栄養.¶xīshōu ～[吸收～]栄養を吸収する／～ fēngfù[～丰富]栄養分が高い.

†**yìngyāo 应邀**[動]招きに応じる.¶～ chūxíle yànhuì[～出席了宴会]招待に応じて宴会に出席した.

*__yíngyè 营业__[動]営業する.¶～yuán[～员]店員／shí diǎn kāishǐ ～[十点开始～]10時開店です.

yíngyè shíjiān "营业时间"(営業時間)

*__yīngyǒng 英勇__[形]勇敢である.雄々しい.¶～ de zhànshì[～的战士]勇敢な戦士.

*__yìngyòng 应用__[動]使用する.応用する.¶～ xiānjìn jìshù[～先进技术]先進技術を応用する.

⁑**Yīngyǔ 英语**[名]英語."英文"Yīngwénともいう.¶～ huìhuà[～会话]英会話／xuéxí ～[学习～]英語を学習する.

yíng·zi 蝇子[名]〔zhī 只〕ハエ."苍蝇"cāngyingともいう.

*__yǐng·zi 影子__[名]❶(物の)影.❷水や鏡に映った姿.¶jìngzi li de ～[镜子里的～]鏡に映った姿.❸ぼんやりとした形.¶duōnián bújiàn,nǎohǎi li lián tā de ～ yě méiyou[多年不见，脑海里连他的～也没有]長年会っていないので,彼の面影すら頭から消えてしまった.

⁑**yínháng 银行**[名]銀行.¶bǎ qián cúnrù ～[把钱存入～]お金を銀行に預ける.

yínhuì 淫秽[形]みだらである.猥褻(わいせつ)である.¶～ lùxiàngdài[～录像带]ポルノビデオ.

†**yǐnjìn 引进**[動]導入する.¶～ wàizī[～外资]外資を導入する／～ xiānjìn de shēngchǎn jìshù[～先进的生产技术]先進的な生産技術を導入する.

†**yǐnliào 饮料**[名]飲み物.飲料.¶nǐ hē shénme ～?[你喝什么～?]何を飲みますか.

yǐnmán 隐瞒[動]隠しごまかす.¶～ zhēnxiàng[～真相]真相を隠す／～ zìjǐ de guòqù[～自己的过去]自分の過去を隠す.

†**yīnmóu 阴谋**[名]陰謀.¶～ pòchǎn le[～破产了]陰謀がばれた.

†**yínmù 银幕**[名](映画の)スクリーン.¶bānshang ～[搬上～]映画化する.

*__yǐnqǐ 引起__[動]引き起こす.もたらす.¶～ zhùyì[～注意]注意を引く／～ zhēnglùn[～争论]論争を巻き起こす／huǒzāi shì yóu dìzhèn ～ de[火灾是由地震～的]火事は地震によって引き起こされた.

†**yìnrǎn 印染**[動]押し染めする.プリントする.¶～ gōngyì[～工艺]プリント技術.

yǐn rén rù shèng 引人入胜㊒(風景や文章などが)人を引きつけて夢中にさせる.¶zhèi běn xiǎoshuō fēicháng ～[这本小说非常～]この小説は非常に人を引きつける力がある.

yǐn rén zhù mù 引人注目㊫人目を引く.人の注目を集める.¶～ de biāoyǔ[～的标语]人目を引くスローガン／tā chuān zhème xiānyàn de yīfu,tài ～ le[他穿这么鲜艳的衣服，太～了]彼は派手な服を着ているのでとても人目を引く.

yǐnrù 引入[動]取り入れる.¶～ xīn de gàiniàn[～新的概念]新しい概念を取り入れる.

yǐnshí 饮食[名]飲食.飲み食い.¶～ wénhuà[～文化]食文化／～ qǐjū[～起居]日常生活.

***yìnshuā 印刷**[動]印刷する.¶～ shūbào[～书报]書籍や新聞を印刷する／～jī[～机]印刷機.

yǐnshuǐ 饮水[名]飲料水.¶chéngshì jūmín de ～ dōu shǐyòng zìláishuǐ[城市居民的～都使用自来水]都市住民の飲料水はみな水道水を使っている.

yǐnsī 隐私[名]プライバシー／～quán[～权]プライバシーを守る権利.

***yīnsù 因素**[名]❶(物事を構成する)要素.¶nèibù ～[内部～]内部の要素.❷要因.¶zhè shì zhòngyào ～ zhī yī[这是重要～之一]これは重要な要因の一つです.

†**yīntiān 阴天**[名]曇り空.

⁑**yīn·wèi 因为**[接]…なので.…だから.複文に用いられ,原因や理由を表す.¶～ yǒu bìng,suǒyǐ méi lái shàngkè[～有病，所以没来上课]病気のため授業に来なかった／～ tiān rè,dàjiā dōu xǐhuan qù hǎibiān[～天热，大家都喜欢去海边]暑いのでみんな好んで海岸へ行く.

yīnxiǎng 音响[名]❶音.音響.¶～ shèbèi[～设备]音響設備／～ xiàoguǒ[～效果]音響効果.❷音響設備.

***yìnxiàng 印象**[名]印象.¶liúxiale hěn shēnkè de ～[留下了很深刻的～]深い印象を残した.

yǐnyòng 引用[動]引用する.¶～ yí jù géyán[～一句格言]格言を一句引用する.

yǐnyòu 引诱[動]誘惑する.誘惑して…させる.¶～ shàonián fànzuì[～少年犯罪]少年をそそのかして犯罪に引き込む.

⁑**yīnyuè 音乐**[名]音楽.¶tīng ～[听～]音楽を聴く／～tīng[～厅]コンサートホール.

†**yǐnyuē 隐约**[形]かすかである.はっきりしない.¶～ kějiàn[～可见]ぼうっと見える／～ tīngdao[～听到]かすかに聞こえる.

†**yīpáng 一旁**[名]そば.傍ら.¶zhè shì xiān fàngzai ～[这事先放在～]この件はひとまずおいておこう.

***yīqí 一齐**[副]一斉に.同時に.¶dàjiā ～ nǔlì[大家～努力]皆で努力する／liǎng ge rén ～ hǎn[两个人～喊]2人で一斉に叫ぶ.

⁑**yīqǐ 一起**[副]一緒に.¶wǒ hé tā ～ shàngjiē[我和她～上街]私は彼女と一緒に街に行く.

***yíqì 仪器**[名]〔tái 台,jià 架,jiàn 件〕器械.計器.

⁑**yǐqián 以前**[名]以前.(それより)前.¶～ tā zhùzai Běijīng[～他住在北京]彼は以前北京に住んでいた／nà shì hěn jiǔ ～ de shì le[那是很久～的事了]あれは随分前のことだ.

⁑**yīqiè 一切**[形]すべての.¶～ lìliang[～力量]すべての力／～ péngyou[～朋友]すべての友達.[代]すべてのもの.¶shīqù ～[失去～]すべてを失う／qīngchén,～ dōu shì nàme qīngshuǎng[清晨，～都是那么清爽]早朝はすべてのものが実にさわやかである.

yī qīng èr chǔ 一清二楚㊫きちんとしてはっきりしている.¶zhèige wèntí nǐ zuìhǎo qù wèn Xiǎo-Wáng,tā huì gěi nǐ jiěshìde ～[这个问题你最好去问小王，他会给你解释得～]この質問は王君に聞けばいいよ,彼ならはっきりと説明してくれる.

†**yīrán 依然**[副]依然として.¶yǔ suīrán tíng le,dànshì tiān ～ yīnchénchén de[雨虽然停了，但是天～阴沉沉的]雨は上がったのに空は依然としてどんよりとしている.

yìrán 毅然[副]毅然(きぜん)として.断固として.¶～ líqù[～离去]毅然として去る／～ xià juéxīn[～下决心]ためらうことなく決断する.

yī·shang 衣裳[名]〔jiàn 件〕服.(口語で用いられる)¶zhèi jiàn ～ shì shéi gěi nǐ mǎi de?[这件～是谁给你买的?]この服は誰があなたに買ってくれたのですか.

*yǐshàng 以上[名]以上.(…より)上.¶sānqiān mǐ ～ de gāokōng[三千米～的高空]3千メートル以上の上空/～ shì wǒ de kànfǎ[～是我的看法]以上は私の考えです.

yīshēn 一身[名]❶全身.¶～ ní[～泥]全身泥だらけ/tā ～ shì bìng[他～是病]彼は病気だらけだ.❷(～儿)一揃い.¶～ xīzhuāng [～西装]一揃いのスーツ.❸一人.¶dúzì ～[独自～]独りぼっち.

*yīshēng 一生[名]一生.¶xìngfú de ～[幸福的～]幸せな一生.

⁑yīshēng 医生[名]医者.¶yǎnkē ～[眼科～]眼科医/zhǔzhì ～[主治～]主治医.➡[類義語] dàifu 大夫

yǐ shēn zuò zé 以身作则[成]身をもって範を示す.¶zuò fùmǔ de shǒuxiān yīnggāi ～[做父母的首先应该～]親たる者がまず自ら模範となるべきだ.

*yīshí 一时[名]ある時期.一時.しばらく.¶zhèi zhǒng qíngkuàng zhǐshì ～ de[这种情况只是～的]このような状況は一時のことにすぎない.[副]とっさに.¶～ xiǎngbuqǐlái le[～想不起来了]とっさに思い出せなかった.

yíshī 遗失[動]紛失する.なくす.¶shūbāo ～ le[书包～了]かばんをなくした.

†yíshì 仪式[名]儀式.式.¶jǔxíng lóngzhòng de huānyíng ～[举行隆重的欢迎～]盛大な歓迎式を行う/bìyè ～[毕业～]卒業式.

†yì·shí 意识[名]意識.¶cúnzài juédìng ～[存在决定～]存在が意識を決定する.[動](“意识到”yìshídaoの形で)気づく.実感する.¶tā ～daole zìjǐ de cuòwù[他～到了自己的错误]彼は自分の誤りに気がついた.

yīshǒu 一手[名]❶(～儿)技能.腕前.¶tā hěn yǒu ～[他很有～]彼は腕がいい/qǐng nǐ gěi wǒmen lòu ～[请你给我们露～]どうぞあなたの腕前を披露してください.❷(～儿)手.計略.¶méi xiǎngdao tā hái yǒu zhè ～[没想到他还有这～]彼がこんな手を使うとは考えもつかなかった.❸単独(で).一人(で).¶zhè shì tā ～ zàochéng de cuòwù[这是他～造成的错误]これは彼一人で犯した誤ちだ.

⁑yìshù 艺术[名]❶芸術.¶chuántǒng ～[传统～]伝統芸術/～ chuàngzuò[～创作]芸術上の創作.❷独創的な方法や技術.¶lǐngdǎo ～[领导～]指導の技術.[形]形が独創的で美しい.¶zhèi kē sōngshù de yàngzi tǐng ～ de[这棵松树的样子挺～的]このマツの木の形はなかなか趣がある.

⁑yì·si 意思[名]❶(言葉などの)意味.内容.¶zhèi jù huà shì shénme ～?[这句话是什么～?]この文はどういう意味ですか.❷考え.つもり.¶kànlai,wǒmen dōu shì yí ge ～[看来，我们都是一个～]見たところ我々の意見は同じようだ.❸(贈り物をする時の)気持ち.志.¶zhè shì yìdiǎn xiǎo ～,qǐng shōuxia[这是一点小～，请收下]これはほんの気持ちです,お納めください.❹趣.面白み.¶yǒu ～[有～]面白い/méiyou ～[没有～]面白くない.つまらない.

†Yīsīlánjiào 伊斯兰教[名]〔宗〕イスラム教.

yítǐ 遗体[名]遺体.

*yītóng 一同[副]一緒に.同時に.¶tāmen ～ chūfā le[他们～出发了]彼らは一緒に出発した.

yītóu 一头[副]❶…しながら.¶～ kūzhe,～ shuōzhe[～哭着，～说着]泣きながら話す.❷動作が速い様子.¶jiēshòule rènwu,tā jiù ～ pūdao gōngzuò zhōng qù le[接受了任务，他就～扑到工作中去了]任務を受けると,彼はすぐに仕事に飛び込んで行った.❸頭から.¶yí dào jiā,tā jiù ～ dǎozaile chuángshang[一到家，他就～倒在了床上]家につくなり彼はばったりとベッドに倒れた.❹突然.¶gāng chū mén,～ zhuàngjianle tā[刚出门，～撞见了她]外に出たらばったり彼女に出くわした.

yìtú 意图[名]意図.考え.意向.¶liǎojiě duìfāng de ～[了解对方的～]相手の意向をつかむ.

*__yǐwài 以外__[名]…の外.…以外.¶jìhuà ～ de xiàngmù[计划～的项目]計画外のプロジェクト／chúle Lǎo-Lǐ ～,qítā rén dōu lái le[除了老李～,其他人都来了]李さん以外の人は皆来た.

*__yìwài 意外__[形]意外である.思いがけない.¶gǎndào ～[感到～]意外に思う.[名]思わぬ事故.¶fángzhǐ fāshēng ～[防止发生～]事故の発生を防止する.

yìwàn 亿万[数]億万.莫大な数.¶～fùwēng[～富翁]億万長者／～tóngbāo[～同胞]億万の同胞.

yǐwǎng 以往[名]以前.昔.¶chǎnpǐn de zhìliàng bǐ ～ dà yǒu tígāo[产品的质量比～大有提高]商品の品質は以前より大変よくなった.

☆*__yǐwéi 以为__[動]…と思う.…と考える.(判断を下した結果が事実と合わない場合に用いることが多い.これに対して"认为"rènwéiは肯定的な判断を表すのみ)¶wǒ ～ tā huì zǎo lái[我～他会早来]彼は早く来ると思ったが／yuánlái shì nǐ,wǒ hái ～ shì Lǎo-Wáng ne[原来是你，我还～是老王呢]君だったのか,王さんかと思った.

yì wèi shēn cháng 意味深长成 言葉に深い意味や感情がこもっている.¶xiǎngqi gāngcái Wáng lǎoshī ～ de shuō de nèi jù huà,wǒ de yǎnkuàng yòu shīrùn le[想起刚才王老师～地说的那句话，我的眼眶又湿润了]先ほど王先生が心を込めて語ってくれたことばを思い出し,私はまた目頭が熱くなった.

†**yìwèi·zhe 意味着**[動]…を意味している.¶bìyè ～ zǒushang shèhuì[毕业～走上社会]卒業は社会へ旅立つことを意味している／gǎijìn jìshù ～ tígāo xiàolǜ[改进技术～提高效率]技術革新は効率向上を意味する.

*__yíwèn 疑问__[名]疑問.疑い.¶duì zhèi jiàn shì yǒu ～[对这件事有～]この件に関しては疑問がある／tā yòng

文法　疑問文

1 **疑問文のタイプ**

疑問文には次のようなタイプがある.

1) 諾否疑問文

文末に"～吗？"～ma?をつける.

¶你是日本人吗？　Nǐ shì Rìběnrén ma?(あなたは日本人ですか)

2) 反復疑問文

述語の肯定形と否定形を並べる.

¶这个苹果甜不甜？　Zhèige píngguǒ tián bù tián?(このリンゴは甘いですか)

目的語がある場合は2通りの言い方がある.

¶你看不看京剧？　Nǐ kàn bú kàn jīngjù?

¶你看京剧不看？　Nǐ kàn jīngjù bú kàn?(あなたは京劇を見ますか)

述語が副詞の修飾を受ける場合,反復疑問文は作れない.

×你们都是不是日本人？

3) 選択疑問文

"还是"háishi(それとも)を用い,2つの中から1つを選ばせる.

¶你是日本人还是中国人？　Nǐ shì Rìběnrén háishi Zhōngguórén?(あなたは日本人ですか,それとも中国人ですか)

¶明天你去还是他去？　Míngtiān nǐ qù háishi tā qù?(明日はあなたが行きますか,それとも彼が行きますか)

4) 疑問詞疑問文

尋ねたい箇所に"谁"shéi,"什么"shénme,"哪儿"nǎr,"怎么"zěnmeなどの疑問詞を置いて「誰」,「何」,「どこ」,「どのように」などを尋ねる.

¶这是谁的？　Zhè shì shéi de?(これは誰のですか)

¶你买什么？　Nǐ mǎi shénme?(あなたは何を買いますか)

¶你去哪儿？　Nǐ qù nǎr?(あなたはどこへ行きますか)

～ de mùguāng kànkan wǒ[他用～的目光看看我]彼は私を疑いのまなざしでちらっと見た.

yíwènjù 疑问句[名]〔語〕疑問文.

yīwù 医务[名]医療関係の業務.¶～ gōngzuòzhě[～工作者]医療業務の従事者.

†**yìwù 义务**[名]〔xiàng 项〕❶(法律上の)義務.¶～ jiàoyù[～教育]義務教育.❷(道義上の)義務.責務.¶jìn ～[尽～]義務を果たす.[形]無報酬である.奉仕的である.¶～ láodòng[～劳动]労働奉仕.ボランティア／～ yǎnchū[～演出]慈善興行.チャリティーショー.

*__yīwùshì 医务室__[名]医務室.¶xuéxiào li yǒu ～[学校里有～]学校には医務室がある.

⁂**yīxià 一下**[名](～儿)動詞の後ろに用いて,ちょっと…する,試しに…してみるという意味を表す.¶kàn ～[看～]ちょっと見てみる／dǎting ～[打听～]ちょっと聞いてみる／shāngliang ～[商量～]相談してみる.

*__yīxià 一下__[副](～儿)いきなり.急に.“一下子”yīxiàziともいう.¶tiānqì ～ jiù rèqilai le[天气～就热起来了]急に暑くなってきた.

*__yǐxià 以下__[名]以下.後.次.¶shìwēn bǎochízai èrshíwǔ dù ～[室温保持在二十五度～]室内の温度を25度以下に保つ／～ shì zhùyì shìxiàng[～是注意事项]次は注意事項です.

†**yīxiàng 一向**[副]今までずっと.¶wǒ ～ hěn máng[我～很忙]私はずっと忙しい.

yìxiàng 意向[名]〈書〉意向.目的.¶～ bùmíng[～不明]意図が明らかでない／qiāndìng hétong ～shū[签订合同～书]契約意向書に調印する.

*__yīxià·zi 一下子__[副]いきなり.急に.“一下”ともいう¶huìchǎng ～ rènaoqilai[会场～热闹起来]会場が急ににぎやかになってきた.

⁂**yīxiē 一些**[名]❶(～儿)少し.わずか.¶mǎile ～ shū[买了～书]本を少し買った／huàguo ～ huà[画过～画]絵を少しばかり描いたことがある.❷

¶这个字怎么念? Zhèige zì zěnme niàn?(この字はなんと読みますか)

5) “呢”疑問文

このほかに文末に“呢”neを付け,具体的な述語を省略した疑問文もある.

¶我吃面包，你呢? Wǒ chī miànbāo,nǐ ne?(私はパンを食べます,あなたは?)

6) 音調による疑問文

平叙文の文末を上げ調子にし,疑問の語気を帯びさせる.

¶小李还没来? Xiǎo-Lǐ hái méi lái?(李さんはまだ来ていないの?)

2 疑問詞の活用

疑問詞が「不定」,「反語」,「任意」の意味を表すこともある.

1) 不定

はっきり特定できない物や人を表す.

¶你买什么吗? Nǐ mǎi shénme ma?(あなたは何か買いますか)

¶昨天来了几位客人。 Zuótiān lái le jǐ wèi kèrén.(昨日何人かの客が来た)

2) 反語

疑問の形を借り,強い肯定あるいは否定を主張する.

¶她哪儿能知道呢? Tā nǎr néng zhīdao ne?(彼女が知ってるものか)

¶跟你有什么关系呀? Gēn nǐ yǒu shénme guānxi ya?(あなたに何の関係があるの)

3) 任意

後に“都”dōu,“也”yěなどを伴い,例外のないことを表す.

¶他什么都知道。 Tā shénme dōu zhīdao.(彼は何でも知っている)

¶我哪儿也不去。 Wǒ nǎr yě bú qù.(私はどこへも行かない)

3 疑問詞の連用

疑問詞が連用され前後で呼応する場合もある.前後をつなぐのにしばしば“就”jiùが用いられる.

¶你想吃什么就吃什么。 Nǐ xiǎng chī shénme jiù chī shénme.(食べたいものを食べなさい)

いくつか.何回か.¶tā zài ～ dàxué rènjiào[他在～大学任教]彼はいくつかの大学で教鞭をとっている.

†**yīxìliè 一系列**[形]一連の.¶～ de gǎigé fāng'àn[～的改革方案]一連の改革方案.

†**yīxīn 一心**[形]気持ちが一つである.¶～ yí yì[～一意]ひたすらである.一心である.

†**yíxīn 疑心**[名]疑念.疑心.¶tā ～ hěn zhòng,bù qīngyì xiāngxìn biéren[他～很重，不轻易相信别人]彼はとても疑い深く,簡単に他人を信じたりしない.[動]疑う.¶～ zìjǐ déle ái[～自己得了癌]自分ががんにかかったのではと疑っている.

†**yīxíng 一行**[名]一行.¶cānguāntuán ～ gòng yǒu èrshíyī rén[参观团～共有二十一人]見学者の一行は全部で21人だ.

Y

*__yīxué 医学__[名]医学.

☆**yīyàng 一样**[形]同じである.一様である.¶jiěmèi liǎ gèzi ～ gāo[姐妹俩个子～高]あの姉妹は身長が同じくらいだ.

yī yán wéi dìng 一言为定㊟一度言ったら反故(ほご)にしない.言ったことを守る.¶hǎo,nà wǒmen ～[好,那我们～]よし,じゃあ絶対だよ.

yīyào 医药[名]医薬.医療と薬品.¶～fèi[～费]医療費.

*__yī～yě～ 一～也～__㊕少しも…しない.一つも…しない.“也”の後には否定詞がくる.¶yí ge rén yě méi lái[一个人也没来]誰も来なかった／yì yǎn yě bú kàn[一眼也不看]一瞥(べつ)だにしない.

†**yīyī 一一**[副]いちいち.一つ一つ.¶～ zuò jièshào[～做介绍]一つ一つ紹介する／lìzi tài duō,wúfǎ ～ lièjǔ[例子太多，无法～列举]例が多すぎていちいち列挙できない.

☆**yìyì 意义**[名]❶(言葉や行動などの)意味.¶lǐjiě měi ge cíyǔ de ～[理解每个词语的～]一つ一つの語句の意味を理解する.❷意義.¶jiàoyù ～[教育～]教育的な意義／tànsuǒ rénshēng de ～[探索人生的～]人生の意義を探求する.

☆**yīyuàn 医院**[名]〔jiā 家,suǒ 所〕病院.医院.¶qù ～ kànbìng[去～看病]病院へ診てもらいに行く.

類義語 yīyuàn 医院
bìngyuàn 病院

►“医院”は,総合病院のように,健康診断や疾病予防などの業務も行う医療機関である.“病院”は“传染病院”chuánrǎn bìngyuàn(伝染病の病院),“精神病院”jīngshén bìngyuàn(精神病院)のような,特殊な疾病を対象にして専門治療を行う医療機関.►従って“医院”は「病院」の意で単独でも用いられるが,“病院”は単独では用いられず,どんな病気の病院であるかの限定が必要である.¶这是一家{医院／×病院} zhè shì yì jiā {yīyuàn／×bìngyuàn}(ここは病院です)►“病院”を用いるのは上例のほかに,“结核病院”jiéhé bìngyuàn(結核専門の病院),“伤残病院”shāngcán bìngyuàn(負傷による障害者のための病院)など,いくつかに限られており,これら以外の専門的治療を行う病院の場合には“肿瘤医院”zhǒngliú yīyuàn(腫瘍専門の病院),“口腔医院”kǒuqiāng yīyuàn(口腔専門の病院)など“医院”を用いる.

yìyuán 议员[名]議員.代議士.¶xuǎnjǔ ～[选举～]議員を選挙する.

yìyuán 译员[名]通訳.¶zhāopìn ～[招聘～]通訳を募集する.

†**yīzài 一再**[副]何度も.¶～ shuōmíng[～说明]何度も説明する／wǒ xiàng tā ～ dàoqiàn[我向他～道歉]私は彼に何度も謝った.

†**yīzhào 依照**[前]…に従って.…に基づいて.¶～ shàngjí de zhǐshì chǔlǐ[～上级的指示处理]上司の指示に従って処理する.[動]…に従う.…をよりどころとする.¶shàngxiàbān shíjiān yīnggāi ～ zuòxī shíjiānbiǎo[上下班时间应该～作息时间表]出退勤時間は勤務時間表に従わねばならない.

†**yīzhèn 一阵**[名]ひとしきり.しばらく.“一阵子”yīzhènziともいう.¶gāngcái

nà ～ yǔ zhēn dà[刚才那～雨真大]今しがたひとしきり降った雨は本当にひどかった.

⁑**yīzhí 一直**[副]❶まっすぐ.¶～wǎng běi zǒu[～往北走]まっすぐ北の方へ行く.❷ずっと.¶zhè jǐ tiān tiānqì ～ hěn hǎo[这几天天气～很好]ここ数日ずっとよい天気が続いている.

*__yīzhì 一致__[形]一致している.¶tāmen de xiǎngfa hěn ～[他们的想法很～]彼らの意見は一致している.

yīzhì 医治[動]治療する.¶～ xīnlíng de chuāngshāng[～心灵的创伤]心の傷を治療する.

yízhǐ 遗址[名]遺跡.¶gǔ zhànchǎng ～[古战场～]古戦場の遺跡.

†**yǐzhì 以至**[接]❶…に至るまで.¶jīngguò chéng bǎi cì ～ shàng qiān cì de liànxí,tā zhōngyú xuéhuì le[经过成百次～上千次的练习，他终于学会了]何百回,何千回もの練習をして彼はついにマスターした.❷そのために(…となる).¶zhuānxīn dúshū, ～ wàngle chīfàn[专心读书，～忘了吃饭]勉強に没頭して食事をするのも忘れた.

†**yǐzhì 以致**[接](最後には)…の結果になる.(好ましくない結果が多い)¶liánrì xià yǔ,～ yánwùle gōngqī[连日下雨，～延误了工期]連日の雨で工期が遅れた／tā méiyou chōngfèn yánjiū,～ zuòchule cuòwù de jiélùn[他没有充分研究，～做出了错误的结论]彼は検討が不十分だったため間違った結論を出した.

†**yìzhì 抑制**[動]❶〔生理〕抑制する.¶～ shénjīng huódòng[～神经活动]神経系統の活動を抑制する.❷抑える.抑制する.¶tā ～buzhù nèixīn de xǐyuè[她～不住内心的喜悦]彼女は喜びを抑えきれない.

*__yìzhì 意志__[名]意志.¶tā yǒu wánqiáng de ～[他有顽强的～]彼は強い意志を持っている.

yǐzhì yú 以至于[接]❶…に至るまで.注普通"小"xiǎoから"大"dàまで,"少"shǎoから"多"duōまで,"浅"qiǎnから"深"shēnまでなどを表す.¶yì tiān xuébuhuì jiù xué liǎng tiān、sān tiān,～ gèng duō de shíjiān[一天学不会就学两天、三天，～更多的时间]1日でマスターできなければ2日,3日,さらに多くの時間でも学ぶ.❷(前文で述べた状況によって)…の結果となる.¶tā yǎnjiǎngde tài gǎnrén le,～ nǚháizimen dōu kūqilai le[他演讲得太感人了，～女孩子们都哭起来了]彼の演説はとても感動的だったので,女の子たちは皆泣き出した.

⁑**yǐ·zi 椅子**[名]〔bǎ 把〕(背もたれのある)椅子.注背もたれのない椅子は"凳子"dèngziといい,量詞は"张"zhāng,"个"ge,"条"tiáoを使う.¶nèi bǎ ～ zuòzhe bù shūfu[那把～坐着不舒服]あの椅子は座り心地が悪い.→見る類 p.622

yō 哟[嘆](軽い驚きを表す)あ.おや.あら.¶～,nǐ zěnme lái le?[～，你怎么来了?]あれ,どうして来たの／～,shì nǐ ya![～，是你呀!]ああ,君だったのか.→yo

†**·yo 哟**[助]文末に用いて,命令や感情などの語気を表す.¶dàjiā kuài lái kàn ～[大家快来看～]みんな,早く来て見てごらん.→yō

†**yǒng 涌**[動]水や雲がわき出る.水や雲の中から出てくる.¶tā shífēn shāngxīn,lèi rú quán ～[她十分伤心，泪如泉～]彼女はとても悲しんで,涙が泉のようにあふれ出た／yǔ hòu,～chu yí dào cǎihóng[雨后，～出一道彩虹]雨の後,1本の虹が現れた.

⁑**yòng 用**[動]❶用いる.使う.¶～ kuàizi chīfàn[～筷子吃饭]箸でご飯を食べる.❷(お金や時間を)使う.費やす.¶～le yí ge xiǎoshí[～了一个小时]1時間かかった／～diàole yí ge yuè de gōngzī[～掉了一个月的工资]1ヵ月の給料を使ってしまった.❸(多くは否定に用いて)必要とする.¶bú～ dānxīn,bú～ zháojí[不～担心，不～着急]心配したり,焦ったりしなくてもいい.

*__yōngbào 拥抱__[動](親愛の情を表すために)抱き合う.¶jǐnjǐn de ～zai yìqǐ[紧紧地～在一起]お互いにしっかりと抱き合う.

Y

*yòng·buzháo 用不着[動]必要ない.¶wǒ ～ nǐ guǎn[我～你管]私にかまわないでくれ／zhè shì ～ nǐ cāoxīn[这事～你操心]この件は心配いらない.

*yòng·chu 用处[名]使い道.用途.¶yǒu ～[有～]役に立つ／～ hěn duō[～很多]使い道が多い／zhèi zhǒng cǎoyào yǒu shénme ～?[这种草药有什么～?]この漢方薬は何に効くのですか.

yǒng chuí bù xiǔ 永垂不朽㊒永遠に不滅である.¶wǒ bìng bù xiǎng dāng shénme qiāngǔ liúfāng、～ de wěirén,zhǐ xiǎng zuò ge pǔpǔtōngtōng de hǎorén[我并不想当什么千古留芳、～的伟人，只想做个普普通通的好人]私は名声をとこしえに残すような,永遠に不滅の偉人になりたいとは思わない,ただごく普通のよい人になりたいだけだ.

Y

yòngfǎ 用法[名]用法.¶～ shuōmíng[～说明]使い方の説明.

*yǒnggǎn 勇敢[形]勇敢である.¶tā hěn ～[他很～]彼はとても勇敢だ.

*yòng//gōng 用功[動]勉強に励む.¶yòngle yì nián gōng[用了一年功]1年間勉強した.[形]まじめである.¶xuéxí ～[学习～]一生懸命勉強する.

*yōnghù 拥护[動]擁護する.支持する.¶～ guójiā de zhèngcè[～国家的政策]国の政策を支持する.

yònghù 用户[名]設備や製品を使う人.消費者.¶mǎnzú ～ yāoqiú[满足～要求]客のニーズにこたえる.

†yōngjǐ 拥挤[動](人や車などが)押し合う.¶qǐng páiduì,búyào ～[请排队，不要～]押さないで並んでください.[形]込んでいる.¶dàolù hěn ～[道路很～]道が込んでいる.

yǒngjiǔ 永久[形]永久である.¶～ bú biàn[～不变]永久に変わらない／～ nánwàng[～难忘]永久に忘れがたい.

yòngjù 用具[名]用具.道具.¶láodòng ～[劳动～]仕事の道具.

*yòng//lì 用力[動]力を入れる.¶～ tuī chē[～推车]力いっぱい車を押す／～ zhuàngkāile mén[～撞开了门]思い切り体当たりしてドアをぶち開けた／zěnme yě yòngbushàng lì[怎么也用不上力]どうにも力が入らない.

†yòngpǐn 用品[名]用品.¶bàngōng ～[办公～]事務用品／fùnǚ ～[妇女～]女性用品.

*yǒngqì 勇气[名]勇気.¶yǒu ～[有～]勇気がある／gǔqi ～[鼓起～]勇気を奮い起こす.

yòngrén 用人[名]使用人.¶gù ～[雇～]使用人を雇う／cítuì ～[辞退～]使用人を解雇する.

yǒngshì 勇士[名]勇士.

yōngsú 庸俗[形]低俗である.¶～ zuòfēng[～作风]卑俗な作風／nèige rén hěn ～[那个人很～]あいつは俗っぽい奴だ.

†yòngtú 用途[名]用途.㊟科学技術関係の文章に用いられる.普通の文章や口語では“用处”yòngchuを用い

目で見る類義語 yǐzi 椅子　dèngzi 凳子　bǎndèng 板凳　shāfā 沙发

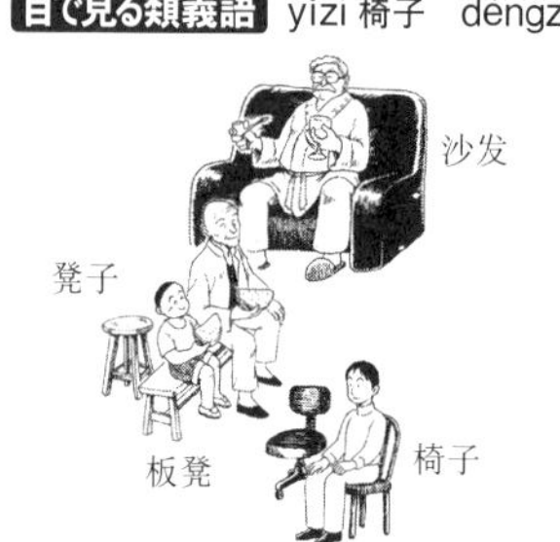

►背もたれがない腰掛けは“凳子”dèngziと呼ぶ.長方形の“凳子”は“板凳”bǎndèngという.►“沙发”shāfāは外来語でソファーをさす.例えば“双人沙发”shuāngrén shāfā(2人掛けのソファー).►“椅子”yǐziはいろいろな形があるが,「背もたれがある」ことが共通の特徴である.¶公园长椅gōngyuán chángyǐ(公園のベンチ)

る.¶yǒu duō zhǒng ～[有多种～]様々な用途がある.

yǒngxiàn 涌现[動](人や事物が)大量に出てくる.¶～chu xǔduō xīn shìwù[～出许多新事物]新しい現象が次から次へと出てくる.

†**yòng//xīn 用心**[動]注意を集中する.¶～ xuéxí[～学习]集中して勉強する／～ sīkǎo[～思考]集中して考える／nǐ gōngzuò yīnggāi zài yòng diǎn xīn[你工作应该再用点心]仕事の時はもう少し身を入れてやりなさい.

yòngxīn 用心[名]❶苦心.¶～ liáng kǔ[～良苦]苦心がなみ大抵ではない.❷下心.¶～ xiǎn'è[～险恶]陰険な下心／～ bùliáng[～不良]悪巧み.[動]心を用いる.一生懸命になる.¶háizimen zài ～ xiě zì[孩子们在～写字]子供たちは一心に字を書いている.

yòngyì 用意[名]意図.思惑.¶duìfāng de ～ yǐjing hěn míngbai le[对方的～已经很明白了]相手のねらいはもう明らかだ.

yōngyǒu 拥有[動](大量の土地・人口・財産などを)保有する.¶wǒ guó ～ jiǔbǎi liùshí wàn píngfāng gōnglǐ de tǔdì[我国～九百六十万平方公里的土地]我が国は960万平方キロメートルの国土を有している／tāmen ～ zuì xiānjìn de jìshù[他们～最先进的技术]彼らは最も進んだ技術を持っている.

yǒngyú 勇于[動]勇敢に…する.…するのに尻込みしない.¶～ chéngdān zérèn[～承担责任]勇敢に責任を担う／～ chuàngxīn[～创新]勇気を出して革新する.

⁑**yǒngyuǎn 永远**[副]永遠に.¶～ nánwàng[～难忘]永遠に忘れがたい／tā ～ huózai rénmín xīnzhōng[他～活在人民心中]彼は永遠に人々の心の中に生き続ける.

†**yǒngyuè 踊跃**[動]躍り上がる.¶～ huānhū[～欢呼]躍り上がって喜ぶ.[形]意気込んでいるさま.張り切っているさま.¶～ bàomíng[～报名]意気込んで参加を申し込む／～ fāyán[～发言]われさきに発言する.

yōu 优[形]優れている.↔ liè 劣¶～ děngshēng[～等生]優等生.

*****yóu 由**[前]❶(動作・行為の主体を表す)…によって.¶zhèi jiàn shì ～ nǐ fùzé[这件事～你负责]この件は君が責任を持て.❷(構成要素・原因・根拠を示す)…によって.…から.¶jīqì ～ língjiàn zǔchéng[机器～零件组成]機械は部品から成り立っている.❸(起点を示す)…から.¶～ wài xiàng lǐ[～外向里]外から内に向かって.➡ 類義語 cóng 从

*****yóu 油**[名]油.¶zhà～[榨～]油を搾る.[動]❶油やペンキなどを塗る.¶～ yǐzi[～椅子]椅子にペンキを塗る.❷油で汚れる.¶chènyī ～ le[衬衣～了]シャツに油汚れが付いた.[形]ずるい.¶tā hěn ～[他很～]彼はずるがしこい.

yóu 铀[名]〔化〕ウラン.

†**yóu 游**[動]❶泳ぐ.¶～yǒng[～泳]泳ぐ／zài shuǐli ～ lái ～ qù[在水里～来～去]水中を行ったり来たり泳ぐ.❷遊ぶ.ぶらぶらする.¶～guàng[～逛]ぶらぶらと遊覧する.❸常に移動する.¶～ mù[～牧]遊牧.[名]川の流れの一区切り.¶xià～[下～]下流.

⁑**yǒu 有**[動]❶ある.持っている.↔ méiyǒu没有, wú 无¶wǒ ～ yì běn cídiǎn[我～一本词典]私は辞書を1冊持っている／tā ～ dìdi[他～弟弟]彼には弟がいる.❷ある.いる.存在している.↔ méiyǒu没有, wú 无¶wūli ～ rén ma?[屋里～人吗?]部屋に誰かいますか.❸量の推定や比較を表す.¶～ yì mǐ cháng[～一米长]長さが1メートルある／～ hǎojǐ jīn zhòng[～好几斤重]重さが何斤もある.❹(出現・発生を表す)でてくる.¶～le xīwàng[～了希望]希望が出てきた／～le hěn dà de biànhuà[～了很大的变化]大きな変化が現れた.❺たくさんある.¶～ jīngyàn[～经验]経験豊富である／～ xuéwen [～学问]学識がある.❻(不確定の事物を表す)ある….¶～ rén zhèyàng shuō[～人这样说]ある人がこう言った／～ dìfang xià xuě[～地方下雪]一部の場所では雪が降る.

⋆yòu 又[副]❶(同じ動作・状態が繰り返されることを表す)また.¶shōudao xìn hòu kànle ～ kàn[收到信后看了～看]手紙を受け取ると,何度も読み返した.❷(いくつかの動作・状態が同時に存在していることを表す)同時にまた.¶tā gànde ～ kuài ～ hǎo[他干得～快～好]彼はやることが速い上にうまい.❸(付加を表す)その上.¶tiānqì hěn lěng,～ xià xuě,nǐ jiù bié zǒu le[天气很冷，～下雪，你就别走了]寒い上に雪まで降ってきたから,行くのはやめなさい.❹(ある範囲のほかに付け加えることを表す)そのほかに.¶gōngzī wài,～ fāle jiǎngjīn[工资外，～发了奖金]給料以外にボーナスも出した.❺(整数のほかに端数があることを示す)端数として.¶shí ～ sān fēn zhī yī[十～三分之一]10と3分の1.❻(相矛盾する事柄を示す)…である一方.¶tā ～ xiǎng qù pá shān,～ xiǎng qù yóuyǒng[他～想去爬山，～想去游泳]彼は山登りもしたいが,また一方で泳ぎにも行きたいと思っている.❼(逆接の意を表す)…であるのに.¶gāng zǒu ～ huílai le[刚走～回来了]さっき行ったばかりなのに戻って来た.❽(否定や反語の語気を強める)別に.¶tā ～ bú shì guī wǒ guǎn[他～不是归我管]あいつなんか私の知ったことではない.➡類義語 yībiān～yībiān～ 一边～一边～

⋆yòu 右[名]右.¶xiàng ～ guǎi[向～拐]右に曲がる.[形]思想が右寄りである.保守的である.¶～pài[～派]右派.

yòu 幼[形]幼い.↔ lǎo 老¶～nián[～年]幼年／～'ér[～儿]幼児.

yòu 诱[動]誘う.おびき寄せる.¶～rén de xiāngwèi[～人的香味]魅惑的な香り.

†yǒu'ài 友爱[名]友愛.[形]仲がよい.¶xiōngdì jiěmèi zhī jiān yào ～[兄弟姐妹之间要～]兄弟姉妹は仲よくしなければならない／yào tuánjié ～[要团结～]団結し,仲よくしなければならない.

†yóubāo 邮包[名](～儿)郵便小包.¶jì ～[寄～]小包を送る／sòng ～[送～]小包を配達する／qǔ ～[取～]小包を受け取る.

⋆yòu·bian 右边[名](～儿)右.右側.¶zuòzai ～[坐在～]右側に座る／mǎlù ～[马路～]通りの右の方.

◆彼女の右どなりは○○さん
►写真に写っている人物を紹介する時など,日本人は「Aさん(基準人物)の右の人(向かって右)」とか,「Aさんの左(向かって左)」という言い方をするが,中国人が言う場合は「Aさんの右」は「Aさんから見て右」である.¶坐在王丽丽左边儿的是铃木 zuòzai Wáng Lìlì zuǒbianr de shì Língmù(王麗麗の左に座っているのは鈴木さんです)

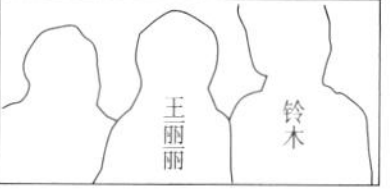

yóucài 油菜[名]〔植〕アブラナ.チンゲンサイ.¶～zǐ[～籽]ナタネ.

yóu cǐ kějiàn 由此可见㊊この事から分かる.これによって分かる.¶～,yuánxiān de fāng'àn gēnběn xíngbutōng[～，原先的方案根本行不通]この事からも分かるように,当初のやり方ではまったくだめだ.

yǒudài 有待[動]…が待たれる.…を待たなければならない.¶～ shēnrù diàochá[～深入调查]さらなる調査が待たれる.

⋆yǒu·de 有的[代]ある….一部の….¶～ hǎochī,～ bù hǎochī[～好吃，～不好吃]おいしいのもあれば,まずいのもある／～ qùle Shànghǎi,～ qùle Guǎngzhōu[～去了上海，～去了广州]ある者は上海へ行き,ある者は広州へ行った.

⋆yǒu·deshì 有的是[動]多くある.たくさんある.¶jīhuì ～[机会～]チャンスはいくらでもある／～ rén xiǎng cānjiā[～人想参加]大勢の人が参加したがっている.

⋆yōudiǎn 优点[名]優れた点.↔ quēdiǎn 缺点

yóudiàn 邮电[名]郵便と電信.¶～jú[～局]郵便·電信局／～ bùmén[～部门]郵便電信部門.

① yóuchuō 邮戳

② yóudiànjú 邮电局

①スタンプ ②郵便局

*__yǒudiǎn 有点__[副](～儿)少し.やや.(好ましくないことに使われることが多い)"有一点(儿)"yǒu yīdiǎn(r)ともいう.¶～ lěng[～冷]少し寒い／～ nán[～难]やや難しい.

> 類義語 **yǒudiǎnr 有点儿**
> **yīdiǎnr 一点儿**
>
> ►ともに「少し…」の意だが,"有点儿"は形容詞の前に置き,程度が低いとか,ある基準から少しずれていることを表す.その「程度が低いこと」,「基準からずれていること」は話し手にとって不本意である場合が多い.¶你这话有点儿不讲理 nǐ zhè huà yǒudiǎnr bù jiǎnglǐ(あなたの言うことはちょっと理屈に合わない)►"一点儿"は形容詞の後に置き,何かと比べてその差が小さいことを表す.話し手にとって不本意というわけではない.¶姐姐比妹妹高一点儿 jiějie bǐ mèimei gāo yìdiǎnr(姉は妹より少し背が高い)

†**yòu'éryuán 幼儿园**[名]幼稚園.¶shàngle ～[上了～]幼稚園に入った／～ de āyí[～的阿姨]幼稚園の先生.

yóugòu 邮购[動]通信販売で購入する.¶～ jiàocái[～教材]通信販売で教材を購入する.

*__yǒuguān 有关__[区]関係がある.¶～ rényuán[～人员]関係者／gēn zhèi jiàn shì ～[跟这件事～]この事と関係がある.

yǒuhài 有害[形]有害である.¶duì shēntǐ ～[对身体～]体に悪い／～ wùzhì[～物质]有害物質.

⁑**yǒuhǎo 友好**[名]友人.¶shēngqián ～[生前～]生前の友人.[形]友好的である.¶～ guójiā[～国家]友好国／～ fǎngwèn[～访问]友好訪問.

yóuhuà 油画[名]油絵.¶～zhǎn[～展]油彩画展.

yōuhuì 优惠[名]優遇.特恵.¶～ zhèngcè[～政策]優遇政策／～ jiàgé[～价格]優待価格.

yòuhuò 诱惑[動]❶誘惑する.悪に誘う.❷引きつける.¶míngpái yǒu ～lì[名牌有～力]ブランドには人を魅了する力がある.

yóujī 游击[動]ゲリラ戦をする.¶～zhàn[～战]ゲリラ戦／～duì[～队]遊撃部隊／dǎ ～[打～]ゲリラ活動をする.

yóujì 邮寄[動]郵送する.¶～ shūbào[～书报]新聞·書籍を郵送する.

†**yǒujī 有机**[区]❶[化]有機の.¶～ huàhéwù[～化合物]有機化合物／～ huàxué[～化学]有機化学.❷有機的な.¶～ de jiéhéqilai[～地结合起来]有機的に結合する.

yōujìng 幽静[形]静かでひっそりとしている.¶huánjìng hěn ～[环境很～]環境がとても閑静である.

*__yōujiǔ 悠久__[形]悠久である.¶lìshǐ ～[历史～]歴史が悠久である／～ de wénhuà[～的文化]悠久の文化.

⁑**yóujú 邮局**[名]郵便局.¶qù ～ jì bāoguǒ[去～寄包裹]郵便局に行って小包を出す／zài ～ mǎi yóupiào[在～买邮票]郵便局で切手を買う.

yóukè 游客[名]観光客.¶xīyǐn ～[吸引～]観光客を引きつける／wàiguó ～[外国～]外国人旅行客.

yǒu kǒu wú xīn 有口无心[成]口ではいろいろ言うが,悪気はない.¶tā ～,nǐ bié shēngqì[他～,你别生气]あいつは口は悪いが悪気はないんだ,腹を立てるな.

*__yóulǎn 游览__[動]遊覧する.¶～ Chángjiāng[～长江]長江観光をする／～ míngshèng gǔjì[～名胜古迹]名所旧跡を見物する.➡[類義語] cānguān 参观

*yǒulì 有力[形]力がある.¶～ de huíjī[～的回击]強力な反撃／biāotí jiǎndān、～[标题简单、～]タイトルが簡潔で力強い.

*yǒulì 有利[形]有利である.¶～ tiáojiàn[～条件]有利な条件／duì dàjiā ～[对大家～]皆にとってプラスになる.

*yōuliáng 优良[形]品質や成績が優良である.¶～ pǐnzhì[～品质]優良な品質／～ chuántǒng[～传统]優れた伝統.

†yǒu liǎngxià·zi 有两下子㊔才能がある.¶zài jìshù shang,tā quèshí ～[在技术上，他确实～]技術の面では彼は確かになかなかのものだ.

yóuliào 油料[名]植物油を作る原料.¶～ zuòwù[～作物]植物油の原料となる作物.

yōulǜ 忧虑[動]憂慮する.¶～ mǔqīn de jiànkāng[～母亲的健康]母の健康を案じる.

*yōuměi 优美[形]優美である.¶dòngzuò ～[动作～]動作が優美である／fēngjǐng ～[风景～]景色が美しい.

⁂yǒu//míng 有名[形]有名である.¶hěn ～ de zuòjiā[很～的作家]たいへん有名な作家／Guìlín de fēngjǐng fēicháng ～[桂林的风景非常～]桂林の風景はとても有名だ.

yōumò 幽默[形]ユーモアがある.¶zhè rén shuōhuà zhēn ～[这人说话真～]この人の話は本当にユーモラスだ／biǎoqíng ～[表情～]表情がユーモラスだ.

⁂yóupiào 邮票[名]〔méi 枚,zhāng 张,tào 套〕切手.¶jìniàn ～[纪念～]記念切手／tiē ～[贴～]切手を貼る／fāxíng ～[发行～]切手を発行

Y

●百科知識●

歴史・古典の有名人

关羽 Guān Yǔ(？～219)

三国時代,蜀を打ち建てた劉備に,張飛とともに協力した武将.羅貫中の小説「三国志演義」でその勇猛果敢なイメージが作られた.その気概,武勇は後世長く民衆の尊敬を集め,関公と呼ばれる.中国に数多くある関帝廟は関羽を神格化して祭ったもの.

诸葛亮 Zhūgě Liàng(181～234)

三国時代の蜀の丞相.字(あざな)は"孔明"Kǒngmíng.史書「三国志」の中で傑出した政治家,軍事家として描かれている.小説「三国志演義」で神のごとき知恵の持ち主のイメージが作られる.

‡関連語　三个臭皮匠,顶个诸葛亮。
Sān ge chòu píjiàng,dǐng ge Zhūgě Liàng.
(3人の靴直し職人が集まれば諸葛孔明にだって負けない,3人寄れば文殊の知恵)

说曹操,曹操就到。 Shuō Cáo Cāo,Cáo Cāo jiù dào.
(曹操の話をすると曹操がたちまち現われる,うわさをすれば影)

曹操も「三国志演義」の主要人物で魏の始祖.小説の中では悪玉として描かれている.

武松 Wǔ Sōng

小説「水滸伝」の中の人物."武二郎"Wǔ Èrláng とも呼ばれる.武芸に秀で悪を憎む英雄好漢の典型.トラ退治の場面が有名.　‡関連語　逼上梁山 bī shàng Liángshān
(追い詰められて梁山に登る,追られてやむなく行動する)
"梁山"は「水滸伝」の中で英雄豪傑が集結した場所.

する.

yóuqī 油漆[名]ペンキ.油性塗料.¶yòng ～ shuā jiājù[用～刷家具]ペンキで家具を塗る.[動]ペンキなどを塗る.¶～ ménchuāng[～门窗]ドアや窓をペンキで塗る.

☆**yóuqí 尤其**[副]中でも.特に.¶wǒ xǐhuan lǚxíng,～ shì túbù lǚxíng[我喜欢旅行，～是徒步旅行]私は旅行が好きで,中でも徒歩旅行が好きだ.

yóu qiāng huá diào 油腔滑调㊏浮ついて軽薄に話すこと.¶Xiǎo-Lì de nánpéngyou yǒudiǎnr ～ de,ràng rén juéde kàobuzhù[小莉的男朋友有点儿～的，让人觉得靠不住]莉さんのボーイフレンドはちょっと話し方が軽薄であまり信用できない.

yǒuqíng 友情[名]友情.¶zhēnxī ～[珍惜～]友情を大切にする／zhēnzhì de ～[真挚的～]真摯(しんし)な友情.

★**yǒuqù 有趣**[形](～儿)面白い.興味深い.¶～ de xiànxiàng[～的现象]興味深い現象／zhèige xiǎoháir hěn ～[这个小孩儿很～]この子はとても面白い.

yóurén 游人[名]観光客.¶～ zhǐbù[～止步]観光客立入禁止.

yǒurén 友人[名]友人.¶guójì ～[国际～]外国の友人.

yóurú 犹如[動]まるで…のようだ.¶tā tíng tíng yù lì,～ xiānnǚ xiàfán[她亭亭玉立，～仙女下凡]彼女はすらりと美しく,あたかも仙女が天下ったかのようだ.

†**yōushèng 优胜**[形]優勝の.勝利の.¶dédàole ～ hóngqí[得到了～红旗]優勝の紅旗を獲得した／～jiǎng[～奖]優勝.一等賞.

yǒu shēng yǒu sè 有声有色㊏生

西施　Xīshī

春秋時代(BC.722～BC.481)の美女.越王から呉王へ貢物として贈られる.呉王はこの美女に溺れ,呉の国は越に滅ぼされる.

‡関連語　情人眼里出西施。
Qíngrén yǎn li chū Xīshī.
(どんな女性も恋人の目には美女西施のように見える,あばたもえくぼ)

杨贵妃　Yángguìfēi(719～756)

唐の玄宗の妃.中国史における代表的な美女.玄宗の寵愛を一身に集め一族は富貴を極めたが,安史の乱の際殺された.

‡関連語　明眸皓齿 míng móu hào chǐ
(明眸皓歯〈めいぼうこうし〉,美しい目元と白い歯,美女のたとえ)
杜甫が楊貴妃を形容した詩句から出たことば.

西施,楊貴妃は中国四大美女に数えられる.他の2人は漢代(BC.206～BC.220)の宮女"王昭君"Wáng Zhāojūn と「三国志演義」に出てくる"貂婵"Diāochán(ちょうせん).

林黛玉　Lín Dàiyù

清代(1616～1911)の小説「紅楼夢」の主人公の1人.贾(か)家の若君"贾宝玉"Jiǎ Bǎoyù と愛し合うが実らない.美しく病弱で感傷的な女性.なよなよした美女の典型.

‡関連語　多愁善感 duō chóu shàn gǎn
(感傷的で多感である)
「紅楼夢」から出た言葉ではないが林黛玉,もしくは林黛玉的な女性を形容する時によく使われる.

き生きとして精彩に富む.演技などが真に迫っている.¶tā jiǎng gùshi jiǎngde ～[他讲故事讲得～]彼は生き生きと話をする.

†**yōushì 优势**[名]優勢.¶zhànyǒu ～[占有～]優位を占める/huòdé ～[获得～]優勢を獲得する.

*__yǒushí 有时__[副]時には.¶～ qù,～ bú qù[～去，～不去]行く時もあるし,行かない時もある/～ sànbù[～散步]時には散歩をする.

yǒu shì 有事㊔❶用事がある.¶míngtiān ～,láibuliǎo[明天～，来不了]明日用があるので来られない.❷心配事がある.¶xīnli ～,zěnme yě shuìbuzháo[心里～，怎么也睡不着]心配事があってなかなか寝付けない.

⁑**yǒu shí·hou 有时候**㊔時々.時には.¶～ zǎo qǐ[～早起]たまには早起きする/～ gāoxìng,～ yōushāng[～高兴，～忧伤]うれしい時もあり,悲しい時もある.

†**yóutián 油田**[名]油田.¶kāicǎi ～[开采～]油田を採掘する.

yóutiáo 油条[名]小麦粉を練って太いひも状にし,油で揚げた食べ物.

yǒu tiáo bù wěn 有条不紊㊉秩序が保たれ整然としている.きちんとしている.¶dàhuì de zhǔnbèi gōngzuò zhèngzài ～ de jìnxíngzhe[大会的准备工作正在～地进行着]大会の準備の仕事はきちんと進められている.

†**yóuxì 游戏**[名]遊び.ゲーム.¶zuò ～[做～]ゲームをする/wánr diànzǐ ～[玩儿电子～]コンピュータゲームをする.[動]遊ぶ.ゲームをする.

yōuxiān 优先[形]優先的である.¶bèi ～ lùqǔ[被～录取]優先的に採用される/～quán[～权]優先権.

†**yǒuxiàn 有限**[形]限りがある.¶～ de shēngmìng[～的生命]限りある命/shuǐpíng ～[水平～]力には限界がある/shùliàng ～[数量～]数には限りがある.

*__yǒuxiào 有效__[形]有効である.¶yàopǐn de ～qī[药品的～期]薬品の有効期限/～ cuòshī[～措施]有効な措置.

†**yǒuxiē 有些**[副]少し."有一些"yǒu yīxiēともいう.¶～ bùmǎn[～不满]多少不満である/xīnli ～ qìfèn[心里～气愤]心中少し腹が立った.[代]ある….一部の….¶～ xuésheng dǎgōng[～学生打工]バイトしている学生もいる/shāngdiàn li ～ shāngpǐn jiǎnjià chǔlǐ[商店里～商品减价处理]店内の一部の商品は値下げされている.

yǒuxié 友协[名]友好協会."友好协会"yǒuhǎo xiéhuìの略.¶Zhōng Rì ～[中日～]中日友好協会.

†**yóuxíng 游行**[動]行進する.¶～ shìwēi[～示威]デモ行進/qìngzhù ～ huódòng[庆祝～活动]祝賀パレード/～ duìwu[～队伍]行進の隊列.

*__yōuxiù 优秀__[形]優秀である.¶～ qīngnián[～青年]優秀な若者/～ zuòpǐn[～作品]優秀作品.

yǒu xuè yǒu ròu 有血有肉㊉表現が生き生きとしている.¶zhèi běn xiǎoshuō dàliàng de shǐyòngle dōngběi fāngyán,rénwù miáoxiěde ～,gèxìng xiānmíng[这本小说大量地使用了东北方言，人物描写得～，个性鲜明]この小説は東北の方言をたくさん使っているから人物描写が生き生きとして,個性がはっきり現れている.

yōuyì 优异[形]とりわけ優れている.¶qǔdéle ～ de chéngjì[取得了～的成绩]際立って優れた成績を取った.

⁑**yǒuyì 友谊**[名]友誼(ゆうぎ).¶jiéxiàle shēnhòu de ～[结下了深厚的～]厚い友情を結んだ/wèi wǒmen de ～ gānbēi![为我们的～干杯!]我我の友情に乾杯!/～ sài[～赛]親善試合.

†**yǒuyì 有益**[形]有益である.¶yùndòng ～ yú jiànkāng[运动～于健康]運動は健康によい/dúshū duì háizi ～[读书对孩子～]読書は子供にとっ

てためになる.

†**yǒuyì 有意**[動]…するつもりがある.¶wǒ ～ cānjiā,kě shízài méi shíjiān[我～参加，可实在没时间]参加したいとは思いますが,本当に時間がないのです.[形]故意である.¶duìbuqǐ, wǒ bú shì ～ de[对不起，我不是～的]ごめんなさい,わざとじゃありません.

☆**yǒu yì·si 有意思**[形]❶興味深い.意義深い.¶zhèi zhǒng jiàoyù xíngshì hěn ～[这种教育形式很～]このような教育方法は興味深い.❷面白い.¶zuìjìn de xiàngsheng méi ～[最近的相声没～]この頃の漫才は面白くない.

☆**yóu//yǒng 游泳**[動]泳ぐ.¶zài héli ～[在河里～]川で泳ぐ／yóule yì tiān yǒng[游了一天泳]1日中泳いだ.[名]水泳.¶～ bǐsài [～比赛]水泳の試合.

*__yǒu//yòng 有用__[形]役に立つ.¶～ de dōngxi[～的东西]役に立つ物／zhèixiē jiù dōngxi yǒu shénme yòng?[这些旧东西有什么用?]こんな古い物が何の役に立つのだ.

*__yóuyǒngchí 游泳池__[名]プール.

†**yōuyù 忧郁**[形]憂鬱(ゆううつ)である.¶xìnggé ～[性格～]性格が鬱屈している／shénsè ～[神色～]憂鬱な顔をしている.

*__yóuyú 由于__[前](原因・理由を示す)…のために.…によって.¶～ shēngbìng,tā méi shàngbān[～生病，他没上班]病気のため,彼は出勤しなかった.

yóuyù 犹豫[形]迷っている.ためらっている.¶～ bú dìng[～不定]迷って決まらない／～le yíhuìr,cái zuò juédìng[～了一会儿，才作决定]しばらく迷って,やっと決めた.

†**yōuyuè 优越**[形]優れている.まさっている.¶jīngjì tiáojiàn ～[经济条件～]経済的条件がまさっている／～gǎn[～感]優越感.

yōu zāi yóu zāi 优哉游哉㊞悠々自適.何もせずにのんびりしている.¶jiāli gùle bǎomǔ,suǒyǐ tā zhěngtiān ～ de,gēnběn bù guǎn háizi[家里雇了保姆，所以她整天～的，根本不管孩子]家では子守りを雇っているので,彼女は1日何もせずのんびりしていて,まったく子供の世話をしない.

yóuzhèng 邮政[名]郵政.¶～ chǔxù[～储蓄]郵便貯金／～ bùmén[～部门]郵政部門.

yōuzhì 优质[名]優れた品質.¶～ cáiliào[～材料]高品質の材料／～ chǎnpǐn[～产品]高品質の製品.

†**yòuzhì 幼稚**[形]❶幼い.¶～ de xiǎoliǎn[～的小脸]幼い顔.❷幼稚である.¶tā de xiǎngfa hěn ～[他的想法很～]彼は考えが幼稚だ.

*__yú 于__[前]〈書〉(動作の場所・時間などを表す)…に.…で.…にとって.¶Xīn Zhōngguó ～ yījiǔsìjiǔ nián shíyuè yī rì chénglì[新中国～一九四九年十月一日成立]新中国は1949年10月1日に成立.❷(対象を表す)…に.¶mǎnzú ～ xiànzhuàng[满足～现状]現状に満足する.❸(比較を表す)…より.¶lìrùn gāo ～ qùnián[利润高～去年]利潤が昨年より高い.

†**yú 余**[動]余る.¶hái ～le shí kuài qián[还～了十块钱]10元の余りが出た／～qián[～钱]残った金／～lì[～力]余力.[名]ある事柄の後の時間.余り.残り.¶gōngzuò zhī ～[工作之～]仕事の余暇時間.[数]端数.¶liùbǎi ～ rén[六百～人]600余人.

☆**yú 鱼**[名]〔tiáo 条〕魚.¶diào～[钓～]魚を釣る／～ zài shuǐli yóuzhe[～在水里游着]魚が水中で泳いでいる.

*__yǔ 与__[前]〈書〉(対象を示す)…に.…と.¶～ rén hémù xiāngchǔ[～人和睦相处]人と仲よく付き合う.[接](並列を示す)…と.¶kējì ～ jiàoyù[科技～教育]科学技術と教育／yǔyán jiàoxué ～ yánjiū[语言教学～研究]言語の教育と研究.

☆**yǔ 雨**[名]雨.¶xià ～ le[下～了]雨が降ってきた／～ tíng le[～停了]雨がやんだ.

yù 玉[名]❶鉱物の玉(ぎょく).(硬玉と軟玉とがある)¶～qì[～器]玉でつくった工芸品.❷美しいことのたとえ.¶tíng tíng ～ lì[亭亭～立]㊞ほっそ

Y

りとして美しい.

yù 愈[動]病気が治る.¶dà bìng chū ～[大病初～]大病が治ったばかりだ／quán～[痊～]全快する.[副]さらに.ますます.(多くは“愈…愈…”の形で用いる)¶yǔ xiàde ～ lái ～ dà[雨下得～来～大]雨はますます激しくなった.

yù 欲[名]欲.欲望.[動]欲する.¶chàng suǒ ～ yán[畅所～言]成思う存分話す／～ sù zé bù dá[～速则不达]成せいては事を仕損じる.急がば回れ.

yù 寓[動]❶住む.¶～suǒ[～所]住まい.❷託する.¶～yì shēnkè[～意深刻]寓意(ぐうい)が深い.

*__yù 遇__[動]❶出会う.巡り会う.¶yǔ guòqù de liànrén bù qī ér ～[与过去的恋人不期而～]かつての恋人と偶然出会う.❷遇する.¶dài～[待～]待遇する／yōu～[优～]優遇する.

yuān 冤[名]❶無実の罪.¶～yù[～狱]冤罪(えんざい)／hǎn～[喊～]無罪だと叫ぶ.❷かたき.恨み.¶liǎng rén jiùcǐ jié～[两人就此结～]2人はこの事で恨みを抱くようになった／mǎnfù ～chóu[满腹～仇]恨みをつのらせる.[形]割に合わない.悔しい.¶zhè qián huāde zhēn ～[这钱花得真～]この金を使ったのはまったく大損だった.

**__yuán 元__[量]中国の本位貨幣の単位.元.“圆”とも書く.口語では“块”kuàiを使う.¶huāle qīqiān ～[花了七千～]7千元使った.

*__yuán 员__[名]❶ある職についている人.¶yǎn～[演～]俳優／zhí～[职～]職員.❷メンバー.¶dǎng～[党～]党員／huì～[会～]会員.

yuán 园[名](～儿)園.¶huā～[花～]花園／dòngwù～[动物～]動物園.

yuán 原[形]❶最初の.¶～rén[～人]原人.猿人／～shēng dòngwù[～生动物]原生動物.❷元来の.¶～jí[～籍]本籍.原籍／～ bùzhǎng[～部长]元長官.❸加工されていない.¶～liào[～料]原料／～yóu[～油]原油.[副]元来.もともと.¶～ yǒu èrshíwǔ rén[～有二十五人]もともと25人いた.

**__yuán 圆__[形]丸い.完全である.↔fāng 方¶～zhuō[～桌]円卓.丸テーブル.[動]完全にする.円満に取り繕う.¶～huǎng[～谎]うそがばれないようにつじつまを合わせる／zì ～ qí shuō[自～其说]成自らが言ったことのつじつまを合わせる.[量]中国の貨幣の単位.元.“元”とも書く.

yuán 源[名]源.出所.¶shuǐ～[水～]水源／bìng～[病～]病気の出所.

**__yuǎn 远__[形]遠い.離れている.↔ jìn 近¶lí chēzhàn ～[离车站～]駅から遠い／jiěmèi liǎ xìnggé chàde ～[姐妹俩性格差得～]姉妹2人はずいぶん性格が違う.

*__yuàn 院__[名]❶(～儿)中庭.¶～li zhǎngmǎnle cǎo[～里长满了草]中庭には草がいっぱい生えている.*❷政府機関や公共施設の名称に用いられる.¶guówù～[国务～]国務院

逆引きウインドウズ

いろいろな“～鱼”

1 带鱼	dàiyú	タチウオ
2 比目鱼	bǐmùyú	ヒラメ·カレイ類
3 鳗鱼	mányú	ウナギ
4 鳄鱼	èyú	ワニ
5 墨鱼	mòyú	イカ
6 金鱼	jīnyú	金魚
7 鲸鱼	jīngyú	クジラ
8 美人鱼	měirényú	人魚

(中国の政府機関)／yī～[医～]病院／diànyǐng～[电影～]映画館.

†**yuàn 怨**[名]恨み.憎しみ.¶liǎng jiā jié～ le[两家结～了]両家は憎み合うようになった.[動]責める.恨み言を言う.¶～ biéren yǒu shénme yòng[～别人有什么用]他人を責めて何になる.

†**yuàn 愿**[動]願う.望む.¶wǒ ～ biànwéi yì zhī xiǎoniǎo[我～变为一只小鸟]私は小鳥になりたい.

yuáncáiliào 原材料[名]原材料.

yuǎndà 远大[形]遠大である.¶～ de lǐxiǎng[～的理想]遠大な理想.

†**Yuándàn 元旦**[名]元旦.元日.¶～ qián xī[～前夕]元旦の前夜／zài jiā guò ～[在家过～]元日を家で過ごす.

yuǎnfāng 远方[名]遠方.¶～ de qīnrén[～的亲人]遠くの親戚.

yuángào 原告[名]原告.

†**yuángù 缘故**[名]原因.わけ.¶bù zhī shénme ～,tā méi lái zhǎo wǒ[不知什么～，他没来找我]どういうわけか,彼は私を訪ねて来なかった.

yuánjiàn 元件[名]部品.エレメント.コンポーネント.¶zǔzhuāng ～[组装～]部品を組み立てる.

yuǎnjǐng 远景[名]❶遠景.¶yòng wàngyuǎnjìng kàn ～[用望远镜看～]望遠鏡で遠くの景色を見る.❷将来の展望.¶～ guīhuà[～规划]長期計画.

⁑**yuánlái 原来**[副]❶もともと.以前.¶tā ～ yǒu hěn duō huài xíguàn,xiànzài dōu gǎizhèngguolai le[他～有很多坏习惯，现在都改正过来了]彼には以前,悪い習慣がたくさんあったが,今ではすっかり直った.❷なんと(…だったのか).¶～ shì zhème huí shì[～是这么回事]なんとこういうことだったのか／～ shì nǐ ya![～是你呀!]なんだ君だったのか.➡[類義語] běnlái 本来

†**yuánlǐ 原理**[名]原理.

⁑**yuánliàng 原谅**[動]許す.容認する.¶qǐng nín ～[请您～]どうぞお許しください.

***yuánliào 原料**[名]原料.

†**yuánlín 园林**[名](観賞用の)庭園.¶guǎnlǐ ～[管理～]庭園を管理する.

†**yuánmǎn 圆满**[形]円満である.完全である.¶dàhuì ～ chénggōng[大会～成功]大会は無事成功した.

yuánquán 源泉[名]源泉.¶lìliang de ～[力量的～]力の源.

†**yuánrén 猿人**[名]猿人.原人.

†**yuánshǐ 原始**[形]❶最初の.元の.¶～ shùjù[～数据]最初のデータ.❷未開の.¶bǎohù ～ sēnlín[保护～森林]原始林を守る.

yuánshǒu 元首[名]元首.¶guójiā ～[国家～]国家元首.

†**yuánsù 元素**[名]❶要素.因子.¶gòuchéng ～[构成～]構成要素.❷〔数〕要素.❸〔化〕元素.¶～ fúhào[～符号]元素記号.

†**yuān·wang 冤枉**[動]❶無実の罪を着せられる.¶shòule ～[受了～]ぬれぎぬを着せられた.❷無実の罪を着せる.¶～ hǎorén[～好人]善良な人に無実の罪を着せる.[形]むだである.¶pǎole ～lù[跑了～路]むだ足を運んだ／huāle ～qián[花了～钱]むだ金を使った.

***yuànwàng 愿望**[名]願望.望み.¶shíxiàn zìjǐ de ～[实现自己的～]自分の夢を実現させる.

†**yuánxiān 原先**[副]もともと.初めは.¶～ tā shénme yě bú huì,hòulái quán huì le[～他什么也不会，后来全会了]彼は初め何もできなかったが,後にすべてできるようになった.

†**yuánxiāo 元宵**[名]❶旧暦1月15日の夜.上元の夜.観灯の風習がある.¶～jié[～节]元宵節.❷元宵節に食べる糯米(もちごめ)でつくっただんご.¶zhēngyuè shíwǔ chī ～[正月十五吃～]正月15日には元宵だんごを食

Y

べる.

yuánxiāo 元宵❷

⁑**yuàn•yì 愿意**[助動]…したいと思う.(ある事態や状態の発生を)願う.¶wǒ ～ dāng lǎoshī[我～当老师]私は先生になりたい／wǒ ～ tiān lěng yìdiǎn[我～天冷一点]もう少し寒くなってほしい.[動](ある事を行うことに)賛成する.同意する.(ある事を行うよう)希望する.¶ràng wǒ qù,wǒ bú ～[让我去，我不～]私を行かせようとしても,私はいやだ／fēicháng ～[非常～]切に希望する.

Y

*__yuányīn 原因__[名]原因.¶diàochá shìgù ～[调查事故～]事故の原因を調査する.

yuányóu 原油[名]原油.

*__yuánzé 原则__[名]〔tiáo 条,xiàng 项〕原則.¶jiānchí ～[坚持～]原則を守る.

*__yuànzhǎng 院长__[名]学校や病院などの長.

†**yuánzhù 援助**[動]援助する.¶～ péngyou[～朋友]友だちを助ける／jīngjì ～[经济～]経済援助.

*__yuánzhūbǐ 圆珠笔__[名]〔zhī 支,zhī 枝〕ボールペン.

†**yuánzǐ 原子**[名]〔物〕原子.¶fēnxī ～ jiégòu[分析～结构]原子の構造を分析する.

*__yuàn•zi 院子__[名]中庭.塀で囲まれた敷地.

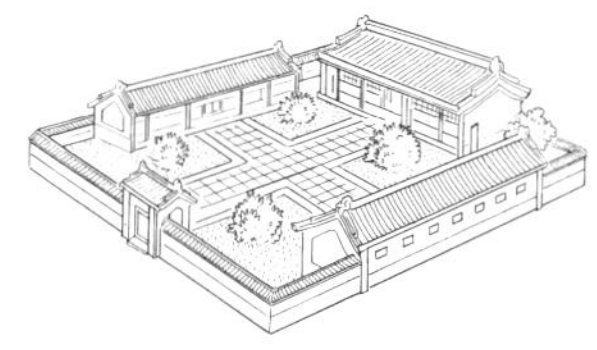

†**yuánzǐdàn 原子弹**[名]原子爆弾.

yuánzǐnéng 原子能[名]原子力.

†**yùbào 预报**[動]予報を出す.¶～ xià zhōu diànshì jiémù[～下周电视节目]来週のテレビ番組の予告を出す.[名](天気・地震などの)予報.¶tiānqì ～[天气～]天気予報.

*__yùbèi 预备__[動]準備する.…するつもりである.¶～ kěkǒu de fàncài[～可口的饭菜]おいしいおかずを用意する／～ sān tiān hòu chūfā[～三天后出发]3日後に出発する予定である.

yùcè 预测[動]予測する.¶～ wèilái[～未来]未来を予測する／nányǐ ～[难以～]予測困難である.

†**yúchǔn 愚蠢**[形]愚かである.¶～ de xíngwéi[～的行为]愚かな行為／tài ～ le[太～了]あまりに愚かだ.

yǔ cǐ tóngshí 与此同时㊔これと同時に.¶shǒuxiān diàocháqīngchu,～,hái yào zhìdìng jìhuà[首先调查清楚，～，还要制定计划]まず詳しく調べ,それと同時に計画を立てなければならない.

⁑**yù∥dào 遇到**[動]出会う.¶zài lùshang ～le péngyou[在路上～了朋友]友人と道でばったり出会った.

yúdì 余地[名]余地.¶shìqing dàole zhè yí bù yǐjing méiyou wǎnhuí de ～ le[事情到了这一步已经没有挽回的～了]事態はここに至って,すでに挽回(ばんかい)の余地はなくなった.

*__yǔdiào 语调__[名]語調.¶xué wàiyǔ yào zhùyì yǔyīn ～[学外语要注意语音～]外国語を学ぶ時は,発音とイントネーションに注意しなければならない.

yùdìng 预订[動]予約する.¶～ kèfáng[～客房]ホテルの部屋を予約する／～ yí ge dà dàngāo[～一个大蛋糕]大きなケーキを1つ予約注文する.

yùdìng 预定[動]予定する.¶～ sān diǎn chūfā[～三点出发]3時に出発の予定である／àn ～ wánchéng[按～完成]予定通り完成する.

yuē 曰[動]〈書〉❶日く.言う.❷…を…と言う.

*__yuē 约__[動]❶約束する.¶～hǎo sān diǎn jiànmiàn[～好三点见面]3時に会うことを約束した.❷招く.¶dǎ diànhuà ～ tā lái[打电话～他来]電話をかけて彼を誘う.[副]およそ.¶～ yì mǐ qī wǔ gāo[～一米七五高](身長が)約1メートル75センチ.

☆yuè 月[名]❶(空の)月.❷(年月の)月.

yuè 阅[動]読む.閲読する.

yuè 跃[動]跳ぶ.跳ねる.¶yí ～ ér qǐ[一～而起]パッと跳び起きる.

†yuè 越[動]越す.越える.¶～ qiáng ér táo[～墙而逃]塀を跳び越えて逃げる.

yuè∥dōng 越冬[動]越冬する.¶qīngwā duǒzai dòngxué li ～[青蛙躲在洞穴里～]カエルはほら穴に身を隠して冬を越す.

*yuèdú 阅读[動]読む.閲読する.¶xué wàiyǔ tīngxiě hé ～ dōu hěn zhòngyào[学外语听写和～都很重要]外国語の勉強には書き取りと閲読が大切である.

yuèduì 乐队[名]楽団.楽隊.¶jiāoxiǎng ～[交响～]交響楽団.

yuèfèn 月份[名](～儿)(ある月全体をさしていう)…月.¶yī ～ fàng wǔ tiān jià[一～放五天假]1月は休みが5日ある.

yuèfù 岳父[名]舅(しゅうと).妻の父."岳丈"yuèzhàngともいう.¶dà nǚxu hé ～ de guānxi hěn hǎo[大女婿和～的关系很好]長女の婿と舅は仲がいい.

†yuèguāng 月光[名]月光.¶míngliàng de ～[明亮的～]明るい月の光.

yuè∥guò 越过[動](限界・障害などを)乗り越える.越す.¶yùndòngyuán ～ hénggān[运动员～横杆]選手がバーを越えた.

*yuē·huì 约会[動]会う約束をする.¶gēn nǚpéngyou ～[跟女朋友～]ガールフレンドと会う約束をする.[名]会う約束.デート.¶měi zhōu yǒu yí cì ～[每周有一次～]毎週1回デートの約束がある.

†yuèjìn 跃进[動]躍進する.¶cóng shíjiàn ～dao lǐlùn[从实践～到理论]実践から理論へと目覚ましい進歩を遂げる.

*yuè lái yuè～ 越来越～[呼]だんだん…になる.ますます…になる.¶tā ～ cōngmíng le[他～聪明了]彼はますます賢くなってきた.

*yuèlǎnshì 阅览室[名]閲覧室.

☆yuè·liang 月亮[名]〔lún 轮〕月.

yuèmǔ 岳母[名]姑(しゅうとめ).妻の母.¶háizi yóu ～ kānzhe[孩子由～看着]子供は妻の母が見ている.

†yuèqì 乐器[名]〔jiàn 件〕楽器.

☆yuèqiú 月球[名]〔天〕月.¶～ shang yǐnlì bǐ dìqiú xiǎo[～上引力比地球小]月での引力は地球より小さい.

yuèqǔ 乐曲[名]楽曲.曲.

yuēshù 约束[動]束縛する.制限する.¶zài xuéxiào shòu ～[在学校受～]学校では制約を受ける.

*yuè～yuè～ 越～越～[呼]…すればするほど…になる.¶yuè xué yuè ài xué[越学越爱学]勉強すればするほど勉強が好きになる.

☆yǔfǎ 语法[名]〔語〕❶語法.文法.¶Hànyǔ de ～[汉语的～]中国語の文法／～shū[～书]文法書.❷文法論.¶

表現Chips 約束・予約する

好，一言为定。Hǎo,yì yán wéi dìng.
(じゃあ,これで決まりだよ)
那就改在后天吧。Nà jiù gǎizài hòutiān ba.
(それでは明後日に変更しましょう)
晚上六点半在新宿见，不见不散。Wǎnshang liù diǎn bàn zài Xīnsù jiàn,bú jiàn bú sàn.(夜6時半新宿で会いましょう,会えるまで待つことにしましょう)
请问，可以预订机票吗? Qǐngwèn,kěyǐ yùdìng jīpiào ma?
(すみません,飛行機の切符を予約できますか)
八月二十号我想订个单人间。Bāyuè èrshí hào wǒ xiǎng dìng ge dānrénjiān.
(8月20日シングルルーム1部屋を予約したいのですが)
明天中午我想包一个单人间，有吗? Míngtiān zhōngwǔ wǒ xiǎng bāo yí ge dānrénjiān, yǒu ma?(明日のお昼,個室を借り切りたいのですが,ありますか)

gōngnéng ～[功能～]機能文法.

†**yùfáng 预防**[動]予防する.¶～ liúgǎn[～流感]流感を予防する.

†**yǔgǎn 语感**[名]語感.¶gèrén de ～ bù tóng[个人的～不同]人によって語感が違う.

yùgǎn 预感[動]予感する.¶wǒ ～ yǒu shénme shì jiāng fāshēng[我～有什么事将发生～]私は何かが起きるような予感がした.

†**yùgào 预告**[動]予告する.¶xīn zhìdù de chūxiàn ～le jiù zhìdù de mièwáng[新制度的出现～了旧制度的灭亡]新制度の出現は旧制度の消滅を予告するものであった／xīnshū ～[新书～]新刊書の予告.

yùhuì 与会[動]会議に出る.¶～ dàibiǎo[～代表]会議の参加者代表／～ rénshì[～人士]会議出席者.

yùjì 预计[動]見込みである.¶～ yào huāfèi sānshí wàn měiyuán[～要花费三十万美元]30万米ドルを費やす見込みである／～ zài bàn nián nèi wángōng[～在半年内完工]半年以内に工事を完成させる見込みである.

yùjiàn 预见[動]予見する.¶wèilái nányǐ ～[未来难以～]将来のことは予見しがたい／yǒu ～xìng[有～性]先見性がある／kēxué de ～ yǒu yídìng de kěxìnxìng[科学的～有一定的可信性]科学的予見にはある程度の信憑(しんぴょう)性がある.

*__yù//·jiàn 遇见__[動]出くわす.¶shícháng néng ～ guòqù de línjū[时常能～过去的邻居]以前の隣人とたびたび出くわす.

yǔjù 语句[名]語句.¶wénzhāng de ～ xiěde hěn tōngshùn[文章的～写得很通顺]文章の言葉の流れがとてもスムーズだ.

⁑**yúkuài 愉快**[形]愉快である.¶xīnqíng ～[心情～]愉快である／jīngshén ～[精神～]愉快な気分だ.

類義語 **yúkuài 愉快**
gāoxìng 高兴

►"高兴"は嬉しくて心が高ぶっており,それが外見にも現れる."愉快"は心楽しいことで,「満ち足りた」,「心安らかな」という意もあり,外見に現れるとは限らない.¶见到你，我真的很高兴 jiàndao nǐ,wǒ zhēn de hěn gāoxìng(あなたにお目にかかれて,本当に嬉しいです)／老人们过着愉快的晚年生活 lǎorénmen guòzhe yúkuài de wǎnnián shēnghuó(お年寄りたちは心楽しい晩年を送っている)►また"高兴"は"高高兴兴"の形で重ね型になるが,"愉快"はならない.¶孩子们高高兴兴地回来了 háizimen gāogāoxìngxìng de huílai le(子供たちは嬉しそうに帰ってきた)

†**yúlè 娱乐**[動]楽しむ.娯楽を行う.¶～ huódòng[～活动]娯楽活動／～ shèshī[～设施]娯楽施設.[名]娯楽.¶dǎqiú shì yí xiàng hěn hǎo de ～[打球是一项很好的～]球技はレクリエーションにとてもよい.

yùliào 预料[動]推測する.予想する.¶méi ～dao xiǎomài huì jiǎnchǎn[没～到小麦会减产]コムギの減産は予想していなかった.

yúlùn 舆论[名]世論.¶zhìzào ～[制造～]世論をでっちあげる／guójì ～ de yālì[国际～的压力]国際世論の圧力.

yǔmáo 羽毛[名]羽毛.¶měilì de ～[美丽的～]美しい羽／～shàn[～扇]羽扇.

*__yǔmáoqiú 羽毛球__[名]❶バドミントン.¶dǎ ～[打～]バドミントンをする.❷バドミントンの羽根.シャトルコック.¶mǎile yí ge xīn ～[买了一个新～]新しいシャトルを1つ買った.

yúmèi 愚昧[形]無知で愚かである.¶～ wúzhī[～无知]成無知蒙昧.

*__yùmǐ 玉米__[名]〔kē 棵,lì 粒〕〔植〕トウモロコシ.¶zhòng ～[种～]トウモロコシを植える／zhǔ ～ chī[煮～吃]トウモロコシをゆでて食べる／～miàn[～面]トウモロコシの粉.

†**yúmín 渔民**[名]漁民.¶～ zài dǎyú[～在打鱼]漁民が漁をしている.

†**yūn 晕**[動]目まいがする.乗り物酔いする.yùnとも発音する.¶tóu ～[头～]頭がくらくらする／gāng zhànqilai jiù

～dǎo le[刚站起来就～倒了]立ち上がったとたん目まいで倒れた.

⁑**yún 云**[名]〔duǒ 朵,kuài 块,piàn 片,tuán 团〕雲.¶tiānkōng zhōng piāozhe duǒ duǒ bái～[天空中飘着朵朵白～]空にいくつもの白い雲が浮かんでいる／wàn lǐ wú ～[万里无～]雲ひとつない快晴.

yún 匀[形]むらがない.均質である.¶kǒuhóng túde bù ～[口红涂得不～]口紅の塗り方にむらがある.[動]❶均質化する.¶zánmen bǎ zhè liǎng bēi ～yi～[咱们把这两杯～一～]この2杯の量を同じぐらいにしましょう.❷分ける.¶wǒ yàobuliǎo zhème duō,～gěi nǐ yìdiǎnr ba[我要不了这么多，～给你一点儿吧]私はこんなにたくさんはいりませんから,あなたに少し分けましょう／néng bù néng ～chu yìdiǎnr shíjiān gěi wǒ?[能不能～出一点儿时间给我?]私のために少し時間を割いてくださいませんか.

*__yùn 运__[動]運ぶ.¶～ liángshi[～粮食]食糧を運ぶ.[名]運.運勢.¶zǒu～[走～]運が向いてくる／bèi～[背～]不運.運が悪い.

yún·cai 云彩[名]〈口〉雲.

yùncáng 蕴藏[動]埋蔵する.埋もれる.¶～zhe fēngfù de zīyuán[～着丰富的资源]豊富な資源が埋もれている／qúnzhòng zhōng ～zhe zhìhuì[群众中～着智慧]大衆の中には知恵が隠されている.

†**yùn//chē 晕车**[動]車酔いする.¶～de rén qǐng shìxiān shuō yì shēng[～的人请事先说一声]車酔いする人はあらかじめ申し出てください／～yào[～药]酔い止め／qiánmian de zuòwèi shì gěi ～ de rén zuò de[前面的座位是给～的人坐的]前の座席は車酔いする人用です.

⁑**yùndòng 运动**[動]運動する.¶tā gāng chūqu ～[他刚出去～]彼は運動をしに出かけたところだ.[名]〔chǎng 场,xiàng 项〕❶運動.スポーツ.¶tǐyù～[体育～]スポーツ❷(政治や社会の)運動.¶àiguó ～[爱国～]愛国運動.➡ 類義語 tǐyù 体育

*__yùndònghuì 运动会__[名]運動会.スポーツ大会.

*__yùndòngyuán 运动员__[名]スポーツ選手.¶pàichu ～ cānjiā Àoyùnhuì[派出～参加奥运会]選手をオリンピックに送る.

yùnniàng 酝酿[動]❶醸造する.発酵させる.❷下相談する.準備する.¶～ rénxuǎn[～人选]人選について根回しする／jìhuà zhèngzài ～ zhōng[计划正在～中]計画は検討中だ.

†**yùn·qi 运气**[名]運.運命.¶～ hǎo[～好]運がいい／pèng ～[碰～]運をためす.運に任せる.

*__yùnshū 运输__[動](交通機関を用いて物や人を)運ぶ.運送する.輸送する.¶yòng huǒchē ～ liángshi[用火车～粮食]列車で食糧を運送する／～ fèiyong yóu chǎngfāng chéngdān[～费用由厂方承担]運送費は工場側が負担する.

yùnsòng 运送[動]運送する.¶～ huòwù[～货物]貨物を運送する.

yùnsuàn 运算[動]計算をする.運算する.¶àn fāngchéngshì ～[按方程式～]方程式に基づき計算する.

yùnxíng 运行[動]運行する.¶jìsuàn xíngxīng de ～ zhōuqī[计算行星的～周期]惑星の運行周期を計算する.

*__yǔnxǔ 允许__[動]許す.許可する.¶xuéxiào bù ～ kuàngkè[学校不～旷课]学校は授業をさぼることを許さない.

*__yùnyòng 运用__[動]運用する.利用する.¶～ xiānjìn jìshù[～先进技术]先進的な技術を利用する.

yùnyù 孕育[動]❶はらむ.妊娠する.¶mǔqīn fùzhōng ～zhe xīn de shēngmìng[母亲腹中～着新的生命]母親のお腹に新しい生命が宿っている.❷〈喩〉はらむ.内蔵する.はぐくむ.¶～ xīn de chéngguǒ[～新的成果]新しい成果を宿している.

†**yùnzhuǎn 运转**[動]回転する.¶yuèliang ràozhe dìqiú ～[月亮绕着地球～]月は地球の周りを回っている／jīqì ～ zhèngcháng[机器～正常]機械が正常に動いている.

†**yǔqí 与其**[接]…よりはむしろ…."不如"bùrúなどと呼応して用いられるこ

とが多い.¶～ ràng tā qù,bùrú wǒ zìjǐ qù[～让他去，不如我自己去]彼に行かせるよりはむしろ私自身で行った方がいい／～ mēnzai jiāli kàn diànshì,bùrú chūqu wánrwanr[～闷在家里看电视，不如出去玩儿玩儿]家に閉じこもってテレビなんか見ているぐらいなら,外に遊びに行った方がいい.

*yǔqì 语气[名]口調.語気.¶tīng tā de ～,sìhū chūle diǎn wèntí[听他的～，似乎出了点问题]彼の口ぶりからすると,何か問題が生じたようだ／nǐ zěnme néng yòng zhèi zhǒng ～ gēn lǎoshī shuōhuà?[你怎么能用这种～跟老师说话?]君はよく先生にそんな口のきき方ができるな.

yùqī 预期[動]予期する.期待する.¶méiyou qǔdé ～ de xiàoguǒ[没有取得～的效果]期待通りの効果は得られなかった／wánchéngle ～ jìhuà[完成了～计划]予期した計画を達成した／dádàole ～ de mùdì[达到了～的目的]期待通りの目的に達した.

yùsài 预赛[動]予選を行う.¶xiān ～,zài juésài[先～，再决赛]まず予選を行い,次に決勝戦を行う.[名]予選.

*yǔsǎn 雨伞[名]〔bǎ 把〕雨傘.¶jiēshang de rén dōu dǎzhe ～[街上的人都打着～]通りの人は皆傘をさしている.

*yúshì 于是[接]そこで.それで.¶dàjiā dōu méi yìjiàn,～ jiù zhèyàng juédìng le[大家都没意见，～就这样决定了]誰も異論がなかったので,このように決めた.

†yùshì 浴室[名]❶銭湯.公衆浴場.¶～ shòupiàochù[～售票处]銭湯のチケット売り場.❷〔jiān 间〕浴室.風呂場.

yùshì 预示[動]前もって示す.¶shìqing zài yì kāishǐ jiù ～zhe búxìng[事情在一开始就～着不幸]事件は始まる時から不幸を予示していた.

yǔshuǐ 雨水[名]雨水.¶～ chōngzú[～充足]雨量が十分である.

yùsuàn 预算[名]予算.¶chāoguò ～[超过～]予算をオーバーする／zhìdìng niándù ～[制定年度～]年度予算を作成する.

yùwàng 欲望[名]欲望.欲求.¶qiúzhī de ～[求知的～]知識欲／mǎnzú ～[满足～]欲望を満足させる.

†yǔwén 语文[名]❶言語と文字.¶～ shuǐpíng[～水平]読み書きの水準.❷言語と文学.国語.¶～ lǎoshī[～老师]国語の先生／～kè[～课]国語の授業.

⁂yùxí 预习[動]予習する.¶～ gōngkè[～功课]授業の予習をする.

†yùxiān 预先[副]あらかじめ.¶～ shēngmíng[～声明]あらかじめはっきり言明しておく／～ tōngzhī[～通知]前もって知らせておく.

*yǔxié 雨鞋[名]雨靴.¶yǔ xiàde hěn dà,zuìhǎo chuānshang ～[雨下得很大，最好穿上～]雨がひどく降っているので,雨靴を履いた方がいい.

⁂yǔyán 语言[名]言語.言葉.¶～xué[～学]言語学／zhǎngwò duō zhǒng ～[掌握多种～]様々な言語をマスターする.

†yùyán 寓言[名]寓話(ぐうわ).¶～ gùshi[～故事]寓話／Yīsuǒ ～[伊索～]イソップ寓話.

yùyán 预言[動]予言する.[名]予言.¶gǔdài xiānzhī de ～[古代先知的～]古代の予言者の予言.

yúyè 渔业[名]漁業.¶bǎohù ～ zīyuán[保护～资源]水産資源を保護する／cóngshì ～[从事～]漁業に従事する.

*yǔyī 雨衣[名]〔jiàn 件〕レインコート.¶chuān ～[穿～]レインコートを着る.

yǔyǐ 予以[動]…を与える.¶～ biǎoyáng[～表扬]表彰する／～ gǔlì[～鼓励]励ましを与える.

†yǔyì 语意[名]言葉の含意.¶zhèi duàn huà yǒu hěn shēn de ～[这段话有很深的～]この話にはとても深い意味がある.

*yǔyīn 语音[名]〔語〕(言語の)音声.¶jiūzhèng ～[纠正～]発音を直す／～xué[～学]音声学.

†yù～yù～ 愈～愈～ 呼…するほど….¶fēngchē yù zhuàn yù kuài[风车愈转愈快]風車は回るにつれて速くなってくる／yù zǒu yù lèi,zhōngyú zǒu-

budòng le［愈走愈累，终于走不动了］歩けば歩くほど疲れてきて,しまいには歩けなくなった.

yùyuē 预约［動］予約する.¶zài zhèli kàn yá yào ～［在这里看牙要～］ここで歯の治療を受けるには予約しなければならない.

†**yǔzhǒng 语种**［名］言語の種類.¶dàxué li wàiyǔkè de ～ hái fēicháng yǒuxiàn［大学里外语课的～还非常有限］大学の外国語科目における言語の種類はまだ非常に限られている.

†**yǔzhòu 宇宙**［名］宇宙.¶～ huǒjiàn［～火箭］宇宙ロケット.

†**yùzhù 预祝**［動］これから起こることをあらかじめ祝う…,…になるように祈る.¶～ yíqiè shùnlì!［～一切顺利!］万事うまくいきますように！／～ chénggōng!［～成功!］成功を祈る.

谜语 答えがYで始まるなぞなぞ 1

早上开门，	Zǎoshang kāi mén,	朝にドアを開け,
晚上关门，	wǎnshang guān mén,	夜には閉じる,
走近一看，	zǒujìn yí kàn,	近づいてのぞいてみると,
门里有人。	mén lǐ yǒu rén.	中には人がいる.

（答えは600～601ページの中に）

谜语 答えがYで始まるなぞなぞ 2

小小扫帚，	Xiǎoxiǎo sàozhou,	小さなほうき,
一手握牢，	yì shǒu wòláo,	片手に握り,
白石缝里，	báishí fèngli,	白い石の隙間を,
天天打扫。	tiāntiān dǎsǎo.	毎日おそうじ.

（答えは604～605ページの中に）

谜语 答えがYで始まるなぞなぞ 3

有时落在山腰，	Yǒushí luòzai shānyāo,	時には山の中腹に落ち,
有时挂在树梢，	yǒushí guàzai shùshāo,	時には樹の梢にかかり,
有时像面圆镜，	yǒushí xiàng miàn yuánjìng,	時にはまるい鏡のよう,
有时像把镰刀。	yǒushí xiàng bǎ liándāo.	時にはまるで鎌のよう.

（答えは632～633ページの中に）

●百科知識●

絵で見る中国人の一生(3)

就職

就職先は"单位"dānwèi(職場)と呼ばれる.かつての企業形態としては国営企業がほとんどで福利厚生面が充実しており,病院から託児所まで社員の生活を支えた."邓小平"Dèng Xiǎopíng(鄧小平)の"改革开放"gǎigé kāifàng(改革開放)以後,企業は競争社会の中で利潤を追求するようになり,"福利"fúlì(福祉)面は企業から切り離されつつある.また競争力のない部門では社員の"下岗"xiàgǎng(一時帰休と訳されるが実質的には解雇)が進み,失業者が増えている.一方"铁饭碗"tiěfànwǎn(食いはぐれのない親方日の丸的な職業)の環境に飽き足らず"下海"xiàhǎi(退職して自らビジネスの世界に身を投じる)する人や,"跳槽"tiàocáo(より良い待遇を求めて職場や仕事を変える)する人も増えている.

結婚

"找对象"zhǎo duìxiàng(結婚相手をさがす)方法として,中国ではたまたま出会った人と恋愛してゴールインする人のほか,友達や親戚の紹介で知り合い結婚する人が多い.このほか"征婚"zhēnghūn(雑誌などに結婚相手を求める広告を出す)で知り合い,結婚する人もいる.

結婚を決めると"当地政府"dāngdì zhèngfǔ(その地方の役所)や"派出所"pàichūsuǒ(派出所)に行って"登记"dēngjì(届けを出す)をし,赤い表紙の"结婚证明书"jiéhūn zhèngmíngshū(結婚証明書)を新郎新婦それぞれがもらう.

最近はホテルで"结婚典礼"jiéhūn diǎnlǐ(結婚式)をする人が増えてきたが,日本のように厳粛で決まった形を持つものではない.にぎやかで楽しい式が多い.結婚式の夜,新郎新婦をからかう"闹洞房"nào dòngfáng という習慣もある.

結婚すると写真館でタキシードと"婚纱"hūnshā(ウエディングドレス)姿の写真を撮る.夫婦の寝室の壁にその写真が大きく引き伸ばして飾られているのをよく見かける.

老後

男性は55～60歳,女性は50～55歳くらいで"退休"tuìxiū(退職)する.勤めていた会社が安泰ならその後は"养老金"yǎnglǎojīn(年金)でそれなりの生活ができるが,最近は国営企業も倒産しているので生活に困る人たちも出てきた.

第一線を退いた後は気功や太極拳をして体を鍛えたり,孫のめんどうを見る.コーラスやダンス,旅行を楽しむ老人も増えている.

葬儀

人が亡くなると"火化"huǒhuà(荼毘に付す)をし,墓地に埋葬したり遺骨を置く専門の場所に安置する.元の職場などが主催して"追悼会"zhuīdàohuì(葬儀)を行う.参列者たちは腕に"黑袖纱"hēixiùshā(喪章)を巻いたり,胸に白い花を付けたりして参列する.現代の葬式では服の色は特に決まってはいない.仏教ではないのでお坊さんがお経を読むというようなこともない.

Z,z

*zá 杂[形]いりまじっている.多種多様である.¶nèiróng hěn ～[内容很～]中身は雑多である／～shì[～事]雑事.

†zá 砸[動]❶たたく.打つ.¶～ hétao[～核桃]クルミをたたき割る／bǎ suǒ ～kāi le[把锁～开了]錠前をぶちこわして開けた.❷壊す.壊れる.¶wǎn ～ le[碗～了]茶碗が壊れた.❸失敗する.¶shìqing bàn～ le[事情办～了]仕事に失敗した／jiémù yǎn～ le[节目演～了]出し物は失敗してしまった.

zǎ 咋[代]〈方〉どうして.どのような.＝zěnme 怎么¶nǐ ～ bù shuōhuà le?[你～不说话了?]どうして黙っているの／yě bù zhī rénjia ～ xiǎng de[也不知人家～想的]あの人がどう思っているのかもわからない.

*zāi 灾[名]災害.不幸.¶zāole yì cháng ～[遭了一场～]災害に遭った／wú bìng wú ～[无病无～]成無病息災である.

†zāi 栽[動]❶植える.¶～ liǎng kē zǎo shù[～两棵枣树]ナツメの木を2本植える.❷植え付ける.取り付ける.¶～ shuāzi[～刷子]ブラシの毛を植え付ける.❸(罪などを)着せる.¶～shang zuìmíng[～上罪名]罪を着せる／tā bǎ shìgù de zérèn ～ dao wǒ tóu-shang[他把事故的责任～到我头上]彼は事故の責任を私になすりつける.❹ひっくり返る.¶bù xiǎoxīn ～dǎo le[不小心～倒了]うっかりして転んでしまった／～ gēntou[～跟头]もんどり打つ.

zǎi 宰[動](家畜などを)屠殺する.¶shā zhū ～ yáng[杀猪～羊]ブタやヒツジを屠殺する.

⁑zài 再[副]❶再び.もう一度.¶～ qù yí cì[～去一次]もう一度行く.❷さらに.もっと.¶～ duō yìdiǎnr jiù hǎo le[～多一点儿就好了]もう少し多ければよかった.❸これ以上…したら.¶～ bù zǒu,yòu yào chídào le[～不走,又要迟到了]これ以上ぐずぐずしていたらまた遅刻してしまうよ.❹(…して)から….¶xiàle kè ～ qù yīyuàn[下了课～去医院]授業が終わってから病院に行く.

⁑zài 在[動]…にいる.…にある.¶tā ～

目で見る類義語 zāi 栽　zhòng 种　zhí 植

►苗や球根を植える場合には,“栽”zāiを使う.¶栽了一棵树 zāile yì kē shù(木を1本植えた)►種を埋める場合は,基本的には“种”zhòngを使う.しかし,木や花は「苗,球根,種」など植えられる形式が様々なので,“栽”と“种”の両方ともいえる.¶{栽／种}树{zāi／zhòng} shù(木を植える)／{栽／种}花{zāi／zhòng} huā(花を植える)►農作物はほとんど種の形でまかれるので,“种”しか使えない.¶种庄稼 zhòng zhuāngjia(作物を植える)►“植”zhíは防風林や庭園の芝生のように,一定面積の土地を覆う形で,木や草を植える場合に用いる.¶植树造林 zhíshù zàolín(木を植え森林をつくる)

jiā[他～家]彼は家にいる／yóujú ～ xuéxiào hòumian[邮局～学校后面]郵便局は学校の後ろにある.[前](時間や場所を表す)…で.…に.¶～ túshūguǎn kàn shū[～图书馆看书]図書館で本を読む／～ hēibǎn shang xiě zì[～黑板上写字]黒板に字を書く／zhèi jiàn shì fāshēng～ qiūtiān[这件事发生～秋天]これは秋に起こった事である.

☆**zài 在**[副](動詞の前に用い,動作が進行中であることを表す)…している.¶tā ～ xiě xìn[他～写信]彼は手紙を書いている／yǒu rén ～ kū[有人～哭]誰かが泣いている.➡[類義語] zhèng 正

*__zài 载__[動]❶積む.載せる.¶dàkèchē kě ～ wǔshí rén[大客车可～五十人]大型バスには50人乗ることができる.❷刊行物に掲載する.¶yuán ～《Wénxué Qīngnián》[原～《文学青年》]『文学青年』より転載／～ yú jīntiān dì èr bǎn[～于今天第二版]今日の第2面に掲載する.

*__zāihài 灾害__[名]災害.¶fángzhǐ ～ de fāshēng[防止～的发生]災害の発生を防ぐ.

zài·hu 在乎[動]❶…にある.¶chéngbài ～ gèrén fùchū de nǔlì[成败～个人付出的努力]成否の鍵は個人が払った努力にある.❷気にかける.¶bú ～ huā duōshao shíjiān[不～花多少时间]どんなに時間がかかっても気にしない／mǎn bú ～ de yàngzi[满不～的样子]まったく平気な様子.

zāihuāng 灾荒[名]〔cháng 场,cì 次〕天災.多くは飢饉(ききん)をさす.¶nào ～[闹～]飢饉に見舞われる.

☆**zàijiàn 再见**[動](挨拶)また会いましょう.さようなら.

†**zāimín 灾民**[名]被災者.罹災者(りさいしゃ).¶～men zànshí zhùzai línshí dājiàn de zhàngpeng li[～们暂时住在临时搭建的帐篷里]被災者たちはとりあえず臨時に建てられたテントに住む.

†**zāinàn 灾难**[名]災難.災禍.¶gěi rénmen dàilaile ～[给人们带来了～]人々に災難をもたらした／bǎ rénmen cóng ～ zhōng jiěfàngchulai[把人们从～中解放出来]人々を災禍の中から救出する.

zāipéi 栽培[動]❶栽培する.¶～ guǒshù[～果树]果樹を栽培する.❷(人材を)育成する.¶～ xīnrén[～新人]新人を育成する.

†**zāiqíng 灾情**[名]災害の状況.被害状況.¶hěn duō dìqū ～ yánzhòng[很多地区～严重]多くの地区で被害状況が深刻である／zhèngfǔ yāoqiú gèdì jíshí bàogào ～[政府要求各地及时报告～]政府は直ちに各地の被害状況を報告するよう求めた.

†**zāiqū 灾区**[名]被災した地区.¶wèile jiùyuán ～,rénmen juānxiànle hěn duō qián wù[为了救援～，人们捐献了很多钱物]被災地区を救援するために,人々は多くの金品を寄付した／～ de qíngkuàng yǒusuǒ wěndìng[～的情况有所稳定]被災地区の状況はある程度落ち着いた.

†**zàisān 再三**[副]再三.何回も.¶māma ～ zhǔfù wǒ lùshang yào dāngxīn[妈妈～嘱咐我路上要当心]母は私

表現Chips 別れる

再见。 Zàijiàn. (さようなら)
我先走了。Wǒ xiān zǒu le. (お先に失礼します)
后会有期。Hòu huì yǒu qī. (またお目にかかりましょう)
您慢走。Nín màn zǒu. (お気をつけてお帰りください)
那，咱们东京见。Nà，zánmen Dōngjīng jiàn. (じゃあ,東京で会いましょう)
我有点儿事，先告辞了。Wǒ yǒu diǎnr shì,xiān gàocí le.
(ちょっと用事がありますので,先においとまいたします)
不远送了,有空儿常来。Bù yuǎn sòng le,yǒu kòngr cháng lái.
(〈もっとお送りしなければならないのですが〉ここで失礼します,お暇な折にはお越しください)

に道中気をつけるよう繰り返し言った.

zàishēng 再生[動]再生する.もう一度作り直す.¶zhèixiē fèizhǐ kěyǐ ～ lìyòng[这些废纸可以～利用]これらの紙くずはリサイクルできる.

zàishēngchǎn 再生产[名]〔経〕再生産.¶kuòdà ～[扩大～]拡大再生産/shēngchǎn zījīn bù zú,bù néng jìnxíng ～[生产资金不足,不能进行～]生産資金が足りず,再生産ができない.

†**zàishuō 再说**[動]またのことにする.後で考える.¶děng tā huílai yǐhòu ～ ba[等他回来以后～吧]彼が戻ってきてからにしましょう.[接]その上.それに.¶～ tā shì běndìrén,bǐjiào shúxī qíngkuàng[～他是本地人,比较熟悉情况]その上彼は土地の人間で状況にも明るい.

zàixiàn 再现[動]再現する.¶xiǎoshuō ～le sānshí niándài de Shànghǎi[小说～了三十年代的上海]小説は1930年代の上海を再現した/wèi biànyú lǐjiě,tāmen bǎ dāngshí de qíngjǐng ～le yí biàn[为便于理解,他们把当时的情景～了一遍]理解しやすいように,彼らは当時の状況を一通り再現してみせた.

zài//yì 在意[動]気にかける.気にする.¶tā hěn ～ biéren de kànfǎ[他很～别人的看法]彼は他人の考え方をとても気にする/tā shuō de shì qìhuà, qǐng bié ～[他说的是气话,请别～]彼は感情的な言葉を口にしているから,気にしないで.

†**zàiyú 在于**[動]…にある.…によって決まる.¶shēngmìng ～ yùndòng[生命～运动]長生きの秘訣は運動にある/zěnme juédìng ～ zìjǐ[怎么决定～自己]どうするかは自分次第だ.

†**zàizhòng 载重**[動]荷物を積む.¶～ qìchē[～汽车]トラック/zhèi liàng kǎchē ～ duōshao?[这辆卡车～多少?]このトラックはどのぐらい積めますか.

†**zàizuò 在座**[動]出席する.列席する.¶xiàng ～ de zhūwèi zhì yǐ xièyì[向～的诸位致以谢意]ご列席の皆様に感謝の意を表します.

***zájì 杂技**[名]曲芸.¶biǎoyǎn ～[表演～]曲芸をする.

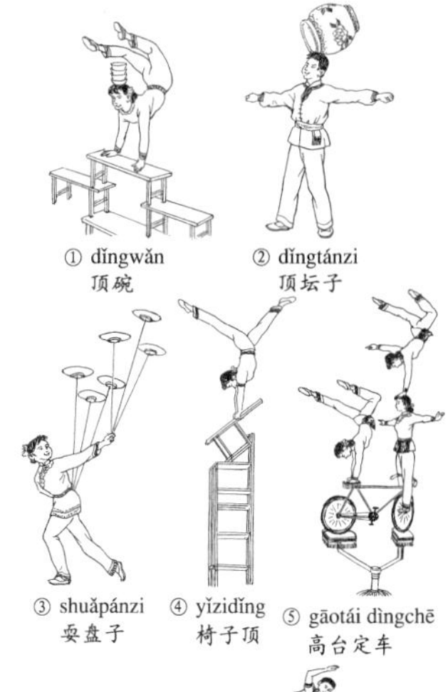

①お碗のせ ②つぼのせ ③皿回し ④椅子のさか立ち ⑤台上の自転車の曲芸 ⑥輪くぐり

zájiāo 杂交[動]〔生〕交配する.交雑する.¶～ shuǐdǎo[～水稻]交雑水稲.

záluàn 杂乱[形]乱雑である.散らかっている.¶～ de cāngkù[～的仓库]散らかった倉庫/wénzhāng xiěde ～ wú zhāng[文章写得～无章]文章がめちゃくちゃで順序立てが悪い.

****zán 咱**[代]❶(聞き手も含めた)私たち.¶～ yìqǐ qù ba[～一起去吧]私たち一緒に行きましょう.❷〈方〉私.¶tā duì ～ tèbié hǎo[他对～特别好]彼は私にとても優しい.

zǎn 攒[動]蓄える.集める.¶～ qián[～钱]貯蓄する/～ yóupiào[～邮票]切手を集める.

zàn 暂[副]〈書〉しばらく.¶lái Běijīng hòu ～ zhù péngyou jiā[来北京后～住朋友家]北京に来た後しばらく友だちの家に泊まった.

***zànchéng 赞成**[動]賛成する.同意する.¶～ tā de yìjiàn[～他的意见]

彼の意見に賛成する.

*zāng 脏[形]汚い.不潔である.↔ gānjìng 干净 ¶bái yīfu róngyì ～[白衣服容易～]白い洋服は汚れやすい／bǎ shǒu nòng～ le[把手弄～了]手を汚してしまった.

zàng 葬[動]埋葬する.葬る.¶bǎ tā ～ zai nàr[把他～在那儿]彼をそこに葬る.

zànglǐ 葬礼[名]葬式.葬儀.¶jǔxíng ～[举行～]葬儀を執り行う.

†zànměi 赞美[動]賛美する.¶yòng gēqǔ ～ zǔguó[用歌曲～祖国]歌で祖国を讃える.

*zán·men 咱们[代](聞き手も含めた)私たち.¶～ jǐ diǎn chūfā?[～几点出发?]私たち何時に出かけますか.➡ 類義語 wǒmen 我们

zànqiě 暂且[副]しばらく.とりあえず.¶qítā de shì ～ bù tán[其他的事～不谈]そのほかの事はとりあえずおいておく／～ bǎ gōngzuò fàngzai yìbiān, hē bēi chá ba[～把工作放在一边,喝杯茶吧]しばらく仕事の手を休めて,お茶にしましょう.

zànshǎng 赞赏[動]ほめる.賞賛する.¶tā de zuòpǐn shòudao míngjiā de ～[他的作品受到名家的～]彼の作品は大家の賞賛を得た.

*zànshí 暂时[副]当分.さしあたり.¶～ kěnéng mǎibudào[～可能买不到]当分手に入らないかもしれない／～ zhùzai sùshè li[～住在宿舍里]さしあたり,寮に住む.

zàntàn 赞叹[動]賞賛する.¶wàiguó yóukè duì Zhōngguó de zájì ～ bùyǐ[外国游客对中国的杂技～不已]外国人旅行客は中国の雑技を賞賛してやまない.

zàntóng 赞同[動]賛同する.¶～ zhèige tíyì[～这个提议]この提案に賛同する.

zànxíng 暂行[形]暫定的な.¶zhè zhǐshì ～ cuòshī[这只是～措施]これは暫定的な措置である.

†zànyáng 赞扬[動]ほめたたえる.¶shòudao zhòngrén de ～[受到众人的～]大衆にほめたたえられる／～ tā de gāoshàng pǐngé[～他的高尚品格]彼の崇高な品格をほめたたえる.

zànzhù 赞助[動]協賛する.¶běn piàn yóu A Diànqì Gōngsī ～[本片由A电器公司～]この映画はA電器会社の協賛によるものである.

†zāo 遭[動](好ましくないことに)遭遇する.¶～ bàofēngyǔ xíjī[～暴风雨袭击]暴風雨に見舞われる／～ rén ànsuàn[～人暗算]罠にはまる.

†zāo 糟[形](状況が)ひどい.まずい.¶shǒushù hòu tā de qíngxing yìzhí hěn ～[手术后他的情形一直很～]手術後,彼の状態はずっと悪い／～ le! wǒ bǎ shíjiān kàncuò le[～了! 我把时间看错了]しまった! 時間を見まちがえた.

†záo 凿[動]のみで穴を開ける.掘る.¶zài mùbǎn shang ～ yǎnr[在木板上～眼儿]板にのみで穴を開ける.

*zǎo 早[名]朝.¶cóng ～ dào wǎn[从～到晚]朝から晩まで.[形](時間が)早い.↔ wǎn 晚 ¶měitiān qǐde hěn ～[每天起得很～]毎朝起きるのが早い／nǐ ～ diǎnr lái ba[你～点儿来吧]早めにいらっしゃい.[副]とっくに.¶wǒ ～ zhīdao le[我～知道了]私はとっくに知っていた.

zǎo 枣[名](～儿)〔植〕ナツメ.

zào 灶[名]かまど.¶yòng ～ shēnghuǒ zuò fàn[用～生火做饭]かまどに火をおこしてご飯を作る.

表現Chips ほめる

啊! 太漂亮了! Ā! Tài piàoliang le!(あぁ,すごくきれい!)
真了不起! Zhēn liǎobuqǐ!(本当に大したものだ!)
真棒! Zhēn bàng!(すごい!／うまい!)
好极了! Hǎojí le!(すばらしい!)
真帅! Zhēn shuài!(かっこいい!)

*zào 造[動]❶作る.製造する.¶～zhǐ[～纸]紙を作る／～fángzi[～房子]家を建てる.❷捏造(ねつぞう)する.¶búyào ～yáo[不要～谣]デマをとばすな.

⁑zǎo•chen 早晨[名]朝.¶měitiān ～liù diǎn qǐchuáng[每天～六点起床]毎朝6時に起きる.

zàochéng 造成[動]引き起こす.もたらす.¶～yánzhòng hòuguǒ[～严重后果]深刻な結果をもたらす.

*zāodào 遭到[動](好ましくないことに)出会う.遭遇する.¶～ànhài[～暗害]暗殺される.

zǎodiǎn 早点[名]朝にとる軽食.朝食.

⁑zǎofàn 早饭[名]〔dùn 顿〕朝食.

zào∥fǎn 造反[動]造反する.反乱を起こす.¶zào tā de fǎn[造他的反]彼に盾つく／xuésheng zàoqi fǎn lai[学生造起反来]学生が造反を始めた.

*zāogāo 糟糕[形]〈口〉(状況が)まずい.大変だ.¶～,wǒ bǎ chēpiào nòngdiū le[～, 我把车票弄丢了]大変だ,切符をなくしてしまった／cónglái méi tīngguo zhème ～de yīnyuèhuì[从来没听过这么～的音乐会]こんなひどいコンサート,これまで聞いたことがない.

zàojià 造价[名]建設費.工事代.製造費.

*zào∥jù 造句[動]文を作る.¶yòng zhèige cí ～[用这个词～]このことばを使って文を作る.

zào∥lín 造林[動]造林する.¶dào Měnggǔ cǎoyuán qù zhíshù ～[到蒙古草原去植树～]モンゴル草原へ植樹造林をしに行く.

†zǎoqī 早期[名]早い時期.早期.¶zuòzhě de ～zuòpǐn[作者的～作品]作者の初期の作品.

zǎorì 早日[副]一日も早く.早めに.¶xīwàng néng ～jiàndao nǐmen[希望能～见到你们]一日も早くあなたたちに会いたい.

⁑zǎo•shang 早上[名]朝.

*zāoshòu 遭受[動](不幸や災害などに)遭う.¶～guo hěn duō búxìng[～过很多不幸]幾多の不幸に遭った／～dǎjī[～打击]打撃を受ける.

zāo•tà 糟蹋[動]❶無駄にする.台無しにする.¶huángchóng ～le zhuāngjia[蝗虫～了庄稼]イナゴが作物をだめにした.❷侮辱する.凌辱(りょうじょく)する.¶bù zhǔn ～fùnǚ[不准～妇女]女性を侮辱してはならない.

†zǎowǎn 早晚[名]朝晩.¶měitiān ～hē yì bēi niúnǎi[每天～喝一杯牛奶]毎日朝晩1杯の牛乳を飲む.[副]遅かれ早かれ.¶nǐ ～yě děi jiéhūn ba[你～也得结婚吧]きみもいずれ結婚するんだろう.

zàoxíng 造型[名]造形.形.¶～dútè[～独特]形がユニークである.

zāo∥yāng 遭殃[動]災難に遭う.ひどい目に遭う.¶tā shòule chǔfèn,wǒ yě zāole yāng[他受了处分，我也遭了殃]彼は処罰を受け,私もひどい目に遭った.

†zǎoyǐ 早已[副]とっくに.¶～zhǔnbèihǎo le[～准备好了]とっくに準備は終わっている.

zàoyīn 噪音[名]騒音.雑音.¶zhèr lí gāosù gōnglù jìn, suǒyǐ ～hěn dà[这儿离高速公路近，所以～很大]ここは高速道路が近いので騒音が大きい.

†zāoyù 遭遇[動](不幸や好ましくないことに)ぶつかる.出合う.¶～le yì cháng chēhuò[～了一场车祸]交通事故に出くわした／tóngnián shí ～le hěn duō búxìng[童年时～了很多不幸]幼い頃多くの不幸に出合った.

†záwén 杂文[名]〔piān 篇〕雑文.エッセイ.¶chūbǎn ～jí[出版～集]雑文集を出版する.

†zázhì 杂志[名]〔běn 本〕雑誌.¶dìng ～[订～]雑誌を注文する.

†zázhì 杂质[名]不純物.¶qùchú ～[去除～]不純物を取り除く.

*zé 则[接]〈書〉…ならば.¶měi jìn yì qiú,～huānhūshēng dàzuò[每进一球,～欢呼声大作]球が入るたびに,歓声がわきあがる.

†zébèi 责备[動]責める.とがめる.¶lǎoshī ～tā[老师～她]先生は彼女を責めた／shòudao ～[受到～]非難を受ける.

zéguài 责怪[動]責める.とがめる.¶qīzi ～zhàngfu[妻子～丈夫]妻が夫

Z

をなじる／hàipà fùmǔ de ～[害怕父母的～]両親の叱責が怖い.

zéi 贼[名]❶泥棒.盗賊.¶zhuō ～[捉～]泥棒を捕まえる.❷悪人.裏切り者.¶màiguó～[卖国～]売国奴.[副]〈方〉とても.大変.¶jīntiān ～ rè[今天～热]今日はとても暑い.

zěn 怎[代]〈口〉どうして.なぜ.＝zěnme 怎么¶nǐ ～ bù shuōhuà ne?[你～不说话呢?]あなたはどうして黙っているの.

zēng 增[動]増える.増やす.¶yǒu ～ wú jiǎn[有～无减]㊊増える一方である.

†**zēng∥chǎn 增产**[動]増産する.¶néng ～ sìqiān jīn[能～四千斤]2千キログラム増産できる／bù shīféi zēngbuliǎo chǎn[不施肥增不了产]肥料をやらなければ増産は見込めない.

☆**zēngjiā 增加**[動]増加する.増やす.¶chǎnliàng ～le yí bèi[产量～了一倍]生産量が2倍に増えた／rénkǒu ～[人口～]人口増加.

†**zēngjìn 增进**[動]増進する.¶～ yǒuyì[～友谊]友好を深める／～ jiànkāng[～健康]健康の増進をはかる.

†**zēngqiáng 增强**[動]強化する.高める.増強する.(抽象的な名詞と組み合わせて用いる)¶tōngguò duànliàn ～ tǐzhì[通过锻练～体质]トレーニングを通して体質を強化する／～ dǐkànglì[～抵抗力]免疫力を高める.

zēngshè 增设[動]増設する.¶～le màoyì kèchéng[～了贸易课程]貿易課程を増設した.

†**zèngsòng 赠送**[動]贈り物をする.プレゼントする.¶～ jìniànpǐn[～纪念品]記念品を贈る.

zēngtiān 增添[動]増やす.つけ加える.¶～ jiājù[～家具]家具を増やす／～ lèqù[～乐趣]楽しみを添える.

zēngyuán 增援[動]増援する.¶～ qiánxiàn bùduì[～前线部队]前線部隊を増援する.

***zēngzhǎng 增长**[動]増える.増やす.¶guómín jīngjì chíxù ～[国民经济持续～]国民経済が発展を続ける.

zēngzhǎnglǜ 增长率[名]成長率.¶qùnián zhèige gōngsī chuànghuì ～ yǔ qiánnián xiāngtóng[去年这个公司创汇～与前年相同]昨年のこの会社の外貨収入成長率は一昨年と同じだった.

☆**zěn·me 怎么**[代]❶(いぶかって理由を尋ねる)なぜ.どうして.¶nǐ ～ chídào le?[你～迟到了?]あなたはどうして遅刻したのですか.❷(方式を尋ねる)どのように.どうやって.¶nǐ ～ lái de?[你～来的?]あなたはどうやって来たのですか／～ shuō dōu kěyǐ[～说都可以]どう言っても構わない.

➡ 類義語 wèi shénme 为什么

語法「いぶかり(理由)」の"怎么"と「どうやって(方式)」の"怎么"

1)直後に動作動詞があるだけなら方式の"怎么"

¶怎么回去? Zěnme huíqu?(どうやって戻るのか)／这个字怎么写? Zhèige zì zěnme xiě?(この字はどう書くのか)

2)"怎么"と動詞の間に何かが割り込んでいれば理由の"怎么"

¶你怎么不去? Nǐ zěnme bú qù?(どうして行かないのか)／你怎么一个人走? Nǐ zěnme yí ge rén zǒu?(どうして1人で行くのか)

3)動作動詞が目的語をともなった時はアクセントの位置により2義性がある.

a. "怎么"にアクセント〈方式〉

表現Chips 怒る・叱る

太不像话了。Tài bú xiàng huà le.(まったく話にならない)
王明, 你怎么搞的? Wáng Míng,nǐ zěnme gǎo de?
(王明,なんてことをしたのだ)
这儿不能抽烟你知道不知道? Zhèr bù néng chōuyān nǐ zhīdao bù zhīdao?
(ここは禁煙だと知らないのか)
有你这样说的吗? Yǒu nǐ zhèyàng shuō de ma?(そんな言い方があるか)

¶你怎么去东京? Nǐ zěnme qù Dōngjīng?(どうやって東京に行くのか)
b. 目的語にアクセント〈理由〉
¶你怎么去东京? Nǐ zěnme qù Dōngjīng?(なんだって東京に行くのか)
4) 文末に"的"があれば方式, "了"があれば理由を表す.
¶你怎么来的? Nǐ zěnme lái de?(あなた,どうやって来たの?)/你怎么来了? Nǐ zěnme lái le?(あなた,どうして来たの?)

★★zěn·meyàng 怎么样[代](性質・方法・状況を尋ねる)どのような.どのように.¶zhèi fú huà ～?[这幅画～?]この絵はいかがですか/nǐ shì ～ huídá tā de?[你是～回答他的?]あなたは彼にどう返事したのですか.

zěn·me·zhe 怎么着[代](状況を尋ねる)どうであるか.どうしたのか.¶nǐ dàodǐ xiǎng ～?[你到底想～?]あなたは結局どういうつもりだ/～?nǐ hái yào wǒ xiàng tā dàoqiàn![～? 你还要我向她道歉!]なに? 君は私に彼女にわびろとでも言うのか.

★★zěnyàng 怎样[代](性質・方法・状況などを尋ねる)どのような.どのように.¶wǒ gāi ～ zuò ne?[我该～做呢?]私はどうしたらいいのか.

★zérèn 责任[名]責任.責務.¶duì gōngzuò yào fù ～[对工作要负～]仕事には責任を持たねばならない/～gǎn[～感]責任感.

zérènzhì 责任制[名]責任制.¶chǎngzhǎng ～[厂长～]工場長責任制.

★zhā 扎[動]❶(とがったもので)刺す.¶huā cì ～shāngle shǒu[花刺～伤了手]花のとげが手を刺してけがをした.❷〈方〉潜る.潜り込む.¶pūtōng yì shēng ～jìn shuǐli[扑通一声～进水里]ぼちゃっと水に潜った.

†zhā 渣[名](～儿)かす.搾りかす.くず.¶dòu～[豆～]おから/miànbāo～[面包～]パンくず.

zhá 闸[名]❶水門.¶kāi～[开～]水門を開ける/guān ～[关～]水門を閉める.❷〈口〉(電気の)スイッチ.(レバー状の物)¶bǎ ～ tuīshang[把～推上]電気のスイッチを押し上げる.

†zhá 炸[動]油で揚げる.¶gāng ～ chulai de yú[刚～出来的鱼]揚げたての魚.→zhà

zhá yóutiáo 炸油条
揚げパンを揚げる

zhǎ 眨[動]まばたきする.¶mǎntiān fánxīng xiàng shì zài ～ yǎnjing[满天繁星像是在～眼睛]空いっぱいのたくさんの星はまるでまばたきしているようだ.

†zhà 炸[動]❶破裂する.¶xiàtiān,píjiǔpíng róngyì ～kāi[夏天, 啤酒瓶容易～开]夏はビール瓶が破裂しやすい.❷爆破する.¶dàlóu bèi ～dǎo le[大楼被～倒了]ビルは爆破され倒壊した.❸〈口〉激怒する.¶zhèi jù huà zhēn bǎ tā gěi qì～ le[这句话真把他给气～了]この言葉は本当に彼を激怒させた.→zhá

zhàdàn 炸弹[名]〔méi 枚〕爆弾.¶fēijī tóuxia jǐ méi ～[飞机投下几枚

表現Chips 提案する

是不是可以这么做? Shì bú shì kěyǐ zhème zuò?
(このようにやってみてよいでしょうか)
你们说这么做好不好? Nǐmen shuō zhème zuò hǎo bù hǎo?
(こうやるのはどう思いますか)
下午咱们去看电影, 怎么样? Xiàwǔ zánmen qù kàn diànyǐng,zěnmeyàng?
(私たち午後映画を見に行くというのは,いかがですか)

～]飛行機がいくつかの爆弾を投下した.

***zhāi 摘**[動]❶ちぎる.もぐ.¶～ píngguǒ[～苹果]リンゴをもぐ／～ pútao[～葡萄]ブドウをもぐ.❷はずす.↔dài 戴 ¶～ yǎnjìng[～眼镜]眼鏡をはずす／～ shǒubiǎo[～手表]腕時計をはずす／～xia kǒuzhào[～下口罩]マスクをはずす.❸抜粋する.選び出す.¶～lù[～录]抜き書きする.❹(金を)借りる.¶～le jǐ ge qián jíyòng[～了几个钱急用]いくらかのお金を借りて急の物入りに用立てる.

類義語 **zhāi 摘 cǎi 采**

►果実や花を摘んだり,かぶっているものやかけているものをとったりするのが"摘"で,主体から何かをはずしてとる.¶摘葡萄 zhāi pútao(ブドウをもぐ)／摘帽子 zhāi màozi(帽子をとる)►"采"は「とる」ではあるが,「採集する」という意や,「捜し求めてよいものを選んでとる」という意に重点があり,しばしばそれには技術や熟練が必要とされる.¶上山采茶 shàngshān cǎi chá(山に行って茶を摘む)／到海底采珠子 dào hǎidǐ cǎi zhūzi(海に潜って真珠をとる)

***zhǎi 窄**[形]❶狭い.↔ kuān 宽 ¶wūzi ～[屋子～]部屋が狭い／xīnxiōng ～[心胸～]心が狭い.❷貧しい.暮らしにくい.¶rìzi guòde ～[日子过得～]生活が苦しい.

†zhài 债[名]〔bǐ 笔〕負債.借金.¶qiàn～[欠～]借金する／huán～[还～]借金を返す.

zhàiwù 债务[名]〔bǐ 笔〕債務.¶bēizhe ～[背着～]債務を負っている／chánghuán ～[偿还～]債務を返済する.

zhāiyào 摘要[動]要約する.要点を抜き出す.¶～ bōsòng[～播送]要約して放送する.[名]要点.ダイジェスト.¶bàozhǐ ～[报纸～]新聞のダイジェスト.

†zhān 沾[動]❶水がしみ通る.ぬれる.¶～shīle yīfu[～湿了衣服]服がぬ

Z

目で見る類義語 zhàn 站 zuò 坐 dūn 蹲 tǎng 躺 pā 趴

►体をまっすぐにしてすっくと立っているのが"站"zhàn.足も地についている.¶都请站起来，别坐在地上 dōu qǐng zhànqilai,bié zuòzai dìshang(皆さんお立ちください,床に座らないでください)►もちろんほかの物体の上に立ってもいい.¶你怎么站在椅子上了? nǐ zěnme zhànzai yǐzi shang le?(どうして椅子の上に立っているの)►椅子や何かにお尻をつけているのが"坐"zuò.¶地上太脏，坐在报纸上 dìshang tài zāng,zuòzai bàozhǐ shang(地べたは汚いから新聞紙の上に腰をおろしなさい)►ベッドで半身を起こすのも"坐"だ.¶他在床上坐起来了 tā zài chuángshang zuòqilai le(彼はベッドで身を起こした)►お尻をつけずにしゃがんでいる姿が"蹲"dūn.¶老农民蹲在路边，抽了一支烟 lǎo nóngmín dūnzai lùbiān,chōule yì zhī yān(老農夫は道ばたでしゃがんでタバコを1本吸った)►"躺"tǎngは横になっている姿.¶躺了几个小时也没睡着 tǎngle jǐ ge xiǎoshí yě méi shuìzháo(何時間か横になったが眠れなかった)►"趴"pāは腹ばいになる.¶地上趴着一个人 dìshang pāzhe yí ge rén(誰かが地面に腹ばいに倒れている)

れた.❷付着する.つく.¶kùjiǎo shang ～le hěn duō ní[裤脚上～了很多泥]ズボンのすそに泥がたくさんついた.❸触れる.¶jiǎo bù ～ dì de fēipǎo[脚不～地地飞跑]飛ぶように速く走る/tā zài jiǎnféi,yǐ liǎng ge yuè méi ～ ròu le[她在减肥，已两个月没～肉了]彼女はダイエット中で,もう2ヵ月も肉を口にしていない.❹得をする.利益を得る.¶yīnwèi fùqin de dìwèi, tā yě gēnzhe ～ le guāng[因为父亲的地位，他也跟着～了光]父親の地位のおかげで彼も非常に得をした.

*zhān 粘[動]❶ねばりつく.くっつく.¶tángguǒ quán ～zai yíkuàir le[糖果全～在一块儿了]キャンディがみんなくっついてしまった.❷(のりなどで)物と物をくっつける.¶～ xìnfēng[～信封]封筒に封をする/～ yóupiào[～邮票]切手を貼る.

zhǎn 斩[動]切る.断ち切る.¶kuài dāo ～ luàn má[快刀～乱麻]㊙快刀乱麻を断つ.果断に物事を処理する.

†zhǎn 盏[量]酒・灯火を数える.¶liǎng ～ dēng[两～灯]ともしび2つ/yì ～ jiǔ[一～酒]酒1杯.

⁑zhàn 占[動]❶占拠する.占領する.¶～ biéren de fángzi[～别人的房子]他人の家を占拠する.❷(ある地位や状況を)占める.¶～ yōushì[～优势]優勢に立つ/chí bùtóng yìjiànzhě ～ sān fēn zhī yī[持不同意见者～三分之一]異なる意見の者が3分の1を占める.

zhàn 战*[動]戦争する.¶～ wú búshèng[～无不胜]㊙戦って負けることがない.天下無敵/kāi～[开～]開戦する.

⁑zhàn 站[動]立つ.↔ zuò 坐 ¶qǐng ～ qilai huídá wèntí[请～起来回答问题]立って問題に答えてください/tā bǐzhí de ～zhe[他笔直地～着]彼はぴんとまっすぐに立っている/～zai bùtóng de lìchǎng shang[～在不同的立场上]異なる立場に立つ.→見る類 p.646

⁑zhàn 站[名]❶駅.停留所.¶gōnggòng qìchē～[公共汽车～]バスの停留所/huǒchē～[火车～]鉄道の駅/xià yí ～ shì Wángfǔjǐng[下一～是王府井]次の停留所は王府井だ.*❷センター.ステーション.¶jiāyóu ～[加油～]ガソリンスタンド/qìxiàng ～[气象～]気象観測所.

zhǎn cǎo chú gēn 斩草除根㊙禍根を根こそぎにする.¶duì huàirén bù néng shǒuxià liúqíng,yídìng yào ～[对坏人不能手下留情，一定要～]悪者に対して情をかけちゃだめだ,悪は根こそぎにするべきだ.

†zhànchǎng 战场[名]戦場.¶jūnduì kāifù ～[军队开赴～]軍隊が戦場に赴く.

*zhǎnchū 展出[動]展示する.展覧する.¶měishùguǎn ～le Bìjiāsuǒ de zuòpǐn[美术馆～了毕加索的作品]美術館ではピカソの作品が展示されている.

zhǎn dīng jié tiě 斩钉截铁㊙言動がきっぱりとしたさま.躊躇(ちゅうちょ)なく果断なさま.¶tā ～ de jùjuéle duìfāng[他～地拒绝了对方]彼はきっぱりと相手を拒絶した.

*zhàndòu 战斗[動]戦闘する.戦う.¶jìnxíng jīliè de ～[进行激烈的～]激しい戦闘を行う/～dao zuìhòu yí ge rén[～到最后一个人]最後の1人まで戦う.

⁑zhāng 张[動]❶開く.広げる.ぴんと張る.¶～zuǐ[～嘴]口を開ける/～kāi chìbǎng[～开翅膀]翼を広げる/～gōng shèjiàn[～弓射箭]弓を引いて矢を射る.❷並べる.飾りつける.¶～dēng jié cǎi[～灯结彩]㊙提灯をつるし,色とりどりの飾りつけをする.祝賀の盛大な様子.[量]❶平らな面をもつ物を数える.¶liǎng ～ chuáng[两～床]2台のベッド/yì ～ zhǐ[一～纸]1枚の紙/wǔ ～ zhuōzi[五～桌子]5台のテーブル.❷口や顔を数える.¶yì ～ zuǐ[一～嘴]1つの口.❸弓を数える.¶yì ～ gōng[一～弓]1張りの弓.

*zhāng 章[量]歌曲・詩・文章などの段落を数える.¶dì èr ～[第二～]第2章/zhèi zhī jiāoxiǎngqǔ yǒu sì ge yuè～[这支交响曲有四个乐～]この交響曲は4楽章ある.

Z

zhǎng 长[形]❶年長である.年上である.¶wǒ ～ tā wǔ suì[我～他五岁]私は彼より5歳年上だ.*❷兄弟姉妹の順が一番上の.¶～xiōng[～兄]長兄.*[尾](機関・団体などの)長.¶gōng～[工～]職工長.現場監督/xiào～[校～]校長.学長.→cháng

☆**zhǎng 长**[動]❶生じる.生える.¶yuànzi li ～mǎnle qīngtái[院子里～满了青苔]庭一面にコケが生えた/～ húzi[～胡子]ひげが生える/jiǎnzi ～ xiù le[剪子～锈了]ハサミがさびついた.❷育つ.成長する.¶háizi ～ gāo le[孩子～高了]子供の背が伸びた.❸増加する.¶chī yí qiàn,～ yí zhì[吃一堑,～一智]成失敗すればそれだけ賢くなる.失敗は成功のもと.→cháng

***zhǎng 涨**[動](水位・物価などが)上がる.¶héshuǐ ～ le[河水～了]川が増水した/～cháo le[～潮了]潮が満ちた/wùjià ～le yí bèi[物价～了一倍]物価が倍に値上がりした.

zhǎng 掌*[名]手のひら.¶shǒu～[手～]手のひら/mó quán cā ～[摩拳擦～]成手ぐすねを引く.[動]❶平手で打つ.¶～zuǐ[～嘴]びんたを食らわす.❷にぎる.掌握する.¶～ cáiquán[～财权]財産の所有権を掌握する.

***zhàng 丈**[量]長さの単位.丈.(1丈は約3.3メートル)¶yí ～ děngyú shí chǐ[一～等于十尺]1丈は10尺に等しい.

†**zhàng 帐**[名]❶カーテン.とばり.幕.¶wén～[蚊～]蚊帳(かや).❷=zhàng 账 ¶suàn～[算～]勘定する.

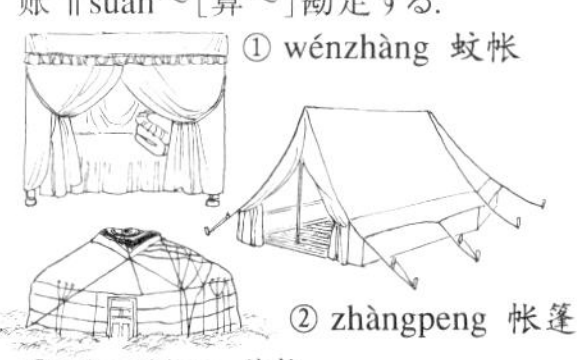

①蚊帳(かや) ②キャンプ用テント ③野営用テント

zhàng 账[名]❶勘定.出納.¶jié～[结～]勘定をする/jì～[记～]帳簿に記入する.❷〔bǐ 笔〕帳簿.❸〔bǐ 笔〕負債.つけ.¶qiàn～[欠～]借金をする/huán～[还～]借金を返す.

†**zhàng 胀**[動]❶膨張する.ふくれる.¶dàizi ～pò le[袋子～破了]袋が膨張して破れた/mùtou shòule cháo,～leqilai[木头受了潮,～了起来]木材がしけってふくれた.❷(腹などが)張る.はれる.¶dùzi ～[肚子～]お腹が張る/zuòle yì tiān fēijī,jiǎo dōu ～ le[坐了一天飞机,脚都～了]飛行機に1日乗っていたら足がむくんだ.

†**zhàng'ài 障碍**[動]障害になる.邪魔になる.¶～ jiāotōng[～交通]交通を妨げる.[名]障害.妨げ.¶yǔyán ～[语言～]言語的な壁/sǎochú yíqiè ～[扫除一切～]すべての障害を取り除く.

zhàn//gǎng 站岗[動]歩哨(ほしょう)に立つ.立番する.¶tā zhànle yí yè gǎng[他站了一夜岗]彼は一晩中見張りに立っていた.

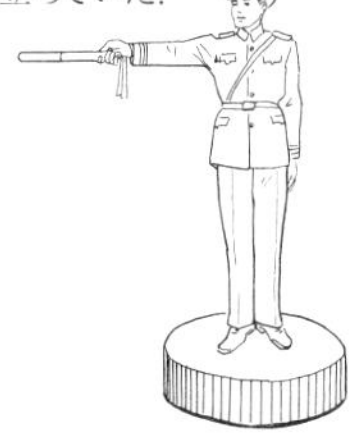

zhāngchéng 章程[名]規約.規定.¶dǎng de ～[党的～]党の規約.

***zhàng·fu 丈夫**[名]夫.主人.¶nèi wèi shì tā de ～[那位是她的～]あの方が彼女のご主人です.

zhǎngguǎn 掌管[動]主管する.つかさどる.¶～ yì jiā de shēnghuó kāixiāo[～一家的生活开销]一家の生活費を管理する/zhèi xiàng gōngzuò yóu Lǎo-Liú ～[这项工作由老刘～]この仕事は劉さんが管理している.

zhǎngjià 涨价[動]値上がりする.¶shūcài yòu ～ le[蔬菜又～了]野菜がまた値上がりした.

†**zhǎngshēng 掌声**[名]拍手の音.¶xiǎngqi yízhèn ～[响起一阵～]ひとしきり拍手が鳴り響く.

zhān//guāng 沾光[動]恩恵にあずかる.おかげをこうむる.¶fùqin dāng guān,érzi yě gēnzhe ～[父亲当官,儿子也跟着～]父親が役人なので,息子もその恩恵にあずかっている／zhān biéren de guāng[沾别人的光]他人の恩恵にあずかる.

†**zhāngwàng 张望**[動](すき間などから)のぞく.見回す.遠くを眺める.¶ tàntóu ～[探头～]首をのばしてのぞき見る／tā sìgù ～,shénme dōu méi fāxiàn[他四顾～，什么都没发现]彼はあたりを見回したが何も見つからなかった.

⁑**zhǎngwò 掌握**[動]❶把握する.身につける.マスターする.¶ ～ jìshù[～技术]技術を身につける／～ yì mén wàiguóyǔ[～一门外国语]外国語を1つマスターする.❷掌握する.支配する.¶ ～ zhèngquán[～政权]政権を握る.

zhǎngxiàng 长相[名](～儿)顔立ち.容貌.¶ nǐ kàn,zhè háizi de ～ búcuò ba[你看，这孩子的～不错吧]ほら,この子の顔立ちはなかなかよいでしょう.

zhànjù 占据[動]占拠する.占有する.¶ ～le jǐ zuò dà chéngshì[～了几座大城市]いくつかの大都市を占拠した／～ yǒulì dìxíng[～有利地形]地形的に有利な場所を確保する.

*__zhǎn//kāi 展开__[動]❶広げる.開く.¶ ～ huàzhóu[～画轴]掛け軸を広げる／～ bàozhǐ[～报纸]新聞を広げる.❷活動や運動を大がかりに展開する.繰り広げる.¶ ～ yóujīzhàn[～游击战]ゲリラ戦を繰り広げる／～le yì cháng jīliè de biànlùn[～了一场激烈的辩论]激しい論争を繰り広げる／dānwèi li rén shǎo,shénme huódòng dōu zhǎnbukāi[单位里人少，什么活动都展不开]職場は人が少なくて何の活動も展開できない.

⁑**zhǎnlǎn 展览**[動]展覧する.展示する.¶ ～le dàliàng de zuòpǐn[～了大量的作品]多くの作品を展示した.[名]展示.展覧.¶ zhèige ～ bànde hěn chénggōng[这个～办得很成功]この展示は成功した.

*__zhǎnlǎnhuì 展览会__[名]展示会.見本市.¶ zhìlěng shèbèi ～[制冷设备～]冷凍設備展示会／cānjiā ～[参加～]展示会に参加する.

†**zhànlǐng 占领**[動]占領する.¶ ～le díjūn sīlìngbù[～了敌军司令部]敵軍司令部を占領した.

†**zhànlüè 战略**[名]❶戦略.¶ ～ fāngzhēn[～方针]戦略方針.❷(全局面を左右する)策略.戦術.¶ zhè shì jīngjì jiànshè de tóuděng ～[这是经济建设的头等～]これは経済建設の最も重要な戦略だ.

*__zhànshèng 战胜__[動]打ち勝つ.¶ ～ bìngmó[～病魔]病魔に打ち勝つ／～ dírén[～敌人]敵を打ち破る.

zhǎnshì 展示[動]よくわかるように並べる.はっきりと示す.¶ zhèi chǎng bǐsài ～le měi ge xuǎnshǒu de shílì[这场比赛～了每个选手的实力]この試合は各選手の実力をはっきりと示した／～chu shèhuì bèijǐng[～出社会背景]社会的背景をはっきり示した.

*__zhànshì 战士__[名]❶戦士.兵士.¶ jiěfàngjūn ～[解放军～]解放軍兵士.❷(事業や政治闘争に参加した)戦士.闘士.¶ báiyī ～[白衣～]白衣の戦士(軍医)／gòngchǎn zhǔyì ～[共产主义～]共産主義の闘士.

†**zhànshù 战术**[名]戦術.¶ ～ yánjiū[～研究]戦術研究.

zhǎnwàng 展望[動]遠くを見渡す.展望する.¶ ～ wèilái[～未来]未来を展望する／～ sìzhōu[～四周]周囲を見渡す.

zhǎnxiàn 展现[動]目の前で展開する.現れる.¶ zhèige shízhuāngzhǎn ～le shèjìshī de zuìxīn gòuxiǎng[这个时装展～了设计师的最新构想]このファッションショーはデザイナーの最新の発想を見せてくれた.

†**zhànxiàn 战线**[名]〔tiáo 条〕戦線.¶ tǒngyī ～[统一～]統一戦線.(台湾との統一を目指す中国大陸側のスローガン)

zhǎnxiāo 展销[動]展示即売する.¶ ～ jiāyòng diànqì[～家用电器]家庭用電気製品を展示即売する／bǎihuò shāngchǎng zhèngzài ～ yuèbing[百货商场正在～月饼]デパートでは月餅(げっぺい)の展示即売をやっている.

†**zhǎnxīn 崭新**[形]真新しい.斬新(ざんしん)である.¶ ～ de jiājù[～的家具]真新しい家具／chéngshì chéng

Z

xiànchu ～ de miànmào[城市呈现出～的面貌]街はこれまでにない様相を見せている.

zhānyǎng 瞻仰[動]仰ぐ.仰ぎ見る.¶～ yíxiàng[～遗像]遺影を仰ぎ見る.

zhànyì 战役[名]戦役.

†**zhànyǒu 占有**[動]❶占有する.占拠する.¶～ bié guó lǐngtǔ[～别国领土]他国の領土を占有する.❷地位を占める.¶～ zhòngyào dìwèi[～重要地位]重要な地位を占める.❸持つ.所有する.¶～ xiángxì de zīliào[～详细的资料]詳細な資料を所有している／～ zhīshi[～知识]知識を持つ.

†**zhànyǒu 战友**[名]戦友.¶qīnmì ～[亲密～]親密な戦友／lǎo～[老～]古くからの戦友.

zhàn zhàn jīng jīng 战战兢兢㊄戦々恐々.おそれ慎む.¶kànzhe ménkǒu de dà gǒu,xiǎoháir ～ de bù gǎn jìnqu[看着门口的大狗，小孩儿～地不敢进去]入り口の大きなイヌを見て,子供は怖がって入っていこうとしない.

Z

*__zhànzhēng 战争__[名]〔cháng 场,cì 次〕戦争.¶qīnlüè ～[侵略～]侵略戦争／fāshēng ～[发生～]戦争が起こる.

†**zhāo 招**[動]❶招く.手招きする.¶xiàng wǒ ～shǒu[向我～手]私に向かって手招きする.❷募る.募集する.¶jiànshè gōngdì ～le èrshí duō míng wàidì míngōng[建设工地～了二十多名外地民工]建設現場では20数名の出稼ぎ労働者を募集した.❸(よくない結果を)招く.¶tā de zuòfǎ ～laile yìlùn[他的做法～来了议论]彼のやり方は議論を引き起こした.❹かまう.からかって怒らせる.泣かせる.¶bié ～ tā[别～他]彼を相手にするんじゃない.❺(人の感情を)引き起こす.¶～ rén xǐhuan[～人喜欢]人に好かれる／～ rén tǎoyàn[～人讨厌]人に嫌われる.

†**zhāo 招**[動]白状する.自白する.¶tā quán ～ le[他全～了]彼は全て白状した.

*__zháo 着__[動]❶接触する.着く.¶shàng bù ～ tiān,xià bù ～ dì[上不～天，下不～地]天につかず地につかず.宙ぶらりんである.❷感じる.受ける.¶～ fēng[～风]風に当たって体をこわす.❸火がつく.明かりがともる.↔ miè 灭 ¶～huǒ la![～火啦!]火事だ！／lùdēng ～ le[路灯～了]街灯がともった.❹動詞の後ろに置き,動作の目的が達せられること,結果が現れることを表す.¶cāi～ le[猜～了]推測が当たった.謎が解けた／dǎ～ le[打～了]命中した／shuì～ le[睡～了]寝入った.→zhe

⁑**zhǎo 找**[動]❶探す.見つける.¶～ dōngxi[～东西]物を探す／～ gōngzuò[～工作]仕事を探す.就職活動をする／bǐ ～dao le[笔～到了]ペンは見つかった.❷訪ねる.訪れる.¶～ tā xiàqí[～他下棋]将棋を指そうと彼を訪ねる／～ lǎoshī wèn wèntí[～老师问问题]質問のため先生を訪ねる／yǒu rén ～ nǐ[有人～你]誰かが会いにきているよ.

⁑**zhǎo 找**[動]釣りを出す.¶～ nǐ sān kuài[～你三块]3元のお釣りです.

zhào 兆[数]❶百万.❷兆.(古代の数の位)

*__zhào 照__[動]❶照らす.輝く.¶yòng diàntǒng ～[用电筒～]懐中電灯で照らす.❷(鏡などで)映す.¶～ jìngzi[～镜子]鏡に映す.鏡を見る.❸(写真を)撮る.¶～ fēngjǐng[～风景]景色を撮る／zhèi zhāng xiàng ～de hěn hǎo[这张相～得很好]この写真はよく撮れている.[前]❶…に向かって.…を目指して.¶～zhe zhèige fāngxiàng zǒu[～着这个方向走]この方向に向かって歩く.❷…の通りに.…に照らして.¶～ lǐngdǎo shuō de zuò[～领导说的做]指導者の言う通りにする／～ wǒ kàn[～我看]私の見るところ.

†**zhào 罩**[動]覆う.かぶせる.¶zhuōmiàn shang ～zhe zhuōbù[桌面上～着桌布]テーブルにテーブルクロスがかけてある.*[名](～儿)覆い.カバー.¶dēng～[灯～]電気スタンドの笠(かさ)／kǒu～[口～]マスク.➡[見る類]p.232

zhāo//biāo 招标[動]入札を募る.¶

zhèi xiàng gōngchéng yǐjing kāishǐ ～ le[这项工程已经开始～了]この工事はすでに入札募集を始めている.

*zhàocháng 照常[形]平常通りである.¶méi shénme biànhuà,yíqiè ～[没什么变化，一切～]何も変わりはない,すべていつもの通りだ.

*zhāodài 招待[動]接待する.もてなす.¶～ kèrén[～客人]客をもてなす／～de hěn zhōudào[～得很周到]接待がゆきとどいている.

*zhāodàihuì 招待会[名]歓迎会.レセプション.¶jǔxíng ～[举行～]レセプションを開く／jìzhě ～[记者～]記者会見.

zhāo//gōng 招工[動]従業員を募集する.¶tīngshuō nèige xīn kāizhāng de shāngdiàn tiēchu ～ guǎnggào le[听说那个新开张的商店贴出～广告了]最近オープンしたあの店が従業員募集の広告を貼り出したそうだ.

⁑zhào·gù 照顾[動]❶考慮する.配慮する.¶～ quánjú[～全局]全体を考慮する／～ gè fāngmiàn rén de lìyì[～各方面人的利益]各方面の人の利益に配慮する.❷面倒をみる.世話をする.¶～ bìngrén[～病人]病人の世話をする／～ lǎorén[～老人]お年寄りの面倒をみる.

*zhāo·hu 招呼[動]❶呼ぶ.呼びかける.¶yǒu rén zài ～ nǐ[有人在～你]誰かが呼んでいるよ.❷挨拶する.¶gēn tā dǎ ～[跟他打～]彼に挨拶する／tā hǎoxiàng yǒu jíshì,～le yíxià jiù zǒu le[他好像有急事，～了一下就走了]彼は急用があるらしく,ちょっと挨拶をしてすぐに行ってしまった.❸言いつける.知らせる.¶nǐ qù ～ tā,jiào tā míngtiān lái[你去～他，叫他明天来]彼に明日来るよう知らせてください.❹面倒をみる.世話をする.¶yǒu kèrén lái jiù tì wǒ ～ yíxià[有客人来就替我～一下]お客さんが来たら私のかわりにお世話をしてください.

➡見る類 p.329

zhàohuì 照会[名]覚え書き.¶Zhōngguó zhèngfǔ xiàng Rìběn zhèngfǔ dìjiāole yí fèn wàijiāo ～[中国政府向日本政府递交了一份外交～]中国政府は日本政府に外交覚書を渡した.

⁑zháo//jí 着急[形]焦る.いらだつ.気をもむ.¶bié ～,mànmānr shuō[别～，慢慢儿说]あせらないで,ゆっくり話しなさい／zháole bàntiān jí[着了半天急]長いこと気をもんだ／zháo shénme jí ne,láidejí[着什么急呢，来得及]何を慌てているの,間に合うよ.

†zhàojí 召集[動]召集する.呼び集める.¶～ cūnmín kāihuì[～村民开会]村民を集めて会議を開く.

zhàojiù 照旧[形]もとのままである.相変わらずである.¶yíqiè ～[一切～]何もかも昔のままだ／nèiróng ～[内容～]いつも通りの内容だ.

*zhàokāi 召开[動]召集して会議を開く.¶quánguó dàibiǎo dàhuì ～ le[全国代表大会～了]全国代表会議が開催された／～le tǎolùnhuì[～了讨论会]討論会が開かれた.

†zhàolì 照例[副]例によって.いつもの通り.¶xīngqītiān shàngwǔ tā ～ qù měishùguǎn[星期天上午她～去美术馆]日曜日の午前彼女はいつもの通り美術館に行っている.

†zháo//liáng 着凉[動]冷気にあたる.風邪をひく.¶chuānshang máoyī,xiǎoxīn ～[穿上毛衣，小心～]セーターを着て,風邪に気をつけなさい／zuó-

Z

表現Chips 挨拶する

你好！ Nǐ hǎo！(こんにちは)
回来了。Huílái le.（お帰りなさい〈ただいま〉）
吃了吗? Chīle ma?(お食事はお済みですか)
上班去呀? Shàngbān qù ya?(お仕事ですか)
上哪儿去? Shàng nǎr qù?(どちらへ？)
好久不见了。Hǎo jiǔ bú jiàn le.（お久しぶりです)
你爱人好吗? Nǐ àiren hǎo ma?(奥様〈ご主人〉はお元気ですか)
最近忙吗? Zuìjìn máng ma?(近頃お忙しいですか)

tiān zháole diǎnr liáng,gǎnmào le[昨天着了点儿凉，感冒了]昨日少し体を冷やしたようで,風邪をひいた.

zhàoliào 照料[動]世話をする.面倒をみる.¶jiāli de shì quán yóu qīzi yí ge rén ～[家里的事全由妻子一个人～]家のことはすべて妻が1人で切り盛りしている.

zhàomíng 照明[動]明るく照らす.照明する.¶tā de huà gěi wǒ ～le qiánjìn fāngxiàng[他的话给我～了前进方向]彼の話は私に進むべき方向を照らしてくれた.

***zhàopiàn 照片**[名]〔zhāng 张〕写真.¶pāi ～[拍～]写真を撮る／xǐ ～[洗～]現像する／jiāyìn liǎng zhāng ～[加印两张～]写真を2枚焼き増しする.

zhāopìn 招聘[動](公募で)招聘(しょうへい)する.¶～ xīn zhíyuán[～新职员]新職員を招聘する.

zhāoqì 朝气[名]はつらつとして元気な様子.活気あるさま.¶fùyǒu ～[富有～]活気に満ちている.

zhāo qì péng bó 朝气蓬勃㊝はつらつとして,生気がみなぎっているさま.¶niánqīngrén ～,chōngmǎn huólì[年轻人～，充满活力]若者は生気がみなぎり,活力に満ちている.

zhāo sān mù sì 朝三暮四㊝朝三暮四.政策や方針がくるくると変わり,あてにならない.移り気である.¶jīntiān xué diànnǎo,míngtiān xué wàiyǔ,～,yí shì wú chéng[今天学电脑，明天学外语，～，一事无成]今日はコンピュータ,明日は外国語と,考えをくるくる変えていては何事も成し遂げられない.

zhàoshè 照射[動]照射する.照らす.¶yángguāng ～zai shuǐmiàn[阳光～在水面]太陽の光が水面に差し込んでいる.

zhāo//shēng 招生[動]新入生を募集する.¶měi nián zhāo yí cì shēng[每年招一次生]毎年1回新入生を募集する.

zhāoshōu 招收[動]募集し,採用する.¶～ wǔbǎi míng xīnshēng[～五百名新生]500名の新入生を募集する.

†**zhāo//shǒu 招手**[動]手招きする.手を振る.¶tā zhāole bàntiān shǒu[他招了半天手]彼は長いこと手を振っていた.

⁑**zhào//xiàng 照相**[動]写真を撮る.¶gěi tā ～[给他～]彼に写真を撮ってあげる／zhàole jǐ zhāng xiàng[照了几张相]写真を数枚撮った.

†**zhàoxiàngjī 照相机**[名]〔jià 架〕カメラ.¶dài ～[带～]カメラを持つ／shǎguā ～[傻瓜～]全自動カメラ／yícìxìng ～[一次性～]使い捨てカメラ.

†**zhàoyàng 照样**[副](～儿)相変わらず.いつも通り.¶xuě suīrán tíng le,dàn ～ hěn lěng[雪虽然停了，但～很冷]雪はやんだが,相変わらず寒い／tā ～ měitiān qù gōngsī shàngbān[他～每天去公司上班]彼は相変わらず毎日会社に行っている.

†**zhàoyào 照耀**[動]明るく照らす.照り輝く.¶yángguāng ～zhe hǎimiàn[阳光～着海面]太陽が海面を照らしている.

zhào·ying 照应[動]世話をやく.面倒をみる.¶jiāli de shì tā dōu ～de tǐng hǎo de[家里的事他都～得挺好的]家の事は彼がみんなよくやっている.

zhàpiàn 诈骗[動]騙す.ペテンにかける.¶cóngshì ～ huódòng[从事～活动]詐欺行為を働く.

†**zhā·shi 扎实**[形]❶丈夫である.健康である.¶zài bǎng yí dào jiù gèng ～ le[再绑一道就更～了]もう1本縛ればさらに頑丈になる.❷(仕事・学問が)着実である.地道である.¶tā xuéde tèbié ～[他学得特别～]彼は非常にしっかりと着実に学んでいる.

zhàyào 炸药[名]爆薬.ダイナマイト.¶yánjìn xiédài ～[严禁携带～]爆薬の携帯を厳禁する.

†**zhē 遮**[動]❶さえぎる.¶yún ～zhule tàiyáng[云～住了太阳]雲が太陽をさえぎった.❷覆い隠す.隠す.¶～chǒu[～丑]恥を隠す／～ rén ěrmù[～人耳目]㊝衆人の耳目をふさぐ.人に知られないようにする.

***zhé 折**[動]❶折る.¶～ yì gēn shùzhī[～一根树枝]枝を1本折る.❷方向を

変える.引き返す.¶tā gāng zǒu bù yuǎn yòu ～huilai le[他刚走不远又～回来了]彼はいくらも行かないうちに,また引き返して来た.

*zhé 折[動]畳む.折り畳む.¶～ yīfu[～衣服]服を畳む／～ zhǐchuán[～纸船]紙の船を折る.

†zhě 者*[尾]❶各種の職業・特性・信仰などを持つ人を表す.¶zuò～[作～]作者／dú～[读～]読者／xué～[学～]学者.❷(前出の内容を受けて)事物や人を指し示す.¶liǎng～[两～]両者／qián～[前～]前者／hòu～[后～]後者.

⁑zhè 这[代]❶(比較的近い時間・場所・事物を表す)これ.この.それ.その.注 後に量詞が続く時,話し言葉ではzhèiと発音することが多い.¶～ háizi duō dà le?[～孩子多大了?]この子はいくつ?／tā ～ jǐ nián yìzhí xué wàiyǔ[他～几年一直学外语]彼はここ何年かずっと外国語を学んでいる／bǎ ～ dìfang shōushishōushi[把～地方收拾收拾]ここを片付けなさい／～ shì wǒ dìdi[～是我弟弟]これは私の弟です.❷今.この時.¶qǐng nǐ děngyiděng,tā ～ jiù lái[请你等一等，他～就来]ちょっとお待ちください,彼はすぐ来ますから／wǒ ～ cái míngbai le[我～才明白了]今やっとわかった.

⁑·zhe 着*[助]❶(動作の持続を表す)…している.…しつつある.¶wǒ zhèng xiě～ xìn ne[我正写～信呢]私はいまちょうど手紙を書いているところです／wàimian zài xià～ yǔ[外面在下～雨]外は雨が降っている.❷(状態の持続を表す)…してある.…している.¶tā zhèng shuì～ ne[他正睡～呢]彼は今眠っている／dēng kāi～,wūli kěndìng yǒu rén[灯开～，屋里肯定有人]明かりがついているから部屋にはきっと誰かいる.❸2つの動詞の間に用いられ,動作の方式・状況を表す.¶bié zhàn～ shuō,kuài zuòxia[别站～说，快坐下]立ったまま話さずに,早く座りなさい／zǒu～ qù[走～去]歩いていく.❹動詞・形容詞の後ろに用いて,命令の語気を表す.¶hǎohāor jì～[好好儿记～]ちゃんと覚えなさい／dāngxīn～ diǎnr[当心～点儿]気をつけなさい.❺動詞の後ろに用いて,前置詞や副詞をつくる.¶shùn～[顺～]…にそって／wèi～[为～]…のために／jiē～[接～]引き続いて／cháo～[朝～]…に向かって.→zháo

*zhè·biān 这边[代](～儿)こちら.こっち.¶dào ～ lái[到～来]こっちへ来なさい.

⁑zhè·ge 这个[名]これ.この.それ.その.zhèigeとも発音する.¶～ bǐ nèige dà[～比那个大]これはあれよりも大きい／～ xiāngzi bú shì wǒ de[～箱子不是我的]そのトランクは私のではない／wǒ yǐqián méi láiguo ～ dìfang[我以前没来过～地方]私はこれまでにここに来たことはない／wǒ yào ～[我要～]これが欲しい.

†zhéhé 折合[動]換算する.相当する.¶yì měiyuán ～ duōshao rénmínbì?[一美元～多少人民币?]1ドルは人民元でいくらになりますか.

†zhèhuìr 这会儿[代]〈口〉今.現在.この時.¶tā ～ bú zài,qǐng dāihuìr zài lái[他～不在，请待会儿再来]彼はいまいないので,もう少ししてから来てください.

⁑zhèlǐ 这里[代]ここ.こちら.zhèliとも発音する.また"这儿"zhèrともいう.¶qǐng bǎ xíngli fàngzai ～[请把行李放在～]荷物はここに置いてください／wǒmen ～ bù lěng[我们～不冷]私たちの所は寒くない.

⁑zhè·me 这么[代]❶(程度を表す)このように.こんなに.そんなに.¶jīntiān zěnme ～ rè?[今天怎么～热?]今日はどうしてこんなに暑いんだろう／nǐ érzi zhǎng ～ dà le![你儿子长～大了!]息子さんがこんなに大きくなったなんて!❷数量を修飾して,数量が多いこと,または少ないことを強調する.¶cái ～ jǐ tiān,bú huì yǒu shénme biànhuà[才～几天，不会有什么变化]たった数日では何の変化もあるはずがない.

zhè·me·zhe 这么着[代]こういうふうに.このように.¶～ yě tǐng hǎo[～也挺好]これでもなかなかよい／zánmen

Z

jiù ～ ba[咱们就～吧]ではそうしよう.

†**zhé•mó 折磨**[動]苦しめる.さいなむ.¶bié zài ～ tā le[别再～他了]これ以上彼を苦しめるな.[名]苦痛.¶jīngshén shang de ～[精神上的～]精神的な苦痛.

*__zhēn 针__[名]〔gēn 根,méi 枚〕❶(～儿)針.ピン.¶xiùhuā～[绣花～]刺繍針.*❷針のようなもの.¶zhǐnán～[指南～]羅針盤／bié～[别～]安全ピン／sōng～[松～]松葉.*❸注射.¶dǎ～[打～]注射を打つ／fángyì～[防疫～]予防注射.

⁂**zhēn 真**[形]❶本当である.真実である.↔ jiǎ 假 ¶～huà[～话]本当の話／shì ～ de ma?[是～的吗?]本当ですか.❷はっきりしている.正確である.¶hēibǎn shang de zì wǒ kànbu～[黑板上的字我看不～]黒板の字がはっきり見えない.[副]実に.本当に.¶～ měi[～美]本当に美しい／～ hǎo[～好]実にいい.

zhēn 斟[動](酒や茶を)注ぐ.¶xiūxi shí zì ～ zì yǐn yě shì yì zhǒng lèqù[休息时自～自饮也是一种乐趣]休みの時に手酌で酒を飲むのも楽しみの1つである.

__zhèn 阵__[名]陣地.戦場.¶dàizhe dàpī rénmǎ shàng ～[带着大批人马上～]大勢の軍隊を率いて戦場に赴いた.

*__zhèn 阵__[名](～儿)短い間.¶zhè ～ tā shēntǐ bù hǎo[这～他身体不好]このところ彼は具合がよくない.[量]短い時間続く現象や動作などを数える.¶yí～ rèliè de zhǎngshēng[一～热烈的掌声]ひとしきりの拍手／wǔhòu xiàle yí～ yǔ[午后下了一～雨]午後ひとしきり雨が降った.

zhèn 振[動]❶振る.ふるう.¶～chì gāo fēi[～翅高飞]羽ばたきながら空高く飛び上がる／～ bǐ jí shū[～笔疾书]筆を振ってすらすらと書く.❷奮い起こす.¶～zuò jīngshen[～作精神]気持ちを奮い立たせる.

†**zhèn 镇**[動]*❶押さえる.しずめる.¶～tòng[～痛]痛みを押さえる／tā zài qìshì shang jiù ～zhule duìfāng[他在气势上就～住了对方]彼は気迫で相手を押さえつけた.❷(氷や冷水で)冷やす.¶bīng～ píjiǔ[冰～啤酒]冷やしたビール.[名]鎮(ちん).“县”xiàn(県)の下の行政単位.¶xiāng～ qǐyè[乡～企业]郷鎮企業.(農村部の中小企業)

†**zhèn 震**[動]震える.振動する.¶bōli ～pò le[玻璃～破了]ガラスが振動で割れた.

zhēnchá 侦察[動]偵察する.¶～ qíngkuàng[～情况]状況を偵察する.

zhēnchéng 真诚[形]誠実である.まじめである.心がこもっている.¶～ de yǔyán[～的语言]誠実な言葉／tāmen de tàidu fēicháng ～[他们的态度非常～]彼らの態度はとても誠実だ.

zhèndàng 震荡[動]震動させる.震わす.¶jùdà de bàopò shēng ～zhe dàdì[巨大的爆破声～着大地]巨大な爆音が大地を震わせている.

†**zhèndì 阵地**[名]陣地.¶jiānshǒu ～[坚守～]陣地を守る.

zhèndìng 镇定[形]落ち着いている.冷静である.¶tā xīnli yǒudiǎnr huāng,dàn liǎnshang biǎoxiànchu ～ de yàngzi[他心里有点儿慌，但脸上表现出～的样子]彼は心の中では少し慌てていたが,表情は落ち着いていた.

†**zhèndòng 振动**[動]揺れる.振動する.¶～ zàochéng jīnshǔ píláo[～造成金属疲劳]振動による金属疲労.

†**zhèndòng 震动**[動]❶震動する.揺るがす.¶dìzhèn de ～ shíjiān dàyuē wéi wǔ fēnzhōng[地震的～时间大约为五分钟]地震で揺れた時間は約5分だった.❷人々の心を揺さぶる.ショックを与える.¶～ rén xīn de shìjiàn[～人心的事件]ショッキングな事件.

zhěnduàn 诊断[動]診断する.¶qǐng yīshēng ～ bìngqíng[请医生～病情]先生に病状を診断してもらう.

*__zhēnduì 针对__[動]正面から立ち向かう.ねらいを合わせる.¶～ zhèige wèntí zhǎnkāile tǎolùn[～这个问题展开了讨论]この問題に的を絞って討論が展開された.

zhèn ěr yù lóng 震耳欲聋㊒耳をつんざくようである.¶～ de bàozhàshēng

chíxùle èrshí duō fēnzhōng cái jiànjiàn de píngxī le[～的爆炸声持续了二十多分钟才渐渐地平息了]耳をつんざく爆音は,20分以上続いてやっと少しずつ静まった.

zhènfèn 振奋[動]❶奮い立つ.¶tīngle zhè huà rénmen ～leqilai[听了这话人们～了起来]この話を聞いて人々は奮い立った.❷奮起させる.¶zhè shì ge ～ rénxīn de hǎo xiāoxi[这是个～人心的好消息]これは人心を奮起させるいい知らせだ.

zhēn fēng xiāng duì 针锋相对 成針の先が向かい合う.真っ向から対決する.¶zhè liǎng ge zhèngdǎng zǒngshì ～,hěn nán hépíng gòngchǔ[这两个政党总是～，很难和平共处]この2政党はいつも真っ向から対決し,平和共存が非常に難しい.

*__zhēng 争__[動]❶争う.競う.¶～ dì yī[～第一]1番を競う／fēn miǎo bì ～[分秒必～]1分1秒を争う.❷言い争う.¶～le bàntiān,yě méi ～chu jiélùn[～了半天，也没～出结论]ずいぶんと言い争ったが,結論が出なかった.

†**zhēng 征***[動]❶(国家が)徴集する.召集する.¶～bīng[～兵]徴兵する.❷徴収する.取り立てる.¶～shuì[～税]税を徴収する.❸募集する.¶～gǎo[～稿]原稿を募集する.❹(主に軍隊が)遠くに行く.¶cháng～[长～]長征する.❺征伐する.討伐する.¶chū～[出～]出征する.

*__zhēng 睁__[動]目を見開く.目を見張る.¶～kāi yǎnjing[～开眼睛]目を開ける／～zhe yǎn shuō xiāhuà[～着眼说瞎话]平気でうそをつく.ぬけぬけとでたらめを言う.

zhēng 蒸[動]蒸す.ふかす.¶～ mántou[～馒头]マントウをふかす／～shú le[～熟了]蒸し上がった.

†**zhěng 整**[形]完全である.すべて揃っている.↔ líng 零 ¶tā ～tiān dōu bú zài jiā[他～天都不在家]彼は一日中家にいない／xiànzài bā diǎn ～[现在八点～]今ちょうど8時だ.[動]整える.整理する.¶～ zhuāng dài fā[～装待发]成旅装を整えて,出発の用意をする.

*__zhèng 正__[副]❶まさに.ちょうど.¶zhè xié wǒ chuānzhe ～ héshì[这鞋我穿着～合适]この靴は私にぴったりだ／zhè ～ shì wǒ suǒ dānxīn de[这～是我所担心的]これがまさに私が心配していることだ.❷ちょうど…(しているところだ).¶tā ～ mángzhe ne[他～忙着呢]彼はちょうど忙しいんです／nǐ láide zhēn qiǎo,wǒ ～ zhǎo nǐ ne![你来得真巧，我～找你呢!]まったくいいところへ来たね,ちょうどあなたを探していたところなんだ.

> 類義語 **zhèng 正　zài 在　zhèngzài 正在**
>
> ►ともに動作の進行を表す."正"は動作が発生した時間に重点を置き,"在"は状態が持続していることに重点を置き,"正在"は動作が発生した時間・持続している状態の双方に重点が置かれる.¶我正忙着呢，你等一会儿再来吧 wǒ zhèng mángzhe ne,nǐ děng yíhuìr zài lái ba(ちょうど今忙しいんですよ.もう少ししてから来てよ)／我在做作业，去不了 wǒ zài zuò zuòyè,qùbuliǎo(宿題をしているところだから行けません)／她正在写字 tā zhèngzài xiě zì(彼女は今字を書いているところです)

*__zhèng 正__[形]❶まっすぐである.向きが正しい.↔wāi 歪,piān 偏 ¶～qiánfāng[～前方]真正面.❷正しい.正当である.¶～lǐ[～理]正しい道理.❸純正である.混じりけがない.¶～ hóngsè[～红色]真紅.❹公正である.正直だ.¶～pài[～派]まじめである.

zhèng 证[名]証明.証拠.証拠物件.¶gōngzuò～[工作～]勤務先の身分証明書／shēnfen～[身份～]身分証明書.

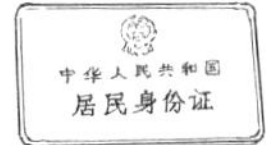

shēnfenzhèng
身份证

gōngzuòzhèng
工作证

Z

†**zhèng 挣**[動]❶(自分の力で)束縛から抜け出そうとする.¶móshùshī yòng móshù ～tuōle shéngsuǒ[魔术师用魔术～脱了绳索]マジシャンはマジックでロープから抜け出た.❷働いて金を稼ぐ.¶～ qián[～钱]金を稼ぐ.

zhèng 症[名]症状.病気.¶jí～[急～]急病.

zhèngbǐ 正比[名]〔数〕正比例.¶gèrén shōurù de zēngzhǎng yǔ guómín gòumǎilì de zēngzhǎng bìng bù zǒngshì chéng ～ de[个人收入的增长与国民购买力的增长并不总是成～的]個人収入の増加は国民購買力の増大と常に比例しているわけではない.

zhèngbiàn 政变[名]クーデター.¶fāshēng ～[发生～]クーデターが起きる.

*__zhèngcè 政策__[名]政策.¶zhìdìng ～[制定～]政策を制定する／luòshí ～[落实～]政策を浸透させる.

*__zhèngcháng 正常__[形]正常である.規則正しい.¶tā shēntǐ yǐ huīfù ～ le[他身体已恢复～了]彼の体はもう正常に戻った.

zhēngchǎo 争吵[動]言い争う.口論する.¶tāmen cháng wèi yìdiǎn xiǎoshì ～[他们常为一点小事～]彼らはいつもちょっとしたことで口論になる.

†**zhèngdāng 正当**[動]ちょうど…の時にあたる.¶～ tā shāngxīn shí,tā què zǒu le[～她伤心时，他却走了]彼女が悲しんでいるちょうどその時に彼は行ってしまった.

†**zhèngdǎng 政党**[名]政党.

†**zhèngdàng 正当**[形]正当である.¶wéihù zìjǐ de ～ lìyì[维护自己的～利益]自分の正当な利益を守る／～ de yāoqiú[～的要求]理に適った要求.

zhēngduān 争端[名]対立.紛争.¶guójì ～[国际～]国際紛争／mínzú ～[民族～]民族紛争.

†**zhěngdùn 整顿**[動](多く組織・規律・気風などを)正す.立てなおす.¶zhèige xuéxiào de xiàofēng bìxū hǎohāor ～ yíxià[这个学校的校风必须好好儿～一下]この学校の校風をきちんと正さねばならない／～ kǎoshì jìlǜ[～考试纪律]試験規則を整備する.

†**zhēngduó 争夺**[動]争奪する.奪い合う.¶～ guànjūn[～冠军]優勝を競う.

†**zhēngfā 蒸发**[動]蒸発する.¶shuǐ ～ le[水～了]水が蒸発した.

†**zhěng∥fēng 整风**[動]思想・考え方・仕事のやり方などを正す.¶jījí kāizhǎn ～ yùndòng[积极开展～运动]思想や考え方などを正す運動を積極的に繰り広げる.

†**zhēngfú 征服**[動]征服する.¶～ rénxīn[～人心]心を奪う.人の心をつかむ.

⁑**zhèngfǔ 政府**[名]政府.

*__zhěnggè 整个__[形](～儿)全体の.全部の.¶～ wǎnshang[～晚上]一晩中／～ huìchǎng[～会场]会場全体.

zhèngguī 正规[形]正規の.正式である.¶zhè bù fúhé ～ de chéngxù[这不符合～的程序]これは正しい手順によっていない.

*__zhènghǎo 正好__[形]ちょうどいい.¶zhè yīfu dàxiǎo ～[这衣服大小～]この服はサイズがちょうどいい.[副]ちょうど.おりよく.¶wǒ qù zhǎo Lǎo-Lǐ de shíhou,～ zài lùshang pèngshangle tā[我去找老李的时候，～在路上碰上了他]李さんを訪ねに行った時,途中でおりよく彼に会った.

†**zhèngjiàn 证件**[名]身分・経歴などを証明するもの.¶qǐng chūshì ～[请出示～]証明書を見せてください.

zhěngjié 整洁[形]きちんとしている.きれいに整っている.¶fángjiān ～[房间～]部屋がきれいに整っている／yīzhuó ～[衣着～]身なりがきちんとしている.

†**zhèng·jing 正经**[形]❶まじめである.¶～rén[～人]まじめな人.❷正当である.正しい.¶zhè shì ～ shìr[这是～事儿]これはまじめな仕事だ.❸正式である.¶～ guóhuò[～国货]正真正銘の国産品.

†**zhèngjù 证据**[名]証拠.¶～ quèzáo[～确凿]証拠がはっきりしている.

*__zhěnglǐ 整理__[動]整理する.片付ける.¶～ cáiliào[～材料]資料を整理

する／～ shūjí[～书籍]書籍を片付ける／tā zhèng ～ xíngli ne[他正～行李呢]彼は今荷物を片付けているところだ.

*zhēnglùn 争论[動]論争する.口論する.¶～ wèntí[～问题]問題を言い争う／nà liǎng ge rén hǎoxiàng ～zhe shénme[那两个人好像～着什么]あの2人は何か口論しているようだ.

†zhèngmiàn 正面[名]正面.↔ cèmiàn 側面 ¶jiànzhùwù de ～ guàzhe yì tiáo biāoyǔ[建筑物的～挂着一条标语]建物の正面にスローガンが1つかけてある.[形]肯定的である.↔ fǎnmiàn 反面 ¶～ rénwù[～人物]小説や映画の中の善玉.

*zhèngmíng 证明[動]証明する.¶shìshí ～ wǒ shì duì de[事实～我是对的]私が正しいことを事実が証明してくれた.[名]証明書.¶kāi ge ～[开个～]証明書を出す.

zhēng//qì 争气[動]負けん気を出す.人に負けまいと頑張る.¶tāmen wèi guójiā zhēngle yì kǒu qì[他们为国家争了一口气]彼らは国のために頑張った.

†zhēngqì 蒸汽[名]水蒸気.蒸気.¶～jī[～机]蒸気機関／shuǐ～[水～]水蒸気／bèi ～ tàngshāng le[被～烫伤了]蒸気でやけどした.

⁑zhěngqí 整齐[形]整っている.整然としている.そろっている.¶duìwu ～[队伍～]隊列が整っている／zì xiěde hěn ～[字写得很～]字がきちんと書いてある.

zhèngqì 正气[名]正しい気風.公明正大な気風.¶～ lǐnrán[～凛然]正しい信念を持ち,凛としている.

zhèngqiǎo 正巧[副]ちょうど.¶shìqing fāshēng de shíhou,wǒ ～ zài chǎng[事情发生的时候，我～在场]事故が起きた時私はちょうどその場にいた／tā lái de shíhou,wǒ ～ bú zài[他来的时候，我～不在]彼が来た時,ちょうど私は留守だった.

*zhēngqiú 征求[動]広く求める.募集する.¶～ yìjiàn[～意见]広く意見を求める.

*zhēngqǔ 争取[動]❶勝ち取る.努力して手に入れる.¶～ zuìhòu de shènglì[～最后的胜利]最後の勝利を勝ち取る／～ shíjiān[～时间]時間をかせぐ.❷実現を目指して努力する.¶～ zài shí diǎn yǐqián jiéshù huìyì[～在十点以前结束会议]10時前に会議を終わらせよう.

†zhèngquán 政权[名]政権.¶zhǎngwò ～[掌握～]政権を掌握する.

⁑zhèngquè 正确[形]正しい.¶xítí dá'àn wánquán ～[习题答案完全～]練習問題の解答は全部正しい／～ de yìjiàn[～的意见]正しい意見.

†zhèngshí 证实[動]証明する.実証する.¶lǐlùn yòng shíjiàn lái ～[理论用实践来～]理論は実践によって証明される.

*zhèngshì 正式[形]正式である.公式である.¶～ fǎngwèn[～访问]公式の訪問／～ de gōngzuò rényuán[～的工作人员]正規の職員.

zhēngshōu 征收[動]徴収する.¶～ tǔdìshuì[～土地税]土地税を徴収する／～ liángshi[～粮食]食糧を徴収する.

zhěngshù 整数[名]〔数〕整数.

†zhèngshū 证书[名]証書.証明書.¶bìyè ～[毕业～]卒業証書.

†zhěngtǐ 整体[名](集団または事物の)全体.¶yào kǎolǜ ～ lìyì[要考虑～利益]全体の利益を考えなければならない／cóng ～ shang kàn[从～上看]総合的に考える.

zhěngtiān 整天[名]一日中.¶tā ～ shuì dàjiào[他～睡大觉]彼は一日中ずっと寝ている.

†zhēnguì 珍贵[形]貴重である.価値がある.大切である.¶～ de zhàopiàn[～的照片]貴重な写真／～ de shǒugǎo[～的手稿]価値のある肉筆原稿.

zhēng xiān kǒng hòu 争先恐后 成遅れまいと先を争う.¶dàjiā ～ bàole míng[大家～报了名]皆我先にと申し込んだ／wèile zhēngqǔdao jìnxiū de jīhuì,tāmen jǐ ge dōu ～ de biǎoxiàn zìjǐ[为了争取到进修的机会，他们几个都～地表现自己]研修のチャンスを得るために,彼らは皆先を争

Z

って自分をアピールした.

zhèngxié 政协[名]政治協商会議.“政治协商会议”zhèngzhì xiéshāng huìyìの略称.

zhēngyì 争议[動]言い争う.論争する.¶zhèige wèntí zài bàozhǐ shang ~guo jǐ cì[这个问题在报纸上~过几次]この問題は新聞上で何度か論争されたことがある/guānyú zhèige jiélùn, mùqián hái yǒu ~[关于这个结论，目前还有~]この結論については,今のところまだ反対の意見がある.

†**zhèngyì 正义**[名]正義.¶wèi rénmín zhǔchí ~[为人民主持~]人民のために正義を守る.[形]正義の.正しい.¶~ zhànzhēng[~战争]正義の戦争.

zhēngyuè 正月[名]旧暦の正月.¶~ shíwǔ shì Yuánxiāojié[~十五是元宵节]旧暦の1月15日は元宵節だ/~ chūyī[~初一]旧暦の元旦.

☆**zhèngzài 正在**[副]ちょうど…している.¶tā ~ xiě xìn[他~写信]彼は手紙を書いているところだ.➡類義語 zhèng 正

†**zhēngzhá 挣扎**[動]必死にもちこたえる.もがく.¶tā ~zhe zhànqilai le[他~着站起来了]彼は必死に立ち上がった.

zhěngzhěng 整整[形]まるまる.ちょうど.¶wǒ děngle ~ yí ge xiǎoshí[我等了~一个小时]まるまる1時間待った.

zhèngzhí 正直[形]正直である.¶zuòrén yīnggāi ~[做人应该~]人間は正直であるべきだ.

☆**zhèngzhì 政治**[名]政治.¶guānxīn ~[关心~]政治に関心を持つ.

zhèngzhòng 郑重[形]厳粛である.厳かである.¶~ shēngmíng[~声明]厳かに声明する.

zhèng zhòng qí shì 郑重其事成 厳粛に恭しくふるまう.¶wǒ juéde xiān dǎ ge diànhuà zài qù jiàn tā bǐjiào hǎo,xiǎnde gèng ~ yìxiē[我觉得先打个电话再去见他比较好，显得更~一些]先に電話を入れてから彼に会いに行くのが,より丁重な態度を示せてよいと思います.

†**zhèngzhuàng 症状**[名]症状.病状.¶fèiyán yǒu něixiē ~?[肺炎有哪些~?]肺炎にはどんな症状があるのですか.

zhènjīng 震惊[動]❶驚かせる.びっくり仰天させる.¶~ shìjiè[~世界]世界を揺るがす.❷驚く.びっくり仰天する.¶dàwéi ~[大为~]大いに驚く.

†**zhènjìng 镇静**[形]心が落ち着いている.平静である.¶yīshēng dǎle yì zhēn, ràng tā ~xialai[医生打了一针，让他~下来]医者は注射をして,彼を落ち着かせた.

†**zhēnjiǔ 针灸**[名]鍼灸(しんきゅう).¶~ liáofǎ[~疗法]鍼灸療法.

*****zhēnlǐ 真理**[名]真理.¶zhuīqiú ~[追求~]真理を追求する.

†**zhēnqíng 真情**[名]本心.本音.¶gēshēng biǎodále háizimen de yí piàn ~[歌声表达了孩子们的一片~]歌声は子供たちの本心を表している/zhèi piān wénzhāng xiěde yǒu ~ shígǎn[这篇文章写得有~实感]この文章は本当の気持ちを込めて書かれている.

zhènróng 阵容[名]陣容.顔ぶれ.¶tāmen xuéxiào de lánqiúduì ~ zhěngqí[他们学校的篮球队~整齐]彼らの学校のバスケットボールチームは顔ぶれがそろっている/~ qiángdà[~强大]そうそうたるメンバー.

*****zhēnshí 真实**[形]真実である.本当である.¶~ de xiǎngfa[~的想法]本当の考え.

zhēnshì 珍视[動]重視する.大事にする.¶yīnggāi ~ shàonián shídài jiéxia de yǒuqíng[应该~少年时代结下的友情]少年時代に結んだ友情は大事にすべきだ/dàjiā duì yíngdé de jiǎngbēi fēicháng ~[大家对赢得的奖杯非常~]みんなは勝ち取ったトロフィーをとても大事にしている.

†**zhēn·shi 真是**[副](不満の気持ちを表し)本当に.まったく.¶piào mǎihǎole yòu bù xiǎng qù le,~[票买好了又不想去了，~]キップは手に入れたのに行きたくなくなったなんて,本当にもう.

zhēn·shi ·de 真是的慣まったくもう.本当に.(親しい人に不満を示す) ¶ nǐ zhèige rén ～,hái zhème kèqi![你这个人～, 还这么客气!]あんたって人はまったく,どうしてそう水臭いの.

zhēntàn 侦探[名]探偵.スパイ.¶sīrén ～[私人～]私立探偵.

†**zhěn·tou 枕头**[名]枕.¶zhěn ～[枕～]枕をする／～tào[～套]枕カバー.

†**zhēnxī 珍惜**[動]大切にする.愛惜(あいせき)する.¶～ shēngmìng[～生命]命を大切にする／～ shíjiān[～时间]時間を大切にする.

zhènxiàn 阵线[名]戦線.¶jiānchí mínzú tǒngyī ～[坚持民族统一～]民族統一戦線を堅持する.

zhēnxiàng 真相[名]真相.正体.¶zhèi jiàn shì zhōngyú ～ dàbái le[这件事终于～大白了]この事はついに真相が明らかになった／～ bùmíng[～不明]真相がわからない.

zhēnxīn 真心[名]真心.本心.¶～ huà[～话]心からの言葉／～ shíyì[～实意]誠心誠意／zhè bú shì tā de ～[这不是她的～]これは彼女の本心ではない.

zhènxīng 振兴[動]振興する.発展させる.¶～ gōngyè[～工业]工業を盛んにする／～ zǔguó[～祖国]祖国を発展させる.

†**zhènyā 镇压**[動]❶鎮圧する.弾圧する.¶～ xuésheng yùndòng[～学生运动]学生運動を鎮圧する／～ bàoluàn[～暴乱]暴動を鎮圧する.❷〈口〉処刑する.

zhènyíng 阵营[名]陣営.¶zuǒpài ～ zhōng de yí fù zhǔjiàng[左派～中的一副主将]左派陣営の中の副官の1人.

⁑**zhēnzhèng 真正**[形]本物である.本当である.¶zhè shì ～ de dànshuǐ zhēnzhū[这是～的淡水珍珠]これは正真正銘の淡水パールだ.[副]確かに.本当に.¶zhèi cì tā suàn ～ zhīdao hēzuì shì shénme gǎnshòu le[这次他算～知道喝醉是什么感受了]今回彼は酒に酔うのがどんな感じかはっきりとわかった.

†**zhēnzhū 珍珠**[動]〔kē 颗,lì 粒,chuàn 串,guà 挂〕真珠.¶～ xiàngliàn[～项链]真珠のネックレス.

⁑**zhèr 这儿**[代]〈口〉❶ここ.こちら.=zhèlǐ 这里 ¶～ jiù shì wǒmen xuéxiào[～就是我们学校]ここが私たちの学校です.❷この時.その時.今.注前置詞"从"cóng, 由"yóu, "打"dǎの後に用い,「これから,今から」のように時間の起点を表す.¶cóng ～ qǐ,tāmen liǎ jiù chéngle zhīxīn péngyou[从～起,他们俩就成了知心朋友]その時から彼ら2人は気を許しあえる友人になった.

zhē·teng 折腾[動]〈口〉❶しきりに寝返りをうつ.¶～le yì wǎnshang[～了一晚上]一晩中寝返りをうっていた.❷繰り返し行う.¶bié fān lái fù qù ～ le, kuài juédìng ba[别翻来复去～了, 快决定吧]何度も同じことを繰り返さないで,早く決めなさい.❸苦しめる.¶xiǎngkāi xiē ba,bié zài ～ zìjǐ le[想开些吧, 别再～自己了]くよくよするな,これ以上自分を苦しめてはいけない.

⁑**zhèxiē 这些**[代]これら(の).それら(の).¶～ rén[～人]これらの人／～ rìzi[～日子]この頃／～ shū shì shéi de?[～书是谁的?]これらの本は誰のですか.

*__zhéxué 哲学__[名]哲学.

⁑**zhèyàng 这样**[代](～儿)このような.このように.そのような.そのように."这么样"zhèmeyàngともいう.¶～ zuò[～做]このようにする／～ de xiǎoshuō[～的小说]そのような小説／～ yě búcuò,jiù ～ ba[～也不错, 就～吧]そうするのも悪くない,そうしよう.

†**zhèyàng yī lái 这样一来**組こうなると.¶～,wǒ jiù méi biéde xuǎnzé le[～, 我就没别的选择了]こうなると,私にはもうほかの選択はなくなった／～,wǒ jiù búyòng qù le,shì ba?[～我就不用去了, 是吧?]こうなると,私は行かなくてもいいですね.

†**zhī 之**[助]〈書〉(所有関係や修飾関係などを表す)…の.¶àiguó ～ xīn[爱国～心]国を愛する心.

†**zhī 之**[代]〈書〉❶人や物をさす.¶qǔ ér dài ～[取而代～]成それに取

Z

って代わる.❷具体的にさすものがなく,形式的に用いる.¶jiǔ ér jiǔ ～ jiù xíguàn le[久而久～就习惯了]時がたつにつれて慣れた.

†**zhī 支**[動]❶支える.¶tā yòng shǒu ～zhe xiàba,zuòzai nàli chénsī[他用手～着下巴，坐在那里沉思]彼は頬杖をついてそこに座り考え込んでいる.❷持ちこたえる.¶tā zhōngyú tǐlì bù ～,dǎoxia le[他终于体力不～，倒下了]彼はとうとう体力が持たず倒れた.

⁂**zhī 支**[量]❶隊伍や楽曲を数える.¶yì ～ jūnduì[一～军队]1部隊／nèi ～ yuèqǔ[那～乐曲]あの曲.❷棒状のものを数える.“枝”zhīとも書く.¶yì ～ bǐ[一～笔]ペン1本／jǐ ～ xiāngyān[几～香烟]何本かのタバコ.

zhī 汁[名](～儿)液体.汁.¶rǔ～[乳～]乳.

Z

⁂**zhī 只**[量]❶対になったものの一方を数える.¶liǎng ～ ěrduo[两～耳朵]両耳.❷動物を数える.¶wǔ ～ māo[五～猫]5匹のネコ.❸船を数える.¶liǎng ～ qìchuán[两～汽船]2隻の汽船.❹器具などを数える.¶yì ～ shǒubiǎo[一～手表]腕時計1個.→zhǐ

†**zhī 知**[動]知っている.分かる.¶wǒ bù ～ zhèyàng zuò duì bú duì[我不～这样做对不对]こんな風にしていいのかどうか分からない.*[名]知識.¶wú～[无～]無知だ.

***zhī 织**[動]織る.編む.¶～ máoyī[～毛衣]セーターを編む.

†**zhī 枝**[名](～儿)枝.¶shù～r[树～儿]木の枝.[量]❶枝についた花を数える.¶píngli chāzhe yì ～ méihuā[瓶里插着一～梅花]瓶にウメが1枝挿してある.❷長い棒状のものを数える.¶yì ～ làzhú[一～蜡烛]1本のろうそく.

***zhí 直**[形]❶まっすぐである.¶bǎ shéng lā～[把绳拉～]ひもを引っ張ってまっすぐにする.❷率直である.正直である.¶wǒ jiějie shì ge ～xìngzi[我姐姐是个～性子]私の姉は率直な人だ.[動]まっすぐにする.¶zhànqilai,～～ yāo,juéde hěn shūfu[站起来,～～腰，觉得很舒服]立ち上がって腰をちょっと伸ばすと,とても気持ちがよい.

***zhí 直**[副]❶ずっと.直接に.¶wǒ dǎsuan ～ fēi Běijīng,bú zài Xiānggǎng tíngliú le[我打算～飞北京，不在香港停留了]私はまっすぐ北京に飛行機で行き,香港にはとどまらないことにした.❷絶え間なく.しきりに.¶xiǎodìdi dǎzhēn shí ～ kū[小弟弟打针时～哭]下の弟は注射の時に泣いてばかりいる.

†**zhí 值**[動]❶値する.相当する.¶zhèi kuài biǎo ～ yìbǎi kuài qián[这块表～一百块钱]この腕時計は100元の価値がある／wèi tā xīshēngle nàme duō,nǐ juéde ～ ma?[为他牺牲了那么多，你觉得～吗?]彼のためにそんなに多く犠牲にして,君は価値があると思いますか.❷〈書〉…にあたる.…にぶつかる.¶shí ～ Chūnjié,huǒchēpiào géwài nán mǎi[时～春节，火车票格

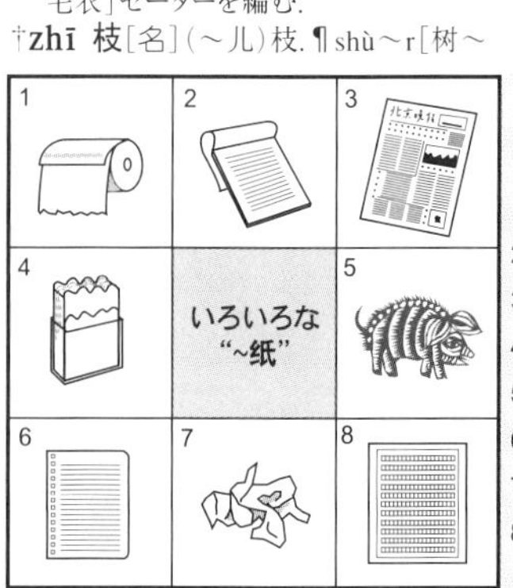

◁◁◀ 逆引きウインドウズ

1 手纸／卫生纸 shǒuzhǐ/wèishēngzhǐ トイレットペーパー
2 信纸 xìnzhǐ 便せん
3 报纸 bàozhǐ 新聞紙
4 餐巾纸 cānjīnzhǐ 紙ナプキン
5 剪纸 jiǎnzhǐ 切り紙細工
6 活页纸 huóyèzhǐ ルーズリーフ
7 废纸 fèizhǐ 紙くず
8 稿纸 gǎozhǐ 原稿用紙

外难买]春節の時期にあたるので汽車の切符はとりわけ買いづらい.

zhí 植[動]植える.¶～shù[～树]木を植える.➡見る類 p.639

*__zhǐ 止__[動]❶止まる.やむ.¶～bù[～步]歩みを止める.❷期限を切る.¶dào cǐ wéi～[到此为～]ここまでとする.[副]ただ.だけ.…に限る.¶zhèngzōng chuāncài ～ cǐ yì jiā[正宗川菜～此一家]本場の四川料理はこの店だけだ.

⁑**zhǐ 只**[副]ただ.だけ.わずか.¶wǒ ～ mǎile yí ge[我～买了一个]私は1個だけ買った／wǒ ～ xuéguo Yīngyǔ[我～学过英语]私は英語しか勉強したことがない.➡zhī

⁑**zhǐ 纸**[名]〔zhāng 张〕紙.¶zhè ～ tài báo,yí pèng jiù pò[这～太薄，一碰就破]この紙は薄すぎてちょっと触ると破れてしまう.

⁑**zhǐ 指**[動]❶指さす.さし示す.¶tā ～le～ qiánbāo,jiào wǒ xiǎoxīn[她～了～钱包，叫我小心]彼女は財布を指さして,気をつけるようにと言った.❷対する.さす.¶nǐ bié duōxīn,wǒ bú shì ～ nǐ shuō de[你别多心，我不是～你说的]君に対して言ったんじゃないんだから,気を回さなくていいよ.

*__zhì 至__[動]〈書〉至る.¶huìyì zì wǔyuè yī rì ～ bā rì[会议自五月一日～八日]会議は5月1日から8日まで.[副]きわめて.最も.¶～chí míngtiān wánchéng[～迟明天完成]遅くても明日には完成する.

zhì 志[名]志.¶dé～[得～]志を遂げる／tā cóngxiǎo jiù yǒu ～ zuò ge xīnwén jìzhě[他从小就有～做个新闻记者]彼は小さい頃から新聞記者になる志を持っていた.

†**zhì 制**[動]作る.製作する.¶tā zhèngzài ～tú ne[他正在～图呢]彼は今製図をしている.[名]制度.¶shēngchǎn zérèn～[生产责任～]生産責任制.

*__zhì 治__[動]❶治療する.¶bìng yǐjing ～hǎo le[病已经～好了]病気はもうよくなった.❷こらしめる.¶zhè jiāhuo yīng děi ～yi～ le[这家伙应得～一～了]こいつをこらしめてやらなくちゃ.

†**zhì 质**[名]質.本質.

†**zhì 致**[動]❶送る.¶yíngxīnhuì shang xiàozhǎng ～ huānyíngcí[迎新会上校长～欢迎词]新入生歓迎会の席上,校長は歓迎の辞を述べた.❷ある結果をもたらす.¶tā zǒuchule ～mìng de yì shǒu[他走出了～命的一手](囲碁で)致命的な一手を指した／xīyān róngyì ～'ái[吸烟容易～癌]喫煙はがんになりやすい.❸集中する.¶yì shēng ～lì yú xìjù fānyì[一生～力于戏剧翻译]一生涯,劇の翻訳に力を注ぐ／zhuān xīn ～ zhì[专心～志]成一心不乱(に).

zhì 置[動]〈書〉置く.¶tā bǎ gèrén de ānwēi ～ zhī nǎo hòu[他把个人的安危～之脑后]彼は自分の身の安全を考えの外に置いている.

zhì'ān 治安[名]治安.¶wéichí ～[维持～]治安を維持する.

zhí//bān 值班[動]当番をする.交代で規定時間の仕事をする.¶yì zhōu zhí yí cì bān[一周值一次班]1週間に1度当番をする／lúnliú ～[轮流～]順番に当番をする.

zhìbiàn 质变[名]質的な変化.

†**zhǐbiāo 指标**[名]指標.達成目標.¶wánchéng shēngchǎn ～[完成生产～]生産目標を達成する.

zhíbō 直播[動]生放送する.¶tǐyùtái chángcháng ～ zúqiú bǐsài[体育台常常～足球比赛]スポーツテレビ局はしょっちゅうサッカーの試合を生放送している.

zhībù 支部[名]支部.団体などの末端組織.特に中国共産党の末端組織をさす.

zhìcái 制裁[動]制裁する.¶jīngjì ～[经济～]経済制裁／duì fànzuì fènzǐ bìxū yánlì ～[对犯罪分子必须严厉～]犯罪者に対しては厳しく制裁しなければならない.

zhī·chēng 支撑[動]❶支える.¶sì gēn zhùzi ～zhe wūdǐng[四根柱子～着屋顶]4本の柱で屋根を支えている.❷もちこたえる.¶～ júmiàn[～局面]現状を維持する.

zhíchēng 职称[名]職務の名称.¶píng ～[评～]昇進の評定をする.

zhìchéngpǐn 制成品[名]既製品.

Z

製品.¶wǒ xiǎng mǎi ～[我想买～]私は既製品を買いたい.

*zhīchí 支持[動]❶もちこたえる.こらえる.¶yīnwèi tǐli ～búzhù, tā méi pǎowán mǎlāsōng quánchéng[因为体力～不住, 她没跑完马拉松全程]体力がもたず,彼女はマラソンを完走できなかった.❷支持する.応援する.¶dàjiā dōu ～ zhèige jiànyì[大家都～这个建议]皆はこの提案を支持している.

zhīchū 支出[動]支出する.支払う.¶gōngsī yǐjing ～guo zhèi bǐ qián[公司已经～过这笔钱]会社はこの金をもう支払っている.[名]支出.¶běn yuè ～ dàyú shōurù[本月～大于收入]今月の支出は収入を上回った.

*zhǐchū 指出[動]指摘する.¶～ wèntí[～问题]問題を指摘する／～ cuòwù[～错误]誤りを指摘する.

Z

zhì//cí 致词[動]挨拶の言葉を述べる.¶kāimùshì shang yóu dàhuì zhǔxí shǒuxiān ～[开幕式上由大会主席首先～]開幕式では,まず大会委員長が祝辞を述べた.

†zhídá 直达[動]直通する.乗り換えなしで行く.¶zuò fēijī cóng Běijīng ～ Dōngjīng[坐飞机从北京～东京]飛行機で北京から東京まで直航する／yǒu méiyou ～ de huǒchē?[有没有～的火车?]直通の列車はありませんか.

‡zhī·dào 知道[動]知る.知っている.分かる.¶zhèi jiàn shì wǒ ～de bù duō[这件事我～得不多]この件については私は多くを知りません／wǒ ～ le,nǐ búyòng shuō le[我～了, 你不用说了]分かっているから言わなくていい.➡[類義語] rènshi 认识

*zhídào 直到[動]…にいたる.…になる.(多くは時間をさす)¶～ zuótiān wǒ cái zhīdao zhèi jiàn shì[～昨天我才知道这件事]昨日になって初めて私はこのことを知った.

*zhǐdǎo 指导[動]指導する.¶zhèi cì shìyàn yóu tā fùzé ～[这次试验由他负责～]今回の実験は彼が責任をもって指導する.[名]指導.¶～ jiàoshī[～教师]指導教官.

[類義語] zhǐdǎo 指导 fǔdǎo 辅导 lǐngdǎo 领导
►"指导"は原則・方法・技能などを教えること.¶我们的实验课由王老师指导 wǒmen de shíyànkè yóu Wáng lǎoshī zhǐdǎo(私たちの実験の授業は王先生が教えてくださる)►"领导"は上が下を思想的・組織的に導くことである.¶他领导过一个团 tā lǐngdǎoguo yí ge tuán(彼はグループを統率したことがある)►"辅导"は教え導き,手助けするという意があり,主として学習面において用いられる.¶我的听力太差,你能不能给我辅导辅导? wǒ de tīnglì tài chà,nǐ néng bù néng gěi wǒ fǔdǎofǔdǎo?(私はヒアリングの力が弱いので,補習をしていただけませんか)

*zhí//·dé 值得[動]❶値段だけの価値がある.引き合う.¶zhèi tào yīfu bú guì,～ mǎi[这套衣服不贵, ～买]この服は高くはない,買い得だ.❷…に値する.…する意義がある.¶zhèige wèntí ～ yánjiū[这个问题～研究]この問題は研究に値する.

†zhǐdé 只得[副]…しかない.やむなく…する.¶chēpiào diū le,～ zài mǎi yì zhāng[车票丢了, ～再买一张]切符をなくしてしまったので,もう1枚買うしかない.

†zhǐdiǎn 指点[動]❶指摘する.さし示す.¶～ fāngxiàng[～方向]方向をさし示す／jǐngchá názhe dìtú gěi wǒ ～ lù[警察拿着地图给我～路]警官は地図で行き方を教えてくれた／jīng lǎoshī ～,wǒ huǎngrán dà wù[经老师～, 我恍然大悟]私は先生の指摘で目から鱗(うろこ)が落ちた.❷非難する.陰であげつらう.¶tā zǒng xǐhuan zài bèihòu ～ biéren[他总喜欢在背后～别人]彼はよく陰で人の悪口を言う.

zhìdiàn 致电[動]電報を打つ.¶wǒmen ～ biǎoshì zhùhè[我们～表示祝贺]我々は電報を打って祝意を表した.

zhǐdìng 指定[動]指定する.決める. ¶ ~ dìdiǎn hé shíjiān[~地点和时间]場所と時間を決める/zhèige zhùmíng de fēngjǐngqū yú yījiǔjiǔqī nián bèi ~ wéi shìjiè yíchǎn[这个著名的风景区于一九九七年被~为世界遗产]この有名な景勝地は1997年に世界遺産に指定された.

***zhìdìng 制订**[動]新たに作り上げ制定する. ¶ Hànyǔ pīnyīn fāng'àn yǐjing ~ duōnián le[汉语拼音方案已经~多年了]漢語表音規則が制定されてすでに何年もたった.

***zhìdìng 制定**[動](法律・規則・計画などを)定める.制定する. ¶ ~ xuéxí jìhuà[~学习计划]学習計画を定める.

***zhìdù 制度**[名]制度. ¶ shèhuì ~[社会~]社会制度/zūnshǒu ~[遵守~]制度を遵守する.

zhìduō 至多[副]多くとも.せいぜい. ¶ cóng xiězuò shuǐpíng kàn,tā ~ shì ge chūzhōngshēng[从写作水平看,他~是个初中生]文章力から見て,彼はせいぜい中学生だ.

zhífǎ 执法[動]法律を執行する. ¶ sīfǎ rényuán yào yángé ~[司法人员要严格~]司法関係者は厳格に法律を執行しなければならない.

zhīfáng 脂肪[名]脂肪. ¶ duànliàn kěyǐ jiǎnshǎo~[锻炼可以减少~]トレーニングで脂肪はおとせる.

zhīfù 支付[動]支払う. ¶ ~ fángzū[~房租]家賃を支払う.

zhìfú 制服[名]制服.

zhìfù 致富[動]金持ちになる. ¶ gòngtóng ~[共同~]一緒に裕福になる.

***zhígōng 职工**[名]従業員.社員.

zhǐgù 只顾[副]ひたすら. ¶ ~ xiàng qián zǒu,bǎ biéren làle hěn yuǎn[~向前走,把别人落了很远]ひたすら前に進んでいたので,ほかの人をはるかに引き離してしまった.

zhǐguǎn 只管[副]❶遠慮なく.かまわずに. ¶ yǒu yìjiàn nǐ ~ tí,búbì kèqi[有意见你~提,不必客气]不満があったら遠慮せずどしどし言って下さい.❷ただひたすら. ¶ wǒ ~ zuòhǎo zìjǐ de gōngkè,bù dāli tā[我~做好自己的功课,不搭理他]私はひたすら自分の宿題に必死で,彼にはかまわなかった.

****zhǐhǎo 只好**[副]…するしかない.やむなく…する. ¶ míngtiān xià yǔ de huà, yùndònghuì ~ yánqī[明天下雨的话,运动会~延期]明日雨だったら,運動会は延期するしかない.

***zhī hòu 之后**[組]❶(時間・空間的に)…の後. ¶ sān nián ~[三年~]3年の後.❷その後.それから. ¶ ~,wǒmen yòu jiànguo jǐ cì miàn[~,我们又见过几次面]その後私たちは数回会ったことがある.

***zhǐhuī 指挥**[動]指揮する. ¶ tīngcóng ~[听从~]指揮に従う/~ bùduì[~部队]部隊を指揮する.[名]指揮をする人. ¶ yuèduì ~[乐队~]楽団の指揮者/gōngchéng zǒng~[工程总~]工事の総指揮者.

†**zhìhuì 智慧**[名]知恵. ¶ rénmín de ~[人民的~]人民の知恵/zēngzhǎng ~[增长~]知恵が深まる.

zhǐ·jia 指甲[名]爪.注口語では多くzhījiaと第1声で発音する. ¶ jiǎn ~[剪~]爪を切る.

****zhī jiān 之间**[組]❶…の間. ¶ wǒ zuòzai bàba māma ~[我坐在爸爸妈妈~]私はお父さんとお母さんの間に座った.❷時間が短いことを表す. ¶ zhuǎnyǎn ~ jiù dàole Dōngjīng[转眼~就到了东京]あっという間に東京に着いた/tūrán ~,fángzi jiù tā le[突然~,房子就塌了]突如として家が崩れた.

***zhíjiē 直接**[区]直接の.直接的な.↔jiànjiē 间接 ¶ zhè liǎng jiàn shì zhī jiān méiyou ~ guānxi[这两件事之间没有~关系]この2つの事柄の間には直接の関係はない/wǒ ~ qù jiàoshì[我~去教室]私は直接教室へ行く.

zhí jié liǎo dàng 直截了当[成]そのものずばり.直截(ちょくせつ)に.単刀直入である. ¶ yīnggāi ~ de bǎ zìjǐ de xiǎngfa shuōchulai[应该~地把自己的想法说出来]自分の考え方を単刀直入に言うべきである.

***zhìjīn 至今**[副]今に至るまで. ¶ tā ~ hái zài nèi jiā gōngchǎng gōngzuò

Z

[他～还在那家工厂工作]彼は今でもまだあの工場で働いている.

†**zhíjìng 直径**[名]〔数〕直径.¶nèige yuán de ～ shì duōshao?[那个圆的～是多少?]あの円の直径はいくらですか.

zhìjìng 致敬[動]敬意を表する.¶dàjiā qǐlì,miànxiàng guóqí ～[大家起立，面向国旗～]皆起立して,国旗に向かって敬意を表した.

zhījué 知觉[名]❶知覚.❷感覚.意識.¶tā téngde shīqùle ～[他疼得失去了～]彼はあまりの痛さに意識を失った.

†**zhī lèi 之类**[組]…のたぐい.¶jiùshū ～ de dōngxi dōu bǎocúnzhe[旧书～的东西都保存着]古書のたぐいはみな保存してある.

zhìlǐ 治理[動]❶統治する.管理する.¶～ guójiā[～国家]国を治める.❷(自然を)整備する.¶～ Huánghé[～黄河]黄河の治水を行う.

zhìlì 智力[名]知力.頭脳の働き.¶～ cèyàn[～测验]知能検査.

***zhìliàng 质量**[名]質.品質.¶bǎozhèng ～[保证～]品質を保証する／～ chà[～差]質が悪い.

†**zhìliáo 治疗**[動]治療する.¶zhùyuàn ～[住院～]入院して治療する／děngdài ～[等待～]治療を待つ.

zhǐlìng 指令[名]指令.指示.¶shàngjí de ～[上级的～]上級部門の命令.

zhī·ma 芝麻[名]〔植〕ゴマ.

†**zhímíndì 殖民地**[名]植民地.¶shōuhuí ～[收回～]植民地を取り戻す.

zhǐmíng 指明[動]はっきりと示す.¶～ wèilái fāzhǎn mùbiāo[～未来发展目标]未来の発展目標をはっきりと示す／～ qiánjìn fāngxiàng[～前进方向]進む方向をはっきり示す.

zhīmíngdù 知名度[名]知名度.¶tā shì ge ～ hěn gāo de rén[他是个～很高的人]彼は知名度の高い人である.

zhǐnán 指南[名]案内.手引き.指針.¶chēzhàn ménkǒu kěyǐ mǎidao lǚyóu ～[车站门口可以买到旅游～]駅前で旅行ガイドが買える.

†**zhǐnánzhēn 指南针**[名]羅針盤.コンパス.磁石.

†**zhī nèi 之内**[組]…のうち.…以内.¶sān tiān ～ tā yídìng néng huílai[三天～他一定能回来]3日以内に彼は必ず帰れるでしょう／zhèi jiàn shì bú zài jìhuà ～[这件事不在计划～]この事は計画にはありません.

zhínéng 职能[名]職能.機能.¶zhèngfǔ ～[政府～]政府の機能.

zhǐnéng 只能[副]…するよりほかにない.¶zhèi zhǒng bìng ～ mànmàn de yǎng,méiyou shénme hǎo bànfǎ[这种病～慢慢地养，没有什么好办法]この病気は気長に養生するほかによい方法はない.

zhìnéng 智能[名]知能.

†**zhīpèi 支配**[動]❶配分する.割り当てる.¶zhèixiē láodònglì yīng hélǐ ～[这些劳动力应合理～]これらの労働力を合理的に配置しなければならない.❷支配する.¶rén de xíngwéi shòu dànǎo de ～[人的行为受大脑的～]人間の行動は大脳の支配を受けている.

zhīpiào 支票[名]〔zhāng 张〕小切手.¶názhe ～ qù yínháng tí qián[拿着～去银行提钱]小切手をもって銀行へ行き,金を受け取る／kāi ～[开～]小切手を切る／lǚxíng ～[旅行～]トラベラーズチェック.

zhìpǐn 制品[名]製品.¶sùliào ～[塑料～]プラスチック製品／rǔ～[乳～]乳製品.

zhì·qì 志气[名]意気込み.気概.¶tā rén xiǎo ～ dà[他人小～大]彼は年は若いが気概がある.

***zhī qián 之前**[組]…の前.…以前.¶Chūnjié ～ wǒ yào gǎn huíjiā qu[春节～我要赶回家去]春節の前に急いで家に帰りたい.

zhí∥qín 执勤[動]職務を執行する.¶lúnliú ～[轮流～]順番に職務にあたる.

zhíquán 职权[名]職権.¶xíngshǐ ～[行使～]職権を行使する.

***zhī shàng 之上**[組]…の上.…以上.¶tā de shuǐpíng yīnggāi zài wǒ ～[他的水平应该在我～]彼のレベルは私

より上のはずだ.

★**zhìshǎo 至少**[副]少なくとも.¶tā gèzi zhēn gāo,～ yì mǐ bā wǔ[他个子真高，～一米八五]彼は本当に背が高くて,少なくとも1.85メートルはある.

☆**zhī·shi 知识**[名]知識.教養.¶～fēngfù[～丰富]知識が豊かだ.

★**zhǐshì 只是**[副]❶ただ…にすぎない.¶wǒ ～ tīngshuō,bìng méiyou kànjian[我～听说，并没有看见]私はただ人から聞いただけで,べつに見たわけではない.❷ひたすら…するだけである.¶tā ～ kū,shénme yě bù jiǎng[她～哭，什么也不讲]彼女はひたすら泣くだけで,何もしゃべらない.[接]しかし.ただ.¶qù nàr bù yuǎn,～ lù bù hǎozǒu[去那儿不远，～路不好走]そこは遠くないが,ただ道が歩きにくいだけだ.

★**zhǐshì 指示**[動]指示する.¶shàngjí ～ wǒmen yīnggāi zěnme gōngzuò[上级～我们应该怎么工作]上層部は私たちに仕事をどのようにすべきかを指示してくれる.[名]指示.¶lǐngdǎo de ～ hái méi xiàlai[领导的～还没下来]上司の指示がまだおりてこない.

zhìshǐ 致使[動]ある結果をもたらす.¶zhèi cì zhuàngchē shìjiàn ～ shí duō rén sǐwáng[这次撞车事件～十多人死亡]このたびの車の衝突事故は10人以上の死者を出した.

†**zhī·shi fènzǐ 知识分子**[名]知識分子.知識人.インテリ.

zhǐ shǒu huà jiǎo 指手划脚成身振り手振りをしながら話をする.軽率に指図する.¶tā duì rén shuōhuà zǒngshì ～ de[他对人说话总是～的]彼はいつもああだこうだと人に指図する／kàn nǐ zài nàr ～ de shuōde zhèng rènao,wǒ méi guòqu[看你在那儿～地说得正热闹，我没过去]あなたがそこで身振り手振りを交えて話に熱中していたので,近くへ寄りませんでした.

zhíshuài 直率[形]率直である.¶tā xìnggé hěn ～[他性格很～]彼の性格は率直である.

†**zhǐ·tou 指头**[名]指.注口語ではzhítouと第2声で発音することが多い.¶shǒu～[手～]手の指／jiǎo～[脚～]足の指.

†**zhī wài 之外**組…のほか.…以外.¶fāshēngle yí jiàn yìliào ～ de shì[发生了一件意料～的事]予想外のことが起きた／zhèngcān ～,hái yǒu tiándiǎn[正餐～，还有甜点]メインディッシュのほかに,デザートもある.

zhǐ·wang 指望[動]期待する.あてにする.¶～ hǎo shōucheng[～好收成]よい作柄を期待する.[名](～儿)期待.見込み.¶zhèi jiàn shì chénggōng de ～ bútài dà[这件事成功的～不太大]この事が成功する見込みはあまり大きくない.

zhíwù 职务[名]職務.¶tā dānrèn zhèige ～ yǐjing wǔ nián le[他担任这个～已经五年了]彼がこの職務を担当するようになってもう5年になる.

★**zhíwù 植物**[名]植物.¶～ líbukāi yángguāng、kōngqì hé shuǐ[～离不开阳光、空气和水]植物には日光と空気,そして水がなくてはならない.

★**zhī xià 之下**組…の下.…以下.¶tāmen zài dàshù ～ zhànle hěn jiǔ[他们在大树～站了很久]彼らは大木の下にしばらくたたずんでいた／tāmen duì de shílì bú zài wǒ duì ～[他们队的实力不在我队～]彼らのチームの実力は我がチームに劣っていない.

zhíxiàn 直线[名]〔数〕直線.¶huà～[划～]直線を引く.

zhìxiāo 滞销[動](商品が)売れない.売れ行きが悪い.↔ chàngxiāo 畅销¶hěn duō rìcháng yòngpǐn xiànzài dōu ～ le[很多日常用品现在都～了]今,たくさんの日用品が売れなくなっている.

zhíxiáshì 直辖市[名]直轄市.中央政府が直接統括する市.¶chúle Běijīng、Shànghǎi hé Tiānjīn yǐwài, Chóngqìngshì yě shì ～[除了北京、上海和天津以外, 重庆市也是～]北京,上海そして天津のほか,重慶市も直轄市である.

★**zhíxíng 执行**[動]実行する.実施する.執行する.多くは政策・法律・計画・命令・判決などに規定された事項に

Z

ついて用いる.¶shàngjí de mìnglìng bìxū mǎshàng ～[上级的命令必须马上～]上司の命令は必ずすぐに実行しなければならない／～ rènwu[～任务]任務を執行する.

★**zhìxù 秩序**[名]秩序.¶jiāotōng ～[交通～]交通秩序／pòhuài ～[破坏～]秩序をこわす.

★**zhǐyào 只要**[接]…しさえすれば.…さえすれば.(多く"就"jiùや"便"biànと呼応して用いられる)¶～ dǎ ge diànhuà,tā jiù lái le[～打个电话，她就来了]電話さえすれば,彼女はすぐさまやって来る.

★**zhíyè 职业**[名]職業.¶tā zuìjìn huànle yí ge ～[他最近换了一个～]彼は近頃転職をした.

★**zhī yī 之一**㊔…の1つ.¶Chángjiāng shì shìjiè shang sì dà héliú ～[长江是世界上四大河流～]長江は世界四大河川の1つだ.

†**zhǐyǐn 指引**[動]導く.案内する.¶qù túshūguǎn zěnme zǒu, qǐng gěi wǒmen ～ yíxià [去图书馆怎么走，请给我们～一下]図書館へはどう行くのか,道を教えてください.

★**zhǐyǒu 只有**[副]ただ…だけ.¶fēijīpiào bù hǎo mǎi,～ zuò huǒchē le[飞机票不好买，～坐火车了]航空券は手に入りにくいので,汽車で行くしかない.[接]…してはじめて.ただ…だけが….(多く"才"cáiなどと呼応して用いられる)¶～ nǔlì gōngzuò,cái néng qǔdé chéngjì[～努力工作，才能取得成绩]一生懸命にやってこそ成果を上げることができる.

†**zhìyú 至于**[動]…までになる.㊟否定は"不至于"となる."不至于"単独で述語になることができる.¶suīrán kǎode bútài hǎo,dàn hái bú ～ bù jígé[虽然考得不太好，但还不～不及格]テストの出来が悪かったとはいえ,不合格とまではいかない／nǐ shuō Nánjīng de xiàtiān méiyou kōngtiáo jiù méifǎ guò? wǒ kàn bú ～ ba[你说南京的夏天没有空调就没法过？我看不～吧]南京の夏はエアコンがないと過ごせないと言うの？そんなことはないでしょう.[接]…にいたっては.¶biéren yǐ zuòle ānpái,～ tā,wǒmen xiànzài bù kǎolǜ[别人已做了安排，～他，我们现在不考虑]ほかの人(の仕事)は手配したが,彼については今のところ考えないことにする.

★**zhīyuán 支援**[動]支援する.助ける.¶～ zāiqū qúnzhòng[～灾区群众]被災地区の人々を支援する.[名]支援.¶shòuzāi de qúnzhòng hěn xūyào dàjiā de ～[受灾的群众很需要大家的～]被災した人々は皆さんの支援を必要としているのです.

†**zhíyuán 职员**[名]職員.スタッフ.従業員.¶gōngsī ～[公司～]会社員.サラリーマン.

†**zhìyuàn 志愿**[名]志.願望.¶tā de ～ shì dāng yì míng jiàoshī[她的～是当一名教师]彼女の望みは教師になることだ.[動]志願する.¶tā ～ qù cānjiā biānjiāng jiànshè[他～去参加边疆建设]彼は辺境建設を志願した.

zhìyuē 制约[動]制約する.¶shòu ～[受～]制約を受ける／hétong shuāngfāng hùxiāng ～[合同双方互相～]契約を結んだ双方は互いに制約を受ける.

★**zhìzào 制造**[動]❶作る.製造する.¶～ gōngjù[～工具]道具を製造する／～ lúnchuán[～轮船]汽船を製造する.❷作り出す.でっちあげる.¶～ jǐnzhāng qìfēn[～紧张气氛]緊迫した雰囲気を醸し出す／～ bùhé[～不合]不和を作り出す.

zhǐzhāng 纸张[名]紙の総称.¶jiéyuē ～[节约～]紙を節約する.

zhízhào 执照[名]許可証.免許証.¶tā de jiàshǐ ～ bèi jǐngchá mòshōu le[他的驾驶～被警察没收了]彼の運転免許証は警察に没収された／yíngyè ～[营业～]営業許可証.

zhǐzhēn 指针[名]❶計器の針.¶shǒubiǎo shang de ～ yǐjing tíng le[手表上的～已经停了]時計の針はもう止まっている.❷指針.手引き.¶xíngdòng de ～[行动的～]行動の指針.

zhí∥zhèng 执政[動]政権を握る.¶zhèige dǎng shí nián qián zhíguo zhèng[这个党十年前执过政]この党

は10年前に政権を握ったことがある／～dǎng[～党]与党.

zhízhì 直至[動]…にいたる.…になる.¶tā tài lèi le,～ dì èr tiān wǎnshang cái xǐngguolai[他太累了，～第二天晚上才醒过来]彼はあまりにも疲れていたので,翌日の晩になってようやく目を覚ました.

†**zhìzhǐ 制止**[動]制止する.押しとどめる.¶～ hùnluàn[～混乱]混乱を制止する／～ tā jìxù fāyán[～他继续发言]彼が続けて発言するのを制止する.

*__zhī zhōng 之中__[組]…の中.…のうち.¶bìngrén chǔyú hūnmí ～[病人处于昏迷～]病人は昏睡状態にある／tāmen ～ yǒu yí ge rén bù xiǎng cānjiā[他们～有一个人不想参加]彼らのうち参加したくない人が1人いる.

zhīzhū 蜘蛛[名]クモ.¶～wǎng[～网]クモの巣.

zhīzhù 支柱[名]❶支柱.❷〈喩〉支えとなるもの.¶jiātíng shì tā de jīngshén ～[家庭是她的精神～]家庭は彼女にとって精神的な支えだ.

zhí·zi 侄子[名]兄弟(または同じ世代の男性親族)の息子.おい.

†**zhìzuò 制作**[動]制作する.作る.¶～ diànshì jiémù[～电视节目]テレビ番組を制作する.

⁑**zhōng 中**[名]❶中.¶shùlín ～ de xiǎo mùwū[树林～的小木屋]林の中の木造小屋.❷(…している)最中.¶jìhuà zhèngzài jìnxíng ～[计划正在进行～]計画は実施中だ.[形]中の.¶tā shì qiúduì de ～fēng[他是球队的～锋]彼はチームのセンターフォワードだ.→zhòng

zhōng 终[名]終わり.¶zuòshì yào yǒu shǐ yǒu ～[做事要有始有～]物事は終始一貫していなければならない.[副]最後には.¶hǎorén ～ jiāng yǒu hǎo bào[好人～将有好报]善人は最後には報われる.

⁑**zhōng 钟**[名]❶〔zuò 座〕鐘.¶qiāo ～[敲～]鐘を打つ.❷掛け時計・置き時計など携帯せず固定して使う時計.¶nào～[闹～]目覚まし時計.❸時間を示す.¶sì diǎn～[四点～]4時.

➡[見る類] p.97

zhōng 钟❷

① guàzhōng 挂钟　② nàozhōng 闹钟
①掛け時計 ②目覚まし時計

†**zhǒng 肿**[動]はれる.¶liǎn ～ le[脸～了]顔がむくんだ.

⁑**zhǒng 种**[名]❶(～儿)種.種子.“种子”zhǒngziともいう.¶bō～[播～]種をまく.❷種類.品種.¶huáng～rén[黄～人]黄色人.モンゴロイド.[量]種類を数える.¶zhèi ～ qíngkuàng[这～情况]このような状況.→zhòng

†**zhòng 中**[動]❶当たる.命中する.¶～jiǎng[～奖]くじに当たる.❷(不幸なことに)遭遇する.¶～shǔ[～暑]暑気あたりする／～dú[～毒]中毒する／～ quāntào[～圈套]わなにはまる.→zhōng

zhòng 众[形]たくさんの.大勢の.¶tā wèi ～ xiāngqīn bànle hěn duō hǎoshì[他为～乡亲办了很多好事]彼は大勢の郷里の人たちのためによい事をたくさんした.

*__zhòng 种__[動]種をまく.植える.¶～ shù[～树]木を植える.→zhǒng➡[見る類] p.639

⁑**zhòng 重**[形]❶重い.↔ qīng 轻¶dànzi hěn ～[担子很～]負担が重い.❷重要である.重大である.¶rèn ～ dào yuǎn[任～道远][成]任務が重大かつ長期にわたること.[名]重さ.¶liǎng jīn ～[两斤～]2“斤”の重さ.→chóng➡[類義語] chén 沉

zhōngbiǎo 钟表[名]時計の総称.¶～diàn[～店]時計屋.➡[見る類] p.97

†**zhōngbù 中部**[名]中部.

*__zhōngcān 中餐__[名]中国料理.

†**zhōngchéng 忠诚**[形]誠実である.忠実である.¶duì péngyou ～[对朋友～]友人に対して誠実だ.[動]国・人民・事業などに力を尽くす.¶～ yú jiàoyù shìyè[～于教育事业]教育事業に力を尽くす.

*zhòngdà **重大**[形]重大である.¶～de sǔnshī[～的损失]重大な損失／～shōuhuò[～收获]大きな収穫.

zhōngdàng 中档[形]中級の.中等の.¶yǒuxiē ～ shāngpǐn de zhìliàng hé gāodàng shāngpǐn méi shénme qūbié[有些～商品的质量和高档商品没什么区别]中級品の中には高級品と質にほとんど差がない物がある.

zhōngděng 中等[区]中等の.¶～shēncái[～身材]中肉中背／～ shuǐpíng[～水平]中ぐらいのレベル.

zhòng//dì 种地[動]田畑を耕す.農業を営む.¶zhòngle jǐ nián dì[种了几年地]何年か農業をやっている.

zhōngdiǎn 钟点[名](～儿)〈口〉❶(決まった)時間.¶dào ～ le[到～了]時間だ.❷1時間.¶liǎng ge ～[两个～]2時間.

Z

zhōngdiǎn 终点[名]❶バスや列車の終点.¶～zhàn[～站]バスや列車の終点.❷(競技の)ゴール.¶dàodále ～[到达了～]ゴールインした.

*zhòngdiǎn **重点**[形]重要である.¶～xuéxiào[～学校]一流の学校.[名]重点.要点.¶wénzhāng de ～[文章的～]文章の要点.

zhōngdiǎngōng 钟点工[名]パートタイム.時給工.

zhōngduān 终端[名](パソコン)端末.

†**zhōngduàn 中断**[動]途切れる.中断する.¶～le liánxì[～了联系]関係が途絶えた／shíyàn bèipò ～[实验被迫～]実験はやむを得ず中断した.

zhòngduō 众多[形]非常に多い.主に人口についていう.¶Zhōngguó shì ge rénkǒu ～ de guójiā[中国是个人口～的国家]中国は人口が非常に多い国だ.

zhònggōngyè 重工业[名]重工業.

⁑**zhōngjiān 中间**[名]中.間.中間.中心.¶～ zhèi wèi jiù shì wǒ de lǎoshī[～这位就是我的老师]真ん中のこの方が私の先生です／qǐng dàjiā kàn ～ bùfen[请大家看～部分]真ん中の部分をごらんください.

zhōngjiū 终究[副]結局.やはり.¶tā ～ méi néng táotuō fǎlǜ de zhìcái[他～没能逃脱法律的制裁]彼は結局法の裁きから逃れることはできなかった.

†**zhǒnglèi 种类**[名]種類.¶shípǐn ～ hěn duō[食品～很多]食品の種類が多い.

zhōnglì 中立[動]中立である.¶bǎochí ～[保持～]中立を保つ／～ zhèngcè[～政策]中立政策.

*zhòngliàng **重量**[名]重量.重さ.目方.¶chēng ～[称～]重さをはかる.

zhǒngliú 肿瘤[名]腫瘍(しゅよう).¶èxìng ～[恶性～]悪性腫瘍.

†**zhōngnián 中年**[名]中年.

zhōngnián 终年[名]❶年中.1年中.¶～ bújiàn yángguāng[～不见阳光]1年中日がささない.❷享年.¶～ bāshíwǔ suì[～八十五岁]享年85歳.

Zhōngqiū 中秋[名]中秋節.旧暦8月15日.

zhòngrén 众人[名]大勢の人.みんな.¶zài ～ miànqián jiǎnghuà[在～面前讲话]みんなの前で話をする.

†**zhōngshēn 终身**[名]一生.生涯.¶～ dàshì[～大事]生涯の一大事.(結婚のことをいう)

zhōngshēng 终生[名]終生.一生.¶měi ge rén dōu yǒu ～ nánwàng de shì[每个人都有～难忘的事]人にはそれぞれ一生忘れられない事がある.

†**zhōngshí 忠实**[形]❶誠実である.忠実である.¶～ de péngyou[～的朋友]誠実な友.❷真実である.偽りがない.¶～ de lìshǐ jìlù[～的历史记录]忠実な歴史記録.

*zhòngshì **重视**[動]重視する.¶～xiàoyì[～效益]効果と利益を重視する.

zhòng suǒ zhōu zhī 众所周知㊊広く知られている.¶～, tā shì míngyī[～, 他是名医]周知のように,彼は名医である.

⁑**zhōngtóu 钟头**[名]〈口〉時間.時の長さを数える単位.(“小时”xiǎoshíと異なり,必ず量詞をつける)¶yí ge bàn ～[一个半～]1時間半.

zhōngtú 中途[名]途中.¶huíjiā de ～,xiàqile yǔ[回家的～，下起了雨]帰宅の途中雨が降ってきた.

⁑**Zhōngwén 中文**[名]中国語.➡類義語

Hànyǔ 汉语

⁑**zhōngwǔ 中午**[名]昼頃.昼の12時前後.

***zhōngxīn 中心**[名]❶中心.真ん中.¶gōngyuán ～[公园～]公園の真ん中.❷事物の主要部分.¶～ wèntí[～问题]主要な問題.❸重要な役割を果たしている施設.組織.地区.¶wénhuà ～[文化～]文化センター.

†**zhōngxīn 衷心**[形]心から(の).¶biǎoshì ～ de gǎnxiè[表示～的感谢]心から感謝を申し上げます.

zhòngxīn 重心[名]重心.重点.¶～ tài gāo le[～太高了]重心が高すぎる／zhuǎnyí gōngzuò ～[转移工作～]仕事の重点をほかに移す.

zhōngxíng 中型[区]中型の.¶～ kèchē[～客车]中型バス.

zhòngxíng 重型[区]重量級の.大型の.¶～ jīxiè[～机械]大型機械.

⁑**zhōngxué 中学**[名]中等学校.日本の中学に相当する"初中"chūzhōngと高校に相当する"高中"gāozhōngを合わせて言う.

†**zhōngxún 中旬**[名]中旬.

***zhōngyāng 中央**[名]❶中央.真ん中.¶guǎngchǎng ～[广场～]広場の真ん中.❷国家や政治団体の最高指導機構.¶dǎng～[党～]党中央.

***zhōngyào 中药**[名]漢方薬.↔xīyào 西药.

⁑**zhòngyào 重要**[形]重要である.¶zhèi fèn wénjiàn shì zuì ～ de[这份文件是最～的]この書類は最も重要だ.

†**zhōngyī 中医**[名]❶中国の伝統医学.¶kàn ～[看～]漢方による治療を受ける.❷中国の伝統医学に基づく医者.漢方医.↔ xīyī 西医

zhōngyóu 中游[名](川の)中流.

***zhōngyú 终于**[副]ついに.結局.¶jīngguò jǐ bǎi cì shìyàn,～ huòdéle chénggōng[经过几百次试验，～获得了成功]何百回と実験を繰り返し,とうとう成功した.

zhōngyú 忠于[動]…に忠実である.…に忠誠を尽くす.¶～ zǔguó[～祖国]祖国に忠誠を尽くす.

Zhōngyuán 中原[名]中原.黄河の中流・下流地域.

zhōngzhēn 忠贞[形]忠節である.

zhōngzhǐ 终止[動]〈書〉終わる.停止する.¶hétong yǐjing ～ le[合同已经～了]契約はもう切れた.

†**zhòngzhí 种植**[動]植える.栽培する.¶～ miánhua[～棉花]綿花を栽培する.

zhǒngzhǒng 种种[形]いろいろな.さまざまな.¶～ bànfǎ[～办法]いろいろな方法.

zhōngzhuān 中专[名]中等専門学校."中等专业学校"zhōngděng zhuānyè xuéxiàoの略.(日本の専門学校に相当する)

***zhǒng•zi 种子**[名]❶〔kē 颗,lì 粒〕種.❷主力選手.¶～ xuǎnshǒu[～选手]シード選手.

zhǒngzú 种族[名]人種.¶～ qíshì[～歧视]人種差別.

zhōu 州[名]州.旧時の行政単位.また今日の自治州のこと.¶Sū～[苏～]蘇州／Yánbiān Cháoxiǎnzú zìzhì～[延边朝鲜族自治～]延辺朝鮮族自治州.

zhōu 舟[名]〔yè 叶〕〈書〉舟.

⁑**zhōu 周**[名]❶周.¶rào dìqiú yì ～[绕地球一～]地球を1周する.❷周囲.周り.¶fángwū sì～[房屋四～]家の周り.❸週.¶xià ～[下～]来週.[形]❶くまなく.あまねく.¶tā xiǎng ～yóu quán shìjiè[他想～游全世界]彼は世界中を旅行したいと思っている.❷周到である.行き届いている.¶zhāodài bù～, qǐng nín yuánliàng[招待不～，请您原谅]行き届いたおもてなしができず,誠に申し訳ありません.

zhōu 洲[名]大陸.また中州(なかす)の意味でも使われる.¶Yà～[亚～]アジア／lǜ～[绿～]オアシス.

†**zhōu 粥**[名]お粥.¶hē ～[喝～]お粥をすする／～ shǎo sēng duō[～少僧多]成粥は少なし,坊主は多し.人数に見合うだけのものがないこと.

†**zhòu 皱**[動]しわがよる.しわをよせる.¶～ méitóu[～眉头]眉間にしわをよせる.*[名]しわ.¶yīfu qǐ～[衣服起～]服がしわになる.

***zhōu•dào 周到**[形]行き届いている.そつがない.¶fúwù ～[服务～]サー

Z

ビスが行き届いている.

zhōumì 周密[形]綿密で行き届いている.¶jìhuà ～[计划～]計画が綿密だ.

†**zhōumò 周末**[名]週末.¶zhù nǐ ～ yúkuài![祝你～愉快!]よい週末を.

†**zhōunián 周年**[名]周年.¶jiànguó wǔshí ～[建国五十～]建国50周年.

zhōuqī 周期[名]周期.

☆**zhōuwéi 周围**[名]周り.周囲.¶～ de jǐngwù[～的景物]周囲の景色/zhuōzi ～[桌子～]テーブルの周り.

†**zhòuwén 皱纹**[名](～儿)しわ.¶mǎnliǎn ～[满脸～]顔中しわだらけ.

zhòuyè 昼夜[名]昼と夜.¶bù fēn ～ de gōngzuò[不分～地工作]昼夜を分かたず働く.

zhōuzhé 周折[名]曲折.¶jǐjīng ～,zhōngyú tuánjù le[几经～，终于团聚了]紆余曲折(うよきょくせつ)を経てついに一緒になった.

zhōuzhuǎn 周转[動](資金などを)やりくりする.回転する.¶zījīn ～bukāi[资金～不开]資金ぐりがつかない.

*****zhū 株**[名]切り株.¶shǒu ～ dài tù[守～待兔]成切り株にウサギがぶつかって死ぬのを待つ.楽してうまい儲けにあずかろうということ.棚からぼたもち.[量]樹木や草を数える.本.株.¶liǎng ～ guǒshù[两～果树]果樹2本.

☆**zhū 猪**[名]〔kǒu 口,tóu 头〕ブタ.¶～ juàn[～圈]ブタ小屋.

zhǔ 主[名]主.あるじ.

*****zhǔ 煮**[動]煮る.ゆでる.炊く.¶～ jīdàn[～鸡蛋]卵をゆでる.→見る類 p.138

☆**zhù 住**[動]❶住む.滞在する.宿泊する.¶zài lǚguǎn ～le yì xiǔ[在旅馆～了一宿]1晩旅館に泊まった.❷やむ.止まる.¶yǔ ～ le[雨～了]雨がやんだ.*❸動詞の後ろに用いて固定すること,安定することを表す.¶jì～ le[记～了]覚えた.

†**zhù 助**[動]助ける.¶～ rén wéi lè[～人为乐]人を助けるのを喜びとする.

†**zhù 驻**[動]❶止める.止まる.¶～zú[～足]足を止める.❷駐在する.¶～ Jīng bànshìchù[～京办事处]北京駐在事務所/～ Huá shǐguǎn[～华使馆]駐中国大使館/～ jūn[～军]駐留部隊.

☆**zhù 祝**[動]祈る.願う.注単独では「祝う」という意味にならず,"祝福"zhùfú,"祝贺"zhùhèの形で「祝う」という意味を表す.¶～ nǐ shēntǐ jiànkāng[～你身体健康]ご健康をお祈りします/～ nǐ yílù píng'ān[～你一路平安]道中どうぞご無事で.

類義語 **zhù 祝　zhùhè 祝贺　qìngzhù 庆祝**

►"祝"は相手方がこれからよい結果を得られるようにと願う.¶祝你们一路平安 zhù nǐmen yílù píng'ān(道中ご無事で→あなた方のご無事を祈ります)►"祝贺"は相手がよい結果を得たことを祝う.¶祝贺你获得了第一名 zhùhè nǐ huòdéle dì yī míng(一等賞をとられたことを祝福します)►"庆祝"は公的な活動によって多くの人に共通する喜びを祝う.¶我们正在庆祝国庆 wǒmen zhèngzài qìngzhù guóqìng(我々は今建国記念のお祝いをしている)

zhù 著*[形]はっきりしている.¶gòngxiàn zhuó～[贡献卓～]貢献度がきわだっている.

†**zhù 铸**[動]鋳造する.¶zhèi kǒu zhōng huāle jìn yì nián gōngfu cái ～chéng[这口钟花了近一年工夫才～成]この鐘は鋳造に1年近くかかった.

zhù 筑[動]築く.¶～ lù[～路]道路をつくる.

*****zhuā 抓**[動]❶つかむ.つかまる.¶～ dōngxi[～东西]物をつかむ/shǒuli ～zhe yì gēn gùnzi[手里～着一根棍子]手に棒をつかんでいる.❷かく.ひっかく.¶tā bèi māo ～ le[他被猫～了]彼はネコにひっかかれた.❸捕まえる.¶māo ～ lǎoshǔ[猫～老鼠]ネコがネズミを捕まえる/～ xiǎotōu[～小偷]泥棒を捕まえる.❹力を入れる.重視する.¶～ zhòngdiǎn[～重点]重点をおさえる/～ shēngchǎn[～生产]生産に力を入れる.→類義語 zhuō 捉

zhuài 拽[動]引く.引っ張る.¶～

Z

shéngzi[～绳子]綱を引っ張る.

★zhuā//jǐn 抓紧[動]しっかりつかむ. ¶～ shíjiān xuéxí[～时间学习]時間を無駄にせずに勉強する／～ shíjī[～时机]タイミングをのがさない.

†zhuān 专[形]専門的である.もっぱら…である. ¶tā ～ tiāo máobìng[他～挑毛病]彼はあらさがしばかりする／wénzhāng xiěde tài ～ le,yìbānrén pà kànbudǒng[文章写得太～了，一般人怕看不懂]文章はあまりにも専門的に書かれているので,普通の人が読んでも恐らく分からないだろう.

†zhuān 砖[名]〔kuài 块〕れんが. ¶qì ～[砌～]れんがを積む／shāo ～[烧～]れんがを焼く.

★zhuǎn 转[動]❶(向き・位置・状況を)変える.変わる. ¶xiàng yòu ～[向右～]右に向きを変える／tiānqì ～ qíng[天气～晴]天気が晴れに変わる.❷ほかへ送る.転送する.取り次ぐ. ¶bǎ xìn ～gěi tā[把信～给她]預かった手紙を彼女に手渡す.→zhuàn

> 語法 zhuǎn 转
> ▶もともとの意味は「間に人や場所を介して渡す」という意味であるが,「何かを与える」という意の動詞や「移動する」意の動詞と結びついて用いられることがある.その場合は「直接にではなく間接的に渡す」,「直接移動するのではなく,中継地点を経て移動する」の意になる. ¶这封信请转交李校长 zhèi fēng xìn qǐng zhuǎnjiāo Lǐ xiàozhǎng(この手紙を李校長に渡してください)／他请我向大家转达谢意 tā qǐng wǒ xiàng dàjiā zhuǎndá xièyì(彼が皆さんへ感謝の気持ちをお伝え下さいとのことです)／这件行李要在北京首都国际机场转运 zhèi jiàn xíngli yào zài Běijīng Shǒudū Guójì Jīchǎng zhuǎnyùn (この荷物は北京首都国際空港経由で輸送しなければならない)

zhuàn 传[名]❶経典に解釈をつけた著作.伝. ¶《Chūnqiū Zuǒ～》[《春秋左～》]『春秋左氏伝』❷伝記. ¶zì～[自～]自伝.❸歴史小説. ¶《Shuǐhǔ～》[《水浒～》]『水滸伝(すいこでん)』→chuán

★zhuàn 转[動]❶回転する. ¶dìqiú ～ yì quān[地球～一圈]地球が一回りする.❷回る. ¶～le jǐ ge quān[～了几个圈]何回かぐるぐると回る／dào wàibian ～ yíxià[到外边～一下]外へ行ってあたりを一回りする.→zhuǎn

†zhuàn 赚[動]❶(商売で)儲ける.儲かる.↔ péi 赔 ¶～ qián[～钱](金を)儲ける／～buliǎo duōshao qián[～不了多少钱]いくらも儲からない.❷(給料を)稼ぐ. ¶tā yí ge yuè ～ wǔbǎi kuài qián[他一个月～五百块钱]彼はひと月に500元稼ぐ.

★zhuǎnbiàn 转变[動]変わる.転換する. ¶～ sīxiǎng[～思想]思想を転換する／fāngfǎ ～ le[方法～了]方法が変わった.

†zhuǎnbō 转播[動](ラジオ局・テレビ局が)他局の番組を放送する.中継する. ¶～ Shànghǎi Diànshìtái de jiémù[～上海电视台的节目]上海放送局の番組を中継する.

zhuānchág 专长[名]専門的知識.技能. ¶fāhuī ～[发挥～]技能を発揮する／yǒu yì mén ～[有一门～]専門的知識を持っている.

zhuānchéng 专程[副]特に.わざわざ(…へ行く). ¶～ fǎngwèn[～访问]わざわざ訪問する／～ qù jīchǎng jiē péngyou[～去机场接朋友]わざわざ空港まで友人を迎えに行く.

†zhuǎndá 转达[動]伝える.伝達する. ¶～ yìjiàn[～意见]意見を伝える／bǎ tā de huà ～gěi dàjiā[把他的话～给大家]彼の話をみんなに伝達する.

†zhuǎndòng 转动[動]体を動かす.(体や物の一部を)回す. ¶～ shēntǐ[～身体]体を動かす／～ bózi[～脖子]首を回す.→zhuàndòng

†zhuàndòng 转动[動]回す.回転する. ¶jīqì zài ～[机器在～]機械が回転している.→zhuǎndòng

zhuāng 庄[名](～儿)❶村. ¶nóng～[农～]農村.❷封建時代に君主や貴族が所有していた領地. ¶～yuán[～园]荘園.

†**zhuāng 桩**［名］杭(くい).¶dǎ～［打～］杭を打つ.［量］仕事・出来事などを数える.¶sān ～ hǎoshì［三～好事］3つのよいこと.

☆**zhuāng 装**［動］❶飾る.変装する.¶～bàn［～扮］飾る.装う.❷装う.ふりをする.¶bù dǒng ～ dǒng［不懂～懂］知ったかぶりをする／～bìng［～病］病気のふりをする. ❸(中に)積む.詰め込む.¶bǎ shū ～zai xiāngzi li［把书～在箱子里］本を箱に詰め込む.❹取り付ける.¶～ kōngtiáo［～空调］エアコンを取り付ける.

†**zhuàng 壮**［形］丈夫である.盛んである.¶shēntǐ hěn ～［身体很～］体が丈夫である.［動］盛んにする.強大にする.¶rén duō kěyǐ ～dǎn［人多可以～胆］人がたくさんいれば勇気を出せる.

*__zhuàng 撞__［動］❶ぶつかる.¶tā bèi qìchē ～ le［他被汽车～了］彼は自動車にぶつけられた.❷出くわす.出会う.¶yì chūmén jiù ～shangle tā［一出门就～上了他］外に出たとたん彼に出くわした.❸試しにやってみる.¶～yùnqi［～运气］運に任せてやってみる.➡ 見る類 p.419

†**zhuàng 幢**［量］棟.建物を数える.¶nèi ～ lóu shì wǒmen de sùshè［那～楼是我们的宿舍］あの建物が私たちの宿舍です.

*__zhuǎngào 转告__［動］伝言する.代わって伝える.¶wǒ xiàng tā ～ nǐ de yìjiàn［我向她～你的意见］私が彼女にあなたの意見を伝えます.

†**zhuāngbèi 装备**［動］(武器・機械などを)装備する.¶～ xīnxíng wǔqì［～新型武器］新型武器を装備する.［名］装備.¶jūnshì ～［军事～］軍事装備.

†**zhuàngdà 壮大**［動］拡大する.強くなる.¶～ zǔzhī［～组织］組織を拡大する／shìli ～ le［势力～了］勢力が強大になった.

zhuāng fēng mài shǎ 装疯卖傻 成 気がふれたふりをし,ばかを装う.¶yí dào guānjiàn wèntí,tā jiù ～ de tuīshuō jìxing bù hǎo,dōu wàng le［一到关键问题，他就～地推说记性不好,都忘了］肝心の問題となると,彼は急にばかを装い,記憶力が悪くて全部忘れてしまったと言い逃れる.

zhuàngguān 壮观［名］壮観.［形］壮観である.¶Chángchéng fēicháng ～［长城非常～］長城は実に壮観である.

*__zhuāng·jia 庄稼__［名］農作物.(主に穀類・豆類のことをいう)¶zhòng ～［种～］作物を植える／shōu ～［收～］農作物を収穫する.

*__zhuàngkuàng 状况__［名］状況.¶shēntǐ ～［身体～］体の具合／jīngyíng ～［经营～］経営状況.

†**zhuànglì 壮丽**［形］壮麗である.¶shānhé shífēn ～［山河十分～］山河が非常に壮麗である／～ de cǎoyuán［～的草原］壮大な草原.

zhuàngliè 壮烈［形］壮烈である.¶tāmen ～ de xīshēng le［他们～地牺牲了］彼らは壮烈な最期を遂げた.

zhuāngpèi 装配［動］組み立てる.¶～ língjiàn［～零件］部品を組み立てる／～gōng［～工］組立工.

zhuāng qiāng zuò shì 装腔作势 成 大げさなふるまいをする.¶xīn lái de kēzhǎng shénme yě bù dǒng,hái xǐhuan ～ de zhǐhuī biéren［新来的科长什么也不懂，还喜欢～地指挥别人］新しく来た課長は何も分かっていないのに,大げさに他人を指導したがる.

†**zhuāngshì 装饰**［動］飾る.装飾する.¶fángjiān ～de hěn piàoliang［房间～得很漂亮］部屋がきれいに飾り付けしてある.［名］装飾.飾り.¶～pǐn［～品］装飾品.

*__zhuàngtài 状态__［名］状態.¶xīnlǐ ～［心理～］心理状態／jǐnjí ～［紧急～］緊急事態.

zhuāngxiè 装卸［動］(荷物を)積み下ろしする.(器具を)組み立てたり取り外したりする.¶～ huòwù［～货物］貨物を積み下ろす／～ jīqì［～机器］機械を組み立てたり分解したりする.

zhuāngxiū 装修［動］(家の)内装・外装を施す.改修する.¶lóuxià zhèngzài ～［楼下正在～］下の階では改修工事をしている.

*__zhuāngyán 庄严__［形］荘厳である.厳粛である.¶huìchǎng de qìfēn hěn ～

Z

[会场的气氛很～]会場の雰囲気がとても厳粛だ／～ de xuānshì[～地宣誓]厳かに宣誓する.

zhuàngyǔ 状语[名]〔語〕状語.連用修飾語.

†**zhuāngzhì 装置**[動]取り付ける.そなえ付ける.¶～ diànhuà[～电话]電話を取り付ける.[名]〔tào 套〕装置.¶fánghuǒ ～[防火～]防火装置／bàojǐng ～[报警～]警報装置.

zhuàngzhì 壮志[名]壮志.大志.¶xióngxīn ～[雄心～]壮大な志.

zhuāngzhòng 庄重[形](言葉や態度が)浮わついていない.重々しい.¶tàidu hěn ～[态度很～]態度がとても厳かである／shénqíng hěn ～[神情很～]表情が厳しい.

†**zhuǎnhuà 转化**[動]転化する.¶shuǐlì ～ wéi diànnéng[水力～为电能]水力が電気エネルギーに転化する.

zhuǎnhuàn 转换[動]転換する.変える.変わる.¶～ huàtí[～话题]話題を変える／bǎ yì zhǒng shuōfa ～chéng lìng yì zhǒng shuōfa[把一种说法～成另一种说法]ある言い方を別の言い方にする.

zhuànjì 传记[名]〔bù 部,běn 本〕伝記.

*__zhuānjiā 专家__[名]専門家.¶jīngjì ～[经济～]経済の専門家.

zhuǎnjiāo 转交[動]渡す.取り次ぐ.¶～ wùpǐn[～物品]品物を手渡す／qǐng bǎ zhèige lǐwù ～gěi tā[请把这个礼物～给他]彼にこの贈り物を渡してください.

zhuānkē 专科[名]専科.¶～ xuéxiào[～学校]専門学校.

zhuānlì 专利[名]特許.¶shēnqǐng ～[申请～]特許を申請する／～quán[～权]特許権.

*__zhuānmén 专门__[形]専門の.¶～ réncái[～人才]専門的技能を持つ人材.[副]わざわざ.もっぱら.¶wǒ ～ wèi nǐ mǎi de[我～为你买的]私はわざわざあなたのために買ってきたんですよ.

zhuǎnràng 转让[動]譲る.譲り渡す.¶wǒ xiǎng ～ diànshìjī[我想～电视机]私はテレビを譲りたい／～ zhuānlì[～专利]特許を譲り渡す.

zhuānrén 专人[名]❶専任者.責任者.¶zhè shì děi yóu ～ fùzé[这事得由～负责]この事は専任者が責任を持ってやらなければならない.❷ある仕事をするために,臨時に派遣された人.¶wǒmen yǐ pài ～ qù le[我们已派～去了]もうそちらへ人を派遣しました.

†**zhuǎnrù 转入**[動]移動する.移る.¶～ qítā yīyuàn[～其他医院]ほかの病院に転院する／～ xīn de jiēduàn[～新的阶段]新たな段階に入る.

zhuāntí 专题[名]特定のテーマ.¶～ tǎolùn[～讨论]ある特定のテーマについての討論／～ bàogào[～报告]特定のテーマについての報告.

†**zhuǎn//wān 转弯**[動](～儿)角を曲がる.方向を変える.¶zài qiánbian lùkǒu ～[在前边路口～]前方の曲がり角を曲がる／shuōhuà ài ～[说话爱～]よく遠まわしにものを言う.

zhuǎn wān mò jiǎo 转弯抹角㊊回りくどい言い方をする.¶nǐ bié ～ de,yǒu shénme huà zhíjiē shuō hǎo le[你别～的，有什么话直接说好了]回りくどい言い方をしないで,話があるなら率直に言ってくれ.

zhuǎnxiàng 转向[動]❶方向を変える.¶fēng ～ le[风～了]風向きが変わった.❷(政治的立場を)転向する.

*__zhuānxīn 专心__[形]一心不乱である.集中する.¶～ xuéxí[～学习]一心不乱に勉強する.

zhuān xīn zhì zhì 专心致志㊊一意専心.一心不乱.¶yào kǎoshì le, xuéshengmen dōu zài túshūguǎn ～ de fùxí[要考试了，学生们都在图书馆～地复习]もうすぐテストなので,学生は皆,図書館でひたすら復習に励んでいる.

*__zhuānyè 专业__[名]❶専攻.¶Rìyǔ ～[日语～]日本語専攻.❷専門の業務.¶～ zhīshi[～知识]専門知識／～ gōngsī[～公司]業種別の専門会社.

zhuānyèhù 专业户[名]特定の業種の経営者.¶yǎngjī ～[养鸡～]養鶏専門の個人経営者.

†**zhuǎnyí 转移**[動]❶移動する.移す.¶～ shìxiàn[～视线]視線を移す.❷改める.¶～ shèhuì fēngqì[～社会风气]社会気風を改める.

zhuānyòng 专用[動]専用する.¶～ fēijī[～飞机]専用機.

zhuǎnzhé 转折[動]❶(事物が発展過程で方向や形勢を)変える.¶júmiàn fāshēngle ～[局面发生了～]状況が変わった.❷(文章や話の筋が)変わる.¶zhè yí duàn ～de yǒudiǎnr bú zìran[这一段～得有点儿不自然]この1段は筋の転換がちょっと不自然だ.

†**zhuānzhèng 专政**[名]独裁.独裁政治.¶shíxíng ～[实行～]独裁をする.[動]独裁する.

zhuānzhì 专制[名]独裁.専制.¶fēngjiàn ～ zhìdù[封建～制度]封建専制制度.[動]独裁を行う.¶～le jǐ ge shìjì[～了几个世纪]何世紀もの間独裁が行われた.[形]独裁的である.¶zuòfēng fēicháng ～[作风非常～]やり方が非常に独裁的だ.

zhuǎ·zi 爪子[名]〈口〉動物の爪のある足.¶jī～[鸡～]ニワトリの足.

zhǔbàn 主办[動]主催する.¶～ dānwèi[～单位]主催者／liánhé ～[联合～]共催.

zhǔbiān 主编[動]中心となって編集する.[名]編集長.

***zhúbù 逐步**[副]しだいに.だんだんと.¶～ tígāo Hànyǔ shuǐpíng[～提高汉语水平]中国語のレベルをだんだん上げる.

zhùcè 注册[動]登録する.登記する.¶shāngbiāo yǐ xiàng yǒuguān bùmén ～[商标已向有关部门～]商標はすでに関係部門に登録した.

†**zhǔchí 主持**[動]主催する.切り盛りする.¶～ huìyì[～会议]会議を主催する／～rén[～人]司会.進行係.(テレビの)キャスター.

zhùcí 助词[名]〔語〕助詞.

zhǔdǎo 主导[名]主導するもの.主導.¶yǐ gōngyè wéi ～[以工业为～]工業を主導とする／qǐ ～ zuòyòng[起～作用]主導的役割を果たす.

***zhǔdòng 主动**[動]自発的に行う.↔ bèidòng 被动 ¶～xìng[～性]自発性.

zhùdòngcí 助动词[名]〔語〕助動詞.

zhùfáng 住房[名]住宅.¶tígōng ～[提供～]住宅を提供する.

†**zhǔ·fù 嘱咐**[動]言いつける.言い聞かせる.¶māma chūmén qián ～ háizi hǎohāor kānjiā[妈妈出门前～孩子好好儿看家]母親は出かける前にちゃんと留守番するよう子供に言いつけた.

zhùfú 祝福[動]祝福する.平安や幸福を祈る.¶dàjiā dōu wèi nǐ ～[大家都为你～]皆があなたを祝福している／～ nǐmen liǎ bái tóu dào lǎo[～你们俩白头到老]お2人が末永く夫婦円満でありますように.

***zhǔguān 主观**[形]主観的である.¶～ yìshí[～意识]主観的な考え.[名]主観.↔ kèguān 客观

zhǔguǎn 主管[動]主管する.¶～ rénshì gōngzuò[～人事工作]人事面をたばねる.[名]主管する人.責任者.

***zhùhè 祝贺**[動]祝う.¶～ dàhuì yuánmǎn chénggōng[～大会圆满成功]大会の大成功を祝う／tā jiéhūn shí,dàjiā dōu xiàng tā ～[她结婚时，

过年好! Guònián hǎo!(明けましておめでとう)
祝你生日快乐! Zhù nǐ shēngri kuàilè!
(お誕生日おめでとう)
祝你找到好工作! Zhù nǐ zhǎodao hǎo gōngzuò!
(いいお仕事が見つかりますように)
祝贺你找到了好工作! Zhùhè nǐ zhǎodaole hǎo gōngzuò!
(いいお仕事がみつかっておめでとうございます)
恭喜你考上了研究生。Gōngxǐ nǐ kǎoshangle yánjiūshēng.
(大学院合格おめでとう)

大家都向她～]彼女が結婚した時,皆が彼女を祝福した.[名]お祝い.➡ 類義語 zhù 祝

*zhuī 追[動]❶追う.追いかける.¶xiǎohái ～zhe yì tiáo gǒu[小孩～着一条狗]子供がイヌを追いかけている／wǒ ～bushàng tāmen le[我～不上他们了]私は彼らに追いつけなくなった.❷(異性を)を追いかける.

zhuīchá 追査[動]追跡調査する.¶～ zérèn[～责任]責任を追及する.

zhuīdào 追悼[動]追悼する.¶～ lièshì[～烈士]烈士を追悼する／～huì[～会]追悼会.

zhuīgǎn 追赶[動]追いかける.¶～ dírén[～敌人]敵を追いかける／～ shìjiè cháoliú[～世界潮流]世界の趨勢(すうせい)を追いかける.

zhuījiū 追究[動](原因・理由を)追究する.¶～ yuányīn[～原因]原因を追究する／～ dòngjī[～动机]動機を追究する.

†**zhuīqiú 追求**[動]❶追求する.¶～ zhēnlǐ[～真理]真理を追求する.❷(異性を)追いかける.¶～ tā de rén hěn duō[～她的人很多]彼女に言い寄る人は多い.

zhuīwèn 追问[動]問いただす.問い詰める.¶～ zhèi jiàn shì de yuányīn[～这件事的原因]この事件の原因を問いただす／～ tā de xiàluò[～他的下落]彼の行き先を問い詰める.

zhuīxīngzú 追星族[名](スターやアイドルなどの)ファン.追っかけ.

*zhújiàn 逐渐[副]しだいに.だんだんと.¶tiānqì ～ liáng le[天气～凉了]だんだん寒くなった.

zhùjiě 注解[動]注釈する.¶～ gǔwén[～古文]古文に注釈をつける.[名]注釈.¶shū hòu yǒu ～[书后有～]本の後ろに注釈がある.

zhǔjué 主角[名](～儿)主役.¶tā zài nèige diànyǐng li yǎn nǚ～[她在那个电影里演女～]彼女はあの映画の中でヒロインを演じている.

†**zhǔlì 主力**[名]主力.¶tā shì zhèi xiàng gōngzuò de ～[他是这项工作的～]彼はこの仕事の中心だ.

zhùlǐ 助理[名]助手.補佐.(多く職名として用いる)¶shìzhǎng ～[市长～]市長補佐.

zhǔliú 主流[名]主流.

*zhùmíng 著名[形]有名である.¶～ yǎnyuán[～演员]有名な俳優.

zhùmù 注目[動]注目する.¶yǐn rén ～[引人～]人目を引く.

*zhǔn 准[動]許す.¶lǎoshī bù ～ tā jìn jiàoshì[老师不～他进教室]先生は彼が教室に入るのを許さない.[形]正確である.¶wǒ de shǒubiǎo hěn ～[我的手表很～]私の腕時計は正確だ.[副]必ず.きっと.¶míngtiān ～ xià yǔ[明天～下雨]明日は間違いなく雨が降るだろう.

**zhǔnbèi 准备[動]❶準備する.支度する.¶～ lǚxíng de dōngxi[～旅行的东西]旅行の荷物を準備する.❷…するつもりである.¶wǒ ～ qù Zhōngguó liúxué[我～去中国留学]私は中国へ留学に行くつもりだ.[名]準備.¶zuòhǎo kǎoshì de ～[做好考试的～]試験の準備をする.➡ 類義語 dǎsuan 打算

zhúnián 逐年[副]年々.¶shōurù ～ zēngjiā[收入～增加]収入は年々増えている.

*zhǔnquè 准确[形]正確である.正しい.¶tā de fāyīn hěn ～[她的发音很～]彼女の発音はとても正確だ.

*zhǔnshí 准时[形]時間通りである.¶～ chūfā[～出发]定刻に出発する／～ kāi huì[～开会]時間通りに会議を始める.

zhǔnxǔ 准许[動]許可する.許す.¶～ chūjìng[～出境]出国を許可する／bù ～ chōuyān[不～抽烟]禁煙.

zhǔnzé 准则[名]〔tiáo 条〕準則.原則.¶yīzhào ～ bànshì[依照～办事]原則に従って物事を行う.

*zhuō 捉[動]捕らえる.捕まえる.¶～zhu tā de shǒu bú fàng[～住她的手不放]彼女の手をしっかり捕まえてはなさない／～ xiǎotōu[～小偷]泥棒を捕らえる.

類義語 zhuō 捉 zhuā 抓
►"捉"はつかむ,捕まえるという点に重点がある.¶能捉老鼠就是好

Z

猫 néng zhuō lǎoshǔ jiù shì hǎo māo(ネズミを捕るネコこそがよいネコだ)/孩子捉了一只蜻蜓 háizi zhuōle yì zhī qīngtíng(子供はトンボを1匹捕まえた)►"抓"は手や爪でしっかりつかむことに重点がある.話し言葉で使われる.¶他抓了几把米喂鸡 tā zhuāle jǐ bǎ mǐ wèi jī(彼は米をいくつかみかニワトリにやった)

zhuó 啄[動](鳥が)ついばむ.¶xiǎo niǎo ～ shí[小鸟～食]小鳥が餌をついばむ/～mùniǎo[～木鸟]キツツキ.

†**zhuóshǒu 着手**[動]着手する.始める.¶cóng nǎr ～?[从哪儿～?]どこから始めますか/～ jìshù kāifā[～技术开发]技術開発に着手する.

zhuóxiǎng 着想[動](人や物事の利益のために)考える.¶wèi jiānglái ～[为将来～]将来のために考える/tì gùkè ～[替顾客～]お客のために考える.

zhuóyuè 卓越[形]卓越している.¶～ de jìshù[～的技术]卓越した技術/～ de chéngjì[～的成绩]ずば抜けた成績.

†**zhuózhòng 着重**[動]重点を置く.¶～ shuōmíng chǎnpǐn de xìngnéng[～说明产品的性能]商品の性能を重点的に説明する/～ nèiróng[～内容]内容を重視する.

⁑**zhuō·zi 桌子**[名]〔zhāng 张〕机.テーブル.¶～ shang fàngzhe shū[～上放着书]机の上に本が置いてある.

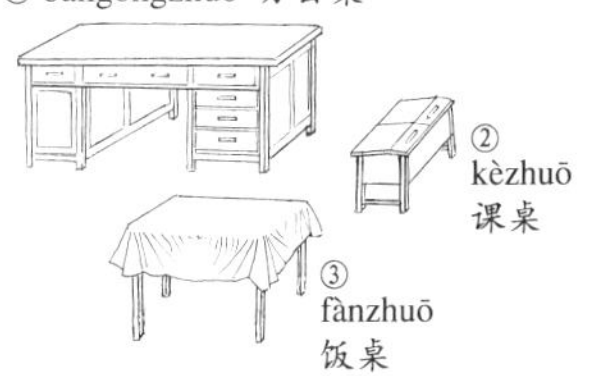

①事務机 ②教室の机 ③ダイニングテーブル

†**zhǔquán 主权**[名]主権.¶guójiā de ～[国家的～]国家の主権.

*__zhǔ·rén 主人__[名]❶接待側.ホスト.↔ kèrén 客人¶jiè ～ de jiǔbēi, zhù dàjiā shēntǐ jiànkāng, gānbēi[借～的酒杯,祝大家身体健康,干杯]ご主人の杯をお借りして,皆様方のご健康を祝して,乾杯.❷雇用者.¶～ gùle wǒ,wǒ dāngrán yào wèi ～ zuòshì[～雇了我,我当然要为～做事]雇用されている以上,雇い主のために仕事をするのは当たり前だ.❸所有者.¶zhǎodao le shīwù de ～[找到了失物的～]忘れ物の所有者が見つかった.❹主人公.¶wǒmen shì guójiā de ～[我们是国家的～]我々は国の主人公だ.

*__zhǔrèn 主任__[名]主任.¶xì～[系～]学部長/bān～[班～]クラス担任.

zhǔrénwēng 主人翁[名]組織などを支える中心的な人物.¶～ jīngshén[～精神](組織などの)担い手としての意識.

†**zhūròu 猪肉**[名]豚肉.¶zhèi kuài ～ tài féi le[这块～太肥了]この豚肉は脂身が多すぎる.

†**zhùshè 注射**[動]注射する.¶jìngmài ～[静脉～]静脈注射.

zhǔshí 主食[名]主食.↔ fùshí 副食

†**zhùshì 注视**[動]見つめる.注視する.¶～ qiánfāng[～前方]前方を注意深く見る/～zhe tā de dòngzuò[～着他的动作]彼の動作を見つめる.

zhùshì 注释[動]注釈する.[名]注釈.

†**zhùshǒu 助手**[名]助手.アシスタント.

zhùsuǒ 住所[名]住居.住んでいる所.住まい.¶dǎting ～[打听～]住んでいる所を尋ねる/～ fāngbiàn[～方便]住んでいる所が便利だ.

zhǔtí 主题[名]主題.テーマ.

zhǔtǐ 主体[名]主体.

zhǔtuō 嘱托[動]頼む.言いつける.¶shòu péngyou ～,zhàogù tā de nǚ'ér[受朋友～,照顾他的女儿]友人から頼まれて彼の娘の面倒を見る.

zhūwèi 诸位[代]皆様.各位.¶～ láibīn[～来宾]ご来賓の皆様.

*__zhǔxí 主席__[名]❶会議の議長.座長.❷主席.¶guójiā ～[国家～]国家主席.

⁑**zhǔyào 主要**[形]主な.主要な.↔cìyào 次要¶～ yuányīn[～原因]主な原因.

zhǔyì 主义[名]主義.¶shèhuì ～[社会～]社会主義.

☆**zhǔ·yi 主意**[名]❶しっかりした考え.定見.¶yǒu ～[有～]自分の意見を持っている.❷考え.アイデア.¶chū ～[出～]アイデアを出す.

☆**zhùyì 注意**[動]注意する.気をつける.¶～ shēntǐ[～身体]体に気をつける／～ bié gǎnmào le[～别感冒了]風邪を引かないように気をつけなさい／rě rén ～[惹人～]注目される.

> 類義語 zhùyì 注意 xiǎoxīn 小心 dāngxīn 当心
> ►"小心"は書き言葉としては注意を呼びかける掲示などに,話し言葉としては人に注意を促す場合などに用いる.¶小心烟火 xiǎoxīn yānhuǒ(火気注意)／路上很滑，小心一点儿 lùshang hěn huá,xiǎoxīn yìdiǎnr(道が滑るから,ちょっと気をつけて)►"当心"も人に対して警告したり注意を喚起したりする際に用い,命令的な調子を帯びる.¶慢点儿走, 当心摔交 màn diǎnr zǒu,dāngxīn shuāijiāo(ゆっくり行きなさい.転ばないように気をつけて)►上の二者が「何かマイナスの状態に陥らないように」と注意を促すのに対して,"注意"は「ある事に対して精神を集中する」ように,命令したり忠告したりする際に用いる.その精神を集中する対象の「ある事」とはマイナスの状態・悪い事に限らない.¶注意安全 zhùyì ānquán(安全に注意)／大家必需注意饮食卫生 dàjiā bìxū zhùyì yǐnshí wèishēng(皆さん飲食物に注意しましょう)►マイナスの事に対して"小心"・"当心"は「…に気をつけて」,「…しないように気をつけて」のどちらの言い方も可能だが,"注意"は"别" biéをともない「…しないように気をつけて」の形のみである.¶小心（别）感冒 xiǎoxīn (bié) gǎnmào（風邪に気をつけて)(風邪を引かないように気をつけて)／当心(别)感冒 dāngxīn (bié) gǎnmào(風邪に気をつけて)(風邪を引かないように気をつけて)／注意别感冒 zhùyì bié gǎnmào(風邪を引かないように気をつけて)

zhǔyǔ 主语[名]〔語〕主語.

*__zhù//yuàn 住院__[動]入院する.↔ chūyuàn 出院 ¶tā yǐjing zhùle sān ge xīngqī de yuàn le[他已经住了三个星期的院了]彼は入院してもう3週間になる.

†**zhùyuàn 祝愿**[動]祈る.願う.¶～ dàjiā shēnghuó xìngfú![～大家生活幸福!]皆さんの生活が幸せであるようにお祈りします.[名]祝福.¶dàjiā de ～ wǒ fēicháng gǎnxiè[大家的～我非常感谢]皆さんの祝福に心から感謝します.

zhùzào 铸造[動]鋳造する.

zhùzhā 驻扎[動]駐屯する.¶jūnduì ～zai zhèli[军队～在这里]軍隊がここに駐留している.

†**zhùzhái 住宅**[名]〔tào 套〕住宅.¶～ jiànshè[～建设]住宅建設.

*__zhǔzhāng 主张__[動]主張する.¶tā ～ mǎshàng qù[他～马上去]彼はすぐ行くことを主張している.[名]〔xiàng 项〕主張.

zhùzhǎng 助长[動](悪い事を)助長する.¶～ tā de àoqì[～他的傲气]彼の傲慢(ごうまん)さを助長する.

zhùzhòng 注重[動]重視する.¶～ wàibiǎo[～外表]外見を重視する／～ nèiróng[～内容]内容を重視する.

zhū·zi 珠子[名]❶〔kē 颗,lì 粒,chuàn 串,guà 挂〕真珠.❷粒.玉.¶hàn ～[汗～]汗の粒.

*__zhú·zi 竹子__[名]〔gēn 根,jié 节〕竹.

†**zhù·zi 柱子**[名]〔gēn 根〕柱.¶dǐngliáng ～[顶梁～]大黒柱.中心人物.

*__zhùzuò 著作__[動]著述する.[名]著作.¶wénxué ～[文学～]文学の著作.

†**zǐ 子**[名]❶子供.息子.(昔は娘もさしたが,現在では専ら息子の意味で使う)¶fù～[父～]父と息子／～nǚ[～女]子女.❷人の通称.¶nán～[男～]男子.男性／nǚ～[女～]女子.女性.→zi

*__zǐ 紫__[形]紫色の.¶wǒ xǐhuan ～sè[我喜欢～色]私は紫色が好きだ／

Z

～dīngxiāng[～丁香]ムラサキライラック.

⁑**zì 字**[名]❶文字.¶chángyòng～[常用～]常用漢字.❷(～儿)発音.字音.¶tǔ～ qīngchu[吐～清楚]発音がはっきりしている.❸字体.¶sòngtǐ～[宋体～]明朝体字.❹書.¶yì fú ～[一幅～]一幅の書.❺(～儿)証文.書き付け.¶jièdao qián,xiě ge ～r gěi tā[借到钱，写个～儿给他]金を借り,一筆書いて彼に渡す.❻字(あざな).

*__zì 自__[前]…から.…より.(場所や時間の起点を表す)¶lái～ gèdì de dàibiǎo[来～各地的代表]各地から来た代表／～ dàxué bìyè,tā yìzhí zài yì jiā màoyì gōngsī gōngzuò[～大学毕业，他一直在一家贸易公司工作]大学を出てから,彼はずっと貿易会社で働いている.➡[類義語] cóng 从

·**zi 子***[尾]名詞・形容詞・動詞・量詞の後ろにつけて,名詞を作る.¶kuài～[筷～]箸／mào～[帽～]帽子／pàng～[胖～]太っちょ／piàn～[骗～]詐欺師.→zǐ

zìbēi 自卑[形]卑下する.いじけている.¶tā méi kǎoshang dàxué,suǒyǐ hěn ～[他没考上大学，所以很～]彼は大学に受からなかったので卑屈になっている／～gǎn[～感]コンプレックス.

†**zīběn 资本**[名]❶資本.¶wàiguó ～[外国～]外国資本.❷資本金.元手.¶tā yǒu hěn duō ～[他有很多～]彼にはたくさんの元手がある.❸〈喩〉ある種の利益を獲得するための条件.¶chǔshì yuánhuá shì tā shēngguān de ～[处世圆滑是他升官的～]人当りの良さは彼が出世するための元手だ／wǒ kě méiyou ～ jiāo'ào[我可没有～骄傲]私はいばるほどのものを持っていない.

†**zīběnjiā 资本家**[名]資本家.

†**zīběn zhǔyì 资本主义**[名]資本主義.

zīchǎn 资产[名]〔fèn 份〕資産.¶gùdìng ～[固定～]固定資産.

†**zīchǎn jiējí 资产阶级**[名]資産階級.

*__zìcóng 自从__[前](過去のある時点を起点として)…から.…より.¶～ rèn-

●百科知識●

日本人の姓の発音

自分の名前は英語でもフランス語でも,読み方は変わらない.固有名詞だから当然だと思っていると,中国語ではわが名がこれまで聞いたことがないような響きに変化してしまう.「鈴木」さんは Língmù(リンムウ)に「山本」君は Shānběn(シャンベン)となる.

自分の名前が中国語でどう発音されるのかは気になる問題であり,また知っておくべき課題でもある.しかし,中には字の読み方が調べにくいものがある.日本独特の漢字<国字>である.これ以外にも読み方が難しいものがある.以下,日本人の姓をいくつか取り上げ,参考の読み方を示そう.

1）姓に国字を含むもの

国字とは,漢字の構成法にならって日本で独自に作られた字である.既成の字を2つ以上組み合わせて,新しい意味を表すことが多く,「畑(はたけ)」「笹(ささ)」などのように訓読みだけで音読みがないのが普通である.少数の例外として「働(ドウ・はたらく)」には音・訓が備わっており,「鋲(ビョウ)」は音のみで訓がない.

国字を中国語音で発音するには,一般的に右旁を声符に見立てて発音する.(国字を下点で示す)

駒込 Jūrù	堺 Jiè
富樫 Fùjiān	辻 shí
笹川 Shìchuān	佃 Tián

shile tā,wǒ de shēnghuó fāshēngle hěn dà biànhuà[～认识了他，我的生活发生了很大变化]彼と知り合ってから,私の生活には大きな変化が生じた.

†**zǐdàn 子弹**[名]〔kē 颗〕銃弾.

zǐdì 子弟[名]子弟.¶guìzú ～[贵族～]貴族の子弟／gōng nóng ～[工农～]労働者や農民出身の子供.

†**zìdiǎn 字典**[名]字書.字引き.¶chá ～[查～]辞書を引く.➡[類義語] cídiǎn 词典

*__zìdòng 自动__[副]❶自ら進んで.¶～ cānjiā[～参加]自分から参加する／～ bāngmáng[～帮忙]進んで手伝う.❷ひとりでに…する.¶～ ránshāo[～燃烧]ひとりでに燃える.[形]自動の.¶～ qiānbǐ[～铅笔]シャープペンシル／～ jiǎnpiàokǒu[～剪票口]自動改札機.

zìfā 自发[形]自発的である.¶dàjiā ～ de zǔzhīle juānkuǎn huódòng[大家～地组织了捐款活动]皆は自発的に募金運動をおこした／～ de xíngwéi[～的行为]自発的な行為.

*__zìfèi 自费__[形]費用を自己負担している.¶～ liúxué[～留学]私費で留学する／～shēng[～生]自分で学費を払っている学生.

zìfù yíngkuī 自负盈亏[組]自ら経営の責任を取る.¶qǐyè yào ～[企业要～]企業は損益について自ら責任を持たねばならない.

†**zīgé 资格**[名]資格.年功.¶yǒu ～ cānjiā huìyì[有～参加会议]会議に参加する資格がある／búyào bǎi lǎo ～[不要摆老～]経歴をかさに威張ってはいけない.

zìgǔ 自古[副]古くから.昔から.¶Zhōnghuá mínzú ～ jiù yǒu hàokè de chuántǒng[中华民族～就有好客的传统]中華民族は古くから客を好む伝統がある.

†**zìháo 自豪**[形]誇りに思っている.誇らしい.¶huòdéle guànjūn,tāmen hěn ～[获得了冠军，他们很～]優勝を勝ち取って,彼らはとても誇らしげだ／～gǎn[～感]誇らしい気持ち.

☆**zìjǐ 自己**[代]自分.自身.(文中ですでに現れた人をさす)¶zhè shì nǐ ～

Z

榊原 Shényuán　　　　畑山 Tiánshān

2）国字以外の,調べにくい字を含む姓

a. 小型の字典には取られていない字を含むもの

大槻 Dàguī
堀江 Kūjiāng
宍戸 Ròuhù　※「宍」は「肉」ròuの異体字.
中嶋 Zhōngdǎo　※「嶋」は「島」dǎoの異体字.

b. 繁体字と簡体字の関係にあるもの

窪田 Wātián　※「窪」は「洼」の繁体字.

c. 異体字を含むもの

篠原 Xiǎoyuán　※辞書の見出し字は「筱」,「篠」は異体字
塚本 Zhǒngběn　※辞書の見出し字は「冢」,「塚」は異体字

d. 字体が紛らわしいもの

齋(斎・齊・斉)藤 Zhāiténg
※旧字体「齋」の新字体が「斎」で音が「サイ」,旧字体「齊」の新字体が「斉」で,「セイ・サイ」等いくつかあるが,姓の場合は「サイ」と読むので,「齋・斎・齊・斉」全て zhāi と読む.

e. カナや踊り字を含むもの

池ヶ谷 Chígègǔ　※「ガ」と発音することから,“个”gè に見立てて音をあてる.
佐々木 Zuǒzuǒmù　※踊り字は繰り返して発音.

kǎolǜ ba[这事你～考虑吧]この件はあなた自身で考えなさい／wǒ ～ lái[我～来]私は自分でやります.[形]親しい.¶～rén[～人]内輪の人.

†**zījīn 资金**[名]資金.元手.¶～ bùzú[～不足]資金不足／chóují ～[筹集～]資金を集める.

*__zìjué 自觉__[動]自覚する.¶～ shēntǐ bùrú qùnián[～身体不如去年]体が去年より衰えたと感じる.[形]自覚している.積極的にやる.¶～ páiduì[～排队]進んで並ぶ／～ de xuéxí[～地学习]積極的に勉強する.

†**zìláishuǐ 自来水**[名]水道.水道水.

zìlì 自立[動]自立する.¶nǐ yǐjing shíbā suì le,shēnghuó shang yīnggāi néng ～ le[你已经十八岁了，生活上应该能～了]あなたはもう18歳なんだから,生活面では自立できるはずだ.

*__zīliào 资料__[名]❶生活・生産上の必需品.¶shēnghuó ～[生活～]生活必需品.❷資料.¶cānkǎo ～[参考～]参考資料／xiě lùnwén de ～[写论文的～]論文を書くための資料.

zì lì gēng shēng 自力更生㊒自力更生.¶wǒmen yīnggāi ～ jiějué yuánliào wèntí[我们应该～解决原料问题]我々は自力更生で原料問題を解決せねばならない.

†**zìmǎn 自满**[形]自己満足する.いい気になる.¶tā tài ～ le[他太～了]彼はいい気になりすぎだ／～ de tàidu[～的态度]うぬぼれた態度.

†**zìmǔ 字母**[名]アルファベット.ローマ字.¶pīnyīn ～[拼音～]表音ローマ字.ピンイン.

zìqiáng 自强[動]自らを向上させようと努力する.頑張る.¶～ bù xī[～不息]自ら励んでやまない.

*__zìrán 自然__[名]自然.¶～ zīyuán[～资源]天然資源／～ huánjìng[～环境]自然環境.[副]❶自然に.おのずと.¶kàn jǐ biàn,～ jiù jìzhu le[看几遍,～就记住了]何度も見て自然に覚えた.❷当然.¶zhǐyào nǔlì,～ néng xuéhǎo[只要努力，～能学好]努力さえすれば当然マスターできる.→zìran

zì·ran 自然[形]自然である.のびのびしている.¶tā shuōhuà hěn ～[她说话很～]彼女は話し方が自然だ／zhèi piàn wénzhāng xiěde bú ～[这篇文章写得不～]この文章は不自然だ.→zìrán

zìshā 自杀[動]自殺する.¶fúdú ～[服毒～]毒を飲んで自殺する.

†**zìshēn 自身**[名]自身.自分.¶ní púsà guò jiāng,～ nánbǎo[泥菩萨过江，～难保]泥の菩薩が川を渡る.自分の身すら危ない,まして人のことなんて.

†**zīshì 姿势**[名]姿勢.¶bǎochí zhèige ～, bié dòng[保持这个～, 别动]この姿勢を保ったまま,動かないでください.

†**zì shǐ zhì zhōng 自始至终**㊒終始.始めから終わりまで.¶kāihuì shí,tā ～ dōu zhànzhe tīng wǒ shuō huà[开会时，他～都站着听我说话]会議中,最初から終わりまで彼は立ったまま私の話を聞いていた／péngyoumen ～ dōu zài zhīchí wǒ,gěile wǒ hěn duō gǔlì hé bāngzhù[朋友们～都在支持我，给了我很多鼓励和帮助]友達は終始私を支持し,多くのはげましと手助けをしてくれた.

†**zìsī 自私**[形]利己的である.¶nèige rén hěn ～[那个人很～]あの人はとても利己的だ.

zì sī zì lì 自私自利㊒自分本位である.利己的である.¶rén bù néng tài ～[人不能太～]私利私欲をむさぼりすぎてはいけない／diànchē shang yí ge rén zhàn liǎng ge rén de zuòwèi shì yì zhǒng ～ de xíngwéi[电车上一个人占两个人的座位是一种～的行为]電車の中で1人で2人分の席を占領するのは,自分勝手な行動だ.

zǐsūn 子孙[名]息子と孫.子孫.¶wèi ～ hòudài zàofú[为～后代造福]子子孫々に幸福をもたらす.

†**zītài 姿态**[名]❶姿.¶nèige diāoxiàng de ～ hěn měilì[那个雕像的～很美丽]あの彫像の姿はとても美しい.❷態度.¶zuòchu héjiě de ～[作出和解的～]和解の態度をとる／shènglìzhě de ～[胜利者的～]勝者の態度.

zīwèi 滋味[名](～儿)味.味わい.¶zhèige cài de ～ hěn búcuò[这个菜的～很不错]この料理の味は実にい

Z

い／zhèige duì jìn liǎng nián méi chángguo shībài de ～[这个队近两年没尝过失败的～]このチームはここ2年負けを味わったことがない. ➡ 類義語 fēngwèi 风味

zìwèi 自卫[動]自衛する. ¶tāmen yòng mùgùn ～[他们用木棍～]彼らは木の棒で自衛する.

*__zìwǒ 自我__[代]❶自己.自ら.注 2音節の動詞の前に用い,その動作が自らを対象とし自ら行うものであることを表す. ¶～ jièshào[～介绍]自己紹介.❷自我.自己. ¶～ yìshí[～意识]自己意識.

*__zǐxì 仔细__[形]❶細かい.綿密である. ¶zuòshì yào rènzhēn ～[做事要认真～]仕事は真剣に綿密にしなければいけない.❷用心深い.注意深い. ¶tā ～ tīng lǎoshī de huà[他～听老师的话]彼は注意深く先生の話を聞いた. ‖"子细"とも書く.↔ mǎhu 马虎

†__zì xiāng máo dùn 自相矛盾__成言っていることに矛盾がある.自己矛盾に陥る. ¶tā de shuōmíng ～[他的说明～]彼の説明は矛盾している／huǎnghuà shuōduō le,nánmiǎn yào ～,pòzhàn bǎichū[谎话说多了，难免要～，破绽百出]うそばかり言っていると,自己矛盾に陥って,ぼろが出るよ.

†__zìxìn 自信__[動]自信がある.自分を信じる. ¶tā ～ néng kǎoshang dàxué[他～能考上大学]彼は大学に合格できる自信がある.[名]自信. ¶wǒ zhèi cì zhēn shì méiyou ～[我这次真是没有～]今回は本当に自信がない.[形]自信がある. ¶shífēn ～[十分～]自信満々だ.

zìxíng 自行[副]❶自分で. ¶shēnqǐng shǒuxù děi ～ bànlǐ[申请手续得～办理]申請手続きは自分でしなければならない.❷自分から. ¶～ jiěsàn le[～解散了]自ら解散した.

⁑__zìxíngchē 自行车__[名]〔liàng 辆〕自転車. ¶qí ～[骑～]自転車に乗る.

*__zìxué 自学__[動]独学する.独習する. ¶～ dàxué kèchéng[～大学课程]大学の課程を独学する.

zīxún 咨询[動]諮問する.情報を提供する. ¶dǎ diànhuà ～[打电话～]電話をかけて問い合わせる.

†__zì yán zì yǔ 自言自语__成独り言を言う.つぶやく. ¶tā yí ge rén ～[他一个人～]彼は1人でぶつぶつ言っている／yéye niánjì dà le,zǒng ài ～,yě tīngbuqīng tā shuō de shì shénme[爷爷年纪大了，总爱～，也听不清他说的是什么]祖父は年をとっていて,いつも独り言を言っているが,何と言っているのかよく聞き取れない.

zì yǐ wéi shì 自以为是成自分が正しいと思いこんでいる.独善的である. ¶～ de rén qíshí cháng fàn cuòwù[～的人其实常犯错误]自分が正しいと思いこんでいる人は実際にはよく間違いを犯す.

*__zìyóu 自由__[名]自由. ¶yánlùn ～[言论～]言論の自由.[形]自由である.拘束されない. ¶～ fābiǎo yìjiàn[～发表意见]自由に意見を発表する.

zìyóu shìchǎng 自由市场[名]自由市場."农贸市场"nóngmào shìchǎngの通称.

zì yóu zì zài 自由自在成自由自在. ¶rénmen dōu xiàngwǎng ～ de shēnghuó[人们都向往～的生活]人は皆自由な生活にあこがれる.

*__zīyuán 资源__[名]資源. ¶làngfèi ～[浪费～]資源を無駄にする／shíyóu ～[石油～]石油資源.

†__zìyuàn 自愿__[動]自分から…する.進んで…する. ¶～ cānjiā[～参加]自発的に参加する／xuéshengmen ～ dào nóngcūn qù shíxí[学生们～到农村去实习]学生たちは自らの希望で農村へ実習に行く.

zìzài 自在[形]自由自在である.気ままである. ¶fàngjià hòu,kěyǐ ～ de wánr le[放假后，可以～地玩儿了]休みに入ったら自由に遊べる.

zīzhǎng 滋长[動](よくない現象や傾向が)生じる.芽生える.はびこる. ¶～ bēiguān de qíngxù[～悲观的情绪]悲観的な考えが生じる／zhè háizi jìnlái ～le yìxiē bùliáng xíqì[这孩子近来～了一些不良习气]この子は最近悪い習慣が身についた.

†__zìzhì 自治__[動]自治を行う. ¶wǒmen

Z

shíxíng ～[我们实行～]私たちは自治を行う.

†**zìzhìqū 自治区**[名]民族自治区.中国の地方行政単位の1つで,省に相当する行政区.

zīzhù 资助[動]金銭的に援助する.¶tā ～ cūnli de qióng háizi shàngxué[他～村里的穷孩子上学]彼は村の貧しい子供が学校に通うのを援助している.

†**zìzhǔ 自主**[動]自分の意志で決める.自分が中心になる.¶hūnyīn ～[婚姻～]結婚は本人の意志による.

zì～zì～ 自～自～㊥自分自身がどうであるかを表す.また自分のしたことが自分に影響を及ぼすことを強調する.意味の近い単音節の動詞を前後に置く.¶bù néng yīnwèi yí cì shībài jiù zì bào zì qì[不能因为一次失败就自暴自弃]一度の失敗ぐらいでやけになってはいけない.

zìzūn 自尊[動]自らを尊重する.¶rén bù néng méiyou ～[人不能没有～]人は自尊心を持たなくてはいけない.

†**zǒng 总**[動]総括する.集める.¶～ qilai shuō[～起来说]総括して言えば.[形]❶全部の.全面的な.¶jièshào yíxià ～ de qíngkuàng[介绍一下～的情况]全体の状況を少し紹介する.*❷全部をまとめる.大本の.¶～ gōngsī[～公司]本店.[副]❶ずっと.いつまでも.¶tā ～ zài nàr kàn shū[他～在那儿看书]彼はいつもあそこで本を読んでいる／wèntí yě ～ jiějuébuliǎo[问题也～解决不了]いつまでたっても問題が解決しない.❷結局.つまるところ.¶qíngkuàng ～ huì hǎoqilai de[情况～会好起来的]情况はいつかは好転するはずだ.

zǒngchǎnliàng 总产量[名]総生産量.¶jīnnián liángshi de ～ yǔ qùnián dàzhì xiāngtóng[今年粮食的～与去年大致相同]今年の穀物の総生産量は昨年とほぼ同じだ.

zǒngchǎnzhí 总产值[名]総生産高.¶qǐng bào yíxià ～[请报一下～]総生産高を報告してください.

zǒng ·de lái shuō 总的来说㊞総じて言えば.まとめて言えば.¶～ tā hái búcuò[～他还不错]総じて言えば彼はなかなかよい.

zǒngdū 总督[名]❶総督.明代初期,戦時に地方に派遣され巡視・検察を行った官吏.清代になると地方の最高長官として政治・軍事を管轄した.❷(植民地の)総督.

zǒng'é 总额[名]総額.¶gōngzī ～[工资～]賃金総額.

†**zǒng ér yán zhī 总而言之**㊝要するに.つまり.¶～ dàjiā dōu yào wéihù hépíng[～大家都要维护和平]要するにみんなが平和を守らなければならない／shuōle zhème duō,～ yí jù huà, jiùshì xīwàng wǒmen néng hùxiāng lǐjiě、gòngtóng hézuò[说了这么多,～一句话,就是希望我们能互相理解、共同合作]長くなったが,要するに一言で言えば,我々が互いに理解し一緒に協力しようということだ.

†**zǒnggòng 总共**[副]全部で.合計して.¶～ yǒu yí wàn duō rén[～有一万多人]全部で1万人あまりいる.

*__zōnghé 综合__[動]総合する.↔ fēnxī 分析 ¶～ gè fāngmiàn de yìjiàn, tíchu hélǐ de fāng'àn[～各方面的意见,提出合理的方案]各方面の意見をまとめ合理的なプランを提出する.[形]総合的な.¶～ dàxué[～大学]総合大学.

zǒnghé 总和[名]合計.総額.¶guòqù sān nián de ～[过去三年的～]過去3年間の合計.

zònghéng 纵横[形]❶縦横に交錯している.¶～ jiāocuò[～交错]縦横に交錯している.❷自由奔放である.¶bǐyì ～[笔意～]筆法が自由奔放である.

zōngjì 踪迹[名]跡.痕跡.¶liúxia ～[留下～]痕跡を残す.

zǒngjì 总计[動]総計する.¶guānzhòng ～ dá wǔ wàn réncì[观众～达五万人次]観衆は総計延べ5万人に達する.

†**zōngjiào 宗教**[名]宗教.

*__zǒngjié 总结__[動]総括する.締めくくる.¶～ jīngyàn[～经验]経験を総括する.[名]総括.¶niánzhōng ～[年终～]年末の総括.

*zǒnglǐ 总理[名]❶中国国務院の最高指導者.総理.❷(いくつかの国家の)内閣総理大臣.首相.

†zōngpài 宗派[名](政治・学術・宗教などの)党派・セクト.¶～ huódòng[～活动]セクト活動.

zōngsè 棕色[名]茶褐色.とび色.

⁑zǒngshì 总是 [副]いつも.しょっちゅう.“总”ともいう.¶tā ～ guāng shuō bú zuò[他～光说不做]彼はいつも口ばかりでやらない.

zǒngshù 总数[名]総数.総額.

zǒngsīlìng 总司令[名]総指令官.

†zǒngsuàn 总算[副]❶やっとのことで.どうやら.¶bìng ～ zhìhǎo le[病～治好了]病気はやっとのことで治った.❷まずまず.大体において.¶～ kěyǐ shēnghuó le[～可以生活了]まずまず生活できるようになった.

zǒngtǐ 总体[名]総体.全体.¶zhèige fāng'àn ～ lái shuō hái kěyǐ[这个方案～来说还可以]この計画は全体から言えばまあまあだ.

*zǒngtǒng 总统[名]❶大統領.¶Měiguó ～[美国～]アメリカ合衆国大統領.❷(台湾の)総統.

zǒngwù 总务[名]❶総務.¶～kē[～科]総務課.❷総務の責任者.

zōngzhǐ 宗旨[名]主旨.趣旨.¶dàhuì de ～[大会的～]大会の趣旨/fúwù ～[服务～]奉仕の目的.

†zǒngzhī 总之[接]要するに.つまり.¶～ wǒmen yīnggāi zhēngqǔ zhèi cì jīhuì[～我们应该争取这次机会]とにかく我々はこのチャンスをものにしなければならない.

zòngzi 粽子[名]ちまき.

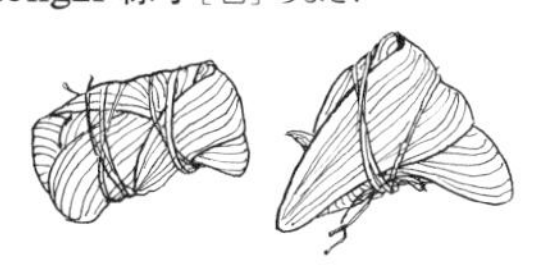

⁑zǒu 走[動]❶歩く.前に進む.¶～zhe qù[～着去]歩いて行く/tā ～de hěn kuài[他～得很快]彼は歩くのが速い.❷(ある軌道を)移動する.動く.¶biǎo bù ～ le[表不～了]腕時計が止まった/zhèi tiáo chuán yí ge xiǎoshí ～ sānshí gōnglǐ[这条船一个小时～三十公里]この船は1時間に30キロメートル進む.❸離れる.去る.¶chē gāng ～[车刚～]車は今出たところだ/míngtiān yào ～ le[明天要～了]明日帰ります.❹(親戚や友人を)訪ねる.行き来する.¶～ qīnqi[～亲戚]親戚を訪ねる.❺通過する.¶zánmen ～ zhèige mén chūqu ba[咱们～这个门出去吧]私たちこのドアを通って出よう.❻漏れる.漏らす.¶～le fēngshēng[～了风声]秘密が漏れた/qiú ～qì le[球～气了]ボールの空気が抜けた.❼(人が)この世を去る.➡[類義語] chūfā 出发

zòu 奏[動]演奏する.奏でる.¶～ guógē[～国歌]国歌を演奏する.

zòu 揍[動](人を)殴る.ぶつ.¶tā ái～le[他挨～了]彼は殴られた.

*zǒu//dàor 走道儿[動]歩く.¶～ kuài[～快]歩くのが速い/hǎohāor zǒu nǐ de dàor,bié dōng zhāng xī wàng[好好儿走你的道儿，别东张西望]きょろきょろしないでちゃんと歩きなさい.

zǒufǎng 走访[動]訪問する.¶～ yònghù[～用户]ユーザーを訪問する/jìzhě ～le yǒuguān rénshì[记者～了有关人士]記者は関係者を訪ねた.

zǒugǒu 走狗[名]〔tiáo 条〕(悪人の)手先.

zǒu//hóng 走红[動]はやる.ブレイクする.¶xiànzài ～ de gēxīng zhōng nǚ de bǐjiào duō[现在～的歌星中女的比较多]今の売れっ子歌手には女性が多い.

†zǒu hòumén 走后门[慣](～儿)コネを使う.裏口から入る.¶dàjiā dōu páiduì mǎi piào,shéi yě bù néng ～[大家都排队买票，谁也不能～]みんな並んで切符を買うのであって,誰もコネを使うことは許されない.

†zǒuláng 走廊[名]❶回廊.歩廊.¶tā jiā de ～ fēicháng kuān[他家的～非常宽]彼の家の廊下はとても広い.❷2つの地域を結ぶ細長い地帯.回廊.¶Héxī ～[河西～]河西回廊.

zǒulòu 走漏[動](秘密や情報を)漏

らす.漏えいする.¶～ xiāoxi[～消息]情報を漏らす.

zǒu mǎ kàn huā 走马看花㊂馬に乗って花を見る.大ざっぱに表面だけを見ること.¶yīnwèi shíjiān yǒuxiàn, wǒmen zhǐshì ～ de guòle yíxiàr[因为时间有限，我们只是～地过了一下儿]あまり時間がないので,私たちは大ざっぱにしか見られなかった.

zǒuqiào 走俏[形]よく売れる.売れ行きがいい.¶chāoduǎnqún jīnnián fēicháng ～[超短裙今年非常～]超ミニのスカートが今年非常によく売れている.

zǒu//sī 走私[動]密貿易をする.闇取り引きをする.¶bǎ xiàngyá ～ dào Ōuzhōu qù le[把象牙～到欧洲去了]象牙をヨーロッパに密輸した.

†**zǒu wānlù 走弯路**㊥(仕事や勉強で)回り道をする.無駄な時間を費やす.失敗する.¶xīqǔ biéren de jīngyàn,bìmiǎn ～[吸取别人的经验，避免～]他人の経験を取り入れ,よけいな回り道を避ける.

zǒuxiàng 走向[名]〔地質〕(山脈・鉱脈などの)走向.[動]…へ向かう.¶～ shènglì[～胜利]勝利へ向かう.

†**zū 租**[動]賃借りする.賃貸しする.¶wǒmen ～zhe bāshí píngfāngmǐ de fángzi[我们～着八十平方米的房子]私たちは80平米の家を借りている／zhèli kěyǐ ～ zìxíngchē[这里可以～自行车]ここで自転車をレンタルすることができる.

†**zú 足**[形]❶足りている.十分である.¶rénshù bù～[人数不～]人数が足りない.❷(…するに)足る.十分である.¶zhèige xīguā ～ yǒu shí jīn[这个西瓜～有十斤]このスイカは優に5キロはある.

†**zú 足**[名]❶(人や動物の)足.❷(物体の)足.¶dǐng～[鼎～]かなえの足.

zú 族[名]❶家族.¶wǒmen zhè yì ～[我们这一～]私たち一族.❷民族.種族.¶tā shì Cháoxiān～ rén[他是朝鲜～人]彼は朝鮮族の人だ.*❸(大分類としての)族.¶shuǐ～[水～]水生動物.

__zǔ 组__[動]組織する.組み合わせる.¶～gé[～阁]組閣する／～ duì[～队]チームを組む.[名]グループ.¶tāmen ～ zhèngzài xuéxí[他们～正在学习]彼らのグループはちょうど勉強しているところだ／fēn～ tǎolùn[分～讨论]グループに分かれて討論する.[量]団体やグループ,組みになった事物を数える.組.セット.¶yì ～ wényú jiémù[一～文娱节目]一連の娯楽番組／liǎng ～ diànchí[两～电池]2セットのバッテリー.

†**zǔ'ài 阻碍**[動]妨げる.妨害する.¶～ jiāotōng[～交通]交通を妨げる.[名]障害.じゃまもの.¶kèfú ～[克服～]障害を克服する.

*__zuān 钻__[動]❶(きり状のもので)穴をあける.¶bié zài zhuōzi shang ～ yǎnr[别在桌子上～眼儿]机の上に穴をあけるな.❷潜り込む.通り抜ける.¶～jin shùlín[～进树林]林の中に入り込む／～ shāndòng[～山洞]トンネルを通る.❸研鑽(けんさん)する.深く研究する.¶tā pīnmìng ～le liǎng nián Yīngyǔ[他拼命～了两年英语]彼は2年間一所懸命に英語の研鑽をつんだ.

zuànshí 钻石[名]ダイヤモンド.¶～ jièzhi[～戒指]ダイヤの指輪.

*__zuānyán 钻研__[動]掘り下げて研究する.¶～ lǐlùn[～理论]理論を掘り下げて研究する.

†**zǔchéng 组成**[動]組成する.構成する.形作る.¶bìyè de xuésheng ～le yí ge xiàoyǒuhuì[毕业的学生～了一个校友会]卒業生は同窓会をつくった.

zǔdǎng 阻挡[動]阻止する.遮る.¶jǐngchá yòng gùnzi ～zhe rénqún qiánjìn[警察用棍子～着人群前进]警官はこん棒で群衆が前進するのを阻止している.

†**zǔfù 祖父**[名]父方の祖父.

zúgòu 足够[形]十分である.足りている.¶wǔshí píngfāngmǐ de fángzi yí ge rén zhù ～ le[五十平方米的房子一个人住～了]50平方メートルの部屋は1人で住むには十分である.

*†__zǔguó 祖国__[名]祖国.¶rè'ài ～[热爱～]祖国を愛する.

zǔhé 组合[動]組み合わせる.構成す

Z

る.¶qǐng dàjiā zìyóu ～,fēnchéng sān zǔ[请大家自由～, 分成三组]皆さん自由な組み合わせで3つのグループに分かれてください.

☆**zuǐ 嘴**[名]❶〔zhāng 张〕口の通称.¶zhāng～[张～]口を開ける／bì～[闭～]口を閉じる.黙りなさい.❷(～儿)口のような形や機能を持つもの.¶píng～[瓶～]瓶の口／cháhú～[茶壶～]急須の注ぎ口.*❸口数.¶bié duō～[别多～]余計なことを言うな.

☆**zuì 最**[副]最も.一番.¶rénkǒu ～ duō[人口～多]人口が最も多い／～ gāo[～高]一番高い.

†**zuì 罪**[名]❶罪.¶rèn～[认～]罪を認める／yǒu ～[有～]有罪.*❷過失.過ち.¶guī～ yú rén[归～于人]人に責任を押し付ける.人のせいにする.❸苦しみ.苦難.¶zāole yíbèizi ～[遭了一辈子～]生涯苦しみ続けた.

*__zuì 醉__[動]酔う.¶tā hē～ le[他喝～了]彼は酔っぱらってしまった.

zuǐ·ba 嘴巴[名]❶ほっぺた.横っ面.¶dǎ ～[打～]横っ面を殴る.❷口.¶zhāngkāi ～[张开～]口を開ける.

☆**zuìchū 最初**[名]最初.一番初め.¶zhè shì ～ de jìhuà[这是～的计划]これは最初の計画だ／～ tā jiānjué bù tóngyì[～他坚决不同意]最初彼は頑として首をたてにふらなかった.

†**zuǐchún 嘴唇**[名]〔piàn 片〕唇.¶yǎo ～[咬～]唇をかむ.

†**zuì'è 罪恶**[名]罪悪.悪業.¶zhè jiāhuo ～ jí dà[这家伙～极大]こいつは極悪非道だ.

zuìfàn 罪犯[名]犯罪者.罪人.¶dàibǔ ～[逮捕～]犯人を逮捕する.

*__zuìhǎo 最好__[副]できるだけ…したほうがよい.できることなら.¶～ nǐ néng qù yíxià[～你能去一下]できればあなたが行かれるといいのだが.

☆**zuìhòu 最后**[名]最後.一番後.¶～ tā shū le[～他输了]最後に彼は負けた.

zuìjiā 最佳[形]最もよい.最高である.¶wǒ juéde zhè shì ge ～ fāng'àn[我觉得这是个～方案]私はこれが最良のプランだと思う.

☆**zuìjìn 最近**[名]最近.近頃.近いうち.[注]中国語の"最近"は発話時前後の一区切りの時間をいい,未来についてもいうことができる.¶～ nǐ máng shénme ne?[～你忙什么呢?]近頃君は何をしているの／～ zhèige xì yào shàngyǎn[～这个戏要上演]この劇は近いうち上演される.

zuìmíng 罪名[名]罪名.¶tāmen gēnjù shénme ～ bǎ tā zhuāqilai?[他们根据什么～把他抓起来?]彼らはどんな罪名で彼を捕まえるのか.

†**zuìxíng 罪行**[名]犯罪行為.¶bàozhǐ jiēlùle tāmen de ～[报纸揭露了他们的～]新聞は彼らの犯行をあばいた.

zuìzhuàng 罪状[名]〔jiàn 件, tiáo 条〕罪状.¶lièjǔ ～[列举～]罪状を列挙する.

zūjīn 租金[名]賃貸料.賃借料.¶fù ～[付～]賃借料を払う.

zǔlán 阻拦[動]押しとどめる.阻止する.止める.¶bié ～ wǒ[别～我]私を止めないでくれ.

†**zǔlì 阻力**[名]❶〔物〕抵抗.¶kōngqì ～[空气～]空気抵抗.❷抵抗.障害.¶kèfú gōngzuò zhōng de ～[克服工作中的～]仕事上の障害を克服する.

†**zǔmǔ 祖母**[名]父方の祖母.

zūn 尊*[形](地位や身分などが)高い.目上である.¶～zhǎng[～长]目上の人.[動]尊ぶ.尊敬する.¶～ lǎo ài yòu[～老爱幼]老人を尊敬し子供を慈しむ.

zǔnáo 阻挠[動]妨害する.¶～bùliǎo[～不了]邪魔できない／shòudao ～[受到～]妨害される.

*__zūnjìng 尊敬__[動]尊敬する.敬う.¶～ lǎoshī[～老师]先生を敬う.

*__zūnshǒu 遵守__[動]遵守する.¶～ jiāotōng guīzé[～交通规则]交通規則を守る／～ shíjiān[～时间]時間を必ず守る.

zūnxún 遵循[動]守って従う.¶～ Mǎkèsī zhǔyì yuánlǐ[～马克思主义原理]マルクス主義原理に従う.

zūnyán 尊严[形]荘厳である.¶shénxiàng shífēn ～[神像十分～]仏像は非常に荘厳である.[名]尊厳.¶yídìng yào wéihù mínzú ～[一定要维

Z

护民族～]民族の尊厳を絶対に守らなければならない.

zūnzhào 遵照[動]守り従う.守る.¶～ shàngjí de zhǐshì bànshì[～上级的指示办事]上司の指示通りに仕事をする.

†**zūnzhòng 尊重**[動]尊重する.¶～ duìfāng de yìjiàn[～对方的意见]相手の意見を尊重する.

⁂**zuǒ 左**[名]左.[形]革命的.急進的.¶～pài[～派]左派.左翼/jí～ sīcháo[极～思潮]極左思潮.

⁂**zuò 作**[動]*❶著作する.創作する.¶～qǔ[～曲]作曲する/tā zhèngzài wūli ～huà[他正在屋里～画]彼は今部屋で絵を描いているところだ.*❷装う.わざとする.¶zhuāng mú ～ yàng[装模～样]成わざとらしくふるまう.もったいぶる.❸…とする.…となす.¶zhèige cí zài zhèli ～ bīnyǔ[这个词在这里～宾语]この言葉はここでは目的語となっている.*[名]作品.¶jiā～[佳～]すばらしい作品.

⁂**zuò 坐**[動]❶座る.↔ zhàn 站 ¶qǐng dàjiā suíbiàn ～[请大家随便～]どうぞ皆さんご自由におかけください.❷(乗り物に)乗る.¶wǒ ～guo zhèi zhǒng xiǎo miànbāochē[我～过这种小面包车]私はこういうミニバスに乗ったことがある.❸(建物が)位置する.¶zhè fángzi ～ xī cháo dōng[这房子～西朝东]この家は東向きに建っている.❹(鍋ややかんを)火にかける.¶dào wǎnfàn shíjiān le,kě hái méi ～ guō [到晚饭时间了，可还没～锅]夕飯の時間になったというのにまだ鍋を火にかけていない.➡見る類 p.428,646

⁂**zuò 座**[量]大きくて,固定したものを数える.¶nánfāng yǒu jǐ ～ dà chéngshì[南方有几～大城市]南にいくつか大都市がある/yuǎnchù yǒu yí ～ shān[远处有一～山]遠くに1つの山がある.

†**zuò 座***[名](～儿)❶座席.¶lóuxià de ～r dōu màiguāng le[楼下的～儿都卖光了] 1階席は売り切れだ.❷台座.¶jìniànbēi de bēi～[纪念碑的碑～]記念碑の台座.

⁂**zuò 做**[動]❶作る.製造する.¶～ fàn[～饭]食事を作る.❷(詩や文章を)作る.書く.¶～ wénzhāng[～文章]文章を書く.❸(ある仕事に)従事する.携わる.する.¶～ mǎimai[～买卖]商売をする.❹祝う.¶～ shòu[～寿](お年寄りの)誕生日を祝う.❺担当する.…になる.¶～ zhàngfu yě bù róngyì[～丈夫也不容易]夫であるのも大変だ.❻(…として)用いる.¶nèi jiān wūzi ～le xīnjū[那间屋子～了新居]あの部屋を新居にした.❼(ある関係に)なる.¶wǒmen ～ ge péngyou ba[我们～个朋友吧]私たち友達になりましょう.

zuò∥àn 作案[動]犯罪行為をする.¶～ shǒuduàn yuè lái yuè fùzá[～手段越来越复杂]犯罪の手口がますます複雑になってきた.

*__zuò∥bān 坐班__[動]毎日決まった時間に出退勤する.(多くの場合事務職をいう)¶dàxué lǎoshī bú ～[大学老师不～]大学の先生は勤務が不規則だ.

*__zuǒ·bian 左边__[名](～儿)左側.左の方.左.¶～ shì yì tiáo hé[～是一条河]左側は川だ.

zuòfǎ 作法[名]❶文章の作り方.¶wénzhāng yǒu gùdìng de ～[文章有固定的～]文章には決まった書き方がある.❷やり方.=zuòfǎ 做法

*__zuòfǎ 做法__[名]やり方.方法.¶zhèi zhǒng ～ bù héshì[这种～不合适]このやり方は適切でない.

zuò∥fèi 作废[動]無効とする.無効になる.¶zhèi zhǒng chūrùzhèng yǐjing ～ liǎng nián le[这种出入证已经～两年了]この出入許可証はすでに無効になって2年になる.

†**zuòfēng 作风**[名]❶(思想・仕事・生活に表れた)態度.やり方.注ある特定の状況において"生活作风"shēnghuó zuòfēngというと,不適切な男女関係をさす.¶tā de sīxiǎng ～ yǒu bùshǎo wèntí[他的思想～有不少问题]彼のものの考え方には少なからぬ問題がある/yǐqián de shìzhǎng rén dàoshì tǐng hǎo, jiùshì shēnghuó ～ shang yǒudiǎnr wèntí[以前的市长

人倒是挺好，就是生活～上有点儿问题]前の市長は人はよいのだが,ただ男女関係では少々問題がある.❷流儀.スタイル.¶wǒ xǐhuan zhèi zhǒng gāncuì de ～[我喜欢这种干脆的～]私はこのあっさりした流儀が好きだ.

zuò∥gōng 做工[動]肉体労働をする.¶zài yìnshuāchǎng ～[在印刷厂～]印刷工場で働く.

*__zuòjiā 作家__[名]作家.

*__zuò∥kè 做客__[動](よその家を訪問し)客になる.¶dào péngyou jiā ～[到朋友家～]友達の家を訪問する.

zuò·liao 作料[名]調味料.注口語ではzuóliaoと発音することが多い.¶nǐ dōu fàng shénme ～ le?[你都放什么～了?]どんな調味料を入れましたか.

zuò lì bù ān 坐立不安成居ても立ってもいられない.¶tīngshuō mǔqin bìng zhòng, wǒ gǎndao ～[听说母亲病重，我感到～]母が重病だと聞くと,私は居ても立ってもいられなくなった.

*__zuò∥mèng 做梦__[動]❶夢を見る.¶zuówǎn wǒ zuòle yí ge èmèng[昨晚我做了一个恶梦]昨日の晩,悪い夢を見た.❷(実現不可能なことを)空想する.幻想する.¶bié ～ le,rénjia kuài jiéhūn le[别～了，人家快结婚了]もう夢想するのはやめなさい,あの人はじき結婚するんだから.

zuó·mo 琢磨[動]思案する.考慮する.¶～ yíxià zhè lǐmiàn de yuángù ba[～一下这里面的缘故吧]この原因を少し考えてみなさい.

*__zuòpǐn 作品__[名]〔bù 部,piān 篇,fú 幅〕(文学や芸術の)作品.¶tā de ～ hěn shòu huānyíng[他的～很受欢迎]彼の作品はとても好評だ.

zuǒ sī yòu xiǎng 左思右想成あれこれ思いをめぐらす.¶wǒ ～le hǎo jǐ tiān,juéde háishi bié gàosu tā gèng hǎo[我～了好几天，觉得还是别告诉她更好]私はあれこれ何日も考えをめぐらし,やはり彼女には言わないほうがよいだろうと思った.

*__zuòtán 座谈__[動]形式にとらわれずに討論する.座談する.¶bàogào jiéshù hòu,dàjiā fēnzǔ ～[报告结束后，大家分组～]報告が終わった後,みんなはグループに分かれて懇談する.

⁑**zuótiān 昨天**[名]昨日.¶～ tiānqì hěn hǎo[～天气很好]昨日は天気がよかった.

*__zuòwéi 作为__[動]…とする.…にする.¶mèimei bǎ māma ～ tā zìjǐ de bǎngyàng[妹妹把妈妈～她自己的榜样]妹は母を自分の手本にしている.[前]…として.¶～ lǐngdǎo,yīnggāi guānxīn qúnzhòng shēnghuó[～领导，应该关心群众生活]指導者として,民衆の生活に気を配るべきだ.

*__zuò·wèi 座位__[名]❶座席.¶qiánpái de ～ bù hǎo mǎi[前排的～不好买]前列の座席はなかなか買えない.❷(～儿)椅子など腰掛けることのできるもの.¶gěi lǎoshī bān ge ～r lái[给老师搬个～儿来]先生に椅子を運んで来なさい.‖“坐位”とも書く.

*__zuò∥wén 作文__[名]文章を書く.作文する.¶wǒ zuì xǐhuan xiě ～[我最喜欢写～]私は作文が一番好きだ.

*__zuòwén 作文__[名]〔piān 篇〕作文.¶xiūgǎi ～[修改～]作文に手を入れて直す.

†**zuòwù 作物**[名]農作物.作物.¶～ zāipéi[～栽培]作物栽培.

⁑**zuòyè 作业**[名]❶宿題.¶zuò ～[做～]宿題をする.❷軍事演習.生産活動.¶yěwài ～[野外～]野外作業.[動]軍事訓練をする.作業をする.

*__zuòyòng 作用__[動]影響を与える.作用する.¶zhèi zhǒng yào ～ yú nǎoshénjīng[这种药～于脑神经]この薬は脳神経に作用する.[名]❶作用.¶tónghuà ～[同化～]同化作用.❷影響.効果.働き.¶zhèi cì shìyàn chénggōng le,Wáng jiàoshòu de ～ fēicháng dà[这次试验成功了，王教授的～非常大]今回の試験が成功したのは王教授の働きが非常に大きい.

*__zuǒyòu 左右__[名]❶左右.¶～ dōu shì lóufáng[～都是楼房]左右はビルばかりだ.❷…前後.…くらい.¶sānshí suì ～[三十岁～]30歳前後／tā shēngāo yì mǐ liù ～[她身高一米六～]彼女は身長1メートル60センチくらい

Z

だ.[動]左右する.¶tā de juédìng ～ zhěnggè júshì[他的决定～整个局势]彼の決定は全体の情勢を左右する.

類義語 zuǒyòu 左右 qiánhòu 前后 shàngxià 上下
►いずれも数詞の後に用いて概数を表す.►"左右"は「数詞+量詞」の後に置かれる.¶二十个左右 èrshí ge zuǒyòu(20個ぐらい)►"前后"は時間に対してのみ用いられる.時間を表すものであれば,数量詞でなくてもその後に"前后"を取れる.¶一点前后 yì diǎn qiánhòu(1時頃)／国庆节前后 Guóqìngjié qiánhòu(国慶節の時分)►ただし,時間の量を表す場合には用いられない.×三个月前后►"上下"は主に年齢・高さ・重さなどに用いられる.¶二十岁上下 èrshí suì shàngxià(20歳ぐらい)／一米六上下 yì mǐ liù shàngxià(1メートル60センチ前後)／五十公斤上下 wǔshí gōngjīn shàngxià(50キログラムぐらい)

zuòyòumíng 座右铭[名]座右の銘.

†**zuò//zhàn 作战**[動]戦争する.戦う.

*__zuòzhě 作者__[名]作者.¶zhèi piān wénzhāng de ～ shì shéi?[这篇文章的～是谁?]この文章の作者は誰ですか.

zuò//zhǔ 作主[動](責任を負って)決定する.決める.¶zhème dà de shì, wǒ yí ge rén zuòbuliǎo zhǔ[这么大的事，我一个人作不了主]このように重大な事は私ひとりでは決められない.

**__zúqiú 足球__[名]❶サッカー.¶tī ～[踢～]サッカーをする.❷サッカーボール.

†**zǔxiān 祖先**[名]祖先.先祖.¶rénlèi de ～[人类的～]人類の祖先.

zúyǐ 足以[副]…するに足る.十分に.¶～ shuōmíng wèntí[～说明问题]問題を説明するのに十分である.

†**zǔzhǎng 组长**[名](ある仕事のために設けられたグループなどの)長.

**__zǔzhī 组织__[動]組織する.構成する.手はずを整える.¶～ qiúduì[～球队]球技チームを組織する／zhèige wényì wǎnhuì ～de hěn hǎo[这个文艺晚会～得很好]この文芸の夕べは運営の手際がいい.[名]❶構成.組立て.¶～ yánmì[～严密]構成が緻密である.❷織物の織り方.¶píngwén ～[平纹～]平織り.❸〔生〕(生物体の)組織.¶shénjīng ～[神经～]神経組織.❹組織.団体.¶xiàng dǎng ～ fǎnyìng qíngkuàng[向党～反映情况]共産党の組織に状況を伝える.

†**zǔzhǐ 阻止**[動]阻止する.食い止める.¶wǒ xiǎng zuò,shéi yě ～buliǎo wǒ[我想做，谁也～不了我]私がやりたい以上,誰も止めることはできない.

谜语 答えがZで始まるなぞなぞ

小时吃得用不得，	Xiǎoshí chīde yòngbude,	若いときは食べられるけど,使えない,
老来用得吃不得。	lǎo lái yòngde chībude.	年をとると使えるけど,食べられない.

(答えは676～677ページの中に)

Hanyu Xuexi Cidian

Asahi Chinese-Japanese Dictionary

世界の主な国名·首都名·地名

●国名·首都名 略称は（ ）内に，首都名は†で示した。

［亚洲 Yàzhōu］ アジア州

阿富汗 Āfùhàn（阿富汗）アフガニスタン†喀布尔 Kābù'ěr カブール

阿拉伯联合酋长国 Ālābó liánhé qiúzhǎngguó（阿联酋）アラブ首長国連邦†阿布扎比 Ābùzhābǐ アブダビ

阿拉伯叙利亚共和国 Ālābó Xùlìyà gònghéguó（叙利亚）シリア・アラブ共和国†大马士革 Dàmǎshìgé ダマスカス

阿曼苏丹国 Āmàn Sūdānguó（阿曼）オマーン国†马斯喀特 Mǎsīkātè マスカット

巴基斯坦伊斯兰共和国 Bājīsītǎn Yīsīlán gònghéguó（巴基斯坦）パキスタン・イスラム共和国†伊斯兰堡 Yīsīlánbǎo イスラマバード

巴林国 Bālínguó（巴林）バーレーン国†麦纳麦 Màinàmài マナマ

不丹王国 Bùdān wángguó（不丹）ブータン王国†廷布 Tíngbù ティンプー

朝鲜民主主义人民共和国 Cháoxiǎn mínzhǔzhǔyì rénmín gònghéguó（朝鲜）朝鮮民主主義人民共和国†平壤 Píngrǎng ピョンヤン

大韩民国 Dàhán mínguó（韩国）大韓民国†汉城 Hànchéng ソウル

东帝汶 Dōngdìwèn 東チモール

菲律宾共和国 Fēilǜbīn gònghéguó（菲律宾）フィリピン共和国†马尼拉 Mǎnílā マニラ

卡塔尔国 Kǎtǎ'ěrguó（卡塔尔）カタール国†多哈 Duōhā ドーハ

科威特国 Kēwēitèguó（科威特）クウェート国†科威特 Kēwēitè クウェート

柬埔寨王国 Jiǎnpǔzhài wángguó（柬埔寨）カンボジア王国†金边 Jīnbiān プノンペン

老挝人民民主共和国 Lǎowō rénmín mínzhǔ gònghéguó（老挝）ラオス人民民主共和国†万象 Wànxiàng ビエンチャン

黎巴嫩共和国 Líbānèn gònghéguó（黎巴嫩）レバノン共和国†贝鲁特 Bèilǔtè ベイルート

马尔代夫共和国 Mǎ'ěrdàifū gònghéguó（马尔代夫）モルディヴ共和国†马累 Mǎlěi マレ

马来西亚 Mǎláixīyà マレーシア†吉隆坡 Jílóngpō クアラルンプール

蒙古国 Měnggǔguó（蒙古）モンゴル国†乌兰巴托 Wūlánbātuō ウランバートル

孟加拉人民共和国 Mèngjiālā rénmín gònghéguó（孟加拉）バングラデシュ人民共和国†达卡 Dákǎ ダッカ

缅甸联邦 Miǎndiàn liánbāng（缅甸）ミャンマー連邦†仰光 Yǎngguāng ヤンゴン

尼泊尔王国 Níbó'ěr wángguó（尼泊尔）ネパール王国†加德满都 Jiādémǎndū カトマンズ

日本国 Rìběnguó（日本）日本国†东京 Dōngjīng 東京

塞浦路斯共和国 Sàipǔlùsī gònghéguó（塞浦路斯）キプロス共和国†尼科西亚 Níkēxīyà ニコシア

沙特阿拉伯王国 Shātè Ālābó wángguó（沙特阿拉伯; 沙特）サウジアラビア王国†利雅得 Lìyǎdé リヤド

斯里兰卡民主社会主义共和国 Sīlǐlánkǎ mínzhǔ shèhuìzhǔyì gònghéguó（斯里兰卡）スリランカ民主社会主義共和国†斯里贾亚瓦德纳普拉科提 Sīlǐjiǎyàwǎdénàpǔlākētí スリジャヤワルダナプラコッテ

泰王国 Tài wángguó（泰国）タイ王国†曼谷 Màngǔ バンコク

付録

土耳其共和国 Tǔ'ěrqí gònghéguó(土耳其)トルコ共和国†安卡拉 Ānkǎlā アンカラ

文莱达鲁萨兰国 Wénlái Dálǔsàlánguó(文莱)ブルネイ・ダルサラーム国†斯里巴加湾市 Sīlǐbājiāwānshì バンダルスリブガワン

新加坡共和国 Xīnjiāpō gònghéguó(新加坡)シンガポール共和国†新加坡 Xīnjiāpō シンガポール

也门共和国 Yěmén gònghéguó(也门)イエメン共和国†萨那 Sànà サナア

伊拉克共和国 Yīlākè gònghéguó(伊拉克)イラク共和国†巴格达 Bāgédá バグダッド

伊朗伊斯兰共和国 Yīlǎng Yīsīlán gònghéguó(伊朗)イラン・イスラム共和国†德黑兰 Déhēilán テヘラン

以色列国 Yǐsèliè guó(以色列)イスラエル国†耶路撒冷 Yēlùsālěng エルサレム(国際的には未承認)

印度共和国 Yìndù gònghéguó(印度)インド†新德里 Xīndélǐ ニューデリー

印度尼西亚共和国 Yìndùníxīyà gònghéguó(印度尼西亚; 印尼)インドネシア共和国†雅加达 Yǎjiādá ジャカルタ

约旦哈希姆王国 Yuēdàn Hāxīmǔ wángguó(约旦)ヨルダン・ハシミテ王国†安曼 Ānmàn アンマン

越南社会主义共和国 Yuènán shèhuìzhǔyì gònghéguó(越南)ベトナム社会主義共和国†河内 Hénèi ハノイ

中华人民共和国 Zhōnghuá rénmín gònghéguó(中国)中華人民共和国†北京 Běijīng 北京

[独联体国家 Dúliántǐ guójiā] NIS 諸国

阿塞拜疆共和国 Āsàibàijiāng gònghéguó(阿塞拜疆)アゼルバイジャン共和国†巴库 Bākù バクー

格鲁吉亚共和国 Gélǔjíyà gònghéguó(格鲁吉亚)グルジア共和国†第比利斯 Dìbǐlìsī トビリシ

哈萨克斯坦共和国 Hāsàkèsītǎn gònghéguó(哈萨克斯坦; 哈萨克)カザフスタン共和国†阿斯塔纳 Āsītǎnà アスタナ

吉尔吉斯共和国 Jí'ěrjísī gònghéguó(吉尔吉斯斯坦; 吉尔吉斯)キルギス共和国†比什凯克 Bǐshíkǎikè ビシュケク

塔吉克斯坦共和国 Tǎjíkèsītǎn gònghéguó(塔吉克斯坦; 塔吉克)タジキスタン共和国†杜尚别 Dùshàngbié ドゥシャンベ

土库曼斯坦 Tǔkùmànsītǎn(土库曼)トルクメニスタン†阿什哈巴德 Āshíhābādé アシハバード

乌兹别克斯坦共和国 Wūzībiékèsītǎn gònghéguó(乌兹别克斯坦; 乌兹别克)ウズベキスタン共和国†塔什干 Tǎshígān タシケント

亚美尼亚共和国 Yàměiníyà gònghéguó(亚美尼亚)アルメニア共和国†埃里温 Āilǐwēn エレバン

白俄罗斯共和国 Bái'éluósī gònghéguó(白俄罗斯)ベラルーシ共和国†明斯克 Míngsīkè ミンスク

俄罗斯联邦 Éluósī liánbāng(俄罗斯 Éluósī)ロシア連邦†莫斯科 Mòsīkē モスクワ

摩尔多瓦共和国 Mó'ěrduōwǎ gònghéguó(摩尔多瓦)モルドバ共和国†基希讷乌 Jīxīnèwū キシニョフ

乌克兰 Wūkèlán ウクライナ†基辅 Jīfǔ キエフ

[欧洲 Ōuzhōu] ヨーロッパ州

阿尔巴尼亚共和国 Ā'ěrbāníyà gònghéguó(阿尔巴尼亚)アルバニア共和国†地拉那 Dìlānà ティラナ

爱尔兰 Ài'ěrlán アイルランド†都柏林 Dūbólín ダブリン

爱沙尼亚共和国 Àishāníyà gònghéguó(爱沙尼亚)エストニア共和国†塔林 Tǎlín タリン

付録

奥地利共和国 Àodìlì gònghéguó（奥地利）オーストリア共和国 † 维也纳 Wéiyěnà ウィーン

保加利亚共和国 Bǎojiālìyà gònghéguó（保加利亚）ブルガリア共和国 † 索非亚 Suǒfēiyà ソフィア

比利时王国 Bǐlìshí wángguó（比利时）ベルギー王国 † 布鲁塞尔 Bùlǔsài'ěr ブリュッセル

冰岛共和国 Bīngdǎo gònghéguó（冰岛）アイスランド共和国 † 雷克雅未克 Léikèyǎwèikè レイキャヴィーク

波兰共和国 Bōlán gònghéguó（波兰）ポーランド共和国 † 华沙 Huáshā ワルシャワ

波斯尼亚和黑塞哥维那共和国 Bōsīníyà hé Hēisàigēwéinà gònghéguó（波黑）ボスニア・ヘルツェゴビナ † 萨拉热窝 Sàlārèwō サラエボ

大不列颠及北爱尔兰联合王国 Dàbùlièdiān jí Běiài'ěrlán liánhé wángguó（英国 Yīngguó）グレートブリテンおよび北部アイルランド連合王国（英国）† 伦敦 Lúndūn ロンドン

丹麦王国 Dānmài wángguó（丹麦）デンマーク王国 † 哥本哈根 Gēběnhāgēn コペンハーゲン

德意志联邦共和国 Déyìzhì liánbāng gònghéguó（德国）ドイツ連邦共和国 † 柏林 Bólín ベルリン

法兰西共和国 Fǎlánxī gònghéguó（法国）フランス共和国 † 巴黎 Bālí パリ

梵帝冈城国 Fàndìgāng chéngguó（梵帝冈）バチカン市国 † 梵帝冈城 Fàndìgāngchéng バチカン

芬兰共和国 Fēnlán gònghéguó（芬兰）フィンランド共和国 † 赫尔辛基 Hè'ěrxīnjī ヘルシンキ

荷兰王国 Hélán wángguó（荷兰）オランダ王国 † 阿姆斯特丹 Āmǔsītèdān アムステルダム

捷克共和国 Jiékè gònghéguó（捷克）チェコ共和国 † 布拉格 Bùlāgé プラハ

克罗地亚共和国 Kèluódìyà gònghéguó（克罗地亚）クロアチア共和国 † 萨格勒布 Sàgélèbù ザグレブ

拉脱维亚共和国 Lātuōwéiyà gònghéguó（拉脱维亚）ラトビア共和国 † 里加 Lǐjiā リガ

立陶宛共和国 Lìtáowǎn gònghéguó（立陶宛）リトアニア共和国 † 维尔纽斯 Wéi'ěrniǔsī ビリニュス

列支敦士登公国 Lièzhīdūnshìdēng gōngguó（列支敦士登）リヒテンシュタイン公国 † 瓦杜兹 Wǎdùzī ファドゥーツ

卢森堡大公国 Lúsēnbǎo dàgōngguó（卢森堡）ルクセンブルグ大公国 † 卢森 Lúsēnbǎo ルクセンブルグ

罗马尼亚 Luómǎníyà ルーマニア † 布加勒斯特 Bùjiālèsītè ブカレスト

马耳他共和国 Mǎ'ěrtā gònghéguó（马耳他）マルタ共和国 † 瓦莱塔 Wǎláitǎ バレッタ

马其顿共和国 Mǎqídùn gònghéguó（马其顿）マケドニア・旧ユーゴスラビア共和国 † 斯科普里 Sīkēpǔlǐ スコピエ

摩纳哥公国 Mónàgē gōngguó（摩纳哥）モナコ公国 † 摩纳哥 Mónàgē モナコ

南斯拉夫联盟共和国 Nánsīlāfū liánméng gònghéguó（南斯拉夫）ユーゴスラビア連邦共和国 † 贝尔格莱德 Bèi'ěrgéláidé ベオグラード

挪威王国 Nuówēi wángguó（挪威）ノルウェー王国 † 奥斯陆 Àosīlù オスロ

葡萄牙共和国 Pútáoyá gònghéguó（葡萄牙）ポルトガル共和国 † 里斯本 Lǐsīběn リスボン

瑞典王国 Ruìdiǎn wángguó（瑞典）スウェーデン王国 † 斯德哥尔摩 Sīdégē'ěrmó ストックホルム

瑞士联邦 Ruìshì liánbāng（瑞士）スイス連邦 † 伯尔尼 Bó'ěrní ベルン

圣马力诺共和国 Shèngmǎlìnuò gònghéguó（圣马力诺）サンマリノ共和国 † 圣马力诺 Shèngmǎlìnuò サンマリノ

斯洛伐克共和国 Sīluòfákè gònghéguó（斯洛伐克）スロバキア共和国 † 布拉迪斯拉发 Bùlādísīlāfā ブラチスラバ

付録

斯洛文尼亚共和国 Sīluòwénníyà gònghéguó（斯洛文尼亚）スロベニア共和国†卢布尔雅那 Lúbù'ěryǎnà リュブリャナ

西班牙 Xībānyá スペイン†马德里 Mǎdélǐ マドリード

希腊共和国 Xīlà gònghéguó（希腊）ギリシア共和国†雅典 Yǎdiǎn アテネ

匈牙利共和国 Xiōngyálì gònghéguó(匈牙利）ハンガリー共和国†布达佩斯 Bùdápèisī ブダペスト

意大利共和国 Yìdàlì gònghéguó（意大利）イタリア共和国†罗马 Luómǎ ローマ

［非洲 Fēizhōu］ アフリカ州

阿尔及利亚民主人民共和国 Ā'ěrjílìyà mínzhǔ rénmín gònghéguó（阿尔及利亚）アルジェリア民主人民共和国†阿尔及尔 Ā'ěrjí'ěr アルジェ

阿拉伯埃及共和国 Ālābó Āijí gònghéguó（埃及）エジプト・アラブ共和国†开罗 Kāiluó カイロ

埃塞俄比亚联邦民主共和国 Āisài'ébǐyà liánbāng mínzhǔ gònghéguó(埃塞俄比亚）エチオピア連邦民主共和国†亚的斯亚贝巴 Yàdìsīyàbèibā アディスアベバ

安哥拉共和国 Āngēlā gònghéguó（安哥拉）アンゴラ共和国†罗安达 Luó'āndá ルアンダ

博茨瓦纳共和国 Bócíwǎnà gònghéguó（博茨瓦纳）ボツワナ共和国†哈博罗内 Hābóluónèi ハボローネ

布基纳法索 Bùjīnàfǎsuǒ ブルキナファソ†瓦加杜古 Wǎjiādùgǔ ワガドゥーグー

厄立特里亚国 Èlìtèlǐyàguó エリトリア国†阿斯马拉 Āsīmǎlā アスマラ

刚果共和国 Gāngguǒ gònghéguó(刚果）コンゴ共和国†布拉柴维尔 Bùlācháiwéi'ěr ブラザビル

刚果民主共和国 Gāngguǒ mínzhǔ gònghéguó コンゴ民主共和国†金沙萨 Jīnshāsà キンシャサ

几内亚共和国 Jǐnèiyà gònghéguó（几内亚）ギニア共和国†科纳克里 Kēnàkèlǐ コナクリ

加纳共和国 Jiānà gònghéguó（加纳）ガーナ共和国†阿克拉 Ākèlā アクラ

津巴布韦共和国 Jīnbābùwéi gònghéguó（津巴布韦）ジンバブエ共和国†哈拉雷 Hālāléi ハラーレ

喀麦隆共和国 Kāmàilóng gònghéguó（喀麦隆）カメルーン共和国†雅温得 Yǎwēndé ヤウンデ

科特迪瓦共和国 Kētèdíwǎ gònghéguó（科特迪瓦）コートジボワール共和国†亚穆苏克罗 Yàmùsūkèluó ヤムスクロ

肯尼亚共和国 Kěnníyà gònghéguó（肯尼亚）ケニア共和国†内罗毕 Nèiluóbì ナイロビ

利比里亚共和国 Lìbǐlǐyà gònghéguó(利比里亚）リベリア共和国†蒙罗维亚 Méngluówéiyà モンロビア

卢旺达共和国 Lúwàngdá gònghéguó(卢旺达）ルワンダ共和国†基加利 Jījiālì キガリ

马达加斯加共和国 Mǎdájiāsījiā gònghéguó（马达加斯加）マダガスカル共和国†塔那那利佛 Tǎnànàlìfó アンタナナリボ

马里共和国 Mǎlǐ gònghéguó（马里）マリ共和国†巴马科 Bāmǎkē バマコ

毛里塔尼亚伊斯兰共和国 Máolǐtǎníyà Yīsīlán gònghéguó（毛里塔尼亚）モーリタニア・イスラム共和国†努瓦克肖特 Nǔwǎkèxiàotè ヌアクショット

摩洛哥王国 Móluògē wángguó（摩洛哥）モロッコ王国†拉巴特 Lābātè ラバト

莫桑比克共和国 Mòsāngbǐkè gònghéguó（莫桑比克）モザンビーク共和国†马普托 Mǎpǔtuō マプート

纳米比亚共和国 Nàmǐbǐyà gònghéguó（纳米比亚）ナミビア共和国†温得和克 Wēndéhékè ウィントフック

南非共和国 Nánfēi gònghéguó(南非)南アフリカ共和国†比勒陀利亚 Bǐlètuólìyà プレトリア

付録

尼日尔共和国 Nírì'ěr gònghéguó（尼日尔）ニジェール共和国†尼亚美 Níyàměi ニアメ

尼日利亚联邦共和国 Nírìlìyà liánbāng gònghéguó（尼日利亚）ナイジェリア連邦共和国†阿布贾 Ābùjiǎ アブジャ

塞内加尔共和国 Sàinèijiā'ěr gònghéguó（塞内加尔）セネガル共和国†达喀尔 Dákā'ěr ダカール

苏丹共和国 Sūdān gònghéguó（苏丹）スーダン共和国†喀土穆 Kātǔmù ハルツーム

索马里民主共和国 Suǒmǎlǐ mínzhǔ gònghéguó（索马里）ソマリア民主共和国†摩加迪沙 Mójiādíshā モガディシュ

坦桑尼亚联合共和国 Tǎnsāngníyà liánhé gònghéguó（坦桑尼亚）タンザニア連合共和国†达累斯萨拉姆 Dáléisīsàlāmǔ ダルエスサラーム

突尼斯共和国 Tūnísī gònghéguó（突尼斯）チュニジア共和国†突尼斯 Tūnísī チュニス

乌干达共和国 Wūgāndá gònghéguó（乌干达）ウガンダ共和国†坎帕拉 Kǎnpàlā カンパラ

赞比亚共和国 Zànbǐyà gònghéguó（赞比亚）ザンビア共和国†卢萨卡 Lúsàkǎ ルサカ

乍得共和国 Zhàdé gònghéguó（乍得）チャド共和国†恩贾梅纳 Ēnjiǎméinà ンジャメナ

中非共和国 Zhōngfēi gònghéguó(中非) 中央アフリカ共和国†班吉 Bānjí バンギ

［北美洲 Běi Měizhōu］北アメリカ州

巴哈马国 Bāhāmǎguó（巴哈马）バハマ国†拿骚 Násāo ナッソー

巴拿马共和国 Bānámǎ gònghéguó（巴拿马）パナマ共和国†巴拿马城 Bānámǎchéng パナマ

多米尼加共和国 Duōmǐníjiā gònghéguó（多米尼加）ドミニカ共和国†圣多明各 Shèngduōmínggè サントドミンゴ

哥斯达黎加共和国 Gēsīdálíjiā gònghéguó（哥斯达黎加）コスタリカ共和国†圣何塞 Shènghésài サンホセ

古巴共和国 Gǔbā gònghéguó（古巴）キューバ共和国†哈瓦那 Hāwǎnà ハバナ

海地共和国 Hǎidì gònghéguó（海地）ハイチ共和国†太子港 Tàizǐgǎng ポルトープランス

洪都拉斯共和国 Hóngdūlāsī gònghéguó（洪都拉斯）ホンジュラス共和国†特古西加尔巴 Tègǔxījiā'ěrbā テグシガルパ

加拿大 Jiānádà カナダ†渥太华 Wòtàihuá オタワ

美利坚合众国 Měilìjiān hézhòngguó(美国) アメリカ合衆国†华盛顿哥伦比亚特区 Huáshèngdùn gēlúnbǐyà tèqū ワシントン D. C.

墨西哥合众国 Mòxīgē hézhòngguó（墨西哥）メキシコ合衆国†墨西哥城 Mòxīgēchéng メキシコシティ

尼加拉瓜共和国 Níjiālāguā gònghéguó（尼加拉瓜）ニカラグア共和国†马那瓜 Mǎnàguā マナグア

萨尔瓦多共和国 Sà'ěrwǎduō gònghéguó（萨尔瓦多）エルサルバドル共和国†圣萨尔瓦多 Shèngsà'ěrwǎduō サンサルバドル

危地马拉共和国 Wēidìmǎlā gònghéguó（危地马拉）グアテマラ共和国†危地马拉城 Wēidìmǎlāchéng グアテマラシティ

牙买加 Yámǎijiā ジャマイカ†金斯敦 Jīnsīdūn キングストン

［南美洲 Nán Měizhōu］南アメリカ州

阿根廷共和国 Āgēntíng gònghéguó（阿根廷）アルゼンチン共和国†布宜诺斯艾利斯 Bùyínuòsī'àilìsī ブエノスアイレス

巴拉圭共和国 Bālāguī gònghéguó(巴拉圭) パラグアイ共和国†亚松森 Yàsōngsēn アスンシオン

巴西联邦共和国 Bāxī liánbāng gònghéguó（巴西）ブラジル連邦共和国†巴西利亚 Bāxīlìyà ブラジリア

秘鲁共和国 Bìlǔ gònghéguó（秘鲁）ペルー共和国†利马 Lìmǎ リマ

玻利维亚共和国 Bōlìwéiyà gònghéguó（玻利维亚）ボリビア共和国†拉巴斯 Lābāsī ラパス

厄瓜多尔共和国 Èguāduō'ěr gònghéguó（厄瓜多尔）エクアドル共和国†基多 Jīduō キト

哥伦比亚共和国 Gēlúnbǐyà gònghéguó（哥伦比亚）コロンビア共和国†波哥大 Bōgēdà ボゴタ

委内瑞拉玻利瓦尔共和国 Wěinèiruìlā bōlìwǎ'ěr gònghéguó（委内瑞拉）ベネズエラ・ボリバル共和国†加拉加斯 Jiālājiāsī カラカス

智利共和国 Zhìlì gònghéguó（智利）チリ共和国†圣地亚哥 Shèngdìyàgē サンティアゴ

［大洋洲 Dàyángzhōu］ 大洋州

澳大利亚联邦 Àodàlìyà liánbāng（澳大利亚；澳洲）オーストラリア†堪培拉 Kānpéilā キャンベラ

巴布亚新几内亚独立国 Bābùyà xīnjǐnèiyà dúlìguó パプアニューギニア†莫尔兹比港 Mò'ěrzībǐgǎng ポートモレスビー

斐济群岛共和国 Fěijì qúndǎo gònghéguó（斐济）フィジー諸島共和国†苏瓦 Sūwǎ スバ

马绍尔群岛共和国 Mǎshào'ěr qúndǎo gònghéguó（马绍尔）マーシャル諸島共和国†马朱罗 Mǎzhūluó マジュロ

密克罗尼西亚联邦 Mìkèluóníxīyà liánbāng（密克罗尼西亚）ミクロネシア連邦†帕利基尔 Pàlìjī'ěr パリキール

帕劳共和国 Pàláo gònghéguó（帕劳）パラオ共和国†科罗尔 Kēluó'ěr コロール

所罗门群岛 Suǒluómén qúndǎo（所罗门）ソロモン諸島†霍尼亚拉 Huòníyàlā ホニアラ

新西兰 Xīnxīlán ニュージーランド†惠灵顿 Huìlíngdùn ウェリントン

●地名 （ ）内は国名・地域名を示した。

【A】

阿尔卑斯山脉 Ā'ěrbēisī shānmài アルプス山脈（ヨーロッパ）

阿尔金山脉 Ā'ěrjīn shānmài アルトゥン山脈（中国）

阿尔萨斯 Ā'ěrsàsī アルザス（フランス）

阿尔泰山脉 Ā'ěrtài shānmài アルタイ山脈（中央アジア）

阿格拉 Āgélā アグラ（インド）

阿卡普尔科 Ākǎpǔ'ěrkē アカプルコ（メキシコ）

阿克苏 Ākèsū アクス（中国）

阿拉伯半岛 Ālābó bàndǎo アラビア半島（西アジア）

阿拉伯海 Ālābóhǎi アラビア海（インド洋）

阿拉斯加 Ālāsījiā アラスカ（アメリカ）

阿萨姆 Āsàmǔ アッサム（インド）

阿维尼翁 Āwéiníwēng アビニョン（フランス）

埃森 Āisēn エッセン（ドイツ）

爱丁堡 Àidīngbǎo エジンバラ（イギリス）

爱琴海 Àiqínhǎi エーゲ海（地中海）

安达卢西亚 Āndálúxīyà アンダルシア（スペイン）

安第斯山脉 Āndìsī shānmài アンデス山脈（南米）

安拉阿巴德 Ānlā'ābādé アラハバード（インド）

安纳布尔纳峰 Ānnàbù'ěrnàfēng アンナプルナ山（ネパール）

奥林匹亚 Àolínpǐyà オリンピア（ギリシア）

澳门 Àomén マカオ（中国）

奥斯威辛 Àosīwēixīn アウシュビッツ（ポーランド）

付録

【B】

巴尔干半岛 Bā'ěrgàn bàndǎo バルカン半島（ヨーロッパ）

巴厘岛 Bālídǎo バリ島（インドネシア）

巴塞罗那 Bāsàiluónà バルセロナ（スペイン）

巴颜喀拉山脉 Bāyánkālā shānmài バヤンカラ山脈（中国）

白云鄂博 Báiyún'èbó バインオボ（中国）

百慕大群岛 Bǎimùdà qúndǎo バミューダ諸島（太西洋）

拜恩 Bài'ēn バイエルン（ドイツ）

比基尼岛 Bǐjīnídǎo ビキニ島（西太平洋）

比利牛斯山脉 Bǐlìniúsī shānmài ピレネー山脈（ヨーロッパ）

槟城 Bīnchéng ペナン（マレーシア）

波多黎各岛 Bōduōlígédǎo プエルトリコ島（カリブ海）

波恩 Bō'ēn ボン（ドイツ）

波尔多 Bō'ěrduō ボルドー（フランス）

波河 Bōhé ポー川（イタリア）

波罗的海 Bōluódìhǎi バルト海（北欧）

波士顿 Bōshìdùn ボストン（アメリカ）

伯力 Bólì ハバロフスク（ロシア）

伯利恒 Bólìhéng ベツレヘム（パレスチナ）

伯明翰 Bómínghàn バーミンガム（イギリス）

布里斯班 Bùlǐsībān ブリスベン（オーストラリア）

【C】

柴达木盆地 Cháidámù péndì チャイダム盆地（中国）

昌迪加尔 Chāngdíjiā'ěr チャンジガル（インド）

长滩 Chángtān ロングビーチ（アメリカ）

【D】

达尔贝达 Dá'ěrbèidá カサブランカ（モロッコ）

达尔汗 Dá'ěrhàn ダルハン（モンゴル）

达尔文 Dá'ěrwén ダーウィン（オーストラリア）

达沃 Dáwò ダバオ（フィリピン）

大堡礁 Dàbǎojiāo グレートバリアリーフ（オーストラリア）

大吉岭 Dàjílǐng ダージリン（インド）

大峡谷 Dàxiágǔ グランドキャニオン（アメリカ）

得克萨斯 Dékèsàsī テキサス（アメリカ）

德干高原 Dégān gāoyuán デカン高原（インド）

德里 Délǐ デリー（インド）

的黎波里 Dílíbōlǐ トリポリ（レバノン）

地中海 Dìzhōnghǎi 地中海

蒂罗尔 Dìluó'ěr チロル（オーストリア）

东海 Dōnghǎi 東シナ海

都灵 Dūlíng トリノ（イタリア）

多佛尔海峡 Duōfú'ěrhǎixiá ドーバー海峡（イギリス・フランス間）

多伦多 Duōlúnduō トロント（カナダ）

多瑙河 Duōnǎohé ドナウ川（ヨーロッパ）

【E】

俄勒冈 Élègāng オレゴン（アメリカ）

鄂木斯克 Èmùsīkè オムスク（ロシア）

二连浩特 Èrliánhàotè エレンホト（中国）

【F】

法兰克福 Fǎlánkèfú フランクフルト（ドイツ）

凡尔赛 Fán'ěrsài ベルサイユ（フランス）

佛罗伦萨 Fúluólúnsà フィレンツェ（イタリア）

佛罗里达 Fúluólǐdá フロリダ（アメリカ）

【G】

冈底斯山脉 Gāngdǐsī shānmài カンティセ山脈（中国）

高加索山脉 Gāojiāsuǒ shānmài カフカス山脈（中央アジア）

格拉纳达 Gélānàdá グラナダ（スペイン）

格拉斯哥 Gélāsīgē グラスゴー（イギリス）

贡嘎山 Gònggǎshān ミニヤコンガ山（中国）

瓜达尔卡纳尔岛 Guādá'ěrkǎnà'ěrdǎo ガタルカナル島（ソロモン諸島）

关岛 Guāndǎo グアム島（西太平洋）

硅谷 Guīgǔ シリコンバレー（アメリカ）

【H】

哈密 Hāmì ハミ（中国）

海德堡 Hǎidébǎo ハイデルベルク（ドイツ）

付録

海参威 Hǎishēnwǎi ウラジオストク（ロシア）
海牙 Hǎiyá ハーグ（オランダ）
汉堡 Hànbǎo ハンブルク（ドイツ）
好莱坞 Hǎoláiwù ハリウッド（アメリカ）
好望角 Hǎowàngjiǎo 喜望峰（南アフリカ）
和田 Hétián ホータン（中国）
黑海 Hēihǎi 黒海
黑山 Hēishān モンテネグロ（ユーゴ）
恒河 Hénghé ガンジス川（インド）
红海 Hónghǎi 紅海
胡志明 Húzhìmíng ホーチミン（ベトナム）
火奴鲁鲁 Huǒnúlǔlǔ ホノルル（アメリカ）

【J】

基隆 Jīlóng キールン（中国）
吉萨 Jísà ギザ（エジプト）
加尔各答 Jiā'ěrgèdá カルカッタ（インド）
加勒比海 Jiālèbǐhǎi カリブ海（中南米）
加利福尼亚 Jiālìfúníyà カリフォルニア（アメリカ）
加沙 Jiāshā ガザ（イスラエル）
加泰罗尼亚 Jiātàiluóníyà カタルーニャ（スペイン）
佳木斯 Jiāmùsī チャムス（中国）
戛纳 Jiánà カンヌ（フランス）
剑桥 Jiànqiáo ケンブリッジ（イギリス）
金伯利 Jīnbólì キンバリー（南アフリカ）
旧金山 Jiùjīnshān サンフランシスコ（アメリカ）

【K】

喀尔巴阡山脉 Kā'ěrbāqiān shānmài カルパチア山脈（ヨーロッパ）
喀喇昆仑山脉 Kālākūnlún shānmài カラコルム山脈（中央アジア）
喀什 Kāshí カシュガル（中国）
卡尔加里 Kǎ'ěrjiālǐ カルガリー（カナダ）
卡拉哈里沙漠 Kǎlāhālǐ shāmò カラハリ砂漠（アフリカ）
卡拉奇 Kǎlāqí カラチ（パキスタン）
卡利卡特 Kǎlìkǎtè カリカット（インド）
开普敦 Kāipǔdūn ケープタウン（南アフリカ）
堪察加半岛 Kānchájiā bàndǎo カムチャッカ半島（ロシア）
科隆 Kēlóng ケルン（ドイツ）
科隆群岛 Kēlóng qúndǎo ガラパゴス諸島（太平洋）
科伦坡 Kēlúnpō コロンボ（スリランカ）
科罗拉多 Kēluólāduō コロラド（アメリカ）
科索沃 Kēsuǒwò コソボ（ユーゴ）
科西嘉岛 Kēxījiādǎo コルシカ半島（フランス）
克拉科夫 Kèlākēfū クラクフ（ポーランド）
克拉斯诺亚尔斯克 Kèlāsīnuòyà'ěrsīkè クラスノヤルスク（ロシア）
克里木半岛 Kèlǐmù bàndǎo クリミア半島（ウクライナ）
库车 Kùchē クチャ（中国）
库尔勒 Kù'ěrlè コルラ（中国）
魁北克 Kuíběikè ケベック（カナダ）

【L】

拉包尔 Lābāo'ěr ラバウル（パプアニューギニア）
拉普兰 Lāpǔlán ラップランド（北欧）
拉斯韦加斯 Lāsīwéijiāsī ラスベガス（アメリカ）
莱比锡 Láibǐxī ライプチヒ（ドイツ）
莱顿 Láidùn ライデン（オランダ）
莱特岛 Láitèdǎo レイテ島（フィリピン）
莱茵河 Láiyīnhé ライン川
里昂 Lǐ'áng リヨン（フランス）
里海 Lǐhǎi カスピ海
里约热内卢 Lǐyuērènèilú リオデジャネイロ（ブラジル）
利物浦 Lìwùpǔ リバプール（イギリス）
卢瓦尔河 Lúwǎ'ěrhé ロアール川（フランス）
鲁尔 Lǔ'ěr ルール（ドイツ）
鹿特丹 Lùtèdān ロッテルダム（オランダ）
吕宋岛 Lǚsòngdǎo ルソン島（フィリピン）
洛杉矶 Luòshānjī ロサンゼルス（アメリカ）
落基山脉 Luòjī shānmài ロッキー山脈（アメリカ）

【M】

马德拉斯 Mǎdélāsī マドラス（インド）
马尔维纳斯群岛 Mǎ'ěrwéinàsī qúndǎo

付録

フォークランド諸島（南太平洋）
马拉喀什 Mǎlākāshí マラケシ（モロッコ）
马来半岛 Mǎlái bàndǎo マレー半島（東南アジア）
马里亚纳群岛 Mǎlǐyànà qúndǎo マリアナ群島（西太平洋）
马六甲海峡 Mǎliùjiǎ hǎixiá マラッカ海峡（東南アジア）
马略卡岛 Mǎlüèkǎdǎo マリョルカ島（スペイン）
马纳斯卢峰 Mǎnàsīlúfēng マナスル山（ネパール）
马赛 Mǎsài マルセイユ（フランス）
麦哲伦海峡 Màizhélún hǎixiá マゼラン海峡（南米）
毛伊岛 Máoyīdǎo マウイ島（アメリカ）
湄公河 Méigōnghé メコン川（東南アジア）
湄南河 Méinánhé メナム川（タイ）
蒙特卡洛 Méngtèkǎluò モンテカルロ（モナコ）
蒙特勒 Méngtèlè モントルー（スイス）
蒙特利尔 Méngtèlì'ěr モントリオール（カナダ）
孟加拉湾 Mèngjiālāwān ベンガル湾（インド洋北西部）
孟买 Mèngmǎi ボンベイ（インド）
米兰 Mǐlán ミラノ（イタリア）
密克罗尼西亚 Mìkèluóníxīyà ミクロネシア（オセアニア）
棉兰老岛 Miánlánlǎodǎo ミンダナオ島（フィリピン）
墨尔本 Mò'ěrběn メルボルン（オーストラリア）
墨西哥湾 Mòxīgēwān メキシコ湾
慕尼黑 Mùníhēi ミュンヘン（ドイツ）

【N】

那不勒斯 Nàbùlèsī ナポリ（イタリア）
纳霍德卡 Nàhuòdékǎ ナホトカ（ロシア）
南萨哈林斯克 Nánsàhālínsīkè ユジノサハリンスク（ロシア）
内格罗斯岛 Nèigéluósīdǎo ネグロス島（フィリピン）
尼罗河 Níluóhé ナイル川（アフリカ）
尼斯 Nísī ニース（フランス）
牛津 Niújīn オックスフォード（イギリス）
纽约 Niǔyuē ニューヨーク（アメリカ）

【P】

帕米尔高原 Pàmǐ'ěr gāoyuán パミール高原（中央アジア）
旁遮普 Pángzhēpǔ パンジャブ（インド）
蒲甘 Púgān パガン（ミャンマー）
普罗旺斯 Pǔluówàngsī プロバンス（フランス）

【Q】

齐齐哈尔 Qíqíhā'ěr チチハル（中国）
乞力马扎罗山 Qǐlìmǎzhāluóshān キリマンジャロ山（タンザニア）
乔戈里峰 Qiáogēlǐfēng K2（パキスタン・中国）
切尔诺贝利 Qiè'ěrnuòbèilì チェルノブイリ（ウクライナ）
清迈 Qīngmài チェンマイ（タイ）

【R】

热那亚 Rènàyà ジェノバ（イタリア）
日德兰半岛 Rìdélán bàndǎo ユトランド半島（北欧）
日喀则 Rìkāzé シガツェ（中国）
日内瓦 Rìnèiwǎ ジュネーブ（スイス）
日内瓦湖 Rìnèiwǎhú レマン湖（スイス）
日惹 Rìrě ジョクジャカルタ（インドネシア）

【S】

萨尔茨堡 Sà'ěrcíbǎo ザルツブルグ（オーストリア）
萨尔瓦多 Sà'ěrwǎduō サルバドル（ブラジル）
萨哈林岛 Sàhālíndǎo サハリン島（ロシア）
萨摩亚群岛 Sàmóyà qúndǎo サモア諸島（南太平洋）
撒哈拉沙漠 Sāhālā shāmò サハラ砂漠（アフリカ）
塞班岛 Sàibāndǎo サイパン島（西太平洋）
塞尔维亚 Sài'ěrwéiyà セルビア（ユーゴ）
塞纳河 Sàinàhé セーヌ川（フランス）
汕头 Shàntóu スワトウ（中国）
圣彼得堡 Shèngbǐdébǎo サンクトペテルブルグ（ロシア）
顺化 Shùnhuà フエ（ベトナム）

付録

斯巴达 Sībādá スパルタ（ギリシア）
斯堪的纳维亚半岛 Sīkāndìnàwéiyà bàndǎo スカンジナビア半島（北欧）
死海 Sǐhǎi 死海（ヨルダン・イスラエル）
泗水 Sìshuǐ スラバヤ（インドネシア）
苏格兰 Sūgélán スコットランド（イギリス）
苏黎世 Sūlíshì チューリヒ（スイス）
苏门答腊岛 Sūméndálàdǎo スマトラ島（インドネシア）
苏伊士运河 Sūyīshì yùnhé スエズ運河（エジプト）
宿务 Sùwù セブ（フィリピン）

【T】

塔克拉玛干沙漠 Tǎkèlāmǎgān shāmò タクラマカン砂漠（中国）
塔里木盆地 Tǎlǐmù péndì タリム盆地（中国）
塔希提岛 Tǎxītídǎo タヒチ島（南太平洋）
吐鲁番 Tǔlǔfān トルファン（中国）

【W】

瓦胡岛 Wǎhúdǎo オアフ島（アメリカ）
威尔士 Wēi'ěrshì ウェールズ（イギリス）
威尼斯 Wēinísī ベネチア（イタリア）
温哥华 Wēngēhuá バンクーバー（カナダ）
乌拉尔山脉 Wūlā'ěr shānmài ウラル山脈（ロシア）
乌苏里江 Wūsūlǐjiāng ウスリー川（中国・ロシア）

【X】

西伯利亚 Xībólìyà シベリア（ロシア）
西双版纳 Xīshuāngbǎnnà シーサンパンナ（中国）
西西里岛 Xīxīlǐdǎo シチリア島（イタリア）
西印度群岛 Xīyìndù qúndǎo 西インド諸島（カリブ海）
悉尼 Xīní シドニー（オーストラリア）
锡林浩特 Xīlínhàotè シリンホト（中国）
喜马拉雅山脉 Xǐmǎlāyǎ shānmài ヒマラヤ山脈（南アジア）
夏威夷 Xiàwēiyí ハワイ（アメリカ）
厦门 Xiàmén アモイ（中国）
新几内亚岛 Xīnjǐnèiyàdǎo ニューギニア島（南西太平洋）
新喀里多尼亚岛 Xīnkālǐduōníyàdǎo ニューカレドニア島（南西太平洋）

【Y】

雅浦岛 Yǎpǔdǎo ヤップ島（西太平洋）
亚马孙河 Yàmǎsūnhé アマゾン川（ブラジル）
耶路撒冷 Yēlùsālěng エルサレム（イスラエル）
伊比利亚半岛 Yībǐlìyà bàndǎo イベリア半島（ヨーロッパ南西部）
伊洛瓦底江 Yīluòwǎdǐjiāng イラワジ川（ミャンマー）
伊洛伊洛 Yīluòyīluò イロイロ（フィリピン）
伊斯坦布尔 Yīsītǎnbù'ěr イスタンブール（トルコ）
怡保 Yíbǎo イポー（マレーシア）
因斯布鲁克 Yīnsībùlǔkè インスブルック（オーストリア）
印度河 Yìndùhé インダス川（パキスタン）
英格兰 Yīnggélán イングランド（イギリス）
英吉利海峡 Yīngjílì hǎixiá イギリス海峡（イギリス・フランス）
尤卡坦半岛 Yóukǎtǎn bàndǎo ユカタン半島（メキシコ）
约翰内斯堡 Yuēhànnèisībǎo ヨハネスバーグ（南アフリカ）

【Z】

爪哇岛 Zhǎowādǎo ジャワ島（インドネシア）
芝加哥 Zhījiāgē シカゴ（アメリカ）
直布罗陀海峡 Zhíbùluótuó hǎixiá ジブラルタル海峡（地中海北西端）
中南半岛 Zhōngnán bàndǎo インドシナ半島（東南アジア）
中途岛 Zhōngtúdǎo ミッドウェー諸島（アメリカ）
准噶尔盆地 Zhǔngá'ěr péndì ジュンガル盆地（中国）

省·自治区·直辖市名

直辖市(4)	略 称
北京市 Běijīngshì	京 Jīng; 燕 Yān
重庆市 Chóngqìngshì	渝 Yú
上海市 Shànghǎishì	沪 Hù
天津市 Tiānjīnshì	津 Jīn

省(23)	略 称	省 都
安徽省 Ānhuīshěng	皖 Wǎn	合肥 Héféi
福建省 Fújiànshěng	闽 Mǐn	福州 Fúzhōu
甘肃省 Gānsùshěng	甘 Gān; 陇 Lǒng	兰州 Lánzhōu
广东省 Guǎngdōngshěng	粤 Yuè	广州 Guǎngzhōu
贵州省 Guìzhōushěng	贵 Guì; 黔 Qián	贵阳 Guìyáng
海南省 Hǎinánshěng	琼 Qióng	海口 Hǎikǒu
河北省 Héběishěng	冀 Jì	石家庄 Shíjiāzhuāng
河南省 Hénánshěng	豫 Yù	郑州 Zhèngzhōu
黑龙江省 Hēilóngjiāngshěng	黑 Hēi	哈尔滨 Hā'ěrbīn
湖北省 Húběishěng	鄂 È	武汉 Wǔhàn
湖南省 Húnánshěng	湘 Xiāng	长沙 Chángshā
吉林省 Jílínshěng	吉 Jí	长春 Chángchūn
江苏省 Jiāngsūshěng	苏 Sū	南京 Nánjīng
江西省 Jiāngxīshěng	赣 Gàn	南昌 Nánchāng
辽宁省 Liáoníngshěng	辽 Liáo	沈阳 Shěnyáng
青海省 Qīnghǎishěng	青 Qīng	西宁 Xīníng
山东省 Shāndōngshěng	鲁 Lǔ	济南 Jǐnán
山西省 Shānxīshěng	晋 Jìn	太原 Tàiyuán
陕西省 Shǎnxīshěng	陕 Shǎn; 秦 Qín	西安 Xī'ān
四川省 Sìchuānshěng	川 Chuān; 蜀 Shǔ	成都 Chéngdū
台湾省 Táiwānshěng	台 Tái	台北 Táiběi
云南省 Yúnnánshěng	云 Yún; 滇 Diān	昆明 Kūnmíng
浙江省 Zhèjiāngshěng	浙 Zhè	杭州 Hángzhōu

自治区(5)	略 称	区 都
广西壮族自治区 Guǎngxī Zhuàngzú zìzhìqū	桂 Guì	南宁 Nánníng
内蒙古自治区 Nèiměnggǔ zìzhìqū	内蒙 Nèiměng	呼和浩特 Hūhéhàotè
宁夏回族自治区 Níngxià Huízú zìzhìqū	宁 Níng	银川 Yínchuān
西藏自治区 Xīzàng zìzhìqū	藏 Zàng	拉萨 Lāsà
新疆维吾尔自治区 Xīnjiāng Wéiwú'ěr zìzhìqū	新 Xīn	乌鲁木齐 Wūlǔmùqí

特别行政区	略 称
香港特别行政区 Xiānggǎng tèbié xíngzhèngqū	港 Gǎng

中国歴代王朝名

王朝			年代
夏　Xià			前22世纪—前17世纪
商　Shāng			前17世纪—前11世纪
周 Zhōu	西周　Xī Zhōu		前11世纪—前771
	东周　Dōng Zhōu 春秋　Chūnqiū 战国　Zhànguó		前770—前256 前770—前476 前475—前221
秦　Qín			前221—前206
汉 Hàn	西汉　Xī Hàn		前206—25
	东汉　Dōng Hàn		25—220
三国 Sān Guó	魏　Wèi		220—265
	蜀　Shǔ		221—263
	吴　Wú		222—280
西晋　Xī Jìn			265—316
东晋 Dōng Jìn 十六国 Shíliù Guó	东晋　Dōng Jìn		317—420
	十六国　Shíliù Guó		304—439
南北朝 Nán-Běi Cháo	南朝 Nán Cháo	宋　Sòng	420—479
		齐　Qí	479—502
		梁　Liáng	502—557
		陈　Chén	557—589
	北朝 Běi Cháo	北魏　Běi Wèi	386—534
		东魏　Dōng Wèi 北齐　Běi Qí	534—550 550—577
		西魏　Xī Wèi 北周　Běi Zhōu	535—556 557—581
隋　Suí			581—618
唐　Táng			618—907

五代 Wŭ Dài 十国 Shí Guó	五代 Wŭ Dài	后梁 Hòu Liáng	907—923
		后唐 Hòu Táng	923—936
		后晋 Hòu Jìn	936—947
		后汉 Hòu Hàn	947—950
		后周 Hòu Zhōu	951—960
	十国 Shí Guó	北汉 Běi Hàn	951—979
		吴 Wú	902—937
		南唐 Nán Táng	937—975
		吴越 Wúyuè	907—978
		闽 Mĭn	909—945
		南汉 Nán Hàn	917—971
		楚 Chŭ	927—951
		荆南 Jīngnán	924—963
		前蜀 Qián Shŭ	907—925
		后蜀 Hòu Shŭ	934—965
宋 Sòng	北宋 Běi Sòng		960—1127
	南宋 Nán Sòng		1127—1279
辽 Liáo			907—1125
西夏 Xī Xià			1038—1227
金 Jīn			1115—1234
元 Yuán			1279—1368
明 Míng			1368—1644
清 Qīng			1644—1911
中华民国 Zhōnghuá Mínguó			1912—1949
中华人民共和国 Zhōnghuá Rénmín Gònghéguó			1949—

度量衡一覧表

現在の中国では“公制”Gōngzhì(メートル法)を法定計量単位に定めているが，一部では昔から慣用されている単位を“公制”をもとに改正した“市制”Shìzhì が使われている．

(1)公制 Gōngzhì（メートル法）

長さ

毫　米 háomǐ	厘　米 límǐ	分　米 fēnmǐ	米 mǐ	千　米 qiānmǐ (公里 gōnglǐ)
ミリメートル	センチメートル	1/10 メートル ＝デシメートル	メートル	キロメートル
mm	cm	dm	m	km

面積

平方毫米 píngfāng háomǐ	平方厘米 píngfāng límǐ	平方米 píngfāngmǐ	平方公里 píngfāng gōnglǐ
平方ミリメートル	平方センチメートル	平方メートル	平方キロメートル
mm^2	cm^2	m^2	km^2

地積

公　亩 gōngmǔ	公　顷 gōngqǐng	平方公里 píngfāng gōnglǐ
アール	ヘクタール	平方キロメートル
a	ha	km^2

体積

立方毫米 lìfāng háomǐ	立方厘米 lìfāng límǐ	立方分米 lìfāng fēnmǐ	立方米 lìfāngmǐ
立方ミリメートル	立方センチメートル	立方デシメートル	立方メートル
mm^3	cm^3	dm^3	m^3

量

毫　升 háoshēng	厘　升 líshēng	分　升 fēnshēng	升 shēng	十　升 shíshēng	百　升 bǎishēng	千　升 qiānshēng
ミリ リットル	センチ リットル	デシ リットル	リットル	デカ リットル	ヘクト リットル	キロ リットル
ml = cc	cl	dl	l	dal	hl	kl

重さ

毫　克 háokè	厘　克 líkè	分　克 fēnkè	克（公分） kè(gōngfēn)	公　斤 gōngjīn	公　担 gōngdàn	吨 dūn
ミリ グラム	センチ グラム	デシ グラム	グラム	キロ グラム	100 キロ グラム	トン
mg	cg	dg	g	kg	q	t

(2)市制 Shìzhì（新しい尺貫法）

長さ

毫 háo	厘 lí	分 fēn	寸 cùn	尺 chǐ	丈 zhàng	里 lǐ
	10 毫	10 厘	10 分	10 寸	10 尺	150 丈
			= 3.3333 厘米	= 0.3333 米	= 3.3333 米	= 0.5000 公里

付録

面積

平方毫 píngfānghác	平方厘 píngfānglí	平方分 píngfāngfēn	平方寸 píngfāngcùn	平方尺 píngfāngchǐ	平方丈 píngfāngzhàng	平方里 píngfānglǐ
	100 平方毫	100 平方厘	100 平方分	100 平方寸	100 平方尺	22500 平方丈
				= 0.1111 平方米		= 0.2500 平方公里

地積

毫 háo	厘 lí	分 fēn	亩 mǔ	顷 qǐng
	10 毫	10 厘	10 分	100 亩
			= 6.6667 公亩 = 0.0667 公顷	= 6.6667 公顷

重さ

丝 sī	毫 háo	厘 lí	分 fēn	钱 qián	两 liǎng	斤 jīn	担 dàn
	10 丝	10 毫	10 厘	10 分	10 钱	10 两	100 斤
				= 5 克	= 50 克	= 0.5000 公斤	= 0.5000 公担

量

撮 cuō	勺 sháo	合 gě	升 shēng	斗 dǒu	石 dàn
	10 撮	10 勺	10 合	10 升	10 斗
= 1 毫升	= 1 厘升	= 1 分升	= 1 升	= 10 升	= 100 升

親族名称

wǒ“我”（わたし）の家族

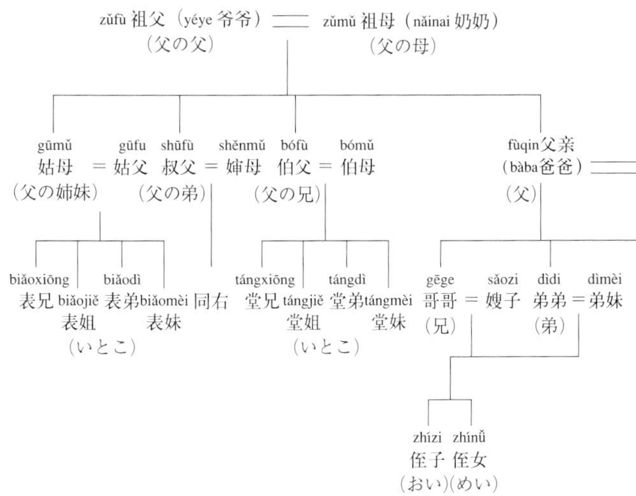

付録

夫の身内の人

・よく使われる呼びかけの語を（　）内に示す.
・wǒ“我”の兄弟姉妹およびその配偶者は呼びかけに使われる呼称で示す.

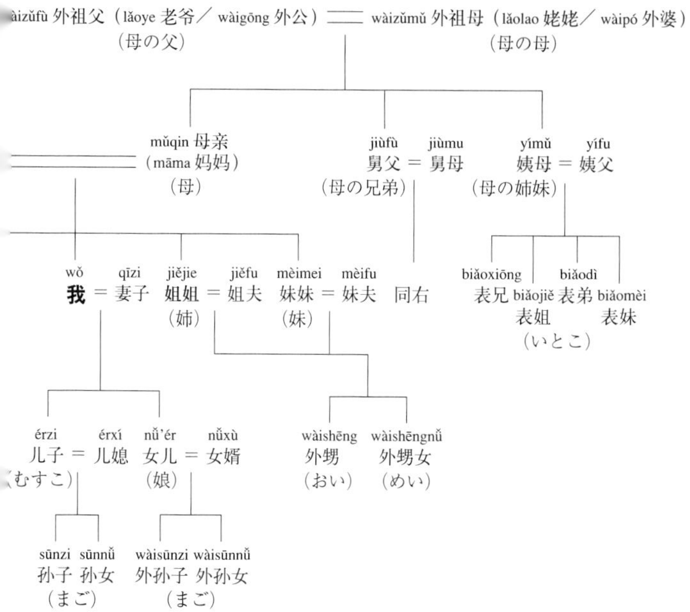

(w)àizǔfù 外祖父（lǎoye 老爷／ wàigōng 外公）＝ wàizǔmǔ 外祖母（lǎolao 姥姥／ wàipó 外婆）
（母の父）　（母の母）

mǔqin 母亲（māma 妈妈）（母）
jiùfù 舅父 ＝ jiùmu 舅母（母の兄弟）
yímǔ 姨母 ＝ yífu 姨父（母の姉妹）

wǒ **我** ＝ qīzi 妻子
jiějie 姐姐（姉）＝ jiěfu 姐夫
mèimei 妹妹（妹）＝ mèifu 妹夫
同右
biǎoxiōng 表兄　biǎojiě 表姐　biǎodì 表弟　biǎomèi 表妹（いとこ）

érzi 儿子（むすこ）＝ érxí 儿媳
nǚ'ér 女儿（娘）＝ nǚxù 女婿
wàishēng 外甥（おい）　wàishēngnǚ 外甥女（めい）

sūnzi 孙子　sūnnǚ 孙女（まご）
wàisūnzi 外孙子　wàisūnnǚ 外孙女（まご）

付録

妻の身内の人

漢字の偏旁・筆画名・筆順

漢字の偏旁

日本では，漢字の左部分を「偏」，右部分を「旁」と呼ぶが，中国では現在，左右どちらも“旁”páng と呼び区別しない。また，「冠」と「垂」も“头”tóu に統一されている。中国語の“偏旁”piānpáng という言い方は，漢字の組成部分が上下左右どこにあるかを問わない総称である。

決まった呼称のない偏旁は次のように考えればよい。漢字の左または右にあれば“○字旁”～zìpáng，上にあれば“○字头”～zìtóu，下にあれば“○字底”～zìdǐ，外側を囲んでいれば“○字框”～zìkuāng，中間にあれば“○字腰”～zìyāo，または“○字心”～zìxīn と呼ぶ。(〔注〕偏旁の呼び方は，中国・日本とも比較的通用しているもののみを挙げる。)

偏旁	名　称	日本名	例字
亻	单人旁 dānrénpáng	にんべん	他
冫	两点水 liǎngdiǎnshuǐ	にすい	冷
讠	言字旁 yánzìpáng	ごんべん	说
刂	立刀旁 lìdāopáng	りっとう	别
廴	建之儿 jiànzhīr	えんにょう	廷
阝	左耳旁 zuǒ'ěrpáng	こざと	陈
阝	右耳旁 yòu'ěrpáng	おおざと	邮
艹	草字头 cǎozìtóu	くさかんむり	花
氵	三点水 sāndiǎnshuǐ	さんずい	江
忄	竖心旁 shùxīnpáng	りっしんべん	怀
宀	宝盖头 bǎogàitóu	うかんむり	安
广	广字头 guǎngzìtóu	まだれ	庆
门	门字框 ménzìkuāng	もんがまえ	间
辶	走之儿 zǒuzhīr	しんにゅう	进
扌	提手旁 tíshǒupáng	てへん	拍
土	提土旁 títǔpáng	つちへん	堤
女	女字旁 nǚzìpáng	おんなへん	好
口	口字旁 kǒuzìpáng	くちへん	味
囗	国字框 guózìkuāng	くにがまえ	团
厂	厂字头 chǎngzìtóu	がんだれ	厅
弓	弓字旁 gōngzìpáng	ゆみへん	张
日	日字旁 rìzìpáng	ひへん	时
牛	牛字旁 niúzìpáng	うしへん	特
车	车字旁 chēzìpáng	くるまへん	轻

偏旁	名　称	日本名	例字
山	山字旁 zhānzìpáng	やまへん	峰
彳	双人旁 shuāngrénpáng	ぎょうにんべん	征
犭	反犬旁 fǎnquǎnpáng	けものへん	狗
饣	食字旁 shízìpáng	しょくへん	饮
纟	绞丝旁 jiǎosīpáng	いとへん	组
马	马字旁 mǎzìpáng	うまへん	骏
彡	三撇儿 sānpiěr	さんづくり	形
火	火字旁 huǒzìpáng	ひへん	炉
灬	四点儿 sìdiǎnr	れんが，よつてん	点
礻	示字旁 shìzìpáng	しめすへん	祥
木	木字旁 mùzìpáng	きへん	板
王	斜玉旁 xiéyùpáng	たまへん	环
月	肉月旁 ròuyuèpáng	にくづき	胆
攵	反文旁 fǎnwénpáng	ぼくづくり	收
穴	穴字头 xuézìtóu	あなかんむり	空
疒	病字头 bìngzìtóu	やまいだれ	症
竹	竹字头 zhúzìtóu	たけかんむり	笔
虍	虎字头 hǔzìtóu	とらがしら	虏
雨	雨字头 yǔzìtóu	あめかんむり	雷
石	石字旁 shízìpáng	いしへん	矿
目	目字旁 mùzìpáng	めへん	睹
钅	金字旁 jīnzìpáng	かねへん	铁
禾	禾木旁 hémùpáng	のぎへん	秋
衤	衣字旁 yīzìpáng	ころもへん	袖

漢字の主な筆画名

※は例字

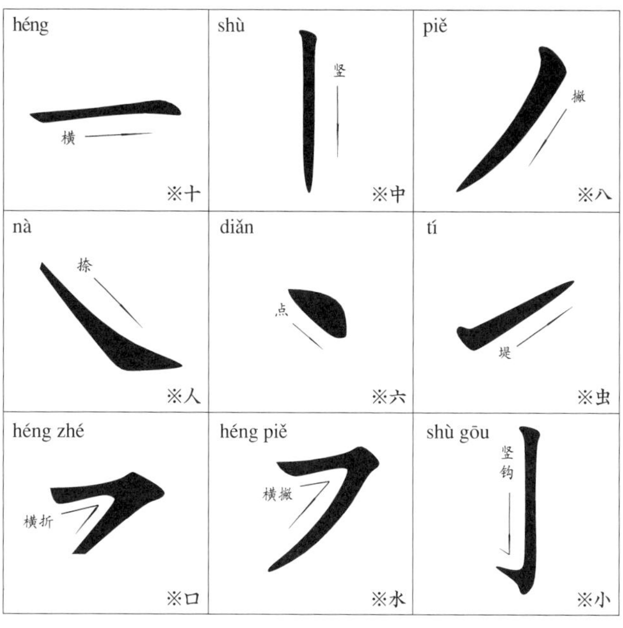

まぎらわしい筆順

门	丶 冂 门	长	ノ 𠂇 Ł 长	业	丨 刂 刂 ⺌ 业
马	㇇ 马 马	办	㇇ 力 力 办	凸	丨 凵 ⺊ 凸 凸
为	丶 ソ 为 为	书	㇇ ㇉ 书 书	东	𠂇 东 东 东
专	二 专 专	头	丶 丶 丷 头 头	龙	𠂇 九 龙 龙
巨	一 コ 𠃍 巨	农	冖 𠂇 农 农 农	收	丨 丩 丩 收 收 收
车	一 𠂇 车 车	发	𠃋 𠂇 发 发 发	步	丨 ⺊ 止 止 步 步 步
牙	一 二 于 牙	乐	一 𠂆 乐 乐 乐	差	丷 兰 差 差 差 差
比	一 上 比 比	鸟	ノ 勹 勹 鸟 鸟	骨	冂 冎 冎 骨 骨
瓦	一 厂 瓦 瓦	凹	丨 凵 凵 凹 凹	象	⺈ 缶 象 象 象 象 象

中国標点符号一覧表

名称	符　号	用法说明	举　　例
句号 jùhào	。 句点，マル	（陳述の）文が終わった後の停頓を示す。	我是学生。Wǒ shì xuésheng.（私は学生である。）
逗号 dòuhào	， コンマ	文中での停頓を示す。	他个子小，但是力气却不小。Tā gèzi xiǎo, dànshi lìqi què bù xiǎo.（彼は小柄だが，力は強い。）
顿号 dùnhào	、 読点，点	文中で並列されている単語やフレーズ間の停頓を示す。	燕子、布谷、雁都是定期迁徙的候鸟。Yànzi、bùgǔ、yàn dōu shì dìngqī qiānxǐ de hòuniǎo.（つばめ，カッコウ，雁はみな定期移動する渡り鳥である。）
分号 fēnhào	； セミコロン	文中で並列されている節(clause)間の停頓を示す。	小鹰向往那白云，一心想飞到太阳身旁;小鸡只求找点儿剩饭，填饱肚肠。Xiǎoyīng xiàngwǎng nà báiyún, yìxīn xiǎng fēidào tàiyáng shēnpáng; xiǎojī zhǐ qiú zhǎo diǎnr shèngfàn, tiánbǎo dùcháng.（鷹の子はあの白い雲に憧れ，太陽の側に飛んでいきたいと一途に思っている。ひよこは残飯をあさり，お腹を満たすことばかりを考えている。）
冒号 màohào	： コロン	以下に文を提示する場合や上文で述べたことを総括するときに用いる。	静寂的草原热闹起来：欢呼声、车声、马蹄声、响成一片。Jìngjì de cǎoyuán rènaoqilai : huānhūshēng、chēshēng、mǎtíshēng、xiǎngchéng yí piàn.（静かな草原がにぎやかになってきた。歓喜の声，車の音，蹄の音が響き渡っている。）
问号 wènhào	？ 疑問符	疑問文の後に用いる。	你上哪儿去？ Nǐ shàng nǎr qù?（どちらへお出かけですか？）
感叹号① gǎntànhào	！ 感嘆符	強い感情を示し，感嘆文の後に用いる。	啊！ 黄河！ 你是我们民族的摇篮。À! Huánghé! Nǐ shì wǒmen mínzú de yáolán.（ああ！黄河よ！おまえは我が民族の揺りかごだ。）
引号② yǐnhào	“　” ‘　’ 引用符	1．文中の引用部分を示す。	人们都说：“桂林山水甲天下。” Rénmen dōu shuō : “Guìlín shānshuǐ jiǎ tiānxià.”（人々はみな「桂林の景色は天下一品だ」と言う。）

	『』	2．特別な呼び方，或いは特に強調する必要のある部分を示す。	全国少年儿童欢度“六一”国际儿童节。Quánguó shàonián értóng huān dù “Liù Yī” guójì értóngjié.（全国の子供たちは“6月1日”の国際児童デーを楽しく過ごした。）
	「」	3．諷刺，或いは否定的な意味を示す。	人，不能低下高贵的头，只有怕死鬼才乞求“自由”。Rén, bù néng dīxia gāoguì de tóu, zhǐyǒu pà sǐguǐ cái qǐqiú “zìyóu”.（人よ，誇り高き頭を下げてはならない。“自由”を乞うのは腰抜けだけだ。）
括号③ kuòhào	（　） カッコ	文中の注釈の部分を示す。	鲁迅(1881-1936),本名周树人(鲁迅是笔名),浙江绍兴人。Lǔ Xùn (1881-1936),běnmíng Zhōu Shù-rén (Lǔ Xùn shì bǐmíng), Zhèjiāng Shàoxīngrén.（鲁迅（1881年から1936年），本名は周樹人（鲁迅はペンネーム），浙江省紹興の人。）
省略号④ shěnglüèhào	…… 省略符号	文中の省略されている部分を示す。	爱迪生发明了电影、留声机……Àidíshēng fāmíngle diànyǐng、liúshēngjī……（エジソンは映画，レコードプレーヤー……を発明した。）
破折号⑤ pòzhéhào	—— ダッシュ	1．次が注釈や説明的部分であることを示す。	他们终于翻过了第一座大雪山——夹金山。Tāmen zhōngyú fānguole dì yī zuò dà xuěshān — Jiājīnshān.（彼らはついに一つめの大きな雪山——夹金山を越えた。）
		2．考えをさらに一歩進めることを示す。	团结——批评和自我批评——团结。Tuánjié —— pīpíng hé zìwǒ pīpíng——tuánjié.（団結——批判と自己批判——そして団結。）
		3．意味関係や考えに，（飛躍を伴った）転換があることを示す。	我们嚷着、跑着、笑着。——然而他其时已经有了胡子了。Wǒmen rǎngzhe、pǎozhe、xiàozhe. ——Rán'ér tā qíshí yǐjīng yǒule húzi le.（私たちは大声を出したり，走ったり，笑ったりしていた。——しかし，彼にはその時すでにひげが生えていた。）
连接号⑥ liánjiēhào	— ダッシュ	1．時間，場所，数などの初めと終わりを示す。	抗日站争时期（1937—1945）Kàng Rì zhànzhēng shíqī（1937-1945）抗日戦争の時代（1937年から1945年）

付録

			“北京—上海”直达快车 “Běijīng—Shànghǎi” zhídá kuàichē（“北京—上海” 間の直通急行列車）
		2．関連をもつ人や事物の関係を示す。	亚州—太平洋地区 Yàzhōu—Tàipíngyáng dìqū（アジア—太平洋地域）
书名号⑦ shūmínghào	《　》 〈　〉 書名符号	書籍，文献，新聞，雑誌，文章，歌などの題名を示す。	我喜欢看《中国少年报》、《儿童画报》和《安徒生童话选》。Wǒ xǐhuan kàn《Zhōngguó shàonián bào》、《Értóng huàbào》hé《Āntúshēng tónghuàxuǎn》.（私は『中国少年報』と『児童画報』と『アンデルセン童話集』が好きだ。）
间隔号 jiàngéhào	· 中グロ	1．月と日の間のくぎりを示す。	五·四运动 Wǔ-Sì Yùndòng（五·四運動）
		2．ある民族の人名中のくぎりを示す。	诺尔曼·白求恩 Nuò'ěrmàn-Báiqiú'ēn（ノーマン·ベチューン）
着重号 zhuózhònghào	· 下テン	文中で強調する部分を示す。	我们不仅要认识世界，而且要改造世界。Wǒmen bù jǐn yào rènshi shìjiè, érqiě yào gǎizào shìjiè.（私たちは世の中を知るだけでなく，作り変えなくてはならない。）

「附注」 ① “感叹号” は “感情号” gǎnqínghào または “惊叹号” jīngtànhào とも言う。

② “　”『　』は “双引号” shuāngyǐnhào 二重引用符と言い，‘　’「　」は “单引号” dānyǐnhào 一重引用符と言う。“　” と ‘　’ は横書きの文章に，﹃﹄と﹁﹂は縦書きの文章に用いられる。引用符の中でもう一度引用符を使う場合は，一般に二重引用符を外側に，一重引用符を内側にする。但し，縦書きの文章では一重引用符を外側にする場合もある。引用符を一種類使えば済む時は，横書きでは “　” を使い，縦書きでは『　』或いは「　」どちらでもよい。

③ カッコは，これ以外に〔　〕［　］【　】など幾種類かがあり，主に文章注釈の符号に用いられたり，その他必要に応じてそれぞれのマークとして使われる。

④ “省略号” はただ点々を打てばよいのではない。一般には六つの円い点を使い，二字分のスペースをとる。

⑤ “破折号” は二字分のスペースをとる。

⑥ “连接号” は一字分或いは二字分のスペースをとる。

⑦ 書名符号内でもう一度書名符号を使う時は，“双书名号” shuāngshūmínghào《　》を外側に “单书名号” dānshūmínghào〈　〉を内側にする。書名符号にはもとは﹏﹏を用いた。

中国語の発音

1. 四つの声調

CD-1

中国語は声調言語と言われます。一つ一つの音節に高低·上げ下げの調子（tone）がついています。

私たちが学ぶ“普通话（プートンホア）”（pǔtōnghuà，民族共通語）には，この調子が四つあり，これを四声（しせい）と呼んでいます。第1声から第4声まで，どんな調子なのかご覧下さい。

［第1声］　高く平らにのばす。時報が「ピッ，ピッ，ピッ，トーン」と鳴る最後の「トーン」という調子。

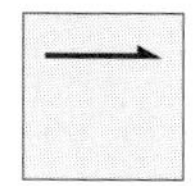

［第2声］　自然な高さから一気に引き上げる。びっくりして眼を見開いて「エエッ↗」と聞き返すような昇り調子。

［第3声］　低く低くおさえる。さも感心したように，あごを引きながら低く，「へェー」という感じ。

［第4声］　一気に下げる。カラスが遠くで「カァ，カァ」と鳴く調子。

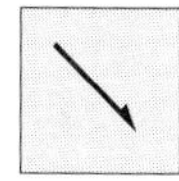

四つの声調をまとめて図示しますと，右のようになります。

声調どうしの関係がよくわかります。

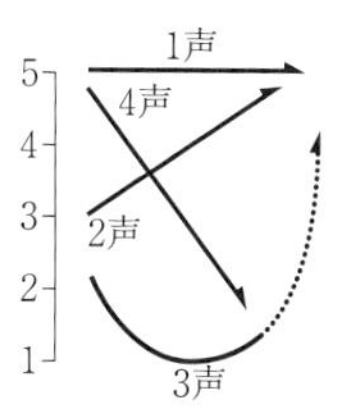

◆ 声調が違えば別のことば

声調は中国語ではとても大事です。同じ ma という音節でも，声調が違えば，その表す意味も異なり，全く別のことばになってしまいます。

第何声であるかを示すマークを「声調符号」といい，第1声から第4声まで “mā　má　mǎ　mà” のように母音の上につけます。

〈声調〉	〈ピンイン〉	〈漢字〉	〈意味〉
第1声	**mā**	妈	おかあさん
第2声	**má**	麻	麻
第3声	**mǎ**	马	ウマ
第4声	**mà**	骂	ののしる
軽　声	**māma**	妈妈	おかあさん

最後の māma の ma という, 声調符号のついてないのは「軽声」です。

◆ **軽声**——軽く短く

軽声には何も声調符号をつけません。前の音節をきちんと読み, その勢いで短く後にそえてやればいいのです。

ですから, 前に第何声がくるかによって, 少々音の高さも異なります。

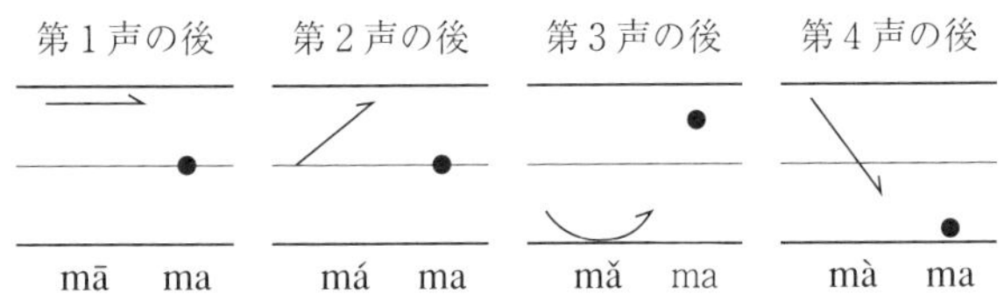

2. 七つの基本母音

CD-2

声調の次は, 単純な母音を覚えます。母音だけからなる単母音が六つ。これに「そり舌母音」er を加え, 全部で七つです。

a [a] 口を大きくあけて舌を下げ, 明るく「アー」。

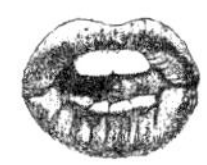

o [o] 日本語の「オ」よりも唇をまるく突き出して。

e [ɤ] o の発音から唇のまるめをとり, 口をやや左右に開き, のどの奥で「ウ」。

i [i] 子供が「イーッだ！」というときの「イ」。唇を左右にひく。

付録

u [u]　日本語の「ウ」よりも唇をまるく突き出し，口の奥から「ウ」。

ü [y]　横笛を吹くときの口の形をして「ユ」と「イ」の融合した音を出す。「ヒュッテ」の「ユ」。

er [ɚ]　e を発音し，同時に舌先をヒョイとそり上げる「アル」。二つの音に分かれぬように。

♣ a, o, e と i, u, ü

口の開きからいえば，a・o・e の3つは開きが大きく，i・u・ü の3つは開きが狭い。すなわち，i・u・ü は半母音的です。逆に言えばこちらは調音時の阻害が大きく，半子音的な面をもつといえます。i・u・ü が単独で音節をなす時は，yi・wu・yu と表記されます。

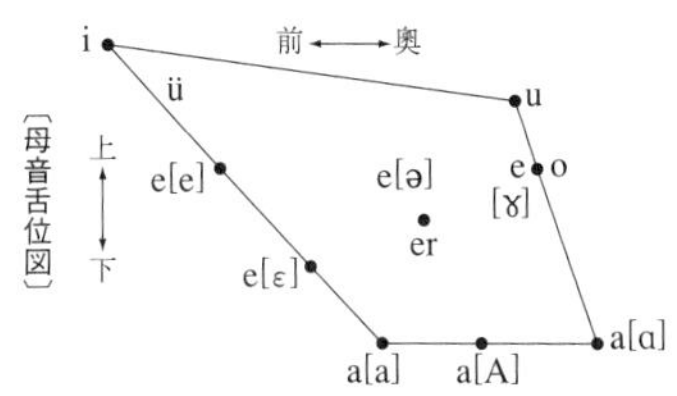

3. 複母音

CD-3

付録

ai とか ou のように単母音が二つ以上連なっているもので，いずれも「なめらかに」発音します。

3つのタイプに分けられます。

①>型（しりすぼみ型）……初めハッキリ，後弱く

ai　　**ei**　　**ao**　　**ou**

ai　「ア」に軽く「イ」を添えて「アィ」。

ei　e は後続する i に引かれ「エ」となる。軽く「イ」を添えて「エィ」。

ao　a に軽く「オ」を添えて「アォ」。

ou　唇をまるくして「オ」を出し，軽く「ウ」を添えて「オゥ」。

②＜型（発展型）……初め弱く，後ハッキリ

-ia　-ie　-ua　-uo　-üe
(ya)　(ye)　(wa)　(wo)　(yue)

（　）内は前に子音がつかず，母音だけで音節をなす時のローマ字綴り。

ia　「イ」の構えから「ア」へなめらかにつなぎ「ィア」。

ie　e は i に引かれ日本語の「エ」に近くなる。「イ」の構えから「ィエ」。

ua　唇をまるく突き出し「ウ」の構えから「ア」を発音し「ゥア」。

uo　唇をまるく突き出し「ウ」，なめらかに o につなぎ「ゥオ」。

üe　唇をすぼめて「ュエ」。e は ü に引かれて「エ」になる。

③◇型（ひしもち型）……3つの音をなめらかに

-iao　-iou　-uai　-uei
(yao)　(you)　(wai)　(wei)

（　）内は前に子音がつかず，母音だけで音節をなす時のローマ字綴り。

iao　「イ」の構えから a をはっきりと出し，「イヤオ」となめらかに。

iou　「イォウ」のようになめらかに続ける。

uai　「ウ」の構えから a をはっきりと出し，「ゥワイ」となめらかに。

uei　「ウェイ」となめらかに。

付録

♣消える o・消える e　CD-4

◇型の iou や uei は前に子音がつくと，主母音であるまん中の o や e が弱くなり，そのため綴りから消えてしまいます。しかし，第3声や第4声では綴りから消えている o や e がわりあいはっきり聞こえます。

j ＋ iou　→　jiou となるはずだが
　　　　→　jiu〈消える o〉

h ＋ uei　→　huei となるはずだが
　　　　→　hui〈消える e〉

代表語2つ：jiǔ［酒］酒
　　　　　huì［会］できる

◆ 中国語の音節構造

中国語の音節はどのような構造をしているのかをご覧ください。

音節はまず大きく「声母」と「韻母」にわかれます。

声母とは頭につく子音のこと。韻母とはそれ以外の，母音を含む部分です。

韻母は少し複雑で，介音・主母音・尾音にわかれます。

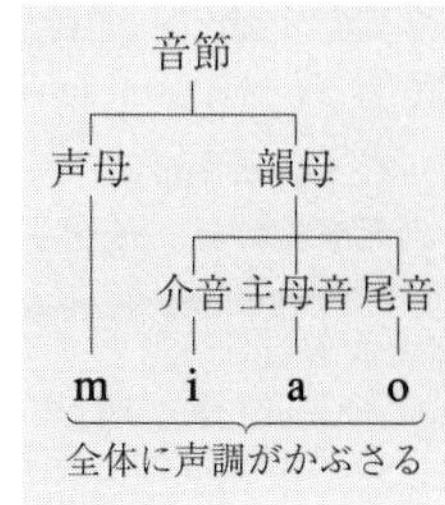

声母（頭子音）	韻母			声調		音節
	介音	主母音	尾音			
		a		ˉ	⟶	ā〔啊〕
m		a		ˇ	⟶	mǎ〔马〕
m	i	e		ˋ	⟶	miè〔灭〕
m		a	o	ˉ	⟶	māo〔猫〕
m	i	a	o	ˊ	⟶	miáo〔苗〕

声母がないもの，介音を欠くもの，尾音がないもの等，さまざまなタイプの音節があります。しかし，主母音は必ず備わっています。

♣ 声調符号はどこにつけるか？

1）a があったらのがさずに，　→ gāo　yào
2）a がなければ e か o をさがし，　→ xiè　suǒ
3）i，u が並べば後ろにつけて，　→ jiǔ　guì
4）母音一つは迷わずに，　→ nǐ　bù
なお，i の上につける時は，上の点をとってつける。

4. 21の子音

CD-5

音節の頭につく子音すなわち声母は全部で21あります。

	〈無気音〉	〈有気音〉			
唇　音	**b** (o)	**p** (o)	**m** (o)	**f** (o)	
舌尖音	**d** (e)	**t** (e)	**n** (e)		**l** (e)
舌根音	**g** (e)	**k** (e)		**h** (e)	

舌面音	j (i)	q (i)	x (i)	
そり舌音	zh (i)	ch (i)	sh (i)	r (i)
舌歯音	z (i)	c (i)	s (i)	

子音は，それだけではきこえが弱く発音しにくいので，普通，（　）内に示した母音をつけて練習する習慣です。

◆ 無気音と有気音

日本語のパ行，カ行，タ行を唱えてみてください。これらの音の子音は，いったん閉ざされた器官を突き破って出てくる，破裂音です。

中国語にもこのような破裂音がありますが，破裂の時に，中国語では，「息を抑えてひかえめにするもの＝無気音」と，「息をパッと激しく出すもの＝有気音」の二通りの子音があり区別が必要です。

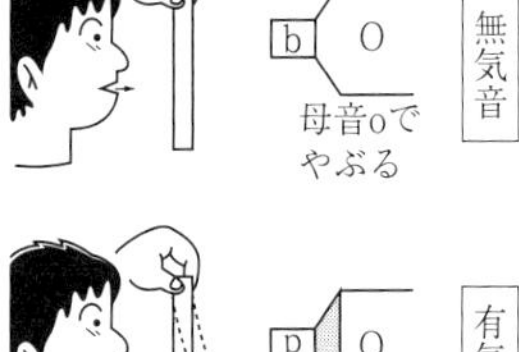

有気音では目の前に垂らした紙片が大きく揺れる

無気音は —— 破裂した直後，すぐ母音が出る。息は抑える。のどを緊張させてコントロールする気持ち。

有気音は —— 閉鎖を息で破る。後から母音が続く。

◆そり舌音（捲舌音（けんぜつ））

zh(i) ——— **ch**(i)

舌先で上の歯茎をなぞり上げてみてください。硬いところの少し上に，やや深く落ち込んでいるところがあります。その境目あたりに舌先を突っかい棒をするように当てがいます。

zh は無気音，息を抑えるように「ぢ」

ch は有気音で，息を強く出して「ち」

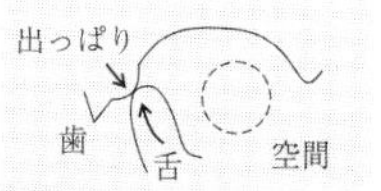

sh(i) ——— **r**(i)

sh・r はそり上げた舌を歯茎につけず，少しすき間を残しておきます。こうしてすき間から息を通しますが，その時，声帯（のど）を振動させなければ sh「し」，いきなり声を出して声帯をふるわせれば r「り゛」。

付録

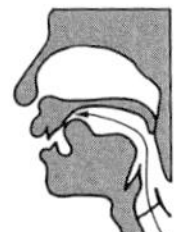

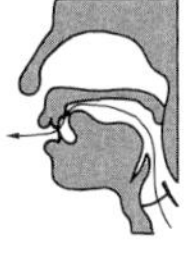

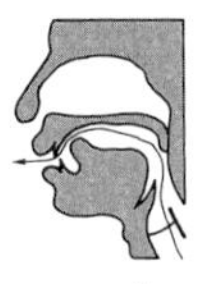

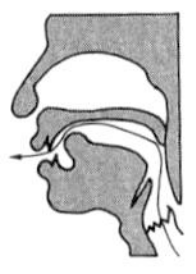

構えて，→ 息をため

発音 {無気 **zh** 有気 **ch**

sh

r

♣ **三つの i**

同じ i でも音色が違います。

- ji qi xi di ti ni li——するどい i「イ」
- zi ci si——平口の i「ウ」
- zhi chi shi ri——そり舌の i

◆ **頭子音**

（なお，「モ」とあれば「モの子音」の意味）

b ［p］：「シッポ」の「ポ」。
p ［p‘］：閉じた両唇を蓄えた息で破り，「プゥオ」のような「ポ」。
m ［m］：「モ」。両唇を少し内側へ吸い込む気分で。
f ［f］：「フォ」。英語の f に近い。

d ［t］：「ベッド」の「ド」。息を抑え，あまり濁らず。
t ［t‘］：「とっとと出て行け」の頭の「ト」。息を強く出す。
n ［n］：「ノ」の子音。
l ［l］：「ロ」。舌先をきちんと上の歯茎につけて。

g ［k］：「バッグ」の「グ」。息を抑え，あまり濁らず。
k ［k‘］：「クックックッ」と笑う「ク」。息を激しく口の天井にぶつける。
h ［χ］：寒い時に「ハァーッ」と手に息を吹きかける要領で。

j ［tɕ］：「バッヂ」の「ヂ」。口を左右に十分に引く。
q ［tɕ‘］：「チ」。口を左右に十分引き，歯も上下軽くかみ合う。
x ［ɕ］：同上の要領で「シ」を発音。

zh ［tʂ］：舌先を立て，歯茎のやや上に突っかい棒のようにあて，「ヂ」と言う。
ch ［tʂ‘］：同上で，息を強く出し閉鎖を破り「チ」。
sh ［ʂ］：同上だが，少しすき間をあけておき「シ」。

付録

r ［ʐ］：sh と同じだが，舌先を少し奥に引いて，いきなりのどから声を出し，濁った「リ」。

z ［ts］：口を左右に引き，舌先が上歯の裏にくるようにし，「グッズ」の「ズ」。息を抑え，あまり濁らず。
c ［ts‘］：同上で，息を強くし「ツ」。
s ［s］：同上の形で，舌先は歯裏を離れて「ス」。

5. -n, -ng をもつ母音

CD-7

中国語は最後が -n か -ng なのかを区別します。日本語は -n も -ng も「ン」と思って区別していませんが，「アンナイ」では n が，「アンガイ」では ng が現れています。発音してみて，口の中の舌の位置を確めて下さい。

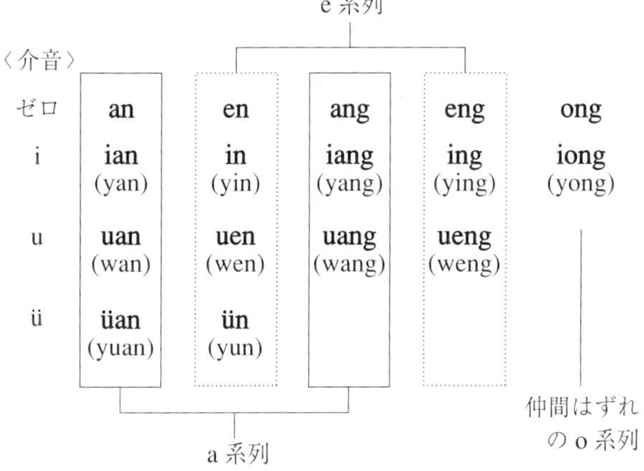

● a 系列

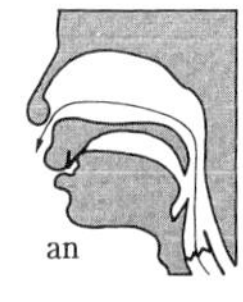

an[an] a を発音し，舌先を上の歯茎に押しつけて「アヌ」。a を少し前寄りに発音するとよい。

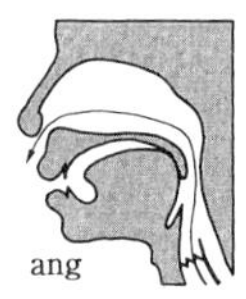

ang[ɑŋ] 口を大きく開け奥寄りの a を出して「アン」。最後まで口を大きく開けたままにし，舌先はどこにもつけない。(an は短め，ang は長め)

ian (yan)：綴りと発音が一致しないので要注意！「イエヌ」という感じ。
a は i と n にはさまれてエ [ɛ] となる。

iang (yang)：最後は口を大きく開けたままで「イアン」。単独だと「ヤン」に近い。

uan (wan)：唇をまるく突き出した u から an へ「ゥアヌ」。

uang (wang)：唇をまるめた u から ang へ。最後は口を開けたまま「ゥアン」。

üan (yuan)：唇をすぼめた ü から an へ「ユアヌ」。この a もエのように聞こえることもあるが，これは対立する üang という音はないのでエでもアでもよい。

● **e** 系列

en：この e はエともアともつかない，あいまいな [ə] で「エヌ」。最後の -n の抑えをしっかり。

eng：あいまいな e だが，やや口の奥のほうから「オン」のつもりで。「エン」にならぬように注意。

in (yin)：舌の先を上の歯茎にぴったりつけて「イヌ」。

ing (ying)：息を十分鼻に通して「イン」。

u[e]n (wen)：唇をまるめた u から en へ「ウェヌ」。前に子音がつくと e が略される。またしても〈消える e〉。

ueng (weng)：子音が前につくことがなく，常に weng の形。「ウォン」。

ün (yun)：ü をはっきり出し，なめらかに n へ移る間にィを通過して「ユィヌ」。

● **o** 系列

ong：唇をまるめ，「オン」。必ず前に子音がつく。

iong (yong)：唇をすぼめて ü を出す口の構えで「ヨン」。

付録

♣ -n か -ng か？
「音節の最後が -n で終るのか -ng で終るのか」迷うことがありますが，次のような対応関係を知っておくと便利です。

中国語で -n → 日本漢字音で「ーン」で終わる。
例：山 shān ーサン　前 qián ーゼン

中国語で -ng → 日本漢字音で「ーウ」または「ーイ」で終わる。
例：送 sòng ーソウ　党 dǎng ートウ　景 jǐng ーケイ

6. 声調変化

CD-8

以上で，中国語のすべての音が発音できるようになりました。あと3つ規則を補います。個々の音節の読み方ではなく，2つの音節が連続した時に起こる「声調変化」です。

◆ 第3声の連続

第3声が連続し，間にポーズをおかずに言う時は，前の第3声が第2声に発音されます。たとえば誰でも知っている挨拶ことばの“你好（ニイハオ）”がそうです。

Nǐ hǎo　　Ní hǎo
你 好! → 你 好!

前の nǐ を ní のように発音します。
ただし，声調符号はもとのまま nǐ にしておくきまりです。

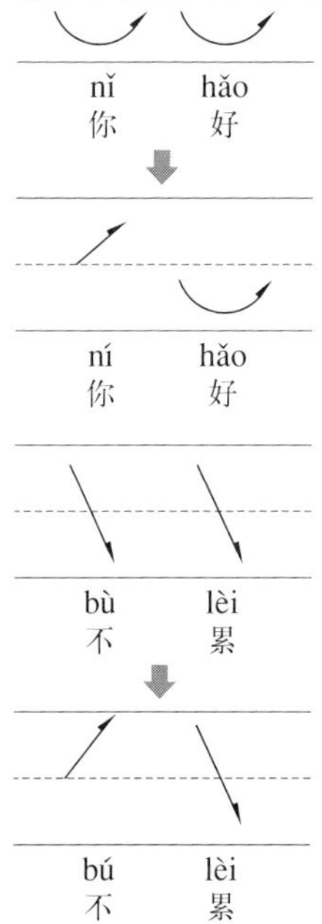

付録

◆ bù［不］の声調変化

否定「～ない」を表す bù［不］は本来第4声ですが，後に第4声が来ると，bù 自身は第2声に変化します。声調符号も変化した第2声のマークをつけるのがふつうです。

bù lèi　　bú lèi
不 累 → 不 累

◆ **yī［一］の声調変化**

数の yī［一］は本来第 1 声ですが，次のように後に第何声の音がくるかによって声調変化を起こします。

yī＋第 1 声：yìqiān［一千］
yī＋第 2 声：yìnián［一年］　→ yì（第 4 声に）
yī＋第 3 声：yìbǎi［一百］
yī＋第 4 声：yíwàn［一万］　→ yí（第 2 声に）

序数を表す時は本来の声調 yī が普通：yīyuè［一月］
後に何も続かぬ時も本来の声調：tǒngyī［统一］
"［二十一］岁" のように前の語の末尾要素であれば，後に語が続いても変化しない：èrshiyī suì［二十一岁］,tǒngyī zhànxiàn［统一战线］

7. r 化（アル）

CD-9

音節の末尾に r がつくことを r 化といいます。r は独立した音節をなしません。最後に舌をひょいとそり上げるだけです。

ただ，その結果，r 化されたもとの音節に音変化が生じることがあります。

① huār　māor　（変化なし）
花儿　猫儿

② wánr　yǒudiǎnr　（-n 脱落）
玩儿　有点儿

③ xiǎoháir　wèir　（-i 脱落）
小孩儿　味儿

④ yǒu kòngr　diànyǐngr　（鼻音化）
有　空儿　电影儿

8. コミュニケーションに役立つ常用文 30

CD-10

1．Nǐ hǎo! 你好!　こんにちは。

2．Nǐmen hǎo! 你们好!　みなさんこんにちは。

3．Nǐ zǎo! 你早!　お早う。

4．Qǐng. 请。　どうぞ。

5．Xièxie. 谢谢。　ありがとう。

付録

6. Bié kèqi. 别客气。　ご遠慮なく。

7. Duìbuqǐ. 对不起。　申し訳ありません。

8. Méi guānxi. 没关系。　気にしないでください。

9. Nǐ lái le! 你来了!　いらっしゃい。

10. Qǐng jìn. 请进。　どうぞお入りください。

11. Qǐng zuò. 请坐。　どうぞおかけください。

12. Qǐng hē chá. 请喝茶。　お茶をどうぞ。

13. Nǎli nǎli. 哪里哪里。　どういたしまして。

14. Chīfàn le ma? 吃饭了吗?　食事はおすみですか。

15. Nǐ shēntǐ hǎo ma? 你身体好吗?　お元気ですか。

16. Zàijiàn! 再见!　さようなら。

17. Nín guì xìng? 您贵姓?　お名前は何と言いますか。

18. Chūcì jiànmiàn, qǐng duō guānzhào. 初次见面, 请多关照。
はじめまして, どうぞよろしく。

19. Qǐng děng yíxià. 请等一下。　しばらくお待ちください。

20. Máfan nín le. 麻烦您了。　ご面倒をおかけします。

21. Qǐngwèn, Běijīngzhàn zěnme zǒu? 请问, 北京站怎么走?
すみませんが, 北京駅にはどう行きますか。

22. Cèsuǒ zài nǎr? 厕所在哪儿?　トイレはどこですか。

23. Zhè shì shénme? 这是什么?　これは何ですか。

24. Qǐng gěi wǒ kànkan. 请给我看看。　私に見せてください。

25. Duōshao qián? 多少钱?　いくらですか。

26. Tài guì le. 太贵了。　高すぎます。

27. Wǒ bú yào. 我不要。　私は要りません。

28. Wǒ shì Rìběnrén. 我是日本人。　私は日本人です。

29. Qǐng zài shuō yí biàn. 请再说一遍。　もう一度言ってください。

30. Tā bú zài. 他不在。　彼はいません。

基本音節表

韻母／声母	a	o	e	-i[ʅ]	-i[ɿ]	er	ai	ei	ao	ou	an	en	ang	eng
ゼロ	**a**	**o**	**e**			**er**	**ai**	**ei**	**ao**	**ou**	**an**	**en**	**ang**	**eng**
b	ba	bo					bai	bei	bao		ban	ben	bang	beng
p	pa	po					pai	pei	pao	pou	pan	pen	pang	peng
m	ma	mo	me				mai	mei	mao	mou	man	men	mang	meng
f	fa	fo						fei		fou	fan	fen	fang	feng
d	da		de				dai	dei	dao	dou	dan	den	dang	deng
t	ta		te				tai		tao	tou	tan		tang	teng
n	na		ne				nai	nei	nao	nou	nan	nen	nang	neng
l	la		le				lai	lei	lao	lou	lan		lang	leng
g	ga		ge				gai	gei	gao	gou	gan	gen	gang	geng
k	ka		ke				kai	kei	kao	kou	kan	ken	kang	keng
h	ha		he				hai	hei	hao	hou	han	hen	hang	heng
j														
q														
x														
zh	zha		zhe	zhi			zhai	zhei	zhao	zhou	zhan	zhen	zhang	zheng
ch	cha		che	chi			chai		chao	chou	chan	chen	chang	cheng
sh	sha		she	shi			shai	shei	shao	shou	shan	shen	shang	sheng
r			re	ri					rao	rou	ran	ren	rang	reng
z	za		ze		zi		zai	zei	zao	zou	zan	zen	zang	zeng
c	ca		ce		ci		cai		cao	cou	can	cen	cang	ceng
s	sa		se		si		sai		sao	sou	san	sen	sang	seng

声母＼韻母	-ong	i[i]	ia	iao	ie	iou	ian	in	iang	ing	iong	u	ua
ゼロ		**yi**	**ya**	**yao**	**ye**	**you**	**yan**	**yin**	**yang**	**ying**	**yong**	**wu**	**wa**
b		bi		biao	bie		bian	bin		bing		bu	
p		pi		piao	pie		pian	pin		ping		pu	
m		mi		miao	mie	miu	mian	min		ming		mu	
f												fu	
d	dong	di		diao	die	diu	dian			ding		du	
t	tong	ti		tiao	tie		tian			ting		tu	
n	nong	ni		niao	nie	niu	nian	nin	niang	ning		nu	
l	long	li	lia	liao	lie	liu	lian	lin	liang	ling		lu	
g	gong											gu	gua
k	kong											ku	kua
h	hong											hu	hua
j		ji	jia	jiao	jie	jiu	jian	jin	jiang	jing	jiong		
q		qi	qia	qiao	qie	qiu	qian	qin	qiang	qing	qiong		
x		xi	xia	xiao	xie	xiu	xian	xin	xiang	xing	xiong		
zh	zhong											zhu	zhua
ch	chong											chu	chua
sh												shu	shua
r	rong											ru	rua
z	zong											zu	
c	cong											cu	
s	song											su	

uo	**uai**	**uei**	**uan**	**uen**	**uang**	**ueng**	**ü**	**üe**	**üan**	**ün**
wo	**wai**	**wei**	**wan**	**wen**	**wang**	**weng**	**yu**	**yue**	**yuan**	**yun**
duo		dui	duan	dun						
tuo		tui	tuan	tun						
nuo			nuan				nü	nüe		
luo			luan	lun			lü	lüe		
guo	guai	gui	guan	gun	guang					
kuo	kuai	kui	kuan	kun	kuang					
huo	huai	hui	huan	hun	huang					
							ju	jue	juan	jun
							qu	que	quan	qun
							xu	xue	xuan	xun
zhuo	zhuai	zhui	zhuan	zhun	zhuang					
chuo	chuai	chui	chuan	chun	chuang					
shuo	shuai	shui	shuan	shun	shuang					
ruo		rui	ruan	run						
zuo		zui	zuan	zun						
cuo		cui	cuan	cun						
suo		sui	suan	sun						

日本人の主な姓

日本人によく見られる姓を50音順に配列し，簡体字による表記とピンインによる読み方を示す。なおコラム「日本人の姓の発音」(本文678頁)も参照。

【あ行】
相沢［相泽 Xiāngzé］
相原［相原 Xiāngyuán］
青木［青木 Qīngmù］
青柳［青柳 Qīngliǔ］
青山［青山 Qīngshān］
秋田［秋田 Qiūtián］
秋元［秋元 Qiūyuán］
秋山［秋山 Qiūshān］
浅井［浅井 Qiǎnjǐng］
浅田［浅田 Qiǎntián］
浅野［浅野 Qiǎnyě］
東［东 Dōng］
安達［安达 Āndá］
足立［足立 Zúlì］
阿部［阿部 Ābù］
安部［安部 Ānbù］
天野［天野 Tiānyě］
荒井［荒井 Huāngjǐng］
新井［新井 Xīnjǐng］
荒川［荒川 Huāngchuān］
荒木［荒木 Huāngmù］
有馬［有马 Yǒumǎ］
安藤［安藤 Ānténg］
飯島［饭岛 Fàndǎo］
飯田［饭田 Fàntián］
飯塚［饭冢 Fànzhǒng］
五十嵐［五十岚 Wǔshílán］
井口［井口 Jǐngkǒu］
池上［池上 Chíshàng］
池田［池田 Chítián］
石井［石井 Shíjǐng］
石川［石川 Shíchuān］
石黒［石黑 Shíhēi］
石崎［石崎 Shíqí］
石田［石田 Shítián］
石塚［石冢 Shízhǒng］
石橋［石桥 Shíqiáo］
石原［石原 Shíyuán］
石山［石山 Shíshān］
泉［泉 Quán］
磯部［矶部 Jībù］
市川［市川 Shìchuān］
井出［井出 Jǐngchū］
井手［井手 Jǐngshǒu］
伊東［伊东 Yīdōng］
伊藤［伊藤 Yīténg］
稲垣［稻垣 Dàoyuán］
稲田［稻田 Dàotián］
稲葉［稻叶 Dàoyè］
井上［井上 Jǐngshàng］
今井［今井 Jīnjǐng］
今泉［今泉 Jīnquán］
今村［今村 Jīncūn］
入江［入江 Rùjiāng］
岩井［岩井 Yánjǐng］
岩崎［岩崎 Yánqí］
岩下［岩下 Yánxià］
岩瀬［岩濑 Yánlài］
岩田［岩田 Yántián］
岩本［岩本 Yánběn］
植木［植木 Zhímù］
上田［上田 Shàngtián］
植田［植田 Zhítián］
上野［上野 Shàngyě］
上原［上原 Shàngyuán］
上村［上村 Shàngcūn］
植村［植村 Zhícūn］
臼井［臼井 Jiùjǐng］
内海［内海 Nèihǎi］
内田［内田 Nèitián］
内山［内山 Nèishān］
宇野［宇野 Yǔyě］
梅田［梅田 Méitián］
江口［江口 Jiāngkǒu］
榎本［榎本 Jiǎběn］
遠藤［远藤 Yuǎnténg］
及川［及川 Jíchuān］
大井［大井 Dàjǐng］
大石［大石 Dàshí］
大内［大内 Dànèi］
大川［大川 Dàchuān］
大木［大木 Dàmù］
大久保［大久保 Dàjiǔbǎo］
大崎［大崎 Dàqí］
大沢［大泽 Dàzé］
大島［大岛 Dàdǎo］
大城［大城 Dàchéng］
太田［太田 Tàitián］
大田［大田 Dàtián］
大竹［大竹 Dàzhú］
大谷［大谷 Dàgǔ］
大塚［大冢 Dàzhǒng］
大槻［大槻 Dàguī］
大坪［大坪 Dàpíng］
大友［大友 Dàyǒu］
大西［大西 Dàxī］
大野［大野 Dàyě］
大場［大场 Dàchǎng］
大橋［大桥 Dàqiáo］
大原［大原 Dàyuán］
大平［大平 Dàpíng］
大村［大村 Dàcūn］

大森［大森 Dàsēn］
大山［大山 Dàshān］
岡［冈 Gāng］
岡崎［冈崎 Gāngqí］
小笠原［小笠原 Xiǎolìyuán］
岡田［冈田 Gāngtián］
緒方［绪方 Xùfāng］
岡野［冈野 Gāngyě］
岡部［冈部 Gāngbù］
岡村［冈村 Gāngcūn］
岡本［冈本 Gāngběn］
小川［小川 Xiǎochuān］
荻野［荻野 Díyě］
荻原［荻原 Díyuán］
奥田［奥田 Àotián］
奥野［奥野 Àoyě］
奥村［奥村 Àocūn］
奥山［奥山 Àoshān］
小倉［小仓 Xiǎocāng］
尾崎［尾崎 Wěiqí］
長田［长田 Zhǎngtián］
小沢［小泽 Xiǎozé］
小田［小田 Xiǎotián］
越智［越智 Yuèzhì］
落合［落合 Luòhé］
小野［小野 Xiǎoyě］
小野寺［小野寺 Xiǎoyěsì］
小原［小原 Xiǎoyuán］
小山［小山 Xiǎoshān］

【か行】
甲斐［甲斐 Jiǎfěi］
角田［角田 Jiǎotián］
笠井［笠井 Lìjǐng］
笠原［笠原 Lìyuán］
柏木［柏木 Bǎimù］
梶原［梶原 Wěiyuán］
片岡［片冈 Piàngāng］
片桐［片桐 Piàntóng］
片山［片山 Piànshān］
加藤［加藤 Jiāténg］
金井［金井 Jīnjǐng］
金沢［金泽 Jīnzé］
金子［金子 Jīnzǐ］
金城［金城 Jīnchéng］
金田［金田 Jīntián］
加納［加纳 Jiānà］
鎌田［镰田 Liántián］
神谷［神谷 Shéngǔ］
神山［神山 Shénshān］
亀井［龟井 Guījǐng］
亀山［龟山 Guīshān］
川合［川合 Chuānhé］
河合［河合 Héhé］
川上［川上 Chuānshàng］
川口［川口 Chuānkǒu］
川崎［川崎 Chuānqí］
川島［川岛 Chuāndǎo］
川瀬［川濑 Chuānlài］
川田［川田 Chuāntián］
河田［河田 Hétián］
河内［河内 Hénèi］
川野［川野 Chuānyě］
河野［河野 Héyě］
川端［川端 Chuānduān］
川畑［川畑 Chuāntián］
川原［川原 Chuānyuán］
河原［河原 Héyuán］
川村［川村 Chuāncūn］
河村［河村 Hécūn］
川本［川本 Chuānběn］
菅［菅 Jiān］
神田［神田 Shéntián］
菊池［菊池 Júchí］
岸［岸 Àn］
岸田［岸田 Àntián］
岸本［岸本 Ànběn］
北川［北川 Běichuān］
北島［北岛 Běidǎo］
北野［北野 Běiyě］
北原［北原 Běiyuán］
北村［北村 Běicūn］
木下［木下 Mùxià］
木原［木原 Mùyuán］
木村［木村 Mùcūn］
清野［清野 Qīngyě］
草野［草野 Cǎoyě］
工藤［工藤 Gōngténg］
久保［久保 Jiǔbǎo］
久保田［久保田 Jiǔbǎotián］
窪田［洼田 Wātián］
熊谷［熊谷 Xiónggǔ］
倉田［仓田 Cāngtián］
栗田［栗田 Lìtián］
栗原［栗原 Lìyuán］
栗山［栗山 Lìshān］
黒川［黑川 Hēichuān］
黒木［黑木 Hēimù］
黒沢［黑泽 Hēizé］
黒田［黑田 Hēitián］
桑原［桑原 Sāngyuán］
小池［小池 Xiǎochí］
小泉［小泉 Xiǎoquán］
小出［小出 Xiǎochū］
古賀［古贺 Gǔhè］
小坂［小坂 Xiǎobǎn］
小島（小嶋）［小岛 Xiǎodǎo］
小谷［小谷 Xiǎogǔ］
児玉［儿玉 Éryù］
後藤［后藤 Hòuténg］
小西［小西 Xiǎoxī］
小林［小林 Xiǎolín］
小松［小松 Xiǎosōng］
小森［小森 Xiǎosēn］
小柳［小柳 Xiǎoliǔ］
近藤［近藤 Jìnténg］
今野［今野 Jīnyě］

付録

【さ行】
斉藤（齋藤・斎藤）［斋藤 Zhāiténg］
佐伯［佐伯 Zuǒbó］
坂井［坂井 Bǎnjǐng］
酒井［酒井 Jiǔjǐng］
榊原［榊原 Shényuán］
坂口［坂口 Bǎnkǒu］
坂田［坂田 Bǎntián］
坂本［坂本 Bǎnběn］
佐久間［佐久间 Zuǒjiǔjiān］
桜井［樱井 Yīngjǐng］
佐々木［佐佐木 Zuǒzuǒmù］
佐竹［佐竹 Zuǒzhú］
佐藤［佐藤 Zuǒténg］
佐野［佐野 Zuǒyě］
沢田［泽田 Zétián］
塩田［盐田 Yántián］
志賀［志贺 Zhìhè］
篠崎［筱崎 Xiǎoqí］
篠田［筱田 Xiǎotián］
篠原［筱原 Xiǎoyuán］
柴田［柴田 Cháitián］
渋谷［涩谷 Sègǔ］
島崎［岛崎 Dǎoqí］
島田（嶋田）［岛田 Dǎotián］
清水［清水 Qīngshuǐ］
志村［志村 Zhìcūn］
下田［下田 Xiàtián］
下村［下村 Xiàcūn］
庄司［庄司 Zhuāngsī］
白井［白井 Báijǐng］
白石［白石 Báishí］
白川［白川 Báichuān］
新谷［新谷 Xīngǔ］
菅野［菅野 Jiānyě］
菅原［菅原 Jiānyuán］
杉浦［杉浦 Shānpǔ］
杉田［杉田 Shāntián］
杉原［杉原 Shānyuán］
杉本［杉本 Shānběn］
杉山［杉山 Shānshān］
鈴木［铃木 Língmù］
須田［须田 Xūtián］
須藤［须藤 Xūténg］
瀬川［濑川 Làichuān］
関［关 Guān］
関口［关口 Guānkǒu］
関根［关根 Guāngēn］
瀬戸［濑户 Làihù］
相馬［相马 Xiāngmǎ］
園田［园田 Yuántián］

【た行】
高井［高井 Gāojǐng］
高岡［高冈 Gāogāng］
高木［高木 Gāomù］
高嶋［高岛 Gāodǎo］
高瀬［高濑 Gāolài］
高田［高田 Gāotián］
高野［高野 Gāoyě］
高橋［高桥 Gāoqiáo］
高松［高松 Gāosōng］
田上［田上 Tiánshàng］
高村［高村 Gāocūn］
高山［高山 Gāoshān］
滝沢［泷泽 Lóngzé］
田口［田口 Tiánkǒu］
武井［武井 Wǔjǐng］
竹内［竹内 Zhúnèi］
竹下［竹下 Zhúxià］
竹田［竹田 Zhútián］
武田［武田 Wǔtián］
竹中［竹中 Zhúzhōng］
竹村［竹村 Zhúcūn］
竹本［竹本 Zhúběn］
田島［田岛 Tiándǎo］
田代［田代 Tiándài］
多田［多田 Duōtián］
橘［橘 Jú］
田中［田中 Tiánzhōng］
田辺［田边 Tiánbiān］
谷［谷 Gǔ］
谷川［谷川 Gǔchuān］
谷口［谷口 Gǔkǒu］
谷本［谷本 Gǔběn］
田畑［田畑 Tiántián］
田原［田原 Tiányuán］
玉井［玉井 Yùjǐng］
田村［田村 Tiáncūn］
千田［千田 Qiāntián］
千葉［千叶 Qiānyè］
塚田［冢田 Zhǒngtián］
塚本［冢本 Zhǒngběn］
辻［辻 Shí］
辻本［辻本 Shíběn］
津田［津田 Jīntián］
土田［土田 Tǔtián］
土屋［土屋 Tǔwū］
筒井［筒井 Tǒngjǐng］
堤［堤 Dī］
坪井［坪井 Píngjǐng］
鶴田［鹤田 Hètián］
出口［出口 Chūkǒu］
手塚［手冢 Shǒuzhǒng］
寺田［寺田 Sìtián］
土井［土井 Tǔjǐng］
遠山［远山 Yuǎnshān］
徳田［德田 Détián］
徳永［德永 Déyǒng］
戸田［户田 Hùtián］
富田（冨田）［富田 Fùtián］
富永［富永 Fùyǒng］
豊田［丰田 Fēngtián］

【な行】
内藤［内藤 Nèiténg］
中井［中井 Zhōngjǐng］
長井［长井 Chángjǐng］
永井［永井 Yǒngjǐng］

付録

中尾 [中尾 Zhōngwěi]
長尾 [长尾 Chángwěi]
長岡 [长冈 Chánggāng]
中川 [中川 Zhōngchuān]
中沢 [中泽 Zhōngzé]
長沢 [长泽 Chángzé]
中島（中嶋）[中岛 Zhōngdǎo]
長島 [长岛 Chángdǎo]
中田 [中田 Zhōngtián]
永田 [永田 Yǒngtián]
中谷 [中谷 Zhōnggǔ]
中西 [中西 Zhōngxī]
中野 [中野 Zhōngyě]
長野 [长野 Chángyě]
永野 [永野 Yǒngyě]
中原 [中原 Zhōngyuán]
中村 [中村 Zhōngcūn]
中本 [中本 Zhōngběn]
中山 [中山 Zhōngshān]
奈良 [奈良 Nàiliáng]
成田 [成田 Chéngtián]
難波 [难波 Nánbō]
西 [西 Xī]
西尾 [西尾 Xīwěi]
西岡 [西冈 Xīgāng]
西川 [西川 Xīchuān]
西沢 [西泽 Xīzé]
西田 [西田 Xītián]
西野 [西野 Xīyě]
西原 [西原 Xīyuán]
西村 [西村 Xīcūn]
西本 [西本 Xīběn]
西山 [西山 Xīshān]
新田 [新田 Xīntián]
二宮 [二宫 Èrgōng]
丹羽 [丹羽 Dānyǔ]
沼田 [沼田 Zhǎotián]
根岸 [根岸 Gēn'àn]
根本 [根本 Gēnběn]
野口 [野口 Yěkǒu]
野崎 [野崎 Yěqí]
野沢 [野泽 Yězé]
野田 [野田 Yětián]
野中 [野中 Yězhōng]
野村 [野村 Yěcūn]

【は行】

芳賀 [芳贺 Fānghè]
萩原 [萩原 Qiūyuán]
橋口 [桥口 Qiáokǒu]
橋本 [桥本 Qiáoběn]
長谷川 [长谷川 Chánggǔchuān]
畑 [畑 Tián]
畠山 [畠山 Tiánshān]
畑中 [畑中 Tiánzhōng]
服部 [服部 Fúbù]
花田 [花田 Huātián]
馬場 [马场 Mǎchǎng]
浜口 [滨口 Bīnkǒu]
浜崎 [滨崎 Bīnqí]
浜田 [滨田 Bīntián]
浜野 [滨野 Bīnyě]
早川 [早川 Zǎochuān]
早坂 [早坂 Zǎobǎn]
林 [林 Lín]
林田 [林田 Líntián]
原 [原 Yuán]
原口 [原口 Yuánkǒu]
原田 [原田 Yuántián]
半田 [半田 Bàntián]
比嘉 [比嘉 Bǐjiā]
樋口 [樋口 Tōngkǒu]
日高 [日高 Rìgāo]
日野 [日野 Rìyě]
平井 [平井 Píngjǐng]
平岡 [平冈 Pínggāng]
平川 [平川 Píngchuān]
平田 [平田 Píngtián]
平野 [平野 Píngyě]
平林 [平林 Pínglín]
平松 [平松 Píngsōng]
平山 [平山 Píngshān]
広瀬 [广濑 Guǎnglài]
広田 [广田 Guǎngtián]
深沢 [深泽 Shēnzé]
福井 [福井 Fújǐng]
福岡 [福冈 Fúgāng]
福島 [福岛 Fúdǎo]
福田 [福田 Fútián]
福永 [福永 Fúyǒng]
福原 [福原 Fúyuán]
福本 [福本 Fúběn]
福山 [福山 Fúshān]
藤井 [藤井 Téngjǐng]
藤岡 [藤冈 Ténggāng]
藤川 [藤川 Téngchuān]
藤沢 [藤泽 Téngzé]
藤田 [藤田 Téngtián]
藤野 [藤野 Téngyě]
藤村 [藤村 Téngcūn]
藤本 [藤本 Téngběn]
藤原 [藤原 Téngyuán]
古川 [古川 Gǔchuān]
古田 [古田 Gǔtián]
古谷 [古谷 Gǔgǔ]
古屋 [古屋 Gǔwū]
保坂 [保坂 Bǎobǎn]
星 [星 Xīng]
星野 [星野 Xīngyě]
細川 [细川 Xìchuān]
細田 [细田 Xìtián]
細谷 [细谷 Xìgǔ]
堀田 [堀田 Kūtián]

堀　［堀 Kū］
堀井［堀井 Kūjǐng］
堀内［堀内 Kūnèi］
堀江［堀江 Kūjiāng］
堀川［堀川 Kūchuān］
堀口［堀口 Kūkǒu］
本多［本多 Běnduō］
本田［本田 Běntián］
本間［本间 Běnjiān］

【ま行】
前川［前川 Qiánchuān］
前田［前田 Qiántián］
牧野［牧野 Mùyě］
増田［增田 Zēngtián］
町田［町田 Dīngtián］
松井［松井 Sōngjǐng］
松浦［松浦 Sōngpǔ］
松尾［松尾 Sōngwěi］
松岡［松冈 Sōnggāng］
松川［松川 Sōngchuān］
松崎［松崎 Sōngqí］
松下［松下 Sōngxià］
松島［松岛 Sōngdǎo］
松田［松田 Sōngtián］
松永［松永 Sōngyǒng］
松野［松野 Sōngyě］
松原［松原 Sōngyuán］
松村［松村 Sōngcūn］
松本［松本 Sōngběn］
松山［松山 Sōngshān］
真鍋［真锅 Zhēnguō］
丸山［丸山 Wánshān］
三浦［三浦 Sānpǔ］
三上［三上 Sānshàng］
三木［三木 Sānmù］
三島［三岛 Sāndǎo］
水口［水口 Shuǐkǒu］
水谷［水谷 Shuǐgǔ］
水野［水野 Shuǐyě］
溝口［沟口 Gōukǒu］
三谷［三谷 Sāngǔ］
皆川［皆川 Jiēchuān］
南　［南 Nán］
三村［三村 Sāncūn］
宮内［宫内 Gōngnèi］
宮川［宫川 Gōngchuān］
宮城［宫城 Gōngchéng］
三宅［三宅 Sānzhái］
宮崎［宫崎 Gōngqí］
宮沢［宫泽 Gōngzé］
宮下［宫下 Gōngxià］
宮田［宫田 Gōngtián］
宮原［宫原 Gōngyuán］
宮本［宫本 Gōngběn］
三好［三好 Sānhǎo］
三輪［三轮 Sānlún］
向井［向井 Xiàngjǐng］
武藤［武藤 Wǔténg］
村井［村井 Cūnjǐng］
村岡［村冈 Cūngāng］
村上［村上 Cūnshàng］
村瀬［村濑 Cūnlài］
村田［村田 Cūntián］
村松［村松 Cūnsōng］
村山［村山 Cūnshān］
望月［望月 Wàngyuè］
茂木［茂木 Màomù］
森　［森 Sēn］
森岡［森冈 Sēngāng］
森川［森川 Sēnchuān］
森下［森下 Sēnxià］
森田［森田 Sēntián］
森本［森本 Sēnběn］
森山［森山 Sēnshān］

【や行】
八木［八木 Bāmù］
矢島［矢岛 Shǐdǎo］
安井［安井 Ānjǐng］
安田［安田 Āntián］
柳　［柳 Liǔ］
柳沢［柳泽 Liǔzé］
柳田［柳田 Liǔtián］
矢野［矢野 Shǐyě］
山内［山内 Shānnèi］
山岡［山冈 Shāngāng］
山川［山川 Shānchuān］
山岸［山岸 Shān'àn］
山口［山口 Shānkǒu］
山崎［山崎 Shānqí］
山下［山下 Shānxià］
山田［山田 Shāntián］
山中［山中 Shānzhōng］
山根［山根 Shāngēn］
山村［山村 Shāncūn］
山本［山本 Shānběn］
湯浅［汤浅 Tāngqiǎn］
横井［横井 Héngjǐng］
横田［横田 Héngtián］
横山［横山 Héngshān］
吉井［吉井 Jíjǐng］
吉岡［吉冈 Jígāng］
吉川［吉川 Jíchuān］
吉沢［吉泽 Jízé］
吉田［吉田 Jítián］
吉永［吉永 Jíyǒng］
吉野［吉野 Jíyě］
吉村［吉村 Jícūn］
吉本［吉本 Jíběn］
吉原［吉原 Jíyuán］
米田［米田 Mǐtián］
米山［米山 Mǐshān］

【わ行】
若林［若林 Ruòlín］
若松［若松 Ruòsōng］
和田［和田 Hétián］
渡辺［渡边 Dùbiān］
渡部［渡部 Dùbù］

作文のための日中小辞典

・中国語作文に便利な日本語見出し（約4000語）を収録した．
・掲載した中国語は，辞典本文に収録されていない語も含む．
・声調変化するものは，変化後の声調で表記した．

【あ】

相変わらず yījiù 依旧／zhàojiù 照旧
アイコン túbiāo 图标
あいさつする dǎ zhāohu 打招呼
アイス(クリーム) bīngjilíng 冰激凌／bīngqílín 冰淇淋
合図 xìnhào 信号 ▶ *目で合図をする* dì yǎnshén 递眼神
愛する ài 爱
間 ▶ *(時間)* zài~zhījiān 在～之间／zài~qījiān 在～期间 ▶ *(距離)* zài~zhījiān 在～之间 ▶ *(この間)* zhè qījiān 这期间
間柄 guānxi 关系
相手 ▶ *(仲間)* huǒbàn 伙伴 ▶ *(試合などの)* duìfāng 对方
アイディア zhǔyi 主意／xiǎngfa 想法
アイティー xìnxī jìshù 信息技术 ▶ *アイティー産業* xìnxī chǎnyè 信息产业／IT chǎnyè IT 产业
アイドル qīngchūn ǒuxiàng 青春偶像／míngxīng 明星
あいにく bú còuqiǎo 不凑巧
曖昧 hánhu 含糊／bù míngquè 不明确
アイロン yùndǒu 熨斗
あう ▶ *(人に)会う* jiànmiàn 见面／jiàn 见 ▶ *(事故に)遭う* yùdào 遇到／pèngshang 碰上
青い ▶ *青い* lǜ 绿／lán 蓝 ▶ *青信号* lǜdēng 绿灯 ▶ *青空* lántiān 蓝天
赤い ▶ *赤い* hóng 红 ▶ *赤信号* hóngdēng 红灯
明かり diàndēng 电灯／dēng 灯 ▶ *明かりをつける(消す)* kāi(guān) dēng 开(关)灯
上がる ▶ *(上に)上がる* shàng 上／shēng 升 ▶ *(物価が)上がる* zhǎngjià 涨价
明るい míngliàng 明亮／liàng 亮／guāngliàng 光亮
赤ん坊 yīng'ér 婴儿
秋 qiūtiān 秋天／qiūjì 秋季
明らか qīngchu 清楚／míngxiǎn 明显
諦める fàngqì(~niàntou) 放弃(～念头)／(duì~)bú bào xīwàng (对～)不抱希望
呆れる jīngdāi 惊呆／jīngyà 惊讶
あく ▶ *開く* kāi 开 ▶ *開ける* kāi 开／dǎkāi 打开
握手 wòshǒu 握手
アクセスする ▶ *(記憶装置へ)* cúnqǔ 存取 ▶ *(インターネットに)* shàng wǎng 上网
あける ▶ *空ける* téngchu 腾出 ▶ *(夜が)明ける* tiān liàng 天亮
あげる ▶ *挙げる* jǔ 举 ▶ *上げる* fàngshangqu 放上去 ▶ *(与える)* gěi 给 ▶ *(レベルを)上げる* tígāo 提高 ▶ *(油で)揚げる* yóuzhá 油炸
あご xiàba 下巴
あこがれる chōngjǐng 憧憬／xiàngwǎng 向往
朝 zǎoshang 早上／zǎochen 早晨 ▶ *朝ご飯* zǎofàn 早饭
浅い qiǎn 浅
あさって hòutiān 后天
鮮やか xiānyàn 鲜艳／xiānmíng 鲜明
あし ▶ *脚(付け根から足首まで)* tuǐ 腿 ▶ *足(くるぶしから先まで)* jiǎo 脚
味 wèidao 味道／wèir 味儿
アジア Yàzhōu 亚洲
あした(あす) míngtiān 明天
味わう ▶ *(味をみる)* pǐncháng 品尝 ▶ *(鑑賞する)* wánwèi 玩味
預かる bǎoguǎn 保管
預ける ▶ *(荷物など)* jìcún 寄存 ▶ *(子供など)* tuō 托
汗 hàn 汗 ▶ *汗をかく* chū hàn 出汗
焦る zháojí 着急／jízào 急躁

日中小辞典

あそこ nàli 那里／nàr 那儿
遊び wánr 玩儿／yóuxì 游戏
遊ぶ wánr 玩儿
与える gěi 给／jǐyǔ 给予
暖かい nuǎnhuo 暖和／wēnnuǎn 温暖
暖める jiārè 加热／rè 热
あだな wàihào 外号
頭 tóu 头／nǎodai 脑袋
新しい xīn 新
辺り ▶*(付近)* fùjìn 附近 ▶*(～ぐらい)* dàyuē 大约
当たり前 dāngrán 当然／búyòng shuō 不用说
あちら ▶*(場所)* nàli 那里 ▶*(人)* nà(nèi) wèi 那位 ▶*(もの)* nà(nèi) ge 那个
厚い hòu 厚
暑い rè 热
熱い rè 热／tàng 烫
扱う bànlǐ 办理／jīngyíng 经营
あっさり ▶*(味)* qīngdàn 清淡 ▶*(簡単に)* qīngyì 轻易 ▶あっさりあきらめる gāncuì sǐ xīn le 干脆死心了
アップ tígāo 提高
集まる jíhé 集合／jùjí 聚集
集める shōují 收集／jízhōng 集中
(…の)後 zài~yǐhòu 在～以后
アドバイス zhǐdiǎn 指点／zhǔyi 主意 ▶*アドバイスをしてください* nǐ gěi wǒ chū ge zhǔyi ba 你给我出个主意吧
アドレス ▶*(メール)アドレス* wǎngzhǐ 网址／diànzǐ yóuxiāng 电子邮箱 ▶*住所* dìzhǐ 地址／zhùzhǐ 住址
アナウンス guǎngbō 广播
あなた nǐ 你 ▶*(敬称)* nín 您
あなたたち nǐmen 你们
兄 gēge 哥哥
アニメ dònghuàpiàn 动画片／kǎtōng 卡通
姉 jiějie 姐姐
あの nàge(nèige) 那个／nà 那
アパート gōngyù 公寓
アフリカ Fēizhōu 非洲
危ない wēixiǎn 危险
油 yóu 油
甘い tián 甜
アマチュア yèyú'àihàozhě 业余爱好者
あまり… tài～ 太～
あまり…ない bú tài～ 不太～
余る shèng 剩
雨 yǔ 雨 ▶*雨が降る* xià yǔ 下雨
飴 táng 糖／tángguǒ 糖果
アメリカ Měiguó 美国
怪しい ▶*(疑わしい)* qíguài 奇怪／kěyí 可疑 ▶*(信頼できない)* kàobuzhù 靠不住
謝る dàoqiàn 道歉
洗う xǐ 洗
あらかじめ shìxiān 事先／yùxiān 预先
嵐 bàofēngyǔ 暴风雨
改める gǎi 改／gǎizhèng 改正
表す biǎoshì 表示／biǎoxiàn 表现
現れる chūxiàn 出现
ありがとう xièxie 谢谢
ある ▶*(所在)* zài 在 ▶*(所有)* yǒu 有
あるいは huò 或／huòzhě 或者
歩く zǒu 走／bùxíng 步行
アルコール ▶*(物質)* jiǔjīng 酒精 ▶*(酒)* jiǔ 酒
ある時 yǒushíhou 有时候／yǒushí 有时
アルバイト dǎgōng 打工
アルバム ▶*(写真)* yǐngjí 影集 ▶*(CDやテープ)* zhuānjí 专辑
あれ nàge(nèige) 那个 ▶*(複数)* nàxiē(nèixiē) 那些
アレルギー guòmǐn 过敏
あわせて yígòng 一共／jiāqilai 加起来
合わせる (bǎ~)héqilai (把～)合起来／(gēn~)yìqǐ zuò (跟～)一起做
慌ただしい huāngzhang 慌张／cōngmáng 匆忙
慌てる huāngmáng 慌忙
案外 yìxiǎngbúdào 意想不到
暗記 jìzhù 记住／bèi 背
安心する fàngxīn 放心
安全 ānquán 安全
安定 ▶*(変化しない)* wěndìng 稳定 ▶*(座りがよい)* ānwěn 安稳
アンテナ tiānxiàn 天线
あんな nàyàng de 那样的／nàme 那么
案内する dǎoyóu 导游 ▶*(案内人・ガイド)* dǎoyóu 导游／dàilù 带路
あんなに nàyàng 那样／nàme 那么
あんまん dòushābāo 豆沙包
胃 wèi 胃
いい hǎo 好／kěyǐ 可以／xíng 行
言い合う （言い争う） zhēnglùn 争论
いいえ ▶*(間違いだと言う時)* bú duì 不对 ▶*(否定する時)* bú shì 不是
いい加減 cū xīn dà yì 粗心大意／mǎmahūhū 马马虎虎／suíbiàn 随便／bú fùzé 不负责
イーメール diànzǐ yóujiàn 电子邮件／

yīmèir 伊妹儿
言い訳 ▶(申しひらき) biànjiě 辩解 ▶(言い逃れ) jièkǒu 借口
いう ▶言う shuō 说／jiǎng 讲 ▶…という(名前) jiào 叫
家 jiā 家／fángzi 房子
いか wūzéi 乌贼 ▶(スルメイカ) yóuyú 鱿鱼
…以外 chúle~yǐwài 除了～以外
息 ▶息(をする) hūxī 呼吸 ▶息が合う hédelái 合得来
意義 yìyì 意义
いきいき shēngdòng 生动／huópo 活泼
生きる huó 活
行く qù 去
いくつ ▶(量) duōshao ge 多少个／jǐ ge 几个 ▶(年齢) jǐ suì 几岁／duō dà 多大
いくら(金額) duōshao qián 多少钱
意見 yìjian 意见
イコール ▶(同じ) děngyú 等于 ▶(記号の名) děnghào 等号
石 shítou 石头
意志 yìzhì 意志
意識 ▶(知覚) yìshí 意识 ▶(認識) rènshi 认识
いじめる qīfu 欺负／nüèdài 虐待
医者 yīshēng 医生／dàifu 大夫
異常 yìcháng 异常
以上 ▶…以上 yǐshàng 以上 ▶以上(それまでに述べたこと) jiù zhèixiē 就这些
意地悪 qīfu rén 欺负人／shǐhuài 使坏
椅子 yǐzi 椅子
…以前 (zài)~yǐqián (在)～以前／(zài)~qián (在)～前
忙しい máng 忙
急ぐ zháojí 着急／jí 急
痛い téng 疼／tòng 痛
いたずら táoqì 淘气／èzuòjù 恶作剧
痛む téng 疼／tòng 痛／téngtòng 疼痛
炒める chǎo 炒
1 yī 一
位置 ▶(場所) wèizhi 位置 ▶(地位) dìwèi 地位
1月 yīyuè 一月
イチゴ cǎoméi 草莓
一時 zànshí 暂时／yìshí 一时
1度 yí cì 一次／yì huí 一回
市場 shìchǎng 市场／jíshì 集市
一番 ▶(順序) dì yī 第一 ▶(最も) zuì 最
一部 ▶(書物等の印刷物) yí bù 一部／yì běn 一本 ▶(一部分) yíbùfen 一部分
一流 yīliú 一流
いつ shénme shíhou 什么时候
一気 yìkǒuqì 一口气
一切 quánbù 全部／yíqiè 一切
一生懸命 pīnmìng 拼命／nǔlì 努力
一緒に yìqǐ 一起／yíkuàir 一块儿
いっそう gèngjiā 更加／gèng 更
5つ wǔ ge 五个
一致 yízhì 一致
いつでも suíshí 随时
いっぱい mǎn 满／chōngmǎn 充满
一般 pǔtōng 普通／yìbān 一般
いつも jīngcháng 经常／zǒngshì 总是
遺伝 yíchuán 遗传
糸 xiàn 线
いとこ ▶(父方) tángxiōngdì(jiěmèi) 堂兄弟(姐妹) ▶(母方) biǎoxiōngdì(jiěmèi) 表兄弟(姐妹)
田舎 nóngcūn 农村／xiāngxia 乡下
イヌ gǒu 狗
居眠り dǎdǔnr 打盹儿
命 shēngmìng 生命／mìng 命
祈る ▶(願う) zhùyuàn 祝愿 ▶(神仏に) qídǎo 祈祷
威張る àomàn 傲慢
衣服 yīfu 衣服
違法 wéifǎ 违法
今 xiànzài 现在
今にも…しそうだ jiùyào(~le) 就要(～了)／kuàiyào(~le) 快要(～了)／yào(~le) 要(～了)
意味 yìsi 意思
イメージ xiǎngxiàng 想像／xíngxiàng 形象
妹 mèimei 妹妹
嫌 tǎoyàn 讨厌／bù xǐhuan 不喜欢
イヤホン ěrjī 耳机
…以来 ~yǐlái ～以来
依頼 wěituō 委托／qǐngqiú 请求
いらいらする jiāojí 焦急
いらっしゃい ▶(あいさつ) huānyíng 欢迎 ▶(来るように促す) lái 来
入口 jìnkǒu 进口／rùkǒu 入口
いる(所在) zài 在
要る yào 要／xūyào 需要
イルカ hǎitún 海豚
入れる ▶(物を)入れる fàng 放／zhuāng 装 ▶(人を内部へ)入れる róngnà 容纳 ▶(含む) bāokuò～zài

日中小辞典

nèi 包括～在内 ▶*(スイッチを)入れる* èn kāiguān 摁开关／kāi 开

色 yánsè 颜色／sècǎi 色彩

いろいろ gè zhǒng gè yàng 各种各样

岩 yánshí 岩石

祝う zhùhè 祝贺／zhùyuàn 祝愿

いわゆる suǒwèi 所谓

印鑑 yìnzhāng 印章

印刷 yìnshuā 印刷

印象 yìnxiàng 印象

インスタント sùchéng 速成 ▶*インスタントラーメン* fāngbiànmiàn 方便面

インターネット yīntèwǎng 因特网／hùliánwǎng 互联网

インタビュー cǎifǎng 采访

インテリ zhīshi fènzǐ 知识分子

イントネーション yǔdiào 语调／shēngdiào 声调

インフォーメーション ▶*(知らせ)* xìnxī 信息／qíngbào 情报 ▶*(案内所)* wènxùnchù 问讯处

インフルエンザ liúgǎn 流感

飲料 yǐnliào 饮料

ウイスキー wēishìjì 威士忌

ウイルス bìngdú 病毒

烏龍茶 wūlóngchá 乌龙茶

(…の)上 (zài~)shàngmian (在～)上面／(zài~)shàngbian (在～)上边

ウエートレス nǚfúwùyuán 女服务员

ウエスト yāowéi 腰围 ▶*ウエストをはかる* liáng yāowéi 量腰围

ウォークマン suíshēntīng 随身听

うがい shùkǒu 漱口

伺う ▶*(訪問する)* bàifǎng 拜访 ▶*(問う)* dǎting 打听

浮かぶ ▶*(水,空に)浮かぶ* piāo 漂／fú 浮 ▶*(考えが心に)浮かぶ* xiǎngchū 想出

受かる kǎoshàng 考上

受け入れる ▶*(承知する)* jiēshòu 接受 ▶*(人を)* zhāoshōu 招收

受付 ▶*(申し込みなど)* shòulǐ 受理 ▶*(来訪者に対して)* wènxùnchù 问讯处

受け取る shōu 收／jiēdao 接到

受ける ▶*(試験を)受ける* cānjiā kǎoshì 参加考试 ▶*(講義を)受ける* shàng (kè) 上(课)

動かす ▶*(機械などを)動かす* kāidòng 开动／fādòng 发动 ▶*(物の位置を変える)* yídòng 移动 ▶*(心を)動かす* dǎdòng 打动

(機械が)動く yùnzhuǎn 运转／dòng 动

ウシ niú 牛

失う shīqù 失去

後ろ hòumian 后面／hòubian 后边

薄い ▶*(本,肉,布などが)薄い* báo 薄 ▶*(色が)薄い* qiǎn 浅／dàn 淡 ▶*(味が)薄い* dàn 淡／qīngdàn 清淡

嘘(をつく) shuōhuǎng 说谎／sā huǎng 撒谎／chuīniú 吹牛

歌 gēqǔ 歌曲／gē 歌

歌う chàng 唱／chàng gē 唱歌

疑う huáiyí 怀疑／bù xiāngxìn 不相信

内 ▶*(～の期間に)* zài~qījiān 在～期间 ▶*(～の中)* zài~zhīzhōng 在～之中

打ち合わせ pèngtóu 碰头／shāngliang 商量

内気 miǎntiǎn 腼腆／nèixiàng 内向

宇宙 yǔzhòu 宇宙／tàikōng 太空

打つ ▶*打つ(入力する)* dǎzì 打字／shūrù 输入 ▶*(心を)打つ* gǎndòng 感动

美しい měilì 美丽／piàoliang 漂亮／hǎokàn 好看／měihǎo 美好

写す ▶*(書いて)写す* chāo 抄／chāoxiě 抄写 ▶*(写真を)写す* zhàoxiàng 照相／pāizhào 拍照

訴える ▶*(告訴する)* kònggào 控告 ▶*(感情を込めて話す)* sùshuō 诉说 ▶*(訴えかける)* hūyù 呼吁

腕 gēbo 胳膊／shǒubì 手臂

腕時計 shǒubiǎo 手表／biǎo 表

うどん miàntiáo 面条

うなずく ▶*(首をたてにふる)* diǎntóu 点头 ▶*(賛成する)* tóngyì 同意

奪う duó 夺／qiǎng 抢

ウマ mǎ 马

うまい→おいしい，上手

生まれる chūshēng 出生／dànshēng 诞生

海 hǎi 海／dàhǎi 大海

海辺 hǎibiān 海边

生む shēng 生

裏 bèihòu 背后／hòumian 后面

裏口 hòumén 后门 ▶*(正規でない方法を取る)* zǒu hòumén 走后门

占う suànmìng 算命

羨ましい xiànmù 羡慕

売り切れる màiwán 买完

売る mài 卖

うるさい ▶*(音が)* chǎonào 吵闹 ▶*(不快だ)* tǎoyàn 讨厌 ▶*(口やかましい)* láodao 唠叨

嬉しい gāoxìng 高兴
売れっ子 hóngrén 红人／dàwànr 大腕儿
売れる chàngxiāo 畅销
上着 shàngyī 上衣
噂 chuányán 传言／yáoyán 谣言
運 yùnqì 运气
うんざり yànfán 厌烦
運転手 sījī 司机
運転する kāichē 开车／jiàshǐ 驾驶
運転免許 jiàshǐ zhízhào 驾驶执照
運動 yùndòng 运动 ▶*スポーツ* tǐyù yùndòng 体育运动
運命 mìngyùn 命运
絵 huàr 画儿／huìhuà 绘画
エアコン kōngtiáo 空调
映画 diànyǐng 电影
影響する yǐngxiǎng 影响
営業 yíngyè 营业
英語 Yīngyǔ 英语／Yīngwén 英文
衛生 wèishēng 卫生
衛星 wèixīng 卫星
英雄 yīngxióng 英雄
栄養 yíngyǎng 营养
えがく miáoxiě 描写
駅 chēzhàn 车站／zhàn 站
エスカレーター zìdòng fútī 自动扶梯
枝 shùzhī 树枝
エチケット lǐjié 礼节／lǐmào 礼貌 ▶エチケットを守る dǒng lǐjiě guīju 懂礼节规矩
エネルギー ▶*(力学的に)* néngyuán 能源 ▶*(活気)* huólì 活力／jīnglì 精力
蝦 xiā 虾
エピソード yìshì 轶事／chāhuà 插话
エプロン wéiqún 围裙
絵本 liánhuánhuà 连环画／túhuàshū 图画书
偉い liǎobuqǐ 了不起／wěidà 伟大
選ぶ xuǎn 选／tiāoxuǎn 挑选
得る dédào 得到
エレベーター diàntī 电梯
円 ▶*(丸)* yuánquān(r) 圆圈(儿) ▶*(日本)円* rìyuán 日元
円滑 shùnlì 顺利／yuánmǎn 圆满
延期 yánqī 延期
エンジニア gōngchéngshī 工程师／jìshī 技师
援助する yuánzhù 援助
演じる biǎoyǎn 表演
演奏する yǎnzòu 演奏
延長 yáncháng 延长
鉛筆 qiānbǐ 铅笔
遠慮する／遠慮深い kèqi 客气
甥 ▶*(兄弟の)* zhízi 侄子 ▶*(姉妹の)* wàisheng 外甥
おいしい ▶*(食べて)おいしい* hǎochī 好吃 ▶*(飲んで)おいしい* hǎohē 好喝
(後を)追う zhuī 追／zhuīgǎn 追赶
応対 jiēdài 接待
横断歩道 rénxíng héngdào 人行横道
往復(切符) wǎngfǎn(piào) 往返(票)
応募 ▶*(参加申し込み)* yìngzhāo 应招／bàomíng 报名 ▶*(徴兵や呼びかけなど)* yìngzhēng 应征
終える→終わる
多い duō 多
おおう gài 盖／méng 蒙
オーエル(OL) gōngsī nǚzhíyuán 公司女职员
大型 dàxíng 大型
狼 láng 狼
大きい ▶*(体積・面積)* dà 大 ▶*(幅)* kuān 宽
多く(の) (hěn)duō (很)多／duōbàn 多半
オーケー xíng 行／kěyǐ 可以
大通り dàjiē 大街／mǎlù 马路
オートバイ mótuōchē 摩托车
オーバー ▶*(超える)* chāoguò 超过 ▶*(大げさな)* kuāzhāng 夸张
オーバーコート→外套
オープン ▶*(開いている)* kāifàng 开放 ▶*(店など)* kāiyè 开业
大晦日 chúxī 除夕
大家 fángdōng 房东
丘 shāngāng 山冈
お母さん māma 妈妈／mǔqin 母亲
(…の)おかげで xìngkuī 幸亏／duōkuī 多亏
おかしい qíguài 奇怪／kěxiào 可笑
おかず cài 菜
起きる ▶*(起床する)* qǐchuáng 起床 ▶*(事件が)起きる* fāshēng 发生
置く fàng 放／bǎi 摆
奥 lǐmiàn 里面
億 yì 亿
奥さん tàitai 太太／fūrén 夫人
屋上 wūdǐng 屋顶
臆病 dǎnxiǎo 胆小／dǎnqiè 胆怯 ▶*臆病者* dǎnxiǎoguǐ 胆小鬼
贈り物→プレゼント
おくる ▶*(配達する)* sòng 送／yóujì 邮寄 ▶*(過ごす)* guò 过 ▶*贈る*

日中小辞典

sòng(gěi) 送(给)／zèngsòng 赠送
遅れる ▶*(到着が)遅れる* chídào 迟到／wǎn 晚 ▶*(時計が)遅れる* màn 慢
起こす yǐnqǐ 引起
行う jìnxíng 进行／jǔxíng 举行
起こる→起きる
怒る shēngqì 生气／fāhuǒ 发火
おごる qǐng kè 请客
おさめる ▶*収める(成果をあげる)* huòdé 获得／qǔdé 取得 ▶*収める(しまう)* fàngdào 放到 ▶*納める* jiāo 交
おじ(おじさん) ▶*(父方)* shūshu 叔叔／bóbo 伯伯 ▶*(母方)* jiùjiu 舅舅
教える jiāo 教／fǔdǎo 辅导 ▶*道を教える* zhǐ lù 指路 ▶*(話などを)教える* gàosu 告诉
おしゃれ shímáo 时髦／dǎban 打扮
押す tuī 推／àn 按
遅い ▶*(時間)* wǎn 晚 ▶*(速度)* màn 慢
おそらく kěnéng 可能／dàgài 大概
恐れる hàipà 害怕／dānxīn 担心
恐ろしい kěpà 可怕／kǒngbù 恐怖
教わる gēn~xué 跟～学／xiàng~qǐngjiào 向～请教
お互いに hùxiāng 互相／bǐcǐ 彼此
穏やか ▶*(静か)* píngwěn 平稳 ▶*(ゆったりと落ち着いている)* wēnhé 温和
落ち着く ▶*(落ち着いた)* chénzhuó 沉着 ▶*(安定している)* āndìng 安定／wěndìng 稳定 ▶*(まとまる)* yǒu tóuxù 有头绪
落ちる ▶*(落下する)* luò(xiaqu) 落(下去)／diào(xiaqu) 掉(下去) ▶*(試験に)落ちる* méi kǎoshang 没考上／bù jígé 不及格
おっかけ zhuīxīngzú 追星族
音 shēngyīn 声音
お父さん bàba 爸爸／fùqin 父亲
弟 dìdi 弟弟
男 nánrén 男人／nánxìng 男性／nán de 男的
落とす ▶*(物を)落とす* rēng 扔／diū 丢 ▶*(なくす)* diūdiào 丢掉／diū 丢 ▶*(スピードを)落とす* fàngmàn 放慢
訪れる ▶*(人を)訪れる* fǎngwèn 访问／kàn 看 ▶*(場所を)訪れる* cānguān 参观／yóulǎn 游览
おととい qiántiān 前天
おととし qiánnián 前年
大人 chéngniánrén 成年人／dàren 大人
おとなしい lǎoshi 老实／ānjìng 安静
踊り tiàowǔ 跳舞／wǔdǎo 舞蹈
劣る→下手
踊る tiàowǔ 跳舞／tiào 跳
衰える shuāituì 衰退／shuāiruò 衰弱
驚かす xiàhu 吓唬／xià 吓
驚く chījīng 吃惊／xià yí tiào 吓一跳
お腹 dùzi 肚子
同じ yíyàng 一样／tóngyàng 同样
鬼 ▶*(想像上の生きもの)* guǐguài 鬼怪 ▶*(冷酷な人)* lěngkù wúqíng de rén 冷酷无情的人
おば(おばさん) ▶*(父方)* gū gu 姑姑／gūmā 姑妈▶*(母方)* āyí 阿姨／yímā 姨妈
お早う zǎoshang hǎo 早上好／nǐ zǎo 你早
脅かす wēixié 威胁／wēibī 威逼
オフィス bàngōngshì 办公室
オフィスビル xiězìlóu 写字楼／bàngōng dàshà 办公大厦
オペラ gējù 歌剧
覚える ▶*(記憶する)* jìzhù 记住 ▶*(習得する)* xuéhuì 学会／zhǎngwò 掌握
おめでとう gōngxǐ 恭喜
重い chén 沉／zhòng 重
思い出す xiǎngqi 想起／xiǎngchulai 想出来
思い付く xiǎngdào 想到／xiǎngchū 想出
思いやる guānxīn 关心
思う xiǎng 想／juéde 觉得
重さ zhòngliàng 重量
面白い yǒu yìsi 有意思／hǎowánr 好玩儿／yǒuqù 有趣
おもちゃ wánjù 玩具
表 biǎomiàn 表面／zhèngmiàn 正面
重んじる zhòngshì 重视／zūnzhòng 尊重
親 fùmǔ 父母／jiāzhǎng 家长
おやすみ wǎn'ān 晚安
おやつ diǎnxin 点心／xiǎochī 小吃／língshí 零食
親指 (dà)mǔzhǐ (大)拇指
泳ぐ yóuyǒng 游泳／yóu 游
降りる xià 下／xià(lai/qu) 下(来／去)
オリンピック Àolínpǐkè Yùndònghuì 奥林匹克运动会／Àoyùnhuì 奥运会
折る zhé 折
終わる jiéshù 结束／wán 完
音楽 yīnyuè 音乐

温泉 wēnquán 温泉
音痴 wǔyīn bù quán 五音不全 ▶*方向音痴* méiyǒu fāngxiànggǎn 没有方向感
温度 wēndù 温度
女 nǚrén 女人／nǚxìng 女性／nǚ de 女的

【か】

科(専攻) zhuānyè 专业
蚊 wénzi 蚊子
課 ▶*(部署)* kē 科 ▶*(教科書の区分)* kè 课
…化 ~huà ~化
カー qìchē 汽车
カーソル(コンピュータ) guāngbiāo 光标
カーテン chuānglián 窗帘
カード kǎpiàn 卡片／kǎ 卡
ガードマン jǐngwèiyuán 警卫员
カーペット dìtǎn 地毯
回 ▶*(動作の回数)* ~cì ~次／~huí ~回／~biàn ~遍 ▶*(主に食事の回数)* ~dùn ~顿
…階 ~céng ~层／~lóu ~楼
害 wēihài 危害／hài 害
外貨 wàibì 外币
海外 hǎiwài 海外／guówài 国外
海岸 hǎi'àn 海岸
会議 huìyì 会议／huì 会
会計 ▶*(会計事務)* kuàijì 会计 ▶*(支払)* jiézhàng 结帐／mǎidān 买单
解決する jiějué 解决
会見 huìjiàn 会见 ▶*記者会見* jìzhě zhāodài huì 记者招待会
外見 ▶*(表面)* wàiguān 外观 ▶*(人の)* wàimào 外貌／wàibiǎo 外表
介護 zhàoliào 照料／hùlǐ 护理 ▶*介護ヘルパー* hùlǐyuán 护理员
会合 kāihuì 开会／huìyì 会议
外国 wàiguó 外国
外国語 wàiyǔ 外语
外国人 wàiguórén 外国人／lǎowài 老外
開催 jǔbàn 举办／zhàokāi 召开
改札口 jiǎnpiàokǒu 剪票口
解散 jiěsàn 解散
開始 kāishǐ 开始
外資系企業 wàiqǐ 外企／wàizī qǐyè 外资企业
会社 gōngsī 公司
会社員 gōngsī zhíyuán 公司职员
解釈 jiěshì 解释
回収 huíshōu 回收
外出する wàichū 外出
外食 zài wài yòngcān 在外用餐
解説 jiǎngjiě 讲解／jiěshuō 解说
回線 xiànlù 线路
改善 gǎishàn 改善
海賊版 dàobǎn 盗版
階段 ▶*(室内)* lóutī 楼梯 ▶*(室外)* táijiē 台阶
会談 huìtán 会谈
懐中電灯 (shǒu) diàntǒng (手)电筒
快適 shūshì 舒适／shūfu 舒服
ガイド dǎoyóu 导游／xiàngdǎo 向导
かいとう ▶*回答* huídá 回答 ▶*解答* jiědá 解答
外套(オーバーコート) dàyī 大衣
ガイドブック ▶*(旅行の)* lǚyóu shǒucè 旅游手册／lǚyóu zhǐnán 旅游指南
概念 gàiniàn 概念
開発 kāifā 开发
回復 huīfù 恢复
介抱 zhàogù 照顾
開放 kāifàng 开放／gōngkāi 公开
解放 jiěfàng 解放
買物する mǎi dōngxi 买东西／gòuwù 购物
海洋 hǎiyáng 海洋
会話(する) huìhuà 会话
買う mǎi 买
飼う yǎng 养
カウンター ▶*(支払いをするところ)* shōukuǎnchù 收款处 ▶*(バーなどの)* guìtái 柜台
返す huán 还
かえって fǎndào 反倒／fǎn'ér 反而
変える gǎibiàn 改变
帰る huíjiā 回家／huí 回
蛙 qīngwā 青蛙
顔 liǎn 脸 ▶*(表情)* biǎoqíng 表情／liǎnsè 脸色
顔色 liǎnsè 脸色
香り xiāngwèi 香味
抱える bào 抱
価格 jiàgé 价格／jiàqian 价钱
化学 huàxué 化学
科学 kēxué 科学
鏡 jìngzi 镜子
輝かしい huīhuáng 辉煌／yàoyǎn 耀眼
輝く fā guāng 发光／huīhuáng 辉煌
かかる ▶*(時間や費用が)かかる* xūyào 需要／huā 花 ▶*(医者に)かかる* kànbìng 看病

(…に)かかわる guānxi(dao) 关系(到)
柿 shìzi 柿子
鍵 yàoshi 钥匙／suǒ 锁
書き方 xiěfǎ 写法
書き取り tīngxiě 听写
書き取る jìlù 记录／jìxialai 记下来
…限り zhǐyào~jiù 只要～就
限る xiàndìng 限定／xiànyú 限于 ▶ *(～とは限らない)* bù yídìng 不一定
かく ▶*書く* xiě 写 ▶*(絵を)描く* huà(huàr) 画(画儿)
嗅ぐ wén 闻
家具 jiājù 家具
各自 gèzì 各自
確実 yídìng 一定
学者 xuézhě 学者
学習 xué 学／xuéxí 学习
確信 jiānxìn 坚信
隠す cáng 藏
学生 xuésheng 学生
学生寮 xuésheng sùshè 学生宿舍
拡大 ▶*(範囲を)* kuòdà 扩大 ▶*(図・機能など)* fàngdà 放大
各地 gèdì 各地
獲得 qǔdé 取得／huòdé 获得
確認 quèrèn 确认
学年 niánjí 年级
学費 xuéfèi 学费
学部 xì 系
学問 xuéwèn 学问／xuéshí 学识
学歴 xuélì 学历
隠れる duǒ 躲／cáng 藏
隠れん坊 zhuō mícáng 捉迷藏
影 yǐngzi 影子
掛け算 chéngfǎ 乘法
かける ▶*(吊るす)* guà 挂 ▶*(鍵をかける)* suǒ mén 锁门 ▶*(電話をかける)* dǎ diànhuà 打电话
過去 guòqù 过去／cóngqián 从前
加工 jiāgōng 加工 ▶*…加工* ~chǔlǐ ~处理
囲む wéi 围／wéirào 围绕／bāowéi 包围
傘 sǎn 伞
飾り zhuāngshì(pǐn) 装饰(品)
火山 huǒshān 火山
菓子 diǎnxin 点心／língshí 零食
火事 huǒzāi 火灾
家事 jiāwù 家务
かしこい cōngmíng 聪明／jīling 机灵
貸し出し chūjiè 出借
歌手 gēshǒu 歌手
カジュアルウェア xiūxiánzhuāng 休闲装
貸す jiè 借／chūzū 出租／zū 租
数 shù 数／shùzì 数字
ガス méiqì 煤气／qìtǐ 气体／wǎsī 瓦斯
風 fēng 风
風邪 gǎnmào 感冒 ▶*風邪を引く* (dé) gǎnmào (得)感冒／zháoliáng 着凉
稼ぐ ▶*(金を)* zhèng qián 挣钱 ▶*(時間を)* zhēngqǔ shíjiān 争取时间
カセット lùyīn cídài 录音磁带
数える shǔ 数
家族 jiālirén 家里人／jiārén 家人
ガソリン qìyóu 汽油
肩 jiān 肩／jiānbǎng 肩膀
堅い yìng 硬
片思い dānxiāngsī 单相思
形 xíngzhuàng 形状
かたづける ▶*(整理する)* shōushi 收拾 ▶*(解決する)* jiějué 解决
刀 dāo 刀
片道 dānchéng 单程
傾く ▶*(斜めになる)* qīng 倾／qīngxié 倾斜 ▶*(傾向がある)* qīngxiàng yú 倾向于
語る tán 谈／jiǎng 讲
カタログ shāngpǐn mùlù 商品目录
傍ら pángbiān 旁边
価値 ▶*価値* jiàzhí 价值 ▶*価値がある* zhíde 值得／yǒu jiàzhí 有价值
勝つ yíng 赢／shèng 胜／zhànshèng 战胜
がっかり shīwàng 失望
学期 xuéqī 学期
楽器 yuèqì 乐器
学校 xuéxiào 学校
格好いい shuài 帅／yǒu mèilì 有魅力／kù 酷
かつて céngjīng 曾经／yǐqián 以前
活動 huódòng 活动
活発 huópo 活泼／huóyuè 活跃
カップ bēizi 杯子
カップル yí duì qíngrén 一对情人／yí duì liànrén 一对恋人／yí duì qínglǚ 一对情侣
家庭 jiātíng 家庭 ▶*家庭教師* jiātíng jiàoshī 家庭教师／jiājiào 家教
角 jiǎo 角
仮名 jiǎmíng 假名
叶う shíxiàn 实现
悲しい shāngxīn 伤心／bēi'āi 悲哀
悲しむ bēitòng 悲痛／bēi'āi 悲哀
必ず yídìng 一定
かなり tǐng 挺／kě 可

蟹 pángxiè 螃蟹
加入 jiārù 加入／cānjiā 参加
金 qián 钱
金持ち yǒu qián rén 有钱人／dàkuǎn 大款
可能性 kěnéng 可能
彼女 ▶*（人称）* tā 她 ▶*（ガールフレンド）* nǚpéngyou 女朋友
鞄 bāo 包
花瓶 huāpíng 花瓶
株式 gǔfèn 股份／gǔpiào 股票 ▶株式会社 gǔfèn yǒuxiàn gōngsī 股份有限公司
(帽子を)かぶる dài(màozi) 戴(帽子)
壁 qiáng 墙
我慢する jiānchí 坚持／rěnnài 忍耐
紙 zhǐ 纸
髪 tóufa 头发
剃刀 guāliǎndāo 刮脸刀／tìdāo 剃刀
雷 léi 雷 ▶*雷が鳴る* dǎléi 打雷
噛む ▶*（噛みくだく）* jiáo 嚼 ▶*（噛み付く）* yǎo 咬
ガム kǒuxiāngtáng 口香糖
亀 wūguī 乌龟
カメラ zhàoxiàngjī 照相机／xiàngjī 相机
画面 huàmiàn 画面
科目 kēmù 科目
…かもしれない kěnéng 可能／yěxǔ 也许
粥 zhōu 粥
痒い yǎng 痒
通う qù 去 ▶*（学校へ）通う* shàngxué 上学
火曜日 xīngqī'èr 星期二
…から(場所・時) cóng~ 从~
カラー cǎisè 彩色
辛い ▶*（スパイシー）* là 辣 ▶*（塩辛い）* xián 咸
カラオケ kǎlā'ōukèi 卡拉ＯＫ ▶*カラオケボックス* kǎlā'ōukèi tīng 卡拉ＯＫ厅
ガラス bōli 玻璃
からだ shēntǐ 身体
仮に ▶*（もし）* jiǎrú 假如／yàoshi 要是 ▶*（一時的に）* zànshí 暂时
借りる jiè 借／zū 租
軽い qīng 轻
カルシウム gài 钙
カルチャー wénhuà 文化 ▶*カルチャーショック* wénhuà chōngjī 文化冲击 ▶*カルチャーセンター* wénhuà zhōngxīn 文化中心
彼 ▶*（人称）* tā 他 ▶*（ボーイフレンド）* nánpéngyou 男朋友
カレー gālí(fàn) 咖喱(饭)
かれる ▶*枯れる* kūwěi 枯萎 ▶*涸れる* gānkū 干枯／gān 干 ▶*嗄れる* sīyǎ 嘶哑
カレンダー rìlì 日历／yuèlì 月历／niánlì 年历 ▶*（壁にかける）* guàlì 挂历
川(河) hé 河／jiāng 江
皮 pígé 皮革／pí 皮
可愛い kě'ài 可爱
かわいがる téng'ài 疼爱
可哀想 kělián 可怜
乾かす shàigān 晒干
かわく ▶*乾く* gān 干 ▶*渇く* kě 渴
革靴 píxié 皮鞋
代わり dàitì 代替／qǔdài 取代
変わる biàn 变／biànhuà 变化
考え xiǎngfǎ 想法／yìjiàn 意见
考える rènwéi 认为／kǎolǜ 考虑／xiǎng 想
癌 áizhèng 癌症
眼科 yǎnkē 眼科
感覚 gǎnjué 感觉
観客 guānzhòng 观众
環境 huánjìng 环境
関係 guānxi 关系
歓迎する huānyíng 欢迎
簡潔 jiǎnjié 简洁
頑固 wángù 顽固
観光する guānguāng 观光／lǚyóu 旅游／lǚxíng 旅行 ▶*観光客* yóukè 游客
看護師 hùshi 护士
関西 (Rìběn) Guānxī dìqū (日本)关西地 ▶*関西弁* Guānxī fāngyán 关西方言
観察 guānchá 观察
漢字 Hànzì 汉字
感じ yìnxiàng 印象／gǎnjué 感觉
感じがいい yìnxiàng hǎo 印象好／gǎnjué hǎo 感觉好
患者 bìngrén 病人／huànzhě 患者
感謝する gǎnxiè 感谢
感情 gǎnqíng 感情
鑑賞する xīnshǎng 欣赏
勘定する jiézhàng 结账／mǎidān 买单
感じる gǎndào 感到
感心する qīnpèi 钦佩
関心をもつ guānxīn 关心／gǎn xìngqù 感兴趣
関する guānyú 关于
完成 wánchéng 完成

完全　chèdǐ 彻底／wánzhěng 完整
乾燥　gānzào 干燥
感想　gǎnxiǎng 感想
肝臓　gān(zàng) 肝(脏)
簡単　jiǎndān 简单
元旦　Yuándàn 元旦
勘違い　wùhuì 误会／wùjiě 误解
官庁　zhèngfǔ jīguān 政府机关
缶詰　guàntou 罐头
関東　(Rìběn) Guāngdōng dìqū (日本)关东地区
カンニング　zuòbì 作弊
乾杯　gānbēi 干杯
がんばる　nǔlì 努力／jiānchí 坚持　▶*がんばれ(掛け声)*　jiāyóu 加油
看板　▶*(広告)*　guǎnggàopái 广告牌　▶*(店など)*　zhāopai 招牌
看病　kānhù 看护／hùlǐ 护理
完璧　wánměi 完美／wánshàn 完善
勘弁　yuánliàng 原谅／ráoshù 饶恕
漢方　zhōngyī 中医　▶*漢方薬*　zhōngyào 中药
管理　guǎnlǐ 管理
完了　wánliǎo 完了／wánbì 完毕
慣例　guànlì 惯例
緩和　huǎnhé 缓和
気　▶*気(感覚)*　gǎnjué 感觉　▶*気がする*　yǒu(zhè zhǒng)gǎnjué 有(这种)感觉　▶*気がつく*　fāxiàn 发现　▶*気に掛ける*　guānxīn 关心　▶*気をつける*　zhùyì 注意／xiǎoxīn 小心　▶*気に入る*　zhòngyì 中意／xǐhuan 喜欢　▶*気(つもり)*　dǎsuan 打算
気(性格)　píqi 脾气　▶*気が合う*　hédelái 合得来　▶*気がいい*　píqi hǎo 脾气好　▶*気が大きい*　dàfang 大方　▶*気が強い*　juéjiàng 倔强　▶*気が早い*　xìngjí 性急　▶*気が弱い*　dǎnxiǎo 胆小／nuòruò 懦弱
木　shù 树
キーボード　jiànpán 键盘
黄色い　huáng 黄
消える　xiāoshī 消失
記憶　jìyì 记忆
気温　qìwēn 气温
機会　jīhuì 机会
機械　jīxiè 机械／jīqì 机器
企画　guīhuà 规划／jìhuà 计划
気軽　qīngsōng 轻松／suíbiàn 随便
期間　qījiān 期间
聞き取り　tīnglì 听力／tīngxuě 听写
企業　qǐyè 企业
きく　▶*聞く(聴く)*　tīng 听　▶*(尋ねる)*　wèn 问／dǎting 打听
菊　júhuā 菊花
危険　wēixiǎn 危险
気候　qìhòu 气候／tiānqì 天气
記号　jìhao 记号／fúhào 符号
聞こえる　tīngjiàn 听见／tīngdào 听到
帰国　huíguó 回国
記事　bàodǎo 报道／xiāoxi 消息
儀式　yíshì 仪式／diǎnlǐ 典礼
記者　jìzhě 记者
汽車　huǒchē 火车
技術　jìshù 技术
基準　biāozhǔn 标准／jīzhǔn 基准
キス　jiēwěn 接吻／qīnzuǐ 亲嘴
傷　shāng 伤／shāngkǒu 伤口
築く　▶*(道路・工事など)*　xiūzhù 修筑　▶*(樹立する)*　jiànlì 建立
帰省　huíxiāng tànqīn 回乡探亲
犠牲　xīshēng 牺牲
季節　jìjié 季节
基礎　jīchǔ 基础／jīběn 基本
規則　guīzé 规则／guīzhāng 规章
北　běi 北／běibiān 北边
ギター　jítā 吉他
期待→希望
鍛える　duànliàn 锻炼
汚い　zāng 脏
貴重　bǎoguì 宝贵／zhēnguì 珍贵
きちんと　▶*(整っている)*　zhěngqí 整齐　▶*(よく・しっかり)*　hǎohǎo de 好好地　▶*(正しく)*　qiàdàng 恰当
きつい　▶*(性格が)きつい*　yàoqiáng 要强　▶*(たいへん)*　chīlì 吃力　▶*(きゅうくつ)*　jǐn 紧
気づく　fājué 发觉／fāxiàn 发现
喫茶店　kāfēiguǎn 咖啡馆／kāfēitīng 咖啡厅／cháguǎn 茶馆
切手　yóupiào 邮票
きっと　yídìng 一定／kěndìng 肯定
切符　piào 票
記入する　(空白に)　tiánxiě 填写
記念　jìniàn 纪念／liúniàn 留念
昨日　zuótiān 昨天
気の毒　búxìng 不幸／dǎoméi 倒霉
厳しい　yán 严／yángé 严格
気分　xīnqíng 心情
希望　xīwàng 希望／qīdài 期待
決まり　guīdìng 规定
決まりが悪い　nánwéiqíng 难为情／bù hǎoyìsi 不好意思
君→あなた

義務 yìwù 义务
決める juédìng 决定
気持 xīnqíng 心情 ▶*気持ちがよい* shūfu 舒服／yúkuài 愉快 ▶*気持ちが悪い* bù shūfu 不舒服／bù yúkuài 不愉快
着物 héfú 和服
疑問 yíwèn 疑问／wèntí 问题
客 ▶*(招待客，訪問客)* kèrén 客人 ▶*(商店の客)* gùkè 顾客
逆 xiāngfǎn 相反／fǎn 反
客間 kètīng 客厅
キャッシュカード tíkuǎnkǎ 提款卡
キャプテン duìzhǎng 队长
キャベツ juǎnxīncài 卷心菜
キャンセル qǔxiāo 取消
キャンディー→飴
キャンパス xiàoyuán 校园
キャンペーン xuānchuán huódòng 宣传活动／~yùndòng ~运动
急 tūrán 突然／hūrán 忽然／jǐnjí 紧急
9 jiǔ 九
休暇 xiūjià 休假／jiàqī 假期
救急車 jiùhùchē 救护车
休業 tíngyè 停业
休憩 xiūxi 休息／xiē 歇
休講 tíngkè 停课
休日 jiàrì 假日 ▶*1年のうち休日は何日ありますか？* yì nián yǒu jǐ tiān jià? 一年有几天假?
吸収 xīshōu 吸收
救助 jiùzhù 救助／qiǎngjiù 抢救
急に tūrán 突然／hūrán 忽然
牛肉 niúròu 牛肉
牛乳 niúnǎi 牛奶
休養 xiūyǎng 休养
きゅうり huánggua 黄瓜
給料 gōngzī 工资
今日 jīntiān 今天
教育する jiàoyù 教育
教科書 jiàokēshū 教科书／kèběn 课本
京劇 jīngjù 京剧
ギョーザ jiǎozi 饺子／shuǐjiǎo 水饺
教師 jiàoshī 教师／lǎoshī 老师
行事 huódòng 活动
教授 jiàoshòu 教授
教室 jiàoshì 教室
競争する jìngzhēng 竞争
兄弟 xiōngdì jiěmèi 兄弟姐妹／xiōngdì 兄弟
強調 qiángdiào 强调
共通 gòngtóng 共同
共同 gòngtóng 共同／gōngyòng 公用
興味 xìngqù 兴趣
教養 jiàoyǎng 教养／xiūyǎng 修养
恐竜 kǒnglóng 恐龙
行列 hángliè 行列
曲 qǔzi 曲子／gēqǔ 歌曲
去年 qùnián 去年
距離 jùlí 距离
嫌う bù xǐhuan 不喜欢／tǎoyàn 讨厌
気楽 qīngsōng 轻松／shūxīn 舒心
キリスト教 Jīdūjiào 基督教
切る ▶*(切り倒す)* kǎn 砍／qiē 切 ▶*(スイッチを)切る* guān 关 ▶*(髪を)切る* jiǎn 剪
着る chuān 穿
きれい ▶*(美しい)* hǎokàn 好看／piàoliang 漂亮 ▶*(清潔)* gānjìng 干净 ▶*(音がきれい)* hǎotīng 好听
キロ ▶*キログラム* gōngjīn 公斤 ▶*キロメートル* gōnglǐ 公里
記録 jìlù 记录
議論 zhēnglùn 争论／tǎolùn 讨论
禁煙 ▶*(たばこを禁止する)* jìnyān 禁烟 ▶*禁煙席* jìnyānxí 禁烟席 ▶*(たばこをやめる)* jièyān 戒烟
金額 jīn'é 金额／kuǎn'é 款额
近眼 jìnshì 近视
銀行 yínháng 银行
禁止する jìnzhǐ 禁止
近所 fùjìn 附近／línjū 邻居
緊張する jǐnzhāng 紧张
筋肉 jīròu 肌肉
勤務先 gōngzuò dānwèi 工作单位
金メダル jīnpái 金牌
金曜日 xīngqīwǔ 星期五
具合 ▶*(状況)* qíngkuàng 情况 ▶*(体調)* shēntǐ zhuàngkuàn 身体状况
食いしん坊 zuǐchán 嘴馋
クイズ cāimí 猜谜／zhìlì yóuxì 智力游戏
空気 kōngqì 空气
空港 jīchǎng 机场
空席 kòngzuò 空座／kòng zuòwèi 空座位
偶然 ǒurán 偶然
空欄 kòngbái lán 空白栏
クール kù 酷／shuài 帅
9月 jiǔyuè 九月
釘 dīngzi 钉子
草 cǎo 草
臭い nánwén 难闻／chòu 臭
腐る fǔlàn 腐烂／fǔbài 腐败
櫛 shūzi 梳子
挫く ▶(ねんざ) niǔshāng 扭伤 ▶

日中小辞典

（挫折） shòu cuòzhé 受挫折 ▶気を挫く huīxīn 灰心／qì'něi 气馁
くじ引き chōuqiān 抽签
薬 yào 药
薬屋 yàodiàn 药店
薬指 wúmíngzhǐ 无名指
崩れる ▶（崩壊する） dǎotā 倒塌／tānpǐ 坍 ▶（天気が）くずれる tiānqì biànhuài 天气变坏
具体的 jùtǐ 具体
（…して）ください qǐng gěi wǒ~ 请给我～
果物 shuǐguǒ 水果
くだらない wúyòng 无用／wúliáo 无聊／méi yìsi 没意思 ▶くだらないことを言う fèihuà 废话
下り列車 xiàxíng lièchē 下行列车
口 zuǐ 嘴／kǒu 口
唇 zuǐchún 嘴唇／chún 唇
靴 xié 鞋
靴下 wàzi 袜子
句読点 jùhào hé dòuhào 句号和逗号
国 guójiā 国家／guó 国
首 bózi 脖子
工夫する xiǎng fāng shè fǎ 想方设法
組み立てる （機械など） zǔzhuāng 组装
雲 yún 云
曇り yīntiān 阴天／yīn 阴
くやしい lìng rén qìfèn 令人气愤／yíhàn 遗憾
…くらい dàyuē 大约
暗い ▶（明るさが） hūn'àn 昏暗／àn 暗 ▶（重苦しい） chénzhòng 沉重 ▶（陰気） bù mínglǎng 不明朗
グラウンド tǐyùchǎng 体育场
クラシック gǔdiǎn 古典
クラス bān 班／bānjí 班级 ▶クラスメート tóngxué 同学
暮らす guò rìzi 过日子／shēnghuó 生活
グラス bōlibēi 玻璃杯
クラブ jùlèbù 俱乐部／kèwài huódòng 课外活动
グラフ túbiǎo 图表
比べる bǐjiào 比较
グラム kè 克
クリーニング ▶（ドライクリーニング） gānxǐ 干洗 ▶（きれいにする） xǐ 洗
クリーム ▶（食品） nǎiyóu 奶油 ▶（化粧品） rùnfūshuāng 润肤霜
繰り返す chóngfù 重复／fǎnfù 反复
クリスマス Shèngdànjié 圣诞节 ▶メリークリスマス Shèngdànjié kuàilè 圣诞节快乐／Shèngdàn kuàilè 圣诞快乐
クリック diǎnjī 点击
来る lái 来
グループ xiǎozǔ 小组
苦しい kǔ 苦／tòngkǔ 痛苦／nánshòu 难受
苦しみ tòngkǔ 痛苦
苦しむ gǎndào tòngkǔ 感到痛苦／kǔyú 苦于
車（自動車） qìchē 汽车／chē 车
車椅子 lúnyǐ 轮椅
グレー huīsè 灰色
クレジットカード xìnyòngkǎ 信用卡
（…して）くれる gěi wǒ~ 给我～／bāng wǒ～ 帮我～
黒い hēi 黑
苦労する chīkǔ 吃苦／cāoxīn 操心
クローズアップ （大きく写す） tèxiě 特写
クローン kèlóng 克隆
加える jiā 加／zēngjiā 增加
詳しい xiángxì 详细／shúxī 熟悉
加わる→参加
訓練 xùnliàn 训练
経営 jīngyíng 经营
計画 jìhuà 计划
警官→警察
景気 jǐngqì 景气
経験 jīngyàn 经验／jīnglì 经历
経験する jīngyàn 经验
傾向 qīngxiàng 倾向
敬語 jìngyǔ 敬语
蛍光灯 rìguāngdēng 日光灯／yíngguāngdēng 荧光灯
経済 jīngjì 经济
警察 jǐngchá 警察
計算 suàn 算／jìsuàn 计算
形式 xíngshì 形式
芸術 yìshù 艺术
軽率 qīngshuài 轻率
携帯電話 shǒujī 手机
競馬 sàimǎ 赛马
経歴 jīnglì 经历／lǚlì 履历
ケーキ dàngāo 蛋糕
ゲーム yóuxì 游戏／diànzǐ yóuxì 电子游戏
けが shāng 伤 ▶けがをする shòushāng 受伤
外科 wàikē 外科
けさ jīntiān zǎoshang 今天早上
景色 fēngjǐng 风景／jǐngsè 景色
消しゴム xiàngpí 橡皮

下車　xiàchē 下车
下旬　xiàxún 下旬
化粧　（化粧する） huàzhuāng 化妆 ▶*化粧品* huàzhuāng pǐn 化妆品
消す　▶*(スイッチなどを)消す* guān 关 ▶*(火を)消す* miè 灭
けち　xiǎoqi 小气／lìnsè 吝啬
血圧　xuèyā 血压
血液型　xuèxíng 血型
結果　jiéguǒ 结果
月給　yuèxīn 月薪
結局　jiéguǒ 结果
結婚する　jiéhūn 结婚
決して…しない　jué bù~ 决不～／yídìng bù~ 一定不～
決勝　juésài 决赛
決心　juéxīn 决心
決心する　juéxīn 决心／xià juéxīn 下决心
欠席する　quēxí 缺席
決定→決める
欠点　quēdiǎn 缺点
月末　yuèdǐ 月底／yuèmò 月末
月曜日　xīngqīyī 星期一
結論　jiélùn 结论
下品　xiàliú 下流／cūyě 粗野
煙　yānwù 烟雾／yān 烟
下痢　lā dùzi 拉肚子
蹴る　tī 踢
けれども　dànshì 但是／kěshì 可是
険しい　▶*(山道)* xiǎnjùn 险峻 ▶*(表情)* yánjùn 严峻／kěpà 可怕
原因　yuányīn 原因
喧嘩　▶*(口喧嘩)* chǎojià 吵架 ▶*(殴り合い)* dǎjià 打架
見学する　cānguān 参观
玄関　ménkǒu 门口
元気　▶*(健康)* jiànkāng 健康／jiēshi 结实 ▶*元気(がある)* jīnglì wàngshèng 精力旺盛／yǒu jīngshen 有精神
研究する　yánjiū 研究
謙虚　qiānxū 谦虚
現金　xiànjīn 现金／xiànkuǎn 现款
言語　yǔyán 语言
健康　jiànkāng 健康
現在　xiànzài 现在
検索　jiǎnsuǒ 检索
検査する　jiǎnchá 检查
厳重　yángé 严格
現象　xiànxiàng 现象
減少　jiǎnshǎo 减少
建設する　jiànshè 建设
原則　yuánzé 原则
謙遜　qiānxū 谦虚
現代　xiàndài 现代／dāngdài 当代
建築する　jiànzhù 建筑／jiànshè 建设／jiànzào 建造 ▶*建築物* jiànzhùwù 建筑物
検討　yánjiū 研究
現場　xiànchǎng 现场
原爆　yuánzǐdàn 原子弹
見物する　yóulǎn 游览／kàn rènao 看热闹
倹約　jiéyuē 节约／jiéshěng 节省
権利　quánlì 权利
原料　yuánliào 原料／yuáncáiliào 原材料
権力　quánlì 权力
言論　yánlùn 言论
5　wǔ 五
恋　liàn 恋／liàn'ài 恋爱
鯉　lǐyú 鲤鱼
濃い　▶*(色が)濃い* shēn 深／nóng 浓 ▶*(味が)濃い* nóng 浓
恋しい　huáiliàn 怀恋／huáiniàn 怀念
恋人　liànrén 恋人／qíngrén 情人
コイン　yìngbì 硬币／gāngbèngr 钢镚儿
行為　xíngwéi 行为
公園　gōngyuán 公园
講演　jiǎngyǎn 讲演
効果　xiàoguǒ 效果 ▶*効果がある* yǒu xiàoguǒ 有效果
高価　gāojià 高价 ▶*高価だ* hěn guì 很贵
硬貨→コイン
公害　gōnghài 公害
郊外　jiāowài 郊外
後悔する　hòuhuǐ 后悔
合格する　jígé 及格
交換する　jiāohuàn 交换／huàn 换
講義　jiǎngyì 讲义／kèchéng 课程 ▶*講義をする* jiǎngkè 讲课
公共　gōnggòng 公共
工業　gōngyè 工业
航空券　jīpiào 机票
合計　zǒnggòng 总共／gòngjì 共计
口語　kǒuyǔ 口语
高校　gāozhōng 高中
広告　guǎnggào 广告
口座　hùtóu 户头／zhànghù 账户 ▶*口座を作る* kāi hùtóu 开户头／lì zhànghù 立账户
講座　jiǎngzuò 讲座
交差点　shízì lùkǒu 十字路口
工事　gōngchéng 工程
公衆電話　gōngyòng diànhuà 公用电话
交渉　jiāoshè 交涉／tánpàn 谈判

工場 gōngchǎng 工厂
洪水 hóngshuǐ 洪水
構成 gòuchéng 构成／jiégòu 结构
高速道路 gāosù gōnglù 高速公路
紅茶 hóngchá 红茶
校長 xiàozhǎng 校长
交通 jiāotōng 交通
行動 xíngdòng 行动／xíngwéi 行为
口頭試験 kǒushì 口试
購読 dìngyuè 订阅
交番 pàichūsuǒ 派出所
幸福 xìngfú 幸福
興奮する xīngfèn 兴奋
被る méngshòu 蒙受／shòudào 受到
紅葉 hóngyè 红叶
効率 xiàolǜ 效率
交流 jiāoliú 交流
声 shēngyīn 声音
こえる ▶*越える* yuèguò 越过 ▶*超える* chāoguò 超过
コース ▶*(スポーツ用語)* pǎodào 跑道 ▶*(学校など)* kèchéng 课程 ▶*(道)* lùxiàn 路线
コーチ jiàoliàn 教练
コート dàyī 大衣
コーヒー kāfēi 咖啡
コーラ kělè 可乐
氷 bīng 冰
凍る jiébīng 结冰／dòng 冻
誤解 wùjiě 误解／wùhuì 误会
小型 xiǎoxíng~ 小型~
5月 wǔyuè 五月
小切手 zhīpiào 支票 ▶*小切手をきる* kāi zhīpiào 开支票
呼吸 hūxī 呼吸
故郷 gùxiāng 故乡／jiāxiāng 家乡
国際的 guójìhuà 国际化／guójìxìng 国际性
国籍 guójí 国籍
黒板 hēibǎn 黑板
国民 guómín 国民
国連 Liánhéguó 联合国
ここ zhèli 这里／zhèr 这儿
午後 xiàwǔ 下午
9つ jiǔ ge 九个
心 xīn 心
心細い xīngzhōng bù'ān 心中不安
試みる chángshì 尝试
腰 yāo 腰
故障 gùzhàng 故障 ▶*故障する* fāshēng gùzhàng 发生故障／chū gùzhàng 出故障
個人 gèrén 个人
小銭 língqián 零钱
午前 shàngwǔ 上午
答え huídá 回答／dá'àn 答案
答える huídá 回答／jiědá 解答
こつ qiàomén 窍门／juéqiào 诀窍
国家 guójiā 国家
小遣い línghuāqián 零花钱／língyòngqián 零用钱
骨折 gǔzhé 骨折
コップ bēizi 杯子
こと shìqing 事情／shì 事
今年 jīnnián 今年
異なる bù tóng 不同／bù yíyàng 不一样
…毎に měi~ 每~
言葉 yǔyán 语言／huà 话
子供 háizi 孩子／xiǎoháir 小孩儿
ことわる ▶*(拒否する)* jùjué 拒绝 ▶*(知らせる)* shìxiān tōngzhī 事先通知
この zhè 这／zhège(zhèige) 这个
この前(先日) qián jǐ tiān 前几天／shàngcì 上次
好み àihào 爱好
好む xǐhuan 喜欢／àihào 爱好
このように(こんなに) zhème 这么／zhèyàng 这样
ご飯 fàn 饭／mǐfàn 米饭
コピー ▶*(複写)* fùyìn 复印／kǎobèi 拷贝 ▶*(複製)* fùzhì(pǐn) 复制(品)
(授業の)コマ jié(kè) 节(课)
ごま zhīma 芝麻
細かい ▶*(綿密な)* xiángxì 详细 ▶*(小さい)* xiǎo 小
コマーシャル guǎnggào 广告
困る wéinán 为难／bù hǎo bàn 不好办
ゴミ lājī 垃圾／fèiwù 废物
込む jǐ 挤／yōngjǐ 拥挤
米 mǐ 米／dàmǐ 大米
ごめんなさい duìbuqǐ 对不起／bàoqiàn 抱歉
ゴルフ gāo'ěrfūqiú 高尔夫球
これ zhè 这／zhège(zhèige) 这个 ▶*(複数)* zhèixiē 这些
これから cóng xiànzài qǐ 从现在起／jīnhòu 今后／jiānglái 将来
これまで yǐqián 以前／cóngqián 从前
頃 (de)shíhou (的)时候
殺す shā 杀／shāsǐ 杀死
転ぶ shuāidǎo 摔倒／diēdǎo 跌倒
小指 xiǎomuzhǐ 小拇指
怖い pà 怕 ▶*…するのが怖い* bù gǎn 不敢(＋動詞)

壊す　nònghuài 弄坏
壊れる　huài 坏
今回　zhè cì (zhèi cì) 这次／xiàcì 下次
今月　zhèige yuè 这个月
今後　yǐhòu 以后／jīnhòu 今后
コンサート　yǎnchànghuì 演唱会／yīnyuèhuì 音乐会
混雑　yōngjǐ 拥挤
今週　zhèi (ge) xīngqī／这(个)星期
コンセント　chāzuò 插座
コンタクトレンズ　yǐnxíng yǎnjìng 隐形眼镜
コンテスト　bǐsài 比赛／jìngsài 竞赛
今度　▶*(この度)*　zhè cì 这次　▶*(次回)*　xiàcì 下次
こんな　zhèyàng (de)~ 这样(的) ~
こんなに　zhèyàng 这样／zhème 这么
困難　kùnnan 困难／nán 难
こんにちは　nǐ hǎo 你好
コンパニオン　xiǎojie 小姐
今晩　jīntiān wǎnshang 今天晚上　▶*今晩は*　wǎnshang hǎo 晚上好
コンビニ(エンスストア)　biànlìdiàn 便利店
コンピュータ　jìsuànjī 计算机／diànnǎo 电脑
コンプレックス*(劣等感)*　zìbēigǎn 自卑感
混乱　hùnluàn 混乱

【さ】

差　▶*(差)*　chājù 差距　▶*(違い)*　chābié 差别
サークル　kèwài huódòng xiǎozǔ 课外活动小组
サービス　fúwù 服务　▶*(無料)*　miǎnfèi 免费　▶*サービス料*　fúwùfèi 服务费　▶*サービス係*　fúwùyuán 服务员
…歳　~suì ~岁
災害　zāihài 灾害
最近　zuìjìn 最近／jìnlái 近来
最後　zuìhòu 最后
財産　cáichǎn 财产
祭日(記念日，祭日，中国伝統の祝日，節句)　jiérì 节日
最初　zuìchū 最初／gāng kāishǐ 刚开始
最新　zuì xīn 最新
サイズ　chǐcun 尺寸／dàxiǎo 大小
最善　▶*(最も良い)*　zuì hǎo 最好　▶*最善を尽くす*　jiéjìn quánlì 竭尽全力
最中　zhèngzài … shíhou 正在…时候
最適　zuì héshì 最合适
災難　zāinàn 灾难／zāihuò 灾祸
才能　cáinéng 才能
裁判　shěnpàn 审判／cáipàn 裁判
財布　qiánbāo 钱包
採用　▶*(手段など)*　cǎiqǔ 采取　▶*(人を雇う)*　lùqǔ 录取
材料　cáiliào 材料
幸い　xìngkuī 幸亏／xìnghǎo 幸好
サイン　▶*(信号)*　xìnhào 信号　▶*(署名)*　qiānzì 签字
サウナ　zhēngqìyù 蒸气浴／sāngná 桑拿／sāngnàyù 桑那浴
…さえ　lián~(yě) 连～(也)
坂　pō 坡　▶*上り坂*　shàngpō 上坡　▶*下り坂*　xiàpō 下坡
探す　zhǎo 找
魚　yú 鱼
下がる　xiàjiàng 下降／jiàngdī 降低
盛ん　▶*(栄えている)*　fánróng 繁荣　▶*(流行する)*　shèngxíng 盛行　▶*(勢いが良い)*　rèliè 热烈
さき　▶*(先端)*　qiántou 前头　▶*(未来)*　jiānglái 将来　▶*(順番)*　xiān 先
作業　zuòyè 作业／gōngzuò 工作
咲く　shèngkāi 盛开／kāi 开
作者　zuòzhě 作者
昨夜→*ゆうべ*
サクラ　yīnghuā 樱花
サクランボ　yīngtáo 樱桃
酒　jiǔ 酒
叫ぶ　jiào 叫／hǎn 喊
避ける　bì 避／duǒkai 躲开
下げる　jiàngdī 降低
支える　▶*(倒れないように)*　zhīchēng 支撑　▶*(持ちこたえる)*　wéichí 维持／zhīchí 支持
刺し身　shēngyúpiàn 生鱼片
さす　▶*刺す*　cì 刺／zhā 扎　▶*(虫などが)*　yǎo 咬　▶*指す*　zhǐ 指　▶*差す*　dǎ 打　▶*傘を差す*　dǎsǎn 打伞
さすが　dàodǐ shì 到底是／búkuì 不愧
座席　zuòwei 座位／wèizi 位子
誘う　yāo 邀／yuē 约
定める　dìng 定／guīdìng 规定
…冊　běn 本
撮影　shèyǐng 摄影／zhàoxiàng 照相
雑音　zàoyīn 噪音
サッカー　zúqiú 足球
さっき*(いましがた)*　gāngcái 刚才／gāng 刚
雑誌　zázhì 杂志

さっそく lìkè 立刻／gǎnjǐn 赶紧
雑談 xiántán 闲谈／xiánliáo 闲聊
雑用 suǒshì 琐事／záshì 杂事
砂糖 shātáng 砂糖／táng 糖
砂漠 shāmò 沙漠
寂しい ▶*寂しい(悲しい)* shānggǎn 伤感／gǎnshāng 感伤 ▶*(孤独な)* jìmò 寂寞 ▶*(人気のない)* huāngliáng 荒凉／kōngkōngdàngdàng 空空荡荡
錆びる ▶*(錆がつく)* shēngxiù 生锈 ▶*(だめになる)* wúyòng 无用
座布団 zuòdiàn 座垫
差別 ▶*(見下げる)* qíshì 歧视 ▶*(違い)* chābié 差别
サポート ▶*(協賛)* zànzhù 赞助 ▶*(支持)* zhīchí 支持
サボる ▶*(授業を)* táokè 逃课 ▶*(学校を)* táoxué 逃学 ▶*(仕事を)* kuànggōng 旷工
…様→…さん
様々 gè zhǒng gè yàng 各种各样／zhǒngzhǒng 种种
覚ます*(目を)覚ます* xǐnglai 醒来／shuìxǐng 睡醒
妨げる fáng'ài 妨碍／zǔ'ài 阻碍
寒い lěng 冷／hánlěng 寒冷
作用 zuòyòng 作用
さようなら zàijiàn 再见
皿 ▶*(大)* pánzi 盘子 ▶*(小)* diézi 碟子
再来週 xiàxiàgexīngqī 下下个星期
再来年 hòunián 后年
サラダ sèlā 色拉／shālā 沙拉／liángcài 凉菜
更に gèng 更／gèngjiā 更加
サラリーマン gōngsī zhíyuán 公司职员
去る(離れる) líkāi 离开／zǒu 走
騒ぐ chǎonào 吵闹
さわやか qīngshuǎng 清爽／shuǎngkuai 爽快
触る mō 摸／pèng 碰
…さん ▶*(男性)* ~xiānsheng ~先生 ▶*(若い女性)* ~xiǎojie ~小姐 ▶*(成年女性)* ~nǚshì ~女士 ▶*(年輩の女性)* ~dàjiě ~大姐
3 sān 三
参加する cānjiā 参加
3月 sānyuè 三月
残業する jiābān 加班
サングラス tàiyángjìng 太阳镜／mòjìng 墨镜
賛成する tóngyì 同意／zànchéng 赞成
酸素 yǎngqì 氧气／yǎng 氧
サンタクロース Shèngdàn Lǎorén 圣诞老人
サンダル liángxié 凉鞋
サンドイッチ sānmíngzhì 三明治
残念 yíhàn 遗憾／kěxī 可惜
サンプル yàngpǐn 样品
散歩する sànbù 散步
4 sì 四
…時*(時刻)* ~diǎn(zhōng) ~点(钟)
字 zì 字
試合 bǐsài 比赛
幸せ→幸福
シーズン ▶jìjié 季节 ▶*(物が出回る)* wàngjì 旺季
シーツ chuángdān 床单
シーディー(CD) yīnxiàng guāngpán 音像光盘／jīguāng chàngpiàn 激光唱片 ▶*CD-ROM* yāsuō guāngpán 压缩光盘／guāngqū 光驱 ▶*CD(MD)プレーヤー* suíshēntīng 随身听
ジーンズ niúzǎikù 牛仔裤
塩 yán 盐
塩辛い xián 咸
しおり ▶*(本の)* shūqiān 书签 ▶*(手引き)* zhǐnán 指南
…しか(ない) zhǐ~ 只~
資格 zīgé 资格
しかし dànshì 但是／kěshì 可是
しかたがない méi bànfǎ 没办法
しかたなく zhǐhǎo 只好
4月 sìyuè 四月
しかも érqiě 而且
叱る pīpíng 批评／zébèi 责备
時間 shíjiān 时间
色彩 sècǎi 色彩
支給 zhīfù 支付／fāfàng 发放
時給 jìshí gōngzī 计时工资／shíxīn 时薪
敷く ▶*(平らにする)* pū 铺 ▶*(力で押さえつける)* yāzhì 压制
茂る màoshèng 茂盛／fánmào 繁茂
試験する kǎoshì 考试
資源 zīyuán 资源
事件 shìjiàn 事件
…時限 dì~jié kè 第~节课
時限爆弾 dìngshí zhàdàn 定时炸弹
事故 shìgù 事故
時刻 shíkè 时刻／shíjiān 时间 ▶*時刻表* shíkèbiǎo 时刻表
仕事する zuò gōngzuò 做工作／gànhuór 干活儿
支持 zhīchí 支持

日中小辞典

事実　shìshí 事实
支出　zhīchū 支出／kāizhī 开支
辞書　cídiǎn 词典
市場　shìchǎng 市场
自信　xìnxīn 信心／zìxìn 自信
地震　dìzhèn 地震
静か　jìng 静／ānjìng 安静
システム　xìtǒng 系统
沈む　▶*(太陽などが)沈む* luò 落 ▶*(沈没する)* chén 沉／chénmò 沉没
姿勢　▶*(態度)* tàidù 态度 ▶*(姿)* zīshì 姿势 ▶*姿勢を正す* duānzhèng zīshì 端正姿势
施設　shèshī 设施／shèbèi 设备
自然　zìrán 自然
舌　shétou 舌头
…したい→…たい
時代　shídài 时代
従う　gēn 跟／fúcóng 服从
下書き　cǎogǎo 草稿 ▶*(絵の)* huàgǎo 画稿
したがって　yīncǐ 因此／suǒyǐ 所以
…したがる→…たい
下着　nèiyī 内衣
(…の)下に　(zài~)xiàmian (在～)下面
…したことがある　(動詞＋)guo 过
親しい　qīnjìn 亲近／qīnqiè 亲切／qīnmì 亲密
…したばかり　gāng~ 刚～
7　qī 七
7月　qīyuè 七月
実家　lǎojiā 老家／jiā 家 ▶(既婚女性にとっての実家) niángjia 娘家
失業　shīyè 失业
しつけ　jiàoyǎng 教养／jiàoyù 教育
実験　shíyàn 实验
実現　shíxiàn 实现
実際　shíjì 实际
実施　shīxíng 施行／shíxíng 实行
実習　shíxí 实习
質素　jiǎnpǔ 简朴／jiǎnpǔ 俭朴
湿度　shīdù 湿度
実に　shízài 实在／díquè 的确
実の→本当
実は　qíshí 其实
失敗する　nònghuài 弄坏／shībài 失败／zāogāo 糟糕
しっぽ　wěiba 尾巴
質問　wèntí 问题 ▶*質問する* tí wèntí 提问题
実力　shílì 实力／nénglì 能力
失礼　bù lǐmào 不礼貌／shīlǐ 失礼
指定席　zhǐdìng xíwèi 指定席位／duìhào zuòwèi 对号座位
指摘　zhǐchū 指出
…してはいけない　bùxíng 不行／bù néng 不能(＋動詞)
…してよい　kěyǐ 可以(＋動詞)
支店　fēngōngsī 分公司／fēndiàn 分店 ▶*(銀行の)* zhīháng 支行
自転車　zìxíngchē 自行车
指導者　lǐngdǎorén 领导人
自動車→車
指導する　▶*(勉強を)指導する* zhǐdǎo 指导／zhǐjiào 指教 ▶*(リーダーとして)指導する* lǐngdǎo 领导
自動販売機　zìdòng shòuhuòjī 自动售货机
…しないように　bié~ 别～／búyào~ 不要～
…しなければならない　yīnggāi 应该／yào 要／děi 得／bìxū 必须
品物　wùpǐn 物品／dōngxi 东西
死ぬ　sǐ 死／sǐwáng 死亡
支配　▶*(管理する)* tǒngzhì 统治／kòngzhì 控制 ▶*(左右する)* zhīpèi 支配
芝居　xìjù 戏剧／yǎnxì 演戏
芝生　cǎopíng 草坪
支払う　zhīfù 支付
しばらく　▶*(少しの間)* yíhuìr(yìhuǐr) 一会儿 ▶*(さしあたり)* zànshí 暂时 ▶*(長い間)* hǎojiǔ 好久
しびれる　má 麻
自分　zìjǐ 自己
島　dǎo 岛
姉妹　jiěmèi 姐妹
しまった　zāogāo 糟糕
閉まる　guān 关／guānbì 关闭
自慢する　zìkuā 自夸／déyì 得意
地味　pǔsù 朴素／pǔshí 朴实／tǔ 土
事務室　bàngōngshì 办公室
事務所　bànshìchù 办事处
氏名　xìngmíng 姓名
締め切り　jiézhǐ (qīxiàn) 截止(期限)
じめじめ　▶*(湿度が高い)* cháoshī 潮湿 ▶*(陰気だ)* yīnyù 阴郁
示す　biǎoshì 表示
しめる　▶*閉める* guān 关 ▶*締める* jì 系
地面　dìmiàn 地面
地元　▶*(他から見て)* dāngdì 当地 ▶*(自分が言う場合)* běndì 本地
シャープペン　zìdòng qiānbǐ 自动铅笔
社員　(gōngsī) zhíyuán (公司)职员

社会　shèhuì 社会
社会人　zǒushang shèhuì de rén 走上社会的人
じゃがいも　mǎlíngshǔ 马铃薯／tǔdòu 土豆
市役所　shìzhèngfǔ 市政府
ジャケット　jiākèshān 夹克衫
車掌　chéngwùyuán 乘务员
写真　zhàopiàn 照片／zhàopiānr 照片儿 ▶*写真を撮る*　zhàoxiàng 照相／pāizhào 拍照
ジャズ　juéshìyuè 爵士乐
社長　jīnglǐ 经理／lǎobǎn 老板
シャツ　chènshān 衬衫 ▶*Tシャツ*　T xùshān T恤衫
シャッター　▶*(カメラの)*　kuàimén 快门 ▶*(戸)*　bǎiyèmén 百叶门
ジャム　guǒjiàng 果酱
シャワー　línyù 淋浴
シャンプー　xiāngbō 香波／xǐfàjīng 洗发精／xǐfàshuǐ 洗发水
自由　zìyóu 自由
10　shí 十
11月　shíyīyuè 十一月
収穫　shōuhuò 收获
10月　shíyuè 十月
習慣(慣習)　xíguàn 习惯
宗教　zōngjiào 宗教
従業員　fúwùyuán 服务员／zhígōng 职工
集合する　jíhé 集合
習字　xízì 习字
重視する　zhòngshì 重视
収集　sōují 搜集／shōují 收集
住所　zhùzhǐ 住址／dìzhǐ 地址
就職　jiùyè 就业／cānjiā gōngzuò 参加工作
就職活動　zhǎo gōngzuò 找工作
ジュース　guǒzhī 果汁
渋滞　dǔchē 堵车／jiāotōng zǔsè 交通阻塞
重大→重要
住宅　zhùzhái 住宅／zhùfáng 住房
集団　jítuán 集团／jítǐ 集体
柔道　róudào 柔道
習得　xuéhuì 学会／zhǎngwò 掌握
12月　shí'èryuè 十二月
収入　shōurù 收入
十分　gòu 够
週末　zhōumò 周末
重要　zhòngyào 重要／zhòngdà 重大
修理する　xiū 修／xiūlǐ 修理
授業　kè 课 ▶*授業する*　jiǎngkè 讲课 ▶*授業を受ける*　shàngkè 上课

祝祭日　jiéjiàrì 节假日／jiērì 节日
熟す　▶*(成熟する)*　chéngshú 成熟 ▶*(植物が)*　shú 熟
宿題　zuòyè 作业
受験する　bàokǎo 报考
手術　shǒushù 手术 ▶*(～をする)*　dòng(zuò)shǒushù 动(做)手术
首相　shǒuxiàng 首相／zǒnglǐ 总理
手段　shǒuduàn 手段／bànfǎ 办法
主張　zhǔzhāng 主张／yìjiàn 意见
出勤　shàngbān 上班
出場　chūchǎng 出场／cānjiā 参加
出身　~rén ～人
出席する　cānjiā 参加／chūxí 出席
出張　chūchāi 出差
出発する　chūfā 出发
首都　shǒudū 首都
主婦　jiātíng zhǔfù 家庭主妇／jiātíng fùnǚ 家庭妇女
趣味　àihào 爱好
種類　zhǒnglèi 种类
瞬間　shùnjiān 瞬间
順調　shùnlì 顺利／shùndang 顺当
順番　shùnxù 顺序／cìxù 次序
準備する　zhǔnbèi 准备／ānpái 安排
上映　shàngyìng 上映／fàngyìng 放映
紹介する　jièshào 介绍
正月　yuándàn 元旦
乗客　chéngkè 乘客
商業　shāngyè 商业
状況　qíngkuàng 情况
条件　tiáojiàn 条件
証拠　zhèngjù 证据
上司　shàngsi 上司／shàngjí 上级
正直　lǎoshi 老实／chéngshí 诚实
常識　chángshí 常识
乗車券　chēpiào 车票
上旬　shàngxún 上旬
少女　shàonǚ 少女／gūniang 姑娘
症状　zhèngzhuàng 症状
生じる　chǎnshēng 产生／fāshēng 发生
上手　huì 会／shàncháng 擅长
使用する　yòng 用
小説　xiǎoshuō 小说
招待する　zhāodài 招待／qǐngkè 请客
上達　jìnbù 进步
冗談(を言う)　(kāi) wánxiào (开)玩笑
商店　shāngdiàn 商店
衝突　xiāngzhuàng 相撞／chōngtū 冲突
少年　shàonián 少年
商売　shēngyi 生意／mǎimai 买卖
商品　shāngpǐn 商品

上品　gāoyǎ 高雅／wényǎ 文雅
丈夫　jiēshi 结实
情報　xìnxī 信息／xiāoxi 消息
消防車　jiùhuǒchē 救火车／xiāofángchē 消防车
照明　dēng 灯／diàndēng 电灯
証明　zhèngmíng 证明
醤油　jiàngyóu 酱油
将来　jiānglái 将来／wèilái 未来
ジョキング　pǎobù 跑步
職員　zhíyuán 职员／gōngzuò rényuán 工作人员
職業　zhíyè 职业／gōngzuò 工作
食事する　chīfàn 吃饭
食堂　shítáng 食堂
職場　gōngzuò dānwèi 工作单位
食品　shípǐn 食品
植物　zhíwù 植物
食料品　shípǐn 食品
書斎　shūfáng 书房／shūzhāi 书斋
女性→女
処置する　chǔlǐ 处理／bàn 办
食器　cānjù 餐具
ショック　dǎjī 打击／chōngjī 冲击 ▶*ショックを受ける* shòu cìjī 受刺激
しょっちゅう　jīngcháng 经常／zǒngshì 总是
ショッピング　gòuwù 购物／mǎi dōngxi 买东西
知らせる　tōngzhī 通知／gàosu 告诉
調べる　chá 查／diàochá 调查
知り合い　shúrén 熟人
シリーズ　xìliè 系列
資料　zīliào 资料
知る　▶*(事情などを)知る* zhīdao 知道／liǎojiě 了解 ▶*(人を)知る* rènshi 认识／zhīdao 知道
シルク　sīchóu 丝绸 ▶*シルクロード* Sīchóu zhī lù 丝绸之路
印　▶*(記号)* jìhào 记号 ▶*(シンボル)* xiàngzhēng 象征／biāozhì 标志
白い　bái 白
素人　wàiháng 外行／ménwàihàn 门外汉
新学期　xīn xuéqī 新学期 ▶*新学期が始まる* kāixué 开学
新幹線　xīngànxiàn 新干线
信号　hónglǜdēng 红绿灯
人口　rénkǒu 人口
審査　shěnchá 审查
診察する　kànbìng 看病
信じる　xiāngxìn 相信
申請　shēnqǐng 申请
人生　rénshēng 人生
親戚　qīnqi 亲戚／qīnshǔ 亲属
親切　rèqíng 热情
新鮮　xīnxian 新鲜
心臓　xīnzàng 心脏
診断　jiǎnchá 检查／zhěnduàn 诊断
身長　shēngāo 身高／gèzi 个子
新入生　xīnshēng 新生
新年　xīnnián 新年 ▶*新年おめでとう* xīnnián hǎo 新年好
心配する　dānxīn 担心
新婦　xīnniáng 新娘
新聞　bàozhǐ 报纸／bào 报
進歩　jìnbù 进步
シンボル　xiàngzhēng 象征
親友　hǎo péngyou 好朋友
信用　▶*(信じる)* xiāngxìn 相信 ▶*(良い評判)* xìnyù 信誉 ▶*(任せる)* xìnrèn 信任
信頼　xìnrèn 信任／xìnlài 信赖
新郎　xīnláng 新郎
酢　cù 醋
水泳→泳ぐ
西瓜　xīguā 西瓜
水準　shuǐpíng 水平
推薦状　jièshàoxìn 介绍信
推測　tuīcè 推测／cāicè 猜测
スイッチ　kāiguān 开关 ▶*スイッチを入れる(切る)* kāi (guān) diànyuán 开(关)电源
ずいぶん　tèbié 特别／fēicháng 非常
睡眠をとる　shuìjiào 睡觉／shuì 睡
水曜日　xīngqīsān 星期三
吸う　▶*(空気を)吸う* xī 吸／hūxī 呼吸 ▶*(タバコを)吸う* chōu(yān) 抽(烟)／xī(yān) 吸(烟)
数学　shùxué 数学
スーツ　xīfú tàozhuāng 西服套装
スーツケース　píxiāng 皮箱
スーパーマーケット　chāojí shìchǎng 超级市场／chāoshì 超市
スープ　tāng 汤
スカート　qúnzi 裙子
スカーフ　wéijīn 围巾
姿　▶*(姿勢)* zīshì 姿势 ▶*(プロポーション)* shēncái 身材
(…するのが)好き　xǐhuan 喜欢(＋動詞) ▶*コーヒーが好き* xǐhuan hē kāfēi 喜欢喝咖啡
杉　shānshù 杉树
…過ぎ　(動詞＋) duō le 多了／tài 太(＋形容詞)

日中小辞典

スキー huáxuě 滑雪 ▶スキー場 huáxuěchǎng 滑雪场
すきやき niúròu huǒguō 牛肉火锅／jīsùshāo 鸡素烧
(…を)過ぎる jīngguò 经过／tōngguò 通过
(お腹が)すく è 饿
すぐ mǎshàng 马上／jiù 就／lìkè 立刻
少ない shǎo 少
少なくとも zhìshǎo 至少
優れる yōuxiù 优秀／chūsè 出色
スケート huábīng 滑冰
スケジュール rìchéng 日程
すごく fēicháng 非常／~jíle ~极了／kě 可
少し ▶少し yìdiǎnr 一点儿／yìxiē 一些 ▶(いささか) yǒudiǎnr 有点儿
過ごす dùguo 度过／guò 过
寿司 shòusī 寿司
涼しい liángkuai 凉快／liáng 凉
進む ▶(前に) qiánjìn 前进 ▶(仕事などが) jìnzhǎn 进展 ▶(進んで) zhǔdòng de 主动地 ▶(病気が悪くなる) jiāzhòng 加重
スター míngxīng 明星
スタート kāishǐ 开始
スタイル ▶(型) yàngshì 样式 ▶(姿) shēncái 身材 ▶スタイルが良い shēncái hǎo 身材好
スタッフ gōngzuò rényuán 工作人员
スチーム ▶(暖房) nuǎnqìshèbèi 暖气设备 ▶(蒸気) zhēngqì 蒸气
スチュワーデス kōngjiě 空姐
頭痛 tóutòng 头痛／tóuténg 头疼
すっかり wánquán 完全／quán 全
ずっと ▶(程度：比較級の強め) ~de duō ~得多 ▶(変わらずに) yìzhí 一直
すっぱい suān 酸
ステーキ niúpái 牛排
すでに yǐjing 已经
捨てる rēng 扔／diū 丢
ステレオ lìtǐshēng 立体声
ストーブ nuǎnlú 暖炉
ストッキング sīwà 丝袜
ストレス jīngshén yālì 精神压力／jǐnzhāng 紧张
砂 shāzi 沙子
スニーカー yùndòngxié 运动鞋
スパゲッティ yìdàlì miàntiáo 意大利面条
素晴らしい liǎobuqǐ 了不起／jīngcǎi 精彩／hǎojí le 好极了
スピード sùdù 速度
スプーン sháozi 勺子／chí 匙 ▶スープ用スプーン tāngchí 汤匙 ▶レンゲ tiáogēng 调羹
スペース ▶(スペース) kòngbái 空白 ▶(空間) kōngjiān 空间
スペシャル→特別
すべて quánbù 全部／yíqiè 一切／suǒyǒu 所有
滑る huá 滑
スポーツ yùndòng 运动／tǐyù yùndòng 体育运动
ズボン kùzi 裤子
すみません→ごめんなさい
済む→終わる
住む zhù 住 ▶(…に住む) zhùzài~ 住在~
相撲 xiāngpū 相扑
すり páshǒu 扒手／xiǎotōu 小偷
スリッパ tuōxié 拖鞋
する ▶(…を)する zuò 做／gàn 干 ▶(職業につく) cóngshì 从事／zuò (~gōngzuò) 做(~工作)
ずるい jiǎohuá 狡猾／jiānhuá 奸猾
すると yúshì 于是
する必要はない búyòng 不用(＋動詞)
座る zuò 坐
寸法 chǐcun 尺寸
成果 chéngguǒ 成果
正解 zhèngquè dá'àn 正确答案
性格 xìnggé 性格
正確 zhèngquè 正确
生活 shēnghuó 生活
税関 hǎiguān 海关
世紀 shìjì 世纪
税金 shuì 税
清潔 qīngjié 清洁／gānjìng 干净
制限 xiànzhì 限制
成功 chénggōng 成功
製作 zhìzuò 制作／chuàngzuò 创作
生産 shēngchǎn 生产
政治 zhèngzhì 政治
誠実 chéngshí 诚实／zhēnchéng 真诚
成熟 chéngshú 成熟
青春 qīngchūn 青春
正常 zhèngcháng 正常
精神 jīngshén 精神
成績 chéngjì 成绩
製造 zhìzào 制造
盛大 lóngzhòng 隆重／shèngdà 盛大
贅沢 ▶(お金を使う) shēchǐ 奢侈 ▶(高い望み) shēwàng 奢望

(…の)せいで yóuyú 由于／yīnwei 因为
制度 zhìdù 制度
青年 qīngnián 青年
性能 xìngnéng 性能
製品 chǎnpǐn 产品／zhìpǐn 制品
政府 zhèngfǔ 政府
性別 xìngbié 性别
生命 shēngmìng 生命
正門 zhèngmén 正门／dàmén 大门
西洋 xīfāng 西方
整理 zhěnglǐ 整理／shōushi 收拾
西暦 gōnglì 公历
セーター máoyī 毛衣
セール dà jiǎnjià 大减价／jiànmài 贱卖
セールスマン tuīxiāoyuán 推销员
世界 shìjiè 世界
咳(をする) késou 咳嗽
席 zuòwei 座位
籍 ▶*(戸籍)* hùkǒu 户口 ▶*(学籍)* xuéjí 学籍
石炭 méi 煤
責任 zérèn 责任 ▶*責任がある* yǒu zérèn 有责任 ▶*責任を負う* fù zérèn 负责任 ▶*責任者* fùzérén 负责人
石油 shíyóu 石油
セクシー xìnggǎn 性感
セクハラ xìngsāorǎo 性骚扰
世代 yí dài 一代／shìdài 世代
積極的 jījí 积极
せっかく ▶*(せっかく)* tèyì 特意 ▶*(やっとのことで)* hǎoróngyì 好容易
せっけん féizào 肥皂／xiāngzào 香皂
接続する jiē 接
説得 shuōfú 说服
絶望する juéwàng 绝望
説明する shuōmíng 说明／jièshào 介绍
節約 jiéyuē 节约／jiéshěng 节省
背中 hòubèi 后背／bèi 背
ぜひ yídìng 一定
背広 xīfú 西服／xīzhuāng 西装
せまい ▶*(面積)* xiǎo 小 ▶*(幅)* zhǎi 窄
迫る ▶*(時間)* línjìn 临近 ▶*(求める)* qiǎngpò 强迫
蝉 zhīliǎo 知了／chán 蝉
責める zébèi 责备／zéguài 责怪
セルフサービス zìzhù 自助
ゼロ líng 零
セロテープ tòumíng jiāodài 透明胶带
セロリ qíncài 芹菜／xīqín 西芹
世話をする zhàogu 照顾
千 qiān 千
線 xiàn 线
全員 quántǐ 全体／dàjiā 大家
前期 ▶*(学期)* shàngxuéqī 上学期 ▶ qiánqī 前期
選挙 xuǎnjǔ 选举
先月 shànggeyuè 上个月
宣言 xuānyán 宣言／xuānbù 宣布
専攻 zhuānyè 专业
洗剤 xǐdíjì 洗涤剂
先日 qián jǐ tiān 前几天
選手 xuǎnshǒu 选手／yùndòngyuán 运动员
先週 shàng (ge) xīngqī 上(个)星期
扇子 shànzi 扇子／zhéshàn 折扇
先生 ▶*(教師)* lǎoshī 老师 ▶*(医者)* yīshēng 医生／dàifu 大夫
全然…(ない) yìdiǎn(r) yě bù~ 一点(儿)也不～
戦争 zhànzhēng 战争
センター zhōngxīn 中心
全体 quántǐ 全体／zhěnggè 整个
洗濯機 xǐyījī 洗衣机
洗濯する xǐ yīfu 洗衣服
前兆 qiánzhào 前兆／xiānzhào 先兆
宣伝 xuānchuán 宣传
栓抜き qǐzi 起子
先輩 gāoniánjí tóngxué 高年级同学
全部 quánbù 全部／yígòng 一共
扇風機 diànfēngshàn 电风扇／diànshàn 电扇
専門家 zhuānjiā 专家
線路 tiělù 铁路
…そう→(…の)よう
そう ▶*(そのように)* nàyàng 那样 zhèyàng 这样 ▶*沿う* yán 沿／shùn 顺 ▶*…に沿って* yánzhe 沿着／shùnzhe 顺着
象 (dà)xiàng (大)象
騒音 zàoyīn 噪音
葬儀 zànglǐ 葬礼
送金 huìkuǎn 汇款／jì qián 寄钱
雑巾 mābù 抹布
倉庫 cāngkù 仓库
総合 zōnghé 综合
操作 cāozuò 操作／cāozòng 操纵
掃除する dǎsǎo 打扫
想像する xiǎngxiàng 想像
(聞くところによると)…そうだ tīngshuō 听说／jùshuō 据说
相談する shāngliang 商量
装置 zhuāngzhì 装置／shèbèi 设备
遭難 yùnàn 遇难

相場 ▶*(市場での値段)* hángqíng 行情 ▶*(投機)* tóujī 投机
ソース shāsī 沙司
ソーセージ xiāngcháng 香肠
足 *(靴、靴下を数える)* shuāng 双
属する shǔyú 属于
速達 *(速達郵便)* kuàidì 快递/kuàijiàn 快件
速度 sùdù 速度
そこ nàli 那里/nàr 那儿
底 dǐ 底
そこで ▶*(前をうけて)* yīncǐ 因此/yúshì 于是 ▶*(さて)* nàme 那么
損なう ▶*(損なう)* sǔnhuài 损坏 ▶*(害する)* sǔnhài 损害
組織 zǔzhī 组织
そして ránhòu 然后/érqiě 而且/bìng 并
育つ chéngzhǎng 成长
育てる fǔyǎng 抚养/péiyǎng 培养
卒業する bìyè 毕业
そっくり ▶*(全部)* quánbù 全部 ▶*(似ている)* yì mú yí yàng 一模一样
袖 xiùzi 袖子
外 wàimian 外面/wàibian 外边/wàitou 外头
その nà 那/nàge(nèige) 那个
その後→それから
その頃 dāngshí 当时/nàshí 那时
その他 qítā 其他/biéde 别的
そのため wèicǐ 为此/yīncǐ 因此
その時 dāngshí 当时/nàshí 那时
そのまま lǎoyàngzi 老样子/yuányàng 原样
そのような nàyàng de 那样的/jiù zhèyàng 就这样
そば(傍) pángbiān 旁边/biānshang 边上
そば(食物) Rìběn miàntiáo 日本面条/qiáomài miàn 荞麦面
祖父*(父方)* yéye 爷爷/zǔfù 祖父/*(母方)* lǎoye 老爷/wàizǔfù 外祖父
ソファー shāfā 沙发
ソフトウェア ruǎnjiàn 软件
祖母*(父方)* nǎinai 奶奶/zǔmǔ 祖母/*(母方)* lǎolao 姥姥/wàizǔmǔ 外祖母
素朴 pǔshí 朴实
染める rǎn 染
空 tiānkōng 天空
剃る tì 剃/guā 刮
それ zhè 这/nà 那
それから ránhòu 然后
それぞれ měi ge 每个/fēnbié 分别
それでは nàme 那么/nà 那
それとも háishi 还是
損 sǔnshī 损失 ▶*損をする* chīkuī 吃亏
尊敬する zūnjìng 尊敬/pèifu 佩服
存在 cúnzài 存在
尊重 zūnzhòng 尊重
そんな nàyàng de 那样的

【た】

タイ Tàiguó 泰国
…たい xiǎng~ 想~/yào~ 要~
第… dì~ 第~
体育 tǐyù 体育
退院 chūyuàn 出院
ダイエット jiǎnféi 减肥
ダイオキシン èr'èyīng 二噁英
体温計 tǐwēnjì 体温计/tǐwēnbiǎo 体温表
大学 dàxué 大学
大学院 yánjiūshēngyuàn 研究生院
退勤 xiàbān 下班
代金 huòkuǎn 货款
大工 mùjiang 木匠
待遇 ▶*(処遇)* dàiyù 待遇 ▶*(もてなし)* jiēdài 接待
退屈 wúliáo 无聊/méi yìsi 没意思
体験 tǐyàn 体验
大根 luóbo 萝卜
滞在する dòuliú 逗留/dāi 待
対策 duìcè 对策
大使 dàshǐ 大使 ▶*大使館* dàshǐguǎn 大使馆
大事→重要
大した liǎobuqǐ 了不起/bú yìbān 不一般
(…に)対して duì 对~
体重 tǐzhòng 体重
対象 duìxiàng 对象
大丈夫 méi guānxi 没关系/méi wèntí 没问题/méishì 没事/búyàojǐn 不要紧
体制 tǐzhì 体制
体積 tǐjī 体积
大切→重要
体操 tǐcāo 体操 ▶*ラジオ体操* guǎngbō tǐcāo 广播体操
だいたい dàgài 大概/jīběnshang 基本上
たいてい ▶*(おおよそ)* yìbān 一般 ▶*(たぶん)* dàgài 大概
態度 ▶tàidu 态度 ▶*(振る舞い)* jǔ-

zhǐ 举止
大統領 zǒngtǒng 总统
台所 chúfáng 厨房
タイトル biāotí 标题／tímù 题目
代表 dàibiǎo 代表
タイプ lèixíng 类型
だいぶ jīběnshang 基本上／duōbàn(r) 多半(儿)
台風 táifēng 台风
大部分 dàbùfen 大部分／duōbàn(r) 多半(儿)
たいへん ▶*(取り返しがつかない)* bùdéliǎo 不得了／zāo le 糟了 ▶*(程度が甚だしい)* fēicháng 非常／hěn 很
タイミング shíjī 时机 ▶*タイミングが良い(悪い)* shíjī héshì (bù héshì) 时机合适(不合适)
タイヤ lúntāi 轮胎
ダイヤモンド zuànshí 钻石
太陽 tàiyáng 太阳
平ら píng 平／píngtǎn 平坦
大陸 dàlù 大陆
体力 tǐlì 体力
対話 duìhuà 对话／tánxīn 谈心
ダウン ▶*(落ちる)* xiàjiàng 下降 ▶*(病気になる)* bìngdǎo 病倒
ダウン・ジャケット yǔróngfú 羽绒服
ダウンロード xiàzài 下载
タオル máojīn 毛巾
倒れる dǎo 倒
互い hùxiāng 互相
高い ▶*(背が高い)* gāo 高 ▶*(値段が高い)* guì 贵
…だから… yīnwèi~suǒyǐ 因为～所以
宝 ▶*(大切なもの)* bǎowù 宝物 ▶*(財宝)* zhēnbǎo 珍宝
宝くじ cǎipiào 彩票
滝 pùbù 瀑布
妥協 tuǒxié 妥协
炊く zhǔ 煮
抱く yōngbào 拥抱／huáibào 怀抱
たくさん hěn duō 很多／xǔduō 许多
タクシー chūzū qìchē 出租汽车／díshì 的士
…だけでなく búdàn~, érqiě 不但～,而且／bùjǐn, ~érqiě 不仅～,而且／bùguāng~, hái(yě) 不光～,还(也)
竹 zhúzi 竹子
凧 fēngzheng 风筝 ▶*凧を揚げる* fàng fēngzheng 放风筝
確か kěkào 可靠／quèshí 确实
確かめる ▶*(はっきりさせる)* nòngqīng 弄清 ▶*(確認する)* quèrèn 确认
足す jiā(shang) 加(上)
出す ▶*(外へ)出す* náchuqu 拿出去 ▶*(郵便物を)出す* jìchuqu 寄出去 ▶*(提出する)* tíjiāo 提交
多数 duōshù 多数／duōbàn(r) 多半(儿)
助ける ▶*(手伝う)* bāng 帮／bāngzhù 帮助／bāngmáng 帮忙 ▶*(支援する)* yuánzhù 援助／jiù 救
携わる cānyù 参与／cóngshì 从事
たずねる ▶*尋ねる* wèn 问 ▶*訪ねる*→おとずれる
ただ(無料) miǎnfèi 免费
たたかう ▶*(戦争)* zhànzhēng 战争 dǎzhàng 打仗 ▶*(試合)* bǐsài 比赛
叩く qiāo 敲／pāi 拍
ただし búguò 不过／dàn 但
正しい zhèngquè 正确／zhǔnquè 准确／duì 对
ただ…だけ zhǐshì 只是
直ちに→すぐ
畳 tàtàmǐ 榻榻米／tàtàmì 榻榻密
畳む dié 叠／zhé 折
立場 chǔjìng 处境／lìchǎng 立场
発つ chūfā 出发
立つ ▶*(立ち上がる)* zhànqilai 站起来 ▶*(立っている)* zhànlì 站立／zhànzhe 站着
卓球 pīngpāngqiú 乒乓球
達する dádào 达到
縦書き shùxiě 竖写
建物 fángzi 房子／jiànzhù 建筑
建てる gài 盖／zào 造
例えば lìrú 例如／bǐrú 比如
他人 ▶*(自分以外の)* biérén 别人 ▶*(親族や仲間でない)* wàirén 外人 ▶*(知らない人)* mòshēngrén 陌生人
種 zhǒngzi 种子 ▶*(果物の)* guǒhé 果核
楽しい yúkuài 愉快／kuàilè 快乐／gāoxìng 高兴 ▶*楽しみ* lèqù 乐趣 ▶*楽しむ* xiǎngshòu 享受
頼む wěituō 委托／tuō 托
タバコ xiāngyān 香烟／yān 烟
田畑 nóngtián 农田
度 cì 次／huí 回
度々 zàisān 再三
ダビング fùzhì 复制
多分→おそらく
食べ物 chī de dōngxi 吃的东西／shíwù 食物

食べる chī 吃／cháng 尝
卵 jīdàn 鸡蛋／dàn 蛋
騙す qīpiàn 欺骗／piàn 骗
たまたま ǒurán 偶然／ǒu'ěr 偶尔
玉ねぎ yángcōng 洋葱
黙る bù shuōhuà 不说话／chénmò 沉默
ダム shuǐkù 水库
(…の)ため wèile 为了／wèi 为
だめ ▶*(いけない)* bùxíng 不行／bù hǎo 不好 ▶*(望みがない)* méiyou xīwàng 没有希望／bù kěnéng 不可能 ▶*(役に立たない)* wú yòng 无用／méi yòng 没用
試す shì 试
保つ bǎochí 保持
便り xiāoxi 消息／xìn 信
頼る kào 靠／yīkào 依靠
足りる gòu 够／zúgòu 足够
だるい pífá 疲乏／fālǎn 发懒
だれ shéi(shuí) 谁
タレント yǎnyuán 演员 ▶*(テレビタレント)* diànshì yǎnchūzhě 电视演出者
単位 ▶*(度量衡の)* dānwèi 单位 ▶*(学校の成績)* xuéfēn 学分
担架 dānjià 担架
段階 ▶jiēduàn 阶段 ▶*(等級)* děngjí 等级
短気 xìngjí 性急
単語 cí 词／dāncí 单词
単純 jiǎndān 简单／dānchún 单纯
誕生日 shēngri 生日 ▶*誕生日おめでとう* shēngri kuàilè 生日快乐
団子 wánzi 丸子
たんす guìzi 柜子 ▶*(服を入れる)* yīguì 衣柜
男性→おとこ
団体 tuántǐ 团体
だんだん yuè lái yuè~ 越来越~／jiànjiàn 渐渐
団地 zhùzháiqū 住宅区 ▶*工業団地* gōngyèqū 工业区
単調 dāndiào 单调
断定 duàndìng 断定／pànduàn 判断
担当 dānrèn 担任／dāndāng 担当
単に guāng 光／zhǐshì 只是
暖房 nuǎnqì 暖气
弾力 tánxìng 弹性
血 xuè(xiě) 血 ▶*血が出る* chū xiě 出血
地位 shēnfen 身分
地域 dìqū 地区
小さい xiǎo 小
チーズ nǎilào 奶酪
チーム duì 队
知恵 zhìhuì 智慧／zhǔyi 主意
チェーン店 liánsuǒdiàn 连锁店
チェック・アウト tuì fáng 退房
チェック・イン bànlǐ zhùsù dēngjì 办理住宿登记
チェック(検査)する jiǎnchá 检查
チェンジ ▶*(変える)* jiāohuàn 交换／gēnghuàn 更换 ▶*(両替する)* duìhuàn 兑换
近い jìn 近 ▶*近く(距離)* fùjìn 附近 ▶*近く(期間)* jìnqī 近期
違い chāyì 差异／bù tóng 不同／chābié 差别
違う bù tóng 不同／bù yíyàng 不一样 ▶*(間違っている)* búduì 不对／cuò 错
近く ▶*(付近)* fùjìn 附近 ▶*(近いうちに)* bùjiǔ 不久 ▶*(ほぼ)* jīhū 几乎 ▶*(もうすぐ)* kuài 快
近づく kàojìn 靠近／jiējìn 接近
地下鉄 dìtiě 地铁
近道 jìnlù 近路／jìndào 近道
力 lìliang 力量
地球 dìqiú 地球
チケット piào 票
遅刻する chídào 迟到
知識 zhīshi 知识
知人 shúrén 熟人
地図 dìtú 地图
父 fùqin 父亲／bàba 爸爸
縮む suō 缩
チップ (心づけ) xiǎofèi 小费
地方 dìfāng 地方／wàidì 外地
茶 chá 茶
チャーハン chǎofàn 炒饭
チャイナドレス qípáo 旗袍
茶色 chásè 茶色／kāfēisè 咖啡色／zōngsè 棕色
着陸 jiàngluò 降落／zhuólù 着陆
チャレンジ tiǎozhàn 挑战
茶碗 fànwǎn 饭碗／chábēi 茶杯
チャンス jīhui 机会／jīyù 机遇
チャンネル píndào 频道
チャンピオン guànjūn 冠军
注意する zhùyì 注意／xiǎoxīn 小心
中央 zhōngjiān 中间／zhōngyāng 中央
中学校 zhōngxué 中学／chūzhōng 初中
中学生 chūzhōngshēng 初中生／zhōngxuéshēng 中学生
中華料理 Zhōngguócài 中国菜

中間 ▶*（2つの物の間）* zhōngjiān 中间 ▶*（途中）* zhōngtú 中途

中継 （放送の） zhuǎnbō 转播 ▶*生中継* xiànchǎng zhíbō 现场直播

中古 bànjiù 半旧 ▶*中古品* jiùhuò 旧货／èrshǒuhuò 二手货

中国語 Hànyǔ 汉语／Zhōngwén 中文

中止する zhōngzhǐ 中止／tíngzhǐ 停止

注射 dǎzhēn 打针

駐車場 tíngchēchǎng 停车场

駐車する tíngchē 停车

中旬 zhōngxún 中旬

昼食 wǔfàn 午饭

中心 zhōngxīn 中心

抽せん chōuqiān 抽签

中毒 zhòngdú 中毒

中年 zhōngnián 中年

注目 zhùmù 注目／zhùshì 注视

注文する ▶*（オーダーする）* dìng 订／diǎn 点 ▶*（要求する）* yāoqiú 要求

チョウ húdié 蝴蝶

腸 cháng(zi) 肠(子)

調印 qiāndìng 签订

超過 chāoguò 超过

長期 chángqī 长期

彫刻 diāokè 雕刻

調査 diàochá 调查

調子 ▶*（音楽の）* yīndiào 音调 ▶*調子はずれ* zǒudiào 走调 ▶*（様子・状況）* qíngkuàng 情况 ▶*（勢い）* jìntóu 劲头 ▶*調子が出る* láijìn 来劲

長寿 chángshòu 长寿

長所 yōudiǎn 优点／hǎochu 好处

長女 zhǎngnǚ 长女／lǎodà 老大

頂上 ▶*（山の）* shāndǐng 山顶 ▶*（角・最高点）* dǐngdiǎn 顶点

朝食 zǎofàn 早饭

提灯 dēnglong 灯笼

ちょうど zhěng 整／zhènghǎo 正好

長男 zhǎngzǐ 长子／lǎodà 老大

調味料 tiáoliào 调料／zuòliao（zuóliao とも） 作料

調理 pēngtiáo 烹调 ▶*調理人* chúshī 厨师

チョーク fěnbǐ 粉笔

貯金 cúnkuǎn 存款 ▶*貯金する* cún qián 存钱／cún 存

直接 zhíjiē 直接

チョコレート qiǎokèlì 巧克力

貯蓄 chǔxù 储蓄

ちょっと ▶*（動作）* yíxià 一下／yíhuìr 一会儿 ▶*（量や程度）* yìxiē 一些／yìdiǎnr 一点儿／yǒudiǎn(r) 有点(儿)

ちらかる língluàn 零乱／sǎnluàn 散乱

治療 zhìliáo 治疗／yīliáo 医疗

散る ▶*（花など）* diāoxiè 凋谢 ▶*（ばらばらになる）* sàn 散 ▶*気が散る* jīngshen bù jízhōng 精神不集中

賃金 gōngzī 工资

ついで shùnbiàn 顺便

ついに zhōngyú 终于

費やす huāfèi 花费／hàofèi 耗费

ツイン・ルーム shuāngrénfángjiān 双人房间

通学する shàngxué 上学

通勤する shàngbān 上班

通常 pǔtōng 普通／tōngcháng 通常

通じる tōng 通／tōngguò 通过

通信販売 ▶*（郵便の通信販売）* yóugòu 邮购 ▶*（インターネットの通信販売）* diànzǐ shāngwù 电子商务／wǎngshàng gòuwù 网上购物

通知 tōngzhī 通知

通帳 cúnzhé 存折

通訳する fānyì 翻译／kǒuyì 口译

通用 tōngyòng 通用

通路 tōngdào 通道／guòdào 过道

使い捨て yícìxìng shǐyòng 一次性使用

使う yòng 用／shǐyòng 使用

捕まる ▶*（捕まる）* zhuāzhù 抓住 ▶*（捕まえられる）* bèi zhuāzhù 被抓住

つかむ zhuā 抓／zhuāzhù 抓住

疲れる lèi 累／píláo 疲劳

月 yuè 月／yuèliang 月亮

次 ▶*（次回）* xiàcì 下次 ▶*（つづき）* xiàmian 下面 ▶*（順番）* xià yí ge 下一个

付き合う ▶*（交際する）* jiāowǎng 交往 ▶*（おともする）* péibàn 陪伴 ▶*（異性とつきあう）* tán liàn'ài 谈恋爱

付き添う ▶*（おともする）* péibàn 陪伴 ▶*（世話する）* zhàokàn 照看

着く dào 到／dàodá 到达

机 shūzhuō 书桌／zhuōzi 桌子

作る zuò 做／zhìzuò 制作

繕う ▶*（直す）* xiūlǐ 修理 ／xiūbǔ 修补／bǔ 补▶*（体裁を良くする）* xiūshì 修饰

漬物 jiàngcài 酱菜／xiáncài 咸菜

つける ▶*（取り付ける）* ānshang 安上／zhuāngshang 装上 ▶*（身につける）* dài 戴

都合 qíngkuàng 情况 ▶*都合が悪い* bù fāngbiàn 不方便

日中小辞典

伝える gàosu 告诉／chuándá 传达／zhuǎngào 转告
続く jìxù 继续／jiēxiaqu 接下去
続ける jìxù 继续／jiēzhe 接着
包み bāoguǒ 包裹
包む bāo 包／bāoqilai 包起来
勤め先 gōngzuò dānwèi 工作单位
務める ▶*(役目をする)* dānrèn 担任 ▶*(演じる)* bànyǎn 扮演
つながり liánxì 联系／guānlián 关联
つなぐ jiē 接／jì 系
津波 hǎixiào 海啸
つば tuòyè 唾液／kǒushuǐ 口水
粒 lì 粒
潰す ▶*(圧して壊す)* yāsuì 压碎 ▶(すりつぶす) niǎnsuì 碾碎 ▶*(費やす)* xiāomó 消磨
つぶやく ▶*(一人ごとを言う)* zì yán zì yǔ 自言自语 ▶*(小さい声で話す)* jīgu 叽咕
潰れる ▶*(建物が)* dǎotā 倒塌 ▶*(倒産する)* dǎobì 倒闭
妻 qīzi 妻子
つまらない méi yìsi 没意思
つまり jiùshì 就是
罪 zuì 罪／fànzuì 犯罪
爪 zhǐjia 指甲（会話ではよくzhījiaと発音する）
冷たい lěng 冷／lěngdàn 冷淡／liáng 凉 ▶*手が冷たい* shǒu liáng 手凉
つもり dǎsuan 打算
梅雨 méiyǔ 梅雨
強い qiáng 强／yǒulì 有力
強める jiāqiáng 加强／zēngqiáng 增强
辛い xīnkǔ 辛苦／nánshòu 难受
釣り*(魚を釣る)* diàoyú 钓鱼
連れる dài 带／lǐng 领
手 ▶*(手首より先)* shǒu 手 ▶*(手首より上)* shǒubì 手臂／gēbo 胳膊
出会う yùjiàn 遇见／pèngdao 碰到
手足 shǒujiǎo 手脚
手当て ▶*(給料以外のお金)* jīntiē 津贴 ▶*(治療)* zhìliáo 治疗
手洗い→トイレ
提案 tí'àn 提案／jiànyì 建议
定員 míng'é 名额
定価 dìngjià 定价
定期券 yuèpiào 月票
定休日 xiūxirì 休息日／gōngxiūrì 公休日
提供 tígōng 提供／gōngjǐ 供给
停止 tíngzhǐ 停止／tíng 停
停車 tíngchē 停车
Tシャツ T xùshān T恤衫／T xù T恤
提出する tíjiāo 提交／jiāo 交
定食 fènrfàn 份儿饭／tàocān 套餐
ディスカッション tǎolùn 讨论
ティッシュペーパー miànjīnzhǐ 面巾纸／shǒupàzhǐ 手帕纸
停電 tíngdiàn 停电
程度 chéngdù 程度
丁寧 zhōudào 周到／zǐxì 仔细
定年 tuìxiū 退休
出入り口 chūrùkǒu 出入口
停留所 chēzhàn 车站
手入れ xiūzhěng 修整／bǎoyǎng 保养
データ shùjù 数据／zīliào 资料
デート yuēhuì 约会
テーブル zhuōzi 桌子
テープレコーダー lùyīnjī 录音机
テーマ zhǔtí 主题／tímù 题目
出かける wàichū 外出／chūmén 出门
手紙 xìn 信
手軽 qīngyì 轻易／jiǎndān 简单
敵 dírén 敌人 ▶*(競争相手)* duìshǒu 对手
できあがる zuòwán 做完／zuòhǎo 做好
適応 shìyìng 适应
出来事 shìjiàn 事件／shì 事
テキスト kèběn 课本／jiàokēshū 教科书
適当／適切 shìdàng 适当
できる ▶*(能力)* néng 能 ▶*(習得した)* huì 会 ▶*(許可)* kěyǐ 可以
できるだけ jǐnliàng 尽量
出口 chūkǒu 出口
テクニック jìqiǎo 技巧／jìshù 技术
手首 shǒuwàn(zi) 手腕(子)
デザート tiánshí 甜食
デザイン shèjì 设计／tú'àn 图案
…でさえ lián~dōu(yě) 连～都(也)
デジタル shùzì 数字 ▶*デジタルカメラ* shùmǎ zhàoxiàngjī 数码照相机
手数 ▶*(面倒)* máfan 麻烦 ▶*お手数おかけします* máfan nín 麻烦您 ▶*(手間)* fèishì 费事 ▶*手数料* shǒuxùfèi 手续费
テスト xiǎo cèyàn 小测验／cèyàn 测验
鉄鋼 gāngtiě 钢铁
手伝う→助ける
手続き shǒuxù 手续 ▶*手続きをする* bàn shǒuxù 办手续
鉄道 tiělù 铁路
テニス wǎngqiú 网球
手荷物 suíshēn xíngli 随身行李
デパート bǎihuò shāngdiàn 百货商店／

bǎihuò dàlóu 百货大楼
手配する ānpái 安排
…ではない bú shì 不是～
手袋 shǒutào 手套
手前 ▶*(～のすぐ前)* yǎnqián 眼前／gēnqián 跟前 ▶*(こちら側)* zhèbian 这边
出回る shàngshì 上市
出迎える yíngjiē 迎接
でも kěshì 可是／búguò 不过／dànshì 但是
…でも lián~yě 连～也／jíshǐ~yě 即使～也
デモ yóuxíngshìwēi 游行示威
寺 sìyuàn 寺院／sìmiào 寺庙
照る zhào 照
出る chūqu 出去／chūlai 出来／chūmén 出门 ▶*(問題などが)出る* chūxiàn 出现／chū 出
テレビ ▶*(番組)* diànshì jiémù 电视节目 ▶*(機械)* diànshìjī 电视机 ▶*(連続)テレビドラマ* diànshì(liánxù)jù 电视(连续)剧
点 fēn 分 ▶*(点数)* fēnshù 分数
店員 diànyuán 店员／shòuhuòyuán 售货员
天気 tiānqì 天气
天気予報 tiānqì yùbào 天气预报
電気 diàn 电
電気→明かり
転勤 diàodòng gōngzuò 调动工作
点検 jiǎnchá 检查／diǎnjiǎn 点检
電源 diànyuán 电源
電車 diànchē 电车／huǒchē 火车
天井 tiānhuābǎn 天花板
電子レンジ wēibōlú 微波炉
伝染 chuánrǎn 传染
電線 diànxiàn 电线
電卓 diànzǐ jìsuànqì 电子计算器
電池 diànchí 电池
伝統 chuántǒng 传统
天ぷら tiānfūluó 天麸罗／tiānfùluó 天妇罗
テンポ jiézòu 节奏／sùdù 速度
展覧会 zhǎnlǎnhuì 展览会
電話 diànhuà 电话 ▶*電話番号* diànhuà hàomǎ 电话号码
電話帳 diànhuà hàomǎbù 电话号码簿
…と hé 和／gēn 跟
ドア mén 门
問い合わせ xúnwèn 询问／dǎting 打听
ドイツ Déguó 德国
トイレ cèsuǒ 厕所／xǐshǒujiān 洗手间
トイレットペーパー wèishēngzhǐ 卫生纸／shǒuzhǐ 手纸
問う ▶*(聞く)* wèn 问 ▶*(責任の所在を明らかにする)* zhuījiū 追究
塔*(タワー)* tǎ 塔
どう zěnmeyàng 怎么样
どういたしまして búyòng xiè 不用谢／bù gǎndāng 不敢当
唐辛子 làjiāo 辣椒／làzi 辣子
動機 dòngjī 动机
同居 tóngzhù 同住
道具 gōngjù 工具 ▶*(劇などの)* dàojù 道具
統計 tǒngjì 统计 ▶*統計を取る* zuò tǒngjì 做统计
登校 shàngxué 上学
動作 dòngzuò 动作
倒産 pòchǎn 破产／dǎobì 倒闭
投資 tóuzī 投资
当時 dāngshí 当时／nàshí 那时
動詞 dòngcí 动词
…同士 bǐcǐ 彼此／~men ～们
どうして wèi shénme 为什么／zěnme 怎么
どうしても wùbì 务必／yídìng 一定
同時に tóngshí 同时
登場 ▶*(舞台に上がる)* dēngtái 登台／chūchǎng 出场 ▶*(現れる)* chūxiàn 出现
同情 tóngqíng 同情
当然 dāngrán 当然
どうぞ(～して下さい) qǐng 请(～)
到着 dàodá 到达／dào 到
とうとう zhōngyú 终于／dàodǐ 到底(＋否定) ▶*彼女はとうとう来なかった* tā dàodǐ méi lái 她到底没来
道徳 dàodé 道德
盗難 bèidào 被盗／yùqiè 遇窃
どうにか ▶*(なんとかして)* shèfǎ 设法 ▶*(かろうじて)* zǒngsuàn 总算
当番 zhíbān 值班
豆腐 dòufu 豆腐
動物 dòngwù 动物
とうもろこし yùmǐ 玉米／bāomǐ 苞米
道理 dàoli 道理
同僚 tóngshì 同事
登録 dēngjì 登记／zhùcè 注册
討論 tǎolùn 讨论
童話 tónghuà 童话
10 shí (ge) 十(个)
遠い yuǎn 远

十日 ▶(月の十日) shí hào 十号 ▶(十日間) shí tiān 十天
トータル zǒnggòng 总共
ドーナツ zhámiànquān 炸面圈/tiánmiànquān 甜面圈
遠回り ràodào 绕道/ràoyuǎnr 绕远儿
通り mǎlù 马路/lù 路
通りかかる lùguò 路过/jīngguò 经过
通り過ぎる zǒuguò 走过
通る tōngguò 通过/chuānguò 穿过
都会 dà chéngshì 大城市/dūshì 都市
溶かす (固体を) rónghuà 溶化/róngjiě 溶解
時 (~de) shíhou (~的)时候/shí 时
時々 yǒu shíhou 有时候
とぎれる zhōngduàn 中断
解く jiěkāi 解开 ▶(答えを出す) jiědá 解答
得 (割に合う) hésuàn 合算
得意 ▶(上手だ) náshǒu 拿手/shàncháng 擅长 ▶(得意客) lǎozhǔgù 老主顾
読者 dúzhě 读者
独身 dúshēn 独身/dānshēn 单身
特徴 tèzhēng 特征/tèdiǎn 特点
得点 fēnshù 分数/défēn 得分
特に tèbié(shì) 特别(是)
特別 tèbié(de) 特别(的)
時計 ▶(置時計) zhōng 钟 ▶(腕時計) biǎo 表
どこ nǎli 哪里/nǎr 哪儿/shénme dìfang 什么地方
所 dìfang 地方
ところが kěshì 可是/búguò 不过
登山 dēngshān 登山/páshān 爬山
とし ▶歳 niánjì 年纪/suìshu 岁数/niánlíng 年龄 ▶都市 chéngshì 城市
年上 niánsuì dà 年岁大
年下 niánsuì xiǎo 年岁小
図書館 túshūguǎn 图书馆
年寄り lǎorén 老人/lǎoniánrén 老年人
閉じる guānbì 关闭/bìshang 闭上
土地 tǔdì 土地/dìfāng 地方
途中 bànlù shang 半路上/yílùshang 一路上
どちらも nǎge(něige) dōu~ 哪个都~
特急列車 tèkuài lièchē 特快列车/tè kuài 特快
突然 tūrán 突然
とても hěn 很/fēicháng 非常
整える ▶(用意する) zhǔnbèi hǎo 准备好 ▶(乱れたところを整理する) zhěnglǐ 整理
留まる tíngliú 停留/dòuliú 逗留
隣 ▶(場所) gébì 隔壁/pángbiān 旁边 ▶(近所) línjū 邻居
とにかく zǒngzhī 总之
どの nǎge(něige) 哪个/nǎ 哪
どのくらい ▶(量) duōshao 多少 ▶(長さ) duō cháng 多长 ▶(大きさ) duō dà 多大
どのように zěnyàng 怎样/zěnme 怎么
とぶ ▶飛ぶ fēi 飞 ▶跳ぶ tiào 跳
徒歩 bùxíng 步行/zǒu 走
乏しい quēfá 缺乏/quēshǎo 缺少
トマト xīhóngshì 西红柿/fānqié 番茄
泊まる zhù 住
止める tíng 停/zhìzhǐ 制止
友達 péngyou 朋友
共に ▶(一緒に) yìqǐ 一起/yíkuàir 一块儿 ▶(~につれて) suízhe 随着 ▶(すべて) dōu 都
共働き shuāngzhígōng 双职工
土曜日 xīngqīliù 星期六
虎 hǔ 虎/lǎohǔ 老虎
ドライブ dōufēng 兜风
ドライヤー chuīfēngjī 吹风机
トラック kǎchē 卡车
トラブル ▶(もめごと) jiūfēn 纠纷 ▶(故障) gùzhàng 故障 ▶トラブルが起きる fāshēng jiūfēn (gùzhàng) 发生纠纷(故障)
トラベラーズチェック lǚxíng zhīpiào 旅行支票
ドラマ jù 剧/xì 戏 ▶連続ドラマ liánxùjù 连续剧
トランプ pūkè(pái) 扑克(牌) ▶トランプをする dǎ pūkè 打扑克
鳥 niǎo 鸟
とりあえず ▶(ひとまず) zànqiě 暂且 ▶(急いで) gǎnjǐn 赶紧
取り上げる ▶(問題にする) tíchū 提出/tíqǐ 提起 ▶(手に持つ) ná 拿 ▶(聞き入れる) jiēshòu 接受
取り消す qǔxiāo 取消
取り付ける (設置する)ānzhuāng 安装/ān 安
鶏肉 jīròu 鸡肉
取り除く xiāochú 消除/qùdiào 去掉
取り引き jiāoyì 交易 ▶取引先 kèhù 客户
努力する nǔlì 努力
撮る zhào 照/pāi 拍
ドル měiyuán 美元/měijīn 美金

取る ▶*(取得する)* ná 拿／qǔdé 取得／lǐngdào 领到 ▶*(立場を取る)* jiānchí 坚持 ▶*(購読する)* dìngyuè 订阅
どれ nǎ 哪／nǎge(něige) 哪个
トレーニング duànliàn 锻炼／liànxí 练习
どれも nǎ(něi) ge dōu 哪个都
泥 ní 泥
泥棒 xiǎotōu 小偷
どんな wúlùn rúhé 无论如何／zěnyàng de 怎样的／shénmeyàng de 什么样的
どんなに wúlùn zěnyàng 无论怎样／wúlùn rúhé 无论如何
トンネル suìdào 隧道
問屋 pīfāshāng 批发商

【な】

名 míngzi 名字／míngchēng 名称 ▶*名付ける* qǐmíng 起名／mìngmíng 命名
ない méiyǒu 没有／méi 没
内緒 mìmì 秘密 ▶*内緒にする* bǎomì 保密
内定する nèidìng 内定
ナイフ xiǎodāo 小刀／cāndāo 餐刀
内容 nèiróng 内容
なおす ▶*(直す)* gǎizhèng 改正／xiūlǐ 修理 ▶*(治す)* zhìliáo 治疗／zhìhǎo 治好
なおる ▶*(訂正して)直る* gǎizhèng 改正 ▶*(故障が)直る* xiūlǐhǎo 修理好 ▶*治る* zhìhǎo 治好／quányù 痊愈
(…の)中 (zài~)li (在～)里／(zài~)lǐbian (在～)里边／(zài~)lǐmian (在～)里面
仲 guānxi 关系 ▶*(仲がいい)* guānxi hǎo 关系好／yàohǎo 要好
長い cháng 长
長い間 chángqī 长期／cháng shíjiān 长时间
長生き chángshòu 长寿
流す liú 流 ▶*(洗い落とす)* chōng 冲 ▶*(広める)* chuánbō 传播
なかなか hěn 很／xiāngdāng 相当
仲間 ▶*(一緒に何かをする人)* huǒbàn 伙伴／péngyou 朋友／tóngshì 同事 ▶*(同類)* tónglèi 同类
眺める tiàowàng 眺望／kàn 看
…ながら yìbiān~yìbiān 一边～一边／yímiàn yímiàn 一面～一面
流れる liú 流／liúdòng 流动
なく ▶*泣く* kū 哭／tíkū 啼哭 ▶*鳴く* jiào 叫／míngjiào 鸣叫
慰める ānwèi 安慰／fǔwèi 抚慰
なくす diū 丢／diūshī 丢失／xiāomiè 消灭
なくなる diū 丢／diūshī 丢失／xiāoshī 消失
亡くなる sǐ 死／sǐwáng 死亡／qùshì 去世／shìshì 逝世
殴る dǎ 打／zòu 揍
投げる tóu 投／rēng 扔
なぜ wèi shénme 为什么
なぜなら→…*だから…*
謎 mí 谜
夏 xiàtiān 夏天／xiàjì 夏季
懐かしい xiǎngniàn 想念／huáiniàn 怀念
納得 lǐjiě 理解／tóngyì 同意
夏休み shǔjià 暑假
撫でる fǔmō 抚摸
…など děng 等／děngděng 等等
7つ qī ge 七个
何 shénme 什么
鍋 ▶*(調理器具)* guō 锅 ▶*(鍋物)* huǒguō 火锅
生 shēng 生／xiān 鲜
名前 míngzi 名字／xìngmíng 姓名
波 bōlàng 波浪
涙 yǎnlèi 眼泪／lèi 泪
滑らか ▶*(すべすべした)* guānghuá 光滑 ▶*(よどみがない)* liúlì 流利
舐める・嘗める ▶*(舌で)* tiǎn 舔 ▶*(味をみる)* cháng 尝 ▶*(経験する)* jīnglì 经历
悩む fánnǎo 烦恼／kǔnǎo 苦恼
倣う mófǎng 模仿
習う xuéxí 学习／xué 学
並ぶ pái 排／bǎi 摆
並べる bǎi 摆／fàng 放
成る chéngwéi 成为
鳴る xiǎng 响／jiào 叫
なるべく jǐnliàng 尽量／jìn kěnéng 尽可能
なるほど díquè 的确／guǒrán 果然／guàibude 怪不得
慣れる xíguàn 习惯
何と duōme 多么
なんど jǐ cì 几次／duō cì 多次
なんとか ▶*(手段をつくして)* shèfǎ 设法 ▶*(なんとか間にあう)* miǎnqiǎng 勉强 ▶*(はっきり言えない事柄)* mǒu 某
なんとなく zǒng juéde 总觉得／bùyóude 不由得
何でも shénme dōu~ 什么都～ ▶*何で*

も好き shénme dōu xǐhuan 什么都喜欢
何日 jǐ tiān 几天／duōshao tiān 多少天
…に zài 在
2 èr 二／liǎng 两
似合う héshì 合适／xiāngpèi 相配
ニーズ yāoqiú 要求 ▶*ニーズに応える* mǎnzú yāoqiú 满足要求
におい wèir 味儿／qìwèir 气味儿 ▶*いいにおい* xiāngwèir 香味儿 ▶*へんなにおいがする* sànfāchū yì gǔ nánwén de qìwèir 散发出一股难闻的气味儿
苦い kǔ 苦
逃がす ▶*(自由にしてやる)* fàngzǒu 放走 ▶*(逃げられる)* pǎodiào 跑掉 ▶*(チャンスを逃す)* cuòguò 错过
2月 èryuè 二月
苦手 ▶*(扱いにくい)* nán duìfu 难对付 ▶*(不得意)* bú shàncháng 不擅长
賑やか rènao 热闹
握る wò 握
肉 ròu 肉
憎い kěhèn 可恨／kězēng 可憎
肉まん ròubāozi 肉包子
逃げる táopǎo 逃跑
にこにこ xiàomīmī 笑眯眯／xiàoxīxī 笑嘻嘻
濁る hùnzhuó 混浊
西 xī 西／xībian 西边
にせもの jiǎhuò 假货／màopáihuò 冒牌货
日常 rìcháng 日常／píngshí 平时
日曜日 xīngqīrì 星期日／xīngqītiān 星期天
日用品 rìyòngpǐn 日用品
日記 rìjì 日记
日光 yángguāng 阳光
…にとって duì~ lái shuō 对～来说
担う ▶*(かつぐ)* dān 担 ▶*(引き受ける)* chéngdān 承担
鈍い ▶*(反応が)* chídùn 迟钝 ▶*(切れ味が悪い)* dùn 钝／qiēbukuài 切不快
日本 Rìběn 日本
日本語 Rìyǔ 日语／Rìwén 日文
日本人 Rìběnrén 日本人
日本料理 Rìběncài 日本菜／Rìběn liàolǐ 日本料理
荷物 xíngli 行李
入院する zhùyuàn 住院
入学式 rùxué yíshì 入学仪式／rùxué diǎnlǐ 入学典礼
入学する rùxué 入学
入場する rùchǎng 入场／jìnchǎng 进场 ▶*入場券* rùchǎngquàn 入场券／ménpiào 门票 ▶*入場料* rùchǎngfèi 入场费
ニュース xīnwén 新闻
入門 rùmén 入门
女房 lǎopo 老婆／qīzi 妻子 ▶*女房役* zhùshǒu 助手
睨む dèng 瞪／dīng 盯
似る xiàng 像／(hé~)xiāngsì (和～)相似
煮る zhǔ 煮／dùn 炖
(中)庭 yuànzi 院子
ニワトリ jī 鸡
人気 rénqì 人气／yǒumíng 有名 ▶*人気がある* shòu huānyíng 受欢迎／yǒu rénqì 有人气
人形 wáwa 娃娃
人間 rén 人／rénlèi 人类
認識 rènshi 认识／lǐjiě 理解
人情 rénqíng 人情
妊娠 huáiyùn 怀孕
人参 ▶*(野菜)* húluóbo 胡萝卜 ▶*(朝鮮人参)* rénshēn 人参
人数 rénshù 人数
忍耐 rěnnài 忍耐
にんにく dàsuàn 大蒜
任務 rènwu 任务
ぬいぐるみ bùwáwa 布娃娃
縫う féng 缝
脱ぐ tuō 脱
ぬく ▶*(はずす)* bádiào 拔掉 ▶*(抽出する)* chōuchu 抽出
拭う cā 擦
抜ける ▶*(離れて取れる)* tuōluò 脱落 ▶*(通り抜ける)* chuānguò 穿过
盗む tōu 偷
布 bù 布
濡らす zhānshī 沾湿／nòngshī 弄湿
塗る tú 涂／cā 擦
ぬるい ▶*(温度)* wēnhuo 温和／bù lěng bú rè 不冷不热 ▶*(態度)* wēnhé 温和／kuāndà 宽大
濡れる línshī 淋湿
値上げ zhǎngjià 涨价
願い yuànwàng 愿望
願う qǐngqiú 请求／kěnqiú 恳求
寝かす ▶*(眠らせる)* shǐ shuìjiào 使睡觉 ▶*(横に倒す)* fàngdǎo 放倒
葱 cōng 葱
ネクタイ lǐngdài 领带
ネコ māo 猫
値下げ jiàngjià 降价

ネズミ lǎoshǔ 老鼠／shǔ 鼠
妬む jídù 嫉妒
値段 jiàgé 价格
熱 fāshāo 发烧／rèdù 热度
ネックレス xiàngliàn 项链
熱心 rèxīn 热心
熱中する rèzhōng yú 热中于
ネットワーク wǎngluò 网络
粘る ▶*(柔らかでくっつく)* fānián 发粘 ▶*(根気づよい)* jiānchí 坚持
値引き交渉 tǎo jià huán jià 讨价还价／kǎnjià 砍价／shājià 杀价
寝坊 shuì guòtóu 睡过头／shuìlǎnjiào 睡懒觉
寝巻き→パジャマ
眠い kùn 困
眠る shuìjiào 睡觉／shuì 睡／shuìzháo 睡着
根元 gēn 根
狙う ▶*(目標を定める)* miáozhǔn 瞄准 ▶*(目指す)* sìjī 伺机
年 nián 年
年賀状 hèniánpiàn 贺年片
年金 yǎnglǎojīn 养老金
年月日 nián yuè rì 年月日
年末 niánmò 年末
燃料 ránliào 燃料
年齢 niánlíng 年龄／niánjì 年纪
…の de 的
脳 nǎo 脑 ▶*(知力)* zhìlì 智力
農家 nóngjiā 农家／nónghù 农户
農業 nóngyè 农业
農産物 nóngchǎnpǐn 农产品
農民 nóngmín 农民
能率 xiàolǜ 效率
能力 nénglì 能力
ノート bǐjìběn 笔记本／běnzi 本子
残す liúxià 留下／shèngxià 剩下
残り shèngyú 剩余／cányú 残余
残る→残す
乗せる zhuāngzài 装载／yùnzài 运载
載せる ▶*(物のうえに)* fàng 放 ▶*(刊行物に)* jìzǎi 记载／kāndēng 刊登
(…を)除く chúle~yǐwài 除了～以外
覗く tōukàn 偷看／kuīshì 窥视
望ましい zuìhǎo 最好／zuì lǐxiǎng de 最理想的
望み yuànwàng 愿望／xīwàng 希望
望む xīwàng 希望／qīdài 期待
後 hòu 后／zhīhòu 之后
ノック qiāomén 敲门
ので yīnwèi 因为／yóuyú 由于
喉 hóulóng 喉咙
のに què 却／dào 倒
伸ばす yán(cháng) 延(长)／shēn(cháng) 伸(长)／yánshēn 延伸
のびる ▶*伸びる* zhǎngcháng 长长／zhǎnggāo 长高 ▶*延びる* yáncháng 延长／tuīchí 推迟
述べる shuō 说
のぼせる tóuyūn 头晕／shànghuǒ 上火
上り列車 shàngxíng lièchē 上行列车
のぼる ▶*登る* dēng 登／pá 爬 ▶*昇る* shàngshēng 上升
飲みすぎ yǐnjiǔ guòliàng 饮酒过量
飲み水 yǐnyòngshuǐ 饮用水
飲み物 yǐnliào 饮料
飲む hē 喝
海苔 ▶*(食品)* zǐcài 紫菜 ▶*(植物)* hǎizǎo 海藻
糊 jiànghu 糨糊／jiāoshuǐ 胶水
乗り遅れる gǎnbushàng 赶不上／méi gǎnshang 没赶上
乗り換える huànchē 换车／dǎochē 倒车
乗り越える ▶*(物の上を)* yuèguò 越过 ▶*(困難を)* kèfú 克服／dùguò 渡过
乗り場 chéngchēchù 乘车处／chéngchuánchù 乘船处
乗り物 jiāotōng gōngjù 交通工具
乗る ▶*(車·飛行機などに)乗る* chéng 乘／zuò 坐 ▶*(自転車·バイク·馬などに)乗る* qí 骑
載る ▶*(物の上に)* fàng 放 ▶*(新聞などに)* dēngzǎi 登载／kāndēng 刊登
のんき yōuxián 悠闲／bù huāng bù máng 不慌不忙
のんびり yōuxián zìzài 悠闲自在／níngjìng 宁静

【は】

歯 yá 牙／yáchǐ 牙齿 ▶*歯科* yákē 牙科 ▶*歯医者* yáyī 牙医
葉 yèzi 叶子／shùyè 树叶
場合 chǎnghé 场合／qíngkuàng 情况
把握 bǎwò 把握／zhǎngwò 掌握
バーゲン dàjiǎnjià 大减价／dǎzhé 打折
パーセント bǎifēnbǐ 百分比／bǎifēnzhī~ 百分之～
ハードウェア yìngjiàn 硬件
パートタイム zhōngdiǎngōng 钟点工
パーマ tàngfà 烫发
はい ▶*(確認)* shì de 是的／duì 对

▶(点呼) dào 到 ▶(了承) hǎo 好
配達 sòng 送 ▶(郵便局から) yóudì 邮递
ハイテク gāokējì 高科技
売店 xiǎomàibù 小卖部
俳優 yǎnyuán 演员
入る jìn 进
這う ▶(手足をついて) pá 爬 ▶(腹ばいになる) pā 趴
生える zhǎng 长/fā 发
墓 fén 坟/mù 墓
ばか shǎguā 傻瓜/bèndàn 笨蛋 ▶(形容詞) shǎ 傻/yúchǔn 愚蠢
破壊する pòhuài 破坏/huǐhuài 毁坏
葉書 míngxìnpiàn 明信片
剥がす bāoxià 剥下/jiēxià 揭下
(…して)ばかり jìn 尽/lǎoshì 老是
はかる chēng 称/liáng 量
吐き気がする ěxin 恶心
吐く tǔ 吐/ǒutù 呕吐
掃く sǎo 扫/dǎsǎo 打扫
履く chuān 穿
拍手 pāishǒu 拍手/gǔzhǎng 鼓掌
爆発する bàozhà 爆炸/bàofā 爆发
激しい jīliè 激烈/qiángliè 强烈
励ます gǔlì 鼓励/jīlì 激励
励む nǔlì 努力/qínfèn 勤奋
箱 ▶(大) xiāngzi 箱子 ▶(小) hézi 盒子
運ぶ bān 搬/yùnsòng 运送
はさみ jiǎndāo 剪刀/jiǎnzi 剪子
挟む ▶(両側から抑える) jiā 夹 ▶(へだてて) gé 隔 ▶(さしこむ) chā 插
端 tóu 头/ biān 边
箸 kuàizi 筷子
橋 qiáo 桥
恥 chǐrǔ 耻辱 ▶恥をかく chūchǒu 出丑
始まる kāishǐ 开始
始め kāitóu 开头/dì yī cì 第一次/zuìchū 最初
はじめて dì yī cì 第一次/chūcì 初次
始める kāishǐ 开始
パジャマ shuìyī 睡衣
場所 dìfang 地方
走る pǎo 跑
はず yīnggāi 应该/huì 会
バス gōnggòng qìchē 公共汽车/bāshì 巴士
恥ずかしい nánwéiqíng 难为情/bù hǎoyìsi 不好意思/hàixiū 害羞
外す ▶(取りはずす) qǔxià 取下 ▶(タイミングを逃がす) cuòguò 错过 ▶(そらす) bìkāi 避开
バス停 qìchēzhàn 汽车站
パスポート hùzhào 护照
弾む ▶(はねる) tiào 跳 ▶(気分がのる) gāozhǎng 高涨/qǐjìnr 起劲儿
外れる ▶(脱する) tuōluò 脱落 ▶(目標から) bú zhòng 不中 ▶(期待が) luòkōng 落空
パスワード mìmǎ 密码/ànhào 暗号
パソコン diànnǎo 电脑 ▶ノートパソコン bǐjìběn diànnǎo 笔记本电脑
肌 pífū 皮肤
バター huángyóu 黄油
畑 tiándì 田地/tián 田
果たす shíxiàn 实现/wánchéng 完成
働く gōngzuò 工作/láodòng 劳动
8 bā 八
8月 bāyuè 八月
発音する fāyīn 发音
発揮 fāhuī 发挥
はっきり qīngchu 清楚/míngquè 明确
発見する fāxiàn 发现
発生する fāshēng 发生/chūxiàn 出现
発達 fādá 发达/fāzhǎn 发展
発展する fāzhǎn 发展
発表する fābiǎo 发表
発明 fāmíng 发明
はと gēzi 鸽子
パトカー jǐngchē 警车
花 huā 花
鼻 bízi 鼻子
話 huà 话/gùshi 故事
話し中 ▶(電話) zhèngzài shuōhuà 正在说话/zhànxiàn 占线
話す→いう
離す ▶(手から) fàngkāi 放开/fàngdiào 放掉 ▶(間隔を) gékāi 隔开
…放す zhì zhī bù lǐ 置之不理/fàng yì biān 放一边
バナナ xiāngjiāo 香蕉
離れる líkāi 离开/fēnlí 分离
パニック kǒnghuāng 恐慌/huāngluàn 慌乱
母 mǔqīn 母亲/māma 妈妈
幅 kuāndù 宽度/fúdù 幅度
省く shěnglüè 省略
歯ブラシ yáshuā 牙刷
バブル pàomò 泡沫 ▶バブル経済 pàomò jīngjì 泡沫经济
ハム huǒtuǐ 火腿

場面 chǎngmiàn 场面
はやい ▶*早い(時間)* zǎo 早 ▶*速い(速度)* kuài 快／xùnsù 迅速
はやめに tíqián 提前／jǐnkuài 尽快
流行る liúxíng 流行
腹 dùzi 肚子／fùbù 腹部
ばら méigui(huā) 玫瑰(花)
払う fù qián 付钱
春 chūntiān 春天／chūnjì 春季
貼る tiē 贴／zhān 粘
遥か yáoyuǎn 遥远
春休み chūnjià 春假
晴れ qíngtiān 晴天／qíng 晴
晴れる ▶*(天気)* qíng 晴 ▶*(気分)* chàngkuài 畅快／shūchàng 舒畅
腫れる zhǒng 肿
バレンタインデー Qíngrénjié 情人节
班 bān 班／xiǎozǔ 小组
パン miànbāo 面包
範囲 fànwéi 范围／jièxiàn 界限
ハンカチ shǒupà 手帕／shǒujuàn(r) 手绢(儿)
番組 (diànshì)jiémù (电视)节目
番号 hàomǎ 号码
反抗する fǎnkàng 反抗／duìkàng 对抗
犯罪 fànzuì 犯罪
反省する fǎnxǐng 反省／jiǎntǎo 检讨
パンダ xióngmāo 熊猫
反対(に) xiāngfǎn 相反
反対する fǎnduì 反对
判断する pànduàn 判断
ハンドブック shǒucè 手册／biànlǎn 便览
犯人 fànrén 犯人
反応 fǎnyìng 反应
ハンバーガー hànbǎobāo 汉堡包
半分 yíbàn(r) 一半(儿)
日 tàiyáng 太阳
火 huǒ 火
日当たり xiàngyáng 向阳 ▶*日当たりがいい(悪い)* yángguāng (bù) chōngzú 阳光(不)充足
ピアノ gāngqín 钢琴
ビール píjiǔ 啤酒
冷える ▶*(冷たくなる)* biàn liáng 变凉 ▶*(寒くなる)* gǎnjué lěng 感觉冷 ▶*(人との関係など)* lěngdàn 冷淡
被害を受ける shòuhài 受害／shòuzāi 受灾
日帰り dāngtiān wǎngfǎn 当天往返／dàngtiān huílái 当天回来
比較する bǐjiào 比较
東 dōng 东／dōngbian 东边
光 guāngxiàn 光线／liàngguāng 亮光
光る fāguāng 发光
引き上げる ▶*(上へつり上げる)* diàoqǐ 吊起 ▶*(水の中から)* dǎlāo 打捞 ▶*(値段を)* tígāo 提高
引き受ける ▶*(責任を受け持つ)* chéngdān 承担 ▶*(承諾する)* jiēshòu 接受／dāying 答应 ▶*(請け負う)* chéngbāo 承包
引き起こす yǐnqǐ 引起／rě 惹
ひき出し chōuti 抽屉
引き続き jìxù 继续／jiēzhe 接着
引き取る ▶*(帰る)* huíqu 回去／líqu 离去 ▶*(受け取る)* lǐngqǔ 领取 ▶*(扶養する)* shōuyǎng 收养
ひく ▶*引く* lā 拉 ▶*弾く(ピアノなど)* tán 弹／*(バイオリンなど)* lā 拉
低い ▶*(レベルが)低い* dī 低 ▶*(背丈が)低い* ǎi 矮
ひげ húzi 胡子
飛行機 fēijī 飞机
飛行場 jīchǎng 机场
ひごろ píngshí 平时
膝 xīgài 膝盖
ビザ qiānzhèng 签证
日差し yángguāng 阳光
ビジネス shāngwù 商务
ビジネスマン shíyèjiā 实业家／gōngsī zhíyuán 公司职员
美術 měishù 美术
非常口 jǐnjí chūkǒu 紧急出口／tàipíngmén 太平门
非常に fēicháng 非常
美人 měirén 美人／měinǚ 美女
浸す jìnpào 浸泡
ビタミン wéishēngsù 维生素／wéitāmìng 维他命
左 zuǒ 左／zuǒbian 左边
左側 zuǒcè 左侧／zuǒbian 左边
筆記試験 bǐshì 笔试
びっくり chījīng 吃惊／xià yí tiào 吓一跳
ひっくり返す ▶*(たおす)* nòngdǎo 弄倒／fāndǎo 翻倒 ▶*(うらがえす)* fānguolai 翻过来 ▶*(くつがえす)* tuīfān 推翻
日付 rìqī 日期／nián yuè rì 年月日
引っ越す bānjiā 搬家
ぴったり zhèng héshì 正合适／zhènghǎo 正好
引っ張る yìnglā 硬拉

日中小辞典

必要 bìyào 必要
否定 fǒudìng 否定
ビデオカメラ shèxiàngjī 摄像机
ビデオテープ lùxiàngdài 录像带
ビデオデッキ lùxiàngjī 录像机
人 rén 人
ひどい tài guòfèn 太过分／bú xiànghuà 不像话
人込み rénqún 人群
等しい xiāngděng 相等／děngyú 等于
1つ yí ge 一个
人々 rénmen 人们
一人(で) yí ge rén 一个人／zìjǐ 自己
一人暮らし dúlì shēnghuó 独立生活／yí ge rén guò rìzi 一个人过日子
非難する pīpíng 批评／qiǎnzé 谴责
避難する bìnàn 避难
ビニール sùliào 塑料 ▶*ビニール袋* sùliàodài 塑料袋
捻る nǐng 拧／niǎn 捻
日の入り rìluò 日落
日の出 rìchū 日出
響く xiǎng 响／huíxiǎng 回响
批評 pīpàn 批判／pínglùn 评论
皮膚 pífū 皮肤
暇 yǒu shíjiān 有时间／yǒu kòng(r) 有空(儿)
秘密 mìmì 秘密
紐 dàizi 带子／xìshéng 细绳
百 bǎi 百
日焼け shàihēi 晒黑 ▶*日焼けサロン* shàifū shālóng 晒肤沙龙 ▶*日焼け止めクリーム* fángshàigāo 防晒膏
冷やす ▶*(頭を)* shǐ~lěngjìng 使～冷静 ▶*(氷などで)* bīngzhèn 冰镇
ヒヤリング tīnglì 听力／tīngxiě 听写
費用 fèiyòng 费用／kāizhī 开支
秒 miǎo 秒／miǎozhōng 秒钟
美容院 měiróngyuàn 美容院／fàláng 发廊
病院 yīyuàn 医院 ▶*病院に行く* qù kànbìng 去看病
評価 píngjià 评价
病気 bìng 病 ▶*病気になる* shēngbìng 生病
表現 biǎodá 表达
標準 biāozhǔn 标准
表情 biǎoqíng 表情
平等 píngděng 平等
病人 bìngrén 病人／huànzhě 患者
評判 píngjià 评价／pínglùn 评论
開く kāi 开／dǎkāi 打开
昼 báitiān 白天／zhōngwǔ 中午
ビル gāolóu 高楼／dàshà 大厦／dàlóu 大楼
昼ごはん wǔfàn 午饭
昼休み wǔxiū 午休
広い dà 大／kuānchǎng 宽敞
拾う shí 拾／jiǎn 捡
広がる kuòdà 扩大／mànyán 蔓延
広げる ▶*(広くする)* kuòdà 扩大 ▶*(開く)* kāi 开／kuòzhǎn 扩展
瓶 píngzi 瓶子／píng 瓶
ピンイン pīnyīn 拼音
ピンク fěnhóng 粉红／táohóng 桃红
ピンチ wēijī 危机
ヒント tíshì 提示／qǐfā 启发
貧乏 pínqióng 贫穷／qióng 穷
ファーストフード kuàicān 快餐
ファイル ▶*(文具)* wénjiànjiá 文件夹 ▶*(パソコン用語)* wénjiàn 文件
ファクシミリ chuánzhēn 传真
不安 bù'ān 不安／jǐnzhāng 紧张
ファン ▶*(アイドルなどの)ファン* zhuīxīngzú 追星族 ▶*(サッカーなどの)ファン* qiúmí 球迷
フィルム jiāojuǎn 胶卷
風景 ▶*(けしき)* fēngjǐng 风景 ▶*(様子)* qíngjǐng 情景
封筒 xìnfēng 信封
夫婦 fūqī 夫妻
ブーム ~rè ～热 ▶*サッカーブーム* zúqiú rè 足球热 ▶*中国語ブーム* Zhōngwén rè 中文热 ▶*ブームにのる* gǎn gāocháo 赶高潮
プール yóuyǒngchí 游泳池
増える zēngjiā 增加
フォーク chāzi 叉子
深い shēn 深
普及 pǔjí 普及
服 yīfu 衣服
吹く chuī 吹／guā 刮
拭く cā 擦
複雑 fùzá 复杂
復習する fùxí 复习
含む bāokuò(~zàinèi) 包括(～在内)
袋 dàizi 袋子
不景気 bù jǐngqì 不景气
不幸 búxìng 不幸
無事 píng'ān wúshì 平安无事
不思議 qíguài 奇怪／bù kě sīyì 不可思议
不足する bú gòu 不够／bù zú 不足
蓋 gàizi 盖子 ▶*ふたをする* gàishang gàizi 盖上盖子 ▶*ふたをとる* jiēkai

gàizi 揭开盖子
札 páizi 牌子
豚 zhū 猪
再び zài 再／zàicì 再次
２つ liǎng ge 两个
普段 píngshí 平时／píngcháng 平常
不注意 méi zhùyì 没注意／bù xiǎoxīn 不小心
普通 pǔtōng 普通／yìbān 一般
物価 wùjià 物价
ぶつかる pèng 碰／zhuàng 撞
筆 máobǐ 毛笔
ふと ▶*(急に)* tūrán 突然 ▶*(思いかけず)* ǒurán 偶然
太い cū 粗
ブドウ pútao 葡萄
太る pàng 胖
布団 bèizi 被子
船 chuán 船
部分 bùfen 部分／yíbùfen 一部分
不便 bù fāngbiàn 不方便
不満 bùmǎn 不满／bàoyuàn 抱怨
踏む cǎi 踩／tà 踏
冬 dōngtiān 冬天／dōngjì 冬季
冬休み hánjià 寒假
プライバシー yǐnsī 隐私／sīshì 私事
プライベート sīshēnghuó 私生活
ブランド míngpái 名牌
フリーズ sǐjī 死机
フリーター zìyóu zhíyèzhě 自由职业者
不倫 hūnwàiliàn 婚外恋
降る xià 下
振る*(首などを)* yáo 摇／*(手などを)* huī 挥
古い jiù 旧／lǎo 老
震える chàndǒu 颤抖／fādǒu 发抖
プレゼント lǐwù 礼物
触れる ▶*(さわる)* jiēchù 接触 ▶*(言及する)* tándào 谈到／shèjí 涉及
風呂 yùshì 浴室 ▶*風呂に入る* xǐzǎo 洗澡
プロ zhíyè 职业／zhuānyè 专业 ▶*プロ野球* zhíyè bàngqiú 职业棒球
ブロードバンド kuāndài 宽带
プログラム jiémù(dān) 节目(单)
フロッピーディスク cípán 磁盘／cídié-piàn 磁碟片／dié 碟
プロバイダー fúwùshāng 服务商
フロント fúwùtái 服务台
分 ▶*(時刻)* fēn 分 ▶*(時間の長さ)* fēnzhōng 分钟
文 jùzi 句子
雰囲気 qìfēn 气氛
文化 wénhuà 文化
文学 wénxué 文学
文具 wénjù 文具
文章 wénzhāng 文章
…分の… ~fēn zhī~ ～分之～
文法 yǔfǎ 语法
文明 wénmíng 文明
分野 lǐngyù 领域／fāngmiàn 方面
…へ wǎng 往／xiàng 向
ペア yí duìr 一对儿
平気 ▶*(平常心)* lěngjìng 冷静 ▶*(気にかけない)* búzàihu 不在乎
平均 píngjūn 平均
平日 píngrì 平日
平凡 píngfán 平凡
平野 píngyuán 平原
平和 hépíng 和平
ページ yè 页
下手*(劣る)* bù hǎo 不好／chà 差
ベッド chuáng 床
ペット chǒngwù 宠物
ペットボトル sùliàopíng 塑料瓶
別に ▶*(とくに…ない)* bìngbù~ 并不～ ▶*(分けて)* fēnkāi 分开
別々 fēnbié 分别／gèzì 各自
蛇 shé 蛇
部屋 fángjiān 房间／wūzi 屋子
減らす jiǎnshǎo 减少／xuējiǎn 削减
経る jīngguò 经过／jīng 经
減る jiǎnshǎo 减少／xiàjiàng 下降 ▶*(おなかが)減る* è 饿
ベル líng 铃／ménlíng 门铃
変 guài 怪／qíguài 奇怪
ペン bǐ 笔／gāngbǐ 钢笔
変化する biànhuà 变化
返却する guīhuán 归还／huán 还
勉強する xuéxí 学习／xué 学
弁護士 lǜshī 律师
返事する huídá 回答／huíxìn 回信
ベンチャー企業 fēngxiǎn qǐyè 风险企业／tóujī qǐyè 投机企业
弁当 héfàn 盒饭
便利 fāngbiàn 方便
ポイント ▶*(要点)* zhòngdiǎn 重点 ▶*(小数点)* xiǎoshùdiǎn 小数点 ▶*(点数)* fēnshù 分数 ▶*(場所)* dì-diǎn 地点 ▶*(２つの百分率の差)* bǎifēndiǎn 百分点
貿易 màoyì 贸易
冒険 màoxiǎn 冒险
方向 fāngxiàng 方向

報告 bàogào 报告
帽子 màozi 帽子
方針 fāngzhēn 方针
包装 bāozhuāng 包装
放送する guǎngbō 广播／bōfàng 播放
報道 bàodào 报道
豊富 fēngfù 丰富
方法 bànfǎ 办法／fāngfǎ 方法
方面 fāngmiàn 方面
訪問する fǎngwèn 访问
法律 fǎlǜ 法律
ボート xiǎochuán 小船／xiǎotǐng 小艇
ボーナス jiǎngjīn 奖金／fēnhóng 分红
(駅の)ホーム zhàntái 站台／yuètái 月台
ホームページ wǎngyè 网页／zhǔyè 主页
ホームレス liúlàngzhě 流浪者／wújiā kěguīzhě 无家可归者
ボウリング bǎolíngqiú 保龄球
ホール dàtīng 大厅
ボール qiú 球
ボールペン yuánzhūbǐ 圆珠笔
ほか bié(de) 别(的)／qítā 其他
僕→私
ポケット kǒudài 口袋／yīdài 衣袋
保険 bǎoxiǎn 保险
埃 huīchén 灰尘／chéntǔ 尘土
誇り zìháo 自豪／jiāo'ào 骄傲
誇る zìháo 自豪／jiāo'ào 骄傲
星 xīngxing 星星／xīng 星
ほしい yào 要／xiǎngyào 想要
ポジション wèizhi 位置／dìwèi 地位／zhíwèi 职位
募集 mùjí 募集／zhēngmù 征募
保証する bǎozhèng 保证
干す shài 晒／liàng 晾
ボス tóumù 头目／tóur 头儿
ホステス nǚzhāodài 女招待
ポスト yóutǒng 邮筒
細い xì 细／shòu 瘦
保存 bǎocún 保存
ボタン ▶*(衣類)* kòuzi 扣子／niǔkòu 钮扣 ▶*(スイッチ)* ànniǔ 按钮／diànniǔ 电钮
ほっとする fàngxīn 放心／sōng yì kǒu qì 松一口气
ホットライン rèxiàn(diànhuà) 热线(电话)
ポテト mǎlíngshǔ 马铃薯／tǔdòu 土豆 ▶*ポテトチップス* zháshǔpiàn 炸薯片
ホテル fàndiàn 饭店／bīnguǎn 宾馆
ほど ▶*(度合い)* chéngdù 程度 ▶*(限度)* xiàndù 限度 ▶*(～ぐらい)* zuǒyòu 左右 ▶*(～すればするほど)* yuè~yuè~ 越～越～
仏 fó 佛
ほとんど jīběnshang 基本上／jīhū 几乎
骨 gǔ 骨／gǔtou 骨头
褒める biǎoyáng 表扬
ボランティア yìwù fúwùzhě 义务服务者／zìyuànzhě 自愿者
掘る wā 挖
彫る diāokè 雕刻
ホルモン hé'ěrméng 荷尔蒙／jīsù 激素
本 shū 书／shūběn 书本
…本 ▶*(手や足を数える)* zhī 只 ▶*(鉛筆などを数える)* zhī 支 ▶*(木を数える)* kē 棵
本気 rènzhēn 认真
本当 zhēn(de) 真(的)／zhēnzhèng 真正
本音 zhēnxīnhuà 真心话
ほんの yìdiǎndiǎn 一点点
本場 ▶*(主な産地)* yuánchǎndì 原产地 ▶*(正統な)* zhèngzōng 正宗
本文 kèwén 课文
本物 zhēnhuò 真货／zhēnpǐn 真品
本屋 shūdiàn 书店
翻訳する fānyì 翻译／bǐyì 笔译
ぼんやり ▶*(はっきりしない)* móhu 模糊／bù qīngchu 不清楚 ▶*(放心のさま)* fādāi 发呆

【ま】

マーケット shìchǎng 市场／shāngchǎng 商场
まあまあ ▶*(そこそこだ)* háikěyǐ 还可以／mǎmahūhū 马马虎虎 ▶*(なだめて)* hǎole hǎole 好了好了／xíngle xíngle 行了行了
マイク huàtǒng 话筒／màikèfēng 麦克风
マイクロソフト Wēiruǎngōngsī 微软公司
迷子になる mílù 迷路
毎週 měizhōu 每周／měi(ge)xīngqī 每(个)星期
毎月 měi(ge)yuè 每(个)月
毎年 měinián 每年
マイナス ▶*(プラスに対して)* fù 负 ▶*(引く)* jiǎn 减 ▶*(温度)* língxià 零下 ▶*(損失)* kuīsǔn 亏损
毎日 měitiān 每天
マウス shǔbiāo 鼠标／huáshǔ 滑鼠
(…の)前 (zài~de)qiánmian (在～的)前面／(zài~de)qiánbian (在～的)前边／

(zài~)qián (在~)前
前もって shìxiān 事先／yùxiān 预先
任せる tuōfù 托负／rènpíng 任凭
曲がる ▶*(形が)曲がる* wānqū 弯曲／wān(de) 弯(的) ▶*(角を)曲がる* guǎiwān 拐弯
巻く ▶*(うず状に)* juǎn 卷 ▶*(巻きつける)* chán 缠 ▶*(ねじる)* nǐng 拧
枕 zhěntou 枕头
負ける shū 输
曲げる wānqū 弯曲 ▶*事実を曲げる* wāiqū shìshí 歪曲事实 ▶*首を曲げる* wāi bózi 歪脖子
孫 sūnzi 孙子／sūnnǚ 孙女
まさか bú huì ba 不会吧／bù xiāngxìn 不相信／nándào~ma 难道~吗
摩擦 mócā 摩擦
まさに zhēnzhèng 真正／díquè 的确
真面目 rènzhēn 认真
まず xiān 先／shǒuxiān 首先
増す zēngjiā 增加／zēngzhǎng 增长
まずい ▶*(味が)* bù hǎochī 不好吃 ▶*(状況が)* búmiào 不妙／búlì 不利
マスク kǒuzhào 口罩
マスコミ méitǐ 媒体／méijiè 媒介
貧しい pínqióng 贫穷／qióng 穷
マスター ▶*(主人)* lǎobǎn 老板 ▶*(習得する)* zhǎngwò 掌握／jīngtōng 精通／xuégǎo 学好
ますます gèngjiā 更加／yuèfā 越发
混ぜる ▶*(二つ以上のものを一つにする)* jiāshang 加上 ▶*(かき混ぜる)* jiǎobàn 搅拌
また zài 再／yòu 又／hái 还
まだ hái 还／cái 才
または huòzhě 或者／huò 或
まだまだ hái 还／shàng 尚
町 chéngzhèn 城镇／jiē 街
待合室 děnghòushì 等候室
待ち合わせ jiànmiàn 见面／pèngtóu 碰头
間違い cuòwù 错误／cuò 错 ▶*間違える* nòng cuò 弄错／gǎo cuò 搞错
待つ děng 等
マッサージ ànmó 按摩
まっしろ xuěbái 雪白／jiébái 洁白
まっすぐ yìzhí 一直／bǐzhí 笔直
全く wánquán 完全／quán 全
マット ▶*(玄関の)* cèngxiédiàn 蹭鞋垫 ▶*(体操の)* diànzi 垫子
…祭 ~jié ~节
…まで dào 到／lí 离
…までに dào~wéizhǐ 到~为止／zài~yǐqián 在~以前
窓 chuāng 窗／chuānghu 窗户
窓口 chuāngkǒu 窗口
マナー lǐjié 礼节／guīzé 规则／guīju 规矩 ▶*食事のマナー* chīfàn shí de lǐjié 吃饭时的礼节 ▶*交通マナーを守る* zūnshǒu jiāotōng guīzé 遵守交通规则
学ぶ xuéxí 学习／xué 学
間に合う láideji 来得及
マニュアル shuōmíngshū 说明书／zhǐnán 指南
マネージャー ▶*(支配人)* jīnglǐ 经理／jīngjìrén 经纪人 ▶*(部活動などの)* gànshì 干事
招く zhāodài 招待／yāoqǐng 邀请
眩しい ▶*(光が)* huǎngyǎn 晃眼 ▶*(美しくて)* guāngcǎi duómù 光彩夺目
瞼 yǎnpí 眼皮
豆 dòu 豆
間もなく bùjiǔ 不久／bù yíhuìr 不一会儿
守る bǎohù 保护／zūnshǒu 遵守
眉 méimao 眉毛
迷う yóuyù 犹豫 ▶*(道に)迷う* mí lù 迷路
マヨネーズ dànhuángjiàng 蛋黄酱／shālājiàng 沙拉酱
丸 yuán 圆／yuánquān 圆圈 ▶*丸暗記* sǐjì yìngbèi 死记硬背
丸い yuán 圆
マルチメディア duōméitǐ 多媒体
まるで hǎoxiàng 好像／jiǎnzhí 简直
回す ▶*(回転させる)* zhuàn 转 ▶*(順に送る)* chuándì 传递
周り zhōuwéi 周围／sìzhōu 四周
回る zhuǎn 转／zhuǎndòng 转动
万 wàn 万
満員 mǎnyuán 满员
マンガ mànhuà 漫画
マンション gōngyù 公寓／jūmín dàlóu 居民大楼
満足する mǎnyì 满意／mǎnzú 满足
マントウ mántou 馒头
真ん中 zhèngzhōng(jiān) 正中(间)
満腹 chībǎo 吃饱
実 guǒshí 果实 ▶*実を結ぶ* jiēguǒ 结果／chénggōng 成功
見合い xiāngqīn 相亲
身内 ▶*(親族)* qīnshǔ 亲属 ▶*(仲間)* zìjiārén 自家人

見える kànjiàn 看见／kàndejiàn 看得见
見送る mùsòng 目送／sòngxíng 送行
磨く ▶*(歯を)磨く* shuā 刷 ▶*(汚れを落とす)* cā 擦／shuā 刷
見かける kànjian 看见／kàndào 看到
見方 ▶*(見る方法)* kànfǎ 看法 ▶*(考え)* jiànjiě 见解／xiǎngfǎ 想法
味方 ▶*(自分の方)* wǒfāng 我方 ▶*(仲間)* huǒbàn 伙伴
みかん júzi 橘子(桔子)
右 yòu 右／yòubian 右边
見事 jīngcǎi 精彩
見こみ xīwàng 希望／kěnéng 可能
ミサイル dǎodàn 导弹
短い duǎn 短
惨め bēicǎn 悲惨
水 shuǐ 水
湖 hú 湖
自ら zìjǐ 自己／qīnzì 亲自
水着 yóuyǒngyī 游泳衣
店 diàn 店
見せる gěi~kàn 给～看／ràng~kàn 让～看
味噌 jiàng 酱／dòujiàng 豆酱 ▶*味噌汁* jiàngtāng 酱汤
溝 ▶*(水路)* gōu 沟 ▶*(へだたり)* géhé 隔阂
乱れる luàn 乱
道 lù 路／dàolù 道路
身近 ▶*(自分に関係があること)* qièshēn 切身 ▶*(身の近く)* shēnbiān 身边
導く yǐndǎo 引导
満ちる mǎn 满／chōngmǎn 充满
見つける zhǎodào 找到／fāxiàn 发现
3つ sān ge 三个
密度 mìdù 密度
みっともない nánkàn 难看／diūrén 丢人
見つめる níngshì 凝视／zhùshì 注视
密輸 zǒusī 走私／sīyùn 私运
認める chéngrèn 承认
緑 lǜsè 绿色／lǜ 绿
みな ▶*皆* quántǐ 全体／dàjiā 大家 ▶*すべて* dōu 都／quánbù 全部
港 gǎngkǒu 港口／mǎtou 码头
南 nán 南／nánbian 南边
見習う xuéxí 学习／jiànxí 见习／shíxí 实习
見慣れる kànguàn 看惯
醜い bù hǎokàn 不好看／nánkàn 难看／chǒu 丑
身につく xuéhuì 学会／zhǎngwò 掌握
ミネラルウォーター kuàngquánshuǐ 矿泉水
見逃す ▶*(見落とす)* kànlòu 看漏 ▶*(黙認する)* ráoshù 饶恕
実る ▶*(実がなる)* jiē guǒshí 结果实 ▶*(成果があがる)* yǒu chéngguǒ 有成果
身分証明書 shēnfenzhèng 身份证
見舞いにいく qù tànwàng 去探望／kànwàng 看望
耳 ěrduo 耳朵
身元 ▶*(家庭・背景)* chūshēn 出身 ▶*(身分)* shēnfen 身分
土産 ▶*(旅の)* tǔchǎn 土产 ▶*(贈り物)* lǐpǐn 礼品
未来 wèilái 未来／jiānglái 将来
魅力的 yǒu mèilì 有魅力／mírén 迷人
見る kàn 看／qiáo 瞧
ミルク niúnǎi 牛奶
未練 yīliàn 依恋／liúliàn 留恋
民族 mínzú 民族
みんな dàjiā 大家／dàhuǒ 大伙
無意味 wúyìyì 无意义
ムード qìfēn 气氛
迎える yíngjiē 迎接／jiē 接
昔 cóngqián 从前
昔話 mínjiān gùshi 民间故事
むかつく ▶*(吐き気がする)* ěxin 恶心 ▶*(頭にくる)* shēngqì 生气
向かって xiàngzhe 向着／cháozhe 朝着
無関係 méi guānxi 没关系／wúguān 无关
無関心 bù guānxīn 不关心
…向き ▶*(方向)* xiàng 向／miànxiàng 面向 ▶*(適する)* shìhé 适合
剥く bāo 剥／xiāo 削
報いる bàodá 报答
無口 guǎyán 寡言／bú ài shuōhuà 不爱说话
…に向ける zhuǎnxiàng 转向
向こう duìmiàn 对面
虫 chóngzi 虫子／chóng 虫
蒸し暑い mēnrè 闷热
無職 wú zhíyè 无职业／méi gōngzuò 没工作
蒸す zhēng 蒸
難しい nán 难
息子 érzi 儿子
結ぶ ▶*(つなぐ)* liánjiē 连接 ▶*(ひも・ネクタイなど)* jì 系 ▶*(関係を)* jiànlì guānxi 建立关系
娘 nǚ'ér 女儿

無責任 bú fù zérèn 不负责任 ▶*無責任なことをいう* shuō bú fù zérèn de huà 说不负责任的话
無駄 làngfèi 浪费／báibái (de) 白白(的)
夢中 rùmí 入迷
6つ liù ge 六个
空しい kōngxū 空虚
胸 xiōng 胸／xiōngkǒu 胸口
村 cūn 村／cūnzhuāng 村庄
紫 zǐsè 紫色
無理 bù kěnéng 不可能／miǎnqiǎng 勉强
無料 miǎnfèi 免费
目 yǎnjing 眼睛
芽 yá 芽 ▶*芽が出る* fāyá 发芽
目あて mùbiāo 目标／mùdì 目的
名刺 míngpiàn 名片
名人 ▶*(上手な人)* néngshǒu 能手 ▶*(肩書きとして・大家)* míngrén 名人／dàshī 大师
名誉 míngyù 名誉
命令 mìnglìng 命令
命令する mìnglìng 命令
迷惑 máfan (de) 麻烦(的)／tǎoyàn 讨厌 ▶*迷惑をかける* tiān máfan 添麻烦
目上 zhǎngbèi 长辈／shàngjí 上级
メーカー zhìzàochǎng 制造厂／chǎngjiā 厂家
メートル mǐ 米
メール diànzǐ yóujiàn 电子邮件／yīmèir 伊妹儿
眼鏡 yǎnjìng 眼镜
めくる fān 翻 ▶*本をめくる* fān shū 翻书
めざましい jīngrén 惊人／xiǎnzhù 显著
目覚し時計 nàozhōng 闹钟
目指す yǐ~wéi mùbiāo 以～为目标
目覚める shuìxǐng 睡醒／xǐngguolai 醒过来
飯 fàn 饭
目下 wǎnbèi 晚辈／xiàjí 下级
目印 mùbiāo 目标／jìhao 记号
珍しい xīnqí 新奇／xīqí 稀奇／shǎojiàn 少见
目立つ xiǎnyǎn 显眼
目玉焼き hébāodàn 荷包蛋
メダル jiǎngpái 奖牌
メッセージ diànwén 电文／kǒuxìn 口信
めったに…ない hěn shǎo 很少／nándé 难得
めでたい kěxǐ 可喜／jílì 吉利
メニュー càidān 菜单
目の前 yǎnqián 眼前
眩暈 tóuyūn 头晕
メモ bǐjì 笔记
メモリー cúnchǔ 存储／cúnchǔqì 存储器
メルマガ diànzǐ zázhì 电子杂志
面接 miànshì 面试
面倒 máfan 麻烦
メンバー huìyuán 会员／chéngyuán 成员
…も yě 也／dōu 都
もう yǐjing 已经
設ける shèzhì 设置
儲ける zhuànqián 赚钱
申し込む shēnqǐng 申请
毛布 tǎnzi 毯子
燃えないゴミ bùkěrán lājī 不可燃垃圾
燃える ránshāo 燃烧／qǐ huǒ 起火
燃えるゴミ kěrán lājī 可燃垃圾
目的 mùdì 目的
目標 mùbiāo 目标
木曜日 xīngqīsì 星期四
もし… rúguǒ 如果／rúguǒ ~ dehuà 如果～的话／yàoshi 要是
文字 wénzì 文字 ▶*文字化け* luànmǎ 乱码
もしもし wéi (wèi) 喂
餅 niángāo 年糕
用いる shǐyòng 使用
もちろん dāngrán 当然
持つ ná 拿／dài 带
もったいない kěxī 可惜
もっと gèng 更／zài 再
最も zuì 最
もてる shòu huānyíng 受欢迎／zǒuhóng 走红／yǒu rénqì 有人气
モデル ▶*(型)* móxíng 模型 ▶*(職業としての)* mótèr 模特儿 ▶*(手本)* mófàn 模范
もと yuánlái 原来
戻す fànghuí 放回
基づく gēnjù 根据／ànzhào 按照
求める yāoqiú 要求／qǐngqiú 请求
もともと běnlái 本来／yuánlái 原来
戻る huídào 回到／fǎnhuí 返回
物 dōngxi 东西
物音 shēngyīn 声音／xiǎngshēng 响声
物語 gùshi 故事 ▶*物語を話す* jiǎng gùshi 讲故事
物事 shìqing 事情／shìwù 事物
揉む róu 揉
股 gǔ 股／dàtuǐ 大腿
桃 táozi 桃子
燃やす shāo 烧／ránshāo 燃烧

模様 ▶(図案) huāyàng 花样／tú'àn 图案 ▶(情況) qíngkuàng 情况
催す jǔbàn 举办
もらう ▶貰う dédào 得到／lǐngqǔ 领取 ▶…してもらう qǐng 请／ràng 让
森 shùlín 树林／sēnlín 森林
門 mén 门／dàmén 大门
文句 ▶(語句) cíjù 词句 ▶(不満) yìjiàn 意见
問題 wèntí 问题

【や】

八百屋 shūcàidiàn 蔬菜店
やがて bùjiǔ 不久
やかましい chǎonào 吵闹／cāozá 嘈杂
焼きそば chǎomiàn(tiáo) 炒面(条)
野球 bàngqiú 棒球
焼く kǎo 烤／jiān 煎
約 yuē 约／dàyuē 大约
役 ▶(役目) rènwù 任务 ▶(配役) juésè 角色
役員 ▶(重役) dǒngshì 董事 ▶(幹事) gànshi 干事
役所 zhèngfǔ jīguān 政府机关
訳す fānyì 翻译／fānchéng 翻成
約束する yuēdìng 约定／yùyuē 预约／yuēhǎo 约好
役立つ yǒuyòng 有用
役割 zuòyòng 作用
夜景 yèjǐng 夜景
焼ける ▶(もえる) zháohuǒ 着火／shāohuǐ 烧毁 ▶(食べ物が) kǎo 烤／shāo 烧 ▶(肌が) shàihēi 晒黑
野菜 shūcài 蔬菜
やさしい ▶易しい róngyì 容易／jiǎndān 简单 ▶優しい wēnhé 温和／héqì 和气／wēnróu 温柔
養う fǔyǎng 抚养
安い piányi 便宜
休み xiūxi 休息 ▶休みになる fàngjià 放假 ▶休みを取る qǐngjià 请假
休む xiūxi 休息
痩せる shòu 瘦
家賃 fángzū 房租
やつ jiāhuo 家伙
8つ bā ge 八个
厄介 máfan 麻烦／nán duìfu 难对付
薬局 yàodiàn 药店
やっと zhōngyú 终于／hǎoróngyì 好容易／hǎoburóngyì 好不容易
宿 lǚguǎn 旅馆 ▶宿を取る dìng lǚguǎn 定旅馆 ▶宿を借りる jièsù 借宿
雇う gù 雇／gùyōng 雇佣
やはり háishi 还是
破る nòngpò 弄破／nònghuài 弄坏
破れる pò 破／huài 坏
敗れる→負ける
山 shān 山
病 bìng 病
止む tíng 停／tíngzhǐ 停止
ヤムチャ yǐnchá 饮茶
やむを得ない méi bànfǎ 没办法／bùdéyǐ 不得已
やめる ▶止める fàngqì 放弃／qǔxiāo 取消 ▶(会社を)辞める cídiào gōngzuò 辞掉工作 ▶退学する tuìxué 退学
やや shāowēi 稍微
やり方 zuòfǎ 做法
やり直し chóngzuò 重做
やる ▶(行う) zuò 做／gàn 干 ▶(あげる) gěi 给
柔らかい ruǎn 软／róuhé 柔和
湯 kāishuǐ 开水／rèshuǐ 热水 ▶お湯を沸かす shāo kāishuǐ 烧开水
遊園地 yóulèyuán 游乐园／yóulè chǎngsuǒ 游乐场所
有害 yǒu hài 有害
夕方 bàngwǎn 傍晚
夕刊 wǎnbào 晚报
勇気 yǒngqì 勇气
有効 yǒuxiào 有效
優勝 dì yī míng 第一名／guànjūn 冠军
友情 yǒuqíng 友情
夕食 wǎnfàn 晚饭
友人 péngyou 朋友／yǒurén 友人
優先 yōuxiān 优先 ▶優先順位 yōuxiān cìxù 优先次序
郵便受け xìnxiāng 信箱
郵便局 yóujú 邮局
郵便物 yóujiàn 邮件
ゆうべ zuówǎn 昨晚／zuótiān wǎnshang 昨天晚上
有望 yǒu qiántú 有前途／yǒu xīwàng 有希望
有名 yǒumíng 有名
有名人 míngrén 名人
有料 shōufèi 收费
ユーロ ōuyuán 欧元
床 dìbǎn 地板
愉快 yúkuài 愉快

雪 xuě 雪 ▶*雪が降る* xiàxuě 下雪
～行き kāiwǎng 开往～
輸出 shūchū 输出／chūkǒu 出口
譲る ▶*(遠慮する)* qiānràng 谦让 ▶*(与える)* zhuǎnràng 转让 ▶*(譲渡する)* màigěi 卖给
輸送 shūsòng 输送／yùnshū 运输
豊か fēngfù 丰富／fùyù 富裕
油断 shūhu 疏忽／dàyi 大意
ゆっくり mànmān(r) 慢慢(儿)／màn 慢
茹でる zhǔ 煮／tàng 烫
ゆとり kuānyù 宽裕／chōngyù 充裕
輸入 jìnkǒu 进口
指 ▶*(手・足)* zhǐtou 指头 ▶*(手の指)* shǒuzhǐ 手指 ▶*(足の指)* jiǎozhǐ 脚趾
指輪 jièzhi 戒指
夢 mèng 梦／lǐxiǎng 理想 ▶*夢を見る* zuòmèng 做梦
緩い ▶*(締っていない)* sōng 松 ▶*(なだらか)* huǎnmàn 缓慢 ▶*(厳しくない)* bù yán 不严
許す yǔnxǔ 允许／yuánliàng 原谅
揺れる yáo 摇／yáohuàng 摇晃
良い hǎo 好
(…の)よう hǎoxiàng～yíyàng 好像～一样
用 shìqing 事情 ▶*用がある* yǒu shìqing 有事情
酔う ▶*(酒に)* zuì 醉 ▶*(乗り物に)* yùn 晕
容易 róngyì 容易
用意する zhǔnbèi 准备
要求 yāoqiú 要求
ヨーグルト suān(niú)nǎi 酸(牛)奶
用事 shì 事／shìqing 事情
洋食 xīcān 西餐
用心する dāngxīn 当心／xiǎoxin 小心
様子 qíngkuàng 情况／yàngzi 样子
養成 péiyǎng 培养
曜日 xīngqī～ 星期～
洋服 yīfu 衣服
ようやく hǎoburóngyì 好不容易／zǒngsuàn 总算
ヨーロッパ Ōuzhōu 欧洲
よく jīngcháng 经常／chángcháng 常常 ▶*(ちゃんとしている)* hǎohāor (de) 好好儿(的)
欲 tānxīn 贪心／yùwàng 欲望
浴室 yùshì 浴室
翌日 dì'èr tiān 第二天
欲望 yùwàng 欲望
余計 ▶*(不要な)* duōyú 多余 ▶*(よぶん)* fùyú 富余 ▶*(ますます)* gèngjiā 更加
避ける bìkāi 避开／duǒkāi 躲开
横 pángbiān 旁边
横切る héngguò 横过／chuānguò 穿过
汚す nòngzāng 弄脏／zāng 脏
横たわる tǎng 躺
汚れる zāng 脏
予算 yùsuàn 预算
予習 yùxí 预习
予想 yùxiǎng 预想 ▶*予想通り* rú suǒ yùliào 如所预料
4つ sì ge 四个
予定する yùdìng 预定
夜中 bànyè 半夜／shēnyè 深夜
世の中 shìshàng 世上／shèhuì 社会
呼ぶ zhāohu 招呼／jiào 叫
予防 yùfáng 预防
読み方 dúfǎ 读法／niànfǎ 念法
読む kàn 看／niàn 念／dú 读
嫁 xífù 媳妇
予約する yùyuē 预约 ▶*予約注文する* yùdìng 预订
余裕 ▶*(時間)* fùyú 富余／gōngfu 工夫 ▶*(精神的に)* bù jǐnzhāng 不紧张／yǒu xìnxīn 有信心
…より ▶*(…から)* cóng 从 ▶*(比較)* bǐ 比
夜 wǎnshang 晚上／yèli 夜里
因る ▶*(起因する)* yóuyú 由于／yīnwèi 因为 ▶*(もとづく)* gēnjù 根据
寄る ▶*(近寄る)* kàojìn 靠近 ▶*(立ち寄る)* shùnbiàn qù 顺便去
喜び xǐyuè 喜悦
喜ぶ huānxǐ 欢喜／gāoxìng 高兴
宜しい hǎo 好／xíng 行
弱い ruò 弱／ruǎnruò 软弱

【ら】

ラーメン miàntiáor 面条儿
ライオン shīzi 狮子
来月 xià (ge) yuè 下(个)月
来週 xià (ge) xīngqī 下(个)星期／xiàzhōu 下周
ライス mǐfàn 米饭
ライター dǎhuǒjī 打火机
来年 míngnián 明年
ライバル jìngzhēng duìshǒu 竞争对手
楽 qīngsōng 轻松／shūfu 舒服
楽園 lèyuán 乐园／tiāntáng 天堂

落第 liújí 留级／bù jígé 不及格
…らしい(…のようだ) hǎoxiàng~yíyàng 好像～一样
ラジオ ▶*(放送)* guǎngbō 广播 ▶*(機械)* shōuyīnjī 收音机
ラッキー xìngyùn 幸运／hǎoyùnqi 好运气
ラッシュアワー gāofēng 高峰
ラッパ lǎba 喇叭
ラップ bǎoxiānmó 保鲜膜
ラブレター qíngshū 情书
ラベル biāoqiān 标签
欄 lán 栏
ランキング páiháng bǎng 排行榜／dàngcì 档次／jíbié 级别
ランチ wǔcān 午餐
ランドセル xiǎoxuéshēng shūbāo 小学生书包
乱暴 ▶*(行動が)* cūbào 粗暴 ▶*(無法な)* yěmán 野蛮 ▶*(でたらめに)* húluàn 胡乱
利益 yínglì 盈利／lìyì 利益
理科 lǐkē 理科
理解する lǐjiě 理解
リクエスト ▶*(希望)* yāoqiú 要求 ▶*(番組の)* diǎnbō 点播
理屈 dàoli 道理
利口→かしこい
離婚 líhūn 离婚
リサイクル zài lìyòng 再利用
リストラ xiàgǎng 下岗／cáiyuán 裁员
リズム ▶*(詩などの)* yùnlǜ 韵律 ▶*(音楽の)* jiézòu 节奏
理想 lǐxiǎng 理想
立体 lìtǐ 立体
リットル gōngshēng 公升
立派 chūsè 出色／yōuxiù 优秀
リハビリ kāngfù 康复
リビング qǐjūshì 起居室
リモコン ▶*(動詞)* yáokòng 遥控 ▶*(機械)* yáokòngqì 遥控器
理由 lǐyóu 理由
留学生 liúxuéshēng 留学生
流行する liúxíng 流行
流暢 liúchàng 流畅／liúlì 流利
留年する liújí 留级
量 shùliàng 数量／liàng 量 ▶*(仕事の量)* gōngzuòliàng 工作量
寮 sùshè 宿舍
了解 ▶*(理解する)* liǎojiě 了解 ▶*(納得し認める)* liàngjiě 谅解
両替 duìhuàn 兑换／huànqián 换钱
料金 fèiyong 费用／~fèi ～费
領収書 fāpiào 发票／shōujù 收据
良心 liángxīn 良心
両親 fùmǔ 父母／shuāngqīn 双亲
利用する lìyòng 利用／yòng 用
両方 shuāngfāng 双方／liǎngfāng 两方
料理 cài 菜／liàolǐ 料理 ▶*(日本料理)* Rìběn liàolǐ 日本料理 ▶*料理する* zuò cài 做菜／pēngtiáo 烹调
緑茶 lǜchá 绿茶
旅行する lǚxíng 旅行／lǚyóu 旅游
リラックス fàngsōng 放松
リンゴ píngguǒ 苹果
リンス hùfàsù 护发素
ルーズ sǎnmàn 散漫／sōngchí 松弛
ルーツ gēnyuán 根源／shǐzǔ 始祖
ルート ▶*(経路)* tújìng 途径 ▶*(道)* lùxiàn 路线
ルームメート tóngwū 同屋
留守にする bú zàijiā 不在家
留守番 kānjiā 看家
留守番電話 liúyán diànhuà 留言电话
ルビー hóngbǎoshí 红宝石
例外 lìwài 例外
冷害 dòngzāi 冻灾
礼儀 lǐjié 礼节／guīju 规矩
冷静 lěngjìng 冷静
冷蔵庫 bīngxiāng 冰箱／diànbīngxiāng 电冰箱
冷淡 lěngdàn 冷淡
冷凍 lěngdòng 冷冻 ▶*冷凍食品* sùdòng shípǐn 速冻食品
冷房 lěngqì shèbèi 冷气设备
レート huìlǜ 汇率／wàihuì bǐjià 外汇比价
歴史 lìshǐ 历史
レジ shōukuǎnchù 收款处
レシート shōujù 收据
レストラン cānguǎn 餐馆／cāntīng 餐厅
レタス wōjù 莴苣
列 duìwu 队伍 ▶*列に並ぶ* páiduì 排队
列車 lièchē 列车 ▶*普通列車* mànchē 慢车 ▶*特急列車* tèkuài 特快
レッスン kè 课 ▶*レッスンを受ける* shàngkè 上课
レベル shuǐpíng 水平
レモン níngméng 柠檬
恋愛 liàn'ài 恋爱 ▶*恋愛をする* tán liàn'ài 谈恋爱
連休 liánxiū 连休
練習する liànxí 练习

レンズ jìngpiàn 镜片
連続 liánxù 连续
レンタカー chūlìn qìchē 出赁汽车／zūyòng qìchē 租用汽车
レンタル zū 租／zūjiè 租借
連絡する liánxì 联系
廊下 zǒuláng 走廊
老人 lǎorén 老人 ▶*老人ホーム* yǎnglǎoyuàn 养老院
労働 láodòng 劳动
浪人 ▶*(仕事がない)* wúyè yóumín 无业游民 ▶*(通う学校がない)* shīxué xuéshēng 失学学生
ロープ shéngsuǒ 绳索
ローヤルゼリー fēngwángjiāng 蜂王浆
ローン dàikuǎn 贷款／jièkuǎn 借款
6 liù 六
録音する lùyīn 录音
録画する lùxiàng 录像
6月 liùyuè 六月
ロッカー chúguì 橱柜
ロビー qiántīng 前厅／méntīng 门厅
ロボット jīqìrén 机器人
論文 lùnwén 论文
論理 lúnlǐ 论理／luóji 逻辑

【わ】

ワープロ wénzìchǔlǐjī 文字处理机
ワイシャツ chènshān 衬衫／chènyī 衬衣
ワイン pútáojiǔ 葡萄酒
若い niánqīng 年轻
沸かす shāokāi 烧开 ▶*お風呂を沸かす* shāo xǐzǎoshuǐ 烧洗澡水
わがまま rènxìng 任性
若者 niánqīngrén 年轻人／qīngnián 青年
分かる míngbai 明白／dǒng 懂
別れる fēnshǒu 分手
沸く ▶*(水が)* shāokāi 烧开／fèiténg 沸腾 ▶*(気分が)* jīdòng 激动
湧く ▶*(水などが)* yǒngchū 涌出 ▶*(感情などが)* fāshēng 发生
ワクチン yìmiáo 疫苗 ▶*ワクチンを打つ* zhùshè yìmiáo 注射疫苗
わけ lǐyóu 理由／dàoli 道理
分ける fēnkāi 分开／fēn 分
わざわざ ▶*(特別に)* tèyì 特意 ▶*(わざと)* gùyì 故意
和食 rìcān 日餐
わずか yìdiǎndiǎn 一点点／jǐn 仅
煩わしい máfan 麻烦／fèishì 费事
忘れ物 yíshīwù 遗失物
忘れる wàng 忘／wàngjì 忘记
話題 huàtí 话题
私 wǒ 我
私たち wǒmen 我们 ▶*(話し手と聞き手の両方を含む)* zánmen 咱们
渡す jiāogěi 交给／gěi 给
渡る chuānguò 穿过／héngchuān 横穿
詫びる dàoqiàn 道歉
笑う xiào 笑
割合 bǐlì 比例
割り勘 AAzhì AA制／gè fù gè de 各付各的
わりと bǐjiào 比较
割り箸 jiǎnyì kuàizi 简易筷子／wèishēng kuàizi 卫生筷子
割引 jiǎnjià 减价
割る dǎsuì 打碎
悪い huài 坏／bù hǎo 不好
悪口 huàihuà 坏话 ▶*悪口をいう* shuō huàihuà 说坏话
割れる ▶*(ばらばらに)* fēnsàn 分散 ▶*(裂ける)* lièkāi 裂开 ▶*(壊れる)* suì 碎
我々 wǒmen 我们
ワンピース liányīqún 连衣裙

新装版　はじめての中国語学習辞典

2002年 2 月10日　初版第 1 刷発行
2017年 4 月 1 日　初版第 8 刷発行
2024年11月30日　新装版第 2 刷発行

編著者　相原茂
発行者　原雅久

発行所　株式会社朝日出版社
〒101-0065 東京都千代田区西神田 3-3-5
電話 03-3263-3321
振替口座 00140-2-46008
http://www.asahipress.com

印刷・製本　TOPPANクロレ株式会社
本文組版　TOPPAN TANC
付録組版　倉敷印刷株式会社
PIN YIN FONT　2001 MAKI Enterprise Inc.

ISBN 978-4-255-01223-0-C0587

Hanyu Xuexi Cidian

コラム目次

⊲⊲◀ 逆引きウインドウズ

●百科知識●

表現Chips

語法 コラム